序

伴随着全面建成小康社会、中国共产党成立100周年的步伐，宁海县关工委砥砺前行三十年，铸魂育人担使命，做了大量卓有成效的工作。在建会30周年这个这鼓舞人心的时刻，80余万字的《宁海县关心下一代工作志》编纂完成、正式付梓，可喜可贺！《宁海县关心下一代工作志》详实地记述了全县各级关工委三十年的辛勤耕耘、创业奉献，为我县今后关心下一代工作传承打下了坚实基础，成果丰硕，意义非凡！

三十年来，在县委、县政府的关心重视下，在上级关工委的指导帮助下，宁海县关工委紧密围绕县委县政府中心大局，充分发挥关工委的组织优势和“五老”队伍优势，着力深化党建带关建，全面改革创新发展，“向日葵成长计划”“公益服务项目认购”模式、“五好”基层关工委示范点创建标准等一批工作品牌在全市、全省乃至全国打响，得到社会各界和上级领导的广泛赞誉。宁海县关工委先后荣获省、市关心下一代先进集体、全国第三届“关爱明天·普法先行”青少年普法教育活动先进单位、全国青少年普法教育示范区等荣誉称号，2019年12月又被评“全国关心下一代工作先进县（市、区）关工委”。

三十年辛勤耕耘硕果累累，三十年爱心悠悠岁月如歌，三十年关爱“五老”添白发，三十年培育新苗终成材。广大关心下一代工作者、“五老”志愿者在青少年思想道德建设、法制教育、助学帮困、关爱留守儿童等各个方面，为促进青少年健康成长付出了辛勤努力、作出了积极贡献，在党和青少年之间架起了一座座连心桥，逐步形成了党委领导、党政齐抓共管、部门有力配合、关工委主动作为、社会广泛参与的工作格局，推动我县关心下一代工作不断取得新成效。

雄关漫道真如铁，而今漫步从头越。关工委作为党和政府联系青少年的桥梁和纽带，肩负着引导青少年树立正确世界观、人生观、价值观的重要使命，担负着为青少年办实事、解难事、维护青少年合法权益的重要职责，继续深入学习贯彻习近平新时代中国特色社会主义思想，迎着朝阳，不忘初心，继续前行！希望各级党委政府站在党的事业薪火相传的高度，不断增强使命感和责任感，更加重视支持关心下一代工作。希望广大关心下一代工作者继续开拓创新，发挥好广大老干部、老战士、老专家、老教师、老模范等离退休老同志的作用，推动我县关心下一代工作更上一层楼。希望社会各界共同关心关爱青少年成长，发挥各方优势、整合各方资源，凝心聚力共同开创关心下一代工作新局面。

值此宁海县关工委成立30周年之际，我代表县委表示热烈祝贺！向全县从事、关心下一代工作的各位老领导、老同志和支持、关心关工委工作的同志们，致以诚挚的问候和衷心的感谢！

《宁海县关心下一代工作志》的编纂得到了上级关工委的大力支持，中国关工委主任顾秀莲、浙江省关工委主任徐宏俊、宁波市关工委主任邵孝杰等领导在百忙中为本志题词，在此表示衷心的感谢！

宁海县委常委、组织部部长、县关工委主任

方勤

2020年2月

凡　例

一、《宁海县关心下一代工作志》坚持以马克思列宁主义、毛泽东思想、邓小平理论、“三个代表”重要思想、科学发展观、习近平新时代中国特色社会主义思想为指导，坚持辩证唯物主义和历史唯物主义的立场、观点和方法，遵照国务院颁布的《地方志工作条例》，依据中国地方志指导小组《关于地方志编纂工作的规定》，遵循事物发展规律，贯彻存真求实方针，全面记述宁海县关心下一代工作委员会30年的工作。

二、本志为宁海县关心下一代工作委员会成立30周年的工作志，上限为1990年，下限为2020年。因周年庆为每年的6月，故2020年部分内容酌情处理。

三、全志设九章，章下为节，共二十一节。节下设目与子目。章后设专记，共七篇。志首设题词、政区图、彩照、序言、凡例、概述、大事记。

四、采用语体文、记述体，使用规范化文字。

五、以志为主，兼用述、记、表、录、图、附等。

六、入志资料来源于档案、简报、报刊、专著、书籍等，不注出处。

七、志中所用地图，不作划界依据。

八、表格按最新通行表格制作，采用统一格式。表中缺失的数字以空格表示，无此数字以“—”表示。

九、数字和标点符号依据国家标准《出版物上数字用法》和《标点符号用法》。

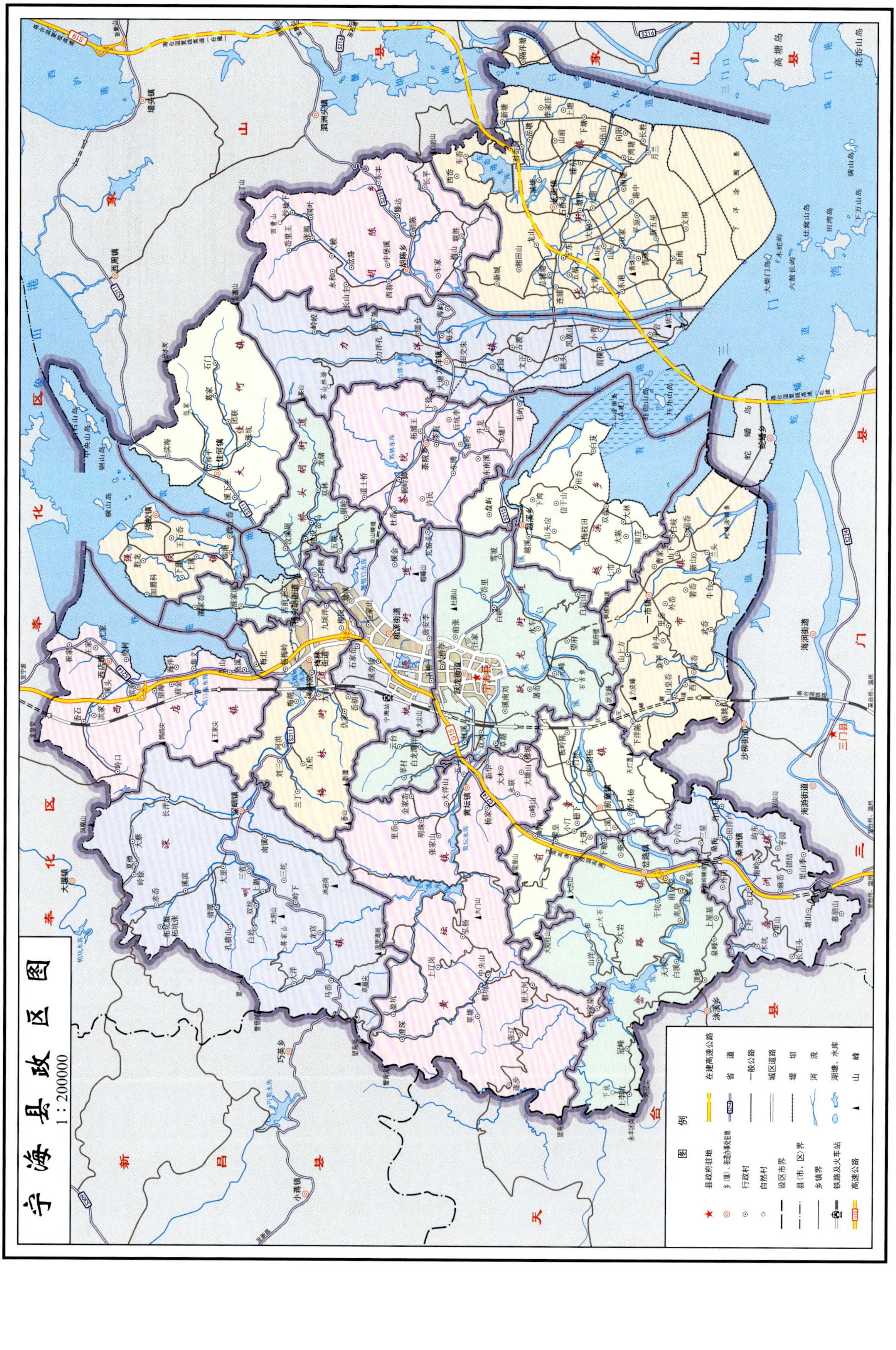

本图界线不作划界依据，基础地理底图资料由浙江省测绘与地理信息局提供 地图审核号：浙S（2018）116号

1991 年 1 月 12 日，县关协召开理事扩大会议

1992 年 6 月 20 日，宁海县关心下一代工作委员会成立

1992 年 6 月 20 日，县关工委在县府招待所召开成立大会。县委书记陈启宏（左三）出席会议

1994年农历正月初五，宁海县委书记项建中（左二）到县关工委慰问看望并听取工作汇报

1994年9月13日，宁海县老干部关心下一代工作会议召开，县委副书记、县长郑瑞法（右三）讲话，县委副书记、县人大常委会主任娄林忠（左三）主持

1997年6月16日，宁海县关工委召开校外辅导员工作先进表彰暨经验交流会议

1998 年 4 月 3 日，县委书记陈炳水(左四)、县长郑金平（左五）等一行到跃龙山祭扫烈士陵墓

1999 年 11 月 4 日，《中国画报》记者傅小珍（前排左二）采访县关工委培训学校并与班子成员合影

1999 年 12 月 29 日，宁海县县长郑金平（中）调研关心下一代工作，并与县关工委主任孙愫贞（前排右一）、常务副主任杨启炉（左一）等班子成员合影

2003年，宁海县委书记林静国（左一）调研闻裕顺幼儿园

2004年9月2日，中国关工委办公室顾问李春生（右五）一行到宁海调研，宁海县委常委、组织部部长、县关工委主任谢群华（左四），县委常委陈云高（右三）等陪同出席

2009年8月，全省关工委办公室主任会议在宁海召开，宁海县委副书记谢群华（左二），宁海县委常委、组织部部长俞小勋（左一）出席

2009年，宁海县关工委出席中国关工委召开的全国关心下一代宣传工作会议并受到表彰

2009年12月，宁海县委书记王剑侯（中）听取县关工委工作汇报

2010年12月1日，宁海县委副书记、县长褚银良（右三）座谈基层关工委建设工作并与班子成员合影

2012年4月，宁海县委书记卞吉安（左二）参观烈士陵园存列室

2013年3月19日在宁波基层关工委工作座谈会上，宁海县关工委常务副主任袁春林（右一）与出席会议的中国关工委主任顾秀莲（中）等领导合影

2013年6月4日，浙江省关工委副主任江坪、陈仲方，办公室主任沈国华到宁海县调研关心下一代工作

浙江省关工委副主任江坪

浙江省关工委副主任陈仲方

浙江省关工委办公室主任沈国华

2014年11月，宁波市关工委基层工作经验交流会在宁海召开。宁海县委常委、组织部部长、县关工委主任林惠明在会上发言

2016年12月1日，中国关工委常务副主任武韬（左七）到宁海调研普法教育工作，浙江省关工委专职副主任林斌（左六），宁海县委副书记李贵军（左五），宁海县委常委、组织部部长、县关工委主任方勤（右六）陪同

2017年9月29日，宁海县召开青少年普法教育先进表彰暨民营企业关心下一代工作会议

2017 年 9 月 29 日，宁海县全国普法先进个人受到表彰

2017 年 9 月 29 日，宁海县关心下一代志愿者协会成立

2018 年 3 月 13 日，宁波市关工委主任邵孝杰（左）到宁海指导工作，宁海县人大常委会副主任、县关工委主任潘红月（中）陪同

2018 年 4 月 11 日，中国关工委常务副主任杨志海（中），副主任刘峰岩（左二）等一行到宁海调研基层关工委建设，县委副书记、县长林坚（右一）陪同调研

2018 年 7 月 11 日，省关工委原常务副主任徐全升（右二），副主任王强（右一），副主任韩兵（左二）等一行到宁海县调研基层关工委建设

2019 年 3 月 21 日，宁海县委书记杨勇（右二）调研关心下一代工作；宁海县委常委、组织部部长方勤（左一），宁海县人大常委会副主任、县关工委主任潘红月（右三），县关工委常务副主任袁春林（左二）、副主任王以位（右一）陪同调研

2019 年 5 月 7 日，省关工委主任徐宏俊等一行来宁海调研

2019 年 10 月 30 日，县关工委常务副主任季元法（左二）参加 2019 年《中国火炬》通联评刊会并接受记者访谈

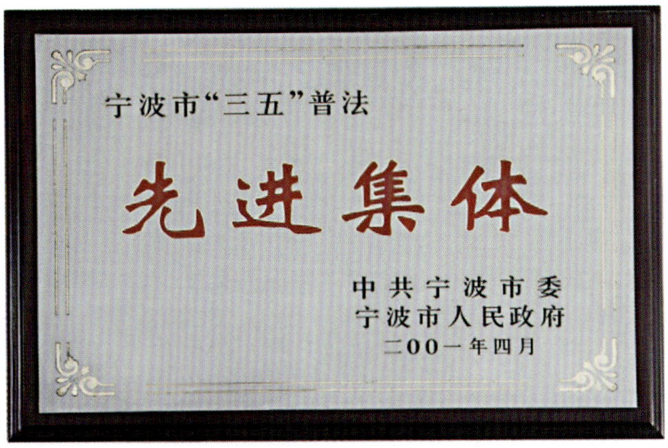
宁波市“三五”普法
先进集体
中共宁波市委
宁波市人民政府
二〇〇一年四月

奖状
宁海县关工委：
在2002年《中国火炬》杂志的宣传报道和征订发行工作中，你们积极努力，辛勤工作，取得了优异成绩，被评为先进集体，特发此证以资鼓励。
中国关心下一代工作委员会
二〇〇二年九月

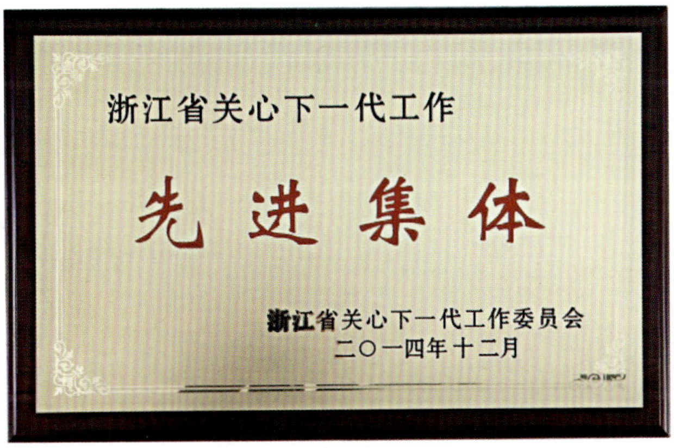
浙江省关心下一代工作
先进集体
浙江省关心下一代工作委员会
二〇一四年十二月

宁波市关心下一代工作
先进集体
宁波市关心下一代工作委员会
二〇一六年十二月

关爱明天·普法先行
青少年普法教育活动
Teenagers' Law Popularization Educational Activities
先进单位
中国关心下一代工作委员会
中华人民共和国司法部
中央社会治安综合治理委员会办公室
二零一七年八月六日

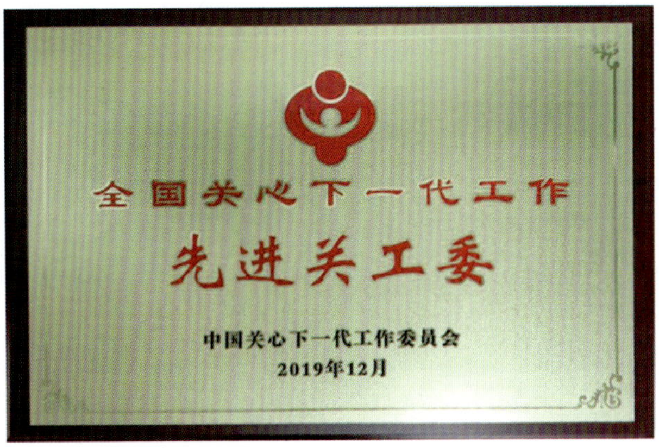
全国关心下一代工作
先进关工委
中国关心下一代工作委员会
2019年12月

（以上彩照均为县关工委办公室摄）

目　录

概　述

宁海县关心下一代工作委员会（以下简称县关工委）和各级关心下一代工作委员会是在同级党委和政府的领导下，以离退休同志为主体、党政有关部门和群团组织负责人参加的，以关心、教育、培养全县青少年健康成长为目的的群众性工作组织，是党和政府教育青少年的参谋和助手，联系青少年的桥梁和纽带。县关工委的宗旨是，高举中国特色社会主义伟大旗帜，以马克思列宁主义、毛泽东思想、邓小平理论、“三个代表”重要思想、科学发展观和习近平新时代中国特色社会主义思想为指导，用社会主义核心价值观引领青少年，以改革创新精神推进关心下一代工作，着力提高青少年的思想道德素质、科学文化素质和健康素质，努力把青少年培养成为有理想、有道德、有文化、有纪律的，德、智、体、美、劳全面发展的中国特色社会主义事业建设者和接班人。

县关工委依靠“五老”（老干部、老战士、老专家、老教师、老模范）队伍开展工作，充分发挥离退休老同志和农村老党员在关心下一代工作中的优势和作用。

县关工委积极配合党政有关部门和群团组织开展工作，在培养教育青少年工作中相互支持、通力合作，共同为青少年健康成长创造良好社会环境，促进社会和谐。

1990 年 6 月 30 日，宁海县成立县关心下一代协会；1992 年 6 月 20 日，更名为“宁海县关心下一代工作委员会”。30 年来，在中共宁海县委、县人民政府的重视、关怀、领导下，全县各级关工委以高度的政治责任感和历史使命感，努力做好关心下一代工作，取得了很大成绩。

1990—2000 年，头一个十年，是关爱、探索的十年；2001—2010 年，第二个十年，是全面推进的十年；2011—2020 年，第三个十年，是创新发展的十年。

在第一个十年中，为了下一代的健康成长，从事关心下一代工作的离退休老同志把爱心献给下一代，做出了无私奉献。十年的历程，艰苦创业，团结奋进。十年关爱，喜结硕果，令人奋进。19 个镇（乡），802 个村，79 个机关单位，全部建立关心下一代组织，形成“横到边、纵到底”的网络格局。组建爱国主义教育宣讲团，校外辅导员，帮教失足青少年团队三支队伍。创办一所培训学校。开展主旋律教育 123 场次，革命传统教育 255 场次，法制报告 221 场次，受教育青少年达 26 万多人。400 多名老同志，干警在 100 多所学校被聘为校外辅导员。150 多名离退休人员和农村“五老”人员投入帮教活动，帮助和挽救失足青少年 300 余名。关工委积极地为青少年办了许多好事实事，如配合团委“希望工程”、妇联“代理家长”活动献爱心，对特困学生结对扶贫，为考入大中专院校困难学生争取“寒窗基金”等。1991 年 11 月，宁海县关工委创办培训学校，招收高考落榜青年入学，文理分科，每期培训一年，至 1999 年，共培训 2700 余人，其中 1869 人高考上线，被全国大中专院校录取，成为宁海县“高考录取大户”、育人摇篮，被县委、县政府评为关心下一代工作先进集体。宁海县关工委协助镇乡党委、关工委建立建党纪念亭、铭记碑、铁流亭（碑）、诞生亭（碑）共 4 个革命传统教育基地，同时编著革命传统教育读物，印发 4 万余册。1988 年，创办宁海县少年军校；1991 年，创办宁海县后备军人学校，向青少年军人讲授军事知识。宁海县关工委帮教失足青少年，赴监所面对面教育，同时重视延伸帮教，开展警钟行动，预防青少年违法犯罪等，十年成绩显著，被评为宁波市、宁海县社会治安综合治理先进集体。1994 年 5 月，宁海县关工委在县妇联的配合下，在城关淮河路 37 号（原 18 号楼）建立宁海县第一个楼群关工小组，进行试点示范。楼群关工小组在节假日开展一系列丰富多彩的、有益的教育活动，中国关心下一代工作委员会（以下简称中国关工委）《中国火炬》作了报道。1998 年，县委、县政府授予关心下一代工作先进集体荣誉称号。宁海县关工委十分重视《中国火炬》的征订、宣传报道与学用工作，1997—1999 年，连续三年被中国关心下一代工作委员会办公室、《中国火炬》杂志社评为宣传报道、征订发行工作先进集体，出席中国关工委三次宣传工作会议。十年中，县关工委将调查研究作为探索做好工作的基础，走向社会，深入基层，进行 15 次较大规模的调查研究，撰写《关于城关地区青少年劳教人员情况的调查报告》《对我县青少年违法犯罪的调查报告》《近年来青少年性犯罪的调查》《关于城关电子游戏厅室经营情况的调查报告》《关于三个村青少年现状的调查报告》等较有影响的调查报告十五篇。同时，宁海县关工委重视加强自身建设，不断探索开创关心下一代工作的新局面。自身建设主要是思想建设，"老有所教""老有所学"。通过对邓小平理论和中国共产党的基本路线学习与宣传，老同志明确做好关心下一代工作是党赋予自己的神圣职责，激励老同志以满腔的政治热情和高度的历史责任感，投身关心下一代工作。县关工委的班子成员重视"讲学习，讲政治，讲正气"，奋发努力，充分发挥各自的独特积极作用。县关工委被省、市关工委评为先进集体；孙愫贞、杨启炉等被评为省、市关心一代工作先进个人。宁海县关工委经过十年探索、十年开拓、十年实践、十年奋进，在面临世纪之交的重要时刻，交上一份优秀答卷，得到党和政府的肯定，社会的认可，群众的好评。

2001 年—2010 年，第二个十年，是宁海县关工委全面推进的十年。加强"五老"队伍建设，重视发挥"五老"作用；发挥"五老"政治优势，提高青少年思想道德素质；发挥"五老"威望优势，加强对青少年爱国主义和革命传统教育；发挥"五老"经验优势，为青少年做实事、办好事；发挥"五老"时空优势，深入开展调查研究，为党政领导出谋献策；发挥"五老"亲情优势，预防未成年人违法犯罪，帮教失足青少年；重视自身建设，不断开拓创新等仍然是县关工委全面推进的十年的工作主旋律。2000 年 1 月，宁波市关工委成立 10 周年图片展在宁海展出，6 天约 1500 人次观看。3 月，县关工委与县新华书店联合向 100 个"固本强基"重点村的党支部、县工作组赠送《中华人民共和国预防未成年人犯罪法》（以下简称《预防未成年人犯罪法》）。4 月，县委办《调查与研究》第 6 期刊载宁海县关心下一代工作委员会《关于我县未成年人犯罪成因的调查报告》。6 月，县委、县政府在城关镇大会场召开县关工委成立十周年庆祝暨表彰大会。9 月 12 日，县综治委、司法局、关工委等十家部门、单位联合举办的"为了明天，预防青少年犯罪"图片展在宁海县体育馆举行，展览于 9 月底结束。同月，县关工委被评为县"三五普法先进单位"。12 月，中共宁海县委向全县各级党组织发出《面向新世纪，加强关心下一代工作的意见》。2001 年 3 月，县关工委召开"县校外辅导员经验交流暨表彰会"；县委、县政府召开"老干部工作暨老干部关心下一代工作表彰会"，会议表彰县关心下一代工作先进集体 9 个，先进个人 25 名；县关工委被县少工委评为"1999—2000 年宁海县少儿工作先进集体"。8 月，市委办、市政府办联合发文，表彰一批"三五"普法先进单位和个人，宁海县关工委被评为先进集体。12 月，县关工委召开镇（乡）关工委工作会议，传达省关心下一代工作会议精神，总结全县关心下一代工作。2002 年 2 月，县关工委率宁海县帮教团一行 20 人赴浙江省未成年犯管教所（以下简称省少管所）对宁海籍学员进行帮教。4 月，县关工委、城关中学、县法院少年庭，在城关中学举办"模拟法庭"，开展法制教育。6 月，县关工委召开县级机关关心下一代工作会议。县供电局、县农林局、县外贸局、前童镇等关工委作典型发言。7月，中国关工委副秘书长王立文、《中国火炬》编辑葛青选到宁海考察关心下一代工作。9月，中国关工委副秘书长兼《中国火炬》杂志第一副总编温厚文一行6人到宁海考察关心下一代工作。2003年1月，县关工委会同县政法委、县法院、县司法局、城关镇、西店镇、深甽镇有关负责人员一行17人赴省少管所对55名宁海籍少年犯进行帮教，并对干警进行慰问。7月，浙江省关心下一代工作委员会（以下简称省关工委）专职副主任包保根、办公室副主任陆志莉、宁波市关工委主任张永祥、办公室主任曹晖到宁海考察县关心下一代工作。9月，县关工委向山洋革命纪念园捐款30000元。11月，县委办公室转发县关工委《关于要求建立跃龙、桃源、梅林、桥头胡街道关工委的意见》。2004年1月，宁海县关心下一代"双先"表彰大会召开。关心下一代工作先进集体41个、先进个人57人受到表彰，并给从事关心下一代工作满十年的5人颁发证书。3月，县委办《调查与研究》第二期转发县关工委《关于我县未成年人犯罪情况的调查报告》，并加了编者按。宁波市关心下一代工作委员会（以下简称市关工委）甬关工委转发宁海县关工委《宁海县未成年人犯罪情况的调查报告》。7月，县关工委和县委宣传部、县教育局、团县委、跃龙街道联合举办"优秀学子成长事迹报告会"，500余名学生和家长参加会议。9月，县委发出《关于发挥"五老"队伍在加强和改进未成年人思想道德建设中的作用的通知》。中国关工委办公室顾问李春生、副主任陈田、秘书夏以群在省关工委办公室主任张绍文，宁波市关工委副主任曹晖等陪同下，到宁海调研贯彻落实中央8号文件和发挥"五老"队伍为未成年人思想道德建设工作开展情况。12月，县关工委和县人民法院刑庭一起组织"庭审进校园"活动，在县职教中心公开审理抢劫、盗窃案，使3000余名师生受到一次生动形象的法制教育。省关工委召开表彰大会，宁海县关工委被评为浙江省关心下一代工作先进集体，杨启炉被评为浙江省关心下一代工作先进个人。县关工委印发《宁海县关心下一代工作委员会工作规划》。2005年2月，由县委组织部牵头，召开发挥"五老"队伍作用责任单位协调会议。县委组织部、县关工委、县教育局、县民政局、县总工会、县科协、县妇联、县人武部八单位联合发出《关于开展"五老"队伍情况调研的通知》。4月，县关工委、县职教中心带领近100名学生，到县看守所听取未成年犯罪嫌疑人在押改造、生活情况介绍，听取3名大学生因寻衅滋事犯罪的忏悔。县关工委调研后形成的《发挥"五老"优势，为加强未成年人思想道德建设和构建和谐社会贡献力量》的调研报告，引起县委和市关工委的重视。5月，县综治办、县教育局、县关工委举行中小学法制副校长表彰大会，表彰优秀法制副校长14名。6月，县文明委牵头召开县综治委、县关工委、县教育局、县文广局、县工商局、团县委、县妇联等部门参加的"百千万"工程联席会议。县委、县政府召开宁海县关工委成立15周年庆祝大会。7月，杨启炉被评为全国关心下一代先进工作者，受到表彰。县文明委、县综治委、县关工委、县文广局联合召开网吧、电子游戏义务监督员培训会，100余名监督员出席培训。12月，县委、县政府召开全县老干部工作、关心下一代工作暨先进表彰会议，43个关心下一代工作先进集体，59名先进个人受到表彰。2006年3月，县委办转发《县关工委组建"关爱工作团"的实施意见》。县关工委召开乡镇、街道关心下一代工作会议，汇报、交流各乡镇、街道组建"关爱工作团"和调查研究年活动的情况。5月，县关工委、县教育局联合召开校外辅导员会议。县关工委到梅林街道育才民工子弟学校进行节日慰问，并向学校赠送3000元学习用品和慰问金。8月，县关工委编写《学习长征精神，弘扬革命传统，纪念红军长征胜利70周年》宣讲稿，发给"五老"学习、宣讲。据统计，全县"五老"共宣讲112场次，受教育青少年达61546人次。2007年4月，县委组织部、县关工委、县教育局联合发出《关于在全县开展村校共建“三好四无”创建活动的实施意见》。5月，县教育系统“三好四无”（“三好”，即在校做个好学生，在家做个好孩子，在社会做个好公民；“四无”，即无赌博、无不孝、无辍学、无犯罪）。创建活动现场会议召开。6月，县关工委召开县直机关关心下一代工作会议。8月，县建立村（社）校共建“三好四无”创建活动领导小组。10月，县建立“两组两团”（组织建设组、调查研究组、帮教帮扶团、爱国主义宣讲团）开展关心下一代工作。2008年3月，县委组织部发出《关于进一步加强基层关心下一代工作组织领导班子建设有关事项的通知》。县关工委召开全县首批开展村（社）校共建“三好四无”创建活动检查工作汇报会。5月，县关工委“爱心基金”向四川地震灾区儿童捐款2万元。是月月底，县关工委赴胡陈乡东仓小学开展“六一”慰问活动，向学校赠送近千元文体器具，给10名特困留守儿童送上慰问金各200元。6月，县关工委编印《宁海县村（社）校共建“三好四无”创建活动工作指南》500册，以供各地在实施创建工作中参考。8月，全县19个“三好四无”创建活动试点村顺利通过考核验收。县关工委召开乡镇、街道关工委会议，汇报研究“三好四无”创建工作、暑假教育活动等开展情况。9月，县委书记王剑侯、副书记谢群华分别对县关工委的调研报告《关于预防和减少未成年人违法犯罪问题的探讨》作出批示，同时在县委办、政研室的《调查和研究》第6期上刊载。11月，县综治委、县关工委、县教育局联合召开全县学校法制教育暨“三好四无”创建工作会议，会议表彰2007—2008年度法制教育先进个人、集体和优秀校外辅导员，并向新聘任的69名中小学法制副校长颁发聘书。12月，县关工委到外来工子弟学校科达中学“送温暖”，向学校赠送2000余元的体育器具。宁波市关工委召开关心下一代工作暨先进集体和先进个人表彰大会，宁海县4个先进集体，5名先进个人受表彰。2009年1月，宁海县首届青少年英才奖颁奖大会举行，11名同学获奖。2月，县关工委就民营企业建立关工委组织问题到长街镇进行调研。3月，县关工委召开全县“三好四无”经验交流会议。4月，“三好四无”创建活动巡视指导工作会议召开，以推进第二批村（社）校共建“三好四无”活动创建工作。7月，宁海县委发出《关于印发〈宁海县关心下一代工作委员会工作规则（修订）〉的通知》，县委办公室转发县关工委《关于要求调整有关乡镇、街道关工委班子成员的意见》。县关工委举行爱国主义宣讲团成员培训会。8月，全省关工委办公室工作会议在宁海县召开。9月，宁波市关工委召开关工委成立20周年系列活动之一全市关心下一代工作成果研讨会，宁海县《关于村（社）校共建“三好四无”活动的实践和探索》一文在会上作交流。11月，县委、县政府在总结全县关工委实践经验的基础上，根据形势发展的要求，制订下发《关于进一步加强关心下一代工作意见》，为做好新形势下关心下一代工作进一步指明方向。全县各级关工委认真贯彻《意见》精神，使关心下一代工作呈现出崭新的发展局面。党委政府更加重视和支持关心下一代工作；各级关工委领导班子建设和“五老”队伍建设工作条件保障进一步得到加强；关爱教育和关爱青少年的活动深入推进。全县关工委工作迎来了新的发展时期。2010年1月，县关工委对育才外来工子弟学校大桥李分校进行慰问，并向15名特困外来工子女送上慰问金3000元，以作为“爱心健康午餐补贴”。同时，到桑洲镇中心小学向特困生和留守生表示慰问，并送上慰问金3000元。3月，县关工委在桃源街道召开全县“三好四无”创建工作经验交流推进会。又一个十年，这全面推进的十年凝聚着全县各级关工委的多少心血，凝聚着多少力量。全面推进，成果累累，捷报频传。

全面推进，也把关工委推进到了第三个十年，这是中共十八大、中共十九大胜利召开的十年，是贯彻中共十八大、中共十九大精神，中国人民走进新时代的不寻常的十年。这正是关工委创新发展的十年。关工委20年发展中形成的好传统是关工委的灵魂和生命力所在。在新的形势下，全县各级关工委在继承的基础上，坚持与时俱进，强化实践创新。创新载体，争创品牌。2007 年，县关工委在大佳何镇试点成功的基础上，全面铺开“三好四无”创建活动，通过 10 多年时间的持续开创，形成基层组织关心下一代工作的特色品牌，有效地扩大了县关工委工作的知名度和影响力，这就是品牌的力量，创新的力量。创新手段，实践育人。准确把握新形势下青少年的所思所想所需，充分发挥爱国主义教育基地、文化礼堂、假日学校等教育阵地的作用，进一步创新教育手段，多种形式开展主题教育活动，使核心价值观教育具体化、形象化、生动化，切实提高青少年思想道德素质。着力关注当前青少年面临的现实问题和困惑，组织动员更多社会力量进行关爱、帮教，多种渠道帮助解决学习问题、经济困难问题、心理压力问题等，引导帮助青少年健康快乐成长。创新机制，增强合力。关工委工作涉及方方面面，只有形成合力，才能有效推进。全县各级关工委进一步创新内部管理和外部协调机制，下功夫集成各种资源、集中各方力量、集聚各类优势，做到组织互动、工作互助、优势互补、信息互通和资源互用，开创关工委工作的新局面。坚持立足基层与加强指导相结合，进一步巩固发展基层建设成果。关工委工作重点在基层，活力在基层，效果也看基层。坚持面向基层、重心下移，始终把工作的重点放在基层，因地制宜加强指导，推动基层关工委建设水平的整体提升。抓住薄弱环节，实现难点突破。县关工委按照“基层工作年”活动要求，以“双创建”活动为载体，大抓基层、狠抓基础，整体水平有了大幅度提高。抓住典型示范，实现重点突破。抓好典型，以点带面是加强基层关工委建设的重要方法。经过多年努力，全县已建成多个爱国主义教育基地，大佳何镇连续十一年未成年人零犯罪，前童镇双语小导游队伍服务开游节等示范点，起到较好的典型带动作用。按照“抓典型、创特色，示范引路、带动全局”的创新工作思路，加大对各乡镇（街道）示范点建设的指导力度，力争培育出更多的不同层次、不同类型的示范典型，推动形成百花齐放、各具特色的“典型集群”。抓住片区联动，实现整体突破。县关工委把全县划分成五个片，并建立中心片区，实现基层关工委的片区协同发展。县关工委切实加大对各片区的巡视督导，提高片区关工委的区域统筹能力。各中心片区关工委切实发挥自身辐射带动作用，加强工作交流，通过“自己找、同伴帮、集体议、领导点”方式，互相查漏补缺，共享经验成果，实现区域整体突破提升。坚持加强自身建设与发挥优势相结合，进一步增强基层关工委组织活力。各级关工委始终把自身建设摆在重要位置，注重调动发挥“五老”人员的优势作用，进一步把个体优势转化为组织优势，把分散优势转化为整体优势，不断增强关工委组织的凝聚力和战斗力。持续加强领导班子建设。深入实施“领雁工程”，及时调整充实基层关工委领导班子成员，做到进出有序，使班子充满生机和活力。建好、用好乡镇（街道）常务副主任人选后备库，重视提高后备人选的思想水平和工作水平，尽快让他们胜任乡镇（街道）关工委工作。高度重视“五老”队伍建设，动员更多“五老”参与关心下一代工作，促进“五老”队伍知识结构、专业结构和年龄结构的持续优化。进一步加强思想道德教育宣讲团、关爱工作团、校外辅导员、“五老”网吧义务监督员等骨干队伍的建设，为他们开展工作创造良好的条件，切实保护好“五老”的工作积极性。认真搞好调查研究工作。针对宁海县关工委在发展中遇到的新情况、新问题，每年有计划地开展调研，沉到一线去寻找破解难题的有效办法，挖掘基层工作的成功经验。同时，结合基层实际撰写有情况、有分析、有建议的调查报告，主动为党委、政府当好参谋助手，用改革创新的精神和“三严三实”的作风，不断巩固发展基层建设成果，更好地服务青少年成长成才，努力把全县关心下一代工作提高到新水平，为建设“两美”宁海、实现经济社会跨越发展做出新的贡献。截至 2018 年，在全县建立基层关工委 772 家，18 个乡镇（街道）、363 个行政村、30 个社区、84 所学校、67 个机关单位、

210家民营企业均建立关工委组织，经过考评，379个基层关工委达县级“五好”（领导班子建设好、骨干队伍作用好、制度健全执行好、活动经常效果好、积极探索创新好）标准，88家获市级“五好”基层关工委称号。先后涌现出西店镇、茶院乡、跃龙街道和长街镇连浦村、跃龙街道车河社区、县第二高级职业学校、高格卫浴有限公司等一大批先进典型。2012年，跃龙街道关工委被评为全国“五好基层关工委先进集体”。县关工委多次荣获省、市“关心下一代工作先进集体”称号，多次荣获全国关心下一代宣传工作先进标兵单位。2017年，被评为全国第三届“关爱明天·普法先行”青少年教育活动先进单位。创新发展，讲好国学课。宁海县的文化底蕴比较深厚，青少年对国学经典大都有浓厚的兴趣。组织广大青少年利用课余时间开展琴、棋、书、画、演等才艺方面的传承。据不完全统计，自2015年以来，全县各乡镇（街道）举办各类才艺教学8000余次，受益青少年达8.6万人次。先后有10个村校，100余名青少年的各种作品和才艺表演获得各种奖项。其中，西店镇香岩小学学生的国画作品先后多次在全国、全省获奖，该镇樟树小学的蛎雕，受到省、市有关领导的高度肯定；宁海城西小学的管弦乐器演奏，也曾多次获得国家和省级大奖。创新管理上，以“守望平安”为目标，着重做到“四个管”：放假学生“帮”着管，留守儿童“跟”着管，上学放学“盯”着管，劣迹少年“追”着管。宁海县从2012年开始创办“假日学校”，专门为“两个假期”（寒假、暑假）学生提供活动场所。几年来，每年创办“假日学校”80余所，参与志愿服务1.4万人次，受益学生6万余人次。全县有留守儿童988人（不含外来务工人员子女），在市关工委关心支持下，全县先后成立市级留守儿童工作站4个，对留守儿童开展“一对一”或“几对一”结对帮扶。建立“校园安全”团队，在校园门口“站队守护”，保证安全。对网吧由志愿者全天候全时段查访，筑牢青少年“告别网吧、远离网毒”的“隔火墙”。对劣迹青少年本着“不歧视不放弃”的原则，做好矫正工作。在帮扶上，以“为爱行动”为导向，着实推动“三个帮”，建立关爱基金专项“帮”，动员单位部门联合“帮”，鼓励爱心人士自觉“帮”。宁海县关工委早在2002年就成立了关爱基金委员会，全县关爱基金总额达1200余万元。十多年来，先后帮扶近2.6万人次。其中工作力度最大的西店镇，该镇12个村相继建立关爱基金，总额达155万元。长街镇连浦村关工委于2014年开始建立关爱基金以来，累计发放9.86万元，受益学生365人次，在全村营造崇文重教的良好风尚。2012—2014年，县一位匿名爱心企业家连续三年向县关工委关爱基金共捐赠善款315万元，受益学生达4010人次。2015年，其《一年一百万，三年助学情》的先进事迹分别被《中国火炬》《东南商报》《钱江晚报》等媒体报道。黄坛镇双峰片区关工委常务副主任，连续三年凭着一己之力，筹备80余万元，先后资助贫困生达104人。

创新是动力，是推动关工委事业发展的必由之路。县关工委始终秉持改革创新的观念，以新的服务载体塑铸自有的工作品牌，构建“关工委+协会+团队”工作模式。2017年9月，成立“宁海县关心下一代志愿者协会”，并在全县各乡镇（街道）设立工作站，协助所在关工委组织、协调志愿服务工作。志愿者队伍组成，是名副其实的社团组织。协会大力推进关工委工作的改革创新，积极探索和实施“组合联谊化、管理社团化、运行项目化、服务专业化”的“四化型”的发展模式，推进“五老”队伍组织形式创新发展。2018年，在西店镇志愿者协会工作站率先进行规范化建设试点成功后，在全县各乡镇（街道）全面推开，在全市打造有广泛影响的宁海品牌，开启“五老”志愿服务新篇章，为宁海土地增添银色风采。组织实施“三好四无”创建活动，推进“一镇一品”品牌集群建设，经过十多年努力，全县各乡镇（街道）及村、社区涌现出一大批特色品牌。县关工委创新发展的十年，是在中共十八大、中共十九大精神引领下，科学发展，跨越发展，取得突破性发展的时期。肩负育人新使命，弘扬时代新主题，是关工委用全新理念，再创关心下一代工作新的辉煌。

中共十八大以来，中共中央总书记习近平从党和国家事业全局出发，坚持将青少年发展作为社会发展的基础性、战略性工程，对关心下一代工作作出一系列重要论述。中国关工委主任顾秀莲归纳梳理了这六个方面：一是把握实现了为中华民族伟大复兴而奋斗的时代主题，鲜明提出了做好关心下一代工作关系中华民族伟大复兴的重要论断。二是立足于立德树人和培养德智体美劳全面发展的社会主义建设者和接班人，要求关心下一代工作必须坚持服务青少年的正确方向，团结教育广大青少年听党话、跟党走。明确了关心下一代工作的政治方向、政治任务、政治标准。三是围绕培养担当民族复兴大任的时代新人，为当代青少年成长成才标注了鲜明的时代坐标和现实路径，明确了加强青少年思想道德的主要任务。四是调动社会资源，去关心、关爱、帮助青少年，千方百计为他们排忧解难。五是明确提出“五老”是党和人民的宝贵财富，要求尊重“五老”、爱护“五老”、学习“五老”，重视发挥“五老”作用，进一步调动“五老”积极性，充分发挥老同志在理想信念教育、思想道德教育、革命传统教育等方面的特殊优势和不可替代的作用，推动关心下一代事业更好发展。六是强调中央高度重视关心下一代工作，明确要求各级党委、政府要重视关心和支持这一项工作，支持更多老同志参加关心下一代工作，在时代的舞台上老有所为、发光发热。习近平总书记的重要论述，指明了新时代关心下一代事业的时代主题、政治标准、主要任务、工作重点、依靠力量、根本保证，构成了关心下一代事业发展的总纲，是习近平新时代中国特色社会主义思想的重要组成部分。

宁海县关工委 30 年的奋斗历程，正值我国改革开放 40 周年的关键时期，县关工委 30 年的成就、30 年的辉煌也是对改革开放 40 周年的最好的纪念。雄关漫道真如铁，而今迈步从头越，三十周年，三十而立，在习近平新时代中国特色社会主义思想指引下，宁海县关工委工作，关心下一代事业，一定会更上一层楼，得到跨越式发展，取得更大更优秀的成绩。

大 事 记

1989 年

5月　宁海县关心下一代协会（以下简称县关协）筹备小组成立。

1990 年

6月30日　在宁海剧院隆重举行宁海县关心下一代协会成立大会。

7月27日　县关协举办首次活动“老少同乐”乘凉晚会。

8月24日　县委组织部部长周秉达、县关协会长孙愫贞一行赴余姚、慈溪关协学习取经。

9月　县关协发出开展关心下一代健康成长“献一计，办一事”活动的倡议。

10月　县关协组成调查组，对城关地区25周岁以下青少年违法犯罪情况进行调查研究。

11月30日　县关协及有关部门一行赴市劳教所看望，帮教宁海籍学员。

1991 年

1月4日　县关协及有关部门一行赴金华十里坪劳教农场帮教宁海籍失足青少年。

1月30日　力洋、深圳区分别成立关协。

3月4日　一市区关协成立。

3月　县关协社会青少年教育调查组的《对青少年违法犯罪情况的调查报告》《近年来青少年性犯罪的状况和此类案件的防范意识》报送县委。

4月3日　中共宁海县委批复县关协同意召开关协工作“双先”表彰大会暨县关协会员代表大会。

4月5日　军队干休所关协小组离退休干部到跃龙山烈士陵园，向青少年进行革命传统教育。

4月10日　桥头胡区关协成立。

4月11日　县委办公室抄告县关协，就县关协的《对青少年违法犯罪情况的调查报告》，县委领导十分重视，并作出批示。

4月12日　县关协领导赴宁波市参加宁波市关协原会长黄建英追悼会。

4月26日　《浙江教育报》记者到宁海县专题采访县关协会长孙愫贞。

5月7日　《宁波日报》刊载《晚霞红似火——记优秀共产党员林贵清》一文。

5月8日　县关协会长孙愫贞向宁海县十二届人大常委会主任会议书面提出《搞好文化市场管理》的重要建议。

6月2日　《浙江教育报》刊载《活跃在中小学德育阵地上的关协会员》一文。

6月25日　在县商业局会场召开县关协第二次会员代表大会。

是月　县委通报表彰“关协”先进集体7个，先进个人38人。

7月16日　宁波市鄞县、江东、江北、北仑一县三区关协一行到县考察关心下一代工作。

9月29日　中共宁海县委政法委员会转发县关协《关于城关地区“两劳”释解青少年现状的调查》，并加按语。

10月16日　县关协及有关部门一行赴台州地区、临海市、黄岩市、椒江市关工委考察学习取经。

10月中旬　县关协会同有关部门一行赴浙江省少年犯管教所、宁波市劳改管教支队，看望帮教宁海籍失足青少年。

11月11日　县关协文化技术培训班在县党校举行开学典礼。

12月4日　舟山市、嵊泗县、定海区、普陀区关工委一行到县考察关协工作。

12月8日　全县56个区乡镇关协全部建立。

12月16日　县关协会长孙愫贞出席由国家教委、全国少工委、中国关工委、解放军总政联合在宁海召开的全国少年军校工作座谈会。

1992年

1月4日、是日及是月11、26日，县关协分别与城关镇关协、黄坛区关协、回浦乡关协、竹口乡关协、岔路区前童镇关协5个区（镇）乡联合召开失足青少年家长座谈会。

1月16日　宁波电视台在《宁波新闻》中播放宁海县关协狱中帮教的电视新闻。

2月1日　《宁波司法报》第102期第一版刊载《宁海县关协老同志到狱中帮教失足青少年》的报道。

2月28日　县关协会长孙愫贞赴杭州出席浙江省关心下一代工作先进表彰大会。

3月15日　《宁波老年报》刊载宁海县关协《老同志满腔热情帮教，失足儿刻骨铭心改过》一文。

3月23日　县委书记陈启宏批示同意宁海县关心下一代协会更名为“宁海县关心下一代工作委员会”。

4月4日　县关协与县民政局在跃龙山烈士陵园联合举办“老少同祭革命烈士墓”活动。

5月22日　县关协社会青少年调查组在竹口竹溪村、回浦建设村、前童双桥村进行农村青少年现状社会调查。

6月7日　县长项建中到县关协文化技术培训班作《把握时机　展望未来》的报告。

6月20日　宁海县关心下一代工作委员会在县府招待所举行成立大会。同时召开县关协第三次会员代表大会。

7月3日　县委同意县关工委《关于贯彻落实县委书记陈启宏讲话精神意见》的报告，批转各镇乡党委、县属各单位党委（党组）贯彻执行。

7月11日　县关工委常务副主任杨启炉、办公室主任龚怀源赴宁波出席市关工委工作会议。

8月1日　县关工委文化技术培训班获悉205名学员高考分数上线。

8月4日　县委副书记娄林忠听取县关工委领导的工作汇报。

8月10日　宁波大学、宁波高等专科学校4位大学生到县关工委参与社会实践活动。

8月11日　县委办《调查与研究》第10期刊载县关工委《关于对三个村青少年现状的调查报告》。县委书记陈启宏作出批示。

8月25日　全县19个镇（乡）全部新建关工委组织。

8月28日　县关工委、县教委、团县委、县老干部局联合发文《关于聘请老同志担任校外政治辅导员的通知》。

9月21日　宁海县未成年人保护委员会成立。

10月5日　县委常委娄林忠，周炳常，陈云高听取县关工委调查汇报。

10月9日　县关工委主任孙愫贞、杨启炉等赴宁波出席市委、市政府表彰大会。

10月25日　县关工委日语培训班正式开学。

10月28日　王惜耶等老同志担任各校校外政治辅导员。

11月1日　安徽合肥市《关心下一代工作通讯》，重庆市《关心下一代工作简报》分别刊载宁海县关工委活动信息。

11月3日　镇海区关协一行到县关工委考察指导。

11月11日　县委副书记娄林忠听取县关工委孙愫贞、杨启炉、彭家标汇报市“双先”表彰大会精神。

12月12日　武义县关工委一行到县关工委考察关心下一代工作。

12月27日　县关工委组织赴金华市古坊省第五监狱看望帮教宁海籍失足青少年。

1993年

1月5日　县关工委发出《关于印发李瑞环同志电话指示和康世恩同志讲话的通知》。

1月6日　《宁波日报》刊载县关工委在省第五监狱帮教失足青少年新闻照片。

1月8日　县关工委召开校外辅导员新春茶话会。

2月19日　县关工委一行7人赴宁波市江北区关工委考察少儿书画社。

3月5日　县关工委召开城区四所小学校外辅导员工作座谈会。

3月8日　在县十三届人代会第一次会议上，代县长郑瑞法把县关工委工作列入《政府工作报告》。

3月20日　县委召开关心下一代工作会议。

3月31日　在跃龙山烈士陵园举行“1993老少同缅革命先烈”活动。

3月31日　县关工委与宁海二中联合召开德育工作研讨会。

4月2日　县关工委召开城区中小学校外辅导员工作座谈会。

4月9日　县关工委在宁海剧场举行爱国主义教育报告会。

5月22日　余姚市关工委到县考察关心下一代工作。

6月3日　王惜耶、林贵清、叶继江赴宁波出席全市校外辅导员工作先进表彰和经验交流会。县关工委随县委老干部局迁至桃源南路55号二楼办公。

6月13日　县委书记项建中听取县关工委汇报后，对校外辅导员工作作出批示。

6月30日　县关工委召开庆祝三周年座谈会。张永祥，项建中，郑瑞法，娄林忠等领导题词庆贺。

7月30日　县关工委文化技术培训班学员高校上线93人。

8月13日　三门县关工委到县考察关心下一代工作。

8月14日　县委常委、组织部部长周秉达，副县长朱水娣听取县关工委工作汇报。

8 月 30 日　第一轮《宁海县志》正式出版，县关协成立等工作写入县志。

9 月 7 日　县关工委牵头组织有关单位对城关地区电子游戏室经营活动进行调查。

10 月 15 日　县综治委、县政法委联合发文转发县关工委《关于城关电子游戏室经营情况的调查报告》。

11 月 4 日　《宁波日报》在新时期版刊载《志在教育下一代——记宁海县关工委主任孙愫贞》一文。

11 月 10 日　县关工委与有关部门联合召开校外辅导员先进表彰和经验交流会。

11 月 29 日　县关工委孙愫贞、林贵清出席宁波市失足青少年帮教工作研讨会。

12 月 15 日　县关工委考察余姚市关工委、慈溪市关工委。

1994 年

1 月 24 日　县关工委印发《关于劝阻中小学生进入营业性电子游戏室等消费场所，致中小学学生家长的一封公开信》5000 份。

2 月 14 日　县委书记项建中到县关工委看望驻会工作人员。

3 月 2 日　奉化市关工委到县关工委考察关心下一代工作。

3 月 9 日　县长郑瑞法在十三届人大二次会议上把关心下一代工作列入政府工作报告。

3 月 16 日　《宁波老年报》刊载《宁海县关工委老同志到看守所帮教青少年犯》一文。

3 月 28 日　在宁海县跃龙山烈士陵园举行“1994 清明烈士陵园演讲会”。

是月下旬　县关工委孙愫贞参加市关工委组织赴苏南考察关心下一代工作。

4 月 11 日　宁波市江东区关工委一行到县考察关心下一代工作。

5 月 5 日　县关工委与城关镇中学联合召开转化双差生研讨会。

5 月 28 日　县第一个楼群关心下一代工作小组在城关淮河路 18 号大院建立。

是月　《志在教育下一代——记浙江省宁海县关工委主任孙愫贞》一文入选华龄出版社《中华创业者》一书。

7 月 2 日　市委、市人民政府召开老干部工作、关心下一代工作表彰大会，宁海县关心下一代工作受到表彰。

7 月 14 日　县关工委邀请中越边境自卫反击战一等功臣、宁波市公安局干部丁炳荣到宁海向青少年作爱国主义报告。

7 月 28 日　县关工委文化技术培训班获悉 1994 年高考上线 331 名。

7 月　县关工委主任孙愫贞撰写的《浅谈发挥老同志独特优势，开展帮教失足青少年工作》一文入选北京中华创业者丛书——综合性理论文集《改革与探索》一书。

9 月 13 日　县委、县政府召开老干部工作、关心下一代工作先进表彰大会暨工作会议。

9 月 30 日　县属机关 67 个单位全部建立关心下一代组织。

11 月 1 日　县关工委会同有关部门一行赴杭州浙江省少年犯管教所看望、帮教宁海籍失足青少年。

11 月 18 日　椒江市关工委一行到县关工委考察关心下一代工作。

11 月 22 日　县关工委孙愫贞赴杭州出席省关心下一代工作研讨暨表彰大会。

11 月 30 日　县委宣传部、县关工委、县总工会联合编写的爱国主义教育乡土资料选辑《古往今来话宁海》出版。

12月3日　县委领导听取县关工委工作汇报。

12月23日　县关工委推荐的宁海调度自动化成套设备厂副厂长华雄飞荣获浙江省第三届青少年英才奖青年组三等奖。

1995年

1月23日　县委书记项建中到县关工委与老同志亲切交谈。

1月24日　县关工委召开城区校外辅导员座谈会。

3月1日　县关工委为身残志坚的周丽娜献爱心，向宁波市关工委发出求援信函。

3月8日　《中国火炬》1995年第3期刊载《楼群关工小组在探索中前进》一文，报道宁海县淮河路18号大院楼群关工小组的先进事迹。

3月27日　县关工委爱国主义教育宣讲团成立。

3月27日—4月10日　县关工委爱国主义教育宣讲团成员分赴全县各镇（乡），作纪念抗日战争胜利50周年爱国主义教育报告。

3月28日　在宁海县跃龙山烈士陵园举行“1995清明祭扫烈士墓揭幕式”暨抗日战争故事会，老少同讲抗日故事。

4月13日　鄞县关工委集士港镇关协一行访问考察县关工委，前童镇关工委。

5月19日　县关工委与前童镇关工委一行，回访鄞县集士港镇关协。

6月1日　周丽娜荣获共青团中央、全国少工委授予的“一级雏鹰”奖章；荣获团市委、市少工委授予的“十佳少年”光荣称号；其事迹被选为1994年度宁波市精神文明建设10件新事之一。

6月6日　县关工委与有关部门领导一行赴台州，访问椒江区关工委、临海市关工委。

6月29日　县关工委举行“纪念县关工委（关协）成立五周年”座谈会。

6月30日　县关工委（关协）成立五周年纪念日，市关工委主任张永祥题词“五载硕果悬满树，万紫千红看来年”。县委书记项建中题词“余热生辉，培育后人”。县委领导娄林忠，周秉达分别写祝词。

7月27日　县关工委文化技术培训班获悉1995年高考上线190人。

10月16日　余姚市关工委到县关工委考察关心下一代工作。

10月18日　县关工委，县实验小学联合开展“为千位老人办千件好事”活动。

11月13日　县关工委主任孙愫贞赴宁波出席宁波市关工委全委会。县关工委杨启炉出席市关工委工作会议。

11月21日　中国关工委《中国火炬》杂志社顾问江兰，编辑部主任罗月英到宁海县关工委文化技术培训班采访。

11月29日　县关工委孙愫贞，杨启炉，朱瑞骏，彭家标赴省少管所看望，帮教宁海籍失足青少年。

12月7日　县委副书记周秉达听取县关工委有关工作汇报。

1996年

2月8日　县关工委与镇教委联合召开城区校外辅导员座谈会。

2 月 13 日　县关工委向省少管所宁海籍学员赠送《我心中的一片蔚蓝》一书。

3 月 7 日　县关工委为全县各初级中学赠送省少管所编印的《少年育新报》。

3 月 8 日　《中国火炬》1996 年第 3 期报道宁海县关工委的事迹，题为《春雨滋润着 39 颗枯竭的心灵》。

3 月 19 日　县关工委邀请县委书记郑瑞法向文化技术培训班与宁海中学、宁海二中、知恩中学等三校青年学子作宁海经济形势报告。

3 月 29 日　县关工委（关协）老同志在跃龙山烈士陵园与广大青少年一起举行祭扫活动。

4 月 26 日　县关工委举办“纪念红军长征胜利会师 60 周年”讲座，邀请顾问王惜耶作中心发言。

5 月 6 日　县关工委召开校外辅导员工作研讨会。

5 月 8 日　《中国火炬》1996 年第 5 期刊载县关工委《为落第门生再造辉煌》一文。

5 月 16 日　县关工委杨启炉向县委书记办公会议汇报“关于建造福泉山革命纪念碑亭”情况。

5 月 19—20 日　宁海电视台拍摄的专题片《追逐夕阳的人——记宁海县关工委主任孙愫贞》在晚间黄金时间播出。

5 月 23 日　宁波市关工委授予县关工委关心下一代信息工作先进集体称号，县关工委办公室主任龚怀源被评为关心下一代工作先进个人。

5 月 24 日　全县 19 个镇（乡）关工委班子全面调整结束。

6 月 18 日　临海市关工委到县考察关心下一代工作。

6 月 21 日　县关工委与县教委举行“迎七一、讲传统、作奉献、振中华”老年、青年代表座谈会。

6 月 25 日　县委决定同意召开县关工委“双先”表彰会暨工作会议。

7 月 1 日　临海市关工委《工作通讯》刊载《市关工委赴宁海学习取经的几点体会》一文。

8 月 13 日　县关工委文化技术培训班 1996 年高考 145 人上线。

9 月 27 日　县委、县政府召开关心下一代工作表彰大会。

10 月　是月初，县关工委爱国主义教育宣讲团成员完成自 6 月至 10 月初先后到各校宣讲红军长征精神工作。

11 月 1 日　县关工委主任孙愫贞、副主任胡天华一行赴宁波段塘市公安局妇女收容教育所看望、帮教 5 名宁海籍失足女青年。

12 月 12 日　县关工委领导赴杭州出席省关工委表彰大会。

1997 年

1 月 7 日　县委在前童镇福泉山德育基地召开全县农村关心下一代工作会议。

3 月 14 日　县委调整县关工委组成人员。

3 月 24—27 日　县关工委爱国主义教育宣讲团成员奔赴县属学校与镇（乡）中学，宣讲香港回归祖国。

3 月 28 日　在跃龙山烈士陵园举行 1997 清明祭扫烈士陵墓揭幕式。

4 月 4 日　强蛟镇峡山大峙烈士陵园革命传统教育基地落成。

4 月 7 日　县委办公室转发《县关工委 1997 年工作意见》。

4月29日　县委副书记周秉达听取县关工委有关工作汇报。

5月28日　县关工委赴革命老区白溪山洋看望山洋小学师生。

6月1日　县关工委杨启炉随同副县长朱水娣赴宁波江北区考察学习如何做好社区教育工作。

6月14日　县关工委召开全县校外辅导员工作先进表彰大会暨经验交流会议。

6月16日　县关工委召开全县镇乡分管关工委工作的负责人员碰头会。

6月　经县关工委推荐申报，城中小学二年级学生华磊、宁海二中高一学生金校获得省关工委、省有线电视台“1997携手跨世纪助学活动”证书。

8月23日　慈溪市关工委到县关工委访问考察关心下一代工作。

8月　县关工委文化技术培训班121名学员被全国各大中专院校录取。

9月1日　县关工委杨启炉赴江苏出席中国关工委宣传报道工作座谈会。

9月6日　县关工委孙愫贞赴宁波列席全国部分城市关心下一代工作研讨会。

9月12日　县关工委文化技术培训班更名为县关工委培训学校。

9月15日　培训学校从城南小学搬入塔山路新址。

10月22日　县关工委爱国主义教育宣讲团成员参加县委举办的“老干部十五大精神学习会”。

11月4日　余姚市关工委到县关工委考察办培训学校及征订《中国火炬》工作。

11月20日　代县长郑金平到县关工委听取工作汇报。

12月12日　县委副书记史小华听取县关工委的工作汇报。

12月23日　县关工委孙愫贞、杨启炉赴宁波出席市关工委全委扩大会议。

12月30日　县关工委会同县有关部门负责人赴省少管所、省女监帮教宁海籍失足青少年。

1998年

1月5日　县委《调查与研究》1998年第1期全文刊载县关工委撰写的《关于未成年人违法犯罪问题的调查与建议》。

1月7日　县关工委、县教委、城关镇教委召开城区离退休校外辅导员暨爱国主义教育宣讲团成员新年座谈会。

2月26日　县关工委举行“纪念周恩来诞辰100周年座谈会”。

3月5日　舟山市关工委、普陀区关工委一行到县关工委访问考察办学有关情况。

3月10日　全县关心下一代工作会议召开。

3月12日　舟山市关工委《工作简报》总第627期刊载《普陀区关工委赴宁海县学习取经》报道。

3月18日　县关工委邀请宁波市关心下一代工作先进个人、优秀故事员叶秀娣到宁海城中小学、城西小学讲述《周恩来的故事》。

3月20日　在宁海县跃龙山烈士陵园举行1998清明祭扫烈士墓揭幕式暨纪念邓小平逝世一周年诗歌朗诵会。

4月　《中国火炬》1998年第3期刊载县关工委帮教失足青少年消息。

5月8日　县关工委孙愫贞、杨启炉、胡天华等一行赴象山县关工委访问考察关心下一代工作。

6月1日　宁波市关工委主任张永祥、办公室主任曹晖专程到宁海，与城中小学1800余名学生共庆“六一”。

6月19日　县关工委召开镇乡关工委工作会议。

7月1日　副县长朱水娣听取县关工委工作汇报。

7月2日　县委政法委，综治办有关领导到县关工委商讨办好法制学校有关事项。

7月4日　6月23日至是日，县关工委“警钟行动宣讲团”全面展开宣讲。

7月27日　县关工委培训学校1998年高考上线228人。

8月21日　宁海报记者王方撰写的《帮教工作的热心人——记县关工委副主任朱瑞骏》一文在《宁海报》刊载。

8月31日　县关工委孙愫贞赴福建漳州市出席中国关工委召开的宣传工作座谈会。

9月9日　县委组织部部长徐志军到关工委听取工作汇报。

9月16日　县关工委杨启炉出席市关工委宣传报道座谈会。

10月16日　县关工委杨启炉出席全市帮教工作经验交流会。

12月9日　县关工委杨启炉赴杭州出席省关工委经验交流暨表彰大会。

12月24日　县关工委会同政法委、综治办等单位赴省少管所，帮教宁海籍失足青少年。

1999年

1月25日　县委副书记史小华，组织部部长徐志军听取关工委工作汇报。

1月27日　县委决定调整县关工委成员。

3月1日　县委，县政府召开关心下一代工作会议。

3月17日　县委办公室转发《县关工委1999年工作意见》。

3月23日　县关工委杨启炉，冯达圣赴宁波参加市关工委举办的老干部讲师团培训班。

3月29日　在跃龙山烈士陵园举行1999清明祭扫烈士墓揭幕式暨“饮水思源，缅怀先烈”演讲会。

4月26日　县关工委简报刊出100期，开辟《百期纪念专栏》。

5月4日　县关工委邀请老同志与团县委的历届领导、老团干代表、优秀青年代表举行“五四”运动与面向新世纪座谈会。

5月10日　县关工委顾问、主任、副主任举行“强烈抗议北约野蛮暴行座谈会”。

5月30日　19个镇乡关工委爱国主义教育宣讲团（组）全部调整充实和建立。

7月5日　是日前后，为纪念宁海解放50周年，县镇（乡）爱国主义教育宣讲团全面宣讲43场次，1.5万余名青少年受到教育。

7月9日　《宁海报》发表记者徐群飞撰写的《爱心无限——记县关工委主任孙愫贞》一文。

8月4—5日　县委副书记史小华，组织部部长徐志军先后听取县关工委工作汇报。

8月17日　在大佳何镇召开《中国火炬》学用笔谈会。

9月2日　县关工委杨启炉赴杭州出席中国关工委1999宣传工作座谈会。

9月21日　县关工委召开镇乡关工委工作会议。

10月15日　县关工委王惜耶、孙愫贞、杨启炉出席宁波市关工委成立10周年庆祝活动。

11月1日　宣讲团成员陆续赴各校宣讲“喜迎澳门回归”。

11月4日　《人民画报》、《中国画报》社编辑付小玲在市关工委办公室主任曹晖陪同下到县采访拍摄专题照片。

11月10日　县关工委向司法部法制宣传司订购《预防未成年人犯罪法讲话》800册，分发全县各校宣讲。

11月19日　县委副书记史小华听取县关工委工作汇报。

11月22日　县委常委陈云高到县关工委商谈工作。

12月2日　县关工委与县教委联合召开城区校外辅导员会议。

12月10日　县关工委杨启炉赴杭州出席庆祝省关工委成立10周年会议。

12月17日　副县长朱水娣到县关工委听取工作汇报。

12月29日　县长郑金平到县关工委听取工作汇报。

12月30日　镇海区关工委到我县考察关心下一代工作。

2000年

1月3日　宁波市关工委成立10周年图片展在宁海县展出。

1月14日　省关工委办公室副主任江亚波到县关工委座谈了解工作情况，参观培训学校。

1月17日　县关工委被县委、县政府评为“1999年度社会治安综合治理先进集体”。

1月21日　县关工委与有关部门一行赴省少管所对宁海籍失足青少年进行面对面谈心帮教。

1月25日　县委领导同意县关工委成立10周年活动安排。

2月12日　县委组织部部长徐志军到县关工委看望老同志。

3月3日　县委县、政府在县委党校召开全县老干部工作、关心下一代工作会议。

3月10日　县关工委杨启炉，邬丁兴，叶建杰出席市关工委爱国主义讲师团培训会议与宣传报道工作会议。

3月21日　县关工委办公室副主任叶建杰赴重庆，长沙两市关工委学习取经。

3月27日　县关工委与县新华书店联合向100个“固本强基”重点村的党支部，县工作组赠送《预防未成年人犯罪法》。

3月28日　县关工委，县民政局等7个单位在跃龙山烈士陵园联合举办以“弘扬烈士奉献精神，努力提高全面素质”为主题的2000年清明祭扫烈士墓揭幕式。

3月29日　县委办转发县关工委2000年工作计划。

3月30日　县关工委在宁海剧场举行关心下一代形势报告会。

4月29日　县委办《调查与研究》第6期全文刊载县关工委《关于我县未成年人犯罪成因的调查报告》。

6月5日　县关工委领导向县委主要领导汇报庆祝县关工委十周年活动的准备情况。

6月12日　召开县关工委十周年筹备小组会议。

6月13日　县委办、县政府办联合发出《关于召开庆祝宁海县关心下一代工作委员会成立十周年暨表彰会的通知》。

6月16日　县委、县府发文，作出“关于表彰坚持满十年关心下一代工作同志的决定”。

6月20日　县委、县政府在城关镇大会场召开庆祝县关工委成立十周年暨表彰大会。

是日　县关工委成立十周年成就图片展展出。

6月26日　县关工委、县教委、县社区教育委员会三家联合发出关于开展中小学暑假社区教育活动的通知。

7月13日　县关工委班子成员，各镇（乡）党群副书记出席省关工委召开的电视电话会议。

7月24日　县关工委培训学校学员314人高考上线。

8月18日　县关工委领导向县委常委会汇报工作。

9月2日　县关工委杨启炉出席中国关工委第五次宣传工作会议。

9月12日　县综治委、县司法局、县关工委等十部门联合举办“为了明天——预防青少年犯罪”图片展览在宁海体育馆展出。

9月14日　县委常委陈云高、组织部部长徐志军到县关工委与全体同志座谈。

9月17日　余姚市关工委一行到县考察关心下一代工作。

9月30日　《中国火炬》第9期刊载县关工委撰写的《暖其心，正其行》一文。

10月12日　县关工委表彰2000年征订《中国火炬》先进集体、先进个人。

是日　县委办发出《关于调整宁海县关心下一代工作委员会成员》的通知。

10月17日　余杭市关工委到宁海县考察交流关心下一代工作。

11月15日　县关工委名誉主任孙愫贞，办公室主任叶建杰出席市关工委召开的“双先”表彰大会。

11月24日　《中国火炬》刊登《宁海县关工委成立十周年图片展》和《宁海县积极开展〈中国火炬〉征订工作》的报道。

12月5日　三门县关工委到县关工委考察培训学校工作。

12月18日　中共宁海县委转发县关工委呈报的《面向新世纪，加强关心下一代工作的意见》报告。

12月21日　县关工委杨启炉赴杭州出席省关工委表彰大会。

2001年

1月15日　县关工委和县有关部门领导一行赴省少管所、省女监对宁海籍失足青少年进行帮教。

1月19日　县委办转发县关工委2001年工作计划。

1月28日　《宁波晚报》刊载县关工委老同志到看守所帮教失足青少年的报道。

3月6日　县关工委召开“全县校外辅导员经验交流暨表彰大会”。

3月7日　县委、县政府召开“老干部工作暨老干部关心下一代工作表彰会”。

3月16日　县关工委与县有关领导研究“烈士园落成揭幕仪式”有关事项。

3月28日　县关工委、县民政局等六家单位在跃龙山烈士陵园举行烈士陵园揭幕式。

4月2—6日　共有17783名青少年到跃龙山祭扫烈士陵园。

4月5日　县委办发出《关于贯彻落实〈面向新世纪，加强关心下一代工作的意见〉情况进行检查的通知》。

4月8日　县关工委被评为1999—2000年度“少儿工作先进集体”。

4月9日　县关工委发出《关于认真落实县委30号文件贯彻执行情况检查的通知》。

4月19日　县关工委班子成员到宁波参观“为了共和国的诞生革命英烈事迹展览”。

4月23—25日　8个检查组分赴全县17个镇乡检查落实县委23号文件情况。

4月30日　由省综治委编印的安置帮教工作经验汇编——《赤诚塑灵魂，枯藤吐新绿》一书刊发县关工委撰写的《发挥老同志独特优势，帮教挽救解释青少年》一文。

5月21日　县关工委被宁波市关工委评为宣传报道工作先进集体，叶建杰被评为“宣传报道先进个人”。

5月31日　县关工委领导到竹口小学贺“六一”，与强蛟“小浪花”诗社同学们合影。

6月29日　县关工委、跃龙中学在原宁海中学校址联合举办庆祝中国共产党建党80周年暨纪念宁海县第一个党组织诞生75周年座谈会。

7月17日　县关工委杨启炉出席市关工委召开的社区关心下一代工作经验交流会。

7月19日　省关工委主任王耀亭一行到宁海县指导工作。

7月21日　《宁海报》头版头条报道省市关工委领导王耀亭、张永祥到宁海指导关心下一代工作的消息。

7月24日　县关工委培训学校高考学生234人，上线率达93.4%。

8月10日　县关工委被评为“2000年县级治安安全单位”。

8月13日　县关工委、县综治委、县教委联合发文，公布39所中小学法制副校长名单。

8月21日　市委办、市府办联合发文，表彰一批“三五”普法先进单位和个人，宁海县关工委被评为先进集体。

8月30日　县关工委杨启炉赴西安出席中国关工委召开的全国宣传工作会议。

9月11日　县关工委被中国关工委办公室、《中国火炬》杂志社评为“宣传报道和征订发行先进单位”。

9月13日　县人大常委会主任陈云高到县关工委听取中国关工委宣传工作会议情况的汇报。

11月21日　县关工委在园丁社区就宁海县如何开展社区关心下一代工作召开调研会。

12月6日　县关工委杨启炉出席省关工委工作会议。

12月7日　县关工委秘书长彭家标，副秘书长龚怀源等一行赴杭州出席余杭区关工委成立十周年纪念大会。

12月14日　2002年《中国火炬》征订落实1058份。

2002年

1月16日　县关工委杨启炉向县委副书记张拓原汇报新年度工作计划。

1月18日　县关工委杨启炉，叶建杰出席市关工委工作会议。

2月1日　县关工委帮教团赴省少管所对宁海籍学员进行帮教。

2月5日　《宁海报》刊载《最留恋的是学校时光，最相信的是父母——县关工委帮教团赴省少管所帮教侧记》一文。

2月8日　县关工委、县综治委、县司法局与省少年管教所签订《联合帮教协议书》。

2月19日　县委常委、组织部部长徐志军到县关工委看望老同志，并致春节慰问。

2月20日　市关工委办公室主任曹晖到宁海了解工作。

2月28日　县委办转发《县关工委2002年工作意见》。

3月7日　县关工委杨启炉与县教育局及有关学校研究校外辅导员工作，并提出整治学校周边环境、严格管理网吧等问题。

3月12日　机构改革后的县农林局成立关工委。

3 月 17 日　县关工委，县教育局，城关镇教委召开城区部分中小学校校长座谈会。

3 月 19 日　县关工委会同县教育局，县民政局等单位一起研究清明节悼念活动工作。

4 月 1 日　县关工委、县民政局等联合组织青少年在县烈士陵园开展以“大力弘扬先烈精神，严格遵守道德规范”为主题的缅怀先烈悼念活动。

4 月 15 日　县委办发文转发《县关工委关于要求县级机关组建、调整关心下一代工作组织的意见》的通知。

4 月 25 日　县关工委协助城关中学，县少年庭在城关中学举办“模拟法庭”。

5 月 21 日　县关工委杨启炉出席宁波市关工委召开的落实公民道德纲要经验交流会。

5 月 29 日　县关工委杨启炉、彭家标、杨贻众、叶建杰到双峰乡看望双峰学校师生，进一步落实“营养菜汤工程”。

6 月 10 日　县委办发文，对县关工委组成人员作出部分调整。

6 月 26 日　县关工委杨启炉和叶建杰出席市关工委工作会议。

7 月 10 日　中国关工委副秘书长王立文，《中国火炬》编辑葛青选到宁海考察关工委工作。

7 月 24 日　县关工委培训学校高考上线 311 人，上线率达 97%。

7 月 30 日　《中国火炬》第 7 期刊载县关工委撰写的《为山区孩子操劳》一文。

8 月 7 日　省电视台钱江都市节目部到宁海采访拍摄林贵清关心下一代工作先进事迹。

8 月 30 日　县关工委杨启炉赴宁波出席第七次宣传工作会议。

9 月 5 日　中国关工委副秘书长兼《中国火炬》杂志第一副总编温厚文一行到宁海考察关心下一代工作。

9 月 30 日　《中国火炬》第 9 期刊载县关工委撰写的《适应形势抓好组织建议》一文。

10 月 15 日　县关工委杨启炉及薛国苗、王崇斌出席市关工委召开的表彰会议。

10 月 22 日　武义县关工委一行到县关工委考察交流工作。

10 月 26 日　县关工委杨启炉应邀出席中关工委在长沙召开的全国部分县市区宣传工作座谈会。

10 月 30 日　慈溪市周巷镇关工委到县关工委考察交流工作。

11 月 28 日　慈溪市关工委到县关工委考察交流关工委的组织建设，《中国火炬》的征订及学用，举办培训学校等工作。

12 月 2 日　县委常委，组织部部长谢群华到县关工委看望老同志并考察工作。

12 月 10 日　县关工委杨启炉出席省关工委召开的“双先”表彰会。

12 月 19 日　县委常委、常务副县长徐光宪到县关工委看望老同志。

12 月 30 日　2003 年《中国火炬》征订结束，共收订 1070 份。

2003 年

1 月 10 日　县关工委和有关部门及城关镇、西店镇、深甽镇负责人员一行赴省少管所对宁海籍失足青少年帮教，并对干警进行慰问。

1 月 16 日　市关工委办公室主任曹晖与李平等到宁海指导工作，慰问县关工委工作人员。

2 月 25 日　县委办转发《宁海县关工委 2003 年工作意见》。

3 月 10 日　市关工委转发《宁海县关工委 2003 年工作意见》。

3 月 12 日　县关工委杨启炉，严望林，王崇斌出席市关工委举办的全市老干部爱国主义教育讲师团成员及关工委干部学习班。

3月24日　县关工委办公室副主任王崇斌参加市关工委组织的培训班，并赴广州市关工委、深圳文汇社区、宝民社区考察。

3月31日　县关工委举行2003年清明节缅怀先烈活动揭幕仪式。

4月22日　县关工委杨启炉赴宁波出席市关工委召开的工作会议。

5月22日　县关工委，县教育局，县团委联合发文《关于组织学习吴仪同志〈人生自我完善三要素讲话〉的通知》。

6月25日　县关工委培训学校上线170人，上线率97.7%。

7月7日　县关工委杨启炉参加由县委副书记张拓原带队的考察团，到嘉兴、上海等地参观考察革命传统教育基地建设情况。

7月25日　浙江省关工委专职副主任包保根、办公室副主任陆志莉，宁波市关工委主任张永祥、办公室主任曹晖到宁海考察县关心下一代工作。

8月13日　县关工委被评为2003年度《中国火炬》宣传报道和征订发行先进单位。

8月21日　县委发文，县委副书记张拓原分管县关工委工作。

8月29日　县关工委向省少管所宁海籍人员发信，希望他们认罪服法，洗心革面，重新做人，早日获得新生。

9月3日　县关工委向山洋革命纪念园和“梅花村会议遗址”修建捐款30000元。

9月9日　原城关镇14个社区关工委全部建立。

10月13日　县关工委决定组成调查组，对宁海县未成年人犯罪情况进行调研。

10月23日　县关工委杨启炉向县委副书记张拓原汇报召开“双先”表彰会等有关工作情况。

10月27日　县关工委杨启炉应邀出席中国关工委在福建泉州召开的全国部分宣传报道工作先进集体代表座谈会。

10月28日　市关工委召开“六好”社区关工委表彰会。县关工委和园丁社区关工委赴宁波出席大会。

11月5日　县委办公室转发县关工委《关于要求建立跃龙、桃源、梅林、桥头胡街道关工委的意见》。

12月10日　县关工委杨启炉赴杭州出席省关工委年度工作会议。

12月29日　县委决定县关心下一代工作“双先”表彰会于2004年1月6日召开。

12月30日　县关工委征订2004年《中国火炬》1080份。

2004年

1月6日　宁海县关心下一代“双先”表彰会在人民电影院召开。

是日　县关工委召开镇乡，街道关工委工作会议。

1月16日　县关工委帮教团到省少管所对宁海籍失足青少年进行帮教，并对干警进行慰问。

2月26日　县委办转发《宁海县关工委2004年工作意见》。

3月17日　县关工委，县民政局，跃龙街道等7家单位联合召开2004年清明节缅怀先烈活动筹备会议。

3月25日　县委办《调查与研究》第2期转发县关工委《关于我县未成年人犯罪情况的调查报

告》。

3月29日　县关工委等7家单位联合举行2004年清明节祭奠革命先烈活动揭幕式。

是日　市关工委转发《宁海县未成年人犯罪的调查情况》。

是日　县关工委龚怀源出席中国关工委在浙江义乌召开的《中国火炬》通讯员座谈会议。

4月5日　《今日宁海》刊载刘保山撰写的《夕阳育新苗——记杨启芳老人关爱儿童的先进事迹》。

4月8日　县关工委发文要求各镇乡、街道、直属机关关工委认真学习、宣传、贯彻《中共中央国务院关于进一步加强和改进未成年人思想道德建设的若干意见》。

5月27日　县关工委杨启炉，王崇斌及茶院乡党委副书记林长春出席宁波市关工委召开的农村关心下一代工作会议。

7月5日　县关工委培训学校高考上线136人，上线率达84.1%。

7月8日　县委办、县人民政府办公室发出《关于建立宁海县加强和改进未成年人思想道德建设联席会议制度（试行）》的通知。

7月27日　宁波日报、宁波晚报、东南商报、宁波电视台到县采访未成年人思想道德教育情况。

7月28日　县关工委和县委宣传部、县教育局、团县委、跃龙街道联合举办优秀学子成长事迹报告会。

8月5日　县委、县政府发出《关于进一步加强和改进未成年人思想道德建设的实施意见》。

8月17日　宁海县未成年人“助学工程”正式启动。

8月25日　县政法委、县关工委、县教育局等单位联合召开预防在校生犯罪研讨会。

8月29日　县关工委杨启炉出席中国关工委在成都召开的全国宣传工作部分先进集体座谈会。

9月1日　县委办公室发出《关于发挥“五老”队伍在加强和改进未成年人思想道德建设中的作用的通知》。

9月2日　中国关工委办公室顾问李春生、副主任陈田、秘书夏以群在省关工委办公室主任张绍文、宁波市关工委副主任曹晖等陪同下，到宁海调研贯彻落实中央8号文件和发挥“五老”队伍为未成年人思想道德建设工作开展情况。

9月13日　县委常委、组织部部长谢群华到县关工委召开座谈会，宣布调整县关工委班子组成人员。

9月28日　县教育局、县关工委联合召开城区县直属学校、城区中小学校校外辅导员恳谈会。

9月30日　《中国火炬》第9期刊载宁海县关工委培训学校办学成绩显著信息。

10月15日　县关工委主任谢群华等出席纪念宁波市关工委成立十五周年暨表彰大会。

10月21日　海盐县关工委到县关工委考察交流政法系统关心下一代工作。

11月2日　经县委领导同意，聘任袁哲飞为驻会副主任。

11月5日　县政协副主席赵秀萍一行4人到县关工委调研未成年人犯罪情况。

11月23日　县委办、县人民政府办公室发文，西店镇革命烈士园列入第二批县级爱国主义教育基地。

12月2日　县关工委和县人民法院刑庭组织“庭审进校园”活动。

12月8日　县关工委杨启炉陪同县委副书记王飞检查“梅花村会议遗址”、福泉山纪念碑亭、县烈士园的修建和保护工作。

是日　县关工委副主任袁哲飞出席市文明办检查宁海县贯彻《中共中央国务院关于进一步加强和改进未成年人思想道德建设的若干意见》（以下简称《若干意见》）情况的会议。

12月9日　县关工委荣获中国关工委2004年度宣传和《中国火炬》发行先进单位称号。

12月10日　县委常委、宣传部部长顾卫卫一行到县关工委召开座谈会，听取对贯彻《若干意见》的意见和建议。

12月14日　县关工委杨启炉出席省关工委召开的表彰大会。

12月31日　县关工委向县属各级关工委印发《宁海县关工委工作规则》。

2005年

1月21日　县关工委袁哲飞参加全国“扫黄打非”电视电话会议。

1月26日　县关工委会同综治委、县文明办等部门领导赴杭州省少管所对宁海籍学员帮教，并对省少管所干警慰问。

2月2日　县委副书记王飞看望县关工委全体工作人员。

是日　县关工委杨启炉评为宁波市加强和改进未成年人思想道德建设标兵；朱瑞骏被评为宁波市加强和改进未成年人思想道德建设先进个人。

2月4日　县关工委杨启炉、袁哲飞赴宁波市关工委，汇报宁海县关工委2005年工作计划。

2月15日　县关工委制定的《宁海县关工委工作规则》和《宁海县关工委2005年工作意见》被中国关工委网站采用。

2月17日　县委批转《县关工委2005年工作意见》。

2月22日　县委组织部召开发挥“五老”队伍作用责任单位协调会议。

2月23日　县委组织部、县关工委、县教育局等八单位联合发出《关于开展“五老”队伍情况调研的通知》。

3月2日　县关工委杨启炉、袁哲飞向县委副书记王飞汇报工作。

3月10日　宁波市关工委顾问徐涨厚，专职副主任曹晖等一行到宁海调研“五老”建设和作用发挥情况。

3月11日　县关工委杨启炉、袁哲飞与市关工委调研组到长街镇参观岳井铭记碑、伍山抗暴陈列室和香花山烈士园，听取长街镇领导和镇关工委工作汇报。

是日　市关工委调研组在宁海宾馆召开“五老”座谈会。

3月18日　县关工委、县民政局、县委老干部局等8个单位联合召开清明节祭奠县烈士园活动筹备会议。

3月24日—25日　县关工委顾问薛惠珍及杨启炉、袁哲飞、王崇斌等出席市关工委“五老论坛会议”。

3月30日　县关工委、县民政局、县教育局等有关单位联合在烈士陵园举行2005年清明节祭奠烈士首场仪式。

4月4日　县委调整县关工委主要负责人。

4月5日　杨启炉、袁哲飞、龚怀源出席县委副书记徐志军主持召开的老干部老党员征求先进性教育座谈会。

4月13日　县关工委召开纪念县关工委成立15周年文集编辑小组会议。

4月21日　市关工委常务副主任颜志定、办公室秘书叶丹妮在宁海召开宁海、奉化、象山关工委负责人会议。

4月27日　县关工委发挥“五老”作用，调研组听取县农林局关工委主任屠常君、副主任邬儒生汇报发挥“五老”作用情况。

4月30日　县关工委调研后形成的《发挥“五老”优势，为加强未成年人思想道德建设和构建和谐社会贡献力量》的调研报告，上报县委、市关工委。

5月13日　县综治办、县教育局、县关工委联合召开中小学法制副校长表彰大会。

6月27日　县委、县政府在人民电影院召开宁海县关工委成立15周年庆祝大会。

7月25日　县关工委杨启炉被评为全国关心下一代先进工作者。

7月29日　县关工委与有关部门联合召开网吧，电子游戏义务监督员培训会。

8月22日　县关工委杨启炉、袁哲飞两人赴胡陈乡考察干部应巧珍。

8月23日　调整关心下一代基金管理委员会成员。

8月26日　县委常委陈云高到访，杨启炉、袁哲飞接待。

是日　县关工委杨启炉致函谢群华等领导，呼吁解决实验小学周边洗头房的问题。

9月13日　市关工委简报第5期增刊刊载《宁海县关工委预防未成年人犯罪，开展“百千万工程”》一文，并加编者按。

9月19日　县委、县政府办公室联合发文《关于开展“七个一”活动，切实推进预防和减少未成年人违法犯罪工作的实施意见》。

9月22日　县关工委杨启炉赴广东深圳出席中国关工委宣传报道会议。

10月11日　县委副书记王飞听取县关工委杨启炉，袁哲飞工作汇报。

10月15日　县关工委在跃龙街道召开镇乡（街道），县直部分单位关工委工作会议。

11月1日　县关工委李明来赴京出席中国关工委培训会议。

11月3日　《今日宁海》刊载记者潘旭婷撰写的《我县青少年犯罪现状透析》一文。

11月15日　县怡惠、北星等5个社区关工委被市关工委评为“六好”社区关工委。

是日　县关工委袁哲飞、办公室李明来赴宁波出席市“六好”社区评比表彰大会、市关工委年度工作汇报会。

11月16日　县关工委被中国关工委评为2005年度全国宣传工作先进集体。

12月9日　县关工委杨启炉、袁哲飞、俞伟平向副书记王飞汇报工作。

12月13日　县关工委杨启炉向县关工委主任俞小勋汇报“双先”会召开事宜。

12月30日　县委、县政府召开全县老干部工作关心下一代工作暨先进表彰会议。

2006年

1月3日　县教育局、县关工委联合召开城区校外辅导员会议。

1月9日　县长助理项松春、县关工委杨启炉等到省少管所慰问失足青少年，开展帮教工作。

2月5日　县委副书记徐志军，县关工委主任俞小勋等领导到县关工委向驻会人员新年问候。

2月16日　县关工委杨启炉出席宁波市组建“关爱工作团”会议。

2月28日　县关工委在民政局召开“清明节祭扫协调会”。

是月　县关工委被中国关工委评为2005年度《中国火炬》宣传报道和征订工作先进集体。

3月6日　县关工委袁哲飞、办公室李明来参加余姚市关工委成立20周年纪念大会。

3月8日　全县预防未成年人违法犯罪工作汇报会在茶院乡召开。

3月9日　县委办转发《县关工委组建“关爱工作团”的实施意见》。

3月16日　县关工委被评为2004—2005年度县未成年人思想道德建设先进集体，杨启炉、冯圣太、林贵清被评为县思想道德建设先进个人。

3月17日　杨启炉、袁哲飞在跃龙街道出席关爱工作团团长会议。

3月22日　县关工委袁哲飞，李明来赴宁波参加学习会。

3月28日　县关工委召开乡镇，街道关心下一代工作会议。

3月31日　县关工委等部门举行跃龙山烈士陵园首场祭扫仪式。

4月5日　县关工委、县老干部局、县教育局、团县委、县妇联五家单位联合召开“弘扬先烈崇高精神，树立社会主义荣辱观”座谈会。

4月13日　县关工委、县政法委、县文明委联合发文增补关爱工作团成员。

4月14日　县关爱工作团会议在政法委召开。

5月28日　县关工委，县教育局联合召开校外辅导员会议。

5月30日　县关工委领导到梅林街道育才民工子弟学校进行节日慰问。

6月13日　县关工委杨启炉赴宁波出席“廉政文化进校园”会议。

6月19日　县关工委与有关单位联合召开“校外暑期教育活动”协调会。

6月29日　在柔石中学召开纪念中国共产党建党85周年暨中共宁海县第一个支部诞生80周年大会。

7月4日　县关工委李明来出席全省关工委系统培训会。

7月20日　县关工委，跃龙街道联合召开暑期校外青少年教育活动工作会议。

7月21日　县关工委召开镇乡街道关心下一代工作会议。

8月24日　县关工委杨启炉出席中国关工委在上海召开的全国关心下一代宣传工作会议。

9月20日　县关工委召开镇乡街道关心下一代工作会议。

是日　县关工委召开“全县青少年文明礼仪普及活动”协调会议。

10月18日　杨启炉、李明来到慈溪出席“慈溪市关工委成立二十周年暨‘双先’表彰大会”。是日，赴宁波参加宁波市关心下一代工作“双先”表彰会。

11月21日　县关工委杨启炉，李明来赴慈溪出席市关心下一代工作会议。

11月30日　县关工委举办学习中共十六届六中全会精神辅导会。

12月5日　县关工委参加县中小学生违法犯罪预警机制会议。

12月6日　县关工委出席县网吧整治协调会。

12月7日　县关工委杨启炉参加全省未成年人思想道德建设电视电话会议。

12月11日　县关工委杨启炉到杭州出席省关工委召开的工作会议。

12月18日　县关工委到县文广局出席网吧整治表彰协调会。

12月22日　县委决定王以位任县关工委副主任。

2007 年

1 月 30 日　县关工委召开“宁海县网吧电子游戏监督工作总结暨表彰会议”。

3 月 15 日　宁波市镇海区关工委顾问团一行 20 多人到县关工委参观考察关心下一代工作。

3 月　调整县直属各单位关工委班子成员。

是月　县委、县政府同意县关工委组织 13 位老同志赴延安、西安革命老区考察参观。

4 月　县委组织部、县关工委、县教育局联合发文《关于在全县开展村校共建“三好四无”创建活动的实施意见》。

5 月 10 日　经县委同意，县委组织部调整县关工委领导成员。

6 月 4 日　经县委组织部同意，县关工委调整委员、副秘书长成员。

6 月 11 日　县关工委召开县直机关关心下一代工作会议。

8 月 13 日　建立村社校共建“三好四无”创建活动领导小组。

9 月 12 日　县综治委、县文明委、县关工委调整关爱工作团组成人员。

10 月 8 日　建立“两团两组”（帮教帮扶团、爱国主义宣讲团、组织建设组、调查研究组）

11 月 2 日　调整“宁海县关心下一代基金管理委员会”成员。

11 月 28 日　慈溪市关工委考察团一行 6 人到县关工委考察关心下一代工作。

12 月　《2007 年宁海年鉴》“社会事务栏”刊载宁海县关心下一代工作委员会 2007 年重大活动概况。

2008 年

1 月 4 日　县委、县政府召开全县老干部工作、关心下一代工作先进集体、先进个人表彰会议。

1 月 25 日　县关爱工作团团长王元法，县关工委副主任任校章，县司法局张德浩等一行赴省少管所对宁海籍失足青少年进行帮教。

3 月 12 日　县委转发《2008 年宁海县关心下一代工作意见》。

3 月 20 日　县关工委召开全县首批开展村（社）校共建“三好四无”创建活动检查工作汇报会。

3 月 24 日　中共宁海县委组织部发出《关于进一步加强基层关心下一代组织领导班子建设有关事项的通知》。

3 月 31 日　龚怀源被中共宁波市委、宁波市人民政府评为宁波市第二届未成年人思想道德建设工作先进个人。

5 月 15 日　县关工委“爱心基金”向四川地震灾区儿童捐款 2 万元。

6 月　县关工委编印《宁海县村（社）校共建“三好四无”创建活动工作指南》500 册，分发各地在实施创建工作中参考。

8 月 5 日　全县 19 个“三好四无”创建活动试点村顺利通过考核验收。

8 月 15 日　全县乡镇、街道关心下一代工作会议在白云山庄召开。

9 月　县委书记王剑侯、副书记谢群华分别对县关工委呈送的调研报告《关于预防和减少未成年人违法犯罪问题的探讨》作出批示。

11月4日　县综治委、县关工委、县教育局联合召开全县学校法制教育暨“三好四无”创建工作会议。

11月10日　宁波市关工委主任邵孝杰，副主任杨勤、曹晖，办公室主任李平到县调研关心下一代工作。

11月17日　县关工委组织部分乡镇、街道、县直机关关工委负责人员一行赴江阴、南通、昆山三地学习考察关心下一代工作。

2009年

1月14日　全县2008年度关心下一代工作暨表彰会议在县委、县政府大会议室召开。

2月2日　中共宁海县委发出《关于转发〈2009年宁海县关心下一代工作意见〉的通知》。

2月24日　县关工委杨启炉、王以位就民营企业建立关工委组织问题到长街镇进行调研。

3月19日　县关工委在跃龙街道草湖村召开全县“三好四无”经验交流会。

4月9日　“三好四无”创新活动巡视指导工作会议在县总工会召开。

4月24日　县关工委和有关单位在县委党校举行全县网吧义务监督员培训会议。

5月13日　县关工委启动爱心基金，给予城关中学患重病学生周某峰一次性补助3000元。

5月14—15日　市关工委举办宁波市关工委系统培训会，县关工委副主任、副秘书长、办公室副主任和18个镇乡、街道关工委常务副主任或副主任共22人参加培训会议。

5月31日、6月1日　县关工委领导分别前往县育才、科达两所外来工子弟学校举行市关工委“爱心书库”建立仪式。

7月20日　县委发出《关于印发〈宁海县关心下一代工作委员会工作规则（修订）〉的通知》。是日，县委办公室转发县关工委《关于要求调整有关乡镇、街道关工委班子成员的意见》。

7月22日　县关工委搬迁至桃源南路282号（原财政局大院）二楼办公。

7月25日　县关工委调研报告《关于改善跃龙中学办学条件的几点建议》呈报县委、县政府以及县教育局，引起领导高度重视。

8月11日　全省关工委办公室工作会议在宁海县召开。

8月13日　省关工委基金会秘书长沈国华，市关工委主任邵孝杰、副主任曹晖等一行到县关工委考察关心下一代工作。

9月8日　县关工委决定王伟莉任县关工委办公室主任。

10月16日　省关工委在省人民大会堂举行成立二十周年庆祝大会，杨启炉出席。

10月17日，县关工委主任俞小勋等出席宁波市关工委成立20周年庆祝大会。

10月22日　山东省武城县关工委考察团一行12人到县关工委考察关心下一代工作。

11月12日　舟山市普陀区关工委到县关工委考察交流“三好四无”创建工作和镇、村两级“六有”关工委建设。

12月1日　宁波市关工委主任邵孝杰、办公室副主任李平和市关工委研究室主任卢英彪等到县调研关心下一代工作。

12月15日　副县长冯甦春就未成年人犯罪的预防和矫治问题到县关工委开展调研活动。

12月23日　县关工委召开2009年度“三好四无”创建活动考核验收情况汇报会。

12月28日　宁海县委、宁海县人民政府下发《关于进一步加强关心下一代工作的意见》。

2010 年

1 月 21 日　县委任命袁春林兼任县关工委副主任（专职）。

1 月 25 日　县关工委杨启炉、袁春林、王伟莉出席在象山石浦镇召开的 2009 年度全市关心下一代工作会议。

1 月 27 日　县关工委领导前往育才外来工子弟学校大桥李分校慰问特困外来工子女。

3 月 18 日　《宁海县村（社）校共建“三好四无”创建活动工作指南》（修订本）编印完成。

3 月 19 日　县关工委在桃源街道召开全县“三好四无”创建工作经验交流推进会。

3 月 27 日　“携手同行　共享蓝天”留守儿童欢乐茶园游活动在桑洲镇举行。

3 月 29 日　悼念革命先烈教育活动首场仪式在县烈士陵园举行。

6 月 8 日　县关工委召开成立 20 周年庆祝大会。《县关工委成立 20 周年纪念文集》印发。

6 月 29 日　县关工委专职副主任袁春林出席宁波市委，市政府召开的未成年人思想道德建设工作会议。

7 月 7 日　县关工委牵头在县文广局召开全县净化社会文化环境工作协调会议。

7 月 9 日　县关工委杨启炉及王伟莉出席宁波市关工委召开的学习贯彻全国关心下一代工作表彰大会精神会议。

9 月 7 日　县关工委袁春林赴吉林长春出席中国关工委召开的全国关心下一代宣传工作会议。

10 月 14 日　县关工委杨启炉赴辽宁省出席中国关工委召开的《中国火炬》杂志评刊座谈会。

10 月 15 日　市关工委专职副主任曹晖一行到县长街镇调研青少年教育基地建设工作。

10 月 25 日　杭州市江干区人大、关工委到县考察交流关工委工作。

10 月 26 日　上海市宝山区关工委到县考察交流关工委工作。

12 月 1 日　宁波市关工委主任邵孝杰，副主任杨勤，办公室主任李平一行 3 人到县调研基层关工委工作。

12 月 9 日　县关工委袁春林赴宁波出席加强未成年人思想道德建设电视电话会议。

12 月 14 日　县关工委杨启炉赴杭州出席全省关心下一代工作会议暨表彰会议。

2011 年

1 月 14 日　县关工委和黄坛镇关工委到双峰山区慰问留教留读小学师生。

1 月 18 日　县关工委杨启炉，袁春林和任琦出席宁波市关心下一代工作暨表彰大会。

1 月 21 日　县委在宁海宾馆召开关心下一代工作会议。

1 月 25 日　县关工委、县司法局、团委等有关人员组成帮教团，前往省少管所慰问干警，帮教宁海籍失足青少年。

3 月 4 日　县关工委，县委宣传部等有关部门联合召开中国共产党建党 90 周年纪念活动协调会。

3 月 7 日　县关工委、市工商局宁海县分局、县民营企业协会联合召开民营企业关工委建设协调会。

3 月 11 日　县关工委与有关单位联合召开清明悼念革命先烈活动协调会。

3 月 28 日　县关工委会同县民政局、县教育局等 6 家单位在跃龙山烈士园举行 2011 年清明缅怀先烈首场式。

是日　县关工委举办为期一周的纪念中国共产党建党 90 周年图片展活动。

3 月 29 日　宁波市关工委主任邵孝杰，专职副主任曹晖，办公室主任李平一行到西店镇调研关心下一代工作。

4 月 23 日　县关工委与有关部门联合开展“光辉照我心，精神传万代”为主题的百名老少同访中华人民共和国成立前老党员活动。

5 月 5 日　县关工委在西店镇召开村（社）校共建提升“三好四无”创建活动工作现场会。

5 月 19 日　县关工委杨启炉，袁春林和办公室应可顶及 18 个乡镇（街道）关工委常务副主任参加在市委党校举行的宁波市关工委系统培训班。

5 月 28 日　县关工委与县妇联开展以“关爱革命老区留守儿童，加强爱国主义教育”为主题的宣传教育活动。

5 月　县关工委与县教育局联合在全县各校开展“光辉的历程”图片巡回展。

6 月 16 日　县关工委与有关部门联合在中共宁海第一个支部诞生地——原正学小学旧址（现为柔石中学）召开庆祝中共宁海第一个支部成立 85 周年会议。

6 月 22 日　县关工委与有关部门联合召开 2011 年暑期校外青少年教育活动协调会。

6 月 29 日　市工商局宁海分局、县关工委、县民营企业协会联合召开全县民营企业关工委组建工作暨宁海县民营经济关心下一代委员会成立大会。

7 月 2 日　市关工委举办“代代跟党走”老少诗歌朗诵会，县关工委选送的诗朗诵《我们同唱一首歌》荣获“优秀演出奖”。

7 月 7 日　县关工委召开上半年度关心下一代工作会议。

7 月 13 日　县关工委举办学习中共中央总书记胡锦涛“七一”重要讲话学习会。

7 月　县关工委组织“五老”在青少年中开展“红色传递我行动，党旗飘扬我成长”暑期教育活动。

8 月 24 日　县关工委杨启炉出席中国关工委宣传工作会议。

8 月 30 日　市关工委主任邵孝杰一行到县调研关工委在加强和创新社会管理中的作用。

9 月 1 日　县关工委王以位赴福州出席第十九次全国部分城市关心下一代工作研讨会。

9 月 22 日　县委组织部部长林惠明到县关工委调研关心下一代工作。

9 月 29 日　县关工委会同县文明办、县公安局等有关部门对县城区网吧等进行一次集中突击检查。

10 月　县关工委与有关部门联合行动，对城区实验小学、潘天寿中学、城关中学及幼儿园等学校的周边环境进行安全大检查。

是月　县关工委会同县委宣传部和岔路镇领导到山洋革命根据地纪念园，就如何更加有效地发挥“浙江省青少年思想道德建设实践活动基地”的作用等有关事项进行实地调研和探讨。

是月　县关工委撰写的《以“三好四无”共建为载体，加强基层关工委建设》一文入选《全国关心下一代宣传工作会议材料》。

11 月 11 日　县关工委组织关心下一代工作考察团赴山西省大同市南郊区进行学习考察活动。

11 月 23 日　市关工委主任邵孝杰到县关工委调研关心下一代工作。

12月15日　绍兴县关工委考察团一行到县考察关心下一代工作。

12月21日　县关心下一代工作暨培训会议在县委党校召开。

2012年

1月12日　县关工委杨启炉、袁春林、应可顶出席全市关心下一代工作会议。

1月13日　县关工委胡昌强会同县政法委、司法局、团县委等有关单位领导赴省少管所慰问干警，帮教宁海籍失足青少年。

2月10日　市关工委办公室工作座谈会在宁海县召开。县关工委杨启炉，任校章，应可顶，田敏出席会议。

3月5日　全县各级关工委开展“学雷锋讲文明树新风”系列活动。

3月20日　县关工委在跃龙街道召开全县创建“五好”乡镇（街道）关工委现场会。

3月28日　县关工委与有关单位联合在县烈士陵园隆重举行“祭先烈、心向党、讲品德、见行动”悼念革命先烈主题教育活动首场仪式。

4月11日　县关工委袁春林，单小乾出席宁波市爱国主义教育宣讲团培训会议。

5月11日　宁海县一位爱心企业家向县关工委定向捐赠100万元。通过县关工委建立爱心助学金，资助县经济欠发达乡镇（街道）贫困家庭孩子完成义务教育段学业。

5月30日　县关工委在岔路镇举行“宁海县关工委爱心助学金”发放仪式。

5月　县关工委组织巡视指导组开展“红五月——基层服务月”活动。

6月5日　宁波市关工委在鄞州区党校举办2012年全市关工委系统培训班，县共有22人参加培训。

7—8月　县关工委开展以“学雷锋、心向党、讲文明、见行动”为主题的暑期青少年校外教育活动。

8月13日　县关工委会同跃龙街道及社区等有关人员，开展“网吧巡查周”活动。

9月6日　县关工委、跃龙街道怡惠社区联合开展以“幸福手牵手、快乐新学年”为主题的新学年系列关爱活动。

是日　县关工委、跃龙街道怡惠社区为育才小学送去投影仪和音响器材等教学设备，并对30名品学兼优学生进行表彰奖励。县关工委给该校学生送去价值3000元的书包等学习用品。

11月23日　县关工委组织部分关工委副主任、常委专题开展中共十八大精神学习会。

11月28日　市关工委主任邵孝杰，副主任杨勤，专职副主任魏百军，办公室叶丹妮一行到县调研关心下一代工作。

12月18日　县关工委领导出席全省关心下一代工作及表彰会议。

2013年

1月9日　县召开关心下一代工作暨表彰会议。

3月13日　县关工委会同有关单位在县民政局召开清明悼念革命先烈活动协调会。

3月19日　县关工委袁春林出席由中国关工委主任顾秀莲在宁波市主持召开的基层关工委工作座谈会，并汇报宁海县基层关工委建设工作。

3月27日—4月3日　以“弘扬雷锋精神，做最美宁海人”为主题，开展缅怀革命先烈活动。

4月11日　县关工委、教育系统关工委在金阳小学举行县小学家长学校读本《为孩子而学习》首发式。

4月25日　县关工委袁春林，王以位，任校章到长街镇连浦村进行县关工委联系点的调研活动。

4月26日　象山县关工委领导带领新桥镇关工委一行到宁海县西店镇考察交流关心下一代基层建设工作。

4月　县关工委开展以“下基层、深调研、办实事、强服务、促发展”为主题的“基层调研月”活动。

5月23日　县关工委在前童镇中心小学举行2012年度第二学年爱心助学基金发放仪式。

5月28日　县关工委联合宁波得力集团，前童镇关工委在前童镇中心小学开展“聚集各族儿童，关爱祖国花朵”为主题的慰问少数民族儿童活动。

5月　是月底，县关工委以“携手追梦、共享阳光、喜迎六一、快乐成长”为主题开展“六个一”系列活动。

是月　月底，县关工委、教育局关工委及退休老教师一行对西店镇外来工子弟学校进行深入调研。

6月4日　省关工委副主任江坪、陈仲方、办公室主任沈国华在宁波市关工委主任邵孝杰、专职副主任魏百军、办公室主任李平陪同下，到县调研关心下一代工作。

6月26—28日　县关工委分别在茶院乡，黄坛镇，梅林街道召开半年度分片工作会议。

6月　县关工委联合县教育局开展的“复兴中华、从我做起”和“寻找身边最美的人、最美的事”征文比赛活动评选结束。

是月　县关工委，县普法办，县教育局联合开展“法在我心中”法制宣传主题活动。

7月1日　县关工委和理查德英语培训学校联合举办的假日学校开学。

7月4日　县关工委召开县爱国主义宣讲团工作会议。

7月19日　县关工委会同县文明办对城区内六家网吧和一家游戏厅进行监督巡查。

7月23日　宁波市青少年平安自护教育专项行动暨平安自护教育课堂启动仪式在宁海举行。

7—8月　县关工委开展“缤纷夏日　七彩生活”暑期青少年教育活动。

8月28日　县关工委，县新闻中心携手苏酒集团，县七彩阳光商贸有限公司“2013浙江百村助学公益活动”助学金发放仪式在正学中学举行。

10月15日　县关工委干部赴天台县，三门县关工委学习取经。

11月1日　县关工委，团县委牵手张力助学中心，高格卫浴产品有限公司开展“金秋圆梦，传递爱心”为主题的高格卫微心愿公益助学活动。

11月22日　县关工委在胡陈乡初级中学举行2013年下半年爱心助学金发放仪式。

11月28日　宁波市关工委主任邵孝杰，专职副主任魏百军到宁海调研关心下一代工作。

12月12日　县关工委召开全县关心下一代工作“五老”先进个人表彰会议。

12月23日　县委组织部，县关工委联合发出关于村级组织换届后及时调整充实基层关工委领导班子等有关工作的通知》。

12月24日　县关爱工作团组织成员单位有关领导专程赴省少管所对宁海籍失足青少年开展关

爱帮教活动。

12月25日　由县委统战部联合县教育局，县妇联，县关工委共同成立的宁海县向日葵青少年心理咨询室举行揭牌仪式。

12月26日　县委召开全县关心下一代工作会议。

12月31日　县关工委召开2013年度关心下一代调研工作表彰会。

2014年

1月　全县各级关工委开展以“缤纷寒假，筑梦成长”为主题的寒假青少年校外教育活动。

3月9日　县关工委志愿者服务总队参加“学雷锋”2014第二届宁海志愿服务广场文化活动。

3月12日　县关工委，县教育局赴象山考察学习“假日学校”的开办经验。

3月14日　召开全县基层关工委“双创建”工作经验交流会。

3月19日　县关工委与民政局等8家单位联合召开清明节协调会议。

3月25日　宁海县召开预防未成年人犯罪工作协调会议。

3月31日—4月4日　全县各地关工委开展“老少共筑中国梦，携手同走复兴路”为主题的缅怀革命先烈教育活动。

4月11日　市关工委主任邵孝杰，专职副主任魏百军，办公室主任李平到县调研乡镇（街道）关工委常务副主任队伍建设情况。

4月15日　县关工委会同民营经济关工委及乡镇（街道）关工委组织调研指导组对22家民营企业关工委建设情况进行调研和指导工作。

4月　是月底，县关工委会同县民营经济关工委联合开展走亲入企活动。

5月20日　县委政法委、县人民法院、县关工委、县司法局对上半年判处非监禁刑的9名居住在宁海的未成年人进行集中回访。

5月23日　县关工委袁春林，任校章会同县教育局关工委负责人员到力洋镇前横小学开展“传递关爱，情暖六一”慰问活动。

5—12月　县关工委在全县青少年中开展“助力‘五水共治’，‘双阳’携手同行”主题活动。

6月12日　余姚市关工委一行到县关工委考察基层关工委“双创建”工作。

7月28日　市关工委副主任杨勤、沈觉人到县慰问同心假日学校，西店中学假日学校。

7月—8月　县各级关工委开展“缤纷暑期季　快乐大本营”假日学校活动。

9月　县关工委组织四个巡视指导组分片赴18个乡镇（街道）对2014年“双创建”工作进行检查督促指导。

10月　县关工委、县综治办、司法局等七单位经协商决定，将宁波奇精机械股份有限公司、宁波志清实业有限公司、宁波超拨电子有限公司设立为“宁海县青少年群体安置帮教基地”。

11月11日　宁波市关工委基层工作经验交流会在县召开。主任林惠民在会上介绍县基层建设经验，与会代表到跃龙街道车河社区、杜鹃社区实地考察。

12月9日　县关工委袁春林、王以位及县教育局关工委舒静芬等一行到宁海县教育局校外教育实践基地——宁海县佳田绿色学校进行调研活动。

12月16日　县关工委撰写的《夯实基础求突破　注重特色创品牌　扎实推进基层关工委建设上水平》编入《2014年全省关工委工作经验交流材料汇编》。

是日　县关爱工作团方亚青，县关工委胡昌强与县有关部门领导专程赴省少管所对宁海籍失足青少年开展关爱帮教活动。

2015 年

1 月 6 日　县关工委宣讲团召开中共十八届四中全会精神学习会。

1 月 12 日　县关工委推选的胡陈乡中心小学汤子健荣获宁波市青少年“孝德之星”称号。岔路镇下畈村村民周芳获宁波市青少年“孝德之星”提名奖。

1 月 28 日　县关工委召开全县关心下一代工作会议。

1 月　县山洋革命根据地纪念园和长街镇革命烈士陵园被正式命名为“宁波市关心下一代校外教育阵地”。

2 月 4 日　市关工委主任邵孝杰，专职副主任魏百军到桑洲走访慰问县优秀“五老”章思滚老师。

3 月 7 日　县关工委志愿服务总队在县青少年活动中心广场开展“学雷锋”活动。

3 月 17 日　市关工委主任邵孝杰一行到县调研关心下一代工作。

3 月 18 日　县关工委会同县民政局、县教育局、县公安局等单位召开清明节扫墓协调会议。

3 月 25—4 月 10 日　清明期间，全县各级关工委开展“缅怀先烈，感恩幸福生活——与梦同飞翔”主题活动。

4 月 3 日　县关工委童章军出席市关工委组织的专职副主任座谈会。

4 月 14 日　县关工委袁春林，宣讲团成员娄传申出席全省关工委业务培训会。

4 月 22 日　县关工委袁春林，童章军，田敏赴宁波出席中国关工委召开的全国关心下一代宣传工作电视电话会议。

4 月　县关工委在全县广大青少年中深入开展“爱学习、爱劳动、爱祖国”（以下简称“三爱”）主题教育活动年。

5 月 5 日　县关工委袁春林等出席全市关工委系统培训会议。

5 月 21 日　《一年一百万　三年助学情　宁海一企业家隐名捐款助学 315 万元　受助学子 4000 人次》一文在《今日宁海》时政要闻版刊登。

5 月 28 日　县关工委领导与县教育局关工委，深甽镇关工委领导到深甽镇大蔡小学开展“六一”慰问活动。

6 月 1 日　县关工委、教育局关工委、强蛟镇关工委到强蛟镇中心小学，对贫困学生进行节日慰问，发放慰问金及有关学习、体育用品。到强蛟镇边防哨所开展“‘小红花’和‘橄榄绿’快乐童享”主题活动。

是日　省关工委副主任王柏荣，市关工委主任邵孝杰一行到县调研基层关工委建设情况。

6 月 11 日　县关工委联合县教育局、团县委、县妇联在西店中学召开 2015 年暑期假日学校推进会。

6 月 19 日　县关工委成立 25 周年座谈会在县老干部局举行。

7 月 2 日　为纪念世界反法西斯战争暨中国人民抗日战争胜利 70 周年，县关工委联合县教育局在长街镇爱国主义教育基地岳井铭记碑前举行“爱我中华　老少筑梦创未来”系列主题活动启动仪式。

7月3日　县关工委袁春林，童章军，田敏等出席全市关工委负责人会议。

7月23日　县关工委开展暑期网吧义务监督活动，对跃龙街道怡惠社区、兴圃社区、车河社区的网吧进行突击检查。

7月24日　市关工委主任邵孝杰，专职副主任魏百军等一行走访慰问县黄坛镇两所“假日学校”。

7月29日　县关工委在长街镇山头村绿色佳田学校召开2015上半年度工作总结交流会。同时举行“宁海县青少年教育实践基地”“宁海县关工委假日学校”挂牌仪式。

8月4—5日　县关工委通过县委组织部远程教育平台集中开展公益宣讲活动。

8月6日　乐清市关工委到县考察交流基层关工委建设工作。

8月12日　县关工委举行“责任与梦想”大学生励志助学活动。

8月31日　金岩控股结对县10名困难学生。

9月13日　县关工委携手爱心企业上海润涵文化平台和正学中学共同举办“成长心连心”大型公益活动。

9月17日　县关工委袁春林，童章军，田敏出席宁波市关工委召开的传达学习贯彻中国关工委和省关工委有关会议精神会议。

9月30日　县关工委成员参加县委，县政府组织的宁海烈士公祭仪式。

10月13日　市关工委主任邵孝杰一行到县调研“五老”骨干队伍建设情况。

11月25日　县关工委袁春林、田敏，县教育局关工委叶显青赴宁波市出席市关工委召开的“五老”骨干队伍现场会。

12月4日　镇海区关工委考察团到县考察交流基层关工委建设工作。

12月18日　县关工委袁春林出席全省关心下一代工作暨表彰会议。

2016年

1月20日　县关工委袁春林，田敏赴宁波出席全市关工委会议。

1月27日　市关工委副主任沈觉人，刘永成，魏爱琴一行到西店镇海洋村走访慰问“五老”骨干邬锡良。

3月5日　“学雷锋活动月”启动仪式暨第四届宁海志愿服务广场文化节开幕。

3月10日　全县关心下一代工作会议在县老干部局召开。

3月15日　县关工委袁春林、童章军，关爱工作团朱庆生等一行赴奉化市关工委考察取经。

3月17日　县关工委召开青少年思想道德教育宣讲团工作会议。

3月18日　县关工委会同县民政局、县教育局等有关单位负责人召开清明节扫墓协调会议。

3月28日　“缅怀先烈颂党恩，传承精神跟党走”为主题的老少同祭革命先烈活动首场仪式在县烈士陵园举行。

4月5日　省关工委张绪培，张海洋到县调研农村基层关工委，“三爱”教育主题活动和农村留守儿童问题。

4月27日　慈溪市关工委组织各乡镇（街道）关工委到县考察交流创建“三好四无”基层关工委和“零犯罪学校”品牌建设工作。

5月4日　县关工委王以位、民营经济关工委吕茂根到西店镇与有关部门负责人商量西店暑期假日学校开班情况。

6月2日　是日及3日、6日，县关工委分别在力洋镇、强蛟镇、黄坛镇召开片区关工委半年度工作经验交流会。

6月29日　县关爱团童章军，朱庆生，葛玲娟到县人民法院为失足未成年人开展庭前，庭后教育。

7月19日　县关工委利用县委组织部远程教育平台统一开展暑期远程教育。

7月27日　市关工委沈觉人、刘永成、李平、魏爱琴等到宁海县慰问“假日学校”师生。

7月28日　县关工委童章军携同“五老”网吧监督组成员到各地检查网吧工作。

9月13日　县关工委与县民营经济关工委联合对民营企业关工委工作进行检查调研活动。

10月17日　县关工委袁春林赴北京出席2016年《中国火炬》通联评刊座谈会。

11月1日　市关工委主任邵孝杰到宁海县调研工作。

12月1日　中国关工委常务副主任武韬，全国青少年普法教育活动办公室负责人徐磊，省关工委专职副主任林斌，市关工委主任邵孝杰等一行到宁海调研青少年普法教育工作。

12月16日　县关工委袁春林出席全省关心下一代工作暨表彰会议。

2017年

1月12日　市关工委主任邵孝杰，专职副主任魏百军专程到宁海县春节慰问优秀“五老”张荣乾、王式坤。

1月19日　县关工委袁春林、田敏赴宁波出席全市关心下一代工作暨表彰会议。

3月4日　县关工委志愿服务总队参与“青春治水美丽城乡”学雷锋系列活动启动仪式暨第五届宁海志愿服务广场文化节活动。

3月14日　全县关心下一代工作会议在县政府大会议室召开。

3月17日　县关工委、县民政局、县公安局、跃龙街道关工委等8个单位联合召开清明节祭扫协调会议。

3月24日　县关工委关爱工作团召开年度工作会议。

3月27日　县关工委、跃龙街道、县老干部局等单位在烈士陵园联合举行以“继承先烈遗志，树立远大理想”为主题的老少同祭革命先烈活动。

4月24日　全国青少年普法活动办副主任王平，董淑焕到县指导普法教育。

5月5日　县关工委袁春林，童章军，田敏以及县教育局关工委负责人前往余杭学习考察。

5月24日　县关工委关爱团，县人民检察院到育才学校开展以“法律相伴伴我成长”为主题的普法教育讲座。

5月25日　县关工委袁春林、任校章与县红十字协会，县教育局关工委，胡陈乡关工委等单位负责人专程到胡陈乡东仓小学参与“爱心助学”活动。

是日　县关工委关爱团成员葛玲娟、单小乾到县人民法院第四审判法庭，对未成年犯严某进行庭前教育工作。

5月27日　县关工委袁春林与县爱心公益服务社等单位志愿者到培智学校，看望慰问自闭症儿童。

6月2日　内蒙古赤峰市敖汉旗关工委一行到县关工委考察交流关工委工作。

6月13日　是日及15日、21日，县关工委分别在东片的茶院乡、西片的岔路镇、北片的桥头胡街道召开半年度分片汇报会。

6月29日　县关工委袁春林、童章军、田敏三人出席市关工委系统培训会议。

7月19日　县关工委潘红月，袁春林，季元法，童章军，田敏一行到海曙区关工委学习交流成立“五老”志愿者协会的“四化型”创新模式的成功经验和创新思路。

7月25日　县关工委副主任童章军、网吧监督组组长鲍秉坚等一行分别到西店镇，跃龙街道，桃源街道等重点乡镇（街道）开展暑期网吧巡查专项活动；慰问冒酷暑顶烈日、不计报酬的“五老”网吧义务监督员。

7月27日　县关工委开展第三期暑期远程教育公益宣讲活动。

8月2日　县关工委童章军与网吧监督组鲍秉坚，金正友到西店网吧监督检查。

8月6日　县关工委被评为全国青少年普法教育活动先进单位。

8月9日　市关工委在岔路镇举行“联盟在行动　甬润童心”项目启动仪式。

9月12日　市关工委副主任沈觉人、刘永成，办公室主任李平到县关工委调研“四化型”发展模式工作。

9月29日　县关心下一代志愿者协会成立暨第一次代表大会召开。

是日　县举行青少年普法教育先进表彰暨民营企业关心下一代工作会议。

10月27日　象山县关工委一行到县考察交流基层关工委建设和志愿者协会成立工作。

11月24日　县关工委关爱团葛玲娟一行四人走访慰问宁海县育才学校外来务工子弟中的十位特困学生。

12月6日　县关工委召开中共十九大精神学习会。

12月22日　县关工委发文宣布成立《宁海县关心下一代工作志》编纂委员会。

2018年

1月8日　县关工委召开《宁海县关心下一代工作志》编辑部首次碰头会。

1月10日　县关工委召开全县关爱留守儿童爱心基金战略合作专项推动会。

1月12日　县关工委郑英雄出席市关工委和市教育局关工委召开的宁波市“五好”学校关工委表彰暨教育系统关心下一代工作年度会议。

1月24日　县关工委潘红月，袁春林，吴满春，田敏四人出席宁波市关心下一代工作会议。

1月29日　县关工委召开宁海县关心下一代工作会议。

1月30日　《肩负育人新使命　弘扬时代新主题　用新理念再创关心下一代工作新辉煌》在《今日宁海》专版刊登。

2月26日　县关工委召开《宁海县关心下一代工作志》编纂委员会第一次成员会议。听取王以位汇报前期准备工作，并讨论纲目编纂工作总体计划安排。

3月12日　县关工委召开《宁海县关心下一代工作志》编辑部全体成员会议。

3月13日　市关工委主任邵孝杰一行到西店镇调研“队伍组合联谊化、团队管理社团化、工作运行项目化、服务开展专业化”发展模式规范化建设试点工作。

3月14日　县关工委主任潘红月，袁春林，季元法，田敏等赴省关工委汇报工作。

3月20日　县关工委主任潘红月，袁春林，季元法，娄传申，田敏等赴宁波出席宁波市关工委召开的“弘扬红船精神　争当时代新人”主题教育活动部署会。

3月22日　县关工委牵头召开清明节祭扫协调会。

3月23日　县关工委袁春林，杨雯赴市关工委收看中国关工委召开的全国关心下一代宣传工作电视电话会议。

3月27日　在县烈士陵园开展以“传承红色基因，争当时代新人”为主题的全县各级关工委清明节祭扫活动启动仪式。

3月28日　县关工委袁春林、季元法、童章军赴嘉兴市南湖瞻仰红船，参观南湖革命纪念馆，参加全市关工委举行的“弘扬‘红船精神’　争当时代新人”主题教育活动启动仪式。

3月29日　县关工委在西店镇举行全县各乡镇（街道）关心下一代志愿者工作站规范化建设现场会，并举行《宁海县关心下一代工作志》编纂启动仪式。

4月11日　中国关工委常务副主任兼秘书长杨志海，常务副主任刘峰岩等一行到县调研关心下一代工作。

5月5日　县关工委和茶院乡关工委组织留守儿童和“五老”志愿者前往嘉兴南湖开展以“学习红船精神　争做红船少年”为主题的教育活动。

5月7日　县关工委袁春林赴杭州参加全省关工委主任培训班。

5月11日　县关工委召开《宁海县关心下一代工作志》分志稿编纂工作汇报交流会。

5月18日　宁海县关工委搬迁至宁海县跃龙街道桃源中路135-1号（原城投公司）办公。

5月25日　县关工委和县关心下一代志愿者协会，县教育局关工委，县红十字会到深甽双湖小学开展“六一”慰问活动。

5月28日　县关工委潘红月、袁春林、田敏、季元法、王元法，县教育局关工委负责人以及各乡镇（街道）关工委常务副主任等一行28人参加全市关工委系统培训班。

7月11日　省关工委副主任徐全升、王强和韩兵，办公室副主任潘铮一行到宁海调研关心下一代改革创新工作。

7月13日　市关工委副主任刘永成、张晖一行到县西店观澜小学，一市中心小学慰问奋战在公益教育前线的“五老”人员和大学生志愿者；山洋革命纪念园走访慰问老师王式坤。

7月17日　县关工委王元法，田敏赴宁波市出席项目培训会议。

7月31日　县关工委童章军带领“五老”网吧义务监督组前往长街，岔路，桥头胡开展上下联动网吧巡查活动。

8月21日　县关工委袁春林，王元法，郑英雄赴宁波出席宁波市关工委主任学习会。

10月10日　浙江省基层关工委建设工作会议在宁波市召开。县关工委潘红月，袁春林，季元法等出席。

10月11日　宁波市关工委副主任刘永成，市关工委办公室主任李平陪同舟山市王世和、包正东、张波，余姚市关心下一代志愿者协会陈小龙等到县关工委听取“四化型”经验介绍，和西店镇工作站、长街镇连浦村关工委、跃龙街道车河社区关工委交流做法。

10月18日　县关工委召开“向日葵信箱”工作品牌推进会。

10月30日　县关工委原常务副主任杨启炉向县关心下一代基金管理委员会捐助1万元。

11月3日　“宁海县关心下一代校外阵地”挂牌仪式在力洋镇水夫故居隆重举行。

11月15日　县关工委袁春林，季元法，童章军，王元法，郑英雄等一行赴永嘉县关工委考察交流新时代、新形势下的关心下一代工作。

11月22日　岱山县关工委到县交流“五老”志愿者队伍建设情况。

11月29日　宁波市关工委领导沈觉人、刘永成、张晖、办公室主任李平与市民政局两位处长到宁海县调研检查留守儿童工作。

12月21日　县关工委主任潘红月向关工委班子成员传达全省关心下一代工作会议精神。

2019年

2月27日　全县关心下一代工作会议召开。

3月4日　县关工委联合县委组织部、县文明办等单位举行宁海志愿服务项目大赛启动仪式暨第七届宁海县志愿服务文化节。

3月6日　县关工委袁春林带领部分乡镇（街道）关工委办公室主任到象山县新桥镇老少服务工作站考察学习。

3月8日　奉化区关工委到宁海交流考察志愿者协会规范化建设。

3月20日　县关工委联合县教育局、县退役军人事务局等有关单位召开清明节悼念活动协调会议。

3月21日　县委书记杨勇到县关工委调研关心下一代工作。

3月27日　县关工委联合县教育局、县退役军人事务局、团县委等单位在县烈士陵园举行以“红色基因代代传，争做时代追梦人”为主题的悼念革命先烈活动启动仪式。

4月17日　宁波市关工委专职副主任徐洪国、办公室主任李平到县调研考察关心下一代校外教育阵地建设工作。

4月18日　江北区关工委和关心下一代“五老”志愿者协会到县考察关心下一代志愿者协会工作运作情况。

4月27日　县关工委、关心下一代志愿者协会联合县民政局和社会组织服务中心等单位在力洋镇开展“情暖童心”农村留守儿童素质拓展项目。

5月5日　县关工委召开主任会议，并举行关心下一代志愿者协会工作室主任聘任仪式。

是日　县关心下一代志愿者协会关爱帮扶工作室联合县人民检察院在烈士陵园开展“铭记历史　缅怀先烈　重塑未来”活动。

5月7日　省关工委主任徐宏俊、专职副主任林斌带领省市关工委一行到宁海调研关工委组织建设和“优秀儿童之家”创建工作举行座谈会。

5月29日　县关工委联合县委统战部、县教育局、长街镇关工委和跃龙街道关工委，组织辖区30多名留守儿童开展“同一片蓝天下‘六一’关爱留守儿童活动”。

6月21日　县关工委召开2019年“假日学校”部署会。

7月23日　宁波市关工委副主任刘永成，民政局副局长丁导民等一行到宁海县调研“假日学校”开展情况。

7月26日　县关工委田敏在全省关工委主任培训班上作《坚持使命担当，我们奋进向前》经验介绍。

8月6日　县关协网吧净化工作室组织“五老”网吧义务监督员到各地开展暑期网吧巡查活动。

8月16日　县关工委召开关心下一代公益服务项目认领仪式。

8月23日　宁波市委办公厅《宁波信息》第186期刊载“宁海茶院乡打造‘向日葵’品牌护航青少年成长，实现未成年人违法犯罪十年‘零纪录’”的信息。

8月26日　县关工委青少年法律服务中心在浙江海浩（宁海）律师事务所挂牌成立。

8月29日　县关工委在桃源街道下桥村召开全县“五好”基层关工委示范点创建工作推进会。

9月4日　茶院乡关工委安排茶院乡司法所所长林佩颖到茶院小学开展“弘扬宪法精神，建设法治校园”专题讲座。

9月5日　一市镇关工委在一市中学开展垃圾分类专题培训。

9月11日　力洋镇关工委和计生委邀请县第二医院康复中心医生为力洋镇初级中学的学生上一堂课为“关爱少年成长，关注脊柱健康”的科普知识讲座。

9月12日　县关工委副主任、关协副会长童章军、吴满春到跃龙街道县前社区慰问校园护苗队的志愿者，向他们送上节日的慰问和关怀。

10月9日　县关工委副主任童章军和关爱帮扶工作室成员到县人民检察院首次开展涉罪未成年人“甬爱”项目个案观护活动。县人民检察院未检部门与县亲青帮青少年社会工作服务中心共同签订对宣告附条件不起诉未成年犯罪嫌疑人陈某、胡某的监督考察协议书。

10月22日　内蒙古自治区鄂尔多斯市关工委常务副主任何润珠，李秀兰等一行到县考察“四化型”工作发展模式。

10月30日　市关工委和市精神文明建设指导委员会办公室联合发文，命名县关工委副主任王元法宁波市关心下一代工作“最美五老”荣誉称号。

10月30—11月1日　《中国火炬》通联评刊暨通讯员培训班在四川省、重庆市举办。县关工委常务副主任季元法参加培训。培训期间，季元法受到中国关工委主任顾秀莲的接见，并被专门邀请上台接受《中国火炬》记者专访。

11月13日　县关工委在太平洋国际大酒店召开《宁海县关心下一代工作志》评审会。与会同志对该志书进行认真审定和评议，并提出修改完善意见。会议一致同意该志通过评审。

11月18日　桥头胡街道关工委联合桥头胡小学举行消防安全疏散演练活动，全校1800多名师生在4分钟内沿着指定楼梯快速、有序地撤离到安全地带。最后，还进行灭火器材的使用方法演示。

11月21日　2019年首届国学教育大会在金华召开，县关工委副主任童章军荣获孔子奖章教育奖。

11月24日　山东省滨州市关工委常务副主任李成明一行到县交流考察关心下一代工作。

11月28日　嘉兴市海盐县关工委主任腾林华一行到县考察基层关工委组织建设情况。

12月10日　省关工委成立30周年暨全省关心下一代工作“双先”表彰大会在杭州举行。县委常委、组织部部长方勤出席该次会议。县茶院乡关工委荣获先进集体称号，县人大常委会副主任潘红月、县关工委常务副主任季元法荣获先进个人称号。

是日　全省关心下一代工作“双先”表彰大会在杭州举行，县人大常委会原主任娄林忠，县人大常委会原副主任陈云高，宁海县委原常委、组织部部长周秉达，县人大常委会原副主任孙愫贞四人荣获特殊贡献奖。

12月12日　宁波市关工委专职副主任徐洪国、主任科员翟俊峰到宁海调研关心下一代工作，并听取县关工委当年的工作总结和下年工作思路的汇报。

12月25日　在全县老干部通报会上，代县长滕安达通报宁海关工委荣获全国关心下一代工作先进单位。

12月26日　县关工委在县委党校召开全县关心下一代工作暨系统干部培训会。

2020年

1月7日　全国关工委工作会议在南昌召开。中国关心下一代工作委员会授予宁海县关工委全国关心下一代工作先进县称号，这是宁波市唯一获此殊荣的县市。宁海县茶院乡“农夫小子柘浦农场”郑国建获评全国“双带”农村致富青年先进个人。

1月8日　县委办发出宁党办〔2020〕1号文件，任命方勤同志为县关心下一代工作委员会主任；免去潘红月同志的县关心下一代工作委员会主任职务。

1月17日　中共宁海县委　宁海县人民政府宁党发〔2020〕4号文件“印发《关于加强新时代关心下一代工作的意见》的通知”。

3月11日　《今日宁海》报道《走在疫情防控路上的宁海“关工人”》事迹。据不完全统计，全县共有一万余人次“五老”志愿者参与新冠疫情防控卡点服务。

第一章　性质任务

第一节　性　　质

根据《中国关心下一代工作委员会工作条例》和《宁波市关心下一代工作委员会工作规则》，结合宁海县关心下一代工作委员会工作实际，确定宁海县关工委性质。

宁海县关心下一代工作委员会是县委批准成立的，是在县委、县政府领导下，以离退休老同志为主体，党政有关部门和群团组织负责人参加的，以关心、教育、培养全县青少年健康成长为目的的群众团体，是中国共产党和政府联系青少年的桥梁和纽带。

县关工委工作宗旨：高举中国特色社会主义伟大旗帜，以马克思列宁主义、毛泽东思想、邓小平理论、“三个代表”重要思想、科学发展观、习近平新时代中国特色社会主义思想为指导，坚持服务青少年的正确方向，坚持“急党政所急，想青少年所需，尽关工委所能”的工作方针和“围绕中心，服务大局，积极配合，主动作为”的工作定位，承担起教育引导青少年听党话、跟党走的政治任务，以改革创新精神全面推进关心下一代工作，着力加强青少年思想道德建设，教育引导青少年践行社会主义核心价值观，努力提高青少年思想道德素质、科学文化素质和健康素质，支持和帮助青少年成长成才成功，做新时代中国特色社会主义事业的合格建设者和可靠接班人。

县关工委积极组织和依靠老干部、老战士、老专家、老教师、老模范（以下简称“五老”）等开展工作，大力弘扬“忠诚敬业、关爱后代、务实创新、无私奉献”的“五老精神”，充分发挥老同志在关心下一代工作中的独特优势和重要作用。

县关工委与各地、各部门及各学校关工委在工作上是指导关系，通过组织部署、总结检查、协调支持、热情服务等方法，创造性地开展工作，努力推动各地、各部门、各学校关工委工作，不断开创新局面。

县关工委主动加强与党政有关部门和群团组织的联系和协作，在培育青少年工作中相互配合，相互支持，优势互补，通力合作，共同做好关心下一代工作。

县关工委工作原则：坚持党的领导。坚持走中国特色社会主义群团发展道路，保持和增加关工委工作的政治性、先进性、群众性，牢固树立政治意识、大局意识、核心意识、看齐意识。坚持在县委和县政府的领导下开展工作，认真贯彻落实县委、县政府对关心下一代工作的指导和要求，主动向县委和县政府请示、汇报工作。坚持服务大局。坚持围绕中心、服务大局、服务发展，自觉在大局下思考和行动，找准工作的立足点、结合点、着力点；突出重点、务求实效，全面推进关心下一代工作，为实现“两个一百年”奋斗目标、实现中华民族的伟大复兴中国梦贡献力量。坚持发挥“五老”作用。本着“志趣相同、专业相近”理念，按照自愿参加、就地就近、因人而异、发挥所长、量力而行、主动作为的要求，建设一支用习近平新时代中国特色社会主义思想武装的，素质较高、人数众多、覆盖面广的“五老”队伍。要引导好、发挥好、保护好老同志的积极性，对“五老”做到政治上尊重、思想上关心、生活上照顾、工作上支持，鼓励他们在关心下一代事业的时代舞台上老有所为、发光发热。坚持服务青少年。始终把服务青少年作为工作的出发点和落脚点，努力建立青少年服务体系，完善专业化服务方式，整合服务资源，提高服务水平。积极适应广大青少年的需求变化，更多地把注意力放在关爱困境青少年身上，更好地为他们办实事、做好事、解难事，维护青少年合法权益，不断增强关心下一代工作的针对性和实效性。坚持强化基层。关工委工作基础在基层，面向基层，深入基层，服务基层。以党建带关建，以推进“五好”关工委建设为目标，大力加强基层关工委建设，切实加强对基层工作的指导和支持，努力巩固和扩大关工委基层组织覆盖面，进一步夯实基层基础，使之成为关心下一代工作的坚强堡垒。坚持改革创新。贯彻落实中央和省市委关于加强和改进党的群团工作的意见精神，把握问题导向、需求导向、发展导问，发扬改革创新精神，深入研究新形势下关心下一代工作特点和规律，积极探索和推进新时代关工委工作的开展模式，不断总结新经验，树立新典型，奋力开创新时代关工委工作新局面。坚持完善组织领导体制。积极争取党委、政府的领导和支持，进一步完善“党委统一领导、党政齐抓共管、关工委主动作为、有关部门积极配合、社会各界广泛参与”的关心下一代组织领导体制，为关工委工作开创新局面提供有力保证。

第二节　任　　务

根据宁海县关工委的性质，确定宁海县关心下一代工作委员会的工作任务。

加强青少年思想道德建设。用马克思主义中国化的最新成果武装青少年，深入开展共同理想、民族精神、时代精神和社会主义荣辱观的教育。把学习贯彻习近平新时代中国特色社会主义思想作为首要政治任务。在青少年中坚持广泛开展多种形式的学习教育活动，增强青少年的中国特色社会主义道路自信、理论自信、制度自信、文化自信，坚定理想信念，立志听党话、跟党走，为实现中华民族伟大复兴中国梦努力奋斗。广泛开展社会主义核心价值观教育，强化教育引导和实践养成。深化中国特色社会主义和中国梦宣传教育，加强党史国史、改革开放史等教育，引导青少年树立正确的世界观、人生观、价值观，养成高尚的思想品质和良好的道德情操，成为担当民族复兴大任的时代新人。

加强青少年的科学文化教育。教育引导青少年珍惜时光，勤奋学习，注重实践，努力掌握现代科学知识和劳动技能，提高服务社会、报效祖国的本领。组织大、中、小学生参加技能训练、科技创新、生产劳动、军事训练等社会实践活动，增强他们的实践能力和创新能力。组织企业青年职工、农村青年农民开展专业技术培训工作，提高他们的科学文化素质。

加强青少年的关爱帮扶工作。协同社会各方面力量关心爱护青少年，特别是他们中的特殊群体。依法积极动员社会力量，继续开展助学、助困、助残、助医、助孤等活动，参与关心下一代公益慈善事业，共同为青少年健康成长办实事、做好事、解难事。围绕中央关于“精准扶贫、精准脱贫”决策部署，积极开展扶贫帮困工作，通过扶智、扶志帮扶贫困青年脱贫致富。按照国务院和省、市、县人民政府要求，与相关部门协同做好农村留守儿童和困境儿童等群体的关爱与服务工作。开展家庭困难大学生和中小学生的关爱帮扶工作。

加强青少年的身心健康教育。会同有关部门和单位建好用好青少年心理健康服务中心和心理咨询网，建设一支心理健康教育志愿者队伍，广泛开展心理健康宣传教育活动，引导青少年锻炼强健的体魄，养成良好的心理品质，培养身心健康、体魄强健、意志坚强的一代新人。

加强青少年的法治教育。配合有关部门深入宣传《中华人民共和国未成年人保护法》（以下简称《未成年人保护法》）、《预防未成年人犯罪法》等法律法规，教育引导青少年提升法治观念和法治素养，自觉尊法、学法、守法、用法，依法维护自身的合法权益。坚持预防为主，贯彻落实“教育、感化、挽救”方针，积极预防青少年违法犯罪，重视做好后进青少年的教育转化工作和失足青少年的帮教挽救工作。积极参与社会治理创新，做好重点青少年群体关爱服务工作。组织开展网上舆论引导、未成年人的网络保护工作。发挥“五老”在社区治理、文化环境整治等方面的作用，优化青少年成长的社会文化环境。

积极参与群众性精神文明创建活动。组织开展老同志与青少年共建共进的文化、体育、环保和社会公益等活动，使青少年在参与文明创建的实践中提升文明素质。努力创造条件，推进爱国主义教育基地和青少年活动阵地的建设。重视家庭建设，注重家庭、注重家教、注重家风，强化家庭教育基础作用，积极促进学校教育、家庭教育、社会教育“三结合”的教育网络建设，配合有关部门和群众团体办好家长学校，帮助和引导家长提高科学教育子女的能力。

加强“五老”队伍建设，积极发挥老同志的独特优势和作用，动员更多的离退休老同志和农村老党员参加关心下一代工作，并根据各自特点，就近就地开展活动。引导好、发挥好、保护好“五老”的积极性。切实加强关工委自身建设。按照建设学习型、服务型、创新型关工委的目标，建立和完善学习、培训、服务、激励等工作机制，举行县关工委班子成员学习会。每年不定期举办全县关工委系统干部和“五老”骨干培训班。进一步树立以青少年为中心的导向，不断提高服务意识、增强服务本领，关爱服务青少年健康成长。坚持勇于改革、勇于创新，全面推进关工委团队管理社团化、工作运行项目化，为关工委发展注入新的体制机制活力。加强理论学习和研究，探索新形势下关心下一代工作的规律，以创新理论指导工作实践。

深入开展调查研究工作。经常了解青少年的所思所想所需，不断探索教育培养青少年健康成长的规律。针对关心下一代工作中带普遍性、倾向性的问题开展专题调研，用于解决问题、指导工作实践，并及时向县委、县政府和有关部门提出加强和改进关心下一代工作的意见建议。

加强舆论宣传工作。发挥网络新媒体作用，积极推进网上关工委建设。做好向中国关工委、省关工委、市关工委及县委、县政府的信息报送工作。加强与县委宣传部、文明办、新闻媒体等的联系，建立和完善大宣传格局，积极搞好关心下一代工作的舆论宣传工作，努力营造全社会重视支持关心下一代事业的良好氛围。

注重总结宣扬先进典型和经验。积极总结，树立，推广，宣传先进典型和工作品牌。定期评选表彰全县关心下一代工作先进集体和先进个人，以典型和品牌建设带动面上工作深入开展。完成县委、县政府和上级关工委交办的其他工作任务。

第二章　组织制度

第一节　组　　织

县关工委设名誉主任、顾问若干名，主任1名，常务副主任1名，副主任、常务委员和委员若干名，秘书长1名，副秘书长若干名。各乡镇、街道、县直单位、社区，村，学校和企事业单位均应成立关工委。民营企业在调查研究的基础上，有计划地推进关工委组织建设。上级关工委对下级关工委在工作上是指导关系。

县关工委由县党政分管领导、有关部门负责人和素质好、威望高、热心于青少年教育工作的离退休老同志和退居二线的领导组成，由县关工委会同县委组织部提出建议名单，报告县委同意发文公布。各乡镇、街道关工委配备专（兼）职常务副主任，由正、副乡镇（局）级退居二线的领导担任，负责日常工作，其他成员可在相关科室、群团负责人和老同志中选配。各级关工委的组成人员如工作岗位变动，要及时进行调整、充实。

县关工委经组织、人事部门同意，聘任若干名退休老同志为驻会专职干部，负责处理日常工作。县关工委下设办公室，配备在职专职人员，为日常办事机构，其主要职责是贯彻落实县关工委工作会议的重要事项和工作计划实施，编写工作简报和文字资料，处理日常事务。

第二节　制　　度

坚持正常的学习制度，认真学习马克思列宁主义、毛泽东思想、邓小平理论和“三个代表”重要思想，深入学习科学发展观，学习中央和上级党委及关工委的重要文件、文化科技知识、工作业务知识，增强工作责任心，不断提高做好关心下一代工作的水平。

围绕党和政府的工作，服务大局，注重实效，重大事项及时请示汇报。服务基层，推动基层关工委建设，以点带面，抓好典型，总结经验，加强对基层关工委工作的指导。

每年召开一次名誉主任、顾问会议，一次全委会议，每半年召开一次主任会议，每季度召开一次常务委员会会议。驻会主任议事会议由常务副主任、专职副主任、秘书长、副秘书长、办公室主任组成，一般每周召开一次，研究日常工作。每两年召开一次全县关心下一代工作先进集体、先进个人总结表彰大会。

加强与组织、宣传、政法、教育、财政、科技、文化、民政、文明办等部门和工会、共青团、妇联等群团组织的联络配合，相互协作，共同做好关心下一代工作，每年召开一次联席会议。

第三章　机构及人事沿革

第一节　机构沿革

县关协　1989年5月，宁海县关心下一代协会（以下简称县关协）筹备小组成立。

1990年6月30日，宁海县关心下一代协会成立大会在宁海剧院举行。宁海县人民政府副县长刘昌来主持大会。中共宁波原市委书记、市关协名誉会长葛仲昌，市委老干部局原副局长、市关协副会长孙孝勇参加大会。县委副书记、县人大常委会主任娄林忠，县政协主席黄正智，县人大常委会副主任赵淳然及千余名代表出席会议。中共宁海县委组织部副部长张位胜宣读宁海县关协选举产生的组成人员名单，孙愫贞为会长。会上，共青团宁海县委员会聘请王惜耶、陈文华、黄茂泉、童焕为宁海县校外辅导员。全县关协会员750人，岔路、长街、黄坛三个区建立3个关协分会，32个协会小组。

1991年9月17日，县民政局核准县关协“社会团体申请登记”登记证“宁社登字第48号”。县关协办公地址：水角凌路7号老干部局内。

县关工委　1992年3月23日，宁海县委书记办公会议讨论县关协工作，同意宁海县关心下一代协会更名为“宁海县关心下一代工作委员会”，县委书记陈启宏作出批示。委员会成员由县委组织部会同有关部门商讨提名，并同意在1992年6月召开县关协第三次会员大会暨关工委成立大会。

1992年6月20日，在县政府招待所召开县关协第三次会员代表大会，同时举行宁海县关心下一代工作委员会成立大会，县直属各单位分管政工负责人、各镇乡老干部工作专（兼）职人员、关协会员代表出席大会。县委书记陈启宏到会讲话，县关协会长孙愫贞（县关工委主任）作工作报告。宁波市关工委顾问苏守山，副主任、市委老干部局局长张文甫等专程到会祝贺并分别讲话。成立大会由县委组织部副部长戴霖军主持。

1992年7月3日，县委办同意县关工委向县委的报告——《关于贯彻落实县委书记陈启宏同志在县关工委成立大会上讲话精神的意见》，批转各镇乡党委、县属各单位党委（党组）贯彻执行。

1992年8月22日，中共宁海县委办公室召开部、办、委政工负责人会议。县关工委常务副主任杨启炉向与会人员传达宁波市委副书记陈勇在市属各部门政工领导干部会议上提出的“凡是有离退休老同志的系统和单位，都要争取在年底以前建立关工委或关协组织”的意见。

1993年6月3日，县关工委随县委老干部局由水角凌路7号老干部局内迁至桃源南路55号二楼办公（原城关镇政府大院）。

2009年7月22—29日，县关工委由桃源南路55号二楼搬迁至桃源南路282号（原财政局大院）二楼办公。

2018年5月18日，宁海县关心下一代工作委员会、宁海县关心下一代志愿者协会联合发出《关于迁址的通知》，单位由桃源南路282号搬迁至宁海县跃龙街道桃源中路135-1号（原城建局大院）办公。

第二节 人事沿革

县关协 1990年6月30日，宁海县委组织部公布宁海县关协选举产生的组成人员名单，孙愫贞为会长，理事50人，常务理事11人，正副会长9人，正副秘书长3人，名誉会长6人，顾问8人名单。

1991年3月，县关协聘请龚怀源为办公室联络员。

1991年6月23日，县关协2次理事会全体会议通过新增王威中、袁海林、郭鲜花（女）、俞世识、林贵清、黄稀六人为理事会常务理事。

1991年6月25日，县关协2次会员大会增选林贵清、郭鲜花、王威中、龚怀源、黄正定、杨洪奎、邬成生、裘祖道、张武昌共9人为理事会理事。

1991年8月19日，中共宁波市委组织部发文决定，宁波市关心下一代协会更名为宁波市关心下一代工作委员会。宁波市关心下一代工作委员会公布委员名单，宁海县关协会长孙愫贞为市关工委委员。

1991年9月13日，县关协7次常务理事会决定任命彭家标（兼）为县关工委办公室主任，龚怀源为办公室副主任。

宁海县关心下一代协会人员任职情况表

表3-1

任职时间		任职依据	说明内容
1990年6月30日		成立大会选举	宁海县委组织部宁组〔90〕23号
序号	职务名称	任职名单	
1	名誉会长	王惜耶、武景波、周秉达、陈云高、王式淡、陈文华	
2	顾问	王光明、刘昌来、李士瑶、李绍敏、韩其山、颜耀华、薛惠珍、张和山	
3	会长	孙愫贞（女）	
4	副会长	黄茂泉、张位胜、王振丰、胡全林、胡如华、杨韵端（女）、彭家标、江永平	
5	秘书长	彭家标（兼）	
6	副秘书长	戌梅富、张德浩	
7	常务理事	王振丰、孙愫贞（女）、江永平、戌梅富、杨韵端、张位胜、严望林、胡全林、胡如华、黄茂泉、彭家标	
8	理事会理事	王成群、王伯民、王荣林、王振丰、王景泰、王铁鹰、冯家余、戌梅富、叶继江、孙愫贞（女）、应大松、江永平、杨志肯、杨韵端（女）、杨贤统、张少华、张位胜、张德浩、李殿法、沈斌铨、沈煜生、严伯青、严望林、芦明祥、林明土、范铭华、俞世识、施良运、胡全林、胡如华、胡施仁、胡昌强、胡本俊、顾子兴、顾长标、袁哲飞、袁海林、郭庆亭、邬时森、祝德朝、黄稀、黄茂泉、章常先（女）、葛家奎、彭家标、童焕、童衍孝、童遵锵、楼威、褚孟杰	

续表3-1

任职时间		任职依据	说明内容
1991 年 6 月 23 日		县关协 2 次理事会	全体会议通过新增
1	常务理事	王威中、袁海林、郭鲜花（女）、俞世识、林贵清、黄稀	
任职时间		任职依据	说明内容
1991 年 6 月 25 日		县关协 2 次会员大会	增选
1	理事会理事	林贵清、郭鲜花、王威中、龚怀源、黄正定、杨洪奎、邬成生、裘祖道、张武昌	
任职时间		任职依据	说明内容
1991 年 9 月 13 日		县关协 7 次常务理事会	决定任命
1	办公室主任	彭家标（兼）	
2	办公室副主任	龚怀源	

县关工委　1992 年 6 月 11 日，县委公布县关工委组成人员调整名单。

1992 年 6 月 20 日，县关工委第一次全委会同意县关工委设立常务委员会，并通过孙愫贞、杨启炉、娄金秋、林贵清、胡全林、王振丰、彭家标、戴霖军、郭华巍、郑英明、严望林、郭鲜花、俞世识、袁海林、王威中、黄稀、邬成生、龚怀源 18 位为县关工委常务委员会委员，龚怀源（兼）任县关工委办公室主任。

1992 年 9 月 21 日，宁海县人民政府建立并公布宁海县未成年人保护委员会名单，县关工委主任孙愫贞为该委员会副主任。

1993 年 7 月 30 日，县委决定变更县关工委部分人员职务，汪文元、顾卫卫任县关工委副主任，郑英明、郭华巍不再担任县关工委副主任职务。

1993 年 8 月 19 日，宁海县优生优育协会成立。县关工委顾问王惜耶，主任孙愫贞被聘为该会名誉副会长。

1993 年 8 月，宁海县社区教育领导小组建立，副县长朱水娣任组长，县关工委主任孙愫贞、县教委主任胡全林任副组长。

1994 年 2 月 25 日，县委书记项建中在宁海县党建工作会议上向各镇乡、各单位党群书记、纪委书记、组织委员强调关心下一代工作的重要性，各级党委务必重视、关心。指出，部分镇乡和办局政工领导人事作出变动，要抓紧时间对关协兼职会长作出调整，同时要把村级（居委）和企业的关协小组建立和健全起来。

1994 年 3 月 6 日，县关工委孙愫贞主任出席宁海县青年志愿者指导中心成立暨青年志愿者活动动员大会，并被聘为指导中心名誉会长。

1994 年 12 月 14 日，县委决定，张文宽、陈模荣、戎梅富、王文清、朱瑞骏任县关工委副主任，胡全林、王振丰、汪文元不再担任副主任。

1995 年 7 月，县关工委杨启炉、林贵清被县文广局聘为文化市场稽查人员。

1995 年 7 月 30 日，县家庭教育研究会成立，县关工委主任孙愫贞被聘为顾问，办公室龚怀源主任当选为研究会理事。

1995 年 11 月 15 日，县委下发《关于调整县关心下一代工作委员会成员的通知》，决定苏小方、胡天华任县关工委副主任，陈涛任县关工委委员、常务委员职务。

1997 年 3 月 14 日，县委下发《关于调整宁海县关心下一代工作委员会成员的通知》。

1998 年 2 月 20 日，县委下发通知，程象麟、谢飞云任县关工委副主任，陈士伟任常务委员，麻绍星、童时彬任顾问；徐才印不再担任副主任，陈涛不再担任常务委员职务。

1999 年 1 月 27 日，县委下发通知，调整部分县关工委成员职务，史小华、徐志军任名誉主任，王春生、刘志明、邬茂俊、谢幸福任常务委员，褚孟形、严荣祥、徐天勇、王松地、陈常奖任委员；周秉达、虞安成不再担任名誉主任，沈启行不再担任常务委员，俞德本、何建强、叶伟建、杨敏杰、徐时远不再担任委员职务。

1999 年 1 月 29 日，县委组织部副部长谢飞云在县委召开的全县组织工作会议上，向各镇乡党群副书记、组织委员、组织员及直属各单位分管政工的领导讲了关心下一代工作，强调各级党委、政府要切实加强领导，把关心下一代工作列入议事日程。

1999 年 9 月 17 日，根据县机构编制委员会文件批复，同意配备县关工委专职干部 1 名。经县关工委研究，决定叶建杰任宁海县关心下一代工作委员会办公室副主任。

2000 年 10 月 12 日，经县委研究，决定调整宁海县关心下一代工作委员会组成人员。县委办印发通知，公布调整后的县关工委组成人员名单。

2002 年 6 月 10 日，县委办发文，对县关工委领导组成人员做部分调整。张拓原任县关工委名誉主任，刘昌来任县关工委顾问；朱行开、尤君伟、陈万奋、王必月、陈焕龙、王可翻、陈英高、叶新水、陈焕翠、陈海燕任县关工委副主任；徐永土、王春生、谢飞云、舒会河、程象麟、傅红光、胡天华、王建云不再担任县关工委副主任职务。

2004 年 8 月 23 日，县委下发《关于调整宁海县关心下一代工作委员会成员的通知》，县委常委、组织部部长谢群华兼主任，杨启炉为常务副主任，朱瑞骏、袁哲飞等 17 人为副主任。该通知发至各镇乡党委、街道党工委、县直属各单位党组织。

2004 年 9 月 13 日，县委常委、组织部部长、县关工委主任谢群华到县关工委召开座谈会，宣布调整县关工委班子组成人员。

2004 年 9 月，县关工委聘任娄金秋、林贵清为县关工委办公室顾问。

2004 年 11 月 2 日，经县委领导同意，县文联原主席、县文广局正局级退休干部袁哲飞，聘任为县关工委驻会副主任。

2005 年 4 月 4 日，县委调整县关工委主要负责人，俞小勋为主任，杨启炉为常务副主任。

2005 年 10 月，县关工委办公室主任王崇斌因工作需要，调离县关工委，李明来调入县关工委任办公室副主任。

2006 年 12 月 11 日，县关工委下发文件，决定李明来任县关心下一代工作委员会办公室主任。

2006 年 12 月 26 日，县关工委召开离退休副主任、常务委员会议。会议宣布 2006 年 12 月 22 日宁党发〔2006〕79 号文件，县委决定王以位任县关工委副主任，李明来任县关工委常务委员。

2007 年 5 月 10 日，根据宁党办〔2007〕20 号文件精神，中共宁海县委组织部发出宁组干〔2007〕2 号文件，县关工委 6 月 4 日发出宁关〔2007〕11 号文件，分别作出公布。经县委同意，县委组织部调整县关工委领导成员，俞小勋任主任，杨启炉任常务副主任，王以位、袁哲飞、任校章等任副主任。

2007 年 6 月 4 日，经县委组织部同意，县关工委调整委员，副秘书长成员，委员 35 人，副秘书长3人。

2008年1月，县政协办公室原主任任校章任调研员后，到县关工委任驻会副主任。

2008年9月5日　县关工委决定王伟莉任县关工委办公室副主任（主持工作）。

2008年10月22日，经县关工委研究，县委组织部领导同意，胡昌强任县关工委副秘书长。

2009年9月8日　经县委组织部同意，县关工委决定王伟莉任县关工委办公室主任。

2010年1月21日，宁党发〔2010〕6号文件任命袁春林兼任县关工委副主任（专职）。

2010年12月6日，县委办发出《中共宁海县委办公室关于调整宁海县关心下一代工作委员会成员的通知》，对县关工委名誉主任、顾问和县关工委班子成员进行调整。新班子成员共46人，其中原班子中保留18人，占39.1%，新进班子28人，占60.9%。退休18人，占39.1%，调研员11人，占23.9%，合计占63.0%；班子中现职领导17人，占37.0%。根据班子成员到龄退岗的规定，朱瑞骏、薛国苗、童时仗、林兆卿、王任锡、俞官珍、洪泾之不再担任县关工委顾问（委员），该次调整是县委根据关工委班子新老交替规律作出的一次正常调整。

2010年12月，关工委办公室原主任王伟莉调离，由原桑洲镇政府干部任琦调入关工委接替办公室日常工作。

2011年3月8日，宁海县关心下一代工作委员会下发文件，朱成亚任县关工委常务委员会委员，陈双双不再担任县关工委委员、王伟莉不再担任办公室主任职务。

2011年11月28日，宁海县关心下一代工作委员会下发文件，应可顶任县关工委办公室副主任职务。

2012年6月11日，鉴于人事变动，宁海县委办公室发出通知，调整宁海县关心下一代工作委员会部分成员。

2013年1月5日，鉴于人事变动，宁海县委办公室下发通知，决定调整宁海县关心下一代工作委员会组成人员。

2013年12月12日，宁海县关心下一代工作委员会下发文件，应可顶任县关工委办公室主任。

2014年9月16日，宁海县关心下一代工作委员会下发文件，田敏任县关工委办公室副主任。免去应可顶县关工委办公室主任职务。

2016年11月24日，宁海县关心下一代工作委员会下发文件，田敏任县关工委办公室主任职务。所担任职务实行聘任制，聘期至2021年11月。

2017年11月23日，宁海县委办公室下发通知，决定调整宁海县关心下一代工作委员会组成人员。

2019年4月23日，宁海县关工委主任潘红月在县关工委驻会主任会议上宣布，袁春林不再担任县关工委工作。季元法负责县关工委全面的日常工作。

2020年1月8日，中共宁海县委办公室发出宁党办〔2020〕1号文件，县委决定方勤同志任县关心下一代工作委员会主任；免去潘红月同志的县关心下一代工作委员会主任职务。

以上调整的人员名单详见宁海县关心下一代工作委员会历届成员名单。

宁海县关心下一代工作委员会历届成员一览表（一）

表 3-2

序号	职务名称	任职名单	不再任职名单
任职时间		任职依据	说明内容
1992 年 6 月 11 日		县委发〔1992〕14 号	县委文件公布
1	名誉主任	娄林忠、陈云高、周秉达	—
2	顾问	王光明、王式淡、王惜耶、王景泰、李士瑶、李绍敏、陈文华、武景波、赵淳然、徐林光、黄茂泉、韩其山、颜耀华、薛惠珍	—
3	主任	孙愫贞（女）	—
4	副主任	杨启炉、娄金秋、林贵清、胡全林、王振丰、彭家标、戴霖军、郭华巍、郑英明	—
5	秘书长	彭家标（兼）	—
6	副秘书长	龚怀源	—
7	委员	王伯民、王威中、王荣林、王振丰、王铁鹰、卢明祥、冯家余、叶继江、孙愫贞、邬成生、李殿法、严肃、严望林、严望新、陈焕联、张哲彬、林明土、林贵清、杨启炉、杨志肯、杨奎洪、郑英明、范铭华、胡全林、胡施仁、俞世识、俞岳祥、娄金秋、郭华巍、郭鲜花、施成淼、祝德朝、袁哲飞、袁海林、黄稀、黄正定、龚怀源、彭家标、葛家奎、童焕、童衍孝、童遵锵、楼威、戴霖军	—
任职时间		任职依据	说明内容
1992 年 6 月 20 日		县关工委第一次全委会同意设立常务委员会	增设、通过
1	常务委员会委员	孙愫贞、杨启炉、娄金秋、林贵清、胡全林、王振丰、彭家标、戴霖军、郭华巍、郑英明、严望林、郭鲜花、俞世识、袁海林、王威中、黄稀、邬成生、龚怀源	—
2	办公室主任	龚怀源（兼）	—
任职时间		任职依据	说明内容
1993 年 7 月 30 日		县委发〔1993〕25 号	变更
1	副主任	汪文元、顾卫卫	郑英明、郭华巍
任职时间		任职依据	说明内容
1994 年 12 月 14 日		县委发〔1994〕40 号	通知
1	副主任	张文宽、陈模荣、戌梅富、王文清、朱瑞骏	胡全林、王振丰、汪文元

续表3-2

序号	职务名称	任职名单		不再任职名单
任职时间		任职依据	说明内容	
1995 年 11 月 15 日		县委发〔1995〕35 号	《关于调整县关心下一代工作委员会成员的通知》	
1	副主任	苏小方、胡天华		—
2	委员、常务委员	陈涛		—

宁海县关心下一代工作委员会历届成员一览表（二）

表 3-3

序号	职务名称	任职名单		不再任职名单
任职时间		任职依据	说明内容	
1997 年 3 月 14 日		县委发〔1997〕7 号	《关于调整宁海县关心下一代工作委员会成员的通知》	
1	名誉主任	娄林忠、周秉达、陈云高、虞安成		—
2	顾问	王光明、黄正智、王式淡、王惜耶、李绍敏、陈文华、武景波、赵淳然、徐林光、黄茂泉、韩其山、颜耀华、储吉元、薛惠珍		—
3	主任	孙愫贞		—
4	常务副主任	杨启炉		—
5	副主任	娄金秋、朱瑞骏、林贵清、徐永土、彭家标、徐才印、王昌良、吴振亚、胡天华、陈模荣、葛建满		—
6	常务委员	严望林、俞世识、薛国苗、林兆卿、王全根、沈启行、龚怀源、陈涛、		—
7	委员（共 47 位，其中主任、副主任、常务委员 21 位）	李殿法、林宗盛、王荣兰、袁哲飞、胡施仁、王荣林、沈保华、王铁鹰、苏锦德、王威中、邬丁兴、吴贤龙、邬成生、黄稀、张立平、谢幸福、俞德本、沈永飞、叶继江、何建强、叶伟建、杨志肯、郑英雄、杨敏杰、汤建芬、徐时远		—
8	秘书长	彭家标（兼）		—
9	副秘书长	龚怀源		—
任职时间		任职依据	说明内容	
1998 年 2 月 20 日		县委发〔1998〕9 号	通知变更	
1	副主任	程象麟、谢飞云		徐才印
2	常务委员	陈士伟		陈涛
3	顾问	麻绍星、童时彬		—
任职时间		任职依据	说明内容	
1999 年 1 月 27 日		县委发〔1999〕25 号	文件通知调整	

续表3-3

序号	职务名称	任职名单	不再任职名单
1	名誉主任	史小华、徐志军	—
2	常务委员	王春生、刘志明、邬茂俊、谢幸福	沈启行
3	委员	褚孟形、严荣祥、徐天勇、王松地、陈常奖	俞德本、何建强、叶伟建、杨敏杰、徐时远
任职时间		任职依据	说明内容
1999 年 9 月 17 日		宁关〔1999〕4 号	关于叶建杰同志任职通知
1	办公室副主任	叶建杰	—

宁海县关心下一代工作委员会历届成员一览表（三）

表 3-4

序号	职务名称	任职名单	不再任职名单
任职时间		任职依据	说明内容
2000 年 10 月 12 日		县委办〔2000〕86 号	县委文件县关工委组织成员调整
1	名誉主任	史小华、娄林忠、徐志军、张位胜、孙愫贞	—
2	顾问	王惜耶、王光明、黄正智、麻绍星、武景波、周炳常、陈文华、赵淳然、储吉元、王式淡、薛惠珍、童时彬、徐林光、颜耀华、李绍敏、韩其山、黄茂泉	—
3	主任	陈云高（兼）	—
4	常务副主任	杨启炉	—
5	副主任	娄金秋、朱瑞骏、林贵清、徐永土、王春生、谢飞云、舒会河、王昌良、彭家标、胡天华、傅红光、程象麟、张萍、王建云	—
6	常务委员	王任锡、尤君伟、仇永成、叶良才、叶建杰、邬茂俊、刘志明、严望林、陈邦龙、林兆卿、俞世识、俞官珍、洪泾之、龚怀源、谢幸福、薛国苗	—
7	委员	王荣兰、王荣林、王铁鹰、王能迭、叶亚荣、叶继江、冯达圣、伍克祥、邬丁兴、杨志肯、杨爱军、苏锦德、吴明春、何云鹤、沈永飞、沈保华、张哲、林宗盛、金慰祖、胡施仁、袁哲飞、徐天勇、黄稀、屠常君、童小康、谢时强、鲍园存	—
8	秘书长	彭家标（兼）	—
9	副秘书长	龚怀源	—
任职时间		任职依据	说明内容
2001 年 6 月 22 日		—	县关工委主任、常务委员会议决定

续表3-4

<table>
<tr><td>序号</td><td>职务名称</td><td colspan="2">任职名单</td><td>不再任职名单</td></tr>
<tr><td>1</td><td>办公室主任</td><td colspan="2">叶建杰</td><td>龚怀源</td></tr>
<tr><td colspan="2">任职时间</td><td>任职依据</td><td colspan="2">说明内容</td></tr>
<tr><td colspan="2">2002 年 6 月 10 日</td><td>宁党办〔2002〕74 号</td><td colspan="2">县委办关于调整县关工委成员的通知</td></tr>
<tr><td>1</td><td>名誉主任</td><td colspan="2">张拓原</td><td>—</td></tr>
<tr><td>2</td><td>顾问</td><td colspan="2">刘昌来</td><td>—</td></tr>
<tr><td>3</td><td>副主任</td><td colspan="2">朱行开、尤君伟、陈万奋、王必月、陈焕龙、王可翻、陈英高、叶新水、陈焕翠、陈海燕</td><td>徐永土、王春生、谢飞云、舒会河、程象麟、傅红光、胡天华、王建云</td></tr>
<tr><td>4</td><td>常务委员</td><td colspan="2">张德浩、沈保华、李明、胡彬、柴小卡、严荣祥</td><td>尤君伟、陈邦龙、刘志明、仇永成、邬茂俊、谢幸福、叶良才</td></tr>
<tr><td>5</td><td>委员</td><td colspan="2">韩高炉、张洁辉、王东海、蒋安娜（女）、胡家标</td><td>沈保华、林宗盛、王能选、叶亚荣、杨爱军、胡明春、徐天勇</td></tr>
</table>

宁海县关心下一代工作委员会历届成员一览表（四）

表 3-5

<table>
<tr><td>序号</td><td>职务名称</td><td colspan="2">任职名单</td><td>不再任职名单</td></tr>
<tr><td colspan="2">任职时间</td><td>任职依据</td><td colspan="2">说明内容</td></tr>
<tr><td colspan="2">2002 年 10 月 8 日</td><td>宁关〔2002〕12 号</td><td colspan="2">县关工委发文</td></tr>
<tr><td>1</td><td>办公室主任</td><td colspan="2">—</td><td>叶建杰（9 月 20 日出调）</td></tr>
<tr><td>2</td><td>办公室副主任</td><td colspan="2">王崇斌</td><td>—</td></tr>
<tr><td colspan="2">任职时间</td><td>任职依据</td><td colspan="2">说明内容</td></tr>
<tr><td colspan="2">2003 年 12 月 19 日</td><td>—</td><td colspan="2">县关工委常务会议讨论决定</td></tr>
<tr><td>1</td><td>办公室主任</td><td colspan="2">王崇斌</td><td>—</td></tr>
<tr><td colspan="2">任职时间</td><td>任职依据</td><td colspan="2">说明内容</td></tr>
<tr><td colspan="2">2004 年 8 月 23 日</td><td>宁党办〔2004〕103 号</td><td colspan="2">关于调整县关工委成员的通知</td></tr>
<tr><td>1</td><td>名誉主任</td><td colspan="2">张拓原、徐光宪、陈云高、张位胜</td><td>—</td></tr>
<tr><td>2</td><td>顾问</td><td colspan="2">王惜耶、王光明、黄正智、娄林忠、麻绍星、陈英考、武景波、周炳常、赵淳然、刘昌来、孙愫贞、储吉元、胡全林、王式淡、薛惠珍、童时彬、葛福明、马光明、徐林光、颜耀华、李绍敏、韩其山、黄茂泉</td><td>—</td></tr>
<tr><td>3</td><td>主任</td><td colspan="2">谢群华（兼）</td><td>—</td></tr>
<tr><td>4</td><td>常务副主任</td><td colspan="2">杨启炉</td><td>—</td></tr>
</table>

续表3-5

序号	职务名称	任职名单		不再任职名单
5	副主任	朱瑞骏、陈模荣、童时仗、袁哲飞、徐建峰、郑有荣、陈万奋、卢华强、王可翻、陈焕龙、俞伟平、金昌余、陈英高、郭家才、苏小方、戌梅富、陈焕翠		—
6	常务委员	方亚青、王友棉、王任锡、王建勇、王海寅、王崇斌、刘尚才、刘保山、张洁辉、陈海燕、林华栋、林兆卿、郑英雄、金海萍、洪泾之、俞官珍、胡彬、龚怀源、彭家标、薛国苗		—
7	委员	王荣兰、王荣林、王铁鹰、邬丁兴、刘亚丽、伍克祥、朱家元、吴明春、张冬娣、张珊桂、苏锦德、金慰祖、胡施仁、谢时强、黄稀、韩高炉、潘海明		—
8	秘书长	俞伟平（兼）		—
9	副秘书长	龚怀源、刘保山		—
任职时间		任职依据	说明内容	
2004 年 11 月 2 日		—	经县委领导同意	
1	副主任	袁哲飞（聘任驻会）		—
任职时间		任职依据	说明内容	
2005 年 4 月 4 日		宁党办〔2005〕25 号	县委决定调整县关工委主要负责人	
1	名誉主任	王飞、蒋裕伦、陈云高、张位胜		—
2	主任	俞小勋		—
3	常务副主任	杨启炉		—

宁海县关心下一代工作委员会历届成员一览表（五）

表 3-6

序号	职务名称	任职名单		不再任职名单
任职时间		任职依据	说明内容	
2005 年 10 月		—	2005 年第 7 期简报	
1	办公室副主任	李明来		王崇斌调离
任职时间		任职依据	说明内容	
2006 年 12 月 11 日		宁关〔2006〕16 号	县关工委决定	
1	办公室主任	李明来		—
任职时间		任职依据	说明内容	
2006 年 12 月 22 日		宁党发〔2006〕79 号	中共宁海县委关于王以位等同志任职的通知	
1	副主任	王以位		—

续表3-6

序号	职务名称	任职名单		不再任职名单
2	常务委员	李明来		—
任职时间		任职依据	说明内容	
2007年5月10日 2007年6月4日		宁组干〔2007〕2号 宁关〔2007〕11号	县委组织部关于调整县关工委领导成员的通知 县关工委关于调整委员、副秘书长的通知	
1	名誉主任	徐光宪、蒋裕伦、张文蛟、项松春		—
2	顾问	王惜耶、娄林忠、陈云高、葛福明、马光明、张位胜、陈焕翠、陈模荣、朱瑞骏、薛国苗、童时仗、林兆卿		—
3	主任	俞小勋		—
4	常务副主任	杨启炉		—
5	副主任	王以位、袁哲飞、娄传申、应国邦、傅红光、任校章、王能迭、严荣祥、王元法、俞伟平、叶新水、胡天华、应小星、陈焕龙		—
6	秘书长	俞伟平（兼）		—
7	委员（按姓氏笔画为序）	王元法、王以位、王任锡、王秋芬、王能迭、方亚青、叶新水、朱庆生、任校章、刘亚丽、严荣祥、苏才达、李明来、杨启炉、应小星、应必越、应国邦、应端亲、张琼、张洁辉、陈云苍、陈焕龙、金海萍、单小乾、胡天华、胡功庆、俞小勋、俞伟平、俞官珍、娄传申、洪泾之、袁哲飞、夏方荣、黄胜华、傅红光		—
8	副秘书长	任校章、龚怀源、刘保山		—
任职时间		任职依据	说明内容	
2008年1月		—	县政协办公室原主任任校章任调研员后	
1	副主任	任校章（驻会副主任）		—
任职时间		任职依据	说明内容	
2008年9月5日		—	县关工委决定	
1	办公室副主任	王伟莉（主持工作）		李明来调离
任职时间		任职依据	说明内容	
2008年10月22日		—	经县委组织部领导同意，县关工委研究	
1	副秘书长	胡昌强		—

宁海县关心下一代工作委员会历届成员一览表（六）

表 3-7

序号	职务名称	任职名单		不再任职名单
任职时间		任职依据	说明内容	
2009 年 9 月 8 日		—	经县委组织部同意，县关工委决定	
1	办公室主任	王伟莉		—
任职时间		任职依据	说明内容	
2010 年 1 月 21 日		宁党发〔2010〕6 号	中共宁海县委关于袁春林同志任职的通知	
1	副主任	袁春林（兼任）		—
任职时间		任职依据	说明内容	
2010 年 12 月 6 日		宁党办〔2010〕56 号	关于调整宁海县关心下一代工作委员会成员的通知	
1	名誉主任	俞小勋、褚孟形、张文蛟、项松春		—
2	荣誉顾问	王惜耶		—
3	顾问	娄林忠、陈云高、张位胜、马光明、陈焕翠、陈模荣、郑国金、储吉旺、田永敏、陈志清、赵国行、袁杰生		—
4	主任	林惠明		—
5	常务副主任	杨启炉		—
6	副主任	王以位、任校章、袁春林、袁哲飞、娄传申、金正友、鲍秉坚、叶新水、胡学翔、干富伟、周林苗、胡昌强		—
7	兼职副主任	鲍允伟、王元法、俞丹斌、舒静芬、陈焕龙、金海萍、王照栈、王华芬、吕和平		—
8	常务委员	王福常、邬茂福、苏才达、吴光水、张洁辉、单小乾、周仲健、胡建萍、夏方荣、黄胜华、戴伟平		—
9	委员	朱汉林、朱庆生、吕定佳、陈双双、陈爱芬、陈焕联、胡功庆、项建铭、曹品元、储功华、储海娟、潘家让		—
10	秘书长	任校章（兼）		—
11	副秘书长	胡昌强、龚怀源、王福常		—
任职时间		任职依据	说明内容	
2010 年 12 月初		—	工作需要	
1	办公室日常工作	任琦		王伟莉调离
任职时间		任职依据	说明内容	
2011 年 3 月 8 日		宁关〔2011〕2 号	县关工委关于朱成亚等同志职务任免的通知	
1	常务委员	朱成亚		—

续表3-7

序号	职务名称	任职名单		不再任职名单
2	委员	—		陈双双
3	办公室主任	—		王伟莉
任职时间		任职依据	说明内容	
2011 年 11 月 28 日		宁关〔2011〕26 号	县关工委关于应可顶同志任职的通知	
1	办公室副主任	应可顶		—

宁海县关心下一代工作委员会历届成员一览表（七）

表 3-8

序号	职务名称	任职名单		不再任职名单
任职时间		任职依据	说明内容	
2012 年 6 月 11 日		未编文号	鉴于人事变动，宁海县委办公室通知调整部分成员	
1	名誉主任	林坚、邬汝跃		俞小勋、项松春
2	顾问	胡敏杰		田永敏
3	副主任	童章军、王福宪、林学东、陈如统、俞信吉		陈焕龙、王照栈
4	常务委员	郑英雄、周建明、蒋诗福、胡功庆		戴伟平、胡建萍
任职时间		任职依据	说明内容	
2013 年 1 月 5 日		宁党办〔2013〕1 号	关于调整宁海县关心下一代工作委员会成员的通知	
1	名誉主任	褚孟形、林坚、张文蛟、邬汝跃		—
2	荣誉主任	杨启炉		—
3	荣誉顾问	王惜耶		—
4	顾问	娄林忠、陈云高、张位胜、马光明、陈焕翠、陈模荣、郑国金、储吉旺、田永敏、陈志清、赵国行、袁杰生、胡敏杰		—
5	主任	林惠明		—
6	常务副主任	袁春林		—
7	副主任（以姓氏笔画为序）	干富伟、王以位、叶新水、任校章、金正友、周林苗、单小乾、胡昌强、胡学翔、娄传申、袁哲飞、童章军、鲍允伟、鲍秉坚		—
8	兼职副主任	童东凯、王元法、朱成亚、胡军、舒静芬、吴满春、吴光水、陈知统、黄胜华、金双娥、储杨洋、王华芬、吕和平		—

续表3-8

序号	职务名称	任职名单		不再任职名单
9	委员（以姓氏笔画为序）	王福常、叶标、田敏、吕定佳、朱庆生、邬茂福、应可顶、张洁辉、陈焕联、金慰祖、周仲健、胡建明、夏方荣、郑英雄、胡功庆、曹品元、章琴琴、蒋诗福、项建铭、储海娟、童富军、潘家祥		—
10	秘书长	任校章（兼）		—
11	副秘书长	应可顶、王福常		—
任职时间		任职依据	说明内容	
2013 年 12 月 12 日		宁关〔2013〕33 号	县关工委关于应可顶同志任职的通知	
1	办公室主任	应可顶		—
任职时间		任职依据	说明内容	
2014 年 9 月 16 日		宁关〔2014〕23 号	经县委组织部同意，县关工委研究决定	
1	办公室副主任	田敏		免应可顶办公室主任
任职时间		任职依据	说明内容	
2016 年 11 月 24 日		宁关〔2016〕12 号	经研究决定（职务实行聘任制，聘期至 2021 年 11 月）	
1	办公室主任	田敏		—

宁海县关心下一代工作委员会历届成员一览表（八）

表 3-9

序号	职务名称	任职名单		不再任职名单
任职时间		任职依据	说明内容	
2016 年 12 月 1 日		未发文件	—	
1	主任	方勤		林惠明调宁波
任职时间		任职依据	说明内容	
2017 年 6 月		未发文件	—	
1	主任	潘红月		方勤不再兼任
任职时间		任职依据	说明内容	
2017 年 11 月 23 日		宁党办〔2017〕81 号	关于调整宁海县关心下一代工作委员会成员的通知	
1	名誉主任	李贵军、方勤、王能迭、范建军、邬汝跃		—
2	顾问	娄林忠、张位胜、马光明、杨启炉、郑国金、陈焕翠、陈模荣		—
3	主任	潘红月		—
4	常务副主任	袁春林		—

续表3-9

序号	职务名称	任职名单	不再任职名单
5	副主任（以姓氏笔画为序）	干富伟、王元法、王以位、贝跃东、叶新水、朱庆生、任校章、吴满春、陈焕联、季元法、金正友、周林苗、郑英雄、单小乾、胡功庆、胡学翔、娄传申、袁哲飞、童章军、鲍秉坚	—
6	兼职副主任	童东凯、吕宁、郑琪、陈俊超、徐渭川、王群辉、张光乾、周霞、吴能利、陈利军、冯岳定、韩斌、叶小杰、金双娥、陈韬文、王文静、褚小田、金永根	—
7	委员（按姓氏笔画为序）	尤晓群、田敏、叶显青、吕茂根、邬宁崖、刘学秀、孙巧浓、吴世平、沈保华、张洁辉、陈小娇、金礼成、周荣祥、张咪娜、张葵葵、曹品元、龚锦茹、韩伊忠、葛玲娟、童富军、潘惠珍、潘伟春	—
8	秘书长	任校章（兼）	—
9	副秘书长	田敏、叶显青	—
任职时间		任职依据	说明内容
2019 年 4 月 23 日		未发文	潘红月主任在驻会主任会议上宣布
1	负责关工委全面的日常工作	季元法	袁春林
任职时间		任职依据	说明内容
2020 年 1 月 8 日		宁党办〔2020〕1 号	关于方勤等同志职务任免的通知
1	主任	方勤	潘红月
任职时间		任职依据	说明内容
2020 年 3 月 19 日		县委办〔2020〕24 号	宁海县关心下一代工作委员会组成人员
1	名誉主任	李贵军	—
2	顾问	娄林忠、张位胜、马光明、王能迭、励成杰、邬汝跃	—
3	主任	方勤	—
4	常务副主任	季元法	—
5	副主任（按姓氏笔画为序）	王元法、吴满春、郑英雄、童章军	—
6	兼职副主任	邬海燕、薛冰、杨锐波、郑琪、陈俊超、徐渭川、王群辉、周霞、郑珍宏、吴能利、冯建友、冯岳定、蒋敏、叶小杰、褚小田、王可怀、胡玮城、王文静、金永根、应满云、王以位、任校章、郑国金、袁哲飞	—

续表3-9

序号	职务名称	任职名单	不再任职名单
7	委员（按姓氏笔画为序）	王俊平、华雯雯、邬宁崖、邬新夫、吴世平、陈振飞、陈焕联、胡功庆、娄贤官、龚锦茹、童富军、潘晓春、潘惠珍	—
8	秘书长	王元法（兼）	—
9	副秘书长	华雯雯、邬新夫、娄贤官、褚小田	—

宁海县关心下一代工作委员会领导成员兼任社会相关组织职务一览表

表3-10

序号	职务名称	任职名单	
任职时间		任职依据	说明内容
1992年9月21日		宁海县人民政府	宁海县未成年人保护委员会建立
1	副主任	孙懐贞	
任职时间		任职依据	说明内容
1993年8月19日		聘任	宁海县优生优育协会成立
1	顾问	王惜耶	
2	名誉副会长	孙懐贞	
任职时间		任职依据	说明内容
1993年8月		宁海县人民政府	宁海县社区教育领导小组建立
1	副组长	孙懐贞	
任职时间		任职依据	说明内容
1994年3月6日		聘任	宁海县青年志愿者指导中心成立
1	名誉会长	孙懐贞	
任职时间		任职依据	说明内容
1995年7月		聘任	县文广局
1	文化市场稽查人员	杨启炉、林贵清	
任职时间		任职依据	说明内容
1995年7月30日		聘任或当选	县家庭教育研究会成立
1	顾问	孙懐贞	
2	理事	龚怀源	
任职时间		任职依据	说明内容
2009年5月4日		—	宁海县志愿服务工作委员会成立

续表3-10

序号	职务名称	任职名单	
1	委员会组成成员	任校章（县关工委副主任）	
任职时间		任职依据	说明内容
2009年5月8日		选举	宁海县志愿者协会成立
1	理事	王伟莉（县关工委办公室副主任）	
任职时间		任职依据	说明内容
2010年7月		聘任	县人民法院
1	人民陪审员	单小乾（县关工委委员）	

县关心下一代志愿者协会 2017年9月29日，县关心下一代志愿者协会成立暨第一次代表大会召开。会议审议通过协会章程，选举产生志愿者协会第一届理事会，宣布成立6个工作室、18个工作站并进行授牌，宣布协会顾问名单并颁发聘书。

宁海县关心下一代志愿者协会成员一览表

表3-11

序号	职务名称	任职名单
1	顾问	干文坤、杨光勇、郑国金、胡才国、胡学翔、胡家琪、胡敏杰、储吉旺
2	会长	季元法
3	副会长	王元法、吴满春、童章军
4	秘书长	王元法（兼）
5	副秘书长	田敏
6	常务理事（11名）	季元法、王元法、吴满春、童章军、田敏、娄传申、朱庆生、鲍秉坚、潘惠珍、金礼成、龚锦茹
7	理事（29名）	季元法、王元法、吴满春、童章军、田敏、娄传申、朱庆生、鲍秉坚、潘惠珍、金礼成、龚锦茹、朱火木、叶显优、陈士奋、单小乾、刘东林、应大方、章思滚、王式昆、葛春富、俞广才、何文昌、施俊杰、冯圣太、俞官邦、叶翠娟、俞明军、朱兴利、袁小来

宁海县关心下一代志愿者协会组成机构一览表

表3-12

序号	机构名称	主任	机构职能
1	育苗宣传工作室	娄传申	普法教育、国学教育、方言讲堂、科普知识
2	关爱帮扶工作室	朱庆生	关爱帮扶帮教、关心特殊青少年群体
3	网吧净化工作室	鲍秉坚	协助文化执法大队义务巡查监督未成年人进入网吧

续表3-12

序号	机构名称	主任	机构职能
4	校园安全工作室	金礼成	为广大青少年撑起校园、交通、食品卫生、消防、防溺水等安全保护伞
5	才艺传承工作室	潘惠珍	向青少年传授传统才艺
6	心理疏导工作室	龚锦茹	为青少年提供专业、有效的心理疏导服务

宁海县关心下一代志愿者协会乡镇（街道）关工委志愿者工作站一览表

表 3-13

序号	志愿者工作站名称	站长
1	长街镇关工委志愿者工作站	朱火木
2	胡陈乡关工委志愿者工作站	叶显优
3	力洋镇关工委志愿者工作站	陈士奋
4	茶院乡关工委志愿者工作站	单小乾
5	一市镇关工委志愿者工作站	刘东林
6	越溪乡关工委志愿者工作站	应大方
7	桑洲镇关工委志愿者工作站	章思滚
8	岔路镇关工委志愿者工作站	王式昆
9	前童镇关工委志愿者工作站	葛春富
10	黄坛镇关工委志愿者工作站	俞广才
11	大佳何镇关工委志愿者工作站	何文昌
12	强蛟镇关工委志愿者工作站	施俊杰
13	西店镇关工委志愿者工作站	冯圣太
14	深甽镇关工委志愿者工作站	俞官邦
15	跃龙街道关工委志愿者工作站	叶翠娟
16	桃源街道关工委志愿者工作站	俞明军
17	梅林街道关工委志愿者工作站	朱兴利
18	桥头胡街道关工委志愿者工作站	袁小来

第四章　关爱十年（1990—2000）

在第一个十年中，为了下一代的健康成长，全县从事关心下一代工作的离退休老同志把爱心献给下一代，做出无私的奉献。

1989 年 5 月成立宁海县关协筹备小组。1990 年 6 月 30 日，宁海县关心下一代协会成立。成立之初，县关协是一个“四无”（无人、无钱、无房、无一定工作模式）单位。会长是唯一专职的干部。后聘任一位到办公室专职上班的工作人员，共 2 人。同时向县委老干部局要了一间 8 平方米房子作为办公室，安放两张三斗办公桌，按县级机关制度上班。虽然条件艰苦，办公用房十分简陋，开会也要与对门的县工商联共用会场，但县关协的工作在会长的带领下，调动了兼职理事们的积极因素，大家努力开展着关心下一代工作。在组织队伍、开展主旋律教育、调查研究、帮教失足青少年等方面，工作开展得很出色。为了加强关工委上下交流、推广经验，1990 年 7 月 20 日，宁海县关协简报创刊。通过两年的努力，宁海县关协工作有了较广泛的思想基础，形成了覆盖全县关心下一代协会组织网络，工作运转良好，原 55 个区、乡镇关协全部建立，并延伸到片村。县属部办委局级有离退休干部的单位，建立 42 个关协。全县共有 154 个基层关协组织，发展委员 2966 名，活动开展也比较正常。1992 年 2 月，县关协被评为浙江省关心下一代工作先进集体。兄弟单位慕名而去取经的络绎不绝。办公室借用县老干部局乒乓室举办《关协在探索中前进》《春风化雨润枯草》等的图片展览，供到访者参观。1993 年 3 月，县十三届人民代表大会第一次会议，把关协工作列入《政府工作报告》。1993 年 8 月出版的《宁海县志》记载县关协成立。

第一节　艰苦创建

一、基层关工委

1990 年 6 月 30 日，宁海县成立县关心下一代协会；1992 年 6 月 20 日，更名为宁海县关心下一代工作委员会。

镇乡街道关工委　1992 年 8 月 25 日，撤区扩镇并乡后，全县 19 个镇乡全部新建关工委（关协）组织。

1992 年 11 月 13 日，县关工委主任孙愫贞应邀到县委党校向正在学习中共十四大文件的镇乡政工副书记、宣传委员、县属各单位的政工书记 100 余人，作题为《以十四大文件为指导，进一步做好老干部工作与关心下一代工作》的发言。

1993 年 10 月 6 日，县关工委主任孙愫贞在城关镇政府与花楼、中南等 9 个居委会负责人座谈关心下一代工作，传达学习中国关工委天津塘沽经验。与会人员表示要重视关心下一代，努力做好新形势下的关心下一代工作。

1994 年 3 月 14 日，县关工委主任孙愫贞、县关工委办公室主任龚怀源赴岔路镇上金村了解村关协小组关心下一代工作情况。1993 年，上金村关协小组组织“红领巾义务投递小组”，成为县精神文明建设十件新事候选单位。1994 年，筹建德育教育基地——上金革命纪念亭，以纪念 1926 年 6 月中共上金党支部诞生，1927 年 3 月建立中共上金区委。

1994 年 7 月 18 日，县关工委主任孙愫贞、常务副主任杨启炉出席城关镇关工委向镇党委汇报 7 月 2 日宁波市“双先”表彰会精神会议。会议对因人事变动后的镇关工委和办事处关协班子成员调整充实和居、村关协、社区教育、校外辅导员等工作进行研究。

截至 1994 年 8 月 30 日，宁海县关工委公布镇乡下属办事处（管理区）和村级关心下一代工作组织建设情况。

宁海县镇乡下属办事处（管理区）和村级关心下一代工作组织建设情况一览表

表 4-1　　　　单位：个

摘要 组织名称	办事处（管理区）	行政村	居委会	已建立关工委（关协）组织					组织成员	尚不具备建关协村
				合计	办事处	行政村	居委会	文号		
城关镇关工委	7	110	9	126	7	110	9	〔93〕5 号	489	—
长街镇关协	4	62	—	62	—	62	—	〔94〕43 号	174	—
明港镇关协	3	40	—	43	3	40	—	〔94〕18 号	176	—
力洋镇关工委	2	38	—	38	—	38	—	〔92〕60 号	117	—
胡陈乡关工委	2	50	—	50	—	50	—	〔94〕24 号	154	—
茶院乡关协	2	41	—	40	—	40	—	〔94〕19 号	167	1
越溪乡关协	2	45	—	43	—	43	—	〔94〕12 号	139	2
一市镇关工委	2	45	—	47	2	45	—	〔94〕29 号	175	—
前童镇关工委	2	38	—	40	2	38	—	〔93〕3 号	218	—
岔路镇关工委	3	57	—	60	3	57	—	〔94〕5 号	175	—
桑州镇关工委	2	65	—	64	—	64	—	〔94〕28 号	202	1
黄坛镇关工委	2	58	—	59	1	58	—	〔94〕7 号	175	—
双峰乡关协	—	18	—	14	—	14	—	〔94〕4 号	47	4
梅林镇关工委	3	60	—	60	—	60	—	〔94〕35 号	195	—
桥头胡镇关工委	2	37	—	37	—	37	—	〔94〕22 号	88	—
大佳何乡关协	—	26	—	25	—	25	—	〔94〕16 号	76	1
强蛟镇关工委	1	21	—	21	—	21	—	〔94〕17 号	71	—
深甽镇关工委	5	55	—	60	5	55	—	〔93〕22 号	214	—
西店镇关工委	3	46	—	48	3	45	—	〔94〕22 号	196	1

1995 年 9 月 30 日，县关工委孙愫贞、杨启炉赴力洋镇、茶院乡了解镇乡和村级关协活动情况。

1996 年 5 月 24 日，宁海县镇乡关工委班子全面调整结束，县关工委发文通报镇乡关工委名誉主任、顾问，主任、副主任名单。

宁海县镇乡关心下一代工作机构领导成员组成名单一览表

表 4-2

机构名称＼领导成员		名誉主任（顾问）	主任（会长、组长）	副主任（副会长、副组长）	备注
1	城关镇关工委	张文蛟	俞德本	王美君、陈士军、沈永飞 张伟标、施亚春	—
2	长街镇关工委	王能常	何建强	张少华、祝德朝、谢时宣	—
3	明港镇关工委	王宁长、 蒋裕云、 曹福兴	王再全	赵时科、胡余荣、林欧福	—
4	胡陈乡关工委	施孝忠	董伟兵	邵金永、夏新科、杨贻鑫	—
5	力洋镇关工委	—	鲍允伟	赵旭佑、裘祖道、储为福	—
6	茶院乡关工委	—	胡余明	俞才根、林冬苗	—
7	越溪乡关工委	王必月	叶国安	林仙菊、朱帮丰、张富印	—
8	一市镇关工委	俞伟平 王贤茂	蒋家乐	周晓康、叶家广、朱长根	顾问：方世宏、陈家福、杨定岳、褚孔设
9	桑洲镇关工委	—	杨敏杰	童遵龙、葛为荣、夏方顶	—
10	岔路镇关工委	周方园	郑英雄	章星土、葛家奎、王圣隶	—
11	前童镇关工委	陈伟俊	叶伟建	童荣湖、杨志肯、童中法、 王恕演	—
12	黄坛镇关工委	陈中建	王良元	蒋国光、李和林、严阿协	—
13	双峰乡关工委	江永平	徐天勇	俞广才	—
14	梅林镇关工委	傅红光	葛国秀	金松、蒋娇娟、吴绒芬、 应卫星	—
15	桥头胡镇关工委	—	汤建芬	陈先烈、鲍英华、林明土	—
16	大佳何乡关工委	何元龙	葛国标	吴明春、赖忠连、何元贤、 苏林、葛阿生	—
17	强蛟镇关工委	王乐年	李宝林	赖红进、周光廉、尤小根	—
18	西店镇关工委	邬春泰 邬荣吉	邬伟国	邬来科、石道伟、胡本俊、 邬宽祥、王世光、石守本	—
19	深甽镇关工委	邬长夫 俞岳祥	徐时远	张天春、邬兴国、洪向东、 毛志杰	—

说明：以上名单根据宁关〔1996〕7 号文件

1998 年 11 月，由于人事变动，城关镇、长街镇、明港镇、胡陈乡、力洋镇、茶院乡、越溪乡、前童镇、桑洲镇、双峰乡、梅林镇、桥头胡镇、深甽镇共 13 个镇乡及时调整关工委领导班子。

1999 年 8 月 2 日，中共宁海县委组织部、县关工委联合发文，要求各镇（乡）党委在 9 月份及时调整好村级关心下一代工作小组。

县直属机关关工委 1994年5月，县属机关关心下一代工作组织进行全面调整充实。

1997年12月，县直属机关因人事变动、归口等原因，调整充实关心下一代工作组织，县关工委发文通报宁海县直机关关心下一代工作组织领导成员名单。

宁海县直属机关关心下一代工作组织领导成员名单一览表（一）

表4-3

组织名称 \ 领导成员		主任（会长、组长）	副主任（副会长、副组长）	备注
党群口关工委		王春生	杨启炉、徐永土、邬伟国、葛为义	—
1	县纪委关工小组	陈万奋	杨启炉、葛为乾	—
2	县委办公室关工小组	徐永土	苏其德、胡军	—
3	县人大办关工小组	邬伟国	谭永恒、张哲	—
4	县政协办关工小组	任校章	俞世识、徐锡硅	—
5	县委组织部关工小组	季元法	—	—
6	县委统战部关工小组	祝文明	—	—
7	县级机关党委关工小组	周林苗	冯达圣	—
8	县总工会关协	林宗盛	王承训、赵邦濂	—
9	县妇联关工小组	张萍	潘彩花	—
宣传口关工委		王昌良	苏小方、周坚刚	—
1	县委宣传部关工小组	王昌良	顾一冰	—
2	县委党校关工小组	苏小方	张良圭	—
县教育系统关工委		陈模荣	葛友富、龚怀源、葛聚明	—
1	县教委关工小组	陈模荣	裘为民	—
2	县文广局关工小组	袁哲飞	—	—
3	县卫生局关协	周坚刚	王荣林、郑春泰	—
4	县计生委关协	干富伟	邵自力	—
政法口关工委		项式爱	陈帮龙、朱瑞骏	委员7人
1	县人民法院关协	王万学	张则从	—
2	县人民检察院关协	叶能勇	严全新	—
3	县公安局关工委	史建雄	郑诗荣、严望林	—
4	县司法局关协	竺义相	—	名誉会长薛明语
政府综合口关工委		舒会河	施德法、谢常夫	委员8人
1	县政府办关工小组	舒会河	施德法、夏维春、谢常夫	成员4人
2	县人事局关工小组	陈海华	—	—

续表4-3

领导成员 组织名称		主任 （会长、组长）	副主任 （副会长、副组长）	备注
3	县劳动局关协	邬海波	王文清、胡施仁	理事6人
4	县国税局关协	陈尔彬	童遵锵、张根新	—
5	县财政（地税）局关协	柯根权	胡生根、林振飞	—
6	县审计局关工小组	葛长林	蔡元祥	—
7	县民政局关工小组	沈保华	韩其山、范杰	—
8	军干所关工小组	韩其山	王立顺、杨奎洪	—

说明：以上名单根据宁关〔1997〕8号文件

宁海县直属机关关心下一代工作组织领导成员名单一览表（二）

表4-4

根据（宁关〔1997〕8号）

领导成员 组织名称		主任 （会长、组长）	副主任 （副会长、副组长）	备注
计委口关工委		沈启行	胡昌强、冯全源、王安满	名誉主任：刘子俊
1	县计委关协	沈启行	陆建华、张学春	—
2	县科委关工小组	施其俊	沈良性	—
3	县城乡建委关协	王安满	范振毅	顾问：颜跃华、应文天、包胡园 理事3人
4	县环保局关协	葛主横	苏锦德、舒军海	名誉会长：童遵义理事2人
5	县统计局关协	丁秉懋	洪汉卿	理事1人
6	县物价局关协	何待富	—	理事2人
7	县交通局关协	胡昌强	童遵炎、杨庭富	名誉会长：童章炳
8	县邮电局关协	丁国锵	陈恒旺、葛运昌	—
9	县计量局关工小组	章常银	寿定康	—
农委口关工委		何忠信	王威中、吴素芬	名誉主任：娄金秋、童时仗
1	县农委关协	何忠信	娄金秋、吴素芬	—
2	县农业局关协	马君贤	薛常胜、柴以渊	—
3	县土管局关协	葛泉耀	施基成、冯荣局	—
4	县林特局关协	邵成宗	孔万春、舒晓萍	—
5	县水利局关协	李忠宪	林毅、叶兴土	名誉会长：胡相经
6	县水产局关协	胡根振	冯正冠	—
7	县粮食局关协	柴炳友	王伯民、杨相荣	顾问：邬丁兴、沈相府、邵田才、陈三元

续表4-4

组织名称 \ 领导成员		主任（会长、组长）	副主任（副会长、副组长）	备注
8	县供销社关协	应端亲	潘忠清、张杰能、王从福、舒祖根	名誉会长：洪万成
9	县农机局关协	储德宽	徐正福、王定鹏	—
10	县气象局关协	金儒才	邬龙兴	—
县经贸口关工委		邬茂俊	金福寿、项伟军、苏才达	委员 13 人
1	县经委关协	吴贤龙	胡为立、金树梅	—
2	县工业总公司关协	项伟军	裘天邦、钱天鹏	—
3	县乡镇企业局关协	胡超	林汝飞	顾问：李绍敏
4	县二轻总公司关协	林亚辉	卢明祥、陈声东、沈美珠、章菊梅	名誉会长：张水仙、李锡铭
5	县对外贸易局关协	张霞梅	肖兰海、葛丽丽	—
6	县供电局关协	金福寿	翁彩武	—
7	县工商局关协	苏才达	蒋荣昌、王美玉	秘书长：陈贤能理事 4 人
8	县商业集团公司关协	陈正钱	薛国苗、章全土	名誉会长：黄稀
9	县物资总公司关协	戴益新	楼威、严伯青	—
10	县烟草专卖局关协	陈诚	杨道贵、徐定鸿	—

说明：以上名单根据宁关〔1997〕8 号文件

宁海县直属机关关心下一代工作组织领导成员名单一览表（三）

表 4-5

组织名称 \ 领导成员		主任（会长、组长）	副主任（副会长、副组长）	备注
金融口关工委		谢幸福	赵增富、丁永明	—
1	县人民银行关协	谢幸福	—	—
2	县工商银行关工委	李刚	—	名誉主任：林兆卿
3	县农业银行关协	王必林	—	—
4	县建设银行关协	方伟杰	—	—
5	县信用联社关协	胡昌国	蔡苗根、叶荣富	—
6	县中保财险公司关协	陈明	—	—

说明：以上名单根据宁关〔1997〕8 号文件

楼群关协的建立及活动

1994 年 4 月 22 日，县关工委主任孙愫贞、常务副主任杨启炉应邀赴城关镇政府出席居委会工作会议。并向各居委会负责人员交谈建立群楼关协小组问题。

1994年5月28日，宁海县第一个楼群关心下一代工作小组在城关淮河路18号大院建立。该楼群居住着90户住户，时有45名在校中小学生。64位老同志与家长参加关协，并推荐张位胜为组长，胡天华、郑英明为副组长，成员有俞世识、邬锡贤，下设9个小组，工作小组聘请王光明、武景波、黄正智、孙愫贞、郭善文为顾问。

1994—1995年寒假期间，城关镇淮河路18号楼群关协组织大院青少年参观、访问一休童装厂，举行乒乓球、羽毛球比赛，开办书法指导、儿童诗讲座、发动少儿自制贺年卡向大院内老人拜年等多项有益活动。

1995年3月8日，《中国火炬》1995年第3期刊载宁波市关工委撰写的《楼群关工小组在探索中前进》一文，报道宁海县淮河路18号大院楼群关工小组事迹。

1995年4月13日，城关镇淮河路18号楼群关协组织大院青少年集会，欢送援藏干部孙云。县委常委孙云担负宁波市首批援藏干部，其所居住在淮河路18号楼群大院关协小组组长张位胜，老同志王光明、孙愫贞、俞世识、邬识贤、苏锦德等40余人出席欢送会，曾在西藏工作12年的老同志邬丁兴到会向青少年介绍西藏有关情况。

1995年“六一”前夕，城关镇淮河路18号楼群大院关协小组邀请离休干部、县城建局原党组书记苏锦德为大院小朋友讲童年谈理想。

1995年8月22日，淮河路37号（原18号）大院楼群关工小组老少同堂举行“纪念抗日战争胜利50周年庭院晚会”。楼群居民100余人参加晚会。

1995年老人节前夕，淮河路37号大院关工小组组织大院中少先队员向大院中24位老人献上宫廷桃酥，贺卡写道“祝公公婆婆福如东海、寿比南山、节日愉快”。

1995年10月28日，县人民政府副县长葛其荣应淮河路37号大院关工小组之邀，指导28位小朋友如何观看星座，并绘制《十一月星空》图例印发给小朋友。

1995年11月25日，淮河路37号大院关工小组举行“爱藏援藏”小型报告会，邀请因公务暂回宁海的援藏干部童荣法（时任西藏那曲地区比如县委宣传部部长）与曾在西藏工作十余年、时任宁海县政协副秘书长葛为义，向大院青少年讲述西藏的现状与发展前景。深受教育的20余名青少年当即捐款80余元，交童荣法返藏时转交给比如县的小朋友。寒假期间，淮河路37号大院关工小组安排各项有益青少年活动，组织青少年出席体育馆落成典礼，观看各项体育表演。

1996年2月26日，由孙愫贞、祝宏茂带领大院20名青少年参观宁海跃龙经济开发区，开发区管委会常务副主任陈用辉向青少年介绍开发区概况。

1996年暑假，淮河路37号大院楼群关工小组安排开展纪念红军长征胜利60周年主题活动，请庭院老同志为青少年讲培育爱护花木知识，开展乒乓、羽毛球、棋类活动，组织乒乓球双打比赛；组织参观桑洲岭隧道和书法绘画活动，开展书画展评等。

1996年10月19日，在第9个老人节前夕，淮河路37号大院楼群关工小组少先队校外中队向大院中的20位老人赠送宁海县岔路特产“长寿挂面”，并悬系红色贺卡“敬祝爷爷奶奶节日愉快，健康长寿”。

1997年6月，淮河路37号大院关工小组于双休日组织大院内25名青少年参观访问县公安局新建的110报警台。

1997年7月10日，淮河路37号大院关工小组由孙愫贞、邬识贤、祝宏茂等带领大院26名青少年登上新建的16层宁海大厦，参观宁海有线电视台，鸟瞰宁城全景；暑期期间，邀请漂流勇士吴连宝向青少年讲述中韩漂流活动亲身经历，开展家庭乒乓赛，组织青少年参加公益劳动，举行暑假作品展等，受到家长、学校、社会群众的好评。暑期活动告一段落后，关工小组印制联系卡，根据青少年自我小结，撰写评语，送往有关学校。

1998 年 6 月 19 日，县关工委孙愫贞、杨启炉出席城关镇儿少工作会议，主任孙愫贞作了淮河路 37 号院 1997—1998 年儿少工作回顾与 1998 年暑假活动安排的讲话。

1998 年 7 月 1 日，宁海县政府副县长朱水娣在听取县关工委孙愫贞、杨启炉汇报后指出，社区教育工作要推广淮河路 37 号大院儿少工作经验。

1999 年 2 月 26 日，城关淮河路 37 号楼群关工小组被评为宁海县关心下一代工作先进集体。

1999 年暑假，淮河路 37 号楼群关工小组，连续五年坚持寒暑假的社区教育活动，老同志带领大院小朋友开展“五个一”活动，即假期组织一次参观（自来水厂）、一次书画展览、一次球棋竞赛、一次黑板报评比（大院共有 13 块黑板报）、一次与所在学校联系。1999 年 8 月，淮河路 37 号大院楼群关工小组继续开展暑假社区教育各项活动，参观白溪水库，举行纳凉晚会，举办乒乓球、棋类比赛，大院黑板报评比，假期作业展览等活动。

1999 年老人节，淮河路 37 号大院关工小组，组织大院少先队校外中队小朋友，向大院中老人祝贺节日康乐，并向老人敬献了鲜花与小礼品。

2000 年寒假期间，淮河路 37 号大院楼群关工小组组织院子里的十几名中小学生刊出墙报、黑板报，参观白桥岭隧道，举行乒乓友谊赛等活动。

2000 年暑假，淮河路 37 号楼群关工小组暑假活动内容丰富多彩，刊出适合年龄特征的黑板报，举行老少同乐乒乓球友谊赛，展出书画，体验修剪、松土、施肥、除虫等培植花卉的生活，参观宁海县的新景点水产城等。

二、重要会议

会员及会员代表大会　1990—2000 年，会员及会员代表大会共召开三次。其中，第一次为关协成立大会。

1991 年 6 月 25 日，宁海县关协第二次会员代表大会在县商业局会场召开。县关协全体理事、受表彰的先进集体代表和先进个人、各区（镇）、各口的关协会长，代表全县 1949 名会员出席大会。各区（镇）党群书记，县直属各单位分管政工领导、城关地区关协理事及组长等共 300 余人出席大会。县委常委、组织部部长、县关协名誉会长周秉达，县委组织部副部长、县关协副会长张位胜分别主持大会，县关协名誉会长、顾问、会长、副会长在大会主席台就座。会议听取会长孙愫贞的工作报告；大会增选林贵清、郭鲜花、王威中、龚怀源、黄正定、杨洪奎、邬成生、裘祖道、张武昌 9 名县关协理事。长街区关协祝德朝，前童镇关协杨志肯，县关协副会长黄茂泉，县农业局关协小组杨清山分别在会上作交流发言。县军干休所，黄坛区关协，城关镇关协在会上作书面交流发言。市关协副会长颜志定到会祝词，县委副书记、县长项建中到会讲话。

1992 年 6 月 20 日，宁海县关心下一代工作委员会县关工委在县政府招待所举行成立大会，同时召开县关协第三次会员代表大会。县直属各单位分管政工负责人，各镇乡老干部工作专（兼）职人员，关协会员代表出席大会。县委书记陈启宏到会讲话，会长孙愫贞（县关工委主任）作工作报告。宁波市关工委顾问苏守山，副主任、市委老干部局局长张文甫专程到宁海祝贺并讲话。成立大会由县委组织部副部长戴霖军主持。

常务理事及常务理事扩大会议　1990—2000 年，县关协共召开常务理事会及常务理事会扩大会议十次。

1990年7月20日，县关协第一次常务理事会扩大会议召开，会议学习李瑞环等中央领导讲话，讨论县关协1990年工作计划。宁海县关协工作简报创刊。名誉会长陈云高介绍1988年4月成立的县少年军校对青少年教育所起的积极作用。

1990年9月6日，县关协第二次常务理事会扩大会议召开，介绍余姚、慈溪关协经验。

1991年3月9日，县关协在工商联会议室召开常务理事会议，讨论定于6月底关协成立一周年召开会员代表大会及“双先”表彰大会事项。

1991年6月5日，县关协第五次常务理事会议召开，就召开第二次会员大会事宜进行讨论，会议并通过先进集体与先进个人表彰名单，报县委审批。会议还讨论增补县关协常务理事、理事的人选，拟提交理事会讨论后，提交代表大会通过。

1991年9月13日，县关协第七次常务理事会召开。会议学习江泽民“七一”讲话的反和平演变部分、中国关工委主任康世恩《全社会都来关心、挽救失足青少年》一文，通过县关协办公室人选名单，任命彭家标兼办公室主任，龚怀源任办公室副主任。

1991年10月26日，县关协第八次常务理事会召开，会长孙愫贞主持会议。会议汇报介绍10月16—17日赴台州地区关工委走访考察情况；讨论决定筹办关协文化技术培训班，并确定常务理事俞世识具体分管该项工作。

1992年2月21日，县关协第九次常务理事会议召开。县委组织部、宣传部、县教委、团县委和县民政局等单位派代表列席会议。会上，会长孙愫贞传达全国关心下一代工作“双先”表彰会精神，学习李瑞环、康世恩、王照华等领导的讲话。传达市关工委全委会与工作会议精神。会上，宁波市委副书记陈勇对宁海关协帮教挽救失足青少年方面的工作予以高度评价和充分肯定。常务理事会讨论并通过1991年工作总结，讨论1992年工作要点。会议对1992年清明节前后向青少年进行革命传统教育系列活动的安排意见进行商量讨论。

1992年6月2日，县关协第十次常务理事会在县工商联会议室召开。名誉会长武景波，陈文华，顾问李士瑶、韩其山、颜耀华到会。会议研究同意6月20日召开县关协第三次会员代表会暨县关工委成立大会，并就大会有关事项作出研究；讨论关协成立两年来的工作报告；听取常务理事林贵清关于社会青少年调查工作介绍。

常务委员及常务委员扩大会议 县关工委成立后，原县关协常务理事会改称常务委员会，前后共召开十三次，其中第一次以主任会议称呼。

1992年6月27日，县关工委召开第一次主任会议。会议讨论通过向县委报告的七点工作意见；讨论主任分工，决定杨启炉为常务副主任；商讨县关工委的日常工作。

1992年8月12日，县关工委召开第二次常务委员会议，常务副主任杨启炉传达市关工委工作会议精神；通过俞世识任文化培训班领导小组组长，同意聘请葛友富任副组长，陈雅来、陈名英为领导小组成员。

1993年3月2日，县关工委召开第三次常务委员会议，主任孙愫贞传达省、市关心下一代工作会议精神。

1993年6月17日，县关工委第四次常务委员会议召开，主任孙愫贞主持会议。会议学习宁波市委副书记陈勇在全市校外辅导员工作经验交流会和先进表彰会上的讲话。常务副主任杨启炉传达市校外辅导员工作经验交流会精神和县委书记项建中对开展校外辅导员工作的指示。副主任娄金秋、林贵清（市优秀校外辅导员）、胡全林（县教委主任），常务委员黄稀、俞世识、王威中等在会上发言。县老干部局副局长胡功庆、共青团县委副书记顾卫卫应邀出席会议并发言。会议决定在第四季度由县教委、县关工委、团县委、县老干部局联合召开全县校外辅导员工作经验交流和先进表彰会。

1993年8月10日，县关工委第五次常务委员会召开，主任孙愫贞主持会议。会议传达讨论中关工委天津会议及天津塘沽经验，学习王照华和宁波市关工委主任张永祥讲话精神。会议决定认真贯彻落实天津会议和塘沽经验，在城关镇9个居民区抓好落实。在向各镇乡分片传达贯彻的同时，抓好村级关协组织建设与下半年工作。

1993年12月29日，县关工委第六次常务委员会召开，会议传达宁波市失足青少年帮教工作研讨会精神，商讨1993年工作总结和1994年工作意见。会议讨论决定1994年1月中旬召开全委扩大会议有关事项和1993年工作报告。

1994年4月27日，县关工委第七次常务委员会议召开，主任孙愫贞传达3月下旬由宁波市关工委组织赴苏南学习关心下一代工作情况与经验，杨启炉通报近四个月的工作情况。

1994年7月21日，县关工委召开第八次常务委员会议，传达宁波市“双先”表彰大会精神。会议同时学习中国关工委主任康世恩、常务副主任王照华在四川乐山召开的全国关心下一代工作研讨会上的讲话，会议还通过推荐县委表彰先进集体、先进个人名单。

1995年9月20日，县关工委第十次常务委员会议召开。常务副主任杨启炉主持会议，主任孙愫贞传达宁波市关工委会议精神，汇报近三个月工作，讨论第四季度工作及副主任、常务委员分工。

1995年宁海县关工委副主任、常务委员工作分工一览表

表4-6

工作分工	分管人员
组织工作	戴霖军、杨启炉、彭家标
宣传教育	陈模荣、顾卫卫、俞世识、黄　稀、张文宽
法制帮教	朱瑞骏、林贵清、严望林、袁海林、戌梅富
调查研究	娄金秋、王文清、王威中、邬成生、龚怀源

1996年8月20日，县关工委召开第十二次常务委员会议。主任孙愫贞传达市关工委召开的宁波市各县、市区关工委主任扩大会议精神。新任宁海县委常委、组织部部长虞安成到会并看望老同志。

1996年12月24日，县关工委召开第十三次常务委员会，孙愫贞、杨启炉分别传达省、市关心下一代工作经验交流暨表彰大会与市关工委工作会议精神，并作1996年工作回顾与1997年工作意见的报告。

1997年4月18日，县关工委班子于1997年3月调整后，召开第一次常务委员会。出席会议的有主任、副主任、常务委员共17人。县委常委、组织部部长虞安成到会并讲话。常务副主任杨启炉主持会议。主任孙愫贞组织学习《中央、省领导同志关于老同志关心下一代工作指示节录》，并向新充实到县关工委的副主任、常务委员介绍县关工委建立六年来的历程。虞安成在讲话中指出，

"县委公布我为县关工委名誉主任，我也是县关工委的成员。关心下一代这项工作，本来就是党委和政府在职领导的责任，重视关心下一代工作是县委应担负的任务。县委一如既往重视支持关工委工作。希望调整后的县关工委继续做好县委的参谋，继续发挥各级关协的积极性，继续发挥老同志的积极性，把关心下一代工作再提高到一个新水平。"

1997年10月7日，县关工委召开顾问、常务委员会议，学习中共十五大精神。传达全国部分城市关心下一代工作研讨会、中关工委宣传报道工作座谈会精神。县委副书记兼组织部长虞安成自始至终参加会议，听取传达。与会人员一致认为，中共十五大是在我国改革开放和社会主义建设的重要时期召开的，具有重大意义。一定要高举邓小平理论伟大旗帜，以邓小平理论指导整个事业和各项工作，要十分重视青少年思想道德建设，把关心下一代工作推向前进。

1998年11月17日，县关工委召开常务委员会议。常务副主任杨启炉通报前阶段工作；传达市关工委帮教会议精神，学习市关工委主任张永祥的讲话；商讨市、县先进集体、先进个人名单与名额，并对年内工作作出部署。县委常委、组织部部长徐志军到会并讲话。

1999年1月27日，县关工委召开主任、常务委员会议。常务副主任杨启炉传达省、市关工委会议精神，回顾1998年工作，提出1999年工作思路。会议商讨向县委、县政府呈报、表彰两年来关心下一代工作的先进集体、先进个人名单。

1999年8月10日，县关工委召开常务委员会议。会议学习中国关工委执行主任王照华在贵州省召开的全国各省市关工委办公室主任会议上的讲话。常务副主任杨启炉传达市关工委工作会议精神，回顾上半年工作，提出下半年工作要点。主任孙愫贞到会听取汇报并讲话。县委常委、组织部长徐志军到会讲话。徐志军指出，县关工委取得较好成绩的主要原因，一是有一个好的领导集体，二是有一支好的工作队伍，三是有一个好的工作思路，四是重视教育基地的建设。徐志军对做好今后关工委工作时指出，一是思想认识要再深化，二是组织建设要再加强，三是工作水平要再提高和更好地发挥老同志的四大优势。

1999年11月11日，县关工委召开常务委员会议。县关工委常务副主任杨启炉传达中国关工委主任王丙乾在吉林的讲话与宁波市委副书记王卓辉在市关工委成立10周年座谈会上的讲话，并进行讨论。与会人员一致认为，关工委的工作意义重大，得到中央与各级领导肯定，关工委的工作是长期的。正如王丙乾指出，关心下一代事业是伟大的、非常重要的、不可缺少的，关心下一代工作要一代一代往下传，关工委要一届一届地坚持抓下去。会议还讨论庆祝县关工委成立10周年"四个一"（召开一次庆祝大会，举办一次图片展览，编印一本纪念册，表彰一批连续十年坚持关心下一代工作的同志与十年中荣获省、市、县关心下一代工作先进个人称号的同志）活动方案。庆祝大会计划在新世纪第一年的6月份召开。会议一致同意该方案，并成立"四个一"庆祝活动筹备小组。成员有：顾问陈云高（县委常委）、徐志军（县委常委、组织部部长），组长孙愫贞，副组长杨启炉、彭家标，成员龚怀源、叶建杰。

2000年4月17日，县关工委召开主任、常务委员会议，讨论庆祝县关工委成立十周年筹备工作。主任孙愫贞主持会议，并介绍筹备工作情况，还就主报告"关爱奉献，探索奋进"的要点内容作阐述。常务副主任杨启炉介绍自1999年11月常务委员会议讨论通过的紧紧围绕"四个一"中心的开展情况。指出，县委、县政府将关工委成立十周年庆祝活动列入2000年上半年工作计划，根据会议预算报告，县政府已作出批复。2000年1—4月，筹备小组按照既分工又合作的工作原则，各项工作紧紧围绕"四个一"的目标有序地进行。召开一次庆祝会，主报告"关爱奉献，探索奋进"

已两易其稿。会议对象包括县关工委委员、顾问、名誉主任，镇乡关工委主任、主持工作的副主任或秘书长，县直属单位关工委、关协，关工小组主任、会长、小组长，10 年来曾获省、市、县级先进个人，10 年来参与关心下一代工作的镇乡关工委副主任以上同志，县关工委爱国主义讲师团成员，现任城区中小学校外辅导员，曾担任过县关工委名誉主任、顾问、县关工委委员的离退休老干部，县四套班子的领导，主管领导和来宾；编印一本纪念集，关工委常委、副秘书长龚怀源介绍纪念集的组稿情况及版本的式样。在三次讨论的基础上，4 月 6 日，筹备小组邀请县委办副主任、党史办主任徐永土，宁海中学原党总支书记、校长级调研员、中学语文高级教师谢时强，宁中退休的语文高级教师、特级教师俞品宪与筹备小组的全体同志进行分析、论证；举办一次图片展览；表彰一批坚持十年关心下一代工作的老同志（1990 年 6 月—2000 年 6 月）。会上，常务委员们提出很有价值的建议，筹备小组一一作出讨论。

2000 年 7 月 21 日，县关工委在县委老干部局召开正副主任和常务委员会议。会议学习、贯彻全国关心下一代工作表彰大会精神。主任孙愫贞传达中共中央政治局候补委员、国务委员吴仪代表中共中央、国务院在关心下一代工作第三次表彰大会上的讲话。常务副主任杨启炉传达中国关工委给中国央办公厅并国务院办公厅〔2000〕9 号《关于当前关心下一代工作情况的报告》。会议学习大会全体代表的“倡议书”，并传达省关工委召开的关心下一代工作电视电话会议和省委副书记梁平波、省关工委主任王耀亭的重要讲话精神；总结回顾上半年工作，研究部署下半年关心下一代工作重点。杨启炉传达在余姚召开的“宁波市农村关心下一代工作现场会”的主要精神和市关工委工作会议的情况。县关工委、团县委和明港镇关工委选送的《寻求柑橘发展大计的胡余悦》作为宁波市农村关心下一代工作现场会书面交流材料。

理事及理事扩大会　县关协期间，理事及理事扩大会议共召开 3 次。

1991 年 1 月 12 日，县关协召开关协理事扩大会议，关协名誉会长、顾问、分会会长、县级机关部、办、委、局及各区（镇）分管政工的负责人员共八十余人参加会议。会议学习中国关工委在河南省安阳市召开的全国关心下一代工作会议精神，学习中国关工委主任康世恩、副主任王照华的讲话。县委副书记，县人大常委会主任娄林忠到会讲话。

1991 年 6 月 23 日，在县委会议室召开第二次理事全体会议。会议通过会长孙愫贞二次会员大会工作报告起草稿；二次会员大会议程；报请县委表彰的先进集体和先进个人名单；常务理事会建议增选的 9 名理事名单，提交第二次会员代表大会选举。通过王威中、袁海林、郭鲜花、俞世识、林贵清、黄稀等 6 人为新增选的县关协常务理事。

1992 年 6 月 16 日，县关协召开第三次理事会，县委组织部副部长戴霖军通报县关工委组成成员名单；通过会长孙愫贞的工作报告；通过县关协第三次会员代表大会议程。

委员及委员扩大会　县关工委成立后，自 1992 年 6 月 20 日至 2000 年 12 月 26 日，共召开 7 次委员及委员扩大会议。

1992 年 6 月 20 日，在县政府招待所召开县关工委第一次全体委员会议，会议同意设立常务委员会，常务委员 18 名；通过办公室主任人选，由龚怀源任县关工委办公室主任；听取各组汇报，商讨推荐宁波市“双先”表彰单位与个人评比名单；商量县关工委今后工作意见。

1992 年 11 月 21 日，县关工委召开全委扩大会议，县委副书记娄林忠到会讲话，杨启炉传达市“双先”表彰大会精神，孙愫贞作《以十四大精神为指导，做好关心下一代工作》的报告。

1994 年 1 月 18 日，在县政府招待所召开县关工委全委扩大会议。主任孙愫贞传达市关工委会议精神；常务副主任杨启炉作《1993 年工作回顾与 1994 年工作意见》报告；副主任林贵清作帮教工作的专题发言；县委副书记娄林忠，县委常委、县政法委书记周炳常到会讲话。

1995 年 1 月 14 日，县关工委在县府招待所召开全委会扩大会议，县属单位关工委（关协）的负责人列席会议。主任孙愫贞传达全国部分城市关心下一代工作研讨会——“成都会议”与全省研讨会精神；常务副主任杨启炉作《再接再厉，使我县关心下一代工作走上一个新台阶》工作报告；县委副书记娄林忠到会讲话。

1996 年 2 月 9 日，县关工委在宁海宾馆召开全委会，县关工委全体委员、顾问 49 人出席会议。县委副书记、组织部部长周秉达到会讲话；主任孙愫贞作《1995 年工作回顾》报告；常务副主任杨启炉部署 1996 年工作。

1997 年 3 月 27 日，县关工委在宁海宾馆召开调整后的县关工委全委会。全体委员、顾问、各镇乡分管老干部工作人员和部分镇乡党委副书记参加会议。县委常委、组织部部长虞安成到会宣读县委《关于调整宁海县关心下一代工作委员会成员的通知》；县关工委常务副主任杨启炉作《1996 年关心下一代工作总结》报告；县关工委主任孙愫贞传达全国、省、市有关会议精神，并作《1997 年工作意见》报告；王惜耶代表顾问发言，表示要尽力支持县关工委工作，并对顾问和委员们提出工作要求；虞安成在讲话中对六年来县关工委工作表示满意，并希望关工委老同志在休息好的前提下，再接再厉，认真贯彻落实中共十四届六中全会精神，为宁海县关心下一代工作谱写新的篇章。同时希望各级党委加强领导，重视、支持关工委工作。

2000 年 12 月 26 日，县关工委全委会议在县委、县政府大会议室召开。出席会议的有县关工委名誉主任，顾问，常务委员，委员等 75 人。县关工委常务副主任杨启炉受县委领导委托，宣读《关于调整宁海县关心下一代工作委员会组成人员的通知》，并作 2000 年工作总结和 2001 年工作意见的报告；县委常委、关工委主任陈云高宣读中共宁海县委《关于面向新世纪，加强关心下一代工作的意见》。县委副书记张拓原、县委常委陈云高代表县委、县关工委向县关工委原主任孙愫贞赠送“尽心尽责，关爱奉献”纪念匾；张拓原、陈云高在讲话中对县关工委工作给予充分肯定，并就新世纪第一年的关心下一代工作新思路作出重点阐述。

全县关心下一代工作会议 1990—2000 年，由宁海县委、县政府召开关心下一代工作会议共八次（其中 1995 年机关和乡镇分别召开，1997 年召开全县农村关心下一代工作会议，1999 年和 2000 年与县老干部工作会议合并召开）。

1993 年 3 月 20 日，中共宁海县委在县府招待所召开关心下一代工作会议。县委副书记娄林忠，县委常委、组织部部长周秉达，县委常委、县人武部部长陈云高，县关工委顾问、委员、各镇乡兼任关工委（关协）主任的党群副书记、老干部工作专（兼）职干部，县直属各单位分管政工的负责人员和部办委局的关协老同志，竹溪村关协小组、宁海五中的代表出席会议。县关工委主任孙愫贞传达全国关心下一代工作座谈会精神和贯彻中共中央政治局常委李瑞环的重要指示，介绍浙江省关心下一代工作研讨会概况。县关工委常务副主任杨启炉作 1992 年度工作报告。县委 3 位领导分别在工作会议上讲话。

1994 年 9 月 13 日，中共宁海县委关心下一代工作会议在县政府招待所召开。会议由县委副书记，县人大常委会主任娄林忠主持。深甽镇党委、前童镇关工委、县供电局党委、县水利局关协、城关镇老干部工作专职干部、镇关工委副主任张秉功，竹溪村党支部、关协小组，力洋镇党委等单位和个人作典型介绍，长街镇关协等 9 个单位和个人作书面发言。县委副书记、县长郑瑞法作会议小结并提出要认真传达贯彻好会议精神，联系各地各部门实际，根据县委副书记、县人大常委会主任娄林忠讲话和交流经验做法对本地本部门工作进行全面回顾、分析和检查。各级党委要把关心下一代工作作为党的一项重要工作认真抓好；要积极探索新思路、新方法等三点要求。县长郑瑞法最后指出，要做好这次会议精神的总结汇报工作，并以书面形式报县委老干部局、县关工委，由县委老干部局、县关工委负责汇总向县委报告，该项工作要求在九月底完成。宁波市关工委主任张永祥在会上对宁海县委、县政府重视关心下一代工作和工作成绩予以充分肯定。宁海县关心下一代工作组织队伍迅速壮大，组织网络逐步健全，对青少年思想教育不断深入，帮教失足青少年工作扎实，文化技术培训成效显著，老同志的三支队伍建设抓得较牢，作用发挥较好。宁海县关工委三次被省、市评为先进集体，宁海少年军校被评为全国先进集体，许多老同志被评为省、市先进个人，宁海关工委各方面工作都走在全市前列，县机关大院教育下一代工作成为宁波市首创，受到称赞。

1995 年 3 月 17 日，宁海县委在县政府招待所召开县级机关关心下一代工作会议。县属部委办局政工负责人员与县关工委领导 60 余人出席会议。会议由县委常委、县人武部政委陈云高主持。县供电局党委书记金福寿、县水利局副局长葛为园、县人大办公室副主任叶新水在会上介绍单位关心下一代工作情况、经验和体会。县关工委主任孙愫贞传达中央、省、市会议有关精神，及县关心下一代工作意见。常务副主任杨启炉谈了关于加强对机关青年干部和干部子女思想道德教育和法纪教育，预防青少年违法犯罪的意见。县委常委、组织部部长周秉达在讲话中指出，请各部委办局政工负责人员认真商讨机关关心下一代工作。该次会议既是工作会议，也是经验交流会议，通过会议拓宽工作思路。过去的一年，县级机关关心下一代工作是有成效的，县委希望各单位继续努力，使 1995 年县级机关的关心下一代工作再上新台阶。

1995 年 6 月 5 日，县委召开镇乡党委书记会议。县委副书记娄林忠主持会议，专题研究关心下一代工作。县关工委主任孙愫贞向镇乡党委书记传达全国、省关心下一代工作研讨、表彰大会精神；常务副主任杨启炉介绍宁海县关心下一代工作情况和下阶段工作意见；县关工委副主任、县老干部局局长彭家标传达中央老干部工作座谈会精神。县委副书记娄林忠强调应高度重视关心下一代工作，在充分肯定县关心下一代工作成绩的同时指出，最近省委办公厅转发省关工委会议纪要，今后，一要以邓小平建设中国特色社会主义理论为根本指针，切实加强对青少年的思想教育；二要动员更多的老同志参与关心下一代工作；三要进一步加强对关心下一代工作的领导。

1997 年 1 月 7 日，宁海县委在前童镇福泉山德育基地召开全县农村关心下一代工作会议。县委副书记周秉达，县委常委、组织部部长虞安成，县关工委主任孙愫贞，常务副主任杨启炉，前童镇党委书记陈伟俊，全县镇乡党群副书记、关工委主任，县委老干部局局长彭家标，团县委书记陈国军，县教委副主任叶家根，县关工委副秘书长龚怀源等出席会议。会议由虞安成主持。会议首先宣读县委书记郑瑞法、县长陈炳水、县人大常委会主任娄林忠、县政协主席麻绍星为会议作出的题词。孙愫贞传达中国关工委在南京召开的全国农村关心下一代工作会议与省关心下一代工作经验交流会的精神；杨启炉作县关工委 1996 年工作总结与 1997 年工作意见的报告；前童镇党委副书记叶伟建介绍创建福泉山铁流亭、纪念碑德育教育基地的做法与开展农村关心下一代工作情况；周秉达在讲话中强调“认识要再提高，角色要更到位，工作要更扎实”。

1998 年 3 月 10 日，宁海县关心下一代工作会议在宁海宾馆召开。出席会议的有县关工委全体委员与顾问、各镇乡党群副书记、县直属各单位分管领导及关心下一代工作专兼职干部。会议由县委常委，县人武部政委，县关工委名誉主任陈云高主持。县关工委常务副主任杨启炉作县关工委

1997 年工作总结报告；主任孙愫贞作 1998 年关心下一代工作思路报告，并传达全国部分城市关心下一代工作研讨会精神。县委副书记兼组织部部长虞安成到会讲话，代表县委充分肯定全县关心下一代工作所取得的成绩，强调做好关心下一代工作的重大意义，要求各级党委和政府要进一步加强对关心下一代工作的领导，把该项工作列入党委的重要议事日程。动员、组织更多的离退休老同志参加到关心下一代工作中来，希望各级关工委适应新形势，加强青少年的思想道德建设。

1999 年 3 月 1 日，县委、县政府在县委党校召开老干部工作、关心下一代工作会议。县人大常委会副主任储功彭、县政府副县长朱水娣、县政协副主席马光明、县委老干部局局长彭家标、副局长胡功庆与县直属机关各单位、镇乡分管领导与专（兼）职干部出席会议。县委常委、组织部部长徐志军主持大会。县委副书记史小华到会讲话。县关工委常务副主任杨启炉传达省、市关心下一代工作经验交流暨表彰会议和省、市委领导刘锡荣、陈勇的讲话精神，总结 1998 年县关心下一代工作。主任孙愫贞部署 1999 年工作任务。大会对县委、县政府通报表彰的先进集体与先进个人授奖。

2000 年 3 月 3 日，县委、县政府在县委党校召开“全县老干部工作、关心下一代工作”会议。县关工委顾问、全体委员、各镇（乡）、县直属单位的分管领导和主持关工委（关协）工作的人员约 200 人参加会议。县委常委陈云高主持会议，县委常委、组织部部长徐志军传达中组部部长曾庆红在全国老干部会议上的讲话；县关工委主任孙愫贞传达中央领导同志对关心下一代工作的指示和批示；县委老干部局局长彭家标作 1999 年老干部工作总结和 2000 年工作任务报告；县关工委常务副主任杨启炉作 1999 年关心下一代工作总结和 2000 年工作任务的报告。县委副书记史小华代表县委、县政府充分肯定县关心下一代工作的成就，并对当前和今后关心下一代工作作重要讲话。陈云高在会议结束时，强调各镇乡和县属单位分管领导要把会议精神向党委汇报，结合本地实际，认真贯彻落实，把 2000 年关心下一代工作做得更好。县委常委、常务副县长林静国出席会议。是日，县关工委继续召开各镇乡党委副书记和主持关工委工作的副主任会议，专题研讨中央领导同志对关心下一代工作重要批示的贯彻落实问题，县关工委成立十周年筹备工作等，并对当前工作作出安排。县委组织部副部长谢飞云参加会议，要求各镇乡党委要把老干部工作、关心下一代工作列入党建的议事日程，扎扎实实地抓好落实工作。

2000 年 3 月 8 日，县委副书记史小华在老干部工作、关心下一代工作会议上的讲话，在《县办通报》第 9 期专辑发表。

县关协召开的区镇口局关协会议　1991 年 3 月 14 日，县关协召开分会会长会议。六区一镇关协会长，桥头胡区关协筹建组负责人，县级机关各口、局关协会长（或小组长），县关协会长、部分副会长、名誉会长及顾问出席会议。副会长彭家标传达省委常委、组织部部长王其超在省关心下一代工作会议上讲话精神。岔路区关协葛家奎，黄坛区关协叶继江，农经委口关协王威中，农业局关协小组杨清山，长街区关协顾长标，城关镇关协严望新分别作交流发言。县政协关协小组俞世识，工业口陈巨根也在会上发言。会上，会长孙愫贞部署上半年工作。

1991 年 10 月，县关协召开各区镇关协负责人会议，交流各区镇关协前阶段工作，商讨对失足青少年家访有关事项。

1992 年 3 月 10 日，县关协在县委会议室召开七区一镇、各系统、各局关协会长会议。会长孙愫贞传达中关工委、省关工委“双先”表彰会精神，学习中央领导与省委副书记王其超讲话精神，会议回顾半年来工作，提出上半年工作要点，会议对 1992 年清明节“老小同祭”革命烈士墓问题进行商讨。

县关工委召开的机关及镇乡关工委工作会议　县关工委在1992—2000年召开的机关及镇乡关工委工作会议共九次。此外，1999年12月又分别在长街、岔路、大佳何镇召开镇乡关工委分片工作汇报会。

1992年9月21日，县关工委在县委会议室召开19个镇乡新建关协主持日常工作的副会长（秘书长）会议。会议学习中央、省领导关于老同志关心下一代工作指示；学习市委副书记陈勇与市关工委主任张永祥讲话；县关工委常务副主任杨启炉传达市关工委工作会议精神；城关镇竹溪村关协小组陈承悦、岔路镇关工委葛家奎、胡陈乡关协夏新科交流调研、帮教经验；县关工委主任孙愫贞部署迎接中共十四大召开及镇乡关协工作。

1995年2月15日，县关工委召开县供电、水利局和县人大机关先进关协组织负责人座谈会。商讨县属单位关协在新的一年中如何拓宽思路开展关心下一代工作。金福寿，葛为园，翁彩武，林毅，谭永恒等现职领导与离休老同志参加会议。

1997年6月16日，县关工委召开全县镇乡分管关工委工作的负责同志碰头会。主任孙愫贞传达宁波市关工委年中工作会议精神，并结合宁海实际，对下半年工作提出要求。镇乡关工委同志表示“全国部分城市关心下一代工作研讨会”9月上旬在宁波市召开，届时将加强关心下一代工作的宣传力度，在镇乡所在地悬挂或张贴祝贺横幅标语，做好宣传舆论工作。

1997年10月16日，县关工委召开镇乡关工委副主任会议，贯彻中国关工委部分城市研讨会与无锡会议精神。会议要求进一步落实第四季度工作。要在党委领导下认真学习中共十五大精神，做好年度工作。要把订阅1998年《中国火炬》按计划抓紧落实。会后，主任孙愫贞赴力洋，杨启炉同志前后去西店、桥头胡、强蛟、黄坛、一市等八个镇乡检查《中国火炬》订阅落实情况。

1998年6月19日，县关工委在县委会议室召开各镇乡关工委工作会议，19个镇乡分管关工委工作的负责人员，县关工委主任孙愫贞、常务副主任杨启炉、副主任林贵清、办公室主任龚怀源出席会议。各镇乡关工委汇报交流上半年工作；孙愫贞回顾上半年工作，部署下半年工作，商讨“警钟行动”法制宣讲有关问题。

1998年7月3日，县关工委在县委老干部局召开县级机关部分关工委（关协）会议。分管领导出席会议。会议由县关工委常务副主任杨启炉主持。县人大、县农经委、县水利局、县供电局、县环保局五个关工小组（关协）的负责同志作交流发言；主任孙愫贞作上半年工作回顾，并部署暑期工作，要求县级机关各关协为本单位青少年开展一些有益的活动；县委组织部副部长兼关工小组组长季元法在会议结束时讲话。

1999年5月26日，县关工委召开镇乡关工委副主任会议。主任孙愫贞到会听取汇报；常务副主任杨启炉传达市委宣传部部长邵孝杰、市关工委主任张永祥等在市关工委宣讲团成员培训班上的讲话。杨启炉指出，下半年工作要围绕中华人民共和国成立50周年、宁海解放50周年和澳门回归开展宣讲活动。各级关工委要重视对青少年爱国主义教育。要继续组织老同志学习江泽民在欢迎我国驻南斯拉夫工作人员大会上的讲话精神，与中共中央政治上保持高度一致。会议同时部署其他工作。“六一”慰问期间，开展老少同乐活动；开展暑假社区活动；学习宁波市中小学校外辅导工作规则，进一步开展校外辅导员工作；继续实施“警钟行动”，开展对青少年法制教育，做好帮教失足青少年工作；学用《中国火炬》，充分发挥《中国火炬》的指导作用；及时调整充实镇（乡）村关心下一代组织；酝酿县关工委建立10周年纪念活动等工作。

1999年9月21日，县关工委召开镇乡关工委工作会议，各镇乡关工委主持工作的副主任出席会议。讨论研究第四季度的主要工作。主任孙愫贞到会宣布宁关〔1999〕4号文件，县关工委决定叶建杰任宁海县关心下一代工作委员会办公室副主任。

1999年12月23日、24日、28日，县关工委常务副主任杨启炉与办公室副主任叶建杰先后赴长街、岔路、大佳何镇分片召开镇乡关工委工作汇报会。总结交流一年来关心下一代工作，传达中央领导讲话和省市关工委会议精神，研讨宁海2000年的工作思路。19个镇乡关工委主持工作的负责同志分片出席会议。

2000年10月9日，县关工委在梅林镇召开镇乡关工委工作会议。常务副主任杨启炉传达中国关工委第五次宣传工作座谈会精神，总结2000年《中国火炬》学用与征订工作，表彰13个先进集体、15名先进个人，全面落实2001年《中国火炬》征订任务，并研究部署近期关心下一代工作。梅林镇关工委副主任金松、大佳何镇关工委副主任陈士奋、城关镇关工委副主任沈永飞作经验介绍与表态发言。梅林镇党委委员林永宽到会介绍镇综治委组织有关部门在山水管理区组织群众学法、守法、用法，向青少年开展法制教育的先进经验。

全国重要信息及会议精神　1990年10月20日，县关协第四期工作简报印发中国关心下一代工作委员会办公室《关心下一代工作简讯》（第一、二、三期），贯彻6月28日经中共中央批准的中国关心下一代工作委员会在人民大会堂召开的第一次工作会议和中顾委常委、中国关心下一代工作委员会主任康世恩在会上所作的《动员起来，为关心、培养下一代而奋斗》讲话等精神。

1995年10月5日，县关工委孙愫贞、杨启炉、龚怀源到教委与教委关工委主任陈模荣共同学习国家教委关工委秘书长李蒙恩讲话，商讨教委系统关心下一代工作。

1997年9月1日，县关工委常务副主任杨启炉赴江苏无锡出席中国关工委宣传报道工作座谈会。会上，中国关工委常务副主任王照华作《加强宣传，办好刊物，把关心下一代工作推向前进》的讲话，中国关工委副主任兼秘书长、《中国火炬》杂志社社长闵振环，中国关工委副秘书长、第一副社长温厚文、顾问江兰、副总编高俊、江苏省关工委主任储江、无锡市委副书记王家骏、锡山市委书记陆荣德等到会并讲话。中国关工委副秘书长、《中国火炬》杂志总编王立文介绍1997年办刊情况和1998年工作安排。杨启炉在座谈会上作《宣传火炬　订阅火炬　学用火炬》的专题发言，博得中关工委负责人员与各省市关工委与会同志的好评。宁海县关工委被中国关工委《中国火炬》杂志社评为“1997年度宣传报道、征订发行先进集体”。

1997年9月6日，县关工委主任孙愫贞赴宁波列席在宁波市召开的全国部分城市关心下一代工作研讨会。听取中国关工委常务副主任王照华、浙江省关工委主任王耀亭、中共宁波市委副书记陈勇讲话和厦门、沈阳、宁波、重庆、杭州、深圳等15个城市关工委负责人员发言。开幕式由宁波市关工委主任张永祥主持，陈勇代表市委、市人大、市政府和市政协致欢迎辞。出席开幕式的还有中国关工委副主任闵振环，副秘书长王立文，省关工委常务副主任郑祖煌，办公室主任张绍文，宁波市领导徐宝康、陈守义、朱尔梅、汤黎路和宁波地市原老领导葛仲昌、陈布衣、张利一、李传孝、沈宏康、伏庆祥等。

2000年9月3—6日，县关工委常务副主任杨启炉赴安徽省合肥市出席中国关工委第五次宣传工作座谈会，听取中国关工委执行主任王照华、副主任闵振环的讲话及有关省、市关工委负责人员的发言，学习中国关工委主任王丙乾在吉林省考察时的重要讲话。在大组讨论中杨启炉作《2001年〈中国火炬〉力争征订千份》的专题发言。

全省重要信息及会议精神　1992年2月28日，浙江省关心下一代工作先进集体、先进个人表彰大会在杭州召开。宁海县关心下一代协会会长孙愫贞赴杭州出席大会。宁海县关心下一代协会、宁海县少年军校被评为省级先进集体，孙愫贞、黄茂泉被评为省级先进个人。省委副书记王其超，省关工委主任王耀亭，省领导刘亦夫、厉裔华、薛艳庄，中顾委委员、省关工委名誉主任铁瑛和张敬堂、崔健、康明才等向先进集体、先进个人的代表佩戴大红花，颁发光荣册、荣誉证书与奖品。

1994年5月2日，县关工委主任孙愫贞，应共青团浙江省委邀请赴杭出席“浙江省五四运动75周年纪念暨表彰会”，孙愫贞荣获“浙江省青年工作良师益友”称号。

1994年11月22日，主任孙愫贞赴杭州出席省关心下一代工作研讨暨表彰大会，孙愫贞被评为省关心下一代工作先进个人。

1994年12月23日，县关工委推荐的华雄飞（宁海调度自动化成套设备厂副厂长）荣获浙江省第三届青少年英才奖青年组三等奖。

1996年12月12日，宁海县关工委主任孙愫贞赴杭州出席省关工委表彰大会。孙愫贞又一次被评为“省关心下一代工作先进个人”，并在会上作《尽心尽责地做好关心下一代工作》的书面发言。省委副书记王金山到会祝贺并讲话。省关工委主任王耀亭作《深入贯彻十四届六中全会精神，推动关心下一代工作再上新台阶》的工作报告。

1998年12月9日，县关工委推荐的潘天寿中学学生陶钧炳赴杭州领取省关工委、省青少年英才奖励基金会设立的省第六届青少年英才奖少年（学生）组二等奖获奖证书、奖章与奖金。1998年3月，陶钧炳发明的“手提无绳电话防电磁波方法及装置”获国家专利权。

1998年12月9日，县关工委常务副主任杨启炉赴杭州，出席省关工委召开的经验交流暨表彰大会。会议听取省委副书记刘锡荣的讲话、省关工委主任王耀亭的工作报告以及兄弟县市关工委的经验交流。孙愫贞被评为浙江省关心下一代工作先进个人。副省长李长江、老同志铁瑛、张敬堂、崔健、王启东、郑树、范艳庄、康明才等和各地市县代表300余人出席大会。

1999年4月20日，浙江省关工委副主任王柏荣为县关工委100期简报纪念专栏发来贺函。宁波市关工委办公室，武义县关工委，象山县关工委，县人大常委会主任、县关工委名誉主任娄林忠，县委常委、县人武部政委、县关工委名誉主任陈云高，中共宁海县委常委、宣传部部长戴霖军，县委办公室副主任、县委党史研究室主任徐永土等单位、领导为县关工委100期简报纪念专栏发来贺信、贺诗、贺词。

1999年12月9日，县关工委常务副主任杨启炉赴杭州出席省关工委成立10周年庆祝大会。中国关工委副主任闵振环、省委副书记梁平波、省长助理徐鸿道到会祝贺并讲话；省关工委主任王耀亭在庆祝大会上作《十年奉献，千秋伟业》的工作报告，在其中的各级关工委根据自身条件，力所能及兴办学校中讲道：“宁海县关工委培训学校，8年来招收2700名高中生入学，其中1869名考入各类大中专院校”。副省长李长江，老同志铁瑛、张敬堂、崔健、王启东、郑树、范艳庄、康明才等和各地市县代表300余人出席该次大会。大会后，与会领导与参会人员合影留念。

2000年1月14日，浙江省关工委办公室副主任江亚波在县闻裕顺幼儿园参加少儿工作会议期间，到县关工委看望并了解县关工委工作情况。主任孙愫贞、副主任杨启炉向江亚波作汇报，得到赞赏。参观县关工委培训学校，并与校长俞世识、副校长葛友富等班子成员交谈办学的有关问题。

2000年7月11日，县关工委接到省关工委10号文件后，立即向县委副书记史小华作汇报。7月13日，省关工委召开电视电话会议，县委派出分管群团工作的县委常委陈云高参加。宣传部、组织部、纪委、人事局等有关单位的负责人，各镇乡党委分管书记，县关工委常务委员等老同志近40

多人参加该次会议。电视电话会议后，县关工委传达中关工委〔2000〕9号文件，陈云高就如何贯彻落实问题作强调。之后，全县19个镇乡以不同的方式进行宣传贯彻。城关、长街、桑洲、岔路、前童、大佳何、深甽等镇乡还在老干部学习会上专题学习。县人民法院、老干部局等机关组织离退休同志学习。

2000年12月22日，受县关工委主任陈云高委托，县关工委常务副主任杨启炉赴杭州出席省关工委召开的全省关心下一代工作经验交流暨表彰大会。会上，省委副书记梁平波作讲话。省关工委主任王耀亭作题为《新世纪，新思路，再创关心下一代工作新的辉煌》的工作报告。会上，宁海县关工委被评为浙江省关心下一代工作先进集体，杨启炉被评为先进个人。

全市重要信息及会议精神 1990年10月18日，宁波市关协表彰大会在宁波召开，宁海县前童镇关协和西店镇邬时森，分别被评为市级先进集体和先进个人。

1991年7月9—10日，宁波市关协召开各县关协工作会议，宁海县关协会长孙愫贞从关协1990年6月30日成立一年来基层关协组织建立、广泛宣传扩大影响、开展调查研究、帮教工作、以革命传统教育为主题，配合学校对中小学生进行政治思想教育等工作进行汇报交流。

1991年11月，县关协办公室副主任龚怀源出席宁波市关工委召开的各县市区关工委（关协）办公室负责人会议。会议听取市关工委副主任颜志定、张文甫，市关工委办公室主任仇泽民的讲话。会议要求各地关工委（关协）要积极组织老同志做好帮教失足青少年工作及进一步健全办公室工作制度。

1992年7月11日，县关工委常务副主任杨启炉、办公室主任龚怀源出席市关工委工作会议。杨启炉与各县市交流上半年工作，并对下半年组织发动老同志应聘校外辅导员和撤区扩镇并乡后做好关工委织织建设工作等进行交流发言。

1992年9月20—23日，县军队干休所关协、县关工委顾问黄茂泉参加宁波市民政局组织的各县区军干所工作经验交流巡回报告团，向高塘、镇海、余姚、慈溪、黄鹂、鄞县、北仑、奉化、象山等军队干休所的同志们介绍宁海县干休所关协建会两年来的活动情况。得到兄弟干休所的“宁海县关心下一代工作做得好”的赞扬。

1992年10月9日，宁波市委、市政府在宁波市人民大会堂举行表彰大会。县关工委主任孙愫贞、副主任杨启炉及黄茂泉作为特邀代表出席大会。会上，宁海县关工委主任孙愫贞作《尽心尽责做好关心下一代工作》的典型发言。县关工委、宁海县少年军校、前童镇关工委被评为市关心下一代工作先进集体，孙愫贞、陈云高、林贵清、葛家奎被评为市关心下一代工作先进个人。

1993年1月5日，县关工委收到市关工委〔1993〕1号文件后，立即以县关工委〔1993〕1号文件转发《关于印发李瑞环同志电话指示和康世恩同志讲话的通知》，并要求各级关工委认真组织学习。

1993年6月22日，县关工委主任孙愫贞与县政府副县长朱水娣、教委主任胡全林、妇联主任郭鲜花、团委副书记顾卫卫等赴宁波出席宁波市政府召开的社区教育工作会议。

1994年7月2日，宁波市委、市政府召开老干部工作、关心下一代工作表彰大会。宁海县关心下一代工作受到表彰的先进集体4个，先进个人5名。主任孙愫贞在大会上作《做关心下一代工作的有心人》的典型发言。宁海县关工委总结的《发挥老同志独特优势，做好帮教失足青少年工作》作为典型材料在大会书面交流。

1994年8月31日，中共中央发出《关于进一步加强和改进学校德育工作的若干意见》。要求学校教育、家庭教育、社会教育紧密配合。要依靠关心下一代协会、社区教育委员会、校外德育辅导员等各种社会性的青少年教育组织和其他社会团体，动员、组织、协调社会各方力量，支持学校做好德育工作。

1994年11月5日，宁波市少工委、市妇联召开全市儿童少年工作会议，县关工委作《全方位多渠道关心儿童少年健康成长》的书面发言。

1995年4月26日，县关工委主任孙愫贞、城关镇关工委副主任张秉功赴宁波出席宁波市关工委在海曙区召开的“城镇街道关心下一代工作现场会议”。

1995年11月13日，县关工委主任孙愫贞赴宁波出席宁波市关工委全委会。

1995年11月14日，县关工委常委副主任杨启炉赴宁波出席市关工委工作会议。会议听取市委副书记陈勇讲话。市关工委主任张永祥传达贯彻全国关心下一代工作先进集体、先进个人表彰大会精神。总结1995年市关工委工作和部署1996年工作。

1996年3月21日，宁海县关工委主任孙愫贞赴余姚祝贺余姚市关工委成立10周年，并出席宁波市关工委在余姚召开的关心下一代工作研讨会。

1997年9月25日，县关工委孙愫贞、杨启炉等赴宁波听取中共十五大代表、市委常委、市纪委书记李秀琍的传达报告，报告会由市关工委举办。

1997年12月23—24日，县关工委主任孙愫贞、常务副主任杨启炉赴宁波出席宁波市关工委全委扩大会议。会议听取并讨论宁波市关工委1997年工作回顾与1998年工作思路；听取市关工委关于厦门参观外来工教育的经验。

1998年10月16日，县关工委常务副主任杨启炉出席全市帮教工作经验交流会，在会上作《认真做好回归青少年的延伸帮教》专题发言。

1998年11月25日，宁波市委、市政府召开老干部工作、关心下一代工作先进集体和个人表彰大会。宁海县关心下一代工作3个先进集体（县关工委、长街镇关工委、县水利局关协），4名先进个人（林贵清、张少华、苏锦德、陈承悦）受表彰。林贵清在大会上作《在关心下一代工作中延续生命》的发言。宁波市委副书记陈勇在会上讲话中号召向林贵清学习。宁海少年军校被评为先进集体，郑开定被评为先进个人。杨启炉代表先进集体、张少华代表先进个人上主席台领奖。县关工委副秘书长龚怀源被评为“离休干部先进个人”，同时受到表彰。

1999年7月20日，县关工委常务副主任杨启炉赴宁波出席宁波市关工委工作会议。在会上作“宁海县关工委上半年工作回顾与下半年工作要点”的发言。会议听取主任张永祥、副主任颜志定和办公室主任曹晖的讲话及兄弟县市关工委的发言。

1999年9月，为宁波市关工委成立10周年图片展，宁海县关工委制作图片，送宁波展出（宁波展后计划在各县市区巡回展出）。内容为：《宁海县关工委简介》《为落第门生再造辉煌——记县关工委培训学校》《中国火炬照耀我县城乡》《楼群关工小组在探索中前进——记淮河路37号大院楼群关工小组》《宁海少年军校》《春风化雨润枯苗——帮教失足青少年剪影》《立碑著书育后人》《阳光璀璨满园春——党的关怀与激励》。

1999年10月15日，宁波市隆重集会，庆祝宁波市关工委成立10周年。县关工委王惜耶、孙愫贞、杨启炉应邀赴宁波出席庆祝活动。王惜耶荣获“连续十年坚持关心下一代工作”荣誉证书。宁海县关工委提供的图片展板在“宁波市关工委成立10周年图片展厅”展出。宁波市关工委成立10周年的纪念文集《爱的期盼》出版，宁海县关工委选送的文稿《为落第门生再铸辉煌——记宁海县关工委培训学校》《生命之树在关爱中常青——记宁海县关工委副主任林贵清》被刊载。

1999年12月3日，县关工委主任孙愫贞赴宁波出席市关工委全委扩大会议。讨论1999年宁波市关心下一代工作总结，研究2000年工作思路。

2000年1月3日，宁波市关工委成立10周年图片展在宁海县展出，《宁海报》、宁海广播电视台均作报道。县委副书记史小华，县委常委陈云高，县委常委、组织部部长徐志军，县政协副主席赵秀萍等在孙愫贞、杨启炉陪同下观看展出。一致赞扬这次展出很好，使大家生动形象地看到宁波市关心下一代工作的历程，体现广大离退休老同志为下一代健康成长无私奉献的精神。各镇乡关工委的负责人员亦同时观看图片展。图片展还先后在县老年大学、县关工委、老干部活动中心、城关镇人民政府巡回展出6天，观众约1500人次。

2000年3月10日，宁波市关工委召开各县、市、区关工委宣传报道工作会议。宁海县关工委被市关工委评为“1999年度宁波市关心下一代宣传报道工作先进集体”和“2000年度宁波市《中国火炬》杂志征订工作特等奖”。县关工委办公室主任龚怀源被评为“1999年度宁波市关心下一代宣传报道工作先进个人”。

2000年3月31日，宁波市关工委办公室在职干部培训结束，县关工委办公室副主任叶建杰参加这次培训班。

2000年11月16日，县委常委、县关工委主任陈云高与先进集体代表杨启炉、方华峰、陈士奋、俞世识等一行10人赴宁波出席市“关心下一代工作、第二届青少年科技英才”表彰大会。县关工委、大佳何镇关工委、县少年军校、关工委培训学校被评为宁波市关心下一代工作先进集体，祝德朝、俞世识、龚怀源、娄传运、方华峰被评为宁波市关心下一代工作先进个人，林贵清、朱瑞骏被评为宁波市优秀校外辅导员，受到表彰。会议由市关工委主任张永祥主持。市关工委常务副主任颜志定宣读市关工委的“两个表彰决定”。市委副书记王卓辉到会讲话。

全县重要信息及会议精神 1991年4月3日，中共宁海县委批复县关协同意召开关协工作“双先”表彰大会暨关协会员代表大会。

1991年6月，县委召开离退休干部、老干部工作、老龄工作、关协工作表彰大会。会上，县委通报表彰的“双先”名单中，关心下一代工作先进集体7个，关心下一代工作先进个人38名。县委书记陈启宏在报告中，对建立一周年的关协工作予以高度肯定。

1992年8月4日，县委副书记娄林忠听取县关工委常务副主任杨启炉的工作汇报。县委组织部副部长戴霖军、县老干部局局长彭家标在座。杨启炉重点汇报市委副书记陈勇6月13日《关于教育青少年、关心下一代》的重要讲话内容和7月12日市关工委工作会议精神及张永祥等领导讲话，提出县关工委当前工作意见。副书记娄林忠对上半年关工委工作予以肯定。同时对当前工作意见表示支持。

1992年11月11日，县委副书记娄林忠听取孙愫贞、杨启炉、彭家标汇报市“双先”表彰大会精神。

1992年11月12日，出席市“双先”表彰大会代表陈云高、孙愫贞、杨启炉、林贵清、葛家奎、杨志肯学习中共十四大笔谈在简报刊出。

1993年3月8日，召开宁海县十三届人民代表大会第一次会议，代县长郑瑞法在《政府工作报告》中把做好老干部工作和关协工作列入社会主义精神文明建设和民主法制建设的重要内容。

1993年4月24日，县委办公室向各镇乡党委、县直属各单位党委（党组）转发浙江省关心下一代工作研讨会纪要。

1993 年 8 月 14 日，县委常委、组织部部长周秉达，副县长朱水娣听取县关工委工作汇报。

1993 年 8 月 25 日，县关工委常务副主任杨启炉在县委组织部召开的镇乡政工书记会议上传达中国关工委天津会议精神。

1993 年 9 月 24 日，县关工委主任孙愫贞出席县社会治安综合治理工作会议。

1994 年 2 月 14 日，春节后上班第一天，县委书记项建中到县关工委办公室看望关工委工作人员。

1994 年 2 月 24 日，县关工委编写《柔石家乡故事选》，成立筹备小组，筹备小组由孙愫贞、杨启炉、张文宽、徐永土、谢时强五人组成。

1994 年 3 月 9 日，县长郑瑞法在十三届人民代表大会二次会议上把“进一步加强关协工作，培养更多的合格的社会主义事业接班人”载入《政府工作报告》。

1994 年 5 月，《志在教育下一代——记浙江省宁海县关工委主任孙愫贞》一文入选华龄出版社《中华创业者》一书刊出。

1994 年 9 月 13 日，县委、县政府在宁海剧场召开老干部工作、关心下一代工作先进表彰大会，县四套班子主要领导出席。宁波市关工委主任张永祥，市委老干部局副局长程杭生到会祝贺。表彰大会由县委副书记、县长郑瑞法主持，大会表彰关心下一代工作先进集体 12 个，先进个人 32 名。

1995 年 9 月 25 日，县关工委主任孙愫贞出席宁海县儿少工作会议，并向宁波市儿少工作检查组介绍宁海县关工委关心儿童少年健康成长的情况。

1995 年 12 月 7 日，县委副书记周秉达听取县关工委孙愫贞，杨启炉工作汇报。

1996 年 6 月 25 日，宁海县委批复县委老干部局、县人事局、县关工委，县委同意召开离退休干部、老干部工作和关心下一代工作先进表彰会暨工作会议。

1996 年 9 月 27 日，宁海县委、县政府在宁海宾馆召开宁海县老干部工作、关心下一代工作表彰大会暨工作会议。县关心下一代工作受表彰先进集体 7 个，先进个人 25 名。

1996 年 10 月 17 日，宁海县四套班子领导郑瑞法、娄林忠、麻绍星、周秉达、陈云高、陈英考、储功彭、虞安成、刘昌来、朱水娣等在县政府大院热烈欢送出席中共宁波市委、市人民政府召开的表彰大会的宁海县关工委先进集体、先进个人代表及离、退休干部先进个人。

1997 年 4 月 7 日，县委办公室转发《县关心下一代工作委员会 1997 年工作意见》。并指出，希望各级党委切实加强对该项工作的领导，努力使关心下一代工作取得更大成绩。

1997 年 11 月 20 日，代县长郑金平到县关工委听取汇报，商议关心下一代工作。县关工委主任孙愫贞、常务副主任杨启炉向郑金平汇报近年来宁海县关心下一代工作的组织网络、爱国主义教育宣讲团、校外辅导员、帮教三支队伍与德育基地建设、建立培训学校等工作情况。郑金平听后赞誉县关工委广大老同志不辞辛劳、无私奉献，开展爱国主义教育和为宁海青少年健康成长办了许多好事实事，感谢广大离退休老同志主动为在职人员分担部分工作。

1997 年 12 月 12 日，县委副书记兼县政法委书记史小华听取县关工委工作汇报。县关工委主任孙愫贞、常务副主任杨启炉、副主任林贵清向史小华汇报县关工委的组织网络与今年开展的各项工作，重点汇报近年来帮教失足青少年及对 30 名未成年人违法犯罪的成因调查研究情况与工作建议。史小华对调查报告给予很好的评价，指出“调查翔实、仔细，剖析很有深度，这种工作精神令人感动。值得我们各部门学习。县关工委老同志近年来做了大量工作，老同志工作责任性、事业性很强，又有丰富的工作经验。宁海县关心下一代工作很有特色，成效显著，也为社会治安综合治理做出贡献”。

1998年召开县十四届人大一次会议，代县长郑金平在政府工作报告中讲道：“五年来，……关协等工作也都取得了新的成绩……继续做好关心下一代工作，加强青少年思想道德建设。”

1998年4月30日，县公安局原政委、县关工委常务委员严望林出席宁海县委、县政府召开的劳模代表座谈会。

1998年10月5日，县委、县政府发文，通报表彰全县依法治县工作（1994—1997年）先进集体和先进个人。县关工委被评为“依法治县先进集体”。县关工委副主任朱瑞骏，林贵清被评为“依法治县先进个人”。

1998年7月1日，宁海县政府副县长朱水娣、县政府办主任助理谢常富在县府会议室听取县关工委主任孙愫贞、常务副主任杨启炉关于县关工委1998年上半年的工作汇报。朱水娣对县关工委老同志的工作精神作出充分肯定与评价，对关工委建议建立“警钟行动”协调委员会完全同意。社区教育工作推广淮河路37号大院儿少工作经验，在园丁新村创建社区文明小区，对关工委培训学校工作表示关心与支持。

1999年1月25日，县委副书记史小华，县委常委、组织部部长徐志军在县委常委会议室听取县委老干部局局长彭家标、县关工委常务副主任杨启炉关于老干部工作和关心下一代工作的汇报。杨启炉汇报省、市关工委召开的关心下一代工作经验交流暨表彰会议情况及省市委领导刘锡荣、陈勇讲话精神；县关工委1998年工作情况和1999年关心下一代工作思路；关于召开全县关心下一代工作暨表彰会议安排等。史小华、徐志军对老干部工作、关工委工作予以肯定，并研究提请的有关事项。

1999年1月27日，县关工委主任孙愫贞出席县政协召开的新春茶话会，与县领导、社会各界代表欢聚一堂，共庆佳节。

1999年3月17日，县委办公室转发县关心下一代工作委员会1999年工作意见。通知各镇乡党委、县直属各单位党组织认真贯彻执行。

1999年8月4—5日，县关工委常务副主任杨启炉先后向县委副书记史小华，县委常委、组织部部长徐志军汇报市关工委工作会议精神与县关工委上半年工作情况与下半年工作要点。史小华、徐志军对县关工委上半年工作表示满意，并同意下半年工作安排。

1999年10月20日，县关工委常务副主任杨启炉出席由县长助理项松春主持召开的学习、宣传、施行《预防未成年人犯罪法》协调会议，杨启炉在会上谈了贯彻实施《预防未成年人犯罪法》的建议与意见。

1999年11月19日，县委副书记史小华听取县关工委杨启炉的两会精神与纪念县关工委成立10周年活动方案的汇报。杨启炉还送交中国关工委王丙乾的讲话复印件。史小华指出，“近10年来，宁海县关心下一代工作成就显著，2000年6月是县关工委成立10周年，举办庆祝活动很有意义，县关工委的‘四个一’活动安排提得很好”。

1999年11月22日，县委常委陈云高听取县关工委常务副主任杨启炉的工作汇报后表示赞赏。对2000年6月纪念县关工委成立十周年计划安排表示同意。陈云高指出，“十年来，县关工委老同志们做了大量工作，获得很好的效果，十周年纪念活动要认真筹备好。最近，县委决定由我分管关工委工作，我要加强与关工委的联系，共同把工作做好”。

1999年12月17日，县政府副县长朱水娣到县关工委听取孙愫贞、杨启炉等同志工作汇报，并允诺担任县关工委庆祝成立10周年活动筹备小组顾问。

1999年12月29日，宁海县人民政府县长郑金平特地到县关工委，听取主任孙愫贞、常务副主任杨启炉、副主任彭家标的工作汇报。郑金平对县关工委庆祝成立10周年“四个一”活动表示赞同，指示一定要办好。在听取汇报后与关工委同志合影留念。

2000年1月17日，宁海县委、县政府在县委党校召开“社会治安综合治理”总结表彰大会。县关工委被县委、县政府评为1999年度“社会治安综合治理”先进集体，县关工委常务副主任杨启炉出席表彰大会并领奖。

2000年2月12日，县委常委、组织部部长徐志军在春节后第一个工作日，到县关工委看望已投身于新年工作的老同志。

2000年年初，县关工委副主任林贵清被城关镇综治委评为1999年度综合治理先进个人。

2000年3月29日，县委办签发〔2000〕26号文件，转发县关工委2000年工作计划。

2000年3月30日，县关工委邀请县长郑金平在宁海剧场为县关工委培训学校、柔石中学、县一职高高中毕业班800余名学生作形势报告。县长郑金平阐述国际国内形势，并就宁海城市化建设宏图作生动形象的描绘。同时还以自己成长的经历勉励同学们刻苦学习，珍惜机会，报效祖国和家乡。希望同学们记住“人生道路是漫长的，但紧要处常常只有几步，尤其是当人年轻的时候，走错了一步，会影响你一段时间，甚至影响你的一生”。会议由县关工委主任孙愫贞主持，在主席台上就座的还有县关工委常务副主任杨启炉，县教委主任陈焕翠，三所学校的校长俞世识、黄金发、葛民浩。

2000年7月11日，县委原书记陈炳水到县关工委与孙愫贞、杨启炉话别。

2000年8月17日，县委常委陈云高到县关工委听取工作汇报。

2000年12月18日，中共宁海县委下发《中共宁海县委关于面向新世纪，加强关心下一代工作的意见》，转发县关工委呈报的《面向新世纪，加强关心下一代工作的意见》的报告。

三、重要活动

“老少同乐”乘凉晚会活动 1990年7月27日，县关协联合县总工会、共青团宁海县委、县老干部局、县教委等单位，在县工人文化宫桃源阁，举办建会以来首次活动“老少同乐”乘凉晚会。200余位协会会员、少先队员和有关部门的负责人员参加“老少同乐”乘凉晚会活动。会上，演出文娱节目。

成立三周年纪念活动 1993年6月30日，县关工委庆祝成立三周年座谈会召开，县关工委主任孙愫贞主持会议，县关工委部分顾问到会。1990—1993年，宁海县关工委基层组织达190个，会员2622人。三年间，获“浙江省关心下一代工作先进集体”“宁波市关心下一代工作先进集体”“宁海县社会治安综合治理先进单位”等荣誉称号。会上，王式淡、黄茂泉、林贵清、韩其山、彭家标、陈文华、颜耀华、王景泰、娄金秋、李绍敏、杨启炉等老领导、老同志畅谈体会。收到县邮电局、五金机械化工对外贸易公司、县交通局等多家单位贺信。

1993年6月30日，项建中、郑瑞法、娄林忠、麻绍星、周炳常、陈云高、周秉达、陈英考、储功彭等领导为县关工委（关协）建立三周年题词。

1993年7月，宁波市关工委主任张永祥为祝贺宁海县关工委成立三周年题词——殷殷桑榆情熊熊千秋业。

成立五周年纪念活动 1995年6月29日，县关工委举行“纪念县关工委（关协）成立五周年”座谈会。县委副书记、县政府常务副县长陈炳水，县委常委、县人武部政委、县关工委名誉主任陈云高，县委常委、宣传部部长储功彭等出席座谈会并讲话。出席座谈会的还有县关工委顾问王光明、王惜耶、王景泰、武景波、陈文华、赵淳然、徐林光、黄茂泉、韩其山、颜耀华、薛惠珍，县关工委主任孙愫贞、副主任杨启炉、娄金秋、林贵清、彭家标、戴霖军、顾卫卫、陈模荣、王文清、朱瑞骏，常务委员王威中、黄稀、俞世识、邬成生、龚怀源等。座谈会由常务副主任杨启炉主持，杨启炉向与会人员展示宁波市关工委主任张永祥、县委书记项建中为祝贺宁海县关工委成立五周年题词。宣读县委副书记、县人大常委会主任娄林忠的贺词。戴霖军宣读县委常委、县委组织部部长周秉达的祝词。孙愫贞作《探索前进中的五年》专题讲话。回顾五年来，县关工委遵照“动员起来、组织起来、活动起来，探索前进”的思路开展工作。五年的工作可概括为“一是建立纵到底、横到边的关心下一代组织网络；二是动员组织一支数以千计的关心下一代工作队伍；三是发挥老同志四大优势，开展多渠道、多层次、多角度、多方位，适合青少年健康成长的活动”。在对五年中县关工委曾获得省、市、县等多项荣誉，凝聚着全县各级关工委（关协）成员和全体老同志的精力和汗水，辛勤耕耘的硕果予以充分肯定的同时，提出“若要来年万紫千红，同志仍须努力，继续在探索中前进”的要求。王惜耶，黄茂泉，韩其山，颜耀华，陈文华，王光明，赵淳然，娄金秋，林贵清，顾卫卫，黄稀，俞世识等相继发言。王威中和王式淡分别提交书面发言。王式淡将关工委成立五年来概括为三个“出”，即出乎预料、出色成绩、出类拔萃。将成绩和经验归纳为“五子登科”，即“一是思想上摆上了位子，二是组织上建设了班子，三是工作上迈开步子，四是方法上开拓路子，五是作风上树立样子”。座谈会结束前，陈云高和陈炳水讲话。陈炳水回顾县关工委五年工作概括为四句话：“对老干部来说，从领导岗位退下来后，投身关心下一代工作，又开发人生第二个黄金时代；对党委、政府领导来说，有关心下一代组织，为他们增添绿叶；对青少年来说，有关协组织，得到老一辈对他们真诚的爱；对社会来说，有关协组织，增加服务内容，促进社会安定。”县委组织部副部长、县关工委副主任戴霖军即席赋诗《贺县关工委成立五周年》：“多少炎阳多少霜，五年创业不寻常。浇花滴滴倾心血，栽树颗颗盼栋梁。岁岁耕耘情切切，年年收获果穰穰。雄心不老征程远，烁烁银丝耀夕阳。”《敬呈孙愫贞、杨启炉、龚怀源三前辈》：“儿孙绕膝两鬓霜，为党为民犹自忙。余热更生辉百丈，直教吾辈愧难当。”《赞老同志宣讲团》：“征战当年气势豪，辛勤今日育新苗。殷殷期冀殷殷语，望重德高功更高。”城关镇中学党支部原书记、县关工委委员黄正定也为县关工委成立五周年暨关工《简报》发刊60期赋诗《日暮鹊报春》：“苍龙还行雨，老树更着花。西山江霞出，犹有报春鹊。”

1995年6月30日，为宁海县关工委（关协）成立五周年纪念日。宁波市关工委主任张永祥题词“五载硕果悬满树，万紫千红看来年”。县委书记项建中题词“余热生辉，培育后人”。县委副书记、县人大常委会主任娄林忠，县委常委、组织部部长周秉达写了祝词。

成立十周年庆祝活动 2000年6月20日，县委、县政府在城关镇大会场召开县关工委成立十周年庆祝暨表彰大会。出席大会的有各镇乡、县直属各单位分管关工委、关协领导；县关工委顾问、全体委员；曾获省、市关心下一代工作荣誉称号先进个人；县关工委爱国主义宣讲团成员；城区中小学校长、校外辅导员等300多人。在主席台上就座的领导有：宁波市关工委主任张永祥，县委副书记、县长郑金平，县委副书记裘伟，县委常委陈云高，县委常委、组织部部长徐志军，县人大常委会副主任杨加和，县政协副主席张位胜，县关工委顾问王惜耶，县关工委主任孙愫贞，县关工委常务副主任杨启炉。宁波市关工委及各县市（区）关工委的领导应邀出席大会。裘伟主持大会，徐志军宣读表彰决定，王惜耶、孙愫贞等30人坚持从事关心下一代工作满十年，被授予荣誉章和荣誉证书。县实验小学30名学生献花，并朗诵贺词；孙愫贞作关心下一代工作十年总结报告；张永祥、郑金平分别讲话。县委作出《中共宁海县委、宁海县人民政府关于表彰坚持满十年关心下一代工作同志的决定》。

《关爱十年》——宁海县关工委成立十周年纪念集，记录各级关工委、关协的10年光辉业绩，汇集10年来关心下一代工作经验与资料及有关文稿与照片，刊载中关工委执行主任王照华、省关工委主任王耀亭、市关工委主任张永祥以及县领导陈炳水、郑金平、娄林忠、陈英考，老同志王惜耶的题词与兄弟县市关工委的贺词、贺函，全书共15万余字，发行1000册，得到广大读者的好评，认为内容丰富，印制精美。举办“县关工委成立十周年成就图片展”，在各镇乡党委、政府和直属机关党组织的重视、关心、支持下，经过各级关工委、关协同志的精心选材、制作，共展出图片36块版面，每一个版面都凝聚着从事关心下一代工作同志们的一腔热情和辛勤汗水。选送图片的单位有：县关工委9块；党群口县人大关工小组1块；宣传口教有系统关工委1块；农经委口水利局关协1块；经委口供电局关协1块：县职教中心、后备军人学校1块；县人民武装部少年军校1块，长街镇、前童镇各2块；城关、明港、胡陈、力洋、茶院、一市、越溪、桑洲、岔路、双峰、黄坛、梅林、桥头胡、大佳何、强蛟、西店、深甽等镇乡各1块。颇具特色的图片在大会场外展出。

出席关工委（关协）老同志逝世悼念活动　1991年4月7日，宁波市关协会长黄建英病逝，12日，会长孙愫贞代表宁海县关协会员赴宁波参加追悼会，向黄建英遗体告别。

1991年12月27日，县关协顾问张和三病逝。县关协会长孙愫贞等老同志先后去张家进行遗体告别，并于翌日参加张和三追悼会。

1993年1月8日，县关工委顾问李士瑶病逝，县关工委主任孙愫贞、副秘书长龚怀源登门慰问其家属并出席追悼会。

庆“六一”活动　1992年5月28日，县关协会长孙愫贞、副会长彭家标与名誉会长武景波、王式淡、陈文华，顾问颜耀华、李士瑶、韩其山等到城中、中心、城西、城东四所幼儿园及县托儿所、迪智学校看望幼儿及残疾小朋友。县关协、县文化技术培训班向小朋友赠送图书、玩具与文具等节日礼品。

1992年“六一”节前夕，宁波市委宣传部副部长周金康、市教委副主任刘光奎、市文广局副局长白鹰，在县委宣传部部长王必恒、县教委副主任陈模荣陪同下，慰问前童镇中心小学，并参观前童镇关协与前童小学联合举办的革命史迹展览。

1993年“六一”前夕，县关工委主任孙愫贞、副主任彭家标、办公室主任龚怀源陪同县关工委顾问王式淡、王景泰、李绍敏、陈文华、黄茂泉、韩其山、颜耀华与教委关协李广荫，小学校外辅导员郑培录、芦明祥、黄在芬、冯家余共15人，慰问城中、城东、城南、城西四所小学师生，并赠送了《革命英雄主义丛书》。

1994年5月19日，县关工委向各镇乡、县直属单位关协发出《关于庆祝“六一”的通知》，机关和镇乡各级领导十分重视，县人大、县纪委、商业局、水利局、粮食局、供电局、交通局、农业局、文广局、军队干休所、邮电局、卫生局、工商物价局、物资局、供销联社、林特局、工商银行、农业银行、长街镇、茶院乡、明港镇、力洋镇、一市镇、桥头胡镇、岔路上金村关协，县农经委、县教委关工委等纷纷组织开展各类活动。

1994年5月30日，县关工委孙愫贞、杨启炉、彭家标、颜耀华、龚怀源和县人大常委会办公室副主任叶新水、县教委关协娄逢影等代表县关工委、县教委关协和关工委文化技术培训班，分别到岔路镇白岭根小学、桑州镇下章小学看望师生，并赠送图书。

1996年“六一”前夕，县关工委主任孙愫贞、副主任顾卫卫、副秘书长龚怀源到城东小学参加该校庆祝“六一”儿童节，出席城东小学与前童镇小学两校“手拉手”结对联谊活动；常务副主任杨启炉到新建的县体育馆与县实验小学1800名小朋友欢庆“六一”；6月1日，顾问王光明、武景波，主任孙愫贞、副主任戴霖军、彭家标、胡天华，委员王铁鹰与淮河路37号大院楼群关工小组老同志、大院小朋友庆“六一”庭院联欢；顾问黄茂泉、委员杨奎洪代表县军队干休所关协到城北小学、迪智小学、城南小学赠送图书；委员叶继江、范铭华与城西小学、城东小学小朋友欢庆“六一”；茶院乡关工委主任俞才根、委员王振甲、老同志张学远等一行6人于“六一”前夕看望慰问11所小学与幼儿园，送去图书700余册；深甽镇关工委负责人员到7所幼儿园进行节日慰问。深甽村关协会同金海化工有限公司经理严光明向深甽小学、村幼儿园赠送收录机；大佳何乡关工委副主任葛阿生到大佳何乡校、葛家小学看望少年儿童；县供电局领导、工会、关协负责人员向兴华幼儿园、城东小学、城中小学各赠送节日礼金500元；县交通局局长童章炳代表局党委、局关协向深甽村幼儿园赠送节日礼金1000元；薛国苗、苏景德、邬丁兴、谢志良、郑培录、章菊妹等校外辅导员到城北、城中、城东与小朋友共庆“六一”。

1997年“六一”前夕，县关工委、县妇联负责人员孙愫贞、杨启炉、胡天华等专程赴革命老区白溪山洋，看望慰问山洋小学师生。向小朋友赠送《宁海革命斗争故事选》人手一册，每人一份文具，勉励小朋友要继承发扬老一辈光荣革命传统，为祖国美好明天勤奋学习。

1998年5月24日，县关工委孙愫贞、杨启炉、龚怀源赴革命老区看望白溪小学师生，向小朋友祝贺“六一”。

1999年5月30日，县关工委主任孙愫贞与闻裕顺幼儿园幼儿们在潘天寿广场参加“庆‘六一’、大地画”表演活动。

1999年5月31日，顾问黄茂泉、常务副主任杨启炉、常务委员薛国苗、龚怀源赴革命老区白溪小学看望扶贫结对的金尔崇小朋友，赴柘湖杨小学看望全体小朋友和老师，送去图书与学习用品，祝贺小朋友节日快乐。

1999年“六一”前夕，军队干休所关工小组成员去迪智学校、实验小学、城南小学看望学校师生，赠送21套政治、科学文化书籍，祝贺小朋友节日快乐。

1999年5月29日，县民政局领导、关工小组成员到县社会综合福利院看望在福利院“安家落户”的8名孤儿，并为他们带去节日礼物。

1999年6月1日，县关工委顾问颜耀华、李绍敏、黄茂泉、韩其山，常务副主任杨启炉、常务委员薛国苗、龚怀源等在宁海剧场与实验小学小朋友欢庆“六一”，观看实验小学“庆‘六一’文艺会演”。

1999年“六一”儿童节，城西小学校外辅导员叶继江、严肃、赵增富、姜兴根与800余名小朋友欢度“六一”。

庆“七一”活动 1996年6月21日，县关工委与县教委联合举行“迎七一、讲传统，振中华”老年、青年代表座谈会。县关工委老同志与城关地区中小学从事团、队工作的青年教师欢聚一堂迎

“七一”。县关工委顾问王惜耶，主任孙愫贞，常务副主任杨启炉，县教委副主任陈模荣等向青年教师讲述中国共产党的光荣革命传统。青年教师胡坚、陈东贤、葛晓、蒋佩芳等热烈发言，畅谈工作体会，表示要为振兴中华、培养人才做出奉献。

1998年6月26日，县委组织部、县老干部局在新康乐舞厅举办庆“七一”卡拉OK团体赛。县关工委主任孙愫贞、副主任朱瑞骏演唱流行歌曲《流浪歌》，县关工委常务委员、培训学校校长俞世识演唱京剧选段《祖国好山河寸土不让》，县关工委副秘书长龚怀源演唱少儿歌曲《少先队队歌》参赛。该次团体赛有七个队参赛（每队三人演唱），包括离休干部一队、二队，老年大队一队、二队，县关工委队，组织部队，老干部局队。县关工委队获鼓励奖。

庆老人节活动 1991年老人节前夕，城中小学四年级24位少先队员到县老干部局、县关协慰问离退休老同志。县老干部局局长、县关协副会长兼秘书长彭家标，县关协会长孙愫贞，长街关协名誉会长、离休干部李殿法，县关协理事王景泰等接见并勉励小朋友传承尊老敬老中华美德，听党话、跟党走，好好学习、天天向上。

1992年老人节前夕，城中小学五年级学生到县关工委向老同志敬送亲手制作的软座垫、保温手套与祝寿卡片。

1993年老人节前夕，县关工委主任孙愫贞与顾问王式淡、王景泰、李绍敏、黄茂泉、韩其山、颜耀华，常务委员黄稀，县工业局关协张立平，县关工委副秘书长龚怀源等离退休老同志赴县棉纺厂幼儿园参加“老幼联欢”活动。棉纺厂党委副书记戴明星，工会主席骆爱娣，教育科科长及应益义等接待全体老同志。老同志与一百余名幼儿共同观看幼儿歌舞节目，顾问韩其山表演舞剑，十位老同志与百余幼儿共同高唱《没有共产党就没有新中国》。联欢会后，戴明星陪同老同志参观正在扩建安装增添的一万纱锭东纺车间项目。

1995年10月18日，县关工委、县实验小学（城关镇中心小学）在浙江省第8个老人节前夕，向城关儿童少年发起，联合开展“为千位老人办千件好事”活动。

1996年10月19日，在第9个老人节前夕，县实验小学80余名少先队员举着“祝爷爷奶奶节日快乐”横幅，敲锣打鼓到县关工委慰问老同志，并举行联欢活动。百余老少在新康乐舞厅中载歌载舞欢聚一堂，离休干部李绍敏、赵增富、谭永恒、韩其山、杨建村演唱《红军不怕远征难》、京剧《沙家浜》、朗诵《长征》等诗词。小朋友们演出舞蹈，电子琴，琵琶独奏，腰鼓，小品，武术等文艺节目。实验小学文学社小记者们见缝插针向老同志采访，小摄影师拍下老少同乐镜头，联欢气氛始终欢乐。城东小学全体少先队员向县关工委赠送自制的写着“祝关工委爷爷奶奶节日快乐，健康长寿”的节日贺卡。

纪念毛泽东诞辰100周年活动 1993年11月24日，县关工委在宁海剧场举行“纪念毛泽东同志诞辰100周年报告会”。县关工委顾问王惜耶向宁海中学、宁海二中、第一职高和关工委文化技术培训班的一千余名学生报告毛泽东同志的丰功伟绩。县委宣传部副部长张文宽、县教委主任胡全林到会讲话。

1993年12月23日和29日，县关工委主任孙愫贞先后在西店中学、育人中学和二职高作纪念毛泽东诞辰100周年报告，1800余名师生参加报告会。

1993年12月31日，县关工委主任孙愫贞在县委宣传部召开的纪念毛泽东诞辰100周年座谈会上作《继承和发扬毛泽东思想，关怀青年一代的成长》的发言。

寒暑假校外青少年教育活动 1991年7月下旬，县关协名誉会长陈云高、会长孙愫贞在城关镇西门村五星大会堂看望该村举办的少儿暑期校外活动学校的320名小学生。会上，孙愫贞宣读中共宁波市委、宁波军分区党委《关于向优秀共产党员陈云高同志学习的决定》，陈云高向小朋友讲述6月5日在宁波解放南路勇斗杀人歹徒的经过。

1991年9月20日，县关协、县人事局、县教委联合召开宁海县大中专应届毕业生政治思想工作会议。1991年暑期分配宁海各单位的350余名大中专应届毕业生出席会议。县关协名誉会长王惜耶作爱国主义革命传统报告，县计委主任柴国平介绍县五年、十年经济建设计划。20世纪80年代全国优秀大学毕业生、时任县棉纺厂副厂长连云芬，1989届大学毕业生、力洋罐头厂质检科科长张四林，应届大学毕业生叶小杰、胡小宇分别在会上发言。县关协会长孙愫贞在会上向青年学生转达中央离休老干部王遐方在与首都大学生作《生活究竟回答我什么》的报告中的四句话："风霜雨雪都要生活，春夏秋冬都可炼人，甜酸苦辣都是营养，喜怒哀乐都要理智。"宁海县人民政府项建中县长在会上要求同学们"在任何时候都要有人格与国格，要懂得民族道理，经得起各种考验……"，恳切希望全体大学生能把自己的聪明才智、自己的青春贡献给宁海这片美丽的土地。

1992年7月3日，县关工委应邀出席县妇联在城关镇西门村召开的"少儿暑期校外教育工作现场会"。

1992年暑假期间，县关工委接受由团县委介绍的四位大学生到县关工委历时近一个月的社会实践活动。大学生们登门访问王惜耶、黄茂泉、林贵清三位老同志，听取主任孙愫贞、副主任彭家标和办公室主任龚怀源对关心下一代工作的介绍，去前童镇与双桥村团支部联欢、到少年军校进行听课活动。使四位分别来自宁波大字、浙江丝绸工学院和浙江农技师专等大学的学生收到丰硕实践成果。县关工委在其返校后仍继续保持经常联系，其中宁波大学英语系学生韩××给关工委的来信中讲道："……与同学们聊起各自的暑假生活，他们羡慕我碰到宁海县关工委这样一个好单位，使我度过了一个充实的暑假，有意义的暑假……"

1995年7月12日、18日，县关工委孙愫贞主任两次出席县科技夏令营开营式并讲话。

1995年8月25日，县关工委牵头，会同县教委、县人事局在宁海剧场举行"大中专毕业生形势报告会"。县委副书记、县人大常委会主任娄林忠向370余名即将上岗的大中专毕业生作《宁海的经济现状与发展前景》的报告，县关工委孙愫贞、杨启炉向青年朋友作讲话，县教委主任顾文俊、县人事劳动局局长胡振亚出席报告会。

1996年6月28日，城关竹溪村关工小组召开中小学生家长会，就暑假期间如何教育孩子开展讨论。

1996年7月2日，县关工委向各部办委局关工委、关协、关工小组发出《关于开展暑假社区青少年教育活动的通知》。

2000年1月26日，县第二职业高中邀请县委常委、县后备军人学校校长陈云高，县关工委常务副主任、校外辅导员杨启炉到校参加结业典礼。会上，陈云高、杨启炉对全体师生在寒假期间提出要求与希望，希望他们在学校做一个好学生、在家里做一个好孩子、在社会上做一个"雷锋式"的好青少年。要求每位同学都要为家庭和社会做一两件好事等。

2000年6月26日，县教委、县社区教育委员会、县关工委三家单位联合发出《关于开展中小学暑期社区教育活动的通知》。7月11日，在县教委召开由县政府办公室、教委、县关工委、城关镇等12个单位领导参加的社区教育联席会议。县政府办公室副主任丁建标主持会议。县教委副主任陈平传达学习88号文件，并对2000年暑期中小学校社区教育计划提出意见。各职能单位针对计划提出各自的想法和建议。会议通过讨论，达成共识。丁建标要求各单位根据各自的工作职责，相互配合，齐心协力，共同搞好2000年暑期社区教育。县教委主任陈焕翠到会讲话。

2000年7月12日，县关工委常务副主任杨启炉应邀参加“宁波晚报小记者夏令营”活动指出，社会主义市场经济的建设和现代化的实现，最终取决于国民素质的提高和人才的培养，希望小朋友们在暑期做好自我服务、自我管理、自我教育；做到在学校成为好学生，在家里成为好孩子，在社会成为雷锋式的好少年。

2000年7月11日，县关工委常务副主任杨启炉参加由县人民政府主持召开的暑期社区教育活动会议；7月12日，杨启炉参加县职教中心教师座谈会；7月17日，到大佳何镇为全体教师宣讲“爱岗敬业服务人民，把师德建设提高到一个新水平”；7月19日，参加由城关镇召开的社区教育工作会议，向到会的城区25个行政村的党支部书记、17个居委会负责人、9所中小学校长和党委、政府领导同志强调社区教育不单单是学校的事，而且是全党、全社会的共同责任；7月31日晚，应邀参加盐务局关协组织的大中专在校生暑期活动，参观盐场制盐的全过程后进行小论文评奖活动；8月1日，县职教中心的200余名新生参加暑期夏令营，上午8时集中于跃龙山烈士墓前接受革命传统教育，杨启炉应邀为学子们作辅导报告；8月4日，应邀为县实验小学五年级毕业生讲课，“不忘母校老师教诲，到新的学校要有新的起点，立志成才”。8月25日，副主任林贵清在城关镇中学新生学前教育中，配合班主任进行法制教育；副主任娄金秋到上金村组织20名四年级在校门球队员，与老年组进行了一场门球比赛，学生组以24比8胜老年组。8月29日，杨启炉应深甽镇关工委邀请为深甽镇中学全体教师上了一堂“师德”辅导课；8月30日，应桥头胡教委邀请为该镇中小学教师上了一堂“师德”辅导课。

“献一计，办一事”活动　1990年9月，县关协发出开展为关心下一代健康成长“献一计，办一事”活动倡议1500份。至1991年7月的十个月时间，响应参与活动1023人，献计533条，办好事、实事1075件。

“纪念周恩来诞辰100周年”活动　1998年2月26日，县关工委、县委老干部局举行“纪念周恩来诞辰100周年座谈会”，10位曾见到过周恩来总理或聆听过周恩来总理报告的老同志与10位青年朋友座谈，缅怀总理。座谈会由县关工委主任孙愫贞主持，她说，“今年3月5日是周恩来诞辰100周年纪念日，周恩来是中国人民的好总理，他的崇高精神，感召和哺育着我们，成为推进我们党和国家事业的一种巨大力量。今天我们邀请10位老同志与10位青年朋友来参加座谈，缅怀总理。10位老同志都曾见到过周总理，有的还和总理合过影、聆听过周总理的报告，这是非常难得的。”王惜耶、俞世识、严望林、黄茂泉、何凤仪、李殿法、谢景利、颜耀华、严肃、林贵清以及县老干部局局长彭家标，一一回忆畅谈见到周恩来总理的激动心情，歌颂周恩来总理的高风亮节。团县委书记顾卫卫、青年朋友代表胡青作发言，感谢县关工委、县委老干部局组织这次座谈会，为年轻一代进行一次生动的革命传统教育。县关工委常务副主任杨启炉在座谈会结束时说：“周恩来同志将自己的毕生精力奉献给人民，铸就一个光辉的公仆形象，让周总理这种高尚的人格、优良的作风代代相传。”

1998年3月5日，县关工委孙愫贞与严望林赴大佳何镇向大佳何中小学1300名师生讲述周恩来生平事迹；3月11日，孙愫贞向实验小学2500名师生讲述周恩来生平事迹，希望他们学伟人风范，做“四有”新人。

1998年3月18日，县关工委邀请宁波市关心下一代工作先进个人、优秀故事员叶秀娣到宁海，在城中小学、城西小学向2500余名小学生讲述《周恩来的故事》。是日，县关工委主任孙愫贞向柔石中学初中二年级400余名中学生讲述《周恩来的故事》。

1998年5月，县关工委常务委员俞世识撰写的《三次见到周总理》一文在县委党史办《党史资料选辑》刊载。

发起“21世纪关心下一代工作要有新的起点”倡议活动 1999年12月30日，宁海县关工委向《中国火炬》杂志社、浙江省关工委、宁波市关工委、宁波市内各县市区关工委以及台州市、临海市、三门县、椒江区、黄岩区关工委，舟山市、普陀区、岱山县、嵊泗县关工委，余杭市、富阳市、武义县、常山县关工委，重庆市、合肥市、南京市、苏州市、宜兴市、无锡市、昆山市、许昌市关工委等兄弟关工委发去“21世纪关心下一代工作要有新的起点”的倡议。

纪念“五四”青年节活动 1998年“五四”青年节，县关工委顾问王式淡到宁海中学出席成人宣誓仪式并讲话。王式淡在讲话中指出：“……我今年已68岁了，第一次参加这样的活动，感到很有必要。通过这次活动，树立成人意识，明确社会责任，培养爱国感情，造就“四有”新人，这是学校的期望，也是我们长辈的愿望！我以老一辈的身份、县关工委顾问和校外辅导员的名义，祝贺大家长大成人。一个人的成长历程是漫长的，成人是一个转折点，18岁成人，国家法律给予公民权利和义务，希望你们在学习和生活的实践中，自主自强，逐步懂得做人的道理。‘成人’离成功、成名、成家立业还很远，还要努力奋斗。同学们，‘学会生存、学会学习、学会关心’，归结到一点，就是学会做人，学会做人不易，做好人更不易，希望你们要学习做人道理，积累做人本钿，要有好的思想品德，丰富的科学知识，强健的体魄，树立正确的人生观、世界观、价值观。通过今天的活动，祝愿同学们在成人道路上学有所成，健康进步！”

1999年4月8日，共青团宁海县委在潘天寿广场举行“五四青春火炬在宁海”主题教育暨《宁海青少年约章》签署仪式，县关工委主任孙愫贞应邀出席签署仪式，并向千余名青少年讲话。

1999年5月4日，团县委、县关工委、县青联在宁海宾馆联合举行《“五四”运动与面向新世纪座谈会》，县关工委组织10位老同志与团县委邀请的历届团县委领导、老团干部代表、优秀青年代表座谈。

联合举办“预防青少年违法犯罪展览”活动 2000年9月12日，县综治委、县委宣传部、县人大法工委、县人民法院、县公安局、县司法局、县教委、县妇联、团县委、县关工委在宁海体育馆联合举办《为了明天——预防青少年违法犯罪》展览，县委副书记、代县长裘伟出席开幕式并讲话。宁海体育馆展出后，还在19个镇乡及学校巡回展出，观众达58282人。

抗议北约野蛮暴行活动 1999年5月10日，县关工委顾问、主任、副主任等举行“强烈抗议北约野蛮暴行座谈会”；县关工委培训学校全体师生在校内声讨北约的侵略行径，青年学子表示要认真学习，以优秀的成绩支持中国政府的立场；顾问黄茂泉应《宁海报》之邀，参加“特别话题”笔会，发表署名讲话《名为人权，实为强权，名为人道，实为霸道》，抗议以美国为首的北约暴行。

各项促进青少年健康成长活动 1991年2月7—12日，县关协举办中学生首届棋牌骨干培训班，50余人参加培训。

1992年9月26日，宁海迪智学校举行庆祝国际聋人节暨新校舍落成典礼，县关工委孙愫贞等到会祝贺并赠送一张棋桌。

1995年9月22日，县关工委主任孙愫贞参加实验小学“红领巾传达活动仪式”。

1996年5月22日，县关工委主任孙愫贞在宁海县儿少工作会议上作《全方位、多渠道关心儿童少年健康成长》的讲话。县关工委与淮河路37号楼群关工小组被评为“八五”期间少儿工作先进集体。

1998年6月30日，县关工委孙慷贞、杨启炉应县交警大队之邀出席县实验小学小交警接交仪式。

1998年7月1日，县关工委主任孙慷贞应团县委之邀，出席“红五一杯”全县团干学习邓小平理论知识竞赛活动。

1998年11月，县关工委常务副主任杨启炉应邀出席县教委、县少工委举行的“纪念少先队建队49周年千人入队仪式”暨表彰会，杨启炉在仪式上讲话。

1998年12月，县关工委常务副主任杨启炉应团县委之邀，出席“三辰影库”捐赠仪式剪彩并讲话。

1998年12月，县关工委副秘书长龚怀源当选县集邮协会四届常务理事，分工为青少年集邮指导委员会成员。

1999年4月16日，县关工委常务副主任杨启炉赴辛岭参加大梁山集团精神文明建设学习会，向青年干部职工讲述“求知、服务、爱岗、敬业”。

1999年4月，县关工委副主任林贵清出席县电影公司召开的“1999年学生爱国主义电影教育工作座谈会”。

1999年5月24日，县关工委常务副主任杨启炉出席县政府召开的宁海县儿少工作会议。

2000年“12·9”纪念日，宁海中学600名高二学生在学校大礼堂隆重举行18周岁成人宣誓仪式，庆祝浙江省第一个成人节。县关工委常务副主任杨启炉、副主任王建云（团县委书记）应邀参加这一活动并讲话。宣誓后，学生们走上通往客运总站的大马路，沿途植树绿化、拣拾垃圾，以实际行动报效社会。

四、交流取经

学习取经 1990—2000年，对外学习取经活动9次，计72人次。其中两次随市关工委（去苏南、青岛），一次随县领导（去宁波江北）外出学习。

1990—2000年宁海县关工委向外地关工委（关协）学习取经情况统计表

表4-7

时间	学习取经人员	学习取经单位	学习取经活动内容
1990年8月24—25日	周秉达、孙慷贞、胡如华、彭家标、严望林、江永平一行共6人	余姚、慈溪关协	起步时的关协工作经验
1991年10月16—17日	周炳常、武景波、孙慷贞等一行9人	台州地区关工委、临海市关工委、黄岩市关工委、椒江市关工委	听取被浙江省关工委推荐为全国先进单位（待批）的台州地区关工委常务副主任、副秘书长关于《发挥老同志的独特优势，多方位开展青少年教育活动》和黄岩关工委、椒江市关工委交流介绍

续表4-7

时间	学习取经人员	学习取经单位	学习取经活动内容
1993 年 12 月 15—16 日	孙愫贞、王式淡、赵淳然，杨启炉、娄金秋、彭家标、龚怀源和徐永土一行共 8 人	余姚市关工委、慈溪市关工委	慈溪市关工委副主任诸长贤、何长源、孙家银等介绍各镇、乡、村（居委）关心下一代小组进行全面建立、调整、充实的经验。余姚市关工委主任陆永周介绍编写《丹山赤水》（余姚革命故事选），建立革命传统教育基地及帮教失足少年的先进经验
1994 年 3 月下旬	孙愫贞	参加市关工委组织赴苏南考察关心下一代工作	—
1995 年 6 月 6—7 日	周炳常、孙愫贞，赵淳然、杨启炉、娄金秋、朱瑞骏、彭家标、陈模荣，叶新水等一行 9 人	椒江区关工委、临海市关工委	椒江区委副书记杨云龙、区关工委主任张庆雄等介绍区关心下一代和老干部工作先进经验；临海市委副书记姚盛德，市关工委副主任，市委老干部局局长徐叨茶介绍组建纪念抗日战争胜利 50 周年报告团与关协组织建设经验
1997 年 6 月	杨启炉、朱水娣、胡天华 10 余人	宁波市江北区	考察社区教育工作
1998 年 5 月 8 日	孙愫贞、杨启炉、胡天华、裘为民、林贵清、严望林、俞世识、薛国苗、叶继江一行共 9 人	象山县关工委	象山县关工委主任樊心惠、办公室郑主任陪同访问石浦镇家长学校，老校长余明成介绍创办家长学校的经验。参观茅洋“爱国主义教育基地”
2000 年 4 月 19—23 日	市关工委主任张永祥带领各县（市）区关工委负责人，杨启炉出席	青岛市	青岛与即墨市关心下一代工作经验
2000 年 10 月 9 日	19 个镇乡关工委负责同志	奉化市滕头村	奉化市关工委常务副主任陈菊月、办公室朱飞陪同。滕头村原党委书记傅佳良与村关协成员顾老师介绍“两手抓”和关心青少年健康成长的亲身经历与体会

经验交流　1990—2000 年，县关工委共接待外地到县关工委考察 18 批次，计 203 人次。

1990—2000 年宁海县关工委接待外地到县关工委（关协）考察交流情况统计表（一）

表 4-8

时间	考察交流人员	考察交流活动内容	各级领导接见接待情况
1991 年 4 月 29 日	吴子文（宁波地委原常委、行署副专员）、李明（宁波市委原副书记）等 11 人	了解老干部工作与关协工作情况	—

续表4-8

时间	考察交流人员	考察交流活动内容	各级领导接见接待情况
1991年7月16日	鄞县、江东、江北、北仑一县三区关协一行18人	会长孙愫贞、副会长黄茂泉、张位胜分别向来宾介绍建会一年来工作情况，参观县关协展览室，出席宁海少年军校庆“八一”晚会，赴县关协先进单位前童镇关协参观	县长项建中、县委副书记娄林忠、县人大常委会副主任赵淳然等接见全体人员
1991年12月4日	舟山市、嵊泗县、定海区、普陀区关工委一行5人	孙愫贞、彭家标介绍宁海关协工作并参观县关协办公室展览图片	县委副书记、县人大常委会主任娄林忠，县组织部副部长戴霖军接见舟山市（县、区）关协一行
1992年11月3日	镇海区关协徐芸屏等一行10人	赴梅林镇关协实地走访，梅林镇关协会长徐和开介绍梅林总体规划和关协工作	郑瑞法、赵淳然、戴霖军、孙愫贞、彭家标接待来宾
1992年12月12日	武义县关工委一行10人	考察宁海县关工委和宁海少年军校	县委副书记娄林忠、孙愫贞、彭家标接待交流
1993年5月22日	余姚市关工委主任陆永周一行8人	介绍县关心下一代工作情况，杨启炉、彭家标、龚怀源等陪同参观潘天寿故居，特邀潘天寿侄子潘望霖介绍故居概况	县委书记项建中、县关工委常务副主任杨启炉、副主任兼秘书长彭家标接待
1994年3月2日	奉化市关工委副主任沈翼鸣与奉化市老干部局李良芳局长等一行5人	介绍宁海县关心下一代工作。会后参观大梁山啤酒厂辛岭分厂	主任孙愫贞，常务副主任杨启炉，副主任林贵清、彭家标，副秘书长龚怀源接待
1994年4月11日	江东区关工委名誉主任王景春（江东区原区长），江东区老干部局局长一行8人	互相交流关心下一代工作和社区教育工作经验	县关工委主任孙愫贞、常务副主任杨启炉、县老干部局局长彭家标等接待
1994年11月18日	椒江市关工委名誉主任、市委原书记吕金浩、关工委主任张庆雄（市政协原主席）、常务副主任曹雪昭（原市人大副主任）一行15人	介绍宁海县关心下一代工作情况	县委副书记娄林忠，县关工委孙愫贞、杨启炉、彭家标
1995年4月13日	鄞县关工委常务副主任鲍文光、集士港镇关协副主任王永甫、翁维竹、姜山镇关协名誉主任陈彩棠、副主任刘爱民等一行22人	考察县关工委、城关镇、前童镇关工委工作	—

1990—2000年宁海县关工委接待外地到县关工委（关协）考察交流情况统计表（二）

表4-9

时间	考察交流人员	考察交流活动内容	各级领导接见接待情况
1995年10月16日	余姚市关工委主任陆永周一行7人	介绍宁海县关心下一代工作建立五年来的情况，展示《五年简报集》、五年资料照片。余姚市关工委传授建立德育基地、老同志宣讲团活动、帮教失足青少年等经验。彭家标、龚怀源陪同参观在兴建的“铁流纪念亭”、跃龙山烈士陵园革命传统教育基地	县委副书记、代县长陈炳水，县委副书记、组织部部长周秉达，县关工委孙愫贞、杨启炉、彭家标等
1995年10月17日	宁波市关工委主任张永祥带领来自全国各地的33位1943年曾在鄞县联中银行科老同志	参观1942—1944年间鄞县联中在宁海跃龙山与前童镇镇校校址	县关工委主任孙愫贞、常务副主任杨启炉
1996年6月18日	临海市关工委主任朱道清，副主任金庆瑞、徐学玄、童邦满、李东京等一行17人	介绍宁海县关工委的工作与活动，双方达成建立友好关系的协议，并赴福泉山参观教育基地	县关工委主任孙愫贞、常务副主任杨启炉、副主任兼秘书长彭家标
1997年8月23日	慈溪市关工委常务副主任黄涨来等一行三人	—	—
1997年11月6日	余姚市关工委负责人员一行8人	介绍宁海县关工委培训学校六年来的办学概况，落实订阅1998年《中国火炬》的情况与体会，参观县关工委培训学校	县关工委主任孙愫贞、常务副主任杨启炉，校长俞世识、副校长葛友富
1998年3月5日	舟山市关工委王长庆，普陀区关工委颜锦荣、张孝康、郑守德、卓惠君等	听取县关工委培训学校校长俞世识、副校长葛友富的办学介绍	主任孙愫贞、常务副主任杨启炉等
1999年12月30日	镇海区关工委顾问孙庆福、王竹堂、董克诚，副主任沃仁祥，办公室负责人屠浩周等一行8人	常务副主任杨启炉向镇海来宾畅谈宁海县近年关心下一代工作情况，并听取镇海区关工委先进经验介绍。	县人大常委会主任、县关工委名誉主任娄林忠，县政协原主席、县关工委顾问麻绍星，县关工委主任孙愫贞
2000年9月17日	余杭市老干部局副局长兼余杭市关工委副主任、办公室主任吴学敏等一行10人	介绍县关心下一代工作	县关工委常务副主任杨启炉

五、“五老”参与教育基地建设

上金革命纪念亭　1994年年初，县关工委配合岔路镇关工委，着手筹建德育教育基地——上金革命纪念亭，以纪念1926年6月中共上金党支部诞生，1927年3月建立中共上金区委。

1999年7月5日，县关工委孙愫贞、杨启炉于宁海解放50周年纪念日赴岔路镇出席“宁海县委、县政府诞生地纪念碑亭”落成仪式，主任孙愫贞为碑亭揭幕。纪念碑亭是岔路镇党委、政府报县委批准，在上金村建造落成的。在建造过程中，县关工委与县党史办协助筹款、设计、施工等工作，得到岔路镇党委的赞誉。

山洋革命传统纪念馆　1994年建。

福泉山铁流、纪念碑亭　1994年9月，前童镇关工委、老干部座谈会在福泉寺召开，讨论建立宁海解放纪念亭，以纪念1949年7月4日宁海县委与浙东人民游击纵队在该处商讨解放宁海事宜，并成立筹备小组。

1995年11月18日，县委批示同意1994年9月前童镇关工委提议建立纪念碑亭，前童镇党委将该项工作交与镇关工委具体组织筹办。

1996年5月16日，县关工委常务副主任杨启炉向县委书记办公会议汇报关于建造福泉山革命纪念碑亭的情况，建议县委在该处立“宁海县革命传统教育基地”一碑，县委研究同意。

1996年7月5日，宁海解放47周年纪念日，前童镇党委、政府在福泉山建造的铁流亭纪念碑亭落成，县委建立的“宁海县革命传统教育基地”碑屹立在碑亭前侧并同时揭幕，前童镇党委、政府举行落成揭幕仪式。县委常委、县人武部政委陈云高，县委常委、宣传部部长储功彭，县政协副主席童时彬、县关工委主任孙愫贞、常务副主任杨启炉、副主任彭家标、县委办公室副主任徐永土、前童镇党委书记陈伟俊、副书记兼镇关工委主任叶伟建及镇关工委老同志与县级机关有关部门领导和离退休老干部，前童镇各村党支部书记等共200余人出席揭幕式，叶伟建主持揭幕式。在揭幕式上，陈云高、储功彭、陈伟俊发表讲话。碑亭筹建小组组长、镇关工委副主任王恕演和县关工委常务副主任杨启炉作了筹建简况和碑亭建造情况介绍。

1996年12月2日，革命老区——原中共浙东行署第七办事处所在地上山村（顺利村）公路通车。县委副书记娄林忠、市老区办顾问于华杰、沈向权，县政协副主席童时彬、县关工委常务副主任杨启炉等出席通车典礼。通车典礼后，娄林忠、杨启炉陪同曾担任宁海县委书记、副书记的于华杰、沈向权上福泉山考察前童镇创建的革命教育基地“铁流亭”纪念碑。于华杰、沈向权赞赏县、镇党政领导、关工委老同志为继承光荣革命传统办了一件流芳百世的好事。铁流亭纪念碑亭配套工程全部竣工，共筹资20万元。基地的绿化，得到县林特局大力支持，局长傅宏征曾上山现场规划，并资助5000元绿化树苗款。碑亭整个工程占地面积960平方米，总造价16万元。

岔路镇梅花村纪念馆　1994年建立。1996年11月20日，县关工委常务副主任杨启炉陪同葛希曾弟弟、离休干部、岔路镇梅花村会议遗址居室主人葛东，宁海籍离休干部陈立民等从杭州来访梅花村。并与村镇领导商讨筹备1997年纪念梅花村50周年活动事宜。

童遵孝烈士纪念室　1995年10月28日，前童镇栅下村党支部、村委会、老协、关协举行童遵孝烈士纪念室德育基地落成仪式。县关工委常务副主任杨启炉应邀出席。

峡山大峙烈士陵园　1997年4月4日，强蛟镇“峡山大峙烈士陵园”革命传统教育基地落成。县关工委常务副主任杨启炉应邀出席落成仪式并讲话。

浙东游击纵队会师50周年纪念碑　1998年11月，前童镇举行“浙东游击纵队会师50周年纪念碑”揭幕仪式，前童镇中心小学400余师生出席揭幕式。

岳井“铭记碑”　1999年3月26日，长街镇关工委受镇党委，镇政府委托，张少华、祝德朝等筹建岳井“铭记碑”爱国主义教有基地，经过8个月的紧张施工后竣工揭幕。县关工委常务副主任杨启炉，县委办副主任徐永土，县老干部局局长彭家标等赴长街出席揭幕式并讲话。

长街革命烈士陵园 1999年9月26日，举行“长街革命烈士陵园”落成典礼。县关工委常务副主任杨启炉（筹建“陵园”顾问之一），副主任徐永土、彭家标、副秘书长龚怀源应邀出席。陵园占地1200余平方米，烈士纪念碑高13.5米。

屿山烈士亭与纪念碑 桑洲是1927年建立党支部的革命老区，1997年前，建立屿山烈士亭与纪念碑。

六、调查研究

青少年违法犯罪调研 1990年10月，县关协对城关地区25周岁以下青少年的违法犯罪情况进行调查研究。

1990年12月，县关协调查组严望林、俞世识撰写的《关于对城关地区青少年劳教人员的情况调查和建议》一文定稿。县关协调查组撰写的《近年来青少年性犯罪情况和此类案件的防范意见》《对于青少年违法犯罪调查后得出的几个数据》（附调查统计表）与《调查数据说明》打印成文。

1991年2月7日，县关协调查组撰写的《自1989年1月至1991年1月对青少年违法犯罪的调查报告》定稿。

1991年3月1日，宁海县关协《对青少年违法犯罪情况的调查报告》呈送县委。

1991年3月，县关协调查组的《对青少年违法犯罪情况的调查报告》《近年来青少年性犯罪的状况和此类案件的防范意见》整理成文，打印后送县委供领导决策参考。

1991年8月20日—9月5日，县关协教育调查组林贵清、龚怀源等对城关地区1988—1990年“两劳”（劳动改造、劳动教养）释解人员中25周岁以下的39名失足青少年进行调查访问，撰写出“调查报告”。

1991年9月11日，《关于城关地区1988—1990年“两劳”青少年释解后的现状调查》呈报县委。

1991年9月29日，中共宁海县委政法委员会发文，转发县关协《关于城关地区“两劳”释解青少年现状的调查》并加了“县关协的老同志，为了青少年的健康成长，不辞辛劳，进行了十五天的认真细致的工作，将一颗赤诚的心带进了家家户户，温暖了39位‘两劳’释解青少年的心，这种离位不离心的革命精神和高尚情操，体现了老一代对下一代的殷切期望，值得我们学习和发扬，县关协的调查报告很好，具有普遍的指导意义，现转发各地”的按语。

1991年10月5日，城关镇党委集体听取县关协《关于城关地区“两劳”释解青少年现状的调查》的调查汇报。镇党委书记储功彭、镇长郑国金对县关协支持城关地区工作表示感谢。浙江省关工委《关心下一代》1992年第4期报道宁海县关协坚持调查研究，撰写多篇青少年犯罪情况的调查报告，得到各级党委、政府和政法部门的充分肯定和支持。

1996年2月12日，宁海县委常委、县政法委书记周炳常出席中共宁波市委政法委会议，作《充分发挥关工委组织作用，积极预防青少年违法犯罪》的专题发言，介绍宁海县关工委主动参与社会治安综合治理工作事迹。

1997年12月15日，县关工委自9月下旬开始对30名未成年人违法犯罪的成因进行调查研究，调查报告脱稿。

1997 年 12 月 20 日，县关工委孙愫贞、龚怀源的《浅谈青少年违法犯罪与家庭教育》一文荣获县家庭教育研究会研究文章一等奖，孙愫贞撰写的《浅谈祖辈对孙辈的教育与影响》获二等奖。

1998 年 1 月 5 日，中共宁海县委办公室、县委政研室主办的《调查与研究》1998 年第 1 期全文刊载县关工委撰写的《关于未成年人违法犯罪问题的调查与建议》，并加了编者按："县关工委组织一批老同志对未成年人违法犯罪问题进行了深入的调查研究，详细分析了未成年人误入歧途的原因，提出了预防未成年人违法犯罪的对策建议，这对各级领导与有关部门做好这项工作具有一定的参考作用，请参阅。"自 1997 年 9 月下旬开始，县关工委副主任林贵清、常务委员严望林对近年违法犯罪的 30 名未成年人进行为期两个月的调查研究。县关工委主任孙愫贞，副主任娄金秋在后期也参与了调研。翻阅有关案卷，走访 10 个镇乡、9 个公安基层单位、I1 所学校、28 个村（居）委会、33 条街巷与 72 位基层干部、45 位教师、125 名群众和部分违法犯罪未成年人本人及其家长，进行交流与教育。形成《调查报告》初稿，并作进一步修正后呈报县委、县政府、县政法委。

1999 年 12 月，县关工委副主任林贵清花了两个多月的时间，对 42 名未成年人违法犯罪的情况进行全面调研。

2000 年 4 月 20 日，宁海县委副书记裘伟主持召开县政法委、综治委联席会议。县关工委副主任林贵清在会上将县关工委从 1999 年 10 月以来，配合有关部门在城关地区各中小学校大力开展宣传学习《预防未成年人犯罪法》的同时，对县人民法院在 1998 年、1999 年两年中城关地区 42 名未成年人的犯罪成因进行调查研究，通过查阅档案，走访犯罪人的家长和有关学校的教师和部分群众，并对犯罪人本人谈话，面对面帮教，获取第一手资料，经县关工委领导几次讨论分析，撰写《关于我县未成年人犯罪成因的调查报告》进行汇报，得到各职能部门的充分肯定。县关工委向县委报告后，县委办、县委政研室主办的《调查与研究》2000 年第 6 期全文刊登内容。

青少年思想教育现状调查　1991 年 5 月 8 日，孙愫贞会长向十二届人大常委会主任会议书面提出《搞好文化市场管理》的建议。

1992 年 4 月 6—7 日，县关协常务理事林贵清配合黄坛区关协，在竹口乡、回浦乡调查青年现状。

1992 年 4—5 月，为探索如何加强对农村青少年思想教育的路子以及为县委在冬季开展农村社会主义思想教育提供参考资料与意见，配合社会治安综合治理，县关协社会青少年调查组在竹口乡竹溪村、回浦乡建设村、前童乡双桥村，历时一个多月，开展调查。实地走访 302 人次、积累 523 名 16~25 周岁的青少年情况登记表册，并摸底排列 111 名先进青少年与 44 名后进青少年情况分析。在掌握各种登记内容与大量走访调查记录的基础上，县关协撰写《三个村农村青少年现状综合调查报告》，并汇总 8 份分析资料。调查研究活动由县关协常务理事林贵清主持设计并实地进行，同时得到竹溪村关协陈承悦、陈承义、陈绍品、丁琴英，回浦的潘功闯、潘朝意、潘功速、潘楚连等老同志及双桥村团支部的协助调查和分析，并得到县委办公室与当地乡镇党委的全力支持，使其顺利完成调研任务。

1992 年 7 月中旬，《关于对三个村青少年现状的调查报告》脱稿打印。7 月 28 日，中共宁海县委书记陈启宏作出"县关工委调查组在深入实际，掌握第一手材料基础上，写出了一份好的调查报告，可在县委《调查与研究》上登出，供各级领导对青少年进行教育时作参考"的批示。8 月 11 日，中共宁海县委办公室的《调查与研究》第 10 期刊载《关于对三个村青少年现状的调查报告》。

1992 年 10 月 5 日，经县委同意，县关工委召开调查情况汇报会议。邀请县委副书记、县人大常委会主任娄林忠，县委常委、县委政法委书记周炳常，县委常委、县人武部部长陈云高听取县关工委调查汇报。到会听取汇报的还有：县人民法院院长项式爱、县委政法委办公室主任王春生、县公安局副局长孔明通、县司法局副局长马再浩、县检察院检察委员起诉科科长冯益峰、县委组织部办公室主任谢飞云、县委老干部局局长彭家标、团县委书记郭华巍、县妇联主任郭鲜花、城关镇党委委员邬文忠、县教委团委书记魏仁宽。县关工委主任孙愫贞主持会议。县关工委副主任林贵清汇报在1992年4月、5月份县关协社会青少年调查组在竹口乡竹溪村、回浦乡建设村、前童乡双桥村，历时一个多月，开展调查。实地走访302人次、积累523名16~25周岁的青少年情况登记表册，并摸底排列111名先进青少年与44名后进青少年情况分析，并提出建议。娄林忠在听取汇报后说："关心下一代是全党的事，在位的领导要重视，县委要抓基础抓基层，今天请各部门领导来，要大家明确都有责任。县关工委的老同志离退下来后，出于对党的事业的忠诚，对宁海的两个文明建设的关心，对青少年健康成长的关怀，做了许多工作。老同志的工作精神、工作作风很值得我们在位的同志学习。听了汇报回去，要抓落实，不是听了回去就算了，全党都要重视，根据自己的职责范围，如何教育青少年、帮助失足青少年，请大家回去考虑。"县委常委、政法委书记周炳常、共青团宁海县委书记郭华巍也分别谈了看法和意见。县关工委常务副主任杨启炉作会议小结，提出三点要求：一要学习中央、省领导关于老同志关心下一代工作的指示，提高认识；二要落实任务，根据调查提出的建议和县委领导讲话精神，要认真研究抓好落实；三要在工作中抓好典型。

1993年3月31日，县关工委与宁海二中联合召开德育工作研讨会。县关工委主任孙愫贞（二中校外辅导员）、副主任林贵清、二中校外辅导员严望林、童焕和二中校长黄金法、副校长陈焕翠等31人参加。孙愫贞作《青年人犯罪情况调查对学校德育工作的启示》专题发言。

1995年9月，城关镇中学校外辅导员林贵清、童遵锵、严望新在对该校部分"双差生"转化工作中，将其形成原因深入调查研究，撰写《调查与建议》递交县关工委。

2000年11月14日、21日，县关工委杨启炉、叶建杰到城关、长街、明港、胡陈、力洋、桥头胡、梅林、深圳等镇乡教委、中学、县直属学校调研，研讨警校共建开展情况和健全、完善法制学校等工作，并研究加强和改进措施。

十年调查报告存目

1990—2000年宁海县关工委十年重点调研课题存目一览表

表4-10

序号	时间	调研课题
1	1990年	关于城关地区青少年劳教人员情况的调查与建议
2	1990年	对青少年违法犯罪的调查数据
3	1991年	对青少年违法犯罪的调查报告
4	1991年	1989—1990年青少年劳教人员地域分布调查
5	1991年	近年来青少年性犯罪的调查
6	1991年	对文化市场的调查
7	1991年	关于城关地区1988—1990年"两劳"青少年释解后现状的调查报告
8	1992年	对一市街村团支部帮教调查

续表4-10

序号	时间	调研课题
9	1992 年	竹溪村关协小组关于青少年的社会调查报告
10	1992 年	关于城关电子游戏室经营情况的调查报告
11	1992 年	关于三个村青少年现状的调查报告
12	1995 年	关于××中学转变“双差生”的调查与建议
13	1996 年	关于发挥关工委组织作用，积极预防青少年违法犯罪的调查报告
14	1997 年	关于 30 名未成年人违法犯罪成因的调查与工作建议
15	1998 年	关于电子游戏机和电视录像调查情况汇报
16	2000 年	关于我县 26 名未成年人犯罪成因的调查报告

七、帮教工作

自成立开始，宁海县关工委就十分重视失足青少年帮教工作。1990—2000 年，组织和参与组织有关单位赴省、市、县各劳教部门进行面对面帮教达 13 次，92 人次。其中，赴省及省级劳教部门 7 次、宁波市劳教所 2 次、县看守所 4 次。此外，拓展通信帮教、走访失足青年亲属、召开失足青年家长座谈会、对回归失足青年帮助落实工作等多种有针对性的帮教形式，以努力争取达到最佳帮教效果。

1990—2000 年宁海县关工委（关协）组织赴各劳教部门帮教宁海籍失足青少年情况统计表

表 4-11

时间	参与帮教人员	劳教部门名称	帮教活动内容
1990 年 11 月 30 日	孙愫贞、王惜耶、黄茂泉等 13 人	宁波市劳教所	帮教 20 名宁海籍学员。播放县委娄林忠等六位同志的讲话录音；开展赠送革命书籍、观看教育录像、分组座谈、个别谈心等教育活动
1991 年 1 月 4 日	孙愫贞、朱瑞骏、黄茂泉等 9 人	金华开化十里坪劳教农场	帮教宁海籍学员
1992 年 9 月 16 日	孙愫贞、林贵清、严望林、龚怀源	宁海县看守所	对上海工业大学自动化仪表系学生李×（宁海县桑洲人）犯故意伤害罪进行帮教。
1992 年 12 月 27 日	严望林、叶继江	金华市古坊，省第五监狱	主任孙愫贞向在五监服刑失足青年作录音讲话
1994 年 1 月 22 日	主任孙愫贞等一行 9 人	县看守所	慰问看守所吕书记，王、周所长等，孙愫贞、朱瑞骏向 133 名在押青少年犯作规劝报告，分三组座谈
1994 年 11 月 1 日	杨启炉、朱瑞骏、县司法局关协等 9 人	省少年犯管教所	看望、帮教宁海籍失足青少年，开“送温暖帮教会”。向每位学员赠送物品（书本、歌曲、毛巾、香皂和宁海橘子）

续表4-11

时间	参与帮教人员	劳教部门名称	帮教活动内容
1995年11月29日	孙愫贞、杨启炉、朱瑞骏、彭家标	省少年犯管放所	向39名宁海籍失足青少年进行面对面的集体与个别帮教，并赠送《宁海革命斗争故事选》，人手一册。给每人发宁海产橘子
1996年5月8日	孙愫贞、杨启炉、林贵清、龚怀源	县看守所	对在押6名少年犯进行面对面帮教
1996年11月1日	孙愫贞、胡天华等4人	宁波段塘，市公安局妇女收容教育所	看望、帮教5名宁海籍失足女青年。面对面帮教
1997年12月30—31日	孙愫贞、彭家标等10人	省少年犯管教所、省女监	帮教宁海籍失足青少年，听取政委章锦夫、副所长袁建华、管理科科长蔡有忠对宁海籍学员的情况介绍，召开帮教大会，向50名宁海籍失足少年，赠送物品。在省女子监狱听取副监长蒋蕾、陶传根、教育科副科长陈洁欣的介绍后，召集11名宁海籍女犯进行帮教
1998年12月24日	县政法委、县关工委、县综治办等单位11人	省少年犯管教所	对宁海籍失足青少年进行面对面帮教。还向41名宁海籍学员赠送物品，书籍《法律必读》及《宁海之最》台历、生活用品。项锡爱与杨启炉在帮教大会上讲话，省少管所领导热情接待帮教小组成员，介绍宁海籍青少年在监所一年来的表现情况
2000年1月21日	县政法委、县关工委，公安、法院等单位14人	省少年犯管教所	看望在省少教所接受管教的40名宁海籍失足青少年。分成三组进行面对面谈心帮教，薛再成、朱瑞骏作规劝报告，帮教大会后向失足青少年分发香皂、毛巾、袜子、糖果等物品
2000年1月28日	孙愫贞、杨启炉、林贵清等	县看守所	慰问春节期间坚守岗位的干警，并在大墙内召开在押的21名未成年人参加的帮教会

1991年3月，县关协收到寄自开化十里坪劳教（改）场宁海籍劳教（改）人员邴××来信，这是失足青少年给县关协的第一封思想汇报信件。县关协办公室予以回信并寄赠法律书籍，教育鼓励他早日走向新生活。

1991年10月中旬，县关协会同县政协、政法委、司法局、公安局、县人民法院、县老干部局等部门10人，由会长孙愫贞带队赴浙江省少年犯管教所、宁波市劳改管教支队，看望、帮教宁海籍失足青少年。

1991年10月下旬，县关协向35个单位发出感谢信，衷心感谢各单位对县关协“狱中帮教”活动的支持与帮助。

1992年1月4日、11日、26日，县关协分别与城关镇关协、黄坛区关协、回浦乡关协、竹口乡关协、岔路区前童镇关协共5个区（镇）乡联合召开失足青少年家长座谈会。

1992年春节前夕，县关协会长孙愫贞，常务理事袁海林在县老干部局接见一位特殊的“小客人”，他是一位从省少年犯管教所特许准假九天回乡与家人欢度春节的失足少年童××。童××回宁海的第二天一早，就特地到县关协拜望曾帮教过他的会长孙愫贞和县老干部局老局长袁海林。

1992年3月23日，县关协常务理事严望林、袁海林赴岔路乡关协，向200余位离退休老同志介绍县关协帮教失足青少年情况。

1992年12月，县关工委主任孙愫贞、副主任林贵清、常务委员林贵清在梅林镇党委副书记、梅林镇关协会长徐和开陪同下，走访梅林镇花园村先进党支部，了解帮教失足青年情况。

1992年12月12日，失足青年金××写信给县关工委，汇报劳改单位批准其保外就医回家后的思想认识和有关情况。县关工委办公室复信要求其保外就医更应遵纪守法，在医治面部创伤中，要承受肉体与精神痛苦，医好创伤、认识罪错，争取早日成为新人。

1992年12月14日，县关工委会长孙愫贞收到失足青年吕××汇报自己减刑8个月，提早释放回家的情况来信，县关工委办公室复信勉励他，继续努力，严格要求自己，成为遵纪守法的公民，自谋职业，改善自己的生活，对社会做出贡献。

1993年3月3日，受孙愫贞主任委托，县关工委办公室主任龚怀源、委员叶继江去长街大湖村对失足青年谢××的母亲和兄长进行访问（在省五监服刑的谢××曾来信要求县关工委帮助他得到家庭的关心）。叶继江向谢母介绍上年冬天曾赴省五监帮教宁海籍失足青年的情况，经诚心交谈，谢母及其兄长表示愿意担负起家长职责，答应最近去信帮教，并邮寄物品给谢，教育他认真改造思想。

1993年8月27日，县关工委主任孙愫贞、副主任林贵清赴政法委，与县委常委、政法委书记周炳常、副书记邬茂尧、办公室张哲彬共同商讨帮教失足青少年事宜，周、邬两位书记对关工委工作予以肯定。

1993年11月29—30日，县关工委主任孙愫贞、副主任林贵清出席“宁波市失足青少年帮教工作研讨会”。林贵清在会上作《把帮教工作落实到基层——竹溪村关协小组帮教工作探索》的发言，县关工委还印发《做好家长工作，巩固帮教效果》的研讨交流材料。

1994年4月1日，县关工委主任孙愫贞、县人大常委会关协出席“少年审判庭”旁听对伤害致死罪少年犯陈××的审判。副主任林贵清为陪审员。

1994年4月，县关工委主任孙愫贞、常务副主任杨启炉、副主任林贵清先后赴深圳、力洋、茶院、岔路、西店等镇乡关协了解基层组织建设、法制教育、帮教失足青少年等工作和竹溪、上金、紫溪等村级关协小组活动情况。

1994年11月，自县关工委会同有关镇乡部门关协赴杭州省少年犯管教所看望、帮教宁海籍失足青少年，并在省少教所召开“送温暖帮教会”后，陆续收到17名宁海籍失足青少年来信，表达他们对关工委的感激之情，同时表示改过自新的决心。

1995年春节前，县关工委又相继收到数封来自省少管所、省五监、新疆阿克苏市劳改八支队失足青少年来信，他们分别向县关工委老同志汇报一年来改造情况，表达自新的决心。

1996年2月13日，县关工委向省少管所宁海籍失足少年发出“春节信函”，勉励他们在新的一年中，在进步的道路上再向前迈进一步，争取早日新生。并向每位学员赠送由宁海县教委编印的学生演讲词选《我心中的一片蔚蓝》一书。

1996年12月3日，县关工委常务副主任杨启炉接待从省少管所减刑一年零七个月，提前回归的吴××，吴××十分感激杨爷爷两次到省少管所对他的帮教，杨启炉还为吴××冒雨去××公司联系要求解决复工问题。

1997年5月，县关工委对在省少教所的宁海籍失足少年进行通信帮教。向他们寄发帮教信函，希望他们在学习、思想改造和劳动上取得更好的成果，以此欢庆香港回归祖国。继后，陆续收到失足少年夏××、吴××、高××、赵××的回信，感谢县关工委老同志对他们的帮教。

1997年11月，县关工委办公室收到失足少年屠××的来信。原判7年，提前2年2个月回归，在外地自谋职业后来信，对县关工委老干部帮教表示感谢，同时表示要痛改前非、浪子回头、重新做人的决心。

1997年12月23日，县关工委常务副主任杨启炉赴梅林看望提早回归，在梅林某厂担任横机工的失足青年章××。同日，县关工委副秘书长龚怀源赴宁波看望提前回归，在宁波×贸易商行任职的宁海籍失足少年屠××。

1998年4月，失足少年童××减刑一年，刑满回到家乡，向县关工委递交感谢信，感谢县关工委主任孙愫贞、常务副主任杨启炉多次到省少管所帮教。

1998年6月，县关工委联系有关单位对失足青年应××自新回归后的工作作出安置。

1998年10月16日，县关工委常务副主任杨启炉出席"全市帮教工作经验交流会"，在会上作《认真热忱做好回归青年的延伸帮教》专题发言。

1998年10月29日，县关工委常务副主任杨启炉出席"全县帮教安置工作会议"，在会上作《发挥关工委独特优势，做好帮教失足青少年工作》发言。

1999年10月，县政府召开有关职能部门负责人会议，县关工委常务副主任杨启炉提出宣传、贯彻《预防未成年人犯罪法》意见被会议采纳。县关工委等单位与城区中小学校悬挂大幅标语；县关工委还向司法部法制宣传司订购400份《预防未成年人犯罪法》汇集，分发校外辅导员和各学校；11月4日，杨启炉、朱瑞骏、林贵清、邬丁兴等出席城关镇综治委召开的贯彻落实《预防未成年人犯罪法》座谈会并发言，建议发动学校和学生家长共同参与，加强对未成年人道德与法制教育。同日下午，县关工委副主任兼潘天寿中学法制学校校长朱瑞骏在该校举办《预防未成年人犯罪法》讲座，全校1800余师生听取宣讲；县关工委副主任、城关镇中学法制学校校长林贵清，协助学校组织师生学习、宣传、贯彻《预防未成年人犯罪法》，并分初一、初二、初三3个年级段召开学生家长会，向千余学生家长作宣讲；杨启炉在跃龙中学向初三年级300余名学生家长宣讲《预防未成年人犯罪法》，并向跃龙中学、职教中心（二职高）送发《预防未成年人犯罪法》讲话资料；邬丁兴在城中小学，协同学校开展宣讲活动；赵淳然、应文天等在柔石中学召开的家长会上对《预防未成年人犯罪法》作宣讲。

第二节　探索奋进

一、校外辅导员工作

校外辅导员组织建设　1990年6月30日，在宁海剧院举行的宁海县关心下一代协会成立大会上，共青团宁海县委员会聘请王惜耶、陈文华、黄茂泉、童焕为宁海县校外辅导员。

1992年8月28日，县关工委、县教委、团县委、县老干部局联合发文《关于聘请老同志担任校外政治辅导员的通知》。共青团宁海县委、县教委聘请孙愫贞任县少先队校外总辅导员，聘期三年。

1992 年 10 月，宁海县各中小学校相继聘请老同志担任校外政治辅导员。

1992 年 10 月 28 日，王惜耶等数十位老同志分别担任各校校外政治辅导员，各校均举行聘请仪式。

1992 年 12 月 25 日，县关工委主任孙愫贞在县教委召开的德育工作会议上讲话指出，聘请老同志担任校外辅导员是新形势下，学校政治思想工作的新发展，关工委的老同志都乐意接受该项任务，共有 188 位老同志受聘于 62 所中小学担任校外辅导员，协助学校加强对学生的思想政治教育。第二中学（原城关中学）副校长陈焕翠谈聘请老同志担任校外辅导员的认识、做法与体会。县教委副主任、县教育系统关协副会长陈模荣指出，老同志担任校外辅导员是关工委老同志送上门的政工队伍。

1993 年 1 月 8 日，召开校外辅导员新春茶话会，县委常委、县人武部政委陈云高、城区 37 位校外辅导员，出席茶话会。县关工委主任孙愫贞，县教委主任胡全林，县团委副书记顾卫卫等讲话。孙愫贞在讲话中指出，目前全县已有 65 所中小学聘请校外辅导员 194 名。其中城区 11 所中小学聘请 41 名校外辅导员。颜跃华、韩其山等 10 位老同志畅谈担任校外辅导员的体会与建议。

1993 年 4 月 2 日，县关工委在城关镇中学召开城区中小学校外辅导员工作座谈会。城关镇中学、知恩中学、城职高、三职高校外辅导员，县教委副主任谢时强，城关镇中学校长杨长春、团委书记胡坚及宁中、二中、知恩、城职高、三职高的党支部、政教处或团委负责人出席座谈会。

1993 年 3 月 5 日，城区四所小学校外辅导员工作座谈会召开。县关工委主任孙愫贞主持会议。县教委副主任陈模荣、教委团工委书记魏仁宽、团县委少工委卢华强、镇教委朱志畅、城西小学校长周荣祥、四所小学少先队辅导员与校外辅导员叶继江、颜耀华、韩其山、黄稀等出席会议。

1993 年 9 月，在新学年开学之际，城中小学校外辅导员颜耀华、黄茂泉、王伯民、楼威到校商讨城中与城北两校校外辅导员重新调整落实问题。

1993 年 9 月（中秋前夕），知恩中学校长代表、团委书记、学生代表，登门慰问校外辅导员娄金秋、董颠、童时仗、伍克祥；城南小学校外辅导员韩其山、冯家余到城南小学新址（环城南路）了解学校班级布局；城南小学校长章玉兰与五十余位小朋友登门慰问患病在家休养的校外辅导员黄在芬和芦明祥夫妇；城东小学校外辅导员谢志良在家访中了解到学生家长对学校的意见建议，起到良好的桥梁纽带作用。

1994 年 3 月 17 日，城西小学校长周荣祥邀请校外辅导员叶继江、谭永恒、严肃、苏其德、杨象章到校，向校外辅导员通报本学期德育工作计划，希望校外辅导员协助学校向学生进行“五自”教育。

1994 年 3 月 17 日，深甽镇长洋中学举行聘请郭瑞远等三人担任校外辅导员仪式，县关工委主任孙愫贞到会并作祝贺讲话。

1994 年 10 月，为加强爱国主义教育，县关工委向城关镇各小学推荐增聘离退休干部担任校外辅导员。

1994 年宁海县关工委聘任校外辅导员一览表

表 4-12

序号	学校名称	新聘校外辅导员	备注
1	实验小学	李绍敏、杨启炉、朱瑞骏、颜耀华、王伯民、楼威	由城中小学调入

续表4-12

序号	学校名称	新聘校外辅导员	备注
2	城西小学	赵增富、石世琨、周贵同、姜兴根	原聘校外辅导员 10 人
3	城中小学	陈文华、苏锦德、邬丁兴、边永桥、何凤仪	—

1994 年 10 月 27 日，实验小学 6 名校外辅导员分别落实到班级与学生见面，并与学校领导、班主任拟订教育计划；11 月，在 4、5 年级开展爱国主义宣讲教育，12 月开展法制教育。

1995 年 4 月 4 日，深甽镇中学举行校外辅导员受聘仪式，聘请镇公安派出所所长张爱萍等 3 名干警、镇监理站站长、县关工委常务副主任杨启炉为校外辅导员。

1996 年 2 月 8 日，县关工委与城关镇教委在城关镇中学召开城区校外辅导员座谈会。座谈会由镇教委常务副主任张洁辉主持。城区 12 所中小学的 60 名校外辅导员、校长或政工负责人员出席会议。城关镇人民政府副镇长兼镇教委主任周汉文代表镇委、镇政府对离退休老同志担任校外辅导员表示感谢。县关工委主任孙愫贞介绍 1995 年各校外辅导员的活动情况，提出 1996 年校外辅导员工作建议。县教委副主任受主任顾文俊委托出席座谈会并讲话。校外辅导员谢志良，谭永恒，冯正冠，朱瑞骏，薛国苗，韩其山等作发言。会后，镇教委向全体校外辅导员赠送春节慰问品。

1996 年 4 月，城关镇中学续聘林贵清、严望新、王金亮，新聘胡施仁（县关工委委员）、泮本苗（城关派出所警官）为校外辅导员。

1996 年 5 月 6 日，县关工委召开校外辅导员工作研讨会。研讨如何深入有效地开展校外辅导员工作。城区 13 所中小学的校外辅导员出席研讨。县关工委主任孙愫贞在讲话中指出：我们的工作不是红花而是绿叶，从地位、职责上讲就是“参谋、参与、送炭、排难、搭桥、协调”。

1996 年 12 月，黄坛水库原党委书记金思富受聘回浦下桥小学校外辅导员；力洋区校原校长章家云受聘水车马婆园学校校外辅导员。

1998 年 12 月 15 日，县关工委召开城区各中小学校外辅导员负责人座谈会，回顾交流一年来的校外辅导员工作，杨启炉在座谈会上传达省市关工委会议精神，并对期末工作作出部署。出席座谈会的有薛国苗、林贵清、王铁鹰、邬丁兴、叶继江、冯正冠、谢志良、娄金秋、龚怀源，城关镇教委泮作轮、跃龙中学团干王伟邦等。

1999 年 3 月 19 日，县关工委、县委老干部局、县教委、城关镇教委在县实验小学召开城区中、小学校校外辅导员全体会议，学习贯彻《宁波市中、小学校校外辅导员工作规则》和县教委 1999 年学校德育工作意见。城区中、小学全体校外辅导员、各中小学负责人员出席会议。县关工委常务副主任杨启炉总结 1998 年校外辅导员工作，谈了 1999 年校外辅导工作思路。校外辅导员薛国苗，朱瑞骏，张哲，王铁鹰在会上发言。县教委主任陈焕翠，县老干部局局长彭家标讲话。会议由城关镇教委常务副主任张洁辉主持。

1999 年 11 月 23 日，县关工委杨启炉、彭家标、龚怀源等到新建的“宁波致远外国语学校”会见该校董事长、校长郭瑞远，商谈“聘请校外辅导员”等事项，参观新校舍。

1999 年 11 月 30 日，县关工委主任孙愫贞偕同顾问薛惠珍、办公室副主任叶建杰参观新建的宁波致远外国语学校与城北小学，听取“致远”执行校长与城北小学校长介绍。宁波致远外国语学校聘请薛惠珍、秦明、王荣兰三位老同志为校外辅导员，三位校外辅导员参加该校迎澳门回归讲故事的评奖活动。

校外辅导员工作开展　1993年3月31日，城西小学校外辅导员严肃向学校二年级学生讲述柔石烈士勤学与硬气的故事。

1993年9月，第五中学校外辅导员王惜耶在校作“纪念毛泽东诞辰100周年”报告。介绍毛泽东主要生平事迹，阐述毛泽东思想与中国革命。

1993年12月，知恩中学校外辅导员娄金秋分别向初三（3）、（5）两班和该校召开的家长座谈会上作《宁海精神记在心坎中、落实在行动上》的报告；明港镇校外辅导员李殿法向青珠中学300余名学生作《幸福生活来之不易》革命传统教育报告；城东小学校外辅导员谢志良在四年级（3）班召开的少先队小队长以上干部会上与16位学生座谈如何帮助后进同学共同进步问题；深甽镇11所中小学共聘请18位校外辅导员（其中退休干部8人、退休教师9人、厂长1人）；宁海第五中学校长娄亚文在元旦前夕慰问该校五位校外辅导员；前童镇关工委在镇政府召开会议，向60余位离退休干部传达县校外辅导员表彰大会精神，镇党委严世杰要求继续做好校外辅导员工作，早日召开全镇校外辅导员经验交流表彰会；1993年12月9日，黄坛镇关协召开座谈会，县优秀校外辅导员魏章来传达县表彰会精神，镇党委副书记周方园作“如何搞好校外辅导员工作”讲话，镇老龄委负责人杨明常谈关协做好校外辅导员工作的重要性，会议还对建立村关协问题进行讨论。

1993年12月26日，黄坛镇党委副书记周方园为黄坛镇初中、西溪初中纪念毛泽东诞辰100周年知识竞赛和文艺演出获一等奖颁奖；镇校外辅导员严阿协、严诚谟为黄坛镇初中、西溪初中纪念毛泽东诞辰100周年知识竞赛和文艺演出获二等奖颁奖；桥头胡镇关协推荐10位离退休老同志担任6所中小学校外辅导员；1993年12月26日，大佳何乡校外辅导员葛阿生向大佳何中学860余名师生宣讲革命传统课。并出席里外袁、石门村学生家长会议和葛家学校文明学校验收会；辛岭中学聘请县建行关协会长、离休干部赵增富为校外辅导员。

1993年12月28日，城西小学校外辅导员叶继江、谭永恒、严肃、杨象章参加城西小学纪念毛泽东诞辰100周年文艺演出活动。

1994年10月10日，城东小学校外辅导员谢志良与师生代表赴前童镇参加希望工程手拉手活动。

1995年新学期开学前夕，城关镇中学校外辅导员林贵清与该校全体教师座谈如何加强学校德育工作，怎样正确认识市场经济大潮中对青少年的正负效应，并要求教师全面关心学生、热爱学生。

1995年新学期第一次教职员会议，宁海二中校外辅导贞孙愫贞、应文天出席并讲话。

1995年1月24日，县教委、县关工委在教委会议室召开城区校外辅导员座谈会。王式淡、颜耀华、李绍敏、徐林光、朱瑞骏等37位校外辅导员出席会议，出席会议的还有城区各中小学校长。会议由县教委副主任陈模荣主持，县教委主任顾文俊、县关工委主任孙愫贞、县关工委常务副主任杨启炉分别在会上讲话。顾文俊代表教委对校外辅导员表示感谢的同时，希望校外辅导员在新的一年里继续协助学校加强爱国主义教育、革命传统教育和法制教育。实验小学校长金慰祖代表各小学发言。

1995年1月25日，城北小学校外辅导员杨启炉、朱瑞骏与该校领导金慰祖、林邦德、梅光宙共同商讨1995年如何进一步贯彻落实中共中央关于加强和改进学校德育工作问题。

1995年6月5日，宁海二中校外辅导员冯正冠到校参加学校升国旗仪式；城西小学校外辅导员叶继江负责帮教的五（2）班后进生傅××的品学明显提高；城东小学校外辅导员谢志良与小朋友共庆“六一”；城中小学校外辅导员陈文华、苏景德、邬丁兴、何凤仪、边永桥出席庆“六一”城中优秀少年表彰大会；城南小学校外辅导员韩其山、冯家余与小朋友共同听取县关工委副主任林贵清的法制报告；宁海实验小学校外辅导员颜耀华、朱瑞骏到校参观“庆‘六一’体育运动会”。

1995年6月3日，桑洲镇中心小学校外辅导员、县关工委副主任杨启炉、娄金秋向全镇教师上“在改革开放的条件下，要加强党团自身建设”的党课。

1995年9月，城西小学校外辅导员谭永恒向参加西门村少儿暑假校外活动的200名小学生讲述亲身经历的抗日故事。

1995年9月、10月校外辅导员工作：1995年9月13—15日，深甽镇关工委爱国主义宣讲组张天春、刘仁员、胡展正向大里、大蔡中学和溪边村级中学1200余名师生作纪念抗战胜利50周年报告；1995年9月11日，实验小学校外辅导员杨启炉、朱瑞骏在与校领导两次商讨如何加强学校德育工作与法纪教育等工作基础上，为四年级、五年级500多名学生上法纪教育课。新聘薛国苗为该校校外辅导员；1995年10月13日，于暑期新建的城北中学聘请朱瑞骏、薛惠珍、冯正冠、卢军为校外辅导员。县关工委主任孙愫贞出席聘请仪式并讲话。仪式后，朱瑞骏、卢军向全校师生作法制与交通安全报告；宁海二中4位校外辅导员建立碰头会制度，确定每月最后一周的周三下午为碰头日，并新聘赵淳然为校外辅导员；城西小学校外辅导员参加学校新学年升旗仪式、庆祝少先队建队46周年纪念、与小朋友共同观看纪实性教育影片《一个独生子女的故事》；城南小学自1992年聘请的校外辅导员已3年届满，校长决定续聘韩其山、黄在芬、卢明祥、冯家余为该校校外辅导员；城北小学邀请城南小学校外辅导员、曾参加过抗日战争的离休干部黄在芬向该校三年级小朋友讲抗战故事；城西小学校外辅导员叶继江在老年绿园场向五（2）班科研小组成员讲述冬季培植黄瓜、草莓的农科知识。校外辅导员杨象章系牙科医生，十年来每逢“国际爱牙日”前夕，主动到校为师生宣传爱护牙齿知识，免费赠送康齿乳膏；1995年10月25日，深甽中学校外辅导员杨启炉，平时坚持1个月至2个月去校联系一次，协助学校加强德育、法制教育。去深甽中学，与该镇关工委副主任张天春、校党支部书记、校长、教导，商量加强学校德育工作，并确定召开一次教师会、研讨学生政治思想工作，召开一次深甽村中学生家长会，配合学校做好家庭对子女的教育。上好一次学生法纪道德课；城关镇中学校外辅导员林贵清、严望新等去东方居委会和白石村为落实社区教育深入开展调查研究；城东小学校外辅导员谢志良出席该校新教学楼开学仪式，并勉励小朋友勤奋学习；深甽镇双湖关协会员刘仁员、俞连生两位老同志为生活困难的青年学生刘某科集资千元，帮助其按时赴杭州大学报到入学。

1996年年初，县实验小学校外辅导员薛国苗关注重视该校学生早餐供应，支持、赞扬学校创办早餐餐厅，供应师生价廉物美的各色早餐，深受家长欢迎。

1996年10月22日，城东小学校外辅导员谢志良向该校四、五年级学生讲“长征故事、长征精神”课。

1996年12月28日，城西小学校外辅导员叶继江、谭永恒、严肃、苏其德、赵增富等参与师生共迎新年活动。

1996年12月31日，县实验小学校外辅导员薛国苗、杨启炉、王伯民、楼威等参加该校“雏鹰展翅迎九七”游园活动，参观“香港知识迷宫”“徒步去香港”等游园室。

1997年4月12日，县关工委主任、校外辅导员孙愫贞参加宁海二中举行的城关至水车的春练步行活动。

1998年6月1日，宁波市关工委主任、城中小学名誉校外辅导员张永祥，办公室主任曹晖到宁海，在县关工委主任孙愫贞、常务副主任杨启炉的陪同下，与城中小学1800余名小朋友共庆“六一”。张永祥参观城中小学校容校貌后，并向城中小学赠送五部《爱的教育》（意大利亚米契斯著)，在少先队室听取城中小学校长刘永宽的汇报，欣然挥笔题词——“用满腔热爱教育孩子”。然后到宁海剧场与城中小学师生及陈文华、邬丁兴、苏锦德、何凤仪、边永桥等校外辅导员一起观看城中小学第三届文化艺术周闭幕式舞蹈会演。在文化艺术周颁奖仪式上，张永祥勉励城中小学小朋友要具有高尚的思想品德、丰富的文化科学知识、强健的体魄。张永祥、孙愫贞与十佳少先队员合影。

1998年11月，实验小学校外辅导员薛国苗向四③班74名小学生讲述古人勤奋苦读的故事五则。

1998年11月，城关镇华山小学校外辅导员离休干部李殿法不顾年迈体弱，从其居住的县综合福利院步行至华山，向小朋友进行革命传统教育。

1999年5月26日，宁波市关工委主任、城中小学名誉校外辅导员张永祥致电城中小学向辛勤耕耘的老师表示慰问，祝全体同学“六一”节日快乐。

1999年11月25日，潘天寿中学召开学生家长会议，校外辅导员朱瑞骏、冯正冠到会宣讲《预防未成年人犯罪法》。

1999年12月2日，县关工委与县教委在城中小学召开城区中小学校分管德育工作领导与校外辅导员会议。会议由县教委正局级巡视员陈模荣主持。会议学习研讨贯彻《预防未成年人犯罪法》；裘为民、朱瑞骏、林贵清、王丽伟在会上介绍跃龙中学、潘天寿中学、城关镇中学、实验小学前一阶段宣传贯彻《预防未成年人犯罪法》的情况；县关工委常务副主任杨启炉作实施《预防未成年人犯罪法》的中心发言；主任孙愫贞出席会议并讲话。

2000年暑假期间，城西小学校外辅导员叶继江为该校全体毕业生讲授法制课。

优秀校外辅导员表彰　1993年6月3日，王惜耶、林贵清、叶继江赴宁波出席全市校外辅导员工作先进表彰和经验交流会。林贵清在会上作《迈出第一步》的发言。

1993年6月13日，县委书记项建中听取县关工委常务副主任杨启炉汇报后，对校外辅导员工作作出批示：“校外辅导员工作需要全社会的同志来关心和支持，县关工委的老同志积极参与这项工作，应很好总结，表彰弘扬。”

1993年11月10日，县关工委、县教委、团县委、县老干部局联合在县政府招待所召开校外辅导员先进表彰和经验交流会，32位优秀校外辅导员（其中3位为宁波市优秀校外辅导员）受表彰。县领导娄林忠、陈云高、刘昌来、朱水娣、朱旦华，宁波市关工委名誉主任葛仲昌（中共宁波市委原书记、市长)、副主任兼秘书长顾礼权等领导出席会议；出席会议的还有县关工委顾问王惜耶、王式淡、颜耀华，县关工委主任孙愫贞，副主任杨启炉、娄金秋、林贵清、戴霖军、汪文元，县教委副主任陈模荣、团县委副书记顾卫卫、各镇乡关工委（关协）负责人、团委书记、教委常务副主任、城关的中小学校负责人；宁波爱迪电器总公司总经理陈晓发到会祝贺；32位受表彰的优秀校外辅导员在大会场专席就座。会议由孙愫贞和杨启炉分别主持。县委、县人大常委会、县政府、县政协、市关工委领导向32位优秀校外辅导员颁发荣誉证书和奖品，会后并与全体优秀校外辅导员合影留念；县关工委向宁波爱迪电器总公司赠送锦旗，感谢其对关心下一代工作的支持，向优秀校外辅导员赠送“爱迪牌”双控电热饼。会上，县委副书记娄林忠、宁波市关工委名誉主任葛仲昌、县政府副县长朱水娣分别讲话。县教委副主任陈模荣代表教委对离退休老同志、老教师及热爱学校工作的各界人士、接受学校聘请担任校外辅导员的老同志表示感谢。在会上作经验交流发言的有优秀校外辅导员林贵清、叶继江、王惜耶；第二中学副校长陈焕翠、第五中学政教处主任葛国亮、城西小学校长周荣祥。县关工委主任孙愫贞对会议作小结，并提出贯彻意见。

1995 年 6 月 8 日，城关镇中学校外辅导员林贵清、西店镇中心小学校外辅导员王世光被评为宁波市优秀校外辅导员，并赴宁波出席宁波市优秀校外辅导员表彰大会。

1997 年 4 月 22 日，宁波市关工委、市老干部局、市教委、团市委联合召开“宁波市校外辅导员工作先进表彰和经验交流会议”。宁波市关工委主任张永祥主持会议。宁海县受表彰的有林贵清（城关镇中学校外辅导员）、冯正冠（宁海二中与潘天寿中学校外辅导员）、刘仁员（深甽镇双湖中、小学校外辅导员）。林贵清在会上作《一分辛劳换来十分喜悦——转化“双差生”的体会》发言。县关工委主任孙愫贞出席会议。中共宁波市委副书记陈勇代表市委对开展校外辅导员工作提出要求，老同志要进一步增强责任感，继续探索，努力提高校外辅导员工作水平；各级党委、政府要积极支持、热情帮助老同志开展校外辅导员工作；各级教委、团委和学校、街道要十分珍惜老同志这支不可替代的教育辅导力量，充分发挥他们的作用；各级关工委要为老同志开展工作努力做好组织、协调、指导和服务工作。

1997 年 4 月 23 日，宁波市校外辅导员工作表彰和经验交流会第二天，主任孙愫贞就向县关工委、县老干部局、县教委、团县委主要负责人传达会议精神，并讨论会议贯彻落实的意见。

1997 年 4 月 29 日，宁海县委副书记周秉达听取县关工委主任孙愫贞、常务副主任杨启炉关于宁波市校外辅导员工作表彰会议情况的汇报。

1997 年 5 月 9 日，县关工委、县教委、县老干部局、团县委联合向各镇乡关工委、教委、团委发出《关于召开全县校外辅导员工作先进表彰暨经验交流会议的预备通知》。

1997 年 6 月 16 日，县关工委、县教委、县老干部局、共青团县委在县教委召开全县校外辅导员先进表彰暨经验交流会议。参加会议的有经过评选产生的林贵清、朱瑞骏等 27 名优秀校外辅导员以及 3 名宁波市优秀校外辅导员与各镇乡分管老干部工作、关心下一代工作的负责人员共 60 余人。县委副书记周秉达、县委常委、组织部部长虞安成、县关工委主任孙愫贞、县教委主任陈焕翠、县老干部局局长彭家标、团县委副书记葛建满等出席会议。县关工委常务副主任杨启炉主持会议。县老干部局局长彭家标宣布优秀校外辅导员名单，县委领导周秉达、虞安成向优秀校外辅导员颁发荣誉证书与奖品。城关镇中学副校长范功科在会上介绍林贵清的先进事迹；明港镇五星小学校外辅导员、退休干部林欧福，大佳何镇中学校外辅导员、镇派出所干警蔡伟东在会上作交流发言。县委副书记周秉达对几年来宁海县校外辅导员工作的成绩表示肯定，对老同志在教育青少年工作中发挥的不可替代的作用和贡献予以高度评价，并对进一步开展校外辅导员工作提出希望和要求。县教委主任陈焕翠、县关工委主任孙愫贞在讲话中对老同志担任校外辅导员所做的贡献表示感谢，并对会议贯彻提出意见。会后，县委领导与优秀校外辅导员合影留念。

二、法制普法工作

组织开展普法教育 1991 年 7 月 4 日，县关协为配合城关镇综合治理宣传月全面开展，组织报告员赴智恩中学、山河农技校、第一职业高中开展法制教育报告。

1991 年 9 月 28 日、10 月 7 日，县关协会长孙愫贞分别在西店中学、大佳何乡向中学生和小学教师作反和平演变斗争的报告。

1992年6月15日，县关协会长孙愫贞、常务理事林贵清到强蛟镇中心小学，向师生作法制教育报告。

1992年10月，县关工委针对在调查中发现的公路沿线青少年犯罪率明显高于其他地区的实际，决定先在公路沿线的镇乡10所中学，配合学校进行普遍的法纪教育。林贵清先后在竹口、回浦、黄坛、梅林、紫溪、西店、大佳何等中学向5500余名学生作《增强道德法制观念》的教育报告。

1994年1月22日，为加强对聋哑青少年进行法制教育，县关工委与校外辅导员联系组织，迪智学校党支部书记王秀玲带领12名聋哑学生走访看守拘役所。所指导员、所长对着拘役现场，由老师打手势对他们进行法制教育。一名曾犯偷盗错误的聋哑学生深受教育，当场表示悔改决心。

1994年1月24日，印发《关于劝阻中小学生进入营业性电子游戏室等消费场所，致中小学学生家长的一封公开信》5000份。

1994年5月5日，县关工委与城关镇中学联合召开"转化双差生研讨会"。县关工委主任孙愫贞，副主任林贵清与城关镇中学校长、教导主任、各班班主任共三十余人，商讨如何转化双差生问题。通过研讨，取得对双差生应多渠道辛勤培育，使其转化成材的共识。

1994年11月，县关工委副主任林贵清，会同县司法局、县教委编印《普法教育教材》，对城关中学、梅林中学、凤潭中学、山水中学、桑洲中学4500余名中学生普遍进行普法教育，做到教材人手一份，并举办普法知识竞赛活动。

1995年9月，县关工委副主任朱瑞骏到宁海中学向高一新生作法制教育报告。

1996年10—11月，县关工委副主任林贵清先后向城关镇中学、城南小学、雪坡、辛岭、白龙潭等学校1200余名中小学生进行法制道德教育。

1996年11—12月，县关工委常务副主任杨启炉先后赴前童中学、西店中学向2000余名中学生作《增强法制观念，提高全民素质，做21世纪接班人》的法制教育报告。12月26日，又向县综治委举办的法制学校学员作遵纪守法报告。

1998年3月，县委副书记、县政法委书记史小华在全县政法综治工作会议上说："……县关工委等部门把法制宣传教育工作渗透到省少教所服刑的49名宁海籍的青少年，为感化、教育、挽救违法犯罪青少年收到了积极的效果……"

1998年3月12日，县关工委常务副主任杨启炉在深甽小学家长学校与家长们商讨对孩子的教育问题。3月18日赴大路学校作《增强法制观念，提高全面素质，做跨世纪接班人》的报告。

1998年4月，城关镇教委聘请县关工委常务副主任杨启炉任实验小学法制学校校长；县关工委副主任朱瑞骏任潘天寿中学法制学校校长；县关工委副主任林贵清任城关镇中学法制学校校长；县关工委委员邬丁兴任城中小学法制学校校长。

1998年4月，县关工委主任孙愫贞、常务副主任杨启炉先后到黄坛镇中、黄坛小学、柔石中学、城东小学、大佳何中学、实验小学等校进行法制道德宣讲教育。

1998年6月4日，县关工委常务副主任杨启炉在实验小学举办法制教育讲座，全体教师参加听讲。

1998年7月2日，县委政法委副书记薛再成、项锡爱，综治办副主任陈邦龙、葛国秀到县关工委，与主任孙愫贞、副主任杨启炉、副主任林贵清、办公室主任龚怀源商讨在城关四所中小学建立法制学校的工作实施情况。杨启炉、林贵清介绍自3月份担任实验小学与城关镇中学法制学校校长的情况与体会，孙愫贞阐述对青少年进行法制教育的必要性与重要性。薛再成、项锡爱对县关工委协助中小学办好法制学校工作表示肯定并感谢，并对今后如何进一步协助办好法制学校提出希望与要求。

自1999年10月中旬至12月，县关工委开展宣传贯彻《预防未成年人犯罪法》，使2206位教师、16241位学生家长、34900名学生受到教育。

2000年4月26日，县关工委杨启炉在城关小学参加依法治班现场会，由县教委团工委书记陈欢涛主持，四（2）班班主任薛朝阳主讲后，模拟法庭进行审判，现场会由班级学生组织。下午，召开城关地区小学大队辅导员会议，会议由司法局韩兆铭和县关工委常务副主任杨启炉分别主持，县教委正局级调研员陈模荣讲话。

2000年10月11日，县实验小学召开家长委员会、法制学校成员联席会议。校长金慰祖介绍教学计划，要求委员配合学校认真落实，还聘任了法制学校名誉校长、顾问、校长、副校长、法制辅导员8位。县关工委常务副主任、实验小学第一任法制学校校长杨启炉在会议上讲话，希望家长对自己子女要求做到“一二三四五”，即一个目标（合格的接班人）、二道防线（思想道德防线、法律防线）、三项“公德”、“四有”新人、“五个热爱”。家长委员会委员张德浩，丁建标，王建云等作发言。张德浩为县实验小学法制学校名誉校长，杨启炉、薛国苗为顾问，金慰祖兼校长，韩兆铭、薛慧为副校长，城关公安派出所王晖、董兴乾及38位班主任为法制辅导员。

2000年10月，县关工委常务副主任杨启炉应邀到岔路镇中学、致远外国语学校、城北中学向三校师生宣讲“青少年与法”。县关工委副主任、潘天寿中学法制学校校长朱瑞骏在向1142位师生讲授“预防未成年人犯罪法”后，又与校领导李明来等带领600余名师生到县名星企业豹王电子有限公司体验科技致富的创业史。

“警钟行动”法制教育系列活动 1998年6月，县关工委副主任、城关镇中学校外辅导员、该校法制学校校长林贵清，根据学校素质教育的需要，与城区综合治理挂钩，会同学校德育领导小组指导该校开展“警钟行动”法制教育系列活动。通过召开班主任会议、全体教师会议作动员，统一认识，组织学生学习有关法律知识，制订实施方案；主编《学生法律条文必读》小册子和《青少年违法犯罪案例图形》（林贵清撰写文字脚本，美术教师绘图），人手一册；组织动员全校师生通过班会主题课、疏导课、社会公民课，多渠道宣讲、学习有关法律条文；举办法制学习辅导班，重点帮助转化双差生；开好学生家长会，向学生家长宣传法制，督促子女遵纪守法；举办学生抢答竞赛活动。

1998年6月3日，县关工委常务副主任杨启炉在实验小学对四年级、五年级900余名学生进行《警钟行动》法制讲座，5位校外辅导员到校同时听取宣讲。

1998年6月，县关工委副主任、潘天寿中学法制学校校长朱瑞骏，为开展“警钟行动”法制宣传教育活动，编印《“三五”普法教育材料之（刑法部分）》与《宁海部分青少年犯罪案例》册子，分发该校班主任、教师，供对学生讲课时选用。县关工委警钟行动宣讲团在各初级中学对初中学生进行警钟行动法制报告，共宣讲21场次，7300余名青少年得到深刻的法制教育。

1998年11月17日，在县政府会议室召开县警钟行动协调委员会第一次全体会议。根据县人民政府1998年10月16日宁政发〔1998〕184号通知，为认真组织实施“警钟行动”，预防未成年人犯罪。经县委同意，决定成立宁海县警钟行动协调委员会。协调委员会名誉主任史小华（县委副书记），主任朱水娣（县政府副县长），副主任孙愫贞（县关工委），委员傅红光（县教委）、叶元杰

（县公安局）、竺义相（县司法局）、陈涛（县文广局）、张伟标（团县委）、张萍（县妇联）、杨启炉（县关工委）、顾一冰（宁海报社）、张德浩（县广播电台）。委员会下设办公室，办公室设在县关工委内，杨启炉兼任办公室主任。会前，副县长朱水娣曾到县关工委听取杨启炉关于宁海开展“警钟行动”的情况汇报及今后工作建议。

1998年11月5日，县关工委常务副主任杨启炉在桑洲镇中学向近1000名师生作“警钟行动”法制报告。

截至1998年12月，宁海县警钟行动法制报告在各镇乡、直属学校共宣讲36场次，2.59万余名中小学师生听取宣讲。自县警钟行动协调委员会建立后，县教委、县关工委、协调委员会办公室联合印发《关于在全县中小学生中开展“警钟行动”法制学习与宣讲活动的通知》，协调委员会办公室与县关工委办公室提供《警钟长鸣，预防犯罪》宣讲稿。

三、关爱助学帮困工作

爱心助学帮困　1991年3月2日，县关协会长孙愫贞、副会长彭家标赴桥头胡探望抚养“花山四孤儿”的外祖父，了解四姐弟生活、学习情况。

1995年12月23日，荣获浙江省第三届青少年英才奖青年组三等奖的宁海调度自动化成套设备厂副厂长、年轻工程师华雄飞将所获奖金1000元，送到县关工委，用以资助关心下一代活动经费。

1995年12月24日，骏华广告艺术社向县关工委资助关心下一代活动经费500元。

1996年1月10日，县残联与县关工委等8家单位联合倡议“为特困残疾人捐助冬衣活动”，孙愫贞、杨启炉等4人捐助衣衫47件。

1996年5月，县关工委委员童焕（宁海中学党总支原书记），虽家属有病需照顾，但仍惦念关心下一代工作，主动要求县关工委牵线县团委，捐资400元帮助双峰一名贫困小学生。

1997年6月，经县关工委推荐、申报，宁海县两名中小学生（城中小学二年级学生华某、宁海二中高一学生金某）获得省关工委、省有线电视台“'97携手跨世纪助学活动”证书。认助以全承包方式，每学年支付学、杂等费600元。学生华某4年2400元，学生金某2年1200元。此次全省共有97名品学兼优、本人系城镇（居民）户口的中、小学在校特困学生，获得认助。

1998年5月24日，县关工委孙愫贞、杨启炉、龚怀源赴白溪小学（四年级学生金某崇，家住田前村，由县关工委、培训学校扶贫结对，资助其到小学毕业）、岔路初中（二年级学生葛彪虎，家住上畈村，由县关工委、培训学校扶贫结对，资助其到初中毕业），对2位特困学生做恳切交谈，勉励他俩克服困难，勤奋学习，做一名好学生。

1998年11月，两名受省关工委与省有线电视台“'97携手跨世纪”资助的宁海县两名中小学生学习成绩优良。柔石中学高二学生金某，月考获519分，名列高二段第5名；城中小学四年级学生华磊，月考数学98分，语文93分，本学期当选为少先队部副大队长。

1998年11月，县综合福利院接受8名孤儿安家落户。

1999年8月31日，由县关工委与深甽镇关工委推荐选送的深甽中学一年级品学兼优特困生徐某芳，在市关工委李平等陪同下赴诸暨外国语学校接受全额免费教育。

助残周某娜　1995年3月1日，县关工委为身残志坚的周某娜献爱心，向宁波市关工委发出求援信函。

1995年3月7日，宁波医学专家到宁海会诊周某娜。

1995年5月20日，全国助残日前夕，县关工委主任孙愫贞、常务副主任杨启炉与县人大常委会副主任、残联主席刘昌来赴宁波看望正在宁波市第一医院接受医疗的身残志坚的周某娜，并赠送“六一”礼物。

1995年6月1日，县关工委关注的周某娜荣获共青团中央、全国少工委授予的“一级雏鹰”奖章。团市委、市少工委授予其“十佳少年”光荣称号，并被评选为1994年度宁波市精神文明建设10件新事之一。

1995年8月30日，首届宋庆龄奖学金获得者、病残志坚的茶院乡小学三年级学生周某娜，在宁波一院住院治疗半年之久，发疱基本得到控制出院，回宁海继续治疗与入学。为感谢宁波市第一医院、宁波市关工委等单位及各界人士为周某娜献出的爱心，宁海县政府副县长朱水娣、县关工委常务副主任杨启炉、县残联理事长章常仙等一行8人专程赴宁波，向市一院、市关工委、市老干部局、团市委、中华医学会宁波分会赠送“真情爱心”的锦旗。周某娜还用两只伤残的上肢夹起笔写了感谢信。据统计，宁波与宁海各界为周某娜治疗罕见的疾病捐款近18万元，副县长朱水娣指出，这笔捐款将设立周某娜治疗基金，由县残联保管，专门用于给周某娜治病。

1996年春节前夕，县关工委孙愫贞、杨启炉与县残联章常仙、吕家贤赴茶院乡中心小学看望身残志坚的周某娜，赠送了冬衣与文化用品。

1998年9月国庆前夕，县关工委常务副主任杨启炉、副秘书长龚怀源去茶院乡看望周某娜。周某娜仍以身残志坚的毅力在茶院乡中学二年级就读。据校长介绍，周某娜学习勤奋，成绩尚好。

四、宣讲团工作

宣讲团队伍建设 1994年10月5日，县关工委向各镇乡、县直属单位关协发出通知，要求各关协在本单位党组织统一部署下，积极宣传《爱国主义教育实施纲要》和《中共中央关于进一步加强和改进学校德育工作的若干意见》。

1994年10月6日，县关工委会同实验小学召开城关地区10所中心小学校长、少先队辅导员会议，研讨加强爱国主义教育。县关工委主任孙愫贞、常务副主任杨启炉、城区五所小学校外辅导员颜耀华、韩其山、谢志良、叶继江、边永桥出席座谈会。

1994年10月12日，县关工委会同县教委召开县属城区7所中学政工负责人会议，研究加强爱国主义教育问题。县关工委主任孙愫贞出席会议并讲话。

1994年11月30日，县委宣传部、县关工委、县总工会联合编印的爱国主义教育乡土资料选辑《古往今来话宁海》出版。

1995年3月21日，宁海县关工委爱国主义教育宣讲团成立。宣讲团顾问为储功彭、王惜耶，团长孙愫贞，副团长杨启炉、彭家标，秘书长彭家标（兼）。24位离退休老同志为成员。在成立会上，县关工委邀请宁海中学高级历史教师胡克均作抗日战争史实讲座。县关工委爱国主义教育宣讲团建立后，进行培训，提供宣讲资料，举行三次宣讲示范观摩。

1995年宁海县关心下一代工作委员会爱国主义教育宣讲团组成成员名单表（一）

表4-13

建立时间		1995年3月21日
序号	职务名称	任职名单
1	顾问	储功彭、王惜耶
2	团长	孙愫贞（女）
3	副团长	杨启炉、彭家标
4	秘书长	彭家标（兼）
5	成员	赵淳然、徐林光、薛惠珍、王式淡、王铁鹰、苏锦德、陈锡庆、娄金秋、朱瑞骏、俞世识、严望林、薛国苗、张　哲、应文天、张良圭、谢　东、苏其德、冯达圣、邬丁兴、林贵清、徐志达、胡克均、褚孔文

1996年4月26日，县关工委举办“纪念红军长征胜利会师60周年”讲座，邀请顾问王惜耶作中心发言。宣讲团全体成员进行讨论，办公室印发资料。

1998年4月，县关工委爱国主义教育宣讲团离退休老干部义务讲课41场次，被县精神文明建设委员会列入“1997年度宁海县精神文明建设十件新事”评选候选事例。

1998年5月11日至13日，县关工委爱国主义教育宣讲团全体成员、城关地区离休干部、副县级以上退休干部，根据县委办公室通知，参加1998年干部培训计划安排的在县委党校举办的“县老干部学习会”。共同学习中共十五大和九届人大一次会议精神、廉政建设和经济改革前沿的有关问题。县委副书记兼组织部部长虞安成通报宁海县经济形势、海塘建设、目前干部队伍状况。县委党校副校长苏小方，县纪委副书记王春生，党校教研室主任何晓进为老同志讲课。

1999年3月23日，县关工委杨启炉、冯达圣赴宁波参加宁波市关工委举办的全市老干部爱国主义教育讲师团培训班为期三天的培训。听取市关工委主任张永祥的动员报告与原地市委领导的讲话，以及市委党校讲师的专题讲座，学习有关资料。培训结束时，聆听市委常委、宣传部部长邵孝杰的讲话，邵孝杰高度赞扬老同志的学习精神。

1999年3月24日，县关工委常务副主任杨启炉先后向县委副书记史小华、县委常委、宣传部部长戴霖军汇报培训班的情况和市委常委、宣传部部长邵孝杰的讲话精神。戴霖军指出，根据市委领导讲话精神，县关工委提出县老干部爱国主义教育宣讲方案很好，并表示同意担任宣讲团名誉团长。县关工委还商讨老干部爱国主义教育宣讲团成员调整充实的方案。

1999年4月22日，县关工委召开爱国主义教育宣讲团全体成员会议。主任孙愫贞宣布调整、充实后的县关工委爱国主义教育宣讲团名单；常务副主任杨启炉传达市关工委举办的全市老干部爱国主义教育讲师团培训班的培训概况，传达市委宣传部部长邵孝杰讲话精神。邵孝杰指出，在新的历史时期更要加强爱国主义教育，总的讲是国家大局的需要，是人民的需要，是“四化”建设的需要，更是党的事业的需要。杨启炉谈县宣讲团的工作思路；宣讲团成员进行讨论，王惜耶、王铁鹰、应文天、王光明、苏锦德、严望林、苏其德、周炳常、俞世识、黄正智、张哲等对宣讲团工作提出看法和意见；县委常委、宣传部部长戴霖军指出，1999年爱国主义宣传教育的主题是“争创新业绩，迎接新世纪”。在宣传教育中要与宁海实际结合。处理好整体与局部，昨天、今天、明天，形式与效果三个关系；孙愫贞对会议作出小结发言。

1999年宁海县关心下一代工作委员会爱国主义教育宣讲团组成成员调整后名单（二）

表4-14

建立时间		1999年4月22日
序号	职务名称	任职名单
1	名誉团长	戴霖军
2	顾问	王惜耶、王光明、黄正智、麻绍星、周炳常
3	团长	孙愫贞（女）
4	副团长	杨启炉、彭家标
5	秘书长	彭家标（兼）
6	成　员	赵淳然、徐林光、薛惠珍、王铁鹰、苏锦德、陈锡庆、娄金秋、朱瑞骏、俞世识、严望林、薛国苗、张　哲、应文天、张良圭、谢　东、苏其德、冯达圣、邬丁兴、林贵清

1999年5月，深甽等19个镇乡关工委爱国主义教育宣讲团（组）全部建立，共有123位宣讲团（组）成员。深甽镇关工委爱国主义教育宣讲组，已建立五年，并在镇乡关工委副主任会议上作介绍。

1999年5月27日，按县委办公室通知，县关工委宣讲团全体成员在县委党校参加老干部学习会。县长郑金平就当前经济形势向老干部们作《宁海经济发展战略》专题报告。县委宣传部副部长王昌良作国际国内形势报告。老干部们还参观白溪水库，高速公路建设工地等重点工程。杨启炉整理编写的《纪念宁海解放50周年宣讲稿》印发给各宣讲团（组）成员；县关工委委员黄稀撰写回忆录《解放初东区围剿土匪的战况》，供“纪念宁海解放50周年”宣讲；第一职业高中校外辅导员张哲协助学校举办“业余党校”，张哲撰写的数万字的讲稿，在业余党校主讲七场。

2000年3月10日，县关工委爱国主义宣讲团副团长杨启炉，宣讲团成员、县关工委委员邬丁兴和办公室副主任叶建杰出席市关工委主办的爱国主义讲师团培训会议。听取“当前国际国内的政治形势”和“世纪之交谈科技”两堂辅导课。

2000年4月19日，宁波市关工委在市委老干部局举行爱国主义讲师团培训报告会，会议由市关工委主任张永祥主持。会议邀请省、市两级督学，市教委副主任夏明华主讲“素质教育”。县关工委杨启炉、邬丁兴、叶建杰出席培训会。

2000年5月9—10日，县关工委爱国主义宣讲团全体成员参加在县委党校举行的县级机关正局级离退休干部学习会。

抗日战争胜利50周年主题宣讲　1995年3月27日，宁海县关工委爱国主义教育宣讲团在城关镇中学作首场宣讲，县关工委顾问、县政协原主席王式淡向该校初二年级600余名师生宣讲抗日战争胜利的伟大意义。

1995年3月27日—4月10日，县关工委爱国主义教育宣讲团成员分赴全县各镇乡，作以纪念抗日战争胜利50周年为重点的爱国主义教育报告38场次，22604名青少年听取宣讲。

家庭教育主题宣讲　1995年4月，县关工委常务副主任杨启炉为实验小学（城北小学）党员、团员讲《在改革开放的形势下，党必须加强自身建设》的党课。并为该校二年级、三年级的400多位学生家长作《家庭教育是父母对孩子教育的第一所学校，家长是孩子的第一任老师》的专题报告。

1996年5月29日，县关工委常务副主任杨启炉应西店镇香山小学之邀，向400余名师生作《莫让年华付东流，迈好青春第一步》的法制教育报告；30日，参加深甽中学600多名师生的法纪教育课，并讲话；6月3日晚，应实验小学之邀，向该校一年级400多名学生家长作《家教报告》。

1996年9月20日、10月8日，县关工委常务副主任杨启炉分别在梅林镇老年学校和岔路镇老年学校宣讲《家庭是孩子第一所学校，父母是孩子第一任老师》，并提出希望各位老同志能关心第二代、第三代的健康成长。

长征胜利60周年主题宣讲　1996年6—10月，县关工委爱国主义教育宣讲团成员先后到各校宣讲红军长征精神22场次，12580名青少年听取宣讲。

1996年6—10月宁海县关工委纪念红军长征胜利60周年宣讲（部分）情况一览表

表4-15

单位	宣讲成员	宣讲对象	听讲人数	备注
县关工委	杨启炉、娄金秋、俞世识、胡克均、应文天、冯达圣、苏其德	实验小学、知恩中学、桑洲中学、文技班、宁海二中、城南小学、城西小学、宁海卫校	5000	—
西店镇关工委	王世光	西店、香山7所小学	4380	—
	邬时森	紫溪中学、观澜小学等9所中小学		
一市镇关工委	陈昌兴	一市镇中心校	650	—
深甽镇关工委	3名老同志及县关工委杨启炉	各中小学巡回宣讲	500	各中小学人数未统计
黄坛镇关工委	严诚谟	黄坛中心校	700	—
桥头胡镇关工委	邬锡墅	桥头胡中心校	800	—
县关工委	张哲彬	第三职业中学	全校师生	人数未统计

香港回归主题宣讲　1997年3月24日，县关工委爱国主义教育宣讲团在宁海中学举行《香港回归祖国》首场报告会。报告会由宁海中学党总支书记谢时强主持。宣讲团成员王式淡宣讲。孙慷贞、杨启炉、徐林光、林贵清、童焕、俞世识、王铁鹰、冯达圣、储孔文、龚怀源等老同志出席首场报告会。700余名高中一年级学生听取宣讲。报告会后，校长施宗璜、总支书记谢时强与宣讲团成员合影留念。自3月24—28日，30位宣讲团成员奔赴19个镇乡向县属中学和镇乡中学宣讲38场次，共计29004名中学生听取香港回归祖国的重大意义，和香港问题的由来与中英谈判过程、邓小平“一国两制”的伟大构想，向青少年进行生动的爱国主义教育。

1997年4月，深甽镇关工委、明港镇关工委组织当地老同志向该镇所属各中小学师生宣讲《香港回归》。深甽7所学校2700余师生，明港11所学校3100余师生聆听宣讲。

1997年6月，县关工委常务副主任杨启炉先后向长街镇老协会、城关镇党员干部培训班、镇团代会、跃龙集团公司党员和中层干部宣讲《国耻家仇今洗雪，欢庆香港回祖国》。

中共十五大精神主题宣讲 1997年10月20—22日，县委办在县委党校举办“宁海县老干部十五大精神学习会”。在城区的全体离休干部，副县级以上退休干部，县关工委宣讲团成员参加学习会。听取县委副书记兼组织部部长虞安成的动员报告，并对党校苏小方、陈洪元、何晓进的三个专题报告，进行讨论。

1997年11月4日，县关工委常务副主任杨启炉向跃龙纺织集团公司建党积极分子培训班以“面向二十一世纪的中国共产党”课题，宣讲中共十五大精神。

1997年11月上旬，顾问颜耀华到私立科达高中向200余师生，宣讲“在十五大精神指引下，继承革命传统”。

1997年11月17日，县关工委顾问王惜耶、常务副主任杨启炉到辛岭大梁山集团股份有限公司精神文明建设学习班宣传中共十五大精神，向企业干部职工作辅导报告，协助公司搞好企业形势任务教育。

1997年12月11日，县关工委主任孙愫贞到城关镇中学，向1400余名师生宣讲中共十五大精神，作题为“立志成才，刻苦学习，做跨世纪社会主义事业接班人”的报告。

宁海解放50周年主题宣讲 1999年6月5日，柔石中学校外辅导员应文天等协助学校召开全体教师培训会，邀请曾参加宁海解放工作的冯家余、王艾村、严肃三人谈当时亲身经历，作解放宁海光辉史实的介绍，为下阶段向1500多名学生宣讲“宁海解放五十周年”培训骨干。

1999年5月12日，县关工委常务副主任杨启炉整理编写的《纪念宁海解放50周年宣讲稿》脱稿，印发各宣讲团成员，该文被《宁海党史》1999年第2期选载。

1999年7月5日前，为纪念宁海解放50周年，县关工委爱国主义教育宣讲团、各镇乡爱国主义教育宣讲组全面开展宣讲活动，共组织宣讲43场次，15000余人青少年聆听老同志的宣讲。

澳门回归主题宣讲 1999年11月，县关工委爱国主义教育宣讲团成员陆续赴各校宣讲“喜迎澳门回归”。各镇乡关工委爱国主义宣讲组也在当地中小学校开展宣讲活动。

1999年11月初至12月底，县关工委爱国主义教育宣讲团与各镇乡宣讲组共宣讲“喜迎澳门回归”36场次，听众3.49万人次。

1999年12月20日，县关工委顾问王惜耶撰诗《澳门回归有感》：“国圆山河秀，冬寒天放晴。感时屈辱泪，迎归欢乐情。苦难百十年，统一万千金。老汉竖白发，自诩中国人。”

抗美援朝50周年主题宣讲 2000年9月，县关工委编印纪念抗美援朝50周年宣讲稿，以供县关工委爱国主义教育宣讲团与各镇乡关工委宣讲组、各中小学校宣讲。

2000年10月27日，跃龙中学举行纪念抗美援朝50周年报告会。会议邀请当年曾参加抗美援朝的离退休老干部楼威、柴田雨两人，对1700余名师生作报告。该校法制学校顾问杨启炉，冯达圣参加报告会并讲话。

2000年10月，县关工委撰写提供的《保和平，卫祖国的伟大旗帜——纪念抗美援朝战争50周年》宣讲稿，在全县中小学校宣讲100多场次，计5万余名中小学生受到爱国主义和国际主义精神教育。

其他爱国主义内容宣讲 1992年4月3日，县关协会长孙愫贞赴桥头胡区，向全区700余名中小学教师作“讲师德，培养‘四有’新人”的报告。

1992年10月13日，县关工委委员李殿法到城中小学向二年级330位小学生讲童年生活课。

1993年4月9日，县关工委在宁海剧场举行爱国主义教育报告会，县关工委顾问王惜耶作“爱我中华”报告，县关工委培训班与宁中、二中高三学生900多人听取报告。

1994年5月27日，县关工委在力洋镇举行关心下一代工作报告会。报告会分小学、初中、高中三个场次。报告会由力洋镇关协副会长裘祖道主持，县关工委孙愫贞、娄金秋、林贵清为650余名学生分别作爱国主义、理想、道德教育报告。希望学生毕业后人人成材，做社会主义事业的合格建设者和接班人。

1994年7月14日，邀请对越自卫反击战一等功臣宁波市公安局干部、丁炳荣到宁海，由县关工委主任孙愫贞陪同，分别向淮河路18号楼群关协、城关镇西门村少儿暑期活动中心和宁海县少年军校夏令营作三场次青少年爱国主义报告。

1996年10月15日，县关工委主任孙愫贞应桥头胡幼儿园之邀，为该园100余位家长就“什么是合格家长、为什么要做合格家长、怎样做合格家长”讲课。

1996年12月27日，县关工委主任孙愫贞应桥头胡镇中心幼儿园、县实验幼儿园之邀，向200余位幼儿园家长作报告；赴梅林中学为1200余师生作《学决议见行动，做遵纪守法的好学生》的报告；12月28日，赴岔路镇中学向50余名教师作《热爱崇高职业，做名副其实的人类灵魂工程师》的师德报告。

1998年5月26日，县关工委常务副主任杨启炉赴深甽中心小学家长学校宣讲“家庭是孩子第一课堂，父母是孩子第一任老师”。

1998年5月28日，县关工委常务副主任杨启炉赴梅林县职教中心，向全体教师讲“师德与艰苦奋斗”。

1998年6月16日，县关工委主任孙愫贞、常务副主任杨启炉应大梁山啤酒股份有限公司之邀，赴辛岭为党员干部学习会作报告。孙愫贞作《全社会都要关心下一代健康成长》的辅导报告，杨启炉作《面向新世纪的中国共产党》的专题报告。

1998年11月4日，县关工委常务副主任杨启炉在实验小学家长学校，向一年级学生家长500余人，作“家庭对孩子教育的地位与作用问题”的报告。

1999年5月，县关工委顾问薛惠珍在潘天寿中学对青年学生宣讲《侨胞在国外》，进行爱国主义教育。

1999年11月26日，县关工委副主任朱瑞骏赴大佳何中学宣讲《预防未成年人犯罪法》。

1999年11月26日至12月22日，县关工委常务副主任杨启炉先后在大佳何中学、跃龙中学、二职高、白峤小学、城南小学、城西小学，对全体教师、学生家长及学生作《预防未成年人犯罪法》讲座，近3000人次听取宣讲。

1990—2000年宁海县关工委部分“宣讲稿”一览表

表4-16

序号	撰稿时间	文稿题目	撰稿人	备注
1	1993年4月	道德法制教育讲稿	林贵清	关爱十年
2	1995年4月	纪念抗日胜利，立志振兴中华 附：胡克均编写《抗日战争有关史实》	县关工委	关爱十年

续表4-16

序号	撰稿时间	文稿题目	撰稿人	备注
3	1996年4月	发扬红军长征精神，为实现跨世纪宏伟目标努力奋斗 附：《纪念红军长征胜利60周年宣讲资料》	县关工委	关爱十年
4	1997年2月	欢庆香港回归祖国	县关工委	关爱十年
5	1998年6月	警钟必须长鸣，防止违法犯罪	县关工委	关爱十年
6	1998年12月	警钟长鸣，预防犯罪	县关工委	关爱十年
7	1999年6月	纪念宁海解放50周年宣讲稿	杨启炉执笔	关爱十年
8	1999年6月	喜迎澳门回归	县关工委	关爱十年
9	—	1993—2000年清明祭扫烈士陵墓宣讲稿	县关工委	8份墓前宣讲用稿

五、祭扫革命烈士陵墓活动

跃龙山烈士陵园祭扫活动 自1991年开始，县关工委每年组织或牵头组织对革命烈士墓的祭扫活动。据统计，至2000年十年在跃龙山烈士陵园祭扫活动共有449个单位（1992年、1996年未做统计），组织1011场次（1995年未做统计），共有674人次“五老”人员值守并为祭扫人员讲课，接受教育达247461人次。

1991—2000年宁海县关工委（关协）清明节期间跃龙山烈士陵园祭扫活动情况统计表

表4-17

时间	活动内容摘要	活动成果统计（含乡镇街道）			
		场次	单位数	值守老干部数	受教育人数
1991年	“军干休”关协小组7位离退休干部主动到宁海县跃龙山烈士陵园，为祭扫革命烈士墓的青少年宣讲革命传统教育课，清明节期间受教育数15000人	25	30	7	15000
1992年	至4月4日，县关协与县民政局联合举办“老少同祭革命烈士墓”主题活动，历时一周，县11个系统、局的关协参加，受教育数22000人	170	—	50	22000
1993年	3月24日，举行“’93老少同缅革命先烈”主题活动。揭幕式有30个基层关协参加、至4月5日，受教育数18000人（仅跃龙山陵园）。浙江电视台、宁波电视台和宁海广播站对活动进行了报道	198	30	70	28000
1994年	3月28日，在跃龙山烈士墓前举行“’94清明烈士墓前演讲会”及“老少共缅革命先烈”主题活动，至4月6日，有42个基层关协、99所中小学参加，受教育数20574人（仅跃龙山陵园）	152	99	47	37224

续表4-17

时间	活动内容摘要	活动成果统计（含乡镇街道）			
		场次	单位数	值守老干部数	受教育人数
1995年	3月28日，举行“’95清明祭扫烈士墓揭幕式暨抗日战争故事会”，至4月5日，组织65个县属机关，105位老同志轮流值守，受教育数15626人	—	62	105	15626
1996年	3月29日，7个单位举行“纪念中国工农红军长征胜利会师60周年，96清明祭扫红军李志兴与革命先烈烈士墓”揭幕式，“老少共缅革命先烈”主题活动，至4月5日受教育数21434人	182	—	74	21434
1997年	3月28日，举行“纪念中国人民解放军建军70周年、97清明祭扫烈士陵墓”揭幕式。县第一职业高中举行“成人宣誓”，至4月5日共有77个基层关协85位老同志宣讲58场次，受教育数22527人	58	77	85	22527
1998年	3月30日，举行1998清明祭扫烈士陵墓揭幕式暨纪念邓小平逝世一周年、纪念周恩来诞辰一百周年诗歌朗诵会，清明期间，共有52个关协组织的83位老同志宣讲72场次，受教育数22000人	72	52	83	22000
1999年	3月29日，举行1999清明祭扫烈士墓揭幕式暨“饮水思源、缅怀先烈”主题演讲会。至4月7日，45个基层关协，72位老同志宣讲81场次，受教育数23650人	81	45	72	23650
2000年	3月28日，举行“2000年清明祭扫烈士陵墓揭幕式”，《弘扬烈士奉献精神，努力提高全面素质》主题宣讲活动，至4月4日，共54个关工委组织81人次老同志，涉及九个口有关部门，宣讲73场次，受教育数20285人（仅跃龙山陵园）	73	54	81	40000
合计		1011	449	674	247461

说明：其中1993年、1994年、2000年三年祭扫烈士墓宣讲受教育人数包括各镇乡

1991年清明节期间“军干休”关协小组七位离退休干部主动到宁海县跃龙山烈士陵园，为祭扫革命烈士墓的青少年宣讲革命传统教育课，其中有原人武部部长张和三、人武部原副政委黄茂泉、原人武部副部长韩其山和王立顺，以及军队退休干部杨奎洪等。他们都以各自的亲身经历，宣讲在抗日战争、解放战争和社会主义建设中的英勇斗争事迹，教育青少年听党话、跟党走、好好学习、天天向上。期间，共宣讲25场次、有30余所学校计1.5万余人次中小学生接受教育。

1992年3月29日，县关协与县民政局在跃龙山烈士墓地联合举办“老少同祭革命烈士墓”主题活动开始，至4月4日，历时一周。县关协与人大、政协、经委、军干所、农委、财办、党群、教委、文广、物资共11个系统、局的关协50余位老同志轮流值班，县关协会长，县民政局冯萍、副局长戌梅富，县经委副主任郭正满等共同与两万两千余名青少年在县委德育基地——跃龙山革命

烈士墓前“老小同祭”革命先烈。县关协、县经委关协、县盐业公司关协等在一个月前就着手筹备“老小同祭”有关事宜，摘编“宁海革命烈士概况”3000份，分发扫墓的中小学校，县关协邀请武景波、韩其山、颜耀华、张立平、董颠、芦明祥、楼威、俞世识、韩文杨、黄茂泉、黄宪、赵小薇等16位参加过抗日战争、解放战争、社会主义建设的离退休老同志在墓前讲述革命先烈事迹25场次，使2.2万余名青少年接受教育。

1993年3月24日，县关工委、县老干部局、县民政局在跃龙山烈士陵园德育基地举行“’93老少同缅革命先烈揭幕式”，县关工委顾问武景波、李绍敏、王式淡、陈文华等18位离退休老同志与城中小学三年级、四年级400余名少先队员在烈士墓前共同缅怀革命先烈，为1993年清明节期间祭扫革命烈士陵墓揭开帷幕。

1993年3月31日—4月5日，在跃龙山烈士墓地举行“’93老少同缅革命先烈”活动中，有30个基层关协组织、70位老同志宣讲98场次，1.8万多名青少年参加该活动。浙江电视台、宁波电视台和宁海广播站分别对该次活动进行报道。

1994年3月9日，县关工委牵头邀请县老干部局、民政局、教委、园林处等部门在县关工委会议室召开会议，商量1994年清明祭扫烈士墓有关事宜。

1994年3月28日，在跃龙山烈士墓前举行“’94清明烈士墓前演讲会”，城关四所小学四年级师生260余人参加演讲会，演讲会由县关工委主任孙愫贞主持。县关工委顾问王光明、赵淳然、陈文华、颜耀华、黄茂泉、韩其山与老县长刘广汉出席。县关工委常务副主任杨启炉首先作演讲，并向同学们真诚地提出“缅怀革命先烈，继承先烈遗志，希望同学们在学校争做三好生，在家里要做爸妈的好孩子，在社会要做雷锋式的好少年”。四所小学的学生代表作演讲，城中小学杨晓《闪光的青春》荣获一等奖。县委常委、县纪委书记陈英考到会即席演讲。

1994年3月28日至4月6日，在跃龙山烈士墓地42个基层关协、47位老同志，宣讲52场，印发宣传资料2000份，共接待99所中小学的20574名青少年与教师。包括各镇乡在清明期间组织的16650名，全县共有37224名青少年接受革命传统教育。

1995年3月28日，县关工委、县教委、县民政局、县委老干部局在跃龙山烈士墓前举行“’95清明祭扫烈士墓揭幕式暨抗日战争故事会”，县委常委、宣传部部长储功彭，老县长刘广汉，县关工委顾问王光明、王式淡、李绍敏、陈文华、武景波、赵淳然、黄茂泉、韩其山、颜耀华，主任孙愫贞，副主任杨启炉、娄金秋、戌梅富、朱瑞骏，县教委副主任陈模荣、县民政局副局长沈葆华、县老干部局局长彭家标、副局长胡功庆与局全体同志、县园林管理处主任黄才祥，宁海二中、知恩中学、城关镇中学初一年级师生艺600余人出席揭幕式。揭幕式由县关工委常务副主任杨启炉主持，主任孙愫贞宣讲在八年抗日战争中，许许多多优秀中华儿女为国捐躯，英勇牺牲，缅怀革命先烈要立志为建设具有中国特色社会主义奋发学习，奋发向上，奋发图强。抗日战争故事会上，县关工委顾问、抗日战争时期铁道游击大队的颜耀华讲《铁道游击队的故事》，知恩中学初一（2）班学生胡啸元、宁海二中初一（3）班学生鲍冠芝、城关镇中学初一（2）班学生张帆分别讲述抗日战争小故事。故事会还举行评奖活动。

1995年3月28日至4月5日，跃龙山烈士墓地祭扫中，组织65个县属机关，105位老同志轮流值守，有62个单位，计15626名青少年共同缅怀革命先烈。

1996年3月27日，县关工委在县纪委会议室召开县属大口关工委负责人会议。县关工委常务副主任杨启炉部署1996年清明节跃龙山烈士陵园祭扫烈士墓值班安排与值班任务。

1996年3月29日，县关工委、县民政局、县委老干部局、县教委、县商业局、县园林管理处、城关镇教委7个单位在跃龙山烈士陵园举行“纪念中国工农红军长征胜利会师60周年，1996清明祭扫红军李志兴与革命先烈烈士墓揭幕式”。揭幕式由县关工委常务副主任杨启炉主持。县委副书记周秉达、县关工委主任孙愫贞，副主任林贵清、苏小方，顾问王光明、颜耀华、武景波、陈文华、王式淡、赵淳然、徐林光、王景泰、韩其山、薛惠珍，县老干部局局长彭家标、副局长胡功庆与全局干部、县教委副主任陈模荣、县民政局副局长沈葆华，县商业局副局长叶志宏，商业局原副局长、离休干部赵忠才，县园林管理处主任黄才祥，县民政局股长周岳龙，县关工委副秘书长龚怀源等与城关镇中学初二年级700余师生出席揭幕式。红军李志兴遗孀，离休干部王清荣，孙子李丁应邀到场。县关工委主任孙愫贞希望同学们学习先烈革命精神，继承先烈光荣传统，使自己成为一个有理想、有道德、有文化、有纪律的社会主义现代化建设的合格接班人。红军李志兴的生前好友、县关工委顾问、县人大原常委会副主任赵淳然向青少年讲述自己年轻时与红军李志兴在县中百公司、县商业局共事多年的情景。红军李志兴的孙子、知恩中学高一（1）班学生李丁在爷爷墓前表示要读好书、学好本领、练好身体，成为国家有用之才。县委副书记周秉达勉励青少年要继承和发扬革命传统，树立正确的人生观与价值观，学好本领，牢记今后肩负的历史重任。

1996年3月29日至4月5日，共有74位关工委（关协）老同志在跃龙山烈士墓地轮流值班，分发近千份宣传资料，并与21434名青少年共同祭扫烈士墓。

1996年“七一”前夕，县级直属机关党委在跃龙山烈士墓前举行新党员入党宣誓仪式，县关工委常务副主任杨启炉应邀向30名新党员讲话，希望新党员学习红军、革命先烈的革命信念，不怕牺牲的革命英雄主义精神，艰苦奋斗、不畏艰险的作风。不断从思想上入党，争取成为一名优秀共产党员。

1997年3月28日，由县关工委、县民政局、县教委、县委老干部局四个单位联合在跃龙山陵园举行“纪念中国人民解放军建军70周年、1997清明祭扫烈士陵墓揭幕式”。揭幕式由县民政局副局长、县关工委委员沈保华主持。县关工委主任孙愫贞，常务副主任杨启炉，顾问李绍敏、陈文华、徐林光、黄茂泉、韩其山、颜耀华，县关工委委员李殿法，县老干部局局长彭家标，副局长胡功庆等与一职高700余名师生出席揭幕式。县关工委顾问、县人武部原副政委黄茂泉向青年学生讲建军节的由来，宁海革命烈士的英雄业绩。揭幕式后，县第一职业高中举行“成人宣誓仪式”，年满18周岁的青年学生在国旗下、烈士墓前庄严宣誓：“以我火红青春，建设锦绣中华”。县教委主任陈焕翠，团县委副书记、关工委副主任葛建满在宣誓仪式上讲话。

1997年3月28日至4月5日，县关工委共组织77个基层关协组织的85位老同志在跃龙山烈士墓地值班宣讲58场次，22527名青少年祭扫烈士墓听取宣讲。

1998年3月30日，县关工委、县民政局、县老干部局、城关镇教委联合举行1998清明祭扫烈士陵墓揭幕式暨纪念邓小平逝世一周年、纪念周恩来一百周年诞辰诗歌朗诵会。宁波市关工委主任张永祥，办公室副主任曹晖，县委副书记兼组织部长虞安成，县关工委主任孙愫贞，常务副主任杨启炉，副主任林贵清，顾问颜耀华、李绍敏、黄茂泉、韩其山，常务委员严望林、俞世识、龚怀源，委员李殿法、邬丁兴，老干部局局长彭家标，副局长胡功庆，县教委副主任陈模荣，城关镇副镇长周汉文，镇教委常务副主任张洁辉，朗诵会评奖小组成员王静浪、俞品宪、邵锡昌等与城区六所小学的四年级师生近千人出席揭幕式与朗诵会。揭幕式由县民政局副局长陆景芳主持，县关工委主任孙愫贞在揭幕式讲话中指出，在1998年扫墓中，把缅怀周恩、邓小平来两位伟人活动结合起来，显得更有教育意义，勉励中小学生要学习周恩来的崇高精神，像周恩来一样，从小立志，为中华崛起而发愤读书。要像邓小平与所有革命先烈一样，深情地热爱我们的祖国，成为中国人民的好儿女。诗歌朗诵会由县关工委常务副主任杨启炉主持，城关地区6所小学的12名小学生在烈士墓前颂扬伟人。应邀参加朗诵会的宁波市关工委主任张永祥指出，“听着孩子们的朗诵使我情不自禁热泪盈眶，引起我许多怀念和喜悦，总理的高风亮节和邓小平的高瞻远瞩，应该代代传颂，发扬光大”。宁海县委副书记虞安成在朗诵会上讲话。会上，宁海县城中小学聘请宁波市关工委主任张永祥为“名誉校外辅导员”，并挂上鲜艳的红领巾。朗诵会上，城中小学学生戴莹莹、实验小学俞晓杰荣获诗歌朗诵一等奖。

1998年清明期间，县关工委组织52个关协组织的83位老同志与在职干部向青少年宣讲“先烈业绩”72场次，分发资料500份。共有2.2万余名青少年在跃龙山陵园祭扫烈士陵墓。

1999年3月29日，县关工委、县民政局、县委老干部局、县教委、城关镇教委联合在跃龙山烈士墓前举行1999清明祭扫烈士墓揭幕式暨“饮水思源、缅怀先烈”演讲会。县委副书记史小华，县关工委顾问武景波、赵淳然、李绍敏、陈文华、黄茂泉、韩其山，主任孙愫贞，副主任杨启炉、娄金秋、林贵清，常务委员俞世识、薛国苗，县民政局局长林根苗，县老干部局局长彭家标，副局长胡功庆，城关镇党委宣传委员胡明春，县教委团工委负责人陈焕涛，镇教委常务副主任张洁辉，城西、城中、城东校外辅导员叶继江、邬丁兴、谢志良与城区六所小学四年级各一个班级的学生共500余人出席揭幕式与演讲会。揭幕式由林根苗主持。杨启炉代表县关工委讲话。演讲会由张洁辉主持。彭家标宣读关于举办演讲会的通知及有关事项；六所小学的六位小朋友作演讲；演讲后，县委副书记史小华讲话。史小华、孙愫贞、杨启炉向城中小学胡梦婕等荣获一等奖、二等奖、三等奖的小朋友颁奖。

1999年3月29日至4月7日，清明节期间，45个基层关协，72位老同志在跃龙山烈士墓地宣讲“饮水思源，缅怀先烈”81场次，23650名青少年聆听宣讲。

2000年3月17日，县关工委、县民政局、县委党史办、县委老干部局、县教委、团县委、城关镇等单位召开联席会议，研究部署2000年清明节祭扫跃龙山烈士墓活动，向广大青少年开展爱国主义教育和革命传统教育。县关工委常务副主任杨启炉就清明节祭扫烈士墓活动中，组织以老同志为主体的宣讲队伍问题、城区各中小学师生祭扫烈士墓活动的日程安排、组织入场事宜、安全保卫工作、后勤服务等方面工作提出意见，并进行职责分工。县关工委向各级关工委（关协）发出“关于在清明节组织青少年祭扫烈士墓活动中开展弘扬烈士精神，提高全面素质”的通知。

2000年3月28日，县关工委、县民政局、县老干部局、县委党史办、县教委、团县委、城关镇七个单位，在跃龙山联合举行“2000年清明祭扫烈士陵墓揭幕式”。镇属9所中小学校600多名师生代表参加仪式。揭幕式由县民政局副局长祝文明主持。县关工委常务副主任杨启炉作《弘扬烈士奉献精神，努力提高全面素质》的讲话；潘天寿中学学生罗忻怡代表中学生作“缅怀先烈，创造辉煌”发言；县实验小学学生葛莹莹代表小学生作“把诗歌献给英烈”的发言；县委常委陈云高出席揭幕式并讲话。陈云高勉励青少年缅怀革命先烈，就是要学习烈士热爱党、热爱祖国、热爱人民、热爱社会主义的崇高革命情操，奋发向上，成为有用之才。出席揭幕式的还有县关工委顾问李绍敏、黄茂泉，副主任彭家标、娄金秋，常务委员俞世识、严望林、薛国苗、林兆卿、龚怀源，县委党史办主任徐永土，县教委正局级调研员陈模荣，县老干部局副局长胡功庆，团县委副书记蒋婉兰，城关镇老干部负责人沈永飞等。

2000年3月28日至4月4日，县关工委、县民政局组织54个县属单位关工委（关协）与城关镇关工委的老同志81人次，涉及九个口，在墓地轮流值班，向青少年宣讲73场次，20285名青少年听取宣讲。

2000年4月4日，随“宁波致远外国语学校”赴跃龙山祭扫烈士陵墓的来自美国、加拿大的三位应聘外籍教师，出于对英雄的敬仰，主动要求随队参加清明节祭扫烈士陵墓革命传统教育活动。

2000年5月11日，宁海县职高中心1200余名师生步行2个多小时，至跃龙山烈士墓地，举行成人宣誓和入团宣誓仪式。听取校外辅导员、县关工委常务副主任杨启炉的“我与世纪同行”的讲话。

2000年7月1日，县关工委常务副主任杨启炉应机关党委的邀请，在跃龙山烈士陵墓前向参加入党宣誓的新党员讲话。

镇乡祭扫烈士陵园活动　1991年4月清明节，西店镇关协组织西店中学400余名学生赴团堧村祭扫烈士墓，镇党委书记与镇关协理事王世光相继讲话，勉励学生继承先烈遗志，勤奋学习。

1993年4月2日，长街镇关协在伍山后洋村、松岙村革命烈士墓前，举行“老少同祭烈士墓”活动，74岁关协会员赖在生在潘万火烈士墓前，以其亲身经历向长街镇小学200余名师生讲述他和烈士潘万火、烈士朱金芦开展“二抗”“三友”，发展革命队伍，“道士岩暴动”“后洋夜战”的故事。镇关协名誉主席、校外辅导员祝德朝到场并勉励师生继承革命遗志，学习先烈的奉献精神。

1994年3月26日，梅林镇中心小学4年级、5年级950余位师生徒步行走12公里赴跃龙山祭扫烈士陵墓，成为1994年宁海清明节祭扫烈士墓第一批师生。县关工委常务副主任杨启炉向师生介绍烈士墓革命先烈简历，并勉励学生继承先烈遗志，好好学习、天天向上，提高“三个水平”，成为“四有”新人。

1994年3月30日至4月8日，深甽镇关工委在建立革命传统教育和法制教育宣讲团后的清明节期间，由镇关工委副主任张天春带队，刘仁员、王亦祥、王养宽三位老干部历时十天，分别到全镇6所中学，5所小学宣讲革命传统11场次，4053名中小学生受到教育。

1994年清明节期间，宁海县各镇乡关工委共组织16650名青少年祭扫革命烈士墓，进行革命传统教育。

1996年清明节期间，西店共有5410名青少年到紫溪、香山、西店等地祭扫烈士墓。

1997年4月4日，强蛟镇峡山大峙烈士陵园革命传统教育基地落成。县关工委常务副主任杨启炉应邀出席落成仪式并讲话，与边防干警、中小学生等千余人参加扫墓活动。

1998年清明节，桥头胡镇中心小学600余师生祭扫吕安根烈士墓。

1999年清明节期间，前童镇关工委老同志与宁海中学、岔路中学、县三职高、宁波洪塘中学、一市中学、前童中学、前山头村校、梅枝田小学等5300余师生在鹿山纪念亭碑前，共缅革命先烈，并参观中共浙东宁海前童党史资料陈列室。

1999年清明节期间，长街镇关工委在岳井王家“铭记碑”前由王堂华向3762名青少年宣讲“勿忘国耻，铭记历史”，进行爱国主义教育。

2000年清明节期间，前童中学、跃龙中学、力洋镇校和梅林中小学4000余名师生在福泉山铁流部队纪念亭听取前童镇关工委杨志肯和童衍孝两人的情况介绍；大佳何1450名师生分三个场次在镇关工委的协同下进行祭扫烈士墓活动；桑洲镇关工委与学校1000余名师生到屿山烈士碑进行祭扫活动；梅林镇关工委组织24名少先队员到本镇后贩王村为救落水少年而献身的少年英雄王迷毛墓前祭扫；一市镇关工委与学校900余名师生至黄山岭烈士墓地扫墓。

2000年3月28日至4月4日，宁海县各镇乡关工委，在清明节期间重视对青少年进行革命传统和爱国主义教育，长街、强蛟、前童、岔路、桑洲、深圳、西店、梅林、茶院、桥头胡等18个镇乡的爱国主义教育基地和烈士墓地，共有四万余名师生参加祭扫活动，百余名老同志参加宣讲百余场次。

县领导祭扫烈士陵园活动 1994年4月5日清明节，县委书记项建中、县政协主席麻绍星、县委常委陈云高、周秉达、陈英考、储功彭，县人大常委会副主任刘昌来、县政府副县长朱水娣、马光明，县长助理陈小兆、县政协副主席童时彬、张位胜，县人武部部长项松春、县纪委副书记顾文俊、县委办公室主任陈用辉、县政府办公室主任胡鸣旭等赴跃龙山，向革命烈士敬献花圈。县关工委、县人大关协小组老同志值班，县关工委孙素贞主持扫墓仪式。县关工委顾问、县人大常委会原主任王光明讲话，听取城中小学四年级学生杨晓的墓前演讲录音。祭扫烈士墓的还有县武警中队官兵和强蛟镇王石岙学校师生。

1995年4月3日，县委项建中、县人大娄林忠、县政府柴国平、县政协麻绍星等20人到跃龙山陵园祭扫烈士墓。县关工委常务副主任杨启炉主持祭扫仪式，关工委顾问朱瑞骏介绍宁海先烈事迹。共青团宁海县委组织50名新团员在烈士墓前入团宣誓。

1996年4月4日清明节，县委、县人大、县政府、县政协四套班子郑瑞法、陈炳水、娄林忠、麻绍星、周秉达等19位领导与县人武部政委陈云高等6名指战员到跃龙山烈士陵园祭扫烈士墓。杨启炉主持祭扫仪式，县人大关协王光明讲话，赵淳然讲述与红军烈士李志兴生前相处时的情景。

1998年4月3日，宁海县委、县人大、县政府、县政协四套班子陈炳水、郑金平等一行20余人到跃龙山祭扫烈士陵墓。县关工委主任孙愫贞讲述宁海县革命烈士的情况。

2000年4月3日，4000余名各界人士在跃龙山烈士陵墓扫墓。县委、县人大、县政府、县政协四套班子的30余位领导和县人武部官兵，在县委书记陈炳水和县长郑金平带领下，向烈士敬献花圈，并进行致哀、鞠躬、绕烈士墓一周等祭扫先烈的活动，县关工委主任孙愫贞主持祭扫仪式。县消防大队官兵在大队长的带领下参加祭扫活动。烈士尤财增的妹妹，自始至终热泪盈眶，目睹近十场的祭扫场面后说："我哥哥为国捐躯，现在有那么多的人，特别是年轻一代在怀念他，该安息了！"

六、关工委办学建校

文化技术培训班 1991年10月26日，县关协第8次常务理事会召开，会长孙愫贞主持会议。会议汇报介绍10月16—17日赴台州地区关工委走访考察情况；讨论决定筹办"关协文化技术培训班"，并确定常务理事俞世识具体分管该项工作。

1991年11月11日，县关协文化技术培训班在党校举行开学典礼。县委、县人大、县政府、县政协及有关委、局负责同志到会祝贺。县关协会长孙愫贞，县委常委、县人武部部长陈云高，县人民政府副县长朱水娣等在开学典礼上讲话。勉励四百余位青年学生在培训班要端正政治方向，刻苦学习政治、学习文化、学习技术，培训班师生表示要为振兴中华，为宁海的建设认真教学、勤奋学习。

1991年12月上旬，县关协文化技术培训班邀请党校校长陈用辉向全体师生作反和平演变报告。

1992年4月10日，县关协文化技术培训班全体学员听取县关协名誉会长、中国人民解放军福州警备区原副政委王惜耶讲革命传统。

1992年6月7日，宁海县人民政府县长项建中到县关协文化技术培训班向400余位青年学员作《把握时机展望未来》为专题的报告。

1992年6月7日，共青团宁海县委书记郭华巍向文化技术培训班学员介绍陈惠勇、王必跃的优秀事迹。

1992年8月1日，1992年高考分数线划定，关协文化技术培训班205名学员上线（高校133名、高中中专72名），另有44名学员上委托高校代培线。

1992年宁海县关工委培训班高考及高中中专上线情况统计表

表4-18

<table>
<tr><th colspan="2">类别</th><th>上省线</th><th>送档上委培、自费线</th><th>合计</th></tr>
<tr><td rowspan="4">其中高考</td><td>理科</td><td rowspan="3">95</td><td rowspan="3">44</td><td rowspan="3">139</td></tr>
<tr><td>文科</td></tr>
<tr><td>外语</td></tr>
<tr><td>艺术、师范</td><td colspan="2">38（含艺术、体育、师范、高校地市分数线17名等）</td><td>38</td></tr>
<tr><td colspan="2">小计</td><td>133</td><td>44</td><td>177</td></tr>
<tr><td colspan="2">高中中专小计</td><td>46</td><td>26</td><td>72</td></tr>
<tr><td colspan="2">总计</td><td>179</td><td>70</td><td>249</td></tr>
</table>

1992年9月23日，县关工委文化技术培训班第2期开学，本期共招收社会青年300余名，进行为期一年的文化、技术学习。另附设的日语培训班，也正在招生，定于10月下旬开学。

1993年2月4日，第2届“关工委文化技术培训班”举行第二学期开学仪式。副县长朱水娣、关工委常务副主任杨启炉、县教委副主任谢时强、县委党校校长陈用辉到会并向300余位学员讲话。

1993年，县关工委文化技术培训班学员参加高考又获丰硕成果，1993年上省线93人（全县302人），其中理科58人、文科22人、外语4人、艺术8人、公安（大专）上线1人；1993年师院提前录取6人；报考师范、海洋院校加分后上线9人；1993年高中中专上线27人。加上投档上委培线和自费线，上线大中专总计为251人。

1993年宁海县关工委培训班高考及高中中专上线情况统计表

表4-19

<table>
<tr><th colspan="2">类别</th><th>上省线</th><th>送档上委培线</th><th>送档上自费线</th><th>合计</th></tr>
<tr><td rowspan="4">其中高考</td><td>理科</td><td>77</td><td>23</td><td>28</td><td>128</td></tr>
<tr><td>文科</td><td>22</td><td>5</td><td>14</td><td>41</td></tr>
<tr><td>外语</td><td>4</td><td>4</td><td>5</td><td>13</td></tr>
<tr><td>艺术、师范</td><td>14</td><td>—</td><td>—</td><td>14</td></tr>
<tr><td colspan="2">小计</td><td>117</td><td>32</td><td>47</td><td>196</td></tr>
<tr><td colspan="2">高中中专</td><td>27</td><td>21</td><td>7</td><td>55</td></tr>
<tr><td colspan="2">总计</td><td>144</td><td>53</td><td>54</td><td>251</td></tr>
</table>

1993 年 8 月 13 日，三门县关工委常务副主任陈嫦娥、副主任兼秘书长翟世蒋、办公室负责人鲍明杏一行 3 人专程到宁海县关工委访问。县关工委主任孙愫贞、副主任兼秘书长彭家标、副秘书长兼办公室主任龚怀源和常务委员兼文化技术培训班领导小组组长俞世识、副组长葛友富等接待来宾。俞世识向客人详细介绍举办文化技术培训班情况。

1994 年 2 月 23 日，县关工委文化技术培训班开学，本学期新增 80 余名学员。

1994 年 7 月 28 日，1994 年高考分数上线揭晓，县关工委培训班大中专上线总计 331 名，占文技班考生总数的 85%。

1994 年宁海县关工委培训班高考及高中中专上线情况统计表

表 4-20

类别		上省线	送档上委培、自费线	合计
其中高考	理科	77	63	140
	文科	27	34	61
	外语	13	8	21
	艺术、师范	29（16+13）	—	29
小计		146	105	251
其中	理科	19	35	54
	文科	9	17	26
高中中专小计		28	52	80
总计		174	157	331

1994 年 9 月 15 日，关工委文化技术培训班第 3 学年在党校开学，设理科二班、文科一班。

1995 年宁海县关工委培训班高考及高中中专上线情况统计表

表 4-21

类别		上省线	送档上委培、自费线	合计
其中高考	理科	31	39	70
	文科	20	11	31
	外语	—	—	—
	艺术、师范	—	—	—
小计		51	50	101
其中	理科	54	—	54
	文科	35	—	35
高中中专小计		89	—	89
总计		140	50	190

1995 年 9 月 15 日，文化技术培训班开学，领导小组组长俞世识对学员们提出新学期的新要求，

顾问王惜耶作《我是中国人》的爱国主义教育报告。

1996 年 2 月 10 日，县关工委文化技术培训班召开全体教职员工会议，总结一学期工作。一致认为虽然该学期生源基础较差，但通过师生共同努力，仍在稳步提高。

1996 年 3 月 19 日，邀请县委书记郑瑞法在宁海剧院向文化技术培训班全体学员与宁中、二中、知恩三校高中三年级学生 900 余人作“宁海经济形势报告”。县关工委主任孙愫贞主持报告会。县关工委文化技术培训班聘请公安局城关派出所干警王昌月为校外辅导员，培训班领导小组组长俞世识在宁海剧场向王昌月递交聘书。

1996 年 8 月 13 日，县关工委文化技术培训班 1996 年高考又出成果，145 人上线。占考生总数的二分之一，为全县上线人数的五分之一。五年共培训学员 1610 人，考入大中专共 1167 人，升学率为 72.4%。

1996 年宁海县关工委培训班高考及高中中专上线情况统计表

表 4-22

类别		上省线	送档上委培、自费线	合计
其中高考	理科	93	—	93
	文科	39	—	39
	外语	—	—	—
	艺术、师范	13	—	13
小计		145	—	145
其中	理科	—	—	—
	文科	—	—	—
高中中专小计		—	—	—
总计		145	—	145

1996 年 8 月 25—28 日，为适应未录取高校的应届高中毕业生复习的要求，县关工委文化技术培训班继续举办“高考复习班”进行报名。地址从党校迁往城南小学新教学大楼，并聘请中学特级教师、高级教师担任教学任务。

1996 年 9 月 15 日，县关工委文化技术培训班开学。应社会青年与家长要求，秋季招生增设一班，共招收理科、文科各两班。开学仪式由领导小组副组长葛友富主持，组长俞世识作报告。县关工委主任孙愫贞，常务副主任杨启炉，县教委主任助理陈平，校外辅导员（城关镇公安派出所城南干警）出席开学仪式并讲话。

1997 年 8 月，县关工委高考复习班有 121 名学员被全国各大中专院校录取（高考上线 135 名）。文科一班谢尹琳（女）考入重庆西南政法学院，理科一班丁海宝考入厦门集美航运学校。县关工委高考复习班开办六年来，共有 1303 名青年学员考入各大中专学校。

1997年宁海县关工委培训班高考及高中中专上线情况统计表

表4-23

类别		上省线	送档上委培、自费线	合计
其中高考	理科	—	—	—
	文科	—	—	—
	外语	—	—	—
	艺术、师范	—	—	—
小计		135	—	135
其中	理科	—	—	—
	文科	—	—	—
高中中专小计		—	—	—
总计		135	—	135

1997年9月12日，宁海县关工委培训学校举行挂牌、授印仪式，县教委副主任叶家根出席。该校经县成人教育委员会审核。由县教育委员会颁发“浙江省社会力量办学许可证”。

宁海县关工委任命关工委常务委员俞世识为校长，县教育系统关工委副主任葛友富为副校长。

1997年9月15日，县关工委培训学校从城南小学搬入塔山路新址，第6学年开学。该校是在原文技班（高考复习班）基础上建立的。1997秋培训学校高考复习班开设文科二班，理科三班。

1998年3月5日，舟山市关工委王长庆、普陀区关工委颜锦荣、张孝康、郑守德、卓惠君等负责人到访，听取关工委培训学校校长俞世识、副校长葛友富的办学介绍，并参观培训学校。主任孙愫贞、常务副主任杨启炉等接见舟山客人，并亲切交谈。

1998年宁海县关工委培训学校高考及高中中专上线情况统计表

表4-24

类别		上省线	送档上委培、自费线	合计
其中高考	理科	120	—	120
	文科	75	—	75
	外语	—	—	—
	艺术、体育、公安	33（22、4、7）	—	33
小计		228	—	228
其中	理科	—	—	—
	文科	—	—	—
高中中专小计		—	—	—
总计		228	—	228

1998年7月，县关工委培训学校1999年高考共有308名上线。其中文科考生祝波亮荣获全县第1名（609分），宁波市第6名，全省第31名；文科考生应静荣获全县第9名（576分），全省第

472 名。

1998 年 9 月 13 日，县关工委培训学校开学，该期又招收新生五班（文科两班、理科三班）。

1998 年 11 月，关工委培训学校向关工委资助订阅《中国火炬》经费，赠送 1997 年受灾镇乡村级关工小组。

1999 年宁海县关工委培训学校高考及高中中专上线情况统计表

表 4-25

类别		上省线	其中	合计
其中高考	理科	177	重点线 7 名，本科线 42 名	177
	文科	103	重点线 4 名，本科线 12 名	103
	外语	—	—	—
	艺术、体育	28	文科艺术 21 名、理科艺术 1 名、体育 6 名	28
小计		308	—	308
其中	理科	—	—	—
	文科	—	—	—
高中中专小计		—	—	—
总计		308	—	308

1999 年 9 月 13 日，县关工委培训学校顺利开学，1999 年秋，开设文科、理科各两班。

2000 年 2 月 20 日，文化培训学校 99 年度第二学期开学。

2000 年 2 月 22 日，县关工委培训学校对全校学生进行理想、信念、纪律等健康向上的德育教育。

2000 年 5 月 12 日，县关工委主任孙愫贞听取县关工委培训学校领导和全体教师关于联考后的情况分析。

1999 年秋，县关工委培训学校开设文科、理科各两班。2000 年 7 月 23 日高考揭晓，成绩喜人，文理上线人数总计 314 人（成人高校录取的 3 人未计在内），上线人数占考生总数的 90%以上。

2000 年宁海县关工委培训学校高考及高中中专上线情况统计表

表 4-26

类别	上省线	其中	合计
理科	172	重点线 8 名，本科线 29 名、组档 51 名	172
文科	129	重点线 8 名，本科线 26 名、组档 32 名	129
外语	—	—	—
艺术、体育	13	文科艺术本科 3 名、体育 3 名	13
合计	314	—	314

2000 年 9 月，县关工委培训学校招生 234 名学生。

2000年9月27日，县关工委培训学校在县委党校大会堂举行开学典礼。县教委副主任陈平，县关工委主任孙愫贞，常务副主任杨启炉，校长俞世识在典礼上讲话。典礼由副校长葛友富主持，老教师代表胡克钧、学生代表作表态发言。

2000年9月27日，县委副书记史小华向关工委培训学校师生作报告。报告会由县关工委主任孙愫贞主持。

2000年12月5日，三门县关工委主任阮孟禹、常务副主任陈嫦娥、专职副主任郑成秋等，由县关工委常务副主任杨启炉陪同到宁海关工委培训学校探讨交流办学经验。县关工委常务委员、校长俞世识介绍创办培训学校经过和所取得的教育成果，及如何加强管理、从严治校等体会。三门县关工委领导与杨启炉、俞世识交谈今后办学的努力方向，县关工委名誉主任孙愫贞看望三门客人。县关工委常务委员龚怀源、叶建杰参加座谈。

1992—2000年宁海县关工委培训学校向高校、高中中专输送学生数统计表

表4-27

年度	高等学校			高中中专			合计
	上省线	委培自费	小计	上线	委培自费	小计	
1992	133	44	177	46	26	72	249
1993	117	79	196	27	28	55	251
1994	146	105	251	28	52	80	331
1995	51	50	101	89	—	89	190
1996	145	—	145	—	—	—	145
1997	135	—	135	—	—	—	135
1998	228	—	228	—	—	—	228
1999	308	—	308	—	—	—	308
2000	314	—	314	—	—	—	314
合计	1577	278	1855	190	106	296	2151

关工委日语培训班 1992年10月25日，县关工委日语培训班正式开学。43名社会青年与在职年轻干部、职工入学。日语培训班采用《中日交流标准日语》教材，每周学习15课时（四夜一个半天）。县关工委聘请县农业局关协副会长、离休干部杨清山（毕业于东京农工大学）为专职日语教师，并聘请在宁海中日合资企业工作的日本朋友长谷川、胜见、大村到培训班客串授课。

1992年12月24日，继胜见、长谷川、大村三位日本朋友到日语培训班客串授课后，内田、市桥、有田三位日本朋友也到日语班客串授课。

1993年1月31日，日语培训班继续开课，日本朋友优藤应邀于2月7日客串讲课，这是第七位到日语班客串讲课的日本朋友。

1993年3月，日语培训班又请仲野、芦川两位日本朋友客座讲课，至此，已有9位日本朋友到日语班客座讲课。

1993年4月25日，县关工委主办的日语培训班第一期修完《标准日本语》初级上、下两册，经考核25名青年学员达到相当于日本国际交流基金日本语能力考试的3级水平。其中14名学员升入日语中级班继续培训。第二期日语培训班初级班招收42名新学员，1993年5月11日开学。

1993年10月30日，在宁海橡塑厂协助工作的日本朋友中森昭夫、森野弘嗣到日语培训中级班客座讲课四次。

1994年元旦前夕，县关工委主办的日语培训班与三位日本客座教师举行联欢会，互祝新年快乐，青年学员们用中、日文高唱《东方红》，日本朋友用日语唱了谱曲的唐诗。

1994年1月14日，县委书记项建中到日语培训班看望三位日本客座教师与全班学员。并与日本朋友和全体学员合影留念。日语班教师杨清山、班主任龚怀源向书记项建中、主任孙愫贞汇报日语中级班开办15个月来，坚持学习，预定春节前学完中日交流《标准日本语》中级上下册，即将结业的情况。

县关工委在继1992年10月和1993年4月举办两期日语培训班后，1994年11月初又一次开办第三期日语培训班，招收初级、E级、C级、D级两班学员。1994年11月7日，在农技培训中心四楼会议室举行开学典礼。县关工委主任孙愫贞、常务副主任杨启炉、县人事局职称考核科蒋旭灿、县农业局俞孝勃出席典礼。杨启炉在讲话中勉励学员要以坚强的毅力、坚定的信心学好日语。

1995年6月28日，县关工委主办的第三期日语培训班结业，32名学员参加全省技术人员职称日语考试，成绩优良。其中E级20名学员平均82.9分（杨素纯、赖元珍、鲍亚军、蔡静珍为95分、94分，名列前茅），C组11名，平均成绩80.4分，D组2名，平均成绩74分。

1995年9月，县关工委主办的日语培训班学员范世节、金英杰、胡家源三人被宁波市人民政府外事办选派公费赴日本国岛根县益田市大火田建设株式会社研修建筑半年。赴日本前，县关工委主任孙愫贞、常务副主任杨启炉对三人进行爱国主义教育。

1995年12月10日，日语培训班中级班学员王佩君被中国对外应用技术交流促进会选送赴日本三立株式会社技术（电子专业）进修一年。县关工委常务副主任杨启炉对她作出嘱咐。

1996年7月17日，县关工委主办的第5期日语培训班开学，10月21日结业。对即将选派赴日调研的8名青年学员进行强化培训，在培训中曾邀请日本朋友客座授课两次。日本国藤田哲农学博士拜访县关工委常务副主任杨启炉。

1996年11月19日，县关工委日语培训班学员金建峰、陈军、刘剑辉、金龙福四人，经三个月强化培训后初通日语，由宁海县外事办推荐，被宁波市人民政府外事办公费选派启程赴日本京都府长冈京市株式会社企业研修一年。赴日本前，县关工委主任孙愫贞、县外事办副主任屠圣龙向他们作出嘱咐，并合影留念。此后，另4名学员严建江、徐晓、周华、吴常华也赴日研修。

宁海少年军校　1990年7月20日，县关协第一次常务理事会扩大会议召开。名誉会长陈云高介绍1988年4月成立的县少年军校对青少年教育所起的积极作用。

1990年暑期，宁海少年军校共举办四期培训，学员为来自全县各地中小学230名学“赖宁”积极分子和学生干部。

1991年12月16日，由国家教委、全国少工委、中关工委、解放军总政联合在宁波召开的全国少年军校工作座谈会。中国关工委主任康世恩去信表示祝贺。12月18日，全体代表专程从宁波到宁海继续座谈。县关协会长孙愫贞出席在宁海召开的座谈会，并作发言时指出：“全国少年军校工作座谈会的全体同志光临宁海指导工作，这是我们宁海少年军校的光荣……”“宁海少年军校几年来越办越好，越办越兴旺，我们关协的老同志祝愿少年军校这朵美丽的红花在祖国的大地上越开越茂盛，越开越鲜艳……”

宁波市关工委主任张永祥、副主任颜志定、办公室主任仇泽民也到宁海出席座谈会。

七、《中国火炬》征订、宣传工作

《中国火炬》征订 截至1997年12月10日，县关工委已向中关工委订阅1998年度《中国火炬》555份。超额完成原定400份征订计划，比1997年200份增加355份，递增177%。自9月份贯彻中国关工委无锡会议后，县关工委把征订《中国火炬》列入第四季度工作议事日程，县关工委领导及办公室人员多次下镇乡、机关单位组织宣传、发动征订工作。

1998年9月24日，县关工委召开各乡镇关工委副主任会议。孙愫贞传达中国关工委宣传工作座谈会精神；杨启炉总结回顾宁海1998年《中国火炬》征订、学用情况，提出1999年《中国火炬》征订工作计划与任务，要求在1998年581份的基础上，力争超过700份。县关工委表彰1998年《中国火炬》征订工作先进集体、先进个人。其中先进集体9个，先进个人7人。

1998年度《中国火炬》征订工作先进集体、先进个人统计表

表4-28

先进集体	先进个人
城关镇关工委、大佳何镇关工委、梅林镇关工委、岔路镇关工委、农委口关工委、经贸口关工委、县水利局关协、城关镇教委、胡陈乡教委	沈永飞、赖忠连、金　松、章兴土、张少华、张天春、吴素芬

1998年9月11日，孙愫贞、杨启炉分别与县委宣传部、县教委商量1999年《中国火炬》征订工作，主任孙愫贞传达中国关工委漳州全国宣传工作座谈会精神、杨启炉提出具体落实任务后，大家表示要做好所属单位工作，一定按计划完成征订任务。

1998年9月18日，桑洲镇关工委已落实7个村关工小组1999年“中国火炬”征订任务。

1998年9月18日，长街镇关工委、梅林镇关工委、深甽镇关工委都表示：在1998年基础上增订《中国火炬》5~10份。

1998年9月21日，县教委与县关工委联合发文，通知各镇乡教委、直属学校做好中关工委《中国火炬》杂志报道、征订工作。

1998年9月22日，县委宣传部与县关工委联合发文，通知各镇乡党委、机关直属党委（党组）、各镇乡关工委、机关直属单位关工委（关协）做好《中国火炬》杂志通讯报道、征订工作。

1998年9月22日，县关工委领导到黄坛镇，传达中国关工委全国宣传工作座谈会精神，商量1999年《中国火炬》征订任务，要求为县1997“8·18”受灾严重镇乡村关工委小组资助经费订阅《中国火炬》50份，镇领导一致表示同意资助2100元，还表示“黄坛镇1998年订《火炬》15份，1999年要超20份”。

1998年9月23日，县关工委领导到大佳何镇传达中国关工委全国宣传工作座谈会精神，商量落实1999年《中国火炬》订阅任务，镇领导都表示保持1998年25个村关工小组，村村订1份，全镇28份。是日，到城关镇关工委商量落实1999年《中国火炬》征订任务，镇关工委表示在1998年39册的基础上，完成45~50册。

1998年9月25日，县关工委领导赴胡陈乡、明港镇传达会议精神，商量1999年《中国火炬》

征订工作。两个镇乡领导都表示，在1998年基础上，1999年各增订5份以上。胡陈乡教委同意保持1998年订数，1999年落实校校订一份，共计10份。

是日，县关工委领导赴茶院乡教委，经商量同意按县教委、县关工委联合通知计划要求，在1998年1份基础上，1999年落实订阅《中国火炬》5份。

1998年9月29日，县关工委召开县直属8个口关工委及县水利局关协负责同志会议，传达中国关工委漳州会议精神，商讨县属机关落实《中国火炬》的征订任务。与会同志表示，按县委宣传部、县关工委联合通知做好1999年《中国火炬》征订工作。

1999年《中国火炬》完成订阅770份，镇乡406份，教育系统178份，机关各单位146份，县关工委40份。比1998年581份增加189份。

1998年11月，县水利建筑工程公司总经理王兆全为桑洲镇关工委、村级关工小组订阅《中国火炬》15份。深甽镇双湖工程队队长王南如为双湖村关工小组订阅《中国火炬》5份。

1999年宁海县实际完成《中国火炬》订阅情况统计表

表4-29

系统	单　位	镇乡村关协（份数）	镇乡教委（份数）	单　位	镇乡村关协（份数）	镇乡教委（份数）
镇乡系统	城关镇	47	21	桑洲镇	20	5
	长街镇	43	10	黄坛镇	20	4
	明港镇	22	7	双峰乡	5	2
	胡陈乡	14	10	梅林镇	31	7
	力洋镇	10	5	桥头胡镇	16	4
	茶院乡	15	5	大佳何镇	28	3
	越溪乡	15	5	强蛟镇	15	5
	一市镇	17	5	深圳镇	22	9
	前童镇	17	3	西店镇	19	7
	岔路镇	30	8	镇乡小计	406	125
教委与直属学校小计		53	—	县关工委小计	40	—
县直属单位	党群口	16	—	计委口	23	—
	宣传口	18	—	金融口	12	—
	农经委口	24	—	政法口	12	—
	政府综合口	14	—	经委口	27	—
	县直单位小计	146	—	全县合计	770	

1999年10月20日，县关工委召开县直属单位各口关工委与有关单位分管同志会议。常务副主任杨启炉传达中国关工委宣传工作座谈会（杭州会议）精神；回顾宁海县1999年征订与学用《中国火炬》、指导开展关心下一代工作情况；表彰县直属单位1999年征订《中国火炬》12个先进集体、7名先进个人；会议商讨2000年征订《中国火炬》有关事项。

1999 年度宁海县《中国火炬》征订工作镇乡先进集体、先进个人统计表

表 4-30

先进集体（7 个）	先进个人（12 人）
城关镇关工委、大佳何镇关工委、梅林镇关工委、岔路镇关工委、长街镇关工委　深甽镇关工委、黄坛镇关工委	沈永飞、金松、章兴土、陈士奋、张少华、张天春、蒋国光、戴志守、童荣湖、陈先烈、翁时兵、钱久茂

1999 年度宁海县征订《中国火炬》工作县直属单位先进集体、先进个人统计表

表 4-31

先进集体（12 个）	先进个人（7 人）
计委口关工委、经贸口关工委、农经委口关工委、教育系统关工委、县水利局关协、县电信局关协、县文广局关协、团县委、县关工委培训学校、县职教中心（二职高）、城关镇教委、胡陈乡教委	鲍存园、吴贤龙、吴素芬、陈欢涛、丁永明、俞世识、张洁辉

2000 年，开展《中国火炬》征订工作。大佳何镇关工委从 1999 年的 28 份增至 32 份，长街、梅林、西店、深圳、黄坛、越溪、一市、岔路等镇乡在上年基础上都略有增加；直属机关金融口关工委从 1999 年的 12 份增至 14 份，电信局关协订 6 份，二轻局关协订 3 份；教育系统的职教中心（二职高）订 13 份，城关镇教委落实 39 份，各中小学为校外辅导员增订 1 份，明港镇教委订 9 份，梅林镇教委订 6 份。

1999 年 10 月 22 日，县关工委常务副主任杨启炉、办公室副主任叶建杰专程赴越溪、一市、桑洲、黄坛四镇乡，与党委领导商议当前关心下一代工作，研讨由于党委分管领导工作变动，及时调整镇乡关工委班子成员与调整村级关工小组班子等问题，商量征订 2000 年《中国火炬》与学用《中国火炬》等事项。

1999 年 11 月，2000 年度《中国火炬》征订进展顺利。大佳何、西店、梅林、黄坛、桑洲、桥头胡、越溪、茶院八个镇乡完成 100%，其他镇乡正在积极收订中；金融、农经委、政法完成 100%，其他各口正在努力落实中；宁海中学、柔石中学、知恩中学、正学中学、一职高、二职高已完成和超额完成征订数；城关镇、胡陈乡、茶院、明港镇、梅林镇、桥头胡镇、前童、桑洲、黄坛九个镇乡教委完成征订数；县水利工程公司总经理王兆全为家乡桑洲镇各村关工小组订阅《中国火炬》22 份。

至 1999 年 12 月 10 日，2000 年《中国火炬》共征订 910 份，比 1999 年订阅 770 份增加 140 份。

2000 年 9 月 15 日，县教委与县关工委联合发文，要求各镇乡教委、县直属学校都要重视《中国火炬》的宣传报道，积极做好 2001 年《中国火炬》征订工作。

2000 年 9 月 18 日，县关工委向各镇乡关工委、县直属各单位关工委、关协、关工小组发文。根据中国关工委第五次宣传工作会议精神，要求各级关工委、关协，加强关心下一代工作宣传力度，努力做好 2001 年《中国火炬》征订工作。

2000 年 9 月 26 日，县关工委召开县直属机关 9 个口关工委分管同志工作会议。县关工委常务副主任杨启炉传达中国关工委第五次宣传工作会议精神，总结表彰 2000 年《中国火炬》学用与征订工作先进集体 8 个、先进个人 6 名，落实机关 2001 年《中国火炬》征订任务与当前关心下一代工作。

2000 年度《中国火炬》征订工作宁海县直属单位先进集体、先进个人统计表

表 4-32

先进集体 26 个	先进个人 23 人
镇乡 13 个：城关镇关工委、大佳何镇关工委、长街镇关工委、梅林镇关工委、岔路镇关工委、深圳镇关工委、黄坛镇关工委、桑洲镇关工委、西店镇关工委、力洋镇关工委、桥头胡镇关工委、茶院乡关工委、强蛟镇关工委；机关 8 个：计委口关工委、农委口关工委、金融口关工委、团县委、文广局关协、卫生局关协、水利局关协、电信局关协；教育 5 个：城关镇教委、县培训学校、县退教协会、县职教中心、大佳何镇教委	镇乡 15 人：沈永飞、陈士奋、张少华、金松、章兴士、张天春、蒋国光、翁时兵、戴志守、赵旭佑、陈先烈、俞财根、钱久茂、叶家广、童荣湖；机关 6 人：鲍园存、丁永明、孙守勤、吴贤龙、方伟平、魏人彪；教育 2 人：俞世识、潘作轮； 鼓励奖 4 人：赵时科、叶大兴、俞广才、仇丹娅

《中国火炬》宣传 1995 年 11 月 21 日，中国关工委《中国火炬》杂志社顾问江兰（中宣部党建杂志社原副总编）、编辑部主任罗月英在宁波市关工委办公室副主任曹晖陪同下，采访县关工委文化技术培训班，听取培训班领导小组俞世识、葛友富、陈雅来四年来喜获硕果的情况汇报，并与培训班老同志合影留念。江兰、罗月英认为，“宁海县关工委很有生命力，工作、活动很有特色”。江兰挥毫题词：“心系下一代，风范照人——向宁海县关工委同志们学习”。罗月英题词：“扎扎实实办实事，倾注爱心育新人——向宁海县关工委同志们致敬”。县委副书记、县关工委名誉主任娄林忠，县委常委、县人武部政委、县关工委名誉主任陈云高，县关工委主任孙愫贞，常务副主任杨启炉、副主任林贵清，县老干部局局长彭家标等接见北京来客。陈云高介绍宁海少年军校与后备军校的情况；孙愫贞、杨启炉介绍县关工委五年来的工作。22 日，江兰、罗月英两人又参观淮河路 37 号大院关工小组与一休童装厂。

1998 年 8 月 31 日，县关工委主任孙愫贞赴福建省漳州市出席中关工委召开的宣传工作座谈会。各省、直辖市、自治区关工委及部分地市县关工委共 100 余人参加会议。会议听取中关工委常务副主任王照华、副主任兼秘书长闵振环、福建省关工委主任程序（省人大常委会原主任），中办原副主任、漳州市关工委名誉主任童小鹏的讲话，及兄弟省市的交流发言，宁波市关工委办公室副主任曹晖在会上作《广订深学服务工作》的发言。孙愫贞作《尽最大努力，让〈中国火炬〉照耀我县城乡》的书面发言。主任孙愫贞返回宁海，即向办公室同志传达会议精神，学习中国关工委领导讲话与兄弟市（县）先进经验，并研究宁海贯彻落实的意见与措施。

1998 年 9 月 9 日，新上任的宁海县委常委、组织部部长徐志军亲临县关工委，听取孙愫贞、杨启炉关于宁海关心下一代工作的汇报。孙愫贞传达出席中关工委漳州市会议精神，汇报宁海贯彻意见。部长徐志军肯定宁海县关工委工作很有生气，很有成绩，表示要像老部长那样重视支持关心下一代工作。关于对 1999 年《中国火炬》杂志的征订，同意在有关会议上作必要的宣传。

1998 年 9 月 16 日，县关工委常务副主任杨启炉赴宁波出席市关工委的宣传报道座谈会。并在会上介绍宁海县关工委 1998 年《中国火炬》杂志征订工作的体会及中国关工委全国宣传工作座谈会贯彻落实情况和宁海 1999 年《中国火炬》征订工作的计划部署。

1999 年 8 月 17 日，县关工委与大佳何镇关工委联合召开《中国火炬》学用座谈会。座谈会由大佳何镇人大主席团副主席兼镇关工委副主任陈士奋主持，镇党委书记、镇关工委名誉主任何元龙，镇教委主任何元贤、离退休干部党支部书记葛阿生、大佳何、吴家、马家三村党支部书记出席座谈。县关工委常务副主任杨启炉在座谈会上谈学用《中国火炬》，推动宁海县关心下一代工作开展等情况。镇党委书记何元龙指出，《中国火炬》是教育青少年的好刊物，要让红旗飘万代，重在教育下一代。大佳何镇连续两年村村订阅《中国火炬》，明年要继续保持村村订阅。

1999 年 8 月，县关工委举行《中国火炬》学用笔谈活动。县委办副主任、党史办主任徐永土、县委宣传部副部长王昌良、长街镇党委副书记严荣祥、长街镇关工委副主任张少华、二职高政教处主任潘亚明等分别作出学用笔谈。

1999 年 9 月 2—6 日，应中国关工委之邀，县关工委常务副主任杨启炉出席中关工委在杭州召开的“’99 宣传工作座谈会”。中国关工委执行主任王照华、副主任闵振环、副秘书长温厚文、王立文等领导出席会议。来自全国各地的代表 168 人参加会议。省委副书记梁平波代表省委、省政府专门看望与会代表，并讲话。中国关工委王丙乾、胡绳给会议发来贺信。浙江省关工委主任王耀亭、杭州市关工委主任周峰到会致欢迎辞。中关工委执行主任王照华作《在新形势下加强宣传，推动关心下一代工作深入发展》的报告。王照华在报告中分析国际、国内形势，要求各地关工委把关心下一代工作的重点放在以爱国主义教育为中心的主旋律上。同时，要坚决同“法轮功”作斗争。王照华指出，通过加强宣传工作，营造做好关心下一代工作的环境和气氛，使老同志在青少年教育上发挥更大的作用。20 个单位代表在座谈会上作交流发言，杨启炉作题为《我们是怎样完成征订 770 份〈中国火炬〉》的发言。座谈会结束时，中关工委副主任闵振环讲话中指出，《中国火炬》发行工作方针是，巩固老订户，发展新订户，扩大覆盖面，减少空白点，提高影响力，努力向基层延伸。会议表彰 1999 年《中国火炬》杂志征订工作先进集体，宁海县关工委被中关工委办公室、《中国火炬》杂志社评为“1999 年《中国火炬》杂志通讯报道和征订发行工作”先进集体。杨启炉返回宁海后，向县委常委、组织部部长徐志军作汇报，并到宣传部、县教委向两部委领导传达会议精神，研究 2000 年征订《中国火炬》的有关事项，决定分别联合发文征订。

1999 年 9 月 21 日，县关工委召开镇乡关工委工作会议，各镇乡关工委主持工作的副主任出席会议。副主任兼秘书长彭家标主持会议。主任孙愫贞到会宣布关于叶建杰同志任职的通知，县关工委决定叶建杰任宁海县关心下一代工作委员会办公室副主任。杨启炉传达中关工委 1999 宣传工作座谈会（杭州会议）精神。回顾宁海县 1999 年《中国火炬》征订，学用情况。宣布镇乡关工委先进集体，先进个人名单。部署贯彻落实中关工委 1999 宣传工作座谈会精神。传达县委宣传部与县关工委联合发文《关于做好 2000 年〈中国火炬〉征订工作的通知》。要求各镇乡关工委努力做好 2000 年《中国火炬》征订工作。主任孙愫贞、常务副主任杨启炉向先进集体、先进个人发奖。副主任林贵清，办公室主任龚怀源，副主任叶建杰出席工作会议。

八、“五老”队伍工作

1992 年 3 月 15 日，县关协会长、省关心下一代工作先进个人孙愫贞在县委老干部局离休干部学习会上，传达全国、省关工委“双先”表彰会议精神。

1995 年 1 月 23 日，宁海县委书记项建中到县关工委与孙愫贞、杨启炉等人亲切交谈，并指出“关工委的老同志很辛苦，感谢你们对县委工作的支持”。

1995 年 7 月 17 日，孙愫贞、杨启炉、龚怀源和诗戴霖军。戴霖军《敬呈三前辈》“儿孙绕膝两鬓霜，为党为民犹自忙；余热更生辉百丈，直教吾辈愧难当”。孙愫贞、杨启炉、龚怀源和诗：“关怀晚辈恨鬓霜，力不从心枉自忙；老牛明知夕阳短，忠职无悔理应当。”

1996年春节前夕，县关工委孙愫贞、杨启炉、彭家标、龚怀源等逐户登门拜望慰问县关工委各位顾问。

1998年春节来临之际，县关工委主任孙愫贞、常务副主任杨启炉、副秘书长龚怀源分别慰问14位顾问、10位离退休常务委员，感谢老同志们对关心下一代工作的关怀、支持与参与。

1998年2月21日，县关工委常务副主任杨启炉应水车老年学校校长陈森川、名誉校长张秉功之邀，赴水车向百余位老人讲“我们老一辈都要关心自己子女和第三代的健康成长”课。

1998年11月，桑洲镇关工委原顾问褚洵，系抗日战争时期入伍的离休干部，已83岁高龄，虽睡床疗养，但仍潜心中医学术，整理病理论证，自费编印《学医文摘》两册，赠送县关工委一份。

1998年12月30日，县关工委组织领导班子成员中的离退休老同志集中学习中共中央总书记江泽民在纪念中共十一届三中全会召开20周年大会上的重要讲话。常务副主任杨启炉，副主任娄金秋、林贵清、陈模荣，常务委员严望林、薛国苗、林兆卿、龚怀源，委员邬丁兴、王荣兰等谈改革巨变，歌颂宁海改革开放丰硕成果。

2000年1月19日，县关工委召开全体顾问新春茶话会，县委常委陈云高出席会议并讲话。主任孙愫贞首先传达中国关工委执行主任王照华在全国关心下一代工作座谈会上传达的中央领导对关心下一代工作的重要指示，常务副主任杨启炉回顾1999年关心下一代的工作，对2000年的工作思路提出要点。顾问们在讨论中提出很好的意见与建议。

2000年2月1日，县关工委在春节前夕慰问顾问、常务委员中的离退休的主任、副主任、常务委员。

“五老”文化市场监管　1993年9月6日，县关工委邀请县教委、县督导室、县综治办、县人大代表工委、县公安局、县文广局、团县委、城关镇政府、城关镇教委等单位，在县关工委会议室对城关镇各家电子游戏室在近三天进行调查的有关事项进行综合，并要求写出调查报告，供领导决策。

1993年9月7日，县关工委牵头邀请有关的12个单位的20位工作人员对城关地区34家电子游戏室的经营活动进行调查。

1993年10月13日，根据县政府办公室通知，县关工委派员参加“扫黄”集中行动，对城关地区的录像、激光、放映、音像制品、书报刊出售出租点、歌舞厅、卡拉OK厅、酒吧、电子游戏室（厅）进行检查。

1993年10月15日，县综治委、县政法委转发县关工委《关于城关电子游戏室经营情况的调查报告》。县委书记项建中、副书记娄林忠、县委政法委书记周炳常、县政府副县长朱水娣批阅县关工委该份调查报告。

1999年1月29日，县关工委副主任林贵清出席县政府召开的“县文化市场管理委员会成员单位例会”，副县长朱水娣主持会议。会议商讨“扫黄打非”工作，决定在寒暑假期间，聘请两位老干部对出版物市场、电子游戏市场进行监督、巡查，进一步净化文化市场，确保青少年身心健康。

第三节　批示　题词　讲话

十年来领导同志批示、题词、讲话，来宾题词选摘

1991年4月21日，县委副书记娄林忠对县关协青少年违法犯罪调查报告的批语：“对县关协的老同志放弃休息，作风深入，报告内容丰富，帮教效果明显，这种奉献精神和工作作风，值得我们在位的各级领导学习。”

1991年6月25日，宁波市关协副会长颜志定在宁海关协第二次会员代表大会暨表彰大会上的祝词（摘要）：“我代表宁波市关协向大会表示热烈祝贺，向到会的同志致以亲切的问候。宁海县关协在宁海县委、县府十分重视关心下，成立一年来做了大量工作，工作抓得紧、抓得实、抓得深、抓出了成效，形成了宁海县本身的特色，充分反映了县关协的工作情况是：进展快、教育深、路子宽、方法好、工作实、效果大……”

1991年9月29日，中共宁海县委政法委员会发文转发《县关协对城关地区“两劳”释解青少年现状的调查报告》的按语：“县关协的老同志为了青少年健康成长，不辞辛劳，进行了十五天的认真细致的工作，将一颗赤诚的心带进了家家户户，温暖了39位‘两劳’释解青少年的心。这种离位不离心的革命精神和高尚情操，体现了老一辈对下一代的殷切期望，值得我们学习和发扬，县关协的调查报告很好，具有普遍的指导意义，现转发各地。”

1992年6月20日，宁波市关工委顾问苏守山、宁波市关工委副主任张文甫在县关工委成立大会上的讲话：“……1990年6月宁海县关心下一代协会成立以来，县关协的工作做得比较扎实，在较短的时间内，取得了可喜成绩，人们对宁海县关心下一代工作和少年军校工作都有良好的影响……”

1992年7月28日，县委书记陈启宏对《关于对三个村青少年现状的调查报告》的批示：“县关工委调查组在深入实际、掌握第一手材料基础上，写出了一份很好的调查报告，可在县委办《调查与研究》上登出，供各级领导对青少年进行教育时做参考。”

1993年6月13日，县委书记项建中批示：“校外辅导员工作需要全社会的同志来关心和支持，县关工委老同志积极参与这项工作，应很好总结表彰弘扬。”

1993年7月，县关工委成立三周年题词。

宁波市关工委主任张永祥题词——“祝贺宁海县关工委成立三周年，殷殷桑榆情　熊熊千秋业”。

中共宁海县委书记项建中题词：“关心下一代是件利在当代、功在千秋的事业，全县各界人士必须大力予以支持，使宁海的两个文明建设更上一层楼。”

宁海县委副书记、宁海县人民政府县长郑瑞法题词：“向从事关心祖国未来茁壮成长而辛勤工作的老一辈同志学习、致敬。”

中共宁海县委副书记、宁海县人大常委会主任娄林忠题词——拓宽“关协”工作新领域，把利党利国利民的伟大事业进行到底。

宁海县政协主席麻绍星题词：“祝我县关工委工作再接再厉，更上一层楼。”

中共宁海县委常委、县委政法委书记周炳常题词：“县关工委是青少年的良师益友，是传统教育和法制教育的学校，是社会治安综合治理的可靠友军，其无私 奉献精神是我们的楷模。”

中共宁海县常委、县人民武装部政委陈云高题词：“在新形势下要把关心下一代工作搞好搞活，搞得更有成效。”

中共宁海县委常委、县委组织部部长周秉达题词——“余热生辉　温暖下一代”。

中共宁海县委常委、县纪委书记陈英考题词：“动员更多的老同志关心下一代，不仅有利于青少年的健康成长，而且有利于党群关系进一步密切，有利于端正党风，树立良好的社会风尚，有利于老同志为我们的社会做出榜样。”

中共宁海县委常委、县委宣传部部长储功彭题词：“县关工委工作精神令人敬佩，成绩显著，今后定能发挥更大作用。”

1993 年 10 月 5 日，项建中、娄林忠、朱水娣对县关工委《关于电子游戏室的经营情况调查报告》的批示。

县委书记项建中批示：“请朱水娣同志牵头，召集有关部门进行一次认真研究，定几条明确起来，切实将这项工作抓好。”

县委副书记娄林忠批示——“可由县综治委批转，在‘三打一禁’第二仗专项治理中结合贯彻实施。”

县人民政府副县长朱水娣签署处理意见：“已召集有关单位进行了研究，全县 13 日、14 日两天进行全面的社会文化市场检查，对违章、违法的则采取停业整顿、吊销营业执照和罚款等处理，同时要求文化经营单位要把制度、规定上墙，有利于全社会监督。”

1994 年 9 月 13 日，宁波市关工委主任张永祥在宁海县老干部工作、关心下一代工作先进表彰大会上的讲话：“……宁海县关心下一代工作是卓有成效的，创造了许多宝贵的经验，引起了省内外兄弟城市关工委的关注和重视，重庆市、合肥市、甘肃省关工委在各自刊物上予以介绍，在我省、我市双先表彰会上作了多次介绍……宁海县关工委各方面的工作都走在全市的前列，最近建立大院楼群关工小组成为宁波市首创，受到大家的称赞……”

1995 年 6 月 30 日，宁波市关工委主任张永祥为祝贺宁海县关工委成立五周年题词——“五载硕果悬满树　万紫千红看来年”。

1995 年 6 月，为祝贺宁海县关工委成立五周年，县委书记项建中题词——“余热生辉　培育新人”。

1995 年 6 月 30 日，县委副书记、县政府常务副县长陈炳水在纪念县关工委成立五周年座谈会上讲话：“……我在慈溪工作时，就听说宁海县关工委在省市有一定知名度，今天听了孙主任、杨副主任与老同志们的发言很受感动……我相信我们宁海县关心下一代工作是万紫千红的。”

1995 年 6 月 30 日，县委常委、县人武部政委陈云高在纪念关工委成立五周年座谈会上讲话：“……回顾关工委五年历程，克服了种种困难，历尽了心血，发挥老同志特殊优势，做了大量工作，而且具有宁海特色，在整个社会产生了积极影响，得到上级表扬，全社会赞誉，值得我们在职领导学习。我们要积极支持县关工委和各级关协组织的工作……”

1995 年 6 月 30 日，县委组织部副部长戴霖军贺县关工委成立五周年的诗：

“多少炎阳多少霜，五年创业不寻常。

浇花滴滴倾心血，栽树棵棵盼栋梁。

岁岁耕耘情切切，年年收获果穰穰。

雄心不老征程远，烁烁银丝耀夕阳。”

1995 年 11 月 21 日，中国关工委《中国火炬》杂志顾问、中宣部《党建》杂志社原副总编辑江兰到宁海县关工委采访时题词：“心系下一代，风范照人 ——向宁海县关工委的同志们学习。”

1995 年 11 月 21 日，中国关工委《中国火炬》杂志编辑部主任罗月英到宁海县关工委采访时题词——“扎扎实实办实事　倾注爱心育新人——向宁海县关工委的同志们致敬”。

1996 年 5 月 22 日，县人民政府副县长朱水娣在全县儿少工作会议上的讲话：“县关工委为了净化育人环境，强化儿童少年的德育教育，挽救失足青少年做了大量而艰苦的工作，赢得了社会各界的尊敬……”

1996 年 9 月 27 日，宁波市关工委名誉主任伏庆祥在宁海县“双先”表彰大会上的讲话：“宁海县关工委已经历六个年头，多次评为省、市先进集体，各项工作卓有成效，都走在全市前列。县关工委的六年是开拓、创新的六年，团结、奋进的六年……”

1997 年 1 月 7 日，县委书记郑瑞法为全县农村关心下一代工作会议题词：“在六中全会精神的指引下，积极推进农村关心下一代工作。”

1997 年 1 月 7 日，县长陈炳水为全县农村关心下一代工作会议题词：“认真贯彻六中全会精神，切实加强青少年的社会主义思想道德建设，充分发挥老同志在青少年教育中的积极作用。”

县人大常委会主任娄林忠 1997 年 1 月 7 日为全县农村关心下一代工作会议题词：“面向二十一世纪，为培养“四有”新人而努力。”

1997 年 1 月 7 日，县政协主席麻绍星为全县农村关心下一代工作会议题词——“老骥伏枥　志在未来”。

1997 年 1 月 7 日，县委副书记周秉达在全县农村关心下一代工作会议上说：“过去的一年，我县关心下一代工作取得了显著成绩，这与县关工委的领导兢兢业业、努力工作分不开，与全县所有热心关心下一代工作的离退休老同志的无私奉献分不开不……”

1997 年 1 月 7 日，县委常委、组织部部长虞安成在全县农村关心下一代工作会议上对各镇乡党委副书记说：“县关工委和各镇乡关工委尽责尽心尽力，积极推进我县农村关心下一代工作，在新的一年里要再上一个新的台阶。”

1997 年 12 月 12 日，县委副书记史小华看了县关工委对 30 名未成年人违法犯罪的成因调查报告后，给予很好的评价，史小华说：“调查翔实、仔细，剖析很有深度，这种工作精神令人感动，值得我们各部门学习。”

1998 年 1 月 12 日，县委办公室政研室《调查与研究》编者《关于未成年人违法犯罪问题的调查与建议》的按语：“县关工委组织一批老同志对未成年人违法犯罪问题进行了深入的调查研究，详细分析了未成年人误入歧途的原因，提出了预防未成年人违法犯罪的对策、建议，这对各级领导与有关部门做好这项工作具有一定的参考作用，请参阅。”

1998 年 3 月 19 日，县委办公室对《宁海县关工委 1998 年工作意见》的通知：“各镇乡党委、县直属各单位党组织，经县委领导同意，现将《宁海县关工委 1998 年工作意见》印发给你们，希望各级党组织切实加强领导，努力使我县关心下一代工作取得更大成绩。”

1998 年 9 月 9 日，县委常委、组织部部长徐志军亲临县关工委听取汇报后说：“宁海县关工委工作很有生气，很有成绩，我要像老部长那样重视支持关心下一代工作。”

1999 年 4 月 20 日，省关工委副主任王柏荣对县关工委简报《百期专辑》致贺函：“……我阅读了你们编印的不少期简报，印象很深，感到你们编的简报较有特色，一事一报，短小精悍，不加修饰，一目了然，简报也就名副其实了……这百期简报是你们的一块辛勤耕耘的园地，满园的鲜花茂草，一片春色，真实地展示关心下一代工作的件件业绩，集聚了工作，积累了经验，深印着关心下一代工作步步前进的足迹……”

1999 年 4 月 18 日，宁波市关工委办公室贺宁海县县关工委简报 100 期：

“简报百期获成果，承上启下传信息。

围绕中心搞教育，交流经验促工作。

宣扬先进鼓干劲，老有所为显价值。

服务社会育下代，继续奋进创新业。”

1999 年 4 月 12 日，武义县关工委贺宁海县关工委简报 100 期：

“……你关工委办的《简报》以文章短小精悍的风格，较全面、客观地宣传报道了本县关心下一代工作事业，为两个文明建设做出了极大的贡献，此经验值得我们借鉴、学习……”

1999 年 4 月 19 日，象山县关工委贺宁海县关工委简报 100 期：

“……获悉你们简报即将出满 100 期，在此向你们致以热烈的祝贺并向你们学习……”

1999 年 4 月，县人大常委会主任娄林忠贺县关工委简报刊出 100 期：“通报信息，交流经验，成效明显，继续努力。”

1999 年 4 月，县委常委、县人武部政委陈云高贺县关工委简报刊出 100 期：“真实的报道，正确的指导。辛勤的劳动，丰硕的成果。祝关工委简报越办越好。”

1999 年 4 月，县委常委、宣传部部长戴霖军为县关工委简报刊出 100 期赋诗：

“九载恒知创业艰，呕心沥血亦开颜。

夕阳莫道黄昏近，托起朝阳映万山。”

1999 年 4 月，县委办公室副主任、县委党史研究室主任徐永土为县关工委简报刊出 100 期赋诗：

“几度风雨几多情，耿耿于怀是‘关心’。

余晖育得英才出，高奏新歌上征程。

呕心沥血九度寒，倾力关心下一代。

为使民富江山美，任凭瓦全与玉碎。”

1999 年 12 月 29 日，县委副书记、县长郑金平亲临县关工委听取汇报后说：“县关工委庆祝成立 10 周年‘四个一’活动要办好。”

2000 年 3 月 30 日，县委副书记、县长郑金平在关心下一代形势报告结束时说：“近年来关工委确实做了许多工作而且这些工作是我们在职部门与领导所不能替代的。”

专记（一）

为落第门生再铸辉煌

——记宁海县关工委培训学校

1991 年的夏秋之交，这宁海县 962 名高考落榜青年流落在社会上，他们感到苦恼、迷惘，家长们更是心急如焚。县关工委的常务理事们议论开了：我们能否为落榜青年办些实事，开办一个文化技术培训班，招收落榜青年入学，为他们排忧解难，为社会尽一份责任呢？县关工委主任孙愫贞把常务理事们的想法向分管教育工作的副县长作了汇报，得到了朱副县长的赞同与支持。

建校办学，谈何容易，白手起家，困难重重。县关工委的老同志们同心协力，四处奔波，八方求援，一心扑在筹建工作上。

他们首先是组建班子，聘请教师。由一位具有办学经验、曾经当过宁海中学校长的县关工委常务委员俞世识同志分管，建立了以俞世识与县离退休教师协会会长葛友富、宁海中学原高级教师陈雅来为核心的领导小组。聘请教学经验丰富、水平颇高的离退休教师担任教学与班级管理工作，其中有特级教师一名，高级教师十名。

县关工委创办文化技术培训班，没有向政府要一分钱，千方百计筹借资金10万元。教学场地向有关单位租赁，七年来三易其地，直至1997年才在跃龙山下向城关南门村租赁了南门幼托中心三楼的全部用房。教学设施因陋就简，课桌椅子或向其他学校借用，或利用他们报废的桌椅，然后逐年添置。目前已拥有容纳5个班级的学员和20多位教职员工办公所需的场所。

1991年11月，一所新型的全日制学校——宁海县关工委文化技术培训班在宁海诞生了。1997年9月，报县成人教育委员会备案，更名为“宁海县关工委培训学校”。

培训学校是以招收高考落榜青年为主要对象的全日制学校，学制为一年，办学宗旨是为落第门生加强素质教育，即提高思想道德素质、文化科学素质和健康心理素质，为落第门生再造辉煌。开设的课程是语文、数学、英语、物理、化学、生物、政治、历史、地理和思想道德。还增设了农村财务会计、农业科技、家庭电器维修等专业课程作为选修课。

教学质量是学校的生命线。各门学科的任课老教师各尽其责，认真教学，让入学青年把高中时期所学到的学科知识全面系统地进行复习、整理和消化，对重点理解的部分，讲深讲透，使学员们温故而知新，并且掌握教学信息动态，及时编写补充教材。老教师们桑榆躬耕，发挥余热，把自己的晚年无私奉献给了年轻一代。他们白天讲课，每周晚上总有一两次到各班级进行辅导，学员们无不敬佩之至。

培训班在授传文化科学知识的同时，十分重视教书育人，加强了政治思想教育，培养青年学员树立正确的世界观、人生观、价值观。县关工委顾问77岁的王惜耶（原福州警备区副政委）给青年学员作《我是中国人》的专题报告，县关工委主任孙愫贞、常务副主任杨启炉等经常到培训班与青年学员讲国情、谈理想，培训班还邀请县委书记、县长到校作报告，鼓励青年朋友们努力学习，早日成才，为建设有中国特色的社会主义而奋发学习，关工委的老同志成了青年学员的良师益友。

为了适应改革开放的需要，县关工委从1992年起还举办了日语培训班，招收了100多名青年学员。日语培训班的教学管理，由关工委老同志亲自担任。有27名青年职工、干部通过日语培训，外语考试成绩优良。有7名学员被宁波市政府选派赴日深造。中级班学员王佩君获得日本国际教育协会理事长小林敬治签发的日语能力试验2级合格认定书。

培训学校配备了一支管理队伍，建立了各项规章与全日制度与学校接轨。在教学、生活管理、思想教育等各对青年学员全面负责。家长送子女到培训班来学习也很放心，有的家长说：“关工委老同志办学我们信得过，老同志办事认真，教得好、管得严，为我们办了一件好事。”

培训学校的教师们，怀着强烈的历史责任感，认真教书育人，年轻人不忘老一辈的关爱备至一片苦心，勤奋学习，形成了良好的学风。通过培训，学员们弥补了高中阶段的学习不足，进步快，成绩好。走进校长办公室，人们就被一张“历年考入大中专院校人数统计表”吸引住了；1992年

257 人，1993 年 258 人，1994 年 331 人，1995 年 198 人，1996 年 154 人，1997 年 135 人，1998 年 228 人。七年来该校向大学本科、专科和高中中专输送了德、智、体全面发展的 1561 名学生入学，入学率为 67.5%，被人们公认为宁海的“高考录取大户”。如学员韩瑾，当年高考成绩只 381 分而落榜，培训一年后，他以 509 分的成绩上了分数线，成为当年宁波大学文科录取新生中的最高分，好一个惊人的飞跃！又如学员夏牡丹，从当年高考的 450 分，培训一年后，第二年高考为 546 分，提高了 95 分，一般来说，这是很艰难的跨越，但在培训学校 65%~80%的学员中，却是普遍现象。在一次高考后的座谈会上，学员们普遍反映：在培训学校学习的一年，是自己进步最快，成绩最好的一年，也是大家最难以忘怀的一年，老教师们呕心沥血，辛勤耕耘，使我们圆了大学梦，为我们再造了辉煌。

据了解，很多学员考入大专院校后，表现都很好。如学员陈银关，1994 年以 514 分考入中国人民大学，荣获浙江省希望工程奖学金，毕业后分配在国内贸易局工作。学员谢尹琳，1997 年 565 分（全县文科第 3 名）考入西南政法学院，担任了学生会学习部部长，成为“军训标兵”，入校第 2 年就加入了中国共产党。

培训学校的早期学员，目前已纷纷走上工作岗位，为社会主义现代化建设贡献自己的青春，以表回报祖国的拳拳之心。一小部分学员虽未考上大学，他们也都愉快地回乡自谋职业，在各行各业的劳动岗位上贡献自己的力量。学员黄雪亚动情地说：我虽然二次落榜，但关工委老同志对我的谆谆开导和鼓励，我从没有消沉，我一定要振奋精神，在人生道路上努力拼搏。

四面八方的好消息雪片飞来，县关工委老同志和老教师们无不感到莫大的欣慰，八年的汗水并没有白流，他们从建校办学的关心下一代事业中，体现了夕阳辉映的人生价值。

一九九九年四月

（此文原载 1999 年 10 月宁波市关工委出版的《爱的期盼》）

专记（二）

爱 心 无 限

——记县关工委第一任主任孙憬贞

在宁海县关工委历史上，孙憬贞同志无疑写下了浓重的一笔，她是县关工委的奠基人，是我县开展关心下一代工作的开创者。

1990 年，孙憬贞从县人大常委会副主任的职位上退下来。退休了，满可以颐养天年了，可是群众的一致推荐和组织的任命，把她推上了县关心下一代协会会长的位置，县关工委成立之初，无钱、无物，甚至连一定的工作模式也无从参考。孙憬贞不抱怨、不气馁，以她的心血与汗水，以她的责任心与荣誉感，开始了浩大的爱心工程的构筑。没有钱，先自筹，能节约的尽量节约；没有办公桌，就与原工作单位商量留一张；没有办公室，就暂借老干部局仓库。为了让关协工作尽快开展起来，她全身心地投入，一方面主动向县委领导汇报工作，争取领导重视，一方面下基层广泛宣传发动，使基层的干部群众逐步了解关协工作。在她坚持不懈地努力和奔走下，县关协从无到有，逐步形成了覆盖全县的关心下一代组织网络。

对于孙憬贞来说，下一代代表着祖国的未来，民族的希望，关心下一代工作是无比神圣的事业，她愿意为其付出所有的爱心与力量。1990 年 9 月，针对当时青少年违法犯罪率居高不下的情况，她成立了“县关协社会青少年教育调查组”，以深入探索失足青少年的犯罪心态与原因。她亲自带领调查组成员走访了村（居）委会、学校和企业，收集了有关罪犯和劳教人员的大量资料，边调研，边帮教，为努力减少青少年违法犯罪，起到了积极的作用。

每年临近春节，孙愫贞都会亲自前往省少管所，以一个慈母的心怀，向那些失足少年送去党和政府的关怀；她一次又一次地带领青少年来到跃龙山烈士墓、梅花村会议旧址等爱国主义教育基地，缅怀先烈们的光辉业绩；她也带领孩子们前往参观白溪水库、桑州岭隧道，讴歌建设者用汗水谱写的宏伟篇章；她说不清有多少次坐在学校的讲台上，面对几百、上千甚至几千双纯真无邪的眼睛，开始她声情并茂的革命传统教育、爱国主义教育。报告中的每一个字，每一句话，无不凝结她自己的人生经验与体会。

以一个女同志特有的细心和爱心，孙愫贞把关爱工作做到了自己的家门口。1995 年，她在居住的大院里，发动了一批热心的老同志，把生活在这个大院里的二三十个孩子组织起来，成立了一个关工小组，成为宁波市、县、区第一个楼群关工小组。假期作业作品展览，请英雄、模范人物作报告，纳凉晚会，乒乓球比赛，参观消防队、电视台……活动开展得红红火火，大院里的住户换了一茬又一茬，可关工小组的活动几年如一日雷打不动，连早已搬走的孩子也要几次三番找上门来：孙奶奶，纳凉晚会什么时候举行啊……。

1992 年 6 月，县关协更名为县关心下一代工作委员会，孙愫贞担任主任。“她是一位好班长。”说起孙愫贞，当初一起在关协工作的老同事都这么说。在孙愫贞的带领下，县关工委一班人积极工作，努力作为，在她在任期间，县关工委工作硕果累累：1992 年到 1998 年，县关工委连续 4 次获得市关心下一代工作先进集体称号，1992 年获得省级先进集体称号。1994 年、1995 年二年获得市社会治安综合治理先进集体称号，这在当时市关工委系统里仅此一家。她自己也 4 次获得省关心下一代工作先进个人荣誉称号。

也许是孙愫贞对工作太投入的缘故，1998 年 9 月，老天爷给了她一个警告：结肠癌症。换成别人或许谈虎色变，她却很达观，还诙谐地说患了“上纲上线”的病。她一方面配合医生积极治疗，一方面自己起早落晚到跃龙山进行气功锻炼。她知道，热爱生命与热爱事业并行不悖。因为生命只有在爱中，才会显得辉煌。病愈后，孙愫贞因为身体问题辞去了关工委主任职务，又到了一个崭新的工作岗位——宁海县希爱康复协会任会长，开始了她晚年生活的又一灿烂篇章……

（此文原载县关工委成立二十周年纪念文集《爱满夕阳》）

第五章　全面推进（2001—2010）

第二个十年，是宁海县关工委全面推进的十年。加强“五老”队伍建设，重视发挥“五老”作用，发挥“五老”政治优势，提高青少年思想道德素质；发挥“五老”威望优势，加强对青少年爱国主义和革命传统教育，发挥“五老”经验优势，为青少年做实事、办好事；发挥“五老”时空优势，深入开展调查研究，为党政领导出谋献策；发挥“五老”亲情优势，预防未成年人违法犯罪，帮教失足青少年；重视自身建设，不断开拓创新仍然是关工委全面推进十年的主旋律。

不断开拓创新，全面推进，认真贯彻党中央、国务院《关于进一步加强和改进未成年人思想道德建设的若干意见》，这是进一步贯彻落实中共十六大精神，切实加强青少年思想道德建设的一个重大举措。认真执行中国关工委提出“急党政所急，想青少年所想，尽关工委所能”的工作方针。积极努力向县政府争取办公用房，更新办公设备，配备公务用车，办公经费财政逐年增加，并增加编制，从此便由创建初期的“四无”成为“四有”（有人、有钱、有房、有车）单位。2004 年 8 月、2005 年 5 月、2006 年 12 月、2010 年 1 月县委调整县关工委组织成员，加强领导班子建设。关工委组织延伸到村、社、校、企，基层关工委组织普及率逐年提高，共有 700 个关工委组织，班子队伍近 3000 余人、6000 余名“五老”参与关心下一代工作。基层关工委的人员、资金、办公和活动场地等方面都有了极大的改善。2007 年来，紧紧抓住村社校共建“三好四无”和“五好”基层关工委创建活动，推动基层工作新发展。2009 年，全县开展千名“五老”结对农村未成年人活动，发挥帮教济困方面的积极作用。组织社会捐助支持，动员社会力量募集资金，建立爱心基金，开展奖学助学，优先用于助学、助残、助贫、助困等关爱特殊群体的工作。

第一节　爱的历程

一、关工委基层组织

镇乡街道关工委　2003 年 11 月 5 日，县委办公室转发县关工委《关于要求建立跃龙、桃源、梅林、桥头胡街道关工委的意见》。县关工委及时组织 6 位常务委员、委员到四个街道指导、帮助。至 2003 年 11 月底，跃龙、桃源、梅林、桥头胡四个街道关工委全部建立，并由街道党工委副书记兼关工委主任。

2004 年 8 月，撤双峰乡，原辖区并入黄坛镇。所属关工委组织同时并入黄坛镇管辖。

2008 年 3 月 24 日，中共宁海县委组织部下发文件，就进一步加强宁海县基层关心下一代组织领导班子建设的有关事项发出通知。

截至 2008 年 9 月 4 日，宁海县镇乡街道下属行政村关心下一代组织建设情况。

宁海县镇乡街道行政村关心下一代组织建设情况一览表

表 5-1

组织名称	已建立行政村关工委组织发文号	已建立行政村关工委组织发文时间
长街镇关工委	长党〔2008〕42 号	2008 年 7 月 15 日
力洋镇关工委	力党发〔2008〕8 号	2008 年 4 月 2 日
胡陈乡关协	胡委〔2008〕21 号	2008 年 5 月 31 日
茶院乡关协	茶党〔2008〕35 号	2008 年 7 月 25 日
越溪乡关协	越委〔2008〕16 号	2008 年 6 月 30 日
一市镇关工委	一委〔2008〕14 号	2008 年 4 月 11 日
前童镇关工委	前委〔2008〕33 号	2008 年 6 月 28 日
岔路镇关工委	岔委〔2008〕43 号	2008 年 8 月 28 日
桑州镇关工委	桑委〔2008〕30 号	2008 年 7 月 24 日
黄坛镇关工委	黄党〔2008〕53 号	2008 年 5 月 5 日
大佳何镇关工委	大委〔2008〕46 号	2008 年 8 月 30 日
强蛟镇关工委	强党〔2008〕13 号	2008 年 7 月 28 日
深圳镇关工委	深委〔2008〕26 号	2008 年 6 月 6 日
西店镇关工委	西党〔2008〕12 号	2008 年 4 月 9 日
跃龙街道关工委	跃党〔2008〕68 号	2008 年 9 月 4 日
桃源街道关工委	桃党政办〔2008〕19 号	2008 年 5 月 19 日
梅林街道关工委	梅党〔2008〕14 号	2008 年 9 月 1 日
桥头胡街道关工委	宁桥党〔2008〕33 号	2008 年 4 月 2 日

说明：以上数据根据 2008 年 9 月 4 日宁海县关工委调查统计

2009 年 7 月 20 日，县委办公室转发县关工委《关于要求调整有关乡镇、街道关工委班子成员的意见》。截至 2009 年 9 月，全县 18 个乡镇、街道的关工委班子成员均已发文公布，关工委主任除 1 名为人大主席团主席兼任外，其余均由党委副书记兼任，关工委常务副主任全部配备到位，其中现职 7 名。

2009 年宁海县乡镇、街道关工委班子成员一览表

表 5-2

乡镇、街道	主任	职务	常务副主任	职务
长街镇	张群力	人大主席团主席	吕宁	党委委员、纪委副书记
胡陈乡	张爱娇	党委副书记、纪委书记	邵金永	正乡级调研员
力洋镇	林红	党委副书记、纪委书记	王家烘	副镇级调研员
茶院乡	胡海军	党委副书记、纪委书记	冯志盛	党委委员、人武部部长
一市镇	吴继盛	党委副书记、纪委书记	王贤茂	正镇级调研员

续表5-2

乡镇、街道	主任	职务	常务副主任	职务
越溪乡	何晓娥	党委副书记、纪委书记	叶在相	正乡级调研员
岔路镇	王巍	党委副书记、纪委书记	童立安	党委委员、人武部部长
桑洲镇	叶小杰	党委副书记、纪委书记	金双娥	副镇长
前童镇	娄国安	党委副书记、纪委书记	童遵龙	副镇级调研员
黄坛镇	龚以海	党委副书记、纪委书记	葛主良	党委委员、人武部部长
大佳何镇	郑有能	党委副书记、纪委书记	陈志根	人大主席团副主席
强蛟镇	陈平	党委副书记、纪委书记	董伟兵	人大主席团主席
西店镇	应满云	党委副书记、纪委书记	戴伟平	副镇级调研员
深圳镇	童东凯	党委副书记、纪委书记	葛启仁	副镇级调研员
跃龙街道	陈云苍	党委副书记、纪委书记	胡建萍	副镇级调研员
桃源街道	应必越	党委副书记、纪委书记	邬茂福	正局级调研员
梅林街道	薛参明	党委副书记、纪委书记	袁宝宏	副局级调研员
桥头胡街道	汪秀邦	党委副书记、纪委书记	叶梦印	副局级调研员

县直属机关关工委　2002 年，县委办公室下发关于转发《县关工委关于要求县级机关组建、调整关心下一代工作组织的意见》的通知。

2002 年 4 月 15 日，县委办公室转发县关工委 2002 年 3 月 21 日，根据县级机关机构改革和人事变动等情况，向县委办作的《关于要求县级机关组建、调整关心下一代工作组织的意见》的报告后，各单位领导十分重视，42 个单位重新组建和调整关心下一代工作委员会班子，并发文予以公布。

2007 年 3 月，县委办公室转发《县关工委关于要求调整县直各单位关工委班子成员的意见》。各单位党组织十分重视，至同年 5 月底，县级机关关工委班子调整 63 个，新建立 4 个，共 67 个。县直属各单位关工委班子调整工作全面完成。其中，2009 年，县委党校又做过一次调整。

2001—2010 年宁海县直属机关关工委班子成员一览表（一）

表 5-3

单位	主任（顾问、名誉主任、组长）	副主任	成员	发文号
县委办	组长　应国邦	组长　徐卫东 娄筱庆	严肃　童爱芬　苏其德 胡根乾　林欧福　徐永土 楼明月	办发〔2007〕5 号
县人大办	华飞	张思伟　储功彭	严义靖　马亦伟　杨君 陈益民　蔡远	宁人大办〔2007〕3 号
县府办	王振幸	—	王任锡　汪美珍　王文静	2007 年 5 月 25 日县府办通知

续表5-3

单位	主任（顾问、名誉主任、组长）	副主任	成员	发文号
县政协	娄培宗	徐建国　俞世识	赵功远　潘满娣　应霞红　麻昌二	政协机关党组〔2007〕
县纪委	王兴兵	金正友	刘昌达　冯锡聪　何宁　陈才军	宁纪发〔2007〕18号
县委组织部	王能选	—	季胜洪　陆惠仙　陈凤珠　王明湖	宁组发〔2007〕20号
县委宣传部	组长　严荣祥	副组长　潘家萍　鲍允伟　胡国光	吴亚兰　应珍娣	宁宣〔2007〕16号
县委统战部	王昌良	卢美霞	黄继海　刘永华　赖在兴	宁统〔2007〕4号
县委政法委	叶能勇	王可翻　葛更强	王宗斌　施美丽	县委政法〔2007〕9号
县直机关党工委	吴定宇	周林苗	冯达圣　韩高炉　林小会	宁机党〔2007〕6号
县委老干部局	郑英雄	袁海林　吕定佳	王劲松　郑映晶　葛国安　叶建杰	宁老干〔2007〕13号
县委党校	叶家根	卢其杰	陈元科　林彩萍　杨安官	宁党校〔2007〕7号
	何建强	卢其杰	陈元科　林彩萍　蒋锦霞	宁党校〔2009〕19号
县人民法院	王福宪	王振建　林贵清	陈振达　叶绿芬　蒋志华	宁法发〔2007〕9号
县人民检察院	邬伟国	蔡丹	陈康和　祝丛枫　朱世芬	宁检党〔2007〕2号
县公安局	胡华新	朱瑞骏　葛宏存　陈银水	胡家林　祝国法　王惠玲　项荷静　葛满仙	宁公政治〔2007〕8号
县司法局	方亚青	张明常	薛朝阳　韩兆铭　夏慧辉　冯坚林　胡杰芳　杨朝信　陈赤诚	宁司党〔2007〕4号
县教育局	名誉主任　跞焕翠　陈模荣　主任　应小星	副主任　夏才法　秘书长　葛聚明　副秘书长　王福常	张雪莉　储剑雄　戴巧珍　龚怀源　鲍培根　鲍英清　冯圣太　章玉兰	宁教〔2007〕74号
县科技局	陈才能	—	沈良性　储善苗	宁科党〔2007〕2号
县民政局	祝文明	张普明	童淑燕　舒伟进　陈国飞　张平　谢小明　陈兴孝	宁民党〔2007〕3号
县财税局	陈焕龙	陈雨文　李文斌	张丽华　陈知统　刘建明　胡生根	宁财税党发〔2007〕3号

续表5-3

单位	主任（顾问、名誉主任、组长）	副主任	成员	发文号
县国税局	张欣	—	应华强 陈蓉 祝立伟 邵慧英 杨文雄 叶秀琴 严群	宁国税发〔2007〕37号
县发改局	周少华	王承德 陈建杰	何待富 周官来 章敏华 郑燕	宁发改党〔2007〕1号
县经贸局	段建强	吴贤龙 邬丁兴 胡为立	马颖芳 王晓飞 顾玲萍 林汝飞 金树梅	宁经贸〔2007〕19号
县外贸局	伍才拿	肖兰海	葛丽丽 沈树平 叶莉莉	宁外〔2007〕11号

2001—2010年宁海县直属机关关工委班子成员一览表（二）

表5-4

单位	主任（顾问名誉主任、组长）	副主任	成员	发文号
县人事局	林长春	陈军英 叶根亦	金益 林枫 华东 乐婷婷 童灵	宁人党〔2007〕3号
县劳动保障局	陈振根	—	王文清 叶小军 仇建民	宁劳社办〔2007〕11号
县国土局	杨士杰	葛塔江 何忠信	邵才波 谢一萍 王茜	宁土资发〔2007〕36号
县规划局	胡仁杰	—	金伟科 黄仁光 陈威 竺春娣	宁规党〔2007〕4号
县建设局	方华峰	应文天	范振毅 王为江 葛海峰 赵姣姣	宁建党〔2007〕5号
县交通局	胡爱平	潘绍贞 王乘灿	赵小寅 王春良 赵伟江 陈海涛 娄金芬 胡方丁	宁交〔2007〕71号
县农林局	顾问 娄金秋 主任 潘素绒	童时仗 邬儒生	柴以渊 魏敦明 赵美云 娄晓华 舒晓萍 吴碧波	宁农林〔2007〕31号
县水利局	胡根振	林新泉	葛宏怀 周云华 胡春丽 葛晓莹	宁水党〔2007〕2号
县环保局	金伟跃	童遵义 王珍鸣 苏锦德	娄爱月 葛诗足 程飞	宁环党组〔2007〕2号
县文广新局	葛主横	—	赖其浓 张建国 仇增炜	宁文广新〔2007〕19号
县卫生局	胡军	邬孝魁 徐振富	王成永 祝亚萍	宁卫党〔2007〕2号

续表5-4

单位	主任（顾问名誉主任、组长）	副主任	成员	发文号
县审计局	周必正	葛长林	夏方荣　黄伟华　金苗苗	宁审党〔2007〕3号
县海洋渔业局	沈贤来	尤思全	陈焕　杨碧云　张来顺	宁渔党〔2007〕11号
县统计局	名誉主任　戎梅富 主任　王家良	周昺	崔春阳　王菁华　傅尔忠	宁统〔2005〕21号
县总工会	金海萍	—	胡伟标　王朝良	宁总工〔2007〕20号
县妇联	张珊桂	尤美娥	徐剑　潘彩花	宁妇党组〔2007〕1号
县旅游局	林辅强	俞凤翔	乐青　徐创荣　柴盛岚	宁旅党〔2007〕1号
县体育局	裘为民	钱天常	叶静霞　徐岸清　朱群海　上官跃辉	宁体〔2007〕6号
县档案局	舒静芬	俞伟　祝宏茂	竺兆建　董慧兰　伍灵梅	宁档〔2007〕10号
县新闻中心	组长　金礼斌	—	叶海曙　严亚平　徐群飞　童小谦　魏健　魏仁斌　李康银　王方　葛子原	宁新〔2007〕12号
县农机局	童富尹	芦其元　王乘银	陈国兴　张艳素	浙宁农机〔2007〕8号
供销联社	董宜春	尤文训　唐义宝	沈亚雅　徐惠珍　章威亚	宁供党〔2007〕6号
县水务集团	葛连兴	杨绍达　范琴文	金行开　王景芳　葛慧女	宁水务党〔2007〕1号
县工商局	陈杰	童卫国	周连方　蒋荣昌　王美雅　王敏君	宁工商人〔2007〕7号
县供电局	曲以汶	朱巍钦　谢志良	田水官　翁荣生　夏杰　朱红　葛志峰	宁海电党〔2007〕8号
县气象局	戴里平	陈海峰	潘宝芬　娄建民　邬龙兴	宁气发〔2007〕1号
县盐务局	赵广汉	伍克祥	谢文心　王万俊　严芝娟	宁盐党〔2007〕2号
县烟草局	袁卫东	刘志岳	林从娥　朱涛　徐定鸿	宁烟党〔2007〕1号

2001—2010 年宁海县直属机关关工委班子成员一览表（三）

表 5-5

单位	主任（顾问、名誉主任、组长）	副主任	成员	发文号
县邮政局	方永刚	李斌	徐亚琴　杨为民　孔国胜　张锦增	宁邮党〔2007〕2 号
	徐亚琴	李斌	杨为民　孔允先　徐飞　张锦增	宁邮党〔2008〕15 号
县电信局	龚建东	许绪明　葛运昌	王灵恩　万永琴　华姣蓉　林吉聪　张联群	甬电有限宁海〔2007〕40 号
县质监局	组长　陈建荣	—	林世信　薛祖义　赵曙光　石惠康	宁质监党字〔2007〕3 号
县人口计生局	汤建芬	冯家余	夏妙芬　李金平　胡永青	宁人口计生〔2007〕8 号
县药监局	组长　伍正明	—	王春晖　吴祖国　陈应高	宁食药监〔2007〕8 号
县广播电视台	蒋安娜	—	黄人广　范广永　王静浪　葛亚建　徐永清　华瑛	宁广电党〔2005〕8 号
县贸易粮食局	组长：徐敏乐	副组长：柴炳友	陈安娜、李纯、叶志宏	宁贸粮〔2008〕73 号
人行	童时参	胡亚明	竺文硕　沈海平　伍良明	宁银发〔2007〕13 号
工行	主任　林亚利 名誉主任　林兆卿	—	张伍良　胡学良　童莹剑　李银华	工银宁〔2007〕37 号
农行	邵棉	韩文扬	周行策　张德华　陈玲娣	宁农银党发〔2005〕16 号
中行	朱晓群	石欲晓	王亚琴　李峰　叶佩	宁中银〔2007〕23 号
建行	钱建国	—	赵增富　王必明　徐伟东	建宁党发〔2002〕2 号
	张爱国	—	赵增富　王必明　柴俊宁　胡军勇	建甬宁海党发〔2005〕7 号
信用联社	胡昌国	徐善良	刘晓萍　冯曦　苏敏	宁信联党〔2007〕1 号
农发	组长　郭舟浩	副组长应俊	周建华　钱静霞　孙红	宁农发银发〔2007〕12 号
人保	胡建伟	—	严丹赟　郭颖	宁人保财险发〔2007〕10 号

续表5-5

单位	主任（顾问、名誉主任、组长）	副主任	成员	发文号
人寿	杨铭山	舒巧灵　徐胜乾	应娟娣　胡亭斐　林东飞　丁优珍	国寿人险宁党发〔2007〕1号

社区及民营企业关心下一代工作　2001年8月7日，县关工委常务副主任杨启炉与办公室主任叶建杰到跃龙街道园丁社区居委会调研，传达落实市社区关心下一代工作会议精神，旨在社区建立组织，促进关心下一代事业健康发展。之后又多次到城北社区、西店、岔路中心镇居委会调研。

2001年11月21日，县关工委在城关镇园丁社区召开关心下一代工作试点研讨会，标志着宁海县社区关心下一代工作启动。研讨会学习有关文件，统一思想认识，明确工作思路。根据社区实际情况，设计调查表格，通过近一个星期走村访户、查阅资料等工作，初步摸清该社区中的离退休老干部、教师、老职工和其中党员的情况。同时，初步摸清青少年现状及其解释回村人员的一些情况。经分析、研究，确定下步工作计划，拟定由社区党支部书记、居委会主任、片警及部分老干部组成的关心下一代工作班子；制订开展社区关心下一代工作计划。

2002年7月5日，县政府召开暑假活动和社区教育工作协调会议。会议由副县长尤玲娟主持，县教育局汇报暑期教育活动计划与实施方案。县关工委领导提出暑假教育的意见与建议。尤玲娟强调社区教育重要性，各职能部门要把暑假教育工作落实好，确保中小学生安全、愉快、充实地度过暑假。

2005年9月14日，县关工委为配合跃龙街道关工委对自9月以来的社区关工委调研工作，召开跃龙街道部分社区关工委主任会议。县关工委常务副主任杨启炉组织学习宁波市关工委“六好”社区关工委评选文件。对照“六好”评选条件，由街道推荐，报县关工委审定上报。会后经跃龙街道关工委研究，怡惠、北星、车河、杏树共4个社区关工委被推荐为宁波市“六好”社区关工委，由县关工委审定后，报市关工委。

2005年11月15日，跃龙街道怡惠、北星等5个社区关工委被宁波市关工委评为“六好”社区关工委。

2007年“八一”前夕，跃龙街道园丁社区关工委，邀请抗日战争老战士王惜耶、黄茂泉和县关工委杨启炉、王以位与社区80多名青少年老少喜庆“八一”。抗日老战士向青少年朋友讲述参加革命的亲身经历。县关工委常务副主任杨启炉向青少年宣讲中国人民解放军建军80周年光辉的战斗历程。跃龙街道车河社区关工委，在暑期中举办“继传统、忆往昔、促成长、创和谐”暑期未成年人系列活动，邀请县关工委副秘书长、离休干部龚怀源给未成年人宣讲革命传统，邀请参加过对越自卫反击战英勇作战的老兵讲述战斗历程，并邀请县消防大队官兵表演部队军旅生活，观摩消防演习，激励未成年人继传统、促成长。暑假中，车河社区关工委开展“生态环保、有你有我”保洁护绿活动以及“我与父母共读书”系列活动，引导未成年人热心社区公益事业，创建社区和谐、家庭和谐。跃龙街道塔山社区关工委，“八一”建军节在烈士园举行大型歌咏晚会，广大青少年、武警官兵欢聚一堂、欢庆“八一”，邀请县共建单位领导、辖区居民1000多人参加大联欢。青少年二胡五人齐奏《八月桂花遍地开》，钢琴独奏《解放区的天》，武警战士献上精彩的技术表演，把晚会推向高潮。跃龙街道杏树社区关工委，积极响应“两城联创”活动，加强青少年的绿色环保意识，在辖区内举行“暑期环保小卫士”活动，数百名中小学生在公共绿化带及公共场所进行你丢我捡、清除杂草活动。跃龙街道兴圃社区关工委，在暑假期间最大限度开放阅览室。跃龙街道北星社区关工委，组织辖区内中小学生到自己的辖区里走走看看，以社区小主人的眼光对社区的文明、卫生状况作出评价，并引导小小创卫宣传员上街做宣传，为宁海县“创卫”保持长效机制，当一回小监督员。跃龙街道五丰社区关工委，邀请县质量监督局专家，为社区中小学生生动形象地宣讲安全防范、自我保护及食品卫生安全知识，增强青少年自我保护意识。跃龙街道东海社区关工委，组织社区内在校大学生利用暑期开展社会实践活动，对中小学生的暑期作业进行辅导。跃龙街道怡惠社区关工委，在暑期中组织中小学生参观县规划建设局展示厅，通过观赏图片、模型、听取展示厅工作人员的讲解，使青少年了解宁海的过去和现在，看到未来的美景。跃龙街道松竹社区关工委，组织老同志和辖区内的中小学生赴强蛟参观国华电厂。跃龙街道滨溪社区关工委，暑假开展“童心迎奥运”活动，邀请大学生为中小学生讲解奥运会知识、奥林匹克产生的时代背景、奥林匹克运动的发展和奥运发展21世纪的展望等，同时组织中小学生开展趣味运动，同学们纷纷表示要加强体育锻炼迎奥运。跃龙街道县前社区关工委，邀请交警为辖区内的青少年讲解交通安全知识，通过幻灯片播放、互动小游戏等，寓教于乐，提高青少年的安全出行意识。桃源街道华庭社区关工委，举办宁海革命史图片展，让辖区内青少年了解宁海近百年来的斗争历程以及英雄人物事迹。

建好关工委班子，配好常务副主任，做好牌子，落实办公室和必要的经费等项工作。

2010年11月，全县民营企业关工委总数为56家。其中2010年建立的有18家，如宁波如意股份有限公司、宁波志清实业有限公司、宁波九鼎机械有限公司、建新赵氏集团有限公司、宁波天虹文具有限公司、宁海县振宁牧业有限公司、宁波跃飞模具有限公司、太平洋集团有限公司、宁海县国大公司等。9月16日，太平洋集团有限公司关心下一代委员会成立，同时还成立企业教育基金会，对职工子女高考上一本、二本线的进行奖励；职工子女上大学，凡家境贫寒的，也酌情补助。9月27日，宁波九鼎机械有限公司关工委举行成立以来班子成员首次会议，县关工委副主任任校章、袁春林等应邀参加会议。

2010年11月17日，县关工委专职副主任袁春林、副秘书长胡昌强赴慈溪，出席宁波市民营企业关工委工作现场会。会议总结交流民营企业关工委工作经验，部署全面推进全市民营企业关工委建设工作。省关工委专职副主任徐全升，市关工委主任邵孝杰，市工商局党委书记、局长、市民营企业协会会长顾文俊，慈溪市委副书记李兴达，慈溪市委常委、组织部部长陶尧土等出席会议。会上，徐全升对宁波市关工委的工作给予充分肯定，并提出具体要求；邵孝杰、顾文俊分别讲话。慈溪市工商分局、慈溪市关工委及宁波市神马集团关工委作经验介绍。全体与会人员还参观考察宁波神马集团和宁波方太厨具有限公司两家企业关工委。

二、各级各类会议

常务委员会议　2001年6月22日，县关工委在县老干部局召开主任、常务委员会议。常务副主任杨启炉回顾总结上半年关心下一代工作，对下半年工作重点提出要求；主任、常务委员们进行讨论，提出意见和建议。县委常委，关工委主任陈云高出席会议。陈云高充分肯定县关工委在贯彻落实县委意见所取得的实效。各镇乡党委、政府、县直属单位党组织对关心下一代健康成长的高度重视。要求老同志继续发挥优势，为新世纪关心下一代工作作出新奉献，同时注意保重身体，工作中做到量力而行。

2002年1月23日，县关工委在县委党校召开顾问、主任、常务委员会议。县关工委办公室主任叶建杰传达中共中央政治局候补委员、国务委员吴仪于2001年12月19日为全国社区关心下一代工作所作的批示和省委副书记梁平波于2001年12月7日在全省关心下一代工作会议上的重要讲话。县关工委常务副主任杨启炉传达中关工委在武汉召开的全国社区关心下一代工作座谈会和省市关工委会议精神及领导讲话重点内容，回顾总结2001年宁海县关心下一代工作，并对2002年宁海县关心下一代工作提出新的思路。会议进行讨论。名誉主任孙愫贞，顾问黄茂泉，县纪委副书记、县关工委副主任王春生等发表意见。县委常委兼县关工委主任陈云高参加会议，并对宁海县各级关工委过去一年工作予以肯定。陈云高还为获得宁波市妇女、儿童工作先进个人的薛国苗（县关工委常务委员）颁发宁波市妇联授予的奖牌。

2002年8月23日，县关工委召开离退休副主任、常务委员会议，商讨有关人事问题和推荐出席宁波市关心下一代工作表彰会先进集体和先进个人。

2002年11月19日，县关工委召集离退休的副主任、常务委员学习讨论中共十六大精神，互相交流学习体会。参加座谈的12位同志一致认为，中共十六大是党在新世纪召开的第一次代表大会，大会高举邓小平理论伟大旗帜，全面贯彻“三个代表”重要思想，对全面建设小康社会，加快推进社会主义现代化建设作出全面部署，指明中国未来发展方向，具有重大的现实意义和深远的历史意义。县关工委常务副主任杨启炉主持学习会。县关工委副主任娄金秋、朱瑞骏、林贵清，常务委员俞世识、严望林、薛国苗、林兆卿、王任锡、洪泾之、龚怀源先后发言。

2003年1月17日，县关工委召开离退休副主任、常务委员会议。县关工委常务副主任杨启炉传达省关心下一代工作暨先进表彰会议精神，学习省委副书记乔传秀的讲话和省关工委主任王耀亭的工作报告。并传达宁波市关工委年度工作会议精神和中国关工委在厦门召开的全国关心下一代基层工作座谈会简况，学习全国人大常委会委员长李鹏在厦门接见会议代表时的重要讲话。总结回顾2002年宁海县关心下一代工作，并对2003年的工作提出新思路。

2003年7月17日，县关工委召开离退休的副主任、常务委员会议。杨启炉传达市关工委工作会议精神，总结宁海县上半年关心下一代工作，部署下半年工作重点。讨论下半年“双先”表彰会名额分配和社区关心下一代工作。副主任朱瑞骏对北星社区调查情况作发言。

2003年10月14日，县关工委召开离退休的副主任、常务委员会议。会议讨论全县“双先”表彰会先进集体、先进个人评选工作；2003年未成年人犯罪有关情况的通报及组织调研组开展调查研究和2004年《中国火炬》征订工作。杨启炉传达宁海县中小学校布局调整及发展规划论证会情况。会议进行讨论。出席会议的有杨启炉，娄金秋，林贵清，严望林，薛国苗，林兆卿，王任锡，俞官珍，洪泾之，龚怀源，刘保山，王崇斌。

2003年12月19日，县关工委召开主任、常务委员会议。主任陈云高到会讲话。县关工委常务副主任杨启炉传达全省关心下一代工作会议精神，学习省委副书记乔传秀重要讲话和省关工委主任王耀亭的讲话。王崇斌汇报市关工委年终会议内容。会议就县委、县政府召开双先表彰大会的有关事项进行讨论，并同意王崇斌任县关工委办公室主任。

2004年8月25日，县关工委召开离退休的副主任、常务委员会议。常务副主任杨启炉回顾总结上半年工作，提出下半年重点工作补充意见；学习省关工委、市关工委文件《关于评选关心下一代工作先进集体、先进个人的通知》，评议推荐单位与个人的名单，并在进一步听取意见后，向县委汇报确定。

2005年1月13日，县关工委召开离退休副主任、常务委员会议。县关工委常务副主任杨启炉传达浙江省关工委和宁波市关工委召开的关心下一代工作暨“双先”表彰会议精神，总结宁海县2004年关心下一代工作。副主任袁哲飞讲了县关工委2005年工作思路。与会人员充分肯定县关工委过去一年工作，并对2005年工作提出意见与建议。

2005年4月28日，在县委组织部会议室，召开县关工委主任、常务委员会议。县委常委、组织部部长、县关工委主任俞小勋主持会议。常务副主任杨启炉汇报县关工委成立15周年庆祝大会筹备工作情况和宁波市关工委顾问、市政协原副主席、宁海县委原书记徐涨厚带领的调研组到宁海县调研发挥“五老”队伍作用的情况。与会同志开展讨论，并提出建议与意见。俞小勋指出，宁海县关工委自1990年6月成立以来，在县委、县政府的领导和重视下，积极进取，开拓创新，做了大量卓有成效的工作。全县“五老”充分发挥政治、经验、威望、时空、亲情优势，围绕党政中心工作，情系下一代，关爱青少年，传承民族精神，弘扬革命传统；播撒中华美德，浇灌思想品质；宣传法律知识，构筑防范大堤；热心帮困助学，关爱弱势群体；深入调查研究，优化育人环境，为青少年的健康成长，为宁海县的三个文明建设做出贡献。俞小勋要求县关工委班子成员明确分工，落实责任，认真做好15周年庆祝大会的各项筹备工作。

2005年6月9日，县关工委在县老干部局召开离退休副主任、常务委员会议。县关工委常务副主任杨启炉通报“庆祝县关工委成立十五周年”大会筹备工作情况和县关工委五年来的工作报告，副主任袁哲飞通报关于开展“百千万”工程的实施意见。与会人员进行认真讨论，并对县关工委五年来的工作报告提出修改意见。

2005年9月7日，县关工委召开离退休副主任、常务委员会议。副主任袁哲飞组织学习刘云山在全国关心下一代“双先”表彰大会上的讲话，宣读吴仪、顾秀莲发给大会的贺信和李鹏的题词；学习市关工委关于“走在前列，干在实处”的实施意见。常务副主任杨启炉就中国关工委“双先”表彰大会精神谈认识和体会，强调要结合宁海实际，制定实施“走在前列，干在实处”工作要点；通报上半年宁海县未成年人犯罪情况；对县关工委近期工作进行小结，就下半年工作作出部署。

2005年12月22日，县关工委在县政府召开副主任、常务委员会议。县政协副主席张位胜出席会议。县关工委副主任袁哲飞传达省、市关心下一代工作暨表彰会议精神，组织学习中共宁波市委副书记郁义康在市“六好”社区关工委表彰会议上的讲话。县关工委常务副主任杨启炉回顾2005年的工作，并就2006年未成年人思想道德建设、农村关心下一代工作、社区关心下一代工作、未成年人帮教、关工委自身建设等方面工作，提出意见。与会人员展开讨论。县政协副主席张位胜在讲话中指出，县关心下一代工作起点好，目标高，热心关心下一代工作的同志干劲足，不但为全社会营造良好的环境，同时，也为宁海的精神文明建设做出贡献。“五老”人员要发挥自身的优势，加强调研，当好党委、政府的参谋；要坚持以人为本，促进社会的和谐发展；要总结好经验，抓住重点，继续做好关心下一代工作。

2006年1月19日，县关工委召开离退休主任、常务委员工作会议。县关工委副主任袁哲飞谈2006年工作意见。大家开展了讨论，提出意见和建议。认为，做好2006年关心下一代工作，重点要搞好调查研究，确定若干个主题，深入开展调查研究，写出有质量的调研文章，当好县委、县政府的参谋，为建设社会主义新农村服务。常务副主任杨启炉就春节期间工作作出安排。

2006年3月10日，县关工委召开离退休副主任、常务委员会议。常务副主任杨启炉组织大家学习中关工委〔2005〕18号文件和宁党办发〔2006〕10号文件转发《县关工委关于组建“关爱工作团”的实施意见》；传达宁波市关工委关于落实中关工委18号文件组建关爱工作团会议精神，就宁海县组建“关爱工作团”和调查研究等有关工作提出意见。与会人员进行认真的讨论，提出意见和建议。

2006年6月23日，县关工委召开离退休副主任、常务委员工作会议。县关工委常务副主任杨启炉传达全省社区矫治暨归正人员安置工作会议精神和宁波市纪委、市教育局、市关工委廉政文化进校园现场会议精神。总结回顾2006年上半年关心下一代工作和提出下半年重点工作。会议展开讨论，特别是对县关工委培训学校2006年度办学问题作出认真的研究，统一认识。

2006年9月8日，县关工委召开离退休副主任、常务委员会议。常务副主任杨启炉传达中关工委在上海召开的全国关心下一代宣传工作会议精神，学习中国关工委主任王丙乾的讲话，传达闵振环副主任讲话的主要内容以及和各地交流的主要经验。杨启炉根据全国会议精神就宁海县下阶段的重点工作进行部署。对2007年《中国火炬》征订工作，要求力争保持上年的订数。会议进行讨论。研究县关工委培训学校的开办问题，省、市关心下一代工作先进集体、先进个人的推荐评选。调查研究2006年撰写的调研文章评选等工作。

2006年11月3日，县关工委召开主任、常务委员会议。县委常委、组织部部长俞小勋出席会议并讲话。县关工委常务副主任杨启炉，回顾2006年1—10月主要工作，传达宁波市关工委召开的全市关心下一代工作先进集体、先进个人表彰会议精神；县委常委、组织部部长、县关工委主任俞小勋在讲话中对县关工委2006年工作作出肯定；对如何学习贯彻中共十六届六中全会精神提出要求。俞小勋还就年内和今后一个时期县关工委工作作出部署。

2006年12月26日，县关工委召开离退休副主任、常务委员会议。常务副主任杨启炉传达省关心下一代工作暨表彰会议精神，回顾2006年关心下一代工作，提出2007年工作意见。杨启炉指出，2006年关工委认真学习中共十六届六中全会精神，加强对青少年社会主义荣辱观教育，为未成年人思想道德建设注入新的内容；组建“关爱工作团”，预防未成年人犯罪工作取得新突破；立足社区校外教育活动，开拓农村关心下一代工作有了新思路；大力为青少年办实事做好事解难事，为构建和谐社会做出新贡献；努力抓好自身建设，把关心下一代工作提高到一个新水平。并对2007年工作提出意见和建议。会议宣布王以位任县关工委副主任，李明来任县关工委常务委员。

2009年2月18日，县关工委召开部分副主任学习座谈会。会议学习省关工委《关于“新春共商关心下一代座谈会”会议纪要》、《中国火炬》2009年第2期刊载的中国关心下一代工作委员会主任顾秀莲接受《中国老年报》记者的专访《完成好党交给我的新任务》和中国关工委《关于颁发〈中国关心下一代工作委员会工作条例〉的通知》；讨论修订《宁海县关心下一代工作委员会工作规则》；商讨县关工委成立二十周年庆祝活动有关筹备工作事项；通报开春以来村（社）校共建“三好四无”创建活动情况。

委员及委员扩大会议 2004年10月29日，县关工委在县政府召开调整后班子第一次全体委员会议。县委常委、组织部部长谢群华和县关工委全体成员出席会议。县委老干部局局长、县关工委副主任俞伟平宣读中共宁海县委办公室《关于调整宁海县关心下一代工作委员会成员的通知》。县关工委常务副主任杨启炉向全委会汇报四年来的工作；县委常委、组织部部长、县关工委主任谢群华讲话。

2009年10月28日，县关工委召开部分顾问、副主任以及关工委委员学习座谈会。会议学习十七届四中全会公告和决定；传达省、市关工委成立二十周年庆祝大会精神；学习《中共宁波市委、宁波市人民政府关于进一步加强关工委工作的意见》；部署“三好四无”考核验收工作。

2010 年 1 月 19 日，宁海县关工委召开全委（扩大）会议。县委常委、组织部部长、县关工委主任俞小勋，县人大常委会副主任张文蛟，副县长尤玲娟，县政协副主席赵秀萍出席会议。县关工委副主任、全体委员，县关工委名誉主任、顾问以及各乡镇、街道关工委常务副主任参加会议。会议由副县长尤玲娟主持。县关工委常务副主任杨启炉代表县关工委向大会作工作报告。与会人员对 2009 年县关工委工作报告和 2010 年工作意见进行讨论。县关工委顾问娄林忠、王惜耶、张位胜、马光明、童时仗、薛国苗等充分肯定关工委一年来所取得的成绩，并分别就网吧监督管理、青少年教育、关工委自身建设等问题提出建议。俞小勋在讲话中要求进一步认识做好关心下一代工作的重要性，增强工作的责任感和使命感；各级关工委要进一步明确责任，围绕中心、服务大局，立足实际、开拓创新，突出重点、注重实效；要进一步加强各级关工委领导班子建设，配好配强关工委领导班子，及时选配身体健康、热心关心下一代工作、有威望、有能力的低龄老同志充实到领导班子，不断优化领导班子成员的年龄结构、知识结构，把这项功在当代、利在千秋的大事切实抓好，抓出成效。大会对 2008 年度村（社）、校共建“三好四无”创建活动先进单位的 75 个行政村、3 个社区、57 所学校进行表彰授牌。张文蛟宣读县委组织部、县关工委《关于 2008 年度村（社）校共建“三好四无”创建活动先进单位的通报》，各乡镇、街道常务副主任上台领取奖牌。

名誉主任、顾问会议　2005 年 2 月 2 日，县委在宁海宾馆召开县关工委名誉主任、顾问会议。县领导王飞、陈云高、张位胜，顾问王惜耶、麻绍星、陈英考、周炳常、赵淳然、刘昌来、孙愫贞、储吉元、胡全林、薛惠珍、葛福明、马光明、徐林光、颜跃华、李绍敏、黄茂泉出席会议。会议由县人大常委会副主任、县关工委名誉主任陈云高主持。县关工委常务副主任杨启炉传达浙江省关工委和宁波市关工委召开的关心下一代工作暨“双先”表彰会议精神。汇报 2004 年主要工作。会议围绕议题进行讨论，王惜耶、孙愫贞、黄茂泉、李绍敏等顾问先后发言。县委副书记王飞在讲话中指出，关心下一代工作是党委工作的重要组成部分，做好关心下一代工作是各级党组织和全社会共同的责任。有关部门和社会各界要相互配合，形成合力，在全社会大力倡导关心下一代健康成长的新风尚，营造全社会都来关心下一代健康成长的浓厚氛围。

2006 年 11 月 10 日，县关工委组织离退休的 14 位副主任和常委赴县二职高和国华电厂学习考察。

2007 年 11 月 2 日，县关工委召开离退休顾问、副主任会议。学习中共十七大精神。县关工委发出《关于认真学习宣传贯彻党的十七大精神的通知》，要求各级关工委要充分认识学习、宣传、贯彻落实中共十七大精神的重大意义，迅速掀起学习宣传中共十七大精神的热潮。县关工委主动与县委宣传部联系，组织班子成员和宣讲团成员，听取宁波市委党校副校长、教授费国良和上海市“东方讲坛”教授朱敏彦所作的学习中共十七大精神的辅导报告。编写中共十七大精神宣讲稿《认真学习宣传贯彻党的十七大精神，夺取全面建设小康社会新胜利》，印发各级关工委与宣讲团成员 100 余份，提供宣讲参考。

2008 年 1 月 24 日，县委、县政府在太平洋国际大酒店召开县关工委顾问、主任新春座谈会。会议由县政协副主席、县关工委名誉主任项松春主持。出席座谈会的有县委常委、组织部部长俞小勋，县关工委顾问娄林忠、陈云高、张位胜、马光明、葛福明等 11 位顾问和县关工委常务副主任杨启炉等 9 位副主任。座谈会上，县关工委副主任王以位传达省、市关心下 一代工作会议精神；杨启炉汇报 2007 年关心下一代工作和 2008 年工作意见；在座谈讨论中，朱瑞骏、袁哲飞、童时仗、娄林忠、薛国苗、陈云高、马光明等相继发言，肯定县关工委2007年的工作，并对2008年关心下一代工作提出建议和意见；县委常委、组织部部长俞小勋讲话。

2008年12月17日，县关工委召开部分顾问、副主任会议。会上，县关工委副主任王以位通报赴江苏学习考察情况，县关工委常务副主任杨启炉传达省关心下一代工作会议精神，并回顾总结宁海县2008年关心下一代工作，提出2009年工作思路。会议进行讨论。

2009年6月4日，县关工委主任（扩大）会议在县教育局城区办召开。县关工委部分副主任、县教育局关工委、县城区办关工委负责同志以及村（社）校“三好四无”创建活动巡视指导组全体成员近20人参加会议。县委宣传部副部长、县文明办主任鲍允伟出席会议并讲话。会议传达学习中央六位领导同志对关心下一代工作的重要批示，中央、省、市各级关工委有关文件精神、中国关工委主任顾秀莲在全国关心下一代工作会议上讲话精神。并就《宁海县关心下一代工作委员会工作规则》和《纪念县关工委成立20周年活动的设想和建议》两项内容展开讨论。会议主要就“三好四无”创建活动巡视指导工作情况进行交流。在听取各巡视指导组成员情况汇报后，县关工委副主任王以位作总结，在肯定成绩基础上指出存在的问题和下阶段要以实践科学发展观为统领，扎实抓好“三好四无”创建活动，以取得实际成效，迎接下半年检查验收。县关工委常务副主任杨启炉作小结讲话，部署工作。

2009年9月11日，县关工委召开部分顾问和副主任会议。会议听取县关工委常务副主任杨启炉对全国关心下一代宣传工作会议和省关工委办公室工作会议精神传达，通报2009年上半年以来全县关心下一代工作情况，对下阶段重点工作进行安排，并就县关工委成立二十周年庆祝活动相关事宜进行研讨。

2010年6月23日，县关工委召开部分顾问、副主任及全体驻会同志会议。县关工委常务副主任杨启炉对上半年工作作回顾，就如何学习、贯彻县关工委成立20周年庆祝大会领导讲话精神和下阶段重点工作进行安排。

2010年12月13日，县关工委召开退出班子的顾问、委员座谈会，听取老同志的意见和建议。老同志朱瑞骏、薛国苗、童时杖、林兆卿、王任锡、俞官珍、洪泾之与全体驻会人员出席会议。

全县关心下一代工作会议 2005年10月14日，县关工委在跃龙街道召开镇乡、街道、县直部分单位关心下一代工作会议。全县18个镇乡、街道、14个县直单位关工委领导出席会议。会议由县关工委副主任袁哲飞主持。镇乡、街道、县直单位作交流发言，县关工委常务副主任杨启炉讲话。各单位汇报交流贯彻落实情况，特别是全国关心下一代工作表彰大会精神、中央领导重要讲话、关工委班子自身学习及党委中心学习组的学习情况，对加强关心下一代工作领导的意见、措施和近阶段的重点工作：纪念抗战胜利60周年宣讲活动，暑假教育活动，“百千万”工程实施情况，村党组织换届后村级关心下一代工作小组调整落实情况等。该次交流由于准备充分，发言材料翔实具体，典型生动，效果显著。下午，杨启炉传达全国关心下一代宣传工作会议精神和进一步宣传贯彻落实全国关心下一代工作表彰大会精神，推动宁海县关心下一代工作“干在实处，走在前列”，更好地为党委政府中心工作服务。要求各级关工委要学习贯彻落实全国关心下一代“双先”表彰大会和全国关心下一代宣传工作会议精神，认真贯彻宁海县《关于开展“七个一”活动，切实推进预防和减少未成年人违法犯罪工作的实施意见》。通报宁海县2005年1—9月未成年人犯罪情况，强调要继续实施“百千万”工程。要求做好2005年年底召开全县关心下一代工作先进集体、先进个人表彰会议各项准备工作。在做好2006年《中国火炬》征订工作的同时，学好、用好《中国火炬》。

县关工委计划在十二月下旬组织若干个检查组，到各镇乡、街道和县直部分单位开展上述重点工作检查。袁哲飞要求将会议精神向党委汇报好、传达好、贯彻好，认真抓好各项工作的落实，以实际行动迎接县关工委的检查。

县级机关关心下一代工作会议 2001 年 9 月 28 日，县关工委在县老干部局召开县直属机关九个关工委分管领导和有关同志参加的宣传工作会议。常务副主任杨会炉回顾县直属机关各口、各单位关工委（关协）在贯彻落实县委 23 号文件“关于面向新世纪加强关心下一代工作的意见”情况。传达中国关工委第六次宣传工作会议、市关工委工作会议精神，并对第四季度的工作作具体的部署。会议表彰 2001 年宣传工作先进集体和先进个人。

2002 年 6 月 25 日，县委在县政府召开县级机关关心下一代工作会议。出席会议的有，调整后的县关工委主任、副主任、常务委员、委员，县直属机关各单位分管领导（关工委主任）、主持日常工作的离退休副主任，计 110 余人。县委常委，县关工委主任陈云高主持会议。该会议是在县级机关机构改革后，根据机构变化、干部交流调动的情况，在对县级机关关心下一代组织进行重建、调整和更名的基础上，更好地开展县级机关关心下一代工作而召开的。会议进行经验交流；总结一年半来关心下一代工作和部署下半年重点工作；县委领导讲话。县供电局党委副书记、局关工委主任葛圣员谈《关工委工作的几点体会》，县外经贸局副局长、局关工委主任鲍明铭谈《实践“三个代表”重要思想，扎实开展“结对助学”活动》，农林局关工委副主任王建慈介绍《党委高度重视，老同志积极主动，扎实做好关心下一代工作》，前童镇关工委副主任、镇老干部支部书记杨志肯介绍发挥老同志的“四大优势”，做到老有所学、老有所用、老有所为。县关工委常务副主任杨启炉回顾总结一年半来的机关关心下一代工作，并谈了对关心下一代工作认识和意见。陈云高受县委副书记张拓原的委托讲话。强调各级关工委和有关部门要把加强青少年的法制教育作为关心下一代工作的重点来抓，同时要加强领导，明确责任，常抓不懈，确保关心下一代工作落到实处，让青少年健康、快乐地成长。并要求各单位把该次会议精神传达好、贯彻好，更好地推进机关关心下一代工作。

2002 年 9 月 27 日，县关工委在县电信局召开县直属机关关工委工作会议。常务副主任杨启炉传达中国关工委第七次宣传工作座谈会议精神，部署当前县直属机关关心下一代工作，对 2003 年《中国火炬》征订提出要求。

2007 年 6 月 15 日，县直机关关心下一代工作会议在县政府召开。县委常委、组织部部长俞小勋出席会议。县关工委顾问、主任、副主任、委员，县直各单位分管政工领导（关工委主任）、副主任等 160 余人参加会议。会议由县委办公室副主任应国邦主持。宁波市关工委常务副主任颜志定应邀到会并讲话。会议主要是贯彻中共十六届六中全会和贯彻全国关心下一代工作会议精神；总结交流县直机关关心下一代工作经验；部署下阶段县直机关关心下一代工作。应国邦宣读《关于调整宁海县关心下一代工作委员会领导成员的通知》；县供电局关工委、县财政局关工委、县教育局教育系统关工委作交流发言；县关工委副主任王以位传达全国关心下一代工作会议中关工委主任王丙乾、副主任兼秘书长杨志海的讲话精神，并就贯彻落实全国关心下一代工作会议精神提出具体要求；县关工委常务副主任杨启炉作工作报告。县委常委、组织部部长俞小勋讲话。宁波市关工委常务副主任颜志定讲话中对宁海县关工委工作作出肯定，并对做好机关关心下一代工作提出要求。

镇乡街道关心下一代工作会议 2001 年 9 月 25 日，县关工委在总工会召开镇乡主持关工委工作的副主任（秘书长）会议。会上学习中关工委主任王丙乾在吉林省关工委“学习江泽民‘七一’

重要讲话研讨班”上的讲话。常务副主任杨启炉总结2001年前8个月关心下一代的工作；传达中国关工委第六次全国宣传工作会议和宁波市宣传工作会议精神，部署第四季度工作重点。表彰2001年宣传工作先进集体和先进个人。

2001年12月30日，县关工委召开镇乡关工委工作会议，传达省关心下一代工作会议精神，总结全县关心下一代工作，安排2002年的工作。

2002年9月20日，县关工委在长街镇召开全县镇乡关工委工作会议。与会人员参观长街镇关工委在镇党委、政府领导和重视下建造的“铭记碑”，及第二期工程——日军罪行“陈列室”现场和香花山长街烈士陵园。会上，长街镇党委副书记、镇关工委主任鲍园存对县关工委和各镇乡关工委领导到长街镇指导，表示热烈欢迎，并介绍长街镇经济发展形势和中心镇建设目标，以及镇党委重视发挥离退休老同志的优势，加强关心下一代工作的情况。镇关工委副主任朱火木介绍上半年来关心下一代工作，原区委书记、镇关工委副主任祝德朝介绍“铭记碑”第二期工程的筹建情况。县关工委常务副主任杨启炉传达中关工委第七次宣传工作座谈会精神，结合宁海情况，部署工作，并对13个镇乡关工委在2002年征订、学用《中国火炬》指导关心下一代工作、取得优良成绩进行表彰。对2003年《中国火炬》征订工作提出要求。

2003年1月13日，县关工委召开镇乡关工委副主任工作会议。会上，各镇乡交流2002年关心下一代工作情况与2003年打算；县关工委常务副主任杨启炉传达省关心下一代工作暨表彰会议精神，学习省委副书记乔传秀重要讲话和省关工委主任王耀亭的工作报告，回顾总结全县2002年关心下一代工作，提出2003年工作思路。

2003年7月21日，镇乡关工委半年度工作会议在县老干部局召开。各镇乡关工委主持工作副主任出席会议。会上，各镇乡汇报交流上半年关心下一代工作和下半年的工作打算。杨启炉充分肯定各镇乡上半年取得的工作成绩，同时，传达市关工委工作会议精神，对全县关心下一代工作进行回顾总结，并部署下半年重点工作，强调下半年关心下一代工作，要以“三个代表”重要思想为指导，按照年初制订的工作意见和本次会议安排抓好落实。县委老干部局局长俞伟平参加会议，并讲话。

2003年10月17日，县关工委召开镇乡关工委副主任会议。会上各镇乡交流2001—2003年先进集体、先进个人的评选推荐和2004年《中国火炬》杂志征订的情况；县关工委办公室刘保山通报宁海县2003年1—9月份未成年人犯罪情况，并向各镇乡关工委部署调研任务；县关工委常务副主任杨启炉作会议小结。县老干部局局长俞伟平到会听取各镇乡工作汇报，并布置老干部工作有关任务。

2004年1月6日，县关工委、县老干部局联合召开各镇乡、街道主持工作的关工委副主任会议。县关工委常务副主任杨启炉提出认真贯彻好县委、县政府召开的表彰大会精神，各镇乡、街道要召开一次关工委班子会议，制订好2004年工作计划，发挥先进集体和先进个人的榜样作用，做好老干部的慰问工作。县老干部局局长俞伟平传达市老干部局年度老干部工作会议精神。

2004年6月25日，县关工委召开镇乡、街道关心下一代工作会议。镇乡、街道关工委主持工作副主任出席会议。会议由各镇乡、街道关工委对上半年的特色工作情况进行交流；县关工委办公室主任王崇斌传达宁波市关工委第三次农村关心下一代工作经验交流会精神；县关工委常务副主任杨启炉对2004年上半年全县关心下一代工作作回顾，对下半年工作进行部署。

2004年9月24日，县关工委召开镇乡、街道关工委副主任会议。县老干部局局长、县关工委副主任俞伟平宣读中共宁海县委办公室《关于调整宁海县关心下一代工作委员会成员的通知》；各镇乡、街道关工委汇报交流宁党办〔2004〕96号文件，转发《中国关工委、中央组织部等八部委办关于发挥“五老”队伍在加强和改进未成年人思想道德建设中的作用的通知》的贯彻执行情况；县关工委常务副主任杨启炉传达成都会议中学习中共中央政治局常委李长春6月8日，在听取共青团中央、全国妇联、中国关工委三家领导汇报贯彻落实中央8号文件情况后所作的重要讲话精神和中关工委成都会议精神。杨启炉对学习中共十六届四中全会精神、《决定》和中央8号文件以及进一步贯彻落实，充分发挥“五老”人员，在进一步加强和改进未成年人思想道德建设中的作用等工作提出要求。会议要求各级关工委做好2005年《中国火炬》征订工作。俞伟平就会议精神贯彻落实和做好老干部工作讲话。

2004年9月29日，县关工委召开镇乡、街道关工委副主任会议，传达县委关于调整县关工委班子成员的通知。

2005年1月19日，县关工委召开镇乡关工委年度工作会议。常务副主任杨启炉传达省、市关工委召开的关心下一代工作暨“双先”表彰会精神，总结2004年关心下一代工作。副主任袁哲飞讲了2005年关心下一代工作思路，会议还开展讨论。杨启炉要求镇、乡认真总结2004年工作，并制订好2005年工作计划，及时报送县关工委办公室。

2005年6月15日，县关工委召开镇乡、街道关工委副主任会议。与会人员汇报2005年上半年关心下一代工作情况。常务副主任杨启炉对2005年上半年的主要工作作小结，通报“庆祝县关工委成立十五周年”大会的筹备工作情况与2005年1—5月份宁海县未成年人犯罪情况和开展“百千万”工程的实施意见。同时，对暑期青少年教育活动和纪念中国人民抗日战争胜利60周年宣传教育活动作出部署。

2006年3月28日，县关工委召开镇乡、街道关心下一代工作会议。各镇乡、街道关工委副主任汇报交流镇乡、街道“关爱工作团”的组建和调查研究年活动情况。副主任袁哲飞传达宁波市关工委系统学习会精神，布置工作。杨启炉作会议小结，强调当前关心下一代工作要围绕建设社会主义新农村来展开。

2006年9月21日，县关工委召开镇乡、街道关工委副主任会议。常务副主任杨启炉传达全国关心下一代宣传工作会议精神，认真学习中关工委主任王丙乾重要讲话和副主任闵振环讲话精神。介绍全国先进典型经验，并就四季度重点工作和2007年《中国火炬》的征订工作提出要求。同时，通报省、市关心下一代工作先进集体和先进个人的推荐和评选情况。

2006年12月28日，县关工委召开镇乡、街道关工委副主任会议。常务副主任杨启炉传达全省关心下一代工作暨表彰会议精神；总结2006年工作和提出2007年关心下一代工作六个方面主要任务；会议拟定2007年1月中旬召开全县优秀网吧、电子游戏义务监督员总结表彰会议，提出评选工作要求；会议通报2006年调研文章评选结果，并对西店镇关工委撰写的《关于青少年违法犯罪的成因剖析及其对策》、岔路镇关工委撰写的《岔中“空巢”学生心理状况调查与思考》两篇荣获一等奖的文章和6篇二等奖、5篇三等奖调研文章进行表彰奖励。会议进行讨论，并就如何加强农村关心下一代工作提出意见。

2007年6月8日，县关工委召开各镇乡、街道关工委副主任会议。会上各镇乡、街道交流上半年工作。副主任王以位传达宁波市关工委贯彻全国关心下一代工作会议精神情况，并提出具体要求。县关工委常务副主任杨启炉对上半年全县关心下一代工作作回顾。对下半年关心下一代工作提出意见要求。

2007年8月29日，县关工委镇乡、街道关工委副主任会议召开。会上各镇乡、街道汇报“三好四无”创建活动的组织建立与活动开展情况，暑假教育活动情况，以及宁海县妇联四单位联合发文《关于开展留守儿童关爱行动的通知》，组织“五老”人员做“爱心爷爷”“爱心奶奶”结对活动落实情况。县关工委常务副主任杨启炉通报市委对市关工委主要领导变动情况。传达全国妇联等13个部委《关于开展共享蓝天全国关爱农村留守儿童大行动的通知》精神，全国关心下一代宣传工作会议中关工委副主任闵振环讲话精神。并对当前重点工作作部署，要求做好对中共中央决定10月15日召开中共十七大，组织关工委班子和“五老”队伍，认真学习宣传贯彻落实中共十七大精神；抓好宁关〔2007〕9号文件关于创建“三好四无”活动的落实；2007年新学年各镇乡、街道要配合学校做好校外辅导员的调整落实工作及中小学“三好四无”创建活动落实；加强法制宣传教育和帮教帮扶；做好留守儿童关爱工作；2008《中国火炬》的征订工作和关心下一代工作先进集体、先进个人推荐评选等工作。

2008年1月15日，县关工委在跃龙街道召开街道关工委负责人会议。出席会议的有跃龙、桃源、梅林、桥头胡街道关工委副主任。县关工委副主任王以位传达宁波市关心下一代工作暨第三批“六好”社区关工委表彰会议精神。跃龙街道副主任、街道关工委副主任吴绒芬作《抓好三个环节，共建“三好四无”，推进和谐新跃龙建设》的交流发言。县关工委常务副主任杨启炉根据宁波市“六好”社区关工委表彰会议精神，就如何加强社区关心下一代工作提出要求。

2008年1月18日，县关工委召开各镇乡、街道关工委副主任会议。会上各镇乡、街道关工委汇报2007年重点工作和2008年开展村（社）校共建“三好四无”创建活动的计划以及2008年关心下一代工作思路；县关工委副主任王以位传达省、市关工委召开的关心下一代工作会议精神；县关工委常务副主任杨启炉作2007年工作总结，提出2008年关心下一代工作思路。

2008年5月27日，县关工委在大佳何镇召开各镇乡、街道关工委常务副主任培训会，新任的18位镇乡、街道关工委常务副主任出席会议。宁波市关工委副主任曹晖专程赴会表示祝贺，宁海县委组织部副部长丁建标到会讲话。培训会先由县关工委副主任任校章传达中共中央政治局委员、书记处书记、中央组织部部长李源潮，中关工委主任顾秀莲和省委常委、宁波市委书记巴音朝鲁的批示与讲话。曹晖传达中国关工委在江西南昌召开的全国关心下一代工作会议精神和顾秀莲讲话。根据中央领导的重要批示和全国会议精神，结合宁波市实际，曹晖对今后的工作提出要求。对宁海县关工委争取县委领导重视，增配镇乡、街道关工委常务副主任，并及时举办常务副主任培训会给予肯定。会上，县关工委常务副主任杨启炉作题为《提高认识、明确任务，努力开创宁海县关心下一代工作新局面》的报告。县关工委副主任王以位作《认真总结经验，不断完善创新，持续开展“三好四无”创建活动》的讲话。大佳何镇人大主席团副主席、镇关工委常务副主任胡余荣作《牢固树立服务意识，主动承担工作任务》的介绍。西店镇关工委常务副主任戴伟平对履行常务副主任职责，做好关心下一代工作作发言。丁建标在讲话中对关心下一代工作的重要性与必要性、新增配的各镇乡、街道关工委常务副主任强化责任和服务大局意识，在明确职责任务的基础上，进一步理清工作基本思路和总体要求，不断熟悉业务、提高业务、精进业务提出要求。县老干部局局长、县关工委副主任俞伟平作出小结。

2008年8月15日，全县镇乡、街道关心下一代工作会议在白云山庄召开。各镇乡、街道关工委常务副主任和有关负责同志共33人出席会议。县委组织部常务副部长王能迭出席会议并讲话。会上县关工委副主任任校章传达中央领导习近平对关心下一代工作批示和中国关工委主任顾秀莲在全国关心下一代工作会议上的讲话；西店镇关工委常务副主任戴伟平介绍在“三好四无”创建活动中“抓一点指导全面”的做法。跃龙街道关工委常务副主任胡建萍介绍街道召开的2008年开展村（社）校共建“三好四无”创建村党支部书记、村文书、街道联村干部工作会议情况。大佳何镇人大常委会副主任、关工委常务副主任胡余荣介绍镇全面铺开“三好四无”创建工作计划；县关工委副主任王以位作《发扬成绩一鼓作气，扎实推进全县“三好四无”创建活动》的讲话。县关工委常务副主任杨启炉回顾总结上半年关心下一代工作，对下半年的重点工作进行部署。王能迭在会上讲话。

2008年12月31日，县关工委召开各镇乡、街道关工委常务副主任工作会议，各镇乡、街道关工委常务副主任、专兼职干部共30余人参加会议。会上各镇乡、街道关工委汇报2008年关心下一代工作情况，交流村（社）校共建“三好四无”创建工作的进展情况以及经验做法；县关工委副主任王以位介绍赴江苏学习考察情况和体会；县关工委常务副主任杨启炉传达省、市关心下一代工作会议精神，总结2008年宁海县关心下一代工作，部署2009年工作任务。

2009年9月16日，县关工委举行乡镇、街道关工委常务副主任工作会议。各乡镇、街道关工委常务副主任及相关负责同志，教育局关工委常务副主任等近30人参加会议。会议听取各乡镇、街道关工委常务副主任关于庆祝中华人民共和国成立60周年“辉煌60年”爱国主义教育宣讲活动、“三好四无”创建、千名“五老”结对关爱农村未成年人、暑期青少年校外教育活动、下阶段工作打算等工作汇报和交流。县关工委常务副主任杨启炉传达全国关心下一代宣传工作会议精神和在宁海县召开的省关工委办公室工作会议精神，总结回顾上半年来主要工作和年内重点工作。县委组织部常务副部长王能迭到会讲话。

2010年8月17日，县关工委召开各乡镇、街道关工委常务副主任会议。各乡镇、街道关工委常务副主任，“三好四无”巡视指导组全体成员共30余人参加会议。会上各乡镇、街道关工委汇报交流；县关工委副主任王以位综合上半年“三好四无”创建工作巡视检查情况，对下半年创建工作提出建议和要求；县关工委常务副主任杨启炉讲话。

2010年10月13日，县关工委召开各乡镇、街道关工委常务副主任、县教育局关工委常务副主任会议，传达全国关心下一代宣传工作会议精神，部署重点工作。会上各乡镇、街道关工委汇报交流近阶段村（社）校“三好四无”创建工作进展情况和2011年度《中国火炬》征订工作落实情况；县关工委专职副主任袁春林传达全国关心下一代宣传工作会议精神；县关工委常务副主任杨启炉部署当前重点工作。

关工委主任、顾问、副主任、委员座谈汇报会议　2001年1月9日，县关工委召开名誉主任、顾问迎新春茶话会，畅谈新千年新打算。县委常委、县关工委主任陈云高出席会议并讲话。县老干部局局长、县关工委秘书长彭家标出席会议。

2001年1月12日，县关工委召开副主任和常务委员中退离休老同志迎新春茶话会，并讨论研究县关工委自身建设、组织分工和有关制度建设方面的意见。常务副主任杨启炉作中心发言。

县关工委班子成员会议　2008年8月1日，县关工委班子成员（部分）会议在县政协召开。县关工委副主任任校章组织大家学习中央领导习近平、李源潮及市领导巴音朝鲁的重要批示和指示，传达中国关工委主任顾秀莲在全国关心下一代工作会议上讲话和副主任杨志海工作报告要点。县关工委常务副主任杨启炉对2008年上半年的工作做回顾，并部署下半年重点工作。与会人员进行讨论，并提出意见和建议。

全国重要信息及会议精神 2001年8月31日至9月4日，中国关工委第六次宣传工作会议在陕西省西安市召开。县关工委常务副主任杨启炉应邀出席会议。县关工委的《千份〈火炬〉亮我县，万人谱写新篇章》一文作为大会交流材料，在8个省、自治区大组讨论时，杨启炉作发言。会上，县关工委被中国关工委办公室和《中国火炬》杂志社评为宣传报道和征订发行工作先进集体。

2002年8月31日至9月4日，中国关工委第七次宣传工作座谈会在宁波市新芝宾馆召开。中国关工委副主任兼秘书长杨志海，副主任闵振环，副秘书长温厚文、王立文，办公室主任李幼林等领导出席会议。来自全国各省、市、自治区、中央有关部委和部分地市、县市关工委负责同志近200人参加会议。浙江省关工委主任王耀亭、专职副主任包保根专程到会祝贺，宁波市委副书记、政协主席王卓辉、市人大常委会主任陈勇等领导出席大会开幕式。副书记王卓辉作讲话，市关工委主任张永样、常务副主任颜志定、副主任邵德甫自始至终参加大会。李幼林传达中关工委执行主任王照华对第七次宣传工作座谈会的批示，杨志海作《与时俱进，开拓创新，进一步加强和改进关心下一代宣传工作》的报告。会议主题突出全面贯彻“三个代表”重要思想，深入学习中共中央总书记江泽民“5·31”重要讲话，维护发展稳定大局，以优异的成绩迎接中共十六大召开。大会表彰江苏、福建、浙江等18个省部级和连云港、台州、宁波等40个地市级、165个县（市）级先进集体。宁海县关工委被中国关工委评为宣传报道工作先进集体。大会邀请共青团中央书记、中国关工委副主任赵勇、外交部美大司司长何亚非、著名作家柯岩专程到宁波就当前国内外形势和当代青少年教育等问题作专题报告。会议印发全国先进典型经验材料20份，其中大会交流11份，宁波市关工委主任张永样作《与时俱进，开拓创新，促进关心下一代工作新发展》的介绍。宁海县关工委常务副主任杨启炉出席会议，并作《倾情奉献订“火炬”与时俱进抓“关爱”》的发言。中国关工委副主任闵振环作大会小结。4—5日，全体与会人员参观世界500强之一，全国农村小康示范村奉化滕头和海曙区万安社区、澄浪社区。

2002年9月5日，中国关工委第七次全国宣传工作座谈会在宁波召开期间，副秘书长温厚文、《中国火炬》杂志社总编助理赵国伟、编委罗月英等到宁海县指导工作。县委常委陈云高陪同，县关工委常务副主任杨启炉汇报宁海县关心下一代工作及《中国火炬》征订和学用情况。中国关工委领导听取汇报后，赞扬宁海县关心下一代工作在县委、县政府领导和重视下，在新世纪开头有一个好的起点，成效显著。并赞赏宁海山清水秀，环境优美，城市化建设有新的格局，宁海是个好地方，给大家留下深刻的印象。

2002年10月26日，县关工委常务副主任杨启炉赴长沙出席中国关工委宣传工作会议，并作《倾情奉献订〈火炬〉，与时俱进抓“关爱”》的发言。

2003年10月28日，中国关工委在福建省泉州市召开全国部分宣传报道工作先进集体代表座谈会，宁海县关工委常务副主任杨启炉应邀出席座谈会。

2004年8月29日，县关工委常务副主任杨启炉，应邀出席中关工委在四川成都市召开的全国宣传工作部分先进集体座谈会。会议听取中关工委副秘书长温厚文传达中央政治局常委李长春6月8日在听取共青团中央、全国妇联、中国关工委领导汇报贯彻落实中央8号文件后所作的重要讲话；听取兄弟县市关工委的先进典型经验交流，宁海县关工委作《抓好试点，攻克难点，竭力预防未成年人违法犯罪》的书面发言。

2005年9月22日，应中国关心下一代工作委员会之邀，县关工委常务副主任杨启炉赴广东省深圳市出席全国关心下一代宣传工作会议。宁海县关工委撰写的《深化预防 关爱帮教》一文在大会上作交流发言。中国关工委领导在会上肯定宁海县关工委在主动配合有关部门做好预防未成年人犯罪工作所取得的成效。杨启炉回县后，向关工委办公室全体人员传达大会精神和兄弟单位关工委工作经验，学习中国关工委副主任闵振环讲话，研究贯彻落实中国关工委两次会议精神，以指导和推动宁海县关心下一代工作。

2006 年 2 月，县关工委被中国关工委评为 2005 年度《中国火炬》宣传报道和征订工作先进集体。

2006 年 8 月 24 日，县关工委常务副主任杨启炉出席中国关工委在上海召开的全国关心下一代宣传工作会议。来自全国各地关心下一代工作的代表 200 余人参加会议，中国关工委副秘书长王立文主持会议。副主任闵振环传达主任王丙乾的书面讲话，作《围绕主旋律，创造性地开展工作，努力为广大青少年营造一个健康成长的良好氛围》讲话。上海市关工委等 13 个单位在大会上作经验交流发言。会议开展讨论，学习上海市宝山区、长宁区社区关心下一代工作的经验。在会上，宁海县关工委被中国关工委评为 2006 年《中国火炬》杂志宣传报道和征订发行工作先进集体。

2007 年 9 月 23 日，县关工委常务副主任杨启炉出席中国关工委在桂林召开的全国关心下一代宣传工作会议。全国各地关心下一代工作的代表 120 余人参加会议。中国关工委副秘书长王立文主持会议，副秘书长温厚文传达中国关工委主任王丙乾、副主任闵振环的书面讲话。杨启炉在会上作《争取党委重视，多措并举，努力减少未成年人犯罪》的交流发言。会上，宁海县关工委被中国关工委评为 2007 年《中国火炬》杂志宣传报道和征订发行工作先进集体。

2008 年 8 月 31 日至 9 月 3 日，中国关工委在沈阳市召开全国关心下一代宣传工作座谈会。宁海县关工委副主任王以位应邀出席会议。会后，县关工委对会议精神进行传达和贯彻。

2009 年 9 月 1—5 日，全国关心下一代宣传工作会议在陕西省渭南市召开。全国各地关工委的领导和相关负责同志共 210 余人参加。宁海县关工委常务副主任杨启炉出席会议。中国关工委主任顾秀莲到会并作《加强领导 努力创新 把关心下一代宣传工作提高到一个新的水平》的讲话。要求各级关工委领导充分认识到做好关心下一代宣传工作的重要意义，进一步营造全社会都来关心下一代工作的良好氛围，发扬成绩，开拓创新，切实加强关心下一代宣传工作，做到“急党政所急、想青少年所想、尽关工委所能”，把关心下一代工作提高到一个新的水平。中国关工委常务副主任陈光毅、闵振环，副主任刘晓连、祖书勤等出席会议。大会对在关心下一代宣传工作中取得优异成绩的 38 个标兵单位和 379 个先进单位予以表彰，宁海县关工委荣膺全国关心下一代宣传工作“标兵单位”称号。

2010 年 7 月 13 日，县关工委向各乡镇（街道）、县直属单位关工委转发市关工委《关于认真学习贯彻纪念中国关工委成立 20 周年暨全国关心下一代工作表彰大会精神的通知》。

2010 年 9 月 7—9 日，中国关工委在吉林长春召开全国关心下一代宣传工作会议，贯彻落实纪念中国关工委成立 20 周年暨全国关心下一代工作表彰大会精神。中国关工委主任顾秀莲，常务副主任闵振环，副主任刘晓连、祖书勤，副秘书长温厚文等出席会议，各省（市）、自治区、直辖市关工委和部分市（地）县（市、区）关工委代表近 200 人参加会议。宁海县关工委专职副主任袁春林出席会议。顾秀莲在会上讲话。会议强调，要加大宣传工作的力度，为推动关心下一代工作科学发展营造舆论影响。会上，十一个单位交流经验，宁海县关工委《积极探索“三好四无”创建活动，扎实推进未成年人思想道德建设》一文作书面交流。

2010年10月14—17日，中国关工委在辽宁省葫芦岛市召开《中国火炬》杂志评刊座谈会。中国关工委常务副主任闵振怀出席会议并讲话，副秘书长温厚文，《中国火炬》杂志社常务副社长、副总编曲文昌以及相关编委成员等出席会议。宁海县关工委常务副主任杨启炉应邀出席座谈会。有关省、区、直辖市从事关心下一代工作的55位领导畅所欲言，对刊物取得的成绩给予充分肯定，同时，也对进一步提高刊物质量作深入探讨。杨启炉在会上作首个发言。

全省重要信息及会议精神 2001年11月9日，学生葛颖莹赴杭州，出席浙江省关工委、省青少年英才奖励基金会召开的表彰大会，受到表彰，领取证书、奖章与奖金。葛颖莹是经县关工委选拔报送、宁波市关工委申报的宁海中学风华书院初中学生，荣获浙江省第九届青少年英才奖少年（学生）组三等奖。2000年，由中国社会出版社出版葛颖莹创作的一部诗集《我的歌，我的梦》，2001年她以百行长诗新作《带泪的故事》获得在鲁迅故乡举行的三月风全国诗歌大奖。

2002年12月11日，宁海县关工委常务副主任杨启炉出席在杭州召开的浙江省关心下一代工作暨表彰大会。省老领导铁瑛、翟翕武、薛艳庄、王钟麓、康明才等出席会议。会上，省委副书记乔传秀讲话；省委常委、宣传部部长陈敏尔作中共十六大精神学习辅导报告；省关工委主任王耀亭作《学习宣传十六大精神　用“三个代表”重要思想统领关心下一代工作》的报告。大会表彰一批关心下一代工作先进集体和先进个人。县关工委杨启炉、林贵清被评为“浙江省关心下一代工作先进个人”并受表彰。

2003年12月10日，县关工委常务副主任杨启炉出席全省关心下一代工作会议。

2004年12月14日，县关工委常务副主任杨启炉出席省关工委召开的表彰大会。宁海县关工委被评为浙江省关心下一代工作先进集体，杨启炉被评为浙江省关心下一代工作先进个人。同日，省委副书记乔传秀、副省长陈加元出席会议并为荣获全国先进集体、先进个人、省第十二届青少年英才奖的单位和个人颁奖。省关工委主任王耀亭作工作报告，副省长陈加元讲话。县关工委常务副主任杨启炉、副主任袁哲飞出席会议。

2006年7月4日，县关工委办公室副主任李明来赴杭州参加全省关工委系统为期三天的培训班。

2006年12月11—13日，县关工委常务副主任杨启炉赴杭州出席浙江省关心下一代工作暨表彰会议。省委副书记周国富为浙江省55个先进集体、152个先进个人颁奖并讲话。省关工委主任王耀亭作工作报告。省委原书记铁瑛、省政协副主席吴国华，老同志杨彬、薛艳庄等及省直有关部门的领导出席会议。省关工委副主任王柏荣主持会议。省委副书记周国富指出，关心下一代工作要以中共十六届六中全会精神为指导，进一步理解构建社会主义和谐社会的目标任务。深入思考关心下一代工作应该“关心什么”“怎么关心”等问题，研究当前青少年“需要什么”“怎么引导”等课题，分析更好发挥“五老”优势、教育培养青少年的有效方式方法。周国富要求各级党委、政府要把关心下一代工作纳入本地经济社会发展规划，纳入精神文明建设总体布局，列入重要议事日程，定期听取关工委工作汇报，经常征求关工委老同志的意见和建议，为关工委创造良好的工作环境。宁海县关工委常务委员、副秘书长龚怀源被评为全省关心下一代先进个人，受到表彰。

2007年12月13日，省关工委召开全省关心下一代工作暨英才表彰会议。省委常委、组织部部长斯鑫良，副省长陈加元等出席会议。省关工委主任王耀亭作《高举旗帜，明确重点，创新载体，努力开拓关心下一代工作新局面》的工作报告，回顾2007年全省关心下一代工作；对2008年工作提出要求。大会表彰60名青少年英才。省委常委、组织部部长斯鑫良讲话。宁海县关工委副主任王以位出席该次会议。

2008年12月10日，全省关心下一代工作暨表彰会议在杭州召开。省委常委、组织部部长斯鑫良，副省长陈加元出席会议并讲话，省关工委主任王耀亭作工作报告。宁海县关工委常务副主任杨启炉出席会议。斯鑫良在会上高度评价全省各级关工委和广大“五老”为青少年健康成长所作出的贡献。王耀亭对过去一年关工委的工作作总结。对2009年工作，强调要以科学发展观为统领，以社会主义核心价值体系为主要内容，进一步加强青少年社会主义理想信念和思想道德教育；要把发展作为第一要义，坚持以人为本，使关心下一代工作实现全面协调有序可持续发展；要按照青少年成长的规律教育青少年，把社会主义核心价值体系教育作为关心下一代工作的首要任务。会上，宁海县关工委和大佳何镇关工委常务副主任胡余荣分别荣获省先进集体、先进个人称号，受到表彰。

2009年10月16日，省关工委成立二十周年庆祝大会在省人民大会堂召开。中国关工委主任顾秀莲、副主任闵振环，副省长陈加元等出席会议，省委书记、省人大常委会主任赵洪祝向大会发来贺信，省人大常委会副主任、省关工委主任徐宏俊作工作报告，省委常委、组织部部长斯鑫良讲话。大会由省关工委副主任江坪主持。顾秀莲在大会上作重要讲话，充分肯定浙江省关工委成立20年来所取得的成绩，指出浙江省关工委20年的发展历史，体现省委、省政府对青少年健康成长的高度重视、体现广大“五老”的奉献精神，体现社会各界对青少年的共同关爱。同时指出，当前关心下一代工作面临着新形势、新任务，各级关工委要深入学习贯彻中共十七届四中全会精神，坚持用科学发展观统领关心下一代工作，坚持以社会主义核心价值体系引领青少年，以改革创新精神全面推进关工委工作，为青少年健康成长做出新的贡献。省关工委主任徐宏俊在工作报告中回顾关工委20年来的发展历程，总结20年来的基本经验，并强调，今后，关工委要以科学发展观统领关心下一代工作，以社会主义核心价值体系培养青少年，坚定不移地发挥“五老”的独特优势和不可替代作用，坚定不移地加强各级关工委组织的自身建设，与青少年同心，与祖国同步，为培养中国特色社会主义建设者和接班人继续奉献关爱之情。大会向获得20周年荣誉奖章的老同志和第十四届省青少年英才奖获得者颁发荣誉奖章和荣誉证书。

2010年12月14—15日，全省关心下一代工作暨表彰会议在杭州召开。省委常委、组织部部长蔡奇出席会议并讲话，省关工委主任徐宏俊作工作报告。宁海县关工委常务副主任杨启炉出席会议。会上，宁海县关工委常务副主任杨启炉和西店镇关工委常务副主任戴伟平荣获“浙江省关心下一代工作先进个人”称号，受到表彰。

全市重要信息及会议精神　2001年5月21日，宁波市关工委召开宣传报道工作会议。办公室主任曹晖总结2000年度全市关心下一代宣传报道工作。提出今后宣传报道工作仍要坚持：围绕中心，突出重点，体现特色，提高质量，力求创新。曹晖还传达中关工委召开的省市关工委办公室主任会议精神，介绍各地关工委办公室工作情况和经验。市关工委常务副主任颜志定传达省关工委在绍兴召开的组织建设座谈会精神，希望办公室的工作人员在实际工作中要有明确的工作任务和奋斗目标，同时向获得2000年度全市关心下一代宣传报道工作的先进集体和先进个人表示祝贺。宁海县关工委被评为先进集体，办公室主任叶建杰被评为先进个人。

2001年7月17日，宁波市关工委召开社区关心下一代工作经验交流会，会议由市关工委主任张永祥主持。12位代表作典型发言，13篇材料进行书面交流，宁海县关工委也在书面交流之列。省关工委主任王耀亭、专职副主任包保根参加会议。王耀亭和市委副书记王卓辉分别讲话。省市领导在讲话中对今后进一步做好社区关心下一代工作提出要求。市委组织部副部长翁鲁敏参加会议。宁海县关工委常务副主任杨启炉、办公室主任叶建杰出席会议。7 月 18 日，宁波市关工委常务副主任颜志定总结上半年关心下一代工作，对下半年工作重点提出意见。

2001 年 12 月 31 日，市委常委、组织部部长郁义康、市委办公厅主任王剑波等到宁波市关工委，看望办公室的全体工作人员，并亲切地同工作人员握手，对新的一年的到来表示问候，对多年来的辛勤工作表示感谢。市关工委常务副主任颜志定汇报宁波市关心下一代工作的情况和特点，以及所面临的问题和困难，并代表全市关工委老同志表达在新时期积极做好关心下一代工作的决心和信心，努力把宁波市关心下一代工作在新的起点上，向新的高度发展。

2002 年 1 月 18 日，县关工委常务副主任杨启炉和办公室主任叶建杰赴宁波出席宁波市关工委召开的关心下一代工作会议。宁波市关工委办公室主任曹晖传达中关工委在武汉召开的社区工作座谈会精神。市关工委张永祥主任讲话，常务副主任颜志定主持并部署工作。

2002 年 5 月 21 日，县关工委常务副主任杨启炉出席宁波市关工委召开的落实公民道德纲要经验交流会。会议听取余姚市、江北区关工委等四人的经验介绍。市关工委常务副主任颜志定回顾半年多来的工作，对今后如何深化教育布置任务。

2002 年 6 月 27—28 日，县关工委常务副主任杨启炉、办公室主任叶建杰出席宁波市关工委召开的工作会议。各县市区关工委交流上半年关心下一代工作重点，参观海曙区万安、澄浪两个社区建设，宁波市关工委办公室李平传达在中国关工委中青年干部培训班上中关工委领导讲话精神。市关工委办公室主任曹晖对上半年全市关心下一代工作作小结。市关工委常务副主任颜志定作“与时俱进，开拓创新，做好 2002 年下半年关心下一代工作”的报告。

2002 年 10 月 15 日，宁波市关心下一代工作先进表彰暨大红鹰青少年科技英才奖大会在市老干部活动中心召开，市关工委主任张永祥主持大会。市委副书记、市政协主席王卓辉和市委、市政府原老领导、市关工委名誉主任、顾问等出席会议。会上，市关工委常务副主任颜志定宣读宁波市关心下一代工作委员会《关于表彰全市关心下一代工作先进集体、先进个人的决定》和《关于表彰奖励青少年英才的决定》。宁海县评为市先进集体 4 个，县关工委、县供电局关工委、长街镇关工委、县后备军人学校；评为市先进个人 5 名：薛国苗、葛民仁、杨志肯、张洁辉、葛学诚。获得青少年科技英才奖的 2 名，潘天寿中学学生邬汝威在信息技术方面的创新，被评为大红鹰青少年英才二等奖；跃龙中学的学生李乐，制作航模成绩突出被评为三等奖。会上，宁波市教育局关工委和江东区关工委委员、离休干部戴柏青作典型发言。王卓辉讲话。

2002 年 12 月 24 日，县关工委常务副主任杨启炉、办公室副主任王崇斌赴宁波出席市关工委工作会议。听取市关工委主任张永祥、办公室主任曹晖传达中关工委厦门会议精神：12 月 15 日，全国人大常务委员会委员长李鹏在厦门接见出席会议全体代表，并鼓励老同志学习贯彻好中共十六大精神，在关心下一代工作中做出新的贡献。李鹏在与全体代表合影后发表重要讲话。厦门会议要求全国基层关心下一代工作要坚决贯彻中共十六大精神，将“三个代表”重要思想贯穿到底。中国关工委副主任杨志海作工作报告，执行主任王照华在大会闭幕式上作重要讲话。市关工委总结 2002 年工作，部署 2003 年工作意见，各兄弟县市区关工委在会上作交流发言，常务副主任颜志定作会议小结。

2003 年 3 月 12—13 日，县关工委常务副主任杨启炉、常务委员严望林、办公室副主任王崇斌参加宁波市关工委十六大精神学习班。学习班上，市计委博士方建新作《宁波发展前景》的辅导报告。市委党校副校长朱中人作“深入领会十六大精神，全面贯彻‘三个代表’重要思想”的辅导。

宁波大学和海曙区关工委就中共十六大精神“三进校园”、进社区作经验介绍。市关工委主任张永祥、常务副主任颜志定、办公室主任曹晖对下一步学习宣传贯彻中共十六大精神和工作作部署。

2003 年 7 月 9—10 日，县关工委常务副主任杨启炉、办公室副主任王崇斌出席宁波市关工委工作会议。会上，市关工委办公室主任曹晖回顾总结 2003 年上半年工作。市关工委办公室 3 位同志就上阶段开展的三个调查报告在会上作介绍。主任张永祥就学习“三个代表”重要思想作讲话。各县、市、区关工委对上半年工作进行交流。杨启炉就宁海县上半年关心下一代工作开展情况和下半年工作重点作汇报。市关工委常务副主任颜志定作会议小结。

2003 年 12 月 9 日，县关工委办公室主任王崇斌出席宁波市关工委年度工作会议，并作 2004 年县关工委工作思路发言。

2004 年 10 月 15 日，县委常委、组织部部长、县关工委主任谢群华，县关工委常务副主任杨启炉带领宁海县关心下一代工作先进集体代表、先进个人 12 人，赴宁波出席纪念宁波市关工委成立 15 周年暨关心下一代工作“双先”表彰大会。宁海县有 4 个单位荣获宁波市关心下一代工作先进集体称号，6 人荣获宁波市关心下一代工作先进个人称号，2 位中小学生荣获宁波市大红鹰青少年科技英才奖三等奖。与会人员认真听取宁波市委副书记徐福宁和市关工委主任张永祥的讲话。

2004 年 10 月 15 日，宁波市委、市政府纪念宁波市关工委成立十五周年暨全市关心下一代工作“双先”表彰大会后，县关工委办公室及时发出通知，要求受到表彰的单位和个人及时向本单位领导传达会议精神，组织学习市委和市关工委领导讲话。

2005 年 2 月 2 日，县关工委常务副主任杨启炉评为宁波市加强和改进未成年人思想道德建设标兵，朱瑞骏被评为宁波市加强和改进未成年人思想道德建设先进个人。

2005 年 4 月 21 日，宁波市关工委常务副主任颜志定在宁海召开宁海、奉化、象山关工委负责人会议，传达中发〔2005〕4 号文件和甬党 5 号文件及甬关工〔2005〕6 号文件精神，研究部署宁波市开展中国人民抗日战争暨世界反法西斯战争胜利 60 周年纪念活动。奉化市关工委常务副主任陈菊月、象山县关工委副主任郑丁坤、宁海县关工委常务副主任杨启炉、副主任袁哲飞及办公室同志参加会议。县委常委、组织部部长、县关工委主任俞小勋会见市、县关工委领导及全体与会同志。

2005 年 8 月 2 日，县关工委常务副主任杨启炉、办公室主任王崇斌出席宁波市关工委在奉化溪口召开的县、市、区关工委主任工作会议。会上，宁波市关工委主任张永祥传达全国关心下一代工作表彰会议精神，要求各县、市、区关工委结合自身实际，学习、贯彻、落实好表彰大会精神。宁波市关工委常务副主任颜志定对上半年工作进行回顾，强调下半年要继续以《若干意见》为指针，认真学习贯彻全国关心下一代工作表彰大会精神，做到站在高处、谋在深处、干在实处、走在前列。

2005 年 11 月 15 日，跃龙街道怡惠、北星等 5 个社区关工委被宁波市关工委评为“六好”社区关工委。

2006 年 3 月 22 日，县关工委副主任袁哲飞、朱瑞骏、办公室副主任李明来参加宁波市关工委系统学习班，听取宁波市委党校副校长魏国良、宁波市人民政府经济研究中心副主任、关工委顾问方建新、市政协原主席、市关工委名誉主任徐季子作的辅导报告。市关工委常务副主任颜志定作《珍惜荣誉，与时俱进，立足新起点，把握新要求，谋求新发展，把关心下一代工作推向新阶段》的报告，市关工委主任张永祥作讲话。

2006 年 6 月 20 日，宁波市关工委召开县（市、区）关工委办公室主任会议。宁海县关工委办公室副主任李明来出席会议。市关工委常务副主任颜志定传达全省关工委主任会议精神，副主任曹晖部署和安排工作。

2006年11月21—22日，宁波市关工委在慈溪市召开全市关心下一代年度工作会议。市关工委主任张永样、市关工委常务副主任颜志定，副主任曹晖、邵德甫，各县（市、区）关工委主任、办公室负责人和市直属有关单位关工委负责人等参加会议。宁海县关工委常务副主任杨启炉，办公室副主任李明来出席。会议由各县、市、区关工委汇报交流2006年主要工作和2007年工作思路。杨启炉汇报2006年工作要点和2007年工作思路。颜志定对2006年宁波市关心下一代工作进行回顾，并提出2007年工作任务。张永祥在会上讲话。

2007年4月24日，宁波市关工委召开各县市、区关工委负责人会议。市关工委副主任曹晖、办公室副主任李平分别传达中国关工委在南京召开的关心下一代工作会议概况和中国关工委领导讲话主要精神；市关工委常务副主任颜志定就贯彻落实工作作部署；市关工委主任张永祥讲话。宁海县关工委常务副主任杨启炉、办公室主任李明来出席会议。

2007年10月21日，宁波市关工委召开第三次“六好”社区关工委表彰会议。全市共表彰“六好”社区关工委60个。宁海县出席会议的有县关工委副主任王以位、办公室主任李明来和受表彰的跃龙街道五丰、塔山、兴圃社区关工委主任。市关工委主任邵孝杰讲话。

2007年12月26日，宁波市关心下一代工作会议召开。市委副书记郭正伟，常务副市长王勇等出席会议。市关工委主任邵孝杰作《新年新起点，落实新举措，努力开创关心下一代工作新局面》的讲话。郭正伟代表市委、市政府讲话。会议通报全市关心下一代工作调研报告评选结果，宁海县岔路镇关工委撰写的《岔路中学“留守儿童”学生心理状况调查与思考》荣获二等奖，县关工委撰写的《对县直机关关工委如何发挥作用的调查报告》获三等奖。县关工委常务副主任杨启炉，办公室主任李明来出席会议。会上，杨启炉汇报2007年的重点工作和2008年工作思路。

2008年1月24—25日，宁波市关工委系统信息工作会议在镇海九龙山庄召开。市关工委办公室副主任李平对网站信息、简报信息工作作总结和部署，市关工委专职副主任曹晖讲话。镇海区关工委、北仑区关工委介绍经验。宁海县关工委办公室主任李明来出席会议。

2008年1月23日，县关工委副秘书长龚怀源赴宁波出席全市教育系统关工委表彰暨工作会议。龚怀源被宁波市教育局授予“教育关工之星”荣誉称号。

2008年3月26—27日，宁波市关工委举办全市关心下一代工作培训班。宁海县关工委副主任王以位、任校章、娄传申、委员胡功庆四人参加培训班学习。

2008年6月17日，宁波市关工委、综治办联合在奉化市召开关爱工作经验交流现场会议。总结推广奉化市关工委关爱工作团的工作经验，部署全市关爱团工作。各县（市）区关工委领导、办公室负责人及关爱工作团分管负责人参加会议。省关工委专职副主任徐全升，宁波市关工委主任邵孝杰，宁波市政法委副书记蒋朝栋等出席会议并讲话。会议由宁波市关工委副主任曹晖主持。宁海县关工委常务副主任杨启炉、副主任任校章、县综治办主任王元法及关工委办公室王伟莉出席会议。会上，奉化市关工委、溪口镇关工委以及奉化市关爱工作团介绍关爱工作经验及收获体会。奉化市关工委常务副主任陈菊月作《倾心尽力做好关爱帮教工作》的经验介绍。蒋朝栋高度评价奉化市的关爱工作，要求全市各级综治办学习推广奉化关爱工作团经验。徐全升对宁波市下一步开展关爱工作提出希望。邵孝杰在讲话中充分肯定奉化市关爱工作所取得的成绩。

2008年6月18日，宁波市关心下一代工作会议在奉化市召开，市关工委副主任曹晖传达在江西南昌市召开的全国关心下一代工作会议精神。市关工委主任邵孝杰在会上传达中央政治局常委、国家副主席习近平对关心下一代工作的重要批示，并部署贯彻意见。

2008年12月25日，宁波市关工委召开关心下一代工作暨先进集体和先进个人表彰大会。宁波市委副书记郭正伟、市人大常委会副主任陈旭、市政协副主席陈大申、市关工委名誉主任张永祥出席会议。宁海县关工委常务副主任杨启炉、办公室副主任王伟莉及受到表彰的先进集体、先进个人代表共10人出席会议。上午会议由市关工委主任邵孝杰主持。会议对2008年市级关心下一代工作46个先进集体和79位先进个人进行表彰。宁海县4个先进集体（县教育局党委、大佳何镇党委、柔石中学关工委、一市镇新山村关工委），5名先进个人（朱瑞骏、童遵龙、储海娟、冯圣太、高明岳）受到表彰。宁海县关工委顾问朱瑞骏代表先进个人在会上作《愿为青少年健康成长做点实事》的发言。市委副书记郭正伟代表市委，市政府讲话。下午会议由市关工委副主任曹晖主持，宁波市关工委主任邵孝杰作2008年工作总结，并对2009年关心下一代工作进行部署。

2009年1月15日，宁波市关工委系统信息工作会议在北仑区召开，宁海县关工委办公室副主任王伟莉被评为积极信息员，在会上受到表彰。

2009年3月4日，县关工委龚怀源、王伟莉出席宁波市关工委办公室召开的纪念市关工委成立20周年论文选题座谈会。

2009年5月14—15日，宁波市关工委在市委党校举办培训会议。各县（市）区关工委主任（或副主任），办公室主任，老干部爱国主义教育讲师团、关爱工作团负责人，镇乡、街道关工委常务副主任，市直单位关工委负责人，高校关工委负责人，市老干部爱国主义讲师团和校外辅导员等200余人参加培训。宁海县关工委副主任、副秘书长、办公室副主任和18个镇乡、街道关工委常务副主任或副主任、县教育局关工委常务副主任，共23人出席。培训会邀请中国人民公安大学教授李玫瑾、中共中央党校科社部社会主义比较研究室教授王中汝以及中国青年政治学院青年发展研究院院长、教授陆士桢讲课。14日下午专家讲座结束后，市关工委专职副主任曹晖传达中国关工委2009年3月在广西南宁召开的全国关心下一代工作会议精神；市关工委主任邵孝杰讲话并传达2009年以来中央领导李长春、习近平等六位对中国关工委上报的2008年工作和2009年工作意见作重要批示。邵孝杰在讲话中指出：中央领导同志的批示很重要，各级关工委一定要认真学习、深刻领会，努力把工作做好，不辜负中央领导的期望。邵孝杰要求各级关工委学习贯彻好中国关工委主任顾秀莲在全国关心下一代工作会议上的讲话。邵孝杰还传达了中共中央办公厅转发《中央宣传部关于围绕庆祝新中国成立60周年深入开展群众性爱国主义教育活动的意见》，强调2009年是全市关工委组织建设年，要求加大工作力度，抓好基层关工委建设。

2009年7月21日，宁波市关工委在鄞州区龙观乡召开全市基层关工委组织建设工作会议，县关工委常务副主任杨启炉、副秘书长胡昌强，大佳何镇党委副书记、关工委主任郑有能，西店镇关工委常务副主任戴伟平出席会议。市关工委专职副主任曹晖主持会议。会议实地考察鄞州区龙观乡两个村关工委组织建设和关心下一代工作情况，听取龙观乡党委、海曙区鼓楼街道党工委及宁海县大佳何镇党委的经验介绍。宁波市关工委主任邵孝杰在会上作《夯实基础，增强活力，努力推进关心下一代工作科学发展》讲话。

2009年9月16日，宁波市关工委召开市关工委成立20周年系列活动之一——全市关心下一代工作成果研讨会。各县（市、区）和部分市级机关关工委共13家单位在会上作经验成果交流。宁海县关工委副主任任校章、副秘书长胡昌强参加会议，并将《关于村（社）校共建“三好四无”活动的实践和探索》一文在会上交流。

2009年10月17日，宁波市关工委成立20周年庆祝大会在宁波剧院召开。中国关工委常务副主任闵振环、副主任刘晓连，省人大常委会副主任、省关工委主任徐宏俊，省关工委副主任江坪，市委副书记郭正伟，市人大常委会副主任郑瑞法，市政协副主席华长慧、市关工委主任邵孝杰等出席大会，市委常委、常务副市长王勇主持大会。邵孝杰作20周年工作报告，回顾全市关心下一代工作二十年来在深化教育活动、拓展工作领域、推进服务育人、加强自身建设等方面取得的成绩，并总结了从工作实践中得到的几点启示。徐宏俊代表省关工委对大会的召开表示祝贺，并提出殷切希望。闵振环讲话。郭正伟代表市委、市政府讲话。大会对全市长期从事关心下一代工作并在工作中取得显著成绩的75名老同志授予"关工之星"荣誉称号。宁海县杨启炉、朱瑞骏、龚怀源、薛国苗、祝德朝五人被授予"关工之星"荣誉称号。县关工委常务副主任杨启炉出席省、市关工委两个庆祝大会，县委常委、组织部部长、县关工委主任俞小勋出席市关工委庆祝大会。参加市关工委成立20周年庆祝大会的还有县关工委副主任王以位、任校章，办公室主任王伟莉，"关工之星"代表龚怀源。

2009年11月25日、12月2日，宁波市关工委、浙江省关工委分别发出通知，要求在关工委系统开展向金时荣（宁波市镇海区关工委讲师团团长）同志学习的活动。

2009年11月30日，宁波市农村未成年人思想道德建设工作现场推进会在余姚市泗门镇谢家路村召开。会议要求进一步整合政府、群团组织和社会各界的力量，积极调动各方面的积极性，着力构建农村未成年人思想道德建设工作新局面。宁波市直有关部门及9个县（市、区）相关负责人共120余人现场考察谢家路村的春泥活动室、青少年假日学校教室等未成年人思想道德教育阵地和活动开展情况。宁海县关工委副主任王以位出席会议。

2010年1月25—27日，2009年度全市关心下一代工作会议在象山县石浦镇召开。各县（市、区）关工委的常务副主任、专职副主任和办公室主任参加会议。宁海县关工委杨启炉、袁春林、王伟莉出席会议。会议深入贯彻中共十七大和中共十七届三中、四中全会精神，认真学习和落实市委、市政府《关于进一步加强关工委工作的意见》，总结交流2009年工作，研究部署2010年工作，进一步推进全市关心下一代事业的科学发展。市关工委专职副主任曹晖主持会议，各县（市、区）2009年关心下一代工作总结和2010年工作意见进行书面交流，北仑、慈溪、宁海三地关工委就2010年工作思路作典型发言。市关工委主任邵孝杰作《乘势而上，积极作为，努力推进关心下一代事业科学发展》的讲话。会议还组织与会人员参观石浦青少年活动中心。

2010年3月15日，宁波市关工委召开全市关工委系统信息工作会议。2009年度全市关工委系统信息先进集体和优秀个人受到表彰，宁海县关工委办公室主任王伟莉被评为"积极信息员"。

2010年6月29日，中共宁波市委、宁波市人民政府召开未成年人思想道德建设工作会议。县委常委、宣传部部长王建云在会上作经验交流发言，重点介绍宁海县关工委开展的"三好四无"创建活动。县关工委专职副主任袁春林出席会议。宁海县关工委村（社）校共建"三好四无"创建活动被中共宁波市委、宁波市人民政府授予宁波市第三届未成年人思想道德建设工作创新案例奖，越溪乡教育关工委委员、退休老师张荣乾获先进个人奖。

2010年7月9日，宁波市关工委召开学习贯彻全国关心下一代工作表彰大会精神会议，县关工委常务副主任杨启炉、办公室主任王伟莉参加会议。

2010年12月9日，县关工委副主任袁春林赴宁波参加"加强未成年人思想道德建设"电视电话会议，并于会后及时向驻会同志传达会议精神。

全县重要信息及会议精神　2001 年 3 月 7 日，县委、县政府召开全县老干部工作、关心下一代工作先进表彰会议。表彰关心下一代工作先进集体 9 个，先进个人 25 名。县委、县政府领导张拓原、林静国、陈云高、徐志军出席大会并讲话。大佳何镇关工委在会上作典型发言。

2001 年 9 月 29—30 日，县关工委常务副主任杨启炉应邀出席县青联换届选举的开幕式和闭幕式。

2001 年 11 月，在县少年先锋队第四次代表大会上，由团县委、县教委、少工委联合聘请县关工委常务副主任杨启炉为少先队宁海县第四届工作委员会总顾问，选举县关工委副主任朱瑞骏为宁海县校外总辅导员，叶建杰为县少工委副主任。县关工委名誉主任孙愫贞、县关工委常务委员薛国苗作为特邀代表出席县少先队第四次代表大会。

2002 年 2 月 28 日，县委办公室转发《县关工委 2002 年工作意见》，通知各镇乡党委、县直属各单位党组织，认真贯彻执行。

2002 年 3 月 9 日，县关工委杨启炉、朱瑞骏、叶建杰参加县少工委四届二次全委（扩大）会议和少先队体验教育讲座。

2002 年 7 月 2 日，县关工委召开有关领导参加的会议。县关工委常务副主任杨启炉传达市关工委会议精神。联系宁海实际，研究贯彻落实意见。

2002 年 12 月 2 日，县委常委、组织部部长谢群华到县关工委看望老同志，常务副主任杨启炉汇报省关心下一代工作会议和县关工委工作情况。

2002 年 12 月 12—13 日，县关工委办公室副主任王崇斌（专职干部）参加县委宣传部举办的中共十六大精神宣传骨干培训会。

2002 年 12 月 19 日，县委常委、县关工委主任陈云高听取常务副主任杨启炉出席省关工委工作暨表彰大会的精神汇报，并一起研究贯彻落实会议精神和工作意见。

2002 年 12 月 19 日，县委常委、常务副县长徐光宪到县关工委看望老同志。常务副主任杨启炉汇报省关心下一代工作会议和县关工委工作情况。

2003 年 1 月 22 日，县关工委在宁海宾馆召开名誉主任、顾问迎春茶话会。县委常委、宣传部部长顾卫卫，县人大常委会副主任、县关工委主任陈云高，县关工委名誉主任、顾问、县关工委常务副主任杨启炉，县老干部局局长彭家标等 22 位同志欢聚一堂，喜迎新春佳节。茶话会由陈云高主持。杨启炉传达省关心下一代工作暨表彰大会精神和市关心下一代工作会议精神，学习委员长李鹏接见中国关工委在厦门召开的全国关心下一代基层工作座谈会代表时所作的重要讲话。学习省委副书记乔传秀在省关工委会议上的讲话和王耀亭主任的工作报告。汇报县关工委 2002 年的工作和 2003 年关心下一代的工作思路。王惜耶、王光明等顾问发言。顾卫卫讲话。陈云高作小结。

2003 年 2 月 24 日，县委办以宁党办〔2003〕22 号文件转发县关工委《2003 年关心下一代工作意见》，要求各镇乡党委、县直属各单位党组织认真贯彻执行。

2003 年 7 月 30 日，龚怀源出席宁海县通讯报道工作会议。王崇斌参加全省贯彻城市生活无着落的流浪乞讨人员救助管理办法电视电话会议。

2004 年 1 月 6 日，县委、县政府在人民电影院召开“全县关心下一代工作暨先进表彰大会”。宁波市关工委常务副主任颜志定，县委副书记张拓原，县委常委、常务副县长徐光宪，县委常委、组织部部长谢群华，县人大常委会副主任、县关工委主任陈云高，县政协副主席张位胜，市关工委办公室主任曹晖，县关工委名誉主任、顾问、班子成员和先进集体代表、先进个人，县直属机关各单位、镇乡、街道分管关工委领导和关工委副主任出席大会。大会由陈云高主持。县关工委常务副主任杨启炉代表县关工委作工作报告；县委常委、组织部部长谢群华宣读县委、县政府《关于表彰宁海县关心下一代工作先进集体、先进个人的决定》《关于表彰从事关心下一代工作满十年的同志的决定》。41 个先进集体，62 个先进个人受到表彰。县四套班子领导和市关工委领导向先进集体、先进个人颁奖；大会还进行典型经验交流发言，茶院乡乡长陈剑波、桑洲镇党委副书记胡姣蓉、强蛟镇中心小学原校长王成恕作交流发言。县高级职业技术中心学校、城关派出所、园丁社区关工委、县实验小学、前童镇退休干部杨启芳等作书面交流；颜志定讲话指出，宁海县关工委组织建设形成网络，思想教育入耳入脑，校外辅导共育新苗，帮教工作春风化雨，宣传报道广泛深入，爱心工程排忧解难，先进典型层出不穷。做到工作制度规范化，教育形式多样化，各种活动经常化的格局，各项工作卓有成效，先后七次被评为省、市关工委先进集体；连续七次被评为全国征订、宣传工作先进集体。县委副书记张拓原讲话。陈云高就大会贯彻问题作出强调。

2004 年 2 月 26 日，县委办以宁党办〔2004〕20 号文件转发县关工委 2004 年工作意见。

2004 年 3 月 18 日，县关工委杨启炉、王崇斌到长街镇、三中、镇派出所、力洋初中、四中、茶院乡了解县“双先”表彰会贯彻落实和学校德育教育情况。

2004 年 4 月 22—26 日和 5 月 24—26 日，县关工委分别组织班子成员与部分在职领导 21 人，分成 5 个检查组对全县各镇乡、街道和部分县属机关关工委对贯彻落实县委、县政府“双先”表彰会精神和宁党办〔2004〕20 号文件情况进行检查。各单位十分重视此次检查，召集关工委全体成员参加汇报会，党委分管领导汇报工作，检查组召开座谈会，深入重点村、学校和派出所听取意见，共计 200 余人参与汇报和座谈。通过检查，对宁海县关心下一代工作起到再学习、再宣传、再发动、再落实的效果。

2004 年 7 月 28 日，由团县委牵头，县委宣传部、教育局、关工委和跃龙街道五家单位在城关影院联合举办县优秀学子成长事迹报告会，城区 500 余名学生和家长参加。报告会上，县委常委、宣传部部长顾卫卫对青少年提出提高综合素质，促进自身全面发展和正确对待网络文化，提倡健康上网的要求。县高考文理科状元胡亚杰、杨阳和中考笔试第一名郑美亚通过对自己学习经验的总结，交流各自的成长事迹。报告团还在城关中学、大佳何中学对 1500 余名学生开展演讲。

2004 年 8 月 6 日，县委、县政府召开全县加强和改进未成年人思想道德建设工作会议。出席会议的有各镇乡党委书记、街道党工委书记、县直属各单位主要领导，县关工委常务副主任杨启炉出席会议。县委副书记、县长林静国在讲话中指出，会议的主要任务是贯彻落实中央 8 号文件和全国、省、市加强和改进未成年人思想道德建设工作会议精神，全面部署宁海县加强和改进未成年人思想道德建设工作。要为未成年人健康成长办好实事，创造良好环境。办好以建设使用好爱国主义教育阵地为重点的“阵地工程”；办好以满足未成年人文化、技能需求为内容的“助学工程”。2004 年起，县政府每年安排 300 万元专项资金，对初中毕业未升入高中的社会闲散人员实施素质培训工程，改变该部分人群“失学就失教”“失学也失业”的状况；办好以开展“扫黄”“打非”斗争和集中治理校园周边环境为内容的“净化工程”；办好以加强法制教育、防止未成年人犯罪、帮助未成年人健康成长为内容的“帮教工程”。

2004 年 9 月 10 日，县关工委常务副主任杨启炉与办公室同志赴宁海中学、职教中心、柔石中学、县实验小学向教师祝贺第二十个教师节。

2004年10月13日，县关工委常务副主任杨启炉应团县委邀请出席在潘天寿广场举行的庆祝少先队成立55周年千人入队活动，并作讲话。

2004年12月10日，县委常委、宣传部部长顾卫卫一行3人到县关工委召开座谈会，听取对贯彻《中共中央国务院关于进一步加强和改进未成年人思想道德建设的若干意见》的意见和建议。

2005年2月2日，县委副书记王飞、县政协副主席潘作飞到县关工委座谈关心下一代工作。

2005年2月17日，中共宁海县委以宁党发〔2005〕6号文件批转县关工委2005年工作意见。

2005年"三八"节前夕，县儿少工作委员会授予县关工委为"2003—2004年度宁海县儿童少年工作先进集体"称号，龚怀源获评县儿少工作先进个人。

2005年5月13日，县综治办、县教育局联合召开全县中小学法制教育暨法制副校长表彰大会，会议表彰法制教育先进集体3个，优秀兼职法制副校长14名，优秀法制校长4名，优秀校外辅导员3名。大会由县政法委副书记叶能勇主持，县长助理项松春讲话。

2005年8月16日，县关工委副主任袁哲飞应邀出席宁海县文化大县建设座谈会。

2005年10月8日，县委常委、组织部部长、县关工委主任俞小勋到县关工委研究工作。常务副主任杨启炉、副主任袁哲飞及办公室全体人员参加。杨启炉汇报全国关心下一代工作表彰大会、全国关心下一代宣传工作会议主要精神和县关工委成立15周年庆祝大会以来的工作及下一步关工委对落实"干在实处，走在前列"的工作意见。俞小勋强调关工委工作要抓重点，特别是预防未成年人犯罪工作，要继续配合有关部门抓紧抓好。对2005年年底召开关心下一代"双先"表彰会议要做好各项准备工作，向书记王飞作一次汇报。部长俞小勋最后勉励驻会同志要继续保持良好的工作势头，"干在实处，走在前列"，并嘱咐老同志要保重好自己的身体。

2005年12月30日，中共宁海县委、县政府在人民电影院召开全县老干部工作、关心下一代工作暨先进表彰会议，43个（其中关心下一代工作37个）先进集体，59名（其中关心下一代工作48名）先进个人受到表彰。县委副书记王飞、县政协副主席张位胜出席会议。县委组织部副部长陈万奋受县委常委、组织部部长俞小助的委托主持会议。宁波市关工委常务副主任颜志定应邀出席会议并讲话。王飞、张位胜、颜志定、陈万奋、杨启炉、俞伟平向先进集体、先进个人颁发奖牌和荣誉证书。王飞在讲话中代表县委、县政府要求各级党委和政府切实增强做好关心下一代工作的自觉性和责任感，充分发挥"五老"在关心下一代工作中的独特优势，切实加强关心下一代工作的合力，努力开创关心下一代工作的新局面。

2006年2月，县关工委常务副主任杨启炉出席县加强未成年人思想道德建设座谈会，并作交流发言。

2006年2月，县关工委办公室副主任李明来出席县希爱康复会成立5周年庆祝大会，县关工委被评为2001—2005年支持癌症康复事业爱心单位。

2006年3月，县关工委被县文明委评为2004—2005年度县未成年人思想道德建设先进集体，县关工委常务副主任杨启炉、办公室顾问林贵清、西店镇退教关工小组组长冯圣太被评为先进个人。

2006年4月19日，县关工委班子成员参加由县委宣传部举办的宁海县理论宣传骨干"树立社会主义荣辱观"培训会。

2006年11月30日，县关工委举办中共十六届六中全会精神辅导学习会。县关工委班子成员中的23位离退休老同志、跃龙街道12个社区关工委主任参加学习。会议邀请县委党校党委原书记、县关工委副主任苏小方作专题学习辅导。常务副主任杨启炉主持会议，并对当前和今后学习中共十六届六中全会精神，着力研究关心下一代工作融入构建社会主义和谐社会的大局中去，为社会主义新农村建设服务，努力开创关心下一代工作新局面提出要求。

2006年12月19日，县关工委名誉主任陈云高、常务副主任杨启炉出席宁海县后备军人学校建校15周年座谈会，并分别讲话。

2006年12月30日，县关工委常务副主任杨启炉、办公室主任李明来出席全县妇女儿童工作会议。县关工委被评为“宁海县妇女儿童工作先进集体”，受到县政府表彰。

2008年1月4日，县委、县政府召开全县老干部工作、关心下一代工作先进集体、先进个人表彰会议。出席会议的有各镇乡党委、街道党工委副书记，关工委副主任、县直各单位分管领导和全县老干部工作、关心下一代工作先进集体、先进个人，县关工委班子全体成员共200余人。宁波市关工委主任邵孝杰、县委副书记谢群华，县委常委、组织部部长俞小勋，县人大常委会副主任张文蛟、县政协副主席项松春、县关工委常务副主任杨启炉、县老干部局局长俞伟平在主席台就座。

会议由俞小勋主持。会上，俞小勋宣读县委、县政府表彰决定，表彰2006—2007年全县关心下一代工作先进集体35个，先进个人40名。谢群华、邵孝杰分别在会上讲话。

2008年3月12日，中共宁海县委下发《2008年宁海县关心下一代工作意见》。

2009年1月14日，全县2008年关心下一代工作暨表彰会议在县委、县政府大会议室召开。县领导俞小勋、张文蛟、尤玲娟、陈云高，县关工委全体委员以及镇乡、街道、学校先进单位代表等出席会议。县关工委常务副主任杨启炉总结2008年关心下一代工作，提出2009年工作意见。县委常委、组织部部长、县关工委主任俞小勋讲话。会上，县人民政府副县长尤玲娟宣读荣获县首届青少年英才奖的青少年学生名单。大会还对荣获村（社）校共建“三好四无”创建活动先进单位的19个村（社）和4所学校进行表彰授牌。

2009年1月19日，宁海县首届青少年英才奖颁奖大会在宁海中学举行。县关工委常务副主任杨启炉、副主任应小星、任校章向11名获奖者颁发奖状、奖杯与奖金。来自实验小学教育集团实验校区的陈乐陶荣获一等奖；宁海中学吴夏冰、葛添星，职教中心李洁，技工学校卢科旭四名同学获二等奖；施茜、冯迭乔、顾雨薇、王天鹏、辛怡、俞杰斌六名同学获三等奖。

2009年2月2日，中共宁海县委下发《关于转发“2009年宁海县关心下一代工作意见”的通知》。通知各镇乡党委、街道党工委、县直各单位党组织结合实际，进一步加强领导，认真抓好落实。

2009年4月9日，县精神文明建设委员会召开县未成年人思想道德建设成员单位联席会议。县关工委常务副主任杨启炉出席会议并发言。文明办主任鲍允伟受部长王建云委托，总结和部署工作。

2009年6月17日，宁海县关工委常务副主任杨启炉应邀在县委组织部举行的“全县农村（社区）工作者培训班”作关于《关心下一代工作是全党全社会的共同任务》专题讲座上向300余名大学生村官全面介绍关工委的产生及其性质、地位、作用和任务，剖析县未成年人的现状，尤其是未成年人犯罪情况和相关案例，使与会人员充分认识到关心下一代工作的重要性和必要性。并要求大学生村官们主动配合所在乡镇、街道和村关工委组织，认真开展爱国主义教育活动、村（社）校共建“三好四无”创建活动、千名“五老”结对关爱农村未成年人活动等项工作，当好村领导的助手与参谋。

2009年7月20日，中共宁海县委下发《关于印发“宁海县关心下一代工作委员会工作规则

（修订）”的通知》，要求各地各单位认真贯彻落实。

2009 年 12 月 28 日，中共宁海县委、宁海县人民政府下发《关于进一步加强关心下一代工作的意见》对进一步深入推进宁海县关心下一代工作发展提供强有力的保障。

三、上级部门调研考察

中国关工委到宁海调研考察 2002 年 7 月 10 日，中国关工委副秘书长王立文、《中国火炬》杂志社编委葛青选等由宁波市关工委办公室主任曹晖陪同，到宁海县调研指导工作。中共宁海县委副书记张拓原，县委常委兼县关工委主任陈云高，县委常委组织部部长徐志军等会见中关工委领导。县关工委常务副主任杨启炉汇报宁海县关心下一代工作情况。

2002 年 9 月 5 日，中国关工委副秘书长兼《中国火炬》杂志第一副总编温厚文一行 6 人到宁海考察县关心下一代工作。县委副书记张拓原，县委常委、组织部部长徐志军会见温厚文。

2004 年 9 月 2 日，中国关工委办公室顾问李春生、办公室副主任陈田、干事夏以群，在省关工委办公室主任张绍文、宁波市关工委副主任曹晖、办公室秘书李平陪同下到宁海调研贯彻落实中央 8 号文件，“五老”人员为未成年人思想道德建设发挥作用的工作开展情况。县委常委、组织部部长谢群华，县人大常委会副主任、县关工委主任陈云高，组织部副部长陈万奋，县关工委常务副主任杨启炉，县老干部局局长俞伟平热忱地接待。杨启炉向中国关工委调研组汇报县委、县政府重视贯彻落实中央 8 号文件情况，组织发挥“五老”队伍在加强和改进未成年人思想道德建设中的作用，县关工委围绕阵地工程、助学工程、净化工程、帮教工程，为未成年人办许多好事、实事。中国关工委、中组部等八部委办〔2004〕35 号文件下达后，县关工委争取县委办领导重视，以宁党办〔2004〕96 号文件转发各镇乡、街道、县直属机关各单位党组织，要求认真贯彻执行。中关工委调研组听取汇报后，充分肯定宁海县委、县政府对关心下一代工作的重视，赞扬宁海县“五老”队伍在关心下一代健康成长中所发挥的作用。宁海县关工委思路清晰，工作扎实，抓“四项工程”建设效果好，为县委、县政府发挥参谋助手作用，得到县委、县政府和上级关工委的认可。调研组并对宁海县关心下一代工作如何在规范化建设、制度化建设、班子建设、队伍建设、青少年基地建设和工作方式创新等方面提出指导性的意见。县关工委主任陈云高介绍宁海县经济建设、城市化建设发展情况和县委决定调整县关工委班子情况。谢群华对中关工委调研组到宁海县调研指导关心下一代工作，表示欢迎和感谢。

省关工委到宁海调研考察 2001 年 7 月 19 至 20 日，省关工委主任王耀亭一行由市关工委主任张永祥、办公室主任曹晖等陪同到宁海县指导关心下一代工作。下午，大佳何镇何元龙、胡爱平、董伟兵、陈士奋等党、政、人大、关工委领导参加。党委书记何元龙汇报近年来大佳何镇取得可喜的成就，从一个市里挂牌的贫困乡通过艰苦创业实现三级跳，撤乡建镇，全镇率先达到村村跨入小康行列，关心下一代工作同时取得成绩。省、市关工委领导给予高度评价。县委常委、县关工委主任陈云高对领导的鼓励表示感谢，同时指出，大佳何镇认识到位、思想到位、工作到位，一句话就是镇党委对经济建设和关心下一代工作重视。接着，参观花园式围海大堤、海水养殖，镇文化站“东海明珠”图书馆。县关工委常务副主任杨启炉，县老干部局局长、关工委秘书长彭家标参加调研。7 月 20 日上午，参观白溪水库建设工程后，在宁海宾馆，县委常委陈云高、县关工委常务副主任杨启炉汇报宁海县关心下一代工作。主任王耀亭指出，宁海县关心下一代工作是好的，在全省也是好的一档，搞好关心下一代工作主要是两条：一是党委重视；二是老同志的积极性。宁海工作主动，抓到点子上，卓有成效。青少年的教育，主要是教育而不是重在惩罚，社区的青少年活动要贴近生活、贴近青少年的思想。主任张永祥在讲话中指出，“宁海县委常委担任县关工委主任又是实干班子，确实不易。大佳何工作是个样板，成绩显著。社区工作不是某某人的事，每个人都是社区中的一员，希望有更多的老同志在社区关心下一代工作中努力发挥自己的几大优势，配合在职同志做好工作”。王耀亭、张永祥等省市关工委主任一行到宁海指导关心下一代工作，《宁海报》头版头条作了报道。

2003年7月25日，省关工委专职副主任包保根、办公室副主任陆志莉，宁波市关工委主任张永祥、办公室主任曹晖到宁海县关工委考察。县关工委常务副主任杨启炉向省市关工委领导汇报宁海县关工委开展中共十六大主题教育、落实宁党办〔2003〕22号文件、抗击非典、调查研究、革命传统教育和教育基地建设、帮教帮困助学、培训学校等工作。县人大常委会副主任、县关工委主任陈云高向省市领导介绍宁海县改革开放以来经济社会的发展情况和城市化建设所取得的成就。包保根在听取汇报后指出，“宁海县关工委工作几年来都走在全省的前面，看了宁海的简报，有两件工作印象很深，一是十六大主题教育，二是学习吴仪同志《人生自我完善三要素》的讲话。你们联系宁海实际，在十六大主题教育中提出的‘一、二、三、四、五’教育观点很鲜明。在县委的重视下，你们配合有关部门对山洋、梅花村革命传统教育基地建设作用突出；上半年调查研究搞了一个主题为《城区中小学周边交通安全问题的调查》，向县政府报告，体现关工委的参谋和智囊作用。在帮教工作、帮困助学、高复班等方面发挥很好的作用；下半年工作提出深化学习十六大精神，掀起学习“三个代表”重要思想新高潮，提出两项调研都很好”。包保根还传达省关工委有关会议精神，下半年要抓住两个重点，一是掀起学习“三个代表”重要思想的新高潮，二是实践“三个代表”重要思想关键在抓落实。关工委要围绕这个主题开展工作，对青少年教育“既要有雪中送炭，也要有锦上添花”。张永祥在讲话中说，宁海有一年没来，变化很大，县关工委工作成绩也很大，对宁海县工作在关心下一代战线上的同志们表示感谢和慰问，并对下步工作作出指示。会后，陈云高和杨启炉陪同省市关工委领导一行参观徐霞客大道和城区市政建设。

2009年8月13日，省关工委基金会秘书长沈国华，市关工委主任邵孝杰、副主任曹晖等在全省关工委办公室工作宁海会议结束后，到县关工委考察。县关工委常务副主任杨启炉等接待省市关工委领导。客人们对县关工委宽敞明亮、焕然一新的办公场所给予高度的评价。

市关工委到宁海调研考察 2002年2月20日，宁波市关工委办公室主任曹晖到县关工委指导工作。

2007年7月25日，新任宁波市关工委主任邵孝杰，在市关工委副主任曹晖、办公室副主任李平陪同下，赴宁海县调研指导工作，召开座谈汇报会。出席会议的有县关工委顾问陈云高、朱瑞骏，县关工委常务副主任杨启炉，县老干部局局长、县关工委副主任兼秘书长俞伟平，副主任王以位、袁哲飞，副秘书长龚怀源，县关工委委员、办公室主任李明来等。杨启炉受主任俞小勋委托，汇报宁海县关心下一代工作。陈云高、朱瑞骏、袁哲飞等也作发言。邵孝杰在听取汇报后，对宁海县关心下一代工作充分肯定。并指出，宁海关工委工作确实很有地位、很有氛围、很有作为、很有贡献。宁海关工委工作走在前列，在全省甚至全国也有名声，为宁波增添荣誉，名不虚传。邵孝杰希望宁海县关工委进一步探索如何加强乡镇、街道关工委组织、队伍建设。要重视退教协会的工作；希望进一步加强关爱工作的制度化、规范化建设，以制度来推动工作。县委常委、组织部部长俞小勋在听取主任邵孝杰讲话后指出，“宁海关工委今后的工作，要按照邵主任提出的要求研究贯彻落实”。

2007年11月20日，宁波市关工委主任邵孝杰、副主任曹晖带领办公室全体人员到宁海调研2008年关心下一代工作思路。县关工委一起在西店镇召开座谈会。县关工委常务副主任杨启炉、副主任王以位，西店镇党委副书记应必越、组织委员叶小杰等参加。杨启炉汇报2007年五项重点工作和2008年工作思路。应必越、叶小杰分别作汇报发言。邵孝杰在听取汇报后，作充分肯定。同时指出，2008年宁海县关工委工作思路有新意，有许多新的举措，目标明确，操作性很强。宁波市关工委领导还实地考察宁波市小康建设示范村——西店镇海洋村关心下一代工作，在村干部陪同实地察看后，邵孝杰对海洋村建设和关工委工作作出很好评价。

2008年11月10日，宁波市关工委主任邵孝杰，副主任杨勤、曹晖，办公室副主任李平等一行4人到宁海县调研关心下一代工作，并到大佳何镇大佳何村、涨坑村，桥头胡镇双林村等地进行实地考察。县委常委、组织部部长、县关工委主任俞小勋，常务副主任杨启炉，副主任王以位、任校章等陪同调研和考察。在座谈会上，杨启炉汇报宁海县关工委2008年主要工作情况。俞小勋作如何做好关工委工作的讲话。邵孝杰对宁海县关工委工作予以肯定。同时，对宁海县2009年关心下一代工作指出，“关工委的工作，关键要干在点子上，抓好抓实几件事，做党委政府所急、青少年所需、关工委能做的事。一直想在全大市的镇乡或街道中寻找一个全面开展关心下一代工作的典型，这次找到了，大佳何镇党委对关心下一代工作不但思想认识很高，摆上党委工作的议事日程，做到每周一领导班子讨论工作中，也有关工委工作的内容。关工委的组织网络从镇到村都很全，而其工作载体新，工作成果好”。

2009年12月1日，宁波市关工委主任邵孝杰、办公室副主任李平和市关工委研究室主任卢英彪一行3人赴宁海，调研关心下一代工作。县委常委、组织部部长、县关工委主任俞小勋，副县长冯甦春出席调研座谈会。县关工委常务副主任杨启炉向市关工委领导汇报宁海县关工委2009年主要工作和2010年工作思路。俞小勋在座谈会上肯定县关工委过去一年的工作。邵孝杰在听取情况汇报后，对宁海县正在进行的“三好四无”创建活动再次作肯定，要求在创建工作中结合“六有”关工委、“六好”社区关工委建设，进一步推进工作创新，把这一“品牌”继续做大做实。

2010年10月15日，宁波市关工委专职副主任曹晖一行到宁海县长街镇调研青少年教育基地建设工作。宁海县关工委专职副主任袁春林、办公室任琦陪同调研。曹晖对长街镇在烈士陵园建设和维护情况表示赞赏，对基地发挥的教育作用给予肯定。长街革命烈士陵园是县关工委在长街镇建立的青少年爱国主义教育基地，内设陈列室，每年接待中小学生数千人次，开展爱国主义教育，取得良好的社会效果。

2010年12月1日，宁波市关工委主任邵孝杰、副主任杨勤、办公室主任李平一行3人到宁海县调研。县关工委常务副主任杨启炉汇报2010年宁海县关心下一代工作开展情况与2011年关心下一代工作思路。县委常委、组织部部长、县关工委主任林惠明陪同调研。林惠明在座谈会上对市关工委领导指导工作表示欢迎与感谢。邵孝杰在听取情况汇报后，对宁海县关工委工作给予充分肯定。指出，“宁海县关工委2010年的工作汇报是实事求是的，2011年的工作思路很清晰，也很切合实际。宁海县委、县政府对关工委工作非常重视。宁海县关工委在新的一年里要做好三个继续。一是继续深入贯彻市委、县委关于关工委工作的指示精神；二是继续抓好主题教育，积极贯彻落实党的十七届五中全会精神，以五中全会精神为指南，以建党90周年为契机，进一步谋划关心下一代工作新思路；三是继续以推进乡镇关工委为切入点，加强基层关工委建设工作”。县委副书记、县长褚银良会晤邵孝杰，共话关工委工作，表明县委、县政府对关工委工作的重视与支持。是日下午，杨启炉、王以位、袁春林陪同邵孝杰一行去西店镇调研基层关工委工作。西店镇党委书记徐真民、副书记应满云、镇关工委常务副主任戴伟平陪同考察。副书记应满云汇报关于在“三好四无”创建活动村建立爱心基金情况。

宁海县领导调研考察关工委工作　2002 年 2 月 19 日，县委常委、组织部部长徐志军到关工委看望老同志，表示节日问候。

2005 年 7 月 13 日，县委常委、常务副县长蒋裕伦到县关工委办公室，听取常务副主任杨启炉关于上半年关心下一代工作及工作用车、经费等情况汇报。汇报后，蒋裕伦对关工委工作予以充分肯定，并对提出的有关问题表示关注和重视。

2005 年 10 月 11 日，县委副书记王飞听取县关工委常务副主任杨启炉、副主任袁哲飞关于全国关心下一代工作表彰大会精神学习贯彻、中国关工委全国关心下一代宣传工作座谈会精神、12 月份召开全县关心下一代工作表彰大会、2005 年 9 个月来未成年人犯罪等情况的汇报。县委副书记王飞在听取汇报后指出，县关工委对全国关心下一代工作两次会议精神学习贯彻非常及时，要继续贯彻落实好；对召开全县关心下一代工作表彰会议，要切实做好各项准备工作；关于未成年人犯罪问题，县关工委做了大量工作，但未成年人犯罪势头还减不下来，要研究深层次问题，关工委要经常与各有关部门沟通，分析研究，发挥好关心下一代工作的应有作用。

2009 年 12 月 15 日，副县长冯甦春就未成年人犯罪的预防和矫治问题到县关工委开展调研活动，县司法局副局长方亚青、县政府办副主任王朝衡等参加座谈。县关工委常务副主任杨启炉汇报宁海县未成年人犯罪的调研情况，剖析未成年人犯罪原因及其对策。建议县委、县政府要进一步加强对预防未成年人犯罪工作的重视，有关主管部门要进一步增强责任意识，相互配合，强化对未成年人的法制教育和加强对监外执行人员的帮教和社会矫治，共同采取有力措施来遏制未成年人犯罪。方亚青、王朝衡两位均作发言。在听取相关汇报和座谈的基础上，冯甦春充分肯定关工委老同志在预防未成年人犯罪工作上所做出的努力。同时指出近年，未成年人犯罪呈上升趋势，未成年人违法犯罪问题越来越受到社会各界的广泛关注。在预防未成年人犯罪这项工作上，关工委发挥优势与作用，创新有效载体，取得成效。

2009 年 12 月 16 日，为认真贯彻落实宁波市委、市政府《关于进一步加强关心下一代工作的意见》文件精神，在县委召开的书记办公会议上，县委书记王剑侯，副书记、县长褚银良，副书记、县纪委书记徐光宪，县委常委、县委组织部部长、县关工委主任俞小勋等领导专题听取县关工委常务副主任杨启炉关于宁海县进一步加强关心下一代工作文件稿（根据宁波市委、市政府《关于进一步加强关心下一代工作的意见》文件精神拟定）的汇报。与会领导对县关工委工作及文件稿一一发言，统一共识，县委书记王剑侯作总结讲话。

四、各级各类活动

省关工委宁海会议　2009 年 7 月 29 日，县委常委、组织部部长、县关工委主任俞小勋到县关工委召集全体同志会议。听取县关工委常务副主任杨启炉关于省关工委决定在宁海县召开办公室工作会议筹备工作情况的汇报。在听取汇报后，俞小勋对会议筹备工作表示满意，并嘱咐要把工作做细做实，注重各个细节，以确保会议顺利召开。

2009 年 8 月 4 日，市关工委专职副主任曹晖到宁海，就省关工委会议事宜加强指导落实。

2009 年 8 月 11—13 日，全省关工委办公室工作会议在宁海县召开。来自全省 11 个市地关工委的专职副主任和办公室主任出席会议。宁波市 11 个县市区关工委办公室主任列席会议。省人大常委会副主任、省关工委主任徐宏俊，省关工委专职副主任徐全升、宁波市关工委主任邵孝杰、宁海县委副书记谢群华，宁海县委常委、组织部部长、县关工委主任俞小勋，县政府副县长冯甦春出席会议，并在主席台就座。谢群华到会致辞。邵孝杰在讲话中，简要介绍宁波市关工委工作情况，提出加强关工委领导班子建设和组织建设的重要性，并把最近修订的宁波市关工委相关工作规则向与会代表作简要介绍。省人大常委会副主任、省关工委主任徐宏俊讲话。代表省关工委向辛勤工作在第一线的关工委在职干部表示亲切慰问，并就"加强学习，明确职责，进一步做好关工委办公室工作"作发言。会上，宁海县关工委常务副主任杨启炉受俞小勋委托，向大会作汇报。杭州市等 11 个市地关工委围绕组织十万"五老"结对关爱农村未成年人活动、关工委办公室自身建设等情况在会上相继作工作交流。

省关工委专职副主任徐全升主持会议，传达全国关工委办公室工作会议精神，对下半年关工委主要工作任务进行部署，并作会议小结。会议期间，全体与会代表到宁海县大佳何镇考察该镇的关心下一代工作，并参观涨坑村，听取镇党委书记王永进，村党总支书记、关工委主任刘忠来关于镇、村两级关心下一代工作情况汇报。徐宏俊对大佳何镇的关心下一代工作给予充分肯定，并提出期望和要求。

县关工委成立 15 周年纪念活动　2005 年 6 月 9 日，县关工委在县老干部局召开离退休副主任、常务委员会议。县关工委常务副主任杨启炉通报"庆祝县关工委成立十五周年"大会筹备工作情况和县关工委五年来的工作报告。

2005 年 6 月 27 日，县委、县政府在人民电影院召开宁海县关工委成立 15 周年庆祝大会。出席大会的有：县委副书记王飞，市关工委主任张永祥，县委常委、常务副县长蒋裕伦，县委常委、组织部部长、县关工委主任俞小勋，县人大常委会副主任陈云高，县政协副主席张位胜，县关工委顾问、县关工委全体成员，宁波市关工委办公室副主任李平。各镇乡、街道分管党群副书记、关工委专兼职副主任，县直属各单位分管政工领导，跃龙街道各社区关工委主任，县直属学校、城区中小学分管领导等 300 余人参加会议。会议由俞小勋主持。大会宣读题词、贺函。大会共收到领导题词 4 幅，上级与省内外兄弟县、市、区关工委贺函 3 件、贺词 19 幅。中关工委执行主任王照华、宁波市关工委主任张永祥、中国火炬杂志社、宁波市关工委分别题词，发贺函。县关工委常务副主任杨启炉作《关爱又五春》的工作报告。张永祥对宁海县关工委十五年来取得的成绩表示热烈的祝贺。指出，宁海县关工委多次获得省、市关心下一代工作先进集体称号；开办的培训学校，使不少落榜学生进入大专院校；帮教后进青少年的经验非常丰富；协同有关部门创建青少年教育基地；深入基层进行调查研究；积极发挥《中国火炬》的作用，更好地指导关工委工作的经验，得到全国、全省的肯定。张永祥还传达全国关心下一代工作"双先"表彰会议精神，并对杨启炉获得全国关心下一代工作先进工作者称号表示祝贺。王飞代表县委、县政府对县关工委成立 15 周年表示热烈祝贺，向全县从事关心下一代工作的老同志和专兼职干部，以及关心青少年健康成长的社会各界人士表示衷心感谢。庆祝活动由"两个一"组成，即召开一次庆祝大会、编印一本纪念文集，纪念文集定名《关爱又五春》。

县关工委成立 20 周年纪念活动　2010 年 6 月 8 日，中共宁海县委、宁海县人民政府在开元新世纪大酒店隆重举行宁海县关心下一代工作委员会成立二十周年庆祝大会，总结回顾二十年来宁海县的关心下一代工作，授予宁海县“关工之星”荣誉称号，部署宁海县今后关心下一代工作。省关工委副主任江坪、专职副主任徐全升，宁波市关工委主任邵孝杰、专职副主任曹晖及宁波市各县（市、区）关工委领导到会祝贺。县四套班子领导王剑侯、褚孟形、俞小勋、张文蛟、项松春出席大会。县关工委名誉主任、顾问，县关工委班子成员，各乡镇党委、街道党工委分管领导（关工委主任）、关工委常务副主任、专兼职干部，县直单位关工委分管领导（关工委主任）等230余人参加大会。县委常委、常务副县长褚孟形主持大会。实验小学教育集团实验校区的20名少先队员向大会献词，县关工委第一任主任孙愫贞代表全县广大“五老”发言。王惜耶等15名长期从事关心下一代工作并在工作中取得显著成绩的老同志被县委、县政府授予宁海县“关工之星”荣誉称号。县委常委、组织部部长、县关工委主任俞小勋在大会上作《勇于创新，主动作为，努力开创我县关心下一代工作新局面》的工作报告。邵孝杰代表宁波市关心下一代工作委员会对庆祝大会的召开表示祝贺。江坪代表省关工委及主任徐宏俊向大会的召开表示祝贺。县委书记王剑侯在会上讲话。

县关工委参加兄弟区县关工委成立纪念活动 2001年12月7日，县关工委彭家标、龚怀源赴余杭，祝贺杭州市余杭区关工委成立10周年。

2006年3月6日，余姚市委、市政府举行庆祝余姚市关工委成立20周年纪念大会。宁海县关工委副主任袁哲飞、办公室副主任李明来应邀出席庆祝大会。

2009年4月28日，县关工委常务副主任杨启炉，副主任王以位、袁哲飞、办公室副主任王伟莉应邀参加镇海区关工委成立二十周年庆祝大会。

2009年10月29日，象山县关工委举行成立二十周年庆祝大会，宁海县关工委领导应邀前往祝贺。

“防治碘缺乏病日”知识竞赛活动 2003年5月15日，在第十届“防治碘缺乏病日”前夕，县关工委、县盐务局、县卫生局联合举办知识竞赛活动，活动的主题是“食用碘盐保护儿童智力发展”。竞赛试题在5月15日《宁海报》上刊载。6月4日，在县盐务局召开知识竞赛抽奖活动，558名参赛者，从222名试题做全对的参赛者中，抽出一、二、三等奖共8名，鼓励奖100名。会议由盐务局副局长赵广汉主持，局长助理金守相介绍知识竞赛活动情况，局长张良光、县关工委常务副主任杨启炉、县卫生局副局长章国平出席并抽奖。

暑期校外青少年教育活动 2004年7月30日，各地暑期假日活动五彩缤纷。西店小学举行“中华传统美德格言接龙”活动。力洋小学开展“七彩小标兵”活动，安全、友谊、勤学等七个方面，使学生增长知识、锻炼才干，努力做新世纪合格小公民。城北小学组织学生慰问县消防大队，参观消防安全知识图片展，听取生动形象的防火自救知识讲座，观看精彩的消防演习。桥头胡小学于8月4日晚举行“小手携大手1+6，节水节电进万家”宣传活动，增强学生的节水节电意识，并以自己的行动带动全社会公民积极投入节水节电行列。

2004年暑期，为配合打造“平安宁海”活动，宁海县第一职业中学利用学生暑期社会实践活动期间，成立由24名青年志愿者组成的社区治安巡逻队，以巡逻和发放宣传资料等形式，协助滨溪社区进行公共安全和治安防范的宣传教育，并开展安全防范检查，发现隐患、漏洞及时向民警报告，获得小区居民的广泛好评。

2006年6月14日，县关工委向全县各级关工委发出宁关〔2006〕8号文件。并于6月19日，由县关工委牵头在县教育局召开城区暑期校外青少年教育活动工作会议。县教育局、县文广新闻出版局、团县委、县妇联、跃龙街道、城区教育办公室等单位分管领导出席会议。各单位领导交流

2006年暑期校外青少年教育活动计划。县关工委常务副主任杨启炉就做好暑期校外青少年教育活动提出意见和要求。

2006年6月，县关工委与县委宣传部、县综治办、县文明办、县教育局四家单位联合发出宁关工委联〔2006〕1号文件，转发省关工委联〔2006〕1号由省委宣传部、省关工委、省教育厅等11家单位决定在全省青少年中开展“知荣辱、树新风、促和谐”主题教育活动文件，并要求全县各地和有关部门结合实际，认真贯彻落实。跃龙街道五丰社区，把2006年社区暑期活动的主题确定为“知荣辱、树新风、促和谐”，该社区组织中学生开展主题征文比赛活动，并在“美德起舞”阅读基础上，开展寻访、调研、评比等系列活动。

2006年7月20日，县关工委会同县教育局、跃龙街道联合召开城区校外青少年暑期教育工作会议。跃龙街道12个社区党支部书记、关工委主任、城区中小学校分管德育工作领导等60余人出席会议。会议由县关工委副主任朱瑞骏主持。城区教育办常务副主任张洁辉汇报开展暑期教育活动计划与意见，五丰、杏树社区，潘天寿中学、城中小学等领导作交流发言。跃龙街道办事处副主任吴绒芬、县关工委常务副主任杨启炉讲话。会后各社区借助共建单位、退休教师、社区关工委成员、志愿者等力量，组织青少年学生开展系列教育活动。以社会主义荣辱观教育为主题，全面推进未成年人思想道德建设；以爱国主义教育为载体，传承“硬气、正气、大气”为主要内容的宁海精神；以特色社区、文明县城创建为契机，激发青少年参与社会活动热情；以安全、健康、快乐为主线，营造第二课堂欢乐的学习氛围。

2007年7月6日，县关工委向各镇乡、街道、县直属各单位、社区关工委下发《关于开展暑期校外青少年教育活动的通知》，提出2007年暑期教育活动意见。暑期校外青少年教育活动主题明确，因地制宜。开展“迎奥运、强素质、促和谐”和以“同一片蓝天，同一种心愿”为主题的教育活动；加强青少年思想道德教育。以纪念建军80周年为契机，开展丰富多彩的主题教育活动。

2007年暑假期间，全县共有1050名“五老”人员参加活动，受教育青少年达45350人。

2008年7月4日，县关工委会同县教育局、跃龙街道，在县教育局召开暑期校外青少年教育活动协调会议。县文明办、县教育局、县公安局、县工商局、县文广新闻出版局、团县委、县妇联、城区教办、跃龙街道分管领导及来自城区各个社区的党支部书记共20余人参加会议。6月下旬，县关工委相继走访县教育局、城区教育管理办公室、跃龙街道及县文广新闻出版局，多方听取意见和建议，并于6月28日向各级关工委发出〔2008〕11号文件通知。要求2008年暑期校外青少年教育活动紧紧围绕社会主义核心价值体系建设，开展“与灾区同心、与奥运同行、与改革开放同进”为主要内容的“文明心灵”主题教育活动。协调会议上，就进一步整合暑期教育资源，做好暑期校外青少年教育工作，切实增强活动的针对性和实效性，各部门都结合本单位实际汇报看法和做法。县教育局、城区办介绍暑期青少年活动安排计划，跃龙街道办事处副主任吴绒芬介绍社区暑期青少年教育活动实施意见，团县委、妇联、工商局、公安局、文广局在会上发言。县关工委常务副主任杨启炉部署暑期校外青少年教育的工作意见。县委宣传部副部长、文明办主任鲍允伟出席会议并讲话。会议统一暑期青少年教育时间为7月5日至8月20日，8月底要求做好暑期教育工作总结。

2008年7月，由宁海县越溪乡退休教师张荣乾发起组织的退休教师义务举办的暑假班在梅枝田小学举行简单开班典礼，正式开课。梅枝田少年暑假班开办已有2年时间，主要由退休教师免费为学生辅导基础知识。发起人张荣乾2008年已85岁高龄，但一直热心于关心下一代工作。2008年参加暑假班包括梅枝田附近的6个自然村的学生有30多人。老人们的义举让坎头王自然村的一位企业家深受感动，并慷慨解囊，赞助办学资金。

2009年6月25日，宁海县关工委牵头，县教育局、县文广局、团县委、县妇联、县文明办、跃龙街道、城区办等单位在县教育局召开暑期教育活动协调会议，各单位分管领导出席会议。会上，各单位就暑期活动的安排与部署作交流发言，并就如何加强协作、整合资源和力量、创新活动载体、在青少年中广泛深入开展爱国主义教育活动等展开讨论。县关工委常务副主任杨启炉对2009年的暑期活动作出部署，要求2009年暑期活动围绕庆祝中华人民共和国成立60周年，紧扣爱国主义教育来开展，抓好爱国主义宣讲，结合精神文明教育大力开展好社会道德实践活动。县委宣传部副部长、文明办主任鲍允伟应邀参加会议并讲话。指出，对于属于孩子们的暑期活动，要根据暑假的性质来安排，内容要有所创新，活动要讲究趣味，参与面要求广泛。

2009年暑期，县教育局暑期活动以丰富学生的暑假生活，关心爱护学生为出发点，根据学生的身心特点，精心组织各种主题教育实践活动，锻炼学生实践能力，培养学生的创新精神，以不断提高中小学生的思想道德素质。主要内容包括深入开展中华人民共和国成立六十周年庆祝活动、“讲文明、树新风”中小学生志愿者行动、社会实践“四个一”活动、“读名著、颂名诗、学名人”征文活动，以及暑期夏令营活动。其中社会实践“四个一”活动内容丰富：一是参观一次爱国主义教育场所；二是参加一次社区志愿服务活动；三是为回报父母、长辈做一件实事；四是学习一项生产生活技能或自理自护知识。

2009年6月30日，宁波大学教师教育学院10名大二学生自发组成“师·韵”暑期社会实践小分队，入驻茶院乡东南溪村，开展包括生活常识、知识技能、语言学习、生存拓展、能力培养、艺术游戏等丰富多彩的支教活动，给当地的孩子们带来一个别开生面的暑假。

2009年7月7日，宁波大学一行14人的大学生暑期实践队在宁海县作为期13天的实践活动，先后到桑洲、岔路、前童等西南山区，教中小学生们诵唱抗日老歌、制作国旗，还给孩子们放映经典老影片，讲授中华人民共和国成立60年，特别是改革开放30年来的建设成就。在岔路，他们看望学校结对的10个贫困学子，给每个学子送上学习用品和亲手制作的礼物。到前童镇，他们和老交通员等“三老”人员共唱革命老歌。温州大学城市学院社会实践小分队的23名学生在胡陈乡开展社会实践活动，内容有关于大学生村官以及农民经济收入来源的调查问卷、走访慰问贫困户等。7月底，宁海人自己的全日制大学——浙江机电学院，派出一支暑期实践队，到跃龙街道兴圃社区进行支教活动，辅导孩子们的暑假作业，并开展文娱活动。

2009年暑期教育活动，县关工委以“为祖国放飞希望”为主题，通过“红色记忆助我成长”“讲文明、树新风从我做起”“伟大理想催我奋进”等系列活动，唱响爱国主义教育主旋律。

2009年暑期，全县“五老”参与暑期教育活动人数达1200余名，受教育青少年共2万余人次。

2010年6月30日，宁海县关工委牵头，县教育局、县文广局、团县委、县妇联、跃龙街道、城区办等单位在县教育局召开暑期教育活动协调会议，各单位分管领导出席会议。县教育局介绍暑期教育活动计划，各单位就暑期活动的安排与部署作交流发言。县关工委常务副主任杨启炉肯定几年来暑期活动所取得的成效，并对2010年的暑期活动作出部署。

2010年暑期，校外教育活动共有822名“五老”参与，受教育青少年共13605人。

军训活动 2001年8月23—27日，县职教中心、县后备军人学校对2001年招收的860余名高一新生举行为期五天的军训。在军训开学典礼上，县委常委、县关工委主任、后备军人学校校长陈云高到会讲话。在校领导和县武警中队、驻长街海军部队教官精心培训和新生的艰苦努力下，取得优异的成绩，27 日举行结业典礼，15 个中队进行队列表演。评出优秀中队 8 个，优秀学员 75 名。校长盛高成作总结讲话。县关工委常务副主任（该校校外辅导员）杨启炉应邀出席会议，对新生们提出殷切的期望。梅林派出所指导员、该校法制学校副校长周少康、县武警中队孙中队长、海军驻长街部队张副指导员出席结业典礼。

2002 年 5 月 16 日，县职教中心（军人后备学校）全体师生，身着戎装，冒着炎炎烈日，拉练 10 余公里到达城区，沿途宣传公民道德规范暨迎接“5・19”开游节，参观徐霞客大道。在潘天寿广场集中时，县关工委常务副主任杨启炉为十八岁成人宣誓讲话。县委常委、县关工委主任陈云高讲话。

2003 年秋季开学前夕，宁海中学、知恩中学、柔石中学、县职教中心、三职高等高中和跃龙中学新生进行军训，在教官和老师精心指导下，学生们艰苦训练。

2007 年 8 月 14 日，宁海中学、宁海风华书院两校高一新生开始为期一周的军训，站军姿、练队列、学内务，全方位向军人学习。

2007 年 8 月 22—27 日，知恩中学开展高一新生暑期军训活动。

2007 年 8 月份，柔石中学对 2007 级 500 余名高一新生开展为期一周的军训活动。学校成立军训领导小组，每班安排 2 名教师负责管理工作，县人武部教官负责训练工作，学校中层领导落实到各班级指导工作。

2007 年 8 月 23—27 日，职教中心对高一 1300 余名新生进行为期五天的军训。担任该次军训的是来自宁海香花山海军部队和武警中队的 30 名优秀教官。

2007 年 9 月 8 日，宁海中学、宁海风华书院两校近 1500 名学生参加军训，参训人数创历年之最。

庆“六一”活动　2002 年“六一”期间，县关工委领导薛惠珍、杨启炉、薛国苗、王荣兰、龚怀源等分别参加实验中学、城中小学、致远外国语学院等举办的儿童节文艺会演。

2003 年“六一”前夕，县四套班子领导、县直属各单位、各镇乡领导分别赴联系镇乡中小学、幼儿园，祝贺小朋友节日快乐，送去节日慰问金与慰问品。全县共有 102 位党政领导、168 位有关单位领导分别赴 121 所中小学校、幼儿园，对小朋友进行节日慰问，共赠送节日慰问金 143000 元、图书 1158 册、玩具 19000 元。2003 年有关领导与贫困学生结对 486 人，结对帮扶金额 210000 元（其中女童结对 327 人，结对金额 132000 元）。

2003 年“六一”前夕，县关工委领导赴双峰乡，在副乡长张桂雅陪同下，到双峰学校慰问中小学生，向该校赠送《院士之路》系列传记文学丛书和慰问金，祝贺小朋友们节日快乐。县关工委常务副主任杨启炉还了解该校学生营养餐情况，要求在“非典”疫情缓解后，要继续向学生提供免费营养餐。

2005 年“六一”儿童节来临之际，县青少年活动中心与老年大学举行“大手牵小手”象棋交流活动，有 60 余名老少棋手参加活动。

2008 年 6 月 1 日，县关工委常务副主任杨启炉应邀出席太平洋百货公司举办的第十一届“太平洋百货杯”“六一”儿童书画大奖赛的开幕仪式。在致辞中，杨启炉要求小朋友们踊跃参赛，祝贺小朋友节日快乐、生活幸福、学习进步。

2008 年 7 月，为感谢县关工委老爷爷的“六一”慰问，东仓小学留守儿童特意给关工委来信。其中叶××小朋友在信中写道，“当我从爷爷手中接到慰问金，我激动地哭了，等我长大后，一定会报答对我有恩的”。一位名叫赖××的小朋友在信中这样说，“父母都到外地去打工，家里只剩爷爷、奶奶照顾我，今天关工委的爷爷们关爱我，使我心里感到十分温暖，我在班级学习是前五名，我要再努力，报答爷爷们”。

庆老人节活动 2002年10月11日，城东小学四、五年级10余名同学，在校分管领导和校外辅导组长带领下，到县关工委看望老同志，表示老年节慰问，送来节日大蛋糕。县关工委将其转送给一位病休老顾问，学生魏畅书写赠送一副对联——“仙鹤千年寿，苍松万古春”。县关工委领导杨启炉代表县关工委深表感谢，祝小朋友们努力学习，奋发向上，健康成长，立志成才。

申报全国青少年文明礼仪普及活动 2006年9月20日，县关工委、县教育局、县文广新局、团县委、县妇联五家单位联合召开“全国青少年文明礼仪普及活动申报工作”协调会议。会议确定跃龙中学、潘天寿小学参加申报文明礼仪“样板学校”。两所学校的申报材料于10月13日上报给省文明礼仪活动组委会。

建党80周年主题宣讲活动 2001年5月，县关工委办公室编写的以《热爱中国共产党，争做党的好儿女》为题的纪念建党80周年宣讲材料寄发给各镇乡关工委、县直属学校和城关地区的校外辅导员。

2001年6月8—21日，县关工委常务副主任杨启炉分别到宁海华联纺织有限公司、深甽老年学校、梅林信用社等单位参加纪念中国共产党建党80周年活动。并在县图书馆、城关镇中学读者座谈会上宣讲“伟大、光荣、正确的中国共产党”。

2001年6月29日，县关工委、跃龙中学联合举行庆祝中国共产党建党80周年暨纪念宁海第一个党组织诞生75周年座谈会。县委常委、县关工委主任陈云高，县委组织部副部长潘作飞，县委办公室正局级调研员徐永土，老同志王惜耶、薛惠珍、黄稀，宁海中学原副校长戴秀廷、杨象富，跃龙中学校外辅导员俞世识、严望林、冯达圣，县关工委副秘书长龚怀源、办公室主任叶建杰与跃龙中学校长童富军、副校长裘伟民等学校领导班子全体成员、青年党员教师、学生代表共30余人出席座谈会。县关工委常务副主任杨启炉详尽地介绍1926年宁海第一个党组织建立的经历。县关工委顾问、离休老干部王惜耶发言指出，宁海第一个党组织在宁海中学成立，是革命的摇篮。县关工委委员、离休干部黄稀是1946年入党的，他谈了对党的坚定信念的体会。潘作飞希望老同志传帮带，年轻同志要主动向老同志学习。县关工委常委俞世识、宁海中学特级教师杨象富、县关工委顾问薛惠珍，戴秀廷、童富军、年轻女教师曹漪琳、学生代表魏海波、祝海灵等联系自身经历谈了体会。县关工委副主任、县委党史办原主任徐永土还当场赋诗，以示纪念。陈云高希望以“三个代表”重要思想为指导，坚定党的理想信念，办好跃龙中学，让青少年懂得，没有中国共产党就没有新中国，没有中国共产党就没有今天的改革开放和幸福生活，要使青少年爱党、爱社会主义、爱人民，报效祖国。杨启炉对座谈会作小结。

2001年“七一”，县关工委顾问黄茂泉在中国共产党建党八十周年，北京申奥成功之际向家乡的学校——诸暨市赵家镇上京安全小学邮寄5000元希望工程款，意在奖励品学兼优的优秀生和资助特困家庭的子女，黄茂泉一家省吃俭用的这笔善款赢得诸暨上京学校全体师生及上京村村民的感激和敬意。

2001年10月25日，县关工委召开副主任、常务委员中的离退休老同志座谈会，交流学习中共十五届六中全会决定和“七一”讲话的精神，一致认为关心下一代工作要与时俱进，并要充分认识加强和改进党的作风建设的重要性和迫切性，积极向广大青少年宣传讲话和决定精神，加强思想道德教育。

建党85周年主题宣讲及征文比赛活动　2006年5月10日，县关工委向各级关工委发出宁关〔2006〕7号文件通知，要求在5月、6月组织“五老”及有关人员向广大群众，重点是在中小学生中开展中国共产党诞生85周年宣讲活动。县关工委编写《伟大历程，光辉业绩——纪念中国共产党诞生85周年》宣讲稿。

2006年6月1日，县委组织部召开县关工委、县老干部局、县直机关党工委、县老年大学等联系单位工作汇报会。县委常委、组织部部长俞小勋出席会议，副部长王能迭主持会议。县关工委常务副主任杨启炉就青少年思想道德建设和开展社会主义荣辱观教育，组建关爱工作团、组织纪念建党85周年宣传教育活动以及基层关工委班子建设等方面工作进行汇报，并对下半年县关工委工作提出意见。俞小勋在讲话中对县关工委上半年所做的工作表示满意。指出，通过工作机制的创新，关工委工作力度得到加强，特别是“五老”人员的作用得以充分发挥。

2006年6月6日，县关工委、县委宣传部、县教育局三家联合召开城区各学校负责人会议，就组织开展“知党、爱党、跟党走”征文比赛活动进行商讨。会后各校送交参赛征文64篇。经认真评审，小学组8篇、初中组6篇、高中组6篇，共20篇征文被选送市参赛。

2006年6月29日，在宁海县第一个党支部诞生地——柔石中学（原西门正学高级小学），县关工委牵头，县纪委、县委组织部、宣传部、县直机关党工委、县委党史研究室、县老干部局、县教育局、团县委等部门联合召开纪念中国共产党建党85周年暨宁海县第一个党支部建立80周年座谈会。出席会议的有联合召开单位分管领导、老党员、中青年干部代表、中小学生代表、教师代表、驻军代表等共60余人。与会代表参观宁海县第一个党支部诞生地。座谈会由县委组织部常务副部长陈万奋主持，县关工委常务副主任杨启炉发言指出，“我们在隆重纪念中国共产党诞生85周年日子里，迎来宁海县第一个党支部建立80周年”。他重点介绍1926年9月10日地下党员蒋如琮、范金镳等在正学高级小学开设初中部（宁海中学前身）时，同时成立宁海县第一个党支部，负责人蒋如琮。1927年3月，成立中共宁海支部，书记蒋益谦。同年7月，根据浙江省委指示，将中共宁海支部改建为中共宁海县临时委员会，书记邬逸民。在国民党白色恐怖和极其恶劣的环境下，宁海党组织和人民群众坚持斗争的革命历程和取得的巨大胜利可歌可泣。离休干部王惜耶、童遵锵、童焕、童时仗，县关工委副主任朱瑞骏、袁哲飞和老党员、教师、学生代表等10余人发言。陈万奋作会议小结。

2006年9月，根据市委宣传部、市关工委、市教育局《关于在全市中小学生中开展“知党、爱党、跟党走”的主题征文活动的通知》，宁海县于2006年6月6日评审选送市参赛征文20篇，其中获奖8篇。县第二实验小学王昆昱获小学组一等奖，跃龙中学王贝贝获初中组二等奖，县实验小学周杭易、符一尘，城东小学王赞、陈旭东、陈凌云、童得民，桃源中学吕巧群等分别获小学组、初中组三等奖。

抗日战争胜利60周年主题宣讲及纪念活动　2001年9月17日，县关工委常务副主任杨启炉应邀参加宁海中学高一段组织的“勿忘国耻纪念‘九一八’70周年活动”，学生观看历史片后，群情激愤，有30余名学生踊跃上台发表“观后感受”演说，愤怒揭发日本军国主义侵略罪行，立志树理想、兴中华，杨启炉也作“不忘国耻、兴我中华”的演说。

2005年是中国人民抗日战争胜利60周年和世界反法西斯战争胜利60周年。为搞好宣传教育活动，县关工委编写、印发《以史为鉴，开创未来——纪念抗日战争胜利60周年》的宣讲稿。宣讲稿内容分抗日战争经过简介、日本侵略军在中国犯下的滔天罪行、抗日战争胜利的伟大意义、抗日战争给我们的深刻启迪等四部分。

2005年8月15日，县委宣传部、县关工委、县委党史研究室、县老干部局、县教育局、团县委6个单位，联合召开纪念抗日战争胜利60周年座谈会。县委副书记王飞、联办单位领导、6位抗日老战士及42位青年干部、青年教师、中学生参加会议。王惜耶、李殿法、冯家余、郑培禄、黄茂泉、黄在芬6位抗日老战士先后讲述亲身经历的抗日战斗故事，控诉日本侵略者的滔天罪行，歌颂抗日军民在中国共产党的领导下取得的伟大胜利，并对青少年提出殷切希望。84周岁的抗日离休干部李殿法唱起抗战时的革命歌曲。参加会议的青年干部、青年教师和中学生围绕6位抗日老战士的讲述，展开热烈的讨论。县委副书记王飞讲话。县关工委常务副主任杨启炉作会议小结。

2005年8月，县关工委向全县各中小学、镇乡关工委赠送400册《牢记历史，振兴中华——纪念中国人民抗日战争暨世界反法西斯战争胜利60周年》一书。该书由浙江省新四军研究会编写，分日本帝国主义对中国的侵略、中国人民的抗日战争、生命和鲜血铸成的丰碑三个部分。

2005年9月9日，宁海中学为纪念抗战胜利60周年和庆祝第21个教师节，召开全校师生大会。县关工委常务副主任杨启炉、校长符洪铭分别作纪念中国人民抗日战争胜利60周年暨世界反法西斯战争胜利60周年报告。县关工委向学校赠送由浙江省新四军历史研究会编辑的《牢记历史，振兴中华》图书100本，供老师和学生们阅读。

2005年是中国人民抗日战争胜利60周年和世界反法西斯战争胜利60周年。县关工委以各种形式举行纪念教育活动。截至2005年10月，宁海县受教育的学生8万余人，群众63450余人，机关干部1500余人，总计14万余人；参加宣讲的老同志152人，教师2000余人，宣讲2526场（次）。县关工委还向镇乡、街道关工委、宁海县中小学校和单位赠送省新四军历史研究会编写的《牢记历史，振兴中华》一书700册。

长征胜利70周年主题宣讲活动 2006年8月21日，县关工委向镇乡、街道、县直属单位关工委发出通知，要求各级关工委在9月、10月两个月中，组织“五老”及有关人员向广大青少年为纪念红军长征胜利70周年进行宣讲。县关工委编写《学习长征精神弘扬革命传统——纪念红军长征胜利70周年》的宣讲稿。宣讲稿突出红军长征简介、毛泽东等领导同志对长征的论述、长征精神丰富的内涵等内容，还附有长征战斗故事。全县共宣讲112次，受教育青少年达61546人次。

2006年10月9日，城东小学在纪念红军长征胜利70周年活动中，邀请校外辅导员谢志良向全校1600余名师生宣讲《学习长征精神 弘扬革命传统》。

中华人民共和国成立60周年主题宣讲活动 2009年7月10日，县关工委举行爱国主义宣讲团成员培训会。县关工委爱国主义宣讲团全体成员，县教育局关工委宣讲团成员，各镇乡、街道关工委宣讲团负责人共40余人参加培训。培训会学习全国、省、市、县关于围绕庆祝新中国成立60周年深入开展群众性爱国主义教育活动的有关通知精神。宣讲团成员杨启炉、王以位、王成恕进行试宣讲。与会同志针对宣讲内容进行讨论。县关工委副主任、宣讲团团长任校章主持会议，并就县、乡镇街道二级宣讲团成员如何开展宣讲活动提出要求。杨启炉《辉煌60年——庆祝新中国成立60周年专题宣讲》、王以位《伟大祖国及宁海家乡60年发展成就》两份宣讲稿被列入县委宣传部组织开展的“感动宁海·辉煌60年”宣讲活动菜单。

2009年9月11日，县关工委常务副主任杨启炉应邀为县人民检察院全体干部作关于庆祝新中国成立60周年专题宣讲。

2009 年 9 月 14 日，县关工委副主任王以位应邀为县技工学校千余名师生作《60 年祖国伟大成就与宁海家乡巨变》的专题宣讲。

2009 年 9 月，宁波市教育局关工委公布全市“我的祖国”读书征文活动优秀征文获奖名单，宁海县教育局关工委上送文章 55 篇，20 篇获奖（其中一等奖 3 篇），居全大市获奖篇数之最。全市有 4 个县市区关工委荣获组织奖，宁海县教育局关工委名列其中。

“迎奥运、讲文明、树新风”主题教育活动　2008 年 7 月，县关工委与柔石中学联合举行“迎奥运、讲文明、树新风”主题教育活动。7 月 18 日，动员大会在宁海影都召开，1000 多名师生参加会议，县关工委副主任王以位、袁哲飞、娄传申出席大会。会上，柔石中学校长童富军作动员报告，向全体师生详尽地介绍奥运会的历史，提出“迎奥运，树新风”的要求。王以位代表关工委在大会上讲话，希望师生们以实际行动喜迎奥运盛会。

2008 年 7 月 29 日，宁波市关工委组织的“宁波市老少奥林匹克运动知识竞赛”在市老干部活动中心举行。全市 11 个县（市）区关工委组队参赛。宁海县关工委精心选拔组成的“一老三小”代表队荣获第三名。

2008 年 8 月，跃龙街道松竹社区关工委特邀宁海县奥运火炬手孔立军为社区内的青少年讲述奥运知识。之后，社区还进行模拟奥运火炬传递。

2008 年 8 月，在北京奥运会举行之际，跃龙街道北星社区关工委与奥运同行，组织社区居民和学生开展“为北京奥运加油”知识竞赛。

2008 年 12 月 3 日，县实验小学教育集团“我努力，我成功”德育系列活动之一——“相约奥运冠军”故事会在金桥校区举行。来自五个校区的二十多名小选手以饱满的激情、生动的语言，讲述一位位奥运选手不畏艰难，敢于挑战，为国争光的成长之路。县关工委办公室负责同志应邀担任故事会评委，并为获奖选手颁奖。

革命传统教育活动　2003 年 3 月 3 日，县委宣传部、团县委在长街香花山海军部队举行学雷锋四十周年座谈会。县关工委常务副主任杨启炉出席会议，作题为《弘扬雷锋精神，努力做到“三好”》的发言。

2003 年“七一”前夕，为深化学习中共十六大精神，在广大青少年中掀起学习中共十六大和“三个代表”重要思想新高潮，使广大中小学生过一个有意义的暑假。县关工委、宁海报社、欧欧眼保仪公司举办一次大型中共十六大知识竞赛，共向全县中小学生发出答卷 5 万余份。答卷由学生本人或家长协助下完成，开学后收回，并进行抽奖。

2005 年 10 月 26 日，宁海县关工委办公室以工作简报增刊印发 2004 年中组部授予全国老干部先进个人、2005 年被中国关工委、中央文明办评为全国关心下一代工作先进工作者——河北省保定市涞源县关工委常务副主任车志忠《情系下一代　爱心献老区》一文，并作编者按。指出，车志忠在有生之年致力于老区的关心下一代工作，用生命晚霞点燃明天的希望之光。希望各级关工委和“五老”同志以车志忠同志为榜样，为宁海县关心下一代事业和青少年的健康成长做出应有的奉献。

2006 年 4 月 5 日，县关工委会同县教育局、县委老干部局、团县委、县妇联联合召开“弘扬先烈崇高精神、树立社会主义荣辱观”座谈会。出席会议的有中小学生、教师、中青年干部、驻军、干警、离退休老干部代表等 80 余人。会议学习和贯彻中共中央总书记胡锦涛关于“八荣八耻”社会主义荣辱观的论述。县关工委副主任袁哲飞作学习社会主义荣辱观的中心发言。与会代表从各自不同层面阐述自己学习社会主义荣辱观的心得体会。县关工委委员、离休干部黄稀、桃源派出所教导员施美玲、县技工学校年轻教师孙旭阳、县实验小学学生刘恒等在座谈会上发言。县关工委顾问、县人大常委会原副主任刘昌来出席会议并讲话，县关工委常务副主任杨启炉作会议小结。

2008年5月，宁海中学高二师生一行600余人徒步赴前童进行“追寻三五支队足迹”拉练活动，赴岔路白岭根村参观“梅花村会议纪念馆”。县关工委常务副主任杨启炉为全体师生讲述“梅花村会议”的史实与葛希曾烈士生平事迹。

2008年8月18日，县关工委常务副主任杨启炉应县技工学校邀请，在新学年全体教师会议上，为全校80余名教师作师德讲座。

2009年4月26日，县关工委常务副主任杨启炉应宁海中学邀请，到岔路镇白岭根村，向该校高二年级段参加拉练活动的800多名师生介绍白岭根“梅花村会议”由来和革命烈士葛希曾为革命事业无私奉献的英勇事迹。

第二节　爱的耕耘

一、创建“三好四无”

“三好四无”创建工作　2007年4月，县委组织部、县关工委、县教育局联合发文《关于在全县开展“村校共建”三好四无创建活动的实施意见》。

2007年5月11日，县关工委、县教育局在县技工学校召开创建“三好四无”活动现场会议。县直属学校、城区中小学校分管德育领导、城区教育办公室、各镇乡教育结算中心教育干事共53人出席会议。县关工委副主任王以位主持会议。县技工学校校长黄仁发，县柔石中学校长童富军在会上发言。县教育局副局长应小星、跃龙街道办事处副主任吴绒芬讲话。县关工委常务副主任杨启炉在讲话中指出，加强关心下一代工作，为建设和谐新宁海服务，部署落实精神，开展社、村、警、校共创“三好四无”活动，加强县直单位关心下一代工作，促进机关、社区、学校互相联动，共创“三好四无”活动；关于建立中小学校关工委工作，发挥老教师的作用，加强学生思想道德建设。

2007年8月13日，村社校共建“三好四无”创建活动领导小组建立。

2007年11月23日，宁海县村校共建“三好四无”创建活动试点村经验交流会议在西店镇召开。出席会议的有县委组织部副部长丁建标，县关工委常务副主任杨启炉、副主任王以位，西店镇党委副书记应必越、组织委员叶小杰，以及各镇乡、街道关工委主持工作的副主任。省、市级全面建设小康示范村与西店镇岭口村、岔路下畈村、梅林街道大路周村党支部书记、副书记。西店镇党委副书记应必越，大佳何镇人大常委会常务副主任、镇关工委副主任胡余荣，一市镇新山村党支部副书记梅东辉，分别作《加强领导，抓好试点，把“三好四无”创建活动全面推进》《广泛发动，落实责任，切实抓好“三好四无”村建设》《以创建“三好四无”村为抓手，推进构建和谐新农村》的典型交流发言。杨启炉在会上对半年来开展村校共建“三好四无”创建活动情况进行回顾。对当前和今后村校共建“三好四无”创建活动试点村如何深化完善创建工作提出意见。

2008年3月上旬至中旬，县关工委组织12位班子成员，分成4个检查组，对全县19个试点村的“三好四无”创建活动进行检查。检查组采取听、查、看、召开座谈会等方法进行。在对创建村检查的基础上，向所在镇乡、街道分管领导反馈，肯定成绩，提出存在问题，并就深化完善创建工作进行专题研究。各镇乡党委、街道党工委分管领导参加检查或听取检查情况汇报，研究改进意见，使该次检查工作顺利进行，圆满完成。

2008年3月20日，县关工委召开“三好四无”创建活动检查工作汇报会，出席汇报会的有检查组全体成员、县委宣传部副部长鲍允伟、县委组织部办公室主任季胜洪及新闻媒体单位的领导，听取各检查组的汇报。

2008年6月，宁海县关工委编辑的《宁海县村（社）校共建“三好四无”创建活动工作指南》，共印刷500册，供各镇乡、街道，各村（社）校在实施创建工作中参考。

2008年7月中下旬，县关工委组成四个组对全县首批开展村（社）校共建“三好四无”创建活动的19个村（社）进行全面考核验收。8月5日，县关工委召开考核验收组成员会议进行综合评定，考核评定分数均在92分以上，符合“三好四无”创建先进村（社）的要求。

2008年8月，跃龙街道园丁社区“三好四无”创建工作拉开序幕。该社区关工委认真贯彻落实县关工委工作意见，组织辖区40多名学生进行动员教育，同时还利用社区黑板报、宣传橱窗等宣传阵地宣传“三好四无”创建活动的目的、意义。

2008年8月，跃龙街道杏树社区关工委注重“三好四无”教育活动的开展，暑假期间，该社区针对社区内近百名青少年学生的综合表现，从中评选出10名“三好”青少年并颁发奖状。

2008年8月29日，县关工委召开乡镇、街道关工委副主任会议。汇报各地“三好四无”创建工作、暑期教育活动等开展情况。

2008年8月25日，县关工委第7期简报以专辑形式，介绍“三好四无”创建工作中大佳何镇、跃龙街道和西店镇三家关工委典型材料。并对大佳何镇专题配发编者按。编者按指出，“大佳何镇党委、人大、政府、关工委对全镇面上深入开展村（社）校共建‘三好四无’创建活动措施有力、工作到位，在8月15日召开的全县镇乡、街道关心下一代工作会议上，该镇人大常委会副主任、关工委常务副主任胡余荣作典型发言，现予转发，以供各地学习借鉴。”

2008年9月12日，大佳何镇党委召开“开展村校共建‘三好四无’创建工作动员大会”，全面部署村校共建“三好四无”创建工作。

大佳何、涨坑等8个村的党支部书记、副书记、村主任、关工委、团、妇、老协会以及镇教育干事、中小学校长等70余人参加会议。会议由镇人大主席团副主席、关工委常务副主任胡余荣主持。县关工委常务副主任杨启炉、镇党委副书记周卫国参加会议并讲话。会上，周卫国作动员报告。涨坑村党支部书记介绍创建试点工作经验；大佳何村党支部书记作表态发言。胡余荣作《提高认识，扎扎实实开展村校共建“三好四无”创建工作》的报告。杨启炉传达中央领导习近平、李源潮及市领导巴音朝鲁对关心下一代工作的重要批示、指示。

2009年2月11日以来，县关工委杨启炉、王以位、任校章、胡昌强等先后到前童、岔路、西店、跃龙、长街等各镇乡、街道，对“三好四无”创建工作进行巡视、检查，全面了解工作点、面开展情况。

2009年3月19日，县关工委在跃龙街道草湖村召开全县“三好四无”经验交流会议。各镇乡、街道关工委常务副主任及相关负责同志30余人参加会议。县委组织部常务副部长王能选出席会议。会议由县老干部局局长、县关工委副主任兼秘书长俞伟平主持。会上，大佳何、西店、跃龙街道三个镇乡、街道先后介绍“三好四无”创建工作的经验。大佳何镇关工委因势利导，以全面开展“三好四无”创建工作为抓手，着力抓“六有”关工委建设，工作实效明显，走在全县的前列；西店镇关工委在镇党委的重视下，抓好、抓实面上“三好四无”创建活动，工作基础扎实，有创新；跃龙街道关工委在创建工作中落实措施，以点带面，通过发挥联村干部的作用，努力推进创建活动深入开展，取得初步成效。此外，草湖村的“三好四无”创建工作也进行书面交流，与会同志对该村的创建工作表示肯定。县关工委副主任王以位作《以学习实践科学发展观为统领　扎实推进全县第二批“三好四无”创建活动》的讲话。县关工委常务副主任杨启炉讲话。王能迭在讲话中要求各镇乡、街道关工委对创建工作的认识要再提高，要积极争取党委重视，把“三好四无”创建活动作为一件重要事情来抓；工作力度要再加大，对工作要有激情，更要有热情；工作方法上要再创新，在开展具体工作时做到“六善于”，即善于把握时机，善于整合资源，善于运用载体，善于以小见大，善于细化工作，善于总结提高。

2009年4月9日，县关工委在县总工会召开由14位成员参加的巡视指导组巡视指导工作会议，部署对各镇乡、街道开展、落实“三好四无”创建工作。会上，常务副主任杨启炉通报前阶段“三好四无”创建工作情况，肯定成绩，指出创建活动中存在的问题，并对巡视指导工作提出意见和要求。副主任王以位就巡视指导工作中要注意的几个问题和方法提出意见。与会人员展开讨论。会后，各组将对各镇乡、街道“三好四无”创建工作开展巡视指导。

2009年4月22日，县关工委副秘书长胡昌强对一市镇“三好四无”创建工作情况进行巡视指导。

2009年4月24日，县关工委副主任王以位、任校章赴力洋镇，对该镇“三好四无”创建工作进行督查和指导。

2009年6月9日，在城区教育办召开调研组全体成员汇报分析会议。对在2009年5月11—30日期间，县关工委杨启炉、任校章、朱瑞骏、袁哲飞、薛国苗、洪泾之、胡昌强一行7人分两组，先后到跃龙教育集团跃龙中学、城关中学和潘天寿中学调研平安校园建设和“三好四无”创建活动情况。县关工委委员、城区教育办主任张洁辉、副主任葛为荣参加会议，就城区中小学校“三好四无”创建活动情况进行分析和研究。

2009年9月1日，县关工委副主任王以位陪同市、县文明办领导对西店镇溪头村、跃龙街道草湖村进行考察。两个村开展的“三好四无”创建活动，各级领导给予肯定。

2010年3月，随着“三好四无”创建活动深入开展，方法、经验的不断积累和提高，资料、台账的不断增加和完善，为使村（社）、校共建“三好四无”创建活动规范有序进行，县关工委办公室对2008年6月编印的《工作指南》进行修订，形成新的《宁海县村（社）校共建“三好四无”创建活动工作指南》（修订本），于2010年3月18日编印成册。

2010年11月25日，县关工委副主任王以位、副主任兼秘书长任校章对前童镇的“三好四无”创建工作的落实与开展情况进行巡视检查。

2010年11月30日，县关工委常务副主任杨启炉、副主任王以位赴正学中学验收“三好四无”创建工作。

2010年12月22日，县关工委副主任王以位在西店镇海洋村调研“三好四无”工作，并将2000元慰问金送到身患红斑狼疮的16岁少女邬某姗家中。

2010年12月23日，县关工委常务副主任杨启炉、副主任袁春林对桑洲镇5名村干部做好“三好四无”创建工作中注意的有关事项进行培训，使他们对创建“三好四无”工作有更深刻的理解，并能更好地协助村关工委做好该项工作。

“三好四无”创建成果　2009年12月23日，县关工委召开2008年度“三好四无”创建活动考核验收情况汇报会。“三好四无”创建领导小组和巡视检查组全体成员出席会议。会议由县关工委常务副主任杨启炉主持。会上，各组分别就一年来对“三好四无”创建活动的验收和抽查情况进行汇报。县关工委副主任王以位作总结发言。与会人员对达到创建要求的创建单位进行集体审议。最终，全县18个乡镇、街道共77个行政村（社区），教育系统57所中小学校通过审议，同意予以表彰挂牌。县委宣传部副部长，县文明办主任鲍允伟讲话。

2010年1月19日，宁海县关工委召开全委（扩大）会议。县委常委、组织部部长、县关工委主任俞小勋，县人大常委会副主任张文蛟，副县长尤玲娟，县政协副主席赵秀萍出席会议。县关工委副主任、全体委员，县关工委名誉主任、顾问以及各乡镇、街道关工委常务副主任参加会议。大会对2008年度村（社）、校共建“三好四无”创建活动先进单位的75个行政村、3个社区、57所学校进行表彰授牌。张文蛟宣读县委组织部、县关工委《关于2008年度村（社）校共建“三好四无”创建活动先进单位的通报》，各乡镇、街道常务副主任领取奖牌。

2010年3月19日，县关工委在桃源街道办事处召开全县“三好四无”创建工作经验交流推进会，各乡镇、街道关工委常务副主任、县教育局关工委常务副主任，县“三好四无”创建工作领导小组和巡视指导组成员40余人参加会议，县委组织部副部长范建军出席会议。会议进行典型经验介绍，桃源街道关工委结对帮教失足青少年、预防减少重新违法犯罪工作，为建设平安桃源做出应有的贡献；西店镇关工委努力筹措资金，为青少年做好事、办实事；跃龙街道怡惠社区关工委深入开展志愿帮扶服务，促进青少年的健康成长；桃源街道华庭社区结合社区自身特点，着重开展社校共建活动，以加强青少年思想道德建设；宁波天虹文具有限公司关工委就“关爱职工，促进企业发展”作发言。县关工委副主任王以位作《总结经验　乘势而上　持续推进“三好四无”创建工作开展》的讲话。县关工委常务副主任杨启炉就《中共宁海县委宁海县人民政府关于进一步加强关心下一代工作的意见》和《2010年宁海县关心下一代工作意见》两个文件的贯彻落实问题作发言，对关工委二十周年庆祝活动作简要部署。县委组织部副部长范建军要求各镇乡、街道关工委重视创建工作的开展，进一步抓实、抓深，打响宁海县关心下一代工作品牌。2010年创建工作在61个行政村、12个社区、10所中小学开展，同时对首批获得“三好四无”创建活动先进单位的19个村（社）和4所学校进行复评。

2007—2009年宁海县关工委创建“三好四无”村（社区）、学校关工委统计表

表5-6　　　　单位：个

所属镇乡	2007年度		2008年度		2009年度		2007—2009年		
	村社	学校	村社	学校	村社	学校	村社	学校	合计
长街	2	—	11	3	5	2	18	5	23
胡陈	2	—	2	3	2	—	6	3	9
力洋	—	—	1	5	3	1	4	6	10
茶院	2	—	1	1	6	—	9	1	10
一市	1	—	4	2	4	1	9	3	12
越溪	1	—	3	2	5	—	9	2	11
桑洲	—	—	3	2	5	—	8	2	10

续表5-6

所属镇乡	2007 年度		2008 年度		2009 年度		2007—2009 年		
	村社	学校	村社	学校	村社	学校	村社	学校	合计
岔路	2	—	2	2	3	—	7	2	9
前童	1	—	5	1	3	2	9	3	12
黄坛	—	—	6	3	4	—	10	3	13
大佳何	1	—	8	2	—	—	9	2	11
强蛟	—	—	2	2	3	—	5	2	7
西店	2	2	4	1	1	1	7	4	11
深甽	2	—	2	3	3	1	7	4	11
跃龙	—	2	11	16	11	3	22	21	43
桃源	—	—	5	3	6	1	11	4	15
梅林	2	—	4	3	2	—	8	3	11
桥头胡	1	—	4	3	2	1	7	4	11
合计	19	4	78	57	68	13	165	74	239

2007—2009 年宁海县关工委创建“三好四无”村（社区）关工委情况统计表

表 5-7

所属镇乡	2007 年度		2008 年度		2009 年度		各年度合计	
	个数	其中社区	个数	其中社区	个数	其中社区	个数	其中社区
长街	2	—	11	—	5	—	18	—
胡陈	2	—	2	—	2	—	6	—
力洋	—	—	1	—	3	—	4	—
茶院	2	—	1	—	6	—	9	—
一市	1	—	4	—	4	—	9	—
越溪	1	—	3	—	5	—	9	—
桑洲	—	—	3	—	5	—	8	—
岔路	2	—	2	—	3	—	7	—
前童	1	—	5	—	3	—	9	—
黄坛	—	—	6	—	4	—	10	—
大佳何	1	—	8	—	—	—	9	—
强蛟	—	—	2	—	3	—	5	—
西店	2	—	4	—	1	—	7	—
深甽	2	—	2	—	3	—	7	—
跃龙	—	—	11	2	11	10	22	12

续表5-7

所属镇乡	2007 年度		2008 年度		2009 年度		各年度合计	
	个数	其中社区	个数	其中社区	个数	其中社区	个数	其中社区
桃源	—	—	5	3	6	2	11	5
梅林	2	1	4	—	2	—	8	1
桥头胡	1	—	4	—	2	—	7	—
合计	19	1	78	5	68	12	165	18

2007—2009 年宁海县关工委创建“三好四无”村（社区）关工委统计表

表 5-8

所属	已创建村、社区		合计（个）
	行政村	社区	
长街	新城、山头、长街、大湖、塘里、龙山、新塘、洋湖、伍山、月兰、东港、青珠、李家庄、岳井、岳墩、山前、平原、文围村	—	18
胡陈	胡东、梅山、车家、西翁、联胜、长平村	—	6
力洋	海屿、大塘、古渡、文正村	—	4
茶院	塘厂、毛屿、升龙、东腾、铜岭脚、柘浦王、后坑李、道士桥、杜岙村	—	9
一市	新山、上陈、里岙、缆头、山皇岙、前岙、一市、曹家、岭头村	—	9
越溪	下田、越溪、南庄、梅枝田、盘屿、下湾、双盘、大陈、大林村	—	9
桑洲	桑洲、里山季、坑口、三星、六合、上叶、里山、下洋周村	—	8
岔路	下畈、天河、梅花、干坑、兆岸、山洋、上屋基村	—	7
前童	大郑、竹林、塔山、双桥、鹿分、鹿山、板岭陈、柘湖杨、桥头杨村	—	9
黄坛	黄坛、五兴、联溪、松坛、榧坑、里塘、斑竹园、明珠、里天河、新华村	—	10
大佳何	涨坑、大佳何、石门、葛家、团结、民主、和平、滨海溪、下王村	—	9
强蛟	上蒲、胜龙、下渔、加爵科、王石岙村	—	5
西店	海洋、岭口、西店、石孔、望海、溪头、尤家村	—	7
深甽	南溪、柘坑戴、三省、长洋、上湖、溪滨、柘坑张村	—	7

续表5-8

所属	已创建村、社区		合计（个）
	行政村	社区	
跃龙	草湖、溪南刘、大桥李、赵溪、白龙潭、云台、望府、下枫槎、水车上园、坦坑村	怡惠、园丁、五丰、车河、兴圃、北星、东海、县前、塔山、杏树、滨溪、松竹社区	22
桃源	竹口、竹东、杏蒋、下桥、唐安李、下洋顾村	华庭、冠庄、泉水、兴海、金桥社区	11
梅林	大路周、梅林、杨梅岭、凤潭、岙胡、新庄、方前村	花园社区	8
桥头胡	双林、潘家岙、涨家溪、店前王、汶溪周、东吕、桥头胡村	—	7
合 计	147	18	165

2007—2009 年宁海县关工委教育系统创建“三好四无”关工委学校统计表

表 5-9

所在地分布	已创建学校		合计（个）
	中学	小学	
长街	长街初中	长街小学、山头小学、伍山小学、龙浦片校	5
胡陈	胡陈初中	胡陈小学、东仓片校	3
力洋	力洋初中、前横中学	力洋小学、前横片校、兴南片校、文正片校、	6
茶院	—	茶院小学	1
一市	一市初中	一市小学、东岙小学	3
越溪	越溪初中	越溪小学	2
桑洲	桑洲初中	桑洲小学	2
岔路	岔路初中	岔路小学	2
前童	前童中学	前童小学、竹林小学、	3
黄坛	黄坛中学	黄坛小学、双峰片校	3
大佳何	大佳何初中	大佳何小学	2
强蛟	强蛟初中	强蛟小学、	2
西店	西店镇初级中学	西店镇中心小学、观澜片校、香岩小学	4

续表5-9

所在地分布	已创建学校		合计（个）
	中学	小学	
深甽	深甽初中	深甽小学、溪边片校、马岙小学	4
跃龙	柔石中学、技工学校、一职高、城关中学、星海中学、潘天寿中学、宁海中学、知恩中学、跃龙中学	实验小学、城南校区、城西校区、金桥校区、第二实验小学、城东小学、潘天寿小学、华山校区、桃源小学、溪南片校、辛岭片校、水车片校	21
桃源	桃源初中	山水片校、回浦片校、金阳小学、	4
梅林	职教中心、梅林初中	梅林小学	3
桥头胡	桥头胡初中、正学中学	桥头胡小学、建设片校	4
合计	28	46	74

二、关爱特殊群体儿童

关爱留守儿童　2007年5月21日，县妇联、县教育局、团县委、县关工委联合发出《关于开展留守儿童关爱行动的通知》，举办以“建设和谐新宁海，让儿童健康成长”为主题的活动，主要内容为：慰问贫困儿童、孤残儿童、留守儿童、外来儿童；举行“关爱留守儿童手拉手”活动；举行“迎‘六一’，书香伴行，快乐读书”红领巾童话节及进城小公民欢乐节活动；举行“城乡儿童联谊流动爱心超市”下乡活动；开展“家教知识宁海行”活动；开展“情系外来务工子弟，做一件好事，办一件实事”活动；开展“健康宝宝·幸福家庭”预防出生缺陷儿系列宣传活动等。

2007年5月31日，团县委、县妇联、县教育局、县关工委、县少工委、县青联会共6家单位在宁海影都举行共同关爱留守未成年人“关怀5+1”计划的启动仪式，共同关爱留守儿童，开展健康关怀、成长关怀、幸福关怀、亲情关怀和维权关怀“五个关怀”及建立一个关爱留守未成年人基金。县关工委领导与各镇乡、街道关工委的副主任出席启动仪式。留守儿童代表，留守儿童代理家长，留守儿童代理姐姐代表在会上发言。县委副书记徐光宪，共青团宁波市委书记孙黎明讲话。启动仪式上同时还表演少儿节目。参加该次启动活动的中小学生、幼儿及教师近1000人。

2008年“六一”前夕，县关工委副主任王以位、任校章，副秘书长龚怀源，办公室干部王伟莉一行四人赴胡陈乡东仓小学看望留守儿童，祝贺小朋友们节日快乐，一同前往的还有胡陈乡关工委副主任侯民明。县关工委还向东仓小学赠送篮球、围棋等近千元文体器具，为十位特困留守儿童送上慰问金各200元。

2009年5月9日，宁波市“2009宁波全民读书月”启动仪式在市天一广场隆重举行。宁海县育才、科达两所民工子弟学校校长应邀参加活动，并接受市关工委捐赠的“爱心书屋”。

2010年3月27日，“携手同行、共享蓝天”留守儿童欢乐茶园游活动在桑洲镇举行。来自桑洲镇中心小学的20名留守儿童和20名来自潘天寿艺术幼儿园的临时爱心妈妈一起欢度集体生日。活动结束后，潘天寿艺术幼儿园还为桑洲镇150多名留守儿童捐助5000元现金用于购买图书。

关爱外来工子女　2006年5月30日，县关工委一行四人，到梅林街道三军庄村育才民工子弟学校进行节日慰问。该校校长汇报学校办学等情况。县关工委领导听取汇报后对学校的办学目标，安全管理，法制教育，校外辅导，家长委员会等工作提出意见和建议。并代表县关工委向学校赠送学习用品和慰问金3000元。大家还参观教室、校舍、食堂，并到餐厅看望就餐师生。

2007年“六一”前夕，县关工委领导一行慰问科达中学附设外来务工子弟学校，向该校820名外来务工子弟赠送学习用品、文体器材等节日礼物与助困资金3000元。各镇乡、街道关工委配合团、妇等部门和县有关部门开展“六一”节丰富多彩的慰问活动。2007年全县“六一”慰问少年儿童各类文化用品、书籍、活动器材和现金共计33.5万元。

2010年1月27日，宁海县关工委副主任王以位，副秘书长胡昌强、龚怀源在跃龙街道关工委常务副主任胡建萍的陪同下，赴育才外来工子弟学校大桥李分校慰问，并向15名特困外来工子女送上慰问金3000元，以作为“爱心健康午餐补贴”。

三、教育基地建设

县爱国主义教育基地建设 2003年3月下旬，县关工委常务副主任杨启炉参加由县委宣传部组织的部分单位领导到有关镇乡检查验收“五老”参与的爱国主义和革命传统教育基地建设。

2003年7月1日，县委组织部、县委宣传部、县直机关党工委、县委党史研究室、团县委、县关工委、中共岔路镇委七家单位联合向全县各级党组织、全体共产党员和广大共青团员发出倡议书，为更好地继承革命传统，弘扬先辈革命精神，对全县党员干部和群众特别是青少年，进行爱国主义和革命传统教育，改变“山洋革命根据地”和“梅花村会议遗址”设施和布局相对简陋的状况，更好地发挥“资政育人”的作用，弘扬革命先辈精神，积极捐款，奉献爱心。宁海有着悠久的革命历史，1947年1月底在岔路白岭根村召开的“梅花村会议”以及随后在宁海山洋建立的较具规模的浙东台属革命根据地，为解放三门、宁海乃至台（州）属地区，做出重要贡献。倡议发出以后，宁海县各级党组织、全体共产党员、广大共青团员和机关企事业单位干部职工纷纷慷慨解囊。截至2003年8月2日，共收到1118145.20元。在筹建小组统一领导和安排下，县关工委发动“五老”组织积极配合开展捐款工作。

2004年12月8日，县关工委常务副主任杨启炉等陪同县委副书记王飞检查“梅花村会议遗址”、福泉山纪念碑亭、县烈士园的修建和保护工作。

2006年3月20日，县关工委常务副主任杨启炉会同宣传部、县委党史研究室领导与前童镇分管领导、“五老”人员到福泉山察看革命传统教育基地，就铁流亭的整修、基地的维护与管理等问题进行研讨。然后又到县烈士园会同民政局领导检查有关配套设施和管理等问题。

2006年4月8日，宁海中学740余名高二年级学生在副校长应华彬及老师的带领下，实行军事式野营拉练活动。师生们背着行囊步行至前童，在鹿山烈士纪念亭下接受革命传统教育。是日晚，师生们搭起帐篷，住宿前童中心小学操场。第二天上午7时，从前童步行至岔路镇白岭根“梅花村会议遗址”，听取县关工委常务副主任、校外辅导员杨启炉介绍“梅花村会议”的革命史实和葛希曾烈士为党和革命的献身精神。杨启炉勉励同学们在学习先烈献身精神中要学好社会主义荣辱观，按“八荣八耻”的要求，从自己做起，从现在做起，从点滴小事做起，刻苦攻读，立志成才，明确目标，努力使自己成为祖国的有用人才。

2009年1月7日，市委副书记、市长毛光烈一行在县委书记王剑侯、代县长褚银良等陪同下，到宁海县岔路镇白岭根村慰问贫困群众，并参观“梅花村会议”遗址陈列室。慰问葛希曾烈士女儿葛翠女。参观“梅花村会议”陈列室后，毛光烈对“梅花村会议”历史资料的完整保存和其作为青少年教育基地作用的发挥和“五老”人员参与爱国主义教育基地建设作肯定。

2009年2月12日，县关工委常务副主任杨启炉、副主任王以位、副秘书长胡昌强到白岭根村，就如何落实“梅花村会议”遗址整修事项与村党支部书记、村主任、“五老”进行商议。原跃龙山烈士墓地空间窄小，场地仅能容纳500多人。1994年清明节后，县关工委向县政府分管领导汇报，要求在烈士墓地背后山坡上搭建钢棚，以供“五老”同志值班、宣讲时休息。是年，县政府便拨款3000元搭建一个值班室。2000年年初，县民政局向县政府汇报，建议新建有一定规模的烈士陵园。县关工委专门召开顾问会议商议此事，并拟文上报县委、县政府。2001年年初，县委、县政府将县烈士陵园迁建工程列入县十大重点实事工程，同年10月即开工建设。2002年3月陵园竣工，总投资800万元，占地面积36900平方米，其中广场面积为26000平方米，可同时容纳4000人举行悼念活动。新陵园除把原烈士墓地的21名革命烈士遗骨全部迁移安葬在烈士纪念塔下外，新建陈列室，146名宁海籍烈士的照片、遗物和图片等在室内展出。据统计，自2002年至2009年的8年时间里，新陵园悼念先烈总人数达到16万人次。以新的宁海县烈士陵园为主阵地，至2009年，宁海县共拥有14个爱国主义教育基地，其中上金县委县政府诞生地纪念碑亭、山洋革命纪念园和长街的铭记碑等一半以上都是近十年来新建。县关工委每年都及时发出通知，要求各地就近举行悼念活动。据记载，近18年来，全县参加悼念革命先烈活动的青少年和干部群众达到60万余人次。特别是山洋革命纪念园，近五年共接待去参观学习的党员干部、青少年2000多批次，总人数达2.3万余人次，其中共产党员占60%。宁海中学连续15年组织高二段学生七八百人徒步前往岔路镇白岭根“梅花村会议”遗址接受革命传统教育，总人数达12000余人次。

山洋革命传统纪念馆活动　2003年9月3日，县关工委向山洋革命纪念园捐款30000元。

2005年7月1日，宁海中学21名高三入党的新党员和8名写了入党申请的考察对象，在应华彬副校长带领下，到岔路镇山洋革命根据地纪念园举行入党宣誓仪式，然后参观纪念园陈列馆，并特邀山洋地区王成合等5位老党员回忆当年山洋革命根据地地下党员革命斗争史实。21名学生党员交了一次特殊的党费，计1520元，以慰问老区老党员。县关工委常务副主任杨启炉应邀参加该次具有特殊意义的活动，他向同学们介绍山洋革命根据地斗争历史，并勉励大家进入大学后，牢记自己是一名共产党员，要不断从思想上入党，发奋学习，将来为党和人民做出更大的贡献。

“五老”参与筹建的七个教育基地　2008年6月，宁波市关工委2008年第四期工作简报《基地掠影》栏目，刊载由县关工委供稿的《宁波市关心下一代教育基地之宁海篇》，介绍宁海县各级关工委和“五老”同志参与筹建的七个教育基地，即中共宁海县委、宁海县人民政府诞生地纪念碑亭、宁海县烈士陵园、“梅花村会议”遗址、山洋革命根据地纪念园、岳井“铭记碑”与“日军侵略岳井罪行陈列馆”、长街革命烈士陵园等。

四、各类调研活动

“调查研究年”　2006年2月20日，县关工委确定2006年为“调查研究年”，发出《关于开展“调查研究年”活动的通知》，从成立组织、确定主题、时间安排、组织评选等方面提出具体要求。县关工委拟在该次调研活动的基础上，适时举行有关未成年人思想道德建设论坛活动。

2006年12月，县关工委对深甽镇柘坑戴村、南溪村、梅林街道花园社区、一市镇新山村4个省级新农村小康建设示范村和长街镇新城村、胡陈乡胡东村、岔路镇天河村、前童镇大郑村、桥头胡街道双林村共5个市级新农村小康建设示范村进行走访调研，为制订2007年县关心下一代工作计划提供依据。同年12月，县关工委对一年来全县未成年人犯罪情况进行调研。根据宁海县法院刑事审判庭判决情况，2006年共审结未成年人犯罪案件81件98人，案件比2005年87件减少6件；犯罪人数比2005年140人减少42人。其中本县人犯罪案件51件，比2005年64件减少13件；宁海县籍犯罪人数65人，比2005年107人减少42人；外籍人员犯罪33人，与2005年33人持平。

2006年12月28日，县关工委召开镇乡、街道关工委副主任会议。对2006年调研文章进行评选，西店镇关工委撰写的《关于青少年违法犯罪的成因剖析及其对策》、岔路镇关工委撰写的《岔中“空巢”学生心理状况调查与思考》荣获一等奖，荣获二等奖6篇，荣获三等奖5篇，并进行表彰奖励。会议还对如何加强农村关心下一代工作提出意见。

村关工小组改建调研 2008年1月，杨启炉、王以位赴力洋调研，与镇党委领导商谈各行政村支部换届后，将村关工小组改建为村关心下一代工作委员会问题。镇党委书记范建军、副书记胡姣蓉表示在春节后，将村级关工委组建好。

青少年违法犯罪调研 2001年4月5日，县委办公室《关于贯彻落实县委〈关于面向新世纪，加强关心下一代工作的意见〉文件情况进行检查的通知》。县关工委于4月9日发出8号文件《关于认真落实县委30号文件贯彻执行情况检查的通知》。

2001年4月23—25日，县关工委组织班子成员中的离退休老同志15人，在职领导9人，共24位同志，分成8个检查组，分别赴全县17个镇乡，对2000年12月18日，县委《中共宁海县委关于面向新世纪，加强关心下一代工作的意见》后的落实情况进行检查。5月14—21日，又对县属9个口进行检查。共计走访57个基层单位，参与汇报座谈的共245人次。

2003年9月3日，县关工委常务副主任杨启炉和办公室刘保山到县人民法院、县人民检察院了解宁海县2003年1—9月青少年犯罪的情况。随后，杨启炉、刘保山配合县教育局多次到有关镇乡学校、派出所等单位作典型调查，建立“未成年人犯罪调研小组”，由刘保山、林贵清、严望林、薛国苗、林兆卿等组成，于10月13日召开调研组会议，明确调研的主题、方法、范围和具体步骤与分工，决定对宁海县2003年1—9月被法院判刑的六十余名未成年人犯罪情况进行逐个走访调研。

2003年9月19日，县政法委预防青少年违法犯罪工作现场会在茶院乡召开。县委副书记马晓晖、县政法委领导，县公、检、法、司领导，各镇乡分管综治领导、县关工委杨启炉和王崇斌出席会议。茶院乡乡长陈剑波作“立足农村，注意帮教，全面加强预防青少年违法犯罪工作”的经验介绍。县委副书记、政法委书记马晓晖在讲话中指出，预防青少年违法犯罪工作是一项基础性工作，是一项复杂的社会系统工程，是贯彻落实“三个代表”重要思想、维护青少年切身利益的重要举措。各镇乡政府、公安、司法、教育等部门要进一步提高认识，明确任务，务求实效。2003年上半年由县综治委牵头、县司法局、县关工委等部门参与在茶院乡进行预防青少年违法犯罪工作试点，在县政法委、乡党委、政府的重视下，进行全面调研，成立帮教组织，建立规范制度，开展预防青少年违法犯罪系列教育，取得成效。

2003年10月，县关工委组织调查组，对宁海县未成年人犯罪情况进行调查，在掌握翔实资料的基础上，综述犯罪情况，分析犯罪原因，提出防范建议，形成调查报告。调查报告上报县委、县政府及省、市关工委后，引起有关领导的重视。县委副书记张拓原作批示，县委办《调查与研究》第二期刊登全文，并加编者按：“根据县委副书记张拓原同志的批示，现将县关工委《关于我县未成年人犯罪情况的调查报告》印发至各镇乡、街道和有关部门，希望各地各有关部门引起高度重视，并结合各自实际，认真做好未成年人犯罪的预防工作。”《今日宁海》根据调查报告内容，写成《青少年朋友们，请一路走好》一文刊载，呼吁全社会都要引起重视，并对青少年自身提出希望和要求。

2004 年 3 月 29 日，市关工委转发宁海县关工委《宁海县未成年人犯罪的调查情况》。

2005 年 6 月 9 日，县委副书记、政法委书记谢群华主持召开预防未成年人违法犯罪工作汇报分析会。出席会议的有县委常委、宣传部部长顾卫卫、县长助理项松春和县政法委、县委办、县关工委、县文明办、县教育局、团县委等单位的主要领导。县关工委常务副主任杨启炉汇报宁海县 2005 年 1—5 月份未成年人犯罪情况、犯罪特点、原因以及如何加强领导和预防未成年人犯罪工作的建议。与会各单位领导围绕主题作汇报和认真分析讨论。谢群华讲话，肯定县关工委和“五老”人员为预防未成年人犯罪做了大量工作，取得成效。会议商定由县综治委牵头建立在校生犯罪案件通报联席会议制度。

2008 年 8 月，县关工委常务副主任杨启炉用两个多月时间，深入部门、基层调研，撰写题为《关于预防和减少未成年人违法犯罪问题的探讨》的调研报告，得到县领导的肯定和重视。县委书记王剑侯阅后批示：“杨主任这篇调研写得非常不错，请送孟形及尤玲娟同志参阅，并组织抓好相关意见和建议的落实，使我县预防和减少未成年人犯罪工作取得实效。”县委副书记谢群华阅后批示：“杨启炉同志的调研报告写得很好，精神深受感动……”领导批示后，有关部门认真地抓好落实。并由县委分管领导牵头组织人大办、综治办、司法局、教育局、关工委、团县委等单位，分成六个督查组，深入 18 个镇乡、街道，督查落实预防未成年人犯罪工作和社区矫正对象的管教等工作。

青少年思想教育现状调查　2001 年 10 月下旬至 11 月，为贯彻落实中关工委第六次全国宣传工作会议精神与中办、国办《关于进一步加强预防青少年违法犯罪工作的意见》和县委〔2001〕126 号文件精神，县关工委常务副主任杨启炉与办公室主任叶建杰，深入基层，跑遍全县各个镇乡，进行宣传和调研。鉴于宁海 9 个镇乡党群书记工作调动以及 13 个镇乡教委常务副主任交流调动的情况，为更好地衔接工作，县关工委根据六中全会决定精神，进一步改进工作作风，到基层直接贯彻落实上述两项工作。

2002 年 3 月 19 日，县关工委副主任林贵清与城关镇教委和镇中心校领导一道深入马婆园小学调研，要求针对学校实际，面对现实，扎实工作，逐段过关，力争为初中输送更多的合格新生。

学校周边交通安全问题调查　2003 年 3 月，针对宁海县城区中小学校周边交通安全隐患问题，县关工委由常务委员薛国苗等老同志对这一情况进行调研。5 月初，县关工委领导上门听取实验小学、跃龙中学校长和镇教育干事的意见。5 月 14 日，又与县教育局领导交换看法，进行探讨。5 月 21 日县关工委召开离退休副主任、常务委员会议，对调查情况进行专题研讨。县关工委又对实验小学、跃龙中学等校实地走访察看，然后形成综合调查材料，于 5 月 28 日向县政府作报告。该报告根据城区中小学校周边交通安全隐患现状，分析造成隐患的主客观原因，指出安全形势严峻，提出一系列建议。

2003 年 8 月 9 日，县政府办召开学校周边交通安全问题协调会议。会议由县政府办副主任葛建满主持，县关工委、综治委、公安局、教育局、城建局、国土局、文广局、工商局、交通局、交警大队、城监大队、城关镇等单位领导参加会议。近年来，宁海县城区中小学校周边存在突出的交通安全隐患问题，县关工委针对这一情况，于 2003 年 3—5 月对此进行调查研究，于 5 月 28 日向县政府呈报综合调查报告。会上，县关工委常务副主任杨启炉简述调研情况，提出要解决落实的相关问题。与会同志交流收到县关工委抄送的调查报告后进行检查和落实工作情况，并对县关工委做了大量调查工作充分肯定。副主任葛建满听取汇报后作小结讲话，提出学校周边环境安全整治进一步落实的意见，明确各部门的职责任务。会后，跃龙中学离校门口五十米处立醒目的“前方学校，注意行人”的警示牌。县实验小学的城北路、城中小学的蒲湖路口实施机动车辆管制，在早、晚放学高峰期禁止机动车辆行驶等。同时加大学校周边无证摊贩的整治力度，并增设市容协管员；周边文化市场有明显规范；各所学校也对自身内部因素采取整治措施。

2003年10月13日，县规划局、县教育局就城区中小学校布局规划召开论证会，听取有关部门的意见和建议。县关工委杨启炉应邀出席会议，并提出建设性意见。

2003年10月，县关工委顾问黄茂泉向《宁海报》写了一封长达7页的读者来信，宁海报以《狗患到底谁来管》摘刊。黄茂泉反映宁海城关“烂养狗、对狗十分放任，污染公园与公共场所，多次发生咬伤人事件，严重影响精神文明建设和广大人民群众生活秩序，要求政府予以关注与重视，并呼吁有关部门予以配合，建议参照《宁波市宠物圈养条例》进行规范”。

2005年10月，为净化校园周边秩序，县关工委常务副主任杨启炉在深入走访、调研基础上，撰写成《宁海县实验小学周边美容院、洗头房污染着小学生纯洁的心灵应彻底整治》的报告，呈送县委副书记谢群华，副县长尤玲娟，县长助理项松春，县委政法委副书记叶能勇、王可翻，县教育局局长林志来等领导。引起高度重视，领导实地察看，召开有关职能部门主要负责人协调会议，研究整治意见，落实各项整治措施。

2009年7月25日，县关工委《关于改善跃龙中学办学条件的几点建议》的调研报告，呈报县委、县政府以及县教育局。调研报告引起领导高度重视。自3月开始，县关工委组织班子成员分两个调研组，就如何加强学校周边环境整治等问题，对城区有关中小学校（重点跃龙中学）进行调研。

2009年9月1日，开学第一天，县工商局对城区跃龙中学、桃源中学、实验小学等12所学校周边地区无照经营商贩进行专项整治。据悉，该次专项整治范围为全县各中小学、幼儿园等学校周边主要路段，整治时间一直延续到9月30日。主要是严查学校周边地区的无照饮食店、食杂店以及小卖部；黑网吧、无照游戏厅、商店销售“三无”商品、过期变质食品及标识不清商品等违法行为。

2009年8月26日，县城管局组织对城区所有中学、小学、幼儿园等学校周边环境进行综合整治，日常安排一名市容协管员和学校老师共同管理，放学高峰期安排1~2名城管队员站点管理，每月不少于两次，一直持续到放寒假。

五、爱心在失足青少年中闪光

赴省劳教部门面对面帮教 2001年1月15日，宁海县政法委、关工委、妇联、教委、公安、法院、检察院、司法局和城关、梅林、西店、长街镇等领导及县电视台记者组成的宁海县政府帮教团一行16人，在县长助理项松春、县政法委副书记薛再成、县关工委常务副主任杨启炉带领下，赴浙江省少教所、省女监进行规劝帮教。帮教团代表宁海县人民政府，慰问干警们对宁海籍学员的辛勤教育、感化；然后对失足青少年进行面对面帮教。县长助理项松春介绍宁海家乡近几年来经济发展和城市化建设等巨大变化，播放宁海城市化建设录像片；薛再成、杨启炉作规劝讲话；帮教团人员在集中教育基础上，分成若干小组进行面对面的规劝帮教，要求他们洗心革面、重新做人；向宁海籍学员赠送法律书刊、毛巾、香皂等学习生活用品。同时将贴好邮票、夹好信纸的信封交给学员们，要学员们谈想法、谈进步、谈悔悟。至2001年2月，县关工委收到十多封发自内心的忏悔和表示谢意的回信。

2001 年 1 月 28 日，宁波晚报第二版刊登卢军撰写的县关工委老同志到县看守所进行面对面规劝帮教的稿子，并附规劝帮教现场照片。

2002 年 2 月 1 日，经县委领导同意，县关工委、司法局、教育局和城关、西店、长街、深甽等镇领导及县电视台、报社记者组成的帮教团一行 15 人，在县委常委、关工委主任陈云高，县关工委常务副主任杨启炉的带领下，赴省少管所。代表宁海县委、县政府慰问省少管所干警们对宁海籍失足青少年的辛勤教育、感化；听取省少管所教育科领导介绍宁海籍学员的表现情况。2001 年度，宁海 37 名老学员中，1 人被评为省级改造积极分子，14 人获年度奖励，其中 8 人被评为所级改造积极分子、4 人年度记功、2 人大会表扬。通过面对面帮教，促进他们深刻反思，安心改造，努力学习科学文化知识，提高适应社会发展需要的就业能力。其次是面对面的集中帮教，县委常委陈云高介绍宁海城市化建设的进程，重点谈了家乡近几年来经济发展和社会变化，简要阐述 2002 年宁海县为民办实事的几个主要项目，学员们深受教育和鼓励。县关工委常务副主任杨启炉、司法局副局长高为民、城关镇党委副书记葛体员分别就如何在教官的指导下接受教育、刻苦学习、劳动、早日新生等方面作规劝讲话。帮教团人员在集中教育的基础上，分成六个小组进行面对面的耐心细致的谈心规劝帮教，教育他们洗心革面，重新做人。每个学员均认真地填写一份由县帮教团编制的"省少年管教所宁海籍学员基本情况答卷"。县教育局副局长符洪铭、城关镇副书记葛体员、综治办主任陈士军、深甽镇党委副书记胡方标、西店镇党委委员杨明辉、长街镇党委委员应建湖、县关工委办公室主任叶建杰等分别在各组做规劝工作。县关工委还向宁海籍学员赠送"公民道德建设纲要"简明读本和浙江省公民道德规范以及毛巾、香皂等学习生活用品与节日食品。在少管所这所特殊的学校里，党和政府对他们的关心、帮助、教育，每位学员在问卷中均有较好的认识。

2003 年 1 月 10 日，经县委领导同意，县综治委、司法局、关工委、法院、教育局、城关镇、西店镇、深甽镇等单位领导在政法委副书记王可翻与县关工委常务副主任杨启炉的带领下，帮教团一行 17 人赴省少管所。对省少管所干警表示慰问；省少管所教育科领导介绍宁海籍失足青少年学习和思想改造表现情况；帮教宁海籍 55 名失足青少年。王可翻介绍宁海县经济建设和城市化建设取得的成就，鼓励他们好好学习和认真改造，早日回归，为家乡建设做贡献。杨启炉宣读省少管所 2 名失足青年给父母和县关工委的忏悔信，以这两位的内心表白来打动其他失足青少年，引起他们心灵上的共鸣和强烈震撼，鼓励他们学好文化、技术，好好改造思想，遵守监纪监规，争取立功减刑，早日回归家乡，做一个对社会有用的人；按地区分为四个小组进行面对面的亲切交谈；帮教团还向失足青少年每人赠送生活用品和食品。

2004 年 1 月 16 日，经县委领导同意，县政法委、司法局、关工委、法院、教育局等单位干部由政法委副书记王可翻带队，帮教团一行 16 人赴省未成年人管教所慰问和帮教。帮教团慰问干警，感谢他们对宁海籍失足青少年的辛勤教育。省未成年人管教所教育科负责人员介绍宁海籍失足青少年学习和思想改造表现情况；帮教团对宁海籍失足青少年进行面对面的帮教活动。王可翻向他们介绍宁海县经济建设和城市化建设取得的成就，鼓励他们好好学习，认真改造，早日回归，为家乡建设做贡献。帮教团还向他们每人赠送生活用品和食品。

2005 年 1 月 26 日，县关工委会同县综治委、县文明办、县司法局、县人民检察院、县人民法院、县公安局、县教育局、跃龙街道、西店镇等部门赴省未成年人管教所帮教宁海籍学员，并向管教所干警进行慰问。县政法委副书记王可翻、县关工委常务副主任杨启炉、县文明办主任鲍允伟在帮教会议上分别讲话，勉励学员们要珍惜光阴，好好学习，努力改造，决不辜负领导和亲人的期望，争取早日回归家乡，与亲人团聚。县关工委副主任袁哲飞、县人民检察院副检察长童章军、县司法局副局长方亚青、县教育局副局长应小星、跃龙街道党工委副书记葛体员、西店镇党委副书记穆振宏、县公安局施美玲、县法院蒋芝华、县综治办周和平等领导分别在小组帮教会上与学员们开展谈心、帮教。宁海籍失足青少年对家乡亲人去看望帮教非常高兴，表示要好好学习，服从管教，积极劳动，把自己改造成社会有用之人，争取早日回家与亲人团聚。新春佳节临近，帮教团还向学员们赠送书籍、生活用品和食品。

2006年1月10日，县关工委配合县综治委、公、检、法、司等部门，组织赴省未成年人管教所，帮教在改造的宁海籍人员。在省未成年人犯管教所的支持和配合下，对宁海籍服刑人员进行集中帮教和分组谈心活动。县长助理项松春在帮教会上介绍近年来宁海经济发展情况，勉励服刑人员努力改造，早日回归，参加家乡的经济社会建设。归正人员杨××谈自己归正后家乡发展变化和走上创业路的感受。县关工委常务副主任杨启炉针对他们犯罪的原因，鼓励他们认真反思，真诚改造，把刑期当学期，立志成为社会有用的人。跃龙街道，桥头胡街道、梅林街道等单位领导分别在小组谈心活动中开展帮教工作。

2008年1月25日，县综治办主任、县关爱工作团团长王元法、县关工委副主任任校章、县司法局副局长张德浩等一行11人，赴浙江省未成年人管教所，对宁海籍少年犯进行帮教。县帮教团向干警表示慰问，并听取干警对宁海籍少年犯改造情况的介绍。召开有21名宁海籍少年犯参加的集中帮教会议。县关工委副主任任校章、县司法局副局长张德浩讲话并进行帮教。将学员分组进行面对面的谈心。帮教活动结束后，向每位学员赠送“八荣八耻”学习资料和日常生活用品。

2001—2008年宁海县帮教宁海籍失足青少年情况统计表

表5-10

时间	参与帮教人员	劳教部门名称	帮教活动内容
2001年1月15日	项松春、薛再成、杨启炉宁等县政府帮教团一行16人	浙江省少教所、省女监	慰问干警；对失足青少年进行面对面帮教。介绍宁海家乡巨大变化，播放宁海城市化建设录像片作了规劝讲话；分成若干小组进行面对面的规劝帮教
2002年2月1日	陈云高、杨启炉等帮教团一行15人	省少管所	慰问干警，听取宁海籍学员的表现情况介绍。介绍宁海经济发展和社会变化。分小组进行面对面规劝帮教
2003年1月10日	王可翻、杨启炉等帮教团一行17人	省少管所	慰问省少管所干警，听取宁海籍失足青少年表现情况介绍；介绍宁海县经济建设成就，宣读省少管所2名失足青年的忏悔信，分小组面对面交谈
2004年1月16日	王可翻等帮教团一行16人	省少管所	慰问干警。听取宁海籍失足青少年表现情况介绍；进行面对面的帮教活动
2005年1月26日	王可翻、杨启炉、鲍允伟等帮教团12人	省未成年人管教所	慰问干警；在帮教会议上帮教；在小组帮教会上谈心、帮教

续表5-10

时间	参与帮教人员	劳教部门名称	帮教活动内容
2006 年 1 月 10 日	项松春、杨启炉等帮教团一行人	省未成年人管教所	对宁海籍少年犯进行集中帮教和分组谈心活动
2008 年 1 月 25 日	王元法、任校章、张德浩等帮教团一行 11 人	省未成年人管教所	慰问干警，听取干警对宁海籍少年犯改造情况介绍。召开集中帮教会议；分组进行面对面谈心帮教

赴县劳教部门面对面帮教　2001 年 11 月 11 日，县关工委常务副主任杨启炉与县人民法院刑庭副庭长张冬娣到县看守所与行将解送的四名少年罪犯谈心帮教。

2002 年 2 月 8 日，县关工委杨启炉、林贵清、严望林、龚怀源、叶建杰、县人民法院刑庭副庭长张冬娣、县委老干部局许灵光一行到县看守所，在所领导的配合下，对失足青少年进行规劝帮教，首先是对 21 名未成年人罪犯进行面对面集体帮教，而后对两名重点罪犯进行个别帮教，所领导还布置各失足青少年写一篇帮教后的体会。同时对所干警表示节日慰问。

2003 年 1 月 23 日，县关工委常务副主任杨启炉，常务委员严望林、龚怀源，办公室副主任王崇斌等到县看守所慰问干警，并在所领导和干警配合下，对在押的 17 名失足青少年进行面对面帮教。杨启炉宣读两封省少管所失足青少年忏悔信，并作动之以情、晓之以理的讲话，希望他们交代自己罪错，争取立功表现，做一个对得起自己、对得起亲人和人民的人，教育他们如何走好人生道路。严望林从身边的事例说起，教育鼓励他们认真反思，彻底交代罪错，争取政府从宽处理。通过帮教，唤醒他们的良知。县关工委还向他们每人送了食品，以表新春佳节的关爱。县看守所叶所长作小结讲话。

2004 年 1 月 19 日，县关工委杨启炉、龚怀源、刘保山、王崇斌等到县看守所慰问干警，并在所领导和干警配合下，对在押的 42 名未成年人进行面对面帮教。杨启炉对他们犯罪心理、原因进行分析教育和劝导，希望他们主动交代自己罪错，检举同案犯，争取立功和从宽处理。县关工委还向他们每人赠送食品，以表新春佳节的关爱。

2004 年 2 月 25 日，县关工委老领导，县癌症康复会孙憭贞、林贵清、童遵锵等到县看守所给 100 余名罪犯作改邪归正教育。

2005 年 1 月 18 日，县关工委领导、县癌症康复会的抗癌明星林贵清、应真金、童遵锵等到县看守所为近百名在押人员上了特殊的一堂课。这是他们第二次为在押人员作规劝讲座。

2005 年 2 月 5 日，县关工委常务副主任杨启炉，县政法委副书记王可翻，县关工委副主任袁哲飞，常务委员、副秘书长刘保山到县看守所对在押的未成年嫌疑人帮教。杨启炉对未成年人犯罪原因进行分析，教育他们要认罪服法，遵守监规，认真改造，争取从宽处理。县关工委还向他们带去食品。

2005 年 2 月 7 日（农历十二月廿九），县关工委常务副主任杨启炉再次去看守所对两名在押的大学生单独帮教，并带去食品，当天又访问该俩人的家长。

2005 年 4 月 1 日，县关工委常务副主任杨启炉与县职教中心副校长王建科带领近 100 名学生，到县看守所听取所领导介绍未成年犯罪嫌疑人在押改造、生活情况，听取三名大学生因寻衅滋事犯罪的忏悔，杨启炉作“思想道德与法”的讲话。

2007年12月31日，县关工委与县综治办、县司法局及有关部门帮教组一行8人，在县综治办主任王元法带领下，赴县看守所慰问干警，帮教在押未成年犯罪嫌疑人。2007年县在押未成年犯罪嫌疑人为11人，都是2006年12月和2007年1月入所的。县关工委常务副主任杨启炉讲话，进行帮教。

2008年12月2日，县关工委常务副主任杨启炉等一行三人前往县看守所对在押未成年人进行帮教。与在押未成年人促膝交谈，关切地询问他们的家庭情况、生活情况，了解其犯罪原因和思想动态，鼓励他们深刻认识自身行为，加强自我反省，勤努力，多学法，好好改造，争取洗心革面，早日回归社会。

2009年春节前夕，在县委常委、县政法委书记金伟平带领下，县关工委常务副主任杨启炉、县综治办主任王元法、县司法局副局长张德浩等到县看守所慰问全体干警。在听取所领导汇报后，金伟平书记对看守所干警能克服困难、坚守岗位、出色完成各项工作给予充分肯定，向看守所全体干警表示敬意和感谢，并送上慰问金。慰问组一行实地察看在押犯监室情况后，还对在押的40余名涉嫌犯罪的未成年人召开帮教会议，并送给每人一份物品以示节日关爱，在押未成年人深受感动。

2001—2010年宁海县关工委组织赴县劳教部门帮教宁海籍失足青少年情况统计表

表5-11

时间	参与帮教人员	劳教部门名称	帮教活动内容
2001年11月11日	杨启炉、张冬娣	县看守所	与行将解送的四名少年罪犯谈心帮教
2002年2月8日	杨启炉、林贵清、严望林、张冬娣等	县看守所	对21名未成年人罪犯进行面对面集体帮教，而后对两名重点罪犯进行个别帮教。对所干警表示节日慰问
2003年1月23日	杨启炉、严望林、龚怀源、王崇斌等	县看守所	慰问干警，对在押的17名失足青少年进行面对面帮教。宣读两封省少管所失足青少年忏悔信
2004年1月19日	杨启炉、龚怀源、刘保山、王崇斌等	县看守所	慰问干警，对在押的42名未成年人进行面对面帮教
2004年2月25日	孙愫贞、林贵清、童遵锵等	县看守所	给100余名犯人作改邪归正教育
2005年1月18日	林贵清、应真金、童遵锵等	县看守所	为近百名在押人员上了特殊的一堂课。这是第二次为在押人员作规劝讲座
2005年2月5日	杨启炉、王可翻、袁哲飞、刘保山等	县看守所	对在押的未成年嫌疑人帮教
2005年2月7日	杨启炉	县看守所	对两名在押的大学生单独帮教；当天又访问了俩人的家长
2005年4月1日	杨启炉、王建科带领近100名学生	县看守所	听取在押未成年人嫌疑犯改造、生活情况介绍，听取三名大学生因寻衅滋事犯罪的忏悔
2007年12月31日	杨启炉、王元法带领有关部门帮教组	县看守所	慰问干警，帮教在押未成年犯罪嫌疑人

续表5-11

时间	参与帮教人员	劳教部门名称	帮教活动内容
2008 年 12 月 2 日	杨启炉等	县看守所	对在押未成年人进行帮教
2009 年 1 月	金伟平带领杨启炉、王元法、张德浩等	县看守所	慰问全体干警；实地察看在押犯监室情况后，对在押的 40 余名涉嫌犯罪未成年人召开帮教会议

其他形式帮教　2001 年 5 月，全省安置帮教工作经验汇编《赤诚塑灵魂，枯藤吐新绿》一书中，刊登宁海县关工委《发挥老同志独特优势，帮教挽救释解青少年》一文。

2003 年 3 月 25 日，宁波市司法局帮教安置志愿者活动现场会在宁海县举行。县关工委常务副主任杨启炉应邀出席会议，并作《暖其心，正其行，安其身，谋其生》的发言。

2003 年 6 月，省少管所在宁海县开展“试工试读”试点工作，县关工委配合县综治委、县司法局接受“双试”任务，杨启炉协助选定“双试”基地，2 名服刑宁海籍失足青少年回宁海，分别在宁波九鼎机械有限公司和宁海新农花木有限公司试工试读。

2006 年 2 月，为切实预防和减少未成年人犯罪，县委办公室、县政府办公室出台《关于开展“七个一”活动，切实推进预防和减少未成年人违法犯罪工作的实施意见》。为督促检查各镇乡、街道贯彻落实情况，县综治办会同县关工委协调有关部门组成五个督查组，分赴各镇乡街道进行督查。对贯彻落实县委“七个一”活动，各镇乡、街道做了大量工作，尤其是茶院、胡陈，大佳何工作成效显著，通过督查，进行全面分析研究，在贯彻层面上要促平衡：在典型宣传上做好文章；在预防未成年人犯罪的重点上求突破；在组织网络、制度健全、帮教经费上抓到位。

2008 年 10 月 9 日，县关工委常务副主任杨启炉赴茶院乡召开分管领导和乡关工委、派出所、学校等单位负责人员参加的座谈会，就预防未成年人犯罪问题进行分析研究，并落实预防措施。同时，对“三好四无”工作提出要求。

第三节　爱的丰碑

一、银辉闪耀

“五老”队伍建设　2001 年新世纪第一个工作日，县关工委顾问王惜耶到县关工委办公室，强调在新世纪对青少年要加强中共中央江泽民总书记“三个代表”重要思想教育，加强历史教育和艰苦奋斗教育。

2003 年 1 月 17 日，县关工委对离退休的副主任、常务委员进行节日慰问。

2003 年 1 月 24 日，受主任陈云高委托，杨启炉、龚怀源看望慰问因病在家休养的顾问陈文华，祝愿他早日康复，新春愉快，如意吉祥。

2003 年 6 月 13 日，县老干部局、县关工委为 13 位镇乡从事老干部工作、关心下一代工作的同志离岗退养联合召开座谈会。对他们的工作充分肯定，并向他们赠送纪念品，对他们为老干部工作、关心下一代工作的服务和奉献表示感谢。

2005年2月22日，县关工委出席由县委组织部牵头，在组织部召开发挥“五老”队伍作用责任单位协调会议。

2005年2月23日，县委组织部、县关工委、县教育局、县民政局、县总工会、县科协、县妇联、县人武部八个单位联合发出《关于开展“五老”队伍情况调研的通知》后，县关工委组织班子成员，分4个调研组深入长街、前童、桑洲、西店、县教育局、县卫生局、县农林局调研“五老”发挥作用情况，以配合市关工委在宁海县开展发挥“五老”队伍作用的调研工作。

2005年3月10日，宁波市政协原副主席、市关工委顾问、宁海县委原书记徐涨厚，市关工委专职副主任曹晖、市纪委副局级纪检员叶根元等组成的调研组到宁海调研“五老”队伍建设和发挥作用情况。县关工委常务副主任杨启炉向市关工委调研组作汇报。自中央8号文件和中国关工委、中共中央组织部《关于发挥“五老”队伍在加强和改进未成年人思想道德建设中的作用的通知》（以下简称《通知》）发出后，宁海县关工委一方面抓自身学习，争取县委重视，县委办以宁党办〔2004〕96号文件转发《通知》，要求各镇乡党委、街道党工委、县直属各单位党组织贯彻执行。另一方面组织关工委班子成员到有关单位了解“五老”队伍基本情况。县委组织部、县关工委等八个单位召开联席会议，并联合发出《关于开展“五老”队伍情况调查的通知》，对发挥“五老”作用作出新的安排。杨启炉还对发挥“五老”开展理想信念、爱国主义和革命传统教育，建立爱国主义和革命传统教育基地，创办县关工委培训学校，加强未成年人思想道德和法制教育、帮教失足青少年，深入调查研究等作用情况进行汇报。杨启炉汇报长街镇关工委、桑洲镇关工委和前童镇关工委、县教育系统关工委“五老”队伍建设和作用发挥情况。2005年3月11日，杨启炉、袁哲飞陪同市关工委调研组到长街镇进行实地调研。调查组参观岳井铭记碑、伍山抗暴陈列室和香花山烈士园，听取长街镇关工委和镇委领导关于“重视发挥五老队伍作用，建设系列爱国主义教育基地”的汇报，与老干部祝德朝、张少华、谢时宣等进行座谈，调研组领导高度评价和充分肯定长街镇党委政府重视关心下一代工作、发挥“五老”队伍作用的做法和经验。是日，下午，调研组在宁海宾馆召开座谈会。参加座谈会的有县人大常委会原副主任赵淳然、县政协原副主席薛惠珍、宁海中学特级教师杨象富、县政法委副书记王可翻、县文明办主任鲍允伟、县教育局正局级调研员陈焕翠、县林业局原局长童时仗、农委原主任娄金秋、政法委原副书记朱瑞骏及县关工委有关领导。市关工委专职副主任曹晖请大家围绕宁海“五老”人员发挥作用情况、经验和意见建议等展开座谈。大家充分肯定宁海县“五老”队伍在开展理想信念、思想道德、爱国主义、校外辅导和法制教育中的作用、做法及经验，并提出未成年人教育中存在的问题和不足。对下阶段如何进一步发挥“五老”队伍作用，加强未成年人思想道德建设，一致认为要争取县委、县政府重视，把关心下一代工作纳入各级党委、政府重要议事日程，真正做到思想上高度重视、工作上大力支持、行动上积极参与；要认真贯彻落实《若干意见》，要形成党委统一领导、党政群齐抓共管、全社会积极参与的领导体制和工作机制；要抓好舆论导向和文化市场管理，形成良好的未成年人思想道德氛围；要抓“五老”队伍壮大，抓教育内容拓展，抓教育形式探索。徐涨厚在听取大家的发言后讲话：“我离开宁海已23年了，今天见了同志们很高兴，通过这两天的调研，我觉得宁海变化很大。特别是宁海县的关心下一代工作，对自己很有鼓舞。宁海县的爱国主义和革命传统教育基地建立不少，县、镇乡两级基地的规模和内容都不错。在这过程中，老同志做了大量工作，作用发挥得很突出、很出色。老同志的干劲很足，长街同志讲发挥老同志的作用，这是党委领导的高明之处。”他还对进一步发挥“五老”作用提出建议。曹晖在听了发言后讲话。县委副书记谢群华、县人大常委会副主任陈云高会见市关工委调研组各位领导。

2005 年 2 月下旬至 4 月底，为进一步发挥宁海县“五老”队伍在加强和改进未成年人思想道德建设中的作用，县关工委对宁海县“五老”队伍建设与发挥作用情况进行调查研究，2005 年 4 月 30 日，县关工委调研后形成的《发挥“五老”优势，为加强未成年人思想道德建设和构建和谐社会贡献力量》的调研报告，上报县委、市关工委。

2006 年 1 月 20 日，县关工委、县老干部局联合召开关心下一代、老干部工作年会。各镇乡、街道关心下一代、老干部工作分管领导参加会议。县委老干部局副局长葛亚娟讲话。县关工委副主任袁哲飞在会上组织学习中央、省、市关工委文件精神。县关工委常务副主任杨启炉通报 2005 年宁海县未成年人违法犯罪情况，并对春节期间工作提出要求，

2006 年 1 月 24 日，县委在宁海宾馆召开县关工委顾问迎春座谈会。县委副书记王飞，常务副县长蒋裕伦，县委常委、组织部部长俞小勋，县政协副主席张位胜出席座谈会。会议由俞小勋主持。县关工委副主任袁哲飞传达省、市关心下一代工作暨先进表彰会精神。县关工委常务副主任杨启炉汇报 2005 年关心下一代工作，提出 2006 年工作意见。顾问们进行讨论，并提出建议。县委副书记王飞代表县委、县政府对热心支持关心下一代工作的老顾问、老同志表示衷心感谢；对县关工委工作提出新的希望。指出，关工委工作要重基础、重长效，形成全社会齐抓共管的局面；要加强调研；要进一步创新 2006 年关工委的工作。俞小勋在总结中强调要认真研究，进一步完善 2006 年县关心下一代工作意见；2006 年县关工委工作，要突出重点，扎实有效，开拓创新。

2006 年 1 月春节前夕，县关工委常务副主任杨启炉、副主任袁哲飞会同办公室负责同志上门慰问患病的关工委顾问王光明、王式淡、颜跃华、韩其山，并致以新年亲切的问候和良好的祝愿。

2006 年 2 月 5 日，县委副书记徐志军，县委常委、组织部部长、县关工委主任俞小勋等领导分别到县关工委看望工作人员，并致以新年祝贺。

2007 年 3 月，县委、县政府同意县关工委组织 13 位老同志赴延安、西安革命老区考察参观。

2008 年 10 月 30 日、31 日，县关工委常务副主任杨启炉、副秘书长胡昌强等赴桑洲、长街、岔路等镇乡，就发挥“五老”作用问题进行调研，并召开有关人员座谈会。

2009 年 5 月 22 日，县关工委下发《关于开展“千名‘五老’结对关爱农村未成年人”活动的通知》。通知根据省关工委《关于开展“十万‘五老’结对关爱农村未成年人”活动的通知》精神，结合宁海县实际，决定该项活动。

“五老”网吧监管　2005 年 5 月 19 日，县教育局局长林志来、副局长应小星到县关工委，与常务副主任杨启炉研究深化完善中小学预警机制工作。杨启炉提出为预防在校生违法犯罪，在全县实施“百千万”工程的建议，与局领导取得共识。

2005 年 6 月 10 日，由县文明办牵头召开县综治委、县关工委、县教育局、县文化广电新闻出版局、县工商局、团县委、县妇联等部门参加的联席会议。会议由文明办主任鲍允伟主持。与会人员听取县关工委常务副主任杨启炉关于告别网吧、远离网毒，预防青少年违法犯罪“百千万”工程的实施意见，并进行认真的讨论。大家一致认为，宁海县 2005 年上半年未成年人犯罪形势严峻，必须引起高度重视。“百千万”工程的实施计划是切实可行的，要抓紧实施。大家一致同意由县文明委、县综治委、县关工委联合发出通知。

2005 年 6 月 9 日，杨启炉出席县委召开的预防未成年人犯罪汇报工作分析会，汇报 1—5 月份未成年人犯罪情况。

2005年6月10日，县文明委牵头召开县综治委、县关工委、县教育局、县文广局、县工商局、团县委、县妇联等部门参加的“‘百千万’工程”联席会议，县关工委常务副主任杨启炉出席会议。

2005年6月16日，下发《关于实施“百千万”工程的通知》的文件，即聘请100名“五老”志愿者和有关部门干部担任网吧、电子游戏义务监督员；动员1000名“五老”人员和在职教师与有不良行为的学生和社会闲散青少年进行结对帮教；组织10000名中小学生开展“告别网吧、远离网毒”的签名活动。

2005年7月10日，县文化广电新闻出版局在电信局召开全县网吧、电子游戏经营业主会议。会议由文化市场稽查队队长王邦龙通报上半年稽查情况；文市办主任仇增炜对该次专项整治作具体部署；县关工委副主任袁哲飞就中共中央、国务院《关于进一步加强和改进未成年人思想道德建设的若干意见》和开展“百、千、万”工程、保护未成年人合法权益作专题报告。县文化广电新闻出版局副局长王友棉对2005年暑期网吧、电子游戏专项整治工作作出安排。

2005年7月29日，县文明委、县综治委、县关工委、县文广新闻出版局联合召开宁海县网吧、电子游戏义务监督员培训会，100余名监督员出席会议。会议由县关工委常务副主任杨启炉主持。县文广新闻出版局文市办主任仇增炜介绍宁海县文化市场的基本情况和上半年文化市场的查处情况；县文广新闻出版局副局长王友棉对加强文化市场管理工作的重要意义，文化行政主管部门对网吧、电子游戏厅管理的主要做法，网吧、电子游戏厅义务监督员要求等发言；县关工委副主任袁哲飞宣讲中共中央国务院《进一步加强和改进未成年人思想道德建设的若干意见》，传达宁海实施“百千万”工程的主要做法；县关工委常务副主任杨启炉通报宁海县近年未成年人犯罪的情况，并对“五老”义务监督员提出希望和要求。会议还向监督员发放“监督证”。

2005年8月9日，县文广新闻出版局、县关工委组织8名网吧义务监督员分成三个小组，分头对城区网吧进行检查。发现少数网吧存在没有在醒目处张贴“未成年人禁入”标志、网吧内任意抽烟，个别还有未成年人进入上网等现象。检查人员对其进行教育、指导和监管。

2005年“百千万”工程实施以来，县文广新闻出版局会同县关工委聘任130余名“五老”网吧义务监督员，县教育局组织城区学校进行广泛宣传，并进行“告别网吧，远离网毒”签名活动，据统计签名人数已超1万人。

2006年12月6日，县政府召开“网吧、电子游戏整治协调会议”。县文广新闻出版局、县工商局、县公安局、县关工委、团县委、县妇联等单位出席会议。副县长尤玲娟主持会议。县文广新局副局长黄胜华作汇报。与会人员开展讨论。县关工委常务副主任杨启炉就当前无证电子游戏存在的突出问题作发言。副县长尤玲娟讲话。会议对网吧、电子游戏整治取得共识，一致意见对无证经营的15家电子游戏厅坚决关闭，听候处理。会后，在尤玲娟带领下立即行动，在城区和范家村搬了两家电子游戏机50余台。第二天又在城区继续行动，共没收无证电子游戏机200台，其余8家自动关闭，听候处理。

2007年1月，县关工委与县文明委联合表彰29名“优秀网吧电子游戏义务监督员”。

2008年11月5日，县文广新闻出版局、工商、公安三部门对城区无牌无证的电子游戏厅进行全面查处。行动中，执法人员突击检查5家无牌无证经营的电子游戏厅，暂扣103台各类游戏机，其中13台游戏机为国家明令禁止经营的赌博机。

2008年12月3日，县关工委常务副主任杨启炉、副主任任校章会同县文广局、跃龙街道分管领导在跃龙街道召开协调会议，就社区党组织换届后关工委组织的调整和健全，以及“五老”网吧队伍的建设和培训问题展开商议。

2008年12月30日，县关工委牵头县文广局、跃龙街道共同召开网吧义务监督工作协调会议。就调整网吧义务监督员队伍和加强两个节日（元旦和春节）网吧监督等内容进行商讨。

2009年4月24日，县关工委、文化广播新闻出版局、教育局、公安局、宁波工商宁海分局、电信局、跃龙街道七家单位在县委党校联合举行全县网吧义务监督员培训会议。来自跃龙街道各社区和城区各所学校的61名网吧义务监督员，及有关单位的分管领导或部门负责同志参加会议。县关工委常务副主任杨启炉主持会议。并传达、贯彻中办《关于进一步净化社会文化环境促进未成年人健康成长的若干意见》（以下简称《若干意见》）。培训会上，县文广局副局长黄胜华、县教育局副局长应小星、县文广局执法大队大队长胡维明、县公安局网络监督大队副大队长朱光及县工商局法规科科长孙佳恩等在会上先后发言。县委政法委副书记叶能勇出席会议并在讲话中指出，各部门要认真贯彻落实中央6号文件精神，充分认识净化社会环境的重要意义，切实加强管理，负起责任，齐抓共管，共同把净化社会文化环境工作抓好、抓实，在全社会营造良好的文化环境，促进未成年人健康成长。宁海县时有网吧66家，其中城区有36家。会上对61名“五老”网吧义务监督员重新发放监督证，成为县网络文化市场管理的重要补充力量，他们通过电话、书信等方式，及时将监督过程中发现的各种问题和整改意见反馈到文化市场管理部门。

2010年7月7日，县关工委牵头在县文广局召开全县净化社会文化环境工作协调会议。县综治办、县文明办、文广局、工商局、公安局、工商局、团县委、妇联、跃龙街道等单位的分管领导参加会议。县综治办主任王元法主持会议。县委宣传部副部长、文明办主任鲍允伟出席会议并讲话。县关工委常务副主任杨启炉就进一步贯彻落实《若干意见》、加强暑期网吧监督管理等情况作发言，并建议县文广局对网吧业主进行一次培训，教育其依法规范经营，坚决禁止未成年人进入网吧场所。县文广局、公安局、工商局、教育局等单位都联系本单位实际作交流发言。

2010年7月，县文化市场行政执法大队采取“打破常规、调整策略”的监管方式加强对暑期网吧的监督管理，取得效果。7月28日，召开网吧、出版物、歌舞娱乐及电子游戏200余家业主会议，组织学习上级通知精神，要求各个业主切实做好做实暑期市场经营工作。县文明办、县综治办、县公安局、县关工委等部门组成联合检查小组开展网吧专项检查活动。检查组以抽查的形式进行，其中跃龙街道11家，桃源街道1家，梅林街道1家，西店镇1家。检查组分别于7月16日、7月20日、7月21日查获长街雷宇网吧、西店镇阳艺网吧、西店镇水晶网吧等违规接纳未成年人，并通过监管平台及时进行通报。

2010年9月21日，县关工委领导杨启炉、任校章、袁春林、胡昌强等会同跃龙街道及社区有关工作人员和“五老”网吧义务监督员，对城区网吧开展中秋、国庆节前巡查活动。

二、青少年与法

法制教育工作　2001年新学期的第一课，宁海中学、跃龙中学、实验小学、城中小学等中小学校，就是深入揭批邪教，全校师生齐签名活动。

2001年1月17日，县关工委常务副主任杨启炉到宁海中学，为高一新生讲授“少年与法”一课。

2001年1月20日，跃龙中学召开法制学校成员会议，法制辅导员、部分班主任也应邀参加。法制学校校长裘为民作总结回顾，并对特殊家庭学生调查情况作汇报，针对存在问题，如何加强和改进管理教育等问题提出意见。校长童富军、县教委副主任傅红光分别讲话，法制学校名誉校长叶能勇，顾问、校外辅导员冯达圣、俞世识、严望林、杨启炉出席会议，并就如何加强新世纪思想道德和法制教育等方面发表意见。

2001年5月17日，城关中学领导和校外辅导员、法制辅导员研究讨论“警校共建”“法制学校”等问题。校外辅导员陈振达为全校1300多名师生作法制讲座。

2001年6月，由县人民法院少年庭提供的《迟到的忏悔》VCD片子，在副主任林贵清的安排下，在城关中学、柔石中学、潘天寿中学、宁海中学、城北中学、跃龙中学等巡回播放。

2002年4月3日，县关工委常务副主任杨启炉参加县综治会议并续签2002年城关镇社会治安综合治理目标管理责任书。

2002年4月5日、12日、17日、19日，县关工委常务副主任杨启炉应县知恩中学、科达中学、黄坛镇综治办、长街镇政府的邀请为上述学校的全体师生讲授“青少年与法”的法制课。在长街镇中讲课期间，与镇委分管领导、中学领导研究网吧整治工作，建议中学在听法制课宣讲后，组织全校学生开展告别网吧宣誓活动。

2002年4月25日，城关镇中学校外辅导员在配合学校向师生进行道德规范宣传教育。经学校与县人民法院少年庭的共同努力，城关中学、县少年庭联办“模拟法庭”。初二（1）班学生以法院在少年犯庭审中的真实内容为依据，编写材料搞起模拟法庭的活动，提高学生的道德法制观念。学生们通过排练，在正式“开庭”时，他们悬挂国徽，穿起法官服、检察院公诉人服、法警服，扮演陪审员、被告人、证人的学生，个个进入角色，旁听学生秩序井然，显示出庄严、肃穆的气氛，收到很好的效果。县电视台进入现场拍摄采访，并于4月底在县电视台播出。学校为此还专题拍了录像，向全校师生播放。学校政教处老师和校外辅导员到学区向农村小学进行播放，向高班学生进行宣传教育。

2002年5月10日，县关工委常务副主任杨启炉出席县政法委牵头召开的网吧整治协调会议，并对网吧违法经营，严重危害中小学生身心健康和整治工作提出建议。

2002年11月、12月，县关工委常务副主任杨启炉分别到茶院、一市、力洋、致远等中学宣讲《青少年与法》，用以案说法的方法，给3200余名学生上法制教育课。

2003年12月5日，县关工委配合宁海中学，请县人民法院刑庭在宁海中学体育馆召开公审暨法制教育大会，2500余名师生亲历全部庭审过程。公审休庭后，庭长张冬娣回答多名学生的提问，会场非常活跃。县关工委常务副主任杨启炉最后讲话，并接受县电视台专访。

2004年5月14日，县综治委、县教育局在柔石中学联合召开《宁海县中小学法制教育现场会》。出席会议的有县中小学法制教育协调小组成员、镇乡、街道综治办、镇乡教育干事、县直属学校校长、城区中小学校长、全县中小学兼职法制学校副校长等120余人。宁波市综治办领导专程到会指导。会议由县政法委副书记王可翻主持，柔石中学校长童富军作《贴近实际，贴近学生，以法制教育为载体，全力优化育人环境》的经验介绍；县综治委宣读《关于规范兼职法制学校副校长职责和选聘管理工作的意见》，并聘任朱成亚等65人为各中小学校兼职法制学校副校长；朱瑞骏等3名新老法制学校副校长作发言。市综治委领导和县教育局领导在会上讲话。王可翻作会议小结。

2004年8月2日，县关工委杨启炉、严望林、洪泾之、冯达圣等参加县人大组织的网吧巡查工作。

2004年12月2日，县关工委和县法院刑庭组织“庭审进校园”活动，在职教中心公开审理一件抢劫、盗窃案，使3000余名师生受到一次法制教育。

2008年11月4日，宁海县综治委、县关工委、县教育局联合召开全县学校法制教育暨“三好四无”创建工作会议。县委常委、政法委书记褚孟形出席会议并讲话。县综治办主任王元法主持会议。会议表彰2007年度、2008年度法制教育先进个人、集体和优秀校外辅导员，并向新聘任的69名中小学校法制副校长颁发聘书。柔石中学法制副校长袁国良发言，西店镇中心小学、技工学校等单位领导作村校共建“三好四无”创建工作试点经验介绍。县关工委副主任王以位就如何抓好中小学校村校共建“三好四无”创建活动，作《总结经验 以点带面 努力把“三好四无”创建工作引向深入》的讲话。通报“三好四无”创建活动所取得的实践效果，总结创建工作的做法和经验。县教育局副局长应小星在会上讲话。县委常委、政法委书记褚孟形就进一步加强学生教育、推进“三好四无”创建、有效预防和减少未成年人违法犯罪等问题讲话。

2009年3月18日，应越溪乡关工委邀请，县关工委常务副主任杨启炉到越溪中学为400余名中小学生作“青少年与法”的讲座。

2010年4月13日，县关工委常务副主任杨启炉应邀为宁海中学风华书院460名高一段学生作“青少年与法”讲座。

2010年9月开学以来，县关工委常务副主任杨启炉先后到县职教中心、技工学校、正学中学、柔石中学、一职高等学校作法制讲座，受教育学生达8000余人。

法制副校长工作　2001年8月13日，根据县关工委配合县综治办、县公安局、县教委，按中办、国办〔2000〕62号文件，配齐配强中小学校法制副校长的指示精神，第一批已有39所中小学校调整配备法制副校长，这些法制副校长都由公、检、法、司领导和优秀干警兼任。已由县综治委、县教委、县普法教育办公室联合发出〔2001〕22号文件公布。

2002年11月29日，县综治委召开全县中小学法制副校长工作会议。县关工委副主任、潘天寿中学法制副校长朱瑞骏介绍经验，杨启炉在会上发言。县司法局、县教育局领导表态，县政法委副书记王可翻讲话，100多名法制校长呼吁全社会行动起来，关爱每一名未成年人，千万莫让祖国的花朵凋谢。

2004年1月2日，县综治委、县教育局、县关工委联合召开城区重点学校校长会议，通报宁海县2003年未成年人犯罪情况，研究加强法制学校建设。县关工委常务副主任杨启炉出席会议并发言。

普法教育工作　2001年9月6日，县委、县政府召开“三五”普法表彰暨“四五”普法工作部署会。县关工委被宁波市委、市人民政府授予“宁波市‘三五’普法先进集体”光荣称号，授予先进集体奖匾。县关工委副主任、潘天寿中学法制学校副校长朱瑞骏被县委、县政府授予“三五”普法先进个人光荣称号。

2009年1月19日，受宁海中学邀请，县关工委常务副主任杨启炉为全校近3000名师生作法律法规讲座。

2009年4月21日，县关工委常务副主任杨启炉应邀为风华书院全体师生作“青少年与法”专题讲座。重点讲解与未成年人相关的三部法律及其重要意义，并以案说法，对宁海县未成年人犯罪情况与在校生犯罪案例进行详细讲解和分析。

三、关爱团工作

爱心助学帮困　2002年5月29日，县关工委常务副主任杨启炉，秘书长、老干部局局长彭家标，副局长杨贻众和关工委办公室主任叶建杰一行四人赴双峰乡。看望双峰学校师生，进一步落实“营养菜汤工程”，并送去近千元的图书和体育器材。2001年，县关工委倡议，乡政府支持的学生一日一餐免费营养汤工程进展顺利，师生表示满意。首期5000元到位后，县教育局拨专项资金2.5万元，县财政局委托城关财税所出资5000元，宁海中学团委领导在听取县关工委的情况介绍后，带领部分青年团员前去高山体验生活，回校后发动全校师生进行献爱心活动。“营养菜汤工程”启动一个学期多来，学校对资金实行专户专款专用，月月结账，一学期公布一次，让大家放心。

2003年4月26日，柔石中学初二学生李××因脑血管先天性畸形，突然破裂而昏倒，被送至宁波李惠利医院医治，并转上海华山医院手术治疗。县关工委获悉后向其救助3000元，办公室三人捐款700元。

2005年“六一”前夕，县关工委常务副主任杨启炉、副主任袁哲飞赴双峰慰问双峰学校小朋友，祝他们节日愉快，并送去节日慰问金1000元。

2006年11月3日，跃龙教育集团领导在得到跃龙中学初三（八）班学生胡×是年3月因患再生障碍性贫血住院治疗，在住院期间已经花了三十余万元医药费，给家庭经济造成很大困难消息后，发出爱心捐款倡议书，动员全校师生共献爱心，帮助患病学生胡×治病。县关工委在获此信息后，经研究决定向胡×同学捐资3000元。

2008年5月15日，县关工委“爱心基金”向四川地震灾区儿童捐款2万元。县关工委办公室同志还纷纷向原单位捐款。

2008年12月22日，县关工委杨启炉、任校章等冒着严寒，带着价值2000余元的体育器材，到宁海县外来工子弟学校——科达中学“送温暖”。12月初，县关工委常务副主任杨启炉在科达中学走访中了解到学校因经费紧缺而一时无法解决学生体育器材的情况后，即与班子成员商议，决定从关工委“爱心基金”中帮助学校解决体育用品不足的问题。按照学校所列出的清单，县关工委办公室购买学校所需的体育器材，共计11大类425件，丰富该校1050名外来学生的体育文化生活。

2009年5月31日和6月1日，县关工委领导分别将由宁波市关工委特捐款两万元，在宁海县育才和科达两所外来工子弟学校建立“爱心书库”，并前往上述两所学校举行“爱心书库”建立仪式，为孩子们送去崭新的书架和图书。

2009年“六一”前夕，县关工委杨启炉、王以位、龚怀源一行三人在胡陈乡党委副书记张爱娇、关工委副主任侯民明、教育干事娄启苗陪同下，到胡陈乡中心小学，对该校留守儿童进行节日慰问。县关工委领导与孩子们亲切交谈，询问他们的生活和学习情况，勉励他们自强自立、刻苦学习，努力成人成才，并向学校赠送了近千元的体育用品，还向十名特困留守儿童送上慰问金2000元。

2009年5月13日，县关工委启动爱心基金，给予城关中学患重病学生周××一次性补助3000元。

2009年5月30日，“宁海县青少年快乐成长俱乐部”正式成立。俱乐部集实践活动参与和教育资源共享于一体，是一个公益性、开放性、学习型、服务型的机构，由县青少年活动中心主办，并接受团县委、县文明办、县教育局、县关工委、县少工委等部门的监督管理，主要面向5~15周岁少年儿童及其家庭，以丰富多彩的活动，为孩子们的健康、快乐成长提供相应服务。

2010年1月29日，县关工委常务副主任杨启炉、专职副主任袁春林在桑洲镇副镇长、关工委常务副主任金双娥的陪同下，到桑洲镇中心小学慰问特困生和留守生，并送上慰问金3000元，以表关爱之情。其间，组织 10 名贫困生座谈，鼓励他们好好学习，奋发向上，长大后为家乡和社会做贡献。县关工委 2009 年以来，先后四次启动爱心基金对偏远山区和民工子弟学校的特困学生进行慰问，慰问金共计 1 万余元。

2010 年 10 月 30 日，县关工委班子经过讨论决定启动爱心基金，并委派专职副主任袁春林、办公室主任王伟莉为实验二小、城西小学两所学校 2 名身患白血病学生送去各 3000 元的爱心救助款。

2001—2010 年宁海县关工委为病、贫困学生捐赠钱、物活动统计表

表 5-12　　单位：元

时间	活动主办	捐赠钱、物单位	受助对象及项目	受助人数（人）	受助金额及物品
2002 年 5 月 29 日	县关工委	县关工委	双峰乡学校	集体	近千元的图书和体育器材
2003 年 4 月 26 日	县关工委	县关工委及办公室 3 人	柔石中学初二学生李×× 因病	1	3700 元（其中办公室三人捐款 700 元）
2005 年“六一”前夕	县关工委	县关工委	双峰学校慰问中小学生	1	1000 元
2006 年 11 月 3 日	县关工委	县关工委	跃龙中学初三（八）班学生胡×	1	3000 元
2008 年 5 月 15 日	县关工委	县关工委“爱心基金”	向四川地震灾区儿童捐款	集体	20000 元（办公室人员也向原单位捐了款）
2008 年 12 月 22 日	县关工委	县关工委	宁海县外来工子弟学校——科达中学“送温暖”	集体	价值 2000 余元的体育器材
2009 年 5 月 13 日	县关工委、	县关工委“爱心基金”	给予城关中学患重病学生周××一次性补助	1	3000 元
2009 年“六一”前夕	县关工委	县关工委	胡陈乡中心小学，对该校留守儿童进行节日慰问	集体	2000 元及近千元的体育用品
2009 年 5 月 31 日和 6 月 1 日	县关工委	宁波市关工委	在宁海县育才和科达两所外来工子弟学校建立“爱心书库”	集体	20000 元
2010 年 1 月 29 日	县关工委	县关工委	桑洲镇中心小学慰问特困生和留守生	10	3000 元
2010 年 10 月 30 日	县关工委	县关工委爱心基金	实验二小、城西小学两所学校 2 名身患白血病学生	2	6000 元

关爱团工作　2006 年 2 月 16 日，县关工委常务副主任杨启炉出席宁波市关工委召开的组建“关爱工作团”会议，宁海县茶院乡党委委员王流芳在会上作《茶院乡预防未成年人违法犯罪工作

汇报》的典型发言。

2006年3月9日，经县委领导同意，县委办发文转发《县关工委组建“关爱工作团”的实施意见》。

2006年3月17日，县关爱工作团召开团长会议，学习中央综治委〔2005〕14号文件，统一思想认识，研究如何开展关爱工作。名誉团长陈云高出席会议并讲话。

2006年3月20日，县综治委、县文明委、县关工委联合发出《关于宁海县关爱工作团组成人员的通知》。

宁海县关爱工作团组成人员一览表

表5-13

建立时间/依据		2006年3月20日宁综治〔2006〕4号文件
序号	职务名称	任职人员名单
1	名誉团长	陈云高、张位胜
2	团长	王可翻
3	副团长	杨启炉、袁哲飞、朱瑞骏、陈模荣、童时仗、鲍允伟、周际勇、葛体员
4	成员	朱成亚、童章军、郑英雄、应小星、林祥明、祝文明、方亚青、龚荷琴、黄胜华、王海寅、王秋芬、应建湖、王伟、应必越、王任锡、洪泾之、林兆卿、俞官珍、薛国苗
5	办公室主任	袁哲飞（兼）
6	办公室副主任	刘保山、李明来

2006年4月14日，县关爱工作团召开全体成员会议，讨论县关爱工作团工作计划。名誉团长张位胜出席会议并讲话。团长王可翻主持会议。

2006年8月4日，县社会治安综合治理委员会、县文明委、县关工委联会发出《关于调整县关爱工作团组成人员的通知》。

宁海县关爱工作团组成人员调整表

表5-14

调整时间/依据		2006年8月4日宁综治〔2006〕10号文件
序号	职务名称	任职人员名单
1	名誉团长	陈云高、张位胜
2	团长	王可翻
3	副团长	杨启炉、朱瑞骏、陈模荣、童时仗、鲍允伟、周际勇、陈云苍
4	成员	朱成亚、童章军、郑英雄、应小星、林祥明、祝文明、方亚青、胡　彬、黄胜华、王海寅、王秋芬、张群力、蒋思才、应必越、刘保山
5	办公室主任	刘保山（兼）
6	办公室副主任	李明来

2006年11月3日，县关爱工作团在10月下旬组织13位成员、分4个检查组对各镇乡、街道关爱工作团的工作开展情况进行为时两天的检查后召开汇报会议，并对检查的综合情况，县关爱工作团办公室发出检查通报。《通报》指出，各镇乡、街道党委、政府对关爱工作是重视的，由党委分管领导担任团长，综治委、关工委领导担任副团长，有关部门领导为成员，共155人组成，其中“五老”队伍占30%。全县398个行政村组建关爱工作小组，由党支部书记或村主任兼任组长，成员1875人，由镇乡党委发文公布。

2006年12月，根据中央综治委、中国关工委关于组建“关爱工作团”的要求，县关工委即向县委提出报告，县委于2006年3月9日宁党办〔2006〕7号文件转发《宁海县关工委关于组建“关爱工作团”的实施意见》，县关爱工作团和全县18个镇乡、街道关爱工作团相继成立。全县398个行政村也成立关爱工作小组，全县上下形成关爱工作网络，使开展关爱工作有组织保证。全县参加关爱工作团（组）的共有2010人。县、镇乡、街道关爱工作团组建后，着重开展法制教育。2006年来，关爱工作配合中小学法制学校开展法制教育195场次，受教育81631人次；组织关工委等部门开展调研，撰写预防和减少未成年人违法犯罪、青少年犯罪原因分析及对策等调研材料12篇。全县共有509名“五老”和有关人员结对帮教，对象有监外执行人员49人，归正青少年167人，使这些人生活稳定、遵纪守法，没有出现重新犯罪现象。

2007年9月12日，县综治委、县文明委、县关工委联合发文对关爱工作团组成人员进行调整。

2007年11月2日，县关工委宁关〔2007〕18号文件《关于调整“宁海县关心下一代基金管理委员会”成员的通知》对基金管理委员会成员进行调整。

宁海县关心下一代基金管理委员会成员名单表

表5-15

调整时间及文号		2007年11月2日　县关工委宁关〔2007〕18号
序号	职务名称	任职名单
1	主任	杨启炉
2	副主任	俞伟平　王以位　娄传申
3	委员	任校章　胡天华　陈焕翠　林兆卿　龚怀源

四、宣讲关爱工作

宣讲团队伍建设　2001年3月27—28日，县关工委常务副主任杨启炉与常务委员叶建杰、委员冯达圣参加市关工委举办的爱国主义讲师团培训班。

2001年4—5月，常务副主任杨启炉宣讲活动情况：4月10日，到西店中学讲授“少年与法”课；5月15日参加在潘天寿广场举行的“五四”青年节会演宣讲；5月25日、28日、30日，到县卫生局、物资局、党群口机关干部学习“三个代表”宣讲党的宗旨。

2001年4月19日，县关工委班子中的部分退离休老同志到宁波少年宫观看“为了共和国的诞生，革命英烈事迹展览”。

2001年9月12日，常务副主任杨启炉参加由县公安局交警大队、县教委等单位联合在跃龙中学举行的交通安全“赠书赠卡”活动，杨启炉就安全的重要意义讲话。

2001年9月26—27日，常务副主任杨启炉应邀到城东小学、宁海四中讲授“少年与法”。

2002年3月27—28日，县关工委杨启炉、严望林、叶建杰三人参加宁波市关工委举办的2002年爱国主义讲师团培训会议。

2002年11月25日，县关工委班子中的全体离退休干部和讲师团成员参加县委举办的“宁海县老干部十六大学习会”，听取县委书记郑金平学习中共十六大精神的心得体会与形势通报及县委党校副校长何晓进宣讲中共十六大辅导报告。

至2006年12月，县关工委与县有关部门紧密配合，组织以“五老”人员为主体的宣传教育队伍，深入学校、社区、农村、家庭，通过报告会、座谈会、学习会等形式，进行广泛宣讲，重点对青少年进行革命传统教育，先后印发纪念中国共产党诞生85周年和纪念红军长征胜利70周年的宣讲稿。全县共宣讲271场次，受教育106192人次。

2007年12月，县关工委邀请县委宣传部副部长、县文明办主任鲍允伟，向县关工委爱国主义宣讲团成员作《一路高歌跟党走》学习中共十七大精神辅导报告。

乡镇宣讲团 截至2007年12月，桑洲镇老干部宣讲团向村民、青少年宣讲中共十七大精神，在宣讲中结合本地的实际情况，充分利用群众喜闻乐见的形式，受到听众欢迎。该宣讲团活跃乡村学校，累计听众达8万余人次；西店镇组织80余名离退休教师学习中共十七大精神，教师们通过专题学习后，分别进校宣讲14场次，向5510余名中小学生进行中共十七大精神宣讲，使中共十七大精神进课堂、进学生头脑；县关工委宣讲团副团长薛国苗，在县关工委副主任王以位、任校章陪同下，到跃龙成人学校，向百余名师生宣讲中共十七大精神；跃龙街道关工委组织宣讲中共十七大精神15场次，听宣讲青少年近2万人次；桥头胡街道关工委宣讲中共十七大精神4场次，听宣讲青少年达1280人；强蛟镇关工委班子成员王成恕，撰写通俗易懂的中共十七大精神宣讲稿，向中小学学生宣讲4场次，300余名青少年听取宣讲；越溪乡关工委中共十七大精神宣讲团的8名“五老”宣讲18场次，听宣讲青少年869人；长街镇、大佳何镇、茶院乡、岔路镇、前童镇等镇乡关工委普遍开展中共十七大宣讲活动，7144余名青少年听取宣讲。

五、新世纪校外辅导工作

校外辅导员组织建设 2002年3月17日，为研讨新世纪校外辅导员工作新思路，县关工委、县教育局和城关镇教委在城关镇教委召开城区部分学校校长研讨会，县教育局副局长符洪铭、局团工委书记陈欢涛、城关镇教委常务副主任张洁辉、主任助理潘建军等出席座谈会。县关工委常务副主任杨启炉对召开该次研讨会的目的意义和研讨主题谈了想法。宁海中学应华彬、跃龙中学裘伟民、城关中学潘建成、潘天寿中学应小星、实验小学金慰祖、城中小学柴冬青、城东小学杨贤富、城北小学华兆杨等校长谈了新世纪校外辅导工作的新思想，赞同县关工委的工作部署。认为，校外辅导工作要逐步从校内向校外和社区延伸，特别是对学校周边环境的整治和网吧的严格管理等方面，要求县关工委争取政府重视，协调有关职能部门加强整治和管理，给中小学生创造一个良好的周边环境。

2002年5月30日，县关工委在跃龙中学召开以校外辅导员为主体，老城区各校分管德育的副校长等55人参加的校外辅导员工作交流研讨会。县关工委常务副主任杨启炉主持会议。辅导员代表、县关工委副主任、城关中学辅导员林贵清介绍如何根据学校德育工作的总体思路配合政教处和班主任开展适合学生身心特点、健康有益、寓教于乐的教育活动，以及如何开展调查研究，在取得第一手材料后通过整理分别向教育行政部门和学校提供参考；县关工委常务委员、实验小学校外辅导员薛国苗介绍辅导组和本人如何配合学校做青年教师工作、“三困生”（家庭经济困难、学习困难和思想困惑的学生）工作，以及参与学校周边环境的整治，并向有关职能部门提供调查材料等。同时谈了参加所在社区工作的想法和做法。宁海中学副校长应华彬、跃龙中学校长童富军、实验小学校长金慰祖分别代表高中、初中、小学三段，结合本校校外辅导员工作，评价校外辅导员对学校工作的支持和配合。县教育局正局级调研员陈焕翠、城关镇教委常务副主任张洁辉先后讲话。杨启炉介绍本次校外辅导员调整充实工作，回顾一年来校外辅导员开展的各项活动，并对今后工作进行强调和补充。县关工委副主任、县少工委聘请的校外总辅导员朱瑞骏对本次交流研讨会作总结。县关工委副秘书长龚怀源、办公室主任叶建杰出席研讨会。

2003 年 9 月底至 10 月初，柔石中学、县实验小学、城西小学调整聘任 22 位校外辅导员，并举行聘任仪式。同年 10 月 13 日，县实验小学还从学生中聘任 32 位校长小助理。

2004 年 9 月 28 日，县教育局、县关工委召开城区县直属学校、中小学校部分校外辅导员恳谈会。县教育局副局长应小星，县关工委常务副主任杨启炉出席会议。会议由教育局教育科副科长陈焕涛主持。陈焕涛介绍加强中小学生德育工作情况，在贯彻中央 8 号文件中，制定建立中小学生“预警教育制度”，对行为有过失、思想有困惑、家庭有缺陷、心理有障碍的学生加强教育引导，落实帮教、帮扶措施。与会人员围绕主题，展开讨论。朱瑞骏、薛国苗、谢志良等分别谈亲身体会，发表意见建议。杨启炉对校外辅导员配合学校在加强未成年人思想道德建设工作给予充分肯定。对做好 2004 学年校外辅导员工作，提出建议。局长林志来、副局长应小星对校外辅导员辛勤付出表示感谢。

2006 年 1 月 3 日，县教育局、县关工委在县教育局召开城区校外辅导员会议。县教育局副局长应小星主持会议，并同时汇报 2005 年教育系统德育工作情况；县关工委常务副主任杨启炉，就 2005 年校外辅导员工作情况和 2006 年工作思路讲话；副主任朱瑞骏、常务委员薛国苗等在会上发言。县教育局局长林志来感谢社会各界、老同志们对教育工作的关心、理解和支持，并就教师素质提升、未成年人思想道德教育建设、学校周边环境治理、预防学生违法犯罪、法制教育等方面谈工作打算。

2006 年 12 月 22 日，宁海县实验小学教育集团召开五个校区校外辅导员和法制副校长会议，教育集团总校长刘永宽、党总支书记金慰祖出席会议。总校长刘永宽介绍该教育集团组建情况，本学期开学以来教育教学情况。5 个校区大队辅导员介绍本校区开展德育工作情况。金慰祖向与会的 14 位校外辅导员发放聘书，县关工委常务副主任杨启炉应邀出席，并就如何做好校外辅导工作提出要求。

2008 年 1 月，县少工委聘请县关工委常务副主任杨启炉为全县中小学校辅导员总顾问，县关工委顾问朱瑞骏为全县校外总辅导员。

2008 年 1 月 29 日，县教育局、县关工委联合召开城区各校校外辅导员组长座谈会，交流研讨 2008 年校外辅导工作思路。县教育局副局长应小星介绍 2007 年中小学校德育等工作情况，校外总辅导员朱瑞骏谈校外辅导工作的体会与思路；县关工委常务副主任杨启炉对新一年校外辅导工作和辅导员队伍建设问题提出意见与建议；县教育局局长林志来讲话。

校外辅导员工作开展　2001 年 2 月 11 日，城关中学校长室、政教处全体人员和林贵清、黄正静、陈振达三位校外辅导员，就学校的德育工作和校外辅导工作召开会议并达成共识。决定 22 日召开班主任会，以贯彻落实会议精神，该校的校外辅导工作按要求已正常运行。

2001年6月，县关工委副主任、城关中学校外辅导员林贵清用近半年时间，深入初一新生各班，向学生家庭及学生原就读小学情况开展调查研究，写出“关于对中小学素质教育中的一些问题和思考”，打印成文供有关部门参考。

2002年4月23日，县关工委组织召开老城区原校级领导和优秀教育工作者座谈会。退教协会会长葛友富主持并组织学习中央和省市县有关领导关于全党全社会都要关心下一代健康成长的讲话要点。6位老教育工作者谈自己的看法和打算，县关工委常务副主任杨启炉作动员性讲话，鼓励并希望他们加入到校外辅导员队伍中来。参加会议的老教师们当场填报自己乐意辅导的学校。县教育局关工委原主任陈焕翠作总结发言。参加座谈会的还有关工委副秘书长龚怀源，办公室主任叶建杰。

2002年9月，新学年开学后，柔石中学、城关镇中学、城东、城北等小学，学校领导与校外辅导员共商本学期校外辅导工作。

2006年5月28日，县关工委、县教育局联合召开校外辅导员会议。城区各中心小学校外辅导员、县关工委离退休副主任、常务委员、委员出席会议。县关工委常务副主任杨启炉主持会议。会议邀请县委宣传部副部长何晓进作社会主义荣辱观辅导讲座。县教育局副局长应小星对2006年中小学校暑期教育活动作介绍和部署。杨启炉作会议小结。

2009年3月，县关工委组织部分老同志分两个小组就做好校外辅导员工作问题，先后前往跃龙中学、潘天寿中学、实验校区等城区中小学校进行调研。

优秀校外辅导员表彰　2001年3月6日，县关工委、县教委、县老干部局、团县委召开“全县校外辅导员经验交流暨表彰大会”。53名优秀校外辅导员受到表彰。县委常委、县关工委主任陈云高讲话，县政府副县长尤玲娟宣读表彰决定。县关工委常务副主任杨启炉对近四年来校外辅导员工作作总结，对今后工作作部署。县教委副主任傅红光，县公安局政委史建雄，团县委副书记蒋婉兰在大会上讲话。城关镇教委常务副主任张洁辉，潘天寿中学校外辅导员朱瑞骏，跃龙中学校外辅导员王建平，柔石中学校外辅导员钟维强在大会上作典型发言。

六、清明祭英烈活动

跃龙山烈士陵园祭扫活动　2001年3月28日，县关工委、县民政局、县教委、县委老干部局、团县委、城关镇政府六单位联合在跃龙山烈士陵墓举行2001年清明祭扫烈士陵墓揭幕式。县委常委，县关工委主任陈云高，县民政局副局长陆锦芳，县老干部局副局长郑英雄、杨贻众，团县委副书记徐云，县教委办公室叶元友，城关镇关工委副主任沈永飞与县关工委名誉主任孙愫贞，顾问李绍敏、韩其山、黄茂泉、薛惠珍，常务副主任杨启炉，副主任朱瑞骏、娄金秋，常务委员严望林、俞世识、龚怀源、叶建杰、委员冯达圣以及跃龙中学600余师生出席揭幕式，缅怀革命先烈。揭幕式由陆锦芳主持。陈云高、杨启炉在揭幕式上讲话。继后，县关工委、跃龙中学在跃龙山烈士墓地联合举行纪念中国共产党建党80周年老少颂党朗诵会。县建行关协副会长、离休干部赵增富朗诵《在党旗指引下》，跃龙中学学生朗诵《回答》《烈士，我们心中的丰碑》等诗歌。朗诵会由县委老干部局副局长郑英雄主持。

2001年4月2—6日，共有17783名青少年到跃龙山祭扫烈士陵墓，县直属单位9个口的关工委与城关镇关工委的75位老同志轮流值班，向青少年宣讲《继承先烈遗志，做党的好儿女》。5天中，青少年与老同志向革命先烈敬献62个花圈，7只花篮，8160朵小白花，寄托对先烈的哀思。

2002 年 3 月 19 日，县关工委、民政局等七单位领导在民政局会议室召开清明期间在新烈士园悼念先烈活动筹备工作协调会议，县关工委常务副主任杨启炉主持会议，商量确定 2002 年清明在新烈士园悼念活动的主题是“弘扬先烈精神，遵守道德规范”。并明确联办各单位的工作职责，为 4 月 1 日县新烈士园竣工暨悼念革命先烈揭幕仪式做好准备工作。

2002 年 4 月 1 日至 5 日，以城区为主，含部分镇乡中小学师生来新烈士园悼念先烈活动的共有 64 所学校和机关单位。24762 名师生和干部职工，有 39 个单位，组织 85 位离退休老同志，由在职领导或干部带队到烈士园值班参与悼念活动，为青少年学生作传统报告。

2003 年 3 月 31 日，县关工委、民政局、教育局、老干部局、团县委、城关镇 6 家单位在烈士园联合举行 2003 年清明缅怀先烈活动揭幕式。揭幕式由县民政局副局长陆锦芳主持。城东小学等 1000 多名师生怀着无比崇敬的心情，全体肃立，向革命先烈三鞠躬、默哀，并敬献花圈。县关工委常务副主任杨启炉、县委常委、组织部部长谢群华分别在揭幕式上讲话。揭幕式后，在烈士纪念碑前举行“为全面建设小康社会，与时俱进，发奋读书，告慰先烈”为主题的演讲朗诵比赛。城关镇属七所小学的 18 名学生代表参加比赛，评出一等奖 2 个（实验二小、华山小学），二等奖 2 个（实验小学、城东小学），三等奖 3 个（城北小学、城南小学、城西小学），并颁奖。演讲朗诵比赛后，全体师生绕烈士碑一周，并参观“宁海英烈展览厅”。

2003 年 3 月 31 日至 4 月 5 日，宁海县有 46 个单位、17765 名青少年学生和干部职工到烈士园缅怀先烈，向烈士敬献花圈 52 只，花篮 12 只，小白花 7970 朵。县关工委组织县属单位关工委、城关镇关工委的 131 位离退休老同志和部分在职干部到烈士园值班，并向青少年宣讲 46 场次。

2003 年 7 月 14 日，江北区洪塘镇团委组织青少年学生参观宁海烈士园和宁海英烈馆。县关工委常务副主任杨启炉应邀向他们介绍烈士园建设和革命先烈的英雄事迹，并赠送《宁海英烈传》。

2004 年 3 月 29 日，县关工委、县民政局、县教育局、县委老干部局、团县委、跃龙街道 6 家单位在县烈士园联合举行 2004 年清明缅怀先烈活动揭幕式。揭幕式由县民政局副局长祝文明主持。城关中学等 1300 多名师生向革命先烈鞠躬、默哀，并敬献花圈。县关工委常务副主任杨启炉指出，2004 年清明缅怀革命先烈活动的主题是“缅怀先烈，弘扬传统，勤奋学习，立志成才”。县委常委、宣传部部长顾卫卫在揭幕式上讲话。要求青少年要深入学习《中共中央国务院关于进一步加强和改进未成年人思想道德建设的若干意见》，掀起学习“三个代表”重要思想新高潮，做一个社会主义建设的接班人，为全面建设小康社会做出应有的贡献。揭幕式后，在烈士纪念碑前举行“缅怀先烈，弘扬传统，勤奋学习，立志成才”为主题的演讲活动。跃龙中学、潘天寿中学、城关中学、城北中学 4 名学生分别作以“我们沐浴在春天里”“铭记英雄先烈，做新世纪的中学生”“党是我心中最亮的灯”为题的演讲。演讲活动后，全体师生绕烈士碑一周，参观“宁海英烈事迹展览厅”。

2004 年 3 月 29 日至 4 月 2 日，宁海县有 37 个单位、15951 名青少年学生、干部职工和驻军官兵到县烈士园缅怀先烈，向烈士敬献花圈 52 只，小白花 8610 朵。县关工委组织县属单位关工委 63 位离退休老同志和部分在职干部到烈士园值班，并向青少年宣讲 37 场次。

2005 年 3 月 30 日，县关工委、民政局、教育局、老干部局、团县委、跃龙街道、城区教办联合在县烈士园举行 2005 年清明节祭奠烈士首场仪式。县关工委常务副主任杨启炉作题为《弘扬先烈精神，树立远大理想》的讲话。县委副书记王飞出席并讲话。

2005 年清明节期间，共有 80 多名“五老”在县烈士陵园向 2 万多名中小学生进行爱国主义和革命传统教育。

2006年3月31日，县关工委、县民政局、县老干部局、县教育局、团县委联合在县烈士园举行清明祭奠先烈首场仪式。城关中学、城西小学千余名师生参加。县民政局副局长吴满春主持仪式，县委副书记王飞、县关工委顾问储吉元、县关工委副主任和有关部门领导出席，祭奠先烈仪式在哀乐声中进行，首先向先烈默哀三分钟，四名中小学生向先烈敬献花圈；县关工委常务副主任杨启炉作《弘扬先烈崇高精神，树立社会主义荣辱观》的讲话。四名中小学生作“缅怀先烈、知荣明耻”的演讲，共同追思先烈爱国爱民勇于奉献的革命情怀，“八荣八耻”从我做起；县委副书记王飞在祭奠仪式上指出，“回顾历史，缅怀先烈，就是要从前人的英雄事迹中汲取力量，激发斗志，开创未来。胡锦涛总书记提出‘八荣八耻’的社会主义荣辱观，对广大青少年来说具有十分重要的现实指导意义”。

2006年清明节期间，在县烈士园参加祭奠活动的中小学生、干部职工和各界人士共16000余人，其中师生15490人，共宣讲45场次。

2007年清明节期间，全县缅怀革命先烈活动的宣讲主题——“学习贯彻六中全会精神，为构建和谐新宁海努力奋斗”。在县烈士园参加祭奠活动的中小学生、干部职工和各界人士共23100人，全县共有158位“五老”人员举行249场次宣讲，受教育师生人数达53100人。

2008年3月11日，县关工委向各镇乡、街道关工委发出《关于组织青少年在清明期间开展缅怀革命先烈活动的通知》。2008年缅怀革命先烈活动的主题是“建设社会主义核心价值体系，加强青少年思想道德建设”，县关工委办公室编写《建设社会主义核心价值体系 加强青少年思想道德教育》的宣讲稿，印发各镇乡、街道关工委，各中小学校。

2008年3月14日，由县关工委牵头在县民政局召开2008年清明悼念革命先烈活动协调会议，出席会议的有县关工委副主任王以位，县民政局副局长吴满春，县教育局、县委老干部局、团县委、城区教育办公室等单位的部门负责人。县关工委常务副主任杨启炉主持会议。会议确定3月28日至4月3日为悼念革命先烈活动周。

2008年3月28日，在县烈士园举行“2008年清明悼念革命先烈首场仪式”，出席的有县委分管领导、县关工委副主任、协办单位分管领导、中小学生900余人。县关工委常务副主任杨启炉作“建设社会主义核心价值体系，加强青少年思想道德建设”的宣讲；潘天寿中学学生代表作演讲，城南小学学生集体作诗朗诵，歌颂革命先烈的英雄业绩。县委常委、组织部部长俞小勋讲话。悼念仪式后，组织参观英烈事迹陈列室。

2008年清明期间，城区各中小学校师生、幼儿园小朋友、老师，机关干部职工和各界人士纷纷来到县烈士园，举行形式多样的祭奠活动。宁海中学高三年级段700余名师生到县烈士园悼念革命先烈，重温入团宣誓。柔石中学高三500名师生在悼念革命先烈后举行高考誓师大会。县第一职业中学、县卫生学校、县技工学校师生在悼念革命先烈的同时举行新团员入团宣誓、老团员重温入团誓言仪式。象山县泗洲中心小学的同学，在老师的带领下，到宁海县烈士园悼念革命先烈，并举行少先队员入队宣誓仪式，参观英烈陈列室。城区各幼儿园组织小朋友参加祭奠活动。县供电局党委组织全局机关党员干部150余人悼念革命先烈，举行表彰抗冰灾先进集体和先进个人。塔山社区党支部组织30名党员干部在纪念碑前举行新党员入党宣誓仪式。在县烈士园悼念先烈活动中，参加宣讲的“五老”和教师47人，共宣讲47场次。中小学校师生、机关干部职工和各界人士共13766余人，其中师生13351人。

2009年3月19日，县关工委牵头民政局、教育局、老干部局、团县委、城区教办等单位召开清明节革命先烈教育活动协调会议，对清明节缅怀革命先烈教育活动的主题、宣讲内容等进行认真审议；确定2009年清明节悼念革命先烈活动的主题为“弘扬先烈精神 立志成人成才”。协调会议还明确各单位的职责分工，并对活动日程进行安排落实。

2009年3月30日，县关工委、民政局、教育局、老干部局、团县委、城区教办六家单位联合在烈士陵园举行悼念先烈教育活动首场仪式，各单位分管领导，县关工委顾问、副主任及班子成员等与城东小学、星海中学近千名师生共同缅怀先烈，县委常委、组织部部长俞小勋出席仪式并讲话。2009年悼念革命先烈的主题为“弘扬先烈精神 立志成人成才”。县关工委常务副主任杨启炉作宣讲。两所学校的学生代表分别通过诗歌朗诵和演讲对革命先烈的丰功伟绩作歌颂。俞小勋在讲话中希望广大青少年学习革命先烈的革命战斗精神和无私奉献精神，坚定爱党、爱国、爱社会主义的信念，树立报效祖国、报效人民和报效家乡的雄心，志存高远，做一个有理想的人，一个堂堂正正的人，一个有渊博知识的人，一个纪律严明、全面发展的人，为社会主义现代化建设、为中华民族的伟大复兴、为建设和谐新宁海而努力奋斗。

2009年3月30日至4月3日清明节期间，县关工委及各镇乡、街道关工委配合各部门组织中小学、幼儿园师生参加悼念活动，全县受教育青少年学生人数达35000余名。

2010年3月10日，县关工委向各乡镇、街道关工委和县直有关单位发出文件《关于组织青少年在清明节期间开展缅怀革命先烈活动的通知》。县关工委常务副主任杨启炉、专职副主任袁春林到县烈士陵园进行察看，发现陵园部分设施老化、场地需要清理等问题，即于3月12日协调县民政局长季元法等有关人员到县烈士陵园，对内外设施进行全面检查。在此基础上，县关工委于3月23日牵头县民政局、县教育局、县老干部局、团县委、县交警大队、园林管理局、城区教育办公室等单位分管领导在县民政局召开清明节悼念革命先烈教育活动协调会议并进行明确分工与安排。

2010年3月29日，悼念革命先烈教育活动首场仪式在县烈士陵园举行。县委常委、组织部部长俞小勋，正县级领导、县关工委顾问张位胜等，县关工委部分班子成员，县民政局、县教育局、县委老干部局、团县委、县园林管理局、城区教办等有关单位领导出席仪式。城关中学、实验小学教育集团城南校区的千余名师生参加活动。仪式在县民政局副局长吴满春主持下，全体同志向革命先烈鞠躬默哀，敬献花圈。县关工委常务副主任杨启炉作“学习先烈、奋发向上、奉献社会”主题宣讲。两所学校4名学生代表在烈士碑前进行演讲。俞小勋讲话。

2010年3月29日至4月2日清明节期间，宁海县关工委以“学习先烈　奋发向上　奉献社会”为主题组织开展爱国主义和革命传统教育活动，有200余名老同志参加义务宣讲，受教育青少年学生人数近4万名，其中县烈士陵园悼念活动人数达13314人次。

2001—2010年宁海县关工委（关协）清明节期间祭扫烈士陵园活动情况统计表

表5-16　　单位：人

时间	活动内容摘要（跃龙山烈士陵园）	活动成果统计（含镇乡街道）		
		场次	值守老干部数	受教育数
2001年	2001年3月28日揭幕，并举行纪念中国共产党建党80周年老少颂党朗诵会。清明节期间，宣讲主题“继承先烈遗志，做党的好儿女”。县直属单位9个口，受教育数17783人	162	75	47783

续表5-16

时间	活动内容摘要（跃龙山烈士陵园）	活动成果统计（含镇乡街道）		
		场次	值守老干部数	受教育数
2002年	2002年4月1日揭幕，新烈士园悼念活动宣讲主题“弘扬先烈精神，遵守道德规范”，4月1日至5日，共有64所学校，受教育数24762人	164	85	54762
2003年	2003年3月31日揭幕，宣讲主题：“为全面建设小康社会，与时俱进，发奋读书，告慰先烈”，3月31日至4月5日，有46个单位，受教育数24762人	246	131	47765
2004年	2004年3月29日揭幕，并举行主题的演讲活动，宣讲主题“缅怀先烈，弘扬传统，勤奋学习，立志成才”，至4月2日，受教育数15951人	137	63	45951
2005年	2005年3月30日首场仪式，宣讲主题“弘扬先烈精神，树立远大理想”。清明节期间，受教育数20013人	142	96	50013
2006年	2006年3月31日首场仪式，宣讲主题“弘扬先烈崇高精神，树立社会主义荣辱观”。清明节期间，受教育数15490人	245	134	52056
2007年	宣讲主题“学习贯彻六中全会精神，为构建和谐新宁海努力奋斗”。清明节期间受教育数23100人	249	158	53100
2008年	2008年3月28日首场仪式，宣讲主题“建设社会主义核心价值体系，加强青少年思想道德建设”，清明节期间受教育数13351人	247	103	50477
2009年	2009年3月30日首场仪式，宣讲主题“弘扬先烈精神 立志成人成才”。至4月3日，受教育数15000人	241	300	35000
2010年	2010年3月29日首场仪式，以“学习先烈　奋发向上　奉献社会”为主题组织开展爱国主义和革命传统教育，清明节期间受教育数13314人	348	300	41000
合计		2181	1445	477907

镇乡祭扫烈士陵园活动　2001年4月2—6日，西店、前童、茶院、桑洲、岔路、长街、大佳何等16个镇乡关工委，在清明期间配合有关部门，共组织近2万余名青少年在当地教育基地祭扫烈士陵墓。

2003年3月31日至4月5日清明节期间，岔路、长街、前童、强蛟、越溪、胡陈等镇乡关工委共组织2.36万余名师生祭扫烈士陵园、烈士墓地，参观爱国主义和革命传统教育基地，180多名老同志参加宣讲工作。

2004年3月29日至4月2日，岔路、长街、前童、大佳何、西店、跃龙、桃源等20个镇乡、街道关工委在清明节期间共组织2.18万余名师生祭扫烈士陵园、烈士墓地，参观爱国主义和革命传统教育基地，160多名老同志参加宣讲工作。

2005年清明节期间，共有130多名“五老”在各镇乡、街道烈士墓地和教育基地向23800多名中小学生宣讲。

2006年清明节期间，各镇乡、街道关工委会同有关部门在所在地烈士园、烈士墓地举行祭奠先烈活动，有634名老同志和教师参加宣讲，22056名师生和群众参加祭奠活动。

2007年清明节期间，全县宣讲主题：“学习贯彻六中全会精神，为构建和谐新宁海努力奋斗”。各镇乡、街道关工委会同有关部门在所在地烈士园、烈士墓地举行祭奠先烈活动，有中小学生、干部职工和各界人士共3万余人。

2008年清明期间，各镇乡、街道关工委配合有关部门组织师生到所在地烈士园（墓地）、革命教育基地缅怀先烈，举行悼念活动，有356名“五老”和教师参加宣讲，受教育师生达36711人。

2009年3月30日至4月3日清明节悼念活动期间，各镇乡、街道就地就近，以当地烈士墓地和爱国主义教育基地为载体开展悼念活动，共有300余名老同志义务参加宣讲，受教育的青少年、干部群众总数为4.1万余人。

2010年3月26日，力洋镇中心小学少先队大队部组织学生到力洋镇谢洪滨烈士墓，举行清明扫墓活动暨入队仪式。在烈士墓前，老队员为一年级新队员佩戴红领巾。

2010年3月31日，1200多名大佳何镇中心小学师生徒步到当地烈士陵园敬献花圈，表达师生追思之情。

2010年薛岙学校积极开展“文明祭奠与快乐安全同行”主题教育活动。引导学生崇尚科学，自觉摒弃上坟祭祖烧纸钱、燃香烛、放鞭炮等传统习俗，倡导用植树，鲜花、花篮、花圈等文明祭祀方式悼念逝者；同时还教育学生在扫墓期间保护生态环境。

2010年4月2日，强蛟中学组织师生到当地的烈士园扫墓，校外辅导员王成恕向全体师生作革命传统教育。同时，团支部组织新团员在烈士墓前举行入团仪式，新团员们齐声宣誓：“继承先烈的遗志，为家乡的建设、为祖国的繁荣富强而努力学习，共创美好明天！”老团员也向先烈表示：“努力学习，长大了为祖国建设贡献力量！”

2010年4月2日，茶院乡中心小学少先队大队部组织全校师生分别到寺前王的王必钱和茅头山的王义夫烈士墓举行扫墓活动。在听取烈士事迹介绍之后，大队部举行入队仪式，老队员为一年级第二批入队的同学挂上鲜艳的红领巾。

2010年清明节期间，长街镇关工委组织8名老同志分别前往香花山革命烈士陵园、岳井“铭记碑”、向阳抗暴游击队指挥部遗址、山头张苍水纪念馆四处爱国主义教育基地讲解，共有4000余名青少年受到教育。

县领导祭扫烈士陵园活动　2002年4月1日，县委、县人大、县政府、县政协在县烈士园举行竣工揭幕暨悼念革命先烈仪式。郑金平、裘伟、张拓原、娄林忠、陈英考等县四套班子领导，市民政局领导、县直属各单位负责人、革命烈士遗属以及学生代表参加仪式。仪式由县长助理项松春主持。县委副书记张拓原代表县委、县政府对烈士园的顺利落成表示祝贺。县委书记郑金平、县长裘伟向革命先烈敬献花圈。全体干部绕纪念碑一周，以表示对烈士们的哀思。竣工揭幕仪式后，县关工委、民政局、老干部局、教育局、党史办、团县委、城关镇七家联办单位和县属跃龙中学1200余名师生在翠柏环绕、庄严肃穆的新烈士园举行悼念革命先烈的仪式，由县民政局副局长陆锦芳主持，县关工委领导作“大力弘扬先烈精神，严格遵守道德规范”的讲话。柔石烈士的儿子赵德鲲沉痛地述说烈士的功绩，激励后人要练好本领，为国争光。两位青少年代表作表态发言。县委常委、县关工委主任陈云高讲话，殷切希望青少年今后在学习、工作、生活中要大力弘扬先烈精神，模范遵守道德规范。

2003年4月1日，郑金平、林静国、杨加和等领导带领县四套班子成员20余人到烈士园悼念烈士。县关工委常务副主任杨启炉主持悼念仪式。县委书记郑金平、县长林静国向烈士敬献花圈，杨启炉介绍宁海142名烈士简况后，领导们绕烈士碑一周，参观“宁海英烈展览厅”。

2004年4月1日，县四套班子领导30余人到县烈士园悼念先烈。县委常委、组织部部长谢群华主持悼念仪式，县委书记郑金平、县长林静国代表县四套班子向烈士敬献花圈。向先烈默哀后绕烈士碑一周。

2005年4月1日，县四套班子领导到烈士园祭奠先烈。

2006年4月4日，县四套班子领导和“四办”干部50余人到县烈士园悼念革命先烈。悼念仪式由县委常委、宣传部部长顾卫卫主持。哀乐响起，全体肃立，向革命烈士默哀三分钟。县委书记林静国、县长马晓晖向革命烈士纪念碑敬献花圈，县委副书记王飞讲话。在哀乐声中，全体人员绕烈士碑一周，寄托哀思。

2008年4月1日，宁海县四套班子领导和县直机关单位部分干部80余人到县烈士园祭奠革命先烈。县委书记林静国、县长王剑侯向革命先烈敬献花圈，在哀乐声中全体同志向革命先烈默哀三分钟。县委常委、组织部部长、县关工委主任俞小勋主持祭奠仪式。全体同志绕烈士碑一周，寄托哀思，并参观英烈厅。

2009年4月1日，宁海县委书记王剑侯、县长褚银良等全体县级领导和县四大办机关干部到县革命烈士陵园举行祭扫活动，深切缅怀革命先烈的丰功伟绩，寄托对先烈的无限哀思。县委常委、宣传部部长王建云主持祭扫活动。在庄严的纪念碑前，王剑侯和褚银良向革命先烈们敬献花圈。哀乐声中，向为国牺牲的革命先烈肃立默哀，表达对先烈的无限怀念和深深敬意。县委副书记谢群华在祭扫仪式上致辞。希望同志们继承革命先烈的遗志，始终保持积极进取、奋发有为的精神状态，大力弘扬“硬气、正气、大气”的宁海精神，开拓创新，真抓实干，团结奋进，全力建设经济繁荣、城乡协调、环境优美、生活殷实、社会安定的和谐新宁海，以优异的工作业绩和更辉煌的建设成就告慰革命先烈的在天之灵。悼念仪式结束后，县领导一行参观英烈陈列馆。

2010年4月1日，县委书记王剑侯，县委副书记、县长褚银良，县人大常委会主任戴霖军，县政协主席杨加和等县四套班子领导，率领县委、县人大、县政府、县政协等机关部分干部，到县烈士陵园进行祭扫悼念活动，深切缅怀和祭奠为民族解放、社会进步和人民幸福事业而英勇献身的先烈们，寄托对革命烈士的无限哀思。县委常委、宣传部部长王建云主持悼念仪式。县委常委、常务副县长褚孟形致辞。

七、培训班（学校）建设

文化技术培训班　2001年高考又取得优异成绩，本科、专科上线214人，上线率为91.5%。

2001 年宁海县关工委培训学校高考及高中中专上线情况统计表

表 5-17

类别		上省线（人）	其中	合计（人）
其中高考	理科、文科 本科、专科	202	重点线 25 人，占 11%；加本科 77 人共 102 人，占 43%，组档线 18 人	— 202
	外语	—	—	—
	艺术、体育	12	艺术 8 人、体育 4 人	12
小计		214	—	214
其中	理科	—	—	—
	文科	—	—	—
高中中专小计		—	—	—
总计		214	上线率为 91.5%	214

2001 年 1 月 6 日，县司法局科长韩兆铭由县关工委杨启炉陪同到县关工委培训学校，向全体学生讲“心理健康与法律知识课”，关工委常委、校长俞世识主持会议。

2001 年 2 月 3 日，县关工委培训学校召开教师会，关工委常委、校长俞世识就向管理要质量问题作主题发言。根据学校的特点，教师们进行认真讨论，确定目标是要充分发挥学生本身的潜能，努力培养高校优秀新生和合格的建设者。县关工委常委、办公室副主任叶建杰出席会议。

2001 学年度县关工委培训学校将继续招收文、理科学生。报名时间 8 月 5—10 日。

2001 年 7 月 27 日、8 月 1 日、8 月 2 日县关工委培训学校召开总结分析会，8 月 5 日开始的报名工作进展顺利。

2001 年 9 月 7 日县关工委培训学校召开全校教职员工会议。关工委常务委员、校长俞世识首先谈学习“七一”讲话的体会，然后部署 2001 学年度的学校教育、教学工作。2001 年招收文科 3 班，理科 2 班，与上届同比增加一个班，南门村党支部给予大力支持。培训学校顾问孙愫贞、县关工委常务副主任杨启炉到会讲话。

县关工委培训学校于 2002 年 2 月 2 日召开一学期教学工作分析研讨会，完成第一学期的教学任务。

2002 年 4 月 30 日，县关工委常务委员、培训学校校长俞世识主持召开“市十校联考”书面考试分析研讨会。参会老师畅所欲言，认真分析，明确最后二个月的教学任务。县关工委名誉主任、培训学校顾问孙愫贞参加会议。

2002 年高考，县关工委培训学校又创辉煌，上线总数 311 人，上线率达 97%。

2002年宁海县关工委培训学校高考及高中中专上线情况统计表

表5-18

<table>
<tr><th colspan="2">类别</th><th>上省线（人）</th><th>其中</th><th>合计（人）</th></tr>
<tr><td rowspan="3">其中高考</td><td>理科、文科
本科、专科</td><td>311</td><td>重点线13人，占11%；加本科130人共143人，占46%</td><td>311</td></tr>
<tr><td>外语</td><td>—</td><td>—</td><td>—</td></tr>
<tr><td>艺术、体育</td><td>—</td><td>—</td><td>—</td></tr>
<tr><td colspan="2">小计</td><td>311</td><td>—</td><td>311</td></tr>
<tr><td rowspan="2">其中</td><td>理科</td><td>—</td><td>—</td><td>—</td></tr>
<tr><td>文科</td><td>—</td><td>—</td><td>—</td></tr>
<tr><td colspan="2">高中中专小计</td><td>—</td><td>—</td><td>—</td></tr>
<tr><td colspan="2">总计</td><td>311</td><td>上线率为97%</td><td>311</td></tr>
</table>

2002年10月，县关工委任命童衍樟为县关工委培训学校副校长。俞世识任名誉校长，葛友富任名誉副校长，分别不再担任校长、副校长职务。

2003年6月25日，县关工委培训学校参加高考学员上线170人，上线率97.7%，重点、本科上线共67人（理科43人、文科17人、艺术体育7人），专科上线78人（理科51人、文科27人），艺术专科类上线4人，组档线21人，总计上线170人。县关工委培训学校高复班2003年最大收获是“学员入校时基础差，通过一年培训复习，成绩显著提高”。录取分数线提高4个档次的有4人，录取分数线提高3个档次的有22人，录取分数线提高2个档次的有55人，录取分数线提高1个档次的有56人。

2003年宁海县关工委培训学校高考上线情况统计表

表5-19

<table>
<tr><th colspan="2">类别</th><th>上省线（人）</th><th>其中</th><th>合计（人）</th></tr>
<tr><td rowspan="4">其中高考</td><td>理科</td><td>94</td><td>本科线43人</td><td>94</td></tr>
<tr><td>文科</td><td>44</td><td>本科线17人</td><td>44</td></tr>
<tr><td>理文科组档线</td><td>21</td><td>—</td><td>21</td></tr>
<tr><td>艺术、体育</td><td>11</td><td>本科7人</td><td>11</td></tr>
<tr><td colspan="2">小计</td><td>170</td><td>—</td><td>170</td></tr>
<tr><td rowspan="2">其中</td><td>理科</td><td>—</td><td>—</td><td>—</td></tr>
<tr><td>文科</td><td>—</td><td>—</td><td>—</td></tr>
<tr><td colspan="2">高中中专小计</td><td>—</td><td>—</td><td>—</td></tr>
<tr><td colspan="2">总计</td><td>170</td><td>上线率97.7%</td><td>170</td></tr>
</table>

2003年县关工委培训学校高复班秋季继续招生。

2003年县关工委培训学校共有3名学员获得县慈善总会寒窗基金助学奖金，分别是考入天津工业大学的杨建东、考入山东大学的朱娇锋、考入华北科技大学的王黄平。

2003年9月1日，县关工委任命童衍樟为培训学校校长（法人）。

2003年10月15日，县关工委常务副主任杨启炉对县关工委培训学校150多名学生进行法制讲座。有针对性地选择案例，深入浅出地分析了青少年犯罪原因、危害，并提出希望与要求。增强学生的法制观念与道德观念，坚定信心，读好书，争做国家有用的建设人才和接班人，为人民和祖国做贡献。

2004年7月5日，县关工委培训学校2003年秋季招收的136名新生，其中原报考成人高校没有参加高考的文科占66%，理科占68%，高考落榜的学员不到三分之一。因此，学员原有学科基础较差，但通过全体教师员工的共同努力，以"育人教书"为宗旨，加强管理，勤于教学，既培育学员较好的思想道德素质，又传授高中各学科的文化知识。2004年高考上线率达84.1%，本科17%（上线23人），专科53%（上线71人），组档线14%（20人），未上线16%（22人）。2003年报考成教或未报考的学员，经过一年复习，文科上线74%，文科数学成绩与全县平均成绩仅差0.76分，理科语文成绩与全县平均分差9.69分。

2004年宁海县关工委培训学校高考及高中中专上线情况统计表

表5-20

类别		上省线（人）	其中	合计（人）
其中高考	理科、文科本科、专科	114	本科23名，占17%；专科71名，占53%；组档20名，占14%。	— 114
	外语	—	—	—
	艺术、体育	—	—	—
小计		114	—	114
其中	理科	—	—	—
	文科	—	—	—
高中中专小计		—	—	—
总计		114	上线率为84.1%	114

2004年秋季继续招生，仍设文理科。2004年高考，县关工委培训学校学员陆××考入云南大学滇池学院，王××考入长春大学光华学院，各获得县慈善总会慈善助学金3000元。培训学校学费全免的贫困学员刘××，考取浙江医学高等专科学校。

2004年9月，县关工委聘任娄金默为培训学校副校长，郑学武为校务委员。

2004年9月9日，县关工委常务副主任杨启炉与办公室工作人员一道看望培训学校全体教师，对第二十个教师节表示节日慰问。

2006年1月7日，县关工委领导到培训学校，为全体师生加油鼓劲。县关工委副主任、县关工委培训学校校长（兼）袁哲飞充分肯定这一届学生思想品德好，学习成绩好。勉励大家要做公民道德规范的好学生，继续发扬艰苦奋斗精神，奋发学习，刻苦钻研，努力争取优异成绩，让社会满意、家长满意、自己满意。县关工委常务副主任杨启炉讲述办好关培学校的意义和近年高考状元的学习经验，要求全体同学努力学习，对自己、对社会负责，树立起高度的责任感，争做社会主义一代新人。

2006 年 6 月 23 日，县关工委召开离退休副主任、常务委员工作会议。会议展开讨论，特别是对县关工委培训学校 2006 年度办学问题认真研究，统一认识。

2006 年 9 月 8 日，县关工委发出通知，决定陈雨园任县关工委培训学校校长，娄金默任县关工委培训学校副校长，郑学武任县关工委培训学校校务委员。袁哲飞不再兼任县关工委培训学校校长职务。

至 2007 年 7 月，创办于 1991 年冬的县关工委培训学校，办学已达 16 年。招收高考落榜青年 3491 人，向大专院校输送合格新生 3028 人，综合上线率为 86.74%，为国家和宁海培养大批人才，为宁海县社会稳定做出贡献。由于生源等因素，经与教育部门研究，县关工委讨论决定，2007 年秋季培训学校停办。原已报名的少数学生经与有关学校商定招取复读。培训学校原购置的教学课桌凳、教师办公桌椅与橱柜，以及师生生活电器设备等全部无偿赠送给育才民工子弟学校。办学期间得到南门村党支部、村委会的大力支持，县关工委表示感谢。

1992—2007 年宁海县关工委文化培训班（学校）向高校、高中中专输送学生统计表

表 5-21　　单位：人

年　度	高等学校			高中中专			合计
	上省线	组档线	小计	上线	委培自费	小计	
2001	196	18	214	—	—	—	214
2002	311	—	311	—	—	—	311
2003	149	21	170	—	—	—	170
2004	94	20	114	—	—	—	114
2005/2007 小计	68	—	68	—	—	—	68
合计	818	59	877	—	—	—	877
1992/2000	1577	278	1855	190	106	296	2151
2001/2007	818	59	877	—	—	—	877
合计（考生 3491）	2395	337	2732	190	106	296	3028

1991—2007 年宁海县关工委文化培训班（学校）领导成员任职情况一览表

表 5-22

序号	任职时间	校长（负责人）	副校长（副负责人）	校务委员	备注
1	1991 年 10 月 26 日决定筹办关协文化技术培训班	俞世识	—	—	县关协第 8 次常务理事会关协常务理事俞世识分管
2	1993 年 8 月 13 日领导小组	俞世识	葛友富	—	组长、副组长
3	1997 年 9 月 12 日（学校）	俞世识	葛友富	—	培训学校挂牌、授印

续表5-22

序号	任职时间	校长（负责人）	副校长（副负责人）	校务委员	备注
4	2002 年 10 月县关工委任命	—	童衍樟	—	俞世识任名誉校长、葛友富任名誉副校长
5	2003 年 9 月 1 日	童衍樟	—	—	宁关〔2003〕9 号
6	2004 年 9 月	—	娄金默	郑学武	县关工委聘任
7	2006 年 1 月 7 日	袁哲飞（兼）	—	—	—
8	2006 年 9 月 8 日	陈雨园	娄金默	郑学武	宁关〔2006〕12 号

职业技术培训工作　2004 年 8 月 17 日，宁海县未成年人“助学工程”正式启动。首届参加培训的 50 多名学生在县第一职业中学接受为期一年的免费职业技术培训。宁海县每年有初中毕业生 8000 多人，其中约有 10%的毕业生因为种种原因未能升入高一级学校。为此，县政府本着关心未成年人和建设“平安宁海”的需要，决定对该群体启动助学培训工程，安排 300 万元专项资金，制订教育计划，提供教育场地和师资力量，对初中毕业未升入高中的社会闲散人员实施免费职业助学培训，以提高他们的素质，改变他们“失学就失教”“失学就失业”的状况。为了这一助学工程的顺利实施，团县委通过基层网络落实助学对象，劳动保障局落实资金、联系就业岗位，教育局负责制订教学计划、落实培训场地和师资。首期为机械加工培训班，为期一年。前半年授课内容为语文、数学等基础知识和机械制图、机械基础、模具制造、计算机等专业知识；后半年进行工厂实习。期满，劳动部门将进行技能考试，取得职业技能等级证书的学生由政府部门、学校推荐到对口的企业就业。县第一职业中学专门安排 11 位教师，每星期上 4 节综合实践课。

2006 年 6 月 20 日，县职教中心召开班主任座谈会，县关工委常务副主任杨启炉，办公室副主任李明来应邀参加。各班主任交流工作方法与思想方法，讨论如何加强学生思想道德建设，进行“八荣八耻”教育和对有不良行为学生的帮助与转化工作。会议由副校长王建科主持，杨启炉对班主任工作提出希望与要求。

2007 年 12 月，宁海县职教中心召开关工委班子会议，邀请县关工委常务副主任杨启炉出席并被聘为该校关工委顾问。梅林派出所教导员、西店交警中队指导员、桥头胡交警中队中队长，梅林村、大路周村书记，梅林中学校长及退休教师代表被聘为校关工委副主任、委员，并发聘书。校长盛高成汇报学校德育工作情况，副校长王建科汇报学校关工委组织建设、2008 年学校关工委工作计划和开展村、校共建“三好四无”创建活动意见。班主任代表介绍班级加强学生思想道德教育和“三好四无”创建活动情况，与会人员发言。杨启炉就关心下一代工作的认识和村校共建“三好四无”创建活动作出具体指导。

2008 年 11 月 26 日，应浙江工商职业技术学院宁海机电分院邀请，县关工委常务副主任杨启炉赴该校为近百名宁海籍数控班大学生作法制教育讲座。讲座中，杨启炉以案说法，通过对一些发生在身边的青少年犯罪案例的分析，引导在校大学生警觉自身行为，自觉遵纪守法，有效预防犯罪。

2008 年 12 月，县职教中心率先在全市引进沙盘游戏心理教育课堂，较好地促进学生心理素质的不断提高。

八、经验交流

学习取经 2003年3月24日，宁波市关工委举办县市区关工委办公室新干部培训班。在市关工委一天学习基础上，到广州、深圳实地考察学习关工委办公室工作经验。宁海县关工委办公室副主任王崇斌参加培训班学习考察。

2003年7月7日，县关工委常务副主任杨启炉参加由县委副书记张拓原带队的考察团，到嘉兴、上海等地参观考察革命传统教育基地建设。

2003年11月13日，县法制学校协调小组成员一行9人，由政法委副书记王可翻带队，赴新昌县学习考察法律学校建设情况。县关工委常务副主任杨启炉参加考察工作。

2007年11月9日，县关工委顾问、关工委副主任考察团一行16人，由县人大常委会原主任、县关工委顾问娄林忠，县关工委常务副主任杨启炉带队，赴镇海区关工委学习考察。宁海县关工委考察团与镇海区关工委领导和老顾问一起座谈。镇海区关工委领导介绍该区近年来经济发展等情况，并就区关心下一代工作的组织建设、"五老"队伍、活动阵地、青少年教育、信息工作以及2008年工作思路等情况作介绍。宁海县考察团在镇海区关工委领导的陪同下实地参观青少年思想道德教育基地镇海口海防历史纪念馆及青少年科普基地招宝山街道胜利路社区科技馆。考察团一行还观赏了沿江路菊花展主景点。镇海区委书记郭华巍接待县关工委考察团一行。

2008年11月17—21日，县关工委常务副主任杨启炉带领部分镇乡、街道、县直机关关工委负责人员一行13人，赴江苏省江阴、南通、昆山三地学习考察。活动期间，听取江阴市关工委建立民营企业关工委组织建设、南通市关工委创建校外教育辅导站、昆山市关工委开展村（社）"两创"工作及创建未成年人零犯罪试点工作经验介绍，参观学习南通市钟秀街道城北村社区关工委和文峰街道解放坝社区校外辅导站的组建、做法与经验。

经验交流 2002年10月23—24日，全国关心下一代工作先进单位武义县关工委一行9人，由关工委主任江慈渊带队到宁海县考察关心下一代工作。县关工委常务副主任杨启炉介绍县关心下一代工作情况。县委常委、县关工委主任陈云高会见武义客人。24日，参观徐霞客大道、柔石公园等景点。

2002年11月28日，慈溪市关工委顾问、慈溪市人大常委会原主任孔文林等一行17人到宁海县考察。县关工委常务副主任杨启炉向客人介绍县关工委的组织建设、《中国火炬》征订、学用和举办培训学校等工作。宁海县老干部局局长彭家标陪同客人考察。是日，县委副书记马晓晖、县委常委陈云高会见慈溪客人。

2004年10月22日，海盐县关工委主任黄在法（海盐县人大常委会原主任）带队一行8人，专程到宁海，考察交流政法系统关心下一代工作。县关工委常务副主任杨启炉受县委常委、组织部部长、县关工委主任谢群华的委托，热忱接待海盐县来宾。在宁海宾馆，两县交流座谈，县综治委办公室主任王元法，县人民检察院副检察长邬海波，县司法局副局长张德浩，县公安局治安大队副教导员施美玲，县关工委常务委员龚怀源、刘保山、王崇斌出席座谈。杨启炉向来宾介绍宁海县经济发展和关心下一代工作组织情况。刘保山介绍宁海县政法系统关心下一代工作开展情况。主任黄在法介绍海盐县经济发展和关心下一代工作情况，热情赞扬宁海县委对关心下一代工作重视和宁海县关心下一代工作的成绩。会后，来宾们参观十里红妆、徐霞客大道。县关工委名誉主任、县人大常委会副主任陈云高，县政法委副书记王可翻陪同客人，并作亲切交谈。杨启炉、王崇斌陪同海盐来宾，考察天河景区。

2007年3月15日，镇海区关工委顾问团由区人大常委会原主任孙庆福（宁海县委原常委、组织部部长）等20余位老领导、老同志组成，在区关工委副主任顾亚奋带领到宁海参观考察。座谈交流会在太平洋国际大酒店举行，县关工委副主任王以位主持。常务副主任杨启炉介绍宁海县基本概况和县经济社会发展情况，交流宁海县关心下一代工作。镇海区委原副书记、区关工委顾问王竹堂，区关工委副主任顾亚奋谈该区关心下一代工作情况与经验。县关工委领导陪同参观团一行考察柔石故居、潘天寿故居等爱国主义教育基地。县委常委、组织部部长俞小勋，县人大常委会原副主任、县关工委顾问陈云高，县政协副主席赵秀萍等看望考察团一行。

2007年11月28日，慈溪市关工委考察团在市政协原主席李楚良，副主席、市关工委常务副主任胡张宏带队下，一行6人到宁海县关工委考察。县关工委在太平洋国际大酒店举行交流座谈会。座谈会由县关工委副主任王以位主持。常务副主任杨启炉向慈溪考察团介绍宁海的历史概况，经济社会发展情况和宁海县关心下一代工作在组织网络建设、爱国主义教育基地建设和革命传统教育，“五老”队伍、关爱工作团、为青少年办实事、做好事等情况以及2008年工作思路。慈溪市关工委考察团领导交谈考察感想、工作情况与下年工作思路，并对宁海县关工委工作予以肯定。县委常委、组织部部长俞小勋，县政协原主席麻绍星，县政协副主席项松春，县政协七届副主席张位胜等在晚间会见考察团一行。

2009年10月22日，山东省武城县关工委考察团一行12人到宁海县关工委考察。县关工委常务副主任杨启炉介绍宁海县经济社会发展情况和县关工委特色工作。武城县关工委常务副主任尹宝升对该县关工委工作情况和经验作简要介绍。县委常委、组织部部长、县关工委主任俞小勋会见考察团全体人员，县政协副主席杨象轮出席座谈会并讲话。

2009年11月12日，舟山市普陀区关工委一行7人在副主任胡忠国的带领下到宁海县就关工委工作进行相互交流、座谈考察。赴大佳何镇涨坑村参观“三好四无”创建工作和镇、村两级“六有”关工委建设情况。

2010年10月25日，杭州市江干区关工委一行11人，由区人大常委会主任、区关工委主任沈雅萍，副主任张秀霞带队，到宁海县考察。县关工委杨启炉，王以位，任校章，袁春林会见考察团成员。杨启炉介绍宁海县经济社会发展情况和县关工委特色工作。江干区关工委领导就该区关工委工作经验、做法作交流。县委常委、组织部部长林惠明会见考察团。

2010年10月26日，上海市宝山区关工委一行16人由区人民法院原院长、区关工委常务副主任尹在康，区关工委副主任周富英带队到宁海县考察。县关工委领导杨启炉，王以位，任校章，袁春林会见考察团成员。杨启炉介绍宁海县经济社会经济发展情况和县关工委特色工作。宝山区关工委领导就该区关工委工作经验、做法作交流。县委常委、组织部部长林惠明会见考察团。

2001—2010年接待外地到宁海县关工委考察交流情况统计表

表5-23

时间	考察交流人员	考察交流活动内容	参与接待人员
2002年10月23日、24日	武义县关工委主任江慈渊带领关工委一行9人	考察关心下一代工作	杨启炉介绍县关心下一代工作，陈云高会见武义客人

续表5-23

时间	考察交流人员	考察交流活动内容	参与接待人员
2002年11月28日	慈溪市关工委顾问、慈溪市人大常委会原主任孔文林等一行17位	关工委的组织建设、《中国火炬》征订、学用和举办培训学校等工作	杨启炉介绍工作。彭家标陪同考察。县委副书记马晓晖、县委常委陈云高会见客人
2004年10月22日	海盐县关工委主任黄在法（海盐县人大常委会原主任）带队一行8人	考察交流政法系统关心下一代工作	杨启炉、王元法、邬海波、张德浩、施美玲、龚怀源、刘保山、王崇斌参加座谈，陈云高、王可翻陪同考察
2007年3月15日	镇海区关工委副主任顾亚奋带领顾问团20余人	到宁海参观考察	王以位、杨启炉介绍。俞小勋陈云高赵秀萍看望考察团
2007年11月28日	慈溪市政协原主席李楚良，副主席、市关工委常务副主任胡张宏带队考察团6人	到宁海县关工委考察	王以位、杨启炉作介绍。俞小勋、麻绍星、项松春、张位胜等会见考察团
2009年10月22日	山东省武城县关工委考察团一行12人	到宁海县关工委考察	杨启炉作介绍。俞小勋会见考察团。杨象轮出席座谈会
2009年11月12日	舟山市普陀区关工委副主任胡忠国一行7人	到宁海县考察“三好四无”创建工作和镇、村两级“六有”关工委工作	赴大佳何涨坑村参观“三好四无”创建工作和镇、村两级“六有”关工委建设
2010年10月25日	杭州市江干区人大常委会主任、区关工委主任沈雅萍，副主任张秀霞一行11人	到宁海考察县关工委工作	杨启炉作介绍。林惠明会见考察团成员
2010年10月26日	上海市宝山区人民法院原院长、区关工委常务副主任尹在康，区关工委副主任周富英一行16人	到宁海县考察关工委工作	王以位、任校章、袁春林陪同，杨启炉作介绍。林惠明会见考察团成员

经验交流材料 2001年7月17日，宁波市关工委召开社区关心下一代工作经验交流会，会议由市关工委主任张永祥主持。12位代表作典型发言，13篇材料进行书面交流，宁海县关工委也在书面交流之列。

2001年8月31日，中国关工委第六次宣传工作会议在陕西省西安市召开。县关工委常务副主任杨启炉应邀出席会议。县关工委的《千份〈火炬〉亮我县，万人谱写新篇章》一文作为大会交流材料，在8个省、自治区大组讨论会上，杨启炉作发言。县关工委被中国关工委办公室和中国火炬杂志社评为宣传报道和征订发行工作先进集体。

2002年8月30日，县关工委常务副主任杨启炉，赴宁波出席中国关工委第七次宣传工作座谈会，会议于8月31日至9月4日在宁波市新芝宾馆召开。宁海县作《倾情奉献订“火炬”与时俱进抓“关爱”》的发言。

2002年10月26日，县关工委常务副主任杨启炉赴长沙出席中关工委宣传工作会议，并作《倾情奉献订〈火炬〉，与时俱进抓“关爱”》的发言。

2003年3月25日，宁波市司法局帮教安置志愿者活动现场会在宁海县举行。县关工委常务副主任杨启炉应邀出席会议，并作《暖其心，正其行，安其身，谋其生》的发言。

2004年3月29日，县关工委龚怀源在《中国火炬》通讯员作者座谈会上作《向〈火炬〉投稿是办公室的分内事》的发言。

2004年8月29日，县关工委常务副主任杨启炉，应邀出席中国关工委在四川成都市召开的全国宣传工作部分先进集体座谈会。宁海县作《抓好试点，攻克难点，竭力预防未成年人违法犯罪》的书面发言。

2005年9月22日，应中国关心下一代工作委员会之邀，县关工委常务副主任杨启炉赴广东省深圳市出席全国关心下一代宣传工作会议。宁海县关工委撰写的《深化预防　关爱帮教》一文在大会上作交流发言。中国关工委领导在会上肯定宁海县关工委在主动配合有关部门做好预防未成年人犯罪工作所取得的成效。

2007年9月23日，县关工委常务副主任杨启炉出席中关工委在桂林召开的全国关心下一代宣传工作会议。杨启炉在会上作《争取党委重视，多措并举，努力减少未成年人犯罪》的交流发言。

2008年12月25日，宁波市关工委召开关心下一代工作暨先进集体和先进个人表彰大会。宁海县关工委顾问朱瑞骏代表先进个人在会上作题为《愿为青少年健康成长做点实事》的发言。

2009年3月24日，大佳何镇关工委常务副主任胡余荣应邀参加慈溪市关工委系统培训会议，并作题为《依靠党委重视，认真履行职责，切实抓好关心下一代工作》的经验介绍。

2009年5月14—15日，宁波市关工委在市委党校举办各县（市）区关工委主任（或副主任），办公室主任，老干部爱国主义教育讲师团、关爱工作团负责人，镇乡、街道关工委常务副主任，市直单位关工委负责人，高校关工委负责人，市老干部爱国主义讲师团和校外辅导员等200余人参加的培训会议。

2009年7月21日，宁波市关工委在鄞州区龙观乡召开全市基层关工委组织建设工作会议。宁海县大佳何镇党委作经验介绍。

2009年9月16日，宁波市关工委召开市关工委成立20周年系列活动之一的全市关心下一代工作成果研讨会。宁海县关工委《关于村（社）校共建“三好四无”活动的实践和探索》一文在会上作交流。

2010年9月7—9日，中国关工委在吉林长春召开全国关心下一代宣传工作会议，贯彻落实纪念中国关工委成立20周年暨全国关心下一代工作表彰大会精神。宁海县关工委《积极探索“三好四无”创建活动，扎实推进未成年人思想道德建设》一文作书面交流。

文章录用　2001年5月，全省安置帮教工作经验汇编《赤诚塑灵魂，枯藤吐新绿》一书，刊登宁海县关工委《发挥老同志独特优势，帮教挽救释解青少年》一文。

2001年1月28日，宁波晚报第二版刊登卢军撰写的县关工委老同志到县看守所进行面对面规劝帮教的情况，并附规劝帮教现场照片。

2002年《中国火炬》第7期《关心桥》专栏，刊载宁海县关工委报道的《为山区孩子操劳》一文。该期《中国火炬》还刊载《宁海县关工委、县民政局等七单位联合在新烈士园举行悼念革命先烈活动揭幕式》照片一幅。

2002年《中国火炬》第9期《活动在基层》专栏，刊载宁海县关工委的《适应形势抓好组织建设》一文。自1995年《中国火炬》创刊至2002年9月，共刊载宁海县关工委“千字经验”、“老骥伏枥”、“活动在基层”、“关工信息”、新闻照片等16篇、张。

2002年10月17日，播出由浙江电视台、钱江都市频道记者于8月7日专程到宁海采访拍摄的县关工委副主任林贵清从事关心下一代工作有关事迹，并10月18日重播。

2003年3月10日，宁波市关工委向各县、市、区关工委和市直属关工委全文转发《宁海县关工委2003年关心下一代工作意见》。

2003年12月9日，《宁海报》刊载《化作春泥更护花》一文，介绍县关工委常务委员、副秘书长龚怀源十二年来从事关心下一代工作的先进事迹。

2004年3月25日，县委办《调查与研究》第二期转发县关工委《关于我县未成年人犯罪情况的调查报告》，并加编者按。

2004年《中国火炬》第9期刊载宁海县关工委培训学校，办学成绩显著的关工信息一则。

2005年8月26日，中共宁海县委办公室根据县委副书记王飞的批示，在《宁海信息》上转发县关工委的《发挥“五老”优势　切实加强未成年人思想道德建设》调研报告，以增强各级领导、关工委对未成年人思想道德建设的重要性、紧迫性的认识。

2005年宁波市关工委第五期工作简报全文刊载宁海县关工委《实施“百千万”工程，预防未成年人犯罪》材料，并加编者按：“宁海县关工委开展‘百千万’工程，预防未成年人犯罪是落实去年中央8号文件的主动行动，为该县新时期的关心下一代工作闯出了一条新路……”

2007年12月，《宁海年鉴（2007）》“社会事务”栏目刊载宁海县关心下一代工作委员会2007年重大活动概况。

2007年12月26日，宁波市关心下一代工作会议召开。会议通报全市关心下一代工作调研报告评选结果，宁海县岔路镇关工委的《岔路中学“留守儿童”学生心理状况调查与思考》荣获二等奖，县关工委撰写的《对县直机关关工委如何发挥作用的调查报告》获三等奖。县关工委常务副主任杨启炉，办公室主任李明来出席会议。

2008年《中国火炬》第4期“关工信息”刊载“宁海县委、县政府召开关心下一代工作双先表彰大会”的信息。

2008年11月17日，县关工委《关于预防和减少未成年人违法犯罪问题的探讨》的调研报告在县委办、政研室编印的《调查与研究》第6期上刊载。11月25日，该文又以内部明电传各部门，以作参阅。

2009年7月10日，县关工委举行爱国主义宣讲团成员培训会。杨启炉《辉煌60年——庆祝新中国成立60周年专题宣讲》、王以位《伟大祖国及宁海家乡60年发展成就》两份宣讲稿列入县委宣传部组织开展的“感动宁海·辉煌60年”宣讲活动菜单。

出书　2005年6月，为纪念宁海县关心下一代工作委员会成立十五周年，县关工委《关爱又五春》文集出版，办公室向26个兄弟县、市、区关工委寄送并感谢各单位对宁海县关工委成立15周年的祝贺。

九、《中国火炬》征订、学用

《中国火炬》征订　2000年年末，完成2001年《中国火炬》征订情况。

2001 年宁海县关工委《中国火炬》订阅情况统计表

表 5-24

<table>
<tr><th rowspan="2">系统</th><th rowspan="2">单　位</th><th>镇乡村关协</th><th>镇乡教委</th><th rowspan="2">单　位</th><th>镇乡村关协</th><th>镇乡教委</th></tr>
<tr><th>份数</th><th>份数</th><th>份数</th><th>份数</th></tr>
<tr><td rowspan="10">镇乡系统</td><td>城关镇</td><td>65</td><td>47</td><td>桑洲镇</td><td>28</td><td>6</td></tr>
<tr><td>长街镇</td><td>33</td><td>12</td><td>黄坛镇</td><td>25</td><td>6</td></tr>
<tr><td>明港镇</td><td>22</td><td>9</td><td>双峰乡</td><td>8</td><td>3</td></tr>
<tr><td>胡陈乡</td><td>16</td><td>10</td><td>梅林镇</td><td>27</td><td>9</td></tr>
<tr><td>力洋镇</td><td>21</td><td>6</td><td>桥头胡镇</td><td>21</td><td>7</td></tr>
<tr><td>茶院乡</td><td>21</td><td>6</td><td>大佳何镇</td><td>33</td><td>14</td></tr>
<tr><td>越溪乡</td><td>15</td><td>6</td><td>强蛟镇</td><td>20</td><td>7</td></tr>
<tr><td>一市镇</td><td>17</td><td>6</td><td>深圳镇</td><td>30</td><td>17</td></tr>
<tr><td>前童镇</td><td>20</td><td>7</td><td>西店镇</td><td>25</td><td>15</td></tr>
<tr><td>岔路镇</td><td>31</td><td>8</td><td>镇乡小计</td><td>478</td><td>201</td></tr>
<tr><td colspan="2">教委与直属学校小计</td><td colspan="2">192</td><td>县关工委小计</td><td colspan="2">21</td></tr>
<tr><td rowspan="5">县直属单位</td><td>党群口</td><td>18</td><td>—</td><td>金融口</td><td>14</td><td>—</td></tr>
<tr><td>宣传口</td><td>19</td><td>—</td><td>政法口</td><td>9</td><td>—</td></tr>
<tr><td>农经委口</td><td>22</td><td>—</td><td>经委口</td><td>17</td><td>—</td></tr>
<tr><td>政府综合口</td><td>15</td><td>—</td><td>三产</td><td>20</td><td>—</td></tr>
<tr><td>计委口</td><td>14</td><td>—</td><td>县直单位小计</td><td>148</td><td>—</td></tr>
<tr><td colspan="2">全县合计</td><td colspan="5">1040</td></tr>
</table>

2001 年 9 月至是年年末，宁海县关工委通过中国关工委第六次宣传工作会议精神贯彻落实，2002 年《中国火炬》的征订工作，经各镇乡关工委、教委和县直机关关工委、关协、县直属学校经办人员的共同努力，并在所在单位党政领导的重视、支持下，2002 年《中国火炬》征订达 1050 份。

宁海县征订 2003 年《中国火炬》1070 份。经过全县各级关工委的共同努力，在各级党政领导的重视和支持下，2003 年宁海县《中国火炬》征订继续超千份，达到 1070 份，比 2002 年增加 20 份。

2004 年《中国火炬》的征订数达到 1080 份，又上一个新台阶。

2005 年 9 月，县优秀校外辅导员、西店镇紫溪片退休教师关工小组成员薛国路退休后热心从事关心下一代工作，在学习《中国火炬》、全国关心下一代表彰大会精神后，组织紫溪片退教协会全体教师学习、宣传《中国火炬》，并要求每位教师自费订阅一份。16 位退休教师全部订阅 2006 年《中国火炬》。薛国路积极配合西店退教协会会长冯圣太做好西店和香山片退休教师自费征订工作。全镇退休教师共订阅 2006 年《中国火炬》70 余份，为全县征订工作起到带头作用。

2006 年 9 月 18 日，县关工委向各镇乡、街道、县直各单位关工委发出文件，截至 2006 年 11

月，县关工委在一手抓中共十六届六中会精神贯彻学习的同时，一手狠抓2007年《中国火炬》的征订工作。从领导到办公室全体人员，分别到全县18个镇乡、街道、60多个县直单位，15个镇乡教育结算中心与16所县直属学校开展深入细致的征订工作。2007年《中国火炬》征订继续超千份，达到1074份。对指导宁海县关心下一代工作向深、新、实发展，发挥更好作用。

截至2007年11月，在镇乡、街道、县直单位党政领导的重视支持和关工委的共同努力下，2008年《中国火炬》征订工作取得顺利进展，完成征订任务1128份，比上年增加54份。

2008年11月12日，完成《中国火炬》征订份数800份。截至2008年12月5日，县关工委完成2009年《中国火炬》征订工作，征订数达1160分，比2008年增加32份。截至2008年年底，县关工委征订《中国火炬》已连续7年超千份。

2009年12月，在各级关工委的共同努力下，《中国火炬》2010年的征订工作于中旬圆满结束，征订总数为1017份。

截至2010年12月24日，完成《中国火炬》2011年的征订份数1016份。自2002年开始，县关工委已连续10年订刊超千份，实现超千份十连冠。

《中国火炬》学用　2001年8月13日，县委常委陈云高在县关工委，听取常务副主任杨启炉汇报中关工委在西安市召开的第6次全国宣传工作会议情况。重点传达中国关工委领导杨志海、闵振环及主任王丙乾在吉林省关工委考察时重要讲话。结合县关工委工作实际，落实西安会议精神，计划分别召开镇乡和县直属机关关工委会议。表彰宣传报道工作先进集体和个人。陈云高指出，中关工委这次会议突出江总书记“七一”重要讲话和“三个代表”重要思想，交流经验，明确任务。宁海县受到表彰，会议精神一定要贯彻落实好。《中国火炬》杂志的征订和学用要抓好。镇乡关工委班子调整工作要抓好，社区关心下一代工作要搞点调研，理顺再铺开，法制学校要抓规范和制度建设。县老干部局局长、关工委秘书长彭家标、副秘书长龚怀源、办公室主任叶建杰等参加汇报会。

2001年9月14日，宁波市关工委召开宣传工作会议，县关工委杨启炉、叶建杰出席。市关工委办公室主任曹晖传达中国关工委领导讲话和中国关工委第六次宣传工作会议精神。杨启炉谈自己几次参加全国会议的体会，并介绍如何贯彻落实西安会议精神的工作思路。市关工委常务副主任颜志定结合中国关工委会议精神，对全市关工委宣传工作提出明确的目标和任务。主任张永祥最后就宣传工作和学习中共中央总书记江泽民“七一”重要讲话、“三个代表”重要思想、强调老同志要与时俱进等讲话。

2002年《中国火炬》第7期《关心桥》专栏，刊载宁海县关工委报道的《为山区孩子操劳》一文，该文记述县关工委老同志对山区孩子的关爱之情。该期《中国火炬》刊载《宁海县关工委、县民政局等七单位联合在新烈士园举行悼念革命先烈活动揭幕式》照片一幅。

2002年《中国火炬》第9期《活动在基层》专栏，刊载宁海县关工委撰写的《适应形势抓好组织建设》一文。自1995年《中国火炬》创刊至2002年9月，刊载宁海县关工委“千字经验”、“老骥伏枥”、“活动在基层”、“关工信息”、新闻照片等16篇、张。

2003年《中国火炬》第5期，刊载吴仪《人生自我完善三要素》的讲话。县关工委常务副主任杨启炉及时向县委常委、宣传部部长顾卫卫、县人大常委会副主任兼县关工委主任陈云高作汇报。并商定由县委宣传部、县关工委、县教育局、团县委联合发文《关于组织学习吴仪“人生自我完善三要素”重要讲话的通知》。通知指出，当前在学习贯彻中共十六大精神、实践“三个代表”重要思想中，吴仪这篇讲话有很强的针对性和时效性。希望各级党组织、共青团组织、关心下一代组织、中小学校认真组织学习，对照“三要素”，作自我剖析，以坚定自己的理想信念，牢固树立“三观”，全心全意为人民服务。县关工委及时组织办公室同志、离退休副主任和常务委员进行学习，一致认为吴仪这篇讲话不仅是对各级领导、党员干部、青年进行理想信念和世界观、人生观、价值观教育的好教材，也是我们离退休老干部学习和自我教育的好教材。

2004年3月29日，县关工委龚怀源应中国关工委《中国火炬》之邀，赴义乌市出席《中国火炬》通讯员作者座谈会。出席座谈会的有19个省市县关工委成员共25人。龚怀源在会上作《向〈火炬〉投稿是办公室的分内事》的发言。中国关工委副秘书长王立文在座谈会上对宁海县关工委工作给予好评。宁海县关工委把《中国火炬》的学用摆上议事日程。全县各级关工委把学用《中国火炬》作为重要工作来抓，用《中国火炬》来指导日常的关心下一代工作，成绩显著。

专记

夕阳红似火

——记全国关心下一代先进工作者杨启炉

县关工委常务副主任杨启炉今年78岁了，除了标志性的 一头银发外，他目光炯炯，精神矍铄，并不显老。这使记者想起了过去流传的一首歌：《革命人永远年轻》！

做关心下一代工作，杨启炉不但热情如火，而且有方法，有思考，且十九年如一日，用他的话说，是“急党政所急，想青少年所需，尽关工委所能”。他曾被评为全国关心下一代先进工作者、浙江省关心下一代工作先进个人、浙江省少先队突出贡献奖、宁波市优秀共产党员、宁波市少先队事业功臣。

我是党的人要服从党的分配

有着50多年党龄的杨启炉，解放前就是我党根据地柘湖杨村的儿童团负责人，解放后长期在县委组织部门工作。1993年11月，他从中共宁海县纪委副书记的位置上退休。还在退休前夕，县委就让他兼任县关工委副主任，退休后，任县关工委常务副主任。

镜头一：当时，有些企业看中杨启炉长期担任领导职务结下的人脉关系，愿出每月800~1000元的工资聘请他去单位“坐坐”。但被杨启炉婉言谢绝。他愉快地接受了党赋予的新职责，一头扑在关心下一代工作上，而当时关工委每月的补贴只有60元！有人说他“吃亏了”，杨启炉却说：我是党的人，我要服从党的分配，不能在位时说要为人民服务，退休了却个人去拿钱！

台上台下的角色变了，工作思路也要随着改变。杨启炉经过一阶段的适应，理出了三条：一是虚心学习，促使自己转变观念；二是尊重别人，才会得到别人尊重，进而支持你的工作；三是围绕县委、县政府中心工作，主动作为。说实在的，关工委并没有硬指标、硬任务，但真要认真去做，工作任务也非常繁重，用“千头万绪”来形容，一点也不为过。

面对千头万绪的工作，杨启炉抓住了一个“牛鼻子”：加强和改进未成年人思想道德建设。中共中央、国务院《关于进一步加强和改进未成年人思想道德建设的若干意见》下达后，他本人反复钻研思考，又组织关工委班子学习讨论。在集思广益的基础上，他与县委办、组织部商讨，转发了《发挥“五老”队伍在加强和改进未成年人思想道德建设中的作用》的文件，全面部署宣传教育工作，使加强未成年人思想道德建设有了一个“可控、有为”的平台。

杨启炉对记者说，通过调查摸底，我县能经常参与活动的“五老”队伍约6000人。一个人的力量是有限的，但6000个人齐心协力，就是一支强大的力量，其效果也就可想而知了！

杨启炉自己更是身体力行，与青少年谈理想、讲信念，开展主旋律教育、革命传统教育、遵纪守法与道德品质教育，每年下基层宣讲，受教育青少年的人数，总有近万人！

从2000年起，杨启炉开始主持县关工委工作，作为“班长”，他处处以身作则，在他的带领下，县关工委全体班子成员齐心协力，各级关工委和广大“五老”主动作为，全县关心下一代工作蓬勃开展。杨启炉充分发挥自己善于组织协调的能力，抓好关工委的组织建设。他担任常务副主任不久，就在全县组建起横到边、纵到底，点、线、面结合，遍布城乡的工作网络。宁波市关工委的一位领导考察了宁海的工作网络后，盛赞：这是全市最健全的关心下一代组织格局！2004年，他组织班子制定了《宁海县关心下一代工作委员会工作规则》，使我县关工委工作更趋制度化和规范化。

分内事管好，分外事理好。协助有关部门筹建爱国主义、革命传统教育基地，杨启炉付出了大量精力和心血。从岔路上金的县委、县政府诞生地纪念碑亭、前童福泉山的铁流碑亭、长街的铭记碑，到山洋根据地革命纪念园等8个新建基地，杨启炉主动配合有关乡镇和单位，从集资、规划到建造，每一个环节都磨嘴皮，奔脚头，不辞辛劳，共筹集经费达26万元。

人们说：杨启炉同志退休后比在位时工作还忙、还累，古稀之年的人了，实在不容易！

要多为孩子办实事、做好事

“关工委工作要多在关爱上下大功夫，要多为孩子们办实事、做好事！”这是杨启炉常挂在嘴边的一句话。

镜头二：一次，杨启炉到宁海西部最高峻的山区双峰调研。午饭时间他特地来到双峰乡学校看望孩子，发现孩子们自带的饭菜十分简陋，不是咸菜就是咸笋，而且一吃就是一周。有的学生甚至把一块霉豆腐一分为二，吃两餐！杨启炉心痛了：“怪不得这里的孩子都这么瘦小啊！”他回到县城，顾不上回家，直接走进县交通建设投资总公司，向时任总经理的郑国金求援，郑国金也是个热心肠的人，听杨启炉一说，眼睛顿时就湿润了，他当场许诺：“资助双峰学校5000元，用于改善孩子们的伙食！”

第二天，杨启炉重返双峰，把钱送到了双峰乡党委、政府领导手里，要求用作改善学生伙食启动资金。这以后，杨启炉还陆续从县教育局、财政局落实营养餐资金2万余元。从此，山区的学生们每天中餐、晚餐可以免费吃上热腾腾的榨菜蛋花汤、肉骨头黄豆汤等，营养强多了。家长们动情地说：这位白头发的老人比我们自己还关心孩子们啊！

2003年夏天，正是“非典”肆虐之时，室外气温常常蹿上40摄氏度。为了孩子们的安全，杨启炉骑自行车、乘公共汽车，来回奔波在一个个学校之间，了解情况，商量对策。当来到宁海中学时，校领导看他满头满身都是汗，动情地说：“杨老，这么高的气温，您这么大的年纪，怎能吃得消？”这位校领导也许还不知道：杨启炉的胃曾经动过手术，切除了五分之三，他这么日夜奔波，完全是一股精神力量在支撑！

小章曾因抢劫罪被判刑5年，杨启炉在赴省未成年人管教所宣讲时认识了他，并与之结对。杨启炉不但与他读谈心，了解他的内心世界，还赠送他生活、学习用品，以增强小章改造的自信心。回到宁海后，杨启炉仍牵挂着小章，3年里与他通了10余封信，每一封信都苦口婆心，语重心长，使小章深为感动。后来，小章因表现好被司法部门减刑一年零五个月，提前回归社会。

小章回乡后，杨启炉仍不忘对他的延伸帮教。当得知他在某企业上班后，又赶到该企业了解其工作和思想状况。得知他生活拮据，杨启炉特意在春节期间赶到他家里去慰问，送去新球鞋，意思是“穿新鞋，走新路”。如今，小章成了家，生活也安定了，杨启炉从心底里感到欣慰。

小章与杨启炉非亲非故，杨启炉用他坚强的党性和不倦的劲头，为其点燃了新生的希望之光。

暖其心正其行，帮教归正失足青少年

杨启炉常说：“孩子的事是天大的事！”一个孩子出了问题，给整个家庭带来的是灾难和痛苦，拯救一个人，幸福一个家，十多年来，他晓之以理，动之以情，为孩子着想，为家庭着想，为和谐社会着想，为党和政府着想，多年来，他个人帮教归正失足青少年达30多名。其中有5名失足青年改过自新后，一时找不到工作，杨自炉帮助他们落实了工作。他还经常自掏腰包接济那些家庭困难，生活拮据的青年。在他的带领下，县关工委成为市、县社会治安综合治理先进单位。

镜头三：10余年来，杨启炉每年都到省少教所、县看守所等监所为宁海籍未成年在押人员作报告。他的报告，并不是枯燥的大道理，而是以案说法，深入浅出，许多人听了报告都受到了灵魂上的洗礼。如他说的“‘懒、馋、占、贪、变’犯罪五步曲，懒是缺口，变是结果”，通俗易懂，不少违法青少年听了以后，深受感动，有的流着眼泪说：“杨公公，你要是早点把这个道理告诉我，我可能不会到监狱来！”杨启炉答曰：“不得不来，因为你犯了法；不能白来，要有所长进；不能再来，出去以后要重新做人！”

2005年，有一个赖姓少年因帮亲戚打架被拘留，行将逮捕。有人指点他的父母：到关工委找找白头发的杨主任，或许有帮助！父母哭着找到杨启炉，杨启炉听后说：“你们不要急，先回去，我了解一下情况。”他到小赖就读的学校，了解到小赖没有前科，表现较好，就心里有了底。接着，他找派出所，找司法部门，说明小赖是未成年人，还是在校生，一不是为首，二又是主动投案，商量是否能改为取保候审，如是几次三番，在他的奔走下，小赖终于被获准取保候审。之后，杨启炉先是把一家人找到办公室谈心，接着又到小赖就读的学校说明情况，并表示要亲自与小赖结对，小赖最终重返校园。后来，小赖考上了高级职业学校，还当上了班长，现在小赖一家把这位可亲可敬的老人当作了自己的亲人！

杨启炉帮教青少年不但身体力行，还总是及时地总结经验，写成文章，他的《发挥老同志独特优势，帮教失足青少年》一文，被省司法厅选印在《全省办置帮教工作经验汇编》中；他的调研报告《预防未成年人违法犯罪情况及对策》，县委书记王剑侯亲自批示。

取得了那么多的成绩，杨启炉却还在写呀、讲呀、奔呀，丝毫没有“见好就收”的意思，他对记者说“关心下一代工作责任重于泰山，使命不负众望，再忙再累也乐意！”

2010年3月

（此文原载县关工委成立二十周年纪念文集《爱满夕阳》）

第六章　创新发展（2011—2020）

第三个十年（2011—2020），这是中共十八大、十九大胜利召开的十年，是贯彻中共十八大、十九大精神，中国人民走进新时代的不寻常的十年。这是县关工委深入学习、宣传、贯彻、执行中共中央总书记习近平对关心下一代工作重要论述的十年，又是关工委创新发展的十年。在新的形势下，全县各级关工委在继承的基础上，坚持与时俱进，强化实践创新。创新载体，创新品牌，宁海县关心下一代事业在创新发展的道路上大踏步前进，做出了显著成绩，被中国关工委授予“全国关心下一代工作先进县”称号。

这十年，坚持党的领导，创新党建带关建机制。认真贯彻县委《关于进一步加强关心下一代工作的意见》，进一步强化党的领导观念，各级党委政府把关心下一代工作纳入总体工作计划、纳入精神文明建设规划、纳入目标考核、经费纳入财政预算。从县到乡镇（街道）关工委配强班子，落实目标考核，完善工作机制，有力推动关工委工作的科学发展。

这十年，注重青少年法治教育。2017 年，中国关工委授予宁海县“青少年普法教育示范区”称号；县关工委荣获“全国青少年普法教育先进单位”荣誉称号。

这十年，坚持服务青少年正确方向。加强思想道德教育，引导青少年“听党话跟党走”，创办“假日学校”、创建“关爱基金”、创建“春晖关爱行动”、创建“向日葵成长计划”，精准关爱帮扶留守（困境）儿童，促进青少年成长成才。

这十年，注重关工委“五老”队伍组织改革创新，激发关工委“五老”队伍生机和活力。

创新品牌，坚持十年磨一剑，“三好四无”创建活动通过十多年的持续开创，形成基层关心下一代工作的特色品牌，有效提升了基层关工委工作水平，有效地扩大县关工委工作的知名度和影响力，这就是品牌的力量，创新的力量。创新手段，实践育人，准确把握新形势下青少年的所思所想所需。创新机制，增强合力，关工委工作涉及方方面面，只有形成合力，才能有效推进。

创新是动力，是推动关工委事业发展的必由之路。县关工委始终秉持改革创新的理念，以新的服务载体塑铸自有的工作品牌，构建“关工委+协会+团队”工作模式。2017 年 9 月成立“宁海县关心下一代志愿者协会”，并在全县各乡镇（街道）设立工作站，协助所在关工委组织、协调志愿服务工作。协会大力推进关工委工作的改革创新，积极探索和实施“组织联谊化、管理社团化、运行项目化、服务专业化”的“四化型”的发展模式，推进“五老”队伍组织形式创新发展。2018 年在西店镇志愿者协会工作站率先进行规范化建设试点成功后，在全县各乡镇（街道）全面推开，在全市打造了有广泛影响的宁海品牌，开启了“五老”志愿服务新篇章，在宁海土地上增添了银色风采。进一步组织实施“三好四无”创建活动，推进“一镇一品”品牌集群建设，经过十多年的努力，全县各乡镇（街道）及村、社区涌现出一大批特色品牌。

第一节　开拓创新

一、创新基层组织建设

2019 年宁海县基层关工委机构建设情况统计表

表 6-1　　　　单位：家

属性		应组建家数	已组建家数	待组建家数	备注
镇乡街道		18	18	—	—
县直属单位		52	51	1	—
村社	村社小计	394	296	98	—
	其中：社区	31	27	4	—
学校	中小学小计	77	77	—	—
	其中：县直属	7	7	—	—
民企	规上企业	541	387	154	—
	其中：直属	12	1	11	—
	（非规上企业）	—	（99）	—	汇总合计数未含
合计		1082	829	253	实际已组建应加 99 家

镇乡街道关工委

宁海县镇乡（街道）换届后关工委常务副主任一览表

表 6-2

序号	组织名称	常务副主任	原（现）职务	备注（9 月份后任）
1	长街镇关工委	周仲健	正镇级调研员	—
2	胡陈乡关工委	邵金水	正乡级调研员	—
3	力洋镇关工委	朱军华	武装部部长	待定
4	茶院乡关工委	冯继盛	武装部部长	—
5	一市镇关工委	冯宗灿	副镇级调研员	2011 年 9 月 21 日
6	越溪乡关工委	陈文军	副镇级调研员	2011 年 9 月 21 日
7	桑洲镇关工委	金双娥	副镇长	—
8	岔路镇关工委	蒋诗福	工会主席	2011 年 10 月 14 日
9	前童镇关工委	潘大荣	副镇级调研员	—
10	黄坛镇关工委	葛主良	人大副主席	—
11	大佳何乡关工委	王宗斌	武装部部长	2011 年 9 月 24 日

续表6-2

序号	组织名称	常务副主任	原（现）职务	备注（9月份后任）
12	强蛟镇关工委	章吉海	人大主席团副主席	2011年9月30日
13	西店镇关工委	周建明	副镇级调研员	2011年10月17日
14	深甽镇关工委	葛启仁	副镇级调研员	—
15	跃龙街道关工委	郑英雄	副镇级调研员	2011年9月13
16	桃源街道关工委	邬茂福	正局级调研员	—
17	梅林街道关工委	袁宝宏、王亚青	副局级调研员、副局级调研员	2011年9月29日
18	桥头胡街道关工委	叶梦印	人大工委副主任	—

说明：以上数据根据2011年9月县关工委统计

2013年12月23日，县委组织部、县关工委发出村级组织换届选举工作后及时调整充实村级关工委班子的通知。通知要求及时调整充实好本乡镇（街道）村（社区）关工委领导班子及其“两团两组”（思想道德教育宣讲团、关爱工作团、网吧义务监督组、校外辅导员组）办事机构组成人员。并由镇乡（街道）党（工）委统一发文公布。

2014年宁海县各镇乡（街道）换届后关工委常务副主任一览表

表6-3

序号	组织名称	常务副主任	原（现）职务
1	长街镇关工委	周仲健	正镇级调研员
2	胡陈乡关工委	林明荣	副乡级调研员
3	力洋镇关工委	万中林	人大主席团副主席
4	茶院乡关工委	冯继盛	党委委员、武装部部长
5	一市镇关工委	伍敏学	党委委员、武装部部长
6	越溪乡关工委	陈文军	副乡级调研员
7	岔路镇关工委	蒋诗福	镇工会主席
8	桑洲镇关工委	童朝锋	镇工会主席
9	前童镇关工委	叶亦标	镇工会主席
10	黄坛镇关工委	葛主良	人大主席团副主席
11	大佳何乡关工委	王宗斌	党委委员、武装部部长
12	强蛟镇关工委	章吉海	人大主席团副主席
13	西店镇关工委	周建明	副镇级调研员
14	深圳镇关工委	应必安	武装部部长
15	跃龙街道关工委	郑英雄	副镇级调研员
16	桃源街道关工委	邬茂福	正局级调研员
17	梅林街道关工委	陈贤豪	副局级组织员

续表6-3

序号	组织名称	常务副主任	原（现）职务
18	桥头胡街道关工委	叶梦印	人大主席团副主席

2019年，由于县级机关机构改革，涉及镇乡街道人事变动较大，在镇乡街道党委高度重视下，进一步加强所属关工委组织建设，及时调整优化充实关工委班子。

2019年宁海县各镇乡（街道）关工委主任、常务副主任一览表

表6-4

序号	组织名称	主任	常务副主任		备注
			姓名	原（现）职务	
1	长街镇关工委	陈英杰	陈中靖	—	2020年1月
2	胡陈乡关工委	梅　雪	杨朝华	—	2019年
3	力洋镇关工委	苏幸荣	应可昆	—	力党〔2019〕53号
4	茶院乡关工委	杨朝辉	虞太席	—	2018年7月
5	一市镇关工委	吕　鹏	冯伟锋	—	2019年7月
6	越溪乡关工委	苏才品	王朝阳	—	2019年
7	岔路镇关工委	陈晗波	刘海霞	—	2019年4月
8	桑洲镇关工委	胡春霞	朱能杰	—	桑委〔2019〕49号
9	前童镇关工委	叶能华	叶亦标	—	2016年8月
10	黄坛镇关工委	王家冕	胡聆忠	—	2018年5月
11	大佳何乡关工委	庞金杰	—	胡伟标（副主任）	2019年4月
12	强蛟镇关工委	薛　冰	蒋齐静	—	2019年
13	西店镇关工委	朱自枚	周建明	副镇级调研员	2017年9月
14	深圳镇关工委	叶亦健	尤光辉	—	2017年
15	跃龙街道关工委	金　益	胡杰芳	—	2017年12月
16	桃源街道关工委	陈开友	胡伟彬	—	2019年5月
17	梅林街道关工委	周绍宏	王劲松	—	2017年3月
18	桥头胡街道关工委	章肖琴	—	俞辉（副主任）	2019年2月

县直机关关工委　截至2013年，经县关工委统计县直机关各单位关工委组织及班子成员情况，详见表6-5、表6-6。

2013 年宁海县直属各单位关工委班子成员情况一览表（一）

表 6-5

单位	主任	副主任	成员数	发文号
县委老干部局	郑英雄	袁海林 吕定佳	4	宁老干〔2007〕13 号
县委党校	周霞	应大松	4	宁党校〔2011〕16 号
县法院	叶绿芬	林贵清	3	宁法〔2012〕33 号
县检察院	葛更强	任伟杰	3	宁检党〔2012〕10 号
县发改局	周少华	王承德、陈建杰	4	宁发改党〔2007〕1 号
县经信局	段建强	吴贤龙、邬丁兴、胡为力	5	宁经贸〔2007〕19 号
县教育局	舒静芬	叶权泰、王福常、夏才法	9	宁教〔2013〕293 号
县科技局	邬开娟	陈才能	2	宁科党〔2013〕7 号
县公安局	胡华新	朱瑞骏、葛宏存、陈银水	5	宁公政治〔2007〕8 号
县民政局	潘海明	林根苗、应珍娣	7	宁民党〔2012〕4 号
县司法局	吴光水	张明常	7	宁司党〔2011〕10 号
县财税局	陈知统	仇昌兴、刘建明	4	宁财税党〔2012〕10 号
县人力社保局	林长春	陈军英、叶根亦	5	宁人党〔2007〕3 号
县国土资源局	杨士杰	葛塔江 何忠信	3	宁土资发〔2007〕36 号
县环保局	金伟跃	童遵义、陈炳寿、王珍鸣	3	宁环发〔2009〕27 号
县规划局	胡仁杰	—	4	宁规党〔2007〕4 号
县住建局	林 红	葛宜杰、邵映菡、董亚华	4	宁建党〔2012〕119 号
县交通局	胡爱平	王乘灿	6	宁交〔2007〕71 号
县水利局	周卫国	周云华、林新泉	3	宁水〔2011〕69 号
县农林局	王国光	童时仗 邬儒生	6	宁农林〔2011〕114 号
县商务局	徐敏乐	柴炳友	5	宁商务〔2012〕32 号
县文广新局	金海萍	—	7	宁文广新〔2013〕18 号
县卫生局	陈庆宇	—	4	宁卫党〔2013〕10 号
县人口计生局	林素云	冯家余	3	宁人口计〔2009〕41 号
县审计局	陈先义	葛长林	2	宁审〔2012〕8 号
县海洋渔业局	胡爱莲	储德宽	4	—
县统计局	杨贻稳	葛雪静	5	宁统〔2012〕14 号
县食品药品监管局	伍正明	—	3	宁食药监〔2007〕8 号
县总工会	金双娥	金立盛	3	宁总工〔2013〕46 号
团县委	应 剑	常务副主任：陈韬文	3	2016 年 8 月 22 日补充调整
县旅游局	林辅强	俞凤翔	3	宁旅党〔2007〕1 号

续表6-5

单位	主任	副主任	成员数	发文号
县档案局	赖莉萌	俞伟、祝宏茂	3	宁档〔2009〕11号
县新闻中心	王友棉	—	9	宁新〔2010〕7号
县农机总站	童富尹	芦其元、王乘银	2	浙宁农机〔2007〕8号
县供销联社	陈承彪	应端亲	3	宁供党〔2011〕9号
县水务集团	葛连兴	杨绍达、范琴文	3	宁水务党〔2007〕1号
县国税局	林云峰	—	7	宁国税〔2013〕30号
县工商局	俞申国	童卫国、吕明兴	5	宁工商党〔2009〕17号

2013年宁海县直属各单位关工委班子成员情况一览表（二）

表6-6

单位	主任	副主任	成员数	发文号
县供电局	曲以汶	朱巍钦、谢志良	5	宁海电党〔2007〕8号
县质监局	裘慧妊	应凯、丁建国、谢远都	3	宁质监〔2013〕4号
县气象局	戴里平	陈海峰	3	宁气发〔2007〕1号
县盐务局	赵广汉	伍克祥	3	宁盐党〔2007〕2号
县烟草局	杨桂林	赵勤康	3	—
县邮政局	徐亚琴	李斌	4	宁邮党〔2008〕15号
县电信局	龚建东	许绪明、葛运昌	4	宁电信〔2007〕40号

2018年12月27日，宁波市委办公厅、市人民政府办公厅印发《宁海县机构改革方案》的通知发布后，宁海县直属机构进行调整，县直属各单位关工委班子成员同时进行调整。截至2019年年末，县直机关所属关工委班子调整情况见表6-7、表6-8。

2019年宁海县直属各单位关工委班子成员情况一览表（一）

表6-7

单位	主任	副主任	成员	备注
纪律检查委员会监察委员会机关	王小平	葛知宙	邱剑刚、袁勤、赵国宏、应小杰	—
组织部	邬海燕	邵冬	柴晓敏、陈磊、华东	—
宣传部	葛民越	储玲琴	尤旭怡、陈霞芬、葛恒杰	—
统一战线工作部	叶良才	林彩云、潘伟春	王琼洁、俞伟民、刘永华	—
政法委员会	吕宁	王旭光	余海东、华立峄、陈晓妍	—
直属机关工作委员会	戴贤华	童敏敏	施亚春、胡钱玉、刘代红	—

续表6-7

单位	主任	副主任	成员	备注
县委县政府信访局	葛招曼	赖红进	忻汶霞、郑天佑、张天祥	—
县委老干部局	王群辉	葛国安	严琳、郑映晶、葛永坚、叶建杰	—
县政府办公室	葛仁元	童富尹	胡伟峰、洪乾、王胜、王时友	—
发展和改革局	夏方伟	郑军松	蒋国强、任志平、童晓娜	—
经济和信息化局	俞申国	林汝飞	杨涛、杨迎菲、何飞翔	—
教育局	周霞	娄贤官（常务）金荣方、叶显青	方仲儒、蒋倩、季丽泓、金慰祖、周荣祥、冯圣太、潘珊珍、童相宗	秘书长周丹霞宁教〔2019〕210号
科学技术局	陈才能	杨向天、胡云丽	储善苗、项大川	—
公安局	褚访岳	郑珍宏、胡家林	葛静君、朱晓东、陈波	—
民政局	潘海明	吴满春	金晖、林丹、胡家菊、田璐铭	—
司法局	冯建友	姚海音、田晓华	梁莉、宋雪、王文俊	宁司〔2019〕34号
财政局	杨贻稳	邬茂俊、方勉	杨学军、冯曼飞、汪新恩	—
人力资源和社会保障局	蔡丹	胡彬、周红霞	童灵峰、张莹、潘功定	—
自然资源和规划局	杨士杰	王启东	杨爱萍、孙海云、王嫣、陈焕水、金柳廷	—
住房和城乡建设局	魏剑	项伟军	邵映菡、范静筠、俞世荣、董亚华	—
交通运输局	陈卫慧	杨敏杰、王春良	丁勇强、杨涛、娄宝娟、汪韶波、郑锦旻、葛芋君	—
水利局	周卫国	林新泉、胡根振	葛晓莹、方燕琴、陈学飞、陈阳	—
农业农村局	章小荣	徐灿耀、陈剑校	严艳明、徐勇、仇丹娅、焦小波、陈泽超、张宁	—
商务局	王兆猛	王荣恩、邬丁兴	王丹如、娄晨超、王珺蕾	—
文化和广电旅游体育局	蒋敏	陈剑飞	胡伟华、郑宇、张琼恩	—
卫生健康局	叶小杰	王优萍、严雪清	王爱敏、吕密飞、钱梦婷、葛晓红	—
退役军人事务局	冯德满	李煜峰	孔万翠、葛伟春、王丹丹	—
应急管理局	潘素绒	陈晓鹏	黄春、尤成丰、叶元刚	—
审计局	叶亦利	严维娟	邵兴争、杨芸芸	—
市场监督管理局	钱秀芝	杨建湖、丁建国	李鲁文、谢远厚、陈斌、孔建华、徐丽浓、陈辉、潘常跃	—
统计局	祝亚萍	葛雪静	刘昌波、潘成官、童灵芬	—

续表6-7

单位	主任	副主任	成员	备注
医疗保障局	王华芬	王家勇	尤青松、张永良、洪云霞	—
综合行政执法局	张建辉	赵洪品	方樱、胡赛英、金佳录	—

2019年宁海县直属各单位关工委班子成员情况一览表（二）

表6-8

单位	主任	副主任	成员	备注
县人大常委会机关党组	袁信禄	舒会河	王海标、陆晨飞、华迎芳	—
县人民法院	叶亚明	王福宪	褚申尧、张春、梁业生	—
县人民检察院	葛更强	林岚	祝丛枫、朱诗盼、徐素娥、崔隽雍、朱能巧	—
县委机构编制委员会办公室	顾鹏杰	孙敏	陈伟兵、娄荣豪、邬金宝	—
县总工会	金双娥	金立盛	舒丹青、赖佩培、王頔	—
共青团宁海县委员会	王伟民	蒋人杰	林琳、周美丹、孔丹芸、朱渊文	—
县妇联	王文静	王倩	徐海芳、叶月君、徐海燕	—
县工商联	金永根	陈焕联、童宇祥	胡姣萍、朱晓蕾	—
县招商中心党组	王勇剑	沈树平	陈伟超、王涵妮、林颖萤	—
县档案馆	范颖	祝宏茂	伍灵梅、谢燕	—
县水务集团	魏健	俞海娟、王景芳	范琴文、储伟业、谢琴琴、李圆圆	—
县大数据发展服务中心	葛向东	葛晨毅	童旭、韩云、柴志芳	—
县生物产业园管理中心	伍未望	叶丹丹	曹宁波、章家伟、徐碧高	—
宁海经济开发区科技园区管理中心党组	叶新民	吴梦勇、华玲	潘贞姬、黄燕君、孙琳	—
商贸集团	黄丽敏	仇能辉	林振富、周海波、戴维静	—
县供电公司	王永慧	尤晓群	丁琳敏、胡磊、王一舟、王龙、谭海波	—
县烟草专卖局	叶林	储阁麟	赵勤康、王丽萍、徐品强、许阳春、金全伟	—
县电局	冯珊	王灵恩	杨卫国、冯晶晶、周建军	—

片区关工委 2015年12月，宁海县关工委常务副主任袁春林一行到黄坛镇，出席全县首个片区关工委的成立授牌仪式。该镇相关领导和双峰片11个行政村的关工委相关人员参加会议。镇关工委常务副主任葛主良宣布双峰片关工委的班子。该镇党委领导张野在会上表态，根据目前山区实际情况，在双峰成立片区关工委很有必要，镇党委将全力支持。袁春林在讲话中指出，黄坛镇高度重视基层关工委组织建设，在阵地建设、活动开展等方面做了大量工作，也取得良好成效，为青少年健康成长提供具体的帮助。双峰片在组织创建中，充分发挥“五老”作用，按照“五好”标准建立活动场所，开展各项活动，收到良好效果。双峰片关工委常务副主任俞广才表示虽责任重大，但有片区各村书记和“五老”的共同努力，有信心做好该项非常有意义的工作。

2016年“六一”来临之际，宁海县关工委、县妇联、县教育局关工委、黄坛镇关工委和镇妇联等单位专程到宁海县在校人数最少的学校——黄坛镇双峰小学，看望留守大山的8名孩子和坚守山区教学点的教师们，双峰片区关工委相关人员陪同。在教室内，8名不同年级段的小朋友为到来的长辈们亲手系上红领巾表示欢迎。随着音乐的响起，孩子们送上精彩的演出。诗歌朗诵、钢琴演奏、武术表演、英语小品、吹箫独奏、书法展示等节目轮番上演，现场不断响起喝彩声和掌声，小朋友们还邀请老干部开展互动游戏。这些幸运的山里娃所以能活泼可爱成长，来自于三位坚守老师给予的父母般的关爱，来自于社会各界爱心人士的关注和帮助。各单位给孩子们送上节日的礼物，有蛋糕、文具、慰问金……袁春林希望他们自强不息，好好学习，努力成长为有知识、有品德、有作为的新一代建设者，让自己拥有一个幸福成功的人生，并期望留守儿童们在物质、精神和生活上都能得到多重关爱，使孩子们健康快乐成长！

社区关心下一代工作 2012年8月17日，县关工委配合团县委、县外来务工办、县委政法委等单位共同主办的县青少年安全自护教育专项行动暨首批“护苗”社区安全自护学校成立仪式在杜鹃社区举行。县委常委、常务副县长林坚，团市委副书记方晴、县关工委常务副主任杨启炉等出席活动。启动仪式上，林坚指出，做好全县青少年安全自护教育工作要提高认识、创新方法、多方联动。林坚、方晴、杨启炉等还为5所社区安全自护学校授牌、5名社区安全自护辅导员发放聘书、10名志愿者代表发放安全自护培训师证书。自护志愿者代表和外来务工人员子女代表分别宣读青少年安全自护志愿者服务工作倡议书和青少年安全自护承诺书。林坚为“安全自护一日营”授旗。

2013年4月9—10日，县关工委副主任王以位、胡昌强到跃龙街道的兴圃社区、五丰社区和杏树社区进行关心下一代工作情况的调研活动，听取各社区在关爱青少年工作中的亮点及典型事迹的介绍。并对他们在关心下一代工作中所取得的成绩予以充分肯定。为了青少年的心理健康，2010年7月，兴圃社区书记、关工委主任邬宁崖介绍社区成立“心圃花开”工作室。由教师志愿者队伍为主要力量，面向广大青少年及家长进行心理咨询辅导，疏导青少年心理障碍，帮助青少年积极向上、健康成长为最终目标，对青少年和他们的家长在学习、生活以及人际关系方面出现的心理问题或心理障碍给予帮助或指导，搭建一个规范化、人性化的心理服务平台。“心圃花开”工作室成立以来，受到社会各界人士的欢迎，在众多爱心人士的努力下，前去咨询的人士得到热情的服务，帮助释疑解难，消除心理困惑，取得显著的成效。五丰社区书记、关工委主任盛燕介绍社区于2007年成立的宁海首家爱心超市，已有近六年时间。近年，主要以爱心超市这一平台为基础，开展帮困交流活动，为青少年提供困难救助工作。爱心超市的工作人员都是由热爱社会公益事业的社区“五老”担任。几年来，五丰社区爱心超市已募集到爱心款物60余万元。发放款物40余万元，受益困难群体近8000余人，取得显著成效。2005年7月，杏树社区开办青少年经典诵读班，退休教师贾晓瑞八年来义务给青少年传授传统文化经典教育。每逢周五晚上六点半至七点，诵读班学习《弟子规》《中庸》《大学》《老子》《唐诗三百首》等传统经典。倡导父母慈爱，子女孝顺，尊老爱幼，家庭和睦。青少年通过经典诵读班德育教育，养成良好的道德行为规范，言行举止，有礼有节。家长在陪读过程中，一方面能督促学生的学习，另一方面自身也受到德育文化的熏陶，从而使受教育的不仅是一个孩子，而是进步了一个家庭。使他们懂得相互尊重和关爱。经典班这个免费的学习班深受家长和孩子的喜爱。

2014 年 4 月 1 日，县关工委副主任王以位、胡昌强赴联系社区，倾听群众呼声，认领“微心愿”。北星社区一名困难学生，即将小学毕业，表现较好，成绩优良，父亲重病手术后在家休养，母亲视力一级残疾，家庭主要经济来源只能靠微薄的低保金和残疾人保障金，在这次在职党员进社区认领“微心愿”活动中，县关工委联系社区结对该困难学生，并在社区工作者的带领下上门慰问，送去 2000 元现金助其完成目前学业。

教育系统关工委

宁海县中小学校关工委组建情况统计表

表 6-9

所属	中学		小学		合计家数
	已建关工委学校名称	家数	已建关工委学校名称	家数	
县直属	宁海中学、知恩中学、柔石中学、正学中学、一职高、职教中心、技工学校	7	—	—	7
城区	跃龙中学、城关中学、星海中学、潘天寿中学	4	实验校区、城南校区、城西校区、金桥校区、辛岭小学、金阳小学、上金小学、城中小学、星海小学、城东小学、潘天寿小学、银河小学、华山小学、培智学校、水车小学	15	19
桃源	桃源初中	1	回浦小学、山水小学、桃源小学	3	4
梅林	梅林初中	1	梅林小学梅林二小	2	3
桥头胡	桥头胡初中	1	桥头胡小学	1	2
长街镇	长街中学	1	长街小学、长街二小	2	3
胡陈乡	胡陈初中	1	胡陈小学	1	2
力洋镇	力洋初中、前横初中	2	力洋小学、文正小学、兴南小学、前横小学	4	6
茶院乡	茶院初中	1	茶院小学、南溪小学	2	3
一市镇	一市初中	1	一市小学、东岙小学	2	3
越溪乡	越溪初中	1	越溪小学	1	2
桑洲镇	桑洲初中	1	桑洲小学	1	2
岔路镇	岔路初中	1	岔路小学	1	2

续表6-9

所属	中学		小学		合计家数
	已建关工委学校名称	家数	已建关工委学校名称	家数	
前童镇	前童初中	1	前童小学、竹林小学	2	3
黄坛镇	黄坛初中	1	黄坛小学	1	2
大佳何镇	大佳何初中	1	大佳何小学	1	2
强蛟镇	强蛟初中	1	强蛟小学	1	2
西店镇	西店初中	1	西店小学、西店二小、西店三小	3	4
深甽镇	深甽中学	1	深甽小学、马岙小学、双湖小学、大里小学、大蔡小学	5	6
合计	29		48		77

民营企业关工委 2011年3月7日，县关工委、市工商局宁海县分局、县民营企业协会在县关工委会议室召开民营企业关工委建设协调会，共同探讨、交流成立民营企业关心下一代工作委员会的有关事宜。会议由县关工委常务副主任杨启炉主持。工商分局局长吕和平、副局长王金岳、民营企业秘书长叶标、县关工委副主任、秘书长任校章、县关工委专职副主任袁春林、副主任胡昌强参加协调会。会上，吕和平介绍宁海县民营企业关心下一代工作委员会组建工作的任务和工作安排，杨启炉就民营企业关工委组织、领导班子、工作队伍建设等情况讲话。根据市委、市政府《关于进一步加强民营企业关工委工作的意见》，当前要抓紧落实“三个一”，一是落实一个文件，二是成立一个班子，三是开好一个会议。

2011年5月，县委办公室、县政府办公室转发市工商局宁海分局、县关工委、县民营企业协会《关于加强民营企业关工委工作的意见》。

2011年6月29日，市工商局宁海分局、县关工委、县民营企业协会在县工商局培训中心联合召开全县民营企业关工委组建工作会暨宁海县民营经济关心下一代工作委员会成立大会。县工商分局局长吕和平、县关工委常务副主任杨启炉，副主任王以位、任校章、袁春林、胡昌强，县民营企业关工委副主任、县民营企业协会秘书长，各工商所所长、各乡镇、街道关工委常务副主任及县关工委办公室有关人员等90余人参加会议。县委组织部副部长叶亦金到会讲话。会议由县工商分局副局长王金岳主持。县关工委副主任、秘书长任校章传达中共中央领导对关心下一代工作的重要批示，王金岳传达县委办、县府办《关于加强民营企业关心下一代工作的意见》，并宣读成立宁海县民营经济关心下一代工作委员会文件。宁波太平洋恒业集团有限公司关工委作题为《服务青年职工，服务企业，服务社会，履行民营企业关工委的职责》的经验介绍，宁波天虹文具有限公司关工委作书面介绍。县工商分局局长，民营企业协会会长，县民营经济关工委主任吕和平讲话。杨启炉作题为《开拓创新，携手共进，同创民营企业关工委工作新局面》的讲话。县委组织部副部长叶亦金指出，县关工委、工商局、民营企业协会联合召开全县民营企业关工委组建工作会议，该项工作非常重要。各乡镇（街道）要加强组织领导，各有关部门要主动协调配合，民营企业党组织和企业主要高度重视。

2012年4月10日，县关工委组织学习传达全省民营企业关工委工作经验交流会和市关工委学习贯彻全省民营企业关工委工作经验交流会精神，县关工委全体同志参加会议。会议由县关工委常务副主任杨启炉主持。学习中国关工委主任顾秀莲、省人大常委会副主任、关工委主任徐宏俊在省民营企业关工委会议上的讲话和省委书记赵洪祝，省委常委、组织部部长蔡奇，副省长陈加元，宁波市委书记王辉忠的重要批示，学习市关工委主任邵孝杰有关讲话精神。

2012 年 6 月 21 日，宁海县召开民营企业关工委工作会议，贯彻落实全省民营企业关工委工作经验交流会精神，部署民营企业关工委组织建设和“五好”民营企业关工委争先创优活动。县关工委驻会全体成员、巡视指导组成员，县工商分局、县民营经济关工委领导及分会会长，各乡镇（街道）党（工）委副书记、关工委主任，关工委常务副主任出席会议。县关工委专职副主任袁春林主持会议。县关工委常务副主任杨启炉传达全省民营企业关工委经验交流会精神，学习中关工委主任顾秀莲讲话，省、市领导对民营企业关工委批示，并对 2012 年下半年工作提出要求。市工商局宁海分局局长、党委书记、民营经济关工委主任吕和平对 2012 年在规模以上民营企业（年产值 2000 万元以上）新建 40 家关工委组织，5 年内完成创建 200 家民营企业关工委的任务，并对开展民营企业“五好”关工委争先创优活动提出要求。县委常委、组织部部长林惠明出席会议并讲话。

2012 年 7 月 27 日，县民营经济关工委现场会暨培训会在宁波草湖食品有限公司召开。县关工委、县民营经济关工委领导和各民营经济关工委分会办公室主任及来自全县 42 家拟建立关工委组织的规模以上民营企业负责人参加会议。会议由县民营经济关工委办公室主任叶标主持。全体与会人员首先实地观摩宁波草湖食品有限公司关工委形象、制度、工作任务栏、活动场所等，并听取该公司关工委常务副主任孙亚斌《创青工之家，促企业和谐》的典型经验介绍。县关工委常务副主任杨启炉为大家上了一堂民营企业关工委建设课。最后，叶标作小结讲话。2011 年以来，宁海县民营经济关工委认真贯彻落实县委宁党办发〔2011〕29 号文件精神，认真抓好全县规模以上民营企业关工委组建工作，截至 2012 年，全县民营企业建关工委组织 82 家。并出台企业关工委会议制度、学习制度、工作制度、工作职责、工作任务等一系列的规章制度。与此同时，县民营经济关工委，还在已建的民营企业关工委中，积极开展创建“五好”“六有”关工委活动，树立一批民营企业关工委标杆示范单位，有效地促进民营企业关工委的健康发展。

2013 年 9 月，县民营经济关工委按照 2013 年年初工作计划，认真抓好全县民营企业关工委的组织建设工作，经县民营经济关工委和各分会工作人员的共同努力，2013 年宁海县新创建民营企业关工委 33 家。至此，宁海县共建民营企业关工委 157 家。自 2011 年上半年以来，宁海县民营经济关工委工作，根据县委《关于加强民营企业关工委工作的意见》的通知精神，坚持“因地制宜，标杆引路，稳步推进”的原则，做到先易后难，成熟一个，发展一个。同时，进一步健全完善民营企业关工委各项规章制度，帮助民营企业关工委建立领导小组工作职责、工作制度、会议制度、学习制度、工作任务等一整套规章制度，建立健全民营企业关工委组织、指导民营企业关工委工作，并在已建的民营企业关工委中，积极开展创建“五好”“六有”民企关工委活动，通过活动和督促检查，为“志清阀门”“大洋实业”“草湖食品”“兴伟塑业”“索普橡塑”“凯博数控”“天艺雕刻”“瑞贝特橡塑”“钧强电器”“卡依之食品”等一批民营企业关工委树立起标杆示范单位，有效地促进全县民营企业关工委的健康发展。

2014 年 4 月 15—22 日，县关工委会同民营经济关工委及乡镇（街道）关工委组织调研指导组，对 22 家民营企业关工委建设情况进行调研和指导工作。县关工委常务副主任袁春林、副主任王以位、任校章分别参加该次调研和指导活动。

2014年5月，县关工委会同县民营经济关工委联合开展的走亲入企活动中，分别为桥头胡街道贝瑞特橡塑有限公司的周俊英和长街镇凯博数控有限公司的黄思亚两名青工送上帮困资金各2000元，以帮助他们解决一些生活上的困难。

2016年9月13—21日，县关工委与县民营经济关工委联合开展走亲入企调研活动，分别对长荣光电科技有限公司、吉德电器有限公司、胡方斗骨伤医院、高格卫浴有限公司、凯博数控机械有限公司、乡亲浓食品有限公司、山中合金有限公司等23家企业进行实地走访检查指导。调研组一行听取被抽查企业关工委负责人员的工作情况汇报，检查企业关工委近年来的活动台账记录，现场查看关工委硬件配备及班子队伍情况，进行现场点评，当场提出感受、反馈意见和建议。在调研组的分析下，各企业负责人员都表示接下来工作的开展有了更明确的方向，更加坚定在企业发展中要做好关工委工作的决心。

2017年6月30日，宁海县举行“永远跟党走”民营企业迎“七一”歌咏晚会，讴歌党的光辉历程。县委书记杨勇，县委常委、宣传部部长叶秀高，县委常委、组织部部长方勤出席晚会。宁海县各有关部门、乡镇（街道）、县关工委以及县内民营企业关工委员工代表，共计1300余人参与该次晚会。县委书记杨勇在致辞中说指出，宁海的发展始终同党的奋斗历程同呼吸、共命运。改革开放以来，宁海广大民营企业以敢为人先的精神，走南闯北的开拓精神，踊跃支援家乡建设的赤子情怀，铸就今天宁海城市发展的实力、活力和魅力。杨勇强调，宁海要强，首先民营经济要强。各级各部门要加强对民营企业的关心支持，给他们排忧解难、加油鼓劲，让每家企业都成为党旗下的实力企业、创新企业、责任企业。

2017年11月6日，县关工委常务副主任袁春林、副主任童章军一行在县民营企业关工委办公室主任吕茂根的陪同下，走访慰问跃龙街道、桥头胡街道两户民营企业职工家庭的白血病患儿张××和薛××。在走访中，袁春林亲切询问患者的病情、治疗情况以及需要解决的困难，鼓励患者家属一定要保持积极的治疗态度，早日战胜病魔，渡过难关，并为他们各送去2000元慰问金。

2018年3月15日，县市场监督管理局、人力社保局、民营企业协会、民营经济关工委、个体劳动者协会联合举办第十六次就业服务周招聘会。不少单位充分利用企业关工委平台打出“五险一金”、免费食宿、集体旅游、企业文化、带薪培训、年终奖金等员工福利。尤其是打出帮助外地员工子女联系就近学校，春节包车返乡、代购飞机票、车票等“温暖牌”。该次共有109家企业进场招聘，推出需求岗位3515个，为求职者提供丰富多元的就业选择。是日，进场应聘926人，初步达成意向376人。

2018年5月4日，县关工委常务副主任袁春林一行到力洋镇，就规上民营企业组建关工委工作进行指导交流。力洋镇充分发挥民营企业关工委在教育引导关爱青年职工方面的独特优势和作用，帮助青年职工成长成才，有效推动力洋镇民营企业转型升级，促进社会和谐稳定。交流会上，县关工委听取镇关工委关于镇内规上民营企业的发展现状和关工委组建的情况的介绍。力洋镇共有规上民营企业17家，共建关工委企业5家，尚未建关工委企业12家。袁春林强调，务必着力抓好未建民营企业关工委组建工作和民营企业关工委班子建设。同时，在抓好民营企业关工委骨干队伍建设和“五好”民营企业关工委创建工作上下功夫。

截至2019年年末，全县共有规上民营企业541家，累计完成关工委组建387家，此外，同年末非规上民营企业累计组建关工委99家。

2019 年年末宁海县民营企业关工委组建情况统计表

表 6-10　　单位：家

所属	规上民营企业（年产值 2000 万以上）			已建非规上民营企业关工委	合计已建
	企业总家数	已建	待建		
直属	12	1	11	—	1
跃龙街道	75	47	28	20	67
桃源街道	76	44	32	11	55
梅林街道	60	36	24	10	46
桥头胡街道	27	27	0	15	42
长街镇	14	14	0	6	20
胡陈乡	3	3	0	2	5
力洋镇	16	16	0	2	18
茶院乡	11	11	0	1	12
一市镇	11	11	0	5	16
越溪乡	7	7	0	2	9
桑洲镇	3	3	0	0	3
岔路镇	17	17	0	1	18
前童镇	18	18	0	1	19
黄坛镇	20	20	0	4	24
大佳何镇	8	8	0	2	10
强蛟镇	21	19	2	0	19
西店镇	102	63	39	8	71
深甽镇	40	22	18	9	31
合　计	541	387	154	99	486

二、创新关工会议

主任会议　2011 年 2 月 25 日，县关工委召开副主任学习会，15 位副主任参加会议。会议由县关工委副主任、秘书长任校章主持。县关工委专职副主任袁春林传达中国关工委《关于学习贯彻温家宝等 8 位中央领导同志重要批示的通知》。县关工委常务副主任杨启炉作学习中心发言。重温 1985 年 5 月至 2011 年 1 月，中央领导同志对关工委工作和离退休老干部从事关心下一代工作所作出的重要批示和讲话的学习体会；用心、用力、用情慎读中央领导对关心下一代工作作出的重要批示和讲话，提出 5 月召开乡镇、街道关工委常务副主任学习会和 6 月召开县直机关关工委负责人、县关工委“二团二组”成员学习会“两步走”方案。提出学习中央领导重要批示，要着力推进 2011 年关心下一代工作更上一个新台阶。以庆祝中国共产党建党 90 周年为契机，大力开展对青少年“党在我心中”的主题教育活动，深入开展“学党史、忆党恩、跟党走”宣传教育活动；着力抓好村（社）校共建“三好四无”创建活动，努力打造一流品牌；按照县委“争先创优”和“三思三创”的要求，落实中关工委提出“把今后三年作为关心下一代工作基层工作年”的要求，进一步加强基层关工委组织建设。

宁波市关工委2014年11月11日基层工作经验交流会宁海会议后，县关工委在主任办公会议上重学省市领导的重要讲话，对照发言材料，重新审视自身工作开展情况。为谋划好2015年关心下一代工作，下发文件，征集各关工委的2015年工作思路。列席会议的各乡镇（街道）关工委、民营经济关工委常务副主任，按照县关工委部署，也在会后各自组织开展多形式的学习经验交流会。

2015年9月24日，县关工委召开专题学习会，邀请县关工委名誉主任、顾问、副主任、委员等老同志代表参加，传达学习习近平总书记就做好关心下一代工作的重要指示及中国关工委和中央文明办“纪念中国关工委成立25周年暨全国关心下一代工作表彰大会”会议精神。县关工委副主任任校章主持学习会，县关工委常务副主任袁春林宣读中共中央总书记习近平的重要指示，传达刘延东的重要讲话和全国关工委主任顾秀莲的工作报告，及市关工委主任邵孝杰以《学习贯彻习近平总书记重要指示　努力开创关工委工作新局面》为题的讲话内容。与会同志们一致认为，总书记习近平的重要指示，充分体现中共中央对广大老同志的亲切关怀和对青少年成长发展和关心下一代工作的高度重视，殷切期望关工委坚持服务青少年的正确方向，推动关心下一代事业更好发展，明确要求各级党委和政府关心和支持关心下一代工作，是今后一个时期关心下一代事业科学发展的重要遵循和行动指南。

全县关心下一代工作会议　2013年1月9日，宁海县召开关心下一代工作暨表彰会议，县委副书记、县关工委名誉主任褚孟形，县委常委、常务副县长、县关工委名誉主任林坚，县委常委、组织部部长、县关工委主任林惠明，县人大常委会副主任、县关工委名誉主任张文蛟出席会议。参加会议的还有县关心下一代工作委员会成员，各乡镇（街道）关工委主任、常务副主任、办公室负责人，省直、市直、县直单位关工委负责人。林坚主持会议。会议表彰2012年度“五好”乡镇（街道）关工委，2011—2012年度关心下一代工作先进集体、先进个人，以及乐于奉献，从事关心下一代工作满20年的杨启炉、龚怀源。林惠明作《认真学习贯彻党的十八大精神，努力开创全县关心下一代工作新局面》工作报告。褚孟形在会上讲话。

2013年12月26日，宁海县委召开全县关心下一代工作会议。县委副书记褚孟形，县委常委、常务副县长林坚，县委常委、组织部长、关工委主任林惠明，县人大常委会副主任、党组副书记张文蛟，县政协副主席、党组副书记邬汝跃，县老领导娄林忠、张位胜、马光明出席会议。林坚主持会议。会上通报表彰获得2013年度五好乡镇关工委的3个乡镇和村社校共建三好四无创建活动先进单位的14个村、2个社区。林惠明作《认真学习贯彻党的十八届三中全会精神，努力推进全县关心下一代工作改革创新》工作报告。2013年，宁海县关工委以“强宣教、重孝德、抓基层、建阵地、注关爱”为重点，宣传正能量，助推中国梦，各项工作都取得新进展。褚孟形作讲话，充分肯定宁海县关心下一代工作所取得的成绩。县关工委成员，乡镇街道关工委主任、常务副主任、办公室负责人、县直和省市属单位关工委主任等140多人参加会议。

2015年1月18日，全县关心下一代工作会议召开。市关工委主任邵孝杰，县委副书记林坚，县委常委、组织部部长、关工委主任林惠明，县人大常委会副主任赵秀萍，县政协副主席邬汝跃等出席会议。副县长董波主持会议。会议通报表彰2013—2014年度全县关心下一代工作45个先进集体和70名先进个人。林惠明代表县关工委作《发挥优势、主动作为，努力提高全县关心下一代工作新水平》的报告。邵孝杰对宁海县关工委工作给予充分肯定。并希望宁海县关心下一代工作可以在主题教育活动、在法治建设、在推进民营企业关工委建设等方面创造新的经验。林坚在充分肯定县关工委过去一年工作中所取得成绩的同时，就加强新常态下做好关心下一代工作提出三点意见：一是加强社会主义核心价值观引领作用，促进青少年健康成长。抓好“三爱”教育，注重品德培养，创新方式方法。二是立足长远夯实基础，促进关心下一代工作纵深发展。着力在夯实基层基础上下功夫，在加强青少年法制教育上下功夫，在关爱弱势困难群体上下功夫。三是加强领导，形成全员育人的强大合力。各部门要主动支持关工委工作，做到真正重视、真正参与、真正配合，努力形成齐抓共管、协调配合的良好局面。

2016年3月10日，全县关心下一代工作会议召开。县委常委、组织部部长、县关工委主任林惠明出席。会议通报表彰长街镇向阳村等40个单位，并授予“五好”基层关工委荣誉称号。西店镇关工委、力洋镇关工委、跃龙街道兴圃社区关工委、技工学校关工委先后作经验交流发言。县关工委常务副主任袁春林作工作报告。林惠明在充分肯定县关工委过去一年工作所取得成绩的同时，就加强新常态下做好关心下一代工作提出三点意见：一是深刻领会习近平总书记重要讲话精神，切实增强做好关心下一代工作的责任感和使命感；二是准确把握工作着力点，推动关心下一代事业持续深入发展；三是充分整合各方资源力量，推动形成关心下一代工作的强大合力，在迈入“十三五”发展的新阶段，努力推动全县关心下一代工作再上新台阶。县关工委班子成员，各乡镇街道关工委常务副主任、办公室主任，县教育局关工委、民营经济关工委负责人等参加会议，会议由县关工委副主任任校章主持。

2017年3月14日，宁海县关心下一代工作会议在县政府大会议室召开。主席台上就座的有市关工委主任邵孝杰，县委副书记李贵军，县委常委、组织部部长、县关工委主任方勤，县人大常委会副主任王能迭，县政协副主席尤永成，县关工委顾问娄林忠、张位胜、马光明，出席该次会议的有全县“五老”代表，各机关单位关工委负责人，各乡镇（街道）关工委主任、常务副主任、办公室主任等170余人，会议由副县长范建军主持。力洋镇关工委、长街镇连浦村关工委、岔路镇中心小学关工委、高格卫浴产品有限公司关工委分别介绍在关心下一代工作上的实践经验和有效做法。方勤代表县关工委作2016年工作报告和部署2017年工作。邵孝杰对宁海县关工委工作给予充分肯定。希望宁海县关工委加强政治学习，加强改革创新，加强基层组织建设，紧紧围绕县委、县政府的中心工作，努力推动关心下一代工作不断向前发展。李贵军在肯定成绩的同时，提出要深刻把握新形势下做好关心下一代工作的重要意义和重点要求，主动做好“铸魂”和“帮扶”两个方面文章；要不断夯实关心下一代工作的平台和载体，加强基层组织建设，推动工作创新；要切实形成强大合力，以改革创新精神开创关心下一代工作新局面，努力帮助全县广大青少年健康成长的三点意见。会议还表彰2015—2016年度关心下一代工作先进集体、先进个人和优秀“五老”。

2018年1月29日，全县关心下一代工作会议在县新档案局一楼会议室召开。会议由县关工委常务副主任袁春林主持，县人大常委会副主任、关工委主任潘红月作题为《肩负育人新使命　弘扬时代新主题　用新理念再创关心下一代工作新辉煌》报告，对2017年全县关心下一代工作作总结，部署2018年工作。潘红月对2017年全县各级关工委以服务青少年健康成长为出发点和落脚点，各项工作扎实开展。其中，青少年思想道德教育工作更富成效。法治宣传教育有新成果、理想信念教育有新抓手、传统文化教育有新模式；基层关工委建设更有生机。各级关工委着力优化基层队伍，巩固扩大创先争优基层关工委成果，提升宁海县基层关工委的工作水平；参与社会治理工作更显作为。关爱留守儿童活动有声有色、“假日学校”创办工作有序有效、“五老”助力工作有力有度、帮教帮扶工作有心有为；关工委自身建设更具活力。逐步形成“四化型”工作模式，逐步推进“党建带关建”，各项制度逐步健全，宣传工作逐步升温。在新的一年，全县各级关工委要以中共十九大精神为引领，坚定服务青少年的正确方向；以红船精神为引领，教育青少年听党话跟党走的正确信仰；以工匠精神为引领，精心打造“四化型”基层关工委建设；以铁军精神为引领，共同营造青少年健康成长的良好环境；以改革创新精神为引领，建强堡垒夯实关工委自身建设，不断提升工作成效，助力建设“特、富、美、安”新县域，为实现宁海县“两高五好”的“两个一百年”奋斗目标，做出更积极的贡献。会议还通报表彰2017年度“五好”基层关工委创建及提升复评单位。各乡镇（街道）关工委、教育局关工委、民营经济关工委常务副主任、办公室主任；各乡镇（街道）关心下一代志愿者协会工作站站长和各工作室负责人；“五好”学校关工委代表、“五好”民营企业关工委代表及有关人员参加本次会议。

2019年2月27日，全县关心下一代工作会议召开。县委常委、组织部部长方勤，县人大常委会副主任、关工委主任潘红月参加会议。2018年，全县各级关工委围绕“为了孩子，为了明天”的服务宗旨，全面深入推进“四化型”发展模式，充分发挥“五老”优势，教育培养青少年成长成才，团结引导青少年“听党话，跟党走”，积极参与社会治理，推进基层组织创新，各项工作取得新发展。2019年，全县关心下一代工作要继续发力，提高政治站位，深入学习习近平新时代中国特色社会主义思想，明确关心下一代的政治方向和工作任务，强化政治担当和社会责任意识。坚持立德树人，以中华人民共和国成立70周年为契机，努力深化社会主义核心价值观教育。同时，深入推进“四化型”工作模式，精准服务营造青少年健康成长的良好环境，切实加强关工委自身建设，不断推进全县关心下一代事业发展。方勤对2018年关心下一代工作表示肯定。并要求各级关工委组织和“五老”志愿者要站在党的事业薪火相传的高度，不断增强关心下一代工作的使命感和责任感。要站在倾力帮助青少年成就奋斗梦想的高度，不断提升青少年思想道德建设的工作水平。要站在提升关工委工作创新发展的高度，不断加强自身建设工作的活力。方勤强调，要做到认清形势，找准站位，明确任务，要按照省、市关工委会议要求和县委、县政府的中心任务做好关心下一代工作。

2019年3月25日，全县关工委系统负责人会议召开，专题研究部署认真贯彻落实县委书记杨勇对关工委工作的讲话精神。县关工委常务副主任袁春林，关心下一代志愿者协会会长季元法分别传达书记杨勇、部长方勤的讲话精神。会议要求全县各级关工委按照杨勇书记提出的“五个主”即“以教育为主题、以服务为主线、以孩子为主角、以五老为主力、以创新为主打”的要求，进一步查补短板，改革创新，推动关心下一代工作实现新发展。要紧紧围绕全县中心工作，服务“六争攻坚”行动，把县委县政府的总体部署落实到关心下一代工作的全过程和各方面。紧紧围绕“创新破难奋进年”活动，充分发挥各级关工委和“五老”优势，广泛参与文明城市、平安宁海等建设。紧紧围绕乡村人才振兴战略，依靠关工委科技服务团队的优势，重点抓好“双带”农村青少年人才培养。紧紧围绕“五问五帮”服务企业活动，发挥企业关工委作用，有效服务企业青工和职工子女，为企业营造拴心留人环境出力，助推企业高质量发展。要努力深化社会主义核心价值观教育，深入推进“四化型”工作模式，积极营造青少年健康成长的良好环境，切实加强关工委自身建设，并按照规范化建设的要求，秉持“党建带关建”的工作理念，建立健全各项工作规范和机制，以机构改革和人事调整为契机，加强基层关工委建设，进一步提升关心下一代的工作水平。

2019年12月26日，县关工委在县委党校召开全县关心下一代工作暨系统干部培训会。出席会议的有全县各镇乡（街道）关工委常务副主任、办公室主任、关工委志愿者协会工作站长；县有关部门关工委负责人；县关工委志愿者协会工作团负责人。会上，县政府外事办副主任尤婷婷作学习党的十九届四中全会精神辅导报告；县关工委副主任王以位作“不忘初心　牢记使命，努力提高新时代关心下一代工作水平”的辅导发言；县关工委常务副主任季元法回顾总结县关工委2019年工作情况，部署2020年全县关心下一代工作。

县关工委召开工作汇报会议　2011年7月7日，县关工委召开上半年度关心下一代工作会议。县关工委常务副主任杨启炉、副主任王以位、副主任兼秘书长任校章、专职副主任袁春林、副主任胡昌强，各乡镇、街道关工委、教育系统关工委常务副主任出席会议。县委组织部副部长叶亦金到会讲话。会议由县关工委专职副主任袁春林主持。会上，各乡镇、街道关工委汇报交流2011年上半年村级关工委组织建设、纪念中国共产党建党90周年活动、“三好四无”创建情况和暑期青少年校外教育活动计划及下半年重点工作打算。县关工委常务副主任杨启炉作《关于上半年工作回顾和下半年重点工作》的报告。县委组织部副部长叶亦金在会上讲话。袁春林强调各级关工委要重视组织学习胡锦涛“七一”重要讲话，以讲话精神进一步提高认识，强化责任，真抓实干，促进关心下一代工作再上新台阶。

2011年10月19日，乡镇、街道关工委常务副主任会议召开。乡镇（街道）关工委、县教育系统关工委常务副主任、县民营企业协会负责人参加会议。县关工委常务副主任杨启炉、副主任王以位、专职副主任袁春林，副主任兼秘书长任校章、副主任胡昌强出席会议。会议由专职副主任袁春林主持。王以位传达全国第十九次部分城市关心下一代理论研讨会精神。杨启炉传达全国关心下一代工作宣传工作会议和全国基层关心下一代工作会议精神，并对下一步关心下一代工作作出安排部署。桃源街道关工委、教育系统关工委、县民营企业协会领导分别就如何做好关心下一代工作发言。

2012年7月18日，县关工委召开部分副主任会议，总结上半年度工作，对下半年重点工作作出安排。县关工委常务副主任杨启炉主持会议。杨启炉回顾县关工委半年工作情况。与会副主任讨论如何加强帮困助学、强化创建工作、在青少年中广泛深入开展思想道德教育、深化调研、促进工作创新等有关事项。

2012年7月30日，县关工委召开半年度工作会议，各乡镇（街道）关工委、县教育系统关工委、民营经济关工委常务副主任等近30人参加。县关工委副主任兼秘书长任校章主持会议。县关工委常务副主任杨启炉回顾总结上半年工作，并对下半年的工作进行部署。与会人员进行讨论，提出建议。

2013年6月26—28日，县关工委分别在茶院乡、黄坛镇、梅林街道分片召开半年度工作汇报会议。回顾总结上半年工作，部署下半年任务。全县18个乡镇、街道关工委，教育局关工委、民营经济关工委参加汇报会。县关工委常务副主任袁春林，副主任王以位、任校章、胡昌强出席会议。袁春林在会上肯定各地关工委取得成绩，并部署下半年“一主题”（“放飞理想，追求梦想”主题教育）、“双创建”（“五好”乡镇（街道）关工委和村（社）校共建“三好四无”创建及提升巩固活动）、“三配合”（配合工商局开展民营企业关工委创建及“五好”创建工作，完成新创建25家民营企业关工委工作指标；配合司法局开展“法在我心中”教育活动；配合爱心企业家做好爱心助学工作）、“四完成”（完成调研报告、完成亮点工作经验总结、完成“五老”先进个人评选、完成宣传强委）十二字工作重点。

2014年6月18日，县关工委在桑洲镇召开半年度关心下一代工作汇报会，县关工委驻会全体同志及各乡镇（街道）关工委、县教育关工委、民营经济关工委常务副主任参加会议。各关工委就半年工作作了汇报。县关工委常务副主任袁春林还就下半年工作作出部署。县关工委副主任王以位主持会议，并强调要“抓重点”“抓落实”，确保各项工作落到实处。

2016年6月2日、6月3日、6月6日，县关工委根据《2016年宁海县关心下一代工作意见》的通知要求，为总结交流上半年县关心下一代工作，研究部署下半年重点中心工作，分别在力洋镇、强蛟镇、黄坛镇等地召开各乡镇（街道）关工委分片学习交流工作会议。县关工委及县宣讲团、县关爱工作团、县教育局关工委、县民营经济关工委、各乡镇（街道）关工委等相关人员参加会议，并对上半年工作开展情况进行交流汇报。县关工委副主任王以位、任校章、童章军等分别主持各片区的学习交流工作会议。县关工委常务副主任袁春林讲话。

2017年6月13日、6月15日、6月21日，县关工委按照计划分别在北片的桥头胡街道、东片的茶院乡、西片的岔路镇组织召开半年度分片汇报会。18个乡镇（街道）关工委、教育局关工委、民营经济关工委常务副主任、办公室主任以及“两团两组”负责人参加会议。与会人员学习省委办公厅、省政府办公厅《关于进一步加强关心下一代工作的意见》，各单位关工委常务副主任总结汇报上半年工作情况及下半年工作打算，各片区汇报会由县关工委副主任任校章主持。为推进“五好”村（社）关工委提升复评工作，县关工委副主任王以位进行具体指导，并要求各乡镇（街道）关工委要本着“一个根据三个需要”的原则［根据宁海县党委《关于印发“2017年宁海县关心下一代工作意见”的通知》，贯彻落实中国关工委、省关工委提出巩固扩大创建成果的需要，提升“五好”村（社）关工委建设质量的需要和各级关工委领导班子深入基层、了解基层、全面掌握实情的需要］，突出班子建设、突出发挥“五老”作用、突出基层关工委改善条件、突出做好为青少年服务，各单位各部门要形成统一认识、注意工作方法和补足工作短板。要求各单位在提升复评工作中要全面掌握实情和新动态，深入分析研究新思路和新方法，明确发展新思路，推动“五好”村（社）关工委再上新台阶。县关工委常务副主任袁春林提出，各级关工委要认真贯彻落实“两史三爱”教育，加强创建“五好”村（社）关工委提升复评工作，在“假日学校”工作的开展中注重做好与学校、家庭的联系，充分发挥好“五老”、在职教师以及大学生志愿者的作用。把心理健康教育融入教学课程，重视做好关爱基金创建工作，加强对留守儿童及不良青少年的帮扶帮教工作。同时，要抓好关工委基层建设，落实好村（社）一级关工委的组织建设和团组工作。

2018年11月28—30日，宁海县关工委分别在越溪乡、前童镇和深甽镇召开2018年度分片总结汇报会，各乡镇（街道）关工委、教育局关工委、民营经济关工委、关工委志愿者协会工作站负责人等参加会议，汇报会由县关工委副主任任校章主持。各单位关工委常务副主任就2018年度各单位关工委的自身建设，基层关工委的创建和提升，各类主题教育实践活动的开展，“假日学校”的开办，留守儿童的关爱和帮扶以及“五老”志愿队伍的建设等情况作出总结，并提出2019年的工作计划。县关工委常务副主任袁春林指出，各乡镇的工作各有各的重点和特色，对关工委的工作非常重视也非常努力，县关心下一代工作因此有很大的提升，希望各乡镇（街道）关工委在2019年要继续保持好的做法，使全县关心下一代工作有新的发展。同时，对年内的主要工作作出部署。县关工委志愿者协会会长季元法、县关工委副主任郑英雄就相关问题作讲话。

2019年6月21日，县关工委组织召开上半年度工作汇报会。各乡镇（街道）关工委、教育局关工委、民营经济关工委等负责人参加，会议由县关工委副主任兼秘书长任校章主持。各乡镇（街道）关工委、教育局关工委、民营经济关工委分别就上半年的工作和下半年打算进行汇报。县关工委常务副主任、协会会长季元法在听取各单位各部门汇报后，就上半年工作进行总结。指出，上半年全县关心下一代工作总体情况是好的，在护苗宣传、关爱帮扶、组织建设、争先创优以及舆论宣传等方面都取得一定成效，但同时也存在发展不平衡、品牌不过硬等问题。希望全县各级关工委在下半年一定要以习近平新时代中国特色社会主义思想为指导，按照县委领导提出的“以教育为主题、以服务为主线、以孩子为主角、以五老为主力、以创新为主打”要求和2019年度全县关心下一代工作要点所明确的任务，对准目标找差距，查补短板抓落实，齐心协力，全力以赴抓好各项工作的推进落实，将全县关心下一代工作推向一个新的更高的层次，以实际行动迎接省、市关工委成立30周年，向中华人民共和国成立70周年献礼。

县关工委系统办公室主任工作会议　2013年10月11日，县关工委召开关工委系统办公室主任工作会议，各乡镇（街道）关工委、教育局关工委、民营经济关工委办公室主任参加，县关工委副主任任校章主持会议。县关工委办公室副主任应可顶在会上安排近期办公室工作任务并进行相关操作培训。20位主任交流2013年以来关心下一代工作开展的情况和经验。任校章在会上讲话。

2014年5月9日，县关工委在统计局召开关心下一代信息工作培训暨表彰会议。各乡镇（街道）信息工作负责同志、信息员及有关人员参加。县新闻中心记者水玲玲结合自身工作实际，谈信息工作中存在的问题和体会。并就如何提高信息在《今日宁海》的录用率作介绍。县关工委副主任任校章宣读《关于表彰2013年宁海县关工委系统信息工作先进个人的通知》，表彰2013年度应可顶等8名先进个人。希望通过会议，推动县关工委信息工作迈上新的高度，取得新的成绩。

2016年4月29日，县关工委在县老干部局召开2016年关工委系统办公室负责人会议，县关工委副主任任校章出席会议。任校章回顾总结2015年关工委系统办公室的工作，表彰县教育局关工委、章莉等获得2015年信息工作先进集体和先进个人。县关工委办公室副主任田敏在会上通过PPT的形式详细介绍关工委目标管理考核工作中的重点内容和主要工作任务以及在信息宣传工作中的注意事项。县新闻中心严亚平主任应邀为大家进行精彩的《新闻写作漫谈》，从2015年报纸的创新与遗憾谈起，介绍几种常见的新闻报道形式和写法，并针对关工委系统的特点，对关工委新闻报道的主要内容进行解说。

2017年4月28日，宁海县关工委系统办公室负责人会议在县统计局召开。县关工委常务副主任袁春林出席会议并讲话，县关工委副主任兼秘书长任校章主持会议并作会议小结。全县各乡镇（街道）关工委、教育局关工委、民营经济关工委等办公室主任参加会议。会议表彰2016年度信息工作先进集体和先进个人，部署2017年度考核及近期几项重点工作。县关工委办公室主任田敏通过PPT以图文并茂的形式从2017年度考核目标、开展千名“五老”志愿者剿灭劣V类水活动、未成年人思想道德建设责任分工、市级校外教育阵地建设、及时调整基层关工委建设、“五好”关工委的创建、全国普法“双创”等近期几项重点工作进行部署。袁春林充分肯定办公室工作在关心下一代事业发展中的重要作用，提出要立足关心下一代工作总体布局，强化配合意识，加强成员单位内部的力量整合，树立开放观念，努力学习借鉴相关部门好经验好做法，把关工委和“五老”整体优势发挥出来，形成全社会都来关心下一代的浓厚氛围的要求。

2018年4月25日，县关工委举行全县关工委系统宣传报道工作会议，邀请县新闻中心编辑部主任严亚平作专题培训。对长街镇关工委、茶院乡关工委和县教育局关工委3家新闻宣传工作先进集体和25名先进个人进行表彰，部署“弘扬红船精神，争当时代新人”主题教育宣传活动。县关工委重视组建关心下一代宣传报道队伍，把做好关心下一代宣传工作作为全局性、基础性的工作来抓，注重抓重点、抓热点、抓亮点，紧紧围绕党委、政府的中心工作，把重点放在加强青少年思想道德建设，充分发挥“五老”优势和作用，积极探索新时代党领导的群众性工作组织的新途径和新方法，全方位、深层次、多角度地反映关心下一代工作动态，推动全县关心下一代工作的创新发展。县关工委6次荣获全国关心下一代宣传工作先进标兵单位称号，连续12年被评为全国关心下一代宣传报道先进集体。

2018年8月22日，县关工委、县关协召开全县关工委办公室主任学习会，传达宁波市主任学习会的会议精神。县关工委常务副主任袁春林提出，要结合宁海县的实际，深刻领悟“干在实处永无止境、走在前列要谋新篇、勇立潮头方显担当”的新要求新使命新期望，深刻领会市委全会精神，将中共中央总书记习近平重要指示精神贯彻落实到关工委组织的各项工作当中。要注重实际，努力提升基层关工委组织力，大力推进“四化型”发展模式在基层落地开花，要加大力度推进民营企业关工委建设，努力发现和解决基层工作中的突出问题。要锐意进取，奋力推进县级关工委的改革创新工作和加快拓展校外教育阵地建设。要持续深入开展五好基层关工委创建工作，进一步提升创新能力，要加强统筹规划和工作指导，把基层关工委组织力建设落到实处。

2019年1月23日，县关工委召开关工委系统办公室主任会议，对2018年关心下一代信息宣传工作先进集体和先进个人进行表彰。

学习贯彻落实中共十八大精神会议 2012年11月8日，县关工委组织驻会成员收看中共十八大开幕盛况。

2012年11月19日，县关工委召开驻会干部中共十八大精神学习会，学习《当前首要任务是学习贯彻落实十八大精神》和《紧紧围绕坚持和发展中国特色社会主义，深入学习宣传贯彻党的十八大精神》。

2012年11月23日，县关工委组织部分关工委副主任、常委专题开展中国共产党第十八次代表大会精神学习会，并分发中共十八大报告《坚定不移沿着中国特色社会主义道路前进，为全面建成小康社会而奋斗》、《中国共产党章程》修正案。县关工委常务副主任杨启炉主持会议。县关工委专职副主任袁春林作中心发言，从“十年辉煌成就”“建成小康社会”等方面为参会人员解读中共十八大精神。杨启炉在会上作党章修正案学习辅导。

2015年3月20日，县关工委召开全县关工委系统培训会议。县委党校副校长张光伟作系统学习中共十八届四中全会精神的学习辅导，围绕“四中全会主题”“四中全会的二大总目标”“四中全会对中国发展将起到的影响”等方面进行深入解读。县关工委常务副主任袁春林对2015年全县关工委工作进行具体安排。会议由县关工委副主任王以位主持。各乡镇（街道）关工委常务副主任、办公室主任、宣讲团团长；教育局及民营经济关工委常务副主任、办公室主任；县关工委副主任及驻会干部等参加会议。

2015年11月19日，县关工委组织召开学习贯彻中共十八届五中全会精神学习会，并对当前重点工作进行安排。全县各级关工委有关负责人和“五老”同志参加会议。县宣讲团成员、老师王木森从聚集五中全会，发展规划新谋划；谋划“十三五”，发展境界新定位；决胜全面小康，发展理念新提升；部署五大任务，发展路径新拓展等方面对中共十八届五中全会精神进行详细宣讲。县关工委常务副主任袁春林就深入学习贯彻五中全会精神向各级关工委提出，要结合实际把学习贯彻共十八届五中全会精神作为当前和今后一个时期的首要任务，作为新时期关心下一代工作的行动指南；要将宣传工作与开展业务工作结合起来，与推广先进经验、先进典型结合起来，与建设学习型、服务型、创新型关工委结合起来，努力营造关心下一代事业发展的良好氛围；要紧密联系宁海县推进“四个全面”战略布局实际，联系关心下一代工作实际，联系广大青少年思想实际，聚焦重点难点问题，深入开展调研，切实把五中全会精神贯彻落实到关工委工作的全过程和各个方面，推动关心下一代事业再上新台阶、进入新阶段的要求。

2016 年 11 月 7 日，县关工委召开专题学习会议，通过精神传达、交流讨论等形式，学习贯彻中共十八届六中全会精神。会议通过集中学习，关工委的老干部们纷纷表示，中共十八大以来，以习近平同志为核心的中共中央在全面从严治党方面付出巨大努力，作为退休干部也要把思想和行动统一到全会精神上来，不断自我净化、自我完善、自我提高，通过坚持不懈的努力，将各项方针政策落到实处，同时还要用自己的行动影响青少年和社会，广泛宣传六中全会的重大意义，为党的事业增添正能量，为宁海的各项事业贡献自己的力量。

主任、顾问、副主任、委员座谈汇报会　2016 年 1 月 26 日，县关工委邀请部分主任、顾问、副主任、委员等参加 2015 年年终座谈会。向与会人员征求对 2015 年县关工委的工作总结和对 2016 年工作思路的意见。会议首先对中共中央总书记习近平的重要指示进行再次学习，并传达李源潮、刘延东、孟建柱等中央领导对关心下一代工作的最新讲话。回顾 2015 年全县各级关工委对青少年的健康成长所做的工作和加强基层关工委自身建设等方面内容。在征求意见时，与会人员纷纷发表意见建议，场面活跃。县关工委常务副主任袁春林表示在下一步工作中，将紧紧围绕全县“十三五”规划，着眼青少年所需所盼，进一步加强队伍建设，充分发挥“五老”优势和作用，不断提升服务青少年的能力和水平，在引导广大青少年牢固树立和践行社会主义核心价值观上下功夫，在帮助青少年成长成才上下功夫，以创新促发展，以青少年能接受的方式，把工作做到他们心坎上，不断推动工作更好发展。

2016 年 12 月 23 日，县关工委在县老干部局召开 2016 年度工作汇报会。会议由县关工委专职副主任童章军主持。全县各乡镇（街道）关工委常务副主任、教育局关工委常务副主任、民营经济关工委常务副主任、宣讲团团长、关爱工作团团长、网吧义务监督组组长等参加会议。各乡镇（街道）关工委、县教育局关工委、县民营经济关工委汇报一年来关心下一代工作和下一步打算。重点介绍各单位组织建设的调整、“五好”村（社）校企关工委的创建与提升工作、有地方特色的各类主题教育活动的开展情况、结对帮困和关爱留守儿童等办实事做好事情况。县关工委常务副主任袁春林最后讲话。

2017 年 1 月 20 日，县关工委在老干部局召开 2017 年关心下一代新春座谈会。县级老领导，县关工委顾问娄林忠、马光明、孙素贞，县关工委荣誉主任、原常务副主任杨启炉以及县关工委其他顾问、副主任、委员、部分“五老”同志等应邀出席座谈会。会议由县关工委专职副主任童章军主持。会上，童章军传达《关于学习贯彻中央领导同志对关工委工作重要指示的通知》。县关工委常务副主任袁春林通报 2016 年县关工委的工作，特别是青少年关爱帮扶、远程教育的开展、“假日学校”的开办、各类主题教育活动的开展等所取得的成效。2017 年，全县关工委不忘初心，将继续通过关心下一代工作的开展，尽可能使动机与效果更加合拍，在社会上形成更有影响力的辐射，青少年的健康成长社会大环境更加和谐等。在座老同志纷纷为宁海县关工委工作提出宝贵的意见和建议。

2017 年 12 月 14 日，县关工委在县委老干部局组织召开 2017 年度工作总结汇报会。各乡镇

（街道）关工委、教育局关工委、民营经济关工委、县关工委各团组负责人等参加会议。汇报会由县关工委副主任任校章主持。各单位关工委总结2017年度工作，汇报2018年主要工作计划。重点介绍各单位组织建设的调整；“五好”基层关工委的创建与提升；当地特色的各类主题实践活动的开展；发挥基层关工委领导班子、“五老”同志、志愿者余热，结对帮困和关爱留守儿童等办实事做好事情况。县关心下一代志愿者协会会长季元法对2018年工作提出基本思路。县关工委副主任王以位就做好创建“五好”基层关工委工作的验收准备工作提出具体要求。县关工委常务副主任袁春林指出，过去一年，宁海县关心下一代工作得到了很好的提升。在新的一年里，要持续深入地学习贯彻中共十九大精神，准确把握党对关工委工作的根本要求，结合关工委特点，用新思想引领关工委工作，以加强青少年思想道德教育为重点，培育和践行社会主义核心价值观要有新成效，坚持校园、家庭、社会“三位一体”，利用多种平台确保青少年在全方位的关爱下健康成长，尽关工委所能的凝聚、优化、壮大、发挥各方力量，奋力开创新时代关工委工作新局面。

2018年6月6日，县关工委在县档案局召开全县关工委系统常务副主任交流座谈会。县人大常委会副主任、关工委主任潘红月及县关工委驻会各副主任出席会议，会议由县关工委副主任兼秘书长任校章主持。县关工委常务副主任袁春林传达5月28—29日参加全市关工委系统培训班的会议精神，学习宁波市关工委主任邵孝杰关于《学习新思想　开拓新实践　全面开创新时代关工委工作新局面》的讲话精神。各位常务副主任重点介绍各单位在规上民营企业关工委的组建、志愿者工作站的规范化建设、关工志的编撰三项重点工作的进展情况。县关工委副主任、县关心下一代志愿者协会会长季元法具体部署2018年下半年关于志愿者工作站规范化建设中的几项重点工作。提出，在具体工作落实中，各单位要学会边实践边总结边完善边提高。县关工委副主任王以位对编撰《宁海县关心下一代工作志》工作要求质量与进度并举，广泛征求、核实资料、加强领导审查，按质按时完成编撰任务。袁春林指出，2018年上半年，关心下一代工作得到很好的提升和突破。希望在接下来的时间里，持续深入学习中共十九大报告，结合关工委特点，重视关工委自身建设，加强学习和培训，用新思想引领关工委工作，持续培育和践行社会主义核心价值观。对红船精神的教育，要做到持之以恒和系统性，确保教育真正起到作用。潘红月对各单位各部门近半年来所取得的成绩表示肯定和感谢。同时，要求全县关工委系统要继续按照上级关工委的有关要求和精神，继续贴近各地实际，做好深度融合和广泛借力的文章，在新思想、新实践中，切实把握关心下一代工作的主攻点和创新点，坚持在有效方法的基础上，因时而进、因势而新，以快的节奏、准的要求、实的效果，再塑关心下一代工作新的品牌和新的辉煌。

2018年10月15日，县关工委召开班子成员学习座谈会，传达贯彻全省基层关工委建设工作会议精神，汇报2018年重点工作并谋划2019年工作，会议由关工委副主任任校章主持。县关工委常务副主任袁春林传达在宁波市召开的全省基层关工委建设工作会议精神和省关工委主任徐宏俊的讲话。同时，向与会的老领导、老同志们汇报2018年的工作情况。对2019年的工作提出新思路、新谋划和新要求，县关工委继续组织青少年开展各类主题教育活动，继续加强工作室和工作站的优化工作，加强“五好”关工委示范点建设，努力扩大关爱工作影响力等。

县关工委召开驻会同志会议　2014年12月18日，县关工委召开驻会人员全体会议，学习传达贯彻落实全省关心下一代工作会议精神。一致认为省委常委、组织部部长胡和平的讲话和省关工委主任徐宏俊关于《围绕中心　开拓创新　不断提高全省关心下一代工作》的工作报告对今后做好工作具有很强的指导意义，为做好明年工作理清思路。一定要结合本地实际全面抓好落实工作，按照法治与德治相结合的要求加强青少年社会主义核心价值观教育，在法治宁海建设的生动实践中教育启迪青少年，为培养中国特色社会主义事业合格建设者和可靠接班人做出新的贡献。

2017年6月7日，县人大常委会副主任、新任县关工委主任潘红月到县关工委与驻会同志和关工委宣讲团、关爱工作团、网吧监督小组等团组负责人进行座谈交流。潘红月结合前期自身对关心下一代工作的经历，希望关心下一代工作要继续在原有基础上创新创优，要继续围绕中心、服务大局，创出新品牌、作出新成效。并提出，县关工委要更加注重氛围的营造，加大宣传力度，感召凝聚更多老同志参与关心下一代工作；要更加注重作用的发挥，进一步寻找关工委的着力点，继续深化对广大青少年社会主义核心价值观的教育；要更加注重各级关工委的自身队伍和班子建设，尤其是抓强抓牢基层关工委的队伍和班子。

2017年12月19日，为深入贯彻落实全省关心下一代工作会议精神，县关工委驻会人员以及县关心下一代志愿者协会负责人召开会议。县人大常委会副主任、县关工委主任潘红月传达省委常委、组织部部长任振鹤和省关工委主任徐宏俊的讲话精神，以及大会上作典型发言的五个单位和个人的先进事迹。指出，2018年关心下一代工作要准确把握中共十九大精神，在新时代中找准方位；要体现关工委组织的政治性、先进性和群众性；要以"五老"的优势来转化推动青少年核心价值观教育；要激发关工委志愿者活力来开展活动。县关工委常务副主任袁春林提出，要认真贯彻落实省关心下一代工作会议精神，结合宁海县关工委工作实际，重点抓好中共十九大精神进行宣讲活动教育；抓好关心下一代志愿者协会工作；抓好"五好"基层关工委、抓好民营企业关工委、抓好"五老"志愿者队伍的建设；抓好"假日学校"和片区关工委推动工作；抓好工作创新与品牌创优，开拓创新引领新时代关工委工作。县关心下一代志愿者协会会长季元法表示，协会成立后，将整合各种资源，充分发挥各室、站的平台和主体作用，做到有班子、有队伍、有基础、有举措、有成效、有经费、有场地，并做到资源网络化、项目多元化、工作常态化、机制规范化、服务优质化。

县关工委系统培训会议　2016年9月1日，县关工委在县委老干部局召开新任乡镇（街道）关工委常务副主任培训工作会议。受邀参加的西店镇关工委副主任戴伟平（西店镇关工委原常务副主任）首先介绍西店镇关工委自成立以来在重视组织建设，选好配强队伍领头羊；加强宣传发动，让更多的"五老"参与关心下一代工作；拓展平台搭建，让"五老"骨干老有所为；完善工作方式，增强"五老"骨干凝聚力等在凝聚"五老"力量，发挥"五老"作用方面的有效开展所取得的成效。力洋镇关工委常务副主任万中林就如何与其他职能部门联手，合力做好关心下一代工作等方面的有效经验和做法作介绍。县关工委副主任王以位强调要坚持服务青少年的正确方向以及关工委日常工作中应把握的问题与新任常务副主任共同探讨。县关工委常务副主任袁春林希望新任干部能通过该次会议得到启发，将本地的"五老"队伍、"二团二组"、青少年尤其是特殊群体青少年的基本情况进行了解并逐步掌握，尽快进入角色，努力开创农村关心下一代工作新局面。

县关心下一代志愿者协会成立大会　2017年9月29日，县关心下一代志愿者协会成立暨第一次代表大会召开。宁波市关工委主任邵孝杰，县人大常委会副主任、县关工委主任潘红月参加并授牌。近年来，宁海县各级关工委和广大"五老"紧紧围绕县委、县政府工作重心，以"三好四无"工作品牌为载体，协同配合相关职能部门搭建各类有效平台，积极采取多种关爱举措，形成以党政牵头、部门协作、社会参与、家庭配合的工作格局，为推动宁海县关心下一代工作持续发展做了大量富有成效的工作，也为县关心下一代志愿者协会今后的发展奠定扎实的基础。协会的建立，为老年人"老有所为"实现自身价值提供社会实践平台，为未成年人加强德育教育、促进健康成长提供社会服务平台，为联络社会各界合力开展关爱工作提供联系交流平台。会议审议通过协会章程，选举产生志愿者协会第一届理事会，宣布成立6个工作室、18个工作站并进行授牌，宣布协会顾问名单并颁发聘书。

全国重要信息及会议精神 2011年1月，温家宝、贾庆林、李长春、习近平等8位中央领导在中国关工委报送的《2010年关心下一代工作基本情况和2011年工作要点》上作出重要批示。

2011年1月13日，全国关心下一代工作会议在京召开。中共中央政治局委员、国务委员刘延东看望会议代表并向全国参加关心下一代工作的同志们表示新春祝福。她强调，要认真学习贯彻中央关于做好关心下一代工作的有关精神，以中国特色社会主义理论为指导，以社会主义核心价值体系为引领，充分发挥老同志的积极作用，为促进青少年健康成长、培养中国特色社会主义事业合格建设者和可靠接班人做贡献。刘延东对各地各级关工委和广大老同志为培养教育青少年做出的辛勤努力表示感谢。指出，多年来，关工委坚持“急党和政府所急、想青少年所需、尽关工委所能”的工作方针，与有关部门加强配合，主动作为，在关心下一代工作方面取得显著成绩。特别是全国1200多万名老干部、老战士、老专家、老教师、老模范等“五老”人员，心系祖国下一代，不辞辛劳，无私奉献，为青少年健康成长做了大量卓有成效的工作，充分体现了老同志心系祖国未来的高度责任感及为党和人民事业不懈奋斗的高尚品格。促进青少年健康成长，事关千家万户切身利益，事关中国特色社会主义事业后继有人，事关中华民族伟大复兴。她希望关工委和老同志发扬优良传统，发挥独特优势，当好党和政府培养教育青少年的参谋助手，为促进青少年健康成长和社会主义精神文明建设做出更大贡献。刘延东强调，老同志是党和人民的宝贵财富，各级党委政府要为关工委和老同志开展工作创造条件，关心老同志身体健康，宣传老同志关心下一代的典型事迹，努力推动形成全社会共同促进青少年健康成长的良好氛围。

2011年4月23日，县关工委专职副主任袁春林赴江苏无锡出席中国关工委举办的为期一周的全国关工委干部学习班。

2011年8月24日，县关工委常务副主任杨启炉出席全国关心下一代工作委员会在北京召开的全国关工委宣传工作会议。

2011年9月1日，县关工委副主任王以位出席第十九次全国部分城市关心下一代工作研讨会。

2013年3月19日，十届全国人大常委会副委员长、中国关工委主任顾秀莲在宁波主持召开基层关工委工作座谈会。宁海县关工委常务副主任袁春林参加会议，并向主任顾秀莲汇报近年宁海县基层关工委建设工作中，重视抓认识、抓队伍、抓典型、抓指导和抓考核。通过创建活动的“五抓”并取得自身建设进一步加强、基层工作条件进一步完善、特色品牌进一步发展、老同志作用进一步发挥、档案台账资料进一步完善和帮教助学工作进一步推进的创建成果“六成效”。还谈了在创建活动中的深感领导重视是根本；载体创新是关键；长效机制是保障；家庭、社会、学校互动是保证等“四体会”。汇报后，主任顾秀莲充分肯定宁海县关工委的工作。她说，宁海县关工委在县委、县政府和有关部门的重视和支持下，几年来一直重视“五抓”，抓出了成效。宁海县关工委重视抓创先活动，重视抓资源整合，重视建工作平台，工作抓得很实。而且能把市关工委的工作要求，结合本地实际，认真加以贯彻，真正落到实处，这一点做得非常好。

2013年9月10日，全国关工委基层工作年总结表彰大会在长沙举行。中国关工委常务副主任刘峰岩宣读《关于表彰创建五好基层关工委优秀组织奖（389个单位）和“五好”基层关工委（1191个单位）先进集体的决定》并颁发奖牌。宁海县跃龙街道关工委被命名为“五好”基层关工委先进集体受到表彰。

2015 年 8 月 25 日，纪念中国关心下一代工作委员会成立 25 周年暨全国关心下一代工作表彰大会在京召开。中共中央总书记、国家主席、中央军委主席习近平 8 月 24 日作出重要指示，代表中共中央，向受到表彰的先进集体和先进个人致以衷心的祝贺，向全国从事关心下一代工作的广大老同志和关工委干部表示诚挚的问候。中共中央政治局委员、中宣部部长刘奇葆在会上宣读习近平的指示。中共中央政治局委员、国务院副总理刘延东在会上讲话指出，希望各级关工委和老同志积极参与青少年思想道德建设，引导青少年树立社会主义核心价值观；积极参与维护青少年合法权益工作，多关爱和帮助贫困、残疾等困境儿童；积极参与营造良好的社会文化环境，支持和帮助青少年进步成才。同时，加强关工委自身建设，成为关心下一代工作的坚强堡垒。

2015 年 12 月 29 日，全国关工委工作电视电话会议召开。宁海县关工委常务副主任袁春林、专职副主任童章军、办公室主任田敏在宁波分会场出席会议。该次工作会议采用电视电话会议的形式召开，这在关工委历史上是第一次，充分说明中国关工委高度重视基层关工委工作。中共中央总书记习近平关于关心下一代工作的重要指示和这次会议精神，为今后做好关心下一代工作进一步增强信心，提供强大的原动力。

2020 年 1 月 7 日，全国关工委工作会议在南昌召开。中国关心下一代工作委员会授予宁海县关工委全国关心下一代工作先进县称号，也是宁波市唯一获此殊荣的县市。宁海县茶院乡“农夫小子柘浦农场”郑国建获评全国“双带”农村致富青年先进个人。

全省重要信息及会议精神　2011 年 4 月 12 日，县关工委办公室负责人应可顶赴杭州参加省关工委举办的为期一周的在职干部培训班。

2012 年 12 月 18—20 日，县关工委专职副主任袁春林参加全省关心下一代工作及表彰会议。宁海县西店镇关工委被评为“浙江省关心下一代工作先进集体”，邬茂福被评为“浙江省关心下一代工作先进个人”。

2014 年 12 月 16 日，全省关心下一代工作暨表彰会议在杭州召开，省委常委、组织部部长胡和平，副省长熊建平出席会议。胡和平在会上作讲话。省关工委主任徐宏俊作工作报告。会议由省关工委专职副主任林斌主持。会议总结 2014 年全省关心下一代工作取得的成绩，并部署 2015 年工作。该次会议表彰 87 个全省关心下一代工作先进集体和 175 名先进个人。宁海县关工委荣获全省关心下一代工作先进集体、王以位获全省关心下一代工作先进个人。截至 2014 年，宁海县关工委第五次获得“先进集体”荣誉称号。宁海县基层建设经验材料《夯实基础求突破　注重特色创品牌　扎实推进基层关工委建设上水平》被编入《2014 年全省关工委工作经验交流材料汇编》。

2015 年 4 月 14—17 日，省关工委召开全省关工委业务培训班。

2015 年 12 月 18 日，省关心下一代工作会议上，省委常委、组织部部长廖国勋到会并讲话，省政府副省长熊建平等出席会议。省关工委主任徐宏俊在总结 2015 年的主要工作时指出，学习贯彻习近平总书记重要指示精神扎实深入，社会主义核心价值观教育生动有效，法治宣传教育和关爱帮教深入广泛，参与社会创新治理工作主动有为，品牌建设工作成果丰硕，组织建设稳步推进。

2016 年 12 月 16 日，县关工委参加在杭州召开的全省关心下一代工作暨表彰会议。副省长熊建平出席会议并讲话，省关工委主任徐宏俊作工作报告。会议总结 2016 年全省关心下一代工作，部署 2017 年工作任务，表彰全省关心下一代工作先进集体 84 个，先进个人 177 人。宁海县力洋镇关工委获省先进集体，袁春林、吕茂根被授予省先进个人称号。

全市重要信息及会议精神 2011年1月18—19日，宁波市关工委在市联谊宾馆召开关心下一代工作暨表彰大会。县关工委常务副主任杨启炉、专职副主任袁春林和办公室任琦参加会议。宁海县跃龙街道关工委等3家单位获得宁波市关心下一代工作先进集体称号，跃龙街道怡惠社区关工委获得宁波市“六好”示范社区关工委称号，桃源街道华庭社区关工委等8家单位获得宁波市“六好”社区关工委称号，胡陈乡车家村关工委等14家单位获得宁波市“六有”村关工委称号，童时杖等6人获得宁波市关心下一代工作先进个人称号。19日上午，市关工委专职副主任曹晖传达中国关工委2011年1月召开的全国关心下一代工作会议精神和温家宝、贾庆林、李长春、习近平等八位中央领导对中国关工委上报的2010年工作情况和2011年工作意见所做的重要批示精神。市关工委主任邵孝杰作重要讲话。指出，中央领导同志的批示很重要，各级关工委一定要认真学习、深刻领会，努力把工作做好，不辜负中央领导的期望。各县（市）区关工委进行工作交流。宁海县关工委常务副主任杨启炉作题为《主动争取党委、政府重视，是做好关心下一代工作的重要保证》的交流汇报。主任邵考杰作题为《开拓创新、奋发进取，努力开创关工委工作科学发展新局面》的工作报告。

2011年5月19—20日，宁波市关工委系统培训班在市委党校举行，各县、市、区关工委负责人、专职副主任、办公室主任和关爱工作团、讲师团负责人，镇乡（街道）关工委常务副主任，直属单位关工委负责人等共260余人参加培训。县关工委常务副主任杨启炉、专职副主任袁春林、办公室负责人应可顶与18个乡镇（街道）关工委常务副主任参加培训会议。两天的培训分别由市关工委副主任曹晖、杨勤主持，市关工委主任邵孝杰作题为《践行“三思三创”要求，努力加强镇乡（街道）关工委建设》的重要讲话。培训会上，市发改委副巡视员陈飞龙作“宁波市经济社会‘十二五’规划”的辅导报告；市委党校副校长冯建波作全国文明城市“三连冠”创建工作的情况介绍。慈溪市周巷镇关工委、奉化市裘村镇关工委、江北区中马街道关工委、北仑区大碶街道关工委等就如何做好镇乡（街道）关工委工作进行交流发言。江东区教育局关工委主任周国胜、鄞州区龙观乡关工委顾问王志宏分别就如何团结带领关工委一班人，尽心尽责做好关工委工作，进行个人体会发言。副主任杨勤向大家提了要求。

2012年1月12—13日，宁波市关工委在北仑区召开全市关心下一代工作会议。各县（市）区关工委主任、专职副主任、办公室主任以及市教育局、民政局、民营经济关工委和高校关工委负责人等40余人参加会议。宁波市关工委主任邵孝杰、副主任杨勤出席会议，专职副主任魏百军主持会议，北仑区委副书记黄开波致辞。宁海县关工委常务副主任杨启炉、专职副主任袁春林、办公室副主任应可顶出席会议。会议传达中央领导对关心下一代工作的重要批示和中国关工委主任顾秀莲对学习中央领导同志批示的四点启示。主任邵孝杰作《突出重点　务实创新　努力提高关工委工作的科学化水平》的讲话。与会人员对2011年全市关心下一代工作总结和2012年工作要点，尤其是如何开展孝德教育展开讨论。各单位还分别汇报2012年的重点工作计划。北仑区关工委、奉化市关工委、余姚市小曹娥镇关工委分别介绍开展孝德教育工作所取得的经验。会议期间，全体与会人员还考察北仑区大纰街道九峰山社区关心下一代工作，参观梅山保税港区。

2012年2月10—11日，宁波市关工委办公室工作座谈会在宁海县召开。全市各县（市、区）关工委办公室负责人参加会议。市关工委专职副主任魏百军、县关工委常务副主任杨启炉及副主任任校章、办公室应可顶、田敏出席会议。市关工委办公室主任李平主持会议。杨启炉在会上致辞，热烈欢迎市关工委办公室工作座谈会在宁海县召开，并介绍宁海县概况与城市建设。魏百军就如何做好办公室工作作讲话。李平对进一步加强全市关工委系统信息报道工作作出明确部署。市关工委办公室叶丹妮对2011年关工委信息工作进行点评，并提出新的要求。会上还表彰2011年度宁波市关工委信息工作先进集体、优秀和积极通讯员。镇海区关工委办公室负责人余维静作经验介绍，各县（市、区）关工委办公室负责人对如何做好办公室工作进行交流和探讨。

2012年6月5—6日，宁波市关工委在鄞州区党校举办2012年全市关工委系统培训班。各县、市（区）关工委领导，办公室负责人，宣讲团、关爱团负责人，乡镇（街道）关工委常务副主任，市属有关单位关工委负责人等共280余人参加培训，宁海县共有22人参会。会议邀请市委党校副教授谢方意作学习中共十七届六中全会精神加强社会主义核心价值体系建设》、宁波大学教授陶志琼作《如何实施现代德育教育》的辅导报告。慈溪市民营经济关工委道林分会、慈溪市周巷镇关工委、奉化市莼湖镇关工委、象山县墙头镇关工委、鄞州区云龙镇关工委、北仑区春晓镇关工委等单位或个人作大会发言，宁海县桃源街道关工委常务副主任邬茂福在会上介绍做好街道关工委工作的经验。宁波市关工委主任邵孝杰作题为《发扬“三思三创”精神，努力推进基层关工委工作科学发展》的讲话。

2014年11月11日，宁波市关工委基层工作经验交流会在宁海县召开。全面回顾五年来基层关工委建设工作，总结交流基层关工委建设经验，重点推广宁海加强基层关工委建设的经验。省关工委主任徐宏俊，省关工委专职副主任林斌，市关工委主任邵孝杰，县委副书记林坚，县委常委、组织部部长、县关工委主任林惠明出席会议。市关工委副主任杨勤主持会议。林坚在致辞中向与会人员介绍宁海经济社会发展概况，肯定县关工委自1990年建立以来取得的工作成效。林惠明作经验交流发言，介绍宁海以争创“五好关工委”活动为抓手，坚持抓基层、打基础，强宣教、重关爱，创特色、树品牌的做法，从切实加强基层关工委建设、努力提升基层关工委建设整体水平、务求基层关工委建设取得实效等方面全面介绍宁海县在加强基层关工委建设的实绩。跃龙街道关工委常务副主任郑英雄作为先进典型代表发言。徐宏俊在讲话中对宁波各级关工委取得的丰硕成果表示祝贺，认为该次会议很有必要，很有意义，宁波市的关心下一代工作，有许多方面走在全省前列，所积累的宝贵经验值得各地关工委学习和借鉴。希望宁波市各级关工委面对新形势新任务，务实开拓，进一步积极争取党委政府的关心和支持，进一步健全长效机制，进一步推广基层工作经验，不断提升基层工作水平，实现关心下一代工作科学发展，为全省关心下一代工作提供新经验。面对新的任务，邵孝杰主任指出，要坚持重在实践、重在基层、重在实效的基本要求，提高认识，不断增强抓基层建设的责任感，着眼建设，努力完善工作机制，在新的起点上不断推进基层关工委建设，努力开创全市关工委工作的新局面。林坚、林惠明还陪同与会人员到跃龙街道车河社区、杜鹃社区学习考察基层关工委建设情况。全市各县（市）区关工委主任、各县（市）区教育局关工委负责人等近百人参加会议。来自慈溪、鄞州、江北、北仑、镇海等地的关工委代表以及高校关工委代表在会上分别作经验交流，宁海县各乡镇（街道）关工委、民营经济关工委常务副主任等30余人列席该次会议。

2015年1月，经《宁波日报》公示，宁波市关工委网站进行网上投票后，宁波市青少年“孝德之星”活动评选揭晓，由宁海县关工委推选的胡陈乡中心小学汤子健成功入围“孝德之星”，岔路镇下畈村村民周芳获市青少年“孝德之星”提名奖。

2015年4月3日，宁波市关工委召开县（市）区关工委专职副主任座谈会。

2015年4月22日，宁波市关工委组织参加全国关心下一代宣传工作电视电话会议等，宁海县关工委常务副主任袁春林、宣讲团团长娄传申、县关工委办公室等人参加会议。

2015 年 11 月 25 日，宁波市关工委“五老”骨干队伍建设经验交流会召开。会上宁海县西店镇关工委以《凝聚“五老”力量　发挥“五老”作用》为题作大会交流发言。市关工委主任邵孝杰肯定宁波市“五老”骨干队伍建设取得的主要成绩，总结全市“五老”骨干队伍建设的基本经验。最后，省关工委主任徐宏俊讲话，充分肯定宁波市关工委的工作同时，提出要始终坚持“五老”的主体地位，积极创新“五老”的组织形式，充分发挥好“五老”的作用，切实保护好“五老”的积极性等要求。

2015 年 12 月 30 日，宁波市教育局召开全市教育系统关心下一代工作先进表彰大会。宁海县关工委常务副主任袁春林及县教育局关工委领导偕同 2015 年省、市教育系统关工委先进集体、先进个人，市第五届“教育关工之星”先进个人，首批市级“五好”学校关工委负责人等赴宁波参加。会议表彰全国、省、市关心下一代工作先进集体近 80 个，先进个人 80 多人。其中宁海县教育系统 7 位个人和 7 个集体斩获多项荣誉。

全县重要信息及会议精神　2011 年 1 月 21 日，县委在宁海宾馆召开关心下一代工作会议。县领导俞小勋、褚孟形、林惠明、张文蛟、项松春和原县领导娄林忠、陈云高、张位胜、马光明，县关工委顾问、班子成员，镇乡、街道党工委副书记（关工委主任）、常务副主任、副主任，县直属单位部分关工委主任等共 100 余人出席会议。县委常委、常务副县长褚孟形主持会议。县委常委、组织部部长、县关工委主任林惠明在会上总结 2010 年关心下一代工作，提出 2011 年工作意见。2010 年县关工委认真贯彻落实中共十七届四中、五中全会精神，坚持以科学发展观为统领，围绕中心，服务大局，发挥优势，主动作为，努力投身于关心下一代工作事业，取得较好的成绩。县委副书记俞小勋讲话。会上，县关工委常务副主任杨启炉就关工委的产生和工作性质、任务讲话。杨启炉宣读《关于村（社）校共建“三好四无”创建活动先进单位授牌通报》，为表彰鼓励先进，县委组织部、县关工委决定，命名长街镇岳井村等 56 个村、跃龙街道五丰社区等 12 个社区和宁海中学等 13 所学校为 2009 年度宁海县村（社）校共建“三好四无”创建活动先进单位，并授牌通报表彰。

2018 年 6 月 29 日，宁海县第一届“书海冲浪，童心向党”主题活动暨宁海县家庭教育指导服务中心成立仪式在星海小学举行。宁波市妇联副主席张依群，县委常委、宣传部部长叶秀高出席，县关工委常务副主任袁春林参加仪式。活动现场表彰 2015—2017 年度宁海县优秀家庭教育讲师、2017 年度宁海县好爸好妈故事团优秀工作者、2017 年度亲子阅读基地示范点等先进典型。知名儿童文学作家雪野、金华教育学院家校合作研究所副所长褚伟明进行访谈，并签订网络课程开发协议。宁海县向农村亲子阅读基地授牌及赠书，聘任 2018—2020 年度宁海县家庭教育讲师，并授牌成立宁海县家庭教育指导服务中心。宁海县广泛开展亲子阅读活动，积极推进家庭教育工作，取得显著成效。2015 年，成立的宁海好爸好妈故事团，已有 80 多名成员。2016 年，依托冯老师的故事屋开展线上阅读推广，已经陪伴宁海孩子度过 1000 多个夜晚。2017 年，成立 21 家县阅读基地，常态化开展“为爱阅读 21 天”等亲子阅读活动。县图书馆从 2012 年起成立亲子阅览室，发展 8 位老师巡回讲读绘本故事，每两周开一次，深受欢迎。截至 2018 年宁海县创建国家级示范家长学校 2 所、省级 6 所、市级 29 所，推动家校联合并向社区、村拓展。2018 年 6 月，县关工委参与的由县妇联牵头，联合县文明办、县教育局、县文广新局、县卫计局、县民政局、团县委等多部门印发《宁海县实施“书海冲浪”家庭教育创新三年行动计划》，计划在三年内，培育一支本土化、专业化的家庭教育讲师团队，建成72个以上农村亲子阅读体验基地，培育书香家庭1000户，家长学校在学校的建校率达100%，社区、村建校率达95%以上，建成家风家训名村落10个，深入推进亲子阅读，促进宁海县家庭教育事业常态化、科学化、规范化、系统化、创新化发展。

2018年11月2日，由县委宣传部牵头，县关工委、县直机关党工委、县教育局、县文广新局、县妇联、县广播电视台共同主办的宁海县第二届诗词大会在县技工学校开幕，县关工委常务副主任袁春林出席参加开幕仪式。是日上午，举行学生组团体突围赛。16支小学参赛队伍两两为组，同台竞技，通过诗词接龙、看诗句填诗题、判断诗词常识、组字成诗等答题环节决出胜负。8支队伍晋级半决赛。下午还举行学生组个人赛。与第一届不同的是，2018年的诗词大会增加成人组的比赛，全县小学生和不同年龄的诗词达人们汇聚一堂，共同开启一段诗词之旅。决赛于11月底举行。

2019年12月25日，在全县老干部通报会上，代县长滕安达通报宁海县关工委荣获全国关心下一代工作先进单位。

2020年1月17日，中共宁海县委　宁海县人民政府宁党发〔2020〕4号“印发《关于加强新时代关心下一代工作的意见》的通知”。“意见”包括总体要求、充分发挥关工委组织的独特优势和作用、全面推进关工委组织改革创新、切实加强党对关工委工作的组织领导等四方面内容。并附新时代关心下一代工作重要任务责任分工。

2020年1月31日，县关工委通过网络平台发出根据中国关工委、省市关工委的通知精神，要求全县各级关工委大力发挥关工委的组织优势和队伍优势，助力疫情防控阻击战。

2020年2月13日，县关工委常务副主任季元法带领县关工委班子成员，带上慰问品，走访慰问防疫一线志愿者，以表达对“五老”的敬意。

2020年2月24日，县关工委召开驻会主任及办公室干部会议。会议传达党中央和中、省、市关工委关于做好新型冠状病毒肺炎疫情防治工作的精神，研究部署县关工委关于做好新冠肺炎防控工作及3月份相关工作。

2020年3月11日，《今日宁海》报道《走在疫情防控路上的宁海“关工人”》事迹。据不完全统计，全县共有一万余人次“五老”志愿者参与防控卡点服务。在城市社区、大街小巷、防控卡点、乡村小路，在青少年身边，协助做好入户排查、人员登记、防控宣传等工作。

2020年3月19日，县委办〔2020〕17号，“关于转发县关工委《2020年全县关心下一代工作要点》的通知”发出。“要点”包括要在强化青少年教育引导中展现新作为、要在推进“四化型”工作模式中呈现新果、要在助力“双优”宁海建设中体现新担当、要在加强关工委自身建设中凸显新力度四方面内容。

三、创新调查研究

中国关工委到宁海调研考察　2016年12月1日，中国关工委常务副主任武韬，全国青少年普法教育活动办公室负责人徐磊，省关工委专职副主任林斌，宁波市关工委主任邵孝杰等一行到宁海调研青少年普法教育工作。县委副书记李贵军，县委常委、组织部部长方勤，县关工委驻会主任等陪同调研。武韬一行参观县职教中心学生宿舍楼，详细了解学生学习生活情况。听取县关工委、职教中心、西店中学、强蛟镇等关工委的青少年普法工作汇报。一直以来，县关工委十分重视青少年法制宣传教育，坚持多举措、多渠道、多角度、全方位地构建青少年普法工作平台，注重发挥“五老”队伍的优势作用，依托村、社、校、企对全县青少年开展法制宣传教育各类活动，积极探索普法宣传教育工作新模式，形成普法内容系列化、普法形式多样化、普法队伍多元化的格局，务实推进青少年普法“双创”工作。宁海县建立“五老”宣讲团36个，关爱工作团50个，科技报告团18个，拥有“五老”网吧义务监督员120名，校外辅导员168名，法制副校长66名，近6000余名“五老”参与全县关心下一代工作。武韬高度肯定宁海县青少年普法工作。他说，宁海青少年普法工作思想认识到位、组织建设到位、目标要求到位、教育措施到位、工作扎实深入、活动丰富有效。下一步，希望有关单位要进一步认识青少年普法工作的战略意义，实现青少年普法工作常态化；要将青少年普法教育工作与社会主义核心价值观紧密结合，引导青少年健康成长；要将青少年普法教育工作与关爱活动结合起来，使青少年发自内心地接受普法教育，实现宁海青少年普法工作再上新台阶。

2018年4月11日，中国关工委常务副主任兼秘书长杨志海、常务副主任刘峰岩等一行6人到宁海县调研关心下一代工作。省关工委主任徐宏俊，省关工委专职副主任林斌，市关工委主任邵孝杰，市关工委专职副主任徐洪国，县委副书记、县长林坚，县人大常委会副主任、关工委主任潘红月以及省（市）相关领导、县关工委驻会主任全程陪同调研。调研组一行到跃龙街道车河社区实地参观，社区关工委主任林应作解说。在参观社区假日学校、家长学校、法制学校、四点钟学校、安全自护学校、春雨矫正工作站、“小何说和”工作站和青少年校外教育实践基地美丽工坊的“五校二站一基地”时，调研组领导对正在活动的志愿者、“五老”、留守儿童们进行亲切的慰问，并对社区关心下一代工作表示高度肯定。参观结束后，召开座谈会，座谈会由市关工委主任邵孝杰主持。宁海县长街镇党委副书记陈英杰，西店镇党委副书记朱自权，跃龙街道党（工）委副书记、办事处主任夏方伟等出席座谈会。会上，县委副书记、县长林坚介绍宁海县县域经济社会发展情况。县人大常委会副主任、关工委主任潘红月代表县关工委以《以改革增动力　以创新增活力　与时俱进谋求基层关工委建设新发展》为主题，从组织体系构建，营造齐抓共管工作格局；关爱项目精准，谋求优质高效工作业绩；服务体制创新，打造富有特色工作品牌；运行机制完善，形成规范有序工作态势共四个方面汇报宁海县基层关工委工作情况，并对下一步县关工委以该次调研为动力，以中共十九大精神和中共中央总书记习近平新时代中国特色社会主义思想为引领，继续深化“五好”基层关工委创建活动，以务实创新精神，抓改革、亮实招、求实效，实现宁海县基层关工委建设跨越式发展。西店镇党委副书记、关工委主任朱自权以《夯基础，强服务，拓领域，推进关心下一代工作科学发展》为题，汇报镇关工委的工作情况。长街镇连浦村关工委童蓓蓓汇报在创先争优达“五好”，注重特色铸品牌的过程中，该村关工委所做的工作情况。中国关工委和省关工委领导对宁海县关心下一代工作所取得的成绩表示充分肯定。中国关工委常务副主任兼秘书长杨志海认为，宁海关心下一代工作做得非常好，不仅得到党委、政府的高度重视和关心，还立足基层、服务基层，把基层工作作为关心下一代的出发点和落脚点。在领导班子、骨干队伍、制度执行、工作保障、活动开展等方面扎实推进，使关心下一代工作落地生根，并通过抓创新体制、抓创新活动、抓创新服务，从当地实际出发，成功打造出“一镇一品”等特色品牌。下一步，建议通过建立长效机制，持续做好关心下一代工作。省关工委主任徐宏俊指出，宁海县关心下一代工作走在全省前列，希望在过去工作的基础上，不断总结，不断提高，坚持成功的经验，创造新的品牌，要让老的品牌、老的工作、老的经验，发出新芽，开出新花，更好地向前发展。县委副书记、县长林坚代表县委、县政府作表态发言。感谢上级关工委领导对宁海的长期关心。该次调研，为宁海进一步做好关心下一代工作指明方向，进一步增强工作的责任感和使命感。宁海将认真学习领会本次调研精神，紧紧围绕

“五好”关工委创建目标，切实抓好关心下一代工作，促进青少年健康成长。

省关工委到宁海调研考察　2013年6月4日，浙江省关工委副主任江坪、陈仲方、办公室主任沈国华在宁波市关工委主任邵孝杰、专职副主任魏百军、办公室主任李平陪同下，到宁海关工委调研关心下一代工作。调研组一行实地参观杜鹃社区关工委，并听取汇报。县委常委、组织部部长、关工委主任林惠明全程陪同调研活动。汇报会上，县关工委常务副主任袁春林作《以“双创建”活动为载体，扎实推进基层关工委建设》的工作汇报。从“精心创设载体，青少年思想道德教育进一步深化”，“注重关爱帮扶，为青少年做好事办实事解难事取得新成效”，“搭设‘双创建’平台，基层关工委建设进一步加强”三个方面介绍宁海县基层关工委建设工作。“双创建”活动使宁海县实现基层关工委组织网络体系化、工作制度规范化、“五老”作用有效化、教育活动常态化、场地资金保障化，有力地提高宁海县关心下一代工作的科学化水平。同时汇报2013年工作重点：“强宣教、重孝德、抓基层、建阵地、注关爱”，汇聚正能量，助推“中国梦”等。跃龙街道杜鹃社区关工委、怡惠社区关工委，大佳何镇关工委、桃源街道关工委、跃龙街道关工委、西店镇关工委、正学中学等就各地工作特色先后在会上作汇报。省关工委副主任陈仲方充分肯定宁海县关心下一代工作。指出，宁海县领导重视，关工委班子建设好，骨干队伍抓得好，经费落实好，组织建设好，活动载体建了不少，使工作动起来、好起来、活起来。他还指出工作要抓特色，不同情况要有不同侧重点，要多创造。省关工委副主任江坪就“中国梦”主题教育提出，一是要与社会主义核心价值体系等教育结合起来，统筹推进，千方百计创新载体；二是一定要抓出地方特色。强调要充分发挥“五老”作用，尤其是老干部和老教师的作用。宁波市关工委主任邵孝杰高度赞扬宁海县关心下一代工作取得的成绩。指出，每一次到宁海来，都能听到许多新成果，看到新发展，有新感受，整体工作走在宁波前列。宁海关心下一代工作做得好，首先是党委、政府高度重视关心下一代工作，“三关”（关注青少年、关心青少年、关爱青少年）意识强，各级部门积极支持；二是有创新意识；三是实干意识强，工作扎实，全面落实市关工委布置的各项工作。县委常委、组织部部长、关工委主任林惠明对省、市关工委领导到宁海指导关心下一代工作表示欢迎，并请领导放心，宁海要不断创新发展，把工作做得更好！

2015年6月，省关工委副主任王柏荣、市关工委主任邵孝杰等一行，到宁海县调研基层关工委建设情况。实地考察跃龙街道车河社区关工委建设。县委常委、组织部部长、县关工委主任林惠明陪同。王柏荣听取汇报和实地考察后，对宁海县关工委近年的基层建设工作给予充分肯定。希望宁海在抓好“双创建”工作的同时，要坚持用典型推动工作向深度和广度发展。注重结合各地实际，紧跟时代要求，紧贴青少年的需要，开展“爱劳动、爱学习、爱祖国”教育、“中国梦”教育、“道路自信、理论自信、制度自信”教育等主题活动。切实把关心下一代工作融入依法治国的大局，把握着力点、打造新亮点，拿出新举措、展示新作为，为青少年健康成长做出新贡献。

2016年4月5日，省关工委副主任张海洋、张绪培一行在市关工委主任邵孝杰等的陪同下，到宁海调研座谈新形势下关心下一代工作。县人大常委会副主任王能迭陪同。近年来，县关工委把培育和践行社会主义核心价值观作为关心下一代工作的根本任务和中心主题，紧扣时代脉搏，结合地方特色，开展一系列形式多样、内容丰富的主题教育活动，把社会主义核心价值观在具体工作中落细落小落实。其间，以创建“五好”基层关工委和“三好四无”创建活动为抓手，创新载体、创活机制、创优队伍，发挥“五老”作用，夯实基层基础，关爱留守儿童，为广大青少年做了大量的好事、实事。调研组一行在听取县关工委常务副主任袁春林及长街镇连浦村关工委、茶院乡关工委、强蛟镇关工委的经验介绍后，对宁海县镇村三级关工委在青少年思想道德教育、农村基层关工委建设和关爱留守儿童工作等方面取得的工作成绩给予高度肯定。调研组表示，宁海关工委工作重点突出、特点明显、亮点纷呈，老同志们精神面貌好、工作状态好，以实干求成功、以实干求成效，办法新、成效大，取得显著成果。希望在巩固原有品牌的基础上，乘势而上、顺势而为，以“创新、亮点、特色、品牌”的工作理念，形成“党政重视、部门协同、社会参与”的工作局面，更好地为青少年成长成才服务，扎实推进宁海关心下一代工作创新发展。县关工委副主任王以位、任校章参加调研座谈。

2018 年 7 月 11 日，省关工委副主任徐全升、王强、韩兵和省关工委办公室副主任潘铮一行，在宁波市关工委主任邵孝杰、副主任徐洪国的陪同下，到宁海调研关心下一代改革创新工作。县委常委、组织部部长方勤，县人大常委会副主任、县关工委主任潘红月分别就宁海县社会经济发展和关心下一代改革创新工作进行汇报。调研组一行还专门听取宁海县西店镇和茶院乡关工委的工作汇报，并实地考察茶院乡校外阵地建设情况。徐全升对宁海县关心下一代改革创新工作给予肯定，认为宁海工作基础扎实，工作途径和工作方法有更新和发展。希望宁海县关工委要进一步深化“四化”建设，进一步研究如何扩大工作成效和加强队伍建设，把关心下一代事业推上一个新的台阶。王强、韩兵也分别对宁海县关心下一代工作提出希望和要求。邵孝杰对宁海县关心下一代志愿者协会及其乡镇（街道）工作站规范化建设尤为重视。要求宁海县关心下一代工作不仅要着眼创新，按照“组合联谊化，管理社团化，运作项目化，服务工业化”的“四化型”运作模式抓好落实，而且要不断延伸组织网络，切实强化基层基础，努力提升工作品牌和服务水平。方勤表示，下一步宁海县继续坚持不懈打造宁海的自有品牌，持续不断进行改革创新，将“四化”工作落到实处，从宁海的实际出发鼓实劲、谋实招、干实事，以更加优质高效的关爱服务，建功新时代，做出新贡献。县人大常委会副主任、关工委主任潘红月对宁海县关工委改革创新工作作汇报。近年来，县关工委始终坚持改革创新，在实践中探索、在探索中创新、在创新中不断谋求新的发展。打造关爱新平台，建立“宁海县关心下一代志愿者协会”，形成“关工委+协会”的双轮驱动工作格局。并秉持“对标定位、精准施策、靶向发力”的理念，不断运用新的载体，包括实施“助你远航”工程、建立关爱专项基金、开展“三好四无”创建活动、组织进行远程教育、推出“向日葵信箱”服务品牌，推动工作新跨越。县关工委不断探索运行新模式，通过项目拉动、部门联动、区域互动、冠名促动、协作助动和舆论协动、专项推动来开辟关心下一代工作新渠道，并建立健全一整套相互衔接的保障机制，以制度机制的杠杆和保障作用，确保工作走向制度化、规范化和科学化。随后，徐全升一行还到茶院乡文广中心大楼，参观关心下一代校外教育阵地，了解茶院乡关心下一代工作开展情况，茶院乡党委书记储根荣，乡党委副书记、乡关工委主任杨明辉参与调研，并对乡关工委改革创新工作进行介绍。

2019 年 5 月 7 日，省关工委主任徐宏俊，专职副主任林斌等省市关工委一行到宁海调研关工委组织建设和“优秀儿童之家”创建情况，并举行座谈会。市关工委副主任刘永成、专职副主任徐洪国，县委常委、组织部部长方勤，县人大常委会副主任、关工委主任潘红月等陪同。座谈会上，潘红月就关工委组织建设情况作汇报。徐宏俊一行实地走访茶院乡向日葵课外教学和科学探索基地，对该乡的“优秀儿童之家”建设情况进行考察。茶院乡关工委始终围绕青少年成长所需，从创建基地、设立平台、建立机制等方面着力，构建一套有效的青少年服务体系。通过教育帮扶，不仅没发生一例学生逃学、辍学和失学问题，而且连续十年实现未成年人零犯罪。徐宏俊、林斌一行对宁海关工委组织建设和茶院乡创建“优秀儿童之家”的做法表示充分肯定。林斌表示，每次来都觉得宁海特点非常明显，工作非常用心，有激情、有思路、有创新。宁海党委领导非常重视关心下一代工作，并且关工委基础工作非常扎实，组织建设、机制建设、队伍建设非常有活力，工作成效也明显。尤其是在参观茶院乡之后，感觉冲击力很大。茶院乡作为一个经济不发达的乡镇，能把儿童之家办得这么丰富多彩，对基层关工委怎样开展工作起到了很好的示范作用。徐宏俊强调，茶院的基地建设是非典型性的，其农耕基地、向日葵行动计划，都是实施精准服务的有效措施，都应值得肯定。投入的财力不大，但功能作用比较明显，有生命力，有推广价值，可复制。希望宁海县关工委在做好自身建设的基础上，继续注重加强班子、队伍、制度等建设，发挥关工委优势更好地服务青少年；充分发挥“五老”作用，组织“五老”人尽其才、量力而行地做好关心下一代工作；借助各部门和社会力量，高度重视和推进帮困、帮教助学工作，为助力脱贫攻坚和青少年健康成长做出新贡献。方勤代表宁海进行表态，她说，县关工委在党建引领下不断创新工作机制，基层组织建设呈现出良好的发展态势。下一步将立足基础，补齐短板，进一步加强队伍建设，努力使关心下一代工作走在全省前列。

2013—2019 年浙江省关工委到宁海调研考察情况统计表

表 6-11

时间	调研考察成员	调研考察主题	接待调研考察人员
2013 年 6 月 4 日	省关工委：江坪、陈仲方、沈国华 市关工委：邵孝杰、魏百军、李平	调研关心下一代工作	林惠明 袁春林
2015 年 6 月	省关工委：王柏荣 市关工委：邵孝杰等	调研基层关工委建设	林惠明
2016 年 4 月 5 日	省关工委张海洋、张绪培一行，市关工委邵孝杰等	调研新形势下关心下一代工作	王能迭 袁春林、王以位、任校章
2018 年 7 月 11 日	省关工委徐全升、王强、韩兵、潘铮一行，市关工委邵孝杰、徐洪国等	调研关心下一代工作改革创新	方勤、潘红月 储根荣、杨明辉
2019 年 5 月 7 日	省关工委徐宏俊、林斌一行，市关工委刘永成、徐洪国	到宁海调研关工委组织建设和“优秀儿童之家”创建情况，并举行座谈会	方勤、潘红月等陪同；潘红月就关工委组织建设情况作出汇报，走访茶院乡，方勤代表宁海进行表态

市关工委到宁海调研考察　2011 年 3 月 29 日，宁波市关工委主任邵孝杰、专职副主任曹晖、办公室主任李平一行赴宁海县西店镇调研关心下一代工作。县关工委常务副主任杨启炉、副主任王以位、专职副主任袁春林、西店镇委副书记、关工委主任应满云，镇关工委常务副主任戴伟平出席调研会议。应满云向市关工委领导作题为《以“三好四无”创建为抓手，扎实推进基层关工委工作》的汇报。溪头村关工委作《开展“三好四无”活动，推进“六有”关工委》的汇报。杨启炉汇报宁海县乡镇、街道关工委和行政村关工委组织建设和发展情况，村（社）校共建“三好四无”创建工作和 2011 年重点工作。王以位汇报做好关工委工作要抓好工作载体，选好乡镇、街道关工委

常务副主任，组织保障工作是关键。戴伟平就关爱基金管理、外来工子女教育管理工作作汇报。邵孝杰听取汇报后，对宁海县西店镇关心下一代工作给予充分的肯定。镇委书记徐真民看望邵孝杰，并介绍西店镇工作情况。邵孝杰一行还到溪头村关工委实地考察参观，并给予高度评价。

2011 年 8 月 30 日，宁波市关工委主任邵孝杰、专职副主任魏百军、办公室主任李平和叶丹妮到宁海县调研关工委在加强和创新社会管理中的作用。县关工委常务副主任杨启炉，副主任王以位、袁春林、胡昌强、副秘书长龚怀源参加座谈会。县关工委专职副主任袁春林向市关工委领导作《急党政所急、尽关工委所能，积极参与创新社会管理》专题汇报。从开展“三好四无创建活动为载体，构建三位一体教育网络”和“创建四项工程，着力构筑青少年思想道德教育工作平台”两个方面系统地汇报县关工委创“一体化”网络，强“三结合”教育和创建教育阵地、帮教转化、心理教育、爱心基金四项工程情况的主要做法和成效及典型事例作汇报。杨启炉就宁海县未成年人思想道德建设、法制宣传教育、预防未成年人违法犯罪、网吧义务监督、为弱势群体做好事、办实事等情况和在乡镇（街道）换届中，争取主动配强关工委班子等情况作汇报。王以位还就如何创新关工委工作和解决特殊群体难点等问题提出建设性意见。主任邵孝杰充分肯定宁海县关工委所取得的成绩。县委组织部部长、关工委主任林惠明还专程看望宁波市关工委主任邵孝杰等一行，并亲切交谈。

2012 年 11 月 28 日，宁波市关工委主任邵孝杰、副主任杨勤、专职副主任魏百军、办公室叶丹妮一行赴宁海县调研关心下一代工作。县委常委、组织部部长、关工委主任林惠明，县关工委常务副主任杨启炉、副主任王以位、任校章、袁春林、胡昌强参加调研活动。杨启炉就村（社）校共建“三好四无”创建及巩固提升活动、爱心助学、教育阵地建设、法制教育宣传、预防和减少未成年人违法犯罪、班子建设、学习宣传中共十八大精神等情况作汇报。王以位、任校章、袁春林分别就关爱弱势群体、推进基层建设、民营企业关工委、孝德教育等方面作发言。主任邵孝杰充分肯定宁海县关工委所取得的成绩，并对 2013 年工作提出要求。林惠明讲话。

2013 年 11 月 28 日，宁波市关工委主任邵孝杰、专职副主任魏百军赴宁海调研关心下一代工作。宁海县关工委常务副主任袁春林，副主任王以位全程陪同调研。2013 年以来，县关工委创载体、强宣教，青少年思想道德教育彰显新活力；抓基层、建阵地，特色品牌工作实现新提高；走转改，深调研，群众教育路线实践活动呈现新气象；强队伍，树形象，关工委自身建设实现新发展。据统计，共有 5690 名“五老”人员参加关心下一代工作，开展“放飞理想，追求梦想”主题活动、孝德教育、学雷锋活动、革命传统教育和爱国主义教育等，受教育青少年超 20 万人次。各地关工委开展关爱助学活动，共计发放助学奖学金额达 300 万元。开展帮教结对活动，其中取得明显进步的超 50%。袁春林还向市关工委汇报 2014 年工作思路：“重五抓、聚五力、凝五情”，在“学习”上努力，“服务”上践行，“创新”上用功，打造特色亮点，使关工委正能量最大化，发展持续化。邵孝杰、魏百军等一行到桥头胡街道丁家村关工委，参观该村文化长廊、活动室、阅览室等场所，听取桥头胡街道、桃源街道、力洋镇、桑洲镇、五联村以及丁家村关心下一代工作的汇报。主任邵孝杰对宁海县关心下一代工作给予充分肯定。指出，宁海关心下一代工作给他留下深刻印象，宁海的工作走在全市前列。一是有实干精神，不折不扣地、高质量地完成市关工委部署的各项任务；二是有认真负责精神，做各项工作都非常认真，持之以恒；三是有创新精神，在抓关爱、工作载体等方面勇于创新，并取得良好成效。

2014 年 4 月 11 日，宁波市关工委主任邵孝杰，专职副主任魏百军、办公室主任李平到宁海调研镇乡（街道）关工委常务副主任队伍建设情况，并实地考察桃源街道关工委青少年教育基地大金村。宁海县关工委常务副主任袁春林、副主任王以位、任校章、胡昌强陪同市关工委一行调研。市关工委主任邵孝杰高度肯定宁海县关工委工作。指出，宁海县乡镇（街道）关工委常务副主任队伍发展均衡，县关工委做到政治上尊重、思想上关心、生活上关爱，并加以指导，实施跟踪推进，做法很好，值得借鉴。他强调，关工委工作关键在班子，班子好坏关键在常务副主任，常务副主任好，关工委工作就好。他要求宁海县关工委进一步探索研究，总结提炼，为推进全市关工委常务副主任队伍的发展提供好的经验。

2015 年 10 月 13 日，市关工委主任邵孝杰一行到宁海县调研“五老”骨干队伍建设情况。宁海县关工委、西店镇关工委、跃龙街道关工委常务副主任分别作典型介绍。邵孝杰对宁海县各级关工委近年积极发挥“五老”的宣讲员、监督员、关爱员、调研员等作用，组织“五老”深入学校、社区、农村、企业并重点围绕教育青少年、帮教青少年、服务青少年为中心，突出主动作为，抓好“五老”骨干队伍建设工作，给予充分肯定。县关工委把创新工作方式，突破现有的模式，突出“五老”队伍主体作用，突出“五老”标杆引领作用，突出团队协作作用，把宣讲团、关爱团、网吧义务监督组和校外辅导员组的“两团两组”队伍建设，趋向社团化组合、联谊化组合、项目化推进和专业化服务，更好地为宁海县广大青少年多做好事多办实事。

2017 年 9 月 12 日，市关工委副主任沈觉人、刘永成，办公室主任李平到县关工委调研“四化型”发展模式工作开展情况。县关工委常务副主任袁春林汇报宁海县关心下一代工作志愿者协会筹建的情况，根据市关工委的要求，着力构建“五老”志愿者队伍组合联谊化、团队管理社团化、工作运行项目化及服务开展专业化，切实推进改革创新的关工委新局面，集中主要精力抓组建工作，并初步形成有人干事、有钱办事、有场议事的“三有”架构。共组建 6 个工作室和 18 个工作服务站，抓好各工作室和各工作服务站的负责人，选用社会各界具有丰富阅历与专业知识的“五老”同志，并公开向社会招募“五老”志愿者，壮大“五老”志愿者队伍。宁波市关工委一行听取汇报后，在肯定宁海县关工委前期筹备工作的基础上，指出要结合本地实际，运作好“关工委+协会+工作团队”“四化型”发展模式，改革创新关工委工作。

2018 年 3 月 13 日，宁波市关工委主任邵孝杰一行到西店镇开展“队伍组合联谊化、团队管理社团化、工作运行项目化、服务开展专业化”发展模式规范化建设试点工作调研活动。先后走访樟树小学、香岩小学和县技工学校，召开座谈会听取主要负责人的汇报。县委常委、西店镇党委书记张伟标，县人大常委会副主任、关工委主任潘红月陪同。“四化型”发展模式是宁波市关心下一代工作改革创新的一个亮点品牌，也是破除务虚不务实、求守不求新的新举措，更是关心下一代工作体制、机制和制度的一种创新。在“四化型”规范化建设过程中，宁海县关心下一代志愿者协会紧紧围绕“四化型”模式的发展要求，按照“七个有”（有班子、有队伍、有制度、有举措、有成效、有场所、有经费）标准在西店镇关心下一代志愿者工作站着手实施试点工作。张伟标介绍，通过阶段性的探索，西店镇志愿者工作站规范化建设上在全县已先行一步，为全县做好示范样本。该镇在工作站的规范化建设中呈现出五个特点。一是组织构架做到层级管理模式，组建六个工作小组，利用网格化管理要求，在镇、村、校设立联络员，保证信息互通；二是工作启动速度较快，将原有不足百名的志愿者队伍进行重新整合，通过家长学校推荐和层层动员，在短短的两个月时间内吸收 866 名志愿者，并根据才艺传承、网吧净化、关爱帮扶、校园安全、心理疏导和护苗宣传进行分组分工；三是健全各项工作制度、工作机制，严格按照实施标准和措施，做好记录、建好台账，确保

“四化型”发展规范化建设推陈出新；四是针对才艺传承、优秀学生奖励、留守儿童三个方面进一步加大工作力度和实效，落实20万元专项工作经费，并对相关工作人员进行交通、通信、午餐的“三费”补贴，同时对具体项目实行实报实销；五是落实场所做好形象上墙、制度上墙、职责上墙、成果上墙，志愿者队伍实行统一造册登记、统一发放志愿者服务证书，统一印发志愿者服务手册，统一置办着装。潘红月表示，宁海县关心下一代工作要进一步强化组织领导、强化措施落实、强化改革创新，按照目标导向、需求导向、问题导向，进一步解放思想、奋发有为，唱响县关心下一代工作品牌最强音。主任邵孝杰要求宁海着力于年度工作计划的制定和调研，着力于调查研究工作推进“五好”基层关工委创建，着力于五老队伍的教育、管理、服务和培训，着力于指导协会购买政府服务项目。要在现有的基础上不断完善创新，成为进一步推进全市“四化型”规范化发展模式的改革创新的排头兵。

2018年11月30日，宁波市关工委副主任沈觉人、刘永成、张晖及市民政局一行到宁海县调研市级关爱留守儿童工作站情况。分别听取长街镇、胡陈乡、茶院乡和岔路镇关爱留守儿童工作站的汇报，并实地察看四个工作站的工作情况。在茶院乡留守儿童工作站的座谈会上，茶院乡党委副书记、关工委主任杨明辉向与会人员汇报茶院乡开展“甬润童心”关爱留守儿童项目的有关情况。在该次实地查看中，宁海县长街镇、胡陈乡、岔路镇关爱留守儿童工作站立足实际，对在读的留守儿童进行全面、系统的调查摸底，既抓好统筹，又建成“关工委+协会+服务站”的新团队合力。

2019年4月17日，宁波市关工委专职副主任徐洪国、办公室主任李平到宁海县茶院乡许家山学生农耕实践基地、长街镇绿色佳田学校和力洋镇儿童诗研究中心、青华科技培训学校，实地考察县关心下一代校外教育阵地建设情况，县关工委常务副主任袁春林、副主任兼协会副会长王元法、副主任郑英雄等陪同。在茶院乡召开座谈会，茶院乡副书记杨明辉介绍创建全国优秀儿童之家的建设情况，依托该乡文广中心资源，结合农耕基地、科技实验基地等四个基地，构建青少年校外教育阵地的立体网络，并坚持问题导向、健全工作机制、创新活动载体、发挥“五老”作用，精准服务青少年。徐洪国、李平分别对茶院乡创建全国优秀儿童之家下一步工作提出希望和要求。是日下午，长街镇绿色佳田学校校长和力洋镇青华科技培训学校领导分别汇报校外教育实践基地的运作情况。绿色佳田学校每年接待全县3万余名中小学生到该校开展素质拓展活动，通过三天两夜封闭式的培训，培养学生的动手能力、劳动意识和吃苦耐劳的精神，使学生增强团队合作意识。而青华科技培训学校遵循与学科知识、生活实际、现代科技、地方文化相结合四大原则，共开发科学实践、综合体验、国防教育、研学旅行及学科拓展培训5大领域的课程，其中陶艺、益智数学、VR课程、纸艺、智慧生物培养五大优势课程及研学旅行十二门课程，得到省、市、县有关部门领导与专家的首肯。徐洪国对宁海关心下一代校外教育阵地的建设表示肯定，希望为促进青少年健康成才发挥更大作用。

2019年12月12日，宁波市关工委专职副主任徐洪国、主任科员翟俊峰到宁海调研关心下一代工作，并听取县关工委2019年的工作总结和明年工作思路的汇报。

2011—2019年宁波市关工委到宁海调研考察情况统计表

表6-12

时间	调研考察成员	调研考察主题	接待调研考察人员
2011年3月29日	市关工委邵孝杰、曹晖、李平	西店镇调研关心下一代工作	杨启炉、王以位、袁春林 徐真民、应满云、戴伟平
2011年8月30日	市关工委邵孝杰、魏百军、李平、叶丹妮	调研关工委在加强和创新社会管理中的作用	林惠明 杨启炉、王以位、袁春林、胡昌强、龚怀源
2012年11月28日	市关工委邵孝杰、杨勤、魏百军、叶丹妮	调研关心下一代工作	林惠明 杨启炉、王以位、任校章、袁春林、胡昌强
2013年11月28日	市关工委邵孝杰、魏百军	调研关心下一代工作	袁春林、王以位
2014年4月11日	市关工委邵孝杰，魏百军、李平	调研镇乡（街道）关工委常务副主任队伍建设情况	袁春林、王以位、任校章、胡昌强
2015年10月13日	市关工委邵孝杰等	调研“五老”骨干队伍建设情况。	县关工委、西店镇关工委、跃龙街道关工委常务副主任
2017年9月12日	市关工委沈觉人、刘永成、李平	调研“四化型”发展模式工作开展情况	袁春林
2018年3月13日	市关工委邵孝杰等	西店镇开展“队伍组合联谊化、团队管理社团化、工作运行项目化、服务开展专业化”发展模式规范化建设试点工作调研活动	张伟标、潘红月
2018年11月30日	市关工委沈觉人、刘永成、张晖及市民政局一行	调研市级关爱留守儿童工作站情况	杨明辉等
2019年4月17日	市关工委徐洪国、李平等	到宁海县茶院乡许家山学生农耕实践基地、长街镇绿色佳田学校和力洋镇儿童诗研究中心、青华科技培训学校，实地考察校外教育阵地建设情况	县关工委袁春林、王元法、郑英雄等陪同
2019年12月12日	市关工委徐洪国、翟俊峰等	到宁海调研关心下一代工作，听取县关工委2019年的工作总结和2020年工作思路的汇报	—

宁海县领导调研考察关工委工作　2011年9月22日，县委常委、组织部部长林惠明到县关工委调研关心下一代工作。县关工委驻会副主任、全体工作人员参加座谈。县关工委副主任王以位汇报9月1日中关工委在福州召开的第十九次全国部分城市关心下一代工作理论研讨会情况和顾秀莲主任讲话精神。县关工委常务副主任杨启炉汇报8月25日在北京召开的全国关心下一代宣传工作会议情况和主任顾秀莲讲话精神。9月16日中关工委在沈阳召开的全国关心下一代基层工作会议上顾

秀莲主任讲话精神，并结合汇报县关工委上半年主要工作和第四季度工作重点。林惠明指出，县关工委的老同志把关心下一代工作开展得富有成效，亮点纷呈，并在省市都有一定的知名度，这与关工委班子扎扎实实地做好每项工作密不可分。林惠明强调，做好关工委的工作，关键是组织领导有保障、队伍建设有保障、经费财力有保障。特别要重视乡镇、街道关心下一代队伍建设，根据各乡镇、街道班子换届后关工委班子新老交替情况，要抓好教育培训工作。同时，乡镇党委要高度重视此项工作。

2015 年 11 月，为深入学习贯彻习近平总书记在浙江考察工作时的重要讲话精神和省委书记夏宝龙在全省中小学育人工作座谈会上明确提出的“要把立德树人作为中小学教育的根本任务”的会议精神，宁海县委常委、宣传部部长王建云到宁海县桥头胡小学、职教中心，调研全县中小学德育工作。县委宣传部副部长、县文明办主任童东凯，县教育局副局长刘永宽，县关工委常务副主任袁春林，团县委副书记季宁，县妇联副主席钱晓茗等陪同调研。王建云一行实地参观拥有百年的建校历史的桥头胡小学和实行军事化管理的职教中学的校园环境，对桥小以“养正毓德，博雅人生”为主题的校园文化建设和职教中心全面实行军事化管理的氛围很受启发。在座谈会上，听取县教育局、桥头胡小学、跃龙中学、县教研室、知恩中学、职教中心、岔路中学等代表针对各校在加强学生德育工作方面的做法、存在问题、下步打算等的发言后，王建云肯定宁海县针对德育工作所取得的成绩，并指出，要认真贯彻落实习近平总书记关于教育工作的重要论述精神，把立德树人作为中小学教育的根本任务，推动育人工作不断跃上新水平。县关工委常务副主任袁春林介绍近年关工委在助力中小学德育工作所做的一些深化德育类主题教育，提升青少年综合素质，强化服务育人功能，提升服务青少年工作实效等方面的做法，并提出以激励促进步的建议。钱晓茗、季宁等则对青少年思想道德教育、家庭教育在青少年成长中的作用、预防青少年违法犯罪等方面进行介绍。王建云最后强调，各有关单位在抓青少年德育体系教育时，也应思考好的内容、好的方法、好的队伍、好的机制。要注意可思可悟可学可行，要有底线思维、实事求是，要坚持不懈、持之以恒。

2017 年 1 月 6 日，宁海县委常委、宣传部部长叶秀高带队到宁海县潘天寿中学和山水小学进行实地调研，了解中小学校德育工作开展情况。县关工委参加此次调研活动。叶秀高等一行先后参观潘天寿中学的音乐室、美术室，山水小学的竹之韵展厅等特色项目，翻看学生作品集、成果展，对学校的特色教学给予高度评价。近年来，为全面推进中小学德育工作，宁海县通过连“天线”、接“地气”、亮“名片”、守“底线”等一系列切实有效的措施，进一步完善中小学德育体系，把德育工作落到实处，探索出一条独具特色的德育教学之路，取得明显成效。潘天寿中学打造“天寿之星”校园品牌，山水小学以竹文化渗透教育，技工学校让学生“先成人再成才”，东仓小学用梦鼎文化引领孩子，每个学校都根据自身实际，发展有特色的校园文化，为全县中小学德育工作树立典型。在山水小学，叶秀高还与县中小学代表及各部门负责人进行座谈。县关工委常务副主任袁春林介绍近年来关工委通过凝聚“五老”之力，增强德育实效所做的一系列工作，以抓组织、强队伍，打好“提升”牌；搞活动、铸品牌，打好“品质”牌；创载体、搭平台，打好“整合”牌等各类方法，始终坚持把德育工作摆在青少年思想道德建设首位的做法。叶秀高分别听取随行单位针对青少年德育工作开展的情况和取得的效果，就进一步推进全县中小学德育工作提出指向性要求。

2019 年 3 月 21 日，县委书记杨勇在调研县关心下一代工作时强调，要深入学习贯彻落实习近平总书记对关心下一代工作作出的重要指示精神，锐意进取、真抓实干，更好地发挥“五老”作用，更好地助力青少年健康成长，全力推动新时代关心下一代工作不断开创新局面。县委常委、组织部长方勤，县人大常委会副主任、县关工委主任潘红月参加调研。杨勇先后到跃龙街道五丰社区、园丁社区，分别调研关工委爱心服务社、“五好”基层关工委建设等。他走进爱心超市、假日课堂、巧手吧等，与关心下一代工作者、“五老”人员亲切交谈，感谢他们为教育、引导、关爱、保护青少年所付出的辛勤汗水，并希望他们继续发挥积极作用。杨勇充分肯定全县关心下一代工作。他表示，全县各级关工委大力落实“党建带关建”工作要求，推动工作走在省市乃至全国前列，呈现出组织发展好、阵地拓展好、工作机制好、队伍建设好、作用发挥好的良好发展态势。杨勇指出，帮助青少年扣好人生的“第一粒扣子”十分重要，要把教育作为主题，坚持立德树人，推动关工委在学校教育、家庭教育、社会教育中发挥更大作用，尤其是抓好素质教育，不断提升青少年思想品德，培养自强、自信、自立的优秀品质。要把服务作为主线，以问题和需求为导向，急党政所急、想青少年所需、尽关工委所能，精准为青少年服务，把教育与服务结合起来，积极预防青少年违法犯罪，切实守牢这条底线。要把“五老”作为主力，加强“五老”队伍建设，充分发挥“五老”的优势作用。同时，要“为奉献者奉献”，为老同志发挥余热创造更好的环境和条件。要把孩子作为主角，关心关爱青少年身心健康，尤其是加强青少年心理健康教育和辅导，促进青少年全面发展、茁壮成长。要把创新作为主打，坚持与时俱进，建立健全常态化运行、部门联动等体制机制，努力创造更多关心下一代工作的品牌和样板。杨勇强调，各级各部门要重视、支持、关心关工委工作，加强“人财物”各方面保障力度，全力以赴助推关心下一代工作再上新台阶。方勤认为，宁海县关心下一代工作在队伍建设、组织覆盖、工作环境、品牌打造和精神状态方面都展现出新气象，达到新高度。《宁海县关心下一代工作志》的编撰工作也取得新的成效。而这些成绩的取得，是县委、县政府正确领导的结果，是各乡镇（街道）、单位部门大力支持的结果，也是全县关工委系统全体同志特别是广大“五老”辛勤努力的结果。座谈中，茶院乡关工委、长街镇连浦村关工委、跃龙街道园丁社区关工委分别汇报基层关工委建设和工作开展情况。潘红月汇报全县关心下一代工作时指出，县关工委始终秉持“急党政所急，想青少年所需，尽关工委所能”的工作方针，做了大量卓有成效的工作。特别是近两年来，在县委、县政府的高度重视下，全县各级关工委落实“党建带关建”的工作要求，不断加强基层组织建设，壮大志愿服务团队，推进各项服务活动，在争先创优和对外宣传交流方面都有所突破，呈现出良好的发展态势。截至2018年年底，全县18个乡镇（街道）、363个行政村、30个社区、84所学校、381家民营企业和67个县级部门建立了关工委组织，并建立起一支以“五老”为主体、其他社会力量为补充的志愿服务队伍，在护苗宣传、关爱帮扶、校园安全、才艺传承、网吧净化、心理疏导等方面所做的工作。

第二节　锐意进取

一、开展特色活动

纪念中共宁海第一个支部成立85周年活动　2011年6月16日，县委组织部、宣传部、党史研究室、县关工委、县直属机关党工委、县教育局、团县委在中共宁海第一个支部诞生地——原正学小学旧址（现为柔石中学）召开庆祝中共宁海第一个支部成立85周年会议。县委常委、组织部部长林惠明、组织部副部长叶亦金、宣传部副部长潘家萍、党史研究室副主任叶雅琴、教育局副局长舒静芬、团县委副书记王露、县关工委常务副主任杨启炉与班子成员、县直机关新党员、宁海中学、柔石中学、实验二小和城西小学的师生代表100余人参加会议。会议由叶亦金主持。大家参观中共宁海第一个支部诞生地遗址。杨启炉受县委组织部、县党史研究室委托，作《宁海党组织的成立、发展和斗争的历史》的报告。报告按大革命、土地革命战争、抗日战争和解放战争四个时期对宁海党组织从成立至1949年7月宁海县解放的23年斗争历程作介绍。中共宁海县柔石中学支部书记杨长春作《重温党史、增强党性，奋勇向前行》发言。宁海中学、柔石中学学生分别作表态发言。县关工委老少诗歌朗诵团深情演绎《同唱一首歌》。林惠明讲话。

县关工委成立25周年纪念活动 2015年6月19日，县关工委成立25周年座谈会在县老干部局举行。县委常委、组织部部长、县关工委主任林惠明和县老领导娄林忠、张位胜、孙愫贞等出席会议。参加座谈会有县关工委班子成员，各乡镇（街道）常务副主任，县民营经济关工委、县教育局关工委负责人及部分“五老”代表。座谈会由县关工委副主任任校章主持。县关工委常务副主任袁春林作县关工委工作报告。25年来，县关工委在促进广大青少年全面健康成长方面，做了大量富有成效的工作。尤其在青少年思想道德建设取得的新成效、基层关工委组织建设实现的新突破、参与社会管理工作创新取得的新进展、校外教育发挥的新作用、关工委自身建设实现的新加强等方面进行回顾。参加座谈会的部分同志围绕工作总结谈了自己在从事关心下一代工作时的感悟。林惠明代表县委、县政府，向从事关心下一代工作的全体同志以及长期关心支持宁海县关工委工作的社会各界人士表示感谢。要求县关工委要坚持继承传统与开拓创新相结合，进一步提升关心下一代工作；要坚持立足基层与加强指导相结合，进一步巩固发展基层建设成果；要坚持加强自建与发挥优势相结合，进一步增强基层关工委组织活力。希望以县关工委成立25周年为契机，进一步增强责任感和使命感，用改革创新的精神、“三严三实”的作风，不断巩固发展基层建设成果，更好地服务青少年成长成才，努力把新时代全县关心下一代工作提高到新水平，为建设“两美”宁海、实现经济社会跨越发展做出新贡献。为纪念宁海县关心下一代工作委员会成立25周年，县关工委编印《为了孩子　为了明天——宁海县关工委“五老”先进事迹汇编》和《青少年思想道德教育宣讲团宣讲资料汇编》（两册）系列丛书。

纪念中国共产党建党90周年活动 2011年3月4日，由县关工委牵头，县委宣传部、县教育局、县总工会、团县委、县妇联，在县教育局召开中国共产党建党90周年纪念活动协调会。县关工委常务副主任杨启炉主持会议。与会人员围绕“党在我心中”主题教育活动，分别汇报、交流中国共产党建党90周年系列纪念活动方案：县教育局“光辉的旗帜”主题活动；县妇联的“党旗飘扬、巾帼献礼”（“闪亮言行，巾帼风采”宣传月活动、“立足职能、建言献策”调研实践活动、“真情服务进百村”活动）主题活动；团县委的“红领巾心向党”“中学生文明行”等活动、县总工会的“建功十二五，工人有力量”主题活动；县关工委的“党在我心中”系列活动（一是“红色传承”系列：“讲红课、学党史”活动、“走红路、缅先烈”活动、“传红志、学楷模”活动；二是“红心向党”系列：“光辉的历程”主题教育图片展、“光辉的旗帜”读书征文活动；三是“我爱家乡”系列：“踏寻党的遗址，喜看缑城巨变”座谈会、深化“做一个有道德的人”活动）；县委宣传部理论科科长章伟银就“七个一”系列活动方案作发言，即“红色志愿活动”“红色宣讲活动”“红色读写活动”“红色文艺展演活动”“红色之旅活动”“关爱帮扶活动”“红色表彰会”。会上，并就进一步做好纪念中国共产党建党90周年各项工作提出意见和建议。杨启炉就纪念建党90周年，对进一步加强青少年爱党、爱国主义教育等讲话。

2011年3月28日至4月2日，县关工委在县烈士园举办首期为期一周的纪念中国共产党建党

90周年图片展活动，共计1.4万名青少年参观图片展。图片展分为三个版块：中国共产党成立90周年《光辉的历程》、《永远的丰碑》和《宁海党组织光辉历程》。图片展还在各乡镇、街道、学校开展巡回展览，参观图片展的青少年达5万人次。为纪念中国共产党成立90周年华诞，县关工委邀请城区退协、实验二小协作，积极排练“代代跟党走”老少诗歌朗诵节目，为参加市关工委举办的纪念建党90周年老少诗歌朗诵会节目做准备。

2011年5月，为纪念中国共产党成立90周年华诞，县关工委与县教育局联合在全县各校开展“光辉的历程”图片巡回展。《光辉的历程》展览通过不同时期的图片文字全面详细地展出中国共产党发展历史及各个时期的里程碑事件，生动地再现党的辉煌历史和丰功伟绩。突出宣传党的光荣传统和优良作风；《永远的丰碑》展览图文并茂地记载80名优秀共产党员的闪光事迹。《宁海党组织光辉历程》展览生动展示宁海县党组织发展的光辉历程及广大党员的奉献精神和闪光品质。图片展于5月初开始，至6月底结束，有近3万名青少年参观，受到良好的教育。

2011年6月5日，县关工委顾问马光明赋诗纪念中国共产党90周年诞辰，为加强青少年思想道德建设提供好教材。

沁园春·庆祝建党九十周年　十月革命，一声炮响，送来马列。赞五四运动，爱国热潮；南湖红船，全英汇集；建党救国，开天辟地，横扫敌军如卷席。新中国，如巨龙腾空，东风立极。

改革开放大潮，再掀起振兴中华热。看神舟飞船，笑傲苍穹；长江三峡，神女欢舞；青藏高原，火车高歌，全国惊叹中国龙。齐欢庆，颂九十华诞，普天同乐。

2011年7月13日，县关工委举办胡锦涛“七一”重要讲话学习会。部分副主任、常务委员与驻会人员参加学习会。会议由县关工委副主任、秘书长任校章主持。任校章传达宁党办《中共宁海县委办公室关于学习贯彻胡锦涛同志在庆祝中国共产党成立90周年大会上的讲话的通知》。与会人员展开热烈讨论。县关工委常务副主任杨启炉作《关于上半年工作回顾和下半年重点工作》的讲话。大家纷纷表示要切实地把思想和行动统一到中共中央总书记胡锦涛“七一”重要讲话精神上来，凝聚智慧和力量，增强做好关心下一代工作的信心，并就如何落实青少年德育教育、法制教育、中国共产党建党90周年主题教育活动等提出建设性意见。

“光辉照我心，精神传万代”百名老少同访中华人民共和国成立前老党员活动　2011年4月23日，县关工委、县委组织部、县委宣传部、县老干部局、团县委、县委党史研究室联合开展“光辉照我心，精神传万代”为主题的百名老少同访中华人民共和国成立前老党员活动。县关工委13位老领导与青年志愿者、网络志愿者、学生团员和少先队员等110余人，分13组走访宁海县中华人民共和国成立前入党的23名老党员，倾听老党员的革命故事，挖掘老党员的崇高精神。县关工委常务副主任杨启炉到前童镇柘湖杨村，到有着64年党龄的老党员吴更友家中进行走访慰问。吴更友与大家面对面座谈交流，兴致勃勃地讲起他那激情燃烧的革命历程。“我常常把自己装扮成一副砍柴人的模样，头上戴着草帽，脚上穿着草鞋。实际上，我主要负责送信等通讯联络工作，在我的草帽中藏着需要递送的信件……”走访人员被吴更友对党一如既往的深厚情怀、与党共成长的感人故事深深打动。县关工委副主任王以位与青少年到跃龙街道东海路的老党员李绍敏家中，已有66年党龄的李绍敏为大家唱起一首他记忆中的红歌：“七月里，七月一/男女老少皆欢喜/敲起锣鼓开大会/都来替共产党过生日/七月里，七月一/男女老少皆欢喜/扭起秧歌开大会/都来替共产党过生日……”唱到动情处还扭起秧歌，来表达自己对党90华诞的敬意，并希望年轻的一代能够为党的事业做出新的贡献。

宁波市关工委“代代跟党走”老少诗歌朗诵会活动 2011年7月2日，宁海县关工委参加宁波市关工委在宁波电视台举办的“代代跟党走”老少诗歌朗诵会，并获得“优秀演出奖”。比赛场上，宁海县选送参赛作品是县关工委副主任袁哲飞编写的诗朗诵《我们同唱一首歌》，由县关工委龚怀源与城区教育退休协会7位老同志、县实验二小的20位学生同台演出，代表队克服排练时间短、天气炎热等困难，并取得好成绩。

假期校外青少年教育活动 2011年6月22日，由关工委牵头，县教育局、团县委、县妇联、跃龙街道办事处、桃源街道办事处、城区教办等单位，在县教育局召开暑期校外青少年教育活动协调会。探讨，交流校外青少年教育活动有关事宜。县关工委常务副主任杨启炉主持会议，专职副主任袁春林参加。与会同志分别交流暑期校外青少年教育活动计划。并就进一步做好暑期校外教育各项工作提出意见和建议。杨启炉在总结讲话中肯定各部门结合自身实际，围绕主题，暑期教育活动安排丰富多彩，富有教育意义。建议各部门精心谋划，资源共享，创新活动载体，文艺展演、社会实践和网络宣传一起抓，齐心协力，营造好良好的氛围。强调暑期教育活动要紧紧围绕纪念中国共产党建党90周年这一主题开展活动，使广大青少年过一个快乐、安全、有意义的暑假。

2012年6月28日，县关工委联合县教育局、文广新闻出版局、团县委、县妇联、跃龙街道和桃源街道在县教育局召开暑期教育协调会议，各单位分管领导出席会议。县关工委专职副主任袁春林主持会议。会上，各家单位就暑期活动的安排与部署作交流发言。县妇联开展“小学生走进巾帼文明岗”、“母亲素养工程”、“我爱我家”微博秀、“我的暑假我做主”征文比赛。桃源街道开展青少年法制安全教育、征文比赛、慈善基地学习。跃龙街道以假日课堂为抓手开展暑期教育。团县委开展“走访老团员”、安全自护教育、暑期社会实践活动。文广新闻出版局开展严格控制非法书籍和网吧整治活动。县关工委着重开展“学雷锋、心向党、讲品德、见行动”主题教育活动，分为“党辉照我心”（“讲红课、学党史”、“七个一、颂党绩”）、“美德伴我行”（“学雷锋、比奉献”、“我们一起学国学”）、“践行我成长”（“我劳动我光荣”、“爱家乡爱宁海”）三个系列，以及通过“假日爱心学校”开展孝德教育、文体活动、思想道德教育、法制安全教育等。与会代表重点还就如何加强协作、整合资源和力量、创新活动载体、在青少年中广泛深入开展爱国主义教育活动、思想道德教育等展开讨论。县关工委常务副主任杨启炉充分肯定各部门暑期教育活动安排各具特色、丰富多彩、富有教育意义。会后，县关工委向全县各级关工委发出宁海关工委《关于开展“学雷锋、心向党、讲品德、见行动”暑期校外青少年教育活动的通知》。各乡镇、街道关工委，教育系统关工委相应作出暑期活动部署，并制订具体工作计划。

2012年暑假期间，宁海县共有1202名“五老”参加活动，受教育青少年达6.03万人次。

2014年暑假结束，全县各中小学就向学生发放《向幸福出发——宁海人共同价值观读本》一书，作为教材在全县中小学开展宁海人共同价值观教育，引导广大中小学生将“诚信、创新、包容、崇学、向善”这些词条转化为实实在在的行动。全县中小学均已启动新学期德育教育工作，计划充分利用黑板报、宣传栏、广播站、校园网等多种形式同步进行。在课堂教学中挖掘学科教学中的社会主义核心价值观教育结合点，尤其是德育课程和地方课程中渗透社会主义核心价值观教育；抓住“友善、孝敬、诚信”为重点进行中华传统文化美德教育，开展中华经典诵读活动，将社会主义核心价值观融于优秀传统文化教育；通过常态化的校园文化活动，将社会主义核心价值观教育融于校园文化。

2015年寒假期间，宁海县关工委提出在青少年中广泛开展“快乐寒假，与梦同行”主题教育活动。

学校周边环境建设督查活动　2011年9月，在县政府办公室统一协调下，县公安局、县关工委、县文广新闻出版局等单位联合行动，对城区实验小学、潘天寿中学、城关中学及幼儿园等学校周边环境进行安全大检查。该次检查重点在于学校（幼儿园）周围小餐饮店持卫生许可证情况、食品从业人员健康体检情况、食品进货票证与验收台账登记情况、餐具消毒情况等；学校（幼儿园）门前小卖部是否有出售劣质食品的现象，严厉打击各种销售“三无”、过期变质食品的不法行为，并追查问题食品的源头，严堵劣质食品的流通渠道。对学校（幼儿园）周边流动小摊点的食品卫生状况也进行督查。

普及青少年防灾减灾知识活动　2012年5月12日是全国第四个“防灾减灾日”，各乡镇（街道）关工委纷纷开展各项活动，普及青少年防灾减灾知识，唤起他们对防灾减灾工作的关注，切实增强学生的生命安全意识，提高学生的应急逃生能力。

“成长心连心”大型公益活动　2015年9月13日，县关工委携手爱心企业上海润涵文化平台和正学中学，共同举办“成长心连心”大型公益活动。来自上海润涵文化传播有限公司的工作人员和全国各地的80多位义工，以及正学中学的342名师生和家长参与到这个特殊的活动中。活动现场气氛热烈火爆，参与的学生、家长、老师情绪高昂。该次活动，让每一个参与者都学会重新审视自我，学会相互沟通、信任、欣赏，学会相互鼓励和支持。该活动，旨在通过老师、家长和学生三方的共同体验，促进这三方之间的互动，构建和谐校园，是学校德育课程的又一个有效载体。县关工委常务副主任袁春林希望通过这一平台，从实践体验中学习人与人之间的沟通、信任、支持和欣赏，希望同学们通过这一活动，更加热爱学习、热爱劳动、热爱祖国，更加关心同学、尊敬师长、孝敬长辈、感恩父母；更加讲文明、懂礼貌、守纪律、会感恩，做一个有理想、有道德、有文化、有纪律的社会主义事业合格接班人。

青少年安全自护教育专项活动　2011年8月4日，由宁海团县委、县外务办、县未保办和县志工办共同主办的宁海县青少年安全自护教育专项行动暨“安全自护我能行”一日营启动仪式在民工子弟学校科达中学举行。团市委副书记钱雪华和县领导褚孟形、张文蛟、项松春出席。县有关部门分管领导、县政法系统和文化卫生系统60余名志愿者和200余名民工子弟学校学生参加，县关工委常务副主任杨启炉应邀出席参加活动。团县委书记张微燕作动员；县委常委、常务副县长褚孟形讲话；学生代表和志愿者代表作表态发言；县领导还为宁海县青少年自护教育特色课堂授牌和赠送青少年暑期安全自护教育手册及阅读证。启动仪式结束后，与会领导还参加送教急救、案例警示、消防安全、法律援助等特色课堂教育。

2013年7月23日，宁波市青少年平安自护教育专项行动暨平安自护教育课堂启动仪式在宁海举行。县委副书记褚孟形、团市委副书记方晴、县关工委常务副主任袁春林出席启动仪式。2013年，宁海重点推出青少年平安自护教育课堂。通过中心课堂、网络课堂、体验课堂、流动课堂等各种类型的自护课堂，进一步增强青少年自我保护意识，提高青少年的平安自护能力，丰富自护教育的工作内容和手段，营造未成年人安全健康成长的社会氛围，有效减少和防止未成年人意外伤害事件的发生。启动仪式上，县首批“青少年平安自护志愿讲师团”成员接受聘书。宁海“最美快递哥”被聘任为自护志愿大使，并倡议关心关注青少年的健康成长，传递社会正能量。宁波汽车软轴软管有限公司、宁波东钱湖旅游度假区万达制针厂、宁波得益机电设备有限公司三家爱心企业共捐赠9万元公益资金支持青少年平安自护行动，被授予宁海县2013年度“公益企业”荣誉称号。太平洋人寿宁海支公司为宁海县自护志愿者提供总价值3000万元的人身意外伤害险，现场捐赠自护志愿者安全套餐。启动仪式后，科达中学民工子弟小学部和社区假日课堂的近200名学生还参加“消防安全”和“自护急救”自护教育课堂体验，县消防大队和卫生局的平安自护志愿讲师分别就防火、消防应急疏散及自救、现场复苏、急救演示等向学生传授自护知识，提高自护能力。

2013年8月15日，青少年平安自护特色课堂之案例警示课堂在县志愿服务指导中心开课。平安自护志愿讲师团讲师、县法院法官章琴琴以生动的案例展示，深入浅出地为现场的青少年及家长开展“莫让悔恨伴青春”的专题讲座。通过两个失足青少年的忏悔视频，让大家深刻感受到犯罪对青少年及其家庭造成的伤害，并深刻分析青少年常犯的几种犯罪类型，引导青少年树立遵纪守法的意识，规范自身行为；对青少年如何处理沉迷网络、早恋、哥们义气提出建议，警示家长要做好引导工作，帮助孩子们尽早确立正确的法制观念。青少年平安自护特色课堂是宁海县青少年平安自护活动重要内容之一，平安自护志愿讲师主要由公安、法院、检察院、消防等职能部门工作人员组成，结合青少年平安自护所需，开设法制、心理、消防、交通、应急等15种自护特色课堂。

2013年8月16日，县志愿服务指导中心举办“台风知识及预防措施”讲座，通过不断开展青少年平安自护课堂讲座，进一步增强全县青少年安全自护意识和应对突发事件的避险自救能力，有效减少和防止未成年人意外伤害事件的发生。

青年创业大赛决赛活动 2012年9月24日，宁海县举行2012年青年创业大赛决赛暨颁奖典礼。县委副书记褚孟形出席活动。该活动自7月底正式启动，面向社会创业青年进行广泛征集，共收到涵盖摄影摄像、农特产品销售、海水养殖等多个领域共46个参赛项目。大学生村官卖农产品、通过电子商务网站配送蔬菜生鲜的“菜篮子工程”、情侣服饰品牌、锌合金快速合成模材等决赛现场，入围决赛的13名选手通过项目介绍、选手互评、评委提问等多个环节的激烈比拼，展示当代宁海青年创业创新的激情活力和奋发向上的良好风貌。褚孟形向大赛的成功举办和在大赛中获奖的参赛选手表示热烈祝贺。指出，县第十三次党代会提出“建设滨海生态县、打造人居幸福地”的宏伟目标，美好的愿景为广大青年朋友提供干事创业的广阔舞台。新时期的宁海青年更应发挥甘于吃苦、善于创业的可贵精神，锤炼敢为人先、勇于创新的过人胆略，砥砺勤学务实、坚韧图强的优秀品格，培养目光敏锐、放眼全球的开阔胸襟，把个人的理想和抱负融入到家乡新一轮发展的具体实践中，把青春和智慧汇入到谱写美好未来的不懈奋斗中，在创业创新的行动中实现自身的价值，在事业发展的追求中创造人生的辉煌。希望社会各界积极为青年创业提供指导和帮助，大力弘扬创业文化，广泛宣传创业典型，在全社会形成“鼓励青年成长、支持青年创业”的良好氛围。

“幸福手牵手　快乐新学年”活动 2012年9月6—7日，县关工委、跃龙街道怡惠社区联合开展以“幸福手牵手　快乐新学年”为主题的新学年系列关爱活动。县关工委专职副主任袁春林参加活动并作讲话。9月6日，为民工子弟学校——育才小学送去投影仪与音响设备，对30名品学兼优学生进行表彰奖励。县关工委还给该校学生送去价值3000元的书包等学习用品。9月7日，在外口之家播放远离邪教、滑坡危害与预防、农村道路交通安全等教育宣传片等。邀请家庭教育资深教师龚以兰，为103名外来新市民家长讲授如何提升孩子自身素质、如何融入新环境的家庭教育中孩子好习惯培养的课程，提高家长自身能力。

基层建设推进年活动 2013年3月15日，县关工委在跃龙街道杜鹃社区关工委召开“基层建设推进年”。县关工委部分副主任、委员，各乡镇（街道）关工委常务副主任及办公室负责人，县教育局和民营经济关工委常务副主任参加会议。县关工委副主任任校章主持会议并在会上传达中央领导对中关工委工作的重要批示精神。跃龙街道杜鹃社区关工委和长街镇大青村关工委在会上作经验介绍，前童镇关工委常务副主任王亚飞就创建“五好”乡镇（街道）关工委作表态发言。县关工委副主任王以位作《深入开展基层建设年，进一步提升基层关心下一代工作水平》的报告。县关工委常务副主任袁春林在会上作讲话并部署工作。

基层调研月活动　2013 年 4 月，县关工委开展以“下基层、深调研、办实事、强服务、促发展”为主题的“基层调研月”活动，近距离了解基层关工委的真实情况，促进关心下一代工作发展，不断提高广大关工委干部的理论研究水平和解决实际问题能力。活动中，县关工委深入乡镇（街道）、村（社）校关工委进行调研，通过听取汇报、实地查看、座谈交流等方式，听取基层工作汇报和工作建议，了解在工作中出现的新情况、新问题。分析工作中的薄弱环节，研判发展新形势，增强改革创新、创先争优的意识。活动要求关工委干部做到“身临一线接地气、眼察一线知下情、心系一线强服务、情牵一线促发展”，不断推动基层关工委的工作。

2013 年 4 月 25 日，县关工委常务副主任袁春林、副主任王以位、任校章到长街镇连浦村进行县关工委联系点的调研活动。在镇、村关工委座谈会上，听取镇、村关工委领导的情况介绍。连浦村是由五个自然村合并而成，在近年“春泥计划”工作开展中，积极开展大手牵小手、创建绿色环保家园和体育比赛等活动。村党支部和村委会对做好关心下一代工作认识到位，是长街镇 2013 年“三好四无”创建村和示范点。袁春林在听取情况介绍后，提出连浦村要结合“市级文化示范点”“首批社区进农村示范点”“春泥计划”等工作，2013 年在“三好四无”创建工作中要探索创新，争取有新的成效，为村级关心下一代工作做出新的贡献。

浙江省万名儿童圆梦公益大行动活动　2013 年 9 月 5 日，浙江省关工委与浙江电台交通之声联合开展“一万个梦想，一万个心愿”——浙江省万名儿童圆梦公益大行动活动组赴宁海开展活动。活动组先后赴胡陈乡小学、越溪乡小学，前童镇初中、岔路小学开展活动。组织 400 名寒门学子填写《心愿卡》。孩子们一个个朴素的心愿，感动着在场的每一个人。县教育局团工委副书记蒋倩在了解小丹家的遭遇后，情不自禁地泪流满面。心若在，梦就在。浙江省万名儿童圆梦公益大行动通过发动社会爱心力量，实现孩子们心中的愿望。活动组领队张渊表示“一万个梦想，一万个心愿”活动是一个爱心的平台，是一个奉献爱、传递爱的桥梁。

高格尔微心愿公益助学活动　2013 年 9 月，县关工委、团县委决定通过张力助学中心开展“金秋圆梦，传递爱心”为主题的高格尔微心愿公益助学活动，关爱农村儿童及外来民工子女。县关工委常务副主任袁春林指出，活动旨在通过张力助学网络平台实现志愿者与爱心人士、企事业单位的互动，整合社会资源，凝聚社会力量，实现公益接力和爱心传递，使爱心助学工作取得更大成效，是关工委参与和创新社会管理的有效途径。活动分征集心愿（对桑洲镇小学、科达学校、育才学校的 300 名家庭贫困中小学生心中所想、现实所需，能够以实物和人文关怀等方式实现的心愿进行征集）；公布、认领心愿（通过张力助学中心“大地助学网”面向社会公布，由热爱公益事业的人士和组织认领）；实现心愿（根据认领心愿情况，分送物品，帮助寒门学子实现心中愿望）三个阶段进行。

2013 年 11 月 1 日，宁海县关工委、团县委牵手张力助学中心、高格卫浴产品有限公司开展“金秋圆梦，传递爱心”高格尔微心愿公益助学活动，为育才学校、桑洲学校和科达学校等 3 所学校的 300 名学生送去心愿小礼物。活动由团县委副书记储杨洋主持。在活动仪式上，爱心企业家代表宁波市高格卫浴产品有限公司副总经理屠桂芳指出，公司会继续去帮助那些需要帮助的学生，给更多孩子一份温暖。受助学生代表在发言中感谢爱心人士对家庭贫困学生的帮助。县关工委常务副主任袁春林出席会议并讲话。该次公益助学活动300个微心愿均来自农村儿童及外来农民工子女，由宁波市高格卫浴产品有限公司出资3万元与部分网友共同认购全部物品。除帮孩子实现微心愿外，高格卫浴还用剩余的钱资助部分贫困学生。

2014年重阳节，宁波高格卫浴产品有限公司走进梅林凤潭敬老院，为老人们送上165床棉被。自2013年9月，高格卫浴认领育才小学近百个“微心愿”，同时结对学生，帮助贫困学子完成求学之路开始，高格卫浴共为各类社会慈善事业累计出资近30万元。

“三爱”主题教育活动 2015年第一季度，县关工委结合宁海县关心下一代中心工作实际，深化中国梦的同时，在全县广大青少年中深入开展爱学习、爱劳动、爱祖国（以下简称“三爱”）主题教育活动。组织广大青少年参加各种社会实践、亲身体验、志愿服务、劳动体验活动，激励更多青少年投入到在家做好孩子、在学校做好学生、在社会做好公民的实际行动中来，充分发挥文化育人的功能，突出宁海本地特色，结合传统文化，打造一批“三爱”文化活动品牌。

“中国少儿汉字棋宁波行”主题活动 2015年5月13日，“中国少儿汉字棋宁波行”主题活动宣讲队在宁海县关工委常务副主任袁春林、副主任王以位以及镇关工委有关人员的带领下，到宁海县西店镇中心小学。宁波主办方老师任志甫向部分学生进行一场富有趣味的汉语学习智力化专题讲座。为宁海县少年儿童带来一份特殊的“六一”节日礼物。该活动由宁波市关工委、市语委、市体总和团市委等主办，旨在弘扬汉字文化，增强少儿的祖国母语意识，促进少儿汉语学习。“汉字棋”由宁波人发明，以人教版小学语文教材的汉字为字源，一套六副，分初、中、高三个等级，共含2880个汉字，被有关专家喻为开创了汉语学习智力化之新形式，在先前宁波有关小学推广中，在丰富少儿汉语词汇方面显示明显效果。在活动现场，宣讲队向西店中心小学赠送“汉字棋”，进行“汉字棋”讲座培训，并向参加活动的小学生颁发活动纪念卡，学生们对这新兴的“汉字棋”产生浓厚的兴趣，提问热烈，参与踊跃。

庆“六一”活动 2011年“六一”儿童节，县关工委与县妇联开展以“关爱革命老区留守儿童，加强爱国主义教育”为主题的宣传教育活动。5月28日，带领前童镇、桑洲镇、茶院乡的41名农村留守儿童分两组参观爱国主义教育基地，开展爱党、爱国、爱社会主义教育，过了一个有特别意义的“六一”儿童节。第一组前童镇、桑洲镇各10名留守儿童由学校老师带队进行红色之旅活动，到岔路镇的山洋革命根据地纪念园学习参观，接受革命传统和爱国主义教育。县关工委常务副主任杨启炉、县妇联干部范静筠和县关工委办公室任琦专程到山洋与小朋友一起参加活动。他们首先参观革命纪念园陈列馆，了解浙东、台属地区领导和宁海县委领导坚持游击战争，领导广大群众开展革命战争的史实。基地管理员退休教师王式昆给留守儿童们讲解宁海英雄先辈的光辉业绩。回顾先烈们抛头颅、洒热血的革命壮举；回顾先烈们视死如归、顶天立地的高大形象；感受先烈为国家、为民族的解放而不惜牺牲的高尚情操，增强留守儿童的爱国主义情感。县关工委常务副主任杨启炉说，山洋革命纪念园是宁海县和宁波市的两级革命教育基地，从2004年建立以来，已接受县内外广大党员干部群众前去参观学习达34000多人次。随后，带领留守儿童们一起到前童古镇参观。另一组茶院乡21名留守儿童在县关工委专职副主任袁春林、县妇联徐剑、县关工委办公室应可顶和茶院乡妇联吴巧雅的带领下参观岳井铭记碑。听取退休干部蒋颂恩《牢记国耻家仇，立碑教育后人》的宣讲。要求学生们牢记历史，奋发图强，好好学习，为社会主义现代化国家贡献力量，以出色的成绩迎接中国共产党成立90周年。县关工委专职副主任袁春林要求同学们要牢记历史，不忘国耻，要团结友爱，自己照顾好自己，并鼓励他们好好学习，天天向上。之后，留守儿童们参观日军侵略岳井罪行陈列室，并在铭记碑前重温入队宣誓："我决心遵照中国共产党的教导，好好学习，好好工作，好好劳动，准备着为共产主义事业，贡献出一切力量！"留守儿童还参观伍山石窟。留守儿童小张在参观日军侵略岳井罪行陈列室时说："参加这样的活动，我深受教育，日寇太凶残了，我会牢记落后就要挨打，以后要好好学习，建设强大的祖国！"

2012年5月31日，县关工委专职副主任袁春林，副主任胡昌强、副秘书长龚怀源、秘书田敏前往县培智学校，向残疾少年儿童进行"六一"慰问，送上慰问金9000元和学习用品。

2013年为庆祝第64个国际"六一"儿童节，县关工委在全县开展"六个一"活动。即，一次助学帮困活动，一次慰问少数民族流动儿童活动，一次书画比赛活动，一次"庆六一"主题活动，一次读书活动，一次孝德教育活动。

2013年"六一"前夕，县关工委常务副主任袁春林、教育局关工委常务副主任王福常及退休老教师金慰祖、冯圣太一行专门对西店镇外来工子弟学校进行深入调研。西店镇教办主任和西店外来民工子弟学校校长向调研组详细介绍学校的基本情况和现状。由于外来工子弟是一个特殊的群体，学校把纠正和培养学生的行为习惯作为重点来抓。学校认真关注学生心理健康，对学生的心理问题尽可能做到早发现、早干预、早矫治。结合学校实际关爱弱势群体，对不同类型的学生进行帮扶等活动。袁春林代表县关工委向学生们送去"六一"慰问和体育用品。

2013年5月28日，县关工委、宁波得力集团有限公司、前童镇关工委在前童镇中心小学开展"聚焦少数民族，关爱流动儿童"为主题的"六一"慰问活动。活动中，三家单位向来自10个民族的114名小朋友们赠送价值近30000元的复读机和文具，为孩子们送上节日的问候。县关工委常务副主任袁春林在讲话中勉励孩子们做"热爱祖国、理想远大"的小公民，争当"勤奋学习、追求上进"的好学生，争当"品德优良、团结友爱"的好少年。

2013年6月1日，由县关工委、县教育局、县新闻中心、县广播电视台、县商务局、县文联、宁波太平洋百货集团等部门联合举办的第十六届"太平洋百货杯""六一"少儿书画大赛。近800名少年儿童齐聚太平洋国际购物中心广场参加书画大赛。自1997年来，每年一届的"太平洋百货杯""六一"少儿书画大赛吸引众多爱好书画的少年儿童，书画大赛成为检阅宁海县少儿书画成果、展示少儿艺术水平的一项品牌活动。过去的十五届比赛，共有4000余名少年儿童参赛，书画作品5000余幅。"太平洋百货杯""六一"少儿书画大赛已经成为宁海县一道亮丽的文化风景线，成为少年儿童展示书画艺术的宽阔舞台。

2014年5月23日，在"六一"儿童节来临之际，县关工委常务副主任袁春林、副主任任校章、教育局关工委叶权泰、潘家荣及力洋镇关工委万中林到力洋镇前横小学开展"传递关爱，情暖六一"的慰问活动。县关工委给前横小学送去篮球、足球、羽毛球等十余种学校所需的体育器材，并给该校十名特困学生送上各200元的慰问金。当同学们接过这些用品和慰问金时，脸上洋溢着幸福的笑容，纷纷表示感谢，决心好好学习，成为有用的人。袁春林要求同学们感恩奋进珍惜现在，学好本领为实现伟大的"中国梦"添砖加瓦；增强法律意识，养成良好的习惯，争做一名遵纪守法的好少年；热爱运动、热爱劳动，争当体魄强健，奋发向上的好学生；成为有理想、有道德、有文化、有纪律的"四有"新人，将来回报社会、回报祖国。

2019年"六一"儿童节前夕，县关工委副主任、协会会长季元法，副主任、协会副会长兼秘书长王元法，副主任、协会副会长吴满春一行到一市镇中心幼儿园开展"温暖守心、情定夏日"留守儿童慰问活动，给孩子们送上慰问金及六一礼物。孩子们纷纷说起自己的愿望，“我的愿望是考上宁中”，“我的愿望是能让妈妈回来”，“我的愿望是妈妈的病能早日好起来”……在零距离、面对面的交流过程中，季元法要求孩子们要以一颗谅解的心去理解不在身边的父母，以一颗感恩的心不忘身边关心关爱的人，以一颗坚强的心学会自强独立，不自暴自弃。

2019年5月29日，县关工委联合县委统战部、县教育局、长街镇关工委和跃龙街道关工委组织辖区30多名留守儿童开展“同一片蓝天下‘六一’关爱留守儿童活动”。岳井小学的留守儿童走出宁海偏远的岳井，坐车经过“网红桥”——兴宁廊桥、西门城楼来到柔石故居，聆听柔石一生平凡而伟大的事迹。接着，与城西小学的留守儿童一起到宁海东方艺术博物馆参观非物质文化遗产。馆长黄才良现场为孩子们讲解泥金彩漆的历史和文化渊源，还特意让孩子们体验泥金彩漆的制作过程，为自己制作一件特别的“非遗”“六一”礼物。

学雷锋与志愿者服务活动 2011年3月4日，在浙江省第四个志愿日前夕，县关工委在2010年度志愿者先进活动表彰中，县关工委志愿服务总队勇摘“宁波市志愿服务先进集体”称号；县关心下一代基金管理委员会志愿者服务队荣获“宁海县志愿者服务先进集体”；县关工委副秘书长龚怀源、委员单小乾等四人被评为“宁海县优秀志愿者”。

2011年3月5日是“学雷锋日”，也是省第四个志愿者日。县关工委参与全县广大志愿者在3月份集中开展的“我为党旗增辉”“我为宁海添绿”“我为村级换届清风”“我为重大项目助推”“我为弱势群体送暖”五项服务，全面推进志愿服务事业，促进社会管理创新。

2012年3月5日，县关工委顾问马光明以《学雷锋座谈会感怀》为题赋诗，为加强青少年思想道德建设提供好教材。

学雷锋座谈会感怀

学雷锋，记心中，贵在坚持树新风。
学雷锋，树新风，重在实践见行动。
学雷锋，见行动，爱岗敬业立新功。
学雷锋，立新功，振兴宁海责任重。
学雷锋，责任重，缑乡文明展新容。

2013年3月3日，为纪念毛泽东“向雷锋同志学习”题词50周年，首届宁海县志愿服务文化节在县青少年宫广场拉开帷幕。活动旨在深入贯彻中共十八大精神，进一步深化群众性精神文明创建活动，推动学雷锋、参加志愿服务常态化。县关工委志愿服务总队、各乡镇（街道）、跃龙街道各社区以及社会各界民间志愿服务组织共60个志愿服务队伍参加该次活动。在现场，各单位定点设摊，并进行相关宣传展示和各类现场志愿服务，县文化馆和各志愿服务队还献上公益演出，吸引不少市民前去参加活动。在活动现场还开展“伸出你我手，温暖你我心，让他有个健康的明天——义卖筹款救助淋巴瘤小男孩叶××大行动”活动。短短两个小时活动，共计义卖筹款26216.9元。

2014年3月9日，县关工委志愿者服务总队参加“学雷锋”2014第二届宁海志愿服务广场文化活动。现场展示宁海县“五老”积极投身志愿活动和教育关爱青少年情况。县关工委还倡议全县广大“五老”和青少年弘扬雷锋精神，从身边做起，从点点滴滴做起，传递正能量，共筑“中国梦”。

2015年3月7日，在县青少年活动中心广场“学雷锋活动月”启动仪式暨第三届宁海志愿服务广场文化节上，县关工委志愿服务总队在常务副主任袁春林的带领下，将特意准备的与关工委有关的五套适合青少年健康成长的书籍摆放整齐，专等有需要的市民前去领取。一批优秀的“五老”同志分散在各个摊位前为市民朋友提供服务。五丰社区志愿服务摊位前，四五位老奶奶有的在穿针引线，有的在飞快地绣着香囊，一个个精致漂亮的香囊摆在桌上，原本就对香囊感兴趣的市民，得知香囊收入所得是为社区里的一些老人服务时，热心的市民朋友以及其他志愿者你一个、我两个地纷纷慷慨解囊，也将满满的爱心收入囊中。不少市民买后还意犹未尽，仍驻足观看80岁老奶奶嵇彩娣绣香囊“表演”。县关工委思想道德教育宣讲团成员、县红十字会尤海华则在地上摆起人形模具，现场为市民讲解急救知识，手把手教起来，让更多的市民在遇到情况时，可以把握住宝贵的生命“黄金三分钟”。车河社区的“五老”们配合着社区服务项目，不断为市民提供免费礼品。

2016年3月5日，在第53个学雷锋纪念日，“学雷锋活动月”启动仪式暨第四届宁海志愿服务广场文化节在青少年活动中心内广场举行。“宁”聚公益力量，“海”汇志愿风采。县关工委组织的志愿服务总队作为79个志愿服务组织的一支也在现场忙碌。他们身穿志愿者红马甲，为广大青少年及家长带去《为了孩子 为了明天》系列书籍、宣讲光盘和《中国共产党历次全国代表大会大事记读本》《台山烽火》《儿童青少年心理健康100问》《播下最美的种子》等文化大餐以及铅笔、笔记本、橡皮擦、胶水等学习用品，希望通过该次志愿服务活动，能帮助到更多的青少年家庭。

2017年3月4日，县青少年活动中心内广场“青春治水美丽城乡”学雷锋系列活动启动仪式暨第五届宁海志愿服务广场文化节举行。来自各乡镇（街道）志愿服务总站、各县直机关志愿服务总队以及社会各界民间志愿服务组织等85个志愿服务组织的志愿者们为广大市民提供政策咨询、义诊、义卖、免费理发、按摩、小家电维修等近百项志愿服务，还有多才多艺的志愿者为市民朋友们献上精彩的义演。在整个3月，共有127个服务内容送到各乡镇街道、田间地头。2017年的活动以“五水共治、志愿先行，美丽崛起、青春建功”为主题，县关工委的“五老”志愿者们积极参与，并借助浓浓的学雷锋氛围，在现场有针对性地发放倡议书一百多份，招募一批“夕阳托朝阳晚霞添春晖”“五老”志愿者，以促进全县关心下一代工作实现新发展，共建美丽城乡。

2017年5月1日，县关工委在西子国际商场举办爱心公益服务社成立仪式暨旗袍爱心公益文艺晚会。宁海县四个街道关工委有关领导参加该次活动，县关工委常务副主任袁春林为其进行授牌。旗袍协会成立的爱心公益服务社，作为一个非营利性的爱心组织，旨在通过爱心公益做一名真善美的旗女子，聚集起一批有共同兴趣和社会大爱的女性，以女性特有的细腻感情为社会尽一点绵薄之力，让爱心凝结一种力量，使爱心传递更有温度，给身边的弱势儿童、困难学生带去实实在在的帮助，用爱心点缀他们的生活，希望通过一些活动，搭建起一个一端连着社会，另一端连着贫困学生及贫困家庭的长期有效运转的扶贫助学平台。

2017年5月27日，县关工委常务副主任袁春林与县爱心公益服务社等单位志愿者到培智学校，看望慰问学校的自闭症儿童，为他们送去温暖和关怀。该校学生为8~18周岁的智力残疾儿童少年，实施九年义务教育和康复训练，包括智障学生以及自闭症、轻度脑瘫等多重智残学生。志愿者一行向学校负责人详细询问自闭症孩子们的生活、学习情况，并送上系列学习用品。袁春林以及18个乡镇（街道）关工委常务副主任前往大观文化园召开以“关爱自闭症儿童”为主题的座谈会，贯彻落实“关心下一代”工作，通过设立爱心捐款箱，申请民政救助金，重视自闭症儿童以后的就业问题，提高公众对自闭症儿童的接纳和关爱等措施和方法，呼吁全社会共同关注自闭症儿童。为配合县委县政府有关部门做好青少年特殊群体、弱势群体的关爱和保护工作，县爱心公益服务社在县关工委等有关单位的支持下，在大观文化园举行“来自星星的你”文艺晚会、现场义卖活动等一系列活动，紫金爱心助养基金会表示该次义卖后所得善款全部用来救助自闭症孩子。

2019年3月4日，为贯彻落实省委“三服务”重大部署和县委“创新破难奋进年”活动号召，弘扬“奉献、友爱、互助、进步”的志愿服务精神，推动宁海县志愿服务专业化、常态化和特色化发展。县关工委联合县委组织部、县文明办、团县委和宁波西子太平洋商业管理有限公司等有关单位，在西子国际广场举行宁海志愿服务项目大赛启动仪式暨第七届宁海县志愿服务文化节。县委常委、县委宣传部部长、宁海县志愿服务工作委员会副主任叶秀高，县委组织部副部长、县委两新工委书记邬海燕，县委宣传部副部长、县文明办主任童东凯，县关工委副主任、县关心下一代志愿者协会会长季元法等出席启动仪式。参与活动的还有全县各乡镇（街道）志愿服务总站、县直机各关志愿服务总队，以及部分社会志愿服务组织的志愿者。关爱留守儿童专业志愿服务队戴伸一作为“最多跑一次、全域旅游、法律援助、医疗保障、应急救援、环境保护、赛会服务、关爱留守儿童”8支专业志愿服务队代表发言。为进一步弘扬雷锋精神，营造向上向善、友善公益的良好社会风尚，表达对志愿服务团队的感谢。在启动仪式上，对县公安局志愿服务总队、县国土局志愿服务总队、县法院志愿服务总队等9家团队授予“2018年度宁海县志愿服务突出贡献团队”称号。还对符合认证要求的七位新一批五星志愿者颁发星级认证证书。叶秀高在讲话中希望广大志愿服务组织和志愿者始终秉持“服务社会、提升自我”的理念，自发地掀起比爱心、比奉献、比口碑的热潮，努力提高志愿服务的质量和水平。最后，叶秀高宣布宁海志愿服务项目大赛正式启动。

抗日战争胜利70周年系列主题活动 2015年7月2日，宁海县关工委联合县教育局，在长街镇爱国主义教育基地岳井铭记碑前，举行世界反法西斯战争暨中国人民抗日战争胜利70周年“爱我中华　老少筑梦创未来”系列主题活动的启动仪式。“五老”同志向青少年们讲述当年发生在岳井血淋淋的抗战历史，希望同学们要以史为鉴，勿忘国耻，感恩今天的幸福生活。学生代表也表达对抗战英烈的崇高敬意，并在铭记碑前宣誓，要努力学习，增长才干，报效祖国。县关工委常务副主任袁春林，希望青少年要牢记历史，奋发图强，面向未来。广大青少年要在伟大复兴梦的进程中书写无愧于时代的华章。全县各级关工委将充分发挥“五老”政治优势、经验优势、威望优势，弘扬党的优良作风和光荣传统，向青少年讲历史讲传统、传思想传精神，增添新的正能量。利用假日学校、文化礼堂、乡村学校少年宫、家长学校等各类校外教育实践阵地，组织广大青少年寻访红色足迹、看望抗战老兵、聆听亲历者或知情者讲述遗迹背后的抗战故事，让广大青少年进一步了解日本帝国主义侵华战争的历史真相，增强爱国主义热情和民族自豪感，激发他们的爱国情怀和历史责任感，促使纪念抗战主题活动深入人心。

2015年暑期，为纪念中国人民抗日战争暨世界反法西斯战争胜利70周年，培育和践行社会主义核心价值观，传承和弘扬以爱国主义为核心的民族精神，按照县关工委年初的工作意见，暑期“假日学校”的发文，纪念抗战胜利“爱我中华　老少筑梦创未来”系列主题活动的启动仪式，强调各级关工委要紧抓契机，围绕中心，做好对青少年的爱国主义教育工作，引导青少年把个人的学习成长和国家的前途命运结合起来，升华青少年对“三爱”的理解。各级关工委积极贯彻文件精神，精心部署，积极安排落实活动。为提高青少年的参与热情，各地关工委充分发挥“五老”的政治优势、经验优势、威望优势、时空优势等，弘扬党的优良作风和光荣传统，向青少年讲历史讲传统、传思想传精神，增添新的正能量。据统计，该次参与活动的青少年有15070余人，“五老”人员752人。

宁海县关心下一代工作风采展示活动 2018年5月30日，宁海县关工委举行“为了孩子，为了明天”宁海县关心下一代工作风采展示主题活动。宁波市关工委主任邵孝杰，市关工委专职副主任张晖，县领导方勤、王能迭、潘红月、范建军及县老领导娄林忠、孙愫贞、马光明等参加活动。县关工委共有志愿者队伍5600余人，2017年9月成立宁海县关心下一代志愿者协会。县关工委和广大“五老”、爱心志愿者的工作赢得群众赞誉、青少年拥护，以及县委、县政府和上级关工委的充分肯定。县委常委、组织部部长方勤表示，该次活动既是一次县关工委、县关心下一代志愿者协会亮点工作展示，也是爱心志愿者风采展示。希望各级关工委组织以习近平新时代中国特色社会主义思想为指导，以“红船精神”为引领，不忘初心、牢记使命，以更加崭新的姿态，更加执着的干劲，努力“为孩子、为明天”谱写出更加绚丽的新篇章。活动对长期从事关心下一代工作的爱心志愿者代表和关协乡镇（街道）工作站站长进行风采展示，并举行爱心企业单位捐赠仪式和“向日葵”信箱启动仪式。

二、经验交流与文稿

学习取经　2013年10月15日，宁海县关工委驻会干部在常务副主任袁春林带领赴天台县、三门县关工委学习取经。天台县关工委常务副主任王丽阳介绍天台县概况及天台县关工委近年来工作开展情况。三门县关工委专职副主任包云烨介绍三门县关工委以抓班子队伍建设、抓主题教育活动、抓帮困助学工作、抓法制帮教工作为载体夯实基层关工委建设情况。考察团还实地参观三门县公安局蒲西边防派出所“阳光假日小屋”教育阵地。“阳光假日小屋”关爱农民工子女的感人事迹给考察团留下深刻印象。宁海县关工委常务副主任袁春林介绍宁海县关工委近年来的工作概况。

2014年3月12日，县关工委、县教育局赴象山学习“假日学校”的开办经验。象山县关工委主任、教育局负责人作经验介绍。面对师资力量的匮乏、场地的欠缺、经费和经验的不足以及安全保障等诸多问题和困难，他们在2013年假日学校实现全面覆盖。听取介绍后，宁海县关工委常务副主任袁春林表示，宁海县假日学校工作与象山县对比存在着较大差距，经过该次学习取经，对2014年如何提高并不断推进办好假日学校，学到经验做法。

2016年3月15日，县关工委常务副主任袁春林带队赴奉化市关工委学习取经。奉化市关工委常务副主任陈菊月、专职副主任邬登良详细介绍奉化关爱工作团的情况。关爱团中最富有实践经验的王继忠和王才康两人则毫无保留地细说他们多措并举，运用具有奉化特色的关爱工作法对违法犯罪青少年、服刑人员未成年子女、外来人员中有不良行为的未成年子女等进行关爱帮教的一些宝贵经验和心得体会。奉化关工委关爱工作团成立近10年来，义务关爱帮教违法犯罪未成年人862名，厚厚的台账记录他们为平安、法治奉化建设所做出的努力和奉献，成效显著。

2017年7月19日，由县人大常委会副主任、关工委主任潘红月带队的考察组一行到海曙区关工委，学习交流关于成立“五老”志愿者协会的队伍组合联谊化、团队管理社团化、工作运行项目化、服务开展专业化的“四化型”创新模式的成功经验和创新思路。海曙区银发志愿者协会会长姜洪运就“四化型”创新模式、“五老”志愿服务青少年工作基本情况、主要做法及近年所取得的成果等方面做详细介绍。海曙区关工委主任方佳闰、常务副主任尹萍也对银发志愿协会的运行管理、组织制度以及“四化型”工作项目创投等方面的情况进行交流。通过该次学习交流，潘红月表示对海曙区关工委志愿者协会所充满强凝聚力、强生命力、强影响力的“四化型”创新模式为宁海县开展多元化、常态化青少年志愿服务活动指明转观念、改体制、创机制、建制度的改革创新方向。县关工委将立足自身实际查找不足，补齐短板更好地开展全县关心下一代工作。

2018年11月15日，县关工委常务副主任袁春林、县关心下一代志愿者协会会长季元法等一行赴永嘉县关工委考察学习。永嘉县关工委常务副主任徐学筏、专职副主任兼办公室主任虞建远等接待考察团。虞建远介绍永嘉县关工委领导班子建设、红船精神主题教育、六类困境青少年的帮扶资助、特殊群体（女童）的帮扶、阵地建设、青少年航空航母学校等特色工作情况。

2011—2020年宁海县关工委向外地关工委学习取经情况统计表

表6-13

时间	学习取经人员	学习取经单位	学习取经活动内容
2013年10月15日	县关工委常务副主任袁春林及驻会干部	天台县、三门县关工委	天台常务副主任王丽阳介绍天台县概况及关工委工作。三门专职副主任包云烨介绍基层关工委建设情况
2014年3月12日	县关工委、教育局人员	象山县关工委、教育局	“假日学校”的开办经验
2016年3月15日	县关工委常务副主任袁春林及关工委干部	奉化市关工委	奉化市关爱工作团情况
2017年7月19日	县人大常委会副主任、关工委主任潘红月带队的考察组一行	海曙区关工委	成立“五老”志愿者协会“四化型”创新模式成功经验和创新思路。银发志愿者协会“四化型”创新模式、主要做法及近年所取得的成果等方面
2018年11月15日	县关工委常务副主任袁春林、县志愿者协会会长季元法等一行	永嘉县关工委	永嘉县关工委工作情况

经验交流　2013年4月26日，象山县关工委副主任应惠娟、孙为民带领新桥镇关工委一行二十余人到宁海县西店镇考察交流关心下一代基层建设工作。县关工委常务副主任袁春林向象山县关工委考察团介绍宁海县开展“双创建”活动的主要做法及成效。溪头村关工委作《创建“三好四无”活动，推进村级关工委建设》工作汇报，西店镇组织委员陈志伟交流西店镇关工委以“双创建”活动为载体，推进基层关工委工作经验。象山县考察团对西店镇关工委工作扎实，关爱助学工作突出，表示要认真借鉴西店经验，把工作做得更好。象山县关工委与宁海县关工委展开基层建设工作互动交流。袁春林介绍宁海县在乡镇（街道）开展创建“五好”乡镇（街道）关工委活动、村（社）校开展“三好四无”创建及提升巩固工作的情况。双方还就关心下一代工作队伍建设、关爱工作、活动开展等进行交流。

2014年6月12日，余姚市关工委常务副主任余家其一行30人到宁海县关工委学习考察基层关工委“双创建”工作，并进行座谈和实地考察。宁海县关工委常务副主任袁春林向余姚市关工委介绍宁海县基层关工委“双创建”工作的现状、亮点及主要做法。经过几年的“双创建”工作，宁海县各地关工委自身建设得到进一步的加强，工作条件得到进一步的改善，品牌工作得到进一步的提升，“五老”作用得到进一步的发挥，帮困助学得到进一步的兴起，档案资料得到进一步的完善。宁海县关工委在基层建设中对重点乡镇（街道）关工委进行跟踪，对薄弱乡镇（街道）关工委进行重点帮助，对各常务副主任进行重点指导，并注重关爱工作。余姚考察团还听取西店镇、越溪乡、跃龙街道关工委常务副主任周建明、陈文军、郑英雄对三个乡镇（街道）的经验介绍。余家其表示宁海县关工委在近年的基层创建中工作扎实并富有实效，希望考察团成员能从中有所启发。最后实地参观宁海县跃龙街道关工委和杜鹃社区关工委。

2015 年 8 月，乐清市关工委主任陈景飞、常务副主任胡凌云一行到宁海县学习交流基层关工委建设方面的成功经验，实地考察跃龙街道车河社区关工委建设。县关工委常务副主任袁春林、副主任任校章介绍宁海县关工委近年基层关工委的主要做法和成效，并对如何更好地开展关心下一代工作与乐清市关工委进行交流。

2015 年 12 月 4 日，镇海区关工委考察团到宁海县学习交流基层关工委建设。考察团一行听取县关工委、跃龙街道关工委和长街镇连浦村关工委的汇报，并对今后如何继续创新发展基层关工委建设工作作交流。2014 年，被宁波市关工委授予先进集体称号的长街镇连浦村关工委代表村级关工委代表作发言。村关工委主任刘聚位通过 PPT 向在座人士介绍村关工委在创建“三好四无”“五好”村关工委的近三年努力中，健全组织网络，创新活动载体，发挥“五老”作用，着力规范，引导创新，打造品牌，多举措促进村级关工委工作深化发展，实现“组织网络化、制度规范化、活动经常化、工作特色化”。借鉴各地各村的好经验好做法，以实干求突破，以创新求发展，把“五好”关工委的创建活动纳入常态化管理，进一步加强基层工作，重点抓思想教育不动摇，抓“五好”创建不放松，抓队伍建设不马虎，抓活动开展不间断，抓工作成效不懈怠，以更高的标准，更大的力度，向好字迈进，向实处着力，实现“好班子、好队伍、好机制、好活动、好效果”的一流队伍和一流业绩，持续提升工作能力和工作水平，推动连浦村关心下一代工作不断迈上新台阶。跃龙街道关工委常务副主任郑英雄介绍以深入开展创建“五好”示范街道关工委为目标，从抓组织建设，主要抓领导班子建设；抓队伍建设，主要抓“五老”队伍建设；抓制度建设，主要抓制度执行贯彻；抓教学载体，主要抓各类主题教育活动经常效果；抓探索创新，主要抓街道各社区关工委推出的特色亮点等方面扎实推进街道关工委各项工作的一系列做法所取得的成效。县关工委常务副主任袁春林对从抓认识、抓队伍、抓典型、抓指导、抓落实、抓作用发挥等方面对整个工作开展作简要介绍。镇海区关工委副主任顾亚奋对宁海县关工委工作尤其是基层关工委建设作出肯定，对宁海县村级关工委和乡镇街道关工委的工作给予高度评价。

2016 年 4 月 27 日，慈溪市关工委组织带领辖区各乡镇（街道）关工委一行到宁海县考察学习“三好四无”基层关工委创建品牌工作。大佳何镇关工委、技工学校关工委、长街镇连浦村关工委先后介绍宁海县从起步期至成熟期不同阶段基层关工委创建“三好四无”品牌工作中，不断创新工作载体，不断激发基层关工委活力，不断推进学校、家庭、社会“三位一体”的共育机制等，确保未成年人在全方位的关爱下健康成长。宁海县关工委“三好四无”品牌工作，是在 2007 年大佳何镇关工委试点成功的基础上，全面铺开的一项特色工作。历时 9 年，通过持续抓、深入抓，全县各级基层关工委建强队伍、健全制度，按照因地制宜，分类推进的方式，突出重点、创新载体，推动基层关工委建设工作形成强大的合力，建设水平整体提升，工作成效比较显著。全县共有 212 个行政村、22 个社区、84 所学校关工委评为“三好四无”创建活动先进单位。“三好四无”活动案例获评宁波市第三届未成年人思想道德建设工作创新奖。

2017 年 6 月 2 日，内蒙古赤峰市敖汉旗关工委常务副主任张德奎、刘亚伦，办公室主任孙文志一行 3 人到宁海县关工委进行考察交流。县关工委常务副主任袁春林，副主任王以位、任校章、童章军以及黄坛镇关工委副主任俞广才、西店镇关工委常务副主任周建明等参加交流活动。袁春林介绍宁海县关工委的基层建设情况。周建明介绍全镇在“五好”村关工委创建中，做到创建一个村建立一个“关爱基金”账户，并对“关爱基金”建章立制，规范地把“关爱基金”运作好，发挥其为青少年做更多的好事和实事的做法。俞广才介绍在双峰片区关工委建设中，如何争取社会重视，建立“关爱基金”的做法和体会。客人们对宁海关工委在基层“五好”关工委建设中创立“关爱基金”开展结对帮扶的工作表示十分赞赏。

2017年10月27日，象山县关工委一行到宁海县考察交流基层关工委建设和志愿者协会成立有关事宜。县人大常委会副主任、县关工委主任潘红月，常务副主任袁春林，副主任王以位，县关心下一代志愿者协会会长季元法、副会长兼秘书长王元法、副会长吴满春参加座谈会。袁春林介绍近年宁海县基层关工委在创建中的探索和取得的成效。王元法代表协会向考察组介绍宁海县协会组成的基本构架，并由于领导的高度重视、海曙区“四化”的经验、各部门密切合作以及“五老”人员的鼎力相助，着力把县协会建成“五老”的大本营，品牌培育的新平台、关爱未成年人的主阵地和整合社会资源的联络部。协会通过个性化、特色化达到规范化的运行机制，通过统一命名、分类指导，统一标识、分别行动，统一归口、分层管理的模式，结合宁海实际，组建各具特色的关心下一代志愿者服务团队。潘红月对宁海县关工委以“关工委+协会+工作室+工作站点”的模式开展工作，确信关心下一代工作将不断向前迈进。并立足宁海全局，切实增强做好志愿服务工作的责任感和使命感，在教育关爱青少年方面实现新作为，用“中国梦”鼓舞青少年，注重发挥“五老”的独特优势和作用，共同推进宁海县志愿者协会工作健康持续发展情况进行交流。象山县关工委主任赖和明高度肯定宁海县关心下一代工作所取得的成效，表示此行得到很多启发，获得很多宝贵经验。

2018年10月11日，舟山市关工委常务副主任王世和，专职副主任包正东，办公室主任张波，余姚市关心下一代志愿者协会会长陈小龙及团员等一行，在宁波市关工委副主任刘永成、办公室主任李平的陪同下，到宁海考察志愿者协会和基层关工委建设。宁海县人大常委会副主任、县关工委主任潘红月，常务副主任袁春林，县志愿者协会会长季元法等陪同。主任潘红月对考察团的到来表示欢迎，并向考察团介绍宁海的基本情况。考察团分别听取宁海县西店镇关工委、长街镇连浦村关工委和车河社区关工委的经验介绍。志愿者协会副会长王元法介绍协会的建设工作。主要从组织架构、团队建设和日常工作三个方面展开。指出，协会目前还处于边实践、边摸索、边总结、边提升阶段，按照“职能相近、任务相似、属性相同”的原则，建有6个工作室作为协会内设机构，并将服务网络延伸到乡镇（街道）乃至村、社、校，形成关工委与协会两个机构互为补充、合力共事的工作格局。县志愿者协会建设呈现出组织机构逐步健全、工作机制逐步完善、服务团队逐步强化、服务项目逐步向好的趋势。工作站规范化建设仍是重中之重。舟山市关工委常务副主任王世和表示，宁海在各个方面都走在前列，工作思路清晰，目标明确，作风扎实，成效明显。余姚市关心下一代志愿者协会会长陈小龙说，宁海是一个人杰地灵的地方，领导的重视，优良的办公条件等都给他留下了深刻的印象，特别是宁海的“四化型”建设成效明显。

2018年11月22日，岱山县委组织部副部长、老干部局局长、关工委常务副主任冯仁冠一行到宁海县交流“五老”志愿者队伍建设情况。县关工委常务副主任袁春林，县志愿者协会会长季元法，副会长王元法、吴满春等参加会议。会上，袁春林、季元法向岱山关工委介绍宁海县关工委、协会在开展青少年思想道德教育、“五好”基层关工委创建、校外教育阵地建设、关爱留守儿童工作以及协会的日常运作管理、展示厅建立等工作中所取得的成效。王元法从组织架构、团队建设、日常管理和运作状况四个方面介绍协会建设情况。从找准定位，搭好班子，建立工作室，延伸网络，强化组织配置，搞好力量组合等方面体现改革创新理念和“四化型”发展的新模式。尤其在“五老”志愿者组合上，按照“志趣相同、专业相近”的理念由关协工作站和“五老”进行“双向选择”，并在协会分别设立护苗宣传、关爱帮扶、校园安全、才艺传承、网吧净化、心理疏导六个工作室，统一谋划关爱服务工作，使服务工作更体现精准性和实效性。冯仁冠对岱山县关工委的工作情况作出介绍。岱山县关工委结合党建思路，不断扩大“五老”队伍，依托县委组织部、宣传部和党群先锋岗等，不断加强活动阵地建设，通过发挥“五老”人员关心下一代的感化作用等，把关爱送到学校，帮助青少年实现“微心愿”。冯仁冠就“五老”后备人员怎么建的问题与宁海交换意见。

2019 年 3 月 8 日，奉化区关工委专职副主任许国芬一行到宁海考察。县关工委常务副主任袁春林，县关工委志愿者协会会长季元法等陪同。西店镇关工委介绍该镇工作站规范化建设情况。协会副会长王元法介绍以“四化型”模式为核心的“关工委+协会+团队”的工作模式。在组织机构配置上，县关工委与协会合署办公，将县关工委原有的“两团两组”按照职能相近、属性相同、任务相似的特征整合为“护苗宣传、关爱帮扶、网吧净化、校园安全、才艺传承、心理疏导”6 个工作室；在志愿服务团队的组建上，工作站负责人与“五老”志愿者实行双向选择，按照“入会自愿，退会自由”的原则进行管理；在基层工作平台的建设上开展以“有班子、有队伍、有制度、有举措、有成效、有经费、有场所”为主要内容的规范化工作站建设。通过上下互动、区域联动、部门协动、项目驱动、品牌促动、舆论助动等方式，积极开展各类活动，为关爱服务注入新的生机和活力。许国芬表示回去后，计划结合奉化区的实际情况进一步做好关心下一代工作。

2019 年 4 月 18 日，江北区关工委和关心下一代五老志愿者协会到宁海县考察关心下一代志愿者协会工作运作情况。县人大常委会副主任、县关工委主任潘红月，常务副主任袁春林，副主任兼协会会长季元法等陪同。西店镇工作站副站长邬新夫介绍该镇工作站坚持以“高要求打造服务团队、高规格制定规章制度和高标准保障志愿服务”为目标，以“有班子、有队伍、有制度、有举措、有成效、有经费、有场所”“七个有”为主要内容，实行“网格化”管理和组团式服务，注重服务项目标准化，力求工作安排正规化，做到帮扶活动常态化，实现团队协作信息化。经过一年多来的探索实践，工作站规范化建设取得初步成效。县关工委副主任兼协会副会长王元法就组织架构、团队组建和日常管理等方面介绍协会运作情况。紧紧围绕“为了孩子、为了明天”的根本宗旨，找准定位，在组织架构上，协会与关工委合署办公，资源共享；在志愿服务团队组建上，工作站负责人与“五老”志愿者实行双向选择；在基层工作平台的建设上开展以“七个有”为主要内容的规范化工作站建设。呈现组织发展好、阵地拓展好、工作机制好、队伍建设好、作用发挥好的良好发展态势。协会以“五老”为核心，通过企业助力、部门协力、社会发力、个人魅力等积极开展各类服务青少年的活动。袁春林、季元法也分别就宁海县关心下一代工作情况作说明。江北区认为宁海在工作环境、硬件设施和领导重视等方面已走在兄弟县（市）、区前列。江北区关心下一代五老志愿者协会会长就协会的工作情况向与会人员作介绍，充分发挥“五老”志愿者的优势，坚持开展“花季护航”等服务项目。并就项目化运作、“四化型”模式和网格化管理等问题与宁海县关心下一代志愿者协会作经验交流和分析探讨。潘红月对江北区关心下一代五老志愿者协会起步早、站位高、项目深、成效好，许多方面值得宁海学习借鉴。并简要介绍宁海的一些做法。

2011—2020 年外地到宁海关工委考察交流一览表

表 6-14

时间	考察交流人员	考察交流活动	参与接待人员
2013 年 4 月 26 日	象山县关工委副主任应惠娟、孙为民带领新桥镇关工委一行二十余人	到宁海县西店镇考察交流关心下一代基层建设工作	常务副主任袁春林
2014 年 6 月 12 日	余姚市关工委常务副主任余家其一行 30 人	到宁海县关工委考察基层关工委“双创建”工作	常务副主任袁春林
2015 年 8 月	乐清市关工委主任陈景飞、常务副主任胡凌云一行	到宁海县学习交流基层关工委建设方面的经验	常务副主任袁春林、副主任任校章
2015 年 12 月 4 日	镇海区关工委考察团一行	到宁海县交流基层关工委建设	县关工委、跃龙街道关工委和长街镇连浦村关工委
2016 年 4 月 27 日	慈溪市关工委组织带领辖区各乡镇（街道）关工委一行	到宁海县考察“三好四无”基层关工委创建工作	大佳何镇关工委、技工学校关工委、长街镇连浦村关工委
2017 年 6 月 2 日	内蒙古赤峰市敖汉旗关工委常务副主任张德奎，刘亚伦，办公室主任孙文志一行 3 人	到宁海县关工委考察交流关工委工作	常务副主任袁春林、副主任王以位、任校章、童章军及黄坛镇关工委副主任俞广才、西店镇关工委常务副主任周建明等
2017 年 10 月 27 日	象山县关工委主任赖和明一行	到宁海县考察交流基层关工委建设和志愿者协会成立	县人大常委会副主任、县关工委主任潘红月，常务副主任袁春林，副主任王以位，县关心下一代志愿者协会会长季元法、副会长兼秘书长王元法、副会长吴满春等
2018 年 10 月 11 日	舟山市关工委常务副主任王世和，专职副主任包正东，办公室主任张波，余姚市关心下一代志愿者协会会长陈小龙及团员，宁波市关工委副主任刘永成、办公室主任李平	到宁海考察志愿者协会和基层关工委建设工作	县人大常委会副主任、县关工委主任潘红月，常务副主任袁春林，县志愿者协会会长季元法等
2018 年 11 月 22 日	岱山县委组织部副部长、老干部局局长、关工委常务副主任冯仁冠等 5 人	到宁海县交流“五老”志愿者队伍建设情况	常务副主任袁春林，县志愿者协会会长季元法，副会长王元法、吴满春等
2019 年 3 月 8 日	奉化区关工委专职副主任许国芬等	到宁海学习考察志愿者协会规范化建设情况	县关工委常务副主任袁春林，县关协会长季元法等陪同。西店镇关工委介绍工作站规范化建设情况。副会长王元法介绍以“四化型”模式为核心的工作模式

续表6-14

时间	考察交流人员	考察交流活动	参与接待人员
2019 年 4 月 18 日	江北区关工委和关心下一代“五老”志愿者协会	到宁海县考察关心下一代志愿者协会工作运作情况	县人大常委会副主任、县关工委主任潘红月及袁春林、季元法等。西店镇邬新夫和县关工委王元法介绍工作站及组织架构、团队组建和日常管理等

经验交流文稿　2011 年 9 月，县关工委撰写的《以“三好四无”共建为载体，加强基层关工委建设》一文被中国关工委入选《全国关心下一代宣传工作会议材料》，全国共 16 家单位入选该册材料，县级关工委仅宁海一家。

2014 年 12 月 16 日，全省关心下一代工作暨表彰会议在杭州召开。宁海县基层建设经验材料《夯实基础求突破　注重特色创品牌　扎实推进基层关工委建设上水平》被编入《2014 年全省关工委工作经验交流材料汇编》。

2018 年 10 月 10 日，县人大常委会副主任、关工委主任潘红月在全省基层关工委建设工作会议上作发言。发言的题目是《深入推进“四化型”发展模式　着力加强基层关工委全面建设》。详细介绍交流宁海县关工委工作。

2020 年 1 月 17 日，宁波市关工委召开全市关心下一代工作会议。宁海县关工委常务副主任季元法《以条块结合为抓手，努力推进“项目化运行”》为主题在会上作经验介绍。

1991—2011 年宁海县关工委部分经验交流及文稿存目一览表（一）

表 6-15

文稿交流时间	文稿作者	文稿题目	文稿交流场所
1991 年 4 月	俞世识	青少年违法犯罪情况给学校德育工作的启示	宁波市教育研究会选为会议材料
1992 年 6 月	城关镇竹溪村关协	在调查中建立关协　在调查中开展帮教	县第三次会员代表大会交流材料
1992 年 9 月	孙愫贞	尽心尽责地做好关心下一代工作	宁波市关心下一代工作“双先”表彰会大会发言典型材料
1993 年 5 月 25 日	林贵清	迈出第一步	宁波市校外辅导员工作表彰和经验交流会议发言材料
1994 年 7 月	孙愫贞	浅谈发挥老同志独特优势开展帮教失足青少年工作	载海潮出版社出版《中华创业者》丛书之八《改革与探索》一书
1994 年 10 月	宁海县关工委	全方位多渠道关心儿童少年健康成长	宁波市儿童少年工作会议经验材料
1994 年 8 月	长街镇关协	发挥老同志的特殊号召力做好全镇关心下一代工作	县关心下一代工作会议经验交流材料
1994 年 9 月 5 日	县水利局关协	针对水利系统实际　做好青少年教育工作	县关心下一代工作会议经验交流材料

续表6-15

文稿交流时间	文稿作者	文稿题目	文稿交流场所
1996年9月27日	前童镇关工委	创建德育基地用先烈的革命业绩来教育下一代	县老干部工作关心下一代工作“双先”表彰会交流材料
1998年10月16日	杨启炉	认真热忱做好回归青少年的延伸帮教	宁波帮教工作经验交流会上的发言
1999年9月2日	杨启炉	我们是怎样完成征订770份《中国火炬》的	“中国关工委宣传工作座谈会”上的发言
2009年10月	宁海县关工委	关于村（社）校共建“三好四无”活动的实践和探索	宁海县村（社）校共建“三好四无”创建活动工作指南
2007年11月23日	西店镇党委	加强领导　抓好试点　扎实推进“三好四无”创建活动	宁海县创建“三好四无”先进村试点经验交流会交流材料
2007年11月23日	大佳何镇关工委	广泛发动　落实责任　切实抓好“三好四无”村建设	宁海县创建“三好四无”先进村试点经验交流会交流材料
2007年11月23日	一市镇新山村党支部	以创建“三好四无”为抓手　推进构建和谐新农村	宁海县创建“三好四无”先进村试点经验交流会交流材料
2009年3月12日	跃龙街道草湖村	认真务实　创新方法　积极开展“三好四无”创建活动	2009年全县“三好四无”创建工作经验交流会议书面交流材料
2010年3月19日	桃源街道关工委	关爱失足青少年　建设平安桃源	2010年全县“三好四无”创建工作经验交流推进会材料
2010年3月19日	西店镇关工委	筹措资金　为青少年做好事、办实事	2010年全县“三好四无”创建工作经验交流推进会材料
2010年3月19日	桃源街道华庭社区	筹措资金开展社校共建活动　加强青少年思想道德建设	2010年全县“三好四无”创建工作经验交流推进会材料
2011年7月	宁海县关工委	以“三好四无”共建活动为载体　加强基层关工委建设	全国部分城市理论工作研讨会及全国关心下一代宣传工作会议资料。全国共16家单位，县级关工委仅宁海一家
2011年11月10日	宁海县关工委	以村（社）校“三好四无”共建为载体　不断推进三结合教育工作	宁波市推进“三结合”教育现场会发言材料

2013—2018年宁海县关工委部分经验交流及文稿存目一览表（二）

表6-16

文稿交流时间	文稿作者	文稿题目	文稿交流场所
2013年3月	宁海县关工委	以“双创建”活动为载体　扎实推进基层关工委建设	宁海县基层关工委建设工作指南
2013年4月	大佳何镇关工委	向“六好”迈进　步步提升工作质量	宁海县基层关工委建设工作指南

续表6-16

文稿交流时间	文稿作者	文稿题目	文稿交流场所
2012 年 12 月	跃龙街道关工委	以“五化”为目标　推进基层关工委建设	宁海县基层关工委建设工作指南
2012 年 3 月 20 日	越溪乡下田村关工委	加强基层关工委建设　推进村级关工委工作	宁海县基层关工委建设工作指南
2013 年 4 月	西店镇溪头村关工委	抓好创建“三好四无”活动　推进村级关工委建设	宁海县基层关工委建设工作指南
2012 年 3 月	跃龙街道怡惠社区	开展志愿帮扶服务　促进青少年健康成长	宁海县基层关工委建设工作指南
2012 年 5 月 10 日	力洋镇初级中学关工委	力洋镇中学留守儿童调查报告	宁海县基层关工委建设工作指南
2014 年 12 月 16 日	宁海县关工委	夯实基础求突破 注重特色创品牌　扎实推进基层关工委建设上水平	被编入《2014 年全省关工委工作经验交流材料汇编》
2018 年 10 月 10 日	宁海县关工委	深入推进“四化型”发展模式　着力加强基层关工委全面建设	县人大常委会副主任、县关工委主任潘红月在省基层关工委建设工作会上发言
2020 年 1 月 17 日	宁波市关工委	以条块结合为抓手，努力推进“项目化运行”	宁波市关心下一代工作会议

文章录用　2011 年 8 月，教育部关工委举办的第十四届（2010—2011 年度）全国青少年五好小公民主题教育“光辉的旗帜”读书征文活动获奖名单揭晓，宁海县教育系统关工委在活动中喜获佳绩，共有 19 名学生获部级奖项，其中一等奖 4 人（华山小学四年级薛景晨《走近柔石》、溪南小学王浩楠《站在今天看昨天》、跃龙中学初二潘嫣弘《心中的旗帜》、宁海中学高二卢慈航《有一群人》），二等奖 4 人（城南小学六年级叶懿童《参观柔石故居》、实验小学六年级杨柳《爷爷·我·红红的旗帜》、深甽中学初二徐骏《家乡的明月》、跃龙中学初二徐珊珊《春天的呼唤》）。宁海县柔石中学被评为“部级示范学校”。县关工委常委、县教育系统关工委常务副主任王福常被评为“部级先进工作者”。

2017 年 2 月，由省委宣传部、省关工委、省教育厅和省出版社联合集团共同组织的全省中小学生“筑梦路上”网上主题征文活动圆满结束。在有关部门和学校的组织下，宁海中小学生认真阅读《筑梦路上》读本并踊跃投稿，最终取得宁波地区最好的成绩，潘天寿小学的陈镜宇写的《萤火虫找工作》获二等奖，葛谨瑜的《童年的溪水》获三等奖，华山小学的江晓玲获优秀指导老师奖。

1995—2019年《中国火炬》刊用宁海县关工委部分通讯报道存目一览表

表6-17

序号	刊用时间	文稿摘要		撰稿人
		题目	属性	
1	1995年3期	“楼群关工小组”在探索中前进	通讯报道	宁波市关工委
2	1995年7期	楼群关工小组欢送孙云援藏	通讯报道	宁海县关工委
3	1996年3期	春雨滋润着39颗枯竭的心灵	通讯报道	宁海县关工委
4	1996年5期	为落第门生再造辉煌	通讯报道	龚怀源
5	1996年7期	活动信息一则（来源1996年8—9期简报内容）	通讯报道	—
6	1996年9期	宁海县纪念红军长征胜利60周年祭扫红军烈士墓	通讯报道	宁海县关工委
7	1997年11期	宁海县关工委认真贯彻落实宣传报道工作座谈会精神	通讯报道	宁海县关工委
8	1998年3期	宁海县关工委帮教失足青少年	通讯报道	宁海县关工委
9	1998年11期	宁海县力争超过700册	编读往来	宁海县关工委
10	2000年9期	暖其心　正其行——记杨启炉帮教失足青少年	通讯报道	龚怀源
11	2000年10期	宁海县关工委成立十周年图片展	通讯报道	—
12	2000年10期	宁海县积极开展《中国火炬》征订工作	通讯报道	—
13	2002年7期	为山区孩子操劳	通讯报道	龚怀源
14	2002年7期	宁海县关工委等单位在烈士园悼念活动揭幕式	彩　照	宁海县关工委
15	2002年9期	适应形势抓好组织建没	通讯报道	宁海县关工委
16	2004年1期	“不是要我订，而是我要订”	编读往来	杨启炉
17	2004年2期	十年关工情	通讯报道	龚怀源
18	2005年12期	深化预防　减少犯罪	通讯报道	宁海县关工委
19	2006年1期	动员自费订阅的志愿者	编读往来	龚怀源
20	2007年1期	连续六年订刊超千份	编读往来	龚怀源
21	2008年4期	浙江省宁海县召开关心下一代工作表彰会	关工信息	宁海县关工委
22	2008年11期	宁海县关工委开展学用《中国火炬》活动	编读往来	任校章龚怀源
23	2009年4期	夕阳红似火（记杨启炉）	通讯报道	任校章
24	2009年10期	热心帮教传佳话（记朱瑞骏）	通讯报道	任校章
25	2009年12期	数年如一日的义务辅导员（记杨启芳）	通讯报道	龚怀源　王伟莉
26	2010年11期	宁海县关工委连续九年订阅《中国火炬》超千份	编读往来	龚怀源
27	2011年4期	宁海县关工委联合召开建党90周年纪念活动协调会	关工信息	宁海县关工委
28	2011年6期	宁海县关工委联合开展百名老少同访建国前老党员	关工信息	宁海县关工委
29	2012年5期	暖其心　正其行　22名“五老”与30名失足青少年	通讯报道	邬茂福
30	2013年5期	宁海县关工委以“弘扬雷锋精神”为主题悼念先烈	关工信息	应可顶

续表6-17

序号	刊用时间	文稿摘要		撰稿人
		题目	属性	
31	2016 年 3 期	一年一百万　三年助学情	通讯报道	徐荐荃　娄美琴　田敏
32	2018 年 2 期	宁海县关工委组织留守儿童开展户外体验活动	彩　照	—
33	2019 年 7 期	宁海县茶院乡关工委开展“六一”慰问留守儿童活动	关爱孩子	宁海县关工委
34	2019 年 9 期	宁海县深甽镇关工委到双湖小学为留守儿童开展垃圾分类教育课	简讯	宁海县关工委

2015—2018 年中国关工委网站“中国火炬”微信公众号录用宁海部分报道存目一览表

表 6-18

序号	刊用时间	文稿摘要		撰稿人
		题目	属性	
1	2015 年 5 月 7 日	四强并举　有效预防未成年人违法犯罪	经验交流	—
2	2015 年 5 月 11 日	玉兰花开　夕阳正浓——记退休教师章玉兰德育工作二三事	“五老”风采	王伟群
3	2015 年 5 月 13 日	傲然绽放的夕阳之花——记跃龙街道杏树社区“五老”贾晓瑞的先进事迹	“五老”风采	潘万青
4	2016 年 11 月 11 日	坚持立德树人　服务青少年成长成才	基层视窗	技校关工委
5	2017 年 12 月 21 日	各级关工委真情关爱留守儿童	—	—
6	2017 年 12 月 22 日	县关工委深入贯彻落实全省关心下一代工作会议精神	—	—
7	2017 年 12 月 26 日	开展走进“爱相伴・同成长”关爱留守儿童活动	—	—
8	2018 年 8 月 6 日	宁海县黄坛镇双峰片区关工委举行助学金发放仪式	—	县关工委办公室
9	2018 年 8 月 8 日	县关工委网吧监督组开展上下联动网吧巡查活动	—	县关工委办公室
10	2018 年 8 月 20 日	县关工委、县关协开展“学海无涯、助你远航”助学活动	—	县关工委办公室
11	2018 年 8 月 22 日	县关工委、县关协召开全县关工委办公室主任学习会	—	县关工委办公室
12	2018 年 10 月 12 日	舟山及余姚市志愿者协会来宁海调研基层关工委建设工作	—	县关工委办公室
13	2018 年 10 月 15 日	宁海县关工委召开班子成员座谈会	—	县关工委办公室
14	2018 年 10 月 19 日	县关心下一代志愿者协会召开“向日葵”品牌工作推进会	—	县关工委办公室
15	2018 年 10 月 23 日	县志愿者协会到连浦村开展关心下一代工作调研	—	县关工委办公室

续表6-18

序号	刊用时间	文稿摘要		撰稿人
		题目	属性	
16	2018年10月25日	县志愿者协会召开第一届理事会第二次全体（扩大）会议	—	县关工委办公室
17	2018年10月30日	县关工委原常务副主任杨启炉向关爱基金管委会捐赠1万元	—	县关工委办公室
18	2018年11月5日	县委宣传部、县关工委等共同主办县第二届诗词大会	—	县关工委办公室
19	2018年11月19日	关工委、“振宇叔叔”工作室携城关中学师生参观柔石故居	—	县关工委办公室
20	2018年11月20日	县关工委常务副主任袁春林等一行赴永嘉县关工委考察	—	县关工委办公室
21	2018年11月21日	县关工委顾问杨启炉在梅花村举行十八岁成人仪式上讲课	—	县关工委办公室
22	2018年11月22日	岱山县关工委到我县交流“五老”志愿者队伍建设情况	—	县关工委办公室
23	2018年11月28日	县关工委关爱工作团成员赴深甽镇开展帮扶结对活动	—	县关工委办公室
24	2018年11月30日	县关工委分别在越溪、前童和深甽镇召开2018年度汇报会	—	县关工委办公室
25	2018年12月7日	县关工委赴长街、胡陈、茶院指导“五好”关工委创建工作	—	县关工委办公室
26	2018年12月14日	县关工委关爱工作团赴县看守所开展帮教在押未成年人	—	县关工委办公室
27	2019年1月2日	力洋镇关工委在力洋小学举办“与爱同行　情满力小”跳蚤市场活动	—	力洋镇关工委
28	2019年1月3日	县关工志编纂小组召开第六次会议，讨论关工志初稿成册事项	—	县关工委办公室
29	2019年1月7日	1月6日，茶院乡关工委举办2018年“向日葵周末课堂”结业仪式	—	茶院乡关工委
30	2019年1月7日	宁海县关心下一代志愿者协会召开乡镇（街道）工作站站长座谈会	—	县关工委办公室
31	2019年1月18日	宁海县关工委宣讲团召开年度工作会议	—	县关工委办公室
32	2019年1月21日	茶院乡关工委开展“2019年向日葵之夜迎新晚会”	—	茶院乡关工委
33	2019年1月23日	宁海县关工委召开全县关工委系统办公室主任会议	—	县关工委办公室

续表6-18

序号	刊用时间	文稿摘要		撰稿人
		题目	属性	
34	2019 年 1 月 24 日	宁海县关工委副主任童章军和关爱工作团到桑洲了解未成年人犯罪情况	—	县关工委办公室
35	2019 年 1 月 29 日	胡陈乡关工委开展关心下一代慰问活动。	—	胡陈乡关工委
36	2019 年 2 月 20 日	长街镇连浦村关工委举行第 6 次关爱基金发放仪式	—	长街镇关工委
37	2019 年 2 月 21 日	胡陈乡关工委开展“继传统　闹元宵　倡清廉　树新风”元宵节活动	—	胡陈乡关工委
38	2019 年 2 月 26 日	茶院乡关工委来到南溪小学看望慰问受助的品学兼优贫困生	—	茶院乡关工委
39	2019 年 2 月 28 日	宁海县召开全县关心下一代工作会议	—	县关工委办公室
40	2019 年 3 月 4 日	茶院乡关工委开展“点一盏心灯，温暖孩子前行”关爱留守儿童活动	—	茶院乡关工委
41	2019 年 3 月 5 日	联合开办宁海志愿服务项目大赛启动仪式暨第七届志愿服务文化节	—	县关工委办公室

2019 年中关工委网站“中国火炬”微信公众号录用宁海部分报道存目（一）

表 6-19

序号	刊用时间	文稿摘要		撰稿人
		题目	属性	
1	2019 年 3 月 7 日	宁海县关工委赴象山考察，学习留守儿童示范之家创建工作中的经验	—	县关工委办公室
2	2019 年 3 月 12 日	奉化区关工委到宁海学习考察“四化型”改革创新发展模式	—	县关工委办公室
3	2019 年 3 月 13 日	茶院乡关工委举办向日葵课堂开课仪式暨家长会	—	茶院乡关工委
4	2019 年 3 月 20 日	宁海县召开“红色基因代代传，争做时代追梦人”清明活动协调会议	—	县关工委办公室
5	2019 年 3 月 22 日	宁海县县委书记杨勇调研全县关心下一代工作	—	县关工委办公室
6	2019 年 3 月 26 日	茶院乡以“政府购买服务”为运营模式继续开办“向日葵课堂”	—	茶院乡关工委
7	2019 年 3 月 27 日	宁海县关工委分别召开驻会人员和关工委系统负责人会议	—	县关工委办公室
8	2019 年 3 月 28 日	宁海县举行以“红色基因代代传，争做时代追梦人”悼念先烈启动仪式	—	县关工委办公室

续表6-19

序号	利用时间	文稿摘要		撰稿人
		题目	属性	
9	2019年3月29日	桥头胡卫生院为学生们作“青少年如何预防艾滋病”的专题讲座	—	桥头胡关工委
10	2019年4月16日	茶院乡关工委参加中国（宁波）特色文化产业博览会	—	茶院乡关工委
11	2019年4月16日	联合举办“拥抱春天，让爱飞扬”亲子活动	—	跃龙街道关工委
12	2019年4月18日	宁波市关工委到宁海县茶院乡许家山等校外教育阵地建设情况	—	县关工委办公室
13	2019年4月19日	江北区关工委和志愿者协会考察宁海县志愿者协会等相关工作情况	—	县关工委办公室
14	2019年4月23日	前童镇关工委联合开展以“小小手作者匠心伴成长”为主题的研学活动	—	前童镇关工委
15	2019年4月23日	泉水社区“外乡孩子爱宁海”之外来小学生社区融入项目正式启动	—	桃源街道关工委
16	2019年4月25日	前童镇关工委组织儿童到职工文化活动中心图书室开展阅读活动	—	前童镇关工委
17	2019年4月29日	县关工委、协会联合开展“情暖童心”农村留守儿童素质拓展项目	—	力洋镇关工委
18	2019年5月6日	召开主任会议，并举行关心下一代志愿者协会工作室主任聘任仪式	—	县关工委办公室
19	2019年5月8日	省关工委主任徐宏俊调研县关工委组织建设情况，并举行座谈会	—	县关工委办公室
20	2019年5月9日	长街镇关工委、镇教办、镇中心小学工作人员走访慰问困难学生家庭	—	长街镇关工委
21	2019年5月9日	长街镇关工委联合开展红十字会普及救护培训走进长街镇小学活动	—	长街镇关工委
22	2019年5月13日	桥头胡街道关工委联合开展防震减灾应急疏散演练活动	—	桥头胡关工委
23	2019年5月13日	大佳何镇关工委组织“五老”志愿者抽查未成年人进网吧上网情况	—	大佳何镇关工委
24	2019年5月14日	乡关爱留守儿童工作站组织去雅戈尔动物园进行采风活动	—	茶院乡关工委

续表6-19

序号	刊用时间	文稿摘要		撰稿人
		题目	属性	
25	2019年5月16日	桥头胡街道关工委联合走进桥头胡小学开展防溺水自护自救培训活动	—	桥头胡关工委
26	2019年5月23日	宁海县关心下一代志愿者协会网吧净化工作室召开会议	—	县关工委办公室
27	2019年5月23日	梅林中学关工委邀请家庭教育课题组研究员李亚贞作家庭教育培训	—	教育局关工委
28	2019年5月31日	“法制课堂”孵化基地项目启动仪式在县第一职业中学举行	—	县关工委办公室
29	2019年6月4日	岔路镇关工委开展“六一”汇报演出	—	岔路镇关工委
30	2019年6月4日	组织机关青年志愿者开展2019年度“我们的节日·端午”活动	—	长街镇关工委
31	2019年6月13日	长街镇关工委联合长街镇中心幼儿园开展“五个一”防溺水系列活动	—	长街镇关工委
32	2019年6月19日	长街镇关工委联合岳井小学开展学校周边地区溺水隐患排查活动	—	长街镇关工委
33	2019年6月24日	宁海县关工委分别召开2019年上半年度工作会议和“假日学校”部署会	—	县关工委办公室
34	2019年6月28日	开展“祖国有我、禁毒有我”为主题的禁毒教育宣传讲座	—	桥头胡关工委
35	2019年7月2日	联合镇团委、妇联举办沥水之阳“两地书信”暑期假日活动的开营仪式	—	力洋镇关工委
36	2019年7月3日	联合镇团委、妇联组织开展“学习消防知识，争做安全卫士”活动	—	力洋镇关工委
37	2019年7月5日	宁海县关工委召开全县“五老”文化市场义务监督员培训会议	—	县关工委办公室
38	2019年7月8日	宁海县关工委与县慈善总会召开助困助学项目对接联手服务会	—	县关工委办公室
39	2019年7月8日	大佳何镇关工委举行以“佳何阅读伴成长　流动儿童我来伴”活动	—	大佳何镇关工委
40	2019年7月9日	宁海县关心下一代志愿者协会关爱帮扶工作室召开上半年工作汇报会	—	县关工委办公室
41	2019年7月10日	长街镇关工委联合新五星村委的新五星村暑期假日学校举行开班仪式	—	长街镇关工委

2019年中关工委网站“中国火炬”微信公众号录用宁海部分报道存目（二）

表6-20

序号	刊用时间	文稿摘要		撰稿人
		题目	属性	
1	2019年7月12日	宁海县前童镇“假日学校”开设夏季防溺水、播音主持等方面的培训	—	前童镇关工委
2	2019年7月17日	五丰社区为“假日学校”的孩子们开展一场消防安全知识讲座活动	—	跃龙街道关工委
3	2019年7月18日	车河社区暑期“假日学校”给孩子们上一堂生动的交通安全知识课	—	跃龙街道关工委
4	2019年7月19日	跃龙街道各社区“假日学校”开展丰富多彩的活动	—	跃龙街道关工委
5	2019年7月22日	跃龙街道五丰社区组织“假日学校”的青少年参观宁海城市建设展示厅	—	跃龙街道关工委
6	2019年7月23日	前童镇关工委为“假日学校”的孩子们上一堂制作灰汁团的手工课	—	前童镇关工委
7	2019年7月24日	宁波市关工委、民政局到宁海县茶院等地，调研“假日学校”开展情况	—	县关工委办公室
8	2019年7月24日	长街镇关工委联合镇妇联开展防溺水安全知识讲座	—	长街镇关工委
9	2019年7月26日	长街镇关工委联合镇社事办等部门对长街镇校外培训机构开展专项检查	—	长街镇关工委
10	2019年7月26日	杨启炉与“初心之旅”小分队走进宁海岔路山洋革命根据地纪念园	—	县关工委办公室
11	2019年7月30日	县委老干部局领导到关工委调研关心下一代工作	—	县关工委办公室
12	2019年8月1日	五丰社区关工委为假日学校开展“我是小小面点师”彩色花式馒头课	—	跃龙街道关工委
13	2019年8月1日	胡陈乡关工委组织“假日学校”的留守儿童参观十里红妆文化园	—	胡陈乡关工委
14	2019年8月2日	怡惠社区向退伍老兵开展“致敬八一传红色，健康卫士伴我行”活动	—	县关工委办公室
15	2019年8月8日	网吧净化工作室开展网吧巡查活动，对“五老”网吧监督员进行慰问	—	县关工委办公室
16	2019年8月19日	宁海县关工委召开关心下一代公益服务项目认领仪式	—	县关工委办公室
17	2019年8月20日	深甽镇关工委到双湖小学开展垃圾分类教育课	—	深甽镇关工委

续表6-20

序号	刊用时间	文稿摘要		撰稿人
		题目	属性	
18	2019年8月26日	“宁海县关工委青少年法律服务中心”揭牌仪式和主任聘任仪式举行	—	县关工委办公室
19	2019年8月29日	在桃源街道下桥村召开全县“五好”基层关工委示范点创建工作推进会	—	县关工委办公室
20	2019年9月4日	茶院乡关工委开展“迎接新学期，关爱留守儿童”爱心走访慰问活动	—	茶院乡关工委
21	2019年9月6日	桥头胡街道关工委联合慈善分会走进桥头胡中学开展慈善日宣传活动	—	桥头胡关工委
22	2019年9月6日	开展“我跟国旗有个约会”为主题的歌唱祖国以及我与祖国合个影活动	—	一市镇关工委
23	2019年9月10日	胡陈乡关工委等组织与胡陈乡长山主村困难留守儿童开展结对帮扶活动	—	胡陈乡关工委
24	2019年9月16日	宁海县关工委到跃龙街道县前社区慰问校园护苗队的志愿者们	—	县关工委办公室
25	2019年9月18日	桥头胡中心小学邀请垃圾分类宣讲员举办垃圾分类知识讲座	—	桥头胡关工委
26	2019年9月19日	深甽镇关工委邀请深甽卫生院对深甽中学学生进行急救知识普及培训	—	深甽镇关工委
27	2019年9月20日	乡关工委联合团委召开“不忘初心牢记使命”主题教育青年干部读书会	—	胡陈乡关工委
28	2019年9月23日	茶院乡关工委组织留守儿童游览奉化溪口古镇和滕头村	—	茶院乡关工委
29	2019年10月8日	宁海县关工委举办关工委、协会顾问暨“五老”联谊会	—	县关工委办公室
30	2019年10月10日	开展“传承红色基因争做时代新人”—“甬润童心”关爱留守儿童活动	—	胡陈乡关工委
31	2019年10月21日	组织五类重点青少年开展“向日葵课堂——素质拓展训练课”活动	—	茶院乡关工委
32	2019年10月21日	大佳何镇关工委邀请县妇保医院作“迎接青春期”的讲座	—	大佳何镇关工委
33	2019年10月22日	鄂尔多斯市关工委到协会西店镇工作站活动基地和溪头村活动阵地考察	—	县关工委办公室

续表6-20

序号	刊用时间	文稿摘要		撰稿人
		题目	属性	
34	2019年11月11日	宁海县关心下一代志愿者协会召开第一届理事会第三次全体会议	—	县关工委办公室
35	2019年11月11日	宁海县关工委联合召开教育座谈会，共同探讨学生校外教育等问题	—	县关工委办公室
36	2019年11月13日	宁海县关工委召开《宁海县关心下一代工作志》评审会	—	县关工委办公室
37	2019年11月24日	山东省滨州市关工委到跃龙街道车河社区考察调研基层关工委特色工作	—	跃龙街道关工委
38	2019年11月28日	嘉兴市海盐县关工委到宁海县考察调研基层关工委组织建设情况	—	县关工委办公室
39	2019年12月13日	宁波市关工委到宁海调研关心下一代工作	—	县关工委办公室
40	2019年12月24日	宁海县关工委召开校园安全“五老”志愿者座谈会	—	县关工委办公室
41	2019年12月27日	宁海县关工委召开全县关心下一代工作会议暨关工委系统培训会	—	县关工委办公室

2015—2016年浙江省关工委网站录用宁海县关工委部分通讯报道存目一览表（一）

表6-21

序号	刊用时间	文稿摘要		撰稿人
		题目	属性	
1	2015年1月12日	县关工委宣讲团助力社会主义核心价值体系教育	各地动态	田敏
2	2015年1月22日	一小学生被评为宁波市青少年“孝德之星”	各地动态	陈素霞
3	2015年1月23日	县各级关工委同关注共行动帮助困难青少年	各地动态	陈素霞
4	2015年2月5日	新设立的爱心帮教基地迎来特殊员工	各地动态	陈素霞
5	2015年2月28日	连浦村举行关爱基金第二次发放仪式69名学生受益	各地动态	田敏　陈素霞
6	2015年3月26日	县关工委宣讲团王成恕老师作“学雷锋”系列讲座	各地动态	陈素霞
7	2015年4月21日	傲然绽放的夕阳之花——记退休教师贾晓瑞部分事迹	各地动态	潘万青
8	2015年4月26日	民企留人有妙招　关工委作用不可少	各地动态	吕茂根
9	2015年5月11日	大佳何镇关工委四强并举有效预防未成年人违法犯罪	各地动态	王宗斌
10	2015年5月12日	岔幼开展“母亲节感恩”主题教育活动	各地动态	岔路镇学前中心
11	2015年5月18日	教育局调研前童镇中心小学创建市“五好”学校关工委工作	各地动态	崔艳波
12	2015年5月25日	一企业家隐名捐款助学315万元	各地动态	田敏

续表6-21

序号	刊用时间	文稿摘要		撰稿人
		题目	属性	
13	2015 年 5 月 28 日	力洋镇关工委 2015 年度工作计划部署专题会议	各地动态	力洋镇关工委
14	2015 年 6 月 3 日	“别样六一”系列活动“小红花”与“橄榄绿”，快乐童享	各地动态	田敏
15	2015 年 6 月 15 日	勿忘历史珍视和平——纪念抗日战争暨世界反法西斯战争胜利 70 周年	各地动态	俞才根
16	2015 年 6 月 16 日	爱，在不断延伸——记县关工委“五老”胡功庆同志的先进事迹	各地动态	应可顶
17	2015 年 7 月 18 日	桃源街道为大学生发放助学金	各地动态	邬茂福
18	2015 年 7 月 21 日	桃源街道积极创办暑期假日学校	各地动态	俞伟芳
19	2015 年 7 月 29 日	桃源街道爱心再洒困难大学生	各地动态	邬茂福　葛圣龙　俞伟芳
20	2015 年 8 月 5 日	民企关工委温暖大众心	各地动态	吕茂根
21	2015 年 8 月 27 日	开展远程教育——“假日学校”教学活动的成功尝试	各地动态	娄传申
22	2015 年 9 月 19 日	离休后在“关工季”工作 22 年	各地动态	龚怀源
23	2015 年 10 月 9 日	记跃龙街道车河社区“五老”郑志通同志	各地动态	林应
24	2015 年 10 月 9 日	县关工委多举措开展学习习近平总书记的重要指示	各地动态	陈素霞
25	2015 年 12 月 25 日	全县首个片区关工委在黄坛镇成立	各地动态	葛主铨
26	2016 年 2 月 17 日	民企关工委以亲情化留住青工	各地动态	吕茂根
27	2016 年 3 月 3 日	记古稀老人邬锡良的助人故事	各地动态	陈静珠　田敏　苏敏宣
28	2016 年 4 月 11 日	关心下一代工作获省市关工委点赞	各地动态	田敏
29	2016 年 4 月 26 日	宁波彬彬文具有限公司关工委在桥头胡街道设立 100 万元奖教基金	各地动态	吕茂根
30	2016 年 5 月 5 日	构建全方位关爱网　护航青少年健康成长	各地动态	宁海县关工委
31	2016 年 6 月 16 日	分片经验交流汇报会圆满收官	各地动态	陈素霞
32	2016 年 7 月 1 日	关爱工作团将教育关注点投至庭前庭后	各地动态	陈素霞
33	2016 年 7 月 11 日	五老”网吧义务监督员呵护未成年人健康成长	各地动态	陈素霞
34	2016 年 7 月 18 日	关爱工作团密切关注社区矫正人员	各地动态	县关工委办公室
35	2016 年 7 月 22 日	桃源街道 2016 年在校大学生助学金发放仪式顺利举行	各地动态	邬茂福
36	2016 年 8 月 8 日	“五老”网吧义务监督员护航 G20	各地动态	田敏

续表6-21

序号	刊用时间	文稿摘要		撰稿人
		题目	属性	
37	2016年8月24日	县关工委宣讲团开展远程教育工作情况的调查	各地动态	娄传申

2016—2018年浙江省关工委网站录用宁海县关工委部分通讯报道存目一览表（二）

表6-22

序号	刊用时间	文稿摘要		撰稿人
		题目	属性	
1	2016年8月24日	县关工委打造2016年假日学校活力新引擎	各地动态	田敏
2	2016年10月27日	县关工委受邀赴北京参加2016年《中国火炬》通联评刊座谈会	各地动态	陈素霞
3	2016年11月4日	“回忆录”——我在宁海县关工委22年的回顾	各地动态	龚怀源
4	2016年12月27日	举行“宪法好声音”演讲比赛	各地动态	县关工委
5	2016年12月27日	县关爱工作团赴省未管所开展帮教活动	各地动态	县关工委
6	2016年12月28日	宁海县关工委开展入企调研活动	各地动态	县关工委
7	2017年2月17日	民企招聘会打出温馨牌陈素霞	各地动态	陈素霞
8	2017年3月16日	全县关心下一代工作会议召开	各地动态	陈素霞
9	2017年3月30日	老少同祭革命先烈活动	各地动态	陈素霞
10	2017年5月4日	县关工委系统办公室主任会议召开	各地动态	陈素霞
11	2017年5月12日	县关工委带队赴余杭区关工委学习普法教育经验	各地动态	陈素霞
12	2017年5月23日	再添一爱心公益服务社	各地动态	陈素霞　杨雯
13	2017年5月25日	县关工委联合县检察院开展“法律相伴　伴我成长”主题讲座	各地动态	田敏　俞申杰
14	2017年5月31日	县关工委为胡陈乡贫困儿童送去“六一”慰问	各地动态	杨雯
15	2017年5月31日	成立未成年人检察工作室	各地动态	田敏　俞申杰
16	2017年6月28日	县关工委召开半年度分片汇报会	各地动态	田敏　俞申杰　杨雯
17	2017年6月28日	县关工委深入开展“五好”村（社）关工委提升复评工作	各地动态	陈素霞
18	2017年7月21日	县关工委赴海曙学习考察“四化型”创新模式	各地动态	县关工委办公室
19	2017年8月7日	县工委爱心公益服务社开展文明礼仪课程	各地动态	县关工委办公室
20	2017年8月8日	县关工委上下联动开展网吧巡查活动	各地动态	县关工委办公室
21	2017年8月16日	宁波市关工委领导慰问“假日学校”留守儿童	各地动态	县关工委办公室
22	2017年8月28日	民营经济关工委为600名外地员工子女解决入学问题	各地动态	县关工委办公室

续表6-22

序号	刊用时间	文稿摘要		撰稿人
		题目	属性	
23	2017年9月5日	长街镇青珠村举行首届“文昌·海兵”奖学金发放仪式	各地动态	县关工委办公室
24	2017年9月12日	桥头胡街道关工委开展困难儿童微心愿帮扶活动	各地动态	县关工委办公室
25	2017年10月11日	县关工委召开民营企业关心下一代工作会议	各地动态	县关工委办公室
26	2017年10月11日	县关心下一代志愿者协会成立	各地动态	县关工委办公室
27	2017年10月12日	宁波市关工委调研宁海“四化型”建设工作	各地动态	县关工委办公室
28	2017年12月21日	各级关工委真情关爱留守儿童	各地动态	县关工委办公室
29	2017年12月22日	县关工委深入贯彻落实全省关心下一代工作会议精神	各地动态	杨雯
30	2017年12月26日	开展走进“爱相伴·同成长”关爱留守儿童活动	各地动态	县关工委办公室
31	2018年1月24日	县关工委正式决定修纂工作志	各地动态	县关工委办公室
32	2018年1月31日	县关工委部署2018年全县关心下一代工作	各地动态	县关工委办公室
33	2018年2月11日	五老”助力县关工委新一年工作	各地动态	县关工委办公室
34	2018年2月11日	县关工委宣讲团召开新春座谈会	各地动态	县关工委办公室
35	2018年2月26日	县关工委深入开展青少年法治工作	各地动态	县关工委办公室
36	2018年2月27日	县关工志编纂委员会召开第一次成员会议	各地动态	县关工委办公室
37	2018年3月16日	“四化型”规范化建设开启关心下一代工作新作为	各地动态	县关工委办公室

浙江省关工委网站录用宁海县关工委部分通讯报道存目一览表（一）

表6-23

序号	刊用时间	文稿摘要		撰稿人
		题目	属性	
1	2018年3月20日	县关工委关爱工作团赴县看守所开展帮教活动	各地动态	县关工委办公室
2	2018年4月3日	县关协举行乡镇（街道）工作站规范化建设现场会	各地动态	县关工委办公室
3	2018年4月16日	中国关工委到宁海调研	各地动态	县关工委办公室
4	2018年4月19日	车河社区倾心打造关心下一代工作品牌	各地动态	县关工委办公室
5	2018年4月26日	月举行全县关工委系统宣传报道工作会议	各地动态	县关工委办公室
6	2018年5月9日	县关工委对未成年社区矫正人员开展结对帮扶	各地动态	县关工委办公室
7	2018年5月29日	县关工委召开《关工志》汇报交流会	各地动态	县关工委办公室
8	2018年6月4日	县关心下一代工作风采展示主题活动举行	各地动态	县关工委办公室
9	2018年6月8日	县关工委召开全县关工委系统常务副主任交流座谈会	各地动态	县关工委办公室
10	2018年6月29日	吹响公益先锋号“假日学校”再度起航	各地动态	县关工委办公室

续表6-23

序号	刊用时间	文稿摘要		撰稿人
		题目	属性	
11	2018年7月2日	举行“书海冲浪，童心向党”主题活动暨家庭教育指导服务中心成立仪式	各地动态	县关工委办公室
12	2018年7月17	宁波市关工委领导到宁海慰问“假日学校”及校外教育阵地	各地动态	县关工委办公室
13	2018年8月29日	缅怀革命先烈　争做时代新人	各地动态	县关志协
14	2018年8月31日	爱心助学困难大学生	各地动态	县关工委办公室
15	2018年9月3日	西店“假日学校”寓教于乐趣味多	各地动态	县关工委办公室
16	2018年9月6日	岔小师生开启学期新征程	各地动态	县关工委办公室
17	2018年9月11日	和孩子们一起学语文，我很快乐	各地动态	县关工委办公室
18	2018年9月14日	遵守交通法规　安全文明出行	各地动态	县关工委办公室
19	2018年9月18日	从心出发——记宁海县同心假日学校潘伟春	各地动态	县关工委办公室
20	2018年9月21日	力洋镇关工委发放花朵助学金	各地动态	县关工委办公室
21	2018年9月30日	爱在身边　你我同行	各地动态	县关工委办公室
22	2018年10月9日	聆听英雄故事　学习红色精神	各地动态	县关工委办公室
23	2018年10月22日	迎接市教育局关工委对首批“五好”学校关工委的复查	各地动态	县关工委办公室
24	2018年10月24日	关协到长街镇连浦村调研关心下一代工作	各地动态	县关工委办公室
25	2018年10月31日	县关工委召开班子成员学习座谈会	各地动态	县关工委办公室
26	2018年11月2日	召开“向日葵”品牌工作推进会	各地动态	县关工委办公室
27	2018年11月2日	召开第一届理事会第二次全体（扩大）会议	各地动态	县关工委办公室
28	2018年11月10日	关心下一代校外阵地在力洋镇水夫故居挂牌成立	各地动态	县关工委办公室
29	2018年11月11日	“情投护苗”爱心在行动	各地动态	县关工委办公室
30	2018年11月15日	“大爱天明”健康视力进校园	各地动态	县关工委办公室
31	2018年11月21日	胡陈乡关工委联合胡陈中学开展法治安全知识讲座	各地动态	县关工委办公室
32	2018年11月21日	举办“最美家风伴成长”的诗文诵读大赛	各地动态	县关工委办公室
33	2018年11月27日	十八而志　青春筑梦	各地动态	县关工委办公室
34	2018年12月1日	力洋镇开展廉政文化进校园活动	各地动态	县关工委办公室
35	2018年12月5日	岱山县关工委到宁海县交流“五老”志愿者队伍建设工作	各地动态	县关工委办公室
36	2018年12月13日	关爱工作团关爱帮扶社区矫正人员	各地动态	县关工委办公室
37	2018年12月13日	驰骋绿茵　周末足球课堂	各地动态	县关工委办公室

浙江省关工委网站录用宁海县关工委部分通讯报道存目一览表（二）

表 6-24

序号	利用时间	文稿摘要		撰稿人
		题目	属性	
1	2018 年 12 月 13 日	召开 2018 年度总结汇报会	各地动态	县关工委办公室
2	2018 年 12 月 21 日	关爱工作团赴县看守所开展帮教活动	各地动态	县关工委办公室
3	2018 年 12 月 22 日	岔路镇关工委开展“预防校园欺凌”教育活动	各地动态	县关工委办公室
4	2019 年 2 月 14 日	胡陈乡开展留守儿童关爱活动	—	胡陈乡关工委
5	2019 年 2 月 18 日	乡贤连续助学六年　四百余学子受益	—	长街镇关工委
6	2019 年 2 月 27 日	情暖元宵节　关爱留守儿童	—	胡陈乡关工委
7	2019 年 3 月 4 日	第十七次就业服务周招聘会成功举行	—	民营经济关工委
8	2019 年 3 月 7 日	法治进校园　平安你我他	—	教育局关工委
9	2019 年 3 月 11 日	召开全县关心下一代工作会议	—	县关工委办公室
10	2019 年 3 月 12 日	志愿新征程　奉献新时代	—	县关工委办公室
11	2019 年 3 月 13 日	民营经济关工委开展对民企关工委走访调研活动	—	民营经济关工委
12	2019 年 3 月 25 日	县委书记杨勇调研县关心下一代工作	—	县关工委办公室
13	2019 年 4 月 10 日	红色基因代代传　争做时代追梦人	—	县关工委办公室
14	2019 年 4 月 10 日	召开关工委系统负责人会议	—	县关工委办公室
15	2019 年 4 月 10 日	“同心益行 · 名医大讲堂”走进茶院中学	—	统战部关工委
16	2019 年 4 月 10 日	绘画展里强教育	—	桥头胡街道关工委
17	2019 年 4 月 22 日	趣味运动　快乐你我	—	桥头胡街道关工委
18	2019 年 4 月 23 日	“同心益行 · 青春护航”走进桑洲中学	—	统战部关工委
19	2019 年 4 月 24 日	江北区关工委来宁海考察	—	县关工委办公室
20	2019 年 4 月 25 日	小小手作者　匠心伴成长	—	前童镇关工委
21	2019 年 4 月 26 日	书香浸润童心　阅读陪伴成长	—	前童镇关工委
22	2019 年 4 月 29 日	“情暖童心”专项行动	—	力洋镇关工委
23	2019 年 4 月 30 日	书香伴我快乐成长	—	桃源街道关工委
24	2019 年 5 月 6 日	首届民企青工乒乓球团体赛圆满落幕	—	民营经济关工委
25	2019 年 5 月 8 日	徐宏俊主任调研宁海县关心下一代工作	—	县关工委办公室
26	2019 年 5 月 11 日	五四青春不打烊　愿归来仍是少年	—	县关工委办公室

续表6-24

序号	刊用时间	文稿摘要		撰稿人
		题目	属性	
27	2019年5月11日	爱心相伴“救”在身边	—	长街镇关工委
28	2019年5月11日	深情送温暖　关爱暖人心	—	长街镇关工委
29	2019年5月16日	青春选择　与法同行	—	前童镇关工委
30	2019年5月19日	留下希望，守住幸福，让儿童在快乐中成长	—	前童镇关工委
31	2019年5月20日	安全教育　刻不容缓	—	桥头胡街道关工委
32	2019年5月22日	五月的歌声　这里最红	—	教育局关工委
33	2019年5月23日	小小“啄木鸟”在行动	—	桥头胡街道关工委
34	2019年5月24日	美文诵读　传唱经典	—	教育局关工委
35	2019年6月7日	“六一”儿童节　欢乐游园会	—	力洋镇关工委
36	2019年6月10日	启动“法制课堂”孵化基地项目　守护未成年人成长	—	县关工委办公室
37	2019年6月13日	预防校园欺凌，构建阳光校园	—	教育局关工委
38	2019年6月17日	岔路镇关工委开展“六一”儿童节慰问活动	—	岔路镇关工委
39	2019年6月17日	西店镇关工委走进校园开展“六一”慰问活动	—	西店镇关工委
40	2019年6月17日	同一片蓝天，沐浴同一份爱	—	县关工委办公室

浙江省关工委网站录用宁海县关工委部分通讯报道存目一览表（三）

表6-25

序号	刊用时间	文稿摘要		撰稿人
		题目	属性	
1	2019年6月18日	与法同行，健康成长	—	教育局关工委
2	2019年6月19日	眼睛更明亮，“视”界充满爱	—	教育局关工委
3	2019年6月22日	防溺水教育　让生命之花绚丽多彩	—	长街镇关工委
4	2019年7月2日	齐抓共管　严防溺水	—	长街镇关工委
5	2019年7月5日	宁海县召开关工委系统工作会议	—	县关工委办公室
6	2019年7月8日	桥头胡街道禁毒宣传进校园	—	桥头胡街道关工委
7	2019年7月9日	宁海县召开专题会议	—	县关工委办公室
8	2019年7月9日	力洋镇沥水之阳暑期假日课堂开课了	—	力洋镇关工委
9	2019年7月10日	跃龙街道“假日学校”开班了	—	跃龙街道关工委
10	2019年7月12日	关爱帮扶工作室召开上半年工作汇报会	—	县关工委办公室

续表6-25

序号	刊用时间	文稿摘要		撰稿人
		题目	属性	
11	2019 年 7 月 14 日	欢乐时光　你我同行	—	跃龙街道关工委
12	2019 年 7 月 15 日	召开全县“五老”文化市场义务监督员培训会	—	县关工委办公室
13	2019 年 8 月 6 日	长街镇开展校外培训机构专项检查	—	长街镇关工委
14	2019 年 8 月 7 日	宁波市关工委调研宁海县“假日学校”工作情况	—	县关工委办公室
15	2019 年 8 月 11 日	组织学生参加教育部关工委全国“新时代好少年”主题教育读书活动	—	教育局
16	2019 年 9 月 2 日	开展暑期网吧检查	—	县关工委办公室
17	2019 年 9 月 3 日	胡陈乡关工委组织志愿者抗台救灾	—	胡陈乡关工委
18	2019 年 9 月 3 日	开出“项目单”　爱心单位来认领	—	县关工委办公室
19	2019 年 9 月 5 日	用爱心呵护未来，以公益服务实践正义	—	县关工委办公室
20	2019 年 9 月 7 日	慈善宣传进校园　牵手爱心绘未来	—	桥头胡街道关工委
21	2019 年 9 月 7 日	垃圾分类始于心	—	一市镇关工委
22	2019 年 9 月 8 日	非遗文化亲子教育走进深甽南溪村	—	深甽镇关工委
23	2019 年 9 月 10 日	反邪教　塑新风	—	桥头胡街道关工委
24	2019 年 9 月 16 日	警校联合促平安	—	桥头胡街道关工委
25	2019 年 9 月 17 日	关爱少年成长，关注脊柱健康	—	力洋镇关工委
26	2019 年 9 月 18 日	开展帮教在押未成年人活动	—	县关工委办公室
27	2019 年 9 月 18 日	慰问校园护苗队志愿者	—	县关工委办公室
28	2019 年 9 月 27 日	成立公益性青少年法律服务中心	—	县关工委办公室
29	2019 年 10 月 2 日	一市镇关工委祝福新中国成立 70 周年	—	一市镇关工委
30	2019 年 10 月 14 日	召开重阳节“五老”联谊会	—	县关工委办公室
31	2019 年 10 月 14 日	到县检察院首次开展涉罪未成年人“甬爱”项目个案观护活动	—	县关工委办公室
32	2019 年 10 月 22 日	大佳何镇关工委开展青春期健康教育活动	—	大佳何镇关工委
33	2019 年 11 月 7 日	力洋镇关工委开展“情暖童心”留守儿童素质拓展系列活动	—	力洋镇关工委
34	2019 年 11 月 7 日	鄂尔多斯市关工委到宁海考察“四化型”工作模式	—	县关工委办公室
35	2019 年 11 月 21 日	县关协召开第一届理事会第三次会议	—	县关工委办公室
36	2019 年 11 月 22 日	关工委召开《宁海县关心下一代工作志》评审会	—	县关工委办公室
37	2019 年 11 月 29 日	山东省滨州市关工委到跃龙街道车河社区考察调研关工委特色工作	—	县关工委办公室

续表6-25

序号	刊用时间	文稿摘要		撰稿人
		题目	属性	
38	2019年12月17日	市教育局关工委对岔路小学“五好”学校	—	教育局关工委

1990—2017年其他主流媒体录用宁海县关工委部分通讯报道存目一览表

表6-26

序号	刊用时间	文稿摘要		撰稿人
		题目	录用报刊	
1	1990年12月20日	宁海县送温暖到劳教所	浙江法制报	王贤国
2	1991年1月	深情厚谊促新生宁海县“关协”等看望市劳教所宁海籍学员	宁波司法报	沈煜生
3	1991年6月2日	活跃在德育阵地上的“关协”会员	浙江教育报	龚怀源
4	1992年6月2日	宁海县“关协”老同志到狱中帮教失足青年	宁波司法报	龚怀源
5	1992年3月15日	老同志满腔热情帮教　失足儿刻骨铭心改过	宁波老年报	龚怀源
6	1993年11月4日	志在教育下一代——记县关工委主任孙愫贞	宁波日报	龚怀源　黄可萤
7	1995年3月17日	乡村们为小丽娜献爱心月	宁波晚报	龚怀源
8	1995年3月28日	宁海“关工委”向失足少年赠书	宁波老年报	龚怀源
9	1995年4月3日	清明前夕怀先烈——宁海在烈士陵园举行抗战故事会	宁波晚报	龚怀源
10	1995年7月16日	大墙内外书信往来	宁波老年报	龚怀源
11	1995年10月28日	宁海掀起“为老人办好事”热潮	宁波晚报	龚怀源
12	1996年4月8日	跃龙山上祭英灵——纪念红军长征胜利会师六十周年祭扫烈士墓	明州快报	龚怀源
13	1997年5月16日	宁海县关工委宣讲团赴各地宣讲《香港回归祖国》	宁波老年报	龚怀源
14	1999年10月	生命之树在关爱中常青——记县关工委副主任林贵清（市关工委）	《爱的期盼》	龚怀源　李平
15	1999年10月	为落地门生再铸辉煌——记宁海县关工委培训学校（市关工委）	《爱的期盼》	龚怀源　李平
16	2002年	让生命的火花闪烁在关心下一代事业中—记县关工委副主任林贵清同志	浙大人文学院	顾淑怡
17	2003年8月7日	赤诚塑灵魂　枯藤吐新绿——宁海志愿者与归正人员“一帮一”	浙江法制报	—
18	2004年6月17日	未成年人法制教育要与时俱进	浙江法制报	王福宪　刘保山

续表6-26

序号	刊用时间	文稿摘要		撰稿人
		题目	录用报刊	
19	2012 年 2 月	“新公民”评价的实践探索——宁海县西店镇初级中学的学生评价	基础教育 9 卷 1 期	戴余金　杨英
20	2015 年 8 月	宁海县：探索假日学校教学新模式（配有彩照　之江简讯省关工委）	新星 4 期	娄传申
21	2016 年 6 月	“注重落细落小落实”一文中的“听老党员讲革命故事”（市关工委）	新星 3 期	彩照（宁海）
22	2016 年 8 月	宁海县：第二批“五老”网吧监督员上岗（之江简讯省关工委）	新星 4 期	宁海县关工委
23	2017 年 6 月	宁波市宁海县关工委慰问胡陈乡贫困儿童（六一活动彩照）	新星 3 期	—
24	2015 年三期	宁海县民营经济关工委获市先进集体（《民营经济》杂志协会工作）	《民营经济》	吕茂根
25	2015 年四期	宁海民企：留人有妙招（协会经验）	中国光彩杂志	吕茂根
26	2015 年六期	宁海：民企关工委温暖大众心（《民营经济》杂志协会工作）	《民营经济》	吕茂根
27	2015 年八期	浙江宁海民企关工委欣欣向荣	中国光彩杂志	吕茂根
28	2015 年 12 月 7 日	宁海西店：搭建平台，让“五老”老有所为（宁波新闻）	宁波日报	徐红燕
29	2015 年 1 月 27 日	宁海县民营经济关工委获市先进集体	东南商报	吕茂根
30	2015 年 3 月 31 日	企业留人有妙招　情感投资不可少	东南商报	吕茂根
31	2015 年 5 月 29 日	“四不”企业家年捐一百万，已日第四年	钱江晚报	薛丛川　徐荐荃 娄美琴　田敏
32	2015 年 6 月 6 日	爱心助学温暖寒门学子	东南商报	李宁　徐荐荃 娄美琴　田敏
33	2015 年 6 月 23 日	宁海民企关工委温暖大众心	东南商报	吕茂根
34	2016 年 12 月 5 日	浙江省宁波市宁海县创活载体、铸好品牌，务实推进普法“双创”工作	第三期	田敏　普法 先行工作简报
35	2016 年	宁海县多元化提升“假日学校”魅力　丰富青少年假期生活（宁波市人民政府公报）	第 16 期	田敏
36	2017 年 3 月刊	浙江宁海：民企招聘会打出温馨牌	中国光彩杂志	吕茂根
37	2017 年 2 月 17 日	宁海县民企招聘会打出温馨牌（浙江省工商局）	政务网	吕茂根

续表6-26

序号	刊用时间	文稿摘要		撰稿人
		题目	录用报刊	
38	2017年2月21日	关爱员工如兄弟　员工爱企如爱家——宁波高格卫浴的“双爱双赢”经营之道	东南商报	吕茂根
39	2017年2月21日	宁海县民企招聘会打出温馨牌	东南商报	吕茂根
40	2017年7月11日	宁海民营经济关工委成功举办“七一”歌咏晚会	东南商报	吕茂根
41	2017年9月5日	宁海民营经济关工委为600名外地员工子女解决入学难	东南商报	吕茂根
42	2017年9月5日	宁海民营经济关工委西店分会急员工所急—为600名外地员工子女解决入学难	东南商报	吕茂根　朱作川

1997—2015年《宁海报》《今日宁海》录用宁海县关工委部分通讯报道存目一览表

表6-27

序号	刊用时间	文稿摘要		撰稿人
		题目	属性	
1	1997年7月9日	爱心无限——记县关工委主任孙愫贞	跃龙周末	徐群飞
2	2000年3月29日	杨启炉的“忘年交”——记县关工委常务副主任杨启炉	法制与道德	徐群飞　龚怀源
3	1998年8月21日	帮教工作的热心人——记县关工委副主任朱瑞骏	—	王方
4	1995年3月6日	县爱国主义教育宣讲团成立	—	薛国苗　龚怀源
5	1995年3月6日	县爱国主义宣讲团在宁中举行报告会	—	龚怀源
6	1995年8月28日	老少同堂　纪念抗日　城关淮河路37号楼群举行晚会	—	孙愫贞　胡天华　龚怀源
7	1998年3月5日	崇高的风范　深切的怀念—老同志纪念周恩来诞辰一百周年座谈会侧记	—	龚怀源
8	2000年12月27日	尽心尽责　关爱奉献　县关工委全委会昨举行	—	—
9	2002年7月12日	中关工委有关领导来宁海视察	简讯	龚怀源
10	2002年9月10日	中关工委领导来宁海考察	简讯	龚怀源
11	2003年6月30日	晚霞红似火——记县关工委常务副主任杨启炉	—	龚怀源
12	2004年3月25日	少年朋友，请一路走好——关注我县当前未成年人违法犯罪现象	—	林备军　刘保山　薛国苗
13	2004年4月5日	夕阳育新苗——记县关杨启芳老人关爱儿童的先进事迹	—	刘保山

续表6-27

序号	刊用时间	文稿摘要		撰稿人
		题目	属性	
14	2004 年 5 月 10 日	在县委召开贯彻落实《若干意见》座谈会上的发言（并加编者按）	—	杨启炉
15	2004 年 8 月 10 日	一支不在编的思想政治工作队伍	—	水玲玲
16	2004 年 9 月 6 日	中国关工委有关领导来宁海	简讯	龚怀源
17	2004 年 12 月 24 日	县关工委获殊荣	简讯	龚怀源
18	2008 年 3 月 21 日	全县村（村）校共建“三好四无”创建试点工作初显成效	头版	潘旭婷
19	2009 年 12 月 24 日	我县关工委今年“三好四无”创建活动成效显著	头版	王海明　王伟莉
20	2010 年 6 月 4 日	夕阳红似火—记全国关心下一代先进工作者杨启炉	缑城周刊	王方　王伟莉
21	2010 年 6 月 8 日	夕阳红似火暖春蕾——记越溪乡退休教师张荣乾	综合新闻	应可定
22	2010 年 6 月 9 日	我县隆重庆祝关工委成立二十周年	头版	水玲玲
23	2011 年 1 月 24 日	县关心下一代工作会议召开	头版	朱宗杰
24	2015 年 1 月 20 日	我县一小学生被评为市青少年“孝德之星”	时政要闻	陈素霞
25	2015 年 1 月 23 日	县民营经济关工委获市先进	综合新闻	吕茂根
26	2015 年 1 月 26 日	我县新增 2 个市级“关心下一代校外教育阵地”	时政要闻	陈素霞
27	2015 年 1 月 29 日	全县关心下一代工作会议召开	时政要闻	陈静珠
28	2015 年 2 月 2 日	车河社区关工委被评为 2013-2014 年县关心下一代工作先进集体	综合新闻	陈玲
29	2015 年 2 月 5 日	我县四家民营企业关工委榜上有名	综合新闻	吕茂根
30	2015 年 2 月 6 日	市关工委领导慰问优秀“五老”	综合新闻	田敏
31	2015 年 2 月 10 日	快乐寒假　与梦同行　县关工委开展系列教育活动	综合新闻	田敏
32	2015 年 2 月 28 日	69 名学生受益，连浦村关爱基金第二次发放	综合新闻	田敏　陈素霞
33	2015 年 3 月 30 日	县关工委开展青少年革命传统教育	综合新闻	田敏
34	2015 年 4 月 3 日	“与梦同声”公益宣讲开讲	综合新闻	田敏
35	2015 年 5 月 21 日	一年一百万，三年助学情	时政要闻	娄美琴　田敏
36	2015 年 5 月 29 日	县关工委开展“三爱”教育	综合新闻	田敏
37	2015 年 5 月 29 日	多部门到黄坛六一慰问	综合新闻	葛主良
38	2015 年 6 月 3 日	省关工委领导到我县调研基层关工委建设	时政要闻	田敏
39	2015 年 6 月 12 日	我们的队伍向太阳	综合新闻	吕茂根
40	2015 年 6 月 17 日	为了孩子　为了明天——我们与梦想携手共进	专版	县关工委

2015—2018年《宁海报》《今日宁海》录用宁海县关工委部分通讯报道存目一览表

表6-28

序号	刊用时间	文稿摘要		撰稿人
		题目	属性	
1	2015年6月23日	县关工委成立25周年座谈会举行	时政要闻	章莉
2	2015年7月27日	“五老”同志参与网吧义务监督	综合新闻	田敏　陈素霞
3	2015年8月10日	暑期公益宣讲	综合新闻	黄浓珍王国杰
4	2015年8月13日	“隐名”企业家接连捐款助梦大学生	综合新闻	田敏
5	2015年8月20日	8年发放奖学金20万元，西店石孔村奖优帮困助学子成才	民生G2新闻	叶子
6	2015年8月25日	县关工委利用远教平台开展公益宣讲活动	综合新闻	章莉　田敏
7	2015年8月28日	县关工委爱心助学暖人心	民生新闻	冯希巧　郑伟周
8	2015年8月31日	西店村级“关爱基金”助推教育	综合新闻	李江林　徐红燕
9	2015年9月1日	百所“假日学校”受益7564名青少年	综合新闻	田敏　陈素霞
10	2015年9月7日	开学季爱心企业助学暖人心	综合新闻	田敏
11	2015年9月16日	“成长心连心”公益活动走进宁海	综合新闻	田敏
12	2015年10月21日	我县“五老”队伍建设工作受肯定	综合新闻	田敏
13	2015年10月28日	“隐名”企业家：三年捐助三百多万元惠及四千余学子	综合新闻	陈静珠
14	2015年12月11日	基层关工委建设经验引来取经客	综合新闻	田敏
15	2016年1月5日	搭建平台　老有所为　西店“五老”经验在全市推广	综合新闻	陈静珠　田敏
16	2016年2月24日	长街连浦村75名学生领到爱心助学金	综合新闻	陈静珠　苏敏宣
17	2016年3月1日	“只要我还能走得动，就不会停下来！”古稀老人邬锡良的助人故事	民生新闻	陈静珠　田敏 苏敏宣
18	2016年3月11日	我县部署关心下一代工作	时政要闻	陈静珠
19	2016年4月13日	宁海关心下一代工作获省市关工委点赞	综合新闻	田敏
20	2016年5月5日	慈溪市关工委来我县取经	时政要闻	陈静珠田敏
21	2016年6月1日	同在一片蓝天下让爱与我们共成长	专版	县关工委
22	2016年8月5日	县关工委：“五老”网吧义务监督员护航G20	时政要闻	田敏
23	2016年8月22日	为了孩子　为了明天——2016年县关工委打造假日学校新引擎	文化周刊	陈静珠　田敏
24	2017年3月29日	我县举行老少同祭革命先烈活动	综合新闻	卓佳洋　田敏
25	2016年3月29日	缅怀先烈颂党恩　传承精神跟党走　我县举行悼念革命先烈首场仪式	时政要闻	陈静珠

续表6-28

序号	刊用时间	文稿摘要		撰稿人
		题目	属性	
26	2017年3月15日	帮助青少年成长成才成功　全县关心下一代工作会议召开	时政要闻	章莉
27	2017年3月15日	全县关心下一代工作会议召开	时政要闻	章莉
28	2017年7月28日	守护孩子童心　陪伴精彩一夏——走进宁海县童心假日学校	综合新闻	卓佳洋
29	2017年8月2日	县关工委远程教育公益宣讲撑起爱的“保护伞”	综合新闻	陈静珠　田敏
30	2017年8月10日	联盟在行动——“甬润童心”项目启动	要闻	章莉
31	2017年8月7日	市关工委领导慰问假日学校留守儿童	综合新闻	陈静珠　田敏
32	2017年8月11日	撑起青少年“保护伞”	民生新闻	陈静珠　田敏
33	2017年9月30日	县关心下一代志愿者协会成立	要闻	章莉
34	2017年9月30日	我县召开民营企业关心下一代工作会议——同时举行青少年普法教育先进表彰	要闻	卓佳洋
35	2017年12月14日	我县各级关工委真情关爱留守儿童	综合新闻	章莉　田敏
36	2018年1月11日	丰收互联　让爱回家关爱留守儿童　专项爱心基金启动	—	叶子　吕睛　田敏
37	2018年1月30日	县关工委部署2018年全县关心下一代工作	头版	陈静珠
38	2018年2月9日	为打造“两高五好”作出积极贡献“五老”助力县关工委新一年工作	—	陈静珠　田敏
39	2018年2月9日	“五老”查网吧	—	惠广亮　袁超
40	2018年3月1日	县关工委召开关心下一代工作志编纂工作会议	—	陈静珠　田敏

2018—2019年《宁海报》《今日宁海》录用宁海县关工委部分通讯报道存目一览表

表6-29

序号	刊用时间	文稿摘要		撰稿人
		题目	属性	
1	2018年3月12日	关爱优秀学子　营造良好学风长街连浦村连续5年发放关爱基金近10万元	—	陈静珠　苏敏宣
2	2018年3月15日	“四化型”规范化建设开启关心下一代工作新作为	—	陈静珠　田敏
3	2018年3月16日	小小微心愿　绽放大温暖2018圆梦计划关爱留守儿童	—	曹维燕　张露霞

续表6-29

序号	刊用时间	文稿摘要		撰稿人
		题目	属性	
4	2018年3月28日	传承红色基因　争当时代新人我县举行悼念革命先烈首场仪式	—	陈静珠
5	2018年3月30日	县关协举行乡镇（街道）工作站规范化建设现场会《关工志》编纂和民营企业关工委组建活动同时启动	—	陈静珠
6	2018年4月4日	缅怀先烈　慎终追远	—	李江林　葛鹏超
7	2018年4月12日	中国关工委到宁海调研	—	金一恒
8	2018年4月16日	车河社区倾心打造关心下一代工作品牌	—	胡琦　华建平 陈祎祺
9	2018年4月27日	县关工委：争当关心下一代宣传工作排头兵	—	陈静珠　田敏
10	2018年6月28日	吹响公益先锋号我县“假日学校”再度起航	—	章莉　田敏 戴伸一
11	2018年7月3日	我县成立全市首个警校共建工作室	—	娄伟杰　周国亮
12	2018年7月12日	省关工委来我县调研关心下一代改革创新工作	—	章莉
13	2018年7月30日	暑期远程教育公益课堂关爱“小候鸟”	—	章莉　范芷苑 方妙红
14	2018年8月8日	暑期安全教育常抓不懈（银河社区）	民生新闻	惠广亮　葛晓蒙
15	2018年8月13日	上好孩子“交通安全课”（浦西社区）	城区新闻	潘璐璐　葛静晓
16	2018年8月13日	筑牢暑期“网吧防火墙”	城区新闻	华建平　葛晓蒙
17	2018年8月14日	暑期网吧巡查　“五老”义务监督	综合新闻	章莉　范芷苑 方妙红
18	2018年8月22日	从“心”出发　快乐暑假——2018宁海县“假日学校”活动集锦	文化周刊	章莉　田敏
19	2018年8月22日	金融知识进高户	产经周刊	章莉
20	2018年8月23日	了解供电运行增强安全用电意识（五丰社区关工委）	民生新闻	李江林　叶敏
21	2018年8月24日	长街“假日学校”让“小候鸟”收获满满	综合新闻	潘璐璐　苏敏宣
22	2018年8月30日	县关工委　爱心助学困难大学生	—	章莉　田敏
23	2018年10月26日	杨启炉的忘年交	缑城周刊	王方　惠广亮
24	2018年11月5日	我县第二届诗词大会开幕	缑城周刊	卓佳洋
25	2018年11月9日	“情投护苗”　在行动	第一版	李江林　尤珂杰
26	2018年12月20日	甬润童心关爱留守儿童　茶院关工委组织留守儿童参观文物展览	综合新闻	章莉　戴伸一

续表6-29

序号	刊用时间	文稿摘要		撰稿人
		题目	属性	
27	2019年1月25日	关心下一代　携手创未来　县关工委以改革创新为引领，倾情培育时代新人	—	章莉　田敏
28	2019年3月22日	杨勇在调研关心下一代工作时强调　在新时代展现关心下一代工作新作为	第一版	周韵健
29	2019年3月28日	红色基因代代传　争做时代追梦人　县关工委举行清明节祭扫烈士园活动	第一版	娄伟杰　王丹丹
30	2019年3月29日	推动关心下一代工作实现新发展　县关工委举行关工委系统负责人会议	第二版	章莉　周昕
31	2019年4月8日	清明祭扫　缅怀先烈	第二版	潘璐璐　惠晓阳
32	2019年4月8日	红色基因代代传　争做时代追梦人	第四版	何莎莎　胡一宁　吴海珍
33	2019年5月6日	跃龙关工委多管齐下　撑起未成年人防护网	第四版	方景霞　华建平　胡雯雯
34	2019年5月8日	省市关工委调研　我县关心下一代工作	第一版	章莉
35	2019年5月30日	留守儿童　体验“非遗”传统文化	第一版	惠广亮　华建平
36	2019年7月3日	让留守儿童暑期生活充实快乐（沥水之阳“两地书信”假日学校活动启动）	综合新闻	章莉
37	2019年7月4日	2019年宁海同心假日学校明日开班	综合新闻	方景霞
38	2019年7月8日	假日课堂欢乐多	城区新闻	华建平陈晓菲
39	2019年7月10日	寓教于乐　学习垃圾分类知识	综合新闻	惠广亮彭优芝
40	2019年7月15日	一市这个假日学校六年来为数百名孩子带来快乐	综合新闻	张春涛

2019—2020年《宁海报》《今日宁海》录用宁海县关工委部分通讯报道存目一览表

表6-30

序号	刊用时间	文稿摘要		撰稿人
		题目	属性	
1	2019年7月15日	胡陈乡关爱“小候鸟”快乐过暑假	综合新闻	方景霞　王威
2	2019年7月16日	感受法律的庄严与肃穆	民生新闻	彭优芝
3	2019年7月16日	拥抱阳光童年	民生新闻	张露
4	2019年7月18日	“小候鸟”飞进法治夏令营	综合新闻	娄伟杰　杨杨　潘雪玲

续表6-30

序号	刊用时间	文稿摘要		撰稿人
		题目	属性	
5	2019 年 7 月 18 日	垃圾分类　从我做起	民生新闻	金丹霞
6	2019 年 7 月 22 日	跃龙关爱晴隆困难学生	城区新闻	华建平　李昕
7	2019 年 7 月 23 日	小候鸟感受宁海城市之美	综合新闻	李江林　叶敏
8	2019 年 7 月 23 日	奇妙的美食之旅	民生新闻	张琼李江林叶敏
9	2019 年 7 月 23 日	平安暑假　青春自护（五丰社区关工委、泉水社区二则）	综合新闻	李江林　叶敏 金丽霞
10	2019 年 7 月 24 日	市关工委到我县调研“假日学校”开展情况	第一版	屠以撒
11	2019 年 7 月 24 日	舞动青春	民生新闻	金丹霞
12	2019 年 7 月 26 日	多彩活动乐享曰暑假（县前、阳光、华庭、湖西社区四则金丹霞王佳靖）	民生新闻	李江林　刘琳 应佳翔
13	2019 年 7 月 29 日	体验拓印技艺　感受传统魅力	民生新闻	李江林　李昕
14	2019 年 7 月 29 日	垃圾分类我先行	民生新闻	张露
15	2019 年 7 月 30 日	假日学校为“小候鸟”筑起“快乐窝”	民生新闻	吴立高
16	2019 年 7 月 31 日	坐得直　看得远	民生新闻	惠广亮　胡银燕
17	2019 年 8 月 2 日	用行动撑起留守儿童的蓝天	综合新闻	润泉
18	2019 年 8 月 6 日	长街新五星假日学校丰富孩子暑期生活	综合新闻	潘璐璐　苏敏宣 周任斌
19	2019 年 8 月 7 日	宁海少年全国朗诵比赛夺魁	民生新闻	卓佳洋　赵祎慧 王小飞
20	2019 年 8 月 8 日	开展网吧巡查　净化文化环境	综合新闻	潘雪玲
21	2019 年 8 月 15 日	瞻仰红色基地　争做追梦少年	民生新闻	潘璐璐　童幸媛
22	2019 年 8 月 19 日	跃龙假日课堂丰富孩子暑期生活	城区新闻	方景霞　华建平 等四人
23	2019 年 8 月 21 日	隐私部位不能碰　让孩子学会自我保护	民生新闻	张露
24	2019 年 8 月 22 日	县关工委开出“项目单”　爱心单位来认领	第一版	章莉　田敏
25	2019 年 8 月 22 日	人人参与环保　共建文明城市	综合新闻	潘璐璐　彭优芝
26	2019 年 8 月 30 日	县青少年法律服务中心成立	第一版	李江林
27	2019 年 8 月 30 日	我县大力推进“五好”基层关工委示范点创建	第一版	章莉
28	2019 年 9 月 3 日	匠心木艺　传承创新	民生新闻	张露
29	2019 年 9 月 18 日	县关工委成立公益性青少年法律服务中心	综合新闻	章莉　田敏
30	2019 年 10 月 29 日	鄂尔多斯市关工委考察我县关工委建设	综合新闻	章莉

续表6-30

序号	刊用时间	文稿摘要		撰稿人
		题目	属性	
31	2020年1月17日	县关工委获评全国先进	第一版	章莉
32	2020年3月11日	走在疫情防控路上的宁海“关工人”	专版	章莉　华雯雯

出书　2000年6月，为纪念宁海县关心下一代工作委员会成立十周年，县关工委编印宁海县关心下一代工作委员会《关爱十年》一书。

2005年6月，为纪念宁海县关心下一代工作委员会成立十五周年，县关工委编印宁海县关心下一代工作委员会《关爱又五春》——宁海县关工委成立十五周年纪念集（2000.6—2005.6）。

2010年6月，为纪念宁海县关心下一代工作委员会成立二十周年，县关工委编印宁海县关心下一代工作委员会《爱满夕阳》——宁海县关工委成立二十周年纪念文集（1990.6—2010.6）。

2013年12月，为展示宁海县关心下一代工作委员会以“下基层、深调研，办实事、强服务、促发展”为主题开展调研活动，县关工委编印《宁海县关心下一代工作调研集》一书。

2014年11月，为展示宁海县关心下一代工作委员会在宁海县委、宁海县政府的正确领导和重视下，全县关工委在组织建设、队伍建设、制度建设等发展状况，县关工委编印“为了孩子　为了明天”之《宁海县关工委基层建设工作集锦》一书。

2015年6月，为纪念宁海县关心下一代工作委员会成立25周年，县关工委编印“为了孩子　为了明天”之《宁海县关工委“五老”先进事迹汇编》和《青少年思想道德教育宣讲团宣讲资料汇编》（两册）系列丛书。

三、开展有影响的创建工作

创建工作　2011年5月5日，县关工委在西店镇召开“宁海县提升‘三好四无’创建工作现场会”。各乡镇、街道关工委，教育系统关工委常务副主任与专兼职等工作人员，县关工委常务副主任、专职副主任、驻会副主任和“三好四无”督查组成员出席会议。与会人员参观西店镇关工委与西店镇溪头村“六有”关工委展示。听取西店镇党委，桃源街道、梅林街道关工委经验介绍。县关工委副主任王以位作《立足新起点，发展新形势，努力提升我县‘三好四无’工作品牌》的报告，县关工委常务副主任杨启炉作总结讲话。2011年5月，将现场会资料汇编成《宁海县村（社）校共建“三好四无”创建活动工作指南》。

2012年2月22日，县关工委在常务副主任杨启炉带领下到跃龙街道研讨“五好”镇乡关工委创建工作。跃龙街道党工委副书记，关工委主任李元，办事处副主任吴绒芬，关工委常务副主任郑英雄参加座谈。郑英雄对“五好”关工委创建工作制定创建计划，实施意见，安排等情况作汇报。杨启炉充分肯定跃龙街道“五好”乡镇（街道）关工委创建工作扎实，措施到位，同时，要求从完善制度、明确分工，做好办公室专兼职干部的配备，建好“五好”台账，坚持两手抓，在“五好”关工委创建工作中，继续推进“三好四无”创建及提升“六好”关工委和“六好”示范社区关工委复评验收工作。县关工委副主任王以位、袁春林、胡昌强等就发挥队伍作用、完善保障体系、促进工作创新、规范制度等提出建设性意见。李元表示按县关工委工作部署和要求，把“五好”关工委创建工作列入工作日程，认真贯彻宁党发〔2012〕10号文件精神，把街道关工委工作做好。

2012年3月20日，县关工委在跃龙街道办事处召开全县创建“五好”乡镇（街道）关工委现场会。各乡镇（街道）关工委常务副主任、办公室负责人参加会议，县委组织部副部长叶亦金，县文明办主任鲍允伟，县关工委常务副主任杨启炉，副主任王以位、任校章、胡昌强出席会议，专职副主任袁春林主持会议。跃龙街道党工委副书记，关工委主任李元在会上致辞。跃龙街道怡惠社区党总支书记、关工委主任储海娟在会上作《大力营造“三大空间”，关爱“未来花朵”，怡惠在行动》经验介绍。跃龙街道关工委常务副主任郑英雄介绍创“五好”工作经验。杨启炉作《积极开展创建“五好”关工委活动，着力提高基层关心下一代工作新水平》讲话，并就继续深化村（社）校共建“三好四无”品牌建设、上半年关工委重点工作作部署。叶亦金在会上讲话。与会人员还现场参观跃龙街道关工委办公室建设及创“五好”制度建设等。

2012年5月30日，县关工委组织巡视指导组开展“红五月——基层服务月”活动。巡视指导组共分五组深入各乡镇（街道）开展创建“五好”乡镇（街道）关工委活动和村（社）校共建“三好四无”创建活动及巩固提升工作，全面促进关工委组织建设巡视指导活动。

2013年7月，为推动自2011年来宁海县以“三年基层工作年”为契机，深入开展“双创建”活动，即在乡镇（街道）开展创健“五好”乡镇（街道）关工委活动，在村（社）校开展“三好四无”创建及提升巩固活动。县关工委汇集编印《宁海县基层关工委建设工作指南》。

2013年10月中旬至12月上旬，县关工委组织四个验收小组分别对2013年度3个乡镇创建“五好”关工委、全县18个村（社）创建“三好四无”工作及对54个行政村、12个社区共建“三好四无”先进单位巩固提升复评单位进行考核验收。各验收组通过听取创建工作情况的汇报，查看创建台账资料，座谈询问相关创建情况并实地进行现场察看。

2013年12月11日，县关工委召开验收组汇报会，经审核，对2013年度3个镇乡创建“五好”关工委、16个“三好四无”新创建村（社）及63个共建“三好四无”提升复评单位，予以通过。

2014年3月14日，全县基层关工委“双创建”工作经验交流会召开。全县各乡镇（街道）关工委常务副主任、办公室负责人和县关工委委员参加会议。跃龙街道关工委常务副主任郑英雄、西店镇关工委常务副主任周建明、越溪乡关工委常务副主任陈文军、长街镇连浦村书记刘聚位和深甽镇柘坑张村书记张华富分别作《巩固成果，再接再厉，努力把“五好”关工委提升到一个新水平》《坚持“三抓”，推进基层关工委建设》《选好五老“领头羊”，夯实村级关工委组织基础》《创“六有”达“六好”，培育一代新人》和《努力完善提升，积极争创“六好”示范村》的经验介绍。县关工委常务副主任袁春林，就2014年全县基层关工委“双创建”工作作部署。

2014年9月，县关工委组织四个巡视指导组分片赴18个乡镇（街道）对2014年“双创建”工作进行检查督促指导。

2015年7月29日，县关工委召开2015上半年度工作总结交流会。县关工委常务副主任袁春林对全县半年度工作进行总结及对下半年度工作进行部署。重点强调“五好”基层关工委的创建，并要求以此为载体，着力推进基层关工委建设的全面发展。县关工委副主任王以位主持会议。会后，各乡镇（街道）积极落实会议精神，学习连浦村在健全组织网络、创新活动载体、发挥“五老”作用、打造村级品牌等方面的经验，督促、检查、指导辖区基层关工委创建工作。袁春林、王以位等并到一市、黄坛、西店、深甽、梅林等地检查指导“五好”关工委创建工作。

2015年11月初开始，县关工委按照原定计划，组织各检查小组对申报“五好”村（社）关工委的单位进行考核检查和联评，包括抽查的10所创建“五好”关工委的中小学校，也在县关工委、县教育局关工委的检查指导下顺利完成工作。在各创建单位现场，检查组通过听取汇报，查阅档案资料和活动图片，实地参观学校、农村（社区）活动中心以及关工委办公室等，了解各创建单位情况，并对照“领导班子配备好、骨干队伍作用好、制度健全执行好、活动经常效果好、工作保障落实好”的“五好”关工委标准逐项审核评议。

2015年11月10日，宁波市关工委、市教育局关工委领导一行到宁海城东小学，对该校创建市“五好”学校关工委工作进行评估验收。县关工委副主任王以位、县教育局关工委主任舒静芬和常务副主任叶显青陪同参与，金慰祖、杨贤富、严再望、潘国贤等“五老”人员受邀陪同。该校关工委主任严晓峰就学校创建“五好”关工委工作通过PPT从五个方面向检查组做了汇报。市检查组领导查看相关资料，对学校“三纳入四同时”“三二三”特色项目予以关注，特别是学校“五老”队伍的建设，和评估验收的“五老”进行交流。县关工委副主任王以位认为城东小学的创建工作把握关键，突出主体，抓住重点，注重实效。市教育局关工委主任李德芳对城东小学创建“五好”学校关工委的工作予以充分肯定，并作出评价。

2017年6月12日，县关工委下发《关于全县开展对2007—2015年创建“五好”村（社）关工委单位进行提升复评的实施意见》。“五好”村（社）关工委提升复评工作是宁海县关工委下半年的一项重要工作，也是提升好品牌的一项重要工程。6月中下旬，县关工委有针对性地分批对各乡镇（街道）关工委开展“五好”村（社）关工委提升复评工作进行部署，提出领导班子要深入基层、了解基层、全面掌握实情，要求各级关工委明确巩固提升工作的重点，按照目标任务抓落实，按照“五好”标准要求抓落实，按照时间节点精准抓落实，突出抓好四个重点，学先进、抓差距、补足短板、找准典型，用典型来推动提升复评工作的更好开展，使工作更有针对性、实效性，把宁海县“三好四无”“五好”基层关工委建设成果巩固提升好，推动实现更高质量，更好效益，更可持续发展。宁海县自2007年开展村（社）校共建“三好四无”活动，2015年开始创建“五好”村（社）关工委，历时9年，通过持续抓、深入抓，全县258个村（社）获得“五好”村（社）先进单位，按394个行政村（社）总数达65.5%。

2017年11月9日，宁波市关工委副主任沈觉人、市教育局关工委副主任杨忠燕一行，在县教育局关工委常务副主任叶显青的陪同下，到城西小学实地验收宁波市“五好”学校关工委创建工作。验收组听取学校关工委主任校长娄贤官关于“五好”学校关工委创建工作的汇报。娄贤官按照“领导班子建设好、骨干队伍作用好、制度健全执行好、积极探索创新好和活动经常效果好”的标准，汇报创建的相关做法，介绍学校关工委特色与亮点——五朵艺术金花即民乐、国画、书法、鼓乐、合唱，争奇斗艳。家长学校独占鳌头，家长会、家长开放日、家长委员会、家长培训、评选书香家庭等，有序有效展开，发挥着浙江省示范家长学校的引领作用。验收组查看有关台账资料，查看学校关工委的办公场所。由退休教师、老教师、老领导、老艺人等参与的辅导民乐队早已等候在民乐小剧场，给验收组一行带来民乐大合奏，以及由小朋友组成的二胡、琵琶、古筝、笛子等器乐小合奏，大家对大小朋友们的精湛表演点头称好，拍照留念。验收组深入各民乐训练室，与该校“五老”人员进行亲切交流，询问参与辅导、参加活动、开展关工委工作等情况。验收组对学校创建“五好关工委”的做法表示肯定，对该项工作所取得的成绩予以高度赞许。

2017年12月开始至2018年年底，县关工委将创建“五好”基层关工委，作为推进关工委工作的重要载体和抓手，切实按照“五好”创建标准，对18个乡镇（街道）上报的20个村（社）和

43个民营企业“五好”关工委创建工作进行考核验收。同时对2007年以来全县已创建的249个村（社）进行提升复评工作。县关工委考核小组分组分片开展调研工作，严格对照“五好”关工委考核细则，通过听取工作汇报，查阅档案资料，查看活动场所等方式对20个村（社）关工委的创建工作进行考核验收。

2019年12月25日，县关工委决定，命名长街镇对岙洞村等2个行政村关工委为“五好”村（社）基层关工委、奇精机械股份有限公司等40家民营企业为“五好”民营企业关工委、宁海县柔石中学等11所学校为“五好”学校关工委，并予以通报。

创建成果

2017—2019年宁海县镇乡、村社、学校、民企创建“三好四无”“五好”“六好”“六有”关工委汇总表

表6-31 单位：个

属性	各年分类家数 / 级别	“三好四无” 2007—2009	“三好四无”“五好”“六好”“六有”关工委创建 2005	2010	2012	2013	2014	2015	2016	2017	2018	2019	合计
镇乡街道	全国“五好”	—	—	—	—	1	—	—	—	—	—	—	1
	市“五好”	—	—	—	1	—	1	—	1	—	5	—	8
	县 “五好”	—	—	—	15	3	—	—	—	—	—	—	18
	县 “五好优胜”	—	—	—	—	—	—	—	—	3	1	—	4
村社	市“五好”	—	—	—	—	—	—	—	20	—	36	—	56
	市“六好”示范社区	—	—	1	2	—	—	—	—	—	—	—	3
	市“六好”社区	—	4	7	3	—	—	—	—	—	—	—	14
	市“六有”村	—	—	14	18	—	—	—	—	—	—	—	32
	县“五好”（提升复评）	165	—	—	21	15	27	30	—	20	18	2	298
民企	市“五好”	—	—	—	4	—	4	—	2	—	10	—	20
	县“五好”	—	—	—	—	—	—	—	—	43	3	40	86
学校	市“五好”	—	—	—	—	—	—	4	—	4	—	—	8
	县“三好四无”	74	—	—	9	—	复评9	—	—	—	—	—	83
	县“五好”	—	—	—	—	—	—	16	17	16	12	11	72
合计		239	4	22	73	19	32	49	40	86	85	53	703

说明：1. 县“五好”村社关工委2007—2015通过提升复评共创建258个；

2. 学校2007—2009年创建县“三好四无”74个，2012年创建“三好四无”9个（2014年提升复评未计入合计数），合计为83个

2012—2018年镇乡（街道）创建宁波市级以上“五好”关工委情况统计表

表6-32

创建单位	授予年份	级别	授予名称
跃龙街道关工委	2013	全国	创建五好基层关工委先进集体
	2012	宁波市	宁波市“五好”乡镇（街道）关工委
西店镇关工委	2014	宁波市	宁波市“五好”乡镇（街道）关工委
桃源街道关工委	2016	宁波市	宁波市“五好”乡镇（街道）关工委
长街镇关工委	2018	宁波市	宁波市“五好”乡镇（街道）关工委
力洋镇关工委	2018	宁波市	宁波市“五好”乡镇（街道）关工委
茶院乡关工委	2018	宁波市	宁波市“五好”乡镇（街道）关工委
岔路镇关工委	2018	宁波市	宁波市“五好”乡镇（街道）关工委
桥头胡街道关工委	2018	宁波市	宁波市“五好”乡镇（街道）关工委
合计	其中，全国级1个、宁波市级8个		

2012—2018年村社、学校创建宁波市级“五好”“六好”“六有”关工委汇总表（一）

表6-33

辖属	创建年份	创建项目	已创建企业名称	家数
长街	2016	“五好”村（社区）关工委	宁海县长街镇连浦村关工委	7
	2018	“五好”村（社区）关工委	长街镇山头村关工委	
	2018	“五好”村（社区）关工委	长街镇青珠村关工委	
	2018	“五好”村（社区）关工委	长街镇平原村关工委	
	2010	“六有”村关工委	宁海县长街镇长街村关工委	
	2012	“六有”村关工委	宁海县长街镇东港村关工委	
	2015	“五好”学校关工委	长街镇中心小学关工委	
胡陈	2016	“五好”村（社区）关工委	宁海县胡陈乡车家村关工委	4
	2018	“五好”村（社区）关工委	胡陈乡中堡溪村关工委	
	2010	“六有”村关工委	宁海县胡陈乡车家村关工委	
	2012	“六有”村关工委	宁海县胡陈乡车家村关工委	
力洋	2016	“五好”村（社区）关工委	宁海县力洋镇海头村关工委	5
	2018	“五好”村（社区）关工委	力洋镇凤凰山村关工委	
	2018	“五好”村（社区）关工委	力洋镇力洋村关工委	
	2018	“五好”村（社区）关工委	力洋镇平岩村关工委	
	2012	“六有”村关工委	宁海县力洋镇古渡村关工委	

续表6-33

辖属	创建年份	创建项目	已创建企业名称	家数
茶院	2016	“五好”村（社区）关工委	宁海县茶院乡东南溪村关工委	4
	2018	“五好”村（社区）关工委	茶院乡茶院村关工委	
	2010	“六有”村关工委	宁海县茶院乡毛屿村关工委	
	2012	“六有”村关工委	宁海县茶院乡铜铃脚村关工委	
一市	2016	“五好”村（社区）关工委	宁海县一市镇东岙村关工委	3
	2018	“五好”村（社区）关工委	一市镇一市村关工委	
	2012	“六有”村关工委	宁海县一市镇缆头村关工委	
越溪	2016	“五好”村（社区）关工委	宁海县越溪乡下田村关工委	3
	2018	“五好”村（社区）关工委	越溪乡越溪村关工委	
	2012	“六有”村关工委	宁海县越溪乡下田村关工委	
桑洲	2016	“五好”村（社区）关工委	宁海县桑洲镇坑口村关工委	4
	2018	“五好”村（社区）关工委	桑洲镇上叶村关工委	
	2010	“六有”村关工委	宁海县桑洲镇里山季村关工委	
	2012	“六有”村关工委	宁海县桑洲镇里山季村关工委	
岔路	2016	“五好”村（社区）关工委	宁海县岔路镇下畈村关工委	6
	2018	“五好”村（社区）关工委	岔路镇梅花村关工委	
	2018	“五好”村（社区）关工委	岔路镇湖头村关工委	
	2010	“六有”村关工委	宁海县岔路镇干坑村关工委	
	2012	“六有”村关工委	宁海县岔路镇上金村关工委	
	2017	“五好”学校关工委	岔路镇中心小学关工委	

2012—2018 年村社、学校创建宁波市级“五好”“六好”“六有”关工委汇总表（二）

表 6-34

辖属	创建时间	创建项目	已创建企业名称	家数
前童	2016	“五好”村（社区）关工委	宁海县前童镇小汀村关工委	5
	2018	“五好”村（社区）关工委	宁海县前童镇小汀村关工委	
	2010	“六有”村关工委	宁海县前童镇双桥村关工委	
	2012	“六有”村关工委	宁海县前童镇大郑村关工委	
	2017	“五好”学校关工委	前童镇中心小学关工委	

续表6-34

辖属	创建时间	创建项目	已创建企业名称	家数
黄坛	2016	“五好”村（社区）关工委	宁海县黄坛镇双峰片区关工委	4
	2018	“五好”村（社区）关工委	黄坛镇永联村关工委	
	2010	“六有”村关工委	宁海县黄坛镇榧坑村关工委	
	2012	“六有”村关工委	宁海县黄坛镇五兴村关工委	
大佳何	2016	“五好”村（社区）关工委	宁海县大佳何镇葛家村关工委	5
	2018	“五好”村（社区）关工委	大佳何镇涨坑村关工委	
	2010	“六有”村关工委	宁海县大佳何镇葛家村关工委	
	2010	“六有”村关工委	宁海县大佳何镇大佳何村关工委	
	2012	“六有”村关工委	宁海县大佳何镇和平村关工委	
强蛟	2016	“五好”村（社区）关工委	宁海县强蛟镇下渔村关工委	4
	2018	“五好”村（社区）关工委	强蛟镇上蒲村关工委	
	2010	“六有”村关工委	宁海县强蛟镇加爵科村关工委	
	2012	“六有”村关工委	宁海县强蛟镇下渔村关工委	
西店	2016	“五好”村（社区）关工委	宁海县西店镇溪头村关工委	7
	2018	“五好”村（社区）关工委	西店镇岭口村关工委	
	2018	“五好”村（社区）关工委	西店镇石孔村关工委	
	2018	“五好”村（社区）关工委	西店镇西店村关工委	
	2010	“六有”村关工委	宁海县西店镇溪头村关工委	
	2012	“六有”村关工委	宁海县西店镇石孔村关工委	
	2017	“五好”学校关工委	西店镇初级中学关工委	
深甽	2016	“五好”村（社区）关工委	宁海县深甽镇柘坑张村关工委	5
	2018	“五好”村（社区）关工委	深甽镇大里村关工委	
	2018	“五好”村（社区）关工委	深甽镇马岙村关工委	
	2018	“五好”村（社区）关工委	深甽镇三省村关工委	
	2012	“六有”村关工委	宁海县深甽镇拓坑张村关工委	

2012—2018年村社、学校创建宁波市级“五好”“六好”“六有”关工委汇总表（三）

表6-35

辖属	创建时间	创建项目	已创建企业名称	家数
跃龙	2016	“五好”村（社区）关工委	宁海县跃龙街道杜鹃社区关工委	25
	2016	“五好”村（社区）关工委	宁海县跃龙街道车河社区关工委	
	2018	“五好”村（社区）关工委	跃龙街道五丰社区关工委	
	2018	“五好”村（社区）关工委	跃龙街道兴蒲社区关工委	
	2018	“五好”村（社区）关工委	跃龙街道园丁社区关工委	
	2018	“五好”村（社区）关工委	跃龙街道东观社区关工委	
	2018	“五好”村（社区）关工委	跃龙街道杏树社区关工委	
	2010	“六好”示范社区关工委	宁海县跃龙街道怡惠社区关工委	
	2010	“六好”示范社区关工委	宁海县跃龙街道兴圃社区关工委	
	2005	“六好”社区关工委	宁海县跃龙街道怡惠社区关工委	
	2005	“六好”社区关工委	宁海县跃龙街道北星社区关工委	
	2005	“六好”社区关工委	宁海县跃龙街道杏树社区关工委	
	2005	“六好”社区关工委	宁海县跃龙街道车河社区关工委	
	2010	“六好”社区关工委	宁海县跃龙街道东海社区关工委	
	2010	“六好”社区关工委	宁海县跃龙街道五丰社区关工委	
	2010	“六好”社区关工委	宁海县跃龙街道县前社区关工委	
	2010	“六好”社区关工委	宁海县跃龙街道塔山社区关工委	
	2010	“六好”社区关工委	宁海县跃龙街道滨溪社区关工委	
	2010	“六好”社区关工委	宁海县跃龙街道松竹社区关工委	
	2012	“六好”社区关工委	宁海县跃龙街道园丁社区关工委	
	2012	“六好”社区关工委	宁海县跃龙街道杜鹃社区关工委	
	2010	“六有”村关工委	宁海县跃龙街道草湖村关工委	
	2012	“六有”村关工委	宁海县跃龙街道前洋村关工委	
	2015	“五好”学校关工委	城东小学关工委	
	2017	“五好”学校关工委	实验小学教育集团城西校区关工委	

续表6-35

辖属	创建时间	创建项目	已创建企业名称	家数
桃源	2016	“五好”村（社区）关工委	宁海县桃源街道兴海社区关工委	12
	2016	“五好”村（社区）关工委	宁海县桃源街道华庭社区关工委	
	2018	“五好”村（社区）关工委	桃源街道湖西社区关工委	
	2018	“五好”村（社区）关工委	桃源街道阳光社区关工委	
	2018	“五好”村（社区）关工委	桃源街道湖东社区关工委	
	2018	“五好”村（社区）关工委	桃源街道冠庄社区关工委	
	2012	“六好”示范社区关工委	宁海县桃源街道华庭社区关工委	
	2010	“六好”社区关工委	宁海县桃源街道华庭社区关工委	
	2012	“六好”社区关工委	宁海县桃源街道阳光社区关工委	
	2010	“六有”村关工委	宁海县桃源街道下桥村关工委	
	2012	“六有”村关工委	宁海县桃源街道下桥村关工委	
	2015	“五好”学校关工委	桃源初级中学关工委	

2012—2018年村社、学校创建宁波市级“五好”“六好”“六有”关工委汇总表（四）

表6-36

辖属	创建时间	创建项目	已创建企业名称	家数
梅林	2016	“五好”村（社区）关工委	宁海县梅林街道杨梅岭村关工委	6
	2018	“五好”村（社区）关工委	梅林街道梅林陈村关工委	
	2018	“五好”村（社区）关工委	梅林街道河洪村关工委	
	2010	“六有”村关工委	宁海县梅林街道岙胡村关工委	
	2012	“六有”村关工委	宁海县梅林街道新庄村关工委	
	2015	“五好”学校关工委	梅林中心小学关工委	
桥头胡	2016	“五好”村（社区）关工委	宁海县桥头胡街道东吕村关工委	4
	2018	“五好”村（社区）关工委	桥头胡街道双林村关工委	
	2018	“五好”村（社区）关工委	桥头胡街道龙储村关工委	
	2012	“六有”村关工委	宁海县桥头胡街道东吕村关工委	
合计	其中：市“五好”村（社区）关工委56家，“六好”示范社区关工委3家，“六好”社区关工委14家，“六有”村关工委32家，“五好”学校关工委8家			113

说明：宁波市创六有村关工委指有组织、有队伍、有制度、有活动、有阵地、有经费；宁波市创六好社区关工委指领导班子配备好、“五老”作用发挥好、工作制度完善好、教育活动开展好、教育阵地建设好、工作保障落实好

2007—2019 年宁海县镇乡街道、村（社区）五好关工委（县级）创建情况统计表

表 6-37　　　　　　　　　　　　　　　　　　　　　　　　　　　　　　单位：个

所属镇乡（街道）	镇乡（街道）本级创建		村、社区创建								
			已创建村社					尚待创建		总计	
	创建时间	备注	创建年份				合计	村社	其中社区	应创建总	其中社区
			2007—2015	2017	2018	2019					
长街	2012	—	22	3	1	1	27	15	—	42	—
胡陈	2012	—	11	1	1	—	13	6	1	19	1
力洋	2012	2018 优胜	13	2	4	—	19	—	—	19	1
茶院	2012	2017 优胜	13	1	—	—	14	—	—	14	—
一市	2013	—	13	1	1	—	15	6	—	21	—
越溪	2013	—	12	1	1	1	15	—	—	15	—
桑洲	2012	—	14	1	1	—	16	7	—	23	—
岔路	2012	—	13	1	1	—	15	6	—	21	—
前童	2013	—	13	1	1	—	15	2	—	17	—
黄坛	2012	—	※23	1	1	—	25	5	—	30	—
大佳何	2012	2017 优胜	9	—	—	—	9	—	—	9	—
强蛟	2012	2017 优胜	9	—	—	—	9	—	—	9	1
西店	2012	—	12	1	1	—	14	8	—	22	—
深甽	2012	—	12	1	1	—	14	8	—	22	—
跃龙	2012	—	28	1	1	—	30	12	—	42	15
桃源	2012	—	16	1	1	—	18	7	1	25	10
梅林	2012	—	14	2	1	—	17	8	1	25	2
桥头胡	2012	—	11	1	1	—	13	6	1	19	1
合计	18	4	258	20	18	2	298	96	4	394	31

说明：1. 宁关〔2018〕3 号文件对 2007—2015 年创建“五好”村（社）关工委的 249 个通过 2017 年度“五好”村（社）先进单位提升复评工作。※此文件中黄坛镇为 14 个，若减去黄坛镇双峰片区关工委 1 个（当时是以行政村关工委为单位创建），加按原 10 个行政村以村为单位创建数为 23 个，则创建总数为 258 个；

2. 2017 年创“五好”优胜镇乡关工委 3 个（茶院、大佳何、强蛟），2018 年创“五好”优胜镇乡关工委 1 个（力洋）

2012—2019 年宁海县村（社区）创建宁海县级“五好”关工委汇总统计表

表 6-38　　　　单位：个

所属	已创建单位		合计
	行政村	社区	
长街	新城、山头、长街、大湖、塘里、龙山、新塘、洋湖、伍山、月兰、东港、青珠、李家庄、岳井、岳墩、山前、平原、文围、大青、连浦、总浦塘、向阳、浦东、宁东、南塘、西岙、对岙洞村	—	27
胡陈	胡东、梅山、车家、西翁、联胜、长平、滕达、永和、国叶、岙里王、大赖、中堡溪、胡陈村	—	13
力洋	海屿、大塘、古渡、文正、小青、平岩、海头、力洋、田交朱、岭峧、路下施、前横、力洋孔、凤凰山、盖仓、东园、跳头、海头渔	明港社区	19
茶院	塘厂、毛屿、升龙、东腾、铜岭脚、柘浦王、后坑李、道士桥、杜岙、许民、下徐、庙岭、东南溪、茶院村	—	14
一市	新山、上陈、里岙、缆头、山皇岙、前岙、一市、曹家、岭头、西刘、武岙、外岙、牛台、箬岙、白峧村	—	15
越溪	下田、越溪、南庄、梅枝田、盘屿、下湾、双盘、大陈、大林、田岙、信干岙、白岌、山头应、七市、兴农村	—	15
桑洲	桑洲、里山季、坑口、三星、六合、上叶、里山、下洋周、桑梅、团结、竹山头、木坑、下章、新桥、南岭、平园村	—	16
岔路	下畈、天河、梅花、干坑、兆岸、山洋、上屋基、白溪、湖头、上金、渡东、顶峰、大岩、岔路、柴家村	—	15
前童	大郑、竹林、塔山、双桥、鹿分、鹿山、板岭陈、柘湖杨、桥头杨、小汀、栅下、官地严家、联仓、岭南、梁皇村	—	15
黄坛	黄坛、五兴、联溪、松坛、斑竹园、明珠、新华、大塘山、兴坛、峰山、大木、盈坑、大洋山、永联、杨家村、（双峰片区关工委）：榧坑、里塘、里天河、弘扬、中央山、上辽岗、逐步、张辽、王家染、澄深	—	25
大佳何	涨坑、大佳何、石门、葛家、团结、民主、和平、滨海溪、下王	—	9

续表6-38

所属	已创建单位		合计
	行政村	社区	
强蛟	上蒲、胜龙、下渔、加爵科、王石岙、临港、下蒲、薛上岙村	峡山社区	9
西店	海洋、岭口、西店、石孔、望海、溪头、尤家、崔家、滨海、樟树、团堧、集义、紫江、香联村	—	14
深甽	南溪、柘坑戴、三省、长洋、上湖、溪滨、柘坑张、马岙、大蔡、大里、孔横、赤岙、大洋、深甽村	—	14
跃龙	草湖、溪南刘、大桥李、赵溪、白龙潭、云台、望府、下枫槎、水车上园、坦坑、前洋、岭头、淩塘、元峰、岙里村	怡惠、园丁、五丰、车河、兴圃、北星、东海、县前、塔山、杏树、滨溪、松竹、杜鹃、东观、银河社区	30
桃源	竹口、竹东、杏蒋、下桥、唐安李、下洋顾、（上金村已合并）、李和洋、大屋、应家山村	华庭、冠庄、泉水、兴海、金桥、阳光、湖西、浦西、湖东社区	18
梅林	大路周、梅林、杨梅岭、凤潭、岙胡、新庄、方前、应家、伍富、九倾洋、梅北、九都王、梅湖、河洪、梅林陈、兰丁村	花园社区	17
桥头胡	双林、潘家岙、涨家溪、店前王、汶溪周、东吕、桥头胡、龙储、五联、丁家、林家、叶兴、岙马村	—	13
合计	271	27	298

2007—2019 年宁海县教育系统创建宁海县级“三好四无、五好”关工委汇总统计表

表 6-39　　单位：个

所属镇乡	“三好四无”关工委创建						“五好”关工委创建					
	2007	2008	2009	2012	2014	合计	2015	2016	2017	2018	2019	合计
长街	—	3	2	3	复评 3	8	1	1	—	1	—	3
胡陈	—	3	—	—	—	3	1	—	—	—	1	2
力洋	—	5	1	—	—	6	1	1	1	—	1	4
茶院	—	1	—	1	复评 1	2	—	1	—	1	—	2
一市	—	2	1	—	—	3	—	—	1	1	—	2
越溪	—	2	—	1	复评 1	3	1	1	—	—	—	2
桑洲	—	2	—	—	—	2	—	1	1	—	—	2
岔路	—	2	—	—	—	2	1	1	1	—	—	3

续表6-39

所属镇乡	“三好四无”关工委创建						“五好”关工委创建					
	2007	2008	2009	2012	2014	合计	2015	2016	2017	2018	2019	合计
前童	—	1	2	—	—	3	2	—	—	1	—	3
黄坛	—	3	—	—	—	3	—	2	—	—	—	2
大佳何	—	2	—	—	—	2	—	—	1	—	1	2
强蛟	—	2	—	1	复评 1	3	—	—	1	1	—	2
西店	2	1	1	—	—	4	1	1	4	1	—	7
深甽	—	3	1	3	复评 3	7	1	1	1	1	2	6
跃龙	2	16	3	—	—	21	3	5	1	4	4	17
桃源	—	3	1	—	—	4	2	2	2	1	—	7
梅林	—	3	—	—	—	3	1	—	1	—	1	3
桥头胡	—	3	1	—	—	4	1	—	1	—	—	2
县直属	—	—	—	—	—	—	—	—	—	—	1	1
合计	4	57	13	9	复评 9	83	16	17	16	12	11	72

说明：2014 年“三好四无”关工委提升复评 9 个未计入合计数

2007—2014 年宁海县教育系统创建“三好四无”关工委学校统计表

表 6-40　　单位：所

所在地分布	已创建学校		合计
	中学	小学	
长街	长街初中	长街小学、山头小学、伍山小学、龙浦片校、青珠小学、岳井小学、大湖小学	8
胡陈	胡陈初中	胡陈小学、东仓片校	3
力洋	力洋初中、前横中学	力洋小学、前横片校、兴南片校、文正片校	6
茶院	—	茶院小学、南溪小学	2
一市	一市初中	一市小学、东岙小学	3
越溪	越溪初中	越溪小学、七市小学	3
桑洲	桑洲初中	桑洲小学	2
岔路	岔路初中	岔路小学	2
前童	前童中学	前童小学、竹林小学	3
黄坛	黄坛中学	黄坛小学、双峰片校	3
大佳何	大佳何初中	大佳何小学	2
强蛟	强蛟初中	强蛟小学、薛岙小学	3
西店	西店镇初级中学	西店镇中心小学、观澜片校、香岩小学	4

续表6-40

所在地分布	已创建学校		合计
	中学	小学	
深甽	深甽初中	深甽小学、溪边片校、马岙小学、大里小学、大蔡小学、双湖小学	7
跃龙	城关中学、星海中学、潘天寿中学、跃龙中学	实验小学、城南校区、城西校区、金桥校区、第二实验小学、城东小学、潘天寿小学、华山校区、桃源小学、溪南片校、辛岭片校、水车片校	16
桃源	桃源初中	山水片校、回浦片校、金阳小学	4
梅林	梅林初中	梅林小学	2
桥头胡	桥头胡初中	桥头胡小学、建设片校	3
县直属	柔石中学、技工学校、一职高、宁海中学、知恩中学、正学中学、职教中心	—	7
合计	28	55	83

2015—2019年宁海县教育系统创建宁海县级“五好”关工委单位汇总统计表

表6-41

所属	已创建单位		合计
	中学	幼儿园、小学	
长街	—	长街小学、长街镇第二小学、长街幼儿园	3
胡陈	宁海县胡陈乡初级中学	胡陈小学、东仓片校	3
力洋	力洋初中	力洋小学、力洋镇前横小学、宁海县力洋镇文正小学	4
茶院	茶院中学	茶院乡中心幼儿园	2
一市	一市初中	一市镇中心小学	2
越溪	越溪初中	越溪小学	2
桑洲	桑洲中学	桑洲镇中心小学	2
岔路	岔路中学	岔路小学	2
前童	前童镇初级中学	前童小学、前童镇学前教育中心	3
黄坛	黄坛中学	黄坛小学	2
大佳何	大佳何初中	宁海县大佳何镇中心小学	2
强蛟	强蛟镇初级中学	强蛟镇中心小学	2
西店	西店镇初级中学	观澜小学、西店镇香岩小学、西店镇第二小学、西店镇樟树小学、西店镇望海小学、西店小学	7

续表6-41

所属	已创建单位		合计
	中学	幼儿园、小学	
深甽	深甽初中	大里小学、深甽镇双湖小学、深甽小学、宁海县深甽镇大蔡小学、宁海县深甽镇马岙小学	6
跃龙	跃龙集团城关中学、县培智学校、潘天寿中、宁海县跃龙中学	实验小学、实验集团城南校区、城东小学、城中小学、跃龙街道中心幼儿园、跃龙街道辛岭小学、潘天寿小学、城西小学、华山小学、宁海县金阳小学宁海县银河小学、宁海县跃龙街道水车小学	16
桃源	桃源初中、星海中学	山水片校、星海小学、桃源街道回浦小学、金桥小学、桃源小学	7
梅林	梅林初中	梅林小学、宁海县梅林第二小学	3
桥头胡	桥头胡初中	桥头胡小学	2
县直属	技工学校、宁海县柔石中学	—	2
合计	23	49	72

2012—2018 年宁海县民营企业创建宁波市级“五好”关工委汇总统计表

表 6-42　　单位：个

企业位置	创建时间	已创建企业名称	合计
长街	2012	宁波天虹文具有限公司关工委	3
	2014	宁波市凯博数控机械有限公司关工委	
	2018	宁波文丰文具有限公司关工委	
力洋	2014	宁波市振宁牧业有限公司关工委	2
	2018	青华科教仪器有限公司关工委	
岔路	2018	宁波新成包装有限公司关工委	1
西店	2014	宁波索普橡塑有限公司关工委	4
	2016	宁波吉德电器有限公司关工委	
	2018	宁波长荣光电科技有限公司关工委	
	2018	宁波兴伟刀具科技有限公司关工委	
跃龙	2012	宁波九鼎机械有限公司关工委	5
	2012	宁波太平洋恒业控股有限公司关工委	
	2012	宁波志清实业有限公司关工委	
	2016	宁波志岳电子有限公司关工委	
	2018	宁波美琪工具有限公司关工委	

续表6-42

企业位置	创建时间	已创建企业名称	合计
桃源	2014	宁波草湖食品有限公司关工委	2
	2018	山中合金（宁波）有限公司关工委	
梅林	2018	宁波光明橡塑有限公司关工委	2
	2018	宁波市高格卫浴产品有限公司关工委	
桥头胡	2018	宁海县胡方斗骨伤医院关工委	1
合计			20

说明：宁波兴伟刀具科技有限公司关工委由兴伟文具有限公司更名

2017—2019年宁海县民营企业创建宁海县级“五好”关工委汇总统计表（一）

表6-43　　单位：个

企业位置	创建时间	已创建企业名称	合计
长街	2017（4） 2019（2）	宁波市凯博数控机械有限公司、宁波文丰文具有限公司、宁波振达文具有限公司、宁波天虹文具有限公司、奇精机械股份有限公司、宁波世裕金属制品有限公司关工委	6
胡陈	2019	宁海博宇翔鹰汽车部件有限公司、宁波润禾高新材料股份有限公司关工委	2
力洋	2017（4） 2019（3）	青华科教仪器有限公司、宁波乡亲浓食品有限公司、宁波迈拓斯数控机械有限公司、宁波润禾化学工业有限公司、宁波天祺实业有限公司、宁波酷奇文具有限公司、宁海县卡侬之食品有限公司关工委	7
茶院	2018（1） 2019（3）	宁波金达汽车部件有限公司、宁海大梁山彩印有限公司、宁海新大梁山啤酒有限公司、宁海县华天休闲用品有限公司关工委	4
一市	2017（3） 2019（2）	宁波鼎立建设有限公司、宁海县人和纺织有限公司、宁海县光辉灯饰有限公司、艾美卫信生物药业（浙江）有限公司、宁波晟昌电器有限公司关工委	5
越溪	2019	宁海县厚德休闲用品有限公司、宁波超腾照明电器有限公司关工委	2
桑洲	2019	宁波九鑫汽车配件有限公司、宁波立驰塑胶科技有限公司关工委	2
岔路	2017（4） 2019（3）	宁海康美日用品有限公司、宁波荣华铸造有限公司、宁海县先平文具压铸有限公司、宁波新成包装有限公司、华英伦科技（宁波）有限公司、宁波前风振业照明电器有限公司、宁波美韬塑料科技有限公司关工委	7
前童	2019	浙江蓝宝石仪表科技有限公司、宁海县三禾服饰有限公司关工委	2
黄坛	2019	宁波齐心科技股份有限公司、宁波博通塑业有限公司关工委	2
大佳何	2018（1） 2019（2）	宁波科强电池有限公司、宁波德昂纳机械有限公司、宁波金山行五金有限公司关工委	3

续表6-43

企业位置	创建时间	已创建企业名称	合计
强蛟	2018（1） 2019（2）	宁波普利凯建筑科技有限公司、宁波九隆五金有限公司、浙江浙能催化剂技术有限公司关工委	3
西店	2017（6） 2019（2）	宁波吉德电器有限公司、宁波索普橡塑有限公司、宁波百辉日用品有限公司、宁波兴伟文具有限公司、宁波长荣电器有限公司、宁波市万宝电器有限公司、宁波天林塑胶有限公司、宁海县中洁制刷有限公司关工委	8
深甽	2017（4） 2019（2）	宁海天明山温泉大酒店有限公司、宁海南苑温泉山庄有限公司、宁波英达五金有限公司、宁海顺达橡胶有限公司、宁海华晨机械有限公司、宁海县五峰缝制设备有限公司（联）关工委	6

2017—2019 年宁海县民营企业创建宁海县级“五好”关工委汇总统计表（二）

表 6-44　　单位：个

企业位置	创建时间	已创建企业名称	合计
跃龙	2017（6） 2019（2）	宁波太平洋恒业控股有限公司、宁波大洋实业发展有限公司、宁波美琪工具有限公司、宁波志岳电子有限公司、宁波发烧友家电有限公司、宁海县小小食品超市有限公司、宁波中天家居用品有限公司、宁波格兰家居用品有限公司关工委	8
桃源	2017（2） 2019（2）	宁波草湖食品有限公司、山中合金（宁波）有限公司、宁波如意股份有限公司、宁波方正汽车模具有限公司关工委	4
梅林	2017（4） 2019（2）	宁波市高格卫浴产品有限公司、宁波源彬蜂业发展有限公司、宁波光明橡塑有限公司、宁波华东旭丰纺织品有限公司、建新赵氏集团有限公司（联）、宁波永信汽车部件制造有限公司关工委	6
桥头胡	2017（5） 2019（3）	宁海胡方斗骨伤医院、宁波彬彬文具有限公司、宁海县雷鸟厨具制品有限公司、宁波海马电子有限公司、宁海县瑞贝特橡塑有限公司、宁波春叶金属制品有限公司、宁海县震洋文教用品有限公司宁波永和电子有限公司关工委	8
县直属	2017	宁海县太平洋大酒店关工委	1
合计	其中，2017 年 43 个，2018 年 3 个，2019 年 40 个		86

四、情暖童心工作

关爱留守儿童工作　2017 年 8 月 3 日，市关工委主任邵孝杰一行到茶院乡和岔路镇的“假日学校”慰问留守儿童和坚守在岗位上的“五老”同志，并捐赠价值 2.3 万元的学习生活用品。邵孝杰一行与留守儿童以及“假日学校”的“五老”同志、志愿者进行亲切交谈，详细询问留守儿童暑期的学习、生活和成长情况。勉励孩子们勤奋学习、学会感恩，多理解父母在外打工的艰辛，勇敢面对生活中遇到的困难，树立远大的理想，以优异的成绩回报在外辛勤工作的父母和关爱他们的爱心人士。

2017 年 8 月 9 日，宁波市“联盟在行动——甬润童心”项目在宁海县岔路镇干坑村举行启动仪式。市关工委主任邵孝杰，市民政局周根强、祝锦晓，市文明办邓晓东、李美华，市教育局李德芳，团市委吴生莲，市妇联张依群和各县市区关工委负责人出席。宁海县教育局、县文明办、县民政局、团县委、县妇联等单位负责人，18个乡镇（街道）关工委主任、常务副主任、办公室主任以及岔路镇参加结对仪式的“五老”“代理妈妈”“爱心爷爷”和留守儿童参加该次启动仪式，启动仪式由宁波市关工委副主任刘永成主持。“甬润童心”项目是公益联盟的又一个公益行动，由成员单位市关心下一代基金会主持实施，并力争打造成宁波市关爱留守儿童的工作品牌。实施“甬润童心”项目，旨在汇聚更多爱心力量，发挥关工委的组织优势，广泛动员更多“五老”人士，更好地服务留守儿童。截至2017年年底，宁波共有1750位“五老”志愿者活跃在“关心留守儿童”的教育、引导、帮扶一线，与1800余位留守儿童爱心结对。作为通过政府购买服务的方式实施关爱留守儿童工作的公共服务品牌，“甬润童心”项目得到宁波市民政局等部门的高度重视和大力支持。启动仪式上，县人大常委会副主任、县关工委主任潘红月致辞。仪式上，市关工委副主任、市关心下一代基金会秘书长沈觉人宣读《甬润童心——关爱留守儿童倡议书》，以市关工委、市关爱困境留守儿童公益联盟的名义发起关爱留守儿童的倡议。市关工委和市民政局为宁海县岔路镇关爱留守儿童工作站授牌。随后，10名“五老”志愿者、“代理妈妈”“爱心爷爷”与岔路镇的留守儿童代表进行结对，留守儿童发布微心愿。宁波市关工委主任邵孝杰指出，做好留守儿童关爱保护工作，要求各地各部门要坚持正确服务方向，要精心打造工作品牌，要精心实施工作项目，要合力构建长效机制，以勇立潮头的争先精神，用全社会的爱心力量，共同托起留守儿童的未来。仪式结束后，岔路镇关工委组织留守儿童表演琵琶独奏、歌唱、舞蹈、手语等节目。

2018年1月10日，宁海县关工委、宁海县关心下一代志愿者协会携手宁海农村商业银行共同启动“丰收互联、让爱回家”关爱留守儿童专项爱心基金，用于留守儿童帮扶相关的公益项目，照亮留守儿童的成长之路。宁波市关工委专职副主任徐洪国，宁海县人大常委会副主任、县关工委主任潘红月参加启动仪式。会上，长街镇关工委、胡陈乡关工委、茶院乡关工委被授予宁波市级关爱留守儿童工作站称号。

宁海县乡镇（街道）关工委被授予市级关爱留守儿童工作站称号一览表

表6-45

序号	单位	授予名称	授予时间
1	岔路镇关工委	宁波市级关爱留守儿童工作站	2017年8月9日
2	长街镇关工委	宁波市级关爱留守儿童工作站	2018年1月10日
3	胡陈乡关工委	宁波市级关爱留守儿童工作站	2018年1月10日
4	茶院乡关工委	宁波市级关爱留守儿童工作站	2018年1月10日

2017年11月26日，长街镇和茶院乡60余名留守儿童在镇、乡关工委工作人员、老师及“五老”志愿者的陪同下，到长街镇欢乐佳田农场和宁波南部滨海新区VR超感体验馆开展户外生活体验活动。在豆腐磨坊，孩子们品尝自己亲手磨出来的甘甜豆浆；在蕃茄联合王国，参观栽培出来的各类品种的小蕃茄，并且挑选采摘已经成熟的小蕃茄；又体验中国非物质文化遗产之“皮影戏”制作；在VR超感体验馆，孩子们戴上VR眼镜，学习从远古到未来、从地球到外太空的各种科学知识，体验最新高科技技术带来的视觉体验，感知最新VR技术发展成果。2017年8月，“联盟在行

动——甬润童心”项目在宁海县正式启动。4 个月来，宁海县各级关工委以“在活动中育人，在体验中成长”为中心理念，深入了解留守儿童的生活、教育和身心发展情况，开展各色各样的关爱活动。半年来，全县共开展思想道德教育、法治安全教育、心理辅导教育等各类活动 853 场次，留守儿童参与人数达 1481 人次。此外，茶院乡关工委组织开展圆梦动物园活动，组织留守儿童与“五老”人员去动物园参观；越溪乡关工委结合跳鱼节，开展涂鸦填色活动；强蛟镇关工委开展陪留守儿童一起过中秋活动；力洋镇、岔路镇关工委则拍摄留守儿童公益微电影，用镜头来记录留守儿童的生活及欢乐瞬间，真正把快乐留守不孤单落在了他们的心里，把关爱留守儿童工作落到实处。与此同时，西店镇、深甽镇和桥头胡街道关工委助力留守儿童健康成长，开展“面对面”“零距离”谈心活动，为孩子架起连心桥。胡陈乡、桑洲镇和梅林街道关工委则精准结对帮扶困境留守儿童及其家庭，注重“问题导向”，深入困难多、问题多的困境留守儿童家庭中，有针对性地开展走访慰问、专项救助、送温暖等活动，着力解决好生活中的实际困难，把关怀和温暖送到困难留守儿童的心坎里。还有一批关心留守儿童的“五老”志愿者，积极与留守儿童结对，至 2017 年年底，开展以结对帮扶活动为载体的“一对一”结对活动 1143 次，结对留守儿童 988 名，促使关爱留守儿童活动取得实效。

2018 年 3 月 7 日，县关工委、县关心下一代志愿者协会、团县委联合农商行到胡陈乡，为胡陈小学和东仓小学的 11 名留守儿童送去关心和温暖。该次活动是针对全县中小学贫困弱势青少年群体开展的“我的新年心愿”2018 圆梦计划中的一部分，得到社会各界爱心人士和爱心企业的关注、支持，事先从各处收集到的 158 个“微心愿”被全部认领。

2019 年 5 月，宁海有留守儿童 988 名，按照宁波市关工委切实关爱和服务留守儿童的要求，宁海县关工委以“在活动中育人、在体验中成长”为中心理念，以“陪伴成长、守护梦想”为使命，建成“关工委+协会+工作站”的新团队，建立以党政牵头、部门协作、社会参与、家庭配合的工作格局，形成县、镇（乡）、学校、社会、家庭共同参与关爱留守儿童的工作体系和联动网络。在 2018 年 1 月，县关工委、关心下一代志愿者协会携手宁海农村商业银行共同启动“丰收互联、让爱回家”关爱留守儿童专项爱心基金，用于留守儿童帮扶相关的公益项目，使关爱留守儿童工作呈现出跨行合作，多元互动的良好态势。立足宁海实际，以“五老”志愿者为主力，坚持突出重点、狠抓落实、整体推进、不断创新，深入了解留守儿童的生活、教育和身心发展情况，开展各色各样的关爱活动。在关爱留守儿童方面，形成有人管、有人爱、有人教的“三有”格局。

2019 年 10 月 26 日，县关工委、县关心下一代志愿者协会、县民政局社会组织服务中心与力洋镇关工委组织该镇 30 名留守儿童在力洋村开展“情暖童心”留守儿童素质拓展系列活动之第五期——古村寻宝。活动当天，力洋古村的负责人向大家介绍古村的历史文化，详细解说连科第、安汝址、雕梁宅、水夫故居和叶家祖宅等几个特色建筑的历史故事。随后志愿者们组织留守儿童开展丰富多彩的寻宝游戏。通过此次活动，使留守儿童了解自己家乡的历史文化，激发他们爱家乡爱力洋的热情。力洋镇“情暖童心”留守儿童素质拓展系列活动是 2019 年度宁海县福利彩票公益金资助社会组织公益服务项目，旨在通过开展连续六期丰富有趣的素质拓展活动，全面挖掘和提升农村留守儿童的综合素质能力。

关爱“小候鸟”外来务工子弟　2011 年 1 月 14 日，县关工委常务副主任杨启炉、副主任王以位、专职副主任袁春林，副秘书长龚怀源在跃龙街道关工委常务副主任胡建萍的陪同下，前往科达中学慰问，向 30 名特困外来工子女送上慰问金 6000 元，表达县关工委对外来工子弟的关爱之情。

2011年“六一”儿童节期间，县关工委常务副主任杨启炉、专职副主任袁春林到岔路镇中心小学，慰问特困中小学生，并送上慰问金4000元及价值1100元的体育活动器材，以表关工委关爱之情。其间，组织20名贫困生座谈，鼓励他们好好学习，奋发向上，长大后为家乡和社会做贡献。

2012年暑假期间，各级关工委，发动“五老”、青年志愿者和融合组织等力量，通过各种途径全面排摸和掌握辖区“小候鸟”的数量、来源地等基本情况，切实做到底数清、情况明。接纳“小候鸟”1137人。胡陈乡关工委开展关爱结对活动，与30名“小候鸟”结对，送上关爱资金6000元，让家庭贫困的“小候鸟”感受社会大家庭的温暖。黄坛镇关工委于五星村青少年活动中心开展看红色影视活动，对“小候鸟”进行革命传统教育。跃龙街道怡惠社区做好“部署计划驱动、经费保障促动、资源共享联动、载体平台推动”的“四动”文章，寓教于乐，关爱“小候鸟”健康成长。

2017年11月24日，宁海县关工委关爱团秘书长葛玲娟一行四人走访慰问县育才学校外来务工子弟中的十位特困学生，四位“五老”在寒风中为同学们送去关爱和温暖。一进校门，“五老”同志就受到育才学校全体师生的热烈欢迎，在慰问活动中，学生代表对关爱团的到来送上真挚的欢迎致词。秘书长葛玲娟也对同学们提出殷切希望，鼓励他们不畏困难，要在逆境中自强不息、刻苦学习，争取以优异的成绩，回报父母、回报学校、回报社会。同学们也纷纷表示要珍惜时间，努力学习，用优异成绩不负大家的期待。四位“五老”同志分别给这次慰问活动中的十位特困学生分发学习用品和500元慰问金。四位“五老”还走访其中一位特殊贫困学生家庭——育才学校四年级的岳××同学。来自安徽的她，一家人蜗居在杨梅岭水库旁一间小平房内。父母离异，父亲手脚都患有残疾，丧失劳动力，只靠年迈的爷爷四处打零工的微薄收入来维持全家人生计，家中几乎看不见任何电器。“五老”中的陈老师特地把自家收拾的一些衣物带给岳××一家，当岳爸爸接过这些衣物和“五老”的慰问金时，内心感慨万分。

五、开办“假日学校”

假日学校工作 2012年暑假期间，宁海县各级关工委开设假日学校47所。各乡镇（街道）关工委加强组织领导，充实师资力量，筹措办学经费，完善家庭、学校、社会三结合教育体系，切实保障假日爱心学校有关活动的正常开展。“假日学校”内容安排既突出重点，又兼顾趣味，使青少年在生动活泼的学习实践中获得深刻感悟。县关工委配合团县委、县外来务工办、县委政法委等单位在杜鹃社区联合开展县青少年安全自护教育专项行动暨首批“护苗”社区安全自护学校成立仪式。越溪乡、强蛟镇、茶院乡通过假日学校组织青少年开展安全教育；前童镇发放180份告家长书，开展关爱青少年暑期教育活动；岔路镇开展心理健康教育；桃源街道关工委联合县安监局、县交警大队等单位开展“安监”杯暑期青少年安全和法制教育活动，给社区的859名青少年及家长讲授暑期安全用水电、防盗、远离毒品、交通安全、预防青少年违法犯罪法制教育等内容，并发放交通安全手册1100份，播放法制电影和图片展览，切实增强家长及孩子们的安全意识，提高自救自护水平。结合孩子兴趣爱好，举办益智益趣活动。桑洲镇组织10名青少年赴县城进行网球和书法培训。桃源街道有关社区还开设心理辅导课程、网络文明课堂，开展手工趣味活动、“绿色暑假，缤纷文化”活动、儿童保健讲座、“快乐暑假，爱满童年”、“迎接十八大，书香遍四方”读书活动。岔路镇开展“爱我家乡”征文比赛。参加社会实践，丰富体验。开展“文明小卫士”、“爱心小义工”等活动，慰问空巢、高龄、孤寡老人；开展传统美德文化墙绘制活动，进行传统美德教育；开展“爱劳动，护环境”活动，亲身体会环卫工人的辛劳，强化环保意识，增强劳动光荣情感。通过开展暑期活动，丰富全县青少年学生的暑假生活，促进素质教育和思想道德教育的提高，扩展青少年学生的课外知识，使广大青少年学生在暑期参加社会实践活动中开阔视野，增长见识，丰富知识，快乐生活。

2013 年 6 月 13 日，中共宁海县委办公室、宁海县人民政府办公室联合印发《关于进一步办好“假日学校”的若干意见》，并要求认真贯彻落实文件精神。各乡镇（街道）关工委相继召开相关会议，各地党委政府除了资金上给予支持外，还帮助整合各种资源，发挥文化站、团、妇等各方作用，集中力量为“假日学校”服务。

2013 年 7 月 2—29 日，县关工委联合理查德英语培训学校携手开办县关工委假日学校，招收 3—6 年级学生 160 人，开展公益性暑期教育活动。县关工委假日学校精心为莘莘学子送知识、学技能、强素质，志愿者和“五老”全心为“祖国花朵”送快乐、献爱心、尽关爱，使孩子们在爱心成长室快乐健康地成长。2013 年宁海县各级关工委创办假日学校 57 所。

2014 年暑期，为解决家长们的后顾之忧，使广大青少年学生度过一个安全、舒适、充实的假期，县关工委以实际行动贯彻落实党的群众路线教育实践活动精神，参与社会治理，促进和谐社会建设的创新，积极探索家庭、学校、社会“三位一体”的教育模式。县关工委为顺利开办假日学校，提前做足功课，“四早”（早取经、早部署、早启动、早办学）工作开展得有条不紊。县关工委联合县教育局、县志愿者服务中心等创办公益性、自愿性、免费性的假日学校，以村校联办、社校联办、校企联办等多种方式开展办学活动，各乡镇（街道）通过组织“五老”、教师、大学生志愿者、家长等，各展所长，参与假日活动，为学生的缤纷暑期添彩助力。青少年以假日学校为基地，通过学习教育、实践体验、锻炼感悟等多种形式开展暑期活动，受到社会各界、城乡居民、学生家长的好评和赞赏。截至 2014 年，宁海县共创办假日学校 75 所，志愿者达 1197 人，其中“五老”281 名，参加假日学校青少年 6949 人，其中小候鸟 1372 人。县关工委精心部署，有序推进；早调研，促进规范，外取经借鉴，内调研提升，奠定规范办学之基；早协调，凝聚合力，与教育局、宁波卫生职业技术学院、县志愿服务中心等单位做到组织联体、工作联动、资源联用，汇聚联合办学之力；早部署，提高认识，与县教育局、团县委、县妇联等单位联发暑期教育、安全教育文件对假日学校做到细引领、精部署、严落实，提升教育活动之效；早启动，造氛围，每年于 7 月初就组织假日学校启动仪式，各地关工委积极报送活动信息，扩大社会影响力，浓郁办学之势。暑期教育亮点纷呈，特色明显。党政重视支持，县委、县政府高度重视假日学校工作，设专项基金 8 万元。全县 15 个乡镇（街道）设立专项补助经费，共筹集假日学校活动经费近 50 万元。办学成效良好，在数量、质量上均有提升。假日学校创办数量上比上年同比提升 31.58%。在办学质量上，健全机制，强化管理。制定假日学校管理手册，规范假日学校考勤、台账、教学活动、安全保障等制度；健全机构，强化队伍。建立学校领导小组、安全小组、后勤服务组、教务组、档案组，提供较为完善的服务；编写教材，规范教育。制定假日教育计划，制订教学课程，有的还编写校本教材，规范了假日教育的教学内容。整合资源携手共进。县关工委联合教育局、团县委、县妇联等部门齐心协力抓假日教育，参与活动志愿者人数 1197 人，其中在职教师 434 人，同比增长 434%。创新载体活动多彩。突出红色主题，开展中国梦教育；投身“五水共治”，参与社会治理；弘扬传统美德，提高道德素养；加强安全教育，提升自护水平。重视宣传营造氛围。重视暑期教育宣传，通过标语、板报、简报、网站、微博、报刊、广播电视台等形式开展教育宣传工作，《今日宁海》、宁海电视台报道暑期教育信息均超 20 篇，做到报上有字、电台有音、电视有影、网络有声，在全社会营造浓郁的关注青少年假日教育的氛围。

2015年6月11日，由县关工委牵头，联合县教育局、县团委、县妇联召开2015年暑期假日学校推进会。西店镇关工委、跃龙街道关工委、桃源街道关工委、西店镇初级中学关工委、同心假日学校等介绍近年来发挥“五老”、在职教师、大学生、社工、党外人士等志愿者的作用，取得的一些办学经验和成果。县教育局副局长刘永宽表示，教育系统要积极配合各级关工委开办“假日学校”的工作，为共同努力办好“假日学校”统一思想、统一认识，并加强配合对“假日学校”的大力宣传，做好研究型、探索性、活动型、系统性的课程设置，积极提供“假日学校”的场地、设施设备、师资力量的支持，希望“假日学校”的开办，能补充学生公平教育的缺失和增强培养学生课外的成长教育。县关工委常务副主任袁春林就创办好2015年“假日学校”提出具体要求。

2016年5月4日，县关工委、县民营经济关工委、西店镇关工委相约商量“假日学校”开班事宜。西店镇教办介绍几个适合开班学校和学生的情况，并决定由学校拟写实施方案。事后，走访宁波峰亚、日安阀门等民营企业，了解职工子女就学情况，企业对该项工作均表示支持，将在所有职工中排摸情况及意愿。

2016年，宁海县共创办“假日学校”76所，受益青少年8536人，志愿者达1886人，其中“五老”507名、在职教师487名、大学生志愿者378名、其他志愿者514名积极参与“假日学校”的教学管理。

2018年6月27日，由县关工委牵头的全县公益性“假日学校”工作会议在茶院乡举行。县文明办、县委统战部、县教育局、团县委、县妇联及全县各级关工委等多家单位部门70余人参加会议。各级关工委根据“三年打基础，五年上台阶，十年成品牌”的目标，坚持公益性、拓展受众面，不断探索和创新宁海县关心下一代工作公益性品牌的打造，秉持贴近实际、贴近生活、贴近青少年节假日需求的原则，在全县范围内推进公益性“假日学校”建设，实现从量到质的转变。

2018年暑期，宁海县农村、社区、学校、企业等各地各级关工委进一步加强文化礼堂、春泥计划、乡村学校少年宫、家长学校等载体平台，优化教学载体、丰富教学内容、提升教学内涵，依托专业化的志愿服务团队参与“假日学校”的专项服务，使宁海县公益性“假日学校”建设日趋规范化和科学化。其中，重点招收的留守儿童、低保家庭子女及特殊困难青少年和“小候鸟”还将参加非遗传承体验、传统书画艺术、国学经典教育、传承民间艺术文化及体验式学习等活动，精准把握需求、定制个性服务，让宁海县的弱势群体青少年在暑期享受到同等优质的校外教育。

2018年暑假，由全县各级关工委开办64所公益性“假日学校”，充分发挥“五老”、大学生、在职教师、心理咨询师、非遗传承人等各方专业化志愿者服务团队的作用，通过构建以“红船精神”教育为引领的特色化教育，融合用好春泥计划、乡村学校少年宫、家长学校等各类载体活动平台，以留守儿童、小候鸟等特殊青少年群体的精准化需求为落脚点，在全县“假日学校”中开展内容丰富、形式多样的暑期校外教育活动，让孩子们度过健康向上的快乐暑假。宁海县2018年共接收青少年3241人，参与“假日学校”志愿者人数841人。共接收留守儿童及贫困学生1013名，“小候鸟”428名。其中，茶院乡邀请外籍教师下乡支教，让农村的孩子们也能接受更多更好的教育；西店镇观澜小学的30位外来工子女学拳击强身健体；深甽镇的留守儿童在赤岙村体验一日果农生活，体验种桃、采桃的乐趣。县关工委继续利用县委组织部远程教育平台，集中开展暑期远程教育公益课堂，给“小候鸟”提供学习平台，通过红船精神、法治教育、理想信念教育和爱国主义精神四个主题，为孩子们带来丰富的知识课堂。

2019年6月21日，县关工委组织召开“假日学校”部署会。县文明办、县教育局、团县委、各乡镇（街道）关工委、教育局关工委、民营经济关工委、各乡镇（街道）协会工作站、教育管理办公室负责人等参加，会议由县关工委副主任兼秘书长任校章主持。长街镇、跃龙街道两个单位分别介绍经验和做法。为确保暑期“假日学校”顺利开展，长街镇领导高度重视、精心组织，科学配置工作人员，不断丰富教学内容，充分利用场地资源，开展各种优化学员知识结构的文体活动，在寓教于乐中，提高学生的思想品德、学习兴趣和能力素质。跃龙街道关工委则通过加强组织领导、建立运行机制、完善工作制度等不断强化“假日学校”的基础工作。落实办学场所，落实办学经费，创新办学载体，科学设置课程，动员各方力量参与，以丰富多彩的教学内容和形式多样的活动打造特色课堂。教育局副局长刘永宽就“假日学校”的开办发表意见，他希望，“假日学校”的开办能规范化、秩序化和科学化，切实做到教育性、实践性、趣味性和安全性相统一，让孩子们过一个健康快乐的暑假。县关工委常务副主任、协会会长季元法简要回顾2018年暑期“假日学校”的开办情况，2018年暑期全县“假日学校”开办呈现“四个多”，即校数多、活动内容多、参与人员多和经费投入多，但也存在发展欠平衡、时间欠落实等问题。希望各乡镇（街道）关工委组织要提高认识和强化工作力度。要加强领导，精心部署；要贴紧实际，务求实效；要整合资源，强化服务；要建章立制，规范运作；要重视宣传，总结提高。切实把好各个环节，整合各方资源，运用各种措施，抓出特色、抓出成效。总之，希望学校开办多一点、内容活一点、效果好一点、保障服务强一点，确保“假日学校”开办既轰轰烈烈、卓有成效，又善始善终、圆满收官。

2019年7月5日，“同心假日学校”开班。60余名留守儿童和外来务工子弟，在“同心假日学校”度过别样的暑假。“同心假日学校”是宁海县党外人士服务中心的特色公益品牌。自2013年7月首期开班以来，得到广大党外人士的大力支持，已经连续开班六期，400余名学生受益。且每期都深受学生欢迎，社会反响较好。自2017年起，“同心假日学校”不断拓展办学途径，将课堂延伸到县内边远乡镇，老师“送课上门”，让更多的留守儿童与困难学生在家门口享受城区优质教学资源。本期办学内容经和县教育局、关工委对接，确定以服务留守儿童和外来务工子弟为对象，特安排至茶院小学（留守儿童）、西店双林职业学校（外来务工子弟）办班。假日学校设置诗歌朗诵、英语启蒙、趣味数学、素质拓展、主题班会、信息技术、手工制作、艺术绘画、安全教育等丰富多彩的课程，还安排社会实践。期间，8位有相关专业特长的党外人士，包括省级获奖教师与县市骨干教师，义务为孩子带去以上课程。

2014—2019年宁海县关工委“假日学校”创办情况汇总统计表（一）

表6-46　　单位：人

年度 项目	2014		2015		2016		2017	
	数额	比上年（%）	数额	比上年（%）	数额	比上年（%）	数额	比上年（%）
创办数	75	31.58	99	32	76	-17.4	69	-9
受益青少年	6949	—	7564	8.9	8536	12.85	7180	-66
其中：小候鸟	1372	—	1002	-17	2126	112.2	1010	-52.5
留守儿童	—	—	—	—	1536	—	1883	+22.6

续表6-46

项目＼年度	2014		2015		2016		2017	
	数额	比上年（%）	数额	比上年（%）	数额	比上年（%）	数额	比上年（%）
参与志愿者	1197	—	1816	51.7	1886	3.85	1794	-5
其中：五老/占比	281	23.48	604	33.26	507	26.88	534	29.77
在职教师/占比	434	36.26	410	22.58	487	25.82	421	23.47
大专学生/占比	—	—	472	25.99	378	20.04	433	24.14
赠发各类资料	—	—	14538	—	10122	-30	9281	-8
筹集活动经费	50	—	82.364	64.7	63.71	-22	84.0216	+32
其中 超10万元乡镇	—		2/跃龙、西店		—		2/桥头胡、西店	
其中 各级政府	8	—	16.15	101.87	27.15	68.11	12.5	-46
备注	—		办在学校28所 办在企业5所		办在学校32所 企业2所		办在学校53所 办在企业16所	

2014—2019年宁海县关工委“假日学校”创办情况汇总统计表（二）

表6-47

项目＼年度	2018		2019		合计（截至2019年）
	数额	比上年（%）	数额	比上年（%）	
创办数	64	-7	67	+4.7	450
受益青少年	3241	+12	3975	+22.6	37445
其中：小候鸟	1546	+53.1	561	-63.7	7617
留守儿童	1695	-10	3414	+101.4	8528
参与志愿者	1416	-21	1477	+4.3	9586
其中：五老/占比	429	30.3	446	30.2	2801
在职教师/占比	283	20.0	275	18.6	2310
大专学生/占比	350	24.7	414	28.0	2047
赠发各类资料	9232	-0.5	6210	—	49383
筹集活动经费	63.9	-23.9	79.15	+23.9	423.1456
其中 超10万元乡镇	2/桥头胡、西店		2/西店、桥头胡		8
其中 各级政府	20.3	+62.4	29	42.9	113.1
备注	—		—		2012年全县创办47所“假日学校”，2013年创办57所。因该两年未对有关数据作出统计，故未列入汇总

领导慰问宁海假日学校　2014年7月28日，宁波市关工委副主任杨勤、沈觉人慰问宁海县假日学校，对宁海县开办假日学校表示赞扬，并送上文体用品。县关工委常务副主任袁春林、副主任王以位全程陪同慰问。市关工委一行先后参观同心假日学校、西店中学假日学校，听取负责人的情况汇报，还仔细询问志愿者的生活、教育情况，学生的学习情况，深入“假日课堂”，听教师讲课，与学生互动。杨勤在参观假日学校后表示，宁海县假日学校办学模式新颖，规范化程度相对较高，对其他县（市）区举办假日学校有很好的借鉴意义，并建议宁海县在今后的假日学校办学工作中要不断总结经验。在教学内容上，适当增加爱国、时事、健康等教育；在管理方面，进一步整合资源，发挥在职党员教师的力量，在原有基础上做大做强，提升质量，把学校办得越来越好。

2015年8月，宁波市关工委主任邵孝杰、副主任魏百军等一行走访慰问宁海县黄坛镇两所“假日学校”。县关工委、黄坛镇关工委相关领导全程陪同。市关工委领导先后实地走访黄坛镇两所暑期“假日学校”，慰问在读的孩子们和坚守岗位参与支教工作的“五老”、在职教师和大学生志愿者，同时送上汉字棋、篮球、呼啦圈等文体用品。详细询问“假日学校”的教师组成、学生情况、办学经费、安全接送制度等，并查看学校计划、课程设置。对学校富有特色的办学模式、责任教育意识和教育质量给予肯定，并饶有兴趣地与相关陪同人员一同探讨如何让“假日学校”更上一层楼，真正打造成让学生开心、家长称心、社会放心的“三心工程”。经过多年的实际运行，“假日学校”已成为宁波市关心下一代工作的一个重要品牌。宁海县“假日学校”经关工委牵头，教育系统、统战部、团委、妇联等单位的共同努力，积极发挥“五老”、在职教师、党外人士、大学生、社工等志愿者的作用，“假日学校”已遍布城乡，呈现出良好的发展态势。

2016年7月12日，宁波市教育局关工委主任李德芳、副主任杨忠燕、秘书长高祖祥等一行在宁海县关工委常务副主任袁春林、县教育局关工委主任舒静芬、县教育局关工委常务副主任叶显青等陪同下，走访慰问以留守儿童和外来民工子弟为主的两所“假日学校”——岔路镇中心小学和科达学校。市教育局关工委领导先后实地走访这两所“假日学校”，看望在校的孩子们和参与学校假日活动的“五老”、在职教师和大学生志愿者，并给孩子们送上文体用品。在两所学校里，市教育局关工委领导详细询问“假日学校”的教师组成、学生情况、课程安排、学生接送等问题，对杜鹃社区和科达学校联合开办的“假日学校”给予高度肯定和赞扬。对做好下阶段工作提出要求，在暑假期间，要灵活利用各类资源，开展互动节目，组织新居民、新居民子女开展亲子活动，努力营造关爱青少年的良好氛围。2016年，县关工委“假日学校”针对留守儿童和外来工子弟作重点安排，科达学校、育才学校全力为外来工子弟的暑期生活保驾护航，各乡镇（街道）关工委布置各“假日学校”，为地方留守儿童相关工作尽心尽力，确保做到落地有声，脚踏实地地为基层关工委工作夯实基础。

2016年7月27日，宁波市关工委副主任沈觉人、刘永成一行，走访慰问宁海县“假日学校”，赠送11000余元的文体用品，并同时向义务服务的“五老”同志和志愿者教师表示亲切的慰问，宁海县关工委常务副主任袁春林全程陪同。沈觉人一行先后实地走访梅林街道和胡陈乡的两所公益性“假日学校”。梅林街道育才学校全力为外来工子女的暑期生活保驾护航。胡陈乡自“假日学校”开班以来，“得心坊”一直致力于为胡陈乡留守儿童们打造一个别样的暑假，充实孩子们的假期生活。通过走访和听取汇报，沈觉人对宁海县“假日学校”的开办给予充分肯定，对胡陈乡在“得心坊”开办“假日学校”的文化传承意义作出高度赞扬。

2018年7月13日，宁波市关工委副主任刘永成、张晖一行到宁海县西店观澜小学、一市中心小学慰问在公益教育前线的“五老”同志和大学生志愿者，县关工委常务副主任袁春林，县关工委副主任、县关心下一代志愿者协会会长季元法全程陪同。观澜小学“假日学校”主要为外来务工子女及少数民族子女提供丰富的暑期活动，让他们在异地也能享受同等的教育机会。一市镇中心小学“假日学校”孩子大多数为当地贫困、留守儿童，免费好玩的“假日学校”开办，得到他们热烈欢迎。市关工委一行到岔路镇山洋革命根据地考察，参观、了解硬件、软件设施外，还慰问坚守山区20多年的阵地负责人、宁海县优秀“五老”王式坤，高度赞扬王式坤的奉献精神和革命精神。

2019年7月23日，市关工委副主任刘永成、民政局副局长丁导民等一行到宁海县茶院、桥头胡、大佳何等地，调研“假日学校”开展情况。县关工委常务副主任、协会会长季元法，副主任、协会副会长王元法等陪同。调研组一行到茶院乡许家山，走访向日葵农耕基地、红色教育基地后，到该乡“假日学校”了解情况。正在开展特色外教课程的学生们在课堂上十分活跃，给调研组留下深刻的印象。调研组又赶往桥头胡“假日学校”、大佳何“假日学校”，就学校的教学情况进行走访，并为学生们带去学习、体育和生活用品。随后，调研组举行座谈会，认真听取宁海县关工委工作情况汇报以及“假日学校”开展情况介绍。自2012年创办“假日学校”以来，“假日学校”已成为宁海县关心下一代工作中一个颇具影响力的工作品牌。各级关工委经过近年的不断探索和创新，按照贴近实际、贴近生活、贴近青少年节假日需求的原则，在全县范围内全面推进的同时，以“三年打基础，五年上台阶，十年成品牌”的目标，实现从量到质的转变，通过开拓工作新思路、完善工作新机制、开创校外教育新方式等举措，有效地推动“假日学校”工作新发展。调研组一行还慰问孤儿、贫困、留守儿童等特殊家庭，为他们送去关爱。

六、创办实践基地

山洋革命传统纪念馆 2011年8月，浙江省关心下一代工作委员会发出文件《关于命名浙江省青少年思想道德建设实践基地的决定》，全省共命名87个教育阵地为“浙江省青少年思想道德建设实践基地”，宁海县“山洋革命根据地纪念园”名列其中。

2011年10月，县关工委常务副主任杨启炉、副主任胡昌强会同县委宣传部和岔路镇领导到山洋革命根据地纪念园，对如何更加有效地发挥“浙江省青少年思想道德建设实践基地”的作用等有关事项进行实地调研和探讨。

2019年7月25日，县关工委顾问杨启炉受邀参加在岔路山洋革命根据地纪念园开展的“不忘初心、牢记使命”活动，与参加“初心之旅”的党员们一起深入革命老区，追寻红色足迹，瞻仰革命之火。在纪念园广场上，党员们在红色党旗前重温入党誓词；在纪念园内，讲解员为党员们讲述宁海地区党组织的活动与主要战役、山洋革命根据地建立的背景和过程，以及其重要的历史意义。参观完后，党员们还在初心学堂聆听革命故事，观看红色西乡电教片。岔路镇党委书记郭青表示，岔路镇是革命老区，也是宁海初心开始的地方。这些年，镇党委围绕初心品牌，推出红色之路党建精品示范区，已成为宁海县乃至宁波市党员学习的重要基地。2019年，继续深入挖掘红色文化，探索红色党建引领绿色发展，助力老区乡村振兴。杨启炉在谈感想话初心时表示，关心下一代工作的目的是教育广大青少年，建立山洋革命根据地纪念园的初心是希望一代代学生可以到此参观，以革命先烈为榜样，学习如何做人和珍惜当下的美好生活。一个人年轻的时候走错路，会影响人的一段时间，甚至人的一生，他希望大家做到“一个目标、二个严守、三个观、四个德和五个爱”，走好人生路，为实现中国梦而努力奋斗。

青少年校外教育基地建设　2011 年 6 月 8 日，县关工委顾问马光明为重访梅花村赋诗，以示纪念。

采桑子·重访梅花村

宁海岔路梅花村，不似梅花，胜似梅花，党史留名分外香。

今日村前立丰碑，驻足碑前，留恋碑前，深思畅想感党恩。

2013 年 4 月，县关工委联合县教育局，在县党外人士服务中心挂牌成立“宁海县青少年校外教育基地”。县党外人士服务中心将以贴近青少年为出发点，坚持服务广大青少年为宗旨，本着公益性原则，努力改善内部条件，在丰富主题思想、挖掘精神内涵、拓展教育功能上下功夫，增强活动的体验性、实践性、趣味性和教育性，不断提高基地教育活动规范化和制度化水平，积极为青少年参加校外活动提供优质服务，为实现中华民族伟大复兴的“中国梦”做出贡献。

2014 年 12 月 9 日，宁海县关工委常务副主任袁春林、副主任王以位，县教育局关工委主任舒静芬、常务副主任叶显青等一行到宁海县教育局校外教育实践基地——宁海县佳田绿色学校调研。学校负责人孙培丰介绍佳田绿色学校的创办目的、投资规模及活动场所等。该农场有着得天独厚的自然环境，丰富的生态资源，学生在这里住上几天，可以在大自然的怀抱中放飞心灵，感受真我，让自己拥有一个快乐难忘的田园生活假日。目前基地除了一些室外活动场所，还建成多个体验馆，如农家生活馆，学生可以在这里学习捣年糕，磨豆浆，榨菜油等；“红十字会”馆，可以教学生如何进行紧急救护，把握生命的“黄金四分钟”；感恩教育馆，让学生理解感恩，懂得感恩，学会感恩，将感恩转化为一种充满爱意的行动；科技馆，实施科教兴国战略，普及文化知识，给学生亲自动手的机会，使之感悟有关原理，明白知识的力量，有效促进学校科普教育的开展。2014 年教育局安排一万多名学生到该处接受教育活动。关工委常务副主任袁春林肯定并高度评价绿色佳田学校的做法，建议学校拓宽视野，多吸收其他省市县的好经验、好做法，努力把校外教育实践基地做好做强做精。

2015 年 7 月 29 日，县关工委在长街镇山头村绿色佳田学校举行“宁海县青少年教育实践基地”“宁海县关工委假日学校”挂牌仪式。仪式由县关工委副主任任校章主持。各乡镇（街道）关工委常务副主任、办公室主任，教育局关工委常务副主任、办公室主任，民营经济关工委相关负责人，部分“五老”代表，绿色佳田学校相关负责人，县知恩中学 200 余名学生代表参加挂牌仪式。绿色佳田学校校长孙培丰对学生的到来表示欢迎，并对挂牌后的工作方向进行表态。县关工委常务副主任袁春林简单介绍两块牌子的意义，选择佳田绿色学校的原因及对新基地的一些总体要求，希望通过努力，使这里成为孩子们真心喜欢、家长由衷感谢、社会高度肯定的校外教育阵地。也衷心希望同学们牢记习近平总书记的殷切期望，围绕“爱学习、爱劳动、爱祖国”主题教育活动，切实加强自身思想道德素质、科学文化素质和身体健康素质，懂得从小学习做人、从小学习立志、从小学习创造的重要意义，使自己全面发展，努力做祖国和人民需要的好孩子，做祖国和人民事业发展的接班人。

2018 年 11 月 3 日，“宁海县关心下一代校外阵地”挂牌仪式在力洋镇水夫故居隆重举行。县关工委常务副主任袁春林等县、镇关工委领导出席仪式。力洋镇水夫故居内设全国儿童诗研究中心，中心负责人是知名诗人、儿童文学作家雪野。袁春林一行在参观水夫故居后表示，校外教育是学校教育的重要补充和延伸，对推进青少年教育有着重要的作用，此地以激发儿童的想象力和创造力为导向，除亲子阅读外，还打造崇文讲堂来讲授儿童诗的奇趣和美妙，充分发挥该地的教育职能，为儿童的全面健康发展奠定坚实的基础。老师雪野表示，该中心将以此次校外阵地的设立为契机，充分利用阵地优势，为少年儿童提供丰富的校外教育资源，并结合实际，开展形式多样的实践活动，将儿童诗创作与实践教育模式相结合，激发少年儿童创作的兴趣，点燃少年儿童阅读的热情，让更多青少年了解、感受儿童诗创作的深邃魅力。

2014 年 12 月，宁波市关工委〔2014〕20 号文件中，正式命名宁海四个青少年校外教育阵地为第四批“宁波市关心下一代校外教育阵地”，其中宁海县有山洋革命根据地纪念园（岔路镇）和长街镇革命烈士陵园，并得到授牌。为充分发挥校外教育阵地的实际效用，在构建学校、家庭、社会三位一体的教育网络中，宁海县各级关工委不断整合乡镇（街道）、农村（社区）、学校教育资源，发挥“五老”作用，积极做好创建和申报校外教育阵地工作。

2011—2019 年宁海县关工委“宁海县青少年校外教育基地”建立情况一览表

表 6-48

序号	基地单位名称	批准（挂牌）时间	级别	批准（挂牌）依据	备注
1	宁海县山洋革命根据地纪念园	2011 年 8 月	浙江省	浙关工委〔2011〕5 号	文件命名
		2014 年 12 月	宁波市	甬关工委〔2014〕20 号	文件命名
2	宁海县党外人士服务中心	2013 年 3 月 14 日	宁海县	挂牌	—
3	长街镇革命烈士陵园	2014 年 12 月	宁波市	甬关工委〔2014〕20 号	文件命名
4	宁海县佳田绿色学校	2015 年 7 月 29 日	宁海县	挂牌，假日学校同时挂牌	—
5	宁海县岔路镇梅花村会认纪念馆	2018 年 11 月 14 日	宁波市	甬关工委〔2018〕11 号	文件命名援牌
6	力洋镇水夫故居	2018 年 12 月 9 日	宁海县	挂牌	—

宁海县关工委“五老”参与筹建青少年爱国主义教育基地统计表

表 6-49

序号	基地名称	落成时间	级别	备注
1	山洋革命根据地纪念园	1994 年前	县	岔路白溪山洋村
2	岔路镇梅花村纪念馆	1994 年前	县	岔路白岭根村
3	福泉山铁流亭纪念碑亭	1996 年 7 月 5 日	县	前童福泉山
4	岳井“铭记碑”	1999 年 3 月 26 日	县	长街岳井
5	日军侵略岳井罪行陈列馆	1999 年 3 月 26 日	县	长街岳井
6	上金革命纪念亭	1999 年 7 月 5 日	县	岔路上金村
7	长街革命烈士陵园	1999 年 9 月 26 日	县	长街香花山殿后
8	县跃龙山烈士陵园（新）	2002 年 3 月	市	宁海跃龙街道跃龙山

第三节　奋进新时代

一、基层调查

参与创新社会管理工作调研　2011年8月，县关工委常务副主任杨启炉、专职副主任袁春林带领有关人员就参与创新社会管理工作，到桃源街道、跃龙街道、力洋镇及有关村、社区进行调研。调研以听情况汇报、议关心下一代工作如何积极参与创新社会管理为主题展开。

表彰调查研究报告　2013年12月31日，县关工委召开2013年度关心下一代调研工作表彰会议，对获奖的30篇优秀调研报告进行表彰。全县各级关工委30名获奖人员参加会议。县关工委常务副主任袁春林、副主任任校章出席会议，并为获奖者颁奖。会议由任校章主持并宣读2013年度全县关心下一代工作优秀调研报告获奖单位和个人名单。2013年，宁海县各级关工委积极响应宁海县关工委《关于在全县关工委系统开展调研活动的通知》文件要求，围绕关心下一代工作重点难点问题，积极开展调研工作，并形成一批质量较高的调研报告。经过初评和综合评审，授予《以双创建活动推进基层关工委建设的探索及实践》等3篇一等奖，授予《探索建立涉案未成年人管护制度》等7篇为二等奖，授予《让西店镇新公民子女接受更好的教育》等20篇为三等奖。

“五好”基层关工委创建工作调研　2013年9月中下旬，为全面深入推进“五好”乡镇（街道）关工委和村（社）校共建“三好四无”创建活动，县关工委常务副主任袁春林、副主任胡昌强、娄传申赴中片、西片9个乡镇（街道）进行调研。副主任王以位、任校章，委员胡功庆等人赴北片、东片9个乡镇（街道）对“双创建”工作进行调研。调研组听取各乡镇（街道）前期基层创建工作的汇报。实地察看部分创建村和示范村情况，在调研活动中发现诸多亮点。西店镇关工委坚持“三抓”（抓班子、抓队伍、抓基金），推进村级关工委建设；深甽镇柘坑张村努力完善提升，积极争创“六好”示范村；岔路镇关工委开展以“慈孝重德，温良从善”的孝德教育，在广大青少年中形成“多看慈孝书、多讲慈孝话，多做慈孝事”的良好风气；黄坛镇关工委舍得投入，重视阵地建设，在里岙片建立青少年活动中心；新创建力洋镇力洋村以学区建立关工委组织、实施村校共建，使“三好四无”创建工作创新发展；长街连浦村创“六有”达“六好”工作特色凸显；桑洲镇关工委进一步拓展关爱范围与广德寺联合开展关爱送温暖活动。在调研中调研组也发现一些单位工作不够到位，创建活动开展不平衡。针对各地实际情况，提出切实的改进意见和建议。

2015年9月8日，县关工委副主任王以位一行到深甽镇赤岙村调研“五好”基层关工委创建工作。镇关工委常务副主任陈鸿猛等陪同调研。调研组听取深甽镇关工委关于创建“五好”基层关工委工作的情况汇报，并到赤岙村实地察看村关工委办公地点和“五好”村关工委创建情况，对赤岙村关工委工作表示充分的肯定。

小学关工委工作调研　2014年10月22日，县关工委常务副主任袁春林、副主任王以位、教育局关工委常务副主任叶显青等赴岔路镇中心小学调研关工委工作。在调研中，关工委领导听取岔路小学校长对德育工作的介绍，其中的儒雅教育吸引在座的各位。该校通过开设儒雅课程，开展儒雅教学，以争做儒雅学生，评儒雅之星，从小培养少年儿童的良好品德情操。除了日常的扶贫帮困，岔路小学更注重关工委工作与德育相结合，开展一系列主题活动，如慈孝活动，评校园“十佳”慈善小明星，成立爱心成长室，爱心妈妈等来加强少年儿童的思想教育，并实实在在为孩子们做点事情。

二、帮教工作

赴省劳教部门面对面帮教　2011 年 1 月 25 日，由县关工委牵头，县司法局、法院、检察院、公安局、团委、跃龙街道司法所等有关人员组成帮教团，受县委分管领导委托，前往省少管所慰问干警，帮教宁海籍学员。帮教团首先慰问少管所干警，所分管领导介绍宁海籍学员思想改造等表现情况。在帮教会上，县关工委常务副主任杨启炉鼓励他们好好学习法律知识，遵守监纪监规，认真改造思想，努力学习业务技能，为回归家乡就业、创业打下基础。帮教团还向他们发送了家乡产的食品和毛巾、肥皂，以表达家乡人民对他们节日的关爱。17 位宁海籍学员，对家乡亲人的到来都十分高兴，表示感谢家乡领导对他们的关爱，他们表示要更加努力学习，积极改造，争取早日回归社会，回报家乡，做一个对社会、家乡和国家有益的人。

2012 年 1 月 13 日，县关工委副主任胡昌强会同县政法委、司法局、法院、检察院、公安局、团县委等单位相关领导赴省少管所慰问干警，帮教宁海籍学员。

2013 年 12 月 24 日，县政法委副书记、县关爱工作团团长方亚青，县关工委副主任、县关爱工作团副团长胡昌强与县检察院、法院、司法局、团县委等成员单位有关领导专程赴省未成年人管教所对宁海籍未成年服刑人员开展关爱帮教活动，向他们送去党和政府的关爱，送去亲人和社会各界的温暖，并对未管所的领导和工作人员所付出的辛勤劳动表示感谢。

2014 年 12 月 16 日，宁海县政法委副书记、县关爱工作团团长方亚青，县关工委副主任胡昌强与县政法委、法院、检察院、司法局、团县委、妇联等成员单位有关领导专程赴省未成年人管教所对宁海籍未成年服刑人员开展关爱帮教活动。

2016 年 11 月 18 日，宁海县政法委副书记、县关爱工作团团长吕宁，县关工委专职副主任童章军与县政法委、司法局、法院、检察院等成员单位有关领导专程赴省未成年人管教所，对宁海籍未成年服刑人员开展入监帮教活动。

赴县劳教部门面对面帮教　2011 年 1 月 30 日，县关工委常务副主任杨启炉、副主任胡昌强带着物品前往县看守所帮教在押涉嫌犯罪的未成年人。在帮教中，杨启炉对他们进行法律法规教育，并结合实际分析他们的犯罪原因，对他们进行关爱教育，希望他们增强法制观念，遵守监纪监规，积极开展思想改造，彻底交代罪行，争取政府从宽处理。县委政法委副书记胡余亨、县综治办主任王元法、副主任方亚青同往县看守所慰问干警，表示节日问候。

2012 年 1 月 18 日，县关工委常务副主任杨启炉会同县政法委副书记陈开南、方亚青，政治处主任蒋朝阳等一行到县看守所慰问干警，送去节日的慰问和物品，帮教在押涉嫌犯罪的未成年人。

2016 年 12 月 29 日，县关工委关爱工作团往县看守所与在押未成年服刑人员进行面对面的帮教活动。通过帮教，他们在一定程度上认识到因自己不懂法不守法等行为所造成的不良社会后果，通过与“长辈们”的亲切交流，他们表示在今后更加有自信有勇气战胜自己，努力争取为自己的未来加分。

2018 年 3 月 14 日，县关工委关爱工作团赴县看守所开展亲情帮教在押未成年人活动，给他们送去励志书籍和日常生活用品。活动中，关爱团对他们开展零距离帮教谈话，引导服刑未成年人明孝道、知感恩、思悔过，并以亲人的名义对他们走出高墙后的生活提出具有可行性的意见及建议，帮助他们重新树立信心，保持乐观积极的心态。

2018 年 12 月 14 日，县关工委副主任童章军与关爱工作团成员赴县看守所开展在押未成年人的帮教活动，给他们送去保暖棉衣。关爱工作团通过“一对一”、面对面交流的形式，了解他们的生活、学习和改造情况，劝导他们要正确认识自己所犯的错，鼓励他们树立信心，重新做人，争取早日回归家庭、回归社会。有的失足青少年激动地流下眼泪，为自己的年少无知所付出的代价感到懊悔，表示一定要悔过自新，重走人生路。在押的未成年人中多为非宁海籍人员，从小缺少父母的关爱和管教，关爱工作团成员用爱心给予温暖，用真情感化他们。

其他形式帮教　2014 年 5 月 20 日，宁海县人民法院联合县委政法委、县关工委、县司法局对上半年判处非监禁刑的 9 名居住在宁海的未成年人进行集中回访，并赠送励志书籍。通过集中回访，掌握被判处非监禁刑未成年人的学习、工作及生活情况。通过赠送励志书籍，引导他们养成读书习惯，从中汲取营养，从思想上筑牢防线。

2014 年 11 月，县关工委、县综治办、法院、检察院、司法局、团县委、妇联共七个单位共同协商决定，将宁波奇精机械股份有限公司、宁波志清实业有限公司、宁波超拨电子有限公司设立为“宁海县青少年群体安置帮教基地”。爱心帮教基地的及时建立，为青少年社区矫正人员提供一个学习和改造的“爱心港湾”，进一步预防和减少“青少年社区矫正人员”重新犯罪的同时，帮助他们在劳动实践中提升思想觉悟、掌握专业技能，引导其早日重新融入社会。爱心帮教基地帮扶的重点对象是犯罪时未满 18 周岁，被法院判处非监禁刑的青少年。七家联建单位将根据特殊青少年的综合特点，结合企业实际，推荐符合企业用工条件的青少年社区矫正人员到企业就业。为协助企业落实帮教工作措施，联建单位将如实提供该青少年的基本情况。帮教企业则依法对推荐的青少年犯罪记录予以保密，并采取跟踪回访、技术培训、生产扶持等形式积极开展帮教工作，对他们做到思想上关心、工作上支持、生活上关照、待遇上平等。

2015 年 2 月，县关工委委员、宁海县人民法院未成年人案件综合审判庭章琴琴法官为刑满释放的未成年犯小光在帮教基地找到一份合适工作。帮教企业负责人在接到小光后，当即为他安排宿舍及具体工作。按照联建规定，帮教企业会依法对推荐的青少年犯罪记录予以保密。事后，县关工委常务副主任袁春林、副主任胡昌强、委员章琴琴等一行前往该帮教企业详细了解小光的近况，并与企业负责人沟通落实其结对帮教对象。

2019 年 5 月 5 日，县关心下一代志愿者协会关爱帮扶工作室联合县人民检察院在烈士陵园开展“铭记历史　缅怀先烈　重塑未来”活动。县关工委副主任童章军，副主任、协会副会长王和关爱帮扶工作室成员参加。在检察官的带领下，10 余名被附条件不起诉的未成年人静立在烈士纪念碑前，深切缅怀革命先烈的丰功伟绩和英雄壮举，并通过向革命烈士敬献鲜花、进行庄严宣誓等方式，寄托无限哀思。在革命烈士纪念馆，王元法以中越边境自卫还击战亲历者的身份向大家讲述他的部分战斗经历和与战友之间的故事片断。在该场战争中，和他一起参战的另外 4 名宁海籍战士壮烈牺牲。王元法希望在场的 10 余名未成年人能珍惜当下美好的幸福生活，清清白白做事，堂堂正正做人。县关心下一代志愿者协会通过联合县人民检察院将定期不定期地开展关爱帮教活动，帮助涉罪未成年人重树信心，重塑未来。

三、夕阳映照青少年

“五老”队伍建设　2011 年新春佳节到来之际，宁海县关工委驻会领导杨启炉、王以位、任校章、袁春林等登门慰问多年来从事关心下一代工作的老领导王惜耶和胡天华等，祝贺他们新春愉快。

2012年1月5日，县关工委召开部分老同志座谈会。参加座谈会的有县政法委原副书记朱瑞骏、县商业局原局长薛国苗、县林业局原局长童时仗、工商银行原行长林兆卿、县府办原主任王任锡、县劳动局原局长俞官珍、县科委原主任洪泾之等。会议由常务副主任杨启炉主持。杨启炉代表县关工委向老同志们致以新春的祝贺，并对他们一直参与与支持关心下一代工作所做出的努力表示敬意和感谢。会议通报2011年宁海县关工委的工作和2012年的思路。县关工委副主任王以位，任校章，胡昌强和专职副主任袁春林参加座谈会。

2013年12月12日，县关工委召开全县关心下一代工作“五老”先进个人表彰会议。县关工委副主任任校章主持会议。县关工委副主任胡昌强宣读《关于表彰宁海县关心下一代工作“五老”先进个人的通知》文件，对33名“五老”先进个人予以表彰。会上，多方集资关爱资金、倾情关爱弱势青少年的西店镇海洋村关工委常务副主任邬锡良。8年如一日坚持开展青少年经典导读的杏树社区关工委常务副主任贾晓瑞。坚持向青少年进行思想道德教育、发动社会各界建立“生命力奖教奖学资金会”的县关工委讲师团成员王成恕作事迹介绍，他们无私奉献的关爱故事让人感动。截至2003年年底，全县参加关心下一代工作的老同志达5690人。广大“五老”离而不休，退而有为，用心、用情、用力做好关心下一代工作。为青少年的健康成长无私奉献，倾注大量心血，为全面提高青少年思想道德素质、着力培育新一代宁海人做出积极贡献。县关工委常务副主任袁春林充分肯定广大老同志取得的成绩和无私奉献的精神，并对今后的“五老”工作提出要求。

2016年1月27日，猴年新春即将来临之际，市关工委副主任沈觉人一行到宁海县走访慰问“五老”骨干代表邬锡良，送去新春慰问和祝福。邬锡良是西店镇海洋村关工委常务副主任，多年来，他凭着一腔热血，始终热衷于公益事业，扶贫济困，乐善好施，自觉承担起教育下一代的重任，主动站在关心下一代工作的前沿，动真情、办实事，不求索取，只为奉献，用满腔热情诠释“莫道桑榆晚，为霞尚满天”的高尚情怀。在从事村关工委工作中，邬锡良通过村级“关爱基金”平台，筹集关爱资金17.6万元，对考上大学、重点中学的学生及贫困学生发放奖学助学金12.6万元。他关爱着没有血缘关系，却胜似亲人的孩子。他为父母离异，母亲改嫁，父亲又得肝腹水去世的孩子筹集爱心款，并给孩子的父亲出殡，结清医药费，还把剩余的爱心款投放到一家企业，每月拿300元利息作为孩子的生活费。他还给村里得红斑狼疮的小姑娘缺少医疗费无法救治时，立马写求助信，为小姑娘募集医疗费等。

2017年10月18日，宁海县各级关工委组织“五老”观看中共十九大开幕式后，为更深入地学习宣传贯彻中共十九大精神，县关工委邀请强蛟镇人大常委会副主任、镇关工委常务副主任罗水林以《新时代中国特色社会主义的政治宣言和行动纲领》为主题，从新时代、新矛盾、新思想、新方略、新征程、新任务、新使命等角度进行解读。县关工委班子成员，各团组成员参加学习会。

2018年2月6日，县关工委邀请一直关心并支持县关心下一代工作的张位胜、孙愫贞、马光明、杨启炉等20余名老领导、老同志参加新春座谈会。会议由县关工委副主任任校章主持。县关工委常务副主任袁春林向老同志汇报2017年工作。在征求新一年的工作意见时，与会的老领导、老同志提出不少宝贵的意见建议。县关工委表示衷心的感谢。在新的一年里，争取全县关心下一代工作更上一层楼，并祝各位老领导、老同志新春愉快。

“五老”网吧监管　2011年4月18日，县关工委下发《关于调整县关工委“五老”志愿者网吧义务监督组的通知》。

2011 年宁海县关心下一代工作委员会“五老”志愿者网吧义务监督组成员一览表

表 6-50

调整时间及文号		2011 年 4 月 18 日县关工委宁关〔2011〕13 号
序号	职务名称	任职名单
1	组长	胡昌强
2	副组长	娄传申　鲍秉坚
3	成员	杨启炉　夏方荣　胡建萍　邬茂福　周仲健　戴伟平　潘家让　陈焕联　吕定佳　陈海永　葛为荣　应可顶

2011 年 9 月 29 日，县关工委组织“五老”网吧监督组，会同县文明办、县公安局等有关部门对宁海县城区有关网吧进行集中突击检查。检查组一行先后检查聚友网吧、天一网吧、瑶瑶网吧、在线网吧、兴宁网吧。每到一处，检查组均对经营情况，特别是对未成年人进入网吧情况进行仔细盘查，并查看《网吧场所日常检查记录本》，检查组还对各网吧是否核对登记上网消费者有效证件、网吧消防安全和网吧的环境等。5 家网吧都证照齐全、亮证经营，环境卫生保持较好，门口显著位置都设有“未成年人不得进入”等标志，安全通道畅通，消防器材配备完善，未发现有未成年人进入的现象。检查中对网吧业主依法按章、规范经营、杜绝未成年人进入网吧等进行宣传教育。

2012 年 1 月 9 日，县关工委联合县文明办、文广新局、公安局、工商局、教育局，在县委党校召开全县“五老”网吧义务监督员培训会议。负责全县 66 家网吧义务监督的“五老”代表 100 余人参加。县关工委常务副主任杨启炉、县文广新局副局长葛珍瑜、市工商局宁海分局副局长王金岳、县教育局纪检组组长徐卫东，县关工委副主任王以位、专职副主任袁春林、副主任胡昌强出席会议。会议由县文明办主任鲍允伟主持。会上，鲍允伟传达学习精神。县文广新局文化市场行政执法大队大队长胡维明、县公安局网监大队指导员王海川、市工商局宁海分局法规科科长孙家恩分别就网吧监督性质、监督内容、监督形式、监督方法等对“五老”网吧义务监督工作进行业务辅导，进一步规范网吧义务监督工作。

2012 年 8 月 13—17 日，县关工委开展“网吧巡查周”活动。县关工委组织“五老”人员，会同跃龙街道及社区等有关人员，采用“一看二听三查”的方法，分三组对跃龙街道部分社区的 10 家网吧开展巡查活动。看网吧有无未成年人进入；听网吧经营业主、网监的情况汇报；查台帐是否实名登记，经营许可证、登记薄等是否齐全等。在巡查过程中，发现大部分网吧经营业主都能依法按章经营，但也存在一些问题，主要是个别网吧存在未按规定核对、登记上网消费者的身份证、“未成年人禁止进入”标志不明显和网吧内有吸烟现象。检查人员提醒网吧业主以及工作人员要增强社会责任感，一定要严格禁止未成年人进入网吧，规范经营、合法经营，自觉维护未成年人的成长环境。为使网吧义务监督员提高政策业务水平，进一步了解有关法律法规，县关工委会同县文广新闻出版局编印《宁海县“五老”网吧义务监督员工作手册》，供网吧义务监督员学习，更好地做好监督工作，为未成年人健康成长营造良好的社会环境。

2012 年 12 月 6 日，县关工委网吧义务监督工作会议召开。县关工委“五老”网吧义务监督领导小组成员和部分乡镇（街道）关工委常务副主任参加会议。会上，县关工委副主任胡昌强传达市关工委“五老”网吧监督员培训会议精神，并请县文广新局文化市场执法大队作培训指导。会议要求有关乡镇（街道）根据市、县会议精神，结合实际召开“五老”网吧义务监督员会议。下发市、县网吧义务监督工作手册，配合有关部门开展网吧义务监督活动。

2013 年 7 月 19 日，县关工委副主任胡昌强、县关工委副主任兼网吧义务监督组组长鲍秉坚会同县文明办领导，针对暑期未成年人进入网吧的情况对城区内六家网吧和一家游戏厅进行监督巡查。

2014 年 4 月 25 日，县关工委联合县文广新局等单位，召开全县“五老”网吧义务监督员培训会。全县“五老”网吧义务监督员和有关乡镇（街道）“五老”网吧义务监督负责人参加。县委宣传部副部长、文明办主任童东凯，县关工委常务副主任袁春林、县文广新局副局长黄胜华出席会议。西店镇关工委秘书长冯新岳、跃龙街道怡惠社区关工委胡佳佳、梅林街道关工委网吧义务监督组负责人陈文国分别作《充分发挥“五老”作用 做好网吧义务监督工作》《结合社区工作实际，做好网吧监督工作》《用心尽力，为未成年人营造绿色成长空间》的经验介绍。宁海县“五老”义务监督队伍经过不断更新和充实，已发展成为宁海县文化市场监管的一支重要力量，为有效打击遏制文化市场违法违规经营行为、进一步净化宁海县文化市场。监督员们以网吧市场为重点，通过全面巡查与重点检查相结合，寒暑假集中查与平时分散查相结合，“五老”查与执法部门联合查相结合，运用“一看二查三问四登记五告知”的监督程序，经常性地开展文化市场监督检查，为未成年人构筑一道网络防火墙。县文广新局文化执法大队副大队长田茂强就“五老”网吧义务监督员制度产生的背景、“五老”网吧义务监督员制度的现实意义、“五老”义务监督员工作职责、“五老”网吧监督工作基本要求等作辅导。县公安局网警大队教导员吴忠，就网络诈骗现象作分析，并提出预防的对策。县市场监督管理局法规科李海珍对宁海县网吧现状、目前网吧存在的问题及如何对网吧进行监管提出要求。县委宣传部副部长、文明办主任童东凯要求“五老”网吧义务监督员充分利用自身优势，进一步发挥“五老”人员在网吧监管中的独特作用，严格依法依规，进一步提升义务监督的针对性和实效性。

2014 年 6 月，跃龙街道兴圃社区网吧义务监督队成员，对辖区网吧开展巡查。为进一步规范宁海县网吧的经营管理秩序，充分调动社会监督力量，县关工委联合县文广新局，建立“五老”网吧义务监督队，持证上岗监督网吧经营行为。全县“五老”网吧义务监督员共 76 名。监督员们运用“五抓五增强”工作法开展工作。一是用心抓督查，增强防范力；二是用心抓教育，增强免疫力；三是用心抓关爱，增强感化力；四是用心抓活动，增强向心力；五是用心抓共管，增强凝聚力。县关工委副主任胡昌强表示，“五老”网吧监督员捧着一颗爱心，执着坚守，坚持不懈，无私奉献，为净化社会文化环境、精神文明建设和创建文明城市做出重要贡献。在暑假期间，县关工委要求各地关工委组织“五老”网吧义务监督员队伍对网吧进行巡查活动，为青少年搭建网吧“绿色防火墙”。

2014 年 8 月底，县关工委组织“五老”网吧义务监督员对网吧进行暑期突击抽查。运用“一看二查三问四登记五告知”的程序重点检查有无未成年人进入网吧、身份证实名登记、消防安全设施、安全通道等 7 个项目。检查中网吧总体情况良好，做到证件齐全，上网人员实名登记，没有发现未成年人违规进入网吧。

2015 年 7 月 23 日，县关工委开展暑期网吧义务监督活动，对跃龙街道怡惠社区、兴圃社区、车河社区的网吧进行突击检查。

2016 年 7 月 8 日，宁海县关工委会同县文广新局组织全县“五老”网吧义务监督组成员召开网吧监督培训会，向 120 名网吧义务监督员颁发“监督证”，新一届“五老”网吧义务监督员正式上岗。县关工委专职副主任童章军主持，由县文化市场行政执法大队大队长马迎春进行业务培训和指导。宁海县文化部门持续加大网吧监管力度，突出查处未成年人进入网吧等热点问题，为完善基层文化市场监管网络，作为对文化执法力量有力补充的县关工委“五老”网吧义务监督员队伍，按照“三个一”工作要求，对网吧实行义务监督，即一个义务监督员持一本监督证对一家网吧不定期开展巡查，实时反馈检查情况。近两年来“五老”人员配合县文化部门累计检查网吧 2167 家次，查获网吧违规行为 70 起，立案调查违规经营网吧 48 家次，涉及接纳未成年人进入营业场所、未按规定核对登记上网消费者的有效身份证件等违规行为。

2016 年 7 月 28 日，县关工委组织“五老”开展护航 G20 网吧义务监督抽查巡检活动，对跃龙街道辖区内 22 所网吧进行突击抽查，县关工委专职副主任童章军、网吧义务监督组组长鲍秉坚带队检查。全县百名“五老”网吧义务监督员采取“分片包干，责任到人”的网吧管理责任制，坚持“堵疏结合，标本兼治”的工作方针，选择典型的时间段，不定期地到辖区内的网吧开展巡检活动。每次巡检活动中，“五老”网吧义务监督员重点针对未成年人进入网吧、身份证实名登记、消防安全设施、安全通道、环境卫生等 7 个项目进行检查，有效地构筑未成年人的健康成长环境。

县关工委这支 120 名“五老”网吧监督员队伍，怀着对青少年健康成长的关爱，用真情奉献，在宁海描绘一道传递正能量的亮丽风景。

2017 年 4 月 12 日，宁海县关工委下发《关于调整宁海县关工委“五老”网吧义务监督组的通知》，决定调整宁海县关工委“五老”网吧义务监督组成员。

2017 年宁海县关心下一代工作委员会“五老”网吧义务监督组成员一览表

表 6-51

调整时间及文号		2017 年 4 月 12 日县关工委宁关〔2017〕3 号
序号	职务名称	任职名单
1	组长	鲍秉坚
2	副组长	金正友
3	成员	胡功庆、陈焕联

2017 年 4 月 13 日，宁海县关工委网吧义务监督组在县关工委专职副主任童章军的主持下召开人员调整后的首次工作会议，县关工委副主任王以位参加会议。会上，童章军首先对新上任的县关工委网吧义务监督组的“五老”人员积极参与表示感谢，对人员重组情况作出解释，并在会上共同学习《宁海县关工委网吧义务监督员工作职责》，对具体运作进行任务分解，要求突出重点区域、重点单位、重要时机，坚持依法依规、坚持沟通指导、坚持培训激励等。监督组成员纷纷表态，通过任务分解，思路更加清晰、工作容易到位。

2017 年 7 月，县关工委副主任童章军、网吧监督组组长鲍秉坚等一行分别到西店镇、跃龙街道、桃源街道等重点乡镇（街道）开展暑期网吧巡查专项活动，同时慰问冒酷暑顶烈日、不计报酬的“五老”网吧义务监督员。

2018 年 8 月，县关工委组织“五老”网吧义务监督组分别往长街镇、岔路镇、跃龙街道、桥头胡街道开展上下联动网吧巡查活动。重点检查是否存在未成年人上网现象、是否严格执行身份证实名登记，同时，对消防安全情况进行认真检查。多年来，全县 120 名“五老”义务网吧监督员有效地为未成年人撑起“保护伞”，筑起“安全门”。

2019年2月19日，县关工委下发《关于调整宁海县关工委“五老”网吧义务监督组成员的通知》，决定调整宁海县关工委“五老”网吧义务监督组成员。

2019年宁海县关心下一代工作委员会“五老”网吧义务监督组成员一览表

表6-52

调整时间及文号		2019年2月19日县关工委宁关〔2019〕3号
序号	职务名称	任职名单
1	组长	陈振飞
2	成员	王启盼、周少华、童方根、葛国营

四、关爱明天普法先行

法制教育工作 2012年5月9日，岔路中学30位学生参加县人民法院关工委、县教育局关工委、县公安局关工委等联合组织的“2012年青少年法制教育观摩活动”，观摩有关故意伤害罪庭审、模拟法庭及参观法院。继后，学校关工委开展“青少年与法”主题班会，让参加观摩学生在班级里谈体验、感受。

2012年9月28日，县关工委常务副主任杨启炉应县二职高邀请，给该校1200名师生作《青少年与法》法制教育讲座。

2013年2月，县普法办向县图书馆赠送一批法制图书，面向全县一批流动图书室分发法律类书籍。自2005年起，县图书馆着手建立“流动图书室”，依托各村、社文化中心、文化站建立“流动图书站”；依托学校建立“流动图书吧”；并开展流动图书室走进单位、走进边防部队活动，在各单位建立“流动图书室”。至2013年，共建立80多家“流动图书室”。除村、社区外，并在学校和单位间延伸发展。县普法办抓住县图书馆创建市级法制宣传教育基地的有利时机，购买一批涵盖青少年法制教育、农村法律实务、常见法律问题等内容的法律类图书，赠送给县图书馆“流动图书室”。利用“流动图书室”的覆盖面、影响力，积极开拓法制宣传教育的新平台，充分营造干部、群众学法氛围。

2014年11月7日，“七彩法治梦·护航我成长”法制故事演讲比赛在星海小学成功落下帷幕。2014年9月以来，宁海县普法办、宁海县教育局、宁海县关工委联合在全县中小学开展“法在我心中”——系列法制宣传教育主题活动。该次比赛共有23位小学组同学、10位中学组同学参加，并分别进行演讲。《法制中国，我们来传承》《成长路上与法同行》《法——最安全的外套》《法之大道：存于心，随于行》《平安，真好》《争做知法好少年》等，小选手们选用鲜活的法制案例，向同学们真情诉说学法、知法、守法的重要性。来自全县各中小学校的33名选手经过角逐，共产生一等奖4名、二等奖11名、三等奖18名。县关工委常务副主任袁春林，县教育局副局长刘永宽，县司法局副局长吴光水为获奖选手颁奖。

2016年11月25日，县关工委、司法局、文明办、教育局、文广新局、团县委、普法办等单位主办的以“我身边的法治故事”为主题的全县中小学生“宪法好声音”演讲比赛在桃源街道山水小学举行。来自全县各乡镇（街道）的42名中小学选手参加比赛。潘天寿小学学生陈欣雨的《善恶瞬间　知法前行》演讲与长街镇中心小学陈贞宇、城中小学陈高兴、实验小学教育集团实验校区孔若然等四位学生同时获得小学组第一名。潘天寿中学学生胡璟的《成长路上，与法同行》的精彩演讲得到评委老师和现场观众的一致好评，荣登中学组榜首。县关工委常务副主任袁春林为荣获一等奖的同学进行颁奖。该次活动以深入贯彻落实。宁海县第七个法治宣传教育五年规划为目的，旨在推进青少年法治宣传教育、引导青少年养成遵纪守法的行为习惯。

2016年5月19日，县关爱工作团在宁海县技工学校新生中深入开展普法教育。县关爱工作团成员、县法院刑庭副庭长孙巧浓受邀为宁海县技工学校500多名新生针对什么是黄、什么是暴、什么是毒、什么是犯罪、犯罪的概念、犯罪的行为、犯罪的后果、犯罪的预防等的讲解以及贴近实际、贴近生活的一些惨痛实例的分析，给同学们上了一堂内容丰富的法制教育讲座，学生们普遍反映这两个小时一点都没有浪费，明白有些事是绝对不能做，不能碰，不能犯的，从而增强自己对尊法、学法、守法、用法的意识。

2019年5月30日，“法制课堂”孵化基地项目在县第一职业中学正式启动，县关工委副主任童章军参加。座谈会上，与会人员纷纷就关心未成年人成长、如何为未成年人提供司法保障等提出意见建议。童章军表示，县人民检察院在贯彻落实未成年人保护法、预防未成年人犯罪等方面成效明显，县关工委也多次与检察院联合开展涉案未成年人的帮教工作。希望各有关部门要重视保护未成年人的合法权益，做到“双保护”；要重视资源共享，凝聚多方力量共同保护未成年人健康成长；要重视创新工作机制，探索未成人“一体化”保护格局。

2019年7月10日，为普及社区青少年的法律意识，全面提升青少年的自身素质，营造青少年学法、守法、用法的良好氛围，桃源街道兴海社区组织辖区青少年走进县人民法院进行参观学习。在法院讲解员的带领下，大家相继参观法院的诉讼服务中心、接待大厅、审判庭等，讲解员用通俗易懂的语言向学生们详细介绍法院的机构设置、起诉流程、法院文化等。学生们还参观开庭室，坐上审判长、审判员、人民陪审员、书记员、辩护人等座位，最后还现场旁听一场庭审，亲身体验法院的庄重与严肃。孩子们通过参观学习，听取讲解，零距离接受普法教育，对法院工作有更直观的了解和认识，同时也更深入地了解司法的公正和严明。纷纷表示，今后要做一个知法、守法、懂法的好学生。

普法教育活动　2017年5月，为更好地开展第三届全国“关爱明天，普法先行”——青少年普法教育活动，宁海县关工委联合县教育局关工委带领创建“全国青少年普法教育先进单位”的10所学校相关负责人赴余杭区学习取经，受到余杭区关工委领导和区教育局关工委领导的热情接待。到临平一中，详细听取该校创建全国“零犯罪学校”的具体做法及成效的介绍，并参观学生德育教育实践基地。通过取经学习，10所学校关工委对成功创建“全国青少年普法教育先进单位”树立信心。县关工委对成功创建“全国青少年普法教育示范区”的热情更加高涨。

2017年5月10日，宁海县全国青少年普法“双创”工作汇报会在县教育局会议室举行。县关工委常务副主任袁春林，县关工委专职副主任童章军，县教育局副局长、教育局关工委主任周霞等领导及承担本次“双创”工作的教育局关工委相关人员、各中小学校校长参加会议。周霞指出，青少年普法“双创”活动对完善青少年法制教育体系至关重要，青少年是国家的未来，宁海县党政领导尤为关注青少年普法教育工作。周霞对历年宁海县青少年普法教育工作予以肯定，同时对日后青少年法制教育工作进行部署，并提出“双保证”，保证有专人负责，保证有专用资金护航。各学校要结合实际去落实“零犯罪学校”的创建，从而为普法“双创”工作打下坚实的基础。袁春林指出，在全县“五老”同志的积极参与及各方面力量的努力配合下，宁海县“三好四无”及普法教育工作取得一定的成绩，得到全国人大常委会原副委员长、中国关工委主任顾秀莲的高度肯定。中国关工委常务副主任武韬于2016年12月在宁海调研期间对宁海关工委工作用“四个到位”作出高度评价。随着相关工作的不断落实，宁海县青少年犯罪率也得以逐年下降，宁海县青少年法制教育工作具备良好的基础。县关工委常务委员、县教育局督学张洁辉对宁海县全国青少年普法“双创”工作进行具体指导。指出，首先在宣传工作方面，利用挂横幅、出板报、报刊等传统平台并结合微博、微信等新媒体进行宣传教育；其次在创建“零犯罪学校”方面，各校要成立创建领导小组，明确切实可行的方案来保障工作的顺利实施，各校还要做好制度建设、队伍建设、阵地建设、活动组织建设等方面安排。各中小学校负责人领取全国青少年普法教育读本及青少年法律知识竞赛报名表和答题卡，纷纷表示将坚决贯彻落实此次会议精神，发动学校师生的学习热情，在全面提高自身的法治意识下，保证完成全国青少年普法“双创”任务。

2017 年 6 月 5 日，全国青少年普法活动办副主任王平、董淑焕到宁海县督察指导普法“双创”工作，县关工委、县教育局等单位的 30 名成员参加会议。王平对宁海县关工委及十所学校的普法“双创”材料进行逐一指导，并提出在“双创”工作中，要落实中共十八届四中全会依法治国、四个全面精神，紧扣《青少年法治教育大纲》开展普法活动；要贯彻中共中央总书记习近平提出的“德法兼修”理念，结合宁海县实际，发挥好宁海县特色，搞好创建工作；普法教育中，各学校不要搞形式主义，要实实在在地建立好师资，编制好教材，安排好教学计划，把普法教育真真切切地落实到全县各中小学校。县关工委常务副主任袁春林总结近两年来宁海县在普法“双创”工作中所取得的成效。指出，在全国青少年普法“双创”工作进入攻坚阶段期间，时间紧、任务重，希望各创建单位做好相关资料上报等有关工作，争取普法“双创”工作创建成功。

2017 年 5 月 26 日，正学中学举办第三届“关爱明天・普法先行”普法教育活动。725 名学生听取法制副校长、桥头胡派出所警官胡华主讲的法制报告。警官胡华结合宁海县青少年违法犯罪的案例对学生进行生动的法制教育，要求学生做到遵纪守法。县关工委宣讲团成员韩兆铭主讲“青少年成长教育和预防犯罪”，剖析青少年成长中存在的问题，结合家庭生活为学生们进行生动的普法教育，受到学生欢迎。

2017 年 8 月 6 日，全国青少年普法教育活动办公室发出《关于第三届“关爱明天・普法先行”——青少年普教育活动的表彰决定》，对该次活动中的先进集体和个人进行表彰。

2017 年宁海县全国第三届“关爱明天・普法先行”——青少年普法教育活动

受表彰各奖项先进集体和先进个人一览表

表 6-53

奖项名称	先进集体	先进个人
全国青少年普法教育示范区	中国共产党宁海县委员会、 宁海县人民政府	—
先进单位 7 家 先进个人 15 名	宁海县关心下一代工作委员会	田敏、陈俊超、孙巧浓、崔艳波、蒋倩、谢肃威、翁建、胡旭波、赵中、舒圣杰、王武平、娄凤跃、冯明旺、邵开平、陈向阳
	宁海县教育局	
	宁海县普法教育领导小组办公室	
	宁海县正学中学	
	宁海县跃龙教育集团跃龙中学	
	宁海县西店镇初级中学	
	宁海县实验小学教育集团实验校区	

续表6-53

奖项名称	先进集体	先进个人
优秀组织奖 8 家 优秀辅导员 15 名	中国共产主义青年团宁海县委员会 宁海县大佳何镇关心下一代工作委员会 宁海县潘天寿小学 宁海县力洋镇中心小学 宁海县越溪乡中心小学 宁海县岔路镇初级中学 宁海县黄坛镇中心小学 宁海县大佳何镇初级中学	秦琳静、邵雪飞、屠葵葵、赖虹雯、王钰颖、杨仁安、马春彪、葛龙、胡颖超、邱士兵、林蓓聪、戴旭、陈路、车胜国、陈琼
学生获奖名单	一等奖（1 名）：李沅宸；二等奖（9 名）：徐海洋、邵欣娜、舒钰赞、胡艺馨、严哲轩、杨茜涵、王佳宣、章嘉麟、王奕； 三等奖（8 名）：严至渊、孔雨淇、张景涵、汪成、林晨熙、蒋佳禾、杨芊羽、陈若瑜；优秀奖（4 名）：陈英畅、王星媛、王一雯、葛炜潇	

2017 年 9 月 29 日，宁海县举行青少年普法教育先进表彰暨民营企业关心下一代工作会议。市关工委主任邵孝杰，县委常委、组织部部长方勤，县人大常委会副主任、县关工委主任潘红月，副县长范建军、县教育局关工委、县民营经济关工委、18 个乡镇（街道）关工委主任、常务副主任、办公室主任以及学校关工委、民营企业关工委等 250 余人出席会议，该次会议由副县长范建军主持。会上表彰全国第三届“关爱明天 · 普法先行”——青少年普法教育活动的先进集体和先进个人。其中，宁海县被授予全国青少年普法教育示范区称号，宁海县关心下一代工作委员会等 7 家单位获评先进单位，大佳何镇关心下一代工作委员会等 8 家单位荣获优秀组织奖，田敏等 15 人被评为先进个人，葛龙等 15 人被评为优秀辅导员。宁波吉德电器有限公司等 4 家民营企业关工委作交流发言。潘红月总结全县民营企业关工委工作的开展和经验。县委常委、组织部部长方勤讲话。市关工委主任邵孝杰对宁海县民营企业关工委工作给予高度肯定，认为宁诲县关工委在组织建设、服务企业发展、服务青年职工成长成才、民营企业关工委自身建设等方面取得新成果。

2018 年 2 月 24 日，为巩固和深化“关爱明天 · 普法先行”青少年普法教育活动成果，切实做到在组织上连体、工作上联动、资源上共享。县关工委、县关心下一代志愿者协会到县人民检察院研究部署 2018 年青少年法治工作，在新的一年里，形成新的工作合力，更好地依法维护青少年合法权益和促进青少年健康成长。

五、县关心下一代志愿者协会工作

重要会议　2017 年 10 月 20 日，在县关工委会议室召开关心下一代志愿者协会座谈会。县关工委常务副主任袁春林、县关心下一代志愿者协会会长季元法、副会长兼秘书长王元法、副会长吴满春以及志愿者协会 6 个工作室的负责人参加座谈会。6 个工作室负责人分别回顾关工委的工作历程，畅谈下一步的工作计划，大家交流经验、理清思路、激发动力。听完各工作室负责人的经验交流，季元法对志愿者队伍辛勤劳作和无私奉献表示充分肯定。指出，志愿者协会将进一步规范志愿者工作管理，加强引导和指导，强化基础建设，加强基层工作，结合志愿者活动的特色化与合作性，继续以服务社会服务他人的原则开展各项活动，把奉献、友爱、互助、进步的志愿者精神发扬光大，发挥品牌优势。2017 年是协会工作积极探索创新发展的开局之年，县志愿者协会将统筹志愿服务力量、整合志愿服务资源、提升志愿服务实效，抓好、用好、管好志愿服务者队伍，奋力开拓，扎扎实实推进协会工作的创新发展。

2018 年 1 月 10 日，宁海县关工委、宁海县关心下一代志愿者协会携手宁海农村商业银行共同启动“丰收互联、让爱回家”关爱留守儿童专项爱心基金，用于留守儿童帮扶相关的公益项目，照亮留守儿童的成长之路。宁波市关工委专职副主任徐洪国，宁海县人大常委会副主任、县关工委主任潘红月参加启动仪式。长街镇关工委、胡陈乡关工委、茶院乡关工委被授予宁波市级关爱留守儿童工作站称号。县关心下一代志愿者协会与宁海农村商业银行共同签署“丰收互联、让爱回家：关爱留守儿童专项爱心基金”战略合作协议，标志着宁海县“四化型”志愿服务工作逐步迈入正轨，关爱留守儿童工作呈现出跨行合作，多元互动的良好态势。县关心下一代志愿者协会会长季元法表示，做好留守儿童关爱保护工作，关系到未成年人的健康成长，关系到千家万户的家庭幸福，也关系到宁海县高水平全面建成小康社会先行区，县关心下一代志愿者协会计划结合宁海实际，因地制宜、因事施策，着力打造关爱留守儿童工作的新品牌、新样本，让留守儿童感受到人间的真爱。

2018 年 10 月 24 日，县关心下一代志愿者协会召开第一届理事会第二次全体（扩大）会议，协会顾问和各理事出席会议。协会会长季元法向理事会汇报协会自 2017 年 9 月成立以来的主要工作情况。指出，协会一年来活动项目多，参与人员多，来客接待多，工作成果多、合作单位多，以及基础设施、基本建设项目多。其中，在创新经验品牌方面，协会及其乡镇（街道）工作站建设得到中央、省、市关工委的高度肯定，“向日葵信箱”精准服务青少年，已成为一道靓丽品牌，乡镇集群品牌建设已呈现出百花齐放的良好局面，留守儿童工作站规范化建设也取得明显成效。季元法指出当前存在的问题。对下一步工作，也给出了明确思路，要继续贯彻落实省基层关工委建设工作会议精神，进一步落实规范化、标准化，各乡镇在凸显本乡镇特色和亮点的同时，还应重点抓薄弱环节，做好基础工作，此外，还要积极开展调研，总结好的经验。协会副会长王元法向大家通报协会一年来的财务收支情况。会上，还听取各位理事对当前及今后一个时期协会建设的意见和建议。

2019 年 1 月 4 日，宁海县关心下一代志愿者协会召开乡镇（街道）工作站站长座谈会，副会长兼秘书长王元法主持会议。各位站长分别就 2018 年工作作汇报和总结，对 2019 年工作思路和建议进行交流。2018 年，关爱基金的发放、工作站规范化建设、校园护苗志愿活动、结对帮扶帮困等工作都取得显著成效。副会长王元法提出协会 2019 年主要工作安排。会长季元法在回顾协会 2018 年工作的同时，希望 2019 年各乡镇（街道）工作站能把牢要点，抓好重点，突出亮点，做出新的更大的成绩。

2019 年 11 月 8 日，县关心下一代志愿者协会召开第一届理事会第三次全体（扩大）会议，协会顾问和各理事出席会议。协会会长季元法围绕“强组织、强规范、强服务、强宣传、强保障”“五个强”介绍协会 1 至 10 月份的工作开展及培育典型和服务品牌创建情况；提出 2020 年工作基本思考，希望协会工作站在进一步加强自身建设、提升规范化管理水平和推进“四化型”发展模式的同时，要努力遂行教育、感化、关爱、服务四项使命，充分发挥“五老”的主体作用，为培育德、智、体、美、劳全面发展的社会主义建设者和接班人作出积极贡献。协会副会长兼秘书长王元法向与会人员通报协会 1 至 10 月份的财务收支情况。并听取各位理事对协会建设的意见和建议。

重要活动　2018 年 1 月 26 日，县关心下一代志愿者协会和县房屋征收办公室联合对征迁区块内的贫困留守儿童进行爱心帮扶。县关心下一代志愿者协会和县房屋征收办的相关负责人，对该次从跃龙街道县前社区和杏树社区共两个拆迁区块内筛选出来的 8 名贫困留守儿童，进行了现场捐赠。该次“暖心工程”中，县房屋征收办出资 10 万元，主要帮扶对象为征迁区块内的孤儿和困难单亲家庭儿童、因病因残等原因造成的家庭困难儿童、困难家庭的留守儿童以及其他需要帮扶的家庭困难儿童，捐赠仪式上的 8 名儿童是该次活动的首批帮扶对象。

2018 年 8 月 16 日，为帮助减轻宁海县部分困难大一新生的学习生活压力，并鼓励他们努力学习，成为对社会有用的人才，县关工委、县关心下一代志愿者协会向全县 300 余名困难大学生送上爱心物资（拉杆箱包），并送上真挚的祝福，希望他们用拼搏为梦想插上翅膀，用知识为竞争打造武装，用智慧为明天创造辉煌。

2018 年 10 月 18 日，为精准服务青少年的所思所想所盼，宁海县关心下一代志愿者协会召开“向日葵信箱”品牌推进会。各乡镇（街道）关工委常务副主任、县关协各工作站站长和县教育局关工委常务副主任等 60 余人参加，会议由协会副会长王元法主持。会上，茶院乡党委副书记、关工委主任杨明辉介绍了该乡关工委通过在两所小学设置“向日葵信箱”，接收来自孩子们的心声和诉求，帮助他们解决实际困难，从而赢得孩子们的信赖。该乡在运作中坚持把好以可爱可亲的形象吸引孩子、以温暖贴心的行动感染孩子和以自主思考的理念引导孩子的三个“主要环节”，并高度整合和利用各种资源，建立有效的运作机制，切实强化“向日葵信箱”服务的精准性和实效性。县关心下一代志愿者协会会长季元法表示，“向日葵信箱”自 2017 年 5 月在茶院试点以来，取得显著成效。切实帮助孩子们解决了他们在学习、生活中的一些困难，深受孩子们的喜爱和欢迎。季元法提出，全县 60 多所小学在年内要全面推广并建立“向日葵信箱”，使点上经验真正在面上开花结果。

2018 年 12 月 27 日，县关心下一代志愿者协会慰问校园安全“五老”志愿者，衷心感谢他们无私的付出。

规范化建设　2018 年 3 月 29 日，县关工委在西店镇举行全县各乡镇（街道）关心下一代志愿者工作站规范化建设现场会暨关工志编纂启动仪式。宁波市关工委主任邵孝杰，县人大常委会副主任、关工委主任潘红月出席会议并讲话。会议由县关工委常务副主任袁春林主持。150 余人参加会议。西店镇党委副书记朱自权介绍该镇关协工作站从有班子、有队伍、有制度、有举措、有成效、有经费、有场所“七个有”着手，在探索创建规范化工作站建设中所取得阶段性的先进经验。县关工委副主任、县关协会长季元法在西店关协工作站探索成功的基础上，以建立健全“四化型”运作机制为目标，向 18 个乡镇（街道）关工委、关协工作站的与会人员全面部署乡镇（街道）工作站规范化建设工作，并将协会规范化建设的标准初步确定为“机构完善、制度规范、队伍健全、运作正常、保障有力、作用明显”。该次会议上，《宁海县关心下一代工作志》编纂工作同时启动。县关工委副主任、《宁海县关心下一代工作志》主编袁哲飞为全面记述宁海县关工委 30 年来的工作历程和所做工作成就，向到会的宣传部、统战部、政法委、法院、检察院、教育局、公安局、民政局、司法局、文广新闻出版局、市场监管局、团县委、妇联等单位领导和 18 个乡镇（街道）关工委负责同志，以《编好〈关工志〉，为宁海县关心下一代事业服务》为题从指导思想、工作计划、编写志书的 8 个主要问题和分志稿的提供要求等方面作出具体指导。会上，县人大常委会副主任、关工委主任潘红月对 2018 年规上民营企业的组建工作作出部署。要求各乡镇（街道）关工委根据单独组建、片区联建、协会组建和属地联建的四种模式，在四年内实现全县规模以上民营企业关工委组织建设全覆盖。针对会议部署的三项工作，潘红月强调，各地各部门要将这三项工作作为是年的主攻点和创新点，要深化认识，进一步增强工作的责任感和紧迫感；要因地制宜，全力抓好乡镇（街道）工作站规范化建设；要精雕细琢，精心组织《宁海县关心下一代工作志》编写工作；要精准施策，持续抓好民营企业关工委组建工作；要狠抓落实，推动各项工作走在前列。市关工委主任邵孝杰作讲话，对宁海县关心下一代工作的扎实推进表示充分肯定，尤其是对西店镇工作站的规范化建设作了高度赞扬，指出，这是深入学习中共十九大精神的一个改革成果，是贯彻落实关工委工作方针的落实成果，要求全县各乡镇（街道）积极学习和借鉴西店的成功经验，为全市关工委工作提供更多的先进经验，努力推动全市关工委的改革创新工作。

六、爱心接力　深情护苗

助学帮困　2011 年 1 月 13 日，县关工委常务副主任杨启炉、专职副主任袁春林、桑洲镇副镇长金双娥等，到桑洲镇中心小学，慰问特困学生，送上慰问金 3000 元，以表关工委关爱之情。其间，组织 30 名贫困生座谈，鼓励他们好好学习，奋发向上，长大后为家乡和社会做贡献。

2011 年 1 月 14 日，县关工委专职副主任袁春林与黄坛镇关工委领导到双峰山区慰问留教留读小学师生，为他们送去 3000 元慰问金和物品。

2011 年 10 月，县关工委启动爱心基金，为县实验小学教育集团城西校区病孩应×同学，送去 5000 元现金，以解燃眉之急。

2012 年 1 月 10 日，县关工委常务副主任杨启炉、专职副主任袁春林等一行。到县康复中心慰问身患脑出血住院医疗的长街小学四年级学生胡××，并资助 2000 元康复资金。

2012 年 1 月 10 日，县关工委专职副主任袁春林、办公室田敏到滨溪社区慰问探望肢体残疾的青年严××，并送去 500 元春节慰问金。

2012 年 1 月 11 日，县关工委杨启炉、袁春林赴双峰慰问留读双峰小学贫困学生，并对在艰苦环境中任教的老师和 11 名贫困学子送去节日的问候和 2800 元慰问金及慰问品。

2012 年 5 月 30 日，县关工委在岔路镇举行“宁海县关工委爱心助学金”发放仪式，县关工委顾问郑国金、常务副主任杨启炉、副主任王以位，县教育局副局长舒静芬、岔路镇总工会主席、关工委常务副主任蒋诗福以及有关乡镇（街道）关工委办公室负责人、教育经费结算中心教育干事，岔路镇受助的 49 名小学生和 13 名中学生参加。县关工委专职副主任袁春林主持发放仪式。杨启炉介绍爱心助学金的来源、受助对象审定程序，并要求学校要管好、用好爱心助学金，要加强领导、健全机制、营造氛围。岔路镇受助的 49 名小学生和 13 名中学生在仪式上接受爱心助学金。受助学生代表向爱心企业家和领导表示衷心的感谢和崇高的敬意。舒静芬和蒋诗福分别代表教育局和岔路镇在会上讲话。该爱心助学金来自一位不愿意透露姓名的爱心企业家，他为感恩党和政府，回报社会，通过县关工委建立爱心助学金，资助宁海县贫困家庭的孩子完成义务教育段的学业。首批捐助的爱心助学金金额达 100 万元，首批结对助学的对象为岔路、桑洲、前童、深甽、胡陈、茶院等欠发达乡镇和黄坛双峰片、跃龙水车片家庭经济贫困的初中、小学学生，其中小学生每学年 1200 元，初中生 1500 元，分上、下学期两次发放。2012 年下半年，资助范围扩大到全县各乡镇（街道）贫困家庭的中小学生。

2012 年 8 月，县民政局第二次开展“宁海福彩助学”活动。该次活动安排 15 万元福彩公益金资助 60 名家庭特困新生，资助标准为 30 名家庭特困大学新生每人一次性 3000 元，30 名家庭特困高中新生每人一次性2000元。

2012年，宁海县一位爱心企业家向县关工委定向捐赠100万元善款，通过县关工委建立爱心助学金，资助宁海县家庭经济困难学生完成义务教育段学业。县关工委成立“宁海县关心下一代助学基金管理领导小组”，制定《宁海县关心下一代助学基金管理实施细则》，建立长效工作机制，设立资金专户，实施动态管理，促进关爱资金规范化运作。助学对象经学校推荐，并填写“宁海县关心下一代助学学生登记表”，经行政村（社区）证明，乡镇（街道）关工委审定，报县关工委爱心助学金领导小组批准。2012年，结对七类困难学生804人，共发放爱心助学资金82.935万元，统一划拨到乡镇（街道）教育管理办公室（原乡镇教育经费结算中心），发放到学校，做到助学金到人，助学信息到家。该爱心企业家在2013年愿继续捐资助学。

2013年1月，大佳何镇中心小学发放宁海县关心下一代爱心助学基金。

2013年5月23日，县关工委在前童镇中心小学举行2012年度第二学年爱心助学基金发放仪式，向该镇受助的47名中小学生发助学金，帮助贫困家庭的孩子完成义务教育段的学业。2013年上半年，又一次捐资50万元，用于帮困助学。

2013年6月17日，宁海县关心下一代工作委员会下发《关于成立宁海县关心下一代爱心基金筹备领导小组的通知》，决定成立宁海县关心下一代爱心基金筹备领导小组。

2013年宁海县关心下一代爱心基金筹备领导小组成员一览表

表6-54

时间及文号		2013年6月17日县关工委宁关〔2013〕22号
序号	职务名称	任职名单
1	顾问	郑国金
2	组长	袁春林
3	副组长	王以位　任校章　胡昌强
4	成员	陈焕翠　娄传申　胡学翔　陈知统　应可顶　田　敏
5	领导小组办公室主任	应可顶（兼）

2013年8月28日，县关工委、县新闻中心携手苏酒集团、县七彩阳光商贸有限公司“2013浙江百村助学公益活动”助学金发放仪式在正学中学举行，共计发放助学金15万元，60名寒门学子喜领助学金。县关工委常务副主任袁春林、教育局副局长刘永宽、县新闻中心副总编应满云、正学中学校长胡寿南、苏酒集团区域销售经理刘启乾和县七彩阳光商贸有限公司董事长李国本、总经理张小田出席发放仪式。助学活动启动历时一个月，《今日宁海》主动承担主流媒体的社会责任，搭建资助平台，并派出多名记者积极寻找品学兼优的寒门学子，足迹遍布城乡，并推出“阳光助学”专栏系列报道，帮助他们实现大学梦。记者通过深入学生家中实地走访，用报道如实反映宁海10名品学兼优的贫困学子发奋求学的经历。

2013年11月22日，县关工委在胡陈乡初级中学举行第四次（2013年下半年）爱心助学金的发放仪式。县关工委常务副主任袁春林、副主任任校章、爱心企业家代表郑国金、胡陈乡党委副书记郭青出席发放仪式，全县各乡镇（街道）关工委有关负责人和胡陈乡43名受助学生参加仪式。发放仪式由县关工委副主任任校章主持。胡陈乡中心小学和初级中学学生代表分别作感恩发言，也代表胡陈乡全体受助学生向爱心企业家表示谢意和励志成才的决心。郑国金向受助学生介绍爱心助学金是由宁海籍爱心企业家赞助，该次是爱心助学金第四次举行发放仪式。并介绍爱心企业家不仅是一名优秀低调简朴的企业人，更让大家钦佩的是，这名企业家不留名、不宣传、不要求任何回报，只是默默地付出，而做好慈善人是他的一大人生目标。希望受助学生能心存感恩，努力向上、发奋学习。郭青勉励受助学生一定要正视困难、自尊自强，并以乐观向上的精神克服困难。把现在的贫困当作是磨炼意志、成才成功的阶梯。通过勤奋学习，把各界的关爱转化为动力，用行动回报社会、回报家乡。袁春林希望受助学子们一定要牢记这位不留名企业家的爱心和帮助，努力成为品学兼优，有益于社会的人。希望全县18个乡镇（街道）的关工委，认真做好爱心助学金发放工作，并大力向受助学生们宣传不留名企业家的美德，让学生们一定要心存感恩之情，努力学习，回报社会。

2014年6月18日，县关工委“关爱暖心、知恩成长”爱心助学金发放仪式在桑洲举行。各乡镇（街道）关工委、县教育关工委、民营经济关工委及桑洲镇中小学学生代表参加发放仪式。县关工委常委副主任袁春林、爱心企业家代表郑国金及桑洲镇党委副书记、关工委主任陈卫慧出席会议。县关工委副主任胡昌强主持活动仪式。38名桑洲镇中小学生领到爱心助学金24750元。2014年上半年，县关工委共发放助学金36万余元，550名学生受益。同时，县关工委还计划发放10万元助学金资助高中寒门学子，开展助学圆梦活动，确保家庭困难、品学兼优的高中生能及时得到资助。袁春林希望孩子们“要会刻苦，做个有远大志向的人；会修养，做个有高尚情操的人；会锻炼，做个有强健体魄的人”。他指出，受资助的中小学生要有一颗爱心、感恩的心，感恩企业家、感恩社会、感恩人民，更要有一颗进取的心，要将对爱心企业家的感恩之情化为立志发奋学习的动力，争取早日成为祖国的有用之才，用自己的实际行动来回报社会、报效国家。

2014年12月26日，宁海县关心下一代第六次爱心助学金发放仪式在星海小学举行。县委常委、组织部部长、县关工委主任林惠明出席会议并讲话。县关工委常务副主任袁春林，县教育局领导，企业家代表，各乡镇（街道）关工委常务副主任，各乡镇（街道）教育管理办公室负责人等参加本次会议。在发放仪式上，县关工委顾问郑国金代表爱心企业家向县关工委捐赠爱心助学金50万元，县关工委向全县18个乡镇街道发放爱心助学金，林惠明等领导向星海小学10名受助学生现场发放爱心助学金。正学中学金琼霞老师作为教师代表发言，满怀深情地讲述自己如何从学生时代的受助者，成为如今的捐助者，她希望更多的爱心人士参与到“爱心传承基金”活动中来，让爱心接力棒之火熊熊燃烧。林惠明代表县关工委向捐资助学的爱心企业家表示衷心的感谢，希望有更多社会各界人士的踊跃加入，不断壮大爱心助援队伍，要求务必发挥好爱心助学金的平台优势，做好基金发放管理工作，让贫困学子能够在第一时间得到帮助。

2015年1月，县关工委副主任王以位等到跃龙街道北星社区，慰问社区一困难学生娄××，并送去2000元助学金。该同学就读于跃龙中学一年级，表现较好，成绩优良，父亲重病手术后在家休养，母亲视力一级残疾，家庭主要经济来源仅靠微薄的残疾人保障金，县关工委将通过结对形式助其完成初中三年的学业。

2015年上半年，爱心企业家第七笔捐资50万元爱心助学金善款发放到位。县关工委及时部署，下发《关于2015年上半年关心下一代爱心助学金发放工作的通知》，各乡镇（街道）关工委认真排摸调查贫困中小学生实际情况，县关工委核实后，及时将爱心助学金进行发放。

2015 年 8 月 12 日，县关工委举行“责任与梦想”励志助学活动。为宁海县 36 名贫困大学生每人送上“隐名”企业家捐助的 3000 元“爱心助学金”。“我非常感谢企业家的善举，我会立志努力学习，回报社会。”“要时刻怀有一颗感恩的心，等到我们有能力的时候，也会用同样的方法捐助困难人群。”大学生们纷纷感言，道出对企业家的感谢，对社会的感恩。

2018 年 11 月 7 日，县关工委、县关工委志愿者协会联合县城投集团到深甽镇大里小学开展“情投护苗”爱心行动，向 15 名家境困难学生、留守儿童捐赠 1.5 万元助学金及书籍。该次爱心护苗仪式由深甽镇文教卫计副镇长王伟莉主持。她向参加仪式的学生及其家长介绍出席活动的相关领导，向城投集团表示感谢。希望受助同学以健康的心态和乐观向上的精神风貌，努力磨砺意志，不畏贫困，好学上进，做一名对社会有用的人。大里小学校长汪亚萍介绍本次受助学生的相关情况，对关心关爱困难学生的城投集团表示衷心的感谢，也鼓励在场的学生要常怀感恩的心，认真学习。受助学生代表表示，今后会以更加积极阳光的心态面对学习和生活，自强不息，努力成才。最后，县关心下一代志愿者协会会长季元法表示，这些钱虽然不能改变这些孩子的家庭生活现状，但汇聚着社会对他们浓浓的关爱，要让这些孩子多感受到社会大家庭的温暖，自强自立、努力学习，要懂得感恩父母、感恩党和政府的关心，用知识改变命运，长大后多为国家做贡献。

2018 年 11 月 9 日，县关工委、县关工委志愿者协会、教育局关工委、力洋镇关工委携手宁海县天明眼镜公司，开展“大爱天明”——健康视力进校园公益活动。此次公益活动由县关工委牵头，教育局关工委具体落实。天明眼镜公司计划 5 年内在全县中小学范围内免费配赠 5000 副眼镜，力洋小学是该项活动的第一站，2018 年先从东片 5 个乡镇开始实施这项公益活动。前期工作中，天明眼镜公司已经对力洋小学所有学生进行视力筛查，并对筛选出来需要配镜的 138 名学生进行免费验光和配镜，活动现场，领导们向这些同学赠送台灯和眼镜，同时，向全体师生各赠送一台台灯。天明眼镜公司陈总表示，会一如既往地支持该项公益活动，校关工委主任对领导和天明眼镜公司的关心表示真挚感谢，并希望孩子们在平时学习中一定要注意呵护眼睛。

2018 年 10 月 30 日，宁海县关工委原常务副主任杨启炉向县关心下一代基金管理委员会捐助 1 万元。

2011—2020 年宁海县关工委为生病、贫困学生捐赠钱物活动统计表

表 6-55　　　　单位：元、人

时间	活动主办	捐赠单位	受助对象及项目	受助人数	受助金额及物品
2011 年 1 月 13 日	县关工委、桑洲镇	县关工委	桑洲镇中心小学特困中小学生	30	3000
2011 年 1 月 14 日	县关工委、黄坛镇关工委	县关工委	双峰山区留教留读的小学师生	—	3000（慰问金和物品）
2011 年 10 月	县关工委	县关工委	县实验小学教育集团城西校区应×同学	1	5000
2012 年 1 月 10 日	县关工委	县关工委	长街小学四年级学生胡××	1	2000
2012 年 1 月 10 日	县关工委	县关工委	滨溪社区肢体残疾青年严××	1	500

续表6-55

时间	活动主办	捐赠单位	受助对象及项目	受助人数	受助金额及物品
2012 年 1 月 11 日	县关工委	县关工委	任教老师和 11 名贫困学子	11	2800（慰问金及慰问品）
2012 年 8 月	县关工委 县民政局	第二次开展“宁海福彩助学”活动	30 名大学新生，30 名高中新生	60	150000
2013 年 8 月 28 日	县关工委、县新闻中心	苏酒集团、县七彩阳光商贸有限公司	“2013 浙江百村助学公益活动”助学金发放	60	150000
2015 年 1 月	县关工委	县关工委	跃龙街道北星社区学生娄××	1	2000
2018 年 11 月 7 日	县关工委、 县志愿者协会 深甽镇	县城投集团	深甽镇大里小学学生（“情投护苗”爱心行动）	15	15000 元助学金及书籍
2018 年 11 月 9 日	县关工委、 县志愿者协会 力洋镇关工委	宁海县天明眼镜公司	力洋小学全体师生。“大爱天明”——健康视力进校园公益活动	138	台灯、免费验光和配镜；向力洋小学全体师生各赠送 1 台台灯。（5 年内在全县中小学范围内免费配赠 5000 副眼镜）

2012—2015 年爱心企业家向宁海县关工委爱心基金捐款情况统计表

表 6-56　　单位：万元

序号	时间	捐款	备注
1	2012 年 5 月 11 日	100	一位不愿意透露姓名的爱心企业家，通过县关工委建立爱心助学金，资助宁海县各乡镇（街道）贫困家庭的孩子完成义务教育段的学业。首批为岔路、桑洲、前童、深甽、胡陈、茶院等欠发达乡镇和黄坛双峰片、跃龙水车片家庭经济贫困的初中、小学学生，其中小学生每学年 1200 元，初中生 1500 元
2	2013 年 4 月 23 日	50	
3	2013 年 11 月 8 日	55	
4	2014 年 6 月 9 日	50	
5	2014 年 9 月 22 日	10	
6	2014 年 12 月 19 日	50	
7	2015 年 6 月 15 日	50	
合计		365	

2012—2016 年爱心企业家爱心助学专项基金助学情况统计表

表 6-57　　　　　　　　　　　　　　　　　　　　　　　　　　　　单位：元

序号	单位 \ 年份 / 金额		2012	2013	2014	2015	2016	合计
			金额	金额	金额	金额	金额	金额
1	长街镇		19650	38100	26100	13050	—	96900
2	胡陈乡		99900	85500	59700	29400	—	274500
3	力洋镇		19650	37950	26100	13050	—	96750
4	茶院乡		67800	75750	49500	24750	—	217800
5	一市镇		16500	31600	23400	11700	—	83200
6	越溪乡		16500	31600	23700	11850	—	83650
7	桑洲镇		63750	76050	48150	24750	—	212700
8	岔路镇		88650	86550	58800	29400	—	263400
9	前童镇		98100	91050	58800	29400	—	277350
10	黄坛镇		59700	66900	46950	23550	—	197100
11	大佳何镇		19200	37800	26100	13050	—	96150
12	强蛟镇		16350	31500	23400	11700	—	82950
13	西店镇		19650	38250	26100	13050	—	97050
14	深甽镇		105900	95400	58800	29400	—	289500
15	城区教办跃龙、桃源		53400	102300	73650	37200	—	266550
16	梅林街道		16500	31080	23550	11700	—	82830
17	桥头胡街道		16350	16350	38700	11700	—	83100
18	民营企业关工委		—	—	4000	—	—	4000
19	星海小学 10 名		—	—	5000	—	—	5000
20	36 名困难大学生		—	—	—	108000	—	108000
21	长街镇陈泰等		—	—	—	4500	—	4500
22	直接到校	培智学校	9000	—	100000	—	—	109000
23		跃龙水车小学	13200	—	—	—	—	13200
24		城关中学	12000	—	—	—	—	12000
25		科达学校	—	13200	19800	9900	—	42900
26		育才学校	—	13200	19800	9900	—	42900
27	直接个人金额/人数		—	29000/16	44000/19	42000/18	16000/7	131000/60
合计：金额/人数			831750/1258	1029130/1571	884100/1132	513000/1178	16000/7	3273980/5146

关爱工作团工作　2014 年 3 月 25 日，宁海县召开预防未成年人犯罪工作协调会议。县委政法

委副书记、县关爱工作团团长方亚青，县关工委常务副主任袁春林、副主任胡昌强，团县委书记叶挺、副书记储杨洋，教育局基教科科长方仲儒参加会议。会议通报2014年以来宁海县未成年人违法犯罪情况。针对形势，各单位对开展下阶段工作纷纷提出建设性意见。会议决定，一要加强“三结合”教育，通过学校、社区等教育阵地开展教育宣传，尤其是加强对学生家长的教育，强化家庭教育；二要开好“零犯罪学校”创建现场会，树立典型，推广经验，进一步推进预防和减少青少年违法犯罪工作。

2016年4月21日，县关工委下发《关于调整宁海县关爱工作团成员的通知》，决定对关爱工作团组成人员作出适当调整。

2016年宁海县关心下一代工作委员会关爱工作团成员一览表

表6-58

调整时间及文号		2016年4月21日 县关工委宁关〔2016〕5号
序号	职务名称	任职名单
1	团长	朱庆生
2	副团长	葛民力、杨选杰
3	秘书长	葛玲娟
4	成员	孙巧浓、王春霞、张葵葵、王建军、单小乾、周荣祥、刘学秀、陈小娇

2016年5月12日，关爱工作团成员碰头会在县关工委召开。根据近年关爱团成员的工作变动，县关工委研究决定对组成人员进行适当调整，4月21日，下发《关于调整宁海县关爱工作团成员的通知》。县关工委专职副主任童章军宣读关工委的任命文件和关爱工作团工作规则。关爱工作团团长朱庆生在会上明确工作对象，工作步骤和工作分工。县关工委常务副主任袁春林结合宁海县工作实际，对充分发挥关爱工作团在参与社会管理、构建和谐社会、建设平安宁海等方面的积极作用提出要求和希望。

2016年6月29日，县关爱工作团得知县人民法院将对三名多次实施盗窃被抓的未成年人进行庭审时，县关工委专职副主任童章军、县关爱工作团团长朱庆生与葛玲娟等前往法院，对已经接触高墙电网、暂时失去自由、马上要开庭的三名未成年人情况进行详细了解，并进行庭前庭后教育。针对三人的实际情况，指出他们在法律层面上犯的过错，并传达县关工委关爱工作团对他们的关注和结对意向，希望他们通过这次谈话，能充分认识自己的错误。判刑也是为更好地改过自新，趁此机会好好学习法律，提高遵法、守法意识，彻底告别过去，从现在开始，严格要求自己，用自己勤劳的双手，改造自己，创造生活，争取早日做一个新人。经过谈话后，三人均对关爱团老师的鼓励表示感谢，并表态会好好改造。

2016年7月14日，了解到有一批未成年社区服刑人员将到跃龙司法所例行报到，县关爱工作团本着一切为了孩子的观点，认真查看司法所提供的社区矫正人员档案。该次被关爱帮教6人，有抢劫的、运输毒品的、盗窃的、介绍卖淫的，其中年龄最大的为20岁，最小的17岁。经过一个多小时的“一对一”沟通，关爱团老同志们希望他们能以此为鉴，洗心革面，重拾信心，把握今天，实现自己的人生价值。县法院开庭前后与关爱团接触过的几人，不管是态度还是表现均明显好转，积极性明显提高。县关爱工作团将持续关注他们的后期改造情况，并积极发挥各成员作用，继续关注问题青少年的帮教工作，开展好庭前庭后教育，尽力帮助问题青少年早日走上正道，健康成长，为建设平安宁海、和谐社会做出积极作用。

2016年11月4日，宁海县关工委关爱工作团座谈会在县技工学校召开。县关工委专职副主任童章军、县关工委关爱工作团团长朱庆生及工作团全体成员出席会议。童章军介绍县关工委关爱工作团自2016年4月21日成员重新调整后，拟定工作意见、制定工作规则、排摸特殊青少年群体信息等工作情况后，朱庆生回顾半年来，通过三个工作点和三小组的分工合作，对失足、矫正、失范等问题青少年开展庭前庭后教育、社区矫正人员思想道德教育、看守所警示教育、法治教育等一系列实在、有效的工作。县技工学校关工委主任、副校长孙旭扬针对该校在坚持立德树人，促进青少年成长成才方面做出的成绩和摸索出的一些经验作详细介绍，得到与会人员的好评。关爱工作团成员针对当前社会现象就如何进一步预防未成年人违法犯罪以及对特殊群体青少年进行有效帮教交流意见和建议。童章军指出，关爱工作团是关心下一代工作的重要组成部分，目前关爱团成员结构相对合理，工作配合默契，关爱工作形成有机整体，今后各成员应发挥更积极的作用，成为联系有污点未成年人、特殊群体青少年和“五老”人员之间的桥梁和纽带，建立长效工作机制，形成合力，创出品牌。

2017年3月24日，宁海县关工委关爱工作团工作会议在县关工委召开，县关工委专职副主任童章军主持。会议传达3月14日召开的全县关心下一代工作会议精神，学习《中共宁海县委办公室关于转发“2017年宁海县关心下一代工作意见”的通知》以及新星杂志上刊登的杭州市西湖区关工委陈凤仙的《发挥关爱团作用　引领失足青少年走出阴影》的经验介绍。县关工委关爱工作团团长朱庆生作2016年工作报告和2017年工作部署。

2017年5月24日，县关工委关爱工作团联合县人民检察院到宁海县育才学校开展以“法律相伴　伴我成长”为主题的普法教育讲座。讲师为检察院刑事监察科老师崔隽雍，她通过案例讲解及视频播放，使同学们对违法犯罪行为有了比以往更直观更形象的认识。检察院工作人员向学生们分发《青少年自我防护手册》，并针对学生对书本上的疑惑点进行一一答疑。

2017年5月25日，县关工委关爱团成员葛玲娟、单小乾到县人民法院第四审判法庭，对未成年犯严某进行庭前教育工作。县关工委关爱团成员、刑庭副庭长孙巧浓列举严某因涉嫌盗窃罪被宁海县公安局刑事拘留，后被取保候审，取保候审期间又多次实施盗窃，屡教不改，情况较为严重，由于严某实施犯罪时年龄未满18周岁，依照《中华人民共和国刑法》第17条三款规定，应当从轻处罚。县关工委关爱团成员葛玲娟对严某进行敞开心扉的交流与引导教育，由于严某先天存在认知上的障碍，从小学习成绩不太理想，法律意识淡薄，受平时表现较差个别学生的影响，致使他走上违法犯罪的道路。葛玲娟对其提出，要加强自身的明辨是非能力，勇于对违法犯罪说不；要多看书和学习来提升自己的道德情操，充实业余生活；要建立正确的财富观，要以不违反法律为前提，要以为社会做贡献为终极目标。经过关爱团的庭前帮教，严某意识到自身的错误，他表示悔过自新，老老实实做人，踏踏实实干事，用自己的行动去为社会做贡献，并希望自己的犯罪行为能得到法律的宽恕。

2018年1月31日，县关工委召开关爱工作团年度座谈会，县关工委常务副主任袁春林、副主任童章军出席会议。关爱团团长朱庆生对2017年度工作进行回顾总结，对2018年工作进行部署。关爱团成员对2018年的关爱工作目标进行谋划。童章军对关爱团2018年的工作和2017年所取得的成绩充分肯定。袁春林要求2018年关爱团要继续保持优良工作作风，围绕中共十九大的工作，培养提高青少年的思想道德与政治觉悟；要常态化开展活动，让关爱活动有载体、有成效；抓好青少年思想道德建设，抓好理想信念教育；积极向青少年普及法律知识，培养青少年的法律意识；主动对接帮扶，创新完善工作机制；不断加强自身建设，加强调查研究，创出特色，打造亮点。

2018 年 4 月，县关工委副主任童章军组织关工委关爱工作团对全县未成年人涉毒情况进行专题调研。县公安局禁毒大队负责人介绍，近年来，宁海县毒品犯罪和青少年吸毒情况呈递增趋势，2017 年，全县因涉毒受到行政处罚的人员中，涉及未成年人吸毒的 5 人、容留吸毒的 1 人。通过依法惩治毒品犯罪、严管易制毒化学品、无缝监管帮教吸毒人员、深入开展禁毒宣传等多种手段，涉毒情况得到有效控制。公安机关在加大惩治的同时，在禁毒宣传方面也下了大功夫。除经常性地印发禁毒宣传资料外，在越溪技工学校内专门成立禁毒宣传教育馆，在县青少年宫开办禁毒展厅，组织全县中小学生接受禁毒教育，让青少年更直观地了解吸毒的严重危害性，对青少年抑制涉毒的警示效果非常明显。但禁毒工作也存在一些盲区，特别是对一些辍学、失学、逃学的未成年人有无存在吸毒情况，底子不明，也需要社会的重视、关注。调研中，县关工委根据自身特点，在禁毒宣传、未成年盲区人员调查、吸毒未成年人帮教，如何进一步发挥“五老”志愿者作用等方面进行深入探讨。

2018 年 5 月，县关工委副主任童章军与关爱工作团成员深入公检法司等有关部门调研宁海县失足青少年矫正、帮教等工作。调研中，关爱工作团发现在县社区矫正的有 2 名未成年人，为更加精准开展失足青少年的帮教工作，理清思路，提出切实可行措施。关爱团与所在地的一市、深甽司法所取得联系，分别对 2 名未成年社区矫正人员开展结对帮扶，并怀着一颗慈爱之心，以自己亲身的人生经历，对他们开展面对面的交流。用爱心给予温暖，用真情与之感化，用真爱消除隔阂。2 名未成年人在接受帮教后，对自己年少无知付出的代价感到痛心和懊悔，表示要使自己尽快走上新生，成为社会有用之人。最后，关爱工作团还向 2 名矫正人员赠送水果等礼品。

2018 年 5 月 24 日，宁波市人民检察院、县人民检察院在西店召开未检工作主题开放日座谈会。市人民检察院未检处、县人民检察院未检科通报未检工作情况和特色亮点工作。县关工委副主任童章军在座谈会上对检察院涉案未成年人实行打、防、教等一站式的做法表示高度赞赏，并结合关工委工作实际与检察院联手做好涉案未成年人的帮教工作，提出想法和建议。

2018 年 6 月 1 日，县关工委关爱工作团、县公安局跃龙派出所及城关中学在“六一”儿童节来临之际，联合召开“加强警校共建，守护校园平安”工作座谈会，对如何净化校园环境、加强失范学生教育开展积极探讨，关爱工作团成员结合工作经验充分发表自己的看法。县关工委副主任童章军出席会议。

2018 年 11 月 27 日，县关工委副主任童章军与县关爱工作团成员赴深甽镇开展帮扶结对活动，并送去 2000 元慰问金，帮助失足青少年范××治疗眼疾。

2018 年 12 月 26 日，县关工委关爱帮扶工作室召开 2018 年度工作会议，总结 2018 年的工作情况，明确 2019 年的工作任务。县关工委常务副主任袁春林，副主任、县关工委志愿者协会会长季元法，副主任童章军参加会议。会上，工作室每位成员就 2018 年的关爱帮扶工作作发言，交流 2019 年工作意见和建议。袁春林对关爱帮扶工作室 2018 年辛勤付出表示感谢，希望 2019 年能加强排查摸底，加强联系沟通，定好帮教对象，建立分类管理档案，并开展未成年人预防吸毒活动。

2019 年 1 月 23 日，县关工委副主任童章军和关爱工作团到桑洲司法所了解未成年人犯罪情况，确定结对帮教对象，并送去春节前的慰问。

七、创新宣讲

宣讲团队伍建设　2011年3月8日，县关工委发出《关于调整宁海县关工委爱国主义教育宣讲团的通知》。

2011年宁海县关心下一代工作委员会爱国主义教育宣讲团成员一览表

表6-59

调整时间及文号		2011年3月8日县关工委宁关〔2011〕6号
序号	职务名称	任职名单
1	团长	袁春林
2	副团长	鲍允伟　干富伟
3	成员	杨启炉　方亚青　胡光水　黄　晓　韩伊忠　吴世平　童富军　王秀玲　胡克均　曹品元　刘世科　王成恕　任　琦

2010年，县关工委以“传递爱心，服务社会”为主题，结合关工委工作实际，抓重点，创特色，充分发挥组织优势，在青少年中扎实深入地开展“学习先烈，奋发向上，奉献社会”为主题的清明节系列活动，县关工委和各级关工委组织200余名“五老”人员参加义务宣讲，教育青少年学生4万余人次；暑假期间，开展“牵手世博，书写文明，争当‘四好’少年”主题活动，活动紧紧围绕上海世博会；在65个行政村、15个社区、13所中小学开展“村（社）校共建三好四无创建活动”，2010年，共有822名“五老”人员参与活动，受教育青少年达13605人；积极做好预防青少年违法犯罪工作，共组织法制讲座130场次，教育青少年近5万人次；积极做好帮困助学工作，广发泛动社会各界捐资助学，通过上级支持、建立基金、部门联动、结对帮扶等一系列助学措施，直接或参与筹集并发放助学金5.3万元，141人受助，发放奖学金15.2万元，621人受奖。县关工委常务副主任杨启炉表示，成绩只能说明过去，2011年，县关工委要再接再厉、创新载体、探索机制，为推进志愿服务活动深入持久地开展，为促进和谐社会和平安宁海建设做出新贡献。

2011年3月17日，县关工委召开爱国主义宣讲团成员会议。县关工委常务副主任杨启炉，专职副主任、爱国主义宣讲团团长袁春林出席会议。来自司法、卫生、交通、党校、教育系统等的16位宣讲团成员参加会议。袁春林作动员讲话，与会人员热烈讨论后，自报“一路高歌跟党走”“光辉九十年”“伟大的中国共产党”“青少年与法”等20多个宣讲课题。

2011年9月，县关工委常务副主任杨启炉在新生军训期间，应邀分别到县第一职业中学和正学中学，对两校2000多名新生作题为《走好人生路》的以案说法法制报告，要求同学们做到有理想、善学习、讲道德、要自立、勇奋斗。

2012年3月30日，县关工委召开宣讲团成员会议，宣讲团的11人出席，县关工委专职副主任、宣讲团团长袁春林主持会议。宣讲团成员之间进行沟通和交流。会上还对宣讲课题进行统计，在全县继续进行菜单式宣讲，对宣讲情况及时汇总，并于年末开展评选表彰活动。

2012年4月11—12日，县关工委专职副主任袁春林、常务委员单小乾参加宁波市爱国主义教育宣讲团培训会议。

2012年4月29日，县关工委常务副主任杨启炉为宁海中学500余名师生及开展“我的青春我的团，百名团干走红路”活动的团干部作《白岭根“梅花村会议史实”》报告，接受红色教育洗礼。杨启炉向在座学生、团干宣讲“梅花村会议”情况和葛希曾烈士事迹，并希望学生、团干要学知识、学做人、学做事，做中国特色社会主义事业建设者和可靠接班人。学生、团干参观梅花村会议遗址，缅怀革命先烈，祭扫葛希曾烈士墓。

2012 年 6 月 27 日，在中国共产党成立 91 周年前夕，县直机关党工委在县烈士园举行县直单位预备党员入党宣誓仪式，特邀县关工委常务副主任杨启炉上党课，杨启炉向新党员介绍宁海县党组织成立、发展、壮大的历程，从 1926 年第一个党支部成立时的 5 名党员到现在的 36500 多名，并对预备党员提出做一个合格的共产党员的要求。

2012 年 7 月，县关工委爱国主义宣讲团成员、老师胡克均应宁海中学邀请，为宁中学子作“宁海文化名人”讲座。

2013 年 3 月 4 日，县关工委宣讲团到县职教中心开展法制教育讲座，县职教中心全体教师及 2500 余名学生参加该次活动。县关工委委员、县法院刑庭副庭长章琴琴在会上作法制教育报告。县关工委荣誉主任杨启炉在报告会上讲话。

2013 年 4 月 23 日，根据县关工委《关于调整宁海县关工委爱国主义教育宣讲团的通知》精神，进行调整宣讲团组织。

2013 年宁海县关心下一代工作委员会爱国主义教育宣讲团成员一览表

表 6-60

调整时间及文号		2013 年 4 月 23 日县关工委宁关〔2013〕20 号
序号	职务名称	任职名单
1	团长	娄传申
2	副团长	鲍允伟　童富军
3	成员	干富伟　方亚青　吴光水　章琴琴　蒋善学　王木森　韩伊忠　吴世平 王秀玲　胡克均　曹品元　刘世科　王成恕　贾晓瑞　章思滚

2013 年 7 月 4 日，宁海县爱国主义教育宣讲团工作会议召开。16 位宣讲团成员参加会议。县关工委副主任任校章主持会议。县关工委常务副主任袁春林出席会议并讲话。会议调整充实县关工委宣讲团成员。与会人员在会上纷纷谈了宣讲工作切身体会，互相交流经验，并就宣讲工作重点、努力方向进行热烈讨论。县关工委爱国主义教育宣讲团团长娄传申在会上作出工作部署，要求宣讲团成员围绕中心、发挥特长，强调要“分别选题、突出重点、统一推荐”，创新宣讲形式，进一步推进菜单式宣讲，服务青少年，增强宣讲工作的趣味性、针对性和实效性。

2014 年 3 月 4 日，宁海县关心下一代工作委员会下发《关于表彰 2013 年度宁海县关心下一代工作宣讲先进个人的通知》，决定对爱国主义教育宣讲团成员童富军、章琴琴、蒋善学、吴世平、王成恕、贾晓瑞、吴光水等 7 名宣讲先进个人予以表彰。

2014 年 3 月 20 日，宁海县关工委爱国主义教育宣讲团召开宣讲工作会议，总结 2013 年工作经验，部署 2014 年宣讲工作。县关工委常务副主任袁春林参加会议。宣讲团团长娄传申在会上作出工作总结。县关工委副主任任校章在会上宣读 2013 年县爱国主义教育宣讲团先进个人表彰决定，童富军等 7 人受到表彰。

2014 年 5 月 13 日，根据上级关工委要求，宁海县关心下一代工作委员会下发文件，将“宁海县关工委爱国主义教育宣讲团”更名为“宁海县关工委青少年思想道德教育宣讲团”。

2014 年 5 月 21 日，为进一步推进宁海县关工委青少年思想道德教育工作，让更多的青少年敢于有梦、勇于追梦、勤于圆梦，让每个青少年都为实现中国梦增添强大的青春正能量。县关工委在县职教中心学生创业园区多功能厅开展青少年思想道德教育宣讲团现场观摩活动暨宣讲培训工作。县关工委常务副主任袁春林、副主任任校章、宣讲团全体成员及县职教中心全体学生干部共两百余人参与该次活动。宣讲团副团长童富军以“我的梦，我的中国梦”为主题宣讲。他以自身的梦想导入授课主题，采取以发问、提问、追问和善问的方式与学生进行全面互动，并贯穿大量的历史事件和名人励志故事。童富军铿锵有力、激情澎湃的演讲具有感染力和感召力，使学生产生强烈共鸣，受到学生们一致好评。观摩活动后，宣讲团团长娄传申对 2013 年和 2014 年上半年的宣讲工作进行小结。指出，2014 年下半年宣讲团继续采取“分散型管理、菜单式服务”的原则，结合成员的自身工作职能和青少年思想道德教育所需，做到宣讲工作早部署、宣讲课题早确定、宣讲材料早定稿和宣讲菜单早下发。为进一步加强成员间的联系并形成合力，宣讲团将采取分散型小型观摩听课活动，使成员间相互学习、取长补短，达到同步提高。2014 年 29 个宣讲课题，授课内容计划为各村（社）、校提供更宽的点菜选择面，进一步推动和促进宣讲工作再上一个新的台阶。袁春林希望与会人员统一思想，用社会主义核心价值体系引导青少年树立正确的世界观、人生观和价值观，宣传正能量，并注重暑假期间的重点教育。

2015 年 1 月 4 日，宁海县关心下一代工作委员会下发《关于表彰 2013 年度宁海县关心下一代工作宣讲先进个人的通知》，决定对爱国主义宣讲团成员童富军、蒋善学、贾晓瑞、刘世科、王成恕、王秀玲、吴世平、尤海华共 8 名宣讲先进个人予以表彰。

2015 年 1 月 6 日，县关工委宣讲团召开中共十八届四中全会精神学习会。县关工委青少年思想道德教育宣讲团全体成员和教育局关工委领导参加学习。该次会议邀请县委党校老师王木森作学习中共十八届四中全会精神的辅导。与会同志受益匪浅，表示要准确把握好中共十八届四中全会精神，积极开展对青少年宣讲教育活动，要进学校、进社区、进农村深入浅出地向广大青少年宣传中共十八届四中全会精神，教育引导广大青少年增强法治观念。宣讲团团长娄传申回顾 2014 年宣讲团工作，并对 2015 年的宣讲工作进行部署。童富军等 8 名宣讲先进个人受到表彰。县关工委常务副主任袁春林对做好 2015 年青少年思想道德教育宣讲团工作提出要求，希望宣讲团成员要加强自身学习，提高素质，努力提升宣讲水平；要围绕“爱学习、爱劳动、爱祖国”教育，结合中共十八届四中全会精神，精心挑选课题；要针对青少年的成长特点，引领青少年把社会主义核心价值体系教育融入日常行为规范中，让法治精神和道德素养伴随孩子们阳光成长。该次会议由县关工委副主任任校章主持。

2015 年 4 月 17 日，西店镇关工委联合西店中学邀请县关工委宣讲团成员娄传申、蒋善学到校，分别为该校 21 个班级 1000 多名学生开展关于《学做一名诚实守信的圆梦接班人》《孝道》的讲座。该校结合微格教学，把微格教室内进行的讲座向全校进行现场直播。课后，同学们纷纷表示，这两堂讲座我们受益匪浅，希望学校今后能多开展类似的活动，让大家可以多学习一些书本之外的知识。

2015 年 8 月 4—5 日，县关工委青少年思想道德教育宣讲团首次利用县委组织部远程教育平台，开展对全县假日学校进行为期两天共计 4 堂课的远程教育公益宣讲活动。全县 18 个乡镇街道，其中 16 个乡镇街道均分别组织 2 堂课至 4 堂课的收听收视，累计组织听课点数达 87 个，不少场点均由多家假日学校派代表参加，累计接受听课人数达2772人，其中青少年及“小候鸟”达2112人。省关工委“新星”刊物第四期就此作专题报道。县关工委并将理想信念教育（童富军）、传统文化教育（韩伊忠）、法制教育（方亚青）和安全教育（吴世平）四堂讲课资料录制成光盘分发各乡镇（街道）关工委。为迎接庆祝宁海县关工委成立25周年（宣讲团成立20周年）纪念会在6月召开，宣讲团汇集编制印发“为了孩子、为了明天”系列纪念丛书《青少年思想道德教育宣讲团宣讲资料汇编》，全书汇集15位宣讲团成员的21篇宣讲资料，共计10万余字。该书得到省关工委专职副主任林斌和市关工委主任邵孝杰的高度重视，为汇编作出“希望全社会都来共同关心青少年的健康成长”和“真心　真情　育人”的题词。重视“纪念中国人民抗日战争暨世界反法西斯战争胜利七十周年”主题教育。2015年关工委宣讲团成员中还涌现如宁波市关心下一代工作简报2015年第二期（总第359期）以“五老”风采刊订《有爱就有奉献——记宁海县关工委青少年思想道德教育宣讲团成员章思滚》；宁海县关心下一代工作简报2015年第三期以活动信息刊订《学习雷锋好榜样——县关工委青少年思想道德教育宣讲团成员王成恕老师作“学雷锋”系列讲座》；法官章琴琴为失足青年联系工作；尤海华青少年广场志愿者服务抢救示范等多项先进事迹在各级新闻媒体上报道。

2016年3月17日，宣讲团年度工作会议召开。宣讲团团长娄传申回顾2015年宣讲团工作，对2016年工作进行具体安排。孙巧浓等15人在2015年度宣讲工作中表现突出的先进个人受到表彰。

2016年6月13日，鉴于一些单位人事变动原因，本着大稳定、小调整的原则，县关工委下发《关于调整宁海县关工委青少年思想道德教育宣讲团成员的通知》，对宣讲团成员进行调整。

2016年宁海县关心下一代工作委员会青少年思想道德教育宣讲团成员调整一览表

表6-61

调整时间及文号		2016年6月13日县关工委宁关〔2016〕6号
序号	职务名称	任职名单
1	团长	娄传申
2	副团长	童富军　王友棉
3	成员	孙巧浓　韩伊忠　王木森　吴世平　韩兆铭　干富伟　吴水勇　尤海华　曹品元　刘世科　章思滚　王成恕　贾晓瑞

2016年7月19—20日，县关工委青少年思想道德教育宣讲团根据重点工作及学生喜好，再次安排宣讲团老师通过远程教育平台分别主讲“两史”爱国主义教育、理想信念教育、青少年常见传染病预防卫生知识教育及宁海县国家保护野生动植物科普知识教育。全县各级关工委“假日学校”总动员，在各自的远教站点进行收看。自2015年暑期开始，县关工委为更好地引导青少年树立正确的社会主义核心价值观，对广大青少年教育的新模式进行首次探索。通过远程教育平台集中开展公益宣讲活动。全县18个乡镇（街道）关工委灵活运用远程教育站点资源，组织青少年在远程教育站点进行集中收看，受到学生们积极响应，收到良好效果。

2017年4月7日，宁海县关工委组织召开青少年思想道德教育宣讲团工作会议，县关工委副主任任校章主持，县关工委常务副主任袁春林参加会议。会上对在2016年度宣讲工作中表现突出的15名先进个人进行表彰。宣讲团团长娄传申对2016年全县宣讲团成员进校、下村、入企进行思想道德教育的宣讲情况进行总结和2017年宣讲计划部署。宣讲团成员也积极发言，对在实际宣讲中碰到的各种情况进行汇报和经验交流，分享各自的宣讲心得。

2017 年 7 月 27—28 日，县关工委宣讲团通过远程教育平台，第三年连续开展的暑期远程公益教育给全县广大青少年宣讲。2017 年的主题宣讲内容涉及心理教育、法治教育、应急救护知识和金融防诈骗知识。

2018 年 2 月 9 日，县关工委宣讲团召开新春座谈会，会议由县关工委副主任任校章主持，县关工委常务副主任袁春林出席会议。宣讲团团长娄传申作中心发言，简要回顾 2017 年宣讲工作，对 2018 年工作提出要求。要结合关工委中心工作，深入学习贯彻中共十九大精神，将中共十九大精神与红船精神、铁军精神、工匠精神、创新精神等有机结合，继续以加强青少年思想道德教育为重点，坚持校园、家庭、社会“三位一体”，为全县青少年健康成长、幸福生活保驾护航。宣讲团成员纷纷发表自己的观点及建议，为新一年的关心下一代宣讲工作新发展献计出力。袁春林对宣讲团一年来工作给予充分肯定，并对每位宣讲老师的辛勤付出表示感谢，并祝愿 2018 年宣讲工作取得更大成绩。

2018 年 7 月 26—27 日，县关工委宣讲团开展暑期远程教育公益课堂，给“小候鸟”提供一个学习平台。本期公益课堂分为红船精神、法治教育、理想信念教育和爱国主义精神四个主题。采用现场直播形式，分别由宁海县委党校韩伊忠、县司法局韩兆铭、宁海电大校长兼县关工委青少年思想道德教育宣讲团副团长童富军和县委政法委原副书记、县关心下一代志愿者协会副会长兼秘书长王元法主讲。

2018 年 8 月 2 日，袁春林、任校章、王元法、田敏等听取县关工委宣讲团团长娄传申关于今后宣讲团工作安排意见的汇报。

2019 年 1 月 18 日，县关工委组织召开青少年思想道德教育宣讲团工作会议，县关工委副主任任校章主持，宣讲团全体成员、县关工委常务副主任袁春林、县关工委志愿者协会会长季元法等参加会议。会议听取宣讲团团长娄传申的 2018 年宣讲工作情况回顾和 2019 年宣讲工作建议意见的汇报，并进行讨论。袁春林发言中对 2018 年宣讲工作充分肯定，并对 2019 年宣讲工作在加强自身建设、重视上下联动、注重工作方式方法等提出要求。

2013—2018 年宁海县关工委青少年思想道德教育宣讲团宣讲情况统计表

表 6-62

项目＼年度	2013	2014	2015	2016	2017	2018	合计
团员总数（人）	20	19	19	16	16	16	106
其中：宣讲团员	15	13	16	12	15	14	85
宣讲场次/课题	98/25	81/37	81/54	133/69	131/40	200/42	724/267
其中：5 场以上（人）	5	5	6	7	6	7	36
宣讲总小时	125. 5	81	81	118. 5	127	203. 5	736. 5
其中：10 小时以上（人）	5	3	3	4	3	6	24
接受宣讲教育（人）	24075	17810	19508	17895	14610	18151	112049
其中：500 人以上（团员人）	11	9	13	8	6	6	53
其中：1000 人以上（团员人）	8	7	10	7	3	3	38

2015—2018 年宁海县关工委青少年思想道德教育宣讲团远程教育情况统计表

表 6-63

单位：人、次

年度 情况	2015 年 8 月 4—5 日					2016 年 7 月 19—20 日				
	课题内容				合计	课题内容				合计
	理想信念教育课	传统文化教育课	法制教育课	安全教育课		党史、国史教育课	常见传染病预防知识	理想信念教育	国家保护野生动植物	
授课老师	童富军	韩依忠	方亚青	吴世平	4	韩依忠	刘世科	童富军	吴水勇	4
组织乡镇数	13	14	14	14	55	15	12	15	12	54
组织听课点数	21	23	21	22	87	46	40	46	39	171
听课人员 合计	659	707	708	698	2772	2373	2207	2348	2173	9101
听课人员 青少年	429	451	450	450	1780	1626	1532	1608	1505	6271
听课人员 “小候鸟”	52	54	113	113	332	365	343	368	347	1423
听课人员 “五老”人员	82	91	67	64	304	191	169	182	162	704
听课人员 其他人员	96	111	78	71	356	191	163	190	159	703
备注	共 18 个乡镇街道，其中 16 个乡镇街道均分别组织 2 堂课至 4 堂课的收听收视，累计组织听课点数达 87 个，累计接受听课人数 2772 人次，其中青少年及“小候鸟”为 2112 人次					2016 年全县有 15 个乡镇街道分别组织 2 堂课至 4 堂课的收听收视，累计听课点数 171 个，累计接受听课人数 9101 人次，其中青少年及“小候鸟”7694 人次				

年度 情况	2017 年 7 月 27—28 日					2018 年 7 月 26—27 日				
	课题内容				合计	课题内容				合计
	心理教育课	法治教育课	应急急救知识	防金融诈骗		红船精神教育	法制教育	理想信念教育	爱国主义教育	
授课老师	龚锦茹	张葵葵	尤海华	张宏伟	4	韩依忠	韩兆铭	童富军	王元法	4
组织乡镇数	12	12	11	11	46	4	3	3	4	14
组织听课点数	20	20	19	19	78	7	5	5	7	24
听课人员 合计	581	595	652	651	2479	187	128	122	182	619
听课人员 青少年	329	328	401	404	1462	127	91	86	122	426
听课人员 “小候鸟”	163	176	125	121	585	13	10	10	13	46
听课人员 “五老”人员	37	38	50	50	175	22	16	16	22	76
听课人员 其他人员	52	53	76	70	257	25	11	10	25	71
备注	2017 年有 15 个乡镇街道分别组织了 1 堂课至 4 堂课的收听收视，累计组织听课点数达 78 个，累计接受听课人数达 2479 人次，其中青少年及“小候鸟”2047 人次					2018 年全县有 4 个乡镇街道分别组织 2 堂课至 4 堂课的收听收视，累计组织听课点数达 24 个，累计接受听课人数 619 人次，其中青少年及“小候鸟”472 次				

2019年1月18日，护苗宣传工作室召开年度工作会议。县关工委常务副主任袁春林，副主任、县关工委志愿者协会会长季元法和工作室各成员参加，会议由副主任兼秘书长任校章主持。室主任娄传申作中心发言。2018年，16名宣讲成员中有14名直接参与2018年的宣讲，宣讲场次达200场，宣讲总时数达203.5小时，宣讲受教育人数达18151人。常务副主任袁春林对该室及其成员主动、认真负责的工作热情以及取得的成效表示肯定，希望该室在2019年继续强调自身建设，注重学习培训，加强资源共享，改进工作方式，围绕主题开展形式多种而又内容丰富的主题演讲。

乡镇宣讲团　2012年暑假期间，各级关工委以爱国主义宣讲团（组）为平台，以“党史教育月”为载体，开展“讲红课、学党史”活动，在青少年中进行党的光辉历史、优良作风教育。胡陈乡、桥头胡街道关工委组织发动机关、学校、部门的青年开展“我们的价值观”微型党课授课比赛，并邀请各村的村书记及“五老”人员听课，与青年人交流人生观、价值观。力洋镇、一市镇、深甽镇结合“党史教育月”开展讲红课活动。跃龙街道关工委组织中小学生慰问离退休干部李绍敏、黄茂泉并听讲当年革命历程及革命故事，教育引导青少年深刻认识没有共产党就没有新中国，珍惜来之不易的今天，更加坚定跟党走的信心与决心。

2012年暑假期间，开展“七个一”系列活动。即，一场演讲、一次征文、一首红歌、一场红色影视、一次走访、一次宣誓、一次参观。用党的丰功伟绩激励青少年，使广大青少年坚定跟党走中国特色社会主义道路的信念。大佳何镇、跃龙街道松竹社区、梅林街道组织青少年学生唱红色歌曲，观看红色电影，游红色教育基地等活动。

2012年是毛泽东题词“向雷锋同志学习”49周年，也是雷锋同志牺牲50周年。一市镇开展雷锋精神宣讲活动，梅林街道开展“童心辉映夕阳红”“日行一善”系列活动，大佳何镇开展敬老、爱老，打扫敬老院活动。

2016年度，全县18个乡镇街道共有宣讲团成员271人，其中超10人的11个乡镇。2016年全年直接参加宣讲的有123人、宣讲课题123个，共在109个场点组织252场次宣讲，宣讲总课时达466.5小时，共有15795人接受教育。其中长街镇有12人参加宣讲、组织52场次、总课时53.5小时，有5450人接受教育；桃源街道有29人参加宣讲、组织48场次、总课时113小时，有1670人接受教育；力洋镇有6人参加宣讲、组织27场次、总课时28小时，有1260人接受教育；西店镇有4人参加宣讲、组织10场次、总课时17小时，有1700人接受教育；茶院乡有5人参加宣讲、组织8场次、总课时13小时，有1260人接受教育等。

八、学习先烈精神　继承先烈遗志

2011—2020年宁海县关工委清明节期间祭扫烈士陵园活动情况统计表

表6-64　　　　单位：人

时间	活动内容摘要（跃龙山烈士陵园）	活动成果统计（含镇乡街道）		
		场次	值守老干部数	受教育数
2011年	2011年3月28日，揭开“老少共祭革命先烈”活动序幕。清明节期间一周内，到县烈士陵园参加悼念活动人数达到14352人次	—	300	45000

续表6-64

时间	活动内容摘要（跃龙山烈士陵园）	活动成果统计（含镇乡街道）		
		场次	值守老干部数	受教育数
2012年	2012年3月28日，6家单位联合在县烈士园隆重举行“祭先烈、心向党、讲品德、见行动”悼念革命先烈主题教育活动首场仪式。清明节期间。其中县烈士园悼念活动人数达13766人次	—	300	43000
2013年	2013年3月27日，6家单位在县烈士园举行以“弘扬雷锋精神，做最美宁海人”为主题的老少共祭革命先烈首场式在县烈士园拉开序幕。清明节期间，县关工委以“弘扬雷锋精神，做最美宁海人”为主题开展第23个“悼念革命先烈活动周”活动。其中县烈士园悼念活动人数达12083人次	—	411	45000
2014年	2014年3月31日，在县烈士园开展缅怀革命先烈首场仪式，千名老少同台祭奠烈士，共忆先烈事迹。一周内城区9356名青少年在县烈士园开展祭扫活动	—	484	49783
2015年	2015年的清明节祭扫烈士墓宣讲主题为“缅怀先烈，感恩幸福生活——与梦同飞翔”。2015年清明节期间，受教育青少年学生人数达5.12万名	—	385	51200
2016年	2016年3月18日上午，县关工委牵头民政局、教育局、公安局、园林管理局、团县委、老干部局等单位有关负责人召开清明节协调会议。确定全县青少年祭扫烈士墓中广泛开展“缅怀先烈颂党恩，继承精神跟党走”的主题活动	—	410	52300
2017年	2017年3月17日，县关工委牵头县老干部局等单位有关负责人召开2017年清明节纪念活动协调会议，确定开展“继承先烈遗志，树立远大理想”的祭扫主题活动。在清明节期间共开展悼念宣讲活动达192场次，受教育人数达78938人，参加“五老”416人	192	416	78938
2018年	2018年3月27日，在县烈士园举行以“传承红色基因，争当时代新人”为主题的悼念革命先烈主题活动首场仪式。清明节主题活动周，全县各级关工委共开展悼念活动172场次，参加“五老”344人，受教育人数达61440人	172	344	61440
2019年	2019年3月27日，县关工委联合县教育局、退役军人事务局、团县委等单位，在跃龙山烈士园举行以“红色基因代代传，争做时代追梦人”为主题的清明节祭扫活动。清明节主题活动周全县共开展悼念宣讲活动184场次，参加“五老”324人，受教育人数达61259人	184	324	61259

续表6-64

时间	活动内容摘要（跃龙山烈士陵园）	活动成果统计（含镇乡街道）		
		场次	值守老干部数	受教育数
2020年	2020年3月23日，县关工委发出《关于做好“致敬·2020清明祭英烈”网上祭扫活动的通知》。据不完全统计，2020清明网上祭英烈人数达12万余人次	—	—	120000
合计		—	3374	307920

跃龙山烈士陵园祭扫活动　2011年3月11日，由县关工委牵头，县民政局、县教育局、县老干部局、团县委、跃龙街道办事处、县园林管理局、县交警大队在县民政局召开清明悼念革命先烈活动协调会。县关工委常务副主任杨启炉、专职副主任袁春林出席会议，会议由杨启炉主持。会议商定2011年清明节祭扫烈士活动，围绕纪念中国共产党建党90周年开展“缅怀革命先烈，誓做党的好儿女”主题教育活动，杨启炉就悼念先烈活动分工，活动宣传，“百名‘五老’、千名青少年同祭革命先烈”活动首场仪式的方案，布置《光辉的历程》《永远的丰碑》图片展事宜作出安排。县交警大队就如何确保清明期间师生的安全问题提出建议；县园林管理局就场地安全卫生措施发表意见；县教育局就如何组织师生悼念及日程安排等事项提出建议。

2011年3月28日，县关工委会同县民政局、县委老干部局、县教育局、团县委、跃龙街道办事处等6个单位在跃龙山烈士园举行缅怀先烈首场式。县委常委、组织部部长林惠明，县关工委班子成员，县老干部局，县老年大学百名“五老”与跃龙中学、城中小学1200名学生出席，揭开“老少共祭革命先烈”活动序幕。首场式由县民政局局长季元法主持。全体同志向革命先烈鞠躬默哀，敬献花圈。县关工委常务副主任杨启炉致辞。林惠明讲话。跃龙中学、城中小学的中小学生代表分别在烈士墓前进行发言和诗歌朗诵。参加活动的同志和千名青少年学生参观由县关工委主办的纪念中国共产党成立90周年《光辉的历程》、《永远的丰碑》、宁海县党组织《光辉历程》图片展和英烈事迹陈列室。

2011年3月28日至清明节期间，城区中小学校、幼儿园分批前往县烈士园开展悼念革命先烈活动。此外，县公安局、县城管局、县五金协会、县财税局、滨溪社区、宁海国大公司、县审管办、县消防大队、跃龙个协等多家单位也到县烈士园悼念革命先烈。县直机关党工委在悼念活动后组织20余名预备党员在烈士纪念碑前举行宣誓仪式。滨溪社区党总支全体党员在纪念碑前重温入党誓言。一周内，到县烈士陵园参加悼念活动人数达14352人次，共敬献花圈55个，小白花5680朵，鲜花49束。

2012年3月28日，县关工委、民政局、教育局、县委老干部局、团县委、跃龙街道6家单位联合在县烈士园隆重举行“祭先烈、心向党、讲品德、见行动”悼念革命先烈主题教育活动首场仪式。出席首场仪式的有县人大常委会副主任、县关工委名誉主任张文蛟，县关工委常务副主任杨启炉、副主任王以位、任校章、袁春林、胡昌强、袁哲飞、娄传申、金正友、鲍秉坚，县关工委常务委员单小乾，潘天寿中学、实验校区的1100余名学生代表，县老干部局、县老年大学近百名“五老”代表。县民政局副局长吴满春主持首场仪式。全体同志向革命烈士默哀3分钟，向革命烈士纪念碑敬献花圈。杨启炉在首场仪式上致辞。并宣讲革命先烈英雄事迹，勉励同学们牢记党和人民的重托，学习烈士先进事迹，继承先烈遗志，传承与弘扬先烈精神，勤奋学习，奋发向上，立志成才，努力使自己成为德智体美全面发展的社会主义事业建设者和可靠接班人。潘天寿中学、实验校区学生代表分别在会上演讲。张文蛟在仪式上讲话。会后，全体与会人员环绕烈士园一周，并向烈士敬献小白花，寄托哀思，并参观英烈事迹陈列室。在2012年清明节悼念活动期间。全县各地共有近300名“五老”人员义务参加宣讲，受教育青少年学生、干部群众人数达4.3万名，其中县烈士园悼念活动人数为13766人次。

2013年3月13日，县关工委会同县民政局、县教育局与城区教育办公室、县委老干部局、团县委、跃龙街道办事处、县园林管理局、县交警大队在县民政局召开清明悼念革命先烈活动协调会。县关工委副主任任校章主持会议。会上，讨论确定2013年清明节活动的主题是“弘扬雷锋精神，争做最美宁海人”，并就有关单位职责进行分工，就宣传标语、组织“百名老人、千名少年同祭革命先烈”活动首场仪式方案统一认识。县交警大队就如何确保清明期间师生的安全问题提出建议；县园林管理局就场地安全卫生措施发表看法。县关工委常务副主任袁春林最后就各负其责，加强配合；突出主题，造成声势；严密组织，确保安全等作强调。

2013年3月27日，县关工委会同县民政局、县老干部局、县教育局、团县委、跃龙街道办事处共6家单位在县烈士园举行2013年清明缅怀革命先烈首场式。县委常委、组织部部长林惠明与县关工委班子成员出席活动。县民政局副局长吴满春主持活动仪式。以“弘扬雷锋精神，做最美宁海人”为主题的老少共祭革命先烈在县烈士园拉开序幕。百名老同志与千名青少年默哀3分钟，向革命烈士敬献花圈。跃龙教育集团星海中学、城东实验小学的学生代表分别在烈士碑前进行发言。县委常委、组织部长林惠明讲话。全体同志和中小学生，环绕烈士纪念碑一周，并参观英烈事迹陈列室。

2013年清明节期间，县关工委以“弘扬雷锋精神，做最美宁海人”为主题开展第23个“悼念革命先烈活动周”活动，全县各地共有411名“五老”人员义务参加宣讲，受教育人数达4.5万名，其中县烈士园悼念活动人数达12083人次。

2014年3月19日，县关工委牵头民政局、教育局、公安局、园林管理局、团委、老干部局、跃龙街道、城区教办八个单位召开清明节协调会议。各单位主要负责人参加会议，会议明确各成员单位的职责和清明节期间的工作任务。

2014年3月31日，县关工委、县民政局、县教育局、县委老干部局、团县委、跃龙街道在县烈士园开展缅怀革命先烈首场仪式，千名老少同台祭奠烈士，共忆先烈事迹。一周内城区9356名青少年在县烈士园开展祭扫活动，向先烈献花圈、小白花。城西校区、城南校区学生在烈士碑前宣誓，奋发有为，誓做栋梁。振兴中华，再造辉煌。力洋镇组织青少年到烈士陵园和平岩无名烈士墓开展教育活动，强蛟镇关工委组织学生赴大屿山烈士墓开展活动，茶院乡关工委、大佳何镇关工委、桃源街道关工委组织学生赴当地烈士墓（园）开展祭扫活动，表达对烈士的深切怀念和无尽哀思，教育青少年继承先烈遗志。

2015年清明节协调会如期召开，启动仪式取消。与会人员至烈士陵园实地察看现场，因场地正在施工，经综合考虑，决定取消大规模的启动仪式，各单位在确保安全的前提下，自行组织小规模的缅怀祭扫活动。

2015年清明节期间，在悼念活动中，全县各地共有385名“五老”人员义务参加宣讲，受教育青少年学生人数达5.12万名。2015年清明节祭扫烈士墓宣讲主题为“缅怀先烈，感恩幸福生活——与梦同飞翔”，切实加强爱国主义教育和社会主义理想信念教育，重点让青少年深入了解新中国的历史、中国共产党的奋斗史和中国人民英雄史，大力弘扬宁海县的革命英雄事迹和历史，让青少年增强对家乡、对祖国的深厚感情和使命感、责任感，感恩今天的幸福生活，为实现中华民族伟大复兴的中国梦而努力奋斗。

2015年清明节期间，充分利用文明网、宁海新闻网以及县内各校园网站搭建的“网上祭英烈”互动平台，组织广大青少年在网上开展祭奠英烈、网上献花、寄语留言、表达心声等活动，激发青少年爱国情感，营造弘扬传统文化、继承优秀革命传统、践行社会主义核心价值观的良好氛围，使青少年进一步了解革命先烈的英勇事迹和无私奉献的精神，在缅怀中开展社会主义荣辱观教育，增强爱党、爱国、爱社会主义的理想信念。据教育局关工委统计，全县所有中小学均参与“网上祭英烈”活动。

2016年3月18日，县关工委牵头民政局、教育局、公安局、园林管理局、团县委、老干部局等单位有关负责人召开清明节协调会议，共同商量如何在全县青少年中广泛开展“缅怀先烈颂党恩，继承精神跟党走”的主题活动。

2016年清明节期间，全县各级关工委紧紧围绕社会主义核心价值体系建设这一根本，广泛开展“缅怀先烈颂党恩，继承精神跟党走”为主题的活动。该期间，全县各地约有410名“五老”参与义务宣讲，受教育青少年人数约5.23万余名。县关工委把该主题活动作为践行社会主义核心价值观的有力抓手，联合县教育局、共青团宁海县委向全县各级关工委、团组织、中小学校发出活动通知。与县民政局、县教育局、团县委、县公安局、县园林管理局、县跃龙街道等相关单位召开联席会议，宁海县烈士陵园作为市爱国主义教育基地，经过整整一整年的工程改造，总投资200余万元、850平方面积的宁海革命烈士纪念馆在2016年清明期间首次以全新的形象，更全面的史实资料迎接参观人群。各地关工委深入挖掘清明节的文化内涵，接受“五老”的爱国主义教育，倾听“五老”的革命传统故事，缅怀先烈爱国魂，幸福不忘英雄史，使同学们深刻懂得脚下的每一寸土地都曾浸染着革命烈士的鲜血。潘天寿中学567名师生排着整齐的队伍，怀着无比崇敬的心情祭扫烈士墓，城中小学260名学生在校关工委主任的带领下，祭扫烈士墓，参观宁海革命烈士纪念馆，了解烈士英雄事迹，并在肃穆的烈士陵园里，耐心细致地打扫角落。清明主题活动周期间，仅宁海烈士陵园就接待了50余批2万余人。前童镇关工委组织前童小学学生到鹿山烈士陵园扫墓。西店镇关工委组织学生到西店烈士陵园进行扫墓活动。力洋镇关工委组织力洋中学前往力洋水库烈士陵园扫墓。大佳何镇关工委组织前往后洋山革命烈士墓园，缅怀那些为了祖国的解放和人民的安宁而英勇牺牲的革命先烈们。各级关工委把握主题，充分发挥各类媒体特别是报纸、电视和互联网的作用，广泛宣传活动开展情况。启动仪式前，“缅怀先烈颂党恩，传承精神跟党走”“先烈点亮幸福路，老少同心共筑梦”“发扬革命传统，坚定理想信念”“缅怀先烈爱国魂，幸福不忘英雄史”等横幅在烈士陵园四周高挂，为清明祭扫提前烘托氛围。在举行老少同祭革命先烈的启动仪式后，《缅怀先烈颂党恩　传承精神跟党走举行悼念革命先烈首场仪式》的信息在《今日宁海》时政要闻版刊出。3月31日，县公安局部分民警怀着无比崇敬的心情向烈士们敬献鲜花和花圈，表达对革命先烈的无限哀思，下日，《今日宁海》时政要闻版就刊登以《缅怀革命英烈　激发工作热情》为题的图片新闻，《缅怀先烈　铭记历史》《留守儿童放飞梦想》等信息在《今日宁海》相关栏目内陆续刊登。2016年清明节期间，西店镇关工委组织西店中学、西店小学、西店幼儿园1800余名师生分三批次到西店烈士陵园进行清明祭扫烈士墓，24位“五老”参与该次义务宣讲教育活动。另组织发动300余名中学生开展“网上祭英烈”活动。

2016年9月30日，宁海县在革命烈士陵园举行烈士纪念日公祭活动。公祭活动在庄严的国歌声中拉开序幕。全场肃立向烈士默哀。伴随着音乐声，城东小学关工委副主任带领150名少先队员向革命烈士献礼，唱响《我们是共产主义接班人》，少先队员们用嘹亮的歌声表达他们继承烈士遗志、为着共产主义理想勇敢前进的志向，表达对烈士的敬意。在武警战士们向革命烈士敬献花圈后，少先队员们与社会各界人士一同向烈士三鞠躬，并轻步绕行瞻仰革命烈士纪念碑。

2017年3月17日，县关工委牵头老干部局、团县委、民政局、教育局、公安局、园林管理局、跃龙街道关工委等单位有关负责人召开2017年清明节纪念活动协调会议，共同商量如何在全县青少年中广泛开展“继承先烈遗志，树立远大理想”的主题活动。

2017年清明节期间，宁海县关工委根据上级关工委的要求，把树立远大理想信念主题教育融入活动中，教育学生要发奋学习，为国旗添彩、为祖国争光。在清明节主题活动周全县共开展悼念宣讲活动达192场次，其中，县关工委开展41场次、各乡镇（街道）关工委55场次，教育关工委达107场次。受教育人数达78938人，参加“五老”416人（其中教育关工委受教育人数51051人，各乡镇、街道关工委受教育人数达18626人，参与“五老”达241人）。3月21日，县关工委通过与县教育局、团县委联合发文，全县各级关工委、各级团组织、各中小学校协调配合，加强组织领导，把清明节主题活动融入入队、入团、成人礼仪式，丰富主题纪念活动的内涵；开展植树绿化、沐春踏青、祈福放纸鸢等节日民俗活动，引导青少年走进自然、关爱自然，促进人与自然和谐相处；深入开展文明劝导、植树踏青、清洁环境、保护山川河流等志愿服务活动等，把革命传统教育、爱国主义教育和社会主义理想信念教育，有机结合起来，不断提高工作水平。

2018年3月22日，县关工委牵头教育局、团县委、民政局、公安局、园林管理局、跃龙街道关工委等相关单位负责人召开清明节协调会议，共同商量如何在全县青少年中广泛开展“传承红色基因，争当时代新人”的主题教育活动。

2018年3月27日，县关工委联合县教育局、民政局、团县委、园林局、跃龙街道等单位在县烈士园举行以“传承红色基因，争当时代新人”为主题的悼念革命先烈主题活动首场仪式。县人大常委会副主任，关工委主任潘红月出席活动。悼念活动回顾宁海先后有柔石、朱学勉、童遵孝、章晓红等148名英雄儿女为国家解放、民族独立、社会主义建设和改革开放，用青春和热血谱写豪迈悲壮的人生篇章，以勇往直前、视死如归的浩然正气，树起宁海的精神丰碑和光荣革命历史。启动仪式上，城东小学学生代表作发言，表达他们对革命先烈的崇高敬意。县人大常委会副主任、关工委主任潘红月指出，红色基因蕴含首创精神、奋斗精神和奉献精神，是党在革命、建设、改革开放中形成的优良传统，也是青少年健康成长的精神之钙。2018年宁海县将开展传承红色基因主题教育活动，并与深入学习贯彻中共十九大精神紧密结合，引导大家当好红色基因的忠实守护者、坚定传承者和自觉践行者。县关工委副主任、关心下一代志愿者协会副会长王元法以中越边境自卫还击战亲历者的身份讲述他的部分战斗经历和与战友之间的故事片断。县关工委副主任、有关单位分管领导、县关心下一代志愿者协会“五老”志愿者以及城东小学、跃龙中学学生代表等一千余人参加该次主题活动。

2018年清明节主题活动周，全县各级关工委共开展悼念活动172场次，参加“五老”344人，受教育人数达61440人。

2019年3月20日，县关工委联合县教育局、退役军人事务局、公安局交警大队、团县委、跃龙街道、园林管理局等单位，召开清明节纪念活动协调会议。明确责任和分工，制订活动方案，落实值班人员，确保活动顺畅开展。

2019 年 3 月 27 日，县关工委联合县教育局、退役军人事务局、团县委等单位，在跃龙山烈士园举行以“红色基因代代传，争做时代追梦人”为主题的清明节祭扫活动。近千名中学生、参加过对越自卫反击战的退伍军人以及部分已退休的老同志冒雨参加。县人大常委会副主任、县关工委主任潘红月出席。上午 9 时，在雄壮的国歌声中，祭扫活动正式开始。退役军人代表、学生代表向革命先烈敬献花圈，全体人员脱帽、肃立，向烈士默哀，并参观革命烈士纪念馆。退役军人代表、学生代表在发言中表示，要不忘先烈丰功伟绩，倍加珍惜美好生活。潘红月指出，各级关工委要很好地运用各地校外教育阵地，积极开展祭奠英烈活动，通过忆先烈，祭英雄，讲传统，切实教育广大学生扣好人生的第一粒扣子，争做新时代追梦人，让红色基因真正融入血液，薪火相传，世代永续。

2019 年清明节期间，县关工委以“红色基因代代传，争做时代追梦人”为主题，与深入学习贯彻中共十九大精神紧密结合，引导青少年们继承先烈遗志，高扬爱国旗帜，好好学习，争做新时代的筑梦人。清明节主题活动周，全县共开展悼念宣讲活动 184 场次，参加“五老”324 人，受教育人数达 61259 人。

2020 年 3 月 18 日，县关工委召开县文明办、教育局、卫生健康局、退役军人事务局、团县委、县交警大队和跃龙街道等有关部门单位联席会议，县关工委副主任王元法主持会议。会议学习传达省市关于 2020 年清明节期间暂停有关祭扫活动精神，避免因集中祭扫引发聚集性疫情，保护广大青少年的生命安全和身体健康。会议商定 2020 年清明节不采取现场集中祭扫方式，倡导利用中华英烈网、浙江英烈网等祭扫平台，开展网络文明祭扫活动。

2020 年 3 月 23 日，县关工委发出《关于做好“致敬·2020 清明祭英烈”网上祭扫活动的通知》。在新冠肺炎疫情防控特殊时期，组织“五老”、青少年学生等在网上开展清明节祭英烈活动。据不完全统计，2020 清明网上祭英烈人数达 12 万余人次。

镇乡祭扫烈士陵园活动　2011 年清明节期间，各乡镇、街道就地就近，在当地烈士墓地和爱国主义教育基地开展悼念活动。全县各地共有 300 余名五老人员参加义务宣讲，受教育青少年学生、干部群众人数近 4.5 万名。

2014 年清明节期间，全县共计有 484 人次“五老”、49783 人次青少年参加祭扫活动。各地还组织学生访红色遗址，追寻革命记忆。每个革命遗址，都是一部‘活教材’，都是红色传统的大讲堂。各地关工委因地制宜，组织开展寻访革命遗址活动，重温峥嵘革命岁月，引导青少年学传统、树理想、砺斗志，使红色基因潜移默化地融入青少年血脉、入脑入心。一市镇关工委组织学生参观“行者山”四·四森林火灾烈士纪念碑，缅怀在森林救火中牺牲的烈士。长街镇关工委组织 300 名学生到伍山抗暴游击队旧址，教育学生红色政权来之不易，要珍惜现在美好生活。桥头胡街道 150 名学生来到山洋革命根据地，接受革命传统教育。听红色宣讲，感悟革命精神。清明节期间，胡陈乡关工委组织青少年到林泽民烈士墓前听烈士之子宣讲英雄事迹。深甽镇关工委邀请退休教师胡克均给中学生作胡三省事迹专题讲座，缅怀宁海历史名人。西店镇 26 名“五老”人员和 1200 名青少年学生在西店烈士陵园开展“清明寄哀思，践行中国梦”活动，向青少年讲述革命先烈的先进事迹。跃龙街道关工委组织各村（社）关工委开展宣讲活动，赵溪村 6 名“五老”给 360 名青少年宣讲革命故事；松竹社区 30 名“五老”发放缅怀革命先烈宣传资料……用生动的革命历史故事和真实的英雄人物事迹感染和凝聚广大青少年。写红色感言，润泽红色人生。前童镇、跃龙街道、梅林街道以组织观看红色影视、书籍，祭扫、寻访红色遗址等形式，通过留言、观后感、征文等方式发动青少年将清明节主题教育活动期间的所感所悟记录下来，表达对革命先烈、先贤、先人的无尽怀念之情。感知清明民俗，继承传统文化。针对青少年缺乏对传统文化的感知、对感恩思源精神的实践，参与中亲身体验节日习俗，领会传统节日文化的深刻思想内涵，自觉认识民俗、传承文化、感知文明，引导青少年把缅怀先烈，追思先人与关爱自然、文明祭祀有机结合起来，让广大青少年在追思缅怀中感知传统文化的魅力，完成心灵的洗涤与净化，树立起正确的生命价值观。桑洲镇幼儿园开展采艾青、做馒头、经民俗风俗等清明一周活动；黄坛镇幼儿园连续三年开展“清明前夕捣麻糍”的活动，让孩子们在体验中学习到知识，了解传统文化。广泛开展植树祭奠、网上祭奠等新型祭奠方式，各中小学校积极开展“小手牵大手”活动，通过中小学生将文明祭祀、平安清明的理念带回家，形成文明祭祀社会氛围。胡陈乡、越溪乡、岔路镇、前童镇、跃龙街道、梅林街道关工委组织6101名青少年开展网上献花和留言等缅怀革命先烈活动，进行网上祭奠。县关工委、县教育局联合安排城区各校缅怀活动日程，并绘制详细线路图。县交警大队根据学生行进路线图，安排警力在十字路口，交通拥挤地段进行巡逻值班，指挥交通。县志愿者服务中心安排医务志愿者轮流值班，确保师生安全。星海小学、城东小学、桥头胡小学等学校校长十分重视安全工作，带队参加缅怀活动。各乡镇、街道关工委通过多种形式开展安全教育，越溪乡教育系统关工委、桑洲镇中学关工委开展清明防火教育宣传；岔路镇中心小学关工委开展“森林防火、文明祭祀”为主题的宣传教育活动，播放森林火灾警示片、森林火灾预防与扑救等方面的宣传教育片；长街镇中心幼儿园开展以班级为单位的清明节防火安全教育活动，并向家长分发宣传资料，使学生认清森林火灾的危害性，达到“学生带动家庭、家庭辐射社会”的安全教育效果。

2019年清明节期间，各乡镇街道分别组织各种不同形式的悼念教育活动。桃源街道浦西社区在三月上旬就组织辖区青少年及其家长代表共同前往岔路镇梅花村，参观红色教育基地，在鲜红的党旗下朗诵入党誓词，感悟党的宗旨；桃源初级中学关工委组织师生登录中国文明网和宁波市文明网，进行“网上祭英烈”活动，共有2400多人参加“网上祭英烈”活动。越溪乡关工委组织乡属各村关工委主任、副主任共60余人到县红色革命教育基地前童镇正德堂、岔路镇梅花村进行红色教育，接受灵魂的净化和洗礼；组织越溪小学通过写一篇观后感或祭扫烈士墓后的感想作文，抒发广大少先队员的心声和感受。一市镇关工委组织学生到四·四烈士碑、曹善崔烈士墓扫墓；联合学校安排学生用写作文的方式来表达对英雄先烈们的崇敬与怀念之情，缅怀先烈的丰功伟绩；一市中心小学和东岙小学分别组织全校各中队召开以“清明节”为主题的队日活动，还举行“讲英雄故事”“看革命电影”“做清明手抄报”等丰富多彩的活动，了解革命先烈的英勇事迹，铭记历史，传承优良传统。长街镇关工委组织长街镇初级中学、中心小学、青珠小学和长街第二小学到长街镇革命烈士陵园、岳井铭记碑、山头张苍水屯兵处、伍山抗暴游击队旧址四个爱国教育基地开展清明祭扫活动；通过宣讲、发放宣传册、镇官方微博、微信等形式，引导青少年进行网上祭奠。通过网上鞠一个躬、献一束花、留一句言、寄一份思，表达对先烈们的感恩与缅怀；组织志愿者到香花山革命烈士陵园、沙头公墓等场所向村民发放文明祭祀倡议书，宣传文明祭扫；在长街镇各中小学开展“红色基因代代传，争做时代追梦人”的征文比赛，引导广大青少年通过参加征文活动，弘扬红色传统、传承红色基因的真情实感。胡陈乡关工委组织东仓小学到大赖烈士墓祭扫。力洋镇关工委组织力洋小学到力洋水库谢洪滨烈士墓扫墓。茶院乡关工委分别组织茶院小学三年级、五年级学生前往王义夫烈士墓，南溪小学到南溪烈士墓参加祭扫活动。桑洲镇关工委组织中小学生到屿山公园扫墓，“五老”志愿者老师章思滚对桑洲的革命事迹进行讲解，引发学生深思。前童镇关工委组织前童小学少先队员们到鹿山革命烈士陵园祭扫。黄坛镇关工委组织黄坛镇中心小学五年级段全体师生到黄坛烈士陵园扫墓。强蛟镇中小学、薛岙小学到强蛟革命烈士墓扫墓，退休老校长王成恕向学生介绍烈士们的感人故事及英勇事迹。西店镇关工委组织西店中学，西店中心小学，西店第二小学到西店烈士墓扫墓。深甽镇关工委组织学生步行到“三省”陵园扫墓。桥头胡街道关工委组织部分学生乘车到县烈士陵园参加祭扫活动。岔路镇关工委组织志愿者到长街镇香花山革命烈士陵园、沙头公墓等场所向村民发放文明祭祀倡议书，宣传文明祭扫。组织20余名青少年参加“三月三”吃天下饭活动，让他们品尝当地美食，感受传统习俗的魅力。通过学习葛洪养生术，开展“葛洪养生术”进校园活动，教授孩子们了解老祖宗的养生之道。

县领导祭扫烈士陵园活动　2011年4月2日，王剑侯、戴霖军、俞小勋、尤玲娟等县四套班子领导，率领县委、县人大、县政府、县政协等机关部分干部，前往县烈士园祭奠革命先烈。县委常委、县委宣传部部长王建云主持仪式。在烈士纪念碑前，大家肃立默哀，鞠躬致敬，县委书记王剑侯和县人大常委会主任戴霖军向烈士纪念碑敬献花圈。县委副书记俞小勋致辞。县四套班子领导等一同参观县关工委举办的纪念中国共产党成立90周年《光辉的历程》、《永远的丰碑》、宁海县党组织《光辉历程》图片展和英烈事迹陈列室。县委副书记、县长褚银良，副县长尤永成从省城杭州开完会后，一路风尘，专程驱车直赴县烈士园祭奠革命先烈，向烈士纪念碑敬献花圈，参观纪念中国共产党成立90周年《光辉的历程》图片展和英烈事迹陈列室。县纪委、县委党校、县发展改革局、县教育局、县关工委等单位干部70余人一起参加祭奠仪式。

2012年4月1日，卞吉安、褚银良、戴霖军等县领导与县纪委、四大办干部等近100人一起到跃龙山烈士园开展祭扫悼念活动。向革命烈士默哀3分钟。县委书记卞吉安，县委副书记、县长褚银良缓步走向烈士纪念碑前，向革命先烈们敬献花圈。县委副书记褚孟形在祭奠仪式上致辞。县领导带头环绕烈士纪念碑一周，参观英烈事迹陈列室。

九、宣传工作荣誉

2016年10月17—18日，宁海县关工委常务副主任袁春林受邀代表宁海县关工委赴北京参加2016年《中国火炬》通联评刊座谈会。中国关工委主任顾秀莲在会议上作重要讲话。来自全国各地147人参加该次会议，浙江省共有6名代表受邀前往。自2002年以来，宁海县征订《中国火炬》工作连续十五年超千份。县关工委常务副主任袁春林从北京返回后，即召开驻会干部办公会议，重点传达该次北京会议精神，并对2016年9月12日开始的2017年《中国火炬》征订工作进行分析、研究和部署，要求把订刊、学刊、用刊作为推进关心下一代工作的重要举措，继续按照巩固老订户、发展新订户、扩大覆盖面、减少空白点的要求，以各个征订工作小组为单位，分片包干，落实责任，深入宣传发动，广泛开展征订工作，实现全县18个乡镇街道订阅工作进农村、进社区、进学校、进企事业单位全覆盖，争取2017年《中国火炬》征订工作在2016年的基础上有新的突破。会上，袁春林还传达全市关工委系统培训会议和全国社会治安治理创新工作会议精神。

2019年10月30日至11月1日，《中国火炬》通联评刊暨通讯员培训班在重庆市举办，县关工委常务副主任季元法参加培训。2019年，宁海县关工委《中国火炬》征订获全国先进单位荣誉称号。会上，季元法副主任受到中国关工委主任顾秀莲的亲切接见，并被专门邀请上台接受《中国火炬》记者的专访。宁海县关工委集中征订、统一分发、学用结合的做法，受到与会领导和全体同仁的一致好评。

1995—2020 年宁海县关工委订阅《中国火炬》及宣传工作统计表

表 6-65

序号	年度	订阅份数合计	备注
1	1995	100	创刊
2	1996	150	市简报 1995 年 16 期
3	1997	200	宣传、征订先进集体
4	1998	581	宣传、征订先进集体
5	1999	770	宣传、征订先进集体
6	2000	910	宣传、征订先进集体
7	2001	910	宣传、征订先进集体
8	2002	1040	宣传、征订先进集体
9	2003	1070	宣传、征订先进集体
10	2004	1080	宣传、征订先进集体
11	2005	1050	宣传、征订先进集体
12	2006	1043	宣传、征订先进集体
13	2007	1074	宣传、征订先进集体
14	2008	1128	宣传、征订先进集体
15	2009	1160	宣传工作“标兵单位”
16	2010	1017	宣传工作“标兵单位”
17	2011	1016	宣传工作“标兵单位”
18	2012	1013	宣传工作“标兵单位”
19	2013	1032	宣传工作“标兵单位”
20	2014	1086	宣传工作“标兵单位”
21	2015	1086	宣传工作“标兵单位”
22	2016	1086	宣传工作“荣誉证书”
23	2017	1086	宣传工作“标兵称号”
24	2018	1010	宣传工作“标兵称号”
25	2019	1080	全国先进单位荣誉称号
26	2020	1090	—

十、关工志编纂

关工志编纂委员会 2017 年 12 月 22 日，县关工委下发《关于成立〈宁海县关心下一代工作志〉编纂委员会的通知》发出。决定成立关工志编纂委员会。编纂委员会下设编辑部同时成立。

《宁海县关心下一代工作志》编纂委员会成员一览表

表 6-66

任职时间		任职依据	说明内容
2017 年 12 月 22 日		宁关〔2017〕16 号	宁海县关工委研究决定
序号	职务名称	任职名单	
1	顾问	娄林忠、孙愫贞、杨启炉、龚怀源	
2	主任	潘红月	
3	副主任	袁春林、王以位、袁哲飞	
4	成员	任校章、娄传申、童章军、季元法、王元法、吴满春、郑英雄、田 敏	
《宁海县关心下一代工作志》编辑部			
1	主编	袁哲飞	
2	副主编	王以位、娄传申	
3	成员	胡功庆、陈素霞、崔艳波、吕茂根	

关工志编纂工作　2018 年 1 月 8 日，县关工委组织编辑部主要成员学习《习近平同志谈修志工作》的重要指示精神，学习国务院制定的《地方志工作条例》和省市实施办法以及宁波市《关于加快推进宁波市地方志事业发展的若干意见》。通过学习，进一步统一《宁海县关心下一代工作志》（以下简称《关工志》）编写的重要意义认识，并着手组织编辑队伍，因人所能落实工作分工，明确责任，初步整理相关资料，拟定编纂方案等前期准备工作，《宁海县关心下一代工作志》计划于 2020 年印刷出版发行。

2018 年 2 月 26 日，县关工委召开《宁海县关心下一代工作志》编纂委员会第一次成员会议，全面筹备部署宁海县关心下一代工作志编纂各项工作。县《关工志》编纂委员会顾问娄林忠、孙愫贞、杨启炉受邀参加会议，县人大常委会副主任、关工委主任潘红月出席会议。会议听取副主任王以位关于《关工志》编纂筹备工作的情况汇报，主编袁哲飞就《关工志》编写纲目作介绍说明，并对编写工作的任务进行层层细化分解，按阶段落实责任，明确时限和标准要求。与会人员对县关工委着手编写《关工志》工作给予充分肯定，并对《关工志》纲目进行讨论，在充分肯定的基础上，提出许多合理建议。大家表示，将尽力配合做好原始材料的提供和协助做好重大事件的还原，对《关工志》的顺利出版充满信心。会上，潘红月对编写《关工志》工作提出要坚持实事求是，对历史负责的原则，对原有的工作成效要充分总结归纳；要坚持思想性和资料性相统一的原则；要坚持弘扬时代精神，充分体现“五老”志愿者精神风貌的原则；要齐心合力，共同推进关工志的编写。各级关工委班子要高度重视，密切配合，对相关人员进行业务培训外，还要把责任落实到位，按时保质保量地完成《关工志》编纂工作。同时指出，《关工志》的编写不仅是对全县关心下一代工作 30 年来的总结和回顾，也是对今后工作的激励和启发，更是新关工人推动关心下一代事业再创辉煌、再树标杆、再掀高潮的新使命，要努力编出一本高质量高水准的《关工志》，以体现宁海县关工委工作的成绩和宁海关工人的风采。

2018 年 3 月 29 日，县关工委在西店镇举行全县各乡镇（街道）关心下一代志愿者工作站规范化建设现场会暨关工志编纂启动仪式。宁波市关工委主任邵孝杰，县人大常委会副主任、关工委主任潘红月出席会议并讲话。会议由县关工委常务副主任袁春林主持。150余人参加该次会议。县关工委副主任、《关工志》主编袁哲飞以《编好“关工志”，为宁海县关心下一代事业服务》为题从指导思想、工作计划、编写志书的8个主要问题和分志稿的提供要求等方面作出具体指导。潘红月指出，要精雕细琢，精心组织《关工志》编写工作。

2018年5月11日，县关工委召开《关工志》分志稿编纂工作的汇报交流会。县关工委常务副主任袁春林，县关工委副主任、《关工志》主编袁哲飞，县关工委副主任、《关工志》副主编娄传申出席会议。会议由县关工委副主任、《关工志》副主编王以位主持。会上，各分志稿负责人相继汇报自3月29日《关工志》编纂工作启动仪式后到目前的工作进展情况和出现的问题，并对县关工委及时提供的有关原始材料表示感谢。主编袁哲飞就《关工志》编纂工作中出现的问题当场解惑，并对志书整体纲目和布局作解说。副主编娄传申作为县《关工志》的主笔人员，与在座人员分享其在执笔过程中的一些做法和经验。经交流，各单位前段工作均呈现出良好的发展态势，分志稿准备工作均已就绪，多数单位均已进入起稿阶段，部分单位已形成初稿，踊现出一批优秀人员。县关工委副主任王以位重申写志的目的、志书的阅读对象以及关工委的组织、性质、任务等，并对各分志稿提出要求。

2019年11月13日，《宁海县关心下一代工作志》评审会在国际太平洋大酒店召开。编纂委员会和编辑部全体成员出席会议。会议由编委会副主任委员季元法主持。副主编王以位作近两年来编纂工作回顾；袁哲飞主编介绍志书编纂情况；各位顾问和编纂委员会成员对评审稿进行座谈讨论，并提出修改意见；季元法宣布一致通过评审，并就会议进行小结，对下阶段志书扫尾工作提出要求。

2019年参加“宁海县关心下一代工作志”评审会议评审人员一览表

表6-67　　2019年11月13日

序号	姓名	单位	职务
1	娄林忠	编纂委员会	顾问
2	孙愫贞	编纂委员会	顾问
3	杨启炉	编纂委员会	顾问
4	龚怀源	编纂委员会	顾问
5	袁春林	编纂委员会	副主任委员
6	季元法	编纂委员会	副主任委员
7	王以位	编纂委员会、编辑部	副主任委员、副主编
8	袁哲飞	编纂委员会、编辑部	副主任委员、主编
9	任校章	编纂委员会	成员、副主任委员
10	娄传申	编纂委员会、编辑部	成员、副主编
11	童章军	编纂委员会	成员、副主任委员
12	王元法	编纂委员会	成员、副主任委员
13	吴满春	编纂委员会	成员、副主任委员

续表6-67

序号	姓名	单位	职务
14	胡功庆	编纂委员会编辑部	成员
15	崔艳波	编纂委员会编辑部	成员
16	吕茂根	编纂委员会编辑部	成员

专记（一）

一年一百万　三年助学情

（徐荐荃　娄美琴　田敏）

春天的鲜花开满了原野，在那姹紫嫣红的浙江省宁海县胡陈小学校园里，四年级学生鲍雪儿（化名）笑得比山杜鹃还灿烂，她说是“好心人”让她可以像班上所有的同学一样穿上新校服，交上保险费，吃上爱心午餐了。一名考上重点大学的贫困学生小褚终于圆了大学梦，最想感谢的也是“好心人”……

孩子们心心念念的“好心人”究竟是谁？他又帮助了多少寒门学子？“315万元”“匿名捐助”“后续每年100万元”……揭开谜底要从一份“爱心助学金总结”说起。

浙江省宁海县关工委办公室有一份“爱心助学金总结”，里面提到：“从2012年到2014年，全县享受爱心助学金的学生已达4010人次，累计发放爱心助学金294万元，另外拨给‘培智学校’（聋哑学校）专项资金10万元，‘特殊急需’资金11万元，总数达到315万元。”县关工委常务副主任袁春林激动地说：“所有300多万元的捐助都来自于县里一位不愿透露姓名的企业家，出于对这位热心慈善家的尊重，我们只能暂且称他为‘好心人’！”而玉成此事的“红娘”是县关工委顾问郑国金。

郑国金回忆道：“那是2012年年初的一天，我接到一位企业家的约见电话，他说想与我商议一件有关捐款助学的事，我马上赶了过去。”热心公益事业的郑国金说自己与这位企业家可算是“忘年交”，“他只有40多岁，平时生活极为简朴，乍一看，就是路人的形象，但性格沉稳、事业有成。一见到我，他就开门见山地说：‘郑老，人要懂得感恩不是？因为我是从苦日子里走过来的人，在以前生活最困难的时候，得到过许多好心人的无私帮助，而今自己的事业能有现在的发展，也是受惠于好政策和社会各界的大力支持。所以，我想现在该是我回报社会的时候了。我想每年捐出一百万左右，用于帮助一些贫困孩子完成学业。’”

按这位企业家“助学寒门学子”的意愿，郑国金觉得请肩负“关心下一代”重任的关工委来承担落实助学工作比较合适。县关工委倾情响应，成立了“爱心助学金”管理小组，通过从县到乡镇（街道）、到村（社）、到学校的关工委机构网络，建立了全县困难家庭学生信息档案。2012年3月，匿名企业家的首笔100万元助学款到账，关工委按小学每人每年1200元、初中每人每年1500元核发到各校的贫困生手中，另外根据实际情况给予特别困难的学生家庭1000元到3000元的补助。截至2014年，3年里一共打进爱心款额315万元，资助范围辐射到全县18个乡镇（街道）的大、中、小学生，受助学生达4000人次之多。很多受助的孩子都想感谢这位“好心人”，但这位热心企业家让郑国金转达了他的心里话：“我爱宁海，能为家乡需要帮助的人，特别是孩子们做点事是我的夙愿。今后没有特殊的困难，我还会继续做下去。我也是一名父亲，我的孩子考上了理想的学校，这是我最欣慰的事。我希望更多的家长能享受到和我一样的快乐，更多的孩子能在校园里健康成长。为此，我希望大家只关心孩子们的成长，不要关心我是谁……”

（此文原载2016年第3期《中国火炬》）

专记（二）

以落实“四化型”运作机制为目标 着力推进志愿者协会规范化建设

（宁海县关工委）

宁海县关心下一代志愿者协会（以下简称协会）于2017年9月成立，设理事29名、常务理事11名，会长、副会长4名（其中兼职1名），秘书长（兼）、副秘书长各1名。协会聘请顾问8名，下设“护苗宣传、关爱帮扶、校园安全、才艺传承、网吧净化、心理疏导”6个工作室，并在全县18个乡镇（街道）分别设立了工作站。

在协会成立伊始，我们就把贯彻市“组合联谊化、管理社团化、运行项目化、服务专业化”的“四化型”运作机制作为协会建设和发展的根本方向。我们认为，“四化型”运作机制，不仅是整合社会资源、开展有效服务的基本路径，而且也是新时代做好关心下一代工作的本质要求。在协会建设过程中，我们始终按照“四化型”要求，在“联”得更紧密、“组”得更灵活、“行”得更务实、“务”得更到位上进行了积极的探索，从而使协会运作逐步呈现出规范有序的良好态势。但由于协会成立时间不长，客观地讲还处在边实践边探索边完善阶段，许多方面亟待进一步改正和提升。我们的主要做法。

一、坚持分步推进，优化组织不马虎

实践使我们认识到，一个社团组织是否有战斗力、生命力、凝聚力和向心力，取决于其组织体系建设。如果缺乏有序的组织架构支撑，就会成为“无本之木，无源之水”。为此，我们一开始就把目光盯在服务组织体系的完善上。我们主要下了“四步棋”。

第一步，建室。即将原有的“二团二组”进行整合，按照职能相近、属性相同、任务相似的特征和能涵盖协会整体工作的要求整合为“护苗宣传、关爱帮扶、校园安全、才艺传承、网吧净化、心理疏导”6个工作室，作为协会内设机构，并制订了《工作室工作规则》《室主任职责》，建立了《年度工作责任目标管理办法》，使其成为联络协调、指导督查面上工作的一个工作平台。

第二步，织网。即把协会组织网络延伸到乡镇（街道）及村（社），在乡镇（街道）设立协会工作站。在工作站内依照协会模式，分别建立6个工作组，在村（社）则以行政村（社区）、学校为基本单元设立网格，每个网格配置一名网格（联络）员。并制订了《工作站职能》《站长职责》《服务活动基本规范》《工作站工作规则》，建立了工作站学习、会议、信息报送、走访调研、检查评估、档案管理共6项制度。为有序推进工作站规范化建设，于2018年1月至3月在西店镇进行了试点，尔后专题召开现场会进行全面推开。

第三步，组合。即抓好志愿服务队伍的整合。协会建立前，我县各乡镇（街道）均拥有一支数量不等的以“五老”人员为主体、其他社会力量为补充的志愿者服务队伍，但基本上处于“松散”和流动的状态，并且有的是“拉郎配”或“打短工”的，服务的目的性、能动性、专业性和连续性不是很强。协会成立之后把志愿者的召集权赋予协会工作站，各工作站根据“联谊化”和社团组织“自愿、自主、自由”原则进行了重新组合和充实，完全按照个人意愿加入志愿队伍。据统计，全县现有志愿者5587名，其中年龄最大78岁，最小的32岁，退休干部552名，退休职工476名，退休教师1783名，村党员干部1248名，其他社会各界爱心人士1528名，有专业特长的占30%。各工作站充分尊重个人意愿和特长将所在乡镇（街道）的志愿服务人员分别编组到各个工作组里，并对每位志愿者配备“一证（会员证）、一册（工作手册）、一装（一件印有协会徽标和乡镇、街道名称的红马甲）、一金（落实人身保险）”，使各位志愿者增强了归属感和成就感。

第四步，把关。我们于西店镇现场会召开之日，便向各乡镇（街道）关工委印发了《关协乡镇（街道）工作站规范化建设实施意见》，明确提出乡镇（街道）工作站规范化建设要围绕“有班子、有队伍、有制度、有举措、有成效、有经费、有场所”“七个有”进行创建。我们之所以如此详尽提出“七个有”是有较强的针对性的。据我们所知，在此之前，不少乡镇（街道）关工委下属团组存在“鼓齐锣不齐”和“有名无实”的情况。有的是“有牌子缺班子”，有的是“有班子缺票子”，有的是“有票子缺房子（办公用房）”，还有个别的甚至是“摆摆面子，装装样子”。这些现象的存在，既有主观因素也有客观原因，创建的“瓶颈”和“难题”毋庸置疑，为保证“七个有”真正落到实处，我们主要把好“四个关口”。一是选人。尤其是站长人选的配备，要求各乡镇（街道）确实把有热情、有能力、有威望、有体力的人员选任到站长工作岗位上。由于各乡镇（街道）领导重视，到目前为止，全县18个乡镇（街道）的站长基本上按照任用条件和标准配备到位，并配备了30多名副站长。二是经费。我们要求的各乡镇（街道）关心下一代工作纳入财政预算，并对站长、副站长以及相关工作人员给予必需的经费补贴，经过协调，这一要求也都得以落实，特别是年度工作经费一块，多的乡镇（街道）达到20余万元。三是用房。我县不少乡镇（街道）办公用房确实比较少，通过“挤”或租借等方法予以落实，保证工作站人员有一个相对固定的办公场所。四是上墙图表。我们要求各工作站必须做到形象、网络、制度、职能“四上墙”。经过督查，至今也都做到较好落实。与此同时，为加强关工委与关协工作领导，全县18个乡镇（街道）的关工委常务副主任都由人大常委会副主任或副局级干部担任，为关心下一代工作有效开展提供了有力的组织保证。

二、坚持多元运作，深化服务不含糊

我们知道，考量协会规范化建设的标准，不光要看拉起了多少支志愿者队伍，更要看其日常运作程度和服务力度。工作中，我们不拘泥于某一工作模式或手段，而是因人而异、因事制策、因势而为，重点做了“七个动作”。

（一）项目推动。对一些项目属性和服务需求相同的项目，统一打包进行推动。如关爱留守儿童这一服务项目，主要涉及长街镇、胡陈乡、茶院乡、岔路镇四个由市授予“留守儿童工作站”牌子的乡镇，我们就将这四个乡镇留守儿童情况进行打包作为一个项目，统一申报公投项目。现项目已申报到县民政部门，预计可以划拨公投经费20万元，这一做法既避免了乡镇间“各自为政”，又实现了资源共享。

（二）部门联动。对一些与机关部门联系密切的服务项目，则联手有关部门一起运作。如护苗宣传工作，我们始终与县教育部门进行合作；如党的十九大精神宣传，在大会闭幕后，即与县教育局联合推出了“十九大精神进校园”活动，通过以图板展示的形式，教育学生听党话，跟党走；又如开展“弘扬红船精神，争做时代新人”主题教育活动中，与县教育局、民政局、老干部局、团县委等联合启动仪式，组织广大青少年开展“看红船、唱红歌、走红路”等活动，先后组织61440余名学生参加主题教育活动，教育学生铭记先烈光辉事迹，努力传承红色基因。

（三）区域互动。对乡镇（街道）相同内容的关爱活动，我们就集约而行组织联办。如长街镇与力洋镇的学生均有体验科技魅力的愿望。我们就将他们一起组织到科技馆进行体验，既使他们拓宽了视野，又增进了交流，既受到了教育，又节约了开支。

（四）冠名促动。我们宁海文化底蕴深厚，许多学生和社会青少年都有学习的愿望，但在市场经济的背景下，许多培训机构都贴有金钱“标签”。协会才艺传承工作室和有关乡镇工作站，通过给有关培训机构挂牌冠名的方式，让其免费或降低收费标准，降低了培训门槛和学习成本。到目前为止，先后4家培训机构接受协会挂牌，使受益青少年人数得到大幅度攀升。

（五）协作推动。从2017年10月份开始，我们就开始寻找项目服务协作单位。经过努力，先后于县农村商业银行、县房屋征收办、建新赵氏集团和宁海爱心公益服务社等多家单位达成了协作协议。2018年1月，与县房屋征收办一起组织实施了首期对城区拆迁户10名留守儿童进行救助的“暖心工程”，该项活动准备在下半年再举办1次至2次。1月10日，与县农村商业银行联合举办了以关注留守儿童为主要内容的“丰收互联，让爱回家”主题活动。按照这一活动的安排，农村商业银行还专门成立了一支由10多人组成的关爱留守儿童志愿队伍，对该行联系的有关乡镇留守儿童实施结对帮扶。从我们现有的与有关企业和单位达成的协作意向看，此类协作联动将会呈现多领域、多层次、多渠道协作状态。

（六）品牌驱动。从2018年开始，我们推出“一镇一品”工程，要求各乡镇（街道）创出自有工作品牌，对其中富有特色、具有推广价值的品牌，协会选择适当时机予以推介。如茶院乡首创的以学生“解困减压”为主旨的“向日葵信箱”，县关工委和关协已作出决定，并于5月底隆重向全县推介，使点上的经验在面上“开花结果”。

（七）舆论助动。工作需要气场，关爱更需氛围。自协会建立以来，我们已连续两次利用新闻媒体集中报道了县关心下一代工作。5月底，在县“文化大观园”还将举办一场以“为了孩子，为了明天”为主题的关心下一代风采展示大型活动。这场从2017年底开始筹备的活动，除了安排7个文艺节目外，并对我县关工委创建二十八年来的情况作一展播，对全县14名长期从事关爱志愿服务先进人物进行表彰，让18位工作站站长集中上台亮相，还组织8名乐善好施的企业家当场每人认捐10万元关爱基金，并且还请市、县领导致辞。这一活动的实施，必将激发激励全县更多的社会团体、爱心人士加盟到关心下一代工作中来，真正形成社团化运作的崭新格局。

三、坚持高标定位，强化保障不将就

我们清楚，协会工作只有做到人、财、物的合理配置，才能保证干好事、能干事。在服务保障上，我们通过努力，主要落实了“三个一”。

（一）建立一套完善的工作规章。健全的规章制度是推动协会发展的有力保证，是走向制度化、规范化的必要条件。因协会与关工委合署办公，对学习、日常有关工作会议及工作督查考评等未另做规定，但根据协会社团性质这一组织属性，为保证协会工作有效开展，我们按照《章程》相关规定建立《顾问走访制度》《财务管理办法》《来客接待制度》，并印发了《协会领导班子成员责任分工》等，使各项活动有责可循、有章可依。同时，在与关工委关系的处理上协会能找准站位，努力做到不越位、不越权、不争权，确保相互之间和谐相处、团结共事。

（二）争取了一个条件相对较好的办公室场所。在县领导关心和有关部门的支持下，协会与关工委于5月18日搬迁到新办公场所。现有办公场所是一个独立二层建筑，共有办公用房21间，使用面积960平方米。我们协会和关工委驻会人员共11人，6个工作室都配备了办公用房。除办公室外，我们还专门设有成果展示室，在办公场所的一楼大厅，还安装了8平方米的彩色电子屏幕，可用于播放活动有关动态音像，办公条件相对较好。

（三）筹措了一笔能基本满足服务需求的工作经费。县财政2017年以来安排办公用房设置经费拨给协会98万元。通过自筹、企业认捐达125万元，共计223万元。为各项服务活动的开展提供有力的保障。

（此文为县关工委主任潘红月于2018年5月28日在宁波市关工委系统交流培训会上发言材料）

专记（三）

宁海茶院乡打造"向日葵"品牌护航青少年成长
实现未成年人违法犯罪十年"零纪录"

（宁海县委办）

茶院乡位于宁海县东部，下辖14个行政村，3所学校，总人口2.6万人，其中在校中小学生1200余人。近年来，该乡紧扣青少年成长所需，突出爱心育人，强化活动育人，构建了一套行之有效的青少年服务体系。精心创建的"向日葵"护航青少年品牌获得了良好的社会反响和群众评价，十年来，该乡无一例逃学、失学、辍学学生，未成年人违法犯罪保持"零纪录"。

一、创新教育载体，用丰富的内容引导青少年。一是开办向日葵周末课堂。通过"学生点单、政府买单"，以学生自愿自主择课的形式，在每年的寒暑假、周末为学有所需的孩子开办思想教育、文化补习、文体艺术等课程。目前该课堂已全面覆盖茶院小学和南溪小学，成立以来开办课程67期，参与青少年近4000人次。二是建立向日葵科学探索基地。与宁海本地企业青华科教开展政企合作，在茶院乡文广中心配备雪浪声波、脚踏发电等一系列科学体验设备，将其打造成一个设施齐全、功能多样的科学探索基地，并定期组织学生前往开展科学实践培训。三是打造向日葵红色教育基地。依托徐家山"红色放映厅"，为该乡青少年搭建"零距离"接触党史的教育平台，生动展示宁海历史人物、革命故事、发展进程等；定期组织学生到宁海岔路山洋革命根据地进行"红色之旅"，观看红色电影、聆听红色故事、阅读红色经典、举办红歌比赛等，为孩子的心灵从小埋下"红色种子"

二、创新阵地建设，用健康的方式护航青少年。一是搭建心灵互通平台。针对学生特点，为在校小学生开设"向日葵信箱"，鼓励学生用信件形式投递倾诉心声，并及时收集、分析，实现不用"面对面"达成"心交心"的目的。自设立以来，累计收到学生来信385封，回复落实各类困惑难题30余个，对学生化解思想包袱起到了较好作用。二是搭建课外阅读平台。依托文广中心打造茶院乡图书馆，具备图书室、舞蹈室、棋室、乒乓室等多样化功能；同步完善图书馆借阅制度，为青少年提供现场阅览、外带借阅等服务，并安排该县"党群同心圆"志愿者在图书馆坐班，为有需要的阅读者解难释疑。三是搭建法制教育平台。依托茶院乡法制公园，建成"青少年法制角"，定期开展针对青少年的交通安全、防性侵、防拐卖、防校园暴力等一系列普法活动。在国家禁毒日、全国法制宣传日等时间节点，组织开展法制头脑风暴，引导学生通过案例资料，分析犯罪原因和危害性，筑牢法制心理防线。近2年共开展青少年专题普法17次，举行头脑风暴4次。

三、创新协同机制，用良好的环境关爱青少年。一是完善综合协调机制。建立乡党委书记任关工委顾问、党委副书记任关工委主任的“关心下一代”工作机制，按照“四统一、四纳入”的原则，把该项工作纳入党政工作议事日程、纳入党建目标责任制考核体系、纳入精神文明建设总体规划、纳入社会治理创新计划，并与党政相关工作统一部署，统一要求，统一检查验收，统一奖励表彰。在重大项目推出前统一进行事先研判、集体商议，确保关爱下一代工作落到实处。二是完善互动协调机制。强化党群协调，成功向县里申报“向日葵课堂”作为“党群同心圆”特色化服务项目，形成一支固定化的核心党员服务队伍，确保服务长效；同步开展村、校、企联动，发动分布于全乡各个村、校、企业的志愿服务人员，并将青少年关爱工作作为联村工作的重要组成部分，要求联村干部定期走访村内重点儿童，做到“心中有数、工作有效”；探索开展部门协作，与县妇联、团委、工会、综治、司法等部门紧密联系，实现“新老携手、互助共管”。三是完善表彰激励机制。围绕推动“关心下一代”工作制度化、经常化、科学化，从志愿者队伍管理、向日葵基地建设、志愿服务质量等四大方面对志愿者进行集中年终考核，并对优秀成员进行集中表彰；同时，完善奖励补贴办法，对优秀志愿者实施三费补贴，给予适当奖励，推动全乡形成“人人关爱儿童”的良好风气。

[此文为宁海县委办公室报送中共宁波市委办公厅以《宁波信息》2019 年 8 月 23 日（领导专报）第 186 期送市领导，同日获市委书记郑栅洁“市政法委研究”批示]

第七章　乡镇街道关工委

第一节　乡　　镇

长　街　镇

一、组织领导

（一）机构沿革

1990年6月，长街区成立“关心下一代协会”（以下简称“关协”）。

1992年5月，撤销长街区建制。龙浦乡、岳井乡、伍山乡合并入长街镇；青珠乡，山头乡划入新建制的明港镇。7月，长街镇成立“关协”；8月，明港镇成立“关协”。

1994年3月，明港镇山头、青珠和前横三个工作片分别成立片“关协”小组，40个行政村均成立村“关协”小组，小组成员由村党支部书记、团支书、妇女主任、计生员、民兵连长等组成。5月，长街镇62个行政村均成立村“关协”小组，小组成员由村党支部书记、团支书、妇女主任、计生员、民兵连长等组成。

1995年7月，长街镇长街、大湖、岳井、龙浦、伍山五个办事处成立“关协”分会。

1996年3月，长街镇、明港镇“关协”，分别更名为“关心下一代工作委员会”（以下简称关工委）。

2004年8月，撤镇并村，撤销明港镇行政建制，办事处、工作片行政机构亦一同撤销。镇域内下设82个行政村，均建立3至5人组成的“关工”小组。

（二）历任领导成员

1992—1995年长街镇关心下一代协会成员一览表

表7-1

任职时间	名誉会长	会长	副会长	秘书长	副秘书长	理事
1992.7	陈中建 祝德朝 刘毓藻	张少华	王其木、谢宏明、陈善木、胡家康、施德村、潘珊珍、祝良法	陈善木（兼）	蒋建勇（兼）、王道清（兼）	胡家国、叶元军、祝良娟、童章才、李仲理、黄卓雷、王敏森、杨通裕、田云山、奚永祝、王道清、叶显余、王兴才、冯云达、赖在新、胡荣辉、王堂华、柴大科、奚正权、祝长友、王朝尧、戚忠根、蒋建勇、胡庆瑞、陈达奎

续表7-1

任职时间	名誉会长	会长	副会长	秘书长	副秘书长	理事
1994.3	汤建芬 祝德朝 刘毓藻	张少华	鲍宏杰、陈善木、祝艮娟、陈士伟、祝良法、王胜才	陈善木（兼）	鲍宏杰（兼）	李仲理、黄卓雷、王敏森、杨通裕、田云山、奚永祝、王堂华、柴大科、赖在生、奚正权、陈达奎、胡家国、叶元军、童章才、祝长友、叶显余、施德村、王道清、胡庆瑞、蒋宝振、冯云达、娄海官、陈荣华
1995.7	何建强 祝德朝 谢时宣 刘毓藻	张少华	鲍宏杰、陈善木、祝艮娟、陈士伟、祝良法、王胜才	陈善木（兼）	—	李仲理、黄卓雷、王敏森、杨通裕、奚永祝、王堂华、赖在生、潘邦家、奚正权、陈达奎、胡家国、单晓乾、祝长友、施德村、叶显余、胡杏林、胡庆瑞、蒋宝振、冯云达、娄海官、胡余军、苏宝清、鲍斯亮、王继业、胡庆成、蒋颂恩、王如理

1996—2017 年长街镇关工委成员一览表

表 7-2

任职时间	名誉主任	主任	常务副主任	副主任	秘书长	委员
1996.3	王能常	何建强	—	张少华、祝德朝、谢时宣	—	刘毓藻、鲍宏杰、祝艮娟、陈士伟、祝良法、王胜才、潘邦家、奚正权
1997.4	王能常	何建强	—	张少华、祝德朝、谢时宣	—	胡晓峰、祝艮娟、陈士伟、祝良法、王胜才、潘邦家、奚正权
1998.10	王能常	严荣祥	—	张少华、祝德朝、谢时宣	—	胡晓峰、祝艮娟、陈士伟、王胜才、陈双平、王　伟、胡杏林
2000.6	郭家才	鲍圆存	—	朱火木、祝德朝	—	陈模曹、祝艮娟、陈士伟、王昌月、王　伟、张少华、谢时宣、胡杏林
2000.12	祝德朝	鲍圆存	—	朱火木、张少华、谢时宣	—	陈模曹、祝艮娟、陈士伟、王胜才、陈双平、周飞龙、胡杏林
2004.5	祝德朝	陈海燕	—	朱火木、张少华、谢时宣	—	徐昆赛、蒋晓敏、庞茂杭、王胜才、王昌月、周飞龙、胡杏林、俞国平、童时志、王杰峰、冯乾坤、冯卫灵
2006.9	祝德朝	张群力	—	朱火木、王道才、张少华	—	徐昆赛、蒋晓敏、田启宗、章思海、卢立夫、杨祥贵、刘祖森、叶显庆、李仁金、胡建华、金跃进、冯晓时

续表7-2

任职时间	名誉主任	主任	常务副主任	副主任	秘书长	委员
2007.11	祝德朝	张群力	—	薛瑞威、王贵月、陈余岳	陈余岳（兼）	尤旭怡、胡颖琼、田启宗、丁礼华、金跃进、俞国平、胡建华、陈欢志、蒋振国、陈应土、胡维兵、秦爱萍、张少华、苏荣龙、冯晓时
2008.5	祝德朝	张群力	朱火木	吕　宁、王贵月、薛瑞威	潘亚光	尤旭怡、胡颖琼、丁礼华、田启宗、陈余岳、金跃进、俞国平、胡建华、陈欢志、蒋振国、陈应土、胡维兵、秦爱萍、张少华、苏荣龙、冯晓时
2010.5	祝德朝	周平永	周仲建	王贵月、薛瑞威、潘亚光	潘亚光（兼）	胡颖琼、赵国宏、冯一伟、陈旭斌、钱天宏、金跃进、朱火木、苏荣龙、冯晓时、胡红霞
2011.9	祝德朝	周平永	周仲建	叶海曙、陈慧慧、潘亚光	潘亚光（兼）	胡颖琼、赵国宏、葛斐嫣、陈旭斌、钱天宏、金跃进、朱火木、苏荣龙、冯晓时、胡红霞
2014.3	—	周平永	周仲建	叶海曙、陈慧慧、潘亚光、王超群	胡巧超	葛亚植、林　艳、葛日长、葛斐嫣、陈旭斌、翁亚玲、秦爱萍、娄　强、蔡俊杰、冯晓维、苏荣龙、冯晓时
2015.8	—	吕宁	周仲建	李仁明、周俏敏、王超群、俞东雄	胡巧超	葛亚植、徐昆赛、王　翔、陈旭斌、翁亚玲、秦爱萍、林　艳、范丹敏、娄　强、储为权、冯晓维、苏荣龙、冯晓时
2016.8	—	陈英杰	周仲建	季增强、周俏敏、王李敏、陈旭斌、俞东雄	胡巧超	葛亚植、徐昆赛、王　翔、周珍浩、翁亚玲、秦爱萍、林　艳、范丹敏、金海强、储为权、冯晓维、潘亚光、朱火木
2017.9	—	陈英杰	葛松松	季增强、周俏敏、王李敏、陈旭斌、俞东雄	胡巧超	葛亚植、徐昆赛、王　翔、周珍浩、翁亚玲、秦爱萍、林　艳、范丹敏、金海强、储为权、冯晓维、潘亚光、朱火木

1992—1995 年明港镇关心下一代协会成员一览表

表 7-3

任职时间	名誉会长	会长	副会长	秘书长	理事
1992.8	李殿法	王宁长	朱火木、干富伟、冯晓时、林光美、陈安常	朱火木（兼）	王龙庚、施美丽、林素云、董安明、苏才金、郑善明、周仲建、祝建康、许幼心、潘亚光、苏伟平、陈　静、倪吉善、顾子敬、董德振、王小启、顾小启、国振表 张选达、董昭迁、林欧福、郑柏松、高茂潮、苏荣广、苏荣高、赵恩官、王根法
1994.3	李殿法	王能常	赵时科、王龙庚、冯晓时、林光美、陈安常	—	施美丽、林素云、董安明、苏才金、周仲建、蒋东辉、祝建康、许幼心、潘亚光、王东海、陈　静、倪吉善、顾子敬、董德振、王小启、顾小启、国振表、张选达、董昭迁、林欧福、郑柏松、高茂潮、苏荣广、苏荣高、赵恩官、王根法
1994.6	—	王能常	赵时科、朱火木	储为福	董安明、林孝云、李殿法、林欧福、赵恩官
1995.6	李殿法、叶新宏	沈农乐	赵时科、胡全友	—	施美丽、董安明、林素云、陈柏林、卢秉贵、秦正科、赵恩官、林欧福

1996—2004 年明港镇关工委成员一览表

表 7-4

任职时间	主任	副主任	秘书长	顾问	委员
1996.3	王再全	赵时科、胡余荣、林欧福	庞茂杭	王宁长、蒋裕云、曹福兴	董爱民、林素云、李殿法、庞茂杭、叶新宏
1998.8	胡余明	赵时科、胡余荣、林欧福	庞茂杭	张普明、蒋裕云、曹福兴	董爱民、鲍亚丽、郑柏松、庞茂杭、叶新宏
1999.12	陈焕相	赵时科、蒋思才、金双娥、胡余荣	庞茂杭	张普明、杜国年、徐娟珍	鲍亚丽、胡玲玲、郑柏松、庞茂杭、叶新宏
2001.12	林仙菊	童协省、赵时科	葛政豪	—	麻昌二、鲍亚丽、叶新宏、葛政豪、袁国良、郑柏松
2002.7	林仙菊	童协省、王其木	葛政豪	—	麻昌二、鲍亚丽、潘亚光、葛政豪、钱久遂、苏荣龙
2003.10	潘素绒	童协省、王其木	潘亚光	—	王道才、麻昌二、鲍亚丽、应巧娣、潘亚光、叶定顺、卢秉贵、王开文、苏荣龙、葛政豪、谢远康、钱久遂
2004.3	潘孝娥	童协省、王其木	潘亚光	—	王道才、张吉庆、应巧娣、郭　青、胡建华、潘亚光、叶定顺、钱杏钿、王开文、苏荣龙、葛政豪、钱久遂

1994 年村级基层关协、关工委组织成员一览表

表 7-5

村名	组长	成　　员
长街村	谢恒坚	胡庆瑞、戴思恩、谢成全
车岙村	王小章	王如清、王岳定、穆远村
西岙对	陈万珍	陈善法、陈云标
九江村	胡五星	王必能、陈金木
城塘村	王启平	冯衍昌、朱元成、吴其恒、吴元法
洋湖村	陈校双	陈才云
石桥头	张锡方	赖昌本、王敏森、阮狄东
上山前	徐建江	徐定恩
山前村	徐善华	徐仁美、徐善岳
塘里村	胡建国	黄卓雷、汤小生、张学富
大祝村	祝良根	祝良法
大湖村	王建国	蔡海官、胡家兵
下蔡村	胡远茂	冯友水、胡余松
新东村	潘从林	张锡能、吴必达
庙如塘	王诗照	王肇振、王继木
车岙港	王秀根	蒋选华、张成武
浦东村	冯宗印	蒋善宗、张小衣
合宁村	罗桂标	石阿玉
新塘村	蒋欢宁	王照虎、王安定
岳井村	穆新华	蒋宝振、蒋安振
隔洋塘	王其桂	李有宗、张中和
李家村	徐士岳	李和斌
山下塘	高远秀	高远林、高启外
陈芝岙	冯传秀	陈方启、谢时法
南山塘	王如华	王启达
上塘村	张小岳	王可仁、鲍先恒
小水埠	赖善标	—
张家村	张土根	张新启、励恩妹
对岙洞	徐道兴	章思仁、周吉华
下湾塘	郭世定	王必忠、徐全木（退休职工）
月兰村	张招良	穆此根、胡全仁

续表7-5

村名	组长	成　　员
长胜村	郭显荣	杨加撑、胡立法
塘岸头	王永兵	梅发全、王冬希
外塘村	梅光银	徐大木、吴其金
后阳村	米子来	赖在生、彭荣斋
下塘村	张正法	朱朝德、伍未友
洋岭村	伍华统	陈庆耕、赵明祥
伍家屿	王其秀	王三凤、徐大明
松岙村	王其干	胡家利、春仙
三角塘	冯永维	麻万星、朱子成
梅岙村	蔡寿方	仇小金
上岗山	虞建平	沈金斗
新城	王昌余	王其荣、王其来、王庆云
田坑	陈化庆	陈兆云
小山	叶启荣	鲍应荀
湘岙	冯一标	叶显明、尤先水
德泉	鲍允文	朱杏兴、陈学金
龙山	陈荣杰	潘守红、冯宗新、陈绍坤
三岔	陈应体	冯云达、葛仲秋、陈昌振、胡全基
娘娘宫	祝道官	陈帮武
金家	金继园	杨金富
上港	冯宗浩	邵新华、陈国法
下港	陈帮秀	任庆满
总浦	董伏自	董伏信、王才印
施家	胡家成	施小金
沥头	王贻皮	刘德华
河里	王必胜	吴其善、胡小昌
连浦	胡家钱	王必好
中塘	周红松	张正法
下塘	刘品江	张永定
横洞	陈金土	陈安富

2002年7月31日，成立环河居委会关工小组，组长张少华，副组长胡杏林，成员胡余省、袁

金玉、徐元庆。

2008—2014 年基层关工委组织成员一览表

表 7-6

年份	村名	主任	副主任	委　员
2008.7	车岙	王如宽	—	王启印、鲍锦静、王吉庆、王建国
	西岙	陈万珍	—	陈善火、穆文君、赖丙松、朱宝全
	城塘	冯传丰	王继绍	陈建飞、吴委常、朱友义
	洋湖	陈兆双	—	张丽娟、徐道杰、胡家青、胡舜岱
	石桥头	张益区	胡亚平	罗未波、王世奎、冯先定
	长街	张良吉	谢正旭	崔益娇、吴月素、叶秀玉、张益君、谢三乾
	山前	徐士斌	俞昌林	徐元康、徐定恩、徐士从
	塘里	蒋云法	—	胡家墅、鲍爱芬
	大祝	祝良西	—	鲍海燕、胡珍春
	大湖	汪永琪	胡家其、胡家和	蔡旭祥、葛培秋、叶义凤
	浦东	徐邦利	—	任典木、徐本贵、冯乾军
	南塘	周建权	—	石岳利、陈开木
	岳井	蒋小红	蒋冬平、蒋颂恩	陈青久、邵松桂、张定福、徐帮常、鲍斯根、蒋秀振
	新塘	黄立华	胡周春、蒋欢宁	王善亚、王斌、朱建甫、王定安
	对岙洞	尤建兵	李恒国、徐道兴	徐秋菊、王再法、邵兴宗、王式恩
	岳墩	邵月娥	高远秀	汤群萍、周永坚、徐邦恩、蒋小振、高远良
	上塘	张小岳	叶显记	严可仁、赖善标、胡秀飞、李香苗、鲍银球
	李家庄	徐子岳	朱占标、李金松	李菊青、俞昌强、谢爱明、李玉芬
	隔洋塘	郑志苗	李文富	王金花、王云峰、朱金根、奚继香、俞根火
	伍山	史新章	—	刘家兵、严娇英、陈通平
	下湾塘	王建新	—	梅义贵、徐爱辉
	月兰	王岳仁	—	张文华、胡彩莲
	长胜	郭显荣	—	任亚萍、林法富
	向阳	李庆鲁	—	伊亚丽、阮吉双
	下塘	五友明	—	张家军、王四芬
	新城	王继行	王其林	王科、王余火、王苗亚、王元宽、仇晋奎吕兴贵
	湘田山	冯再能	胡紫娟	陈相哉、祝申杨、王彩维
	龙山	陈用杰	陈用钱	单木根、王双凤、吴霄鹏、陈绍撑、夏美芳
	宁东	胡余兵	娄永信	张兴科、张海霞、娄荣宽、鲍珍贵、祝林军
	五福	陈伟杰	金小成	严望村、叶亚芬、李根伟、李恒川

续表7-6

年份	村名	主任	副主任	委　员
2008.7	总浦塘	董西超	施昌指	王昌益、董婷婷、高明基
	连浦	刘聚位	胡国权	张吉欢、胡耀斌、陈金土、刘品江、王月芬
	山头	冯钱军	冯宗满、胡自平	娄友好、余惠芬、冯珍连、冯敏章、陈定松、杨长大
	双家	叶亦银	—	赖才宝、胡国萍、郑佳贵、翁久印
	大青	胡庆元	冯时根	王满英、施秀英、冯传维、曹飞萍
	东港	冯宗国	王其木、王夏芬	陈能官、阮忠新、王常秀、冯全根
	平原	徐才章	—	冯月珍、陈天喜、贺修艺、何待贵
	港中	冯宗芦	—	胡家顺、严秀丽、朱贤锋
	青珠	王真见	陈允辉	奚希望、胡嫦娥、陶刚、苏雨庭
	新五星	王贤广	陈忠平	张万飞、应根仙、王其川、徐大达、陈柏兴
	文围	龚云晃	宋先明	陈明强、宋菊芬
	新南	王都龙	张吉德	林海友、陈秋香、薛秋松
2014.3	车岙	王斯水	王启印	王金方、鲍锦静、王建国
	西岙	陈万甫	陈万珍	赖炳昌、陈昌文、裴静
	城塘	吴委常	鲍先亮	鲍良利、李和超、陈建飞（女）
	洋湖	陈兆双	胡家法	张利娟、胡卫东、胡家青、胡韶彰
	石桥头	张益区	许启卫	胡亚平、胡玲素、王世奎
	长街	王增格	王贤友	崔益娇、王必跃、王平韬、谢三乾、谢贤和
	山前	徐式豪	徐小宝	徐小余、胡余方、胡青杰、杨巧群
	塘里	丁绍山	胡家墅	鲍爱芬、蒋琳鎏、胡云照
	大祝	祝良西	胡珍春	鲍海燕、吴威平、祝良苗
	大湖	徐邦甫	叶义凤	胡旭锋、胡海红、胡余章、胡兴余
	浦东	王必选	张小印	王静霞、王海龙、周祖积、胡余族
	南塘	周建权	石岳利	史中军、孙万鑫、胡雪琴、胡巧云、孙荣方
	岳井	蒋小红	徐帮常	邵松桂、郑福衣、奚英兵、王挺
	新塘	胡周春	蒋欢宁	王善亚、王斌、黄立华
	对岙洞	尤建兵	徐道兴	徐秋菊、叶瑜、邵兴宗、王继荣
	岳墩	邵月娥	周子秀	汤群萍、陈兴勇、张子兴
	上塘	鲍银涛	郑定良	李香苗、范美玲
	李家庄	俞昌祥	励才林	李金松、顾从爱、李国平
	隔洋塘	郑志苗	张荣华	李文苗、鲍斯娟、李文富、王其桂、张欢迎
	伍山	伍未建	王建强	麻静霞、王余光、鲍永忠

续表7-6

年份	村名	主任	副主任	委　员
2014.3	下湾塘	王建胜	金敬德	徐爱辉、徐光标、郑达聪
	月兰	王岳仁	徐光康	胡彩莲、徐光卓、张文华
	长胜	胡气利	胡气永	任亚平、杨兴壮、胡启元、徐为素
	向阳	李庆鲁	林涵明	王双平、冯婉芳、朱婵英、阮吉双
	下塘	王有明	范小永	朱宗兴、顾秀芬、陈学栽
	新城	王继行	吕欣贵	王其武、王翠姣、王元宽、仇贤良、叶元友
	湘田山	冯再能	冯一标	王彩维、冯全田、冯一军、陈步春
	龙山	陈用杰	单木根	吴旱方、夏美芳、胡佩佩
	宁东	娄永信	葛仲西	王敏亚、施昌伟、张晓议、胡佩佩
	五福	陈伟杰	陈敏勇	鲍巧亚、叶亚芬、冯德乾、徐有田
	总浦塘	董西超	王必军	董福运、仇亚虹、施善东
	连浦	刘聚位	刘品江	王贻皮、胡敏东、吴元忠、林海东、谢娇英、胡余辉、林建平、邵婉琴、严晓丽、王月芬、吴元童
	山头	冯钱军	王开文	冯宗满、冯敏章、王月姣
	双家	郑都武	郑佳贵	李义有、丁绍缘、胡国萍、石伟双
	大青	胡庆元	王满英	冯宗明、冯时根、祝其昌、邵传四、周婉琴
	东港	冯宗国	徐友振	王常秀、陈全如、冯宗建、柴振校
	平原	徐才章	陈天喜	胡伟英、冯益科、蒋恩法
	港中	冯传苗	陈绍善	冯宗友、严秀丽、朱贤锋、林贤杜
	青珠	陈允辉	苏雨庭	李明秀、赵伟民、苏未政、林善金、邵丽英
	新五星	王贤广	徐明友	应根仙、苏法恩、潘炳福
	文围	宋先明	钱悦康	周修建、宋菊芬、戎军海、钱杏国
	新南	王正龙	杨宏掌	张吉德、林仙芽、胡家府

2017年基层关工委组织成员一览表

表7-7

村别	主任	常务副主任	联络员	委　员
车岙	王昌棋	王斯水	王聚金	王金方、王建青、俞淑琴、王安江、王金国、王小乾
西岙	赖炳松	陈善火	陈万甫	陈贵校、项素珍
城塘	陈建飞	蒋万高	陈建飞（女）	胡小位、王必阳、冯传锋、陈挪起、吴委常、王启利
洋湖	胡菁龙	胡家青	胡三元	胡召旭、胡卫东、胡家亥、胡远霞、胡常法、吕根足
石桥头	张益区	王法荣	冯先定	胡亚平、胡玲素、王必远、胡友丁

续表7-7

村别	主任	常务副主任	联络员	委　员
长街	谢锦秀	王贤友	陈淙淙	国维聪、张益君
山前	徐小余	徐善斋	徐士瑛	徐士鹏、徐阳春、杨巧群、朱伟绩、胡余方
塘里	丁绍山	胡家墅	黄贵建	鲍爱芬、蒋琳鎏
大祝	祝良西	祝良秀	王满英	祝元亨、阮坚东、祝良基、祝良坤
大湖	徐邦甫	陈余岳	陈培川	胡旭锋、胡海红、顾爱理、胡国庆
浦东	王必选	王昌田	蒋善宗	张小印、王静霞、倪坚强、陈小军、王启涛、徐帮利
南塘	周建权	陈开木	郑崇宝	石岳利、胡雪琴、胡巧云、胡福柱、陈绍岳、郑才法
岳井	蒋光锋	徐帮常	薛小芽	邵松桂、张中维、鲍斯根、奚英兵、蒋善贵
新塘	胡周春	蒋欢宁	王善雅	黄立华、朱仁信、朱兴来、王继甫、裴恒贵、王继昌
对岙洞	尤建兵	徐道兴	徐秋菊	孙世奎、周辛畅
岳墩	周永华	王必旺	高宏钱	汤群萍、周永和、高米兵、周永坚
上塘	鲍银涛	赖善标	鲍银球	鲍先虎、严可仁、王金章
李家庄	俞昌祥	李金松	李晓峰	李中才、鲍海翔、俞玉芬
隔洋塘	李文苗	韩锡文	俞双双	王其桂、王继方
伍山	伍学宏	王昌宝	王其淦	王展尚、王必成、朱子贵、姚来法
下湾塘	叶富田	赖在斌	郭世停	程国才、麻万军、郭彩德
月兰	王岳仁	徐光康	张国旗	胡彩莲、李梦飞
长胜	胡气利	任小照	任亚平	胡气永、朱和明、梁建锋、黄肖飞、王彩女
向阳	王双平	李庆鲁	冯婉芳	林涵明、屈涵友、阮石利
下塘	顾兴振	张金法	陈学栽	王如华、夏尔杏
新城	王继行	王昌汉	叶定虎	蔡寿方、王必宛、王瑞渊、王胜祥、王小华
湘田山	冯再能	陈昌策	王彩维	冯行足、冯益标、祝道培、陈兆友
龙山	陈用杰	陈用燕	吴旱方	陈用斌、夏美芳、吴霄鹏
宁东	娄永信	陈昌宁	胡益飞	张兴科、施昌伟、胡良桂、王敏亚、龚分平、胡家进
五福	陈伟杰	林吉君	金小成	严望村、叶亚芬、任青苗、李和军、林善允
总浦塘	董西超	高明园	董伏孩	董福运、仇甫明、施昌春、施国咪、朱志刚
连浦	刘聚位	刘品江	邵婉琴	王贻皮、王月芬、吴元忠、刘美芽、谢娇英、胡余辉
山头	冯宗满	冯宗金	冯恩情	王定千、王月姣、冯旭彪
双家	赖其方	郑家桂	丁绍斌	侯崇杰、胡国萍、石伟双、叶保斌
大青	冯传军	王满英	周婉琴	冯宗明、冯宗安、胡庆元、冯宗贤、邵传四、翁世奎
东港	冯益川	陈全如	冯全银	吴妹宏、王飞虹
平原	徐才章	石建园	陈士伟	梅海莲、王世举

续表7-7

村别	主任	常务副主任	联络员	委　员
港中	朱贤锋	陈绍善	冯宗友	夏法达、许幼心
青珠	赵伟民	苏雷彩	苏才秀	苏华静、蔡尚家、林善金、苏才秋
新五星	王贤广	杨丁昌	潘炳福	王立苗、陈尚铎、林万余、何文明
文围	宋先明	霍华幸	钱杏国	宋菊芬、冯才忠、王婷婷
新南	王正龙	王小标	陈秋香	林先芽、张吉德、章都友、郑志忠、杨道国

二、思德、法治、安全教育

长街镇关工委依托学校、行政村和家庭“三结合”的教育网络，组织“关爱工作团”和“五老”志愿者队伍，利用专题讲座、演讲赛、报告会、切身体验等形式，向广大青少年进行思想品德、法治和安全等一系列教育活动。

（一）教育活动　进校进村

1990年始，长街镇、明港镇自成立关工委（关协）以来，辖区内的各所中学、小学每学年均举行仪式，聘请公安、交通干警、关工委人员、老干部等作为校外辅导员。每学期学校邀请辅导员，为师生作1~2次的结合当时形势的专题讲座和报告会。

2010年6月，镇关工委邀请长街交警中队校外辅导员为长街镇中心小学的学生进行“交通安全知识”讲座。

2013年9月，镇关工委邀请长街镇司法所陈助理到平原村，宣传《中华人民共和国未成年人保护法》，教育青少年如何用“法”来捍卫自己的正当权利。同时借用发生在学生身边的校园暴力事件的案例，让学生辨析行为的正确与过失，提高和增强法律意识。

2014年6月，镇关工委联合青珠边防所走进青珠小学进行“校园安全知识”宣传。边防哨所的两位警官通过风趣幽默的言语、鲜活翔实的案例，不时地与同学们互动，为同学们讲述各种安全知识，同时现场演示“心肺复苏术”等救护技能，还向学生传授预防溺水的安全常识。

2015年秋季开学前夕，镇关工委在连浦文化礼堂举行“七岁开蒙礼”仪式。在“五老”人员胡余辉老教师的带领下，经过“正衣冠”“穿礼服”“行拜师礼”“朱砂启智”“开笔破蒙”“朗诵《弟子规》”“分发智慧笔”七个环节，给孩子们上好人生第一课，点亮懵懂的智慧灯，烙上生命中重要的印记。最后，由村第一书记水玲玲讲了话，鼓励孩子们好好学习，健康成长。

同年9月，镇关工委与岳井小学邀请了宁海海事局工作人员，为隔洋塘孩子们送上新学期“水上安全第一课”，提升儿童的水上安全防范意识。

同年11月，镇关工委联合镇综治办在全镇各中小学开展“平安进校园”宣传教育活动。通过平安宣传展板展出、发放“平安宁海建设倡议书”、平安知识宣讲等方式，生动形象地宣传了禁毒、防盗、消防安全、平安宁海建设等方面的安全知识。

2016年3月，镇关工委会同司法所校外辅导员为大湖小学（即长街镇第二小学）送去一堂以“与法同行，走好成长每一步”为主题的法治教育课。同年5月，镇关工委联合综治办在长街中学，组织500名师生参加消防演练。同年“六一”期间，镇关工委，团委、妇联和龙浦小学联合举办“欢乐童年精彩无限——江南艺术节”的主题活动。同年中秋节，“五老”宣讲员苏荣龙走进青珠小学，为学生讲授宁海的乡风民俗传统文化知识。

2017年，镇关工委、司法所在长街镇大湖小学举行“换届选举，普法先行”的主题讲座，工作人员根据小学生的特点，用形象生动的事例、通俗易懂的语言，向同学们讲解村级组织换届的选举程序、选举办法、选民登记等与选举相关知识。同年，镇关工委分别会同长街镇派出所、司法所，送“法”进新塘村假日学校，并开展“我是守法小公民”“预防校园欺凌”等法治宣传活动。

（二）求知践行　接受教育

2014年寒假，镇关工委、团委、妇联、综治办、文化站等单位，联合开展“老少同心，筑梦同行”践行教育活动，组织镇退休干部，青年干部、青少年学生参加的“老中少”志愿者队伍，到镇域内的街头巷尾、村道，开展宣传“平安宁海”活动，并向村民发送《安全知识手册》，做起“平安宁海”的代言人。

2014年暑假，长街镇对镇域范围内的所有河流和山塘水库安装安全警示牌，各学校关工委提早下发“防溺水告家长书”，并组织教师走访每一个学生家长，签订防溺水承诺书，落实家长预防子女溺水的监管责任，实现学校教育与家庭监管无缝对接。通过检查发现，该镇633名学生已收到告家长书，并签订防溺水承诺书。

2015年，镇关工委开展大手牵小手，“双阳”助力“五水共治”活动。向广大青少年发出“从我做起，做‘五水共治’好少年”的倡议，倡议青少年从自己做起，督促父母家人，从节约每一滴水开始，从不随手污染水源做起，推动“五水共治”工作。同时在“五老”志愿者的带领下，中小学生到街头大扫除，清理沿路死角垃圾，“刮、擦、撕”墙面上的乱贴乱画。这次活动不仅增强了青少年爱护环境的意识，也促进了环境治理风气的改变。

2016年7月，镇关工委举办“书香飘农家”征文比赛活动，评出3篇优秀作品并进行表彰；8月，连浦村关工小组带领20多名中小学生在村道路边，河港旁，拿着火钳和垃圾袋，开展捡垃圾的实践活动，助力“村庄环境整治”。10月，张厚英教授走进长街镇中心小学，为师生们作题为《孩子们，你们想当航天员吗?》的专题讲座。

2017年，镇关工委会同镇团委、学校，结合传统节日元宵节，组织新五星村的中小学生开展“猜灯谜，团员闹元宵活动”；传承民俗文化，农历四月八，长街素有“捣乌饭麻糍”风俗，镇关工委在山头小学组织学生，开展捣麻糍和“立夏碰蛋”活动。端午节，又组织志愿者到长街镇中心幼儿园开展“粽叶飘香，情系端午”的包粽子活动，使孩子们走进民俗，体验传统佳节风俗的快乐和童趣。

同年，镇关工委会同“五老”志愿者工作站成员，组织40余名“留守儿童”到欢乐佳田农场、宁波南部滨海新区VR超感体验馆开展户外生活体验活动，陶冶了他们的情操，促进健康成长。

2017年5月7日，长街镇绿色佳田学校孙校长向省市调研组领导汇报了长街绿色佳田学校校外实践基地的情况，佳田学校每年接受全县3万余名中小学生到校开展素质拓展活动，培育学生的动手能力、劳动意识和吃苦耐劳精神，使学生增强团队意识、科学知识和实践体验，得到了省市领导的首肯。

2017年5月26日下午，长街镇关工委、团委、妇联组织“五老”及其他志愿者到长街镇中心幼儿园开展以“粽叶飘香，情系端午”为主题的包粽子活动。活动中，“五老”及其他志愿者们手把手地教孩子们包粽子、折粽叶、填糯米、裹叶子、扎线……孩子们好奇地观赏、模仿。在志愿者、老师的帮助指导下，孩子们用芦叶、糯米、红豆、红枣等有板有眼地包起“真家伙”来，“五老”同志还给孩子们讲起端午节的来历。

2019 年 4 月 17 日，宁波市关工委专职副主任徐洪国、办公室主任李平到长街镇绿色佳田学校实地考察校外教育阵地建设情况。长街绿色佳田学校孙校长汇报了绿色佳田学校每年接待全县 3 万余名中小学生到该校开展素质拓展活动，通过三天两夜封闭式的培训，培养学生动手能力、劳动意识和吃苦耐劳精神，使学生增强团队合作意识。市关工委领导听了汇报以后，对绿色佳田学校阵地建设情况表示肯定，并希望为促进青少年健康成长发挥更大作用。

（三）假日学校　寓教于乐

2012 年，长街镇关工委以佳田假日学校为龙头，相继开办青珠、连浦、新塘村等假日学校。

2013 年 7 月，镇关工委特邀青珠边防哨所的曾建平警官在青珠假日学校为青少年上了一堂精彩的法治安全讲座。曾警官列举源自于现实生活的大量鲜活而生动的案例，对青少年违法犯罪的现状、特点、成因以及如何加强青少年法制教育、预防青少年犯罪的方法作深刻讲解。连浦假日学校开展“科技走进连浦”“农村生活零距离”等活动。

2014 年，青珠假日学校安排志愿者老师教授舞蹈、声乐和进行作业辅导，定期邀请“五老”人员、边防哨所警官、司法志愿者到校上课，举办“五水共治”知识讲座，还免费开放图书室、棋类室、乒乓球室、舞蹈室、绘画室等活动场所，供同学们尽情享受这些资源。连浦假日学校开办“声乐班”，同时开展与海曙青少年手拉手结对等活动。

2015 年，佳田假日学校以“体验式教学”为核心，坚持“快乐学习”，通过在玩乐中结合农业、科学、道德、乡土等内容开展多项特色课程。青珠假日学校充分依托安恬幼儿园的场地资源优势，积极开展防溺水安全教育、交通安全知识讲座、简笔画、趣味英语、“我爱我家之环保小创意”比赛等内容丰富、形式多样的主题活动。连浦村假日学校组织学生与海曙青少年学生开展“千年宁波，古城海曙夏令营活动”“走遍连浦环村行，争当环保小卫士”环保志愿等活动。

同年 7 月 2 日，县关工委牵头，镇关工委、老干部办和佳田假日学校在岳井“铭记碑”举行纪念抗日战争胜利 70 周年启动仪式。“铭记碑”下，学生们唱响红歌，宣教员讲述日本侵略者在岳井、伍山一带的野蛮行径。随后，岳井小学学生蒋研在陈列室生动介绍图片内容，激起了老干部、学生们深深的爱国之情。

2016 年，长街镇 4 所假日学校，发挥“五老”和大学生志愿者的优势，结合实际，整合资源，开设“普及法治知识，开展安全教育”“进行社会实践，强化切身体验”“开展红色主题教育”“作业辅导”等暑期课程，丰富了青少年学生的假期生活。

中国共产党成立 95 周年之际，各个假日学校积极开展红色主题教育。青珠假日学校在媒体教室安排了爱国教育影片展影周；连浦假日学校邀请“五老”志愿者为同学们宣讲“红色宁海”的革命历程；长街镇中心幼儿园假日学校开展“我爱我的祖国”的红色教育活动，让孩子们认识国旗、党旗，了解中国共产党成立、中华人民共和国成立的历史。“八一”建军节，镇关工委配合佳田假日学校，组织了 300 余名青少年学生，慰问、参观了海军驻长街香花山雷达部队。

2017 年，长街镇青珠假日学校、新塘村假日学校、佳田假日学校依托场地资源，开展各种文体娱乐活动，利用乒乓室、棋牌室、电子阅览室，让孩子们在玩乐的过程中增长了知识。

三、革命传统教育

（一）基地建设

1988—2005 年，中共长街镇委、政府为了警示广大人民群众，特别是青少年要牢记国耻家仇，缅怀先烈，增强民族自强意识，弘扬爱国主义精神，在离退休干部的建议和大力支持下，研究决定在镇域内先后修复、兴建了岳井“铭记碑”、长街革命烈士陵园、伍山“象宁人民抗暴游击队遗址”和民族英雄张苍水山头屯兵军垦遗址4个革命传统、爱国主义教育基地，为长街镇增添了极其宝贵的非物质文化遗产，树立起社会主义精神文明建设具有历史性纪念意义的丰碑。

岳井“铭记碑”

“铭记碑”坐落在岳井村王家西侧，总占地面积1600平方米，投资20余万元（其中集资10.3万元）。兴建工程分两期进行：第一期建立“铭记碑”，副碑2座，碑记1块。于1988年7月动工，1999年3月落成。

2002年5月，进行第二期工程建设，在“铭记碑”附近，增建“烈士事迹陈列室”，同年10月竣工。陈列室由3间平房构成，室内陈列了日军侵略岳井的罪行图片和革命先烈英雄事迹资料。陈列室前设有“毋忘亭”一座。

该碑于2003年5月被中共宁海县委、县人民政府公布为“县爱国主义教育基地”。

长街革命烈士陵园

“长街革命烈士陵园”位于镇所在地——长街村香花山殿后岗上，坐西朝东。1998年年底，镇党委、镇政府决定以长街离退休干部为主体，组织筹建领导小组，进行选址、设计、筹资、兴建陵园等一系列工作，次年9月下旬竣工，10月1日举行隆重的落成典礼。陵园内建有四方柱古牌坊式门牌楼一座，汉白玉，花岗岩贴面的高为13.5米的革命烈士纪念碑一座，还建有三间前后厅，铁栅保护门的烈士事迹陈列馆，陵园前建有“遗泽亭”“毋忘亭”，还建有碑记、资助碑、管理房。共占地面积1280平方米，投资30余万元。“革命烈士陵园”被列为“县爱国主义教育基地”“县中小学生德育教育基地”、宁波市“中共党史教育基地”“宁波市校外教育基地”。

象宁人民抗暴游击队遗址

“抗暴遗址”坐落在长街境内伍山道士岩北侧的后阳村，原是象宁人民抗暴游击队队长赖在生的住宅。它是一座石、木结构的三合院。正房五间两檐楼房，东厢为三间小楼，楼上原是地下活动同志的住宿处；东厢房南首是一座炮楼，建在围墙外，内通东厢房。正屋二楼东边是当年赖队长接待地下活动同志的场所，重要会议也在此召开。武装暴动时，为指挥部办公室。2003年10月，中共长街镇委研究决定全面修缮赖在生后裔无偿捐出的祖居，创建“象宁人民抗暴游击队史迹展览馆”。经过一年时间的修缮工作，于次年9月完工。同年11月23日（即象宁人民抗暴游击队成立56周年纪念日），隆重举行落成典礼。并在抗暴游击队成立地“方岩”遗址立下纪念碑，碑上刻着“象宁人民抗暴游击队成立遗址”。抗暴遗址占地面积680平方米，总投资38万多元。

民族英雄张苍水山头屯兵军垦遗址

“张苍水屯兵军垦遗址”坐落在长街山头村西山殿。2005年4月，镇党委、镇政府研究决定修复明末民族英雄张苍水，又名张煌言（国人誉为“西湖三杰”之一，另两位是岳飞、于谦）在山头屯兵军垦遗址，组织修缮小组，于9月动工，11月竣工。修复面积1300平方米，总投资35万元。遗址西山殿内设三间陈列室，存放着民族英雄张苍水抗清史料及图片三十张。敬奉塑雕明末兵部尚书张苍水铜像一尊。分别设立石碑3块：《重刻明末张苍水山头重筑海塘碑记》碑、张苍水撰写的《寄宿石塘庵，与居人道定西候往事》碑、《山头重筑海塘碑记》碑。殿外还建石质结构的“煌言亭”一座。

教育基地筹建领导小组成员一览表

表 7-8

基地名称	组长	副组长	成员
岳井铭记碑	张少华、祝德朝、杨启炉	谢时宣、朱火木	王堂华、王胜才、祝良法、黄卓雷、李晓峰
长街革命烈士陵园	祝德朝、杨启炉、林根苗	谢时宣	王胜才、胡家常、谢美娟、胡杏林、谢国思
象宁人民抗暴游击队遗址	陈海燕	朱火木、祝德朝、张少华	谢时宣、冯乾坤、孝庆鲁、林常飞
张苍水山头屯兵军垦遗址	鲍宏杰	祝德朝、王其木、冯晓时	苏荣龙、冯益伟、王胜才、祝良法、李仲理、郑柏松、冯宗满、冯云千、冯宗旺

（二）基地活动

1990—1992 年，清明时节，原长街区各中小学为了纪念革命先烈，传承红色基因，组织师生去伍山王泉圣烈士墓前进行祭奠活动，邀请原伍山乡关工委成员徐元庆向师生宣讲中国人民解放军第 21 师 181 团二营排长王泉圣在道士岩剿匪战斗中壮烈牺牲的英勇事迹。同时瞻仰王泉圣烈士牺牲的“道士岩石窟”。祭奠活动宣讲 50 多场次，受教育师生达 2 万人。

1993 年、1996 年、1998 年“五四”青年节，长街镇 5 所初中学校、长街高中、明港镇 3 所学校组织师生分别去岳井王家及渡口瞻仰抗暴遗址，邀请岳井办事处关工委成员李晓峰和老游击队员柳风介绍 1941 年开始，近四年，日军侵犯原水东乡岳井一带所实行极其凶残的“三光政策”滔天罪行及象宁人民抗暴游击队与敌人浴血奋战的英勇事迹。共计宣讲 27 场次。受教育青少年学生 1.5 万多人。

1997 年清明前夕，长街镇小、大湖小学、岳井小学、青珠小学、山头小学、龙浦小学分别组织学生去岳井王家，邀请老游击队员柳风介绍抗暴亲身经历，受教育师生 6000 余人。

1999—2014 年，“四大教育基地”建成后，长街镇关工委，“关爱工作团”、“五老”志愿者先后接待来自宁波、慈溪、象山等地企事业单位的干部职工和本县机关干部，青少年学生达 300 余批次，受教育面 5 万人次。

2015 年清明节，宣教团十一位工作人员在“四大教育基地”，分批次接待来自镇内中小学生 5000 余人的祭奠活动。

同年“五四”青年节，镇关工委组织了 200 多名青年去岳井“铭记碑”，举行爱国主义和民族精神的教育活动，使青年们不忘初心，牢记使命，奋发励志，报效祖国。

抗日战争胜利 70 周年之际，镇关工委在“四大教育基地”分批次接待了来自宁波市各地的机关、企事业单位的干部、职工和镇内中小学生，由“五老”志愿者宣讲昔日的血泪史。同时，长街镇机关干部来到岳井“铭记碑”前，缅怀先烈，举行悼念活动，并参观了陈列室。

2017 年，镇关工委组织了假日学校青少年学生、留守儿童分 10 多批次，近 1500 人次到“四大教育基地”举行“缅怀先烈、弘扬民族精神”为主题的教育活动。关爱团人员详尽介绍先辈的历史事迹。并与他们分团队交流，使中小学生、留守儿童重温峥嵘岁月，引导他们牢记历史，树理念、励斗志，为实现“中国梦”而奋发读书。

2019 年清明节期间，长街镇关工委组织长街镇初级中学、中心小学、青珠小学 和长街第二小学到长街镇革命烈士陵园、岳井铭记碑、山头张苍水屯兵处、伍山抗暴游击队旧址四个爱国教育基地开展清明祭扫活动。并对中小学生开展网上祭奠英烈活动，通过发放宣传册、镇官方微博、微信等形式，引导青少年进行网上祭奠。通过在网上鞠一个躬、献一束花、留一句言、寄一份思，表达对先烈们的感恩与缅怀。

四、关爱、帮困、助学工作

（一）二十年前

20 世纪末、21 世纪初，长街镇、明港镇在党委、政府的支持下，关工委（关协）十分重视帮困助学工作，充分配合补充作用，依托离、退休干部和老教师的优势，通过募捐筹资主渠道，精心打造“爱心基金”特色品牌，重点开展“结对”、“送温暖”、助学、助医、助残和助困等活动。近二十年，累计慰问、资助“爱心资金”达 180 余万元，惠及 20 万人次的老人、青少年学生，收到了良好的社会效果。

（二）二十年后

中共十八大以来，长街镇关工委以坚持践行社会主义核心价值观教育为主线，深入基层，继续发动社会力量，发动热心人士为“关爱”工作慷慨解囊。每逢“六一”儿童节，各行政村关工小组会同村党支部成员给所在村的学校、幼儿园，为孩子们赠送书刊和节日礼物。

2013 年，由镇综治办牵头，镇关工委配合文化站、派出所，共同开展校园周边环境专项整除活动，与镇内 4 所网吧签订合同书。义务网吧监督员进行不定期的检查，确保网吧健康运营，杜绝青少年沉溺网吧。2014 年，长街镇关工委以党委组织的机关党员干部认领“微心愿”，传递正能量“微公益”活动为契机，在镇中心幼儿园举行“小小微心愿，圆梦大行动”的捐助活动，同时开展党员干部与困难学生结对活动。

2014 年 2 月 11 日，在浙江省围海建设集团股份有限公司支持下，长街镇连浦村关工委举行关爱基金成立暨首发仪式。本次首发仪式共发放奖学助学金 8000 元，评出“三学生”和“三好四无”活动参与优秀奖 44 人，奖励金额 6200 元。同时扶助寒门学子 6 人，助学金额 1800 元。此外，还给出席仪式的小朋友们分发纪念本，以更好地激励该村青少年。

2015 年 3 月初，镇关工委组织初中 40 余名师生去敬老院打扫卫生，给老人捶背，陪老人唠嗑，读报纸、修电器。亲手为老人准备汤包做午饭。4 月底，镇关工委组织一批有一技之长的青年专业人士走进镇敬老院开展为老人理发、刮胡子、修指甲、量血压等温馨服务。同年重阳节，中心幼儿园的孩子们为老人送去“爱在重阳”的节日礼物。

2016 年“六一”儿童节，镇关工委和关爱留守儿童工作站工作人员对镇中、镇小的 27 名留守儿童和特困学生送上书包、学习用品及慰问金 1. 9 万元，将爱心递送给每一位学生。

2017 年春节前夕，镇关工委在大湖小学开展“圆梦新年、公益暖心”活动，给特困学生送上衣物，并鼓励他们好好学习、立志成材、报效社会。

同年 5 月 26 日上午，长街镇关工委在长街镇中心小学开展“六一”慰问活动，对镇中、镇小的 27 名困难学生代表进行慰问，为贫困家庭的孩子送去节日的祝福。县老干部局、县农林局、县供销联社、县检验检疫局、镇党委副书记兼镇关工委主任陈英杰、文教卫副镇长周俏敏、镇关工委、镇妇联、镇教办、中行宁海支行等相关单位领导参加这次活动。此次慰问活动共送出价值近 5000 元的慰问物资，同时也送上1.9万元慰问礼金。

同年6月30日，长街镇关工委、青珠安恬幼儿园联合举行“用爱心凝结希望，让真情为生命接力”为主题的献爱募捐活动。幼儿园的小朋友们伸出稚嫩的小手，拿出积攒的零花钱，还有教职工、学生家长、关工委工作人员，也纷纷加入到捐款行列之中。活动募得爱心款6851元。之后，安静华园长将爱心款亲自交给新五星村一名“90后”的身患尿毒症的叶某某手中。8月26日，青珠村党总支、关工小组在文化礼堂举行首届“文昌·海斌”奖学金发放仪式，苏海斌为青珠村苏含萱等11位考上大学、重点高中的学子发放奖学金1.8万元。仪式中，镇党委副书记陈英杰，县关工委常务副主任袁春林，县退休干部苏小方分别讲话，苏含萱代表学子表示真挚的感谢！将不负众望，好学砺志，报效家乡与社会。

2017年秋，长街镇、茶院乡关工委联合组织长街镇小，茶院乡小开展“甬润童心，欢乐同行”为主题的户外生活实践活动。关工委成员、学校教师、“五老”志愿者陪同来自两地的60名困难和留守儿童到欢乐佳田农场，让孩子们在豆腐坊里亲自制作和品尝甘甜的豆浆；参观了“番茄联合王国”，用各种栽培方式栽培出来的各类品种小番茄；体验了古人的动画电影，中国非物质文化遗产之一“皮影戏”的制作。然后，又来到宁波南部滨海新区VR超感体验馆。在带队老师的引领下，体验VR教育、VR娱乐、VR旅游和VR影院，孩子们借助VR眼镜，在3D、4D的环境学习从远古到未来，从地球到外太空的各种科学知识，体验高科技的视觉，感知最新VR技术的发展成果。

2018年2月26日，长街镇连浦村关工委举行第五届优秀学子表彰大会暨关爱基金发放仪式。对连浦村2017年度获得优秀学子称号的83名学生（其中一等奖41名、二等奖25名、三等奖17名）发放奖学金，鼓励他们继续努力学习，做一个有用之人。同时，对家庭条件困难的2名学生发放助学金，鼓励他们在逆境中顽强拼搏、自强不息。本次大会共发放奖学金、助学金共计14650元。连浦村关工委于2014年在浙江省围海建设股份有限公司的爱心企业家冯全宏董事长赞助下成立关爱基金，2014—2018年，先后举行8次发放仪式，累计发放关爱基金98600元，开展帮扶助学活动8场次，受表彰人数达365人次。

2018年9月，长街镇西岙村有1名学子考取硕士研究生，6名学子考取大学，3名学子考取市、县重点高中，9名学子获得“三好学生”荣誉称号，在新学期开学之际，梦鼎教育基金会共向他们发放了14700元奖学金。该基金会是自2017年7月，在长街镇西岙村乡贤、干部、群众自发组织设立的，当时共募集资金13万元，以用于奖励本村的优秀学子，在村里营造崇文尚学的良好风气。

五、自身建设

长街镇关工委（关协）从1990年6月成立至今已30个年头了，30年来，镇关工委在镇党委、政府的领导下，不断加强自身建设，从思想、组织、制度、作风等方面建设入手，加大探索和实践力度，抓巩固，促提高，推动自身建设跃上新台阶，做好关心下一代工作，把关工委常态化建设工作引向深入。

（一）思想建设是灵魂

镇党委、政府确立关工委是教育工作重要组成部分的意识，真心实意地关心、重视、支持关工委工作。关工委是学校育人的重要补充，并列入党委、政府的工作要点，摆上议事日程，形成“党委领导、行政支持、‘五老’为主，村校参与，部门协调，群团配合”的工作格局。“打铁全靠自身硬”，镇关工委全体成员不断提高思想水平，“不拒众流，方为江海”，二十几年如一日，不断加强理论学习，提高思想水平，学习中共中央文件精神，传达县关工委会议精神，组织关工积极分子外出参观和考察。近几年，还在不同阶段，根据不同情况举办专题工作研讨会，专题学习和经验交流会，提高工作凝聚力、自身学习水平及思想境界，从而提升了与青少年学生交流对接的工作水平。

（二）组织建设是关键

镇党委根据县委和县关工委的文件精神，选派党委副书记担任关工委主任、副镇级领导担任常务副主任，由对关爱工作有热情、有智慧、有精力的在职人员和退休干部、教师担任副主任、委员工作，起到了良好的模范作用，体现了“教育生涯有期限，革命事业无止境”的思想境界。加强“五老”队伍建设。招募300余名志愿者，成立“五老志愿者服务站”、“关爱工作团”、“宣教团”、四个爱国主义教育基地的“五老管理小组”和“五老义务网吧监督员”，为青少年提供长期稳定、扎实有效的服务。同时，镇关工委和关工小组，因人事变动，镇党委作及时调整、发文，以免影响工作。

（三）制度建设是基础

“没有规矩不成方圆”，为确保关工委工作正常运转和关爱活动的有效开展，每年至少开好三种会：一是每年或每学期伊始，开好关工委全体委员会扩大会议，这实际上是本镇各关工小组负责人、退协有关干部参加的专题会议。会议由镇常务主任提出本年度的工作打算，关工小组提出同关工委配合的关爱活动设想，商定年度中为关爱工作办好一两件实事。二是开好每月关工委及关工小组例会。例会上及时通报工作信息，商讨、部署近阶段工作，将大家的精力和注意点引导、组织到整体工作思路中来，增强每个成员的主体意识，达到心往一处想，劲往一处使，形成团队合力。三是每次活动前，开好“诸葛”会，通过会议，激发大家智慧和热情。同时，每年规划拨2~3万元的活动经费，以保证活动的正常开展。

（四）作风建设是根本

上级关工委一再指出关工委工作“重点在基层”。镇关工委坚持面向基层，依靠基层、服务基层。如果仅止于在办公室里坐而论道，工作就会浮而不实、脱离实际。二十多年来，镇关工委坚持密切联系长街镇内的离退休老同志、老干部、退休老教师、企业“精英”，发挥他们的独特优势和智慧才干，在基层开展关爱活动，坚持求真务实的工作作风。关工委的很多做法、平台都源于青少年、学校、社会的需求和建议。根据离退休老干部建议，配合镇政府兴建四大爱国主义教育基地；根据青少年的需求，年年创办假日学校；根据学校的需求，清明时节，组织“五老”宣讲团在四大爱国主义教育基地分批次接待广大青少年学生的祭奠活动；根据社会的需求，组建了“老中小”志愿服务队参加“五水共治”、环保、安全知识宣传等活动。通过系列活动有效激励了广大青少年，推进了社会的进步，收到了良好的效果。

荣誉名录

（截至2018年，以时间为序）

长街镇“双创建”情况一览表

表7-9

年份	创建单位	创建情况
2008	新城村、山头村	通过2007年度县“三好四无”创建

续表7-9

年份	创建单位	创建情况
2010	长街村、大湖村、塘里村、龙山村、新塘村、洋湖村、伍山村、月兰村、东港村、青珠村、李家庄村	通过 2008 年度县“三好四无”创建
	岳井村、岳墩村、山前村、平原村、文围村	通过 2009 年度县“三好四无”创建
2013	长街镇关工委	2012 年度“五好”乡镇（街道）关工委
	大青村	2012 年度通过县“三好四无”创建
	长街村、大湖村、塘里村、龙山村、新塘村、洋湖村、伍山村、月兰村、东港村、青珠村、李家庄村	2012 年度通过县“三好四无”提升复评
	连浦村	2013 年度通过县“三好四无”创建
	岳井村、岳墩村、山前村、平原村、文围村	2013 年度通过县“三好四无”提升复评
2015	总浦塘村	2014 年度通过县“三好四无”创建
	大青村	2014 年度通过县“三好四无”提升复评
2016	向阳村	2015 年度通过县“五好”基层关工委创建
2018	长街镇关工委	2017 年度市“五好”乡镇（街道）关工委
	山头村、青珠村、平原村	2017 年度市“五好”社区（村）关工委
	浦东村、南塘村、宁东村	2017 年度通过县“五好”基层关工委创建
	新城村、山头村、长街村、大湖村、塘里村、龙山村、新塘村、洋湖村、伍山村、月兰村、东港村、青珠村、李家庄村、岳井村、岳墩村、山前村、平原村、文围村、大青村、连浦村、总浦塘村、向阳村	2017 年度通过县“五好”基层关工委提升复评
2019	长街镇关工委	2018 年度通过“五好”乡镇（街道）关工委提升复评
	西岙村	2018 年度通过县“五好”基层关工委创建
	对岙没事村	2019 年度通过县“五好”基层关工委创建

长街镇各级关工委及个人所获荣誉一览表

表 7-10

年份	单位或个人	荣誉称号	授奖单位
1993	王道清、林光美	县优秀校外辅导员	—
1994	长街镇关心下一代协会	县关心下一代工作先进集体	县委、县政府
	赖在生、李殿法	县关心下一代工作先进个人	县委、县政府

续表7-10

年份	单位或个人	荣誉称号	授奖单位
1998	长街镇关工委	市关心下一代工作先进集体	市委、市政府
	张少华	关心下一代工作先进个人	市委、市政府
1999	长街镇岳井村关心下一代工作小组	县关心下一代工作先进集体	县委、县政府
	王堂华、郑柏松	县关心下一代工作先进个人	县委、县政府
2000	祝德朝、张少华	坚持满十年关心下一代工作同志	县委、县政府
2001	长街镇关工委	县关心下一代工作先进集体	县委办公室
	胡杏林、赵时科	县关心下一代工作先进个人	县委办公室
2002	长街镇关工委	市关心下一代工作先进集体	市委、市政府
2004	朱火木	市关心下一代工作先进个人	市委、市政府
	长街镇大湖村关工小组、明港镇青珠村关工小组、长街镇派出所	县关心下一代工作先进集体	县委、县政府
	朱火木、王其水、王堂华	县关心下一代工作先进个人	县委、县政府
2005	长街镇关工委、长街镇岳井村关心下一代工作小组	县关心下一代工作先进集体	县委、县政府办公室
	张少华、冯晓时、叶元辉	县关心下一代工作先进个人	县委、县政府办公室
2006	长街镇关工委	县调研文章纪念奖	县关工委
	祝德朝	县未成年人思想道德建设工作先进个人	县精神文明建设委员会
2008	长街镇山头村党支部、新城村党支部	县关心下一代工作先进集体	县委、县政府办公室
	史新章、苏雨庭、娄强	县关心下一代工作先进个人	县委、县政府办公室
2009	祝德朝	市“关工之星”	市委、市政府
2010	长街村关工委	宁波市“六有”村关工委	市关工委
	祝德朝	县“关工之星”	县委、县政府
	长街镇月兰村关工委	县关心下一代工作先进集体	县关工委
	潘亚光、张良吉	县关心下一代工作先进个人	县关工委
2012	东港村关工委	市“六有”村关工委	市关工委
	周仲建	市关心下一代工作先进个人	市关工委

续表7-10

年份	单位或个人	荣誉称号	授奖单位
2013	大青村关工委、汀田山村关工委、新城村关工委	县关心下一代工作先进集体	县关工委
	胡红霞、胡庆元	县关心下一代工作先进个人	县关工委
	朱火木	县关心下一代工作“五老”先进个人	县关工委
	《留守儿童现状之我见》	县关心下一代工作优秀调研报告三等奖	县关工委
2014	连浦村关工委	市关心下一代工作先进集体	市关工委
	葛绵绵	县关工委系统信息宣传工作先进个人	县关工委
2015	长街镇退休支部、连浦村关工委	县关心下一代工作先进集体	县关工委
	刘聚位、朱火木、潘亚光、胡巧超	县关心下一代工作先进个人	县关工委
	胡巧超	县关工委系统信息宣传工作先进个人三等奖	县关工委
2016	连浦村关工委	市“五好”村（社）关工委	市关工委
	胡巧超	县关工委系统信息宣传工作先进个人	县关工委
2017	长街镇连浦村、长街镇佳田绿色学校	县关心下一代工作先进集体	县关工委
	周仲健、俞东雄	县关心下一代工作先进个人	县关工委
	朱火木、王品江	县关心下一代工作优秀“五老”	县关工委
	胡巧超	县关工委系统信息宣传工作先进个人	县关工委
	孙培丰、朱火木、苏荣龙、胡周春、朱建甫、刘聚位	县“假日学校”优秀“五老”志愿者	县关工委
	胡巧超、王善雅	县“假日学校”先进工作者	县关工委
2018	长街镇关工委、连浦村关工委	县关心下一代工作先进集体	县关工委
	长街镇关工委	县关工委系统信息宣传工作先进集体	县关工委
	孙培丰、刘聚位、胡巧超	县关心下一代工作先进个人	县关工委
	朱火木、谢晓春	县关心下一代工作优秀“五老”	县关工委
	胡巧超	县关工委系统信息宣传工作先进个人	县关工委

续表7-10

年份	单位或个人	荣誉称号	授奖单位
2019	长街镇关工委	2018 年度县关工委系统信息宣传工作先进集体	县关工委
	胡巧超	2018 年度县关工委系统信息宣传工作先进个人	县关工委
	朱火木、张杏清、周任斌、罗邦友、陈晓君、楼璐、叶宁燕	2019 年度宁海县暑期“假日学校”志愿服务工作先进个人	县关工委
	长街镇关工委	2019 年度县关工委系统信息宣传工作先进集体	县关工委
	胡巧超	2019 年度县关工委系统信息宣传工作先进个人	县关工委

胡　陈　乡

一、机构及人事沿革

胡陈乡关工委前身为胡陈乡关协，1992 年年初，撤区扩镇并乡，6 月，东仓乡并入胡陈乡，并于 6 月 27 日成立乡关心下一代协会。名誉会长叶政，会长杨贻众，副会长董金财、夏新科，秘书长张洁辉，常务理事 8 名，理事 52 名。1994 年 9 月 28 日成立胡陈乡关心下一代工作委员会，由施孝忠任主任，邵金永、夏新科任副主任。

乡关工委由乡党群副书记任主任，由乡人大副主席任常务副主任，老干部支部书记、教委主任任副主任，成员由团委、妇联、武装部、计生办、政法办、成教、民政、派出所等相关科室与单位负责人组成。其主要任务是指导村居、学校、企业做好青少年儿童心理健康辅导，开展助学、助困、助残、助孤、助医等“五助”关爱帮扶，开展对留守儿童帮教，加强对青少年进行社会主义核心价值观教育，帮助青少年自立自强，成长成才等关心下一代工作。

2018 年 5 月，胡陈乡成立宁海县关心下一代工作志愿者协会胡陈乡工作站，站长叶显优，副站长叶亦堂、鲍明沛。

胡陈乡关协领导成员一览表

表 7-11

时间	名誉会长	会长/主任	副会长/副主任	常务理事/委员
1992 年 6 月	叶政	杨贻众	夏新科、董金财	叶元合、金双娥、张洁辉、叶显朝、方宗明、叶耿官、叶长宽、赖在锡
1994 年 9 月	—	施孝忠	邵金永、夏新科	祁敏忠、金双娥、张洁辉、叶显朝、方宗乃、叶长宽、赖在锡、张维庆

续表7-11

时间	名誉会长	会长/主任	副会长/副主任	常务理事/委员
1996 年 3 月	施孝忠（顾问）	董伟兵	邵金永、夏新科、杨贻鑫	祁敏忠、蒋艳珍、吴忠诚、方颖、蒋根全、赖在锡、鲍瑞根
1998 年	—	董伟兵	鲍斯奋、杨贻鑫、夏新科	蒋艳珍、徐兴友、陈斌、鲍培根、丁瑞富、赵海波
1998 年 6 月	—	董伟兵	鲍斯奋、杨贻鑫、夏新科	蒋艳珍、徐兴友、陈斌、鲍培根、闻敏坚、鲍英园
2000 年 5 月	—	舒军海	叶大兴、杨贻鑫、夏新科	蒋艳珍、王贵月、谢远田、鲍培根、丁瑞富、赵海波
2001 年 12 月	—	徐天勇	叶大兴、娄启苗、陈斌	蒋艳珍、王贵月、夏新科、鲍培根、赵海波
2006 年 8 月	—	张爱娇	侯民明	应巧娣、蒋艳珍、蒋建华、娄启苗、鲍培根
2008 年 4 月	—	张爱娇	邵金永（常副）、侯民明	胡志汉、蒋艳珍、蒋建华、娄启苗、叶显优、鲍培根
2011 年 9 月	—	郭青	邵金永（常副）、叶显优、娄启苗	陈禧蒙（兼办公室）、郑淑诚、伍维能、娄宗明、鲍培根
2016 年	—	张平	林明荣（常副）、胡贵国	罗静（兼办公室）、赵晓燕、袁军飞、叶显优
2017 年	—	张平	林明荣（常副）	邵自江（兼办公室）、杜柄毅
2018 年	—	张平	陈禧蒙（常副）、李翠浓（兼办公室）、叶显优、胡贵国、杨志杰	王启军、齐子萱、赵晓燕、林海光、杜柄毅
2018 年 9 月	—	梅雪	陈禧蒙（常副）、李翠浓（兼办公室）、胡贵国、杨志杰、叶显优	齐子萱、赵晓燕、杜柄毅、林海光、王启军
2019 年	—	梅雪	杨朝华（常副）、李翠浓（兼办公室）、胡贵国、杨志杰、叶显优	齐子萱、赵晓燕、杜柄毅、林海光、王启军

1994 年村级关心下一代工作小组建立。2006 年村级行政区域调整，原 38 个行政村调整为 18 个行政村，同年，村级关工小组及时作了调整。2008 年建立村级关心下一代工作委员会。随着村级换届，人员变动，及时对村级关工委班子进行充实调整。

1994 年胡陈乡村级关工小组领导成员一览表

表 7-12

村名	组长	成员	村名	组长	成员
王家坪	王小宏	王斯章、王斯德	中堡溪	陈金宝	陈相气、冯全昌

续表7-12

村名	组长	成员	村名	组长	成员
田青山	顾林桂	张大法、张福祥	方后	胡余垚	韩代标、胡家旺
上韩	叶元斋	叶元标、叶显林	东张	冯宗和	胡小瑞、胡余富
和尚坑	陈小法	陈香木、夏元法	西翁	吴祖旺	林吉欢、林成银
岙坑	国振钱	国时昔、国维忠	西张	张元兵	胡三全、张吉标
大国叶	叶元强	叶定序、叶亦海	车家	车思品	邵明垚、黄成本
张韩	张维庆	张位森、张学儒	梅山	蒋善斌	蒋根全、蒋小华
吴岙	吴忠委	吴中华、吴云秀	横山里	虞小川	朱小富、冯全方
毛仙	陈云来	陈三青、陈万昌	山洋	胡余宽	朱友明、朱家胜
沙地下	夏三中	夏中根、赖汉亦	步二	胡能水	胡坦仁、王时卯
岙里王	王振援	王显法、王启丰	南坑	李何良	高明昌、胡全红
大赖	赖在锡	叶定四、叶显根、郑扬青	长坑	叶元达	唐才欢、李恒全、王斯品
上洋	叶财富	时定聪、时显取	里外庄	袁其义	顾洪英、鲍于贤
东屋	陈吉元	叶长根、叶维金	水竹坑	金继云	陈五香、金继根
岔路	叶晓印	叶元德、叶元存	平林	胡余双	胡选和、胡小金
东胡	冯全木	冯宗朝、王玉素	塘头韩	朱小青	陈兴岳、杨朝秀
寺后山	郑为木	郑则兵、郑则村	胡陈	叶长宽	叶耿官、方颖、张双凤、葛主贤
上郑	郑从兵	郑为沛、王振明	下田	邵自江	邵恒富、赖仁法
下郑	叶元壮	叶阿根、叶元村	吴家岙	黄宜明	黄良达、黄照佐
下宅	叶元聪	叶孔林、韩方年	翔凤头	鲍丙章	黄连宝、鲍于贤
大路头	王桂兴	王仁晶、韩武杯	响岩	鲍斯康	鲍秀深、鲍冬初
上宅	叶元明	叶定三、叶显林	夏崎岙	胡阿存	冯良仁、周全国
上刘	刘品根	刘德秋、刘德先	岭根陈	陈满林	葛福娇、李恒康
长山咀	王启富	时柳亦、叶定田	韩家岙	鲍友法	吴忠诚、鲍斯春
四洋张	叶洪全	夏年富、沈厚根	溪边	国德伟	国云振、国继富

2006年5月31日，各行政村调整关心下一代工作小组，由组长、副组长、成员组成。

2006年各行政村关工小组成员一览表

表7-13

行政村	组长	副组长	成　员
沙地下	夏满根	叶元斋	夏光信、夏礼花、王荣双
国叶	叶元长	国根如	徐根丽、国维壮、叶子波

续表7-13

行政村	组长	副组长	成　　员
张韩	韩和胜	赖其因	吴中委、韩和才、张爱香
岙里王	王振援	王国安	鲍亚群、陈小考、王小常
大赖	赖在锡	赖尚钱	叶才夫、叶未金、鲍仁秀
永和	郑善旺	王素芬	韩式平、郑阿春、叶慧英
岔路	叶晓印	叶元笑	冯四林、冯光明、叶亚敏
长山主	王启富	王元校	叶显富、孙淑云、王伟东
中堡溪	叶显辉	叶菜亦	冯小印、冯文春、赖彩琴
西翁	林小海	林敏辉	夏年晓、赖其堂、赖美萍
胡东	张洁耀	邵自元	冯宗和、朱翠英、吴维江
胡陈	鲍瑞根	鲍斯统	黄宣明、张双凤、杨朝春
腾达	鲍明双	鲍伟平	叶海兵、林建房、鲍小奋
东丰	俞兴荣	吴斯斋	袁美姣、鲍斯春、周才火
长平	叶元达	顾洪英	胡小宏、金继云、吕赛娟
联胜	朱从满	李和东	胡家哉、虞小川、朱秀娜
梅山	蒋善斌	蒋思林	蒋利君、张金棉、叶五香
车家	车思品	丁小全	车秀娣、车帝根、车伟兵

2008 年 5 月 31 日，行政村关工小组更名为关心下一代工作委员会，由主任、副主任、委员组成。

2008 年各行政村关工委成员一览表

表 7-14

时间	行政村	主任	副主任	委员
2008 年 5 月	沙地下	夏满根	夏可开	夏光信、夏礼花、叶元斋
	国叶	叶元长	国根如	国龙柿、叶燕华、赖大有
	张韩	韩和胜	赖其因	陈玉英、张仁利、吴中委
	岙里王	王启豹	王国安	王显法、王玉荷、陈云来
	大赖	赖在锡	赖尚钱	鲍仁秀、叶连亦、顾中清
	永和	王素芬	郑国平	郑阿春、韩式平、叶显东
	岔路	叶晓印	叶元笑	冯四林、冯光明、叶亚敏
	长山主	王启富	刘品好	叶显富、辛淑云、叶洪全
	中堡溪	叶显辉	胡春辉	叶菜亦、胡敏照、冯锦江
	西翁	林小海	林敏辉	夏年余、吴维盛、赖美萍

续表7-14

时间	行政村	主任	副主任	委员
2008年5月	胡东	张洁耀	张深飞	冯宗和、朱翠英、邵自元
	胡陈	鲍瑞根	张华建	黄宣明、张双凤、邬红军
	腾达	鲍明双	鲍英斌	鲍伟平、林建房、许绪江
	东丰	俞兴荣	吴斯斋	吴伟江、胡庆瑞、景密初
	长平	王可才	胡远来	张连军、胡小宏、金继云
	联胜	胡余纪	谢时友	胡家哉、虞小川、朱秀娜
	梅山	蒋善斌	蒋思林	蒋利君、张金棉、叶五香
	车家	车思品	丁小全	车秀娣、车帝根、车伟兵
2014年12月	沙地下	夏光信	夏可猛、夏可开	叶茶莲、张福祥、王维斯、林法国
	国叶	张菜亚	叶元校、王行军	国龙柿、国银会、王定英
	张韩	韩和胜	韩和更	陈玉英、张永军、陈中连
	岙里王	王国安	王爱青、王启豹	王振强、王启傲、蒋琴琴、王振善
	大赖	赖在锡	赖其印、赖先义	鲍仁秀、赖其连、叶财富、叶元平
	永和	王素芬	韩式平、郑小达	叶显来、郑阿春、叶小平
	岔路	赖常木	苏林贝	叶亚明、冯光明、冯子敬
	长山主	叶显位	叶钦浩	叶洪全、郑则棉、刘品根
	中堡溪	胡敏照	鲍英田	叶莱亦、冯全昌
	西翁	吴维江	林成标、林吉江	林吉欢、林小海、林亚浓、夏年余
	胡东	胡家聪	张良成、胡家常	胡余富、邵桂根、邵兴文、胡春莲
	胡陈	鲍瑞根	鲍小建、叶元方	黄可旺、葛国龙、鲍红娟、杨伟权
	腾达	鲍英斌	鲍明双	鲍国建、李娜、黄连宝、顾邦进
	东丰	俞小郎	陈国永	鲍未军、张金华、鲍占敏、吴亚芳
	长平	胡远来	林常根、王可才	金继云、赖其丁、顾小彩、顾洪亦
	联胜	胡余纪	谢时友、李和良	朱秀娜、虞贺高、葛太守
	梅山	蒋善斌	胡婉为、蒋力振	蒋思林、蒋利军、张金棉、蒋雪青
	车家	车秀伟	黄昌孟、戴晓娜	车秀娣、叶洪亦、何邦国、倪掌芬
	双溪社区	叶亦堂	鲍培根	胡金常、赖小良、郑善理

续表7-14

时间	行政村	主任	副主任	委员
2018年5月	沙地下	夏可开	夏春武	夏锡斌、王小洪、顾金卫、叶小棉
	国叶	国根如	叶显通	国龙标、国夏芬、叶林统
	张韩	韩和胜	韩和庚	王水芬、韩伟荣、陈云福、张位方
	岙里王	王启常	王财良	王振善、胡家友、王亚云
	大赖	赖在锡	赖其应	叶苏君、叶元平、顾振华
	永和	王素芬	韩式平	叶小平、叶显东、郑珊明、叶秀云
	岔路	苏林贝	叶宏辉	叶元奎、冯光明、叶根莲
	长山主	叶显位	郑则棉	叶洪全、辛淑云、夏白妹
	中堡溪	胡敏照	鲍英田	叶莱亦、胡胜晗、叶俊、冯雄师
	西翁	林敏	林成标	夏年宽、刘莉、吴正楚
	胡东	胡家聪	张良成	杨伟平、邵桂根、汤倩倩
	胡陈	鲍瑞根	鲍小建	黄可旺、叶元方、杨伟权、鲍红娟
	腾达	鲍英斌	鲍吉丁	鲍小铎、叶海赛、顾邦进
	东丰	吴伟江	柴青松	鲍未军、吴林娟、胡庆瑞
	长平	胡远来	王宝盛	顾洪亦、金继云、唐旭良、鲍未松
	联胜	胡纪余	谢时友	李忠明、葛太守、朱秀娜、虞贺高
	梅山	蒋善斌	杨其斌	李兰香、蒋思林、王昌和
	车家	黄昌孟	车秀伟	何贺东、车伟岳、邵月照
	双溪社区	蒋利军	叶亦堂	胡金常、赖小良、郑善理

二、关工委主要工作

（一）创建教育基地

为了青少年健康成长，胡陈乡关工委努力创建青少年教育基地。桃园教育基地，自2008年以来每年举办桃花节和水蜜桃节，至今已举办11届，观赏人次超过120万，乡关工委利用这一有利时机，每年进行宣讲、文艺演出等，收到了较好的效果。烈士墓教育基地，胡陈乡烈士墓地有解放战争被土匪杀害的林泽民烈士墓、1950年王家山剿匪战斗中牺牲的大赖烈士墓、中越自卫还击中牺牲的叶小常烈士墓。每年清明节前后，乡关工委联合乡中小学校组织学生到烈士墓前缅怀烈士，进行革命传统教育。2019年胡陈乡关工委组织东仓小学到大赖烈士墓祭扫。梦鼎学校教育基地，自2015年2月开学至今，不但本乡中小学生不定期要到该校进行学习，全县中小学生分期分批地都要到梦鼎学校就读接受教育。

（二）加强思想道德教育

为了加强青少年思想道德教育，2013年，乡关工委组建讲师团，由8名“五老”人员组成，夏新科担任团长，鲍培根、方颖担任副团长。同时成立胡陈乡关工委关爱工作团，共有20名“五老”人员组成，团长叶显优，副团长鲍斯南、国兰妹。讲师团、关爱工作团到各村、校、社区宣讲党的方针和富民政策，宣传关心下一代工作，教育青少年成长进步，帮助青少年排难解困。每年3月组织开展“学雷锋、树新风、讲文明”，青少年关爱孤寡老人活动。同时向青少年进行“孝德”和中国梦教育，按“在学校做个好学生，在家做个好孩子，在社会做个好公民”的三好要求，建成学校、家庭、社会三结合的教育工作机制。学校涌现出一批优秀学生，如胡陈中学学生陈仪典，在2016年12月宁海县现场作文比赛中荣获一等奖，叶姚在2017年6月宁海县第九届青少年科技节科普征文大赛中荣获一等奖，同项获市三等奖。

（三）法治教育成效显著

乡关工委为使法治教育深入人心，首先在乡、村两级均成立预防青少年违法犯罪工作领导小组，建立规范的工作制度和责任机制，印发《结对帮教工作人员工作职责》《工作汇报制度》《工作考核奖励制度》《结对帮教责任书》《结对帮教情况记录表》等，对结对帮教工作内容、标准、工作实绩、评估和发放工作补贴等都作了明确规定，并建立乡预防青少年违法犯罪工作基金会，确保工作正常开展。

乡关工委大力推行因人而异的结对帮教，有效开展预防青少年违法犯罪工作。2006年，乡关工委通过动员，组建了一支由政治素质强、思想品德好、办事热心、威信较高的村老干部、老党员、离退休教师、村干部等组成的帮教责任人队伍，对已确定为帮教对象（有不良行为的未成年人、“三不管”未成年人及在校“三困生”）的青少年的现住址、联系方法、日常生活等基本情况和思想动态进行登记造册，统一编号，做到一人一档。并为每一名未成年人确定由一名“五老”志愿者结对帮教，时间为3年。其中对在校“三困生”另行安排1名教师与其结对。乡关工委还推荐6名社会闲散青少年参加职业援助班学习，现已就业。胡陈乡关工委推行结对帮教，对症下药，重点对象“盯”着管（乡关工委组织帮教责任人不定期地对有违法前科和归正人员进行上门谈心）、一般对象“带”着管（帮教责任人对“三不管”未成年人采取谈心和组织他们参加一些有益的文娱活动）、外出对象“跟”着管（对外出青少年，乡关工委采取跟踪管理或委托帮教、电话联系等方法，做到帮教责任人与帮教对象每月通一次电话或碰一次面）、贫困对象“扶”着管（针对家庭经济困难或有残疾的青少年，乡关工委安排经济发展意识强和家庭条件相对宽裕的帮教责任人与其结对，积极开展“爱心”活动），将帮教目标框定为“三个无”，即通过三年时间的结对帮教使帮教对象达到“无不良行为、无重新犯罪、无失业现象”，切实把违法犯罪降低到最低幅度。

为深入开展青少年法治宣传教育活动，2011年聘请法治副校长3名、校外辅导员3名，会同乡司法所禁毒办在每个学期开学到各学校进行法治教育宣讲。校外法治宣传也同步进行，如各村宣传橱窗的宣传、LED屏幕的滚动宣传（在2012年12月东山桃园广场挂起LED屏幕进行法治宣传，2013年11月在胡陈桥头挂起LED屏幕进行交通安全宣传）、集市宣传（每逢胡陈、大赖、胡东集市日，分发法治书本、宣传资料等）、宣传教育进少年宫和文化礼堂等。并利用“假日学校”课堂，积极开设“养成法制思维，提高自护能力”等课程普及法治与安全方面的基本知识。通过多种形式的同步进行，很好地促进了青少年法治观念的提高和法治误区盲区的消除，取得了显著成效。2008年胡陈乡梅山村被省评为民主法治先进单位，2014年胡陈乡车家村被省评为民主法治先进单位。

（四）情暖留守儿童

胡陈乡关工委从2011年开始，积极和结对单位沟通联系，联合开展关爱“留守儿童”行动，和25名留守儿童代表开展“一对一”帮扶，了解孩子们的心声和急需需求，和孩子们一起在东山桃园烧烤，增进彼此了解。关心留守儿童的身心健康，争取到宁波银行为留守儿童提供的500多本青少年读物以及篮球、乒乓球、跳棋、象棋等文体用品。并结对帮扶 10 个家庭经济非常困难，急需帮助的困难学生，赠予 4000 多元的慰问金；宁波市水利局还送来 500 份学习用品分发给各村的留守儿童。

2014 年暑假，胡陈乡关工委联合乡教委、团委、乡安监中心、党员服务中心等，开展暑期青少年阳光、安全系列活动，丰富青少年的暑期生活。一是由宁波青少年宫组织胡陈中心小学 20 名学生开展“留守儿童”走进大城市活动，到宁波青少年宫参观体验，和城市的叔叔阿姨一起体验坐地铁、一起吃西餐，20 个青少年充分感受到了大城市的先进和热情。二是胡陈乡关工委配合乡安监中心，做好各村涉水水库、池塘、水渠等安全隐患排查，对青少年暑期常去的几个场地重点排查，全乡共设立警示牌 100 多个。同时，在各村发放暑期安全宣传资料，提高青少年及家长安全防范意识。三是联合乡文明办，结合各村的农家书屋，引导青年到农家书屋中看书学习，增长知识，同时，不断完善农家书屋书籍和各类设备。结合该乡开展的水蜜桃节活动，邀请青少年参与水蜜桃采摘趣味活动，参与夏令物品制作等活动。

2015 年寒假期间，胡陈乡关工委组织开展“2015 寻找爱——难忘‘2·14’情暖留守儿童”公益活动，“五老”同志联合村青少年学生春节做兔子灯笼、猜灯谜、捣青麻糍等传统活动。

2015 年 11 月 17 日，胡陈乡关工委协同乡团委一起邀请宁波市心理健康咨询师对胡陈中学、胡陈小学、东仓小学的 140 名留守儿童进行现场心理测试。

2016 年 5 月 31 日，为了让偏远山区的留守儿童也能学习书法、绘画等课程，宁海四季教育培训学校在乡关工委的指导下，在胡陈东仓小学成功开展“四季助爱成长”公益行之庆“六一”书画送教下乡活动启动仪式，针对胡陈乡留守儿童开展的书画送教下乡活动，除赠送学习用品之外，每周还安排培训学校老师定期到胡陈各中小学给孩子们教授书法、美术等知识，不但解决留守儿童暑期内的学习问题，而且丰富留守儿童的暑期生活。胡陈乡关工委始终高度重视留守儿童的成长，在每年开办的“假日学校”中，重点招收辖区内的留守儿童。

2016 年胡陈乡关工委联合太平人寿在胡陈乡东仓小学举办微心愿圆梦活动。一至五年级共 287 名学生参与了此次活动，小朋友们在一张张心愿卡上写下自己的微心愿，被爱心人士认领后，一一帮助孩子们圆梦。

2018 年 5 月 12 日，胡陈乡关工委组织东仓小学全体党员及各班小梦鼎前往岔路镇梅花村开展一次特殊的活动——“铭记红色历史，小梦鼎砥砺前行”红色基地实践活动。县关工委常务副主任袁春林全程参与活动。学校关工委主任张校长对小梦鼎们进行安全教育。之后，在老师的带领下参观梅花村会议遗址。张校长还为孩子们介绍该遗址的历史背景。参观完毕，小梦鼎在张校长的引领下用一首改编的《南泥湾》致敬伟大的革命先烈。两位学生代表朗诵《红旗飘飘，引我成长》和《红旗，我们的标志》。全体师生参观梅花村会议遗址。各位党员老师还借此机会重温了入党誓词。

2018 年 7 月，27 名留守儿童在胡陈乡中堡溪村的“光点讲堂”内，参加“假日学校”；2018 年 5 月，乡关工委联合东仓小学关工委，在宁波市关心下一代基金会、宁海县关心下一代工作委员会、宁海县关心下一代志愿者协会的支持下，组织东仓小学全体教师党员及各班小梦鼎前往梅花村参加红色基地实践活动。2018 年，乡关工委针对留守儿童已开展 4 次活动，顺利度过了一个有趣、快乐、安全的暑假。

（五）关注贫困学子

胡陈乡中心小学三年级学生汤子健，因家庭突遭变故，父亲被确诊患了脑癌，在校身为班长的他，协助老师把班级管理得井井有条，回家作为儿子，做完作业就与姐姐一起照顾父亲，帮忙做家务。汤子健用他的自强与孝心为父母撑起了一片爱的天空，也为同学们树立了学习的榜样。2014年，经胡陈乡关工委推荐，县关工委报送，汤子健被评为宁波市青少年“孝德之星”。

2016年9月13日，由胡陈乡关工委、乡妇联、乡团委、太平人寿联合举办的微心愿圆梦仪式在胡陈乡东仓小学开展。东仓小学一到五年级共304名留守儿童在爱心人士的帮助下领到了自己的心愿礼物。此前，在5月举办微心愿启动仪式上，小朋友们在一张张心愿卡上留下了自己的微心愿。时隔3个多月，通过太平人寿线上、线下爱心人士的认领，304个微心愿已然化作304件心愿礼物出现在这次的圆梦仪式之上。活动中，乡政府、太平人寿及爱心人士代表亲手将礼物一一送到小朋友们的手中，并与受助的孩子们进行合影留念。活动最后，太平人寿特地为东仓小学全体师生送上亲手制作的月饼，值此佳节之际，送上节日的祝福与问候。

2016年9月28日，胡陈乡开展贫困学生“读书梦”圆梦活动，值此孔子诞辰日之际，承至圣先师之志，授书于寒门，圆胡陈小学贫困学子们一个“读书梦”。新一学年的开学季，胡陈乡关工委与乡工会、妇联等为胡陈乡的困难学生准备了一封特殊的开学礼物。一大早，胡陈乡政府工作人员满载着一车的慰问礼品赶赴胡陈中心小学。60余位小朋友，趁着课间短暂的时光，在老师的带领下，有序进入教室。堆满教室一角的图书礼物，码放整齐的一本本崭新图书，当小朋友们从老师们的手中接过这一份读书礼时，都显得无比的激动。党员同心圆的爱心人士更是为其中的16位贫困学子特别准备了一张价值200元的购物卡，圆了这些寒门子弟的一个读书梦！

2019年5月28日上午，宁波市老干部局和宁海县老干部局两个离退休干部党支部老同志代表，继2018年“六一”节之后，第二次到胡陈乡东仓小学开展“大手牵小手”关爱结对助学活动。结对助学仪式上，老同志代表离退休干部党支部向6名贫困学生送上了助学金和学习用品，并鼓励他们志存高远，立志未来，好好学习，积极向上，将来成为社会主义建设者和接班人。

（六）假日学校越办越好

胡陈乡关工委从2012年7月开办“假日学校”以来，已逐步走向正常化、常规化，以胡陈中学、东仓小学、胡陈乡中心小学等学校为平台，发放《招生简章》和《告家长书》，并在各村社宣传栏张贴“假日学校”宣传海报，使家长、学生充分了解“假日学校”的活动内容与报名要求，从而吸引了大量青少年参加。并坚持年年开办“假日学校”，使广大青少年都有机会到“假日学校”接受教育，特别是留守儿童，使孩子们在外打工的父母可以放心、安心。

2013年8月25日，宁海电视台新闻栏目中播出胡陈乡“假日学校”的实况，受到社会各界的好评。

2015年7月15日，胡陈乡暑期“假日学校”正式开班，吸引了60余名中小学生积极参与。开班仪式上，胡陈乡党委副书记、乡关工委主任张平，乡关工委常务副主任林明荣，西翁村“假日学校”校长林彩萍等在仪式上作讲话。宁波大学暑期实践志愿者团队的9名成员、胡陈乡退休老教师、乡司法所、乡安监站和大学生村干部们成为这期“假日学校”的老师。在开班的第一天，老师们除了给孩子辅导暑假作业，还安排参观工艺品以增加孩子们的知识面，另外根据不同的年龄层次，组织模拟法庭、手工劳作等丰富孩子们的课堂内容。假日学校在督促孩子们做好暑假作业的同时，结合青少年的实际需要，安排一系列知识讲座和文体活动，包括消防安全、日常救护等知识的普及，拼装模型玩具、直升机、万花筒等科技小制作，创作彩色饺子、环保袋等生活体验活动，还有打羽毛球、踢毽子、下棋等体育活动，内容丰富多彩，寓教于乐，通过活动使孩子们从中学到许多知识和社会实践能力。

2018年，胡陈乡关工委在中堡溪村、胡东村又创办了2所“假日学校”，其中中堡溪村的“假日学校”为期11天，参加学生38人；胡东村的“假日学校”为期7天，参加学生30人。

（七）开展“双创建”强基层基础

2007年，在县关工委的统一部署下，乡关工委选择在胡东村、梅山村首先开展“三好四无”创建活动，经县“三好四无”创建领导小组审定，县委组织部、县关工委授予胡东村、梅山村为宁海县村（社）校共建‘三好四无’先进单位。2015年，在大赖村开始创建“五好”基层关工委，2017年，对前期创建的“三好四无”先进单位全部成功进行了复评提升。“三好四无”“五好”关工委的“双创建”活动成为乡关工委夯实基层基础的一个重要手段和载体，截至2017年，12个村关工委获得“五好”基层关工委称号。

胡陈乡村级关工委“双创建”情况表

表7-15

时间	村名	创建情况
2008年	胡东村、梅山村	2007年度通过县“三好四无”创建
2010年	车家村、西翁村	2008年度通过县“三好四无”创建
	联胜村、长平村	2009年度通过县“三好四无”创建
2013年	腾达村	2012年度通过县“三好四无”创建
	车家村	2012年度通过县“三好四无”提升复评
	永和村	2013年度县“三好四无”创建
	联胜村、长平村	2013年度通过县“三好四无”提升复评
2015年	国叶村、岙里王村	2014年度通过县“三好四无”创建
	腾达村	2014年度通过县“三好四无”提升复评
2016年	大赖村	2015年度通过县“五好”基层关工委创建
2018年	中堡溪村	2017年度通过县“五好”基层关工委创建
	胡东村、梅山村、车家村、西翁村、联胜村、长平村、腾达村、永和村、国叶村、岙里王村、大赖村	2017年度通过县“五好”基层关工委提升复评
2019年	胡陈乡关工委	2018年度通过县“五好”乡镇（街道）关工委提升复评
	胡陈村	2018年度通过县“五好”基层关工委创建

三、典型经验交流及所获荣誉

2006年3月8日，全县预防未成年人违法犯罪工作汇报会在茶院乡召开，胡陈乡关工委以《紧扣我乡实际，注重个体帮教，有效提升青少年整体素质》为主题作典型交流。

胡陈乡关工委所获荣誉一览表

表 7-16

时间	获奖单位或个人	荣誉称号	颁奖单位
1993 年	黄正藏	县优秀校外辅导员	县关工委
1994 年	夏新科	县关心下一代工作先进个人	县委、县政府
1999 年	鲍培根	县关心下一代工作先进个人	县委、县政府
2001 年	叶大兴	县关心下一代工作先进个人	县委办公室
2004 年	胡陈村党支部	县关心下一代工作先进集体	县委、县政府
2006 年	胡陈乡关爱调研小组	县关心下一代工作调研文章纪念奖	县关工委
2008 年	梅山村党支部	县关心下一代工作先进集体	县委、县政府
2010 年	车家村关工委	市“六有”村关工委	市关工委
	侯民明	市关心下一代工作先进个人	市关工委
	梅山村关工委	县关心下一代工作先进集体	县关工委
	张爱娇、车思品	县关心下一代工作先进个人	县关工委
	鲍培根	县“关工之星”	县委、县政府
2012 年	车家村关工委	市“六有”村关工委	市关工委
2013 年	胡陈乡关工委的《留守儿童的调查报告》、叶显优的《关于胡陈乡关心下一代工作情况的调研》	县关心下一代工作先进集体	县关工委
	鲍培根	县关心下一代工作先进个人	县关工委
	陈禧蒙	县关心下一代工作优秀调研报告，获三等奖	县关工委
	鲍培根	县关心下一代工作“五老”先进个人	县关工委
2014 年	陈禧蒙	县关工委系统信息宣传工作先进个人	县关工委
2015 年	胡陈乡关工委	县关心下一代工作先进集体	县关工委
	鲍培根、叶显优	县关心下一代工作先进个人	县关工委
	叶显优、陈禧蒙	县关工委系统信息宣传工作先进个人二等奖	县关工委
2016 年	罗静	市关心下一代工作先进个人	市关工委
	车家村关工委	市“五好”村（社）关工委	市关工委
	罗静	县关工委系统信息宣传工作先进个人	县关工委
2017 年	得心坊艺术馆	县关心下一代工作先进集体	县关工委
	林明荣、车秀伟	县关心下一代工作先进个人	县关工委
	叶显优	县关心下一代工作优秀“五老”	县关工委
	罗静	县关工委系统信息宣传工作优秀信息员	县关工委
	叶亦堂、叶显优、车思品	县“假日学校”优秀“五老”	县关工委

续表7-16

时间	获奖单位或个人	荣誉称号	颁奖单位
2018 年	中堡溪村关工委	市“五好”社区（村）关工委	市关工委
	中堡溪村关工委	县关心下一代工作先进集体	县关工委
	叶亦堂	县关心下一代工作先进个人	县关工委
	叶显优	县关心下一代工作优秀“五老”	县关工委
2019 年	李翠浓	2018 年度县关工委系统信息宣传工作优秀通讯员	县关工委
	王启军	2018 年度县关工委系统信息宣传工作积极通讯员	县关工委
	叶显优、王启军、项云娥、蒋兰兰	2019 年度宁海县暑期“假日学校”志愿服务工作先进个人	县关工委
	王启军	2019 年度县关工委系统信息宣传工作优秀通讯员	县关工委

力　洋　镇

一、机构及人事沿革

力洋镇关心下一代工作委员会（以下简称力洋镇关工委），前身为力洋区关协，成立于 1991 年 1 月 31 日。力洋区下辖力洋镇、古渡乡、前横乡、青珠乡、山头乡、胡陈乡、东仓乡、茶院乡、毛屿乡等 9 个乡镇。1992 年 5 月，辙区扩镇并乡，古渡乡并入力洋镇。力洋镇关协，成立于 1992 年 8 月 4 日，1996 年 3 月 12 日更名为力洋镇关心下一代工作委员会。2004 年 8 月，撤明港镇原区域，青珠乡和山头乡并入长街镇，前横乡并入力洋镇。从 2004 年 10 月起至今，力洋镇辖 2 个社区 18 个行政村。

力洋镇关工委由镇党群副书记任主任，副镇级领导任常务副主任，老干部支部的支部书记或文教卫副镇长、分管民政的党委委员任副主任。成员由计生办、政法办、团委、妇联、民政、教委、派出所、法庭、工商所等相关单位人员组成。其主要任务是，指导村居、学校、企业做好青少年儿童心理健康辅导，开展助学、助困、助残、助孤、助医等“五助”关爱帮扶活动，开展对留守儿童进行帮教，开展对青少年进行社会主义核心价值观教育，帮助青少年自立自强、成长成才等关心下一代工作。向所属各部门传达贯彻上级有关指示精神，布置和检查所属各部门的关心下一代工作。

2018 年 6 月，力洋镇成立宁海县关心下一代工作志愿者协会力洋镇工作站。

力洋镇关心下一代协会班子成员一览表

表 7-17

时间	名誉会长	会长	副会长	理事
1992 年 8 月	胡国贵	王婉丽	李忠宪、裘祖道、杨兴木	王日波、王振建、王婉丽、叶小海、冯旭初、冯宗贤、庄久辉、朱继祥、朱梅兰、李忠宪、杨兴木、杨康美、陈金来、张爱平、严望远、范功庆、周际勇、赵旭佑、施良运、施继银、徐国友、董伟兵、董昌申、谢小修、谢昌聪、庞茂杭（兼副秘书长）
1993 年 11 月	胡国贵	鲍明铭	杨康美、裘祖道、杨兴木	王日波、王伍坦、冯旭初、冯宗贤、叶小海、叶秀芬、庄久辉、朱继祥、陈泽华、李幸泽、吴春华、严望远、杨兴木、杨康美、张飞军、范功庆、赵旭佑、施良运、徐国友、谢昌聪、董　健、鲍英华、鲍明铭、庞茂杭

力洋镇关工委班子成员一览表

表 7-18

时间	主任	常务副主任	副主任	成员、委员
1996 年 3 月	鲍允伟	—	赵旭佑、裘祖道、储为福	胡国贵、蒋爱娟、董宜春、冯旭初、候民明、陈泽华、王日波、吴春华、范功庆、储功振、张振达
1998 年 7 月	王再全	—	张飞军、赵旭佑	胡国贵、陈芳、冯旭初、蒋爱娟、裘祖道、谢恒宜、范功庆、储为福、徐传明、胡建筑、李庆元、王日波
2001 年 12 月	葛国营	—	—	—
2003 年 10 月	叶元云	—	谢恒恳	杨芳
2008 年 4 月	胡姣蓉	王玲芬	—	杨芳、蒋爱娟、杨晓战、谢哲军、叶显青、邵茂东、俞益伟、谢肃委
2008 年 7 月	林红	王玲芬	—	杨芳、蒋爱娟、杨晓战、张建、叶显青、邵茂东、俞益伟、谢肃委、叶秀亦
2009 年 9 月	—	王家烘	—	—
2009 年 11 月	—	朱军华	—	—
2010 年 7 月	林红	朱军华	—	胡薛霖、蒋爱娟、葛周泽、杨晓战、谢哲军、徐雅夫、叶显青、童霖军、朱仁会、杨双养、王国元
2011 年 9 月	钱卫挺	陈北乾	梅雪、孙大临	陈伟诚、陈丽敏、叶显青、郭松青、顾伟莉、徐雅夫、胡薛霖、叶秀亦
2012 年 7 月	钱卫挺	万中林	陈士奋	胡薛霖、林德伟、杨锐波、陈伟诚、陈丽敏、叶显青、顾伟莉、余凯、张春、钟成伟
2016 年 5 月	葛建标	—	万中林、陈士奋	仇奕尹（兼办公室主任）、陈丽敏、骆海飞、胡余建、陈海炳、吴晟、童文建、钟成伟

续表7-18

时间	主任	常务副主任	副主任	成员、委员
2016 年 8 月	陈威	—	万中林、陈士奋	仇奕尹（兼办公室主任）、陈丽敏、骆海飞、胡余建、陈海炳、吴晟、童文建、钟成伟
2017 年 6 月	陈威	—	万中林、陈士奋	仇奕尹（兼办公室主任）、陈丽敏、骆海飞、胡余建、陈海炳、严燎燎、潘相斌、王灿
2018 年 3 月	陈威	—	万中林、陈士奋	葛优萍（兼办公室主任）、胡肖军、王宏义、冯东凯、仇奕尹、沙丽娜、王静、胡余建、陈海炳、严燎燎、潘相斌、王灿
2019 年 12 月	苏幸荣	应可昆	—	—

基层村（社）关工委组织

力洋镇村级关心下一代工作组织建于 1992 年 11 月 27 日，原 25 个行政村均建立关心下一代协会。2008 年村级合并调整为 2 个社区、18 个行政村，村级关协更名为村关心下一代工作委员会。2017 年村级换届后，由于人事变动及时充实调整村关工委组成人员，由镇党委发文公布。

1992 年力洋镇村级关协小组领导成员一览表

表 7-19

村别	组长	副组长	秘书长
岭交	叶才元	倪宝妹	叶全杏
东吴	吴永昌	吴勇敢	吴全根
西吴	叶元畅	叶元汉	叶修德
吴家洋	叶显界	郑玲花	叶亦淼
石门	叶显会	叶显波	叶显报
高洋地	叶丁才	叶元余	叶建华
路下施	赖其利	施良敖	王其华
西仓王	王昌夫	王其田	鲍斯满
西仓董	王小方	董在庆	董宜建
前宅	施国来	鲍根法	施善连
范宅	李世荣	施宗虎	储吉荣
石埠岙	施小报	叶云翻	叶亦全
海屿	倪中帝	倪秦香	倪中其
海头	傅国民	庄久辉、施继银	章以来
海楼渔	俞益恒	施芝连	赖大兴
燕楼山	葛更新	陈在葵	叶宗志
田交朱	朱继斜	朱宗信、朱承梅	朱文宗

续表7-19

村别	组长	副组长	秘书长
东屿	彭全超	彭全合	彭全军
西屿	梁斯明	应大演	王振宝
大塘	张友治	谢善修	彭家贵
力洋	冯宗贤	叶显斌、孔三安	许仁坑、曹林宝
山横	范正才	施继强	朱成宽
力洋孔	王振安	孔祥和	胡美气、孔祥辉
山后	张家荣	周岳明	冯永金
林屿	冯小昂	陆继设	冯宗说
墩头	周其章	周常朝	林向阳
下山张	陈康年	傅宗苗	张金闹
渡头	俞德庆	杨贻能	王家全
上彭	叶亦松	陈泽春	胡福双
谢家	谢恒淡	谢凤鸣	陆可建
岩头	谢时宽	王龙永	王继生
船湾	秦宏常	陆荣府	秦祥锋
大山后	王家平	张吉行	叶才亦
储家市	施继满	叶定华	储之平
王家	王家连	王鹏超	王国斌
山头朱	朱中福	朱作奎	朱作田
下渡头	李超	李苗	王发英
叶家	陈文贵	邬茂松	华宜田、陈贵钱

2008年力洋镇村级关工委及关工小组领导成员一览表

表7-20

村别	主任/组长	副主任/副组长	成　员
力洋村	冯旭初	伍克成	姚世堂、冯全安、叶继堂、沈方河、赵根娟
田交朱村	施孝能	朱行良	朱宗炳、朱万吉、胡苹娟、冯传红
田交朱自然村	施孝能	朱行良	朱宗炳、朱万吉、朱家地、朱行根
燕楼山自然村	冯传红	冯三礼	叶宗志、孔晓芬、施宗川
大塘村	孔令安	张学俊	彭全超、应必滔、张光兴、彭全滚、叶光明、周素绒、应可常
东屿自然村	彭全超	彭全滚	王伟浓

续表7-20

村别	主任/组长	副主任/副组长	成　员
大塘自然村	孔令安	张学俊	张光兴、叶光明、周素绒
海屿村	倪中帝	倪逢府	倪逢演、倪存香、陈亚芬
海头村	庄允肖	付光兴	张玲女、谢修全、付光春、谢时富、徐善来
海楼渔村	章正官	俞志运	赖其任、章正浓、施兴伟、王其华、俞益都
力洋孔村	孔令柯	孔金水	孔万勇
岭峧村	徐培飞	王元真	叶元奖、叶元乾、吴永昌、叶娇仙、叶显界
岭峧自然村	叶元乾	凌国云	叶娇仙、叶才元、叶良木
东吴自然村	吴永昌	—	吴小根、陈美娣
西吴自然村	叶元奖	叶元笑	是光华、王丽珍
吴家洋自然村	叶显界	—	叶亦补、叶元庆
路下施村	施宗华	施善浓	施建国、赖娇娥、王昌蒙
路下施自然村	施宗华	施善浓	施建国、施珍浓
石门自然村	叶显报	叶根华	叶素娟、叶显祥、叶显会
西仓王自然村	王其台	王昌蒙	王其平、叶台芳、王昌富
盖仓村	施兴凑	叶兴昌	施继蓬、董小英、顾文斌
前宅自然村	叶兴昌	鲍根法	叶兴良、徐夏芬
范宅自然村	施兴凑	施晓峰	施兴昌、施洪军、施佩浓
西仓董自然村	董小英	董宜乌	董家金、董金榜、董金生、王小芳
石埠岙自然村	施继蓬	谢田香	叶显乌、叶定雨、粟华
东园村	张金朝	冯华参	杨为常、张章福、金兴有、周其础、王爱玲
林屿自然村	冯华参	芦昌锡	芦其道、谢翠芳、冯宗智
渡头自然村	金兴有	—	俞德庆、应敏
下山张自然村	张金朝	—	陈小辑、陈英祖
山后自然村	张章福	王爱玲	顾雨水、张家勇
墩头自然村	杨为常	周其掌	周其础、周常炉、胡余锦
古渡村	谢恒建	祝良友	胡华显、王家平、秦宏钿、叶燕群
谢家自然村	谢恒建	冯雪峰	庄允娣、谢时撑、谢时良
岩头自然村	祝良友	施东强	叶巧莲、谢时友、谢中海
上彭自然村	胡华显	胡荣甫	王月娇、胡荷仙、胡福杠
文正村	周才文	王小红	朱忠禄、储建政、李超、邬永林、胡伟亦
储家市自然村	储建政	—	储定富、徐亚萍

续表7-20

村别	主任/组长	副主任/副组长	成　员
下渡头自然村	李超	叶亦法	叶秀金、李斌
王家自然村	胡伟亦	王小红	王有庆、冯明才、王家连
山头朱自然村	朱忠禄	王贻盎	朱忠焕、李能家
叶家自然村	邬永林	—	周继义、叶邓旭、胡全友
跳头村	秦祥奎	秦小谷	秦思祥、蒋思报、陈佩芽、蒋大岳、姚云娟、秦祥辉
跳头自然村	秦思祥	秦小谷	陈佩芽、秦祥辉
坭山坪自然村	蒋思报	蒋大岳	姚云娟、蒋有势
凤凰山村	陈能伟	叶定顺	娄金珠、金必正、杨谋武、胡亚云
洞门自然村	赵有林	储为华、何善杨、储善方、李和伟	—
港下杨自然村	杨谋春	杨先利	叶红燕、杨忠文
石碾自然村	陈能伟	金兴银	刘莉文、金必正
外山自然村	施宗玳	杨先委	赵后夫、胡亚云、林明强
前横村	王必富	杨兴松	童远军、林三芬、杨秀珍、曹彩球、徐能宽、蔡王芬
竹山自然村	阮万千	杨兴松	杨秀玲、杜方明、阮纪灿
上山自然村	王必照	国金标	葛宏帆、曹彩球
下山自然村	顾宏洪	李仁昌	林三芬、金守国
塘厂自然村	林辉行	何金地	林永保、蔡王芬
平岩村	张贤安	应庆土	叶定东、金先菊、朱发早、洪定军、黄关钿、张学宝
平岩自然村	张学宝	应庆土	应四妹
小潭塘自然村	叶定东	黄关钿	陈承云
小青村	董义平	施新根	缪满浓、冯全生、胡余辉

2017年力洋镇村级关工委组织领导成员一览表

表7-21

村别	主任	常务副主任	成员
力洋村	张仁泽	叶元挺	叶根华、叶元飞、叶元平、沈方河、叶秀旺、顾宏中、李恒宽、顾银燕、褚冬萍、叶欢峰、沙丽娜、胡静娟
海屿村	倪忠帝	倪逢总	邵财木、倪忠奇、邵兴祖、胡玲珠、陈丽敏
大塘村	叶显科	孔德庆	应必宗、应必滔、林方家、周素绒、张光兴、骆海飞、葛金超、王　坚

续表7-21

村别	主任	常务副主任	成员
古渡村	谢恒建	谢中海	谢时友、胡余通、王家平、董友未、胡炳炉、胡　杰、赖二娟、秦小桃、郑学进、尤海雅、胡肖军
文正村	周才文	王小红	李　超、胡伟亦、储定夫、朱中撑、周继义、葛志伟、储岳军、徐亚萍、柴以恩、林德伟、陈叶军、蒋爱娟、柴晓丹、韩婧萧
小青村	朱全根	季永利	董义平、施善富、施丙路、杨玉娥、胡家润、王宏义
平岩村	张贤安	阮银光	金先菊、罗银仁、应仁利、赵国梁、罗红珊、尤福兴、应健勋、华洋标、曹为巧
海头村	庄允肖	施照成	谢修全、张林女、谢时对、施双娥、谢时富、仇奕尹、应越
田交朱村	施孝能	朱成巩	朱家地、冯宗银、朱泉红、谢大章、倪三芬、秦满苏、陈坚、林维维
岭峧村	徐培飞	叶元挺	叶元奖、吴永敢、凌国云、叶建友、叶兴党、叶娇仙、叶全杏、王建婷、胡岳芬、张赛芳、叶瑞
路下施村	施建国	施继勋	叶元龙、叶显报、王昌蒙、王三红、王苏芬、叶肖绒、王旭峰、袁建勋、谢静丽、彭梁峰
前横村	王必富	陈欢民	阮万千、王必照、顾洪宏、徐能宽、林辉行、林辅川、冯宗青、林三芬、林永宝、柴志芳、李孝国、王翠华、吕哲托、董昌维
力洋孔村	孔令柯	叶显操	孔令总、王振安、孔令来、徐嫦娥、孔祥国、景增杰
海楼渔村	俞益曹	顾洪标	顾小扬、顾洪苗、赖祖恒、章金浓、王其华、冯东凯
盖仓村	施兴凑	董小春	叶兴良、董小英、粟华、叶显乌、施佩浓、董小金、杨继斌、王建明、黄升昌
东园村	冯华参	周其础	张子通、张金朝、俞志钱、傅功仁、俞志荣、张雪芬、吴树根、张金鑫、宋琳娜、丁方彪、冯传余、葛家彤
跳头村	秦祥奎	秦乾邦	秦思祥、蒋军桑、杨誉杰、陈佩芽、蒋伟跃、胡贤胜、华燕绒
凤凰山村	冯会奖	庄允邦	施宗海、金必正、杨谋象、叶显烈、张华芬、娄金珠、朱家辉、范美萍、谢秀俊、王静
明港社区	张安虎	钟　敏	张光旭、王斯土、王红标、钱子科、蒋善亲、陈爱飞、张　天、冯卫灵
中心居委会	赵旭佑	叶家斌	蔡荣亮、叶家斌、谢锦君、景增杰

二、主要工作

（一）开展青少年思想道德教育

按“在学校做个好学生，在家里做个好孩子，在社会做个好公民”要求，镇关工委建成学校、家庭、社会三结合的德育工作机制。每年3月，开展学雷锋、树新风、讲文明活动。建党、建国纪念日期间组织学生进行爱国主义宣传，教育学生听党话、跟党走。每年清明时节，由团委和少先队组织学生进行革命传统教育，祭扫力洋水库烈士墓。请平岩村“三老”退伍军人宋贤林讲烈士光荣事迹，讲抗日战争故事、讲解放战争故事、讲宁海的革命斗争故事，教育学生树立民族精神，进行社会主义核心价值观教育，不忘初心、牢记使命，做好共产主义接班人。

2013年5月，在全镇中小学中开展以“我的中国梦、我的青春梦”为主题的征文比赛，对获奖作文汇编成册，并印制在展板上，在各行政村展出。

2014年5月，在全镇中小学范围内开展“手拉手保护白鹭”教育活动，通过发起保护白鹭倡议书，建立少年护鸟队；10月，力洋中学、力洋镇中心小学开展一系列活动助力“五水共治”：刊出一期黑板报，举行一次国旗下讲话，召开一次“五水共治”主题教育讲座，举行“五水共治，保护母亲河——爸妈带我捡垃圾”、“我的治水金点子”活动，教育学生以实际行动投入到爱水、治水、节水、护水中。

2015年1月，力洋镇中心小学在寒假、春节期间及开学初开展“优秀传统文化在我身边”的活动：进行“手绘年画”“节日小报”“巧手迎春”等比赛；1月20日，宁波市弘扬中华传统文化研究会理事、讲师李佳芳老师在力洋镇初级中学开展主题为《中华传统文化》的讲座。

2016年正月十四，镇关工委联合力洋镇中心幼儿园海头分园开展“喜乐会、闹元宵”活动；5月，镇关工委组织宁海县二职高部分学生在力洋孔村开展了“游美丽乡村，品儒家文化”汉服茶艺表演活动，并举行了少女笄礼仪式；儿童节期间，小学和幼儿园共计有800多小朋友参加了快乐儿童节活动，分别开展“庆‘六一’游园”、“离园倒计时”之快乐回忆、欢庆“六一”之亲子美食篇、“远离烟草，我们在行动”世界无烟日、欢庆“六一”之亲子水果拼盘、游艺等8个主题活动；10月，在力洋古宅举办了“古宅拾趣，品读历史”趣味寻宝活动，本次活动吸引了20支来自学校、机关企事业单位、户外运动俱乐部和力洋镇属各单位的队伍前来参加比赛；11月，以“细品桔味，尽享桔趣”为主题，联合前横幼儿园举办首届桔文化美食节活动，共有近600余名儿童及家长参加。2019年儿童节期间，力洋镇关工委与力洋镇中心小学一起举办了“欢乐游园会”活动。本次游园活动以经典怀旧的小游戏为主题。在各班班主任的精心设计下，为孩子们准备了充满童趣的小游戏，如《巧手推杯》《动动嘴皮子》《吹蜡烛》《夹弹珠》《团团抱》《比比谁的眼力好》《水果蹲》《小猫钓鱼》等。游园活动寓教于乐，注重对学生协调能力、判断能力的培养，让学生们所学的知识在实践中体验和感悟，在游戏中受到启发。

2016年4月，力洋镇关工委组织力洋青少年来到力洋水库烈士陵园扫墓，纪念为国捐躯的革命先烈，缅怀他们的丰功伟绩，适时进行革命传统教育和传统美德教育。在四月的第四个星期日是由联合国发起成立的世界儿童日，其目的是为促进儿童保护、福利和教育等事业的发展。力洋镇的百余名留守儿童和贫困儿童收到了来自匿名爱心人士特殊的节日礼物——25箱共4000余件文具。这位不愿意透露姓名的爱心人士是“80后”青年企业家。该企业家与力洋镇关工委取得联系，将自己工厂生产的25箱包含文具盒、铅笔、塑料剪刀、橡皮和尺子的文具套装无偿赠送给困难儿童。当工作人员询问对方的信息时，该企业家没有告知，只是强调想尽自己的微薄之力给更多的儿童带去一点温暖和帮助，并且还承诺会继续关注他们的生活和学习情况，提供力所能及的帮助，来推动孩子们实现童年小小的梦想，完成属于“小雏鹰们”的微心愿。

2016年力洋镇关工委成立了“沥水之阳”暑期假日学校，发动在职教师、“五老”同志、大学生青年志愿者、各机关部门、企业等共同参与志愿服务，全镇分为力洋片、西仓片、古渡片、前横片、力洋初中五个片区上课，发放了4000余件文具用品；开展了读一本儿童励志好书、看一部法治教育影片、听一场预防犯罪讲座、开展一次禁毒主题日等系列活动，参加青少年达550余人次；组织镇青年干部带领20多名留守儿童到海头村菊花基地开展“爱心育苗”志愿服务活动。2017年

“沥水之阳”暑期假日学校，从力洋小学、行政村中选出家庭特别困难和服刑人员子女的留守儿童30多名，开展“两地书信”留守儿童关爱活动，邀请了80多岁的贾晓瑞老师到力洋孔村为孩子们上国学课；组织留守儿童到智能汽车小镇党群综合服务中心观看励志电影；到智能汽车小镇体验馆参观汽车小镇规划展示、汽车小镇产业展示、小镇城市建设特色展示；游玩VR超感体验馆。镇关工委通过此次活动还特别打造了一部《两地书信》微电影+微纪录片。微电影根据真人真事改编，以力洋留守儿童婷婷的生活和学习为蓝本，进行再创作的短片电影。这个公益活动得到了多方的关注和支持。获得了上级多个部门的好评。

2017年1月9日，镇关工委联合前横幼儿园举行“迎新年—创意手工剪纸”比赛活动，全体教师和儿童参加了这次比赛，有24幅作品获得了奖励；春节期间，力洋镇关工委为海头等村的20多名留守儿童送去社会各界给他们带来的“新年礼物”，完成他们期待已久的微心愿；正月十三下午，力洋镇关工委组织村里的25名五老巾帼志愿者同敬老院食堂工作人员一起为老人包团子，让敬老院的孤寡老人过上了一个温馨祥和的“十四夜”；3月29日，清明节期间，力洋镇关工委组织五老人员到力洋小学开展“学做清明果，传承清明习俗”的清明节主题活动，教孩子们亲自动手制作清明果，给孩子们上了一堂生动的民俗体验课；4月5日，开展以“缅怀、追思、传承”为主题的网上祭英烈活动，学生在网上通过向革命先烈鞠躬、敬献鲜花、书写感言寄语等形式，深刻缅怀老一辈革命先烈的丰功伟绩。2017年7月24日，县关工委宣讲团成员贾晓瑞受邀至力洋镇力洋孔村，重点开展党史国学教育知识讲座，使留守儿童接触国学经典的熏陶，培养爱党爱国思想意识和情怀。本次知识讲座在力洋镇开展，据孔氏家谱记载，力洋孔村先祖是孔子嫡系第55代孙，至今已有600余年，仍保留着深厚的孔子文化。贾老师与同学们一起回顾了中国共产党成立96周年的辉煌历程。随后，贾老师通过朗诵《三字经》《弟子规》来教育孩子们，她说，国学经典是五千年中华文化的珍贵遗产，是古代圣贤的智慧结晶，我们要做到仁、义、诚、敬、孝，养成良好生活习惯，成长为一个自信、独立、坚强、快乐和勇于承担责任的人。

2018年8月1日上午，力洋镇关工委组织辖区内二十余名小朋友开展“学习传统戏曲，享受非遗艺术”活动，让孩子们感受传统文化的魅力。

2019年3月下旬，力洋镇关工委组织力洋小学学生到力洋水库谢洪滨烈士扫墓，了解革命先烈的英雄事迹。

（二）开展结对帮扶活动

1. 法治教育活动

力洋镇中小学聘请派出所和边防哨所指导员为法治副校长，每学期进行一次例行法治教育。每年暑期前，由镇关工委、镇团委、妇联等单位联合，在中小学举行一次防溺水、防火灾、防交通事故、防拐骗等教育活动。在暑期，镇关工委利用假日学校，开展对留守儿童和部分当地学生、青少年进行反邪教宣传活动。还请法学专家进学校讲授未成年人保护法、预防未成年人犯罪法。

2013年4—5月，在中小学校组织2场法治课，300余人受教育，宣讲禁毒和《中华人民共和国未成年人保护法》等知识；2014年在中小学校组织2场法治课，进行以《中华人民共和国宪法》为核心的法制教育，组织学生观看预防未成年人犯罪专题教育片；2015年4月25日，镇关工委特邀宁海交警大队的吴世平警官在前横小学给全校师生上了一堂题为“文明交通从我做起”的交通安全讲座；6月27日，镇关工委邀请县法院章琴琴老师为力洋初中的全校师生上了一堂“珍惜青春，远离犯罪”的讲座；6月28日，力洋镇派出所的王警官给力洋镇中心小学二年级同学们上了一堂法治教育讲座，重点讲解小学生应该如何遵纪守法、远离不良行为的一些基本知识；2016年5月8日，世界红十字日之际，镇关工委举办“情暖红十字”主题活动，组织青少年和儿童看望残疾人、走访领养人家庭，弘扬“人道、博爱、奉献”的红十字精神。2017年5月26日，力洋小学关工委邀请宁海县人民检察院、力洋镇综治办、力洋镇司法所的同志到学校一起举行了“法律相伴、快乐成长”的法治教育专题活动。力洋镇司法所的陈叶军带领同学们观看了“平安宁海”宣传画，内容包括食品安全、校园安全、预防溺水等。然后，宁海县人民检察院陈璐萍给四年级段学生作“法律相伴、快乐成长”专题讲座。从热播剧《人民的名义》入题，介绍了检察院的主要工作，然后用生动的案例讲解了什么是“盗窃罪”“抢劫罪”“故意伤害罪”。最后，她介绍了校园欺凌的类型和应对方法。讲座结束，检察院的同志给同学们赠送了《青少年自我防护手册》。

2. 帮助失足青少年

失足青少年是青少年中的一个特殊群体，如何使他们重新融入社会，参与到社会建设中来，是我镇关心下一代工作不可或缺的方面。工作中，我们积极将失足青少年拉入群体活动中，收到很好的效果。2009年6月8日，力洋镇关工委贯彻落实上级关工委要求，积极组织57名“五老”结对农村未成年人关爱帮扶活动。2010年暑期，镇关工委安排60名“五老”参与力洋中心小学举行“我是90后”演讲比赛活动。2017年，镇关工委组织社区服刑青年开展森林防火义务巡逻活动，发放森林防火宣传单4000余份。镇关工委联合力洋团委、力洋司法所自2018年6月开始实行社区矫正“互联网+志愿”社区服务模式，要求每位社区服刑人员注册为“志爱宁海”志愿者，通过团委的这个平台，每位社区服刑人员每月至少要完成8小时的公益劳动。这批志愿者参加“五水共治”“小城镇环境整治”等志愿活动15次，参与的社区服刑青年89人次。8月15日，镇关工委志愿者走访慰问力洋村服刑人员子女婷婷。镇关工委还开展“三结对制度”：所在村关工委成员与留守儿童结对、镇“五老”成员与失足青年帮教结对、在校优秀学生与村里孤寡老人生活结对。

3. 帮困助学活动

镇关工委根据县关工委安排，每年开展对在校贫困学生、留守儿童进行扶贫帮困活动，减免贫困学生校服、保险费用，让困难学生享受免费爱心营养餐，利用党群同心圆实现微心愿。各村关工委根据本村的能力，对成绩突出，考入宁海中学和大学的学生进行慰问奖励。2014年5月30日，县关工委常务副主任袁春林到力洋镇前横小学开展“六一”慰问，慰问困难学生，向学校赠送文化体育器材；县镇两级政府在“六一”期间，对镇中心幼儿园和镇中心小学开展慰问；10月18日，镇关工委以微心愿的形式向力洋镇中心小学与力洋镇初级中学困难学生征集他们的小心愿，再由力洋镇关工委号召社会各界爱心人士进行结对认领。开展了“情系校园，为困难学生献爱心”活动，为困难的46名学生送去书籍和书包；同年，力洋镇关工委在全镇“五老”人员中开展爱心募捐活动，为洞门自然村胆道封闭小朋友王亚楠募资2500元。自2013年起，全镇共有90名中小学生享受到县关工委爱心助学基金资助。

2017年2月15日，力洋镇关工委联合镇区多部门开展向开学第二天的前横幼儿园小朋友赠送绘本阅读活动。前横幼儿园自开园以来，由于资金紧缺，园内的绘本借阅室内空荡荡，没有一本故事书，园长在2016年镇关工委“六一”慰问时曾提出能否帮小朋友们争取一些绘本故事书，小朋友们实在是太渴望能看上书，但园内的资金实在有限。面对小朋友的殷切盼望，力洋镇关工委经多方努力，发动爱心人士，终于募得一百余册绘本故事，送到了小朋友的手中，暂解了小朋友的“书渴”，但是更多的是意犹未尽，这次听说又有新的故事书送到，小朋友亮晶晶的眼里都是开心。在活动现场，镇关工委志愿者一边与小朋友交流，一边将由县图书馆捐赠的一百余册绘本分发到他们手上，同时和小朋友们共同阅读了绘本故事。轻松的活动氛围，欢快的阅读语调，引起孩子们极大的参与兴趣，他们聚精会神地听，对绘本故事内容充满了探究与好奇，不时提出各种各样的小问题，发表个人的小见解。活动结束时，小朋友们还意犹未尽，争先表达出还想参与类似绘本阅读活动的心愿。

2017 年 8 月，力洋镇关工委为一岁患病小女孩组织爱心捐款活动当来自力洋镇洞门村王维阳夫妇的一周零三个月的王亚楠于 2016 年 12 月到上海复旦附属儿科医院检查确诊为胆道闭锁，之后到宁波、上海等各大医院医疗，花费 15 万元左右，又因在胆道闭塞转为肝硬化，要求换肝，费用需 50 万元左右。孩子的父亲叫王维阳，在一家文具公司上班，自女儿出生以来，为孩子的病到处奔波求医，一年下来没有任何经济收入。力洋镇关工委获悉后，第一时间组织全镇“五老”人员为小楠楠开展爱心募捐活动，半天共募捐 2500 元，并转交至楠楠父亲手中。并表示，镇关工委将继续号召社会爱心人士为小楠楠这个幼小的生命募捐善款，拯救这个折翼的小天使。

2018 年 9 月 21 日，力洋镇关工委对镇辖区内的力洋小学、兴南小学、前横小学三所学校的 15 名贫困学生进行爱心资助，每人 1500 元，共计发放助学金 22500 元。

4. 关爱留守儿童

农村留守儿童关爱保护工作是党中央、国务院提出的当前一项重要而紧迫的任务，镇关工委坚决贯彻“急党政所急，想青少年所需，尽关工委所能”的工作方针，主动积极，开展好农村留守儿童的关爱帮扶工作。自 2013 年暑假开始，力洋镇关工委结合“春泥计划”联合高校学生与各行政村五老人员开展关爱留守儿童公益活动，对占学校总人数 20%的在校留守儿童进行专题调研，建立“代管家长”队伍，有 36 名教师与 30 多名长期住校的留守儿童“一对一”结对帮扶，建立成长档案，加强亲情沟通。

2016 年“六一”儿童节，力洋镇关工委、茶院乡关工委为帮助留守儿童树立正确的人生观、价值观，提高心理素质、培养健康品质、促进人格健全发展，让孩子们过一个五彩缤纷的儿童节，及时组织开展了以“关爱留守儿童，共度快乐‘六一’”“温暖童心 快乐六一”等为主题的六一慰问活动，为孩子们送去节日礼品，祝孩子们节日快乐。

2016 年，联合县图书馆到岭峧村开展“关爱留守儿童，共度快乐‘六一’”活动；组建暑期大学生实践调研组，先后深入到各村调研走访、座谈交流，为 86 位留守儿童建立了详细的留守儿童电子档案，并形成调研文章；2017 年 3 月 4 日，力洋镇关工委志愿者们带领小学生在青少年活动中心内广场，为力洋镇留守儿童进行了义卖活动，义卖所得的钱款全部作为力洋镇留守儿童的慰问资金。

为拓展培训提升留守儿童素质，力洋镇关工委协同镇工会、团委和妇联共同组织开展“少年志，强国梦”青少年素质拓展系列活动。活动从 2019 年 5 月开始，对 30 名周末上班职工的子女和留守儿童开展为期半年的综合素质拓展培训，以全面挖掘和提升留守儿童的综合素质，增强他们的自信心和集体意识。

2020 年 3 月 11 日，《今日宁海》报道，力洋镇关工委成立“儿童关爱队”，由“五老”接力照顾 3 名贵州籍留守儿童，为他们送去生活物资、防疫用品。

（三）关工委自身建设

2007 年开始，开展村（社）校共建“三好四无”活动，海屿村等 9 个行政村获“三好四无”共建先进单位。2013 年 5 月起，根据县关工委的要求，开始在村（社）开展创建“六有村级关工委”和“六好社区关工委”活动。2013 年，在镇级层面开展创建“五好乡镇关工委”。2015 年起，村（社）关工委开展创建“五好村（社）关工委”活动。“五好”基层关工委建设活动扎实推进，村（社）关工委切实把“五好”标准具体化，制定了实施意见、工作规则，把学习制度、工作活动、经费保障、台账档案等制度体系，形成了机制。目前全镇“五好”基层关工委先进面已达 70%以上，坚持每两年开展“回头看”，促进了“五好”关工委建设的科学化、常态化发展。2012 年，力洋镇关工委被评为县“五好”乡镇（街道）关工委，2019 年被评为县“五好”基层关工委创建优胜单位。

力洋镇关工委“双创建”情况一览表

表 7-22

年份	行政村（镇）	创建情况
2010	海屿村	通过 2008 年度县“三好四无”创建
	大塘村、古渡村、文正村	通过 2009 年度县“三好四无”创建
2013	小青村、平岩村、海头村	通过 2012 年度县“三好四无”创建
	海屿村	通过 2012 年度县“三好四无”提升复评
	力洋镇关工委	通过 2012 年度县“五好”乡镇（街道）关工委创建
	力洋村	通过 2013 年度县“三好四无”创建
	大塘村、古渡村、文正村	通过 2013 年度县“三好四无”提升复评
2015	田交朱村	通过 2014 年度县“三好四无”创建
	小青村、平岩村、海头村	通过 2014 年度县“三好四无”提升复评
2016	岭峧村、路下施村、前横村、力洋孔村	通过 2015 年度县“五好”基层关工委创建
2018	凤凰山村、盖仓村	通过 2017 年度县“五好”基层关工委创建
	海屿村、大塘村、古渡村、文正村、小青村、平岩村、海头村、力洋村、田交朱村、岭峧村、路下施村、前横村、力洋孔村	通过县“五好”基层关工委提升复评
2019	力洋镇关工委	2018 年度县“五好”基层关工委创建优胜单位
	东园村、跳头村、海头渔村、明港社区	通过 2018 年度县“五好”基层关工委创建

镇关工委自身建设不仅重视镇、村“双创建”工作，一直来，还坚持在工作实践上。力洋镇关工委成立至今，在镇党委政府的重视和领导下，认真贯彻落实上级关工委关心下一代工作的一系列指示，结合力洋镇实际，于 2013 年开始建成 6 块关工委工作阵地：一是远程教育阵地，二是农家书屋阵地，三是红色教育阵地，四是特色风俗阵地，五是校园和村级阵地，六是实践基地阵地。2014 年在六大阵地的基础上，又在力洋孔村创建了青少年道德教育基地。

力洋镇关工委积极同职能部门联手，合力做好关心下一代工作。镇关工委每年年初召开一次部门关工委成员联席会议，共同商讨全年关工委工作计划，按职负责，落实责任。镇关工季经常走访联系职能部门，及时收集相关成员单位工作成效和亮点，总结经验，互相支持，加强协作，形成合力，共同做好关心下一代工作。2016 年国际禁毒日，联合镇禁毒办、武装部、司法所等多部门在力洋街头开展主题为“珍爱青春、拒毒防毒”的集中宣传活动；以“青春飞扬·法制同行”为主题举行“12·5”国际志愿者日活动，联合镇团委、综治办、司法所、派出所、检察室、市场监督管理所、宁波银行、农村商业银行 8 个部门志愿者开展青少年普法教育、医疗保健、文明交通、食品。药品安全、质量安全、反假币识别技巧、反电信诈骗、金融服务等多样化、专业化、便民化的志愿服务；2017 年 2 月 15 日，镇关工委联合镇内各部门到前横幼儿园开展赠送绘本阅读活动，向幼儿园赠送 100 余册绘本故事。4 月 11 日，力洋镇关工委联合团委、妇联、司法所等 20 余家部门单位近 400 名青年干部在原马铁厂地块举行小城镇环境综合整治誓师大会。同时还在力洋溪开展“剿灭 V 类水，打造水清力洋”行动，动员全镇五老志愿者、青少年、社会志愿者加入剿灭 V 类水的队伍，镇关工委还制定了“消灭 V 类水、关工委在行动”主题活动的实施意见，发动 50 名“五老”志愿者切实做好剿灭 V 类水行动的“宣传员”“监督员”“示范员”“战斗员”。10 月 13 日，力洋镇关工委联合多家企事业单位组织 200 多名身穿红马甲的志愿者在力洋镇镇区进行道路清扫、清除牛皮癣、发放宣传单、劝阻占道经营行为等活动。

截至 2018 年 7 月 10 日，力洋镇 17 家规上民营企业已有 16 家已建立关工委组织，并发文公布(另一家因企业班子重组而暂缓)，同时做到“五个一”（一个班子、一本台账、一套制度、一个计划、一个微信互动群)，基本达到“五有”要求，即：有场地、有制度、有计划、有活动、有保障。

2019 年 5 月 7 日，力洋镇关工委向省关工委主任徐宏俊一行汇报青少年科技培训学校情况。科技培训学校遵循与科学知识、与生活实际、与现代科技、与地方文化四大原则开发了科学实践、综合体验、国防教育、研学旅行及学科拓展培训五大领域的课程，省市领导对此点赞肯定。

三、所获荣誉

1993 年，王日波被评为 1992—1993 年度宁海县优秀校外辅导员。

1994 年，王日波被评为县关心下一代工作先进个人。

1999 年，冯宗贤被县委、县政府授予关心下一代工作先进个人。

2001 年，王日波被评为县关心下一代工作先进个人。

2004 年，力洋镇力洋村党总支被评为县关心下一代工作先进集体。叶显斌、叶显多被评为县关心下一代工作先进个人。

2005 年，力洋镇力洋村党总支被评为县关心下一代工作先进集体。胡剑辉被评为县关心下一代工作先进个人。

2006 年，力洋镇关工委谢恒恳执笔的调研文章（课题略）被评为县关心下一代调研文章纪念奖。

2008—2014 年，海屿等 9 个行政村被县委组织部、县关工委授予村（社）校“三好四无”共建先进单位。

2010 年，力洋镇海头村关工委被县关工委授予县关心下一代工作先进集体，王玲芬被评为县关心下一代工作先进个人。

2012 年 12 月，宁波市关工委授予力洋镇古渡村关工委为宁波市“六有”村关工委。

2013 年 1 月 6 日，县委组织部、县关工委授予力洋镇关工委为 2012 年度“五好”乡镇（街道）关工委称号。同日，县关工委授予力洋镇海头村关工委、平岩村关工委为 2011—2012 年度县关心下一代工作先进集体。李品峰被评为县关心下一代工作先进个人。

2013 年 11 月 25 日，力洋镇关工委撰写的《对当前青少年维权意识认识情况的调查与浅见》获得 2013 年度宁海县关心下一代工作优秀调研报告二等奖。同年 12 月 9 日，县关工委授予陈士奋为宁海县关心下一代工作“五老”先进个人。

2015 年，市关工委授予力洋镇关工委为宁波市关心下一代工作先进集体。同年 1 月，县关工委授予力洋镇关工委为宁海县关心下一代工作先进集体，陈小科、叶元待为宁海县关心下一代工作先进个人。同年 7 月，县关工委授予陈伟诚、沙丽娜为县关工委系统信息宣传工作三等奖。

2016 年，省关工委授予力洋镇关工委为省关心下一代工作先进集体。同年，市关工委授予力洋镇海头村关工委为市“五好”村（社区）关工委。同年，县关工委授予力洋镇万中林、陈士奋、仇奕尹、韩和方等四位同志为关心下一代工作先进工作者。同年 2 月 24 日，县关工委授予力洋镇岭峧村、路下施村、前横村、力洋孔村为 2015 年度宁海县“五好”基层关工委。同年 4 月 20 日，县关工委授予陈丽敏为县关工委系统信息宣传工作优秀信息员。

2017 年 2 月 27 日，县关工委授予力洋镇关工委为宁海县 2015—2016 年度关心下一代工作先进集体；授予万中林、仇奕尹、韩和方为宁海县 2015—2016 年度关心下一代工作先进工作者；授予陈士奋为宁海县 2015—2016 年度关心下一代工作优秀“五老”称号。同月 14 日，县关工委授予仇奕尹为县关工委系统信息宣传工作先进个人。同年 12 月 21 日，县关工委授予韩和方、陈士奋、叶元待、叶显多为县“假日学校”优秀“五老”志愿者称号，仇奕尹为县“假日学校”先进工作者称号。

2018 年 4 月 18 日，县关工委授予仇奕尹为 2017 年度县关工委系统信息宣传工作优秀信息员。

2018 年 12 月 28 日，宁波市关心下一代工作委员会、宁波市关心下一代基金会联合发文，授予力洋镇关工委为宁波市“五好”乡镇（街道）关工委；授予凤凰山村关工委、力洋村关工委、平岩村关工委为宁波市“五好”社区（村）关工委。同年 12 月 29 日，县关工委授予力洋镇关工委、海头村关工委为宁海县 2017—2018 年度关心下一代工作先进集体；授予仇奕尹、葛优萍为宁海县 2017—2018 年度关心下一代工作先进个人；授予陈士奋为宁海县 2017—2018 年度关心下一代工作优秀“五老”。

2019 年 1 月 21 日，县关工委授予葛优萍为 2018 年度县关工委系统信息宣传工作优秀通讯员。

2019 年 10 月 15 日，县关工委授予叶显多、叶元待、葛优萍、沙丽娜、仇奕尹、赵炳杰等 6 人为 2019 年度宁海县暑期“假日学校”志愿服务工作先进个人。

2019 年 12 月 12 日，县关工委授予葛优萍为 2019 年度县关工委系统信息宣传工作优秀通讯员。

茶　院　乡

茶院乡关心下一代工作委员会，是乡党委、乡政府加强对青少年教育的专门组织机构，是做好青少年工作的得力助手。

乡关工委认真学习贯彻全国和省市县关工委精神，结合本乡实际，不断提高关心下一代工作的重要性、特殊性和必要性的认识，组织全乡离退休老领导、老干部、老工人、老教师参与关心下一代工作，同时组成了一支老中青结合的各行各业参与的关心下一代工作队伍，为做好关心下一代工作提供了组织保证。30 年来，乡关工委在履职履责、教育疏导、保障制度、开拓创新等方面取得了一定的成绩。

一、机构沿革

1991 年 3 月，茶院乡关心下一代协会成立。名誉会长周乾文，会长王家烘，副会长王振甲、邵全校，秘书长张理洁，副秘书长张贻稳。王家烘在成立大会上作会务报告，大会通过乡关协章程。1992 年 5 月，宁海县撤区扩镇并乡，茶院乡毛屿乡合并，乡关协成员进行了调整，调整名誉会长王可翻，会长胡福海，副会长俞才根、林冬苗，秘书长林冬苗（兼）。同时，成立全乡各村关心下一代工作领导小组。1996 年 3 月，乡关协更名为关心下一代工作委员会。主任胡余明，副主任俞才根、林冬苗，秘书长林冬苗（兼）。乡关工委主任由乡党委副书记担任，常务副主任由乡人大副主席担任，副主任由文教卫副乡长担任，委员由相关科室成员和离退休老领导、老干部组成。历届乡和各行政村关工委领导班子，随着领导人员的变动，也及时作了补充调整。2017 年，茶院乡关工委组建了关心下一代志愿者协会茶院乡工作站。

茶院乡关工委历届领导班子成员一览表

表 7-23

时间	名誉主任	主任	常务副主任	副主任	秘书长	成员
1991 年 3 月	周乾文	王家烘	—	王振甲、邵全校	张理洁 杨贻稳（副）	张学渊、叶元旺
1992 年 7 月	王可翻	胡福海	—	俞才根、林冬苗	林冬苗	王玲芬、虞太席、陈开友、王振甲、王述照、邵全校、陈金春、王友庆
1994 年 8 月	王可翻	陆金芳	—	俞才根、林冬苗	林冬苗	徐春飞、虞太席、陈开友、王振甲、王述照、邵全校、陈金春、王友庆
1995 年 4 月	王可翻	王兴兵	—	俞才根、林冬苗	林冬苗	徐春飞、虞太席、陈开友、王振甲、王述照、邵全校、陈金春、王友庆
1996 年 3 月	—	胡余明	—	俞才根、林冬苗	林冬苗	徐春飞、叶元云、陈开友、王振甲、王述照、邵全校、陈金春、王林根
1997 年 4 月	—	胡余明	—	俞才根、储功振	储功振	徐春飞、杨谋华、陈开友、王振甲、杨贻稳、王林根
1998 年 7 月	—	鲍允伟	—	俞才根、储功振	储功振	徐春飞、杨谋华、王崇斌、王振甲、杨贻稳、王林根
2001 年 9 月	—	潘红月	—	俞才根	—	杨谋华、储功振、何叶青、徐春飞、王崇斌

续表7-23

时间	名誉主任	主任	常务副主任	副主任	秘书长	成员
2003年9月	—	林长春	徐爱国	王振甲、杨贻鑫、吴臣奖	—	何大臣、张理道、刘根旺、徐春飞、项光杰、叶能苗、杨谋华、金建平
2004年5月	—	林长春	—	陈文军、刘正炎	—	项光杰、杨贻鑫、吴臣奖、徐春飞、陈丽果
2006年7月	—	戴华飞	—	虞太席、刘正炎	—	褚全锦、杨贻鑫、骆昌定、徐春飞、陈丽果
2008年4月	—	戴华飞	赵安超	褚全锦	—	邬三庆、杨贻鑫、骆昌定、陈丽果、章凌宇
2009年7月	—	胡海军	—	赵安超、冯志盛、骆昌定	—	邬三庆、章凌宇、陈丽果、娄强、卢尚嘉、刘正炎
2011年10月	—	马亦伟	—	冯志盛、骆昌定	—	邬三庆、徐锡和、苏明旭、杨谋华、刘正炎、卢尚嘉、张艳霞、韩式良
2017年6月	—	伍敏学	虞太席	郑伟周、金星	戴伸一（办公室主任）	戴伸一、杨舒婷、娄经纬、谢恒秋、章其琪、徐爱国、徐锡和、相菲
2018年7月	—	杨明辉	虞太席	郑伟周、金星	戴伸一（办公室主任）	戴伸一、杨舒婷、娄经纬、胡剑、章其琪、徐爱国、王瑞瑞

1992年5月，茶院乡41个村成立关心下一代工作领导小组，加强各村关心下一代工作。2008年7月，全乡合并成14个行政村，撤销原41个村关心下一代工作领导小组，成立各行政村关心下一代工作委员会。

1994年茶院乡各村关心下一代工作领导成员一览表

表7-24

村名	会长	副会长	理事
下王	王小亦	王兴校、李三姑	王振介、王述通、王木松
庙岭	胡余魁	张学友、史知先	胡家员、王富根、王兴六、竹宗详、王继工、胡炳贵
坑口	胡家苗	胡家谱	胡兴谱、陈昌益、胡全珍
毛屿	杨先华	杨先周	杨贻美、杨贻勉、杨贻生
民户田	叶春贵	叶元志	叶文秀、叶理安、叶才宝、叶丛兴
杜岙	赵基云	赵荣佑	赵通富、赵之荣、黄林鹤
龙口	王继明	陈茂兴	周仁具、秦水晶、陈竖起
上徐	徐善宗	徐子方、徐锡夫	王作松、徐岳根、陈勋烈、夏根芳

续表7-24

村名	会长	副会长	理事
东南溪	陈其能	陈开法、陈其进、陈贤水	陈新法、陈其海、陈昌庭、陈杏仙、陈素凤
张家	张理道	张理学、张学渊	张光道、张小松、徐永兴、张小宝
陈家山	周荣强	周荣开	周荣西、周荣岳、应大根
岙里周	周相帮	周子郎	周盛贤、周盛朋、周大汉、周盛大
塘厂	高强兴	俞全来	尤菊亚
苔芳	赵有国	陈南友	吕余芬
下徐	叶全昌	应敏和	应大渲、应大连、应可双
后坑李	李掌权	李小斌	李恒涨
铜岭脚	陈显能	陈贤深	陈贤坤
竹家岙	王志根	王志尧	—
塘湾	王龙贵	王龙青	王龙迈
龙尾巴	郑宝达	郭云枝	张龙兴
平窑	张学林	张以全	张章才
岙里赵	娄全铁	赵中星	徐全和
双宫	郭满朝	胡全沛	郭未园
道士桥	陈高吉	陈绍宗	陈绍本、张福根、杨伟明
杜岙坑	叶亦堂	叶小青	叶苗连
寺前王	王必科	包照吉	王万春
柘浦街	赵见元	钱显布	黄美兴
后夫祁	张善威	周畅娟	黄中意
许家山	叶府亦	叶显荣	张美飞、叶自亦、叶府禄
郑公头	王兴养	张全秀	付尔岳
宝岩寺	储吉奎	俞永立	章以法
项连山	叶元文	叶中夫	叶冬亚
邵家	邵全和	邵自利	叶玉桂
许家	王金富	胡余明	徐功钱
小庵	谢思扣	阮亦官	张林娇
亦长坪	王善炉	谢启忠	张理治
泥树岖	施善太	张理贵	陈因方
坡下	孙光明	孙有校	陈小娜
油树坑	周必照	周盛虎	周盛今
荔枝坑	徐美祖	徐贵校	徐贵照

续表7-24

村名	会长	副会长	理事
紫山头	张满昌	张志清	应兴明

1997 年茶院乡调整部分村关心下一代工作领导成员一览表

表 7-25

村名	会长	副会长	理事
东南溪（坡下）	陈其能	陈开法、陈其进、陈贤水、孙光明	陈新法、陈其海、陈杏仙、孙有校、陈小娜、徐素凤
塘厂	高岳明	俞全来、尤菊亚	—
苔芳	吕四福	陈家昌、陈南友	吕余芬、胡全珍
下徐	应可亚	应敏和、王振义	应大演、应大连、应可双
后坑李	李江东	李恒涨、李小斌	李和东、赖昌法
岙里赵	赵六金	赵中星	徐全和
岙里周 油树坑 后夫祁	周相邦	张善威	周杨娟、黄忠意、周必然、周必盛、周子郎、周大汉、周盛大、周盛贤

2002 年茶院乡各村关心下一代工作领导成员一览表

表 7-26

村名	组长	成　　员
上徐	徐善能	徐赛君、徐善川
张家	张光希	王秋华、张学同
下王	王昌猛	王桂聪、王掌林、王振甲、王述通
坑口	胡家苗	赵义尧、赵丙官
平窑	张小进	张文娥、张伟庆
柘浦街	徐孝宗	徐士福、黄彩浓
郑公头	付祖余	王兴养、赵爱芬
寺前王	王万春	应美姣、王小国
下徐	叶三珍	陈爱丽、应小伟
后坑李	李树根	李兴启、吕春芬
陈家山	周荣显	周丙吉、应素娥
宝岩寺	张理贵	俞永立、杨先考
许家山	叶显荣	叶如意、张美飞
许家	胡余明	胡余勇、王亚叶

续表7-26

村名	组长	成　　员
竹家岙	王学平	王学北、陈爱民
道士桥	范功吉	陈华峰、祝惠娟、陈邦美
双宫	郭满朝	郭忠海、胡全配
杜岙坑	叶民权	叶元君、范琴琴
邵家	邵校青	邵自利、叶玉桂
杜岙	赵洪来	赵根牢、赵高西
铜岭脚	陈显能	徐姣绒、陈海坚
民户田	叶显林	俞文炳、叶林浓
紫山头	张满昌	应兴明、徐爱芬
泥树浪	施继勇	陈光海、陈恩方
项连山	叶元文	叶元伟、叶宽钱、张祖云、赵姣绒
庙岭	胡余朗	周玉芬、叶元丰、叶忠秀
岙里周	周必照	周畅娟、周相曹
岙里赵	赵六金	陈昌枝、储月娇、徐定和
东南溪	陈昌庭	陈才撑、陈林森、沈芬浓、陈昌统
苔芳	吕思福	王端国、胡满浓
塘厂	高明岳	孔枝浓、周松根
龙口	陈茂永	秦阿二、陈茂兴、秦丽君、谢敏芳
塘湾	蔡文田	王可伍
龙尾巴	陈根标	郑学会、郭云枝
毛屿	杨谋罗	杨谋岳、俞莲芬

2008 年茶院乡各行政村关工委班子成员一览表

表 7-27

村名	主任	副主任	成　　员
茶院	王昌猛	张小龙	张学家、徐善飞、傅祖余、胡家苗、张满昌、施继勇、张雯霞、赵苗香、张光尧
下徐	储吉魁	储碧辉	祝良军、张文娥、王述准、祝攀峰
后坑李	李树根	李英平	李江东、吕春芬、李小考
柘浦王	王万春	王分昆	徐孝宗、叶建未、王必珍、董美兴、钱锡来
铜岭脚	叶元伟	叶时亮	陈爱民、徐姣浓、叶冬青、韩莉
杜岙	赵宏来	赵增产	邵自利、叶民权、励瑞娟、赵彬彬

续表7-27

村名	主任	副主任	成　员
道士桥	范功吉	陈文永	郭满朝、陈文相、葛静亚、陈帮美、郭忠海
许民	叶全奖	叶显高	王银省、徐庆松、杨贻尧、娄金边、叶锦飞
庙岭	胡余朗	王龙元	王必贤、胡余光、陈金花、徐小友、叶元丰
东腾	周必照	周相辉	周必忠、徐定帝、蒋宝娟、周必恒、周相曹
南溪	陈才撑	陈能科	陈昌庭、陈国良、陈昌撑、陈耿贤、陈爱茶、陈其春
塘厂	高明岳	岑张夫	管兴华、孔芝浓、周松根
升龙	陈根标	蒋诗超	王龙照、陈茂照、张双娟、阮春根、任静芬
毛屿	杨谋罗	杨谋笑	杨谋握、俞连芬、杨贻庚、孔满姑、杨谋岳、杨小秧、杨高强

2011年茶院乡各行政村关工委班子成员一览表

表7-28

村名	主任	副主任	成　员
茶院	王昌猛	叶为丰、胡家苗	潘赛珍、张列群、徐善飞、傅祖友、徐爱方、张文亚
铜岭脚	叶元伟	陈世益	叶宽良、陈显华、王学北、陈显江、徐可明、徐姣浓、李能君
下徐	应必齐	储必辉	张文娥、应小伟、张小进、应月富、吴天富
柘浦王	徐孝宗	王分昆	胡世恒、王家才、王富贵、谢美芬、王其飞
升龙	蒋思超	杨继斌	徐本明、王必法、王可忠、陈茂照、储吉山、张双娟
东南溪	陈才撑	陈茂波、陈国良	陈开法、陈其春、陈宝浓、季静静
毛屿	杨谋罗	杨谋笑、许祥	杨谋握、杨谋火、杨继涛、俞连芬、杨贻苏
塘厂	罗方海	岑张夫、王建明	周松根、史幼华、王裕明、潘兴仁、葛冬荷
东腾	周相辉	储善荣	卢依娜、周永开、张素珍、黄忠意、赵七金、赵连根、娄全铜
后坑李	李树根	李林军	李明友、李江东、吕春芳、胡巧燕、李修良、李修苗
庙岭	胡余朗	王龙元	王龙江、王可四、王必贤、胡余江、王朝霞、徐建奎
许民	叶全奖	叶显高	应海珍、叶亦代、叶府陆、叶府亦、叶根标、叶显元、张贤良
杜岙	赵洪来	赵增产	叶元刚、邵自利、赵基松、项志方、赵亚蝶
道士桥	范功吉	陈文品	陈文相、陈绍中、葛静亚、郭亚魁、陈绍本、杨伟明、郑珍贞

2014年茶院乡各行政村关工委班子成员一览表

表7-29

村名	主任	副主任	成　　员
茶院	王昌猛	张学未	张文亚、胡家苗、王述巴、张理豪
道士桥	陈文相	陈贤国、胡海方	陈邦美、杨赛超、陈明标
后坑李	李英平	李林军、李恒有	李修苗、李志苗
下徐	应必齐	应可聪、应金火	王振钱、张小珍、周荣显张爱莲
庙岭	胡余郎	徐建奎	王炉南、王可四、王其苗、王朝霞、王龙江
铜岭脚	陈显江	陈世益	蒋天浓、徐春霞、徐姣浓
塘厂	管兴华	王明朗	孔芝浓、罗方汉、励江金
杜岙	赵基产	叶未芬	叶元刚、邵振亲、徐慧燕
许民	叶全奖	徐庆松、叶秀蓬	叶府陆、王银省、胡岳庆、叶显林、王同琼
升龙	蒋诗超	张双娟	蒋益青、王继友
毛屿	杨谋罗	杨继掏、杨三德	杨国富、杨高强
柘浦王	徐孝宗	王强强	王家财、王海棠、叶建未、王家权
东南溪	陈才撑	祝多芬	陈宝浓、陈其妙、陈祝安
东腾	周相辉	王铮	黄中意、蒋宝娟、周相曹

2017年茶院乡各行政村关工委班子成员一览表

表7-30

村名	主任	副主任	成　　员
茶院	张列群	叶为丰	张雯霞、王亚珍
道士桥	陈文相	陈贤国	陈绍参、杨赛超
许民	叶全奖	叶秀蓬	叶根彪、叶新书、叶亦代、谢思本、王露燕
杜岙	赵基产	赵广齐	赵玲芝、赵娅蝶
铜岭脚	陈显江	陈伟	张妮清、徐春霞、陈海建、陈显能
下徐	应金火	应可聪	朱雷雷、张理双、张爱莲
后坑李	李英平	李新纪	吕春芳、鲍巧维
柘浦王	胡世恒	王分昆	徐孝宗、王海棠、谢梅芬、王其忠
庙岭	胡余朗	王炉南	胡余亨、王朝霞
东腾	周相辉	张章军	周武会、周相曹、张苏珍
东南溪	陈才撑	陈茂波	祝多芬、陈宝浓、陈祝安
塘厂	管兴华	王明朗	孔芝浓、徐忠明
升龙	蒋诗超	王必村	陈根标、王可忠、王必法、王月燕
毛屿	杨文军	杨谋宗	杨高强、杨小秧、杨剑、杨西昌

二、履职履责

1991年3月召开乡关心下一代协会成立大会，通过了协会章程，明确了乡关协工作的职能和目标任务，使全体会员有章可循，开展工作方向明确。理事会每半年召开一次，会员大会每一年召开一次，常务理事视工作需要随时召开，办事机构设在乡行政办公室，处理协会的日常工作。关协班子每月召开一次碰头会，分析情况，有效开展工作。1996年3月，茶院乡关心下一代协会更名为关心下一代工作委员会，简称乡关工委。乡关工委的规章制度，工作计划得到了健全完善，工作开展更加得心应手。虽然乡党委、乡人大、乡政府领导人员正常变动，但是乡关工委班子人员仍然按组织手续及时进行了调整补充，使班子做到了领导不空位、成员不缺位、工作有计划、任务有目标，组织机构始终保持在经常化、规范化的状态。同时，成立各行政村关心下一代工作委员会，负责各行政村关心下一代工作，加强对青少年的教育。由于乡、村关工委组织机构健全，使全乡关心下一代工作有序开展，走在了全县的前列。

乡关工委坚持学习制度，认真学习习近平新时代中国特色社会主义思想，武装关工委组织，指导关工委工作，不断提高班子成员的思想觉悟，理论水平，把大家拧成一股绳，形成一条心，做到关心下一代工作齐心协力，青少年教育齐抓共管。班子在职的成员处理好本职工作与关心下一代工作的关系，轻重缓急疏理好关心下一代工作任务，工作不推诿，不上交，不袖手旁观，尽心尽职以主人翁的态度多做工作，做好工作。

2001年，乡关工委主任潘红月把关工委工作摆在议事日程上，不管其他工作多么忙，但对关工委工作总是不会忘，认为关工委工作是教育人培养人的工作，要做好这项工作，先要做好“关工人”的工作。所以按制度定时组织关工委班子认真学习，提高水平，使大家心情舒畅，努力工作。同时，她带头抓落实，及时安排好关工委工作与其他工作，解决好关工委工作一些大事难事，使茶院乡关工委工作取得了新成绩，出现了新面貌。

副主任俞才根，自1992年至2001年分管乡关工委工作以来，坚持十年如一日，工作勤勤恳恳，任劳任怨，不怕关工委工作难度大，情况复杂，也不顾自己年龄大，身体差，但他总是一门心思做好关工委工作，千方百计克服困难，深入调查研究，掌握实情，针对性地处理好一个个难题，使失足青少年满意，使家长高兴，他在茶院乡留下了良好的影响。

老领导、老干部的关工委成员做到不空设位置，不摆样子，牢记身份，增强角色意识，明确工作任务，尽心尽力发挥自己的余热，起到了应有的作用。王振甲、张学渊是离退休领导干部，自加入到关工委组织后，他俩不顾自己年龄大，身体差，仍然保持革命意志，发扬老干部的优良传统，并结合自身的工作经历，以满腔的热情，通俗易懂地向学生、青少年宣讲革命故事，进行优良传统教育，使广大学生、青少年加倍的珍惜自己，好好学习，天天向上，健康成长，争做有理想、有道德、有文化、有纪律的社会主义新人。

1991年3月，茶院乡关心下一代协会成立前，全乡尤其是乡所在地的张家、下王、上徐3个村，社会风气差，治安较混乱，经常出现盗窃事件，青少年帮派活动也时有发生，邪斗互斗群斗问题严重，群众有句口头语，“大打三六九，小打天天有”。群斗事件造成不少人员伤亡，财产损失，致使当地人心惶惶，社会不安定，极大地影响了人民群众的生产生活，甚至影响乡政府日常工作的开展。乡党委、乡政府根据县关工委的指示精神，在全县率先成立了乡关心下一代协会，由专门组织机构做这方面工作。关协成立后，在乡党委、乡政府的领导下，集中力量，进行了调查研究，并针对性抓落实。县乡有关部门对不法分子稳准狠地进行了严厉打击，同时做好处理工作。这样，震慑了帮派头头，瓦解了帮派组织，教育了大批青少年。全乡社会治安形势迅速好转，群众大快人心。2003 年 12 月 12 日，乡关工委“积极探索预防农村青少年违法犯罪工作新路子”的典型材料，在全县关心下一代“双先”表彰大会上介绍交流，并获得了县关工委的表彰。2015 年乡关工委确定在东南溪村搞创建“五好”基层关工委的试点，即有班子、有队伍、有计划、有经费、有活动。村关工委将全村 7 岁至 17 岁 246 名未成年人登记造册，进行结对帮教，关爱帮困，同时开展法制教育，知识传承及有益的娱乐活动，使孩子们在学校安心读书，茁壮成长。

1992 年，下王村 24 岁青年王义富在力洋与 4 名行凶歹徒奋勇搏斗而牺牲，浙江省人民政府追认他为革命烈士。乡中心小学二年级学生周丽娜身残志坚，刻苦学习的事迹，1994 年 1 月 6 日《浙江日报》给予了报道。7 月她获得了首届“宋庆龄奖学金”。1995 年，周丽娜的事迹被评为县精神文明十件新事。同年又被评为市精神文明十件新事。1990 年、1992 年，庙岭村王林长两次在毛屿港抢救落水村民。1994 年 6 月，他跳进 6 米深水井抢救 7 岁落水儿童。1995 年 10 月在梅岙白峤港抢救 3 名落水村民。他的事迹被评为县精神文明十件新事，被评为县社会治安综合治理见义勇为积极分子。1995 年，张家村张学田，为抢救落水儿童而光荣牺牲。被评为县精神文明十件新事。1996 年，被浙江省人民政府追认为革命烈士。

三、教育疏导

加强对青少年教育，关心青少年健康成长，减少和预防青少年违法犯罪，是茶院乡关心下一代工作的主要内容。自乡关工委成立以来，因地制宜，联系实际，不断探索，开拓关工委工作新路子，努力开创新局面。

通过调查，全乡违法犯罪的青少年主要存在三方面问题。违法犯罪存在着人多量大。据 1999 年至 2002 年上半年统计，全乡青少年违法犯罪计 15 人次，占犯罪总数的 19%；低龄趋势比例较高。2000 年起，力洋派出所查处轻微违法人员中，青少年有 63 人，占 37%，其中未成年 27 人；重新犯罪人员较多。归正青少年回归社会后又“进宫”的有 4 人，并还多次作案，其中 1 人自 1994 年来，先后又盗窃、寻衅滋事 4 次，结果再次判了刑。分析违罪人员主要原因是素质差，法制观念较淡薄。一些青少年由于没考上自己所期望的学校而辍学，但又不愿意参加繁重的体力劳动，产生了自暴自弃思想，造成好逸恶劳的坏习惯。有的归正人员思想观念还没有归“正”，感到自己是被社会唾弃的对象，不愿学好重新做人，甚至有困地拉倒的思想。家庭缺乏教育，得不到父母的关爱。全乡表现差的青少年中，父母离婚的有 21 名，导致对自己子女没人管、没法管。也有不少家长自己没文化，又对子女溺爱宠爱，导致对自己子女不管教，管不了的状况。社会组织管理不力，缺乏管教。由于市场经济的影响和冲击，农村思想教育和宣传工作明显弱化，顾不及对青少年的思想教育管理，致使这项工作出现“挂空挡”。针对实际情况，乡关工委采取相应措施，发动学校、村关工委和家庭，共同进行联动教育。

抓好在校学生教育，由于社会坏风气的影响，有的学生厌恶上学读书，出现经常逃学；有的学生到附近小店偷窃。乡关工委和学校一起，研究制定教育方案，对全体学生进行“爱祖国、爱学习、爱劳动、守纪律”教育，做个好学生，对失足学生分别谈心，关爱教育，并帮助解决一些实际困难，使他们认识错误，改正错误，成为一个好学生。

抓好社会未成年青少年的教育，这些人主要是结帮拉派，称兄道弟寻事生非。在东南溪村至庙岭村和铜岭脚村至道士桥村的山岭弯道处的公路中间，搬放大石头，拦住车辆进行抢劫。乡关工委和有关村关工委联合巡查防护，及时排除障碍，解决公路畅通，防止事故发生。同时调查排摸发生案件人员，针对性进行教育，严肃批评，或上门个别走访谈心，指出他发生的不良行为及造成错误性质危害后果。从而，使他们从理性上提高认识，从思想上找到根源，从行动上改正错误，争取做个好青年。

抓好失足青少年的教育。乡关工委两次组织到杭州乔司监狱对犯罪的青少年进行面对面教育，促膝谈心，耐心说理，启发开导，鼓励他们提高勇气，增强信心，彻底改造自己，改邪归正，重新做人，这样取得了较好的效果。有2位失足青年提前释放回家，到了村里，又给他们妥善安排好生活，政治上一视同仁，精神上得到了安慰，现在成了好青年。

乡关工委还制定了《茶院乡2003—2005年预防青少年违法犯罪工作规划》和《茶院乡2003年度预防青少年违法犯罪工作的实施意见》，着重针对“三类人员”即归正解除劳教未满五年的人员；“三不管”人员（学校未管、家庭难管、社会失管）；在校“三差”学生（品德行为差、学习成绩差、家庭条件差），这些人员容易成为违法犯罪的对象，因此采取因人结对，分类施教，切实加强“四管”，即：重点对象“盯”着管，一般对象“带”着管，外出对象“跟”着管，贫困对象“扶”着管。通过一系列严管和帮教相结合的方法手段，从而使帮教对象发生了很大的变化，全乡违法犯罪率降到最低的程度，呈现出社会安定、生活稳定的新气象。

四、保障制度

预防青少年违法犯罪是一项全新的社会系统工程，做好这项工作，既要积极探索，努力实施，又要建立必要的工作机制。茶院乡关工委从组织领导，日常运行，检查考核到各项保障等都作了明确的规定，并落实了相关的措施，达到运行有序、环环相扣的要求。首先建立管理机制，加强组织领导。乡成立了预防青少年违法犯罪工作指导小组和乡重点村青少年帮教工作领导小组。下设办公室，由乡综治办主任兼任办公室主任，具体负责结对帮教的日常工作。其次建立责任机制，规范日常运行。制定乡领导小组工作责任制度，制定各项工作相关规定制度，如《例会分析制度》《档案管理制度》《工作汇报制度》《工作考核奖励制度》，同时建立帮教责任人应遵守的制度和责任书，如《帮教工作人员》《预防青少年违法犯罪帮教结对工作责任书》，以及对结对帮教工作的内容标准、工作实绩、评估和发放补贴等都作了明确的规定，而且还设置了《结对帮教情况记录表》。对台账资料的填写也做了规定，做到事事有记录、件件有落实。再次建立保障机制，确保工作正常开展。乡关工委对预防青少年违法犯罪工作，一开始就建立了帮教工作的资金会，乡财政专门拨款5万元，用于帮教责任人的工作补贴奖励，用于部分青少年的困难补助。同时，还专门腾出房子作为乡法制教育学习的阵地，每年组织青少年进行法制教育，并制作了青少年预防犯罪法制教育宣传牌，在墙上挂置展示，进行图文并茂的形象化教育，起到了较好的效果。

2008年至2017年，东南溪村、道士桥村、许民村、下徐村、东腾村每年奖励考上各类大学优秀学生，计37名。2004年，宁波如意股份有限公司资助30万元造茶院乡中学综合楼、20万元设立乡奖教助学资金会。2015年至2017年，每年拨给茶院乡15万元，充入乡奖教助学资金会，奖励优秀教师、学生，促进教育事业的发展，促进青少年的健康成长。

五、开拓创新

乡关工委把关爱、教育青少年始终作为关工委工作的立足点和出发点，但在载体形式和方法上注重与时俱进，不断开创符合青少年特点爱好的特色工作。乡关工委常务副主任虞太席主动配合主任工作，坚持在继承中发展，在发展中创新，使乡关工委工作再上新台阶。自2015年以来，乡关工委做到在思想上贴近时代发展，在工作上贴近中心任务，在服务上贴近青少年实际。根据学校暑假期和双休日，创办了“假日学校”，成为学校教育有益的新课堂。专门制定了《假日学校工作制度》《假日学校活动制度》《假日学校点名制度》《告家长书》等，同时还安排了工作计划和假日课程表，举办各种知识讲座、阅读辅导、专业培训、主题教育和开展文体、手工艺活动。由乡关工委办公室主任杨舒婷、戴伸一组织实施。如请宁波如意股份有限公司董事长储吉旺讲座，讲他在茶院小学读书的亲身经历和感受，从家乡西林小山村到学校，每天风雨无阻来回步行10多里，还要走山路，过溪水，行走时或赤脚或穿草鞋，到学校才换上布鞋，读书仍然认真用心，从小使他磨炼了意志，养成了用心读书习惯，积累了知识，提高了写作能力，现成为一名中国优秀企业家、中华慈善家和中国作家协会会员。当场储吉旺把他的著作《我与外商打交道》《谈生意与谈文化》《商旅风云》等签名赠书给学生，使学生深受启发教育。与宁波大学海运学院结对，开展“无奋斗不青春”主题活动，由大学生讲在大学学习的情景，使小学生心目中筑起了立志上大学，成为国家有用人才的梦想。举办献爱心活动，进行优秀传统教育，学雷锋做好事，到敬老院送温暖，给老前辈清理卫生。

2016年6月7日，茶院乡关工委为了让孤寡、空巢老人和留守儿童过上一个温馨、快乐的节日，积极组织村关工委和学生代表们共60余人开展端午活动，为他们送去传统美食粽子，并陪同孩子们一起包香袋，一同感受端午的传统文化。在这热闹的环境中，乡关工委和留守儿童相互交流，让留守儿童真切地感受和体验端午节浓浓的节日气氛并且增进了彼此的沟通和交流。活动结束后大家将自己包的粽子送给孤寡老人们，让他们一同感受端午的节日气氛。

2017年2月14日，茶院乡关工委联合乡团委开展了“圆梦微心愿 开学送温暖”捐赠活动，为10名中小学生送上了爱心人士们捐助的衣服、学习用品等物品。此次捐赠活动是茶院乡关工委精心打造的向日葵成长笔记的系列活动之一，乡关工委办公室主任戴伸一代表乡关工委到现场激励孩子们勇当成功者，并表示每一个成功者都有一个开始，勇于开始，才能找到成功的路。

2017年5月12日，茶院乡关工委为有效预防和解决青少年成长所面临的心理问题，特邀请国家二级心理咨询师王李强老师来茶院乡政府进行有关青少年心理的向日葵信箱心理专题培训会。培训会是为茶院乡精心打造的向日葵成长笔记之向日葵信箱活动做准备，王李强老师就如何回信问题及有关注意点进行了讲解，并对向日葵信箱团队提出的问题进行解答。此次活动目的是“伸出关爱之手”，引领有心理问题的儿童走向健康之路，培养孩子有稳定的情绪，能正确认识自己，清楚自己存在的价值，有自己的理想，对未来充满信心，并热爱生活，能充分发挥自己各方面的潜力，不会因为挫折和失败而对生活失去信心。茶院乡关工委也将在乡中小学内设立向日葵信箱，鼓励有心事的学生可以直接写信给“向日葵姐姐”倾诉。相关团队人员将认真细心回复每一封信件，给孩子们最贴心最温暖的答复和慰藉。为了让活动更深入持续开展，乡关工委还组织相关人员通过定时收集、回复信件，常规咨询与个案跟进结合，家校社共建的模式，关注学生心理健康，共促青少年成长。

2018年5月5日，乡关工委组织32名留守儿童和10余名“五老”志愿者，到嘉兴南湖参观学习红船精神，争做红船少年，增强爱党爱国理念，立志长大要为国家为社会贡献一分力量。对留守儿童和贫困儿童，乡、村关工委开展“圆梦微心愿送温暖”活动，做到一个个结对落实，不使一个儿童失学，使他们从小树立起感恩社会、回报社会的思想。同时，开辟“向日葵信箱”心理课，请心理学专家龚锦茹老师授课，使学生逐步解决心理上所遇到的障碍，通过“向日葵信箱”交流，有98位学生的信，及时得到了回复解答，以“向日葵成长笔记”，来感悟人生真谛，获得心理上的健康成长。

2018年6月27日，县关工委会同县文明办、县委统战部、县教育局、团县委、县妇联在茶院乡召开“假日学校”工作现场会，介绍推广茶院乡“假日学校”的经验和做法，2018年7月11日，省关工委副主任徐全升，市关工委主任邵孝杰，县委常委、组织部长方勤，县人大常委会副主任、县关工委主任潘红月专程到茶院乡，参观调研乡关心下一代校外教育阵地，开展关心下一代工作情况。

2018年8月，一场以“让爱无处不在”为主题的向日葵假日学校结课会演在茶院乡中心小学上演。节目丰富多彩，同学们青春洋溢，他们向家长、老师、领导展示了一个多月以来在假日学校里所学的才艺，也为这期18天的假日学校活动画上了圆满的句号。茶院乡关工委本着“家长放心、孩子开心、学校尽心”的原则开办了假日学校，设置了书法、文学、唱歌、表演、音乐、科普等丰富多彩的课程，组织观看教育励志电影、参观汽车智能小镇等外出活动。茶院乡假日学校采取多方联动的工作机制，充分发挥大学生参与留守儿童培养教育的志愿服务精神，通过“一对一”批阅讲解作业，了解学生在家学习生活状态，勉励学生认真完成作业，做力所能及的家务活。同时学校致力于培养学生对各学科的兴趣，强调以兴趣推进学习，在学习中培养兴趣，使学生获得新知，既落实基础又提高能力。学校还安排内容丰富的培训讲座和思想教育课程，改变单一文化课辅导，让学生的知识结构更加优化，也让他们掌握一些安全常识，增强安全意识。

2018年8月11日，茶院乡关工委向全县各乡镇（街道）关工委发出“向日葵信箱——让爱无处不在”倡议书。倡议在宁海县所有学校设立“向日葵信箱”；伸出您关爱的双手，争当向日葵妈妈、向日葵爸爸、向日葵姐姐、向日葵哥哥。通过信件交流、定期看望等方式，以一帮一、多帮一的形式，进行爱心结对，建立起关爱和帮扶的长期联系，让同一片蓝天下的孩子们都能共享人间温情；精准为青少年圆梦；成为重点青少年情绪的“减压阀”和“稳压器”，利用周末与节假日，同重点青少年谈心与沟通，帮助他们培养良好的学习生活习惯，组织并鼓励他们参加集体活动，融入集体生活，提高社交能力。

2019年1月20日，茶院乡关工委在东南溪文化礼堂举行“2019年向日葵之夜迎新晚会”，为30余名孩子准备了年夜饭、学习用品、礼物和压岁钱。通过此次活动，切切实实地把节日的温馨带到孩子身边，用亲切的慰问捎去对留守儿童的关怀，让他们在这个喜庆的日子里感受到社会的关怀和温暖。

2019年5月7日，省市关工委主任徐宏俊一行实地走访了茶院乡向日葵科学探索基地，对优秀儿童之家的建设情况进行考察。省市领导对茶院乡关工委始终围绕青少年成长所需，从创建基地、设立平台、建立机制等方面努力，构建了一套有效的青少年服务体系等方面工作，表示充分肯定，并建议茶院乡“四大基地建设”是典型性校外教育阵地，可学习，可复制，全省有推广价值。

茶院乡为贯彻落实中关工委提出，“十百千万”“五老”关爱行动的要求，2019年深入开展创全国优秀儿童之家活动，进一步探索服务农村留守儿童和困境儿童的新路子，精准帮扶青少年再现新成效。

2019年8月23日，宁波市委办公厅的《宁波信息》第186期刊载“宁海茶院乡打造‘向日葵’

品牌护航青少年成长，实现未成年人违法犯罪十年‘零记录’”，得到市委领导的肯定。

2020年1月7日，在南昌召开的全国关工委工作会议上，宁海县茶院乡“农夫小子柘浦农场”郑建国获评全国“双带”农村致富青年先进个人（中关工委〔2019〕21号）。

茶院乡关工委双创建情况一览表

表7-31

年份	行政村	创建情况
2008	塘厂村、毛屿村	通过2007年度县“三好四无”创建
2010	升龙村	通过2008年度县“三好四无”创建
	东腾村、铜岭脚村、柘浦王村、后坑李村、道士桥村、杜岙村	通过2009年度县“三好四无”创建
2013	许民村	通过2012年度县“三好四无”创建
	升龙村	通过2012年度县“三好四无”提升复评
	茶院乡关工委	2012年度县“五好”乡镇（街道）关工委
	下徐村	通过2013年度县“三好四无”创建
	东腾村、铜岭脚村、柘浦王村、后坑李村、道士桥村、杜岙村	通过2013年度县“三好四无”提升复评
2015	庙岭村	通过2014年度县“三好四无”创建
	许民村	通过2014年度县“三好四无”提升复评
2015	东南溪村	通过2015年度县“五好”基层关工委创建
2018	茶院村	通过2017年度县“五好”基层关工委创建
	塘厂村、毛屿村、升龙村、东腾村、铜岭脚村、柘浦王村、后坑李村、道士桥村、杜岙村、许民村、下徐村、庙岭村、东南溪村	2007—2015年度通过县“五好”基层关工委提升复评
	茶院乡关工委	2017年度“五好”基层关工委创建优胜单位

茶院乡各级关工委及个人历年来获得的各项荣誉一览表

表7-32

时间	获奖单位、个人	所获荣誉	授奖单位
1993年	张理洁	1992—1993年度宁海县优秀校外辅导员	—
1994年9月	林冬苗	县关心下一代工作先进个人	县委、县政府
1999年2月	王振甲	县关心下一代工作先进个人	县委、县政府
2001年2月	鲍允伟	县关心下一代工作先进个人	县委办公室
2004年1月	茶院乡党委、政府	县关心下一代工作先进集体	县委、县政府
	陈剑波	县关心下一代工作先进个人	

续表7-32

时间	获奖单位、个人	所获荣誉	授奖单位
2005 年 12 月	南溪村党支部	县关心下一代工作先进集体	县委、县政府办公室
	王流芳、叶三珍	县关心下一代工作先进个人	
2006 年	茶院乡党委	市关心下一代工作先进集体	市关工委
2006 年 12 月	《未成年人不良行为的帮扶结对》（茶院乡关工委调研组、茶院中学）	调研文章二等奖	县关工委
2008 年 1 月	茶院乡党委、关工委，塘厂村党支部	县关心下一代工作先进集体	县委、县政府办公室
	刘金炎、杨谋罗	县关心下一代工作先进个人	
2008 年 12 月	高明岳	市关心下一代工作先进个人	市关工委
2010 年	毛屿村关工委	市“六有”村关工委	市关工委
	单小乾	市关心下一代工作先进个人	市关工委
2010 年 3 月	升龙村关工委、塘厂村关工委	县关心下一代工作先进集体	县关工委
	许祥	县关心下一代工作先进个人	
2012 年	铜岭脚村关工委	市“六有”村关工委	市关工委
2013 年 1 月	铜岭脚村关工委、毛屿村关工委	县关心下一代工作先进集体	县关工委
	单小乾、李能君	县关心下一代工作先进个人	
2013 年 11 月	《留守儿童的几点思考》	县关心下一代工作优秀调研报告三等奖	县关工委
2015 年 1 月	单小乾、徐孝宗、王同琼	县关心下一代工作先进个人	县关工委
2015 年 7 月	孙坚武	县关工委系统信息宣传工作先进个人二等奖	县关工委
2016 年 4 月	杨舒婷	县关工委系统信息宣传工作先进个人	县关工委
2016 年 12 月	东南溪村关工委	市“五好”村（社）关工委	市关工委
	虞太席	市关心下一代工作先进个人	市关工委
2017 年 2 月	茶院乡关工委	县关心下一代工作先进集体	县关工委
	杨舒婷、陈才撑	县关心下一代工作先进工作者	
	单小乾	县关心下一代工作优秀“五老”	

续表7-32

时间	获奖单位、个人	所获荣誉	授奖单位
2017 年 4 月	杨舒婷	县关工委系统信息宣传工作先进个人	县关工委
2017 年 12 月	张学振、胡伟家、胡家苗、张学志、蔡爱娣	县“假日学校”优秀“五老”志愿者	县关工委
	张文霞、周玉莹	县“假日学校”先进工作者	县关工委
2018 年 4 月	茶院乡关工委	县关工委系统信息宣传工作先进集体	县关工委
	戴伸一、周玉莹	县关工委系统信息宣传工作先进个人	县关工委
2018 年 12 月	茶院乡关工委	市“五好”乡镇（街道）关工委	市关工委、市关心下一代基金会
	茶院村关工委	市“五好”社区（村）关工委	
	茶院乡关工委	县关心下一代工作先进集体	县关工委
	吴采颖、戴伸一	县关心下一代工作先进工作者	
	俞才根	县关心下一代工作优秀“五老”	
2019 年 1 月	茶院乡关工委	2018 年度信息宣传工作先进集体	县关工委
	戴伸一	2018 年度信息宣传工作先进个人	
2019 年 10 月	俞才根、戴伸一、吴采颖、杨文广	2019 年度宁海县暑期“假日学校”志愿服务工作先进个人	县关工委
2019 年 12 月	茶院乡关工委	省关心下一代工作先进集体	省关工委
	戴伸一	2019 年度信息宣传工作先进个人	县关工委
2020 年 1 月	郑国建	全国“双带”农村致富青年先进个人	中关工委

一　市　镇

一、机构及人事沿革

1990 年 11 月，官岭乡更名一市镇。一市镇关心下一代工作委员会，前身为关心下一代协会。1991 年 3 月 4 日成立一市区关协。名誉会长张兴良、杨廷岳、陈昌兴，会长王贤茂，副会长朱长根、金达顺、褚孟杰（兼秘书长），成立大会召开时，县关协会长孙愫贞，副会长黄茂泉到会祝贺。

1992 年年初，撤区扩镇并乡，原旗门乡与一市镇合并。同年 5 月成立一市镇新关协。1992 年 7 月 3 日，成立一市镇关心下一代工作委员会。名誉主任王贤茂、叶才相、褚孟杰，顾问方世宏、方清焕、陈昌兴、陈家福、杨定岳、褚孔设、褚金新，主任鲍允伟，副主任叶家广、叶翠娟、姜启丰，秘书长叶家广（兼），委员由相关部门负责人组成。其主要任务是，配合团委、妇联、文教卫、民政、工办、老龄办及其他职能部门做好青少年儿童心理健康指导，助学、助困、助残、助孤、助医等“五助”关爱帮扶，留守儿童帮教，社会主义核心价值观教育，帮助青少年自立自强、成长成才等关心下一代工作。向所属各部门传达贯彻上级有关指示精神，布置和检查所属各部门的关心下一代工作；组织和发动“五老”开展关爱活动。

一市镇关工委历届领导成员一览表

表 7-33

时间	名誉主任	顾问	主任	副主任	成员
1992 年 7 月	王贤茂、叶才相、褚孟杰	方世宏、方清焕、陈昌兴、陈家福、杨定岳、褚孔设、褚金新	鲍允伟	叶家广、叶翠娟、娄启丰	卢才满、卢坚强、叶春芬、叶建永、叶家才、朱长根、刘仁法、吴生申、应齐升、陈昌波、金达顺、童世春
1993 年 3 月	—	—	王能常	陈昌思、娄培育、叶家广	叶翠娟、娄启丰、方贤郎、应齐升、童世春、陈昌波、方世宏
1994 年 4 月	葛永土、王贤茂	方世宏、陈家福、杨定岳、褚孔设	蒋家乐	叶家广、叶翠娟、娄启丰	童世春、卢才满、叶家才、朱长根、刘学荣、吴志木、陈昌兴、陈昌波、金达顺、褚孟杰、蒋家乐
1996 年 3 月	俞伟平、王贤茂	方世宏、陈家福、杨定岳、褚孔设	蒋家乐	周晓康、叶家广、朱长根	叶文科、叶家才、叶翠娟、吴志木、陈昌兴、陈昌波、杜建国、张理志、褚孟杰
1999 年 11 月	俞伟平、王贤茂	方世宏、陈家福、褚孔设	蒋善琪	叶家广、董人杰、田正员	王飞保、王伟刚、卢坚强、张晓时、陈万贵、张桂雅、杜建国、吴昌流、褚孟杰
2000 年 12 月	—	—	冯建国	叶家广	王伟刚、张桂雅、董人杰、田正园、褚孔设、褚孟杰、陈家福
2008 年 4 月	—	—	吴继盛	王贤茂（常副）、殷福祥	孔祥贵、娄林维、叶海东、郑军松、陈焕聚、俞晶晶、李锋、俞耀通、王钊柯、赖喜利、田惠亚
2009 年 6 月	—	—	吴继盛	王贤茂（常副）、陈海勇、孔祥贵、伍敏学、殷福祥	叶海东、叶一灿、褚孔备、俞晶晶、罗永文、俞耀通、赖喜利、田惠亚
2011 年 9 月	—	—	储根荣	冯宗灿（常副）赖喜利、罗永文	高剑锋、李海丹、庞茂杭、汪丽亚、董军生、田惠亚、郭世松
2012 年 11 月	—	—	储根荣	伍敏学、冯宗灿	倪昌委、汪丽亚、邬红莹、翁小平、王振鑫、储为权、周波

续表7-33

时间	名誉主任	顾问	主任	副主任	成　　员
2014 年 2 月	—	—	储根荣	伍敏学	叶一灿、李莹、蒋先勇、储为权、蔡倩
2015 年 4 月	—	—	徐善君	应建湖（常副）	叶亦灿、娄而榜、蔡倩、李莹、田惠亚
2016 年 8 月	—	—	石柔	应建湖（常副）	蔡倩、俞建标、陈哲力、潘嘉媚
2019 年 7 月	—	—	吕鹏	冯伟锋（常副）、朱晓彪	蔡倩、李海丹、叶锋进、鲍跃凌、俞建标

1994 年 8 月 4 日建立村级关协领导小组，2008 年全镇由 45 个行政村调整为 1 个社区 21 个行政村，当年 4 月 11 日，村级关协领导小组更名为村级关心下一代工作委员会，由主任、副主任、委员组成。随着村级换届，人员变动，及时调整村级关工委班子，2014 年 1 月 23 日对村级关心下一代工作委员会班子成员进行调整，班子由主任、常务副主任、委员组成。

1994 年一市镇村级关协领导小组成员一览表

表 7-34

村名	组长	副组长	组　　员
白岐	王宏福	—	赵金炉、王宏兴、童宏章、叶亦土
前岙	叶世相	叶德田	叶世亮、叶世创、郑有富
兰头	王之佩	—	叶亦保、叶亦仁、叶明偿、叶亦都
新山	周瑞德	—	王加行、王先云
山下	卢立国	卢长法	方清焕、袁英山、叶金产
曹家	曹才根	—	曹福根、曹小忠、曾善胡、曹善义
官塘周	叶家标	—	周明官、周世长
一市	金友木	徐根法	邵贵富、叶新法、徐如余
寺前	蔡智全	—	方世宏、蔡财生
祥里徐	徐兴富	—	邵荣富、叶玉花
周家岙	吴德华	—	吴仁利、吴宗常
上陈	陈良豹	—	陈必寿、陈正享、曹凤香
山上方	方贤利	—	童道法、方开官、吴桂花、方根官
里朱	朱邦正	—	朱德巴、朱培青、朱德利、朱邦连
外朱	朱宪法	—	朱钗官、邵惠花
发洪坑	叶在宏	—	叶在贵、叶在法
里岙	叶在金	叶在里	叶锦升、叶显乾、叶在明

续表7-34

村名	组长	副组长	组　　员
外岙	叶小多	—	叶表官、刘昌在、叶家存、叶序苗
箬岙	褚亚平	—	褚金新、褚孟庭、褚孔州、褚孟亚
牛台	褚孟春	—	杨定岳、褚善密、褚孔尚、褚金产
孙家	黎绍满	—	孙仁利、娄贤富
下洋陈	陈才昌	—	陈万兴、陈祖法、陈明成、陈万钱
蒋公洞	童遵永	—	童遵航、童连通
黄其山	陈常良	—	陈善土、陈香义
中央郑	叶亦土	—	叶燕选、叶万富
山头罗	童章领	—	童遵苗、童先欢
上岙	张良荣	—	王五木、叶家火
下岙	费时兴	—	费先炉、费根土
西刘	刘启树	刘启孟	刘启相、刘家富、刘再强、刘丁和
祥里林	林贤法	—	林小富、毛必保
新岭脚	褚善龙	—	褚明权、褚良华
东岙王	王云才	—	王贤土、刘昌长、王成功
褚家	褚兴亳	—	褚孔香、褚孔椿、卢德成、褚孟印
街下	陈振伟	—	章兆印、童宏辉、褚有大
渔业	王孝荣	—	陈系良、童大富、方小满
西潘	陈维友	—	潘明友、张家掌
上张	费先求	—	刘学仁、刘传恩
跳头吕	吕光象	杨翠凤	应明新、任传新、任传友
行者山	张吉华	—	张英该、张贤钻
横路山	叶惠娟	—	陈家福、陈玉佩
杜公染	刘小金	—	杜士振、费启金
武岙黄	黄才武	—	黄才灿、吕金荣
武岙李	李中建	—	李忠林、李忠飞
董家	董志永	—	董永芳、董永强
小河塘	方德华	—	陈邦土、王才更

2008年一市镇村级关工委成员一览表

表7-35

村名	主任	副主任	委　　员
白岐	叶以土	王宏福、叶再银、芦朵井	叶高茂、杨天新、叶亿群、叶有富
前岙	叶德根	叶立法、叶常春、叶可超	陈昌兴、叶世相、叶德田、叶嫦娥

续表7-35

村名	主任	副主任	委　员
兰头	叶显焦	梅长河、叶亦保	周伟武、季伟军、叶海珠、叶丁才
新山	叶小永	叶英焦、周瑞德	叶信卯、王必能、王金芬、周瑞金
山下	褚增加	吴德真、章鑫森	卢余录、叶　萍、林亚萍、林卫国、单晶晶、吴永新
曹家	曹再茂	曹再翰、曹再保	曹南火、曹小仲
牛台	杜雪健	杜小健、李金钱	褚来龙、褚慧娟、王亚莲
箬岙	褚有佩	褚孟杰、褚永建	褚真福、吴密娟、褚为金、褚尧坚
一市	徐其伟	叶传富、叶维常	邵普根、褚义娟、魏再芳、叶小华
上陈	陈正然	陈旭义、陈满谦、陈未龙	陈正川、陈良贤、陈必恩、陈　宵、应可燕、陈兴旺
外岙	叶春土	叶家勇、叶传兴	叶抗美、叶启金、叶序飞、叶文振
里岙	叶建国	叶家绉、叶在金	陈宝花、叶亚君、叶国安、叶　飞
山上方	方英华	方守峰、方贤利	方永富、方玲娟
武岙	陈家赏	—	黄才君、李和建、童三宝
新祥	毛必宝	林立国、褚孟荣	曹良华、刘美桂、金安芝、章家财
东岙	褚孟海	褚有堂、林维校、褚孟葵	褚有真、林秀芳、刘小芬
西刘	刘家宏	刘学礼	刘丁茂、刘春来
山皇岙	张良荣	张宏培、张良义	张宏茂、张书强、张宏奔、张家标
下洋陈	陈方宗	陈祖法、叶小仁、陈方贵	陈良春、陈明湖、陈明成
新跳头	张吉灿	吕明洋、张贤顺	张黎明、毛遂妹、张吉荣
岭头	陈瑞法	—	叶在洪、朱小龙、叶剑英

2008 年一市镇 100 户以上村级关工小组成员一览表

表 7-36

村名	组长	副组长	成　员
渔业	褚有堂	王孝根、王开兴	陈余良、王孝荣、刘小芬
街下	林维校	林吕求、林维扎、胡燕华	林建平、林宏先、林相荣、林吕国
里朱	朱邦正	朱小番、朱家湖、朱邦贤	朱邦耀、朱小章、朱家英、朱萍芬

2014 年一市镇村级关工委成员一览表

表 7-37

村名	主任	常务副主任	委　员
一市村	徐其伟	金仁利	周世才、徐新根、蔡安夫、朱小章、孙仁达、叶永军、叶心好

续表7-37

村名	主任	常务副主任	委　员
东岙村	褚孟海	褚孟岳	褚孟葵、王建春、林维校、褚有堂、刘金富、叶照富、陈忠芬
下洋陈村	陈湖	陈方宗	陈向东、叶星荣、陈祖能、陈常稳、陈永良、陈国东、陈夏云
上陈村	陈亚珍	陈思向	陈　霄、陈思更、陈正银
曹家村	曹建杰	周国达	曹再茂、曹再保、王香连、曹炀华、曹岳林、叶美宾
白岐村	卢余井	叶懿群	叶以银、陈德芦、王大武、赵邵富、赵富浓
前岙村	叶德根	叶玲坤	叶春光、叶常春、叶可强、陈刚满、陈春莲
新山村	叶小永	叶英焦	周瑞德、王兴木、林仁福、褚月超
缆头村	叶显焦	叶红伟	叶乃旺、葛雪峰、叶丁法、葛珠凤
山下村	单方岳	刘启建	褚增加、吴德进、王邵明、丁爱木
牛台村	杜雪健	褚孟进	褚孟宗、杜小建、褚孟妙、杜荷月
箬岙村	褚勇坚	褚孟启	褚真福、褚为东、褚真利、褚夏芬
里岙村	叶建国	叶　著	叶剑飞、叶　飞、叶云方、陈巧莲
外岙村	—	叶家勇	叶春土、叶传兴、叶序金、叶云翠
岭头村	陈瑞发	叶在囊	叶在宏、朱邦龙、朱伟光、陈兴成、叶剑英
新祥村	毛必宝	章其元	叶家永、褚孟荣、周世富、刘美桂
新跳头村	张哲灿	吕建国	吕明镇、张继顶、张吉荣、张金银、毛才妹
山皇岙村	张宏炉	张宏进	张宏茂、王根芬、张宏海、王苏姐
山上方村	方英华	方建彪	方林娟、方守钱、陈新土、陈苏翠
武岙村	陈家赏	葛宏旺	童三宝、黄才君、陈守斌、李忠烟、黄夏莲
西刘村	刘家洪	刘昌杰	刘春永、刘爱国、竺旭莹、刘学三、陈利芝
茂林居委会	陈伟强	倪昌委	杨亦兴、褚孟杰

2017年一市镇村级关工委成员一览表

表7-38

村名	主任	常务副主任	成　员
一市村	徐其伟	金仁利	周世才、徐新根、蔡安夫、朱小章、孙仁达、叶新伟、叶心好
东岙村	褚孟岳、王建春	褚真远	褚孔备、褚有光、林维校、褚有献、王家连、叶照富、陈忠芬
下洋陈村	陈湖	杨卫进	陈向东、叶星荣、陈祖能、陈常稳、陈永良、金守能、陈良翠
上陈村	陈亚珍	陈思向	陈正全、叶家剑、陈正银、陈玉娇
曹家村	曹建杰	周国达	曹再保、曹炀华、范飞龙、李位春
白岐村	叶懿群	卢余井	王大宁、周瑞富、赵邵富、赵富浓
前岙村	叶常春	叶玲坤	叶德会、吴建光、叶可强、陈刚满、吴未娟

续表7-38

村名	主任	常务副主任	成　员
新山村	叶根永	叶英焦	周瑞德、王兴木、林仁福、褚月超
缆头村	叶显焦	叶红伟	叶明有、陈德培、叶丁法、王爱娜
山下村	叶萍	刘启建	褚增加、王邵明、周桂花
牛台村	杜雪健	叶适团	褚友烈、褚忠亮、杜平、叶彩丽
箬岙村	褚勇坚	褚孟启	褚真福、褚为东、褚孟优、褚翠娣
里岙村	叶建国	叶建忠	叶剑飞、叶光仪、叶云方、陈巧莲
外岙村	叶家勇	叶春土	叶传兴、叶序金、陈爱平
岭头村	陈瑞发	陈兴成	叶在宏、朱邦龙、朱家云、叶剑英
新祥村	毛必宝	曹善永	叶家永、褚孟荣、周世富、周珊莲
新跳头村	张哲灿	吕建国	吕明镇、张亚辉、章有亮、张吉招、毛才妹
山皇岙村	张宏茂	王家永	王根芬、张宏培、张宏启、王苏姐
山上方村	方英华	方建彪	方守钱、方守和、陈新土、陈苏翠
武岙村	陈家赏	黄存夫	童三宝、黄才君、陈守斌、李忠烟、黄夏莲
西刘村	刘家洪	刘昌杰	刘春永、任娇娣、刘学三、陈利芝
一市茂林居委会	陈伟强	李海丹	叶亦兴、褚孟杰、刘志永、刘东林

2018 年 1 月组建宁海县关心下一代志愿者协会一市镇工作站，站长朱晓标，副站长刘东林，成员：褚孟杰、叶良友、陈焕林、王太畅。

二、关工委主要工作

（一）利用契机，夯实青少年思想道德教育基础

青少年思想道德建设从落实常规开始，主抓节点，有序落实。借助学雷锋月、建队节、伟人诞辰、国庆节等节日契机，对全镇学生进行有针对性的思想道德教育。3 月开展“学雷锋、树新风、讲文明”活动；结合“5·12”国际家庭日，开展家庭、家教、家风培育活动，增强青少年的家庭亲情观念；中国共产党成立、中华人民共和国成立纪念日前组织学生开展爱国主义教育活动，教育学生听党话、跟党走。农历九月重阳节组织开展青少年关爱老人活动等等。按“在学校做个好学生，在家里做个好孩子，在社会做个好公民”的要求，建成学校、家庭、社会三结合的德育工作机制，配合县关工委开展“三好四无”创建工作，全镇学校、社区、行政村都有条不紊贯彻落实，取得了良好成绩。

镇关工委为进一步开展青少年思想道德建设，要求各学校周一升旗仪式结合进行学生思想道德教育，每周一个小主题，每月一个大主题。学生代表与值周教师代表针对主题进行宣讲。内容有雷锋精神传承、革命传统教育以及重大时事教育、爱国主义教育。一市中学与一市小学充分利用国旗下讲话，对学生进行针对性教育。开辟了学校微信公众号宣传平台，记录教育的痕迹，取得了较好的成效。

（二）缅怀先烈，重视青少年革命传统教育

曹善崔烈士墓坐落在一市镇周祥村山坡上，是全镇革命传统教育基地。镇关工委非常重视青少年的革命传统教育工作，镇关工委牵头多次与各校进行商讨，如何利用身边的革命烈士事迹引导学生忆苦思甜、不忘先烈、牢记传统、发扬传统。得到了各校的大力支持，此后每年均开展活动，收到了良好的效果。2019 年，一市中心小学和东岙小学分别组织全校各中队召开以“清明节”为主题的队日活动，还举行了“讲英雄故事”“看革命电影”“做清明手抄报”等丰富多彩的活动，了解革命先烈的英勇事迹，铭记历史，传承优良传统。

每年 4 月 4 日，镇关工委联合辖区学校组织学生在“四四”火灾烈士陵园，悼念在扑灭山火中壮烈牺牲的 3 名烈士；清明前后，各校的全体师生祭扫烈士及烈士父母陵墓，同时进行革命传统教育，讲烈士光荣事迹，讲宁海的革命故事，讲抗日战争故事，教育学生发扬民族精神，树立“不忘初心、牢记使命，做好共产主义接班人”的意识。2019 年 3 月上旬，镇关工委组织学生到四四烈士碑、曹善崔烈士墓扫墓，并联合学校安排学生用写作方式表达对英雄崇敬与怀念之情，缅怀先烈的丰功伟绩。

（三）知法学法，扎实做好法治教育工作

镇关工委重视青少年的法治教育，多渠道并进，使青少年的普法教育不留缝隙。一方面健全组织，加强领导，为普法教育提供保障。成立了以党委副书记为组长，关工委常务副主任和镇边防所所长为副组长，团妇、教育、综治办、司法所等工作人员为成员的青少年普法教育领导小组。每年制定详细的普法教育方案。建章立制，强化措施。同时将广大农村干部、农村工作者、在校教师纳入再教育范围，为加强青少年法制教育奠定良好的基础。把普法教育活动纳入镇年度考核，着力推进青少年普法教育活动。关工委还联合学校、农村、社区进行反邪教教育、禁毒教育等宣传活动，邀请边防哨所民警进校讲法治、讲未成年人保护法、预防未成年人犯罪法，发挥课堂教学的主渠道作用。各种体验教育活动也同时开展，如“法律在我心中”演讲比赛、模拟法庭、法律知识竞赛、法制征文比赛等。通过体验活动，使学生进一步提高法律观念，增强法治意识。镇关工委还启动了以家庭为纽带的互动教育体系，让家长更好地了解学校法治教育进程，为学校的法治教育献计献策。

2010 年开始，镇关工委与镇司法所联动，把每期的司法小报加印送到全镇各中小学校每个班级，切实增强对青少年的法治教育。全镇中小学聘请边防派出所指导员为法制副校长，每年组织观看法制教育影碟片，如《少年犯》《道德启示录》《中小学生法制教育警示片》《禁毒教育警示片》等。2013 年 9 月 18 日，组织学生接受爱国主义教育，教导学生不忘“九・一八”那段血泪铸就的历史。2014 年 4 月，镇关工委特邀请宁波市公安局刑侦支队的龚成业走进一市中学，为学生们讲解法律知识和案例。一市中心小学褚柔涵获“七彩法治梦，护航我成长”法律故事演讲比赛小学组三等奖。2016 年 6 月，组织学生参观一市边防派出所，探索警车里的奥秘。一市镇新山村关工委利用现代党员远程教育网、黑板报、标语等形式，经常向广大青少年宣传法律法规和村规民约，使他们从小就知法、懂法、守法，成为法律的维护者、执法者，同时又是法律的宣传者。村里利用远程教育的条件，每月开展针对青少年的普法教育，利用星期天等学生放假期间，集中进行收看相关的普法教育片。因为宣传、教育到位，全村上下反封建、反迷信、反邪教，形成崇尚科学、勤劳致富的社会新风气。多年来，新山村未出现青少年违法犯罪现象，没有打架斗殴、偷盗行为，全村呈现出安全、稳定、和谐发展、人民群众安居乐业的大好局面。

（四）牵线搭桥，配合做好校外辅导工作

一市镇司法所、派出所等单位，每年到校园讲解防溺水、防雷电、防火灾、防交通事故、防拐骗知识，引导学生学习科普知识，做好防范，远离危险。镇关工委与县妇联、红十字会联合开展“关爱留守儿童”活动，2016 学年为一市小学的留守儿童送教 6 次，有书法课、心理辅导课等等。每周末，为留守儿童举办“爱心烧烤”关爱活动。节假日，走访慰问留守儿童，让孩子们切实感受到温暖。2017 年，开展留守儿童与“五老”人员结对，建立留守儿童档案，保证一档一跟踪，让缺爱的孩子感受到大家庭的温暖。组织本镇学生代表与实验小学学生一起到上陈村与该村“五老”人员一起做民间手工艺，同时学生之间还互赠文具，交流友谊。

镇关工委关注全体学生的成长，特别关注单亲儿童、孤儿、留守儿童及残疾儿童，努力配合学校完成随班就读与上门送教的特殊教育工作。

2016 年 7 月 15 日，由一市镇关工委主办的暑期假日学校正式开班。2016 年，一市镇关工委邀请了宁波大学阳明学院和宁波大学两支社会实践队参与支教，分别在一市镇中心小学和一市新山村开设课堂。一市镇外岙村的叶云翠说，家里人都去上班了，平时两个女儿在家非常不放心，假日学校不仅解决了她的烦恼，而且使孩子在成绩和兴趣培养方面都有很大提升。大学生们在课程上不断创新，主动听取学生意见，把学生们的兴趣作为课程开设的出发点和落脚点。此次课程不但有音乐课、折纸课以及体育教学课，还有意义非凡的暑期安全知识、青少年预防犯罪和城乡环境整治课程。

暑假期间，连续结对宁波大学阳明学院实践队为留守儿童开展假日课堂教育，各村的假日课堂也办得有声有色，在牛台村祠堂开办武术课堂，在前岙村的办公楼开展课业辅导，在新山村文化礼堂开展美术、表演课。

（五）关注弱势群体，踏实做好帮困助学

镇关工委每年调查汇总贫困学生、留守儿童、因病因灾致贫的特殊儿童等青少年弱势群体，组织贫困留守儿童微心愿领取活动，对其在思想、心理、学习等方面加以辅导和资助，并主动联系党群同心圆帮帮团进行慰问。

近年来，镇关工委不断完善帮困助学工作。镇关工委结合上级部门的要求以助学金形式对小学生 600 元/人，中学生 750 元/人的标准资助困难学生。2015 年，排摸各校困难学生 69 名，建档入册，发放助学金。并联合爱心同盟多次走访慰问东岙村困难学生王懿静家庭，开展爱心义卖活动。资助武岙村娄晓炜家庭 3000 元。此外，每年在“六一”节前后和“我的新年心愿”活动集中开展助困活动，发放各类物资达 20 余万元，慰问困难儿童达 50 余名，让困难学生感受到政府、学校的关怀。镇关工委充分利用有利资源，有序组织了各级各类的帮困助学活动，服务本镇困难学生家庭。例如：凤华助学、华鼎助学、孙均六助学、一惯助学、外商助学等，这些帮困助学活动的开展让全镇困难学生感受到了温暖，同时也接受了教育。

2017 年 12 月 10 日，一市镇中心小学退休教师与十名留守儿童相聚会议室，开展了结对帮扶活动。老教师们先给孩子们送上了崭新的文具，经了解，这些文具都是老教师们自费购买的。之后的谈心会上，孩子们畅谈学习生活及遇到的困难，退休教师与孩子们谈心、交心，掌握他们的学习、思想、心理变化和生活近况。“一老一少”连接起了一座沟通的桥梁，这座桥梁实现了老少互勉、老少共进，既推动了青少年事业，又促进了老年事业，有利于实现老少“双提高、双受益、双发展”的美好目标。

2018年3月27日，一市镇关工委联合镇团委开展圆梦微心愿活动。在掌握所辖留守儿童、贫困学生的微心愿后，积极发起微心愿公开认领，并于举行了发放仪式，亲自将礼物送至学生手中后，孩子们一一打电话向另一端的爱心人士表示感谢。目前10个微心愿礼品已全部发放到位。爱心人士也详细询问了孩子们的学习情况和生活情况，希望他们能继续努力、认真学习，成为社会上的有用之才。

2019年"六一"儿童节前夕，县关工委与一市镇关工委到一市镇中心幼儿园开展"温暖守心·情定夏日"留守儿童慰问活动，祝贺孩子们"六一"节日快乐，并送上慰问金及节日礼物。

2020年3月11日，《今日宁海》报道新冠肺炎疫情，一市镇武岙村"五老"黄才君，一个人承担整村70户村民的物资采买配送工作。

（六）依托创建，基层关工委工作有实效

镇关工委于2007年开始创建"三好四无"、2013年开始创建"五好"关工委活动。2007—2017年先后有新山村、上陈村、里岙村、缆头村、山皇岙村、前岙村、一市村、曹家村、岭头村、西刘村、武岙村、外岙村、牛台村、箬岙村等14个村关工委获评"三好四无"和"五好"基层关工委先进单位。镇关工委于2013年度获评"五好"乡镇（街道）关工委称号。

一市镇及村级关工委"双创建"情况一览表

表7-39

<table>
<tr><th>年份</th><th>镇关工委及行政村</th><th>创建情况</th></tr>
<tr><td>2008</td><td>新山村</td><td>通过2007年度县"三好四无"创建</td></tr>
<tr><td rowspan="2">2010</td><td>上陈村、里岙村、缆头村、山皇岙村</td><td>通过2008年度县"三好四无"创建</td></tr>
<tr><td>前岙村、一市村、曹家村、岭头村</td><td>通过2009年度县"三好四无"创建</td></tr>
<tr><td rowspan="4">2013</td><td>西刘村</td><td>通过2012年度县"三好四无"创建</td></tr>
<tr><td>上陈村、里岙村、缆头村、山皇岙村</td><td>通过2012年度县"三好四无"提升复评</td></tr>
<tr><td>一市镇关工委</td><td>2013年度县"五好"乡镇（街道）关工委</td></tr>
<tr><td>前岙村、一市村、曹家村、岭头村</td><td>2013年度通过县"三好四无"提升复评</td></tr>
<tr><td rowspan="2">2015</td><td>武岙村、外岙村</td><td>通过2014年度县"三好四无"创建</td></tr>
<tr><td>西刘村</td><td>通过2014年度县"三好四无"提升复评</td></tr>
<tr><td>2016</td><td>牛台村</td><td>通过2015年度县"五好"基层关工委创建</td></tr>
<tr><td rowspan="2">2018</td><td>箬岙村</td><td>通过2017年度县"五好"基层关工委创建</td></tr>
<tr><td>新山村、上陈村、里岙村、缆头村、山皇岙村、前岙村、一市村、曹家村、岭头村、西刘村、武岙村、外岙村、牛台村</td><td>2005—2015年度通过县"五好"基层关工委提升复评</td></tr>
<tr><td>2019</td><td>白岐村</td><td>2018年度县"五好"基层关工委创建</td></tr>
</table>

（七）重视自身建设，关工委组织有活力

镇关工委十分重视自身建设，不断吸纳老同志充实到镇关工委和"五老"队伍，增强了关工委班子的生机和活力。及时调整班子，明确责任和工作目标，推动各项工作落实到位。基层关工委网络已建立，做到层层有人抓，上下不断人。全镇 21 个行政村、学校均建立关工委班子，做到有队伍、有制度、有活动，发挥了应有的作用。2017 年登记在册“五老”人员 80 名，工作规则、工作职责、工作任务及工作制度等汇编成册。普法工作有计划推进，镇关工委目前有爱国主义讲师团、关爱工作团和校外辅导员等骨干队伍，均有花名册。

加强理论学习。镇关工委不断加强自身学习，提高自身素质，与时俱进，解放思想。学习党的路线、方针、政策，认清形势，明确任务；学习新的科学文化知识；学习社会科学知识，学习历史知识。做到理论与实际相结合，用正确的理论来指导关心下一代工作，增强对青少年工作的主动性、自觉性、预见性和针对性。

抓制度建设。镇关工委及办公室成员明确分工、责任到人，各司其职。每月一次例会，汇报工作情况、研究安排、布置工作，及时解决问题。镇关工委全体成员每年召开两次会议，年初布置工作，年终总结表彰。镇关工委常务副主任列席党政联席会议，专题汇报关工委日常工作，以保障工作的正常进行。

时代在发展，社会在前进，青少年情况在变化，一市镇关工委根据该镇的实际情况，不断总结经验，全镇关心下一代工作越来越有活力，开创了关心下一代事业的新局面。

三、典型经验交流及所获荣誉

典型经验交流

表 7-40

交流时间	交流场所	交流题目	交流人单位
—	—	发挥“关爱作用”推动青少年牢固树立社会主义荣辱观	—
2007 年 4 月	宁海县农村关心下一代工作会议	重视教育关心青少年 建设乡风文明新农村	一市镇新山村党支部
—	县创建“三好四无”先进村试点经验交流会	以创建“三好四无”为抓手推进构建和谐新农村	一市镇新山村党支部

历年荣誉

一市镇各级关工委所获荣誉一览表

表 7-41

时间	获奖单位、个人	所获荣誉
1994 年	方清焕	县关心下一代工作先进个人
1999 年	王贤茂	县关心下一代工作先进个人
2001 年	王贤茂	县关心下一代工作先进个人
2004 年	新山村党支部	县关心下一代工作先进集体
	葛更丰	县关心下一代工作先进个人
2005 年	王贤茂	县关心下一代工作先进个人

续表7-41

时间	获奖单位、个人	所获荣誉
2006 年	俞晶晶执笔的《中小学生法制教育现状的调查分析》文章	县关心下一代工作调研文章二等奖
2008 年	新山村关工委	市关心下一代工作先进集体
	新山村党支部	县关心下一代工作先进集体
	田惠亚	县关心下一代工作先进个人
2010 年	缆头村	县关心下一代工作先进集体
	王贤茂、田惠亚	县关心下一代工作先进个人
2012 年	缆头村	市“六有”村关工委
2013 年	一市镇	县“五好”乡镇（街道）关工委
	缆头村	县关心下一代工作先进集体
	倪昌委、杨佩珍	县关心下一代工作先进个人
	镇关工委的《网络对青少年影响的报告》文章	县关心下一代工作优秀调研报告三等奖
2015 年	叶崇博、蔡倩	县关心下一代工作先进个人
	蔡倩	县关工委系统信息宣传工作先进个人二等奖
2016 年	东岙村	市“五好”村（社）关工委
	蔡倩	县关工委系统信息宣传工作积极信息员
2017 年	箬岙村	县关心下一代工作先进集体
	应建湖、蔡倩	县关心下一代工作先进个人
	王太畅	县关心下一代工作优秀“五老”
	蔡倩	县关工委系统信息宣传工作优秀信息员
	朱晓彪、叶可观	县“假日学校”优秀“五老”志愿者
2018 年	一市村关工委	市“五好”社区（村）关工委
	一市镇关工委	县关心下一代工作先进集体
	蔡倩	县关心下一代工作先进工作者、县关工委系统信息宣传工作优秀信息员
	朱晓彪	县关心下一代工作优秀“五老”
2019 年	蔡倩	2018 年度县关工委系统信息宣传工作积极通讯员、2019 年度县关工委系统信息宣传工作优秀通讯员
	朱晓彪、蔡倩、唐振宇	2019 年度宁海县暑期“假日学校”志愿服务工作先进个人

越　溪　乡

一、机构及人事沿革

乡关心下一代工作机构及班子成员

1992 年年初，撤区扩镇并乡，七市乡并入越溪乡。越溪乡关心下一代工作委员会，前身为关心下一代协会，成立于 1992 年 6 月 26 日。名誉会长王必月、林志根、应可宗。会长王能常，副会长林爱芬、王能赞、王高仁、田正园。秘书长林爱芬兼，理事 18 名。1996 年 4 月 2 日，成立越溪乡关心下一代工作委员会，名誉主任王必月，主任叶国安，副主任林仙菊、朱帮丰、张富印。关工委主要任务是，配合乡团委、妇联、文教卫、民政等职能部门共同做好青少年思想道德教育，助学、助困、助残、助孤、助医等“五助”关爱帮扶，留守儿童帮教，社会主义核心价值观教育，帮助青少年自立自强、成长成才等关心下一代工作。

越溪乡关协历届班子成员一览表

表 7-42

时间	名誉会长	会长	副会长	秘书长	理　　事
1992 年 6 月	王必月、林志根、应可宗	王能常	林爱芬、王能赞、王高仁、田正园	林爱芬	王才华、王行吉、王高仁、王能常、王能赞、王琼洁、王恕来、田正园、朱帮丰、苏法木、吴定金、张富印、张荣乾、陈思昌、林志根、林爱芬、郑书麟、夏如玉
1994 年 5 月	王必月、顾宏能、应可宗	鲍允伟	林爱芬、田正园、王能赞、王高仁	童先秀	王才华、王行吉、王高仁、王能赞、王琼洁、王恕来、田正园、朱帮丰、苏法木、张富印、张荣乾、张珊桂、林志根、林爱芬、郑书麟、夏如玉、顾宏能、童先秀、鲍允伟

越溪乡关工委历届班子成员一览表

表 7-43

时间	名誉主任	主任	常务副主任	副主任	委　　员
1996 年 4 月	王必月	叶国安	—	林仙菊、朱帮丰、张富印	秦毅霞、林建初、林爱芬、褚孔启、应四官、顾宏能
1998 年 8 月	吴晓奎	陈昌凯	—	林仙菊、应四官	秦毅霞、朱帮丰、童亚杰、张富印
2000 年 10 月	—	陈昌凯	—	仇丹娅、应四官	戴华飞、何晓娥、朱帮丰、张富印、张秉昂、褚增福
2001 年 12 月	—	童富尹	—	胡玲玲、应四官	何晓娥、李和林、祝多焕、张富印、张秉昂、褚增福
2003 年 9 月	—	任建平	—	仇丹娅	陆锦丽、吕爱青、李和林、应四官、张富印、张秉昂、张荣乾
2006 年 6 月	—	鲍宏杰	—	吕爱青	童叟赞、魏章灿、陈冬晴、应四官、张荣乾、鲍英华、郑尚奎、仇丹娅

续表7-43

时间	名誉主任	主任	常务副主任	副主任	委　员
2008 年 4 月	—	鲍宏杰	叶在相	—	童叟赞、张富印、应四官、张荣乾、鲍英华、吕爱青
2009 年 7 月	—	何晓娥	叶在相	—	鲍英华、石红梅、仇丹娅、胡贵龙、吕爱青、杨丽萍、苏乾锋、应四官、张荣乾
2010 年 3 月	—	何晓娥	吴梦勇	—	鲍英华、石红梅、仇丹娅、胡贵龙、吕爱青、杨丽萍、苏乾锋、应四官、张荣乾
2011 年 9 月	—	葛向东	陈文军	—	鲍英华、许国庆、仇丹娅、尤佳、吕爱青、胡贵龙、戴春荣、林小再、应四官
2015 年 6 月	—	应剑	陈文军	—	丁海波、应大方、应四官、胡梦捷
2016 年 8 月	—	虞武君	陈文军	—	丁海波、应大方、应四官、裴静
2017 年 9 月	—	苏才品	陈文军	—	丁海波、李德宏、王魁、俞姝伶、应大方、林小再、吕爱青
2019 年	—	苏才品	王朝阳	王建东、杨方通、王善华	褚谦、王魁、俞姝伶、王炜、丁海波、王建伟、胡旭波、陈方泽、蔡金素、应大方

越溪乡村级关心下一代工作机构及班子成员

越溪乡村级关协领导小组于 1994 年 6 月成立。2006 年并村后原 37 个行政村调整为 15 个行政村，越委〔2006〕13 号文件对村关工小组成员进行了调整。2008 年村级关工领导小组更名为关心下一代工作委员会。2012 年各行政村在全县率先配备以“五老”人员为主的常务副主任。2017 年 6 月村级换届，人员变动，及时调整了关工委班子成员。

越溪乡村级关协领导小组成员一览表（1994 年 6 月）

表 7-44

村别	组长	副组长	成　员
白湾	张坚富	—	蒋金妹、张全省
下湾	许学飞	林美浓	陆素华、许国存、王如良、陈培芬
田岙	叶友谊	—	徐八妹、叶友标
岭脚下	吴兴尧	—	周荷莲
李家岙	沈阳通	—	王亨银
信干	王行吉	—	王永达、吴孝圣
东白岌	储安贵	—	陈伟相、陈大茂

续表7-44

村别	组长	副组长	成　　员
西白岌	温章根	—	王娇娥、项义胡
上林	林福章	—	林校富、林先华
道士塘	苏在龙	—	施小花、王亦操
大宋	王祖志	—	童真相、陈宏宝
外庄	杨定虎	—	林桂元
小宋	王宗联	—	应含英、张和通
下田	叶龙招	—	童玲娥、童兴序、李贤奎、褚静妹
山下应	应可祖	—	应大贤、郑书麟、应可宗
官长	吴其透	—	—
肖支湾	田康曹	—	田启品
梅岙	丁大奎	—	叶九香
下岙芦	叶有荣	—	叶从富、葛竹妹
梅枝	马宏亮	—	柴时报、谷美娇
慈周	陆中云	—	茅谓龙、陆如林
下对	吴志永	—	吴德云、叶玲娟
青山脚	竺义松	—	金广献
大林	林建荣	—	林正观、林世校、叶兴女、娄小官
大陈	陈三全	—	叶全花、褚孔雀
山上应	应必达	—	应小照、应小兵
越溪	潘寒春	张富印	丁爱英、何乾坤、应四官、方贤富、田官良
灰场	孙振华	—	杨莲兰
上盘	吴其芬	夏如玉	吴玉英、吴达富、徐月娥
下盘	陈启标	—	邵菊芝、陈云孟
岐头	王小芦	—	许美团
大脉山	陈永盛	—	王泽丰
东坑	陈胜标	—	田幼春、金立根
峧头	陈可宝	—	陈国仙、张丙昂
七市	顾训水	顾宏能	张贤芬、吴仁娇、应可尧、叶家望、应亚战

续表7-44

村别	组长	副组长	成　　员
南庄	吴常元	—	叶雪飞、张大法、吴志旺、单岳林
小林	林益苗	—	华素根、王孝贤
箬屿	杨贻法	—	储银全
信张	张大连	—	黄荷女、张公养
隔坑	翁宗亮	—	顾梅娥、吴良胡、杨福珊、金理真
上田	田太初	—	华忠妹、田小福
王干山	王安官	—	叶园英、王培育
坎头王	叶家绵	—	方建国、罗素娟
大山	朱帮进	—	—
竹园头	赵基荣	—	—

越溪乡村级关工委领导成员一览表

表 7-45

年份	村别	主任	常务副主任	成　　员
2012 年 7 月	盘屿	夏晓明	吴其全	陈启标、朱邦能、吴东民、吴幸福、张爱娇
	越溪	方贤富	林宗伟	林先地、田海燕、林如奏、应四官、蒋金妹
	山头应	应大宗	应才亲	石中南、陈永和、陈萍娟、应大照、孙才常
	下湾	陈贤法	王成秋	许学飞、陈英介、王雪桂、许仁省、陈贤焕
	兴农	苏周文	金昌永	杨定坤、龚以仁、王祖豪、王世贤、许巧玲
	田岙	叶其斌	林贵广	王志鹏、吴志煤、叶启云、杨定寿、林贵水
	信干山	张公浩	王全刚	王永达、张公标、张全虎、张大连、王灵豹
	白岦	杨贻忠	张云霞	储吉强、温章根、杨向远、储银全、洪燕飞
	双盘	林益满	林益苗	叶传宝、王有序、林宏伟、林日照、赵聪丽
	下田	田日昆	田康培	田生府、祝向东、杨启荣、田太行、叶龙照
	梅枝田	田启尧	葛小平	金爱娟、童章满、柴正川、杨启根、吴小材
	七市	叶全恩	顾江平	顾江政、张振岳、张兴满、金达兴、陈模斌
	大林	林臣桓	林日越	林日乾、林仲玲、梁小丽、林祖茂、叶全豪
	南庄	吴常元	吴生全	吴德浪、陈爱卿、吴生全、陈家妙、吴志喜
	大陈	蒋伟健	陈有建	陈五宗、陈亚洪、林莲凤、杨显清、陈有国
	乡教委	鲍英华	张利选	陈接志、闻敏坚、陈丽红、施兴猛
	光辉灯饰	胡晓明	夏芳莲	褚海霞、章以和、薛芳芳

续表7-45

年份	村别	主任	常务副主任	成　　员
2017年6月	盘屿	陈启标	吴昌楚	吴东明、吴昌铸、李连姣
	越溪	方贤富	葛明中	陈模健、童垚乾、王海超、林承意
	山头应	应能江	应仁娟	应书豪、应大照、石理标、陈执寿
	下湾	陈贤法	王如良	顾根法、陈英汉、应可选
	兴农	杨定坤	王世贤	应必本、杨贤宝、童章沛
	田岙	叶其斌	吴继煤	王志鹏、叶其春、杨定寿、储素浓
	信干山	张公浩	张大连	张三虎、王恕尧、王恕杰
	白岌	杨贻忠	储吉强	温章根、温高照、储银全
	双盘	林益满	王绍南	林日相、林高财、王有祥 储安豪
	下田	田日昆	田生府	田学贤、田太行、叶孝统、叶龙照、祝兴才
	梅枝田	田启尧	朱志成	华　宇、金爱娟、柴时豹、吴能成
	七市	童再定	郑帮明	应亚战、应幸存、吴能会
	大林	林明扬	林祖烈	林高雅、童玉燕、林能峰
	南庄	吴财金	陈家妙	吴德浪、杨其标、吴秀琴
	大陈	陈家龙	杨定兴	陈有国、陈先良、陈光明
	乡教委	丁海波	林小再	叶海维、赵味春、屠葵葵、吴雪杰
	光辉灯饰	胡晓明	章以和	项平霞、虞志海、薛芳芳

2018年4月，越溪乡组建关心下一代志愿者协会越溪乡工作站，站长应大方。下设6个小组，分别为护苗宣传组，组长葛民中；关爱帮扶组，组长王世贤；网吧净化组，组长田启尧；校园安全组，组长林小再；才艺传承组，组长吴昌铸；心理疏导组，组长陈先良。

二、关工委主要工作

（一）青少年思想道德教育

乡关工委倡导以理想信念为核心，加强青少年思想道德建设。开展学雷锋、树新风、讲文明等爱国主义教育。2006年5月，在七市、越溪等学校组织学生进行社会主义荣辱观教育，向每位学生发放“八荣八耻”宣传资料，用鲜活生动、贴近实际的典型事例，向学生进行宣传教育。在母亲节、重阳节等节日，开展传统的孝德教育。按照“在学校做个好学生，在家里做个好孩子，在社会做个好公民”要求，建立学校、家庭、社会三结合的德育工作机制。从2017年开始，将各校每一学期各班的“三好学生”上报乡关工委，由乡关工委通报各行政村，给予奖励。

越溪乡的各所学校于每周一升旗仪式时，开展思想道德教育。每学期至少两次邀请校外辅导员来校开展各类讲座。其中越溪中学将“培养勤学习，有礼貌，讲卫生，爱公物，具有一定人文修养和社会适应能力的合格毕业生”作为育人总目标，全校上下形成“厚德，尚礼，求实，拓新”的良好校风。

学校通过开展以下活动加强学生道德修养：“儒生会”自主管理；“儒家行”校园广播；“十九大”知识竞赛；“敬先师”入学礼仪；“传古训”家校共建。

2018年4月20日，越溪乡关工委协助越溪小学关工委邀请中国感恩励志教育讲师团谭贺老师为广大师生及家长上了一堂生动的感恩教育课。谭老师指出，感恩是幸福的真谛，一个感恩的人，心就像清泉一样的纯洁，像大海一样的宽宏，像花儿一样的美丽，而他的步伐也是坚定有力的，他的人生注定会过得充实而幸福。不会感恩的人，则由于他的自私、麻木、冷漠而消沉、堕落。

通过以上各种形式的教育，促使青少年形成良好的人生价值观，综合提高青少年的思想道德素质、科学文化素质和心理健康素质，为培育成有理想、有道德、有文化、有纪律的社会主义建设者打下良好的基础。

（二）青少年革命传统教育

越溪是海上丝绸之路在宁海的标志地，是戚家军首战揭幕地、越溪巡检司城古迹山海节点，又是北宋日本朝贡航道的海关，更是朝鲜崔溥漂流历险后壮游归国的陆路起点。近年来，越溪乡建造越溪巡检司城遗址纪念碑。2002年7月，建成“崔溥漂流事迹纪念碑”，韩国崔溥后裔常来此地祭拜。2016年3月，崔溥漂流事迹碑的故事在央视《国宝档案》上解密。2011年12月，在越溪巡检司城遗址纪念碑旁建立了“戚家军平倭首战纪念碑”。每年清明期间，越溪乡关工委组织乡中小学生到培山祭奠田阿毛烈士，在烈士墓前，向学生讲述田阿毛烈士生前英勇作战的事迹，以及“生的伟大”“死的光荣”的生死观教育。并在上述三个基地开展相关纪念教育活动。尤其是暑假期间，邀请老县委书记应四官同志给前往基地接受教育的上百名学生进行讲解，使广大青少年学生不忘初心、牢记使命，做好共产主义接班人。通过一系列革命传统教育，使青少年学生对如何正确对待人生有了进一步的理解。2019年清明前夕，越溪乡关工委组织乡属各村关工委主任、副主任共60余人到县红色革命教育基地前童镇正德堂、岔路镇梅花村进行红色教育，接受灵魂的净化和洗礼。镇关工委还组织越溪小学通过写一篇观后感或祭扫烈士墓后的感想作文，抒发广大少先队员的心声和感受。

（三）法治及安全教育

乡关工委充分认识到关工委在预防未成年人犯罪工作中的重要作用，广泛发动“五老”积极参与到预防未成年人犯罪的工作中去，主动配合乡团委、妇联、综治办、派出所等部门单位，扎实开展“七个一”活动，进一步建立“百千万”工程的长效机制，使法治教育逐步达到经常化、制度化，努力减少未成年人犯罪。越溪乡关工委经常邀请相关人员对青少年学生进行预防青少年犯罪讲座，同时开展防溺水、防雷电、防火灾、防交通事故、禁毒等方面教育。并有针对性地开展法律知识竞赛、演讲比赛、文艺会演等多种形式的宣传教育活动，工作成效显著。如2011年6月，乡关工委在越溪中学举办“抑制毒品参与禁毒”的宣传活动，专门设置毒品危害咨询台，由志愿者为青少年讲解和解答毒品的相关知识和问题，发放“珍爱生命远离毒品”的宣传资料。针对失足青少年，乡关工委主动配合做好归正人员的矫正和安置帮教工作，预防和减少重新犯罪。2017年6月，越溪小学以预防未成年人犯罪，加强学校的预警机制为目的，以推进平安校园建设为目标，以创建“零犯罪学校”活动为契机，在全校范围内举办了以“阳光成长、与法同行”为主题的系列法制教育活动，拓展普法知识的宣传。自5月初起，学校开始充分利用班级黑板报、手抄报、校园宣传栏等积极宣传法治教育知识。法治宣传活动期间，学生们自编自演了许多活泼生动的小品、相声、歌舞等节目，使法治教育融于丰富多彩的活动之中。学校还为全校学生采购了《全国青少年普法教育读本》，积极组织学生参与第三届“关爱明天·普法先行”青少年法律知识竞赛，以此提高学生对普法活动的关注及对法律知识的掌握。6月7日，学校邀请越溪派出所成员、校方法制副校长来参与“法律在我身边”的讲座，紧密结合小学生的思想认识实际，阐述了青少年犯罪的案例典型，形象生动地向全校师生普及了自我保护方面的法律知识，增强了师生的法制观念。

（四）校外辅导工作

乡关工委重视校外教育工作，配合学校全面推进素质教育；协同有关部门做好净化社会育人环境工作，特别是文化市场的净化工作；积极开展以培养学生社会实践能力为内容的“五会”活动（学会做人、学会求知、学会生存、学会创造、学会防范）；持续开办暑期“假日学校”。自2007年7月起，梅枝田村已连续4年开办全程免费暑假班，为期一个半月，以辅导暑假作业为主，并增加书画、棋类、歌舞等兴趣课程。大林村利用村落文化活动中心由暑期返乡大学生为小学生们辅导暑假作业。2010年，精心组织村中小学生举办“迎世博、讲文明、树新风”系列活动。学生们自己布置会场，自编自导，有演讲、合唱、舞蹈、独唱等，节目内容丰富，形式多样，收到很好的效果。2017年9月，在越溪乡开展第十届跳鱼节期间，乡关工委邀请了宁波市关工委副主任、宁海县关工委多位领导，与10多位留守儿童共同参加“甬润童心关爱活动”。里约残奥会冠军陈懿（越溪乡籍）参加了“童趣无限跳鱼涂鸦填色”活动，社会反响热烈。2017年7月，乡关工委在越溪村、下田村、七市村开办3所“假日学校”。越溪村“假日学校”主要突出道德教育和文化培训；下田村春泥“假日学校”重点突出了英语和快乐暑假活动；七市村“假日学校”主要以“6+1”环保和文化辅导为特色，三所“假日学校”的创办得到广大民众好评。

（五）帮困助学、结对帮扶工作

针对单亲、贫困、留守、表现欠佳的青少年，乡关工委进行分类登记造册，充分发挥“五老”人员的作用，落实“五老”实行一一结对帮教。针对贫困学生、留守儿童，乡关工委则每年实行相关补助。如，2010年时，下湾村陆炳灿同学因父亲车祸身亡，只靠母亲一人打短工养活两姐弟，生活非常困难。住在村里的退休老教师谢和庆便经常找陆炳灿谈心，帮助解决心灵阴影，村党支部书记陈贤法、村官田波对陆炳灿生活上、文化课上进行帮扶、帮教。帮困助学方面，除县关工委连续三年下拨的爱心助学金外，2017年5月22日，乡关工委和乡慈善资金会，与深圳市赢家服饰有限公司陈灵梅董事长名下的“花样盛年慈善基金会”，签署了一份为期五年的“越溪乡助学公益项目合作协议”。“深圳花样盛年慈善基金会”每年捐款10万元（五年累计50万元），制定和印发《关于开展越溪乡特困大学生“花样盛年基金救助项目”活动的实施方案》，用以资助越溪乡贫困大学生和孤儿完成学业。2017年排摸特别困难大学生17人、初中生1人、小学生6人，同年8月16日，在越溪乡四楼会议室举行发放仪式，困难大学生5000元/人、初中生3000元/人、小学生2000元/人，当天发放助学金10万元；另外，与县慈善总会联系资助困难大学生7人，每人发放2500元，一共发放117500元。2018年越溪乡15个行政村关工委都已建立慈善关爱基金。

（六）双创建工作

2007年，乡关工委响应县关工委号召，首先在下田村试点开展创建“三好四无”活动，2013年，越溪乡完成“五好”乡镇关工委创建工作。

2017年，越溪、盘屿、下湾、田岙、白岌、信干山、双盘、下田 梅枝田、南庄、大林、大陈等12个村完成县级“五好”关工委复评工作。

2017年，越溪乡中心小学在全国第三届“关爱明天·普法先行”青少年普法教育活动中获评先进单位。

越溪乡关工委创建情况表

表 7-46

时间	村名	创建情况
2008 年	下田村	通过 2007 年度县“三好四无”创建
2010 年	越溪村、南庄村、梅枝田村	通过 2008 年度县“三好四无”创建
	盘屿村、下湾村、双盘村、大陈村、大林村	通过 2009 年度县“三好四无”创建
2013 年	田岙村	通过 2012 年度县“三好四无”创建
	越溪村、南庄村、梅枝田村	通过 2012 年度县“三好四无”提升复评
	越溪乡关工委	2013 年度县“五好”乡镇（街道）关工委
	信干山村	通过 2013 年度县“三好四无”创建
	盘屿村、下湾村、双盘村、大陈村、大林村	通过 2013 年度县“三好四无”提升复评
2015 年	白岽村	通过 2014 年度县“三好四无”创建
	田岙村	通过 2014 年度县“三好四无”提升复评
2018 年	山头应村	2017 年度县“五好”基层关工委创建
	下田村、越溪村、南庄村、梅枝田村、盘屿村、下湾村、双盘村、大陈村、大林村、田岙村、信干山村、白岽村	2007—2015 年度通过县“五好”基层关工委提升复评
2019 年	七市村	2018 年度通过县“五好”基层关工委创建
	兴农村	2019 年度通过县“五好”基层关工委创建

（七）自身建设

为了贯彻落实好中国关工委提出的关工委“基层工作年”要求，2012 年以来，越溪乡关工委在乡党委、政府的大力支持下，采取有力措施，狠抓基层关工委建设，切实解决村级关工委“空架子”问题，使全乡基层关工委逐步做到了组织网络化、工作规范化、活动经常化，有力地夯实了基础工作，促进了整体工作。平时乡关工委积极主动争取乡党委、政府的重视和支持，每年多次就关心下一代工作向乡党委、政府汇报。在自身建设上，一方面，加强队伍建设，明确乡党委副书记兼任关工委主任，副乡级干部担任常务副主任，下设办公室，负责具体工作落实；乡党委坚持把关工委工作纳入党委的议事日程，纳入年终考核评比内容；每年不定期组织关工委班子成员学习党中央有关会议精神和党中央领导的有关讲话精神、关工委系统的重要文件和指示精神以及学好、用好中国关工委刊物《中国火炬》。认真做好各基层单位的关心下一代工作，在村级组织换届期间，各村同时调整关工委组织，使关心下一代工作落实到最基层。另一方面，规范管理制度，坚持统一内容、统一标准、统一安排，乡关工委做到规范、标准的基础上，还给各村、学校、企业关工委组织统一制作板面，做到制度、组织、人员、活动要求“四上墙”。2011 年，乡关工委将工作规则等规章制度上墙，2012 年对有关制度进行调整补充后，新的《乡关工委工作规则》《乡关工委工作制度》《工作例会制度》《学习培训制度》《信息交流制度》《工作计划制度》《调查研究制度》以及形象栏与关工委铜牌一起上墙。为了更好地落实和执行好各项规章制度，乡关工委建立责任制。如创“五好”乡关工委，由主任负总责，主管负责人与协助人都进行了明确分工，各项活动有记录，资料完整，有据可查。乡关工委定期下基层，指导各基层关工委的日常事务性工作，使全乡的关心下一代工作取得新的进展。南庄村关工委在 2008 年“三好四无”创建活动中就推出了一系列管理制度，《越溪乡南庄村优秀青年奖励制度》《越溪乡南庄村“三好四无”工作制度》《越溪乡南庄村“三好四无”建设议事制度》《越溪乡南庄村“三好四无”建设学习制度》等。

三、典型经验交流及所获荣誉

典型经验交流

表 7-47

交流时间	交流材料题目	交流人姓名	交流人职务
2012 年 3 月	加强基础关工委建设，推进村级关工委工作	下田村关工委	—
2014 年	选好五老“领头羊”，夯实村级关工委组织基础	陈文军	乡关工委常务副主任

历年荣誉

越溪乡各级关工委所获荣誉一览表

表 7-48

获奖时间	单位及个人	所获荣誉
1993 年	夏如玉	县优秀校外辅导员
1994 年	顾宏能	县关心下一代工作先进个人
1999 年	应四官	县关心下一代工作先进个人
2001 年	仇丹娅	县关心下一代工作先进个人
2004 年	越溪村关心下一代工作小组	县关心下一代工作先进集体
2005 年	越溪乡派出所	县关心下一代工作先进集体
	吕爱青	县关心下一代工作先进个人
2006 年	越溪乡关工委	县关心下一代工作调研文章纪念奖
2008 年	越溪乡派出所	县关心下一代工作先进集体
	吕爱青	县关心下一代工作先进个人
2010 年	南庄村关工委、梅枝田村关工委	县关心下一代工作先进集体
	叶在相	县关心下一代工作先进个人
2012 年	下田村	市“六有”村关工委

续表7-48

获奖时间	单位及个人	所获荣誉
2013 年	下田村关工委、田岙村关工委	县关心下一代工作先进集体
	吕爱青	县关心下一代工作先进个人
	《关于越溪乡关工委工作的调研报告》	县关心下一代工作优秀调研报告三等奖
2014 年	陈文军	市关心下一代工作先进个人
	章亚丽	县关工委系统信息工作先进个人
2015 年	田岙村关工委	县关心下一代工作先进集体
	张公浩、田康培	县关心下一代工作先进个人
2016 年	下田村关工委	市“五好”村（社）关工委
2017 年	下田村关工委	县关心下一代工作先进集体
	陈文军	县关心下一代工作先进个人
	应大方	县关心下一代工作优秀“五老”
	应大方、应四官、葛民中、张爱娣、田启尧	县“假日学校”优秀“五老”
	吕爱青、陈文军	县“假日学校”先进工作者
2018 年	越溪村	市“五好”社区（村）关工委
	下田村	县关心下一代工作先进集体
	陈文军	县关心下一代工作先进工作者
	葛民忠	县关心下一代工作优秀“五老”
	吕爱青	县关工委系统信息宣传工作先进个人
2019 年	吕爱青	2018 年度县关工委系统信息宣传工作优秀通讯员
	应大方、叶润杰、范润泽	2019 年度宁海县暑期“假日学校”志愿服务工作先进个人
	王炜	2019 年度县关工委系统信息宣传工作积极通讯员

桑　洲　镇

桑洲镇位于宁海县的西南隅，是宁波市的南大门。东南与三门县相临，西南与天台县接壤，北面连接岔路镇、前童镇。国道同三线、省道甬临线穿越南北，县道桑沙公路横贯东西，区域总面积58.69 平方千米，下辖 23 个行政村，2.5 万人口。

一、组织机构沿革

1987 年 8 月 15 日，桑洲镇关心下一代协会（以下简称桑洲镇关协）召开第一次会员大会，梅国藏同志作报告。会上经过大家提名选举，选出会长梅国藏，副会长夏方顶，委员麻绍秋、杨朝成、梅金兰。

1991 年 5 月 9 日，桑洲镇关协召开第二次会员大会。会员由 10 多人扩展到 40 多人，换届选出了桑洲镇关协第二次理事会成员，副镇长胡民水当选会长，梅国藏、夏方顶、章思照当选副会长，麻绍秋、杨朝成、梅金兰、章良智、卢守诚为委员。

此次大会，县关协名誉会长王式耶，会长孙愫贞、岔路区委书记叶信水、岔路区关协副会长葛家奎、桑洲镇党委书记章正余到会祝贺。

桑洲镇关协成立四年来，“五老”同志退而不休，继续发扬革命精神，利用微薄之力，为关心和教育青少年做了大量工作。

1992 年 6 月 26 日，桑洲镇关协召开第三次会员大会。协会的会员由上届 40 多人增加到 80 多人。协会的班子成员，由镇党委提名，全会举手通过。

顾问王式耶、麻绍勤、褚询、麻绍秋、陈小泉、麻增钵，主任童荣湖，副主任翁时兵、葛为荣、梅国藏、梅金兰，秘书长翁时兵（兼），委员张建国、周方国、夏方顶、王亚、胡育州。

全会提出工作要求。一是全党、全社会都要关心和教育青少年，教育他们做好人、读好书、练好身体，把青少年培养成合格的中国特色社会主义接班人。二是做好调查研究工作，把全镇各村的青少年基本情况排摸清楚，登记造册。三是要紧抓“加强青少年健康成长”这一主题教育，在思想上关爱青少年艰苦奋斗向上；在学习上教育青少年勤奋好学；在生活上关心青少年勤劳俭朴。

为便于开展工作，镇关协将会员分成 5 个工作组。屿南工作组，组长章良智；前岗工作组，组长葛政体；桑洲工作组，组长杨朝成；上片工作组，组长章思照；麻同工作组，组长叶信文。

1993 年 2 月 26 日，桑洲镇关心下一代工作委员会成立（以下简称桑洲镇关工委）。主任童荣湖，副主任翁时兵、葛为荣，秘书长翁时兵（兼），委员张建国、周方国、夏方顶、章良智、章思照、卢守诚。县关工委顾问王式耶到会祝贺。

桑洲镇关协经过 6 年工作，积累了做好关心和教育青少年工作的一些经验，找到了一些工作方法。首先镇党委重视是关键。桑洲镇关工委由原来社会团体的老同志自愿服务，转变为以党政为主导的日常工作，这是关心和教育青少年工作的关键。其次，桑洲镇关工委的组织领导能担当、会工作，关心和教育青少年工作既要有事业性，又要有责任性，坚持“两性”，才能做好工作。三是做青少年的贴心人。接近青少年和青少年促膝谈心，并经常参加他们的活动，和他们打成一片，做他们的知心朋友。

本次会议确定的主题教育是：爱祖国、爱人民、爱劳动、爱社会主义制度。教育点是学校、社会。进一步完善和扩大校外辅导工作队伍，加强对学校青少年学生的教育。桑洲镇 9 所学校都聘任了校外辅导员。

1996 年 3 月 5 日，桑洲镇党委下发〔1996〕15 号关于调整桑洲镇关工委班子的文件。主任杨敏杰，副主任童遵龙、葛为荣、夏方顶，委员章良智、杨朝成、章思照、卢守诚、翁彩花、周立生。

1997 年 4 月 9 日，桑洲镇党委下发关于调整桑洲镇关工委组成人员的〔1997〕12 号文件。主任杨敏杰，副主任童遵龙、葛为荣、夏方顶；委员陈志良、梅金兰、杨朝成、章思照、卢守诚、胡育州、周立生、周衍同；秘书长童遵龙（兼）。

1998 年 9 月 10 日，因人事变动，经镇党委研究决定调整桑洲镇关工委领导班子。主任王松地，副主任翁时兵、葛为荣，委员蒋安娜、叶亦金、潘本苗、周方国、夏方顶、蔡立峰。

1999 年 11 月 19 日，因人事变动，镇党委对镇关工委的领导班子作了调整。主任叶亚荣，副主任翁时兵、葛为荣、夏方顶，委员蔡立峰、祝亚红、金鹏飞、王全富、伍伟川。

镇党委、镇属各单位、镇派出所、镇离退休支部都派出精兵强将到各学校应聘校外辅导员一职，使全镇中小学的校外辅导工作得到了充实与加强。镇关工委领导，校外辅导员进学校到课堂，去社会，走家庭，拓宽教育面与教育内容（法制教育，革命传统教育，安全教育等），教育效果明显提高，使全镇的关心下一代事业初露曙光。

因人事变动，2001 年 1 月 5 日镇党委发出〔2001〕12 号文件，公布调整后的镇关工委成员名单。镇党委副书记蒋安娜任主任，副主任翁时兵、葛为荣、夏方顶，委员蔡立峰、祝亚红、金鹏飞、王全富、伍伟川。

2001 年 11 月 20 日，因人事变动，桑洲镇党委下发〔2001〕58 号文件，调整桑洲镇关工委领导成员。主任王东海，副主任翁时兵、童安全、储功振、夏方顶，委员杨启贤、伍伟川、杨朝华、张霞芳、金鹏飞。

2003 年 8 月 20 日，桑洲镇党委对桑洲镇关工委的领导成员作了调整并发出〔2003〕45 号文件。主任胡校蓉，副主任王全富、储功振、夏方顶，委员杨芸芸、杨朝华、伍伟川、张霞芳、杨建辉。

2008 年 4 月 4 日，因人事变动，桑洲镇党委调整了桑洲镇关工委领导班子，并发出〔2008〕13 号文件。主任袁学宏，常务副主任金双娥，副主任王全富，委员柴晓敏、杨丹、邵旭东、储功振、施爱华、储为通、章思滚。

调整后的桑洲镇关工委任务更繁重，责任更重大。关工委发现了一些新问题。一是村村外出求业打工的人数剧增，造成留守儿童人数增多；二是对独生子女娇生惯养，教育缺乏方法。针对上述问题，镇关工委组织大家学习、讨论、研究，吸取外地成功经验，全面做好关心和教育青少年工作。

2009 年 9 月 1 日，桑洲镇党委调整桑洲镇关工委成员，并下发〔2009〕32 号文件。主任叶小杰，常务副主任金双娥，副主任王全富，成员柴晓敏、徐乖娟、邵旭东、储功振、金建标、鲍常飞、章思滚。

2011 年 10 月 13 日，桑洲镇党委调整桑洲镇关工委成员，并发出〔2011〕53 号文件。主任陈卫慧，常务副主任金双娥，副主任王全富、季学亮，成员王雷、徐乖娟、胡江、储功振、俞建标、袁学新、章思滚。

2015 年桑洲镇党委调整了桑洲镇关工委成员，并下发〔2015〕12 号文件。主任王启堂，常务副主任童朝锋，成员胡磊、徐铭怿、季雪亮、胡亮、章思滚。

办公室主任胡磊同志兼任，成员徐铭怿、季雪亮、胡亮、章思滚。

桑洲镇关工委决定下阶段青少年思想教育重点是社会主义核心价值观的第二个层面。

2016 年，桑洲镇党委调整桑洲镇关工委成员，发出〔2016〕12 号文件。主任叶亦健，常务副主任胡丹诚，委员胡磊、胡亮、徐铭怿、章思滚，办公室主任胡磊（兼），成员徐铭怿、季雪亮、胡亮、章思滚。

2017 年桑洲镇党委调整桑洲镇关工委成员，并发出〔2017〕12 号文件。主任夏杨，常务副主任胡丹诚，成员胡磊、胡亮、章思滚，办公室主任胡磊（兼），成员有胡亮、章思滚。

2019 年 11 月 27 日，桑洲镇党委调整桑洲镇关工委成员，并发出〔2019〕49 号文件。主任胡春霞，常务副主任朱能杰，成员胡磊、胡亮、马直炀、盛燕、章思滚、王秋根，办公室主任胡磊（兼），成员有胡亮、马直炀、盛燕、章思滚、王秋根。

村级关心下一代工作领导小组情况表

1994 年桑洲镇各村关心下一代工作领导小组一览表

表 7-49

村别	组长	副组长	成　　员
田洋卢	卢尚友	卢崇益	梅发盎、卢素娥、梅岳林
坑口	章思富	章思照	章思滚、章良益、麻莲花
格岸	王臣忠	—	邵孝谈、陈杏元
后沙	葛道辉	—	葛贤省、王玉翠
辽车	王式妙	—	王亚、王式枝
下路	王式叶	—	王式阔、王兆枝
上叶	王式丁	—	王兆天、王兆德
木坑	任传平	—	任传庭、任传万
木坑头	王时成	—	王时刁、王逢木
长田头	李恒斋	—	李和运、李和伯
高坑	章良木	—	王时文
西安	孙时相	—	孙吉道、孙吉寿
里山	王兆荣	—	王式斗、王乘本
叶家山	王式训	—	王式友、王式方
里岙庄	汤全国	—	汤友员、汤学秋
里下王	麻绍银	—	麻承中、麻承火
石桥	叶信件	—	叶信海、叶信喜
龙潭	麻万枝	—	麻万荣、麻万来
慕胡山	麻承端	—	麻增钵、麻绍木
新屋	麻承根	—	麻承林、王式府
山后	翁时清	—	翁万富、翁时旺
塘孔	叶继撑	—	叶未富、叶从
方山	叶未清	—	叶未通、李忠高、叶信绝
麻家	麻万道	—	麻承花、孙德兴
陈家	卢崇春	—	陈友烈、陈振秋
王家	王定大	—	梅金兰、王定宜
西峰	应端轩	—	应小祖、应小园
上堂	葛政品	—	葛宏振、王桂枝、葛启成
老屋基	葛体军	—	葛模枝、陈桂香
外山周	章思海	—	葛家炉、葛启良、葛道全

续表7-49

村别	组长	副组长	成　　员
毛平	葛宏照	—	葛启金、葛启反、葛才木
花地塔	葛政海	—	葛政胡、葛模团
前塘孔	葛宏良	—	葛启赖、葛衍铭
上屋头	卢可印	—	葛世臣、卢崇元
大竹园	葛宏移	—	葛华杰、葛启正
外岗	葛政华	—	葛政堂、葛德贵、梅发印
新庄	葛宏建	—	梅长印、葛宏来
里雪山	应必满	—	应可信、娄月英
外雪山	应正良	—	叶未满、王式元
桑洲	林春亮	褚询	翁彩花、周立生、陈荣
田孔周	周衍恒	—	周其叶、周祥苗
上山陈	陈士吉	—	王启方、陈笑妹
中央溪	叶崇跃	—	叶小珍、周宝玉
麻车杨	杨朝友	—	杨朝成、杨朝雨
陈家岙	叶信员	—	叶崇柱、翁玉贞
竹山头	季孔如	—	陈忠泽、季孟坚
沙地	陈先来	—	陈志良、陈承旺
下洋周	周招康	—	周瑞中、周衍坚
桑园	陈启邬	—	陈贤柱、陈启立
梅家	梅长余	—	梅国藏、梅思妹
里山季	季孟泉	—	季学富、季孟春
南山	陈继府	—	陈宏兵、陈蒙跃
黄罗洋	章良欢	—	章必彩、章良兴
夏家	夏方正	—	夏承训、夏方友
外洋	夏国铭	—	夏方顶、夏必赞
下章	章思来	—	章良智、章必进
平园	葛爱花	—	李和运、李恒枪
罗家园	季定齐	—	季茂水、季孟跳
外山郑	郑尚钱	—	郑正榜、郑士民
大岗头	卢尚江	—	卢超、卢尚春
江下	江兆淮	—	郑民土、江兆保
六峰	林维新	—	陈以千、陈友贵

续表7-49

村别	组长	副组长	成　　员
南山章	章思千	—	章良行、章良钱
大红树	季茂山	—	季茂省、季茂喜

说明：根据镇党委桑委〔1994〕28 号文件

1996 年桑洲镇各村关工小组组长名单一览表

表 7-50

村别	组长	村别	组长	村别	组长
中央溪	叶崇跃	桑洲	章立祥	辽车	王式妙
陈家岙	只信会	沙地	陈先来	上叶	王式庞
田孔周	周其叶	平园	季定齐	南山	张小迭
里山季	季孟泉	梅家	梅长余	木坑	任传庭
上山陈	陈士吉	桑园	陈尔云	下路	郑凤女
下洋周	周招康	江下	江兆淮	毛平	葛宏照
竹山头	季孔时	外岗	葛宏森	上堂	葛政品
花地塔	葛世平	雪山	应正梁	西峰	应小园
田洋卢	卢金钩	下章	夏国民	龙潭	麻季宗
长田头	李恒斋	坑口	章思富	石桥	叶信中
木坑头	王时稳	六峰	季学斌	黄罗洋	章良欢
夏家	夏方友	白石坑	葛启连	陈家	陈振锋
外山周	葛家庆	新屋	王启财	老屋基	周建
里山	王乘治	外山郑	郑尚钱	方山	叶维银
南山章	章思迁、	桥头王	王定洲	大岗头	卢尚广
叶家山	王启阔	山后翁	翁时苗	慕胡山	麻国兴
里下王	麻绍人	麻家	麻万道	—	—

说明：根据 1996 年 10 月 2 日镇党委桑委〔1996〕55 号文件

2001 年桑洲镇各村关工小组成员一览表

表 7-51

村别	组长	成　　员
慕胡山村	麻承土	麻万炎、翁素贞
龙潭村	麻季文	麻承和、陈玉娟
新屋村	王启才	麻万傲、麻宝莱
石桥村	叶信产	叶信琴、叶珠香
里下王村	麻绍银	汤传总、郑小凤

续表7-51

村别	组长	成　　员
山后翁村	翁时掌	翁回青、翁美芳、翁万富
方山村	叶未银	叶信强、李忠夏、翁早女
麻家村	麻万品	麻季光、季孟盈、卢夏桂
陈家村	陈振铎	王式华、卢崇春、麻伟芳
王家村	王定周	王朝光、王定钱、梅惠芳
西峰村	应小园	应端来、郑爱凤
六峰村	陈友千	林成超、郑爱凤
南山章村	章永满	章正大、陈浓春
江下村	江兆淮	江式爱、葛小平
大岗头村	郑云月	卢丙友、梅小芳
外山郑村	卢尚照	郑国银、季为军
平园村	季定齐	李修校、叶桂花
下章村	夏国铭	章思远、颜才芬、夏方顶
夏家村	夏永金	夏方照、陈玉花
黄罗洋村	章良欢	章良照、季荷英
南山村	陈梦强	陈真统、麻美娇
里山季村	季茂山	季学云、陈小芳、季学富
外岗村	葛宏苗	罗季孝、柴妙青、梅法印
老屋基村	周瑞初	周建、葛亚平
上堂村	葛政品	葛宏乐、葛双花
花地塔	葛华杰	葛更银、葛杏娟
毛平村	葛宏照	葛启炳、葛素芳
外山周村	葛家庆	周岳信、葛美丽
白石坑村	卢尚家	卢可宽、任爱琴
上山陈村	陈理成	陈士吉、陈惠芬
桑洲村	梅法明	陈启政、陈锦华、陈微英
田孔周村	周松林	周其贤、王美仙
陈家岙村	叶维亮	叶信国、俞凤梅、叶信权
雪山村	应正梁	应必法、柴夏芳
长田头村	李恒斋	李恒中、李华聪
西安村	孙时兵	叶维毫、叶香菊
里山村	王乘治	王乘洪、王赛萍

续表7-51

村别	组长	成　　员
叶家山村	王兆星	王家帅、李友香
坑口村	章思富	王启星、章良部、陈芬芳
辽车村	王式苗	王启礼、陈竞英
下路村	郑凤女	王兆印、王式印
上叶村	王兆才	王青山、王小芬、王不天
木坑村	任传平	任传枝、任小春
木坑头村	王乘奔	王时化、王久香
下洋周村	周照康	周照红、陈叶枝、周方国
桑园村	陈尔云	陈志泽、卢冬芬
梅家村	梅长余	梅长勇、葛爱娟、梅国藏
田洋卢村	卢丙葵	卢尚罗、叶修年、季杏春
竹山头村	季孟东	季孟锐、夏春风
中央溪村	叶继华	叶小光、葛金芳
居委会	章思滚	胡育州、陈小燕

说明：根据 2001 年 3 月 1 日镇党委桑委〔2001〕1 号文件

2008 年桑洲镇各村关工委成员一览表

表 7-52

村别	主任	副主任	委　　员
桑洲村	梅法明	陈锦华、陈微英	叶新省、叶崇跃、周松林、陈建宏
田洋卢村	卢林军	叶修年、戴美琴	卢崇益、卢守诚
桑梅村	梅长余	陈启郐	叶夏珍
下洋周村	周照康	陈叶枝、陈先章	周方国、季学法
竹山头村	季孟东	陈德福	周剑平
外岗村	葛体淼	梅法成	葛吉芬
三星村	葛政品	葛宏振	葛双花
六合村	葛政委	葛家庆	王爱平
木坑村	任传庭	任金苏	王逢木
上叶村	王武斌	王兆万	王银群
坑口村	章思富	章思滚、陈芬芳	章思照、葛道信
长田头村	李恒斋	李和贝	李香翠
里山村	王式俭	王时超	王赛萍
南岭村	章正辉	章正来	王春娥

续表7-52

村别	主任	副主任	委　员
下章村	夏国铭	章良炉	王美银
屿东村	郑尚苏	卢尚礼	葛月萍
平园村	李修贝	葛爱花	范夏娟
团结村	王国法	陈宏兵	陈玉彩
里山季村	刘忠高	季学海	季亚萍
麻岙村	陈振社	麻惠芬、陈友烈	卢崇春、梅惠芬
圹山村	翁时掌	叶信强	翁早女
新桥村	叶小足	麻绍银	季姓芬、麻承东
慕胡山村	麻会庭	麻绍定	翁素贞

说明：根据2008年7月24日镇党委桑委〔2008〕30号文件

2011年桑洲镇各村关工委成员一览表

表7-53

村别	主任	副主任	委　员
桑洲村	陈启政	王玲燕、陈微英	陈锦华、叶新省、叶崇跃、周松林、陈建宏、卢崇宽
田洋卢村	卢林军	卢丙朝、卢余法	薛瑞标、卢守诚、卢金才、戴美琴
桑梅村	梅长余	陈启华、陈启邬	周冬素、王苏琴
下洋周村	周林强	周其士、应燕娟	周方国、陈叶枝、陈先泽、季学法
竹山头村	季和兵	季孟参、季孔时	陈德福、周剑平
外岗村	葛体森	葛启远、梅长印	梅法英、葛吉芬
三星村	葛政品	葛永旗、叶黎明	葛宏振、李亚华
六合村	葛武军	葛家辉、林斐斐	葛政委、王爱平
木坑村	王小卯	任传平、任传万	任小春、王时稳
上叶村	王武斌	陈峰、王兆瑞	王兆万、王秀清
里山村	王式俭	王海帅、俞森炎	王时超、王赛萍
坑口村	章思富	王兆雪、章思滚	葛道信、麻三飞
长田头村	李恒斋	李恒飞、李和贝	李恒双、李香翠
南岭村	陈浓春	章思照、章正来	陈友兵、章正大、王春燕、章永根
下章村	夏国铭	章思壮、夏方顶	夏国珍、王美银
屿东村	卢丙友	郑国勇、郑金国	卢尚礼、葛月萍
团结村	陈真统	陈模正、陈宏兵	章良焕、卢小华
平园村	李修贝	李孝响、葛爱花	季爱娇、季定云
里山季村	刘忠高	季茂祖、季孟泉	季达荣、季亚萍

续表7-53

村别	主任	副主任	委　　员
新桥村	叶小足	叶维灶、麻绍银	延守存、麻承东
麻岙村	王式华	王尚鹏、叶永	麻伟芳、陈友烈、卢崇春、麻万统
慕胡山村	麻会庭	麻慧俊、麻绍定	麻承礼、麻会英
塘山村	杨启贤	叶信强、叶崇灶	翁时掌、翁早女

说明：根据 2011 年 5 月 11 日镇党委桑委〔2011〕16 号文件

2014 年桑洲镇各村关工委成员一览表

表 7-54

村别	主任	副主任	委　　员
桑洲村	梅法明	胡亮、陈锦华	陈微英、叶新省、叶崇跃、周松林、陈建宏、卢崇宽
田洋卢村	华小华	卢丙朝、卢余法	薛瑞标、卢守诚、卢金才、戴美琴
桑梅村	梅长余	陈启华、陈启邬	周冬素、王苏琴
下洋周村	周秋长	周衍长、陈先标	周方国、陈先枝、季学法
竹山头村	季和兵	季孟参、季孔时	陈德福、周剑平
外岗村	葛体森	罗耒聪、梅长印	梅法英、王文娟
三星村	葛政品	葛永旗、叶黎明	葛宏振、李亚华
六合村	葛武军	葛家辉、林斐斐	葛政委、王亚回
木坑村	任青宽	王增武、任传万	任金苏、王式文
上叶村	王启礼	王中杰、王秀清	王式典、王飞龙
里山村	王式俭	王海帅、俞森炎	王玉珍、王兆星
坑口村	章思富	章思央、章思滚	陈芬芳、麻三飞
长田头村	李恒斋	李恒飞、李恒中	李恒双、李香翠
南岭村	章金满	章正伟、章正来	陈友兵、章正大、王春燕、章永根
下章村	章国铭	章思壮、夏方顶	夏国珍、敬冬花
屿东村	卢丙友	郑国勇、郑金国	卢尚礼、葛月萍
团结村	陈真统	陈模正、陈宏兵	章良焕、卢小华
平园村	李修贝	李孝响、王美双	李恒胡、季定云
里山季村	季茂相	季茂祖、季孟泉	季达荣、季亚萍
新桥村	叶小足	麻启春、金以盘	延守存、麻绍银
麻岙村	王式华	王尚鹏、麻伟芳	陈友烈、卢崇春、麻万统
慕胡山村	麻会庭	麻承府	麻会英、麻绍长、麻万良
塘山村	叶未庆	翁其勇、叶崇灶	翁时彩、葛亚芳

说明：根据 2014 年 1 月 22 日镇党委桑委〔2014〕8 号文件

2017 年桑洲镇各村关工委成员一览表

表 7-55

村别	主任	副主任	委　员
桑洲村	邹一心	王照进	胡爱秋、周夏波、陈秋英、陈志高
田洋卢村	卢余法	卢尚浩	卢德胜、戴美琴
桑梅村	梅长余	陈志详	陈齐心、杨茂苏、陈启华、周爱君
下洋周村	周方福	周祥利	周玉友、周林辉、周衍松、周照国、周林桂、叶彩萍
竹山头村	季孟东	季孔家	陈云雨、季孟朝、程丹任
外岗村	葛体新	葛德军	罗志光、葛宏庆、罗春冬
三星村	葛政品	葛宏锵	周衍光、葛珍守、周彩娟
六合村	葛武军	周衍光	葛祖伟、葛政委、王亚回
木坑村	任传平	王乘银	王乘奔、任传万、任金苏
上叶村	王式坦	王启标	王式丁、王秀清
里山村	王夏明	王式旺	王乘壮、王乘宽、王玉珍
坑口村	章思富	王兆相、邹全光	叶维昌、叶维圣、王兆康、王秀绒、陈芬芳
长田头村	李恒中	李恒旺	李永年、李何台、陈香桂
南岭村	章永祥	章永林	章正荣、章永满、王春燕
下章村	章思祖	章立成	夏国珍、王美银
屿东村	卢丙友	郑国勇	郑建卫、卢为民、周金枝
团结村	陈模正	陈宽友	章良欢、陈玉花、卢小华
平园村	李恒连	季定云	李修春、李恒雨、季定凑、王美双
里山季村	季学云	季学信	季定兵、季茂有、季亚萍
新桥村	叶信来	叶信产	麻万荣、麻承根、叶翠莲
麻岙村	麻昌顺	王廷参	陈清远、陈友义、牛丽艳
慕胡山村	麻承妙	麻万振	麻承考、麻承亮、麻会英
塘山村	叶未春	翁时清	叶继稳、叶信强、葛亚芳

说明：根据 2017 年 8 月 8 日镇党委桑委〔2017〕号文件

二、主要工作

30 多年来，桑洲镇关工委以培养“四有”新人为目标，以“三个贴近”为原则，以“道德规范”教育为机制，以爱国主义教育、法制教育为重点，开拓思路，务实工作，充分发挥老干部的作用，依靠社会各界的密切合作，加强对广大青少年的理想信念、道德规范、遵纪守法等方面的教育，不断为他们解决学习、生活上的各种实际困难，为青少年营造了良好的学习与成长环境，取得了良好的成效。

桑洲镇关工委十分重视发挥“五老”的作用，对受聘担任校外辅导员的 50 多名“五老”经常进行培训，不定期召开工作经验交流会，提高他们的素质和工作能力。镇关工委同时组织学习吴仪同志的《人生自我完善三要素》讲话；发动学生为孤寡老人做好事，送温暖；组织学生参加清溪环境整治活动；教育学生要爱护公物，爱绿护绿，为美化家乡环境做贡献。

镇关工委还多次邀请县司法局、县交警大队、县关工委及讲师团来镇举办各种讲座、报告会，听众达上万人次。镇关工委还牵头建立起由老干部、老教师、公安司法员、优秀村干部、家庭教育经验丰富的家长组成16个帮教小组，对不良行为的学生、失足青少年进行重点教育帮助，引导他们好好做人，积极向上。

为困难学生排忧解难。2004年开始，推行学生营养汤计划，给住校的每位小学生免费供应中餐营养汤。当年年底，镇党委政府还为100个贫困学生送去100套保暖衣，使他们安全过冬。全体校外辅导员也为遭车祸致残的特困户陈振快送去一笔爱心款，使其子女不因家庭困难而辍学。桑洲中学初二学生葛伟琴，因患急病，医药费解决不了，镇关工委得知情况后，立即发动镇机关干部和部门职工捐款，筹集到资金7000余元，使她及时治好病，安心学习。

1999年，桑洲镇关心下一代组织成立了一个唯物主义宣讲团，深入各村巡回宣传，旗帜鲜明地反对邪教组织，大力倡导文明科学，取得显著社会效果。近七年来，宣讲团在全镇各地义务宣讲190多场次，累计听众5.5万多人次，其中向学生宣讲50余场次，受教育师生超过2.3万人次。

2009年12月27日，桑洲镇关工委组建的老干部宣讲团，宣传党的方针、政策，关爱青少年健康成长。省电视台五人随团拍摄采访，一连三天和宣讲团一起走村串户，在宣传会场中边听边采访。之后，省电视台用近十分钟时间，播放报道桑洲镇关工委老干部宣讲团的下村宣传实况。

2015年2月4日，市关工委主任邵孝杰、专职副主任魏百军到桑洲走访慰问宁海县优秀“五老”人员老教师章思滚。县关工委常务副主任袁春林、副主任胡昌强及桑洲镇关工委主任王启堂、常务副主任童朝锋陪同慰问。感谢章思滚二十年来为关心下一代所做的工作，并送去了新春的祝福与问候。章思滚是县关工委青少年思想道德教育宣讲团成员，桑洲镇关工委“五老”队伍骨干，并担任桑洲镇关工委宣讲团宣讲组组长、桑洲中学校外辅导员。曾连续五次被评为县级优秀校外辅导员、关工之星，一次被评为市级关工之星。其所居住的坑口村，在他和同事的努力下，被评为宁海县村（社）校共建“三好四无”先进单位。

2017年5月9日上午，桑洲镇关工委宣讲团成员之一、桑洲镇派出所的金警官到桑洲小学为同学们上了一堂生动的法制教育课。金警官针对学生们的实际情况，结合了当前治安形势，主要从自我防范，不法侵害的预防方法，防失联、防火防电、防踩踏、防校园欺凌等几个方面对全体师生进行了教育。他用一个个真实的事例、深刻的经验，以案说法，用法论事，深入浅出地为孩子们讲解了遇到突发事件时应当正确应对的方法，教育学生们应遵守国家法律、法规及社会公共规范，增强辨别是非与自我保护的能力。

2019年4月17日，县统战部关工委联合桑洲镇关工委开展“同心益行，青春护航”走进桑洲镇中学活动。邀请县妇幼保健院副院长、县十佳青年医生、主任医师陈庥秀做青春讲座，桑洲镇初一、初二女学生100多人参加。其间，陈庥秀结合青春期女性身心特点，引导青少年如何正确对待青春期产生的生理、心理变化，同时从青春期的保健常识等角度教育孩子如何认识自我，在场学生纷纷表示受益匪浅。

桑洲镇关工委的事迹多次在电视、报刊上报道。据初步统计：宁海电视台报道了15次、《今日宁海》刊出17篇、宁波电视台播出了6次、《宁波日报》刊登了6篇、浙江电视台播放了3次、

《浙江日报》进出了4篇，还曾在《钱江晚报》《时代先锋》《台州日报》《镇海日报》《中国老年报》等报刊上刊出。

三、荣誉名录

1990年，桑洲镇关协指导与教练的桑洲小女子篮球队获宁波市中小学篮球比赛女子团体第一名。

1993年，杨朝成被评为1992—1993年度宁海县优秀校外辅导员。

1994年9月10日，杨朝成被评为县关心下一代工作先进个人。

1999年2月26日，杨朝成被评为县关心下一代工作先进个人。

2000年6月12日，翁时兵因坚持满十年从事关心下一代工作获县委、县政府表彰。

2001年2月27日，章思滚被评为县关心下一代工作先进个人。

2001年3月桑洲中学被县创安领导小组评为2000年度夏季治安安全单位。

2001年3月章思滚被评为1999—2000年度宁海县关心下一代先进工作者。

2004年1月2日，桑洲镇关工委、坑口村关工小组被评为县关心下一代工作先进集体，杨建辉被评为县关心下一代工作先进个人。

2004年10月6日，桑洲镇关工委创办的后备军人学校，被宁波市人民政府评为先进集体。

2004年，桑洲镇关工委荣获宁波市关心下一代工作先进集体。

2005年5月，桑洲中学关工小组报送的初三（2）班学生章晓青被评为宁波市优秀学生干部。桑洲中学关工小组报送的初二（1）班学生叶宋航被评为宁海县优秀学生干部。桑洲中学关工小组报送的初一（1）班学生麻子琪被评为宁海县三好学生。

2005年12月，桑洲小学被评为县“十五”期间中小幼校园培训良好单位。

2005年12月29日，桑洲镇镇区居委会关工小组组长章思滚被评为宁海县关心下一代工作先进个人。

2006年1月，桑洲中学关工小组选拔参赛的初二（3）班学生叶露媚、初二（4）班学生卢振华在县第三届中小学生科技节航海模型比赛中双双获得一等奖。

2006年3月13日，桑洲镇镇区居委会关工小组组长章思滚被县精神文明建设委员会评为2000—2005年度宁海县未成年人思想道德建设先进个人。

2006年6月，桑洲镇区居委会关工小组组长章思滚被宁海县精神文明建设委员会、县委宣传部评为宁海县首批文明之星。

2006年12月，桑洲小学被评为宁海县平安校园。桑洲中学关工小组选拔参赛的初三（3）班学生叶凯荣获县第三届中小学生科技节航模锦标赛一等奖。

2007年3月5日，章思滚、夏方顶、叶修年被桑洲中学聘为校外辅导员。

2008年1月3日，桑洲镇关工委被评为县关心下一代工作先进集体，刘忠高被评为县关心下一代工作先进个人。

2008年6月，桑洲中学关工小组报送的初二（1）班学生卢楠望被评为宁海县三好学生。

2008年10月，坑口村关工委副主任章思滚被评为宁海县2006—2008年度优秀校外辅导员。

2008年，宁海县“三好四无”创建提升复评的有桑洲村、坑口村、里山季村。

2009年，桑洲镇的三星村、六合村、上叶村、里山村、下洋周村被县关工委评为县、村（社）

校共建“三好四无”创建活动先进集体。

2009年6月，桑洲中学关工委报送的初二（3）班学生王雪纯被评为2008年度宁海县三好学生。

2009年12月18日，桑洲中学校外辅导员章思滚被评为县教育系统关心下一代工作先进个人。

2010年3月20日，里山季村关工委被评为宁海县关心下一代工作先进集体，王全富、季孟泉被评为宁海县关心下一代工作先进个人。

2010年6月7日，翁时兵同志因长期从事关心下一代工作中成绩显著，荣获宁海县“关工之星”荣誉称号。

2010年，桑洲镇里山季村关工委被评为宁波市“六有”村关工委。2010年1月，桑洲小学被评为宁海县“廉政建设”示范学校，桑洲小学同时被评为宁海县“文明学校”。

2011年1月，桑洲中学被县评为廉政文化进校园示范学校。

2011年5月，桑洲中学关工委报评的初一（1）班学生麻婉群、初一（2）班学生章雪敏、初一（3）班学生周一、初二（1）班学生王羽、初二（2）班学生章雪琪等5位同学被评为2011年度“宁海四好少年”。

2011年8月，桑洲中学关工委被县委、县政府评为2006—2010法制宣传教育先进单位。

2011年12月，桑洲镇坑口村关工委副主任、桑洲中学校外辅导员章思滚被评为宁波市教育系统关工之星。

2011—2012年度，桑洲镇关工委被评为宁波市关心下一代工作先进集体。桑洲镇关工委被评为宁海县“五好”关工委。章思滚、夏方顶、季雪亮、陈启敬等被评为宁海县关心下一代先进个人。桑梅村关工委被评为宁海县关心下一代先进集体。桑梅村关工委被评为县村（社）校共建“三好四无”村。

2012年3月6日，桑洲中学被省教育厅评为“浙江省标准化”学校。

2012年12月，桑洲镇关工委被评为宁波市关心下一代工作先进集体，桑洲镇里山季村关工委被评为宁波市“六有”村关工委。

2013年1月6日，桑洲镇桑梅村关工委被评为宁海县关心下一代工作先进集体，季雪亮、陈启政、章思滚被县委、县政府评为宁海县关心下一代工作先进个人。桑洲小学被评为宁海县“文明学校”。

2013年3月5日，桑洲中学关工委选送参赛的初三（1）夏季奔在宁波市百所学校“五个一”活动之“119”消防书画征文比赛中荣获一等奖。

2013年11月25日，由桑洲镇关工委办公室主任季雪亮执笔的《关于低收入青少年关爱行动的调研报告》获2013年度宁海县关心下一代工作调研报告二等奖。

2013年12月9日，坑口村关工委副主任、桑洲中学校外辅导员章思滚、下章村关工委委员、桑洲中学校外辅导员王家比被评为2013年度宁海县关心下一代工作“五老”先进个人。

2013年，桑洲镇关工委被县评为关心下一代工作先进集体，胡磊、叶崇争被县评为关心下一代工作先进个人。

2013年，桑洲小学被县评为健康促进学校。

2013年，桑洲镇三星村关工委、里山季村关工委、坑口村关工委、桑洲中学关工委被县评为村（社）校共建“三好四无”村（校）。

2013—2014 年度宁海县“三好四无”提升复评的有桑洲镇团结村。

2013—2014 年度宁海县村（社）校共建“三好四无”村有桑洲镇的竹山头村、木坑村。

2014 年 6 月，桑洲中学关工委送评的初二（3）班学生梅宁驰荣获 2013 年度县级三好学生。

2014 年，季雪亮被评为 2013—2014 年度宁波市关心下一代工作先进个人。

2015 年 1 月 26 日，桑洲镇关工委被评为宁海县关心下一代工作先进集体，胡磊、叶崇争被评为宁海县关心下一代工作先进个人。

2015 年，桑洲镇下章村关工委，新桥村关工委被宁海县评为“五好”基层关工委。里山季村关工委被县评为“六有”关工委。

2007—2015 年度，宁海县“五好”村关工委复评通过的行政村关工委有：桑洲村、里山村、坑口村、三星村、六合村、上叶村、里山季村、下洋周村、桑梅村、团结村、竹山头村、木坑村、下章村、新桥村等 14 个村关工委。南岭村关工委被评为县“五好”基层关工委创建活动先进单位。坑口村关工委副主任、桑洲中学校外辅导员章思滚被评为宁海县青少年思想道德教育宣传积极分子。

2015 年 5 月，桑洲中学关工委送评的初二（1）班学生章穆茜被评为县级“三好学生”。

2015 年 7 月 7 日，季雪亮被评为宁海县关工委系统信息宣传工作二等奖。

2015 年 12 月 7 日，桑洲中学关工委上报评比的初二（1）班学生卢瀚怡荣获 2015 年度宁海县“美德少年”的光荣称号。

2015—2016 年，坑口村关工委被评为市级“五好”村关工委和县关心下一代先进集体。

坑口村关工委副主任、桑洲中学校外辅导员章思滚，桑洲小学校外辅导员翁时兵被宁海县关工委评为优秀“五老”。胡磊被评为县关心下一代先进工作者。

2016 年 3 月 16 日，章思滚同志被评为宁海县青少年思想道德教育宣讲团积极宣讲员。

2016 年 3 月 24 日，桑洲小学关工委主办的校少年宫，荣获宁波市少年宫发展空间。

2016 年 4 月 20 日，胡磊被评为 2015 年度宁海县关工委系统信息宣传工作优秀信息员。

2016 年 7 月，桑洲小学吕伟明荣获宁海县十佳少先队辅导员光荣称号。桑洲小学王晨阳荣获宁海县十佳少先队员光荣称号。

2016 年 9 月，桑洲中学关工委选送参赛的王雪冰荣获宁海县 2016 年中小学“三独”比赛初中声乐一等奖。桑洲小学被宁波市平安办、综治办、公安局、教育局评为平安校园 AAA 级。桑洲小学荣获宁海县法治宣传教育先进单位。

2016 年 12 月，坑口村关工委被评为 2015—2016 年度宁波市“五好”村（社）关工委。

2017 年，桑洲镇校外辅导员王秋根、章思滚被县关工委评为假日学校“优秀五老”。南岭村关工委被评为宁海县“五好”基层关工委。县“三好四无”创建村有长田头村关工委、外岗村关工委、麻岙村关工委、塘山村关工委、慕胡山村关工委、田洋卢村关工委、屿东村关工委、平园村关工委。

2017 年，桑洲小学关工委选送的王晨阳、陈俏谨同学在县“关爱明天、普法先行”青少年知识竞赛中荣获二等奖。

2017 年 2 月 27 日，桑洲镇坑口村关工委被评为 2015—2016 年度宁海县关心下一代工作先进集体，胡磊被评为 2015—2016 年度宁海县关心下一代工作先进工作者，章思滚、翁时兵被评为 2015—2016 年度宁海县关心下一代工作优秀“五老”。

2017 年 3 月 15 日，桑洲中学关工委被评为 2016 年度宁海县“五好”学校关工委。

2017 年 4 月 5 日，章思滚同志被评为 2016 年度宁海县青少年思想道德教育宣讲团优秀宣讲员。同月 14 日，胡磊被评为 2016 年度宁海县关工委系统信息宣传工作积极信息员。

2017 年 12 月 21 日，王秋根、章思滚、邹贵飞被评为宁海县“假日学校”优秀“五老”志愿者。同月，桑洲小学关工委获宁海县“五好”关工委。

2018 年 1 月 26 日，桑洲镇南岭村关工委被评为宁海县“五好”基层关工委创建活动先进单位。

2018 年 5 月 30 日，桑洲镇关工委成员章思滚被县关工委、关协评为长期从事宁海县关心下一代工作突出贡献奖。

2018 年 12 月 28 日，桑洲镇上叶村关工委被宁波市关心下一代工作委员会、宁波市关心下一代基金会评为宁波市“五好”社区（村）关工委。

2018 年 12 月 29 日，桑洲镇坑口村关工委被宁海县关心下一代工作委员会评为 2017—2018 年度关心下一代工作先进集体，胡磊被评为 2017—2018 年度关心下一代工作先进工作者，王秋根、章思滚被评为 2017—2018 年度关心下一代工作优秀“五老”。

2019 年 2 月 19 日，桑洲镇平园村关工委被评为宁海县“五好”基层关工委创建活动先进单位。

2019 年 10 月 15 日，王秋根、胡磊、李东轩被宁海县关心下一代工作委员会评为 2019 年度宁海县暑期“假日学校”志愿服务工作先进个人。

岔　路　镇

一、机构及人事沿革

岔路镇关心下一代协会成立于 1987 年 7 月 28 日，会员 124 人。

1992 年年初，撤区扩镇并乡，撤岔路区，白溪乡、王爱乡合并到岔路镇，同年 6 月 10 日建立岔路镇关心下一代工作委员会。关工委在岔路镇党委、政府领导下，以老同志为主体，有专职领导和相关部门负责同志参加的群众性工作组织，是党和政府开展关心下一代工作的机构，发挥参谋、助手、配合、协调作用，负责组织、指导、推动关心下一代工作。

关工委建立以来，配合有关部门加强对青少年思想道德教育、社会主义核心价值观教育，开展革命传统教育和慈孝教育，努力提高教育效果；加强青少年法治教育，重视对“问题少年”的教育转化工作，组织“五老”帮教结对，积极预防和努力减少青少年违法犯罪，严格执行《中华人民共和国未成年人保护法》，依法维护青少年合法权益；配合政府相关部门，组织广大“五老”，发动社会力量，力所能及地为青少年的健康成长做好事、办实事；积极开展帮困助学活动，帮助困境失学、辍学少年儿童完成学业，关爱帮扶留守儿童，关心青少年弱势群体，促进青少年健康成长；健全完善组织，壮大“五老”队伍，充分发挥“五老”的优势和作用。围绕党的中心，服务大局，积极完成党委政府交办的其他工作任务，关心下一代组织起到了有效积极作用。

2018 年 1 月，宁海县关心下一代志愿者协会岔路镇工作站成立，站长王乘红，副站长葛民曹、王式坤。成员林艳华、杨丹丹、娄仁善、陈月娥、王小才、葛青山。

岔路镇关工委领导成员情况表

表 7-56

时间	主任/会长	常务副主任	副主任/副会长	成员/理事
1987 年 7 月	夏方升	—	杨志青、葛家奎	葛里奇、柴大学
1992 年 6 月	王行通	—	杨贤统、葛家奎	王式保、葛里奇、王成松、王兆清
1994 年 5 月	葛民仁	—	章兴土、葛家奎	杨贤统、王式保、葛里奇、王成松、王兆清
1996 年 1 月	郑英雄	—	章兴土、葛家奎、王心棣	葛民仁、王凤英、葛里奇、王式产、王兆清
1999 年 1 月	郑英雄	—	章兴土、葛家奎、王心棣	葛民仁、王凤英、葛为松、王式产、王兆清、葛里奇、葛桂贤
2000 年 5 月	屠常君	—	章兴土、葛家奎、王心棣	葛民仁、王凤英、葛为松、王式产、王兆清、葛里奇、葛桂贤
2003 年 3 月	王建平	—	王震、郑成吉	叶蕾群、葛为荣、陈根法、章星土
2003 年 9 月	林华栋	—	王震、王朝饶	叶蕾群、邬海燕、葛为荣、陈根法、娄启宽
2005 年 11 月	林华栋	—	胡海军、王朝饶	叶蕾群、邬海燕、庞茂杭、吴臣奖、娄启宽
2006 年 7 月	蒋思才	—	胡海军、王必连	叶蕾群、邬海燕、庞茂杭、吴臣奖、娄启宽
2008 年 4 月	蒋思才	童立安	童深海	叶蕾群、邬海燕、庞茂杭、吴臣奖、娄启宽
2009 年 8 月	王巍	童立安	童深海	叶莹、胡卿、娄启宽、蒋朝平、冯统邦、吴臣奖
2011 年 10 月	王巍	蒋诗福	胡大利、章兴土	童小能、王嫣、叶莹、胡福土、冯统邦
2013 年 1 月	张畅芳	—	蒋明阳、章兴土	胡大利、童小能、叶莹、王嫣、童新永、王武平、鲍常飞
2014 年 2 月	张畅芳	蒋诗福	章兴土	吕山峰、童小能、褚真强、王崇波、张臻、胡大利、童新永、娄仁善、王武平、鲍常飞
2016 年 8 月	陈晗波	林彩萍	季定品	章狄、俞春霞、王永峰、褚鹏远、胡大利、林艳华、童新永、娄仁善、王武平、吴盈波
2019 年 4 月	陈晗波	刘海霞	王式坤、王乘红	林艳华、章狄、俞春霞、王永锋、褚鹏远、胡大利、童新永、娄仁善、王武平、胡伟坚

村级关心下一代工作机构。岔路镇村级关心下一代协会领导小组均在 1994 年建立。2005 年 8 月 23 日成立岔路镇新一届村级关心下一代工作领导小组，由组长、成员组成。2006 年并村后，原 57 个行政村调整为 1 个社区、21 个行政村。2008 年 8 月 28 日镇党委发文公布岔路镇村级关心下一代工作委员会成员名单，2014 年 2 月 6 日对村级关工委成员进行了调整，由主任、副主任、委员组成。

岔路镇村级关协领导小组成员一览表（1994.3.12）

表 7-57

村名	领导小组名单	村名	领导小组名单
大娄	梅法喜、梅先达、梅法林	沙田	王贤兴、王荣年、娄小司
兆岸	王式钱、王式垚、王仲春	山洋	王式才、王式太、王苏连
上金	娄晓勇、娄传文、娄白梅	大水路	梅荣成、王成合、王式浩
新园	娄文官、娄才官、娄逢多	大石	王成秋、王成为、王成根
前后娄	陈昌全、娄荣余、王乘滚	岩头罗	葛统友、陈冢才、胡传立
桐洲	章为官、章世祥、章以桂	协岙	娄风仙、娄开初、王毛弟
东山	章俄官、章义美、章子祥	里王	娄志钱、王时界、王成利
渡头	章正来、章开文、章启云	白溪	王成元、王式产、王成良
高坦	竺宏信、葛彩茶、葛贤森	江家	江成良、金逢梅、江良丰
花堂	葛更龙、葛家奎、葛里奇	下畈	娄荣章、王如根、应金垚
隔潭	葛申华、葛民清、葛良维	下大岙	金加信、丁道林、金加春
上畈	沈田燕、葛贤相、葛法金	下坑	王朝虎、王万明、金春妹
岔路街	葛来木、葛云连、王菊兰	上里坑	李修浪、李修龙、王金定
后山葛	葛为江、杨贤权、葛亭院	横路庵	金世池、金华明、金世成
后柴	葛主宇、陈根府、葛道明	王家坑	陈达棍、陈达长、胡秀英
干坑	陈兴土、陈照齐、陈万通	兰田庵	娄逢庆、娄荣满、娄荣方
白岭根	葛康本、杨云波、杨中相	官山	王兆欢、王式兴、王式全
田良王	王金宽、周为干、周志央	山头	程启满、王乘水、娄传土
西塘吴	吴才仁、吴生中、吴仁旁	大路下	胡冢华、胡传响、胡余岳
叶冢山	邬杏花、叶光辉、叶相信	岭头陈	陈尚开、陈善院、陈尚官
后良王	王显余、王为树、王小星	夏孔	娄志宏、娄启波、娄逢年
柴冢	柴振华、柴新思、柴绍川、柴富荣、张英	湖头	葛逢兵、葛家宋、葛连法、葛美珍、葛民振
下畈	葛体富、周三湖、葛友吉	西山	娄荣怀、娄仁轩、胡木香
祥里	葛民坤、葛桂贤、葛阿法	西跳	王式兴、蒋如宽、蒋如法
东山头	陈方银、陈万象、陈万千	旁山	王式利、王必荣、王式文

续表7-57

村名	领导小组名单	村名	领导小组名单
吕冢	吕吉雨、吕先梅、吕吉地	黄泥塘	娄启荣、蔡贤妙、蔡贤大
外庄	柴大力、柴大松、柴大烈	外柴	柴世叶、柴永撑、柴世荣
塘孔	王式勤、王兆稳、蒋宝香	上屋基	王兆开、王兆清、娄启朝
大姆	罗志水、罗志会、王美芬	—	—

岔路镇村级关心下一代工作领导小组成员一览表（2005.8.23）

表 7-58

村名	组长	成　　员
大娄	梅鲁明	梅法喜、梅先达、王春香
兆岸	王式算	王宏灶、王成文、王蓉英
上金	娄晓勇	娄金才、娄阿福、葛士女
新园	娄四香	娄云电、娄传志、陈琴娟
渡头	章宏印	章思相、章正昌、王美青
东山	章海水	章以石、王福妹
前后娄	陈明球	娄森忠、娄逢球、葛亚芬
干坑	陈兴土	陈红伟、陈金松、陈海燕
后山葛	葛子日	陈月龙、葛子清、葛苏珍
岔路街	葛主良	葛更能、葛黎明
上畈	沈田燕	葛晓武、葛主宪、娄彩霞
湖头	葛民春	葛长国、葛民君、王亚芬
祥里	葛更连	葛方军、葛更秀、娄水仙
下畈	周方权	周贤科、葛体富、葛素芳
叶家山	叶光照	叶相地、娄国芬
西塘吴	吴仁东	吴仁界、吴仁木、吴小琴
后良王	王显余	王显江、王显照、童金叶
柴家	柴振相	柴跃进、柴才振、柴桔根
花塘	葛才相	葛民红、柴永来、王亚青
高坦	葛民干	葛坚军、葛延灶、葛丽云

续表7-58

村名	组长	成　　员
白岭根	王家兴	葛宏存、王贤力、葛仙春
田良王	王贵苗	周道荣、王金宽、葛为娟
隔潭	葛为文	葛民选、葛保富、葛爱林
外柴	柴大跃	柴世存、柴世形、柴小芳
外庄	柴世朝	柴大烈、杨定炉、娄彩虹
吕家	吕先根	吕吉金、胡惠花
旁山	王必荣	王式武、王杏女
西跳	王式法	王仁兴、胡翠娥
夏孔	娄思法	娄志宏、娄林翠
上屋基	王家权	王家区、王兆槐、徐晓琴
塘孔	王式勤	王式乾、张冬球
黄泥塘	柴大火	蔡济东、吕双燕
西山	娄而杰	娄荣群、娄小浓
岭头陈	陈尚坚	陈丙宽、陈尚开、胡玲娣
大路下	胡余雪	胡明红、胡善暖、章爱君
山头程	程启栓	程志广、胡冬香
官山	王启兵	胡传部、娄亚萍
兰田庵	娄时溪	娄荣平、李新花
王家坑	陈达长	陈达森、陈美华
上李坑	李修浪	王万森、金莲芳
江家	金逢炎	江成昌、王小芽
白溪	王志强	王成元、王式产、娄爱华
里王	娄传国	王宝山、王时介、王兰芳
叶呑	娄启杭	娄伟岳、娄启基、娄余凤
大水路	梅发旺	王明君、娄传振、柴金娟
柯仙	陈金兰	吕先朝、董玲英
山洋	王式财	王式有、葛荷仙

续表7-58

村名	组长	成　　员
沙田	娄启校	娄荣春、王春芬
大石	王成有	王式平、杜晓燕
岩头罗	葛志诚	葛志常、童海霞

岔路镇村级关工委成员一览表（2008—2017年）

表7-59

年份	村名	主任	副主任	委　　员
2008年8月	下畈村	周方权	—	葛再照、周功科、周荣辉、葛素芳、葛少玲
	湖头村	葛民春	葛志标	葛民均、葛主圣、陈玉娥
	梅花村	杨良照	—	王飞洋、葛建杭、娄水仙
	柴家村	柴振相	柴振奖	柴桔根、柴振亨、柴泽军
	岔路村	沈田燕	—	葛主先、葛保夫、王金宽、柴永来、王成亨、葛民中
	干坑村	陈兴土	—	陈金松、葛国英、陈海燕
	前后娄村	陈明球	—	娄国忠、葛亚芬、葛丽云、陈德兴
	渡东村	章海水	—	章思对、章正昌、章开方、王美青
	上金村	娄勇坚	—	娄四香、娄阿福、葛七女
	兆岸村	王式算	—	王必能、王乘文、娄小菜
	白溪村	王志强	—	江太永、娄彩萍、娄爱华、王明振、王洪忠
	天河村	娄传国	—	王成峰、王成利、娄启抗
	大岩村	葛爱国	—	葛林勇、杜晓燕、王式根、王成友
	山洋村	王式财	—	柴大学、梅法旺、陈方贵、娄启校
	上屋基村	王家权	—	王兆稳、王兆光、陈方肃、罗双玲
	泉峰村	柴大火	—	柴世云、柴大辉、柴大烈
	吕家村	吕云花	—	蒋明余、王必荣、蒋如法、吕先根
	高塘村	娄而杰	—	娄先志、夏木香、娄逢欢
	顶峰村	陈尚坚	胡文忠、程志田	胡善暖、陈正端、程忠锦、胡明洪、章爱君
	冠峰村	陈达奖	—	陈帮坚、陈帮云、娄荣香、王式兴
	上李坑村	李修浪	—	李德清、王小虎、丁道林、李华明

续表7-59

年份	村名	主任	副主任	委　员
2014年2月	下畈村	周方权	葛塔峰、葛少玲	周方圆、周桂春、葛月华
	湖头村	葛民春	葛更槐、童银芬	葛长国、王彩平、葛忠芬
	柴家村	柴德满	柴伟江、葛海玲	柴振相、叶爱红、柴丽荣
	梅花村	杨良照	杨良军、葛晓琴	杨延岭、葛宏存、葛水仙
	岔路村	葛更式	葛允响、陈军仙	葛民罗、葛晓武、王亚青
	干坑村	陈清法	陈林余、王飘飘	陈兴土、陈红伟、陈金松
	上金村	娄勇坚	娄用银、娄冰圣	娄洪顺、娄晓勇、娄明芬
	前后娄村	陈昌新	娄凤凑、杨丽	陈国连、陈明球、童西施
	兆岸村	王式算	王兆兴、娄银仙	王万里、王宏灶、柴惠青
	白溪村	王志强	王志强、王菊安	王兆从、娄爱华、王春香
	天河村	娄传国	王成峰、王兰芳	陈荣斌、娄启杭、王根芬
	大岩村	葛爱国	葛林勇、杜晓燕	王成有、童海霞、陈金菜
	山洋村	柴来兴	王贤茂、杨彩兰	王式财、王式有、葛荷仙
	渡东村	章海水	章宏林、王月苏	章宏印、周云华、章正昌
	上屋基村	王家权	王家足、王翠华	王家区、王兆槐、王亚菜
	泉峰村	柴大火	柴小芳、柴聪春	柴大跃、杨定炉、王苏芬
	吕家村	吕吉环	吕先辉、金菊桂	王式法、吕先爱、吕先根
	高塘村	娄而杰	娄思法、王爱芽	娄荣群、娄志宏、娄玲莱
	顶峰村	陈尚坚	胡文忠、章爱君	胡余雪、陈尚开、胡冬香
	冠峰村	陈达元	陈达长、王为菜	娄时溪、章海芬、娄亚萍
	上李坑村	金泽品	李嫦娥、金连芳	李修浪、王万森、杨泽平
2017年7月	下畈	周方权	葛塔峰、葛少玲	周方会、周桂春、葛月华
	湖头	葛民文	葛增校、陈月娥	葛民春、王彩平、葛忠芬
	柴家	柴新钱	柴小利、葛海玲	柴丽荣、柴爱素、葛玲娣
	梅花	杨良照	杨良军、葛海燕	杨延岭、葛宏存、葛水仙
	上李坑	金泽品	李嫦娥、金莲芳	李修浪、王万森、杨泽平
	干坑	季定品	陈荣高、王爱丽	陈兴土、陈红伟、陈金松
	上金	娄用银	娄建红、金敏娟	娄洪顺、娄晓勇、娄明芬
	前后娄	陈昌新	娄凤凑、杨丽	童秋仙、陈明球、童西施
	兆岸	王式算	王兆星、王春翠	王万里、王宏友、柴惠青
	白溪	王志强	王成柳、王菊安	王兆从、娄爱华、王春香
	天河	娄传国	王成峰、王兰芳	王成利、娄启杭、王根芬

续表7-59

年份	村名	主任	副主任	委　员
2017年7月	大岩	葛爱国	葛林勇、陈佳佳	王成有、王式根、王成兴
	山洋	柴来兴	胡家超、杨彩兰	王式财、王式有、葛荷仙
	渡东	章海水	章永春、王云霞	章宏林、周云华、章正昌
	上屋基	王家权	王家足、王翠华	王家区、王兆槐、王亚菜
	泉峰	柴大火	柴小芳、柴菊梅	柴世云、杨定炉、娄启荣
	吕家	吕吉环	吕先辉、王夏翠	王式法、吕先爱、金菊桂
	高塘	娄而杰	娄荣康、娄惠琴	娄荣群、娄志宏、娄苏珍
	顶峰	胡文钗	胡越海、章爱君	胡余雪、陈尚开、胡冬香
	冠峰	娄荣官	陈俊、王为菜	娄时溪、章海芬、娄亚萍
	岔路	葛耀栋	葛更军、葛娅君	葛民罗、葛晓武、王亚青

二、主要工作

岔路镇关工委自成立以来，积极主动争取镇党委、政府的重视和支持，镇党委、政府把关心下一代工作纳入重要议事日程，党委副书记分管此项工作，不定期地听取镇关工委的工作汇报，及时研究解决工作中出现的实际问题，制定并落实关心下一代工作措施，为关心下一代工作创造必要的工作环境和工作条件，及时进行镇关工委和村关工委成员的调整，注重从离退休老干部中吸收“五老”同志担任领导工作，做到认识、行动、措施“三到位”，工作开展有条不紊。从2001年开始，镇关工委工作计划由镇党委在各行政村党支部、镇属各单位党组织中公开发布，要求贯彻执行。2010年年初，镇关工委争取到镇政府的支持，采购到3000余册图书分发到全镇的21个行政村，利用各村图书室为学生提供学习场所，做到“村村有新书，村村有书看”。2016年9月10日组建岔路镇“关爱工作团”，团长陈晗波，副团长林彩萍、王乘红。成员林艳华、娄仁善、王武平、吴盈波、季定品、王小才。

（一）思想道德教育

为向青少年开展思想道德教育，镇关工委坚持常态活动。3月开展学雷锋、树新风、讲文明、学法制活动；5月开展集体入团仪式，教育学生做时代好青年、好少年；结合“5·12”国际家庭日，开展家庭、家教、家风培育活动，增强青少年的家庭亲情观念；6月结合“六一”儿童节，开展贫困学生关爱活动；重阳节开展青少年关爱孤独老人活动，养成青少年的仁爱之心；建党、建国纪念日前组织学生进行爱国主义教育，教育学生听党话、跟党走。按“在学校做个好学生，在家里做个好孩子，在社会做个好公民”要求，建成学校、家庭、社会三结合的德育教育机制。

作为岔路的家风家训之一，全镇慈孝美德蔚然成风。2013年，岔路镇关工委、镇妇联制定并出台了关于开展“慈孝重德，温良崇善”的主题活动实施意见，慈孝文化进校园、进家庭、进社区、进学校、进企业等，在岔路镇全面推进。“庆六一，学慈孝”“家庭慈孝承诺”“慈孝好少年”评比、“校园十佳慈孝小明星”评比、慈孝漫画、慈孝手抄报、演讲慈孝小故事、慈孝黑板报等一系列的“慈孝感恩”活动常规开展，有力地加强学生的德育教育。2014年10月13日，岔路镇“校园十佳慈孝小明星”表彰大会在宁海县岔路镇中心小学召开。在岔路中学、岔路中心小学、岔路学前教育中心共评选出“校园十佳慈孝小明星”30名，为青少年树立了近榜样作用。2015年10月31日，宁海（岔路）首届慈孝文化节举行。分为孝德好家风·宁海（岔路）首届慈孝文化节启动仪式、品孝味岔路暨“孝味岔路——巧手好媳妇”厨艺大赛、“邻里守望·孝老互助”——巾帼互助守望行动、“翰墨立贤德，金石呈慈孝”——“孝德好少年”少儿书画比赛、“孝心同传为开蒙，孝行共承皆开颜”——听慈孝故事等七大板块，一场以“慈孝感恩”为主题的公益盛宴在岔路镇温情启幕，全程以丰富的形式展示慈孝之美、慈孝之范和慈孝之味。当天，由120余名来自青少年活动中心的学生分批进行听慈孝故事、访孝道家庭、书画慈孝活动。在2015年11月2日举行的“正家风、传家训、扬美德”主题活动中，宁海县关工委副主任王以位受邀参加，并为获得岔路镇“校园十佳慈孝小明星”的同学们颁奖。2017年3月17日，岔路镇关工委在岔路中学组织开展了“给母亲的一封信”中小学生主题演讲比赛活动。共有16名选手参加了比赛。参赛选手以自己的成长过程和亲身体会，讲述了与母亲相处的一个个真切而感人的故事，表达出懂得感恩的情怀。比赛共评出一等奖2名，二等奖3名，三等奖4名。一等奖最终归属于岔路小学的葛淋淋和岔路初级中学的朱倩影。

（二）革命传统教育

岔路作为红色西乡，革命老区，拥有悠久的红色历史和丰富的红色资源。有上金建党纪念亭和县委、县政府诞生地、西南区农代会史迹陈列馆、“梅花村会议”遗址和浙东山洋革命根据地纪念园等爱国主义和革命传统教育基地。2016年至2018年，岔路镇陆续对镇区教育基地进行了改造升级。其中，山洋革命根据地纪念园完成200万元改造，“梅花村会议”遗址完成350万元修缮改造，红色教育基地基础设施得到了很大的改善，基本满足现代教育的多元化需求。

2001年，镇关工委组织8名党员收集岔路地区从1927年建党以来及山洋革命根据地斗争史料。经过2年的努力，在上级党史部门的帮助下，编写了《岔路革命史话》二辑，共42篇，刊印2000册。这些资料下发到学校、企事业单位后，受到了干部群众的欢迎。

为抓好革命传统教育和爱国主义教育，每年的清明节、“七一”建党、“八一”建军、红军长征胜利会师周年纪念等节日，镇关工委联合镇中小学校组织学生前往教育基地开展扫墓、献花、唱红歌等活动，接受革命传统教育和爱国主义教育。组织“五老”志愿者向广大青少年讲述本镇红色资源中的故事和历史文化，讲述革命先烈的英勇壮举和中华民族的奋斗历程，用民族精神和时代精神凝聚力量。讲述岔路辖区的游击武装斗争故事、宁海革命故事，教育学生树立起民族精神，社会主义核心价值观，不忘初心、牢记使命，做好共产主义接班人。

在中小学开展特色革命传统教育，提升校园文化建设的内涵，弘扬红色文化，评选红色小明星。举办十月红色文化周“读讲唱行”活动，大合唱、观影片、读红书、写书法。在红色教育基地过团日活动，开展入团仪式，重温入团誓词，通过革命传统教育等系列活动，促进了青少年健康成长。

2017年6月30日，岔路小学的学生代表到岔路镇山洋革命根据地参加“庆七一”暨“情系老兵”公益活动启动仪式。出席该次活动的有校关工委领导，民政局副局长吴能利、宁波银行宁海支行副行长何汶颖、岔路镇党委委员胡薛霖、宁海县阳光公益服务社理事长王乘红等领导和七名抗战老兵。仪式上，吴能利、何泛颖、王秉红分别作了讲话，宁波银行宁海支行还向抗战老兵们赠送了慰问品。接着，岔路小学的少先队员向抗战老兵带上大红花。抗战老兵代表、镇关工委“五老”杨其云向孩子们讲述了英雄故事。他介绍了抗美援朝战争中志愿军烈士黄继光、邱少云的英雄事迹。同时表示：“我们作为一名老兵，首先要对党和国家忠诚！在战争年代，我们是为了保家卫国和人民的安宁生活而英勇奋战不惜牺牲的。现在我们年纪也大了，但党没有忘记我们，祖国没有忘记我们，你们也没有忘记我们，这让我们老兵们心里充满了温暖。同学们还参观了革命根据地纪念园存列室。”

2018年5月4日，岔路镇关工委在梅花村的文化礼堂举办“凝心聚力听党话 不忘初心跟党走”歌咏比赛。县关工委常务副主任袁春林、副主任郑英雄受邀出席活动并担任评委。该次比赛共有7支参赛队伍，其中4支队伍来自中小学。参赛队伍分别演唱《走向复兴》《团结就是力量》《爱我中华》《歌唱祖国》《共产儿童团歌》《中华民谣》《没有共产党就没有新中国》等歌曲。现场观众报以热烈的掌声。

2018年5月下旬，岔路中学开展了“崇尚英雄 精忠报国 争做新时代好少年”系列活动。5月28日周一8：30，该校全体师生齐聚操场，举行了“崇尚英雄 精忠报国 争做新时代好少年”主题升国旗仪式。学校关工委秘书长杨老师作了主题为《崇尚英雄 捍卫英雄 学习英雄 关爱英雄》的国旗下讲话。5月29日，学校召开班主任会议，进行细致部署，积极行动，召开“崇尚英雄 精忠报国”的主题班会。主题班会由团干部或班主任主持召开。大家集体观看了《崇尚英雄 精忠报国》的宣传片，并且发表看后的感想。主题班会后同学们纷纷表示：要崇尚英雄，精忠报国，争做新时代好少年。

2019年岔路镇关工委与辖区中小学关工委上下联合，利用班队会时间，搜集大量关于清明节的由来和革命传统知识，让学生们更加了解清明节的意义，从思想深处认识到祭扫活动的深刻意义。

（三）法治与安全教育

镇关工委重视未成年人的法治教育和安全教育。在辖区中小学校配备法制副校长、校外辅导员等，配合镇综治办等部门认真贯彻落实县委相关文件，开展“七个一”活动，建立“百千万”工程的长效机制。配合县综治委、教育等部门加强中小学法制学校建设，配合政法、司法等部门认真做好失足青少年的感化挽救和帮教工作，配合做好归正人员的安置帮教工作，有效预防和减少镇内未成年人违法犯罪。以人身安全为重点，以安全常识为内容，根据不同季节、气候特点，针对实际，有计划、多形式开展安全隐患排查与整改，进行消防安全演练，安全法规、安全常识教育，落实安全责任。与镇派出所、村委会等单位相互配合、齐抓共管，既保证了镇区学校自身的治安秩序，又对学校门口的交通安全、治安等起到了监督作用。并指导学校通过集体晨会、发告家长书等方式对学生进行各类专题安全教育。暑期集中进行防溺水教育宣传活动，组织“五老”志愿者对镇区的主要河道进行巡查，防止出现意外情况。

以宣传法律法规为重点，联合司法所开展司法专题讲座，建立法制广场，普及司法知识，参与未成年人社区矫正工作。邀请法学专家进课堂讲授未成年人保护法、预防未成年人犯罪法。定期组织学生到派出所参加课外学习，由派出所指导员为安全学校副校长，每学期为学生进行一次法制教育，远离黄、赌、毒的危害。每年组织学生代表参观县人民法院，填补法律空白。每年组织学生观看法治教育片，如《道德启示录》《中小学生法制教育警示片》《禁毒教育警示片》等，增强学生的法治意识，营造“人人懂法、人人守法、人人普法”的良好学习氛围。

（四）校外辅导工作

镇关工委对受聘的60余名校外辅导员不定期进行培训，召开工作经验交流会，提高辅导员的自身素质和工作能力，联合多部门开展关爱工作。每年联合镇妇联组织一次未来爸妈育子培训、“陪伴阅读共成长”亲子体验。“好爸好妈故事团”进村给孩子们上故事课以及开展大手牵小手共同护水行动等。镇司法所、禁毒办、派出所等单位，每年假期进校园进行防溺水、防雷电、防火灾、防交通事故、防拐骗等教育，引导他们学习科普知识，做好防范，远离危险。

镇关工委关注学生特长发展，组织学校成立足球队、篮球队、乒乓球队、科技兴趣小组、象棋围棋小组、书画兴趣小组等；倡导传统文化教育，开设“国学课堂”，学习礼义，设置特色课程（茶艺、古典舞），传播优秀传统文化，促进青少年培养书香气质；创立“健美操特色项目”“创客教育”等主题特色教育，利用寒暑假、周末进行训练，让青少年在假日期间可以继续在学校感受集体的温暖。

依托现有的志愿者队伍资源，鼓励青少年在节假日参与志愿者活动，如参加山地马拉松、葛洪文化节、金桃节等活动，参与垃圾分类、五水共治等社会治理活动，培养独立向上的精神。每年暑假，镇关工委建立暑期假日学校，设立剪纸、古筝、书法等特色课程，开展免费的爱心课外教育。

2017 年 7 月 24 日，岔路镇关工委联合镇团委、妇联等部门开办为期 3 周的国学班“假日学校”，面向镇区中小学生免费开放。县关工委常务副主任袁春林、副主任童章军参加了岔路镇“假日学校”开班仪式，开班仪式由岔路镇关工委办公室主任林艳华主持。镇关工委常务副主任林彩萍表示，2017 年“假日学校”将结合当地的传统特色文化开展书法、手工类创意剪纸、暑期安全教育等多方面的学习和培训，希望孩子们度过一个愉快而有意义的假期。随后，袁春林提出殷切寄语，鼓励孩子们互相学习，在假日课堂中学有所成。

2019 年 4 月 15 日，岔路镇岔路小学第三届图书贸易节开市。图书贸易节是岔路小学读书节的传统节目，也是学校书香校园建设的重要组成部分。此次读书节主题为“与经典同行，共读一本书”，学校相继开展“国学十分钟”“童书讲座”“图书贸易节”等一系列活动，点燃读书激情，享受阅读快乐。

（五）关爱留守儿童

镇关工委十分关注弱势群体，建立“三知、三多、三沟通”制度。每年调查汇总贫困学生、留守儿童情况，按照在校排查、电话排查、入户排查、联动排查等措施，准确掌握家庭结构、经济收入、成长经历、代理家长等情况。根据实际情况，实行减免贫困学生校服、保险费用，提供免费爱心营养餐，进行爱心帮扶。组织爱心妈妈、爱心爸爸、爱心爷爷等共同结对关心贫困留守儿童，定期了解他们的学习、思想、心理等多方面情况，温暖和鼓舞留守少年的心灵，点燃希望。

每个留守儿童，由学校进行日常动态化管理，建立档案。学期开学初，由班主任、科任教师定期和不定期地统一对留守儿童的监护人进行一次培训，对留守儿童进行心理辅导和关注，消除其成长过程中的心理障碍，助其健康成长。通过翼校通、微信公众号、微信企业号建立亲情谈心交流平台，弥补留守儿童在亲情方面的缺陷，使其心理有寄托，心声有人诉，告别孤单，远离无助。每年的“六一”儿童节前后，集中开展助困活动，至 2018 年，发放各类物资达 20 余万元，慰问困难儿童达 50 余名。

镇关工委在对“留守儿童”工作的摸索中，形成了一定的理论成果。2006 年，由岔路中学俞华琴执笔的《岔路“空巢”学生心理状况调查与思考》获宁海县关心下一代工作调研文章一等奖。《农村初中留守学生近榜样激励的调查研究》，获宁海县关心下一代工作调研报告一等奖，同时还获宁波市第六届德育专项个人课题成果评审三等奖。2013 年，《三方结合，共促小学生心理健康》获宁海县关心下一代工作优秀调研报告三等奖，《经济欠发达地区贫困乡镇农村留守儿童不良道德品质分析报告及对策》获 2016 年宁海县教育系统关心下一代工作调研论文二等奖。2017 年，镇关工委拍摄了微电影《给妈妈的一封信》，呼吁社会关注留守儿童。镇关工委还成立了宁波市首个关爱留守儿童工作站。

创新工作方式，镇党政班子成员挂钩联系“五老”骨干，每名老同志联系帮扶 1~2 名问题青少年或贫困、留守孩子。“五老”人员针对岔路企业外来务工子女的特点，向镇党委政府汇报后，在外来务工人员比较密集的岔路村、上畈村、湖头村等地成立了互助小组，由专门或自愿的“五老”同志对这些孩子进行管理和督促，为孩子过一个“平安暑假”做出自己的贡献。

2018年1月29日，岔路镇关工委在寒潮频发之际，开展了“青春温暖行动”，相关人员带着学习用品和冬救物资到偏远的王爱、山洋等地区进行上门走访困难青少年。镇关工委根据片区将已经设置的专项慰问资金和物品计2万元陆续开展慰问活动。

2018年5月19日，镇关工委以帮助留守、困难儿童健康成长为宗旨，在宁波市关心下一代工作基金会的支持下，与县关工委有关领导一起带领23位少年儿童和其家长以及部分“五老”志愿者来到宁波育乐湾红领巾体验馆，进行平安教育和职业体验。孩子们对体验项目充满了兴趣，在“职介所”进行职业的选择，担当记者、医生、教师、银行职员等各类职业角色。“五老”志愿者们则为了孩子们的安全，全程进行保驾护航，陪同他们进行体验。

为了鼓励教师更好做好教书育人工作，加强学生刻苦努力学习的动力。岔路镇人民政府成立了“岔路镇葛洪奖教奖学基金”，对教师和学生进行奖励。连续多年岔路中小学的教育质量在全县农村名列前茅。累计发放奖教奖学基金达到200余万元。

（六）双创建工作

2006年开始，镇关工委为夯实基层组织建设基础，围绕建设社会主义新农村的要求，进一步推进农村关心下一代工作，积极开展双创建活动。镇关工委对照“三好四无”“五好”关工委争创标准，对全镇已创建的村级关工委建设情况进行全面检查，查漏补缺，定时督办。对于关工委宣传版面陈旧需要更新的及时更新，制度不全的及时健全完善，人员变更的及时充实并进行业务培训。特别注重活动落实和制度建设，对工作展开定期评比排队，最终按“阵地建设规范化、活动开展常态化”的要求落到实处，全镇形成了关工委工作争先创优的良好局面。2007—2017年14个基层关工委先后获评“三好四无”和“五好”关工委先进单位。2010年、2012年，干坑村关工委、上金村关工委先后被评为宁波市“六有”村关工委，2016年，下畈村关工委被评为宁波市“五好”村（社）关工委。

岔路镇关工委双创建情况一览表

表7-60

年份	行政村（镇）	创建情况
2008	下畈村、天河村	通过2007年度县“三好四无”创建
2010	梅花村、干坑村	通过2008年度县“三好四无”创建
	兆岸村、山洋村、上屋基村	通过2009年度县“三好四无”创建
2013	白溪村	通过2012年度县“三好四无”创建
	梅花村、干坑村	通过2012年度县“三好四无”提升复评
	岔路镇关工委	2012年度县“五好”乡镇（街道）关工委
	湖头村、上金村	通过2013年度县“三好四无”创建
	兆岸村、山洋村、上屋基村	通过2013年度县“三好四无”提升复评
2015	渡东村、顶峰村	通过2014年度县“三好四无”创建
	白溪村	通过2014年度县“三好四无”提升复评
2016	大岩村	通过2015年度县“五好”基层关工委创建

续表7-60

年份	行政村（镇）	创建情况
2018	岔路村	通过2017年度县“五好”基层关工委创建
	下畈村、天河村、梅花村、干坑村、兆岸村、山洋村、上屋基村、白溪村、湖头村、上金村、渡东村、顶峰村、大岩村	2007—2015年度通过县“五好”基层关工委提升复评
2019	柴家村	通过2018年度县“五好”基层关工委创建

（七）自身建设工作

2013年3月出台《岔路镇关心下一代工作发展计划》。根据“急党政所急、想青少年所需、尽关工委所能”的工作方针，岔路镇关工委从2016年开始，每年出台关爱工作实施意见，以关爱任务条目式分解到各线实施。强化经费保障，关工委工作日常经费逐年增加，2017年达15万元，并纳入镇财政预算，有力促进了工作运转。

加强理论学习。镇关工委不断加强自身学习，提高自身素质，与时俱进，解放思想；学习党的路线、方针、政策，认清形势，明确任务；学习新的科学文化知识，学习社会科学知识，学习历史知识。做到理论与实际相结合，用正确的理论来指导关心下一代工作的开展，增强对青少年工作的主动性、自觉性、预见性和针对性。

抓实制度建设。镇关工委及办公室成员明确分工，各司其职，责任到人，每月一次例会，研究安排、布置工作，及时解决问题。镇关工委全体成员全年召开两次会议，年初布置工作，年终总结表彰，并及时将工作情况向上级领导汇报，以推进工作的全面发展。

夯实“五老”队伍建设基础。镇关工委每年对全镇“五老”底子定期排摸核实，做到“五老”底子清、情况明，并根据“五老”队伍情况，组织开展多种形式的尊老敬老活动。2017年登记在册“五老”110名，各类社会志愿者达2000多人。有工作规则及职责、任务、工作制度，汇编成册。普法工作计划推进。紧跟时代，注重创新，鼓励“五老”积极参与社会管理。并吸纳有一定革命资历的离退休干部参加，讲党的历史、讲革命传统、讲民族精神。镇关工委积极动员“五老”人员加入和组建志愿者队伍。新风尚宣导队；社会治安巡逻队；科普宣传队；爱心资助队；网吧监督队。五支队伍成立后，积极开展工作，起到了很大作用。

2016年11月17日，岔路镇阳光公益服务社正式揭牌成立。仪式上，不仅为服务社颁发了证书，还为服务社进行了授旗。这标志着宁海县乡镇级注册成立的首家公益性质服务队从此走上正规化。在岔路镇关工委的指导下，服务社主要将关爱青少年成长、关心弱势群体两块作为重点工作，并且积极吸纳“五老人员”和社会爱心人士参加各项公益活动。服务社已经开展有青青草微愿望、资助困难学生、帮扶困境儿童等多个公益项目，有正式志愿者200多名，遍布岔路镇各个村和社会各行各业，为今后岔路镇关工委工作的深入开展奠定了良好基础。

三、典型经验交流及所获荣誉

典型经验交流。2007年4月，岔路中学《“空巢”学生心理状况调查与思考》、王玲芬的《探索未成年人违法犯罪问题与思考》在宁海县农村关心下一代工作会上交流。

岔路镇各级关工委历年来获得的各项荣誉一览表

表 7-61

时间	获奖单位、个人	所获荣誉
1993 年	葛贤相	县优秀校外辅导员
1994 年	上金村关协小组	县关心下一代工作先进集体
	娄传文	县关心下一代工作先进个人
1999 年	上金村关工小组	县关心下一代工作先进集体
	胡传香	县关心下一代工作先进个人
2000 年	葛家奎	坚持满十年关心下一代工作，受到县委、县政府表彰
2001 年	屠常君	县关心下一代工作先进个人
2004 年	岔路镇关工委、上金村关心下一代工作小组	县关心下一代工作先进集体
	章兴土、陈根法	县关心下一代工作先进个人
2005 年	里王村党支部	县关心下一代工作先进集体
	娄晓勇	县关心下一代工作先进个人
2006 年	岔路中学俞华琴执笔的《岔路“空巢”学生心理状况调查与思考》	县关心下一代工作调研文章一等奖
2008 年	下畈村党支部	县关心下一代工作先进集体
2010 年	干坑村	宁波市“六有”村关工委
	干坑村关工委	县关心下一代工作先进集体
	童深海、杨良照	县关心下一代工作先进个人
2011 年	山洋革命根据地纪念园	省青少年思想道德建设实践活动基地
2012 年	上金村	宁波市“六有”村关工委
2013 年	上金村关工委、干坑村关工委	县关心下一代工作先进集体
	陈兴土、娄用标	县关心下一代工作先进个人
	章兴土	县关心下一代工作“五老”先进个人
	岔路镇关工委的《三方结合，共促小学生心理健康》	县关心下一代工作优秀调研报告三等奖
2015 年	娄咪咪、杨仁安、吕山峰	县关心下一代工作先进个人
	吕山峰	县关工委系统信息宣传工作二等奖
2016 年	下畈村	宁波市“五好”村（社）关工委
	王魁	县关工委系统信息宣传工作积极信息员

续表7-61

时间	获奖单位、个人	所获荣誉
2017 年	下畈村	县关心下一代工作先进集体
	周方权	县关心下一代工作先进个人
	葛民曹、王式坤	县关心下一代工作优秀“五老”
	林艳华	县关工委系统信息宣传工作先进个人、县“假日学校”先进工作者
	陈月娥、葛民曹、童银芬、王式坤、葛少玲	县“假日学校”优秀“五老”
2018 年	王式坤	宁波市“最美五老”志愿者
	岔路镇关工委	宁波市“五好”乡镇（街道）关工委
	梅花村、湖头村	宁波市“五好”社区（村）关工委
	岔路镇关工委	县关心下一代工作先进集体
	杨丹丹、林艳华	县关心下一代工作先进工作者
	王式坤、王乘红	县关心下一代工作优秀“五老”
	林艳华	县关工委系统信息宣传工作先进个人
2019 年	岔路镇关工委	2018 年度县关工委系统信息宣传工作先进集体
	林艳华	2018 年度县关工委系统信息宣传工作先进个人
	王乘红、王式坤、林艳华、杨佩蓉、周蓓颖	2019 年度宁海县暑期“假日学校”志愿服务工作先进个人
	林艳华	2019 年度县关工委系统信息宣传工作优秀通讯员

前　童　镇

1987 年 9 月，离退休干部童时仗、杨志肯、童中法、童衍孝、童中敖等老同志聚集一起，研讨如何促使下一代健康成长，使青少年成为建设祖国的有用人才，参照外地经验，成立了前童镇关心下一代协会。1992 年 7 月，更名为前童镇关心下一代工作委员会。

前童镇关心下一代工作委员会由主任、常务副主任、副主任、委员组成。镇关工委主任由镇党委副书记兼任，常务副主任由镇副职领导兼任，副主任由镇党委委员、人武部长、派出所所长、文教卫计副镇长、退休老干部等组成，成员由镇综合治理办公室主任、团委书记、妇联主席、镇教办主任、前童中学校长、前童小学校长等组成。关工委领导班子由镇党委批准、公布，坚持民主集中制原则，实行集体领导。

前童镇关工委成员职责分工，主任负责镇关工委全面工作；常务副主任负责镇关工委日常工作；副主任协助主任、常务副主任开展工作，成员负责各自的工作；办公室“以文辅政，参谋助手，协调聚力，保障服务”的作用。

一、机构沿革

1987 年 9 月，前童镇成立“关心下一代协会”（以下简称“关协”）。

1992年10月，前童镇有13个村成立了“关协”小组。1993年11月，前童镇以13个村为基础成立了38个村“关协”小组，全面完成了村级“关协”组织机构。1996年3月，由于领导岗位调动，另外建立领导小组，将“关协”主任更名为组长称谓，理事更名为成员称谓，未设名誉主任和秘书长。1996年5月，恢复名誉主任、主任、副主任、秘书长称谓，成员更名为委员。1996年12月，36个村调整了“关协”小组成员，发文公布。1997年10月，委员更名为成员称谓，不设秘书长。2004年8月，前童38个行政村，合并为17个行政村。2008年4月，不设名誉主任，设常务副主任。原主任、副主任，成员不变。2008年6月，把村“关协”小组更名为村关工委。2011年4月，镇关工委调整后，村级关工委也调整发文公布。2014—2017年村级换届后，由于人事变动，及时调整充入，各行政村关工委由镇党委发文公布。

（一）前童镇关工委历任领导成员

前童镇关心下一代协会成员一览表

表7-62

任职时间	名誉会长/名誉主任	会长/组长/主任	副会长/副组长/副主任	秘书长	理事/成员/委员
1992年1月	冯华东	陈邦强	杨志肯、童中法	童时仗	—
1992年7月	陈英高	葛民仁	严世杰、杨志肯、童中法、王恕演	童时仗	童衍孝、严爱川、叶建杰、葛为联、娄坚、童苏爱、王晓天
1994年4月	陈英高	王行通	严世杰、杨志肯、童中法、王恕演	童时仗	童衍孝、严爱川、叶建杰、葛为联、娄坚、童苏爱、王晓天
1996年3月	—	陈邦强	童荣湖、杨志肯	—	童素爱、陈惠功、郑建国、童新永、叶建杰
1996年5月	陈伟俊	叶伟建	童荣湖、杨志肯、童中法、王恕演	陈惠功	郑建国、葛为联、童衍孝、童素爱、陈惠功、叶剑仁

前童镇关心下一代工作委员会成员一览表

表7-63

任职时间	名誉主任	主任	副主任	成员
1997年10月	徐和开	叶伟建	童荣湖、杨志肯、童中法、王恕演	陈启曙、叶亚荣、童素爱、金晖、葛为联、叶剑杰、童新永、童衍孝、葛黎明、王兴全、童中敖
1998年7月	徐和开	徐天勇	童荣湖、杨志肯、童中法、王恕演	陈启曙、胡敏平、童素爱、金晖、葛为联、叶剑杰、童新永、童衍孝、王兴全、童中敖、葛黎明、葛爱娟
2001年10月	陈振根	蒋安娜	童荣湖、杨志肯、童中法、王如演	吴臣贤、王亚飞、陈崇辉、葛为联、蔡俊杰、童新永、童衍孝、王兴全、葛政喜、童中敖、葛利民、葛爱娟
2003年9月	—	金文耀	童遵龙、杨志肯、童中法、王恕演	王亚飞、葛雪亚、童新永、吴昌流、蔡俊杰、奚金标、童衍孝、王兴全、葛金喜、童中敖、葛利民、王亚娟

前童镇关心下一代工作委员会成员一览表

表 7-64

任职时间	主任	常务副主任	副主任	成　　员
2006 年 8 月	尤赛飞	—	娄国安、卢华乾、童遵龙、杨志肯	葛雪亚、林伟娇、童新永、吴昌流、蔡俊杰、应国辉、童中法、王恕演、童衍孝、王兴全、葛政喜、童中敖、葛利民、王亚娟
2008 年 4 月	龙赛飞	童遵龙	娄国安、卢华乾、童中法	林伟娇、童优芳、应国辉、童新永、蔡俊杰、吴昌流、王恕演、王兴全、葛政喜、童中敖、葛利民、王亚娟
2009 年 7 月	娄国安	童遵龙	陈才军、卢华乾、童中法	林伟娇、童优芳、应国辉、童新永、蔡俊杰、娄贤官、王恕演、王兴全、葛政喜、童中敖、葛利民、王亚娟
2011 年 10 月	卢华乾	泮大荣	苏才品、吕安国、秦毅霞、童中法	童优芳、赵晶晶、童新永、蒋振康、娄贤官、王恕演、王兴全、葛政喜、童中敖、葛利民、王亚娟
2012 年 9 月	卢华乾	王亚飞	—	童伟东、章建波、童优芳、王静、刘秀芳、娄启苗
2013 年 5 月	卢华乾	叶亦标	苏才品、陈恺、秦毅霞、童遵龙	章建波、童优芳、王静、娄启苗、蒋振康、娄贤官
2014 年 7 月	卢华乾	赵苑苑	苏才品、陈恺、秦毅霞	胡隽晔、徐挺、童优芳、王静、娄启苗、万吉成、娄贤官、童遵龙
2016 年 8 月	叶能华	叶亦标	苏才品、陈恺、童朝锋	徐挺、邬定飞、冯秋林、胡葵娜、叶新志、童为国、娄贤官、童遵龙

（二）前童镇村级关工委历任领导成员一览表

1993—1996 年村级关心下一代协会成员一览表

表 7-65

任职时间	村别	组长	副组长	成　　员
1993 年 11 月	里外辽村	赖法田	吕先富	俞章强
	响头山村	芦远芳	芦春喜	芦彩云
	东溪村	魏建苗	葛圣更	吴云华
	岭南村	陈兴旺	陈林木	陈丁官、甘中东、陈广辉、娄启官、童爱春
	梁皇村	葛圣恩	葛利民	倪安铨、童良珠、童夏妹
	西山里村	陈中广	陈水官	陈素云
	沈坑岙村	沈康明	童遵园	王显周、胡如如
	下朱村	阿宏会	陈劳力	陈天云、杨芬仙
	山朱胡村	胡土水	胡小伦	邵春英

续表7-65

任职时间	村别	组长	副组长	成　　员
1993年11月	大郑村	葛为青	葛有信	葛先怀、葛思选、张美容、郑小苏、陈贤根
	上店村	葛育强	陈麻长	葛香菜
	小汀村	葛国林	葛政相	葛更斋、葛政喜、张民撑、葛根妹、葛民长
	栅下村	童时贵	童中豪	叶忠钱、童吉华、徐杏仙、叶忠炎、葛式妹
	严家村	严学柱	严望苗	严企畴、严保英、严学时、王丙相、严彩玲
	上葛头村	童素芬	葛开火	葛阿开、葛行青、葛雪娟
	大溪王村	王圣根	王家武	王启福、叶先青、葛新凤、王亚丽
	桥头杨村	杨庭中	童金满	童照官、杨贤康、童建武、杨荷叶
	下山村	葛兴林	童宏吉	童遵和、章良秋、周金娥
	六山村	童富章	童章统	童协孝、童先考、童云芳、童建锋、葛瑞春
	六分村	童新胡	童时强	童协山、王帝妹、童可分、童时钱、葛为联、童先木
	联合村	童时志	童可达	童星槐、杨淑平、童富将、童如银、童遵全
	塔山村	童财永	童中法	童时海、童宏掌、童文勇、陈雪妹、杨杰江、童遵华
	双桥村	童遵仁	陈容花	童先军、兰芬、童鹏威、童遵梅、童小炎、王家芬
	下叶村	童春义	叶仁伟	叶中喜、童茶女、童思成
	上杨村	杨启文	杨绍相	王式良、胡文爱、胡德兴、娄菜娥、王荣康
	下山村	周桔兴	周保兴	童宏照、周桔才、王玲菜、王式明
	下杨村	杨方静	杨志肯	杨方余、杨志划、杨伟兵、王杏妹、童园妹
	罗加岙村	孙为臣	孙振发	孙德中、孙协江
	官地村	杨昌根	杨绍瑞	杨绍述、杨新科、杨平国、葛佳花、杨新亮、杨金堂
	祁家村	祁有来	—	罗再发、汪康妹
	七宝村	王中炉	王礼木	王三根、王兴生、王士法、王根苏、王柘官
	七贤村	王省兴	王省官	王全规、马小方、王文品、童新永、王方妹、王统强
	七星村	王道科	王恕演	王兴全、袁香芽、王协于、王肖天、王存猛、葛爱娟
	—	—	—	王存钱、王全云、王桂章
	妙山村	郑国贝	郑国立	郑荣华、郑家法、郑国拥、郑国银、郑民杰
	丁头陈村	王鹏飞	王统坚	王恕官、苏欢、陈道庭
	张家村	张功宣	—	张荣贵、齐小毛、林娣、张功文
	板昌村	王兴法	王存龙	王善印、王守庭、王培芬、王国庆
	岭根村	王中友	—	王余兴、俞凤仙

续表7-65

任职时间	村别	组长	副组长	成　　员
1996年10月	梁皇村	童先明	葛利明	葛逢秋、陈发根、甘志达
	响亭山村	卢培余	卢远方	卢喜春、陈银恕
	沈坑畲村	沈德领	沈才长	沈小兴
	东溪村	魏建苗	—	童宏法、魏建良
	西山里村	陈昌茂	陈昌中	陈昌里
	山朱胡村	胡土水	胡金来	胡圣柳
	小汀村	葛国林	葛更斋	葛小林、陈兴荣、邬云仙
	大郑村	葛为猛	葛思迭	葛无怀
	栅下村	—	—	叶忠乾、童吉华、童荫
	罗家畲村	孙叶江	孙为臣	童宏长、孙的中
	官地村	杨绍其	杨昌根	杨绍瑞、杨小焕
	下叶村	章春义	叶仁会	叶德胜
	下杨村	杨志同	杨志肯	杨方余、杨光品、杨志划
	七星村	王道科	王恕演	王兴全、袁香芽、王存猛
	七宝村	王三根	王才根	王礼木、王遵钱
	板昌村	王心巩	王士盛	王善印、王首庭
	岭根村	王大法	章金水	王时兴
	宏湖村	张功宣	张功文	张守田、郑家才、张荣贵
	七贤村	王根木	王省兴	王省官、王全贵、王恕品
	妙山村	郑国品	郑荣华	郑国永、郑国林
	上杨村	杨启会	胡德胜	杨光强、吴庚有、杨启文
	墩头陈村	陈道再	—	陈道会、陈定怀
	严家村	严小安	—	严望妙、童苏联
	大溪王村	—	—	王家武、王家治
	下朱村	陈宏会	—	—
	岭南村	陈维松	陈林木	童爱春、陈明亮
	里外辽村	赖法田	—	徐士良、徐根女
	鹿山村	童富春	童遵海	葛瑞春、童衍方
	塔山村	童文斌	童军浪	童文勇、童法正
	洋加山村	王兆产	江兆有	周玉春
	顺利村	童大奎	童宏吉	童遵和
	鹿分村	童小仁	—	童叶三、童可分

续表7-65

任职时间	村别	组长	副组长	成　　员
1996年10月	双桥村	童先成	童小炎	童章付、童先良、童根河
	桥头杨村	童安根	—	童照官、杨贤宝
	联合村	童时林	—	童遵全、童全灿
	上葛头村	葛培青	葛开火	葛小青、童文化

2008年村级关心下一代工作委员会成员一览表

表7-66

村别	主任	副主任	成　　员
岭南村	魏建苗	陈维松、陈明亮、陈广辉	卢喜春、陈忠汉、卢崇府、陈广亮、陈明通、卢培余
梁皇村	童国林	梅才法、陈中广、赖法田	葛利民、葛清法、陈时贤、陈中青、陈英、孙春芬
大郑村	童志校	葛主员	葛主坚、葛平稳、胡建光、杨芬仙、葛仁恩
栅下村	童建军	汪章猛	童新建、童章青、赖春仙、童章良、童时岳、童日光、葛玲芬
小汀村	葛立鑫	葛为强、葛桔红、葛小兵	葛主良、葛小明、葛云祥、葛民宏、葛春富
塔山村	童文斌	童林荣、童才永、童时海	童六如、叶一文、童浓亚、叶亚青、章春义
联合村	童伟泰	童民钱	童建辉、童志云、童时喜、童为何、童保军
鹿分村	童小仁	童协华	童道顺、童宏尧、童遵水、朱敏超
双桥村	童菊花	童建永	童先明、童云将、王立江、王兆翻、童先存、童明君
鹿山村	柴小娟	童主权、童国富	童先考、童章海、童相武、童相泽
桥头杨村	葛小台	王鹤云、葛新凤、葛圣习	葛丙权、王丽娟、王伟庆
柘湖杨村	吴天寿	杨永达、杨启芳	胡文安、杨方选、童双芬、杨绍地、杨方仁、杨绍春、孙赵吉、杨冬亚
妙宏村	张功宣	郑建志、张荣贵、郑喜良	王宏强、齐显俊、应玲荷、张晨阳、张功土、郑欢荣、郑祖平
板岭陈村	王恕平	王援华、章家昌、王佩芬	陈东旭、陈达青、王时贤、杨绍山、王圆明、王存楚、陈结丰
竹林村	王式亮	王全杰、王利元、王新跃	王统员、王统能、王平权、王军强、王存良、王利文
前童中学	蔡俊杰	童为国	马建飞、娄亚芬、童章海、童先成、童先挺
前童中心小学	吴昌流	鲍伟华	童伍洲、王家方、王淑颖、童可达、葛行青

续表7-66

村别	主任	副主任	成　　员
前童竹林小学	王志辉	王永明	王素红、金秀清、王家比
新成鞋业	童西军	童岳军	王孝寅、葛友亮、杨夏春、杨良科
蓝宝石	叶善选	陈先良	陈绍军、周祖会、杨月葵
海裕铝业	葛海明	葛明亚	葛金山、葛培培、葛海亚
蓓蕾文具	蒋文娇	童坤南	叶相林、童荣昌、唐娟英
顺康压铸	童国顺	童建标	童明来、童遵毫、童建辉
新成包装	童春新	刘全建	童刚强、柴为前、王振宽
三禾服饰	祁媚琴	童巧娟	王雪珍、叶玲亚、王亚利

2011年村级关心下一代工作委员会成员一览表

表7-67

村别	成　　员
岭南	魏建苗、卢崇府、陈忠汉、魏文辉
妙宏	张贤苗、郑和之、张荣贵
板岭陈	王恕平、季差官、王时兴
梁皇	童国林、卢永会、徐士良、陈忠伦
小汀	葛伟强、葛云祥
栅下	童建军、陈向官
大郑	葛主坚、葛才福、浓云茂、陈红青
鹿山	柴小娟、童章振
鹿分	童小仁、童华军
联合	童伟泰、童伟明
塔山	童文斌、童六树
双桥	童先成、童先木
上溪	葛小台、葛云青、王家撑
桥头杨	童章照、杨文钱
官地严家	杨绍军、杨存永、严岳生
竹林	王式亮、王家地、王才根、王金华
柘湖杨	杨启文、杨万静

2014年村级关心下一代工作委员会成员一览表

表7-68

村别	主任	副主任	委　　员
塔山	童文斌	童林荣、童文勇	叶一文、叶亚青、童小娟
双桥	童先成	童先挺、葛珍颖	童永朝、许安尧、童春富
联合	童明军	童协瑞、童杰	童小军、童世群、葛爱葵
鹿分	童小仁	童春辉、童明辉	童根连、童欢飞、童欢娇
鹿山	柴小娟	童康海、童时对	童国建、童小松、严望翠
上溪	林琦	王鹤云	葛文军、葛秉权、陈爱琴
桥头杨	童章照	杨良振、杨启有	杨贤双、王水翠、徐杏仙
岭南	魏建苗	陈华江、陈明亮	魏云广、魏明通、陈彩芬
梁皇	童国林	赖法田、葛爱娣	陈昌茂、童民团、郑彩娟
大郑	葛主员	张仁启、童先恩	沈岳相、陈三英、陈焕林
小汀	葛为强	葛小兵、葛桔红	葛亚丽、葛小民、葛鑫航
栅下	童章青	童时荣、娄猛永	叶为吉、徐建壮、杨优春
板岭陈	王鹏飞	王建榜、王圆明	章家昌、王武辉、叶玲亚
妙宏	张贤苗	郑少杰、郑国旺	张晨阳、郑永标、王亚敏
竹林	王雄强	王军强、王统能	王利文、王孝猛、王群芳
柘湖杨	杨建银	杨伟林、王兴猛	杨启文、杨永达、葛爱琴
官地严家	杨文军	杨永安、潘伟军	杨海波、严久根、童玲丽

2017年村级关心下一代工作委员会成员一览表

表7-69

村别	主任	副主任	委　　员
塔山	童文斌	童林荣	童欣欣、童小娟、童文勇
双桥	童先挺	童建威	许贺森、葛珍颖、童先辉
联合	童明军	童敏存	童优聪、童淑君、童岳连
鹿分	童小仁	童云彪	童江富、童欢娇、童康培
鹿山	柴小娟	童康海	童崇凯、严望翠、童国建
上溪	葛秉权	王凌峰	葛晨栋、王水妹、王启江
桥头杨	童章照	杨建武	童亚军、徐红燕、童遵龙

续表7-69

村别	主任	副主任	委　员
岭南	魏建苗	陈华江	陈巧巧、陈彩芬、丁留珍
梁皇	童民团	甘吉梅	娄朦予、陈秀芬、赖法田
大郑	葛主员	葛主产	葛宏江、沈为芬、陈炳火
小汀	葛为强	葛为强	葛钊奇、娄红珍、葛春富
栅下	童章青	徐建军	童旭辉、童夏芬、童荣湖
板岭陈	王圆明	王建榜	王春、王佩芳、章家昌
妙宏	张贤苗	郑少杰	张景为、杨优仙、王亚敏
竹林	王雄强	王军强	王咪咪、王群芳、王兴全
柘湖杨	杨建银	杨伟林	杨磊石、杨红琴、杨方海
官地严家	潘伟军	杨永安	严亮、严月明、严世杰

二、革命传统教育

前童镇党委、政府为了向广大人民群众，特别是青少年进行革命传统教育、爱国主义教育，牢记国耻、缅怀先烈，增强民族自强意识，弘扬爱国主义精神。三亭三碑建造在党委政府重视支持下，镇关工委担当起筹建任务，成立了以童时仗等离退休老干部为主体的筹建小组。1995 年 9 月，纪念“碑”“亭”开始动工，1996 年 7 月 5 日宁海县委举行了隆重的“铁流亭”“纪念碑”落成典礼。建造的烈士亭、铁流亭、会师亭、抗日纪念碑、祝捷纪念碑、联中碑等三亭三碑成为革命传统教育、爱国主义教育基地。

（一）烈士亭

烈士亭坐落于前童镇鹿山。烈士亭中的烈士碑正面写着“永垂不朽”四个大字，背面记录了童遵孝、童遵涛、童时校、王兴河、童遵春、童美中、童仁星、陶文振八位革命烈士的主要事迹。

（二）铁流亭

铁流亭坐落于前童镇覆船山顶（今福泉山）。1948 年 1 月中旬，台属武装在三门县里金遭到临（海）、三（门）、天（台）国民党自卫队的联合袭击，突围后转移到宁海西南山区隐蔽，当部队驻扎在福泉寺时，台工委副书记王槐秋从四明山到福泉寺传达浙东临工委指示：台属部队为浙东游击纵队第三支队第二大队，番号为铁流部队，邵明为政委，周象人为大队长，杨民奎为教导员。

（三）会师亭

会师亭坐落于前童镇梁皇村平溪。1948 年 8 月 18 日，由浙东临委书记张瑞昌（顾德欢），参谋长张任伟率领的浙东游击队三支队机动部队（钢铁部队一部分）与台工委书记邵明和王槐秋率领的铁流部队，在梁皇山平溪会师。

（四）抗日纪念碑

1941 年 4 月，日本挑起宁绍战役。4 月 19 日，宁波沦陷。4 月 24 日，慈溪、余姚、奉化陷入敌手，宁波地区有关军政机关迁至宁海，在前童一带的有宁波专署、慈溪和镇海县政府、鄞县联合中学、忠义救国军等，宁波警察总队，分驻于东溪、梁皇、沈坑岙、小汀、栅下、官地、前童、桥头杨等村。前童成为浙东抗日重地，为抗日工作的需要，省政府将宁海从台属划归宁波管辖。

（五）祝捷纪念碑

祝捷纪念碑坐落于前童大祠堂。

祝捷活动有3次。第一次。1948年8月13日，浙东纵队在临海双庙全歼国民党台州独立营。同年10月12日，浙东临委书记张瑞昌、司令员马青率钢铁部队和台属铁流部队在前童会师，庆祝取得济南战役歼敌11万的胜利，同时在前童老街大东门前的田畈上展示武器，隆重举行阅兵仪式。

第二次。1948年11月22日，浙东纵队在新昌茅洋马坑等打垮国民党正规军汤恩伯七十五师加强营和新昌保警队近千人，缴获所有武器。11月24日，在前童举行阅兵，晚上在大宗祠召开军民联欢祝捷大会，进一步扩大了政治影响。

第三次。1949年2月17日，解放三门县，粉碎三门县旧政府，缴获所有武器，我军浙东武装力量已发展到6000多人，民兵1000多人，在前童汇集，隆重举行三门县祝捷大会，高唱革命歌曲。

（六）联中碑

鄞县县立临时联合中学前童纪念碑（以下简称联中碑）坐落于前童民俗博物馆前。1941年4月，日寇进犯浙东四明山。1942年春，鄞县县立女子中学、鄞县县立商业职业学校、鄞县县立简易乡村师范学校于宁海县龙宫村创建鄞县县立临时联合中学。因日寇流窜，联合中学辗转新昌、天台华顶山，后至前童，以村为校。1944年春，又迁至宁海城南跃龙山读书。直至抗战胜利，迁回宁波。期间，所有师生备尝艰辛，然抗战必胜之心，读书报国之志，始终不渝。回想当年，前童父老关爱之情，铭记于心。

30余年来，镇关工委每逢清明，都会组织青少年到烈士亭扫墓。他们怀着无比崇敬的心情来到纪念碑前，举行了以“传承红色基因，争当时代新人”为主题的祭扫活动。活动在庄严、肃穆的氛围中进行，向烈士敬献花圈，集体鞠躬默哀，寄托哀思，决心要以实际行动来传承革命精神，努力学习，奋勇拼搏。

2018年，镇关工委在清明即将到来之际，组织前童中学、小学全校各中队召开以“清明节”为主题的队日活动。通过清明节传统文化教育，让学生了解清明节祭祀是生者向逝者寄托哀思的一种表达方式，体现了中华民族孝敬长辈的一种美德。同时，教育学生，摒弃封建迷信，开展文明祭祀，并结合举办了“讲英雄故事”“看革命电影”“做清明手抄报”等活动。2019年前童镇关工委组织前童小学少先队们到鹿山革命烈士陵园祭扫。

三、因地制宜开展各项活动

前童镇关工委依托镇文化站、行政村、家庭“三结合”的教育网络，组织“关爱团”和“五老”志愿者，利用专题讲座、报告会、演讲比赛、切身体验等形式，因地制宜开展各项活动，向广大青少年开展各类教育。

镇关工委联合文化站，利用石镜讲堂进行各种用电安全、公路交通安全、预防溺水安全、留守儿童应对陌生人等安全知识讲座。20年来，给中小学生建立“假日活动联系卡”“微信群”，接送小学生并发放“假日学校学生守则”及“告家长书”，与学生家长签订“安全责任书”。

前童元宵行会有五百多年历史，是前童人最大的传统节日。镇关工委会同文化站和前童党总支，每年选拔青少年进行音乐、表演等方面的培训，并让他们参加行会队伍展示。端午节组织关爱队伍走进幼儿园开展“粽叶飘香，情系端午”包粽子活动。

2013年寒假，镇关工委联合镇司法所、综治办等部门联合开展“老少同心，筑梦同行”践行社会主义核心价值观教育活动，组织镇“五老”队伍、共青团员、少年儿童参加的老少志愿者队伍，在前童新街开展平安前童宣传活动，并向村民发送《安全知识手册》，他们做起了“平安前童”的代言人。

2014年，镇关工委开展大手牵小手，“双阳”助力“五水共治”活动，向广大青少年发出“从我做起，做共治好少年”的倡议，要求青少年从自己做起，推动“五水共治”工作。同时，在“五老”志愿者的带领下，中小学生到街头大扫除、清理沿街垃圾、“刮擦撕”墙面小广告，活动不仅增强了青少年爱护环境的意识，也促进了美化环境的风气，助力“乡村环境整治”工作。

2015年暑假，镇关工委联合文化站举办“书香飘前童”征文比赛活动，由宁波工程学院大学生当评委，并对优秀作品进行了表彰。

同年，前童镇文联根据宣传部要求成立诗词楹联协会。镇关工委要求前童中学选拔中学生加入诗词楹联协会，共有40余名学生参加。诗词楹联协会为弘扬传承中国优秀传统文化，培育新生力量，培养优秀青少年诗人，为宁海县创建“中华诗词之乡”添砖加瓦，为继承前童“诗礼名宗”的传统而努力创作。

每年暑假开始之前，镇关工委召开专题会议，联合文化站、工会开办假日学校，并制定详细的活动方案，分步落实。

2016年，镇关工委在前童中心小学利用浙江省乡村学校少年宫举办艺术培训，使少年宫成了培养青少年艺术才能的殿堂。利用课余时间，组织学生进行艺术培训，聘请有音乐、书法、美术、舞蹈等特长的老师和校外辅导员，采用灵活多样的教学形式，让学生在个性艺术特长方面得到充分展示。同时，注重对学生艺术素质的培养，挖掘潜力，组建各类兴趣小组，让学生广泛参与，丰富学生的课余生活，拓展学生的思维想象力，让学生在欣赏美、感受美的同时，热爱生活，珍惜生命。

同年3月18日，前童镇中心幼儿园邀请中国关心下一代工作委员会儿童发展研究中心教授孙保平为大班段家长们开展一次“让孩子赢在未来”的专题讲座。

同年10月，前童镇中心幼儿园的孩子们兵分三路开展了“老少同乐庆重阳”系列活动，在欢声笑语中表达对老人的关心和敬重之情。小班段的孩子们在老师们的教育引导下，回到家给爷爷奶奶唱歌、敲背、捶腿，用稚嫩的小手给爷爷、奶奶剥水果、喂水果，让孩子们知道表达爱其实可以很简单。家长们把这爱的瞬间拍摄下来，由老师们做成海报，作为永久留念。中班段的孩子们手持康乃馨走进古镇，与古镇里的爷爷奶奶来一场“爱的邂逅”。沿途中遇到了老人，孩子们就会主动上前打招呼问好，并且给老人们送上象征“温馨健康”的康乃馨，祝愿他们的生活也像花儿般灿烂。最让孩子们印象深刻的是在古镇的老街上看到一位大哥哥正在给95岁的奶奶剪脚趾甲，这让在场的老师、小朋友、家长为之动容，有些孩子则马上说，我回家也要给奶奶剪指甲。大班段的小朋友们来到了前童敬老院，与往年有所不同的是，2016年，孩子们带去的除了问候，还有精彩的节目。舞蹈《雪绒花》中，孩子们化身为白色的小雪花给老人送上歌曲串烧《桃花朵朵开》《青春修炼手册》《大王派我来巡山》，欢快的音乐和轻快的舞步让老人们眉开眼笑。舞蹈《春天的遐想》、走秀表演《水果秀》、律动《老师老师我爱你》，孩子们的精彩表演让现场充满温馨、快乐的气氛，有些老人看得激动，嘴儿都笑成了“月亮”。节目过后，小朋友拿出自带的水果、零食送到老人们的手中。那一声声“祝爷爷奶奶身体健康，希望爷爷奶奶长寿”，让每一位老人感受到了孩子们浓浓的爱意。

2017年春节期间，镇关工委联合文化站，组织发动青少年写春联、送春联，走访慰问困难群众等活动。同时，还参加了小汀村、双桥村等4个行政村的春节联欢晚会的表演活动。小汀村还组织成立了青少年鼓乐队，开展春节“送福进家门”活动。

2017年暑期，镇关工委与文化站特意邀请了浙江省优秀民间艺人、市级“非遗”传承人、前童元宵行会道具（鼓亭）设计制作大师童帝绥，为青少年上课，让他们感受到家乡悠久的传统文化以及传统技艺的博大精深。邀请的张建林，是市级棕编非遗传承人，他娴熟的棕编技艺，使青少年倍感新奇，大家纷纷认真地学习起来。邀请的林海燕更是名声在外，从事文学创作二十多年，是浙江省作家协会会员，她为青少年讲述了掌握写作的技巧。

2018年，镇关工委联合文化站邀请了退休教师葛春富老师指导青少年开展练习书法活动。同时，组织在校大学生假期到前童当辅导员，帮助青少年解决学习上的难题，同时丰富他们的假期生活。

2019年5月27日，前童镇关工委围绕“八礼四仪”开展了一场“寻礼之路”主题教育研学活动。近50名小朋友体验了一次别样的镇之旅。在古镇牌楼了解古镇的悠久历史，在民族博物馆了解十里红妆嫁娶习俗，在石镜山路上学习四仪，在鼓亭馆聆听元宵行会的由来和历史……活动通过游学方式，把“八礼四仪”的内涵渗透到孩子们的日常生活中，让孩子们体验到悠久历史文化和非遗文化。

四、传承旅游文化　后继有人

前童镇是中国历史文化名镇，是国家AAAA级旅游景区，也是宁海县的旅游名片，随着经济和社会的发展，前童的旅游景点不断开发，旅游文化就要不断传承，镇关工委开展了很有意义的特色工作，要使前童镇传承旅游文化后继有人。

2008年下半年开始，镇关工委与前童镇中心小学、前童古镇旅游发展有限公司，利用周末业余时间，组织学生进入前童古镇旅游景区，开展双语（汉语和英语）导游培训。选拔三、四、五年级对导游有兴趣的小学生，由学校大队辅导员和旅游公司郑莲亚负责，每年基本上固定十余人，多时达四十余人。现在每学年挑选18名小学生成为古镇小导游，让学生走出课堂，走进社会。这样，不仅提高了英语水平，还让他们了解了家乡的历史和文化，更提高了青少年的社会实践能力，为他们提供了一个良好的教育实践平台。

红领巾小导游是镇关工委的一支颇具古镇特色的小学生志愿者服务队伍，也是镇关工委假日学校的一项重要内容之一。他们是前童古镇导游的一张新名片，也是古镇中一道别样的风景线。经过培训，他们具有了丰富的专业知识，有模有样讲解起古镇各个景点的故事和内涵。每逢节假日，古镇上都能看到这些小导游的身影。每年暑期正是他们“新老交替”的业务培训时间，镇关工委在前童镇小导游志愿者服务基地举办专业的导游知识讲座，聘请浙江省五一劳动奖章获得者、宁波市十佳导游、前童古镇旅游发展有限公司总经理郑莲亚为他们授课。

2018年，为振兴前童镇旅游资源，镇关工委联合文化站重新挖掘年久失传的舞狮技艺。在前童中学、小学选拔骨干学生近40名，通过业余时间和暑期期间，邀请专业舞狮教练在文化站内进行授课。2018年，前童镇豆腐节和“5·19”开游节期间，这些学生在古镇内进行表演，赢得游客的一致好评。

2019年5月7日，前童镇关工委开展匠心伴成长主题活动。向中小学生讲解国家级非物质文化遗产前童元宵节行会和十里红妆等悠久历史，并在老师的指导下体验了竹编制作等活动，让孩子们增长了见识，拓宽了视野。

五、心理咨询　品行教育

青少年心理素质有一个裂变过程，同时会带来品行的不正。镇关工委认为加强青少年心理咨询与品行教育是非常必要的。

镇关工委每年利用传统节日、课外辅导等时机，对青少年开展心理咨询，同时聘请专业心理咨询教师为学生进行思想道德教育。关工委通过给家长的一封信、结对谈心等活动，建立学校、家庭的情感沟通。关工委成员、小汀村葛春富利用“好家风”的故事打开了青少年的心理障碍，充分发挥了青少年的想象力，使他们从小懂得做人的许多道理。

开展“行孝道、知礼仪、懂感恩”活动，关工委和小汀村的葛春富每年组织学生上传统教育课程，学习孝道、礼仪等优秀传统文化，进行系统的文明礼仪教育，让小学生从小养成学礼、知礼、懂礼、用礼的良好习惯，提高他们的道德认知水平，培养他们良好的文明礼仪行为。同时，吸引很多家长也参与其中。

每年暑期，关工委在小汀村文化礼堂开展“文明礼仪”学前教育活动，教学内容有正衣冠、拜师礼、奉茶礼、朱砂启智、开笔破蒙、诵读弟子规等。仪式场面庄重、严肃，青少年们表现的彬彬有礼，大方得体，在场的老师和家长们倍感欣慰。

开蒙礼仪活动是学童正式踏入学校，接受知识教育的一个开端，表达了对老师、对知识的一种敬畏，帮助学童接受良好的传统文化洗礼，学得做人求知的基本道理，让学童一生铭记，终身受益。

六、关爱　帮困　助学

30多年来，在前童镇党委、政府的支持下，镇关工委十分重视关爱帮困助学工作。依托离、退休干部和老教师的优势，通过募捐筹资，精心打造“爱心基金”特色品牌，重点开展“结对”、“送温暖”助学、助医、助残和助困等活动。

由镇综治办牵头，关工委、文化站配合共同开展校园周边和前童文化市场环境专项整治活动，与网吧、书摊、台球室、影剧院等经营户签订了合同书，由“五老”人员组成的义务网吧监督员，进行不定期的检查，确保文化市场健康运营，杜绝青少年沉溺网吧。

镇关工委联合镇商会帮助解决困难职工暑期带孩子难的问题，与文化站联合举办“暑期公益培训班”。暑期是中小学生安全事故的高发期，他们脱离了学校和家长的监管，往往是安全事故的高危群体。很多企业员工经常将孩子带去企业上班，而企业里的机械和流水线也存在着很大的安全隐患。暑期公益培训班的举办，为学生免费提供学习场所，邀请老师进行作业辅导，减少了青少年安全事故的发生率。

2013年开始，镇关工委会同文化站为留守儿童开办假日学校，同时向有关企业募集经费，开展关爱、帮困、助学活动。春节前夕，镇关工委在竹林小学开展“圆梦新年 公益暖心”活动，给特困学生送去关爱基金和羽绒服等物资。

七、自身建设

前童镇关工委从成立至今已走过了30个年头，30年来，不断加强自身建设，从思想、人事、形象、规范来推动自身建设上台阶。把关工委自身建设工作引向常态化。

二十几年如一日，不断加强理论学习，提高理论水平和政治素养，同时组织关工队伍外出参观学习考察，达到理论与实践相结合。在不同阶段，不同情况举办专题工作研讨会。造就关工队伍奉献的集体人格，滋养了他们崇高的政治品质，铸就了他们不变的初心。提高关工队伍的凝聚力，关工委岗位就是他们的落脚点，从而提升了与青少年学生交流对接的水平。

前童镇党委根据宁海县关工委的文件精神，把对关爱工作有热情、有智慧、有精力的在职干部和离退休干部、教师选聘进关工委队伍。

从原来的名誉会长、会长、副会长、秘书长、会员过渡到由党委副书记兼任主任，副镇级以上领导担任常务副主任、成员。从干部队伍不精练到精练，其中度过了四个过程。这是前童镇关工委组织工作的一大进步。

镇关工委队伍及关工小组队伍因人事变动，镇党委及时调整、发文，有力推动了关心下一代工作。

“教育生涯有期限，革命事业无止境”的思想境界。加强“五老”队伍建设，招募多名志愿者，成立“五老志愿者服务站”“关爱工作团”，六个爱国主义教育基地的“五老管理小组”和“五老义务网吧监督员”，为青少年提供长期稳定，扎实有效的服务。

内练真功、外树形象。打铁全靠自身硬，把自已的关爱工作本领真正学到手，干起工作来才能得心应手。要使关工委在社会上有地位，有影响力，还需树立对外形象，用一切宣传工具和手段，宣传关心下一代工作委员会的功能、作用、地位。培养和物色能讲善讲能手，以及信息员加入关工委的队伍，不断向广大群众开展宣传工作，关工委每月所做的亮点工作公布于大众，使群众全面了解关工委的关爱信息。

为确保镇关工委工作正常运转和关爱活动的有效开展，每年至少开好三种会。一是每年初和每学期伊始，开好镇关工委全体委员扩大会议。会议由镇关工委常务副主任提出本年度的工作，关工小组提出同关工委配合的关爱活动设想，商定年度中为关爱工作办好一两件实事。二是开好镇关工委及关工小组例会。例会上及时通报工作信息、商讨、部署近阶段工作，将大家的精力和注意点引导、组织到整体工作思路中来，增强每个成员的主体意识，达到心往一处想、劲往一处使，形成团队合力。三是每次活动前开好谋划会议，通过会议，激发大家智慧和热情。同时，镇财政每年规划拨1万元~3万元活动经费，确保镇关工委工作顺利有序地开展。

八、荣誉名录

前童镇关工委根据省、市、县关工委的工作要求，坚持以新时代新思想为统领，广泛开展“中国梦”主题教育，扎实开展镇、村、校、企业、部门的关心下一代工作，为青少年健康成长，培育四有新人做出积极贡献，26年来涌现出一批好人好事，获得先进集体和先进个人荣誉称号。

前童镇关工委双创建情况一览表

表 7-70

年份	行政村（镇）	创建情况
2007	大郑村	通过 2007 年度县“三好四无”创建
2010	竹林村、塔山村、双桥村 鹿分村、鹿山村	通过 2008 年度县“三好四无”创建
	板岭陈村、柘湖杨村、桥头杨村	通过 2009 年度县“三好四无”创建
2013	小汀村	通过 2012 年度县“三好四无”创建
	竹林村、塔山村、双桥村 鹿分村、鹿山村	通过 2012 年度县“三好四无”提升复评
	前童镇关工委	2013 年度县“五好”乡镇（街道）关工委
	栅下村	通过 2013 年度县“三好四无”创建
	板岭陈村、柘湖杨村、桥头杨村	通过 2013 年度县“三好四无”提升复评
2015	官地严家村	通过 2014 年度县“三好四无”创建
	小汀村	通过 2014 年度县“三好四无”提升复评
2016	联合村	通过 2015 年度县“五好”基层关工委创建
2018	岭南村	2017 年度县“五好”基层关工委创建
	大郑村、竹林村、塔山村、双桥村 鹿分村、鹿山村、板岭陈村、柘湖杨村、桥头杨村、小汀村、栅下村、官地严家村、联合村、	2007—2015 年度通过县“五好”基层关工委提升复评
2019	梁皇村	通过 2018 年度县“五好”基层关工委创建

先进集体一览表

表 7-71

年份	单　　位	称　　号	授奖单位
1994	镇关工委	县关心下一代工作先进集体	县委、县政府
1999	栅下村	县关心下一代工作先进集体	县委、县政府
2001	镇关工委	县关心下一代工作先进集体	县委、县政府
2008	大郑村党支部	县关心下一代工作先进集体	县委、县政府
2010	双桥村	市“六有”村关工委	市关工委
	双桥村	县关心下一代工作先进集体	县关工委
2012	大郑村	市“六有”村关工委	市关工委

续表7-71

年份	单　位	称　号	授奖单位
2013	双桥村关工委	县关心下一代工作先进集体	县关工委
	《前童镇发挥"五老"关心下一代工作情况的调研》	县关心下一代工作优秀调研报告二等奖	县关工委
2016	小汀村	市"五好"村关工委	市关工委
2017	小汀村关工委	县关心下一代工作先进集体	县关工委

先进个人一览表

表7-72

年份	姓名	称　号	授奖单位
1993	童衍孝	优秀校外辅导员	—
1994	杨志肯	县关心下一代工作先进个人	县委、县政府
1999	王恕演	县关心下一代工作先进个人	县委、县政府
2000	杨志肯、童中法、童衍孝、王恕演	坚持满十年关心下一代工作	县委、县政府
2001	童中法	县关心下一代工作先进个人	县委、县政府
2002	杨志肯	市关心下一代工作先进个人	市关工委
2004	杨启芳	市关心下一代工作先进个人	市关工委
	童吉华、杨启芳	县关心下一代工作先进个人	县委、县政府
2005	杨启芳、杨启亮	县关心下一代工作先进个人	县委、县政府
2008	童遵龙	市关心下一代工作先进个人	市关工委
	杨启芳	县关心下一代工作先进个人	县委、县政府
2010	童时仗	市关心下一代工作先进工作者	市关工委
	潘大荣、杨启芳	县关心下一代工作先进个人	县关工委
2013	王静、童可达	县关心下一代工作先进个人	县关工委
2014	蒋善学	县关心下一代工作宣讲先进个人	县关工委
	严洁	县关工委系统信息工作先进个人	县关工委
2015	蒋善学	县关心下一代工作宣讲先进个人	县关工委
	童章海、娄贤官	县关心下一代工作先进个人	县关工委
	胡隽晔	县关工委系统信息宣传工作二等奖	县关工委
2016	胡隽晔	县关工委系统信息宣传工作积极信息员	县关工委

续表7-72

年份	姓名	称　　号	授奖单位
2017	小汀村关工委	县关心下一代工作先进集体	县关工委
	葛春富	县关心下一代工作先进个人	县关工委
	童岳连、童遵龙	县关心下一代工作优秀“五老”	县关工委
	胡葵娜	县关工委系统信息宣传工作积极信息员	县关工委
	葛春富、蒋善岳、童岳连	县“假日学校”优秀“五老”志愿者	县关工委
2018	葛春富	宁波市“最美五老”志愿者	市关工委
	小汀村	宁波市“五好”社区（村）关工委	市关工委
	小汀村	县关心下一代工作先进集体	县关工委
	朱晓华	县关心下一代工作先进工作者	县关工委
	葛春富、蒋善岳	县关心下一代工作优秀“五老”	县关工委
	胡葵娜	县关工委系统信息宣传工作积极信息员	县关工委
2019	葛春富、陈士伟、朱晓华、卢尚志、童富涨	2019年度宁海县暑期“假日学校”志愿服务工作先进个人	县关工委
	朱晓华	2019年度县关工委系统信息宣传工作积极通讯员	县关工委

黄　坛　镇

2004年9月，双峰乡并入黄坛镇。黄坛镇在合并之前两地的关心下一代工作委员会（以下简称关工委）均已建立。乡镇主要领导兼任关工委主任，负责本地域关工委工作；除重大事项外，日常的关工委事务由常务副主任处理。镇关工委成员由威望较高的离退休老干部、学校主要责任人、妇女干部、个别大村或先进村的主要干部等组成。根据县关工委的要求，各村均成立村关工委，村党支部书记兼组长，成员3~9人组成。（2015年，黄坛镇党委批准设立双峰片关工委，专门负责本片区的关工委工作）。镇关工委的主要职责：负责规划、指导青少年的思想道德教育，筹集资金解困助学，关心青少年身心健康，总结、推广关心下一代工作的先进经验和典型事例，提高青少年爱国主义思想，增强社会主义核心价值观，为农村社会主义现代化建设培养有用人才。

黄坛镇关工委及合并前的镇、乡关工委在当地党委的统一领导下，按照县关工委统一部署开展工作，千方百计筹措募人资金，进 村入户调查摸底，在掌握具体情况的前提下，有的放矢，重点帮扶、济困助学，使一些因家庭经济困难的学龄儿童入学就读。双峰乡关工委筹款资助学校、免费为学生提供营养汤，增强学生体质。黄坛镇五兴、里天河、榧坑等村的关工委作出奖学金规定，给予品学兼优的学生资金奖励。助病助困，使他们走出困境，完成学业。在解决具体困难的同时，重视思想道德教育，培养了一批品学兼优的学子。据不完全统计，1992—2018年，全镇大专及以上文化程度的有2414人。还涌现出见义勇为，为挽救落水少年而献身的胡志伟（牺牲时13岁，初一学生）。1997年县团委追认他为共青团员，浙江省人民政府追认他为革命烈士，并编入《宁海县志》革命烈士英名录。

一、机构沿革

乡镇关心下一代工作机构，1992—1995年称关心下一代协会，1995年后改称关心下一代工作委员会。黄坛镇在2004年之前是双峰乡、黄坛镇两个乡镇，2004年9月，两个乡镇合二为一，称黄坛镇。黄坛镇和双峰乡分别于1992年6月和1992年7月成立关心下一代协会，这一时期，镇、乡关协中设名誉会长、会长，副会长中不设常务副会长。关心下一代协会改称为关心下一代工作委员会后，不设名誉主任，副主任中设常务副主任一职，并明确常务副主任主持关工委的日常工作。黄坛镇关协与关工委的历任会长、主任是鲍秉坚、周方园、王良元、王金国、蒋志标、徐真民。双峰乡关协与关工委的历任会长、主任是储德宽、葛国标、俞广才、徐天勇、章武科。2004年双峰、黄坛两个乡镇合并后的关工委主任分别是徐真民、王伟、龚以海、叶小杰、葛万兴、吴亚兰、王家冕。

关协、关工委历任组织人员按年份列表记述。

附表：

1992—2018年黄坛镇关协历任组织人员名单一览表

表7-73

时间	名誉会长	会长	副会长	理事
1992年6月	张兴良	鲍秉坚	陈岳根、范世立、姜成木、严阿协	仇永成、胡爱莲、郑志宏、葛建满、曹丽丽、蔡振杰、谢远稳、陈山儿、杨再松、严诚谟、童辅仁、胡方良、徐天林、葛建设
1993年12月	张兴良	周方园	童相本、杨明常、李和林、严阿协	仇永成、胡爱莲、郑志宏、葛建满、王建云、蔡振杰、谢远稳、魏章来、陈山儿、杨再松、严诚谟、童辅仁、胡方良、徐天林、葛向阳
1996年3月	陈中建（顾问）	王良元	蒋国光、李和林、严阿协	严诚谟、童辅仁、胡方良、徐天林、潘荷兰、陈含波
1999年3月	仇永成	王良元	胡金英、蒋国江、李和林	严阿协、项秀文、董安明、应利勇、潘荷兰、俞申彪、蔡振杰、张海国、胡方良、严诚谟
1999年10月	仇永成	王金国	胡金英、蒋国江、李和林	严阿协、项秀文、董安明、应利勇、潘荷兰、俞申彪、蔡振杰、张海国、胡方良、严诚谟

2001—2018年黄坛镇关工委历任组织人员一览表

表7-74

时间	主任	常务副主任	副主任	委　员
2001年2月	蒋志标	—	王玲芳、项秀文、蒋国江、李和林	严阿协、杨君、潘荷兰、俞申彪、潘建成、张海国、胡开法

续表7-74

时间	主任	常务副主任	副主任	委　员
2001 年 11 月	蒋志标	—	王玲芳、叶显斌、陈荣江、蒋国江、俞申彪、鲍英华	严阿协、杨君、潘荷兰、张建国、张海国、胡开法
2002 年 8 月	蒋志标	—	杨明常	潘荷兰、杨君、蒋国江、俞申彪、鲍英华、张建国、王能赞、胡开法、严阿协
2004 年 3 月	徐真民	—	陈荣江、王玲芳	杨君、俞申彪、鲍英华、应海晓、张建国、王能赞、蒋国江、严阿协、胡开法
2006 年 8 月	王伟	—	胡东明 、潘荷兰	胡敏平、丁海波、邵茂东、应海晓、顾辉辉、徐全民、王能赞、严阿协、胡开法
2008 年 4 月	王伟	胡东明	—	崔浙川、潘荷兰、洪爱萍、应海晓、顾辉辉、储为邦、丁海波
2009 年 7 月	龚以海	葛主良	—	崔浙川、蒋建国、潘荷兰、陈剑、杨颖超、储为邦、丁海波、严阿协
2010 年 10 月	龚以海	葛主良	—	崔浙川、葛伟林、潘荷兰、储杨洋、杨颖超、王善华、丁海波、俞广才
2011 年 9 月	叶小杰	葛主良	丁海波、俞广才	崔浙川、葛伟林、储杨洋、杨颖超、王善华、潘荷兰
2012 年 5 月	叶小杰	—	葛主良	邵茂东、葛伟林、娄彬彬、杨颖超、王善华、丁海波、俞广才、潘荷兰
2013 年 9 月	葛万兴	葛主良	俞广才	崔浙川、娄彬彬、杨颖超、葛伟林、卢永刚、潘荷兰、吕安国、叶元友、刘旭辉
2014 年 12 月	吴亚兰	葛主良	胡聆忠	顾辉辉、娄彬彬、杨颖超、洪松波、吕安国、叶元友、刘旭辉
2018 年 5 月	王家冕	胡聆忠	—	顾辉辉、张淑婷、徐梦茹、洪松波、虞伟、叶元友、王伟民

1992—2001 年双峰乡关工委（关协）历任组织人员名单一览表

表 7-75

时间	名誉会长	会长	副会长	主任	常务副主任	班子成员
1992 年 7 月	俞德本	储德宽	胡大根、何行龙、俞月法	—	—	葛国标、胡声忠、丁梅兰、潘微琼、郑书斌、娄启苗、王必辉、俞文明、张青叶、丁根深、俞德富、胡福昌、俞才富
1993 年 6 月	俞德本	葛国标	俞广才、俞月法、何行龙	—	—	张伟标、潘微琼、郑书斌、娄启苗、王必辉、丁梅兰、胡声忠、胡福昌、俞才富、张青叶、俞文明、丁根深、俞德富

续表7-75

时间	名誉会长	会长	副会长	主任	常务副主任	班子成员
1995年8月	—	—	—	俞广才	潘微琼	黄伟华
1996年4月	江永平（顾问）	—	—	徐天勇	俞广才	孙坚武、王亚飞、何行龙、胡声忠
1997年1月	江永平	—	—	徐天勇	俞广才 何行龙	孙坚武、王亚飞、丁梅兰、俞月法
1998年10月	—	—	—	章武科	孙坚武 何行龙	娄万刚、王亚飞、吕家鸿、娄启苗
2001年1月	—	—	—	邵自力	俞广才 胡声中	娄万刚、王雅兰

说明：2004年双峰乡与黄坛镇合并

2015年黄坛镇双峰片区关工委组织人员一览表

表7-76

主任	副主任	秘书长	办公室主任	委　员
葛主良	俞广才	叶福参	仇芸芸	张祖君、杨益良、胡文伟、胡柏君、王银兴、章大庆、何安炉、宋辅成、丁红星、胡大林、俞广村

村级关工委（关协）组织的组成人员标准，依据上一级的要求，由村“两委会”提出名单，大村一般7~9人，小村3~5人，村党支部审查，上报审批，发文公布。自1992年起至2018年，全镇（包括合并前双峰乡的所有村），村村建立了关工委。村党支部换届选举后，发生人员变动，村关工委领导立即作出及时调整，无特殊情况，原则上稳定人员，利于熟悉环境，连续工作。

各村关工委历任组织人员名单

1994年6月双峰乡村级关协领导小组成员一览表

表7-77

行政村	组长	成　员
榧坑	胡大钱	胡声忠、丁梅兰、俞才富、胡大春
榧东	胡国良	胡才桂、胡福昌
中央山	胡法斌	胡仲官、胡水全
上辽岗	王振伟	俞阿富、王相木
里塘	章忠苗	章昌法、章小兴
里坑	丁洪良	丁新根、丁秀平
逐步	何安俊	何行茂、何硕蓬、何常富
张辽	张士忠	张清法、张清叶
大陈	娄永达	娄全山、丁秀钗
杨染	丁国民	丁全富、丁宝山、丁根兴、丁宝吉

续表7-77

行政村	组长	成　　员
王家染	胡大富	胡声相、胡先名
澄深	俞岳荣	俞德法、俞月法
长丘	张纯友	陈东兴、俞才苗
大岭头	俞兴水	俞德林、俞德常

1997年1月双峰乡村级关工小组成员一览表

表7-78

行政村	组长	副组长	成　　员
榧坑	胡新春	胡善权	胡美兴、丁安仙、何叶彩
榧东	胡国良	—	胡国兴、陈叶凤
里塘	章忠苗	—	章大法、陈冬娥
里坑	丁宏良	—	丁秀忠、丁莲芬
澄深	俞岳荣	—	俞光伟、胡玉莲
长丘	张纯有	—	张连章、张林光
大岭头	俞水富	—	俞志荣、章妙香
上辽岗	王根水	—	王银娟、王银仙
中央山	胡宏宽	—	胡大增、王妙娟
杨染	丁宝吉	—	丁荣杰、王伟青
大陈	丁法盛	—	娄启兵、丁安兰
张辽	张旭照	—	张江伟、张根仙
逐步	何安俊	何国辉	何安炉、何日土、杨妙兰
王家染	胡荣金	—	胡大富、娄全香

2001年1月双峰乡村级关协领导小组成员一览表

表7-79

行政村	主任	副主任	委　　员
榧坑	胡大春	胡孔法	胡大钱、胡伟丽、何叶菜
榧东	胡忠水	胡国兴	胡国良、胡俊英、陈叶凤
中央山	胡宏宽	胡贤兴	胡仲官、胡大进、王苗娟
上辽岗	王根水	王振伟	王新岳、胡爱娟、王雪珍
里坑	丁秀中	丁洪良	章昌法、丁爱国、丁春苗
里塘	章宝友	章大法	章中苗、章中武、杨亚姣

续表7-79

行政村	主任	副主任	委　员
澄深	俞光伟	俞国才	俞岳荣、俞建青、俞亚娟
长丘	张良财	张良海	张纯友、俞寒冰、王冬娟
杨染	丁红星	丁宝国	丁全富、丁荣杰、章宁静
里大陈	娄永达	王金杰	王从有、娄启斌、王爱兰
张辽	张青法	张国富	张青贤、张成宗、何连芬
逐步	何荣钗	何行荣	何安增、何海贤、何岳芬
王家染	胡名银	胡大兴	胡大富、娄国宝、王美娟
大岭头	俞兴水	俞国庆	俞金水、胡贤素

1994—2006年黄坛镇村级关心下一代工作领导小组成员一览表

表7-80

时间	行政村	组长	副组长	成　员
1994年6月	杨家	杨道苗	—	杨道坚、王光元、杨紫振、杨立伟
	西庄	杨吕品	—	杨东木、杨千根
	寺后山	童德国	—	童成安、葛云才
	平安山	潘仲法	—	王望庭、张红相
	岭丰	胡小华	—	胡平广、胡妙英
	下张	陈金荣	—	陈特飞、陈金标
	梨岙	王福生	—	吴乾江、吴昌信
	坑头	王石祥	—	王成江、蒋亚飞
	蒋家	蒋昌伟	—	蒋能树、蒋惠芳
	塘家	王森林	—	王水法、王光能
	外王	王光金	—	王光兵、胡岳凤
	大塘山	徐康行	—	徐宏火、徐安苗
	大木	俞丙元	—	杨庭元、郑世杰、周本贤、许安仙
	木坑胡	胡伟平	—	胡才春、葛玉清
	华湖	陈邦青	—	陈振国、陈六保
	上场头	王茂军	—	朱小林、严素莲
	后溪林	朱国兵	—	朱仁官、林德永
	下畈溪	项宗昆	—	严美青、严锡江
	里岙	邵日松	—	邵商明、陈大士、邵转翻、邵善实
	上林	王东祥	—	王大奎、王光飞

续表7-80

时间	行政村	组长	副组长	成　员
1994年6月	发洪坑	周永贤	—	周贤祥、周小贤
	山后	张振江	—	张大金、娄秀珍
	横山	叶苗法	—	邵根和、叶加丁
	山头王	蒋善岳	—	孔广平、孔龙照
	桥头	潘启红	—	周大荣、周甫金
	前山	娄根苗	—	娄银烈、娄宗满
	金家呑	娄国标	—	娄金龙、娄回春
	旭山	娄跃通	—	娄道标、王雪英
	灵山	麻其根	—	王叶祥、魏玉娣
	张家山	麻福荣	—	麻淑乾、麻华来、麻罗海、施宗花
	大洋山	吕松法	—	吕方贤、蒋菊芬
	魏家	魏振苗	—	潘光林、魏章来
	沙栋	李象军	—	李仁丁、李三根
	后塘	吕连苗	—	吕小松、吕友宝、项大满、周荷云
	后王	严雅通	—	严福寿、严平安、娄香凤、严金海
	水井头	严飞龙	—	严才兴、胡仲春
	黄坛	严定校	—	严才达、孔跃进、杨玲素、严望昆
	下溪	严金忠	—	严世垚、王翠香
	班竹园	胡伟康	—	胡巩平、胡开火
	班竹	胡理中	—	胡绍才、胡龙根
	黄泥丘	严仲兴	—	严世球、严菊芬
	黄坛街	陈小园	—	严珍海、蒋林垚
	溪头陈	娄全江	—	陈忠铎、陈忠宽
	沙坛	严望连	—	严梅振、周彩芬
	应家坑	杨元伟	—	杨士相、杨元勋
	横坑	杨益高	—	杨庭浙、杨雯友、杨美莲、杨庭良
	留五扇	杨桂富	—	杨良和、杨志江
	上盈坑	王益恒	—	王林春、王财茂
	下盈坑	王亨法	—	王祥德、王伟兴
	里畈	张祖清	—	张祖全、俞益游
	红岩	俞福垚	—	俞成土、俞红章
	徐家	俞成友	—	徐天林、徐法涛、徐法连、杨水妹

续表7-80

时间	行政村	组长	副组长	成　员
1994年6月	瓦窑山	杨朝林	—	王官清、严雅红
	平岭	杨常国	—	俞连元、俞林海
	下潘	严雅具	—	严小通、严钦和
	大庙坪	徐金苗	—	徐天桥、徐滨仙
	方田	胡绒仙	—	王来火、严云青
	沙地	潘启土	—	潘建军、王立标
1999年11月	黄坛	严建才	—	杨玲素、严望炉、严定校
	沙栋	李金荣	—	李忠明、王亚莉
	沙坛	严世良	—	严仪江、周爱琴
	班竹园	胡曰江	—	胡建兵、袁爱萍、胡开火
	联溪	陈臣辉	—	陈海浓、陈银彩、陈协永
	魏家	魏章才	—	吴竹根
	后王	严平安	—	严坚兵、严再芬
	下溪	严江培	—	严雪波、徐建野
	黄泥丘	孔圣杰	—	孔小杰、严桔芬
	水井头	许金山	—	严小平、胡云莲
	黄坛街	陈小园	—	徐红雅、陈未彩
	后塘	吴兴满	—	吴建辉、胡软球、吕家平、吕友宝
	灵山	麻其根	—	麻振峰、葛红燕
	张家山	麻小昌	—	麻真达、顾亚珍
	山头王	姜德芳	—	孔小进、严千娣
	桥头	潘启宏	—	王家勇、周官富
	前山	娄银烈	—	王建东
	金家岙	娄国标	—	陈菊女
	旭山	娄道标	—	娄国兴、王雪英
	横山后	张振江	—	张福科、吕碧莲
	法洪坑	周贤瑞	—	娄校女
	大洋山	吕松法	—	蒋菊芬
	里岙	邵小海	—	邵朝光、娄香菜、邵启伟
	寺后山	童成安	—	童长杰、刘云仙
	平安山	王望庭	—	王伟国、张秀珍
	岭丰	任丹	—	胡照品、胡彩云

续表7-80

时间	行政村	组长	副组长	成　员
1999年11月	下张	陈金标	—	王朝辉、陈素琴、陈明江
	梨岙	吴钱江	—	吴功川、王月清
	坑头	蒋亚飞	—	王武军、陈维萍
	外王	葛全丰	—	王幸福、夏玉苏
	塘家	王曰兵	—	王相东、陈仙凤
	蒋家	蒋绍辉	—	蒋再维、蒋惠芳
	大塘山	徐国庆	—	王相东、祁浓芬
	华湖	甘桐彬	—	俞志伟、严美叶
	西庄	杨吕品	—	杨再标、魏华芬
	杨家	杨道平	—	杨文俊、王海娟、杨直宇
	新华	王茂军	—	林胡沦、王颖波、严世良
	徐家	徐胜国	—	徐智超、徐维云
	瓦窑山	王官清	—	杨军杰、胡爱芽
	上盈坑	王益恒	—	王元友、徐生娟
	下盈坑	王亨法	—	王姚江、徐水凤
	红岩	俞福校	—	俞永成、胡伟春
	里畈	张成宗	—	王亨娟
	留五扇	杨建刚	—	杨乾彪、杨叶琴
	应家坑	杨元伟	—	杨吉丰、杨杏春
	横坑	杨延浙	—	杨武科、杨永高、杨美莲、杨益良
	大庙坪	杨江献	—	徐开云、徐炳仙
	下潘	严雅臣	—	严维聪、俞彩荣
	沙地	潘启土	—	潘根泽、徐林娥
	方田	胡浓仙	—	严望伟

续表7-80

时间	行政村	组长	副组长	成　　员
2005年10月	联溪	陈臣辉	陈臣择	林洋、陈协永、陈建秋
	黄坛街	陈小园	—	严珍海、徐武军
	沙坛	严世良	严君飞	周爱琴、严湖奎、严世成
	黄泥丘	王森林	—	王伸兴、严菊份
	黄坛	严建才	严雅海	严兴无、王来财、严小标
	后王	严平安	—	严再芬、杨小慧
	下溪	徐建野	—	严安敏、严永奎
	水井头	许金山	—	严连明、严小平
	班竹园	胡伟康	—	胡国伟、胡华仙
	后塘	吴兴满	吕镇江	吕金柱、吕镇木、吕松青、胡软求
	魏家	潘吉庆	—	潘永平、潘章培
	沙栋	李金荣	—	李金奎、李康军
	杨家	杨道平	杨林荣	杨圣能、杨道坚、王海娟
	西庄	杨吕品	—	杨再飞、杨柳朝
	岭丰	胡伟君	—	陈爱珍、胡志兵
	平安山	王伟明	—	潘大勇、王望庭、潘兴南
	新后山	童成安	—	项仲光、童宏全
	下张	陈法江	—	甘治能、王国根
	坑头	蒋亚妃	—	王岳明、王忠奎
	梨岙	王春强	—	吴昌丁、王建春
	外王	王军平	—	王亚军、严彩红
	蒋家	蒋能模	—	蒋建平、蒋建兵
	塘家	王建军	—	王建飞、王金连
	大塘山	徐存辉	徐明辉	徐丰园、徐亚青
	新华	王茂君	项宗昆	严世良、林德平、林建华
	华湖	蒋云满	—	严苏琴、汪引芬
	木坑胡	胡国庆	胡君辉	胡云飞、胡学木、陈爱仙
	大木	杨广州	周校伟	郑世强、杨广同、杨伟
	大洋山	吕国军	—	吕益松、吕安妃
	灵山	麻其根	—	麻永科、麻忠利
	张家山	麻淑乾	麻望兴	麻淑平、麻建平、王振商
	山头王	姜德芳	—	孔伟军、孔勇增

续表7-80

时间	行政村	组长	副组长	成　　员
2005年10月	桥头	周官富	—	王家勇、周斌芬
	金家岙	娄国标	—	娄志贤、娄卫斌
	旭山	娄国兴	娄银官	娄绍科、娄木全、娄苗辉
	前山	娄林耀	—	娄荣炎、娄伟华
	法洪坑	周万松	—	周永贤、娄跃女
	横山后	张振垚	—	张贤达、张仁苗
	里岙	邵商明	邵明才	吴菊华、赵建能
	上盈坑	王行才	—	王林春、王梦华
	下盈坑	王垚江	—	王伟波、王胜利
	红岩	俞永成	—	俞自红、俞安君
	里畈	张祖君	—	张祖红、张祖福
	横坑	吕方明	杨安松	杨益良、杨美莲、杨金林
	留五扇	杨法有	—	杨成标、杨方校
	应家坑	杨林奎	杨士相	杨杏春、杨元荣、杨元伟
	榧坑	胡善权	胡大江	胡孔法、胡文伟、胡大友
	榧东	胡国兴	—	娄美姣、胡国庆
	中央山	胡柏军	胡名相	胡贤兴、胡安兴、胡名炉
	上辽岗	王振伟	—	王银兴、王洪涛、俞大兵
	里塘	章宝友	章忠苗	章忠武、章贤英
	里坑	丁洪良	—	丁来兴、丁苗兴
	逐步	何荣钗	何善进	何日苗、何松标、何日土
	张辽	张国富	—	张岳云、张声江
	里大陈	丁法盛	—	丁康杰、娄来茂
	杨染	丁红星	—	丁宝常、丁红兵
	王家染	胡大林	—	胡大兴、王国能
	大岭头	俞益江	—	俞振、俞珍伟
	长丘	张良海	—	俞波、陈玉娟
	澄深	俞光标	—	俞益飞、俞国才
	黄坛中学	徐余明	林俊能	徐孝冰、陈翠娥、胡莲芬
	黄坛小学	王能赞	—	娄贤家、王建平
	老教师协会	胡开法	项永明	徐法连、严恕忠、邵祥妹
	老干部	严阿协	胡方良	胡昌丁、杨水富、胡补兴

续表7-80

时间	行政村	组长	副组长	成　　员
2006年5月	杨家	杨道平	杨林荣	杨吕品、童海波、王海娟
	峰山	蒋能模	王建飞	蒋建平、王金连、李夏莲
	永联	王军平	王春强	蒋亚妃、甘治能、卢金莲
	大塘山	徐存辉	徐明辉	徐丰园、徐亚青
	穆坡	胡国庆	蒋云满	胡君辉、胡伟平、麻江燕
	新华	王茂军	项宗昆	严世良、林德平、林建华
	五兴	吴兴满	林祥锋	李金荣、杨颖超、陈丽萍
	松坛	严世良	徐天助	陈小园、严君飞、周爱琴
	后王	严平安	—	严再芬、杨小慧
	黄坛	严建才	严雅海	王森林、严兴无、杨玲素
	兴坛	徐建野	严望贤	许金山、严亦敏、严连明
	联溪	陈臣辉	陈臣泽	林洋、陈协永、陈建秋
	大木	杨广州	周校伟	郑世强、杨广同、杨伟
	班竹园	胡伟康	—	胡国伟、胡华仙
	大洋山	吕国军	—	吕益松、吕安妃
	里岙	邵商明	邵明才	张振垚、张贤达、麻跃芬
	明珠	周官富	姜德芳	周宝林、孔伟军、周斌芬
	金家岙	娄国标	娄银官	娄志贤、娄伟林、王雪英
	张家山	麻淑乾	麻望兴	麻淑平、麻其根、麻忠利、顾亚珍
	弘杨	吕方明	杨林奎	杨法有、杨安松、杨美莲
	盈坑	俞永成	王军飞	王行才、王太魁、壶伟春
	榧坑	胡大伟	胡国兴	胡国良、胡大江、何叶莱
	上辽岗	王振伟	—	王银兴、王洪涛、俞大兵
	中央山	胡柏军	胡名相	胡贤兴、胡安兴、胡名炉
	里塘	章宝友	章忠苗	丁洪亮、丁来兴、杨亚姣
	逐步	何荣钗	何善进	何日苗、何松标、何日土
	张辽	张国富	—	张岳云、张声江
	里天河	丁红星	丁金杰	丁法盛、丁宝常、何昌浓
	王家染	胡大林	—	胡大兴、王国能
	澄深	张良海	俞光标	俞益江、张连章、俞亚娟
	黄坛中学	徐全明	林俊能	徐孝冰、陈翠娥、胡莲芬
	黄坛小学	王能赞	—	娄贤家、王建平
	老教师协会	胡开法	项永明	徐法连、严恕忠、邵祥妹
	老干部	严阿协	胡方良	胡昌丁、杨水富、胡补兴

2008年5月黄坛镇村级关心下一代工作领导小组成员一览表

表7-81

行政村	主任	副主任	成员
张辽	宋辅成	张青炎	俞林宝、葛家田、张声江、石兰娟、宋仲兴
逐步	何安炉	何名富	何荣钗、何兴进、何昌明、何松标、何善宝
中央山	胡柏君	胡安法	胡安兴、胡贤兴、胡名炉、胡名相、胡一飞
澄深	张良海	俞岳荣	俞德林、张纯友、俞广锡
上辽岗	俞友钱	王其兴	王仲友、王洪涛、王银兴、王振伟、王叶春
里天河	丁红星	丁宝山	娄来茂、娄启国、丁从富
榧坑	胡文伟	胡补兴	胡声忠、胡福昌、胡军辉、何叶菜、娄美姣
弘杨	吕方明	张全清	杨美莲、杨法有、杨元伟、杨益良、杨武科
里塘	章大庆	章昌法	章良水、丁红亮、丁新根、章忠清
王家染	胡大林	胡名堂	王国能、胡国理、胡名相、娄水法
五兴	吴兴满	吕岳松	吴志苗、李金荣、魏仁伟、杨颖超、胡软球、陈丽萍、王亚丽
联溪	陈臣辉	陈兴汉	胡建红、陈波、王天标、陈臣文、陈忠标
松坛	陈小园	严苗兴	严和平、严珍海、周爱琴、严湖奎、严爱青
兴坛	徐建野	严雅培	严阿协、严水木、许金山、严小平、严溢敏
黄坛	严伟昌	王森林	严雅海、杨珍素、王建东、严望潭、严仲兴
后黄	严平安	严如烈	严钦相、严新军、杨晓慧、严金海
班竹园	胡伟康	胡昌炎	胡华仙、胡开伦、胡国伟、胡云良、胡建兵
杨家	杨圣能	杨吕品	王伟明、童成安、王海娟、胡金连、杨文俊
永联	蒋亚妃	王金法	王光彬、吴昌丁、王兴钱
峰山	王建飞	蒋能模	李夏莲、蒋绍辉、蒋能树、蒋昌银、王昌品
大塘山	王式平	徐康行	徐坚强、徐伟振、徐亚青、徐丰国、徐宏火、徐银辉
大木	杨广州	郑世杰	杨子权、娄亚玲、杨朝左、郑学苗、俞善胡
穆坡	胡国庆	胡裕乾	陈伟杰、陈爱仙、胡育恩、严苏琴、蒋云满
新华	王茂军	项宗昆	朱国兵、严世良、项大奎、林建华
里岙	邵亚东	邵商明	邵启伟、周万松、张贤达、邵丕新、王江飞、邵李明、郑兴华
张家山	麻丁相	麻淑乾	王建望、麻福荣、麻伟锋、麻永丁、张亚苏
盈坑	王益恒	王宝森	俞永情、张祖君、王垚江、胡伟春、王君平
金家岙	娄卫斌	娄宗禹	娄银烈、娄木金、王雪英、陈桔女、娄林耀
大洋山	吕国军	吕叶兴	吕军锋、蒋菊芬、吕新兴、吕松岳、吕春华、吕岳汉、吕望乾
明珠	周兴元	姜德芳	孔伟军、周斌芬、姜孟飞、潘启宏、周官富
得力集团	应玲娟	—	魏竹青、项志波、王必荣、汪剑波

续表7-81

行政村	主任	副主任	成员
华成阀门	吕杰平	—	魏建平、陈萍、严萍聪、严品望

2013年12月黄坛镇村级关心下一代工作领导小组成员一览表

表7-82

行政村	主任	常务副主任	副主任	成员
五兴	吴志苗	吕国兴	吕金柱	胡软球、魏仁伟、麻跃平、李金荣、王岳凤、魏章毫
联溪	陈建秋	陈协永	陈启钢	林功宪、陈臣文、仇文伟、邵姣素
松坛	陈小园	严苗兴	杨恒广	周爱琴、严望红、严建达、邵姣彩
黄坛	严建江	严望潭	严建海	严爱蓬、严律军、严斌才、王森林
后王	严兴旺	严望逵	严善中	严金海、严再芬
兴坛	徐建野	许金山	严望贤	严寅峰、严宁松
班竹园	胡伟康	胡其荣	胡国伟	胡夫军、葛丽华、胡开全、胡开高
杨家	杨圣能	杨道苗	杨林荣	杨吕品、葛丽敏、杨银江、杨炳奎
永联	蒋亚妃	王光彬	王跃辉	王忠斌、王光辉、王建春、娄晓敏
峰山	蒋绍辉	蒋能树	蒋建平	蒋绍煌、蒋绍红、王建兵、李夏莲
大塘山	徐伟振	徐康宗	徐新官	徐存辉、徐坚强、徐武兵、葛玲芳
大木	郑建松	杨乾左	杨广同	郑世袁、杨廷元、严文通、徐知芬
穆坡	胡国伟	胡敏辉	胡广明	胡才亚、胡晓君、陈玉聪、陈杰君、陈振连、陈伟杰
新华	王茂军	林德永	项金奎	林建华、项建波、朱国兵、林海宗
大洋山	吕国军	吕新兴	吕晓飞	吕松法、吕杰飞、吕松林、张亚丽
明珠	周宝林	孔本法	周斌芬	孔伟军、潘杰军、余美荚
张家山	王建望	麻小昌	麻剑飞	麻惠娟、王振未、麻福荣、麻兵标
金家岙	娄能兵	娄银烈	娄伟华	吴建军、王雪英
里岙	邵科标	邵丕新	周贤飞	邵才庆、张振垚、邵杰飞、邵姣芬
盈坑	张祖君	王林春	张德兵	王定芳、王水苗、俞自红、俞自莲、王为波
弘杨	杨益良	杨良庆	杨荣辉	杨美莲、杨元能、杨云通
上辽岗	王银兴	王金富	王小军	王益笑、王洪涛
中央山	胡柏君	胡名法	胡名相	胡贤兴、胡云峰、胡钱达、王雪梅
榧坑	胡文伟	胡补兴	胡荣奎	胡国兴、胡松标、胡新忠、何叶菜
澄深	俞广标	俞益火	俞敏军	张连章、俞兴水、俞亚娟、俞国庆
里塘	章大庆	章昌法	章宝友	丁爱国、杨娅姣
王家染	胡大林	娄金叶	胡名响	娄全香、胡名沛

续表7-82

行政村	主任	常务副主任	副主任	成　　员
里天河	丁红星	王伟青	丁红兵	娄洪辉、丁伟将、丁国兵、李全菊
张辽	宋辅成	张青银	张士钱	张明坚、张桔姣、张金考、张全贤
逐步	何安炉	何岳金	何岳斌	何成芬、何清纯

2017 年 6 月黄坛镇村级关心下一代工作领导小组成员一览表

表 7-83

行政村	主任	常务副主任	委　　员	秘书长
黄坛	严建江	严建海	石妙芬、魏秀芬	俞雪芬
松坛	陈小园	杨恒广	邵姣彩、严全斌	严叶平
后黄	严兴旺	严善申	吕雪莲、严金宽	严亚琴
兴坛	徐建野	严望贤	严永峰、张春燕	邵建燕
班竹园	胡开全	胡彭程	胡夫军、胡华仙	夏未仙
五兴	吴志苗	吕金柱	王岳凤、吕大永、吕国君	胡软球
联溪	陈建秋	陈启钢	邬锡恩、麻智玲	陈臣文
杨家	杨圣能	杨光亭	葛雨荣、潘兴文、陈素青	杨冬华
永联	蒋亚妃	陈瓒	俞法兴、葛全锋	孙志霞
峰山	蒋绍辉	蒋建平	李夏莲、翁玉群	吴景会
大木	郑建松	郑世对	俞益望、徐知芬	娄彩琴
新华	王茂军	严世良	林德君、王巧平	朱怡媛
大塘山	徐伟振	徐新官	徐武兵、葛玲芳	刘玉艳
穆坡	胡含斌	胡勇锋	季菊美、陈安仙	胡晓君
里岙	邵科标	邵海江	邵才吉、邵启伟	郑兴华
明珠	周宝林	周国强	孔丙江、俞巧莉	葛菊华
金家岙	娄卫斌	娄伟华	娄武辉、王玉锦	娄双虎
张家山	王建望	麻剑飞	麻桂峰、麻亚娟、童小贤	王镇广
大洋山	吕杰飞	吕松林	夏丽华、王晓利	吕家杰
盈坑	张祖君	王林飞	俞自红、俞红霞、王国成	俞自莲
弘杨	杨武君	杨利忠	杨益良、刘静娜、杨江兴	何钰莹
榧坑	胡文伟	胡荣奎	陈春娟、何叶菜	胡宝良
中央山	胡柏君	胡云峰	胡大华、汤发展	王雪梅
里塘	章大庆	章宝友	杨娅姣、丁红连	丁苗兴
澄深	张林恩	俞敏军	张锋、俞益飞	俞亚娟

续表7-83

行政村	主任	常务副主任	委　员	秘书长
上辽岗	王金富	王伟忠	王贤苗、王益笑	胡娟莲
里天河	丁红星	丁红兵	丁宝常、何昌浓	丁红奎
张辽	张振江	张士钱	石兰娟、张宝富	张青银
逐步	何安炉	何岳斌	何日土、何日春	何密娟
王家染	胡大林	胡玉根	范萍芬、娄全香	胡大稳

二、重点工作

黄坛镇关工委工作重点目标是关心青少年的身心健康，教育他们爱祖国、爱人民，从小树立社会主义核心价值观，好好学习，长大成为建设社会主义的有用人才。关工委的工作人员经常进村入户调查摸底，发现青少年中有困难、有病、有残的情况，及时组织送款送物上门，帮助排忧解难，解决困难儿童入学、辍学问题，缺钱治病的困难青少年，让他们无忧无虑安心学习、成长。

为实现重点目标，镇关工委主要抓好两件事，人与钱。事在人为，凡事要抓好做实，必须要挑选有责任心的人去做，只有心系人民，与群众心贴心，时刻想着困难青少年的疾苦，设身处地的理解无钱缺钱读书难，心烦意乱难读书的青少年及他们家长的心情；挑好选准一批善解人意关爱青少年的人去抓关心下一代工作，才能事半功倍。因此镇关工委十分重视村级关工委的组织建设、思想建设和作风建设，注重抓好村级关工委组织建设，在全镇形成组织健全、心系青少年、作风深入的工作网络。同时把好组成人员素质关，挑选勤快办事，体贴为民并有威望服众的人到关工委工作。救助困难，没有一定资金是办不成事的，镇关工委通过开会宣导，发文通知，外出访谈等多种方式向企事业单位、社会各界筹措资金，争取各方的理解支持，并号召镇机关干部对关工委工作予以协助，捐资奉献爱心。

1992—2018年，镇党委、镇政府重视做好全镇关心下一代工作，多次发文、讲话，要求进一步加强村级关心下一代组织网络建设，完善职能，搞好自身建设，同时根据本地实际，开展特色活动，在青少年中努力开展理想信念教育、法治教育，做好青少年的帮扶工作等。

2004年，镇党委要求镇关工委在提高自身建设的同时，提高村级关工委队伍的战斗力，全方位开展扶贫结对工作，主动帮助贫困学生，加强思想品德、法治安全、爱国主义、革命传统等方面教育，形成镇、村、学校、家长齐抓共管的良好局面。同时提出寒暑假、节日、周末期间的教育管理的措施与办法。

2005年，镇党委印发《2005年黄坛镇关心下一代工作计划》的通知。通知要求以抗日战争胜利60周年为契机，开展爱国主义教育；评选表彰“黄坛老少共建社区精神文明”先进集体、先进个人，宣传、推广先进典型事例；开展党团共建、老少结对、帮困助学、帮教结对活动，把关心下一代工作做好做实。

2007年，镇党委印发《关于在全镇开展村校共建“三好四无”创建活动的实施方案》。希望通过活动的实施，实现青少年中无赌博、无不孝、无辍学、无犯罪行为，做到在校做个好学生、在家做个好孩子、在社会做个好公民。文件印发后，各村纷纷贯彻落实，群众反映良好。

2012年，镇党委印发《关于黄坛镇开展创建“五好”关工委的实施方案》，文件的主要精神是要加强关工委的自身建设。做好全镇的关心下一代工作，关键是镇关工委及其领导人，要率先示范，无论工作多忙，都要科学安排时间，腾出一定的精力，抓好关心下一代工作这件大事、要事。镇关工委制定并完善了会议、学习、教育指导、下村调研、帮扶助学等方面的制度和办法，用制度来保证工作，以制度管人理事，把关心下一代工作落到实处，努力提升关心下一代工作的质量。

2015 年 9 月，黄坛镇关工委针对辖区边远山区出现的新问题，拓展新思路，创建新模式，精心构建双峰片“中心”关工委。双峰片“中心”关工委的构建，有利于促进镇、村、校之间的沟通，学校、家庭、社会的有机结合，构建全方位关爱下一代网络，整合学校、社会的教育资源，起到优势互补、资源共享、有利于将各方力量凝聚起来，调动各方积极性，形成强大的关爱力量，加强关工委的影响力，提高山村关工委的整体水平，更加有效的促进下一代健康成长。

黄坛镇关工委双创建情况一览表

表 7-84

年份	行政村	创建情况
2010	黄坛村、五兴村、联溪村、松坛村、榧坑村、里塘村	通过 2008 年度县“三好四无”创建
	斑竹园村、明珠村、里天河村、新华村	通过 2009 年度县“三好四无”创建
2013	大塘山村	通过 2012 年度县“三好四无”创建
	黄坛村、五兴村、联溪村、松坛村、榧坑村、里塘村	通过 2012 年度县“三好四无”提升复评
	兴坛村	通过 2013 年度县“三好四无”创建
	斑竹园村、明珠村、里天河村、新华村	通过 2013 年度县“三好四无”提升复评
2015	峰山村、大木村、大洋山村	通过 2014 年度县“三好四无”创建
	大塘山村	通过 2014 年度县“三好四无”提升复评
2016	双峰片区	通过 2015 年度县“五好”基层关工委创建
2018	永联村	通过 2017 年度县“五好”基层关工委创建
	黄坛村、五兴村、联溪村、松坛村、榧坑村、里塘村、斑竹园村、明珠村、里天河村、新华村、大塘山村、兴坛村、峰山村、大木村、大洋山村、双峰片区	2007—2015 年度通过县“五好”基层关工委提升复评
2019	杨家村	县“五好”基层关工委创建

三、筹措资金，解困助学

镇、村关工委向社会宣传关心下一代不仅是帮助解决困难、扶持贫困学生入学读书，而是关系到社会主义现代化建设事业后继有人的战略大局，因此要求社会各界捐助资金支持关爱工作。镇、村关工委将筹措资金，解困助学作为重要工作内容。通过各种形式宣传和深入实地的访谈，社会仁人贤士，企业领导、结对扶贫单位等慷慨解囊捐助，据不完全统计，自 1992—2018 年，镇关工委接受单位、个人捐款 117.54 万元。镇受的捐款，其中县关工委下拨 22.16 万元，单位捐款 86.96 万元，个人捐款8.42万元。镇受捐款主要用于解困助学，其中助医21.00万元，有些捐款人与村联系，直接资助困难学生。

得力集团向镇捐助21.00万元。

五兴村企业以及村党员、干部捐款近20万元，补助本村困难学生，还给优秀大学生予以奖励。

浙商财产保险公司宁海支公司经理胡国宏自2010—2018年，每年连续捐款8.00万元，并与榧坑村联系，直接资助给榧坑村困难学生，被资助学生达200人次。双峰片关工委自2016—2018年接受捐款37.00万元，助学120多人次，助医2人。

四、以德育人

黄坛镇关工委把思想品德教育作为提高青少年全面素质的重要工作职责，列入议事日程。思想品德教育内容丰富，主要有爱国主义、革命传统、法制、社会主义核心价值观、生态环境保护、爱劳动、爱家乡等方面的教育。平台载体多样化，组织青少年到红色教育基地、革命历史纪念馆、博物馆参观学习，听宣讲。去烈士陵园扫墓祭祀，缅怀先烈。2012年清明节，镇关工委组织全镇中、小学生及老干部470余人到跃龙山革命烈士陵园祭奠，听革命传统宣导，回校后，每个学生写一篇“革命精神照我行”文章，谈体会述践行。同时上网祭奠烈士的学生有520人次。2019年黄坛镇关工委组织黄坛镇中心小学五年级段全体师生到黄坛烈士陵园扫墓。利用乡村党员远程教育平台接收接听法律讲座，听百家讲坛专家说历史，看爱国主义影视。中国共产党成立90周年之际，镇关工委联合镇中、小学校，组织观看红色经典革命电影《长征》等片，激发他们艰苦奋斗，不怕牺牲的革命精神，从小培养革命意志，长大为社会主义现代化建设贡献力量。借用村文化礼堂多次开展法制教育，请县关工委领导、镇退休老干部授课，讲解法律条文，依法治国的重要性，法律的严肃性，遵纪守法的必要性等，并结合案例、社会现状、校区环境、青少年心理进行教育，旨在培养和提升青少年学法、守法、用法的自觉性，预防青少年违法犯罪。向青少年宣传、介绍雷锋精神，开展学习雷锋活动，要求青少年像雷锋一样做一颗永不生锈的螺丝钉，拧到哪里就在哪里发光。教育学生从小爱劳动、爱家乡，勤俭节约。除此，镇、村关工委还不定期组织青少年到镇敬老院慰问老人，参加节日传统文化活动和传统乡土体育活动等。

镇关工委尤为重视对广大青少年进行生态环境保护的教育。黄坛镇双峰片是白溪水库、西溪水库的上游，宁海乃至宁波、象山人民饮用水的水源涵养地，负有保护自然生态之责。镇关工委坚持“绿水青山就是金山银山”的理念，号召全镇广大青少年要爱护家乡的一草一木，不随地丢弃废品垃圾，不随地吐痰拉撒，养成捡废保洁，清洁卫生的良好习惯。2012年，镇关工委组织各村青少年参加“浙江生态日”暨第三届青少年生态环保实践月活动启动仪式，开展“争做护绿小先锋”活动。是年3月12日植树节，镇关工委与学校组织中小学生植树。双峰片榧坑村、里天河村、澄深村在节假日期间组织学生检查村道路卫生，边督查边帮助打扫、清理。各方协作，齐抓共管，至今饮水源头村庄整洁、道路干净、青山秀水、环境优美。五兴村关工委不定期组织青少年参加村内“美化家园，净化大地”活动，保护洋溪母亲河清水长流。

2017年1月18日，镇关工委组织黄坛中学师生赴县看守所和县人民法院，“零距离”接受普法教育，感受法治的力量。

对青少年的思想道德教育，镇关工委采取灵活机动的办法，一般是暑假寒假、节日或休息日。重大纪念活动，事前与学校、团组织商洽沟通后开展。

五、自身建设及荣誉

镇关工委领导及其组成人员，多人身兼数职，分管工作和业务上都较忙，用于关心下一代工作的时间和精力在客观上受到影响。但是，他们加强自身建设，发挥主观能动性，通过抓学习、定制度、重调研，切实做好关心下一代工作。镇关工委历任领导都视学习是强观念、增知识、富经验、结硕果的必经之途，一直来都重视学习。2012 年镇党委印发的《关于黄坛镇开展创建“五好”关工委的实施方案》文件，主要精神就是加强关工委的自身建设。镇关工委班子每月一次学习会，每季度、半年度、年度有总结，重要事项专门组织学习。学习会结合工作情况，有分析、有研究，不搞形式，切合实际，围绕“想青少年所需、尽关工委所能”之方针进行。

为保证关工委工作顺利开展并取得关工委工作的实效，镇关工委相继制定出台学习制度、走访调研制度、财务管理制度、“五助”标准及办法、教育管理意见等，并在施行过程中不断完善。

黄坛镇地域较广，住在山区的人口有一定比重，加之关工委人员变动多，且经验缺乏，对青少年的基本情况不全面了解。为掌握第一手资料，镇关工委成员深入到村，进入家家户户，摸清摸准情况。在基本掌握全镇青少年的情况中，也掌握一些重点情况。镇妇联主任、关工委成员潘荷兰，1997 年在大木村调研，发现该村农户李中官一家 5 人中 4 人生病。其子李和达为小学生，得类风湿关节炎，脚关节红肿变形，无钱治病，辍学在家，生活十分困难，病困潦倒，其母为此想自尽。潘荷兰将得到的情况向镇领导汇报，又通过媒体报道，在政府和社会关心下解决了该学生治病复学的资金困难，并助李家修建了 3 间 2 层的砖瓦房。储德宽、丁海波等在调查中发现，双峰中学初一学生胡志伟舍己救人的事迹（胡志伟，双峰中央山人，1984 年出生，1997 年 6 月 7 日下午，他在榧坑七里溪暗岩洞下一潭，听到有人落水喊救声，急忙跳入水中施救，由于潭壁光滑，水性不佳，不幸牺牲）。此事上报后，于 1997 年共青团宁海县委追认他为中国共产主义青年团团员，浙江省人民政府追认他为革命烈士，并载入二轮《宁海县志》英名录。

黄坛镇关工委不仅要求班子成员身体力行，还对村级关工委提出同样的要求，兼职关工委领导下村开会、调研或联系工作，都把关工委工作连在一起，入户要问一问学生成绩、情绪、交友等情况，发现问题，领导班子成员想方设法帮助解决。1994 年双峰乡党委书记俞广才，兼任关工委主任，尽管工作忙，他仍经常到学校了解学生伙食情况，发现有的学生有饭无新鲜小菜，有时有饭少菜的情况。询问后得知学生为节约开支，自带咸菜，因长期吃咸菜，造成多数学生营养不良。俞广才抓紧联系市、县扶贫单位，争取到 10 万元资金，转学校为学生配制营养汤、菜，当时为全国首例。2009 年，俞广才退休后，继续关心学生学习情况。学生要取得好成绩，首先要留住高素质的教师，稳定教师队伍。他向镇党委建议，对在山区任教的教师入党、评先进方面如符合基本条件，要给予优先，使他们感到组织的关心，劳有所得，安心从教。2016 年，他向县关工委和镇党委请示，鉴于双峰贫困山区的实际情况，要求建立双峰片关工委，在上级的支持下，2015 年 10 月双峰片关工委正式成立，在俞广才的努力下，至 2018 年，共筹资 37 万元，助困学生 120 多人。困难学生的补助标准：初中、小学生 1000 元，高中、大学学生加倍，病重困难学生 5000 元，有一名患精神病青年住院，资助医药费 10000 元。

黄坛镇各级关工委及个人历年来获得的各项荣誉一览表

表 7-85

时间	获奖单位、个人	所获荣誉	授奖单位
1993 年	何行龙、魏章来	1992—1993 年度县优秀校外辅导员	—
1994 年 9 月	严诚谟、何行龙	县关心下一代工作先进个人	县委、县政府
1999 年 2 月	俞广才、严诚谟	县关心下一代工作先进个人	县委、县政府
2001 年 2 月	胡开法	县关心下一代工作先进个人	县委办公室
2004 年 1 月	黄坛镇派出所	县关心下一代工作先进集体	县委、县政府
	俞广才	县关心下一代工作先进个人	
2005 年 12 月	黄坛镇关工委	县关心下一代工作先进集体	县委、县政府办公室
	邵茂东	县关心下一代工作先进个人	
2006 年	潘荷兰	市关心下一代工作先进个人	市关工委
2006 年 12 月	《解决未成年人犯罪问题重在防治》	调研文章二等奖	县关工委
2008 年 1 月	黄坛镇派出所	县关心下一代工作先进集体	县委、县政府办公室
	胡东明	县关心下一代工作先进个人	
2010 年	榧坑村关工委	2009—2010 年度市“六有”村关工委	市关工委
2010 年 3 月	五兴村关工委	县关心下一代工作先进集体	县关工委
	胡文伟、项忠昆	县关心下一代工作先进个人	
2010 年 6 月	胡开法	县“关工之星”荣誉称号	县委、县政府
2012 年	五兴村关工委	2011—2012 年度市“六有”村关工委	市关工委
	杨颖超	2011—2012 年度市关心下一代工作先进个人	市关工委
2013 年 1 月	榧坑村关工委	县关心下一代工作先进集体	县关工委
	吴兴满、徐新官	县关心下一代工作先进个人	
2013 年 12 月	俞广才	县关心下一代工作“五老”先进个人	县关工委
2015 年 1 月	峰山村关工委	县关心下一代工作先进集体	县关工委
	蒋绍辉、叶元友	县关心下一代工作先进个人	
2015 年 7 月	葛伟林	县关工委系统信息宣传工作先进个人二等奖	县关工委
2016 年	双峰片区关工委	市“五好”村（社）关工委	市关工委
2016 年 4 月	仇芸芸	县关工委系统信息宣传工作优秀信息员	县关工委

续表7-85

时间	获奖单位、个人	所获荣誉	授奖单位
2017 年 2 月	兴坛村关工委	县关心下一代工作先进集体	县关工委
	葛主良、蒋亚妃	县关心下一代工作先进工作者	
	俞广才	县关心下一代工作优秀“五老”	
2017 年 12 月	俞广才	县“假日学校”先进工作者	县关工委
2018 年 12 月	俞广才	市“最美五老”志愿者	市关工委
	永联村	市“五好”社区（村）关工委	市关工委
	里天河村	县关心下一代工作先进集体	县关工委
	俞广才	县关心下一代工作先进工作者	
	储德宽	县关心下一代工作优秀“五老”	
2019 年 10 月	赵福定、王武略	2019 年度宁海县暑期“假日学校”志愿服务工作先进个人	县关工委

大 佳 何 镇

一、机构及人事沿革

大佳何镇关心下一代工作委员会，简称大佳何镇关工委。前身为桥头胡区关协，成立于 1991 年 4 月，会长赖红进，副会长葛阿生、薛瑞威；1992 年宁海县撤区扩镇并乡后，同年 7 月 7 日成立大佳何乡关协，名誉会长何元龙，会长冯坚，副会长林华栋，秘书长赖红进。1996 年 3 月 18 日，成立大佳何乡关心下一代工作委员会，名誉主任何元龙，主任葛国标，副主任吴明春、赖忠连、何元贤、苏林、葛阿生，秘书长葛更强，委员王玲芳等 8 人。

1996 年 12 月，撤大佳何乡建大佳何镇，乡关工委改为镇关工委。大佳何镇关工委由镇党委书记任名誉主任，镇党委副书记任主任，镇副局级领导任常务副主任，是以“五老”为主体，党政相关部门负责人参加的，以关心教育培养青少年健康成长为目的的群众性工作组织，是党和政府关心下一代工作的参谋和助手，是联系青少年的桥梁和纽带。

（一）大佳何镇历届关工委（关协）班子成员

大佳何乡历届关协班子成员一览表

表 7-86

时　间	名誉会长	会长	副会长	理　　事
1991 年 4 月	—	赖红进	葛阿生、薛瑞威	—
1992 年 7 月 28 日	何元龙	冯坚	林华栋	赖红进、尤孝照、尤玲娟、俞伟平、陈志明、吕秀珍
1994 年 5 月 31 日	何元龙	俞伟平	胡爱平	赖红进、舒士荣、尤玲娟、金文耀、吕秀珍、陈志明、何元贤、万善荣、胡志鹏、葛阿生

大佳何乡（镇）关工委历届班子成员一览表

表 7-87

时间	名誉主任	主任	副主任	成　　员
1996 年 3 月 18 日	何元龙	葛国标	吴明春、赖忠连、何元贤、苏林、葛阿生	王玲芳、葛更强、何爱芬、何贵全、林旺根、王良富、陈盛官、袁明福
1997 年 12 月 15 日	何元龙	胡才生	吴明春、赖忠连、何元贤、苏林、葛阿生	王玲芳、葛更强、何爱芬、何贵全、林旺根、王良富、陈盛官、袁明福
1999 年 6 月 9 日	何元龙	屠常君	陈士奋、王玲芳、何元贤、邬义福	葛更强、严爱玲、吴其连、葛阿生、陈焕全、王彩兴、何爱芬
2001 年 10 月 10 日	顾卫卫	董伟兵	胡余荣、叶元旺、林长国、胡余亨	严爱玲、薛爱斌、金晖、王俊杰、何文忠、葛阿生、陈焕全、何爱芬
2004 年 3 月 15 日	—	董伟兵	胡余荣	严爱玲、周晓啸、薛爱斌、周平永、林强国、应松平、王品富、何爱芬、陈焕全
2004 年 12 月	—	叶元旺	胡余荣	周晓啸、胡庆园、周平永、林强国、应微芝、陈焕全
2006 年 7 月 26 日	—	周卫国	胡余荣	周晓啸、项光杰、何启林、林强国、应松平、伍正君、何爱芬、陈焕全
2008 年 5 月 12 日	—	—	胡余荣（常副）	—
2008 年 8 月 28 日	—	周卫国	胡余荣（常副）	项光杰、周晓啸、岑永畅、王荣宝、杨贻鑫、叶小辉、伍正君、何兴旺、冯再兴、叶言兴
2009 年 7 月 20 日	—	郑有能	陈志根	周晓啸、项光杰、岑永畅、胡回回、王永宝、杨贻鑫、叶小辉、伍正君、何爱芬、邵赋飞
2010 年 6 月 7 日	—	郑有能	项秀文（常副）、金海峰、葛更丰	岑永畅、项光杰、周晓啸、王俊杰、杨贻鑫、叶小辉、伍正君、何兴旺、冯再兴、叶言兴
2011 年 9 月 27 日	—	李文斌	王宗斌（常副）、金海峰	娄松延、项光杰、周晓啸、洪涛、杨贻鑫、娄凤跃、葛美红、何兴旺、冯再兴、叶言兴
2011 年 12 月	—	李文斌	王宗斌	金海峰、娄松延、马春彪、应可标、项光杰、葛琴娜、洪　涛、杨贻鑫、娄凤跃、葛美红、何兴旺、冯再兴、叶言兴
2016 年 8 月 18 日	—	胡卿	庞金杰、胡伟标	杨敏、马春彪、潘伟强、童丹枫、杨丽浓、刘建俊、施安华、娄凤跃、仇贤永、何兴旺、冯再兴、叶言兴
2017 年 11 月	—	庞金杰	胡伟标	葛斐嫣、杨　敏、马春彪、潘伟强、童丹枫、杨丽浓、刘建俊、施安华、娄凤跃、仇贤永、何兴旺、赖忠连、叶言兴

续表7-87

时间	名誉主任	主任	副主任	成　员
2019 年 4 月	—	庞金杰	胡伟标	葛斐嫣、蒋泽元、马春彪、潘伟强、童丹枫、杨丽浓、刘建俊、施安华、娄凤跃、仇贤永、何兴旺、赖忠连、叶言兴

2006 年 4 月，大佳何镇关工委组建关爱工作团，由葛主良任团长，胡余荣、葛更丰任副团长，周晓啸、项光杰、应微芝、林强国、陈焕全、应松平、伍正君、何爱芬为成员。同年 7 月 26 日，因人事变动，关爱工作团组成人员作了调整，陈志根任团长，副团长不变，周晓啸、项光杰、何启林、林强国、应松平、伍正君、何爱芬为成员。

2018 年 1 月，组建关心下一代志愿者协会大佳何镇工作站，站长赖忠连。

（二）大佳何镇历届村级关心下一代工作机构及班子成员

大佳何镇村级关工委自 1994 年 6 月 2 日建立村级关协小组起，至 1999 年 9 月 1 日共调整 26 个村级关心下一代工作小组。2008 年（撤扩并）原 26 个行政村调整为 1 个社区、9 个行政村，同年 8 月 30 日建立村关心下一代工作委员会。村级班子换届人员变动，及时调整村级关工委班子成员。

大佳何镇村级关协小组、关工委历届班子成员一览表

表 7-88

时　间	村　别	组长	成　员
1994 年 6 月	大佳何	何桂全	何广言、林四才
	航运	何文高	王文德、林开岳
	溪下王	娄生根	王彩兴、王小茂、叶贤兴
	应家	尤孝吉	应仁义、应方根
	马家	马贤桂	卢丙章、郑芬娟
	后洋	潘长茂	潘铭木、潘方根
	涨坑	林善垚	林西庚、林　立
	毛洋	刘多夫	何金苟、刘光高
	里袁	袁表兴	袁雨文、袁小垚
	外袁	袁祖浪	袁贤夫、朱兰香
	岙潘	潘福林	潘仁其、胡荷叶
	林家山	葛才云	葛后才、应杏青
	上葛	葛子金	葛宏昌、葛新根
	下葛	葛阿生	葛可清、葛昌乾
	沈家	沈钱江	沈阿义、沈岳忠
	万家	万法根	万其训、万来夫
	胡家	胡祝荣	胡志清、葛义兰

续表7-88

时　间	村　别	组长	成　　员
1994年6月	南阳	叶如根	叶法根、叶水兴
	伍家	赖福金	范杏青、赖木根
	桥坑	赖才康	葛小凤、郑良才
	外郑	郑夫清	赖在朋、袁阿毛
	赖家	陈焕全	潘小本、赖法根
	冯家	冯金荣	郑才根、冯丙法
	陈戴	李火才	潘金木、陈国瑞
	吴家	吴绍章	吴才良、吴全友
	井栏	林小苟	刘国来、王金娥
1999年9月	大佳何	何文忠	何文昌、何常敏、何荣盛、胡才国
	溪下王	王安君	王法木、葛惠女、王国栽、王良华
	应家	应可能	应端才、刘杏花、应海滨、应可行
	马家	马贤校	马人达、马贤荣、袁玲女、马人利
	后洋	潘满兴	潘仲庆、潘万初、薛英仙、潘可根
	涨坑	林正欢	林足宝、王聪芬、林全仁、应杏娟
	林家山	袁钦全	葛元成、卢保木
	毛洋	刘中高	刘先木、何夏兰、刘祝宝、刘来宝
	里袁	袁永豪	袁祖元、袁永欢、袁小校、袁银仙
	外袁	袁明祥	袁苏绒、袁兴方、赖爱君、赖其国
	岙潘	潘兴江	潘乾方、潘乾富、潘兰英、潘胜利
	上葛	葛昌家	葛永富、陈敏娟、葛煜明、葛三军
	下葛	葛贵文	葛云大、林叶凤、潘乾申、葛小刚
	南阳	叶显忠	叶志富、叶法根、叶夏仙、叶建平
	沈家	沈明科	马兴苗、沈明差、沈兴江、沈世叨
	胡家	胡敏国	葛义兰、胡文奎、胡国林、胡春芬
	万家	万吉斗	万吉贤、万秀莲、万吉松、万善述
	伍家	伍跟良	赖福金、伍正表、伍丽娟、伍世祥
	桥坑	郑满法	郑小林、张惠莉、郑达兴、郑照兵
	外郑	赖小方	何孝富、何双富、赖爱红、郑宏法
	赖家	赖尚义	赖尚兴、葛满素、赖小夫、赖国明
	冯家	冯在怀	冯道荣、袁珊娟、冯朝国、冯新辉
	陈戴	沈伟国	陈盛官、吴爱芬、陈云乾、戴章兴
	吴家	林维军	吴汉江、吴月芬、吴明申、吴安明
	井栏	郑学江	林从标、林志成、潘小叶、林荣富

续表7-88

时　间	村　别	组长	成　　员
2008年8月	石门	袁永号	袁江林、袁能兵、袁玲娟、袁如军、赖其国、潘胜利、林仙红、袁伟娟、叶彩芬、袁祖泽、赖根火、潘根才
	里袁（自然村）	袁永号	袁江林、袁如军、袁伟娟、袁祖泽
	外袁（自然村）	袁能兵	袁宽红、林仙红、赖其国、赖根火
	岙潘（自然村）	袁玲娟	潘乾垚、潘胜利、叶彩芬、潘根才
	葛家	葛海峰	葛华青、葛曼盛、葛诗富、邬竺成、葛祥辉、葛小松、葛秀娟、周素兰、潘仙娟、葛雷火、葛大密
	上葛（自然村）	葛华青	葛曼盛、周素兰、潘仙娟、葛雷火
	下葛（自然村）	葛海峰	葛诗富、葛祥辉、葛小松、葛秀娟、葛大密
	团联	胡道贤	胡康金、叶志富、万善述、马兴苗、胡德峰、叶剑波、周亚萍、万秀莲、叶彩娥、叶才林、沈小根、万小桃、赖仙能、马叶青、胡学忠
	胡家（自然村）	胡道贤	胡康金、胡德峰、周亚萍、胡学忠
	南阳（自然村）	叶志夫	叶祥和、叶剑波、马叶青、叶才林
	沈家（自然村）	马兴苗	沈明斌、赖仙能、叶彩娥、沈小根
	万家（自然村）	万善述	万昌泽、万秀莲、万小桃
	涨坑	刘忠来	林足宝、林小国、张金鑫、林银峰、应杏娟、林追垚、刘多夫
	涨坑（自然村）	林小国	张金鑫、林银峰、应杏娟、林追垚
	毛洋（自然村）	刘忠来	刘良夫、刘惠娣、刘多夫
	民主	应可将	应才能、马金飞、潘重庆、潘海峰、应海滨、马立峰、潘聪娟、何密芬、马夏芬、马贤贵、应必章、潘绍勇、王忆玲
	马家（自然村）	马金飞	马人才、马立峰、马夏芬、马贤贵
	应家（自然村）	应可将	应才能、应海斌、何密芬、应必章
	后洋（自然村）	潘重庆	潘聪娟、潘海峰、潘绍勇
	大佳何	何兴旺	何文军、葛兴满、何聪燕、吴剑斌、马安飞、应桂叶、何宏茂、何振李
	大佳何（自然村）	何文军	何荣盛、何聪燕、马安飞、何宏茂、何振李
	航运（自然村）	何兴旺	吴剑斌、马安飞、何振李
	林家山（自然村）	葛兴满	葛元祥、应桂叶、葛更青、葛元发
	溪下王	王云丁	王品君、王乾飞、潘菊芬、王创如
	和平	赖尚义	伍银木、郑招兵、郑光亮、王宇清、何美丽、赖武平、赖建强、袁三浓、葛满素、郑梅芬、赖爱红、伍丽娟

续表7-88

时 间	村 别	组长	成 员
2008年8月	赖家（自然村）	赖尚义	赖云波、赖武平、葛满素、何美丽、郑道根、伍心畅
	外郑（自然村）	郑光亮	袁三浓、赖爱红、郑有诗
	桥坑（自然村）	郑招兵	郑梅芬、郑道根
	伍家（自然村）	伍银木	伍中达、赖建强、伍丽娟、伍心畅
	滨海	吴明辉	魏仁良、袁德忠、林志成、冯海明、潘金木、胡绒仙
	冯家（自然村）	魏仁良	冯子能、冯亚萍、冯海明、冯华锋
	吴家（自然村）	吴明辉	何伟烈、吴才良、胡绒仙
	陈戴（自然村）	袁德忠	潘金木、吴爱芬
	井栏（自然村）	林志成	林丛永、林小苟、郑亚琴、沈恩军
2014年1月	石门	袁永号	赖根火、袁祖泽、袁星明、袁德品、戴正煌
	葛家	葛海峰	葛太峰、葛贵文、葛昌家、葛太松、葛云高、葛金利、葛三军
	团联	胡道贤	万吉科、叶志辉、叶小文、沈小根、沈忠仁、万小道、胡道通、赖颖薇
	涨坑	林国标	林建友、林伟军、袁珍宝、林永富、应杏娟、林　富
	民主	应可江	应必章、潘满兴、马贤贵、陈　磊
	大佳何	何兴旺	何峭安、何宏茂、何振李、陈金女、马安飞、邬爱凤
	溪下王	王云丁	叶贤兴、王龙明、王国钱、王安创、叶显斌
	和平	赖尚义	赖中斌、郑光亮、郑招兵、伍中达、何爱琴、王　旋
	滨海	吴明辉	冯在怀、陈中贝、吴才良、林小菊、袁德忠
2017年6月	石门	袁宽红	赖根火、陈燕珍、薛秀娟、袁安林
	葛家	葛海峰	葛太峰、葛诗富、葛万永、葛贵文、葛昌家、葛太松、何小华、葛品高
	团联	胡道贤	万吉科、胡道彪、叶小文、胡康金、沈世德、万吉利、胡道通
	涨坑	林国标	林建友、林伟军、刘宝满、林永富、林海燕、林　富
	民主	应可江	应必章、潘满兴、马光荣、潘绍宏
	大佳何	何兴旺	何飞国、何宏茂、马玲青、马安飞、葛昌满、何荣盛
	溪下王	王云丁	叶言兴、王万军、王安创、王法木、王海娟、王龙明、王国钱、叶显斌
	和平	赖尚义	赖中斌、郑招兵、伍正中、郑海军、何爱琴、赖尚永
	滨海	吴明辉	魏仁良、郑学江、沈伟兴、冯子能、袁德忠

二、主要工作及品牌

大佳何镇关工委在镇党委、政府的重视下，充分发挥“五老”作用，切实加强青少年思想道德建设，打造“三好四无”工作品牌，预防减少青少年犯罪，坚持服务青少年的正确方向，有效激发了工作活力，推进基层关工委工作新的发展。

（一）教育关爱服务青少年

几十年来，在青少年思想道德建设方面紧扣爱国主义教育、革命传统教育、培育践行社会主义核心价值观等主题，开展“学党史，颂党恩，跟党走”“学雷锋，心向党，讲品德，见行动”“爱学习，爱劳动，爱祖国”等主题教育活动。在教育中结合本地实际，开展了形式多样的教育实践活动，组织“五老”宣讲团深入基层，用自身独特的经历，宣讲本地历史，讲社情、村史，歌颂改革开放，宣传家乡巨变的主要成就。利用节假日，开展革命传统教育，每年清明节，组织青少年学生到文昌阁革命烈士纪念碑缅怀革命先烈。重要纪念日，开展国学文化、文明礼仪等教育。镇中小学和镇村公共场所，设立核心价值观宣传栏，以图文并茂、浅显易懂的形式，宣传社会主义核心价值观基本内容。组织开展“童心向党”歌咏比赛、向国旗敬礼等系列活动。通过各种活动，增强青少年爱党、爱国、爱家乡的热情，增强了对中国特色社会主义的理论自信、道路自信，跟党走，听党话。立足本地文化，注重凝练“正学文化”精神。大佳何是明代大儒方孝孺故里，历史文化源远流长。方孝孺是大教育家，是天下读书种子，为了继承弘扬本地历史文化，镇党委、政府于2016年9月开始动工，先后投资650万元资金建立方孝孺主题公园，设立方孝孺雕像碑场、传记群及壁画，供世人瞻仰。精心打造特色文化阵地，倡导崇礼尚、学行孝的优良传统，弘扬主旋律，让广大青少年在人杰地灵的家乡中，引以为荣，见贤思齐。设立“方孝孺读书节”，2016年读书节开展“寻正学，扬故里文化”的系列活动，活动中，举行“开蒙礼”及诵读“天下读书种子——方正学”精神，运用古文誓言，融合古今，传教当代学子读书明理，引导青少年学生崇学明德，让读书种子代代相传。设立“正学奖”，对考上大学的学生给予500~1000元不等的奖励，有力促进了全社会的助学崇学，进一步激励了青少年学生“读万卷书，行万里路”的热情。

2015年暑期，大佳何镇关工委送教上门上“主菜”。镇关工委联合镇教办组建了一支14人的思想道德教育宣讲团，在镇中小学举办了2所假日学校，为300余名青少年送去系列精品课程，内容涵盖青少年思想道德、礼仪等主题，并紧密结合时政，开展纪念抗战胜利70周年活动；组织观看红色经典影片；宣讲国学文化，开展经典诵读、学习素描书法等。各行政村关工委因地制宜上“副菜”。涨坑村“五老”人员为青少年讲村史，普及所在村发展历程。民主村组织青少年参观烈士陵园，缅怀革命先烈。葛家村带领青少年参与环境整治，领略新农村建设风采。大佳何村开设了绘画、剪纸、手工制作、希望英语等多项趣味文体活动，以健康向上、寓教于乐的主题活动和技能技巧课程满足青少年需求。部门联动积极辅助加“点心”。开展安全隐患排查，重点排查山塘、水库、河道以及危险路口等可能造成溺水和交通事故的隐患点，及时设立警示标志，安装防护设施。镇司法所、安监中心工作人员以《青春自护　平安暑假》为主题开展法律知识、防溺水自救、交通出行、食品卫生、电梯自救等安全教育；镇卫生院医生讲解防暑常识；镇消防队在镇成人学校和敬老院与青少年一起开展消防演习2次；联合志愿者举办棋友会、球友会9场。

2017年4月26日，宁海县关工委青少年思想道德教育宣讲团成员、县教育局关工委一行人到大佳何中学，宣讲团成员、县人民法院少年庭庭长孙巧浓为大佳何中学初一全体师生上了一节生动的“青少年普法教育课”。

2018年1月29日，在大佳何镇党委副书记、关工委主任庞金杰带领下，开展“爱心点亮微心愿”暖冬行动。志愿者们走进滨海冯家村，慰问出生时即被定性为先天性残疾的特殊儿童冯冯（化名）。为帮助其适应今后的学习生活、健康成长，镇关工委联合幼儿园对其开展送教上门爱心公益活动，每周安排两次集体教学。

2018年4月24日，大佳何镇关工委组织镇中心幼儿园的小朋友到中国古船博物馆，开启了一场以船为载体的“红船+古船”之旅。古船博物馆资深讲解师邵爷爷先为小朋友们送上了一堂“红船精神”课程。他用一个个引人入胜的历史故事将小朋友们带入了对“红船精神”的历史回顾之中。随后，在邵爷爷的带领下，小朋友们开启了古船文化探索。

2018年5月7—9日，大佳何镇关工委联合水利、综治、社会事务办等部门，在镇中小学、幼儿园开展防溺水安全教育系列活动。在镇中小学、幼儿园发放了教育部《致全国中小学家长的一封信》和“预防溺水　珍爱生命”告家长书，强调家校联手、加强教育、严防狠抓，让防溺水意识真正走进学生、家长的心里。5月9日，镇关工委联合青春健康俱乐部和卫生院在中小学开展“防溺水”安全知识讲座。

为让贫困儿童和留守儿童度过一个欢乐的“六一”儿童节，大佳何镇关工委开展“进村入校助力成长”工作，2019年5月26日晚上，镇、村关工委与“五老”同志一起到冯家村，开展结对帮扶助学活动，到村里了解贫困儿童和留守儿童的学习、生活、成长情况，并给孩子送上书包、文具等学习用品，给孩子送去祝福。同月31日到大佳何镇中心小学慰问贫困学生，以微心愿的形式为20位学生送去精美的书包、文具盒、书本、水彩笔等节日礼物，祝愿孩子们节日快乐、好好学习、健康成长。

（二）率先开展“三好四无”创建活动

大佳何是全县村（社）校共建“三好四无”活动的发源地。早在2002年5月，大佳何镇关工委率先在大佳何村开展未成年人“无不孝、无辍学、无犯罪”的三无村创建活动试点。2003年，在总结大佳何村点上经验基础上，在全镇原26个行政村全面推开。2004年在活动实践中又增加“无赌博”和创“三好”的内容（即在家做个好孩子、在学校做个好学生、在社会做个好公民），统称为“三好四无”创建活动。经过5年的创建，推进了基层关工委组织作用更好的发挥，“五老”队伍进一步发展壮大，工作制度更加健全，青少年成长成才的时代坐标更有路径，实现了未成年人零犯罪，树立了社会文明新风，促进了社会和谐，得到全社会好评。

2007年4月，县关工委在大佳何镇召开全县农村关心下一代工作现场会，镇党委书记徐云在会上作《高度重视关心下一代工作，切实抓好“三好四无”村建设》的典型发言。会上，宁海县委组织部、县关工委、县教育局联合发出《关于全县开展村（社）校共建“三好四无”创建活动的意见》。根据意见精神，同年，大佳何镇先在涨坑村搞“三好四无”提升工作试点，2008年在9个村（社）全面开展完善提升工作。在原“六有”基础上，向好字迈进，进一步提升了班子好、队伍好、保障好、制度执行好、工作创新好的“五好”关工委。当年，经过县考核验收均获得“三好四无”共建先进单位。2013年大佳何镇开展“五好”关工委创建活动。2015年涨坑村获得县级“五好”基层关工委称号，2016年葛家村获得宁波市市级“五好”基层关工委称号，2017年县关工委授予大佳何镇为“五好”关工委创建优胜单位。

大佳何镇关工委双创建情况一览表

表 7-89

年份	行政村	创建情况
2003	大佳何村	通过 2002 年度县“三无”村试点创建
2004	里袁村、外袁村、岙潘村、上葛村、下葛村、南阳村、沈家村、万家村、胡家村、涨坑村、毛洋村、马家村、应家村、后洋村、航运村、林家山村、伍家村、外郑村、桥坑村、赖家村、吴家村、冯家村、井栏村、陈戴村、溪下王村	通过 2003 年度县“三无”村创建
2008	涨坑村	通过 2007 年度县“三好四无”创建
2010	大佳何村、石门村、葛家村、团联村、民主村、和平村、滨海村、溪下王村	通过 2008 年度县“三好四无”创建
2013	大佳何镇关工委	通过 2012 年度县“五好”乡镇（街道）关工委
	大佳何村、石门村、葛家村、民主村、和平村、滨海村、溪下王村	通过 2012 年度县“三好四无”提升复评
2015	团联村	通过 2014 年度县“三好四无”提升复评
2016	涨坑村	通过 2015 年度县“五好”基层关工委
2018	大佳何镇关工委	2017 年度县“五好”基层关工委创建优胜单位

（三）深入开展未成年人法治教育活动

全镇自 2002—2007 年开展“三好四无”活动以来，连续 14 年获得未成年人零犯罪，成效显著。为了巩固发展未成年人无犯罪的成果，2008 年开始，进一步深化未成年人法治教育活动，抓基层打基础，把握重点，精准帮扶，预防减少未成年人违法犯罪。法治教育工作年年有新动作，一步一步推向深入。

未成年人法治教育活动，坚持点上面上一起上，校内校外一起抓的工作方针，并制定了 6 个方面工作推进举措，一是以党政发文成立法治教育领导小组，每年有系统性部署，重点推进活动；二是进一步落实各有关部门的法治教育活动责任；三是组织“五老”对青少年有关情况，全面调查摸底，落实帮教措施；四是树立一批“学法、知法、守法”争做“三好”青少年的典型，发挥榜样的带动作用；五是建立一支以“五老”为主体的党员干部带头、社会爱心人士积极参与的帮护队伍，实现全社会互动；六是制定考核评定表，实行考核奖励办法。

大佳何镇关工委在法治教育工作方面，特色亮点多。2 所学校选配 6 名法制副校长，定期进学校上法治课，普及法律知识；组织具有一定文化和法律宣讲水平的 52 名“五老”深入村（社）校开展法律宣传和辅导；邀请县关工委副主任朱瑞骏赴大佳何中学宣讲预防未成年人犯罪法；建立以学校、家庭、社会“三结合”教育体系。为便于家长更好地教育好孩子，全镇开办了 9 所家长学校和 5 所母亲课堂，进一步提升家教水平。组织 120 名“五老”一帮一、多帮一的帮教队伍，开展针对性的情感关怀、心理疏导、行为纠偏、助学助业、扶贫解困等工作，提供实际有效的帮助。“五老”人员还联系结对80名留守儿童，担当代理家长监护人，倾情关爱下一代。

法治教育活动获得较好成果，大佳何镇至今14年连续实现了未成年人零犯罪，连续13年在全县平安乡镇评比中名列前茅。2017年镇关工委组织开展第三届“关爱明天·普法先行”青少年普法教育活动，在中国关心下一代工作委员会、中华人民共和国司法部和中央社会治安综合治理办公室联合主办的第三届“关爱明天·普法先行——青少年普法教育活动”中荣获优胜组织奖，大佳何镇初中也荣获优胜组织奖，学生王佳宣荣获青少年法律知识竞赛二等奖。

（四）自身建设

大佳何镇党委、政府把关工委组织建设作为党的关心下一代事业的重要工作来抓，把关心下一代工作提到“四纳入、四到位、四统一”的工作机制。基层关工委组织覆盖面不断扩大，9个行政村、1个社区、26个自然村，关工委组织覆盖率达100%。8所中小学校均建立关工委组织，关工委组织还延伸到民营企业，企业关工委数量不断扩大，全镇达到8家。夯实基层组织基础，在领导班子配备上，村级关工委主任由村党支部书记担任，村级老领导和热心公益事业老同志担任常务副主任，自然村关工小组均由行政村现职干部兼任，班子成员均由“五老”和相关负责人组成。工作经费纳入财政预算，镇级财政每年列支5万元，作为关工委工作日常经费、“五老”成员补贴、帮护困难青少年等。关工委工作机制也更加完善，健全了学习、会议制度，帮教帮扶制度、工作目标考核制度等。建立了完整的工作台账资料。青少年活动场所进一步扩展，“五老”骨干队伍进一步发展壮大，50名“五老”骨干根据各人所能，分别担任爱国主义宣讲团、关爱工作组、网吧监督组、校外辅导员、家庭教育指导员、净化环境监督员等六支队伍成员，充分发挥了“五老”作用。

2017年，根据县关工委部署，组建“组合联谊化、管理社团化、运作项目化、服务专业化”的四化型关心下一代志愿者协会大佳何工作站，有效提升“五老”服务团队形象，有效发挥“五老”作用，有效服务青少年。

三、领导关怀及所获荣誉

2001年7月19日，省关工委主任王耀亭一行在市关工委主任张永祥、办公室主任曹晖等陪同下到大佳何镇检查指导工作，镇党委书记何元龙汇报了全镇关心下一代工作的开展情况。

2008年11月10日，宁波市关工委主任邵孝杰，副主任杨勤、曹晖，办公室主任李平到大佳何镇调研关心下一代工作，并到大佳何村、涨坑村实地考察。县委常委、组织部部长、县关工委主任俞小勋，常务副主任杨启炉，副主任王以位、任校章，镇党委书记徐云等有关领导陪同调研和考察。

2009年8月13日，全省关工委办公室工作会议在宁海温泉召开，来自11个地市关工委专职副主任、办公室主任，省人大常委会副主任徐宏俊、省关工委专职副主任徐全升等与会代表到大佳何镇指导工作，并对涨坑村“三好四无”创建情况进行实地考察。

2009年11月12日，舟山市普陀区关工委到大佳何镇涨坑村考察“三好四无”创建和镇、村两级“六有”关工委建设情况。

2016年5月，慈溪市关工委到宁海县考察学习“三好四无”“五好”基层关工委创建情况，大佳何镇党委副书记胡卿就创建工作情况作介绍。

2019年7月，宁波市关工委副主任刘永成，办公室主任李平到大佳何镇假日学校，实地慰问学校师生。县关工委副主任（主持工作）、关协会长季元法及关协副会长、秘书长王元法等有关领导陪同。

大佳何镇镇级、村级关工委所获荣誉一览表

表 7-90

时间	单位（个人）	所获荣誉
1993 年	葛阿生	宁海县优秀校外辅导员
1994 年	葛阿生	县关心下一代工作先进个人
1999 年	大佳何镇关心下一代工作委员会	县关心下一代工作先进集体
	陈欢全	县关心下一代工作先进个人
2000 年	大佳何镇	市关心下一代工作先进集体
2001 年	何元贤	县关心下一代工作先进个人
2004 年	胡余荣	市关心下一代工作先进个人
	大佳何镇党委	县关心下一代工作先进集体
	何文忠	县关心下一代工作先进个人
2005 年	项光杰、何文忠	县关心下一代工作先进个人
2006 年	《浅谈家庭教育的现状及其对策》（大佳何中学执笔）	县关心下一代工作调研文章三等奖
	大佳何综治办（课题略）	县关心下一代工作调研文章纪念奖
2008 年	大佳何镇党委	市关心下一代工作先进集体
	大佳何镇党委、关工委	县关心下一代工作先进集体
	胡敏	县关心下一代工作先进个人
2010 年	葛家村、大佳何村	市“六有”村关工委
	涨坑村关工委	市关心下一代工作先进集体
	大佳何镇关工委	县关心下一代工作先进集体
	王永宝、何兴旺	县关心下一代工作先进个人
2012 年	大佳何镇和平村关工委	市“六有”村关工委
	大佳何镇关工委、大佳何镇综治办	县关心下一代工作先进集体
	娄松延、赖尚义	县关心下一代工作先进个人
	和平村	市“六有”村关工委
2013 年	《当前儿童节出现“三化”倾向影响青少年健康成长》	县关心下一代工作优秀调研报告三等奖
	何文昌	县关心下一代工作“五老”先进个人
2015 年	何文昌、冯才斌	县关心下一代工作先进个人

续表7-90

时间	单位（个人）	所获荣誉
2016年	葛家村	市“五好”基层关工委
	葛家村	县关心下一代工作先进集体
	杨敏	县关心下一代工作先进工作者、县关工委系统信息宣传工作优秀信息员
	何兴旺	县关心下一代工作优秀“五老”
2017年	大佳何镇关工委	全国第三届“关爱明天·普法先行”青少年普法教育活动优胜组织奖
	杨敏	县关工委系统信息宣传工作优秀信息员、县“假日学校”先进工作者
	林追德、冯才斌、葛万永、何兴旺	县“假日学校”优秀“五老”志愿者
2018年	涨坑村	市“五好”社区（村）关工委
	民主村	县关心下一代工作先进集体
	罗琼	县关心下一代工作先进工作者
	赖忠连	县关心下一代工作优秀“五老”
	杨敏	县关工委系统信息宣传工作优秀通讯员
2019年	杨敏	2018年度县关工委系统信息宣传工作优秀通讯员
	冯在斌、赖中连、蒋泽元、张晨希、徐子超	2019年度宁海县暑期“假日学校”志愿服务工作先进个人
	蒋泽元	2019年度县关工委系统信息宣传工作积极通讯员

强　蛟　镇

一、机构及人事沿革

强蛟镇关心下一代工作委员会（以下简称强蛟镇关工委）在宁海县撤区扩镇并乡前，为峡山镇关协和薛岙乡关协。

1991年6月27日，峡山镇关协成立，名誉会长李祥宽、尤小根，会长李乃江，副会长林仙菊、王林木，秘书长林和祥。

1991年7月16日，薛岙乡关协成立，会长屠常君，副会长王正杰，秘书长王朝辉。

1992年5月，宁海县撤区扩镇并乡后，峡山、薛岙合并为强蛟镇。同年成立新关协，由镇党委副书记胡余明任会长，镇人大副主席吴满春任常务副会长，文教卫副镇长、分管民政的党委委员林仙菊任副会长，成员分别由科室的相关人员组成。其主要任务是，指导团委、妇联、文教卫、民政、工业、老龄办及学校、村居、企业做好青少年儿童心理健康，助学、助困、助残、助孤、助医等“五助”关爱帮扶，留守儿童帮教，社会主义核心价值观教育，帮助青少年自立自强、成长成才的关心下一代工作。向所属各部门传达贯彻上级有关指示精神，布置和检查所属各部门的关心下一代工作；组织和发动“五老”开展关爱活动。

1996年8月，强蛟镇关协更名为强蛟镇关心下一代工作委员会。

2018年1月，镇关工委组建宁海县关心下一代工作志愿者协会强蛟镇关爱工作站，站长杨余明，副站长薛瑶珍、尤银思，成员王成恕、王仁锦、王先春、尤爱英、林菊叶、林华女。

强蛟镇关心下一代协会领导班子一览表

表7-91

时间	会长	副会长	理　事
1992年5月	胡余明	吴满春（常副）、林仙菊	—
1992年8月	胡余明	周伟国（兼秘书长）、吴满春	吴明春、程志信、林和长、尤利奎、季惠玲、林强国、王小兴、尤兴宗
1994年9月	李宝林	周光廉、吴满春	—

强蛟镇关工委领导班子一览表

表7-92

时间	名誉主任	主任	常务副主任	副主任	成　员
1995年3月	张思伟	李宝林	—	周光廉（兼秘书长）、尤小根、薛国章	吴明春、吴满春、俞立兵、林和长、王琼洁、林强国、王小兴、尤兴宗、薛瑞威（副秘）
1996年4月	王乐年（顾问）	李宝林	—	赖红进（兼秘书）、周光廉、尤小根	吴满春、钱久茂、王小兴、林强国、王裕昂、郑士渊、胡姣蓉、尤开云
1998年12月	—	张天标	章正余	王建云	—
1999年9月	—	胡家标	章正余	徐兰香	—
1999年11月	—	胡家标	—	陆冬春	钱久茂（秘书长）、郑士渊、国宝凤、尤宏秀、尤小根
2001年1月	—	陈昌凯	项秀文	徐兰香	—
2001年11月	—	陈昌凯	—	杨余明、钱久茂、林冬苗	国宝凤、葛晓、柴雪松、徐胜强、金建国、尤德贤
2004年1月	—	顾一冰	项秀文	王成恕	—
2005年6月	—	顾一冰	章吉海	施俊杰	王成恕、尤宏秀
2006年7月	—	薛波	—	—	—
2006年8月	—	薛波	章吉海	施俊杰	王成恕、尤宏秀

续表7-92

时间	名誉主任	主任	常务副主任	副主任	成　　员
2008 年 4 月	—	薛波	董伟兵	谢远稳、陈平、龚慧、钱时斌	施俊杰（秘书长）、徐莉青、何志定、俞立兵、胡岳东、徐文芹、金建国、费国强
2009 年 7 月	—	陈平	—	—	—
2009 年 7 月	—	陈平	章吉海	施俊杰	王成恕、尤宏秀
2011 年 9 月	—	王全华	章吉海	施俊杰	王成恕、尤孝贤、尤宏秀
2011 年 9 月	—	王全华	章吉海	—	施俊杰（兼办公室）、徐文芹、徐春菀、王成恕、尤宏秀
2014 年 2 月	—	胡盛标	章吉海	刘永和	王成恕、葛冰霞
2015 年 2 月	—	夏方伟	章吉海	何海强	王成恕、叶继葵
2015 年 6 月	—	葛更丰	章吉海	胡岳东	王成恕、叶继葵
2016 年 8 月	—	叶静霞	罗水林	叶继葵	祝建康、王成恕、叶爱云
2016 年 8 月	—	叶静霞	罗水林	季宁、陈亮	叶继葵（秘书长）、孙赞欢、何和、陈贤雨、徐文芹、柴雪松
2017 年 9 月	—	薛冰	罗水林	王成恕	祝建康、叶爱云、罗祥瑞
2019 年	—	薛冰	蒋齐静	褚峥嵘、陈亮	胡科杰、陈贤雨、柴雪松、叶继葵、何莹莹、罗祥瑞

2005 年 9 月，强蛟镇学校关心下一代工作委员会成立。

强蛟镇学校关工委历任领导成员一览表

表 7-93

任职时间	镇学校关工委		其　　中	
	主　任	秘书长	中学关工委负责人	小学关工委负责人
2005 年 9 月	金建国	尤素莲、王成恕	陈金永	傅松佳
2015 年 9 月	陈先标	尤玲菊、王成恕	陈金永、麻霞静	尹安春

强蛟镇村级关协普遍建立于 1992 年 10 月，1994 年 8 月调整为关心下一代工作领导小组（强委〔1994〕17 号），2006 年并村后由原 21 个行政村调整为 9 个行政村。强蛟镇村级关心下一代工作委员会成立于 2008 年 7 月（强党〔2008〕13 号）。

1994—2006年强蛟镇村级关工领导小组成员一览表

表7-94

时间	行政村	组长	副组长	成　员
1994年8月	上渔村	薛再钱	袁根汉	薛再娟
	下渔村	薛国松	薛瑞荀	薛国章、薛素青
	上农村	薛宽宏	薛瑞烈	胡桂芬
	下农村	薛春苗	王呼唤	王建军、薛银芬
	上蒲村	金荣通	金昌迭	魏亚红
	下洋村	王发达	王云敖	魏新莲
	后舟村	陈青恒	魏仁安	魏姣凤、魏九甲
	钟家村	钟承德	钟敖钱	骆小女
	骆家坑村	骆昌校	骆泽兴	骆春茂、骆小英
	储岩村	金昌贵	金火官	尤根水、王时苗
	蒋家村	蒋志义	蒋才永	蒋彩娟
	宏伟村	林汝裕	林国成、陈阿凤	林汝义
	加爵科村	林根国	林卫国	陈玉莲
	王石岙村	王金生	王时科	王小兴、周美琴
	胜龙村	吴根才	吴维太	吴夏至
	峡山村	王正杰	尤时杰	王林木、尤康妹
	新西村	尤孝贤	尤力江	尤玉常
	和盛村	尤未明	尤方盛	尤凤娥
	回龙村	尤小法	王华莲	周小常
	前程村	尤建法	胡梅芬	尤昌德
	中心村	尤桂全	尤爱英	尤贤彬
2006年4月	峡山村	尤方盛	尤青来	尤万成、尤孝平、尤忠义
	薛上岙村	薛跃陆	张福云	薛宽宏、薛建良、薛良永
	下渔村	薛建通	薛国再	薛静松、薛琴娣、陈军
	临港村	蒋志义	薛小达	马光强、王世权、蒋高雷
	上蒲村	金昌登	金冬军	金校飞、金荣达、金仁宝
	下蒲村	钟承德	许忠海	薛亚娟、魏仁刚、魏晓辉、钟承军
	王石岙村	王祖兵	王富善	王江贵、王祖地、王清和
	加爵科村	林成方	林万永	林汝淼、林静军、王志绒
	胜龙村	李万林	魏章绍	魏章法、魏伟利

2008—2017年强蛟镇村级关工委成员一览表

表7-95

时间	行政村社	主任	副主任	成员
2008年7月	峡山村	尤建法	尤方盛、尤小奎	尤桂全、尤小法、尤思盛
	王石岙村	王富善	王中兵	王国标、王祖宽、王先欢
	胜龙村	李万林	吴伟利	魏文韩、吴伟强、邬如方
	加爵科村	林樟槐	林静军	林汝平、林宽本、林汝义
	下蒲村	钟承德	许忠海、薛亚娟	魏仁刚、钟承军、王伟军、魏仁平、魏文灶
	上蒲村	金昌登	金冬军	金校飞、金荣达、金宏兴
	临港村	薛春苗	薛小达	金昌贵、薛姚仙、蒋高雷
	下渔村	薛建通	薛瑞革、薛伟华	薛国再、薛再峰、薛静松、薛华娟
	薛上岙村	薛宽平	张福云	骆岳松、薛建良、薛松波
2011年5月	薛上岙村	薛宽平	—	—
	下渔村	薛建通	—	—
	临港村	薛春苗	—	—
	上蒲村	金昌登	—	—
	下蒲村	魏刚	—	—
	加爵科村	林章槐	—	—
	胜龙村	吴伟林	—	—
	王石岙村	王夫财	—	—
	峡山社区	尤小奎	—	—
2014年1月	临港村	薛春苗	蒋志义、蒋志权	吴晓霞、王梅琴、仇宏德、李春红
	下渔村	薛建通	薛瑞革、薛瑞土	薛华娟、薛安峰
	上蒲村	金文杰	金荣庆、金荣达	金福君、骆亚娟
	胜龙村	吴伟林	吴维太	魏章法、李万林、魏文聪
	王石岙村	王夫财	王先春、王仁锦	王有国、王协义、王亚琴
	加爵科村	林明振	林明成	章秀娟、林明忠、林荣桃
	峡山社区	尤方盛	尤银思、尤建振	何秀君、尤芬娟、尤育才、尤德银

续表7-95

时间	行政村社	主任	副主任	成员
2017年7月	峡山社区	尤方盛	何秀君（常副）、尤银思	王成恕、尤桂全、尤娇芬、尤芬娟
	王石岙村	王亚琴	王先春（常副）、王仁锦	王中兴、王先成、胡美叶、王长春
	胜龙村	吴伟林	魏章法（常副）、吴其成	吴建义、李万林
	加爵科村	林明振	林静军（常副）、林小科	林明成、章秀娟
	下蒲村	钟承军	魏文灶（常副）、魏守堂	薛亚娟、魏丙红、钟锡贤、魏建芬
	上蒲村	金文杰	金松林（常副）、林菊叶	金盛宝、金校飞、金荣庆、金昌兴
	下渔村	薛建通	薛瑞革（常副）、薛昌贤	王童莲、薛华娟
	临港村	薛瑞业	蒋志权（常副）、蒋志义、骆春茂	王梅琴
	薛上岙村	薛宽平	薛学良（常副）、薛瑞辉	薛琴芬、薛瑞奎、蒋琴彩

二、主要工作

（一）青少年思想道德教育

每年3月均组织开展学雷锋、树新风、讲文明，青少年关爱孤独老人活动；建党、建国纪念日期间组织学生开展爱国主义教育，教育学生听党话、跟党走；在毛泽东诞辰和逝世纪念日，讲述毛泽东的故事。按“在学校做个好学生，在家里做个好孩子，在社会做个好公民”三好要求，建成学校、家庭、社会三结合的德育工作机制。从2016年始，每年年底，学校开展评先进少年活动，镇政府对每个村评选好青年，以榜样引领社会风气好转。2016年4月10日组建强蛟镇“关爱工作团”，团长薛波，副团长：娄剑飞、李宝林，成员：胡岳东、祝建康、吕钢平、柴雪松、国宝凤、徐莉青、施俊杰、金建国。关爱工作团的成立，有力地促进了青少年思想道德教育的开展。

强蛟镇各学校每周一进行升旗仪式结合学生思想道德教育，每周确定一个小主题，每月一个大主题。每学期两次邀请校外辅导员到校举办讲座，主题有雷锋精神传承、革命传统教育，以及重大时事教育、爱国主义教育等。2014年在开展“美丽中国·我的中国梦”主题教育活动中，强蛟中学薛洁瑕《2014，我的中国梦》征文获二等奖，尤斐莹《醉美的海滨小镇》、钟家宜《我有一个美好的梦想》、王妍鑫《我要当歌手》分别获得三等奖。

2016年建立“道德银行”、德育导师制和德育百分制教育模式，开展有效教育。

2018年4月，强蛟中学关工委邀请强蛟小学关工委常务副主任，原强蛟小学老校长王成恕，到校做“我们进入新时代”为主题的演讲。全校师生齐聚报告厅，领会习近平新时代中国特色社会主义思想的精神实质和内涵，切身感受自己身上所承载的使命和责任。王成恕给全体师生讲述了中国共产党的发展历程，中共十九大精神以及新时代蓝图。并希望同学们不负学校、不负青春、不负祖国，勇做时代弄潮儿，为实现中华民族伟大复兴的中国梦做出自己的贡献。

（二）革命传统教育

建成革命传统教育基地大屿山烈士园。1997年，王成恕老师发起，在全镇1000多名学生中集资1万元；企业捐款有华东机电6000元，精工机械厂和变流电器厂各5000元；镇政府拨款5000元。将大屿山烈士园重新修建。同时竖起纪念碑，修整扩建广场，建好围墙。镇政府正式命名为“革命传统教育基地”。2017年，县民政局又一次拨款10万元，重修大屿山烈士陵园。

自1997年开始，每年的4月份，在烈士陵园，都要对强蛟镇各学校学生进行革命传统教育，讲烈士光荣事迹，讲强蛟辖区发生的二次革命战争史、讲宁海的革命故事、讲抗日战争故事，教育学生树立民族精神，树立社会主义核心价值观，不忘初心、牢记使命，做好共产主义接班人。

2016年3月28日，强蛟镇中心小学关工委组织开展祭扫革命烈士纪念碑活动。校关工委主任尹安春在纪念碑前给同学们讲述烈士们当年的英雄事迹，勉励大家好好学习，继承先辈遗志，振兴中华。

2019年3月28日上午，强蛟镇300多名中小学生到大屿山革命烈士墓前，向长眠在这里的四位烈士敬献花篮，并聆听82岁高龄的原强蛟中心校老校长王成恕讲述1949年孙范章、石清友等四位烈士为解放事业英勇献身的事迹。

（三）法治教育

镇关工委利用暑期进行反邪教教育宣传活动。法学专家进学校，课堂讲授未成年人保护法、预防未成年人犯罪法。2017年，在上蒲村建成普法教育基地。

中小学聘请边防派出所指导员为法制副校长，学校和部队结对，每学期到学校对学生进行一次法治教育。学校每年组织学生观看法治教育影碟，包括《我对你说——少年犯的自白》《道德启示录》《中小学生法制教育警示片》《禁毒教育警示片》。法治教育收到了良好的效果，未成年人违法犯罪率一直为零。

（四）校外辅导工作

关爱工作从青年结婚开始，镇妇联每年组织一次未来爸妈育子培训，“陪伴阅读共成长”亲子体验，“好爸好妈故事团”进村给孩子们上故事课，同时开展大手牵小手共同护海行动。

峡山边防官兵每年进校园进行防溺水、防雷电、防火灾、防交通事故、防拐骗教育，引导学生学习科普知识，做好各类事故的防范，远离危险。

强蛟国有企业年轻大学生开展关爱留守儿童结对帮教，在暑期假日学校进行综合能力提高培训。王石岙村“关爱留守儿童，情系空巢老人”，加爵科村“相聚西岸线，最美夕阳红，关爱留守儿童，欢度重阳节”、上蒲村“温家风 庆元宵”等活动有声有色。学校“欢度中秋佳节”，播放“千里一线牵，想你念你”父母视频，同时老师与留守儿童结成“一对一”帮教。

镇关工委关注学生特长发展，协助学校成立了足球队、篮球队、乒乓球队、科技兴趣小组、象棋围棋小组、书画兴趣小组等。刘永和、尤建国为网吧义务监督员护苗，关爱少年儿童。教师和“五老”结对帮助单亲儿童、孤儿、留守儿童、学习困难的学生。未能上学的残疾儿童，每年两次定期慰问。

2014 年 4 月 14 日，强蛟镇王石岙村关工委在村老年学校举行了“播撒爱心阳光，情系留守儿童”文化辅导班的启动仪式。启动仪式以“和谐手牵手，快乐学文化，我心中的一个秘密”为起点，努力创建和谐文明的校外教育阵地。

（五）帮困助学工作

镇关工委每年调查汇总贫困学生、留守儿童的情况，减免贫困学生校服、保险费用，实行免费爱心营养餐，进行党群同心圆帮帮团慰问。镇关工委组织开展爱心妈妈结对和贫困留守儿童微心愿领取活动，在学习、思想、心理等方面进行辅导。在农村开展青年新家庭“树一帮一”活动，在企业开展“双争”活动。关爱留守儿童工作与家庭教育、社会教育结合起来，2012 年王石岙村对留守儿童的祖辈、亲戚等代管人进行培训，指导教育方法，建立留守儿童动态档案，制作关爱留守儿童为主题的沙画，在强蛟镇的官方微博、微信等公众平台推介，让缺爱的孩子们感受到社会大家庭的温暖。强蛟镇团委采用读书会、培训会、中心学习小组等形式开展日常关爱工作。1993 年成立“中国共青团强蛟镇委员会强蛟足球协会”。上蒲村建立青年电商联盟，成立青年足协团支部和青年禁赌协会。

在 2005 年城区成立教育集团，当年通过考试，3 个考入公务员，强蛟的 10 名优秀教师先后调离强蛟，强蛟的教育质量直线下降。关工委与王成恕老师为提高教学质量，与生命力公司厂长尤明杰商量，达成“稳定教师队伍是提高教育质量的关键”共识，2006 年尤明杰捐资 10 万元在县教育局设立强蛟镇教育奖励资金，后又增加 10 万元。森富机电经理金宗宝从 2012 年起连续 3 年每年捐 10 万元奖学资金，对优秀学子进行奖励。为稳定教师队伍，王成恕《农村孩子同样要享受良好教育》一文在《东南商报》刊登。2008 年，副县长尤玲娟与教育局长朱行开对强蛟镇教师队伍建设进行调研，当地企业家和峡山村干部参加。此后，县教育局将城区的潘天寿中学和城中小学与强蛟结对，将两所学校的青年教师借调到强蛟任教。强蛟镇政府每年拨出 40 多万元对优秀教师进行奖励，两所学校的教师积极性、能动性被激发，教学质量大大提高，学校年年被评为县优秀学校。

2017 年 6 月 1 日，宁波阳光助学基金会的四位爱心人士带着对青少年儿童的关心和祝福，走进强蛟镇教办。几年前，他们四人就与强蛟镇的十位贫困学子结成了爱心帮扶对子。这场爱心资助持续了数年，受资助的一些孩子有的已经从小学升到了初中。每年“六一”前后，这些爱心人士都会特意从宁波赶到峡山，风雨无阻，给孩子送上特别的礼物。

2017 年 9 月 28 日，强蛟镇中小学开展了以“关爱留守儿童，欢度中秋佳节”为主题的暖心活动。为了让孩子们健康成长，更好地学习，学校组织教师与留守儿童“一对一”帮扶结对，设置亲情热线，为留守儿童和父母的情感沟通架起了桥梁。在孩子们不知情的情况下，学校播放了学生父母录制的视频，父母们表达了对孩子们的思念与期冀。孩子们则在心愿卡上写下了对远方的父母们想说的话并贴上了心愿树。最后，结对师生们在操场上围成一个大爱心，烛光将师生的心紧紧联系在一起。王成恕老校长特意为孩子们分发了定做的中秋大蛋糕。

（六）自身建设

2014 年 5 月，镇关工委制订《强蛟镇关心下一代工作意见》。按照“急党政所急、想青少年所需、尽关工委所能”的工作方针，从 2016 年始，每年出台关爱工作实施意见，将关爱任务条目式分解到各线实施。

2017 年，全镇登记在册的“五老”123 名，镇关工委将工作规则及职责、任务、工作制度等汇编成册。

普法工作计划推进，有爱国主义讲师团、关爱工作团和校外辅导员、网吧义务监督员等骨干队伍，并建立花名册。

爱国主义教育基地有革命烈士园和海洋博物馆（海上“一带一路”展览馆和仿生科普馆）。党史国史教育常态化，讲解员各2名，帮助青少年学好党史、国史和中国历史，树立和践行社会主义核心价值观。

有“四点钟学校”、“假日学校”，团委线“三结合”教育网络。网吧义务监督员作用明显，校园周边实行综合治理，清除了无证摊贩。

强蛟镇各村社关工委均通过“三好四无”创建验收，2017年全部完成“五好”村关工委的验收，并获得双创建优胜单位称号。各村根据实际完善了制度，编发关爱工作指导手册。“五老”培训正常化，提高了“五老”的政治、工作、业务水平，调动“五老”全部参加到未成年人思想道德建设和学生思想政治教育工作中的积极性。

2014年，强蛟镇团委在王石岙村进行“撒播爱心阳光、情系留守儿童”社会管理创新竞赛项目，推进情况月报制。第一书记葛冰霞对全村留守儿童进行排查，记录家庭状况、学习成绩、爱好、家长务工地点、联系电话、监护人等情况，建立留守儿童信息库，以“学生上课制度”、“生活奖励制度”，从学习和生活两方面对留守儿童进行良好的行为纠正，并制定帮扶计划，对留守儿童迫切需要解决的问题用微心愿的形式由镇干部认领解决。

在传统节日、重大历史纪念日和宁波市确立的“爱国主义教育宣传周”“全民读书月”“党史教育月”等重要时机，镇、村关工委组织开展各类读书活动和实践体验活动，增强思想道德教育的针对性和有效性，教育引导青少年听党话、跟党走。

（七）“双创建”活动

2009年，根据县关工委要求，强蛟镇在村一级开展“三好四无”（在校做个好学生、在家做个好孩子、在社会做个好公民，无赌博、无不孝、无辍学、无犯罪）创建活动。至2012年，按“五好”（领导班子建设好、骨干队伍作用好、制度健全执行好、活动经常效果好、积极探索创新好）要求，开展创建“五好”关工委活动。

2017年，王石岙、加爵科、下渔村等8个村“五好”关工委完成复评，其中王石岙村评为县先进单位。

强蛟镇村级“三好四无”和“五好”关工委创建成果一览表

表7-96

创建时间	创建单位	荣　誉
2010年	上蒲村、胜龙村	通过2008年度县“三好四无”创建
	加爵科村、王石岙村	通过2009年度县“三好四无”创建
2013年	下渔村、临港村	通过2012年度县“三好四无”创建
	上蒲村、胜龙村	通过2012年度县“三好四无”提升复评
	峡山社区	通过2013年度县“三好四无”创建
	加爵科村、王石岙村	通过2013年度县“三好四无”提升复评

续表7-96

创建时间	创建单位	荣　誉
2015年	下蒲村	通过2014年度县“三好四无”复评先进村
	下渔村、临港村	通过2014年度县“三好四无”提升复评
2016年	薛上岙村	通过2015年度县“五好”基层关工委创建
2018年	强蛟镇关工委	通过2017年度“五好”基层关工委创建优胜单位
	上蒲村、胜龙村、下渔村、加爵科村、王石岙村、临港村、下蒲村、薛上岙村、峡山社区	2007—2015年度通过县“五好”基层关工委提升复评

三、所获荣誉

强蛟镇各级关工委所获荣誉一览表

表7-97

时间	获奖单位、个人	所获荣誉
1993年	尤德贤	县优秀校外辅导员
1999年	钱久茂	县关心下一代工作先进个人
2001年	尤孝文	县关心下一代工作先进个人
2004年	峡山边防派出所	县关心下一代工作先进集体
2005年	峡山边防派出所	县关心下一代工作先进集体
2006年	强蛟镇关工委	县关心下一代工作调研文章纪念奖
2008年	峡山边防派出所	县关心下一代工作先进集体
2010年	加爵科村关工委	市“六有”村关工委
	上蒲村关工委	县关心下一代工作先进集体
	金荣庆	县关心下一代工作先进个人
2012年	下渔村关工委	市“六有”村关工委
	强蛟镇关工委	县“五好”乡镇（街道）关工委
2013年	下渔村关工委	县关心下一代工作先进集体
	章吉海、金东军	县关心下一代工作先进个人
	刘永和撰写的《关心下一代应从源头做起》和《家庭、学校、社会相关管理部门须正视辍学课题》	县关心下一代工作优秀调研报告三等奖
2014年	王成恕	县关心下一代工作宣讲先进个人

续表7-97

时间	获奖单位、个人	所获荣誉
2015 年	王石岙村关工委	县关心下一代工作先进集体
	刘永和、葛冰霞	县关心下一代工作先进个人
	王成恕	县关心下一代工作宣讲先进个人
	叶继葵	县关工委系统信息宣传工作三等奖
2016 年	下渔村关工委	市“五好”村（社）关工委
	王成恕	市关心下一代工作突出贡献奖、县青少年思想道德教育宣讲团优秀宣讲员
	叶继葵	县关工委系统信息宣传工作积极信息员
	强蛟镇关工委	县关心下一代调研文章纪念奖
2017 年	章吉海、葛冰霞	县关心下一代工作先进工作者
	王成恕	县关心下一代工作优秀“五老”、县青少年思想道德教育宣讲团先进工作者
	叶继葵	县关工委系统信息宣传工作积极信息员
	王成恕、王先春、林菊叶	县“假日学校”优秀“五老”志愿者
	罗瑞祥	县“假日学校”先进工作者
2018 年	王成恕	宁波市“最美五老”志愿者
	上蒲村关工委	市“五好”社区（村）关工委、县关心下一代工作先进集体
	郑之军	县关心下一代工作先进工作者
	王成恕	县关心下一代工作优秀“五老”
2019 年	王成恕、胡科杰、曾　跃	2019 年度宁海县暑期“假日学校”志愿服务工作先进个人
	胡科杰	2019 年度县关工委系统信息宣传工作积极通讯员

西　店　镇

一、组织机构及人事沿革

西店镇关心下一代工作委员会简称西店镇关工委。宁海县撤区扩镇并乡（以下简称“撤扩并”）前，分别为西店镇、紫溪乡、香山乡关协。西店镇关协于 1991 年 3 月 29 日建立，紫溪乡关协于 1991 年 10 月 5 日建立，香山乡关协于 1991 年 3 月 6 日建立。1992 年 5 月，原香山乡、紫溪乡合并入西店镇，同年 8 月 15 日，在镇政府会议室举行西店镇关心下一代工作委员会成立大会。由程象麟、邬荣吉任名誉主任，邬春泰任主任，胡本俊、戴伟平、王世光、邬时森、葛捷任副主任，镇有关部门负责人为组成人员，县关工委主任孙愫贞到会祝贺。随着机构变动，党政换届，人事变动均及时调整充实关心下一代工作委员会班子成员。

镇级关工委

西店镇关工委历届成员一览表

表 7-98

时间	名誉主任	主任	副主任	成　员
1992 年 8 月	程象麟、邬荣吉	邬春泰	胡本俊、戴伟平、王世光、邬时森、葛捷	石杏彩、洪向东、王贤坤、王福常、石建军、冯圣生、冯国辉、孙仁夫、邬永林、陈杏素、周建明、张梯邦、高志才、高展飞、徐贤补、舒才银、舒宏元、蔡柏松、潘申定、潘伏理
1993 年 4 月	邬春泰、邬荣吉	徐时远	胡本俊、戴伟平、王世光、邬时森、葛捷	石杏彩、洪向东、王贤坤、王福常、石建军、冯圣生、冯国辉、孙仁夫、邬永林、陈杏素、周建明、张悌邦、高志才、高展飞、徐贤补、舒才银、舒宏元、蔡柏松、潘申定、潘伏理
1994 年 6 月	邬春泰、邬荣吉	徐时远	胡本俊、刘昌林、邬时森、王世光、石守本	洪向东、胡科乾、王贤坤、王福常、石建军、石道伟、冯圣生、冯国辉、孙仁夫、邬永林、陈杏素、范孝勤、高志才、高展飞、徐忠根、舒宏元、程志信、蒋悌邦、蔡柏松、潘申定
1995 年 2 月	邬春泰、邬荣吉	邬伟国	胡本俊、刘昌林、邬时森、王世光、石守本	洪向东、胡科乾、王贤坤、王福常、石杏彩、石建军、石道伟、冯圣生、冯国辉、孙仁夫、邬永林、陈杏素、范孝勤、高志才、高展飞、徐忠根、舒宏元、程志信、蒋悌邦、蔡柏松、潘申定
1996 年 2 月	邬春泰、邬荣吉（顾问）	邬伟国	邬来科、石道伟、胡本俊、邬宽祥、王世光、石守本	胡科健、程志信、翁定钱、胡其连、王成永、王福常、范孝勤、邬时森、孙仁夫、冯国辉、邬永林、高志夫、高志才、舒宏元、高福启、王贤坤、邬善林、蒋善启、蒋悌邦、徐忠根
1997 年 11 月	俞益彬、邬荣吉	冯继红	邬雷科、石道伟、邬时森、王世光	戴志守、程志信、陈六齐、陈杏素、钱天平、王福常、邬永林、李吉德、范孝勤、周赛方、徐有成、舒建生、舒宏元、戴华昌
2001 年 1 月	邬汝跃、邬荣吉	张伟大	邬雷科、蒋振德、邬锡墅、王世沛	戴志守、王茜、林健松、徐林校、陈敏科、钱朝晖、顾长安、戴华昌、叶显军、邬永林、李吉德
2002 年 8 月	谢飞云、邬荣吉	刘尚才	邬雷科、杨明辉、邬锡墅、王世沛、	戴志守、王茜、林健松、徐林校、陈敏科、钱朝晖、顾长安、戴华昌、叶显军、邬永林、李吉德

续表7-98

时间	名誉主任	主任	副主任	成　员
2003 年 9 月	谢飞云、邬荣吉	刘尚才	邬雷科、杨明辉、应必越、顾长安、邬锡墅、王世沛	孔鑫国、王茜、戴赛红、俞帮飞、陈敏科、钱朝晖、戴华昌、叶显军、邬永林、李吉德。
2004 年 10 月	谢飞云、邬荣吉	刘尚才	应必越、周卫国、何叶青、周建明、孔鑫国	秦毅霞、戴赛红、安军、高学明、俞邦飞、胡建明、胡建斌、葛政豪、邬永林、李吉德、王世沛、冯圣太
2005 年 12 月	石道伟、邬荣吉	刘尚才	应必越、周卫国、何叶青、周建明、孔鑫国	秦毅霞、戴赛红、安军、高学明、俞邦飞、胡建斌、葛政豪、邬永林、李吉德、王世沛、冯圣太
2006 年 7 月	石道伟	应必越	叶小杰、薛家栋、何叶青、谢永富、孔鑫国	安军、高学明、孙坚武、薛爱斌、戴赛红、秦毅霞、戴华昌、葛政豪、王世沛、冯圣太、邬永林、李吉德、刘兴浩
2008 年 4 月	徐真民	应必越	戴伟平（常副）、叶小杰、薛家栋、何叶青、谢永富	孔鑫国、胡建斌、王立平、薛爱斌、郑士渊、秦毅霞、周增苗、葛政豪、王世沛、冯圣太、邬永林、李吉德、刘兴浩
2009 年 8 月	徐真民	应满云	戴伟平（常副）、马亦伟、薛家栋、何叶青、胡伟彬	孔鑫国、胡建斌、叶琛琛、魏再芳、薛爱斌、郑士渊、秦毅霞、周增苗、葛政豪、王世沛、冯圣太、邬永林、李吉德、刘兴浩
2010 年	—	应满云	戴伟平	孔鑫国、胡建斌、王立平、薛爱武、郑士渊、秦毅霞、周增苗、葛政豪、王世沛、冯圣太、邬永林、李吉德、刘兴浩
2011 年 9 月	徐真民	应满云	戴伟平（常副）、马亦伟、薛家栋、顾长安、胡伟彬	冯新岳、秦毅霞、林青松、葛政豪、周增苗、舒士荣、冯圣太、李吉德、刘鑫浩、魏再芳
2011 年 10 月	—	董宜春	周建明（常副）、陈志伟、薛家栋、祝敏杰、胡伟彬	冯新岳、戴伟平、舒士荣、魏再芳、朱晨昊、葛政豪、杨继定、吕安庆、冯圣太、李吉德
2014 年 3 月	—	胡中伟	周建明（常副）、戴伟平、冯圣太	冯新岳、苏敏宣、魏再芳、杨继定、胡庆山、葛政豪、童瑶、袁祖秀、朱作川
2017 年 9 月	—	朱自权	周建明（常副）戴伟平、冯圣太	葛雪峰、徐善强、王翔宇、胡庆山、沈淑莹、朱韦、吴昌流、吕安庆

村级关工委

西店村级关协普遍建立于 1992 年 10 月，1999 年村级调整后为关心下一代工作领导小组，2008 年并村后原 45 个行政村调整为 1 个社区 22 个行政村，西党办〔2008〕29 号文件公布村级关心下一代工作委员会组成人员名单。村级换届由于人事变动，及时对村关工委班子进行调整充实。

西店镇村级关心下一代工作领导小组成员一览表

表 7-99

时间	行政村	组长	副组长	成　　员
1994 年 6 月	西店	李吉德	戴大法、周如良	刘金宝、邬荣伟、王宏川、郑法木
	樟树	高福启	孙仁夫	高才良、高公裕、李鹏飞、孙志官
	樟渔	陈志岳	高自光、高才喜	高仁宝、高志忠、高小法、高宏生
	邵家	邵丁国	汪常表	徐宏贤、戴文富、邵照贤
	皂坑	陈英	—	朱开仁、洪如根
	张家庄	张宝校	—	刘炳元、张德友
	竺家	傅大庆	付善宝	竺瑞裕、傅方宝、高补仙
	双山	冯圣生	孙贤兴	刘贤夫、冯宗光、冯齐燕
	石孔	冯小恩	冯兴开	冯宗恩、冯金夫、冯法妙
	尤农	尤元法	—	尤根夫、尤秀萍
	尤渔	尤益本	—	尤增菊、尤和生
	团墺	戴乾坤	戴定生、戴成表	郭妙英、戴林忠、戴兴华、戴长海
	国庆	蒋悌邦	戴荣国	戴照东、戴宏贤、戴才良
	王家	王贤坤	王兴林	王耿武、王伏永、王昌荣、石妙娟、王茂荣
	崔家	崔兴才	何方根	崔桂生、崔永全、崔元良
	郑家	郑贤福	—	郑林法、顾菊英
	沙地	鲍国兴	—	王启海、邬合妹
	江瑶	赵如满	—	张培初、朱再贵
	凫溪	徐有成	胡建祥	何善昌、陈亦君、夏锡科
	诗房	马才富	—	郑华荣、董田老
	海格山	姜自明	—	邬永常、邬锡成
	紫江	邬国沅	邬兴国	邬荣来、王宗科、邬荣仁
	吉山	邬银兴	邬善林	龚根金、邬时炳、邬年丰
	铁江	邬永军	石成木	邬昌海、邬林成、邬瑞菊
	集义	邬宽祥	—	邬小贤、邬贤春
	蔡家	蔡建祥	—	蔡新夫、王新友
	海涨	张贤表	—	张贤庆、张邦银
	前金	王锡明	—	邬伟宝、汪荣校
	茅洋	邬建国	—	邬小新、邬康定
	海口	邬海国	—	邬新才、邬国平
	东周	刘立邦	—	刘建青、刘国兴

续表7-99

时间	行政村	组长	副组长	成　　员
1994 年 6 月	桥棚	刘忠义	—	刘东宝、竺位友
	新董	李新江	—	陈乾凤、安夫
	新占	占格锵	—	占科林、占国盛
	老占	占兴贤	—	占满根、占宏贵
	岭口	潘申定	舒祖凡、舒宏元	舒建生、舒常水、舒昌银、王玲娥
	牌门舒	叶维明	—	叶宝海、舒上达
	塘下	胡新夫	胡高成	蒋会法、胡甲春、舒妙娟
	石家	石平山	石常法	石安吉、石友兴、张永标
	后溪	李忠宝	石世绿	孙建荣、洪寿长、石守训
	下田畈	戴仁高	洪仁朝	石平娟、洪亚臣
	洪家	洪邦行	王小宝、石守本	洪立义、杨铭传、高文龙、刘国绒
	礼村	刘从礼	刘振德	刘新友、刘宝才、刘海国
	横路葛	葛云邦	—	葛绍棠、胡曼丽
	溪头	刘建华	刘林法	刘良初、刘东福、徐国昌、朱夏法、刘和绒
2006 年 5 月	崔家村	何伟光	崔伟光	俞自飞、石守平、崔东源、何方根
	王家村	王金平	王永增	王丽珍、王军福、王贤坤、王兴林
	团堧村	戴燕云	戴强海	戴巧妙、洪尔军、戴根木、戴有康
	尤渔村	尤全强	仇荣国	尤秀萍、潘剑众、尤其祥、尤夫根
	石孔村	冯权本	冯志江	郭苏隆、冯静军、孙卫雪、冯行华
	西店村	孙常乐	孔夏明	王红霞、郑小波、徐伏光、周如良、郑贤福
	樟树村	高学荣	孙申科	高茂菊、高翼飞、孙志甲
	滨海村	邵丁国	邵建方	金绒、汪鹏程、洪水尧、洪碧波、邵国恩、竺瑞昌、洪时宽
	凫溪村	胡建祥	徐贤标	徐晨、徐向阳、何尔才、徐国其、程法苗
	吴山村	邬坚国	张培欢	邵亚绒、邬兴银、葛长春、朱再贵
	铁江村	邬宽夫	邬华飞	邬国爱、邬建飞、葛林根
	吉山村	邬寅大	邬汝珍	李养妙、邬华伟、邬汝振
	紫江村	邬银科	邬时会	邬爱玉、邬利兵、邬素科、邬国源
	集义村	邬小贤	—	邬秋叶、邬俊杰、邬和清、邬宽祥
	茅洋村	邬建国	张兴振	冯雪芬、仇仁焕、邬晓新、邬锡良、邬云林
	前金村	邬荣水	邬定陆	邬亲仙、干亚芳、邬荣力、邬伟保、蔡见良
	望海村	刘兴浩	高宗科	王雪敏、刘志荣、董丁永、刘兴苗、刘安焕、李纪官

续表7-99

时间	行政村	组长	副组长	成　员
2006 年 5 月	岭口村	刘建永	舒岳光	舒雪春、潘亮、舒海忠、舒惠德、李贵兴
	香石村	胡志宏	洪立正、石维兴、石国宝	石永莲、戴光军、石进卿、舒鹏程、胡夫奎
	洪家村	洪常明	邬昶明	鲍仁英、洪申乾、洪夫成、邬启初
	溪头村	刘来松	刘再义	邬玉君、朱恩兵、刘继军、刘启祁
	香联村	刘满军	葛如堂	胡才兰、刘纪江、葛伟东、刘海华、葛会军

西店镇村级关工委成员一览表

表 7-100

时间	行政村	主任	副主任	成　员
2017 年	西店村	叶建东	周如良	孔夏明、陆世国、郑建明、郑朝辉、赵雪华
	樟树村	高翼飞	孙申科	孙春道、孙科军、高亚洲
	团堧村	戴而乾	戴光烨	邬林永、戴加齐、戴利达、刘巧萍
	滨海村	邵建方	戴贤康	汪鹏程、张建良、竺仁永、洪舜永
	石孔村	冯权本	冯圣生	冯雪松、冯多仙、张建兵、冯进飞、冯腾云
	尤家村	仇可荣	仇建英	尤兴方、仇权利、尤友宽、仇善华、邬飞珍
	王家村	王金平	王永增、王贤坤	王妙娟、王亚珊、王军福、王宗祥
	崔家村	何伟光	崔久永	崔志春、崔贤文、崔贤文、崔益东、崔绒仙
	望海村	高宗科	—	刘兴安、刘华君、詹格忠、詹常岳、潘玉芬、应功立、詹世君、刘新娣
	凫溪村	徐为明	徐有成	徐中根、徐晨、何宝盛
	海洋村	邬建国	邬锡良	邬林焕、张兴振、邬亚达、陈锡利、邬亚芳
	吉山村	邬小伟	龚根堂	邬汝振、邬荣赞、邬华伟、李养妙
	前金村	邬荣水	邬定陆	邬伟宝、邬荣助、邬国平、蔡仁来、邬亲仙
	吴山村	张培欢	孔常兴	朱正明、邵亚绒、张东、朱载贵、张瑶风
	铁江村	邬华飞	—	邬林校、邬建飞、邬国爱
	紫江村	邬伟平	邬崇海	邬海永、邬银峰、邬亚丽、邬永科
	集义村	邬平贤	邬真林	邬锡荣、邬松良、邬振峰、蔡和再
	香石村	石学友	石守明	石道兴、胡志宏、戴光军、洪兴初、戴仁国、蒋依群
	香联村	葛如堂	刘畅明	葛国庆、刘继平、孙军能、石萍月
	岭口村	舒瑞表	舒旭峰	舒益群、舒亚国、李长国、舒瑞统、胡浓娣
	洪家村	邬昶明	洪兰恩	王仁苗、洪腾、鲍仁英、邬加钱、洪春娥
	溪头村	刘来松	刘建华	戴开国、石月丽、刘建定、刘建明

二、主要工作及成效

西店镇关工委建立以来，在镇党委政府的领导下，致力打造基层建设根基，精心培育充满活力的“五老”队伍，创新工作品牌，创建村级关爱基金，关爱服务青少年健康成长，关工委的工作水平和成效不断提升，关心下一代工作进入新的发展阶段。

（一）基层组织建设

抓基层打基础是关工委工作的固本之举，基层工作是关工委的基业。西店镇关工委在党委、政府的重视下，始终抓牢基层建设的根基。在组织建设上基层关工委覆盖面不断扩大，22 个行政村、1 个社区、11 所中小学校关工委组织全覆盖。关工委组织还延伸到民营企业，已有 21 家私营企业建立关工委组织，数量上不断扩大，全镇共建有 55 个关工委，夯实基层组织基础。在领导班子配备上，镇关工委由镇党委副书记担任主任，副局级干部担任常务副主任。村级关工委由党支部书记担任村关工委主任，担任过村级领导的老同志为常务副主任，由“五老”同志、相关部门负责人为成员。设立专门办公室，配备有热情、有文化水平、懂电脑的年轻同志担任办公室主任，协助开展日常工作。工作经费纳入镇财政预算，活动经费逐年递增，2018 年镇财政安排镇关工委工作经费 20 万元，比上年增加 5 万元。对志愿者协会正副站长和“五老”骨干给予交通、通信、午餐三项补贴。

加强自身建设，提升工作水平。2007 年，在海洋村、岭口村开展村（社）校共建“三好四无”创建活动试点，然后在西店村、石孔村、望海村、溪头村、尤家村、崔家村、樟树村、团墺村等村面上推开。以上各村均被县委组织部、县关工委授予“三好四无”创建先进单位。2012 年镇关工委开展创建“五好”乡镇（街道）关工委活动，2014 年获宁波市“五好”乡镇（街道）关工委称号。2015—2017 年集义村、滨海村、紫江村等相继获县级“五好”基层关工委称号，溪头村获市“五好”村（社）关工委称号。以镇村班子换届为契机，及时充实调整班子成员，使之成为工作经验丰富、务实创新的关工委领导班子。同时健全工作制度，以制度推动关工委工作常态化、规范化。为了适应新时代、新任务的要求，不断提升关工委工作水平，2019 年重新修改完善关工委内部规章制度，进一步完善了议事决策、部门联席会议、关爱基金管理、调查研究等制度，形成了比较完备工作管理体系，提供干实事、下实功、求实效，努力提升关工委工作水平。

镇村组织“双创建”情况一览表

表 7-101

时间	创建单位	创建情况
2008 年	海洋村 岭口村	通过 2007 年度县“三好四无”创建
2010 年	西店村 石孔村 望海村 溪头村	通过 2008 年度县“三好四无”创建
	尤家村	通过 2009 年度县“三好四无”创建
2013 年	西店镇关工委	通过 2012 年度县“五好”乡镇（街道）关工委创建
	崔家村	通过 2012 年度县“三好四无”创建
	西店村 石孔村 望海村 溪头村	通过 2012 年度县“三好四无”提升复评
	滨海村	通过 2013 年度县“三好四无”创建
	尤家村	通过 2013 年度县“三好四无”提升复评

续表7-101

时间	创建单位	创建情况
2015 年	樟树村 团坝村	通过 2014 年度县“三好四无”创建
	崔家村	通过 2014 年度县“三好四无”提升复评
2016 年	集义村	通过 2015 年度县“五好”基层关工委创建
2018 年	紫江村	通过 2017 年度县“五好”基层关工委创建
	海洋村 岭口村 西店村 石孔村 望海村 溪头村 尤家村 崔家村 滨海村 樟树村 团坝村 集义村	2007—2015 年度通过县“五好”基层关工委提升复评
2019 年	香联村	通过 2017 年度县“五好”基层关工委创建

（二）“五老”队伍建设

关工委首要任务是组织发动“五老”参与关心下一代工作，做好关工委工作必须凝聚一支“五老”力量。西店镇自关工委成立以来，一直重视“五老”队伍建设，配好“五老”“领头羊”。镇机关共有 69 名离退休干部，由原副镇级领导戴伟平担任退休党支部书记，他曾担任过镇关工委常务副主任，有关工委工作经验，在离退休干部中有一定的威望和凝聚力，被镇党委任命为镇关工委副主任，实现离退休党建与关工委建设联动互促，在他带领下，退休老同志除了年老、体弱、居住在外的，60%的老同志都积极参加关心下一代工作；全镇退休老师近 100 余人，冯圣太现担任宁海县离退休教育工作者协会西店分会会长，他曾任西店中学校长，在教育队伍中有一定威望和知名度，有号召力。他工作热情高，有奉献精神，镇党委任命冯圣太为镇关工委副主任。在他带领下，90%退休教师均能积极参与关工委各种活动，只要有任务，都积极主动完成；村级“五老”骨干队伍。22 个行政村都选配群众基础好、有工作能力、热心公益事业的老干部、老党员或老协会骨干担任村级关工委常务副主任，带领村级“五老”队伍。这三支队伍共 220 名“五老”骨干，按照自愿的前提下，根据各人所能，分别担任宣讲团、关爱工作团、校外辅导员、网吧业务监督员、结对关爱弱势群体等工作，为青少年健康成长服务，得到青少年欢迎和社会的好评。

2017 年 9 月，根据宁波市海曙区经验，西店镇在全县率先组建“组合联谊化、管理社团化、运作项目化、服务专业化”的“四化型”关心下一代志愿者协会西店工作站。将原有“两团两组”按照职能相近、属性相同、任务相似的特征，整合为“护苗宣传、关爱帮扶、网吧净化、校园安全、才艺传承、心理疏导”6 大工作组。“五老”队伍进一步发展壮大，涵盖了全镇各行政村、社区、学校、企业及外来工人口集居点。对 860 名入册的志愿者进行了“四统一”，即统一印发会员证、统一发放工作手册、统一制作红马甲着装、统一进行人员意外保险，有效提升“五老”服务团队形象，有效发挥“五老”作用，有效服务青少年健康成长。

2020 年 3 月 5 日，新冠疫情期间，西店镇山花烂漫公益服务中心“五老”积极行动，募集资金物资为一线志愿者们提供强有力的后勤保障，共捐赠防护面罩 110 件、一次性口罩 1550 只、一次性雨衣 2010 件、一次性手套 7110 双，募集善款 5.2 万元。

（三）建立关爱基金

镇关工委十分重视工作条件保障。2007 年开始“三好四无”活动中提出创建 1 个村，建立一个基金。2008年，首个村级“关爱基金”在溪头村建立，总结点上经验，逐年向面上推开，关爱基金募集主要途径为党员干部模范带头，爱心企业、爱心人士积极参与，实现全社会互动。资金主要用于奖励和资助品学兼优的“三好”青少年和困境青少年。2018年8月15日上午，西店镇石孔村第十届教育基金发放仪式在文化礼堂内举行。此次共有26名优秀学子接受了现场资助，共发放助学金2.25万元。石孔村2008—2018十年间共发放奖学助学资金15.8万元，人数达226人次。截至2018年，全镇已有12个村建立“关爱基金”，总额达150余万元，发放奖学金、助学金125.59万元，受益人数达1315人次。这12家村级“关爱基金”都设立关爱基金理事会，建立健全资金管理制度、资金使用反馈制度以及捐助发放公示制度，关爱基金逐步走上规范化、制度化。

村级关爱基金的建立，服务青少年能力显著提高，为青少年健康成长提供了财力保障。这是西店镇关工委在村（社）校共建“三好四无”活动中的一个新的创举，打造了村级关爱工作品牌。

（四）教育服务青少年

关心下一代工作主要为教育、服务青少年。首先要加强青少年思想道德教育，从政治上、精神上、思想品德上关心下一代健康成长。镇关工委坚持“以人为本，德育为先”，立足青少年的身心特点、成长规律以及各种现实问题，充分发挥“五老”政治、经验、威望优势，每年突出一个主题，面向青少年开展形式多样的社会主义核心价值观的宣传教育活动。2003年西店镇政府拨款20余万元，建造了占地面积达800平方米的西店镇烈士陵园，还先后建造了团堧、洪家村烈士墓，为教育青少年开展革命传统教育提供了教育基地。几年来，开展“学党史，颂党恩，跟党走”“学雷锋，心向党，讲品德，见行动”“老少共筑中国梦”“爱学习，爱劳动，爱祖国”等主题教育活动。利用紫溪革命老区纪念室教育基地进行现场教育，把邬时奕、林爱琪、李光荣等革命先烈以及1927年入党担任宁海县第一任县委书记在战争年代里长期从事地下工作的邬逸民同志英雄事迹编写成教材，对学生进行爱国主义和革命传统教育。每年清明节，广大“五老”组织青少年学生祭扫革命烈士墓，对青少年学生进行爱国主义和革命传统教育，增强青少年爱党爱国热情，增强中国特色社会主义的道路自信、理论自信、制度自信、文化自信，跟党走，听党话。教育中，广大“五老”积极引导青少年从基本道德规范做起，自觉践行社会主义核心价值观，做到学用结合，知行一致，提升教育效果。2015年清明节期间，西店镇关工委组织西店镇中学七年级全体学生到西店镇烈士陵园开展“清明扫墓悼念烈士”的活动，聆听“五老”同志讲解烈士事迹，同学们听后一致表示要用实际行动来报答革命烈士用鲜血换来的美好生活。

为做好青少年的革命传统教育工作，2009年西店镇退协组织老教师编写了《西店英烈编》，作为青少年革命传统教育的重要教材。

为青少年健康成长，镇关工委从心理上、权益上、生活上关注青少年的需求，广泛开展形式多样，富有成效的助困、助学、助医、助残等关爱活动。海洋村“五老”邬锡良，为12岁的初一学生邬某某（患上红斑狼疮）向村企业老总、村民开展捐助关爱活动，筹得3.2万元资金帮助治病。为帮助本村孤儿邬某某，他千方百计先后集资5万元放到一家企业以月利息500元的收入作为邬某某的生活费，从小学开始到高中，直至考上大学，扶助其完成学业。退休教师刘继宁从在职到退休结对多名大中学生，2016年他还把子女给他的祝寿金1万元捐给溪头村关爱基金。退休教师曹珠芬一人结对王家村三姐妹从小学读到高中，其中一人资助到大学毕业，资助金额达1.5万元。镇退休干部刘东福向本村爱心捐款2万余元。石孔村冯多仙家庭并不富裕却向村爱心捐款1.6万元。建立关爱基金的村，每年暑期举行一次奖学助学金发放仪式，截至2019年，全镇已有12村建立“关爱基金”，总额达 180 万元，发放奖学金 135.5 万元，受益者达 1410 人，其中：资助考取大学学校学生 432 人，奖励“三好”青少年 377 人，助困学生 601 人。

关爱活动增强了青少年感恩情怀，他们努力学习，走上工作岗位，成为国家有用之才。溪头村刘文飞考上北京大学，受到村关爱基金的帮扶，2017 年，刘文飞北京大学博士毕业任教厦门大学，反哺村关爱基金 1 万元，以实际行动感谢党和政府及家乡民众的关怀。

2018 年 6 月 7 日晚，宁海县关工委青少年思想道德教育宣讲团副团长、宁波广播电视大学宁海学院院长童富军受邀为参加观澜小学“父母夜校”的 60 余位少数民族学生家长带来了一堂以“做一个智慧型家长”为主题的家庭教育讲座。童院长从做一个有“资格的家长”到“共建和谐家园”等话题，用浅出深入的生活例子进行了细致讲解。风趣精辟的讲解激起了家长们思想上的共鸣。到目前为止，观澜小学共有 69 位少数民族学生就读，其中以云贵地区土家族、苗族达 32 人。

同年 8 月 24 日，县关工委副主任、县关心下一代志愿者协会副会长兼秘书长王元法受邀到西店中学为训练营的 450 余名初一新生做“缅怀革命先烈 争做时代新人”的主题演讲。王元法讲述了中越边境自卫还击战的情况。希望新时代的青少年们能珍惜当下稳定的社会环境，“扣好第一粒纽扣”，感恩那些为祖国牺牲的战士，感恩家长，感恩老师，要努力学习，清清白白做事，堂堂正正做人。

2018 年暑假，西店镇“假日学校”课程内容丰富多样，共开设了 10 个各具特色的暑期班，共有 300 余名小候鸟参加，大大丰富了孩子们的假期生活。西店镇关工委、关协西店工作站是全县首个以“组合联谊化、管理社团化、运作项目化、服务专业化”的“四化型”关心下一代志愿者协会西店工作站。该工作站全力打造“三心工程”，让孩子开心、家长称心、社会放心。王增达老师是关心下一代志愿者协会西店工作站的一名志愿者，他说“退休以后还可以发挥余热教这些学生，我每天都过得很充实”。在西店工作站志愿者人数已从原来的近 100 名骤增到 866 名。专业特长人数占 30%左右，不仅队伍阵容明显壮大，涵盖了全镇所有行政村、自然村、社区、学校，甚至是外来人口聚居点，而且年龄、文化、专业素质结构也进一步优化。工作站根据“护苗宣传、关爱帮扶、网吧净化、校园安全、才艺传承、心理疏导”6 大块服务内容将 866 名志愿者依据其个人意愿、专业特长分别划分成 6 个工作大组，各选择一名能力强、威望高的同志分别担任各组组长，负责该组日常服务活动的牵头、协调工作。

2019 年，为了提高课程质量，激发孩子的创新能力，西店镇投入 150 余万元采购了大量的科技活动和比赛器材，建立创客空间，同时抽调骨干教师编写课程，设计初级、中级、高级三个层次的创客课程，为不同层次的学生提供可选择的课程。创客空间共有 6 个不同功能的创客教室和一个大长廊展示活动区。目前，全校 300 余名小朋友都是创客空间的小创客，他们在课后都爱到创客空间来‘捣鼓’。丰富精彩的培训课程，让小学员们纷纷变身小“创客”，边学边玩，感受科学的魅力，激发学科学、爱科学的热情。

（五）参与社会治理

几年来，积极参与社会治理，有效利用社会资源，为青少年健康成长服务。镇关工委联合镇司法办连续开展“关爱明天、普法先行”活动，加强青少年法制教育。“五老”担任法制副校长和法制宣讲员，维护青少年合法权益。开展未成年人创零犯罪活动，努力预防减少未成年人犯罪。组织“五老”开展对校园周边环境巡视，检查治安综合治理工作，组织各个志愿者在学生上学、放学时做好交通安全维护工作，还邀请奉化铁路派出所干警为铁路沿线学生进行铁路安全知识教育。每年暑假组织“五老”在海塘、溪边、水库等危险地段进行巡查，设立安全警示标志，预防溺水事故的发生。加强青少年心理疏导工作，重视外来工子女关爱工作。西店镇经济相对发达，外出打工留守儿童不多，但外来工子女猛增，学生人数已达6336人，本籍学生4968人，外来工子女人数已超过本地学生人数。针对外来工子女人数猛增态势，镇关工委开办邵家、樟树、望海3所外来工子弟学校，解决外来工子女入学难问题。开展“同在蓝天下”“千人手拉手”“新西店人”等系列活动，对外来工子女评选优秀学生，帮扶助学一视同仁。“三好四无”活动中，评选“三好”青少年，外来工子女也纳入评比奖励之列，其中10名外来工子女荣获“三好”青少年得到表彰和奖励。2004年樟树村外来子女唐某某不幸患上淋巴瘤到杭州治疗，西店中心小学1025名师生筹得1.736万元捐款及时送到杭州医院助医。老同志还对特困外来工学生结对帮扶进行学习辅导。“五老”积极参与“零犯罪”社区、村、学校创建活动，对失足、失管、失学、失业青少年进行帮扶，做好转化工作，从源头上化解社会矛盾，促进社会和谐。

三、获得荣誉及工作品牌

29年来，西店镇关工委工作呈现出一些亮点和品牌，尤其在村（社）校共建“三好四无”活动中，打造了村级关爱基金工作品牌，在《中国火炬》杂志上，发表了“创建一个村，建立一个关爱基金”的文章。《今日宁海》等报刊也多次报道西店村级关爱基金情况。同时，也得到了省市县关工委的充分肯定。镇村关工委历年也获得省市县先进集体和先进个人各项荣誉，激励推动了镇关工委工作全面发展。

西店镇各级关工委历年来获得的各项荣誉一览表

表7-102

时间	获奖单位、个人	所获荣誉
1993年	邬时森	县优秀校外辅导员
1994年	西店镇紫溪管理区关协	县关心下一代工作先进集体
	王世光	县关心下一代工作先进个人
1999年	王世光	县关心下一代工作先进个人
2001年	王世光	县关心下一代工作先进个人
2004年	邬荣吉、孙振堂、俞永灿	县关心下一代工作先进个人
2005年	西店镇关工委、西店镇岭口村党支部	县关心下一代工作先进集体
	舒鹏程、李一群	县关心下一代工作先进个人
2006年	冯圣太	县未成年人思想道德建设工作先进个人
	《关于青少年违法犯罪的成因剖析及其对策》	县关工委调研文章一等奖
2008年	冯圣太	市关心下一代工作先进个人
	西店镇党委、关工委，西店镇海洋村党支部	县关心下一代工作先进集体
	应必越	县关心下一代工作先进个人

续表7-102

时间	获奖单位、个人	所获荣誉
2010年	戴伟平	省关心下一代工作先进个人
	溪头村	宁波市“六有”村关工委
	西店镇关工委、溪头村关工委、石孔村关工委	县关心下一代工作先进集体
	戴伟平	县关心下一代工作先进个人
2012年	西店镇关工委	省关心下一代工作先进集体
	石孔村	宁波市“六有”村关工委
2013年	西店镇派出所、西店村关工委、溪头村关工委、尤家村关工委	县关心下一代工作先进集体
	冯圣生、邬锡良	县关心下一代工作先进个人
	冯圣太、邬锡良	县关心下一代工作“五老”先进个人
	《让西店镇新公民子女接受更好的教育》	县关心下一代工作优秀调研报告三等奖
2014年	西店镇关工委	市“五好”乡镇（街道）关工委
2015年	岭口村关工委、西店村关工委	县关心下一代工作先进集体
	冯权本、刘建华、舒奕青	县关心下一代工作先进个人
	苏敏宣	县关工委系统信息宣传工作一等奖
	冯新岳	县关工委系统信息宣传工作三等奖
2016年	西店镇关工委	市关心下一代工作先进集体
	溪头村	市“五好”村（社）关工委
	邬锡良	市关心下一代工作贡献奖
	冯圣太	市文化市场管理和“扫黄打非”优秀义务监督员
	冯新岳	县关工委系统信息宣传工作积极信息员
2017年	集义村关工委、石孔村关工委	县关心下一代工作先进集体
	周建明、冯新岳、刘建华	县关心下一代工作先进个人
	王昌荣、周如良、姜银泰、刘昌云、冯圣生	县关心下一代工作优秀“五老”
	冯新岳	县关工委系统信息宣传工作积极信息员
	徐永林、赵雪华、冯锡炉、刘建华、冯圣太、冯圣生	“假日学校”优秀“五老”志愿者
	周建明、丁婷婷、葛雪峰	“假日学校”先进工作者

续表7-102

时间	获奖单位、个人	所获荣誉
2018年	冯圣太、戴伟平、冯圣生	宁波市“最美五老”志愿者
	岭口村、石孔村、西店村	宁波市“五好”社区（村）关工委
	石孔村、溪头村	县关心下一代工作先进集体
	叶建东、邬新夫、葛雪峰	县关心下一代工作先进工作者
	冯圣生、刘昌云、戴伟平	县关心下一代工作优秀“五老”
2019年	冯圣太、邬新夫、丁婷婷、葛雪峰、石月丽	2019年度宁海县暑期“假日学校”志愿服务工作先进个人
	葛雪峰	2019年度县关工委系统信息宣传工作优秀通讯员

深　甽　镇

一、机构及人事沿革

深甽镇关心下一代工作委员会，前身为深甽区关心下一代协会，成立于1991年1月30日。深甽区委领导程象麟、俞岳祥、陈和根、张武昌等参加成立大会。同年4月，深甽区马岙乡关协、大蔡乡关协、大里乡关协建立。12月，双湖乡、深甽乡建立乡关协。1992年宁海县撤区扩镇并乡，同年8月25日成立深甽镇关心下一代工作委员会，由镇党委书记任名誉主任，镇党委副书记任主任，镇人大副主席任常务副主任，镇人武部长、文教卫副镇长任副主任，团委、综治办、妇联、派出所、中小学、幼儿园、退休老干部等相关单位部门人员担任成员。

深甽镇关工委是在党委领导下，以“五老”同志为主体，镇党政有关部门负责人组成的关心下一代工作组织，是党和政府教育青少年的参谋和助手、联系青少年的桥梁和纽带。主要工作任务是加强青少年思想道德建设、科学文化教育、心理健康教育和活动场地建设，建立健全教育网络，开展丰富多彩的常规活动，为青少年办实事、做好事以及参与文化市场监督，加强“五老”队伍建设。加强对青少年进行社会主义核心价值观教育，用中国特色社会主义共同理想，用以爱国主义为核心的民族精神和以改革创新为核心的时代精神，用社会主义荣辱观对青少年进行思想道德教育，引导青少年树立正确的世界观、人生观、价值观。并且从青少年的需求和特点出发，以“五老”宣讲团为依托，开展革命传统教育、爱国主义教育和社会主义价值观等各种思想道德教育活动。

深甽镇关工委领导成员表一览表

表 7-103

时间	名誉主任	顾问	主任	副主任	秘书长	委　　员
1992 年 7 月	娄文定 陈和根	俞岳祥 张武昌	董伏乾	张天春、刘昌林、邬来科、胡为灿、王金国、王秋芬、陈杰跃	胡云丽、陈杰勤（副）	俞小华、陈振根、孔兴国、张贤常、戴梦军、胡时东、俞启朝、刘仁元、王养宽、胡达恭、胡才育、俞恒岳、胡辅恒、胡颖军、朱庆生、周安方、俞忠兴、胡念祖
1993 年 3 月	娄文定 陈和根	俞岳祥 张武昌	冯坚	张天春、王秋芬、邬兴国、胡为灿、叶国安、张贤常、陈杰跃	胡云丽、陈杰勤（副）	陈振根、孔兴国、胡时东、俞启朝、刘仁元、王养宽、胡达恭、胡才育、俞恒岳、胡辅恒、胡颖军、朱庆生、周安方、俞宣田、胡念祖
1995 年 3 月	邬长夫	俞岳祥	徐时远	张天春、胡为灿、邬兴国、叶国安、毛志杰	胡云丽、陈杰勤（副）	葛瑞康、孔兴国、胡时东、俞启朝、刘仁元、胡达恭、胡科林、俞恒岳、俞宣田、竺兴怀、胡颖军、朱庆生、张安平、王养宽
1996 年 5 月	邬长夫	俞岳祥	徐时远	张天春、邬兴国、洪向东、毛志杰	卢美霞、陈杰勤（副）	葛瑞康、胡时东、俞小华、刘仁元、胡科林、俞恒岳、竺仁常、胡颖军、竺兴怀、朱庆生、张爱萍、王如法
1998 年 8 月	胡为灿	俞岳祥	汤建芬	张天春、邬兴国、洪向东、林栋苗、俞旭刚	王华芬、陈杰勤（副）	陈　浩、胡时东、俞小华、刘仁元、胡科林、俞恒岳、竺仁常、舒海福、竺兴怀、陈开南、王军勇、王如法
2000 年 3 月	胡为灿	俞岳祥	杨爱军	张天春、陈忠品、洪向东、林东苗、叶梦印	王华芬、陈杰勤（副）	陈　浩、胡时东、俞小华、刘仁元、胡科林、俞恒岳、竺仁常、舒海福、竺光华、陈开南、王军勇、王如法
2001 年 2 月	葛建满	俞岳祥	杨东林	陈忠品、洪向东、叶梦印、张天春、林东苗	王华芬、陈杰勤（副）	陈　浩、胡时东、王军勇、葛陆虎、俞小华、刘仁元、胡科林、俞恒岳、竺仁常、舒海福、竺兴华、王如法
2003 年 9 月	杨爱军	俞岳祥	葛欢善	周卫国、陈开友、张飞军、戴荣灿、储为福	胡宝莲、胡焕南（副）	王建勋、俞益元、何叶青、辛元江、林光新、竺兴怀、张晓方、朱世瑜、俞恒岳、竺仁常、刘仁元、胡科林、俞小华

续表 7-103

时间	主任	常务副主任	副主任	委　　员	备　　注
2006年8月	王日辉	—	王明宽	章肖琴、胡宝莲、郑仁宽、戴荣灿	—
2007年11月	王日辉	—	卢坚强 钱天平	章肖琴、胡宝莲、童朝锋、戴蒙军、储为福	—
2008年	王日辉	葛启仁	卢坚强 钱天平	章肖琴、胡宝莲、童朝锋、戴蒙军、储为福	—
2008年5月	—	葛启仁	—	—	深委〔2008〕18号文件
2009年7月	童东凯	—	葛启仁	戴蒙军、胡宝莲、童朝锋、项麟寓、储为福	—
2011年10月	童东凯	—	应必安 葛启仁 戴蒙军	胡宝莲、段　菲、储为福、闻世峰、李珊珊	—
2014年3月	徐振标	应必安	袁程 张秀丽	胡宝莲、段　菲、冯统帮、张贤常、李珊珊	—
2015年5月	徐振标	陈鸿猛	袁程 张秀丽	段　菲、冯统帮、傅　强、李珊珊	—
2016年8月	金　益	尤光辉	周建江	王苗丽、段　菲、李珊珊、张秀丽、祝　贺、吴增产	—
2017年	叶亦健	尤光辉	周建江	段　菲、王苗丽、祝　贺、李珊珊、张秀丽、吴增产	—

2018年1月，组建关心下一代志愿者协会深甽镇工作站，站长张秀丽。

2008年，行政村调整，深甽镇从48个行政村调整为1个居委会、22个行政村。同年6月6日，深委〔2008〕26号文件，批准将原村关心下一代工作领导小组更名为村关心下一代工作委员会，委员会设主任、副主任、委员。

深甽镇村级关心下一代工作领导小组成员一览表

表 7-104

年份	行政村	组长	副组长	成员
1993	深甽村	胡康田	俞福女	胡达恭、俞恒岳、俞完岳、胡菊香、胡忠才、胡莉军
	长洋村	郭大江	郭双宝	郭正钊、郭大奎、叶权泰、郭秋月、郭瑞大
	蒋家村	俞岳仁	—	舒连表、郭旭兵
	雷虎岩村	方家太	—	方康水、方正
	南溪村	张兴宽	—	张寅才、孔爱娣
	独山村	徐未永	—	李仁友、杨先岳

续表7-104

年份	行政村	组长	副组长	成员
1993	沙地村	王锡明	—	王贵校、王兴根
	赵畈村	方良恩	—	方大土、胡金娟
	姜家村	姜士云	—	姜再法、姜天才、张建娣
	大里村	王千根	王养宽	王叶初、王真其、王真宝、竺兴华、朴金奎、张宝章
	俞陈村	陈志龙	—	俞青林、俞官元
	清潭村	张昌云	张丙和	张万能、张根夫、竺经济、孔祖永
	上陈村	张江兴	—	张荣章、张福富
	上张村	孔长根	—	张兴根、张新宝
	下横山村	张宽法	—	张国仁、张能永
	上横山村	孔国新	—	孔火元、孔常才、王荣苗
	孔家村	孔林敏	—	孔来友、孔国昌
	溪边村	竺光明	竺招杨	竺丙宽、竺兆昌、张永来
	瓦窑畈村	张义杰	—	张新永、朱青松
	金岙村	刘小东	—	刘根法、刘真理
	赤岙村	张义道	—	赵祥法、张来法、张良华
	夏家岙	戴国兴	—	竺丁才
	上坑村	戴开岳	—	—
	陈家坑村	戴余国	—	戴大奎、戴岳友、戴正夫
	柘坑戴村	戴永达	戴祖安	戴杨孝、戴增常、戴明校
	柘坑张村	竺义兴	竺仁常	张通夫、张和表
	龙宫村	郭春校	陈丁科	陈永生、陈才忠、陈永表、陈岳定
	俞山村	俞昌仁	—	俞士明、俞岳法
	岭下村	汪本高	胡新泽	俞小福、刘奋勤
	平坑村	陈振杰	—	—
	里家坑	俞奉友	—	俞原夫、俞土生
	桶坑村	俞成国	—	俞自宝、李水娥
	白岩村	徐中海	徐国林	徐永堂、徐振坤、俞小菊
	双坑村	徐中木	—	徐文岳、徐忠斌、周瑞香
	乌糯坑	周自方	—	—
	上湖村	李中千	俞连生	李苏联、李兴法、土桂松
	河西村	俞国昌	李夫宽	李夫通、王文飞
	岩头里	胡保根	—	胡华仁、徐何菜

续表7-104

年份	行政村	组长	副组长	成员
1993	中湖村	胡永夫	—	胡时宽、胡小法、戴章兆
	大庄村	刘新夫	刘仁元	刘贤林、张伏彩
	老屋村	刘继林	—	刘志祥、俞菊女
	马岙村	俞建标	俞岳祥	俞友方、俞叶根、俞宣林、俞宣田、胡娟香、俞忠振、俞安振
	大洋村	俞财谓	俞志辉	俞林妹
	茶坑村	俞志仁	—	俞水元、张田娟
	野猪坑	俞安祥	—	赵兴旺
	独旦村	俞杏莲	—	俞小翁、俞日千
	蒋家山	董甲兴	—	俞德宽
	望海岗	俞志军	—	俞安立
	大蔡村	李官国	胡才育	胡丙根、马宝女、胡科林、胡才兴、胡焕南、邵茂东、徐雪芳
	良坑村	潘伟吉	—	潘志坤、胡华仁
	曹坑村	胡如兴	—	胡才谋、胡通法
	高畈村	张大德	—	吴仁忠、王贤江
	赵山村	吴荣兴	—	吴仁达、吴生道
	岭徐村	徐通安	—	徐通林、徐齐通、徐通源
	下樟村	孙正中	—	孙如正、赵凤彩、朴英芬
1997	深甽村	戴民军	俞福女	戴余求、余官连、俞完岳、陈菊香、张仙凤、胡时早、俞恒岳、竺兴怀、胡颖军
	长洋村	郭大江	郭双宝	郭正剑、郭大奎、潘林伟
	蒋家村	俞岳仁	—	舒连表、蒋叶夫
	雷虎岩村	方家太	—	徐宽安、方康永
	独山村	—	—	杨先岳、李仁友
	沙地村	王锡明	—	王小光
	赵畈村	方良恩	—	方大土
	南溪村	张兴宽	—	张寅才、张本初、洪亚那
	姜家村	姜士云	—	姜天才、姜再法
	大里村	王千根	王亦更	王增其、王丁全、王真宝、陈海岳、孔贤芬
	俞陈村	陈志龙	—	俞青林、俞官元
	清潭村	张定福	张丙和	张万能、张根兴、竺经济、张培义、孔祖永

续表7-104

年份	行政村	组长	副组长	成员
1997	上陈村	张新东	—	张江兴、张福常
	上张村	张义杰	—	张新宝、张兴根
	下横山村	张宽法	—	张国仁、张能永
	上横山村	孔国新	—	孔火元、孔常才、王荣妙
	孔家村	孔林敏	—	孔来友、孔国昌、潘申明
	溪边村	竺光明	竺招杨	竺兆昌、竺六仁、竺安丁、舒海福
	瓦窑畈村	张小善	—	张新水、朱青松
	金岙村	刘小东	—	刘根法、刘岳明
	赤岙村	张义道	—	赵祥法、张先友、严国昌、张良华
	夏家岙	戴小海	—	戴国兴
	陈家坑村 上坑村	戴愈国	—	戴大奎、戴开岳、戴能华
	柘坑戴村	竺兆英	戴永达	戴西更、戴明校、戴祖安、竺法国
	柘坑张村	张华夫	竺仁常	张和表、张通兴
	龙宫村	陈青林	陈宽亨	陈永生、陈永表、陈岳定、陈春苗
	俞山村	俞东龙	—	俞岳法、俞士明
	岭下村	汪本高	胡新泽	俞小福、刘奋勤
	坪坑村 里家坑村	俞奉友	—	陈杨夫、俞土生、俞源夫
	桶坑村	俞志明	—	俞自宝、李水娥
	白岩村	徐亚军	徐国林	徐茂华、徐永堂、俞小菊、徐振坤
	双坑村 乌糯坑村	徐中木	—	周志方、徐忠斌、徐文岳
	上湖村	李中千	—	俞连生、李兴法、胡益弟
	河西村	李祖法	—	李夫宽、李兴通、孔林根
	岩头里村	胡学春	—	胡兴才、胡仁华、徐和叶
	中湖村	胡永夫	胡齐岳	胡小法、胡时宽、戴章兆
	大庄村	谭迎朝	—	刘贤林、张伏彩
	老屋村	刘继林	刘仁元	刘志祥、俞菊女
	马岙村	俞建彪	俞岳祥	俞友方、俞叶根、俞宣林、俞之田、俞忠振、俞安振
	大洋村	俞冠仁	—	俞自慰、俞林妹
	茶坑村	俞志仁	—	俞永元、张田娟

续表7-104

年份	行政村	组长	副组长	成员
1997	野猪坑村	俞安扬	—	赵兴旺
	独旦村	俞自千	—	俞小翁、俞杏连
	蒋家山	董甲兴	—	俞德宽
	望海岗村	俞志军	—	俞安立
	大蔡村	应建山	马保女	胡丙更
	良坑村	潘能吉	—	潘志坤、胡华仁
	曹坑村	胡如兴	—	胡才谋、胡通法
	高畈村	张大德	—	吴仁忠、王贤江
	赵山村	吴荣兴	—	吴仁达、吴生道
	岭徐村	徐丙华	—	徐通林、徐齐迪、徐通源
	夏樟村	孙如正	—	孙正中、赵凤荣、俞美娟
2001	深甽村	戴明军	—	徐惠菊、俞福女、竺兴怀、傅万国
	长洋村	郭兴顺	—	郭秋月、郭正剑、陈长、许杰
	蒋家村	蒋叶夫	—	郭龙英、蒋炳生
	雷虎岩村	方家太	—	应丽妹、方正
	独山村	张宁标	—	郭锦云、张崇
	沙地村	徐建荣	—	丁芬娟
	赵畈村	方良恩	—	王欢娣、方军达
	南溪村	张荣木	—	戴仁娣、张本初、张君杰
	姜家村	姜鲁迪	—	姜莎妃、姜凯
	大里村	王才国	—	竺伟芳、陈海岳、王丁全、王斌
	俞陈村	陈浩	—	于聪妙、俞青林、陈宏波
	清潭村	张定福	—	刘贵妹、孔祖永、张祥贵、竺建文
	上陈村	褚孔村	—	竺秋琴、张国定
	上张村	张连章	—	孔祖英、张能华
	下横山村	邬文君	—	张开妙、张立火、张水方
	上横山村	孔国新	—	俞窑芬、孔万娟
	孔家村	孔志兴	—	徐忠芬、孔亚东
	溪边村	竺江伟	—	竺伟英、竺定伟、竺六仁、竺童兵
	瓦窑畈村	朱邦孝	—	张银娣、张秀足
	金岙村	刘小东	—	戴妙娣、刘建江
	赤岙村	张义道	—	韩秀梅、张良华、张安良

续表7-104

年份	行政村	组长	副组长	成员
2001	夏家岙村	戴小海	—	戴亚芬、胡为土
	陈家坑村 上坑村	戴愈国	—	戴玉娥、戴云虎
	柘坑戴村	竺兆英	—	戴和芬、竺法国、戴永达、戴伟龙
	柘坑张村	张华夫	—	张爱娜、张祥伟
	龙宫村	陈发明	—	陈金妃、陈丁科、陈岳定
	俞山村	俞东龙	—	俞苗娟、俞志军
	岭下村	汪国常	—	俞为妙、胡沈泽、汪春妙
	坪坑村 里家坑村	俞益方	—	胡娟飞、高雪妹、俞金芳
	桶坑村	俞志明	—	郑光英、俞丽君
	白岩村	徐中海	—	高盈盈、徐茂华、徐能平
	双坑村 乌糯坑村	徐本福	—	舒聪仙、戴芝女奉、徐宽度
	上湖村	俞申伟	—	陈梅芬、胡益弟、李兴法、李立峰
	河西村	李志林	—	李青娥、李富通、李三聪
	岩头里村	胡学春	—	胡双娟、胡三洋、胡剑峰
	中湖村	胡道国	—	竺亚华、戴章兆、胡齐岳、胡伟东
	大庄村	谭迎朝	—	戴能兰、刘亚兵
	老屋村	刘继林	—	刘苗娥、刘建珍
	马岙村	俞叶根	—	俞三庆、俞忠振、俞岳祥、俞晗播
	大洋村	俞冠任	—	胡林香、俞琳素、俞申能
	茶坑村	俞志仁	—	俞香妃、王建军
	野猪坑村	章建永	—	俞宝娟、俞钰彪
	独旦村	俞双法	—	俞东芬
	蒋家山村	董甲兴	—	俞菊妃
	望海岗村	俞志军	—	董明娟、俞国进
	大蔡村	应建山	—	胡赛莲、胡欢南、马保女、孔斌海
	良坑村	潘能吉	—	冯再菊、潘志豪、潘明忠
	曹坑村	胡如兴	—	洪邦绒
	高畈村	张大德	—	董华苗、胡佳强
	赵山村	吴荣兴	—	吴补丽、胡立南
	岭徐村	徐建国	—	徐家珍、徐根华
	夏樟村	王华芬	—	胡亚平、孙家太、孙兵凯

深甽镇村级关工委领导成员一览表

表 7-105

年份	行政村	主任	副主任	成　　员
2008	深甽村	胡时兵	胡均杰 林昌校	胡茶林、李春芬、李君君、胡茶卫
	长洋村	郭大建	郭正钊	郭东富、郭小勇、郭秋月、郭双宝、郭小朋
	南溪村	张杭水	张寅才	徐西爱、张定华、张再飞、张建成
	大里村	王琪郈	王志行	王坚、王维位、王海英、竺伟芳、戴吉青
	赤岙	戴财穆	张本垚	张和表、张建明、戴科祥、戴小宁、张祥表
	溪滨村	竺江伟	竺常岳	朱雀权、竺亚娟、竺亚波
	孔横山村	孔祥军	孔本华	张中根
	柘坑张村	张华夫	张王兴	张和表、张建明、戴科祥、戴小宁、张祥表
	柘坑戴村	胡国强	严文照	戴东伟、戴永根、戴志成、戴永达
	清潭村	张定福	张祥贵	竺茶岳、张巧莲、张士刚、俞根宝、张春义、张春波
	大蔡村	胡宏良	胡长征	张亚盛、张本波、张平娟、张大德、潘能吉
	岭徐村	徐家珍	徐荣表	徐武峰、徐宗全、徐通福、徐炳华、徐齐通
	夏樟村	孙银娟	孙家太	孙亚萍、唐菊莲
	大洋村	俞有钱	俞才渭	俞群营、俞申能、俞安震、俞德坤、俞双法
	双坑村	徐本祥	徐永林	徐中斌、徐伟标、潘优巧、李宝方、周银宝
	三坑村	俞奉友	俞岳军	俞建军、俞永法、陈三兴、俞志明、陈亚军、俞更法、高雪梅
	上湖村	俞申伟	李兴法	李建庆、胡能飞、陈梅芳、李养兴
	龙宫村	陈春春	陈丁科	陈永表、陈金妃、陈宽亨、陈春妙、陈志清
	岭下村	胡新永	胡慧根	汪新方、汪新华、汪秀校、胡岳永、俞文娣
	白岩村	徐中权	徐宗宽	徐小菊、高盈盈、徐梅林、徐春光、徐振明
	三省村	胡道开	胡三养	李惠聪、郭昌妹
	马岙村	胡娟香	俞岳祥	俞土春、俞有方、俞法军、俞乔妹、俞宽云、俞志仁
2014	深甽村	戴明军	林昌校	卢瑞银、李叶娟、李春芬、胡晓芳
	南溪村	张杭水	—	张寅财、张志光、陈斐
	长洋村	郭海勇	郭正钊	郭小勇、魏巧巧
	大里村	王才国	王木永	王维光、王从兴、王仁意、王南辉、孔姣姣
	清潭村	张定福	张守成	张良义、张宗富、张巧莲、竺荣岳
	孔横山村	孔祥军	—	孔本仙、孔本华、孔水华、孔岳兴
	赤岙村	张仪道	李才丁	刘夫华、张维杰、张本垚、张五根、张连永、李阳飞、张良学、张羽杰

续表7-105

年份	行政村	主任	副主任	成　员
2014	柘坑戴村	戴章标	戴兴财	戴佩军、鲍亚秋、戴永达、俞修武
	柘坑张村	张华夫	张银兴	张明国、张祥表、张通兴、张和表
	溪滨村	竺茂义	竺江伟	竺开南、竺兴华、竺华兴、竺开妙、刘琼
	马岙村	俞一才	胡娟香	俞伟飞、俞法妹、俞益朝、张亚琴、刘雪娥、俞芙康、俞法军
	龙宫村	陈金海	陈占盈	陈国、陈富标、陈发明
	大洋村	俞申能	赵伟民	俞双法、俞志渍、赵金福、俞申霞、潘三萍、于才渭
	上湖村	李林光	李中元	林光孝、李法春、李安兴、竺燕波
	三坑村	俞进军	于志明	陈亚军、汪银彩、俞贤妃、陈振开、俞更法
	三省村	胡道开	胡宝法	胡鸿骥、王文丽、刘仁员、谭迎潮、应东白
	岭下村	汪新方	汪本高	汪新华、俞会妙、周慧娅
	双坑村	徐宏伟	徐永安	徐国生、徐世根、徐忠科、潘优巧、徐福青
	白岩村	徐宗宽	孔兴国	徐忠武、徐定庆、徐立群、徐梅林、徐军宽、王振坤
	大蔡村	胡建宗	胡才兴	胡桂生、胡本德、胡亚尔、胡亚盛、孙如正、胡平永、仇军超
	注：2014年夏樟村、岭徐村合并为大蔡村关工委			
2017	南溪村	张椽水	张长水	张金木、张定位、张定军、张峰、项慧兰
	长洋村	郭秋月	郭刚强	郭海勇、郭向东、郭昌林、戴如乾、徐丽苗、郭正钊
	三省村	胡来国	胡宝法	胡常军、胡志浩、刘学良、谭迎科、王文丽、胡亚伟
	大里村	王琪鄁	王常明	王财国、王长中、王才永、王秀蓉、王和强、王浓妹
	上湖村	李林光	李乙鸣	李七清、李安兴、李志军、李忠常、胡才娟、李中元
	柘坑张村	张华富	张海青	张明国、张祥表、张祥伟、毛志娟、张通明、张小宁、张通兴
	孔横山村	孔祖通	孔万宁	孔国新、孔永春、孔本仙、孔丙宽、孔国华
	溪滨村	竺义茂	竺敏棋	竺开妙、竺壬孝、陈回娟、刘文
	柘坑戴村	戴章标	戴志海	吴昌富、戴良、戴林国、戴荷芬、戴志成、戴光
	赤岙村	戴财穆	张维杰	王永岳、张连永、李阳飞、赵海仁、戴季芬
	大蔡村	胡本波	郑忠表	胡建宗、张夫乾、潘永昌、吴建飞、胡健红、胡红飞
	马岙村	俞一才	胡娟香	俞伟飞、俞法妹、俞益朝、张亚琴、刘雪娥、俞芙康
	深甽村	胡均杰	胡玉强	胡康田、胡安良、俞旭辉、陈劭龙
	清潭村	张文勇	张东寅	张武顺、张士刚、张宗良、张巧莲、张永助、张宗祥
	夏樟村	孙大庆	孙永表	孙亚萍、孙建妹、孙海大、孙永浩
	岭徐村	徐斌峰	胡平永	徐春辉、徐家珍、王海明、徐华彩、徐志安、徐永全
	龙宫村	陈岳宽	陈建平	陈国芬、陈邦福、陈发明、陈玲娣、陈贵荣
	大洋村	俞祥军	俞江永	俞菊英、俞金富、俞申祥、潘三萍、俞根满、石云妃

续表7-105

年份	行政村	主任	副主任	成　员
2017	岭下村	汪肖营	胡剑国	汪新福、胡成森、胡海波、俞益伟、俞会妙
	双坑村	徐永安	徐福根	徐世根、徐根明、徐国生、泮优巧、周自方
	三坑村	俞成东	俞亚琴	俞志明、陈国太、陈德光、俞建行、汪银彩、俞奉友、潘优锋
	白岩村	徐宗宽	徐宽方	徐定庆、徐立群、徐伍明、徐梅林、俞小妙

二、主要工作及品牌

（一）关工委自身建设。健全领导体制。配齐、配强关工委的领导力量，明确党群副书记分管关工委工作，定期听取汇报，及时加强指导，积极参加关工委组织的重要活动。镇村组织换届后，由于人员变动，及时调整充实班子成员，建立健全学习、工作、会议、总结、评比等各项制度。健全组织网络。按照关工委组织网络要求，做到哪里有青少年、哪里就应该有关工委组织。至2018年，22个村关工委组织全覆盖，关工委组织还延伸到民营企业，已有18家民营企业建立关工委组织，数量上不断扩大，全镇共有41个关工委组织，夯实了组织基础。完善保障机制。根据工作需要，配齐、配强关工委办公室的力量，切实解决好办公场所、办公经费等实际问题，为关工委开展工作提供人、财、物等条件。镇财政的保障坚强有力，每年列支3万元作为日常工作经费，其他专项经费实报实销。提升“五好”关工委工作水平。2007年，南溪村、柘坑戴村开展“三好四无”创建试点。2008—2014年长洋、上湖、马岙等9个行政村全面开展，均获“三好四无”创建先进单位。2012年深甽镇关工委开展创建“五好”乡镇（街道）关工委活动，2015—2016年赤岙村、大洋村开展创建“五好”基层关工委活动，60%村获得先进村称号。各基层关工委普遍建立工作制度，较好地做到了运转有程序、落实有制度、办事有规矩。

深甽镇、村关工委“双创建”情况一览表

表7-106

年份	行政村	创建情况
2008	南溪村、柘坑戴村	通过2007年度县“三好四无”创建
2010	三省村、长洋村	通过2008年度县“三好四无”创建
	上湖村、溪滨村、柘坑张村	通过2009年度县“三好四无”创建
2013	深甽镇	2012年度县级“五好”乡镇（街道）关工委
	马岙村	通过2012年度县“三好四无”创建
	三省村、长洋村	通过2012年度县“三好四无”提升复评
	上湖村、溪滨村、柘坑张村	通过2013年度县“三好四无”提升复评
2015	大蔡村、大里村、孔横山村	通过2014年度县“三好四无”创建
	马岙村	通过2014年度县“三好四无”提升复评
2016	赤岙村	通过2015年度县“五好”基层关工委创建

续表7-106

年份	行政村	创建情况
2018	大洋村	通过 2017 年度县“五好”基层关工委创建
	南溪村、柘坑戴村、三省村、长洋村、上湖村、溪滨村、柘坑张村、马岙村、大蔡村、大里村、孔横山村、赤岙村	2007—2015 年度通过县“五好”基层关工委提升复评
2019	深甽村	通过 2018 年度县“五好”基层关工委创建

建立部门协调配合机制。关心下一代工作是一项根植于社会的系统工程，需要社会各方的参与，才能永葆生机和活力。镇妇联、团委、民政、派出所、司法所等相关部门都各司其职，各负其责，密切配合，共同做好青少年儿童的培养教育工作。镇关工委联合派出所、司法所等部门成立“法制”宣传工作团；联合妇联等部门成立校外教育工作团；联合科协部门成立青工教育工作团；联合民政办、司法所等部门成立后进青年帮教工作团，同时还在全镇范围内进行关爱救助，形成了关心下一代工作齐抓共管的局面。

（二）“五老”队伍建设。“五老”队伍是关工委组织的主体力量，镇关工委始终把加强“五老”队伍建设工作摆在重要位置。通过几年来的发展，这支队伍人数从少到多，力量由弱到强。至 2018 年，全镇“五老”志愿者有 500 人，根据自愿就近、发挥所长、量力而行的原则，组建宣讲团、关爱工作团、网吧监督员、校外辅导员等“五老”志愿服务队伍，积极发挥“五老”作用，为青少年开展多样化服务。2017 年，创新“五老”组织“四化型”发展模式，积极试行“五老”志愿者注册办法，组建宣讲、关爱、网吧净化、才艺传承等各类团组，有效发挥“五老”作用。

（三）教育阵地建设。三省讲堂。深甽镇“三省讲堂”建立于 2011 年，设在深甽镇国税所办公大楼内，建筑面积约 600 多平方米。“三省讲堂”下辖一个培训中心、一个图书阅览室、一个电子阅览室、一个宣传图片展览室。“三省讲堂”建立以来，一般为两个月一期进行讲座，内容涉及政治、经济、农业科技、文化知识等，参与人数已达到 5000 多人，大多数为青少年与学生儿童。图书阅览室拥有各类书籍 1.5 万册，报刊阅览室订有各类报刊 20 多份。图书阅览室、报刊室和电子阅览室由 9 位老同志负责。该“讲堂”组织健全、分工明确、活动有保障，各项规章制度齐全。“三省讲堂”为本镇青少年建立了一个求知的良好平台。胡三省文化陵园。陵园位于深甽镇三省村，于 2015 年进行修缮，是镇内较好的传统文化教育基地。每年镇关工委都会利用清明节假期组织学生在教育基地开展活动，缅怀先人业绩，学习胡三省坚韧的意志、顽强拼搏、求真求实的学术人格和讲究气节忠于国家的精神。这是新时代加强青少年树立正确的世界观、人生观、价值观的重要教育活动场所。2019 年，深甽镇关工委根据县 2019 年清明节主题活动的要求，3 月下旬，组织学生步行到三省陵园扫墓。文化活动综合楼。2013 年，柘坑张村投入 120 万元资金，新建了 720 平方米的村文化活动综合楼，大楼专设了关工委办公室、青少年活动远程教育室、图书室，安装电视、电脑、投影仪等设备，定期开放，供青少年开展业余文化活动。

（四）创办假日学校。每到假期，镇关工委都会利用“假日学校”开展形式多样、有意义的活动，为留守群体提供文体学习活动阵地。例如开展“听一场英雄人物故事会、看一场红色电影、做一件好事、参加一次公益活动”等，引导青少年深入了解中华民族的伟大梦想，进一步认识中华民族的昨天、今天和明天，教育青少年树立远大理想，胸怀大志，爱祖国、跟党走，为圆中国梦而奋斗。暑假期间，镇关工委积极对接“五老”和暑期大学生志愿者队伍，到偏远校区开展支教活动，例如杭州师范大学国际服务工程学院志愿者支教队伍已经连续五年到马岙小学开办“假日学校”，组织留守儿童开展游戏互动、作业辅导、安全教育、文艺表演等活动，受教育人数超过600人；浙江大学、宁波大学志愿者服务队也曾在假期到大蔡小学、深甽小学等开展支教活动，这既是给大学生提供了一个社会实践活动平台，也是为本镇山区留守儿童提供了一个学习课本以外知识的平台；天明书画社的“五老”骨干每年暑假都会在深甽村老年协会开办公益书法班，丰富青少年暑期生活。书法班还为学生们免费提供纸、笔、墨、字帖等。假日学校传承国学精粹，弘扬民族文化，进行青少年立德教育提升修养，为青少年健康成长提供良好的平台，受到了学生和家长的欢迎。2019年5月，浙江省书法家协会正式发文公布2019年度“浙江书法村”名单，深甽镇深甽村榜上有名。自开展书法村创建以来，深甽村积极引进总投资2亿元的宁海温泉文化艺术村，并依托成立19年的天明书画社，加快完善书法文化传承基地建设，开展青少年书法培训和三市四县书法文化交流活动，努力打响“一村一社”深甽书法品牌。深甽村荣膺“浙江书法村”，将继续依托宁海温泉文化艺术村和深甽天明书画社，充分发挥好导向作用、传承作用和平台作用，抓好青少年书法普及教育，创作书法精品力作，培养出更多的书法人才，助推乡村振兴。2019年在世界读书日掀起一股读书潮的余热中，深甽镇关工委于5月20日，分批组织各年级段学生到森林温泉景区开展了一场别开生面的户外读书活动。五月的森林温泉景区，山清水秀，景色宜人。“癸丑之三月晦，自宁海出西门，云散日朗，人意山光，俱有喜态……”深甽中学初（二）班的同学们阵阵响亮的朗读书，为景区增添了许多生气，被过路游客抓拍成了一道风景，在共读完《徐霞客游记》开篇部分后，还举行了“森林悦读”主题队课，在天然氧吧中大家席地而坐，围成一圈，相互推荐各自喜爱的书籍，交流读书方法，畅谈阅读的感想。通过户外阅读，拓展多种形式的读书会活动，进一步拉近读者与图书的距离。

（五）开展法治教育。1994年3月30日至4月8日，深甽镇关工委在建立革命传统教育和法制教育宣讲团后的清明节期间，由镇关工委副主任张天春带队，刘仁员、王亦祥、王养宽三位老干部历时10天，分别到全镇6所中学，5所小学开展法治教育宣讲11场次，4053名中小学生受到教育。1998年6月24日，镇关工委副主任张天春在深甽中学主持报告会，邀请县关工委常务副主任杨启炉作警钟行动法制报告，178名初中毕业生听取了报告。1998年12月，深甽中学聘请镇委副书记、镇关工委主任汤建芬，副主任张天春、公安派出所所长王军勇、县关工委常务副主任杨启炉等6人为校外辅导员。杨启炉对600余名师生作了《警钟长鸣，预防犯罪》的报告。2000年5月26日，县关工委杨启炉出席深甽中学一、二年级600多名师生参加的法治报告会，司法局法制科副科长韩兆铭作《中华人民共和国预防未成年人犯罪法》报告。杨启炉讲了如何走好义务教育第一步，走好青春第一步，走好理想第一步，让心灵更美，让思维更科学，让信念更坚定；做好自我服务，做好自我管理，做好自我教育，立志成为国家有用的人才。下午，杨启炉应深甽团委的预约邀请，参加镇青年干部读书会，并作专题讲课。镇关工委长期组织镇派出所、镇综治办对全镇中小学生进行法治宣传教育，并请镇综治办工作人员开展禁毒宣传，讲预防青少年犯罪课，发放普法小报等，并为青少年讲解法律知识和法治案例。镇关工委联合镇司法所、宁波望春监狱团支部等给镇中小学送去预防青少年犯罪课程、平安校园法治安全专题课程，从夯实思想基础入手营造青少年知法懂法守法的氛围。以法律知识进校园宣讲会、宣传栏展示等多种活动形式，为青少年的健康成长营造良好的生活环境、教育环境和社会环境。同时加大对校园周边环境的整治和监管力度，努力协助学校净化青少年成长的社会环境，保护青少年的合法权益，增强青少年的自我保护能力。组建“五老”网吧监督队伍，邀请派出所进行“网吧”专项治理行动，对非法接纳未成年人和网吧超时经营情况进行清理。向未成年人重点宣传《全国青少年网络文明公约》《中华人民共和国未成年人保护法》《中华人民共和国预防未成年人犯罪法》等有关青少年的法律法规。2018 年 5 月 25 日，深甽镇初级中学关工委邀请学校法制副校长、深甽派出所齐警官为广大师生作了一场别开生面的法治讲座。齐警官根据自身办案经历和体会，结合学生中常见的违法犯罪案件，以案说法，以法论事，深入浅出地阐释了青少年违法犯罪的特点和危害。齐警官指出，中学生违法犯罪时有发生，多数因同学们对自己不负责、规则意识淡薄等而引发。

（六）开展思想道德教育。1993 年 8 月，62 岁的深甽村老党员、老干部、关协会长俞福女发动关协会员对自己子女开展了一次爱党、爱国、爱学习、爱劳动、尊敬老人的教育活动，意义特殊，起到了示范作用。1997 年 8 月，深甽镇大庄老屋村关工小组邀请退休老干部刘仁员，对村内中小学生和部分家长进行思想道德、遵纪守法教育。1997 年 10 月 31 日，县关工委常务副主任杨启炉在深甽镇老年学校作“家庭是人生第一课堂。父母是终生教师”的讲课。要求老同志重视关心第二代、第三代孩子的健康成长。1998 年 12 月，深甽镇关工委委员、双湖退休干部党支部书记刘仁员向学生家长发出公开信，要求家长们重视青少年家庭教育。龙宫村陈志昌、陈伟亮等二位“五老”用亲身感受，用身边事例，用通俗语言对青少年进行社会主义核心价值观教育，改变了过去简单灌输、空洞说教的固有模式，创新了教育方式，收到了很好的效果。镇关工委联合镇团委、各中小学，充分整合各种资源，发挥“五老”作用，为青少年排忧解难、答疑解惑，针对青少年思想道德现状及德育教育等问题，探索出一条特色鲜明的关工委工作新路子。例如：3 月开展学雷锋、树新风、讲文明活动，“五四”组织开展入团仪式活动，在建党、建国纪念日前后组织学生开展爱国主义教育，教育学生听党话、跟党走。组织开展国学课堂教育等等，带动更多的青少年崇德向善，传颂好家风，涵养好家教，歌颂好师德，培育好少年。2016 年 9 月 30 日，深甽镇关工委在深甽小学开展了“传承国学经典，弘扬传统文化”之国学课堂的青少年活动，特别邀请宁海县关工委讲师团成员、退休老教师贾晓瑞前来授课。共有 150 余名中小学生参加了该次活动。课堂上贾老师一字一句一声一板认真地教学生朗读，并从中国传统蒙学书籍《弟子规》中延伸出尊老爱幼、孝敬长辈、良好的生活作息、时刻自省等做人道理，为孩子们进行了深入浅出的阐述。

（七）开展关爱帮扶。1997 年 8 月，由县关工委牵头，宁波市百丈街道汪裕铭、楼纪红与深甽小学俞赛赛、双湖小学徐佩福两位小学生结对“希望工程”助学。1998 年 6 月，经县关工委牵线，宁波百丈街道居民汪金颖资助深甽两名特困学生。1999 年 8 月 31 日，由县关工委与深甽镇关工委推荐选送的深甽中学一年级品学兼优特困生徐芳芳，在市关工委办公室主任李平等陪同下赴诸暨外国语学校接受全额免费教育。“五老”护苗行动，关爱留守儿童。镇关工委通过共建互助联盟，联合村、学校建立信息共享平台和信息资源库，借助微心愿、留守儿童结对、党群同心圆等媒介，实施标准化帮扶机制，从挑选帮扶对象、确定帮扶事项、征集帮扶物品、到最终实现落实，形成标准化的流程机制。从村、学校信息提供、镇关工委接收和对接搭配帮扶平台征集、最后由“五老”志愿者（帮扶者共同参与）落实，流水线操作，实现换人不换岗，机制常态化运转。2008 年“三好四无”创建活动中，南溪村党支部书记张杭水、张寅财父子俩结对该村 6 名困难家庭学生，还伸手援助城关、梅林等地外来工子女；2015 年夏樟村一小孩患淋巴细胞白血病，镇关工委通过社会募捐 2

万元资金送往杭州医院；2013年开始，柘坑张村每年拨出5000元资金对幼儿园入托儿童、小学生实行乘车补贴，对考上重点大学、宁海高中的优秀学生分别给予1000元、800元、500元物质奖励和精神鼓励。村6名党员干部自己掏钱结对6名家庭贫困学生。镇退休干部刘仁员、马岙村老书记俞叶根、长洋老协会会长郭金乾各自出钱结对贫困学生。镇网吧监督员胡珍娣、李宏祥，他们不管刮风下雨、严寒酷暑，尽职尽责，开展网吧日常监督工作，为未成年人健康成长做贡献。2015年"别样六一"系列主题活动拉开帷幕。县关工委常务副主任袁春林、副主任王以位、胡昌强联合深甽镇关工委、教育局关工委到深甽镇大蔡小学，向偏远地区的少年儿童捐赠体育用品和慰问金，送上节日的祝福等。活动中，县关工委还特别邀请老干部刘仁员向孩子们回忆了自己过去的童年生活。2018年5月25日，县关工委和县关心下一代志愿者协会、县教育局关工委、县红十字会一起到深甽双湖小学，给孩子们送去节日的祝福，并向教育工作者致以"六一"节亲切问候。该校17位品学兼优、家境困难的孩子接收了县关工委送去的慰问金，县红十字会给全校学生送上了节日礼物——书包和体育用品。县关工委常务副主任袁春林鼓励孩子们好好学习，好好做人，学会感恩，努力成为新一代有理想、有道德、有文化、有纪律的好学生，做一个对社会有用之人。

三、典型经验交流及所获荣誉

2015年，深甽镇柘坑张村关工委在县关工委会议上作题为《努力完善提升，积极争创"六好"示范村》的发言。

所获荣誉一览表

表7-107

时间	获奖单位、个人	所获荣誉
1993年	王养宽	县优秀校外辅导员
1994年	王养宽	县关心下一代工作先进个人
1999年	刘仁员	县关心下一代工作先进个人
2001年	深甽镇关工委	县关心下一代工作先进集体
	刘仁员	县关心下一代工作先进个人
2004年	深甽镇深甽村关工小组	县关心下一代工作先进集体
	张天春、张寅财、何叶青	县关心下一代工作先进个人
2005年	深甽镇派出所	县关心下一代工作先进集体
	戴明军	县关心下一代工作先进个人
2006年	镇关工委《未成年人违法犯罪的原因分析与对策》	县关心下一代工作调研文章三等奖
2008年	南溪村党支部	县关心下一代工作先进集体
	严文照	县关心下一代工作先进个人
2010年	长洋村关工委	县关心下一代工作先进集体
	应东白、王爱娣	县关心下一代工作先进个人

续表7-107

时间	获奖单位、个人	所获荣誉
2012 年	柘坑张村	宁波市“六有”村关工委
2013 年	柘坑张、长洋村关工委	县关心下一代工作先进集体
	吴嫩娣、张华夫、郭正钊	县关心下一代工作先进个人
	刘仁员	县关心下一代工作“五老”先进个人
2015 年	大里村、柘坑张村关工委	县关心下一代工作先进集体
	刘仁员、张华富、王才国、袁程	县关心下一代工作先进个人
	袁程	县关工委系统信息宣传工作先进个人
2016 年	柘坑张村	宁波市“五好”村（社）关工委
	傅强	县关工委系统信息宣传工作积极信息员
2017 年	祝贺	县关心下一代工作先进工作者、县关工委系统信息宣传工作先进个人、县“假日学校”先进工作者
	胡平永、张华富	县关心下一代工作优秀“五老”
	俞官邦、胡云林、胡安宝、胡道德	县“假日学校”优秀“五老”志愿者
2018 年	大里村、马岙村、三省村	市“五好”社区（村）关工委
	深甽镇关工委	县关心下一代工作先进集体
	祝贺、徐斌达	县关心下一代工作先进工作者
	张秀丽、陈志清	县关心下一代工作优秀“五老”
	祝贺	县关工委系统信息宣传工作先进个人
2019 年	张秀丽、祝贺、王苗丽、吴佳妍、左巧	2019 年度县暑期“假日学校”志愿服务工作先进个人
	祝贺	2018 年度县关工委系统信息宣传工作优秀通讯员、2019 年度县关工委系统信息宣传工作积极通讯员

第二节　街　　道

跃龙街道

一、组织机构沿革

跃龙街道前身为城关镇，1992 年 7 月 1 日成立城关镇关心下一代协会。1992 年 6 月撤区扩镇并乡，回浦、竹口、辛岭、水车等 4 个乡并入城关镇。1993 年 9 月 3 日成立城关镇关心下一代工作委员会。2001年2月，撤城关镇、梅林镇、桥头胡镇建制，合并设立大城关镇，同年4月12日调整充实后建立新的城关镇关工委。2003年10月，浙江省人民政府批准调整宁海县城关镇行政区划。撤销城关镇建制，组建跃龙、桃源、梅林、桥头胡四个街道，直属县政府。跃龙街道关工委成立于2003年10月。2007年8月调整跃龙街道关工委成员。

城关镇关工委（关协）历届成员一览表

表7-108

时间	名誉会长/名誉主任	会长/主任	副会长/副主任	理事/成员
1992年7月	储功彭	胡昌强	邬文忠、严望新、蒋天模、叶继江、朱诚	赵建义、王美君、杨显贵、林仙培、金慰祖、蒋仙妙、陈淼川、陈承悦、潘功闯、华士兴、王祥富、许昌乾
1992年9月	—	—	张秉功	—
1993年3月	—	葛家林	—	—
1993年9月	童兴全	陈贺评	邬文忠、张秉功、胡美娟、叶继江、严望新、朱诚	赵建义、王美君、陈士军、汤世水、金如才、孔茂盛、吴家惠、戴可军、沈永飞、吕聪丽、章其良、陈钢江、戴仲林、梅光宙、董京南、夏有君、潘宝娥、陈淼川、陈承悦、潘功闯、华士兴、王祥富、杨象章
1994年7月	童兴全	陈贺评	俞慧珠、张秉功、王美君、叶继江、严望新、朱诚	葛阿全、陈岳根、赵建义、陈士军、汤世水、金如才、张亚琴、胡本堂、孔茂盛、戴可军、沈永飞、吕聪丽、王世奎、蒋朝干、蒋森林、梅光宙、戴仲林、董京南、夏有君、潘宝娥、陈淼川、陈承悦、潘功闯、华士兴、王祥富、杨象章
1995年8月	张文蛟	俞德本	俞慧珠、陈岳根、张秉功、王美君、张伟标、陈士军、叶继江、严望新、朱诚	胡美娟、汤世水、金如才、胡本堂、张亚琴、孔茂盛、沈永飞、吕聪丽、章其良、王兆孟、蒋朝干、陈舟荣、潘作轮、陈淼川、陈承悦、潘功闯、华士兴、蒋克成、王祥富、杨象章
1996年4月	张文蛟	俞德本	王美君、陈士军、沈永飞、张伟标、施亚春	胡美娟、叶继江、严望新、朱诚、汤世水、金如才、张秉功、胡本堂、张亚琴、孔茂盛、吕聪丽、何凌、胡传广、蒋朝干、刘伟军、杨叶才、潘作轮、陈淼川、陈承悦、潘功闯、华士兴、蒋克成、王祥富、杨象章
1998年9月	邵兴杰	褚孟形	王美君、沈永飞、蒋朝干、施亚春、陈士军	卢炳仁、范孝勤、张洁辉、张秉功、王国宪、吕聪丽、何凌、刘伟军、徐春莲、周定国、胡传广、叶继江、严望新、朱诚、胡本堂、张亚琴、孔万林、杨象章、王惜耶、陈淼川、陈承悦、潘功闯、王家玉

续表7-108

时间	名誉会长/名誉主任	会长/主任	副会长/副主任	理事/成员
2001 年 4 月	蒋裕伦	林志来	潘海明、葛家林、潘素绒、葛珍瑜、沈永飞	陈芳、任兴才、陈先荣、赖伟春、潘银才、胡传广、金松、陈先烈、陈森川、陈承悦、叶继江、严望新、张秉功、刘金山、应必波、李文魁、林明土、祝道义、邬锡墅
2002 年 7 月	蒋裕伦	严荣祥	潘海明、葛家林、储根荣、童颖华、沈永飞	陈芳、任兴才、陈先荣、潘银才、胡传广、王启堂、金松、林启文、陈森川、陈承悦、叶继江、严望新、张秉功、刘金山、应必波、李文魁、林明土、祝道义、邬锡墅
2003 年 8 月	—	陈云苍	应满云、董安民、吴绒芬	童颖华、张薇燕、韩永伟、陈海永、陈钢江
2004 年 6 月	—	陈云苍	应满云、董安民、吴绒芬	童颖华、张薇燕、韩永伟、陈海永、陈钢江
2005 年 5 月	—	陈云苍	应满云、董安民、吴绒芬	童颖华、张薇燕、韩永伟、陈海永、陈钢江
2006 年 8 月	—	陈云苍	应满云、董安民、吴绒芬	童颖华、张薇燕、韩永伟、陈海永、陈钢江
2007 年 8 月	—	陈云苍	应满云、董安民、吴绒芬	童颖华、张薇燕、韩永伟、陈海永、陈钢江
2008 年 4 月	—	陈云苍	胡建萍（常副）、应满云、董安民、吴绒芬	童颖华、张薇燕、韩永伟、陈海永、陈钢江
2009 年 9 月	—	陈云苍	胡建萍（常副）、周亚伟、杨明辉、吴绒芬	童颖华、王伟峰、郑晓定、陈海永、胡传广
2010 年 9 月	—	陈云苍	胡建萍（常副）、周亚伟、杨明辉、吴绒芬	童颖华、胡培孝、韩永伟、陈海永、胡传广
2011 年 9 月	—	李元	郑英雄（常副）、周亚伟、杨明辉、吴绒芬	童颖华、胡培孝、韩永伟、陈海永、金志军、胡传广
2012 年 3 月	—	李元	郑英雄（常副）、周亚伟、杨明辉、吴绒芬	童颖华、胡培孝、韩永伟、陈海永、金志军、李明来
2012 年 9 月	—	李元	郑英雄（常副）、周亚伟、杨明辉、吴绒芬	童颖华、胡培孝、韩永伟、陈海永、金志军、李明来、胡和昶

续表7-108

时间	名誉会长/名誉主任	会长/主任	副会长/副主任	理事/成员
2013 年 10 月	—	李元	郑英雄（常副）、王灵敏、杨明辉、吴绒芬、胡杰芳	郑晓定、娄泱泱、杨伟芳、金志军、林小娥、胡和昶
2015 年 2 月	—	王斯苗	郑英雄（常副）、王灵敏、杨明辉、徐剑、胡杰芳	郑晓定、娄泱泱、杨伟芳、金志军、胡和昶、吕美玲
2015 年 6 月	—	王斯苗	郑英雄（常副）、朱自权、杨明辉、徐剑、胡杰芳	郑晓定、娄泱泱、杨伟芳、金志军、胡和昶、吕美玲
2016 年 3 月	—	王斯苗	郑英雄（常副）、朱自权、杨明辉、徐剑、胡杰芳	娄泱泱、程为国、杨伟芳、金志军、胡和昶、吕美玲
2016 年 8 月	—	王斯苗	郑英雄（常副）、朱自权、杨明辉、徐剑、胡杰芳	杨伟芳、娄泱泱、程为国、金志军、吕美玲、张敏
2019 年 6 月	—	—	屠常君	—

2019 年 6 月，屠常君为跃龙街道关心下一代工作委员会副主任兼宁海县关心下一代志愿者协会“跃龙街道工作站”站长。

社区、村级关工委

2001 年建立管理区关协村小组。

2001 年 4 月 13 日成立辛岭管理区关心下一代工作委员会，名誉主任林永宽，主任胡传广，副主任袁祖秀，委员方小英、周霞、王善达、邬建军、华土兴。

城关镇辛岭管理区各村关协成员一览表

表 7-109

村名	组长	副组长	成　　员
双水村	周瑞光	潘从启	任定芬、周方义、王兴朝
枧头村	蒋苗成	蒋领军	蒋金土、蒋文娟、王家玉
任家岙村	任常盛	任孝根	任雨春
赵溪村	任有法	任光明	任连官、任伟江、吕聚龙
上干溪村	任开波	任其富	任全昌、姚小芬、任根才
岙里洋村	王天兵	娄森林	娄开奎、汪福明、王银标
白龙潭村	华明惠	华祖孟	华宣荣、娄华芬、华建江
岭脚吴村	方忠辉	吴伟增	王云姣、方春法

续表7-109

村名	组长	副组长	成　　员
百亩洋村	赵呈祥	赵宏根	赵永尧、任定娟、赵炳余
辛王村	赵全寿	王文贤	陈英华、柴亚琴、娄建国、王家官
坑里村	潘崇兴	潘崇杰	潘崇连、潘兆回、徐春女
木勺丘村	娄贤表	娄贤能	娄四福、赵后贤、潘香莲
塘尾巴村	金昌贤	金云师	金方怀、金德来、吕彩姣
格水村	夏有官	夏银森	夏永金、董玉兰、娄明达

2001 年 4 月 15 日建立城中管理区关心下一代工作委员会，名誉主任章正余，主任陈芳，委员华书法、蔡宝娥、林德伟。

城关镇城中管理区各村关协成员一览表

表 7-110

村名	组长	副组长	成　　员
民主村	潘功悦	潘以良	仇建琴、华玲娣、余家明
胜利村	潘国光	潘以科	陈美青、潘晓东、陈升贵
建设村	潘富良	潘荣才	金素根、潘金春、潘初利
上洋村	郑志林	潘兴苗	王爱娟、郑志昌、郑永义
翻身村	何岳富	张志初	赵立连、朱永军、朱青根
雅致岙村	魏国仁	石象考	郑苗凤、石海航
后徐村	陈承炉	邬军达	金立娟、邬陆军、华土法
杨柳峰村	章思恩	林维宽	林爱萍、何云峰
堤树村	吴其飞	胡六永	陈亚琴、吴伟峰
庙前丁村	邵家丰	邵爱国	马丽华、蔡常明
石家岙村	汪祖连	汪寿邦、邵武军	严云仙
溪旁徐村	潘根来	应永军	赵亚芳、潘岳庆、陈金火
笆弄头村	潘作金	潘相国	王小玲、蔡春来、潘大来
赵家村	赵国军	赵招军	葛义英、潘飞江、赵建兵
隔水洋村	钱天圣	杨朝明	陈胜芬、杨朝连、杨显南
前黄村	黄大奎	黄云飞	黄爱琴、娄建平、陈昌龙
大金村	罗琥	华方模	金姣娣、金余方、金礼科
下金村	金才林	苏小凤	金宣叶、华新才
王社村	章金栋	章金树	黄再仙、俞伟江
钱岙村	潘仁根	吕家土	蔡桂芬、潘亚君、陈邦玉

续表7-110

村名	组长	副组长	成　　员
新西岙村	葛炳青	何建谊	徐菊芬、徐品锋、杨志常
唐安李村	安广育	安广陆	徐成芬
下洋吴村	王为江	俞陆友	王玲芬、吴维维、王国军
杨家村	杨启苗	徐爱君	陈素仙、王静
竹口储村	储为正	王定根	李芳芬、陈东华
桥下潘村	潘通法	林宗元	俞聪岚、潘建军
竹口村	胡根林	胡学德	葛爱芬、胡威扬
竹溪村	胡常根	陈德夫	陈玉芬、陈钒、陈承悦
竹东村	陈承军	陈洪流	陈慧燕、陈立军、陈绍忠
应家山村	陈熙江	周家官	陈木兰、周永祥、陈云昆
李和洋村	郑士军	李仁标	应红慧、郑士标
大屋村	陈先贵	陈承光	王荷素、陈金龙、陈承能
杏蒋村	陈天寿	陈玉秀	陈常仙、陈海晓、陈永庆
西洋村	应贤军	金钧来	葛幼芬、葛炎晓、葛兴全
大房村	任亚娟	葛宝林	葛青春
堂墙村	葛荣安	葛德安	葛连女、葛巧芳、郑宏根
塘溪村	仇富忠	葛凤志	葛玉琴、葛永峰、葛超
瓦窑头村	应胜时	葛开基	叶亚平、应丽琴
花山村	葛迪龙	葛天国	葛华莲、陈震宇、葛通波
茶堂村	葛明校	吴其通	王素琴、何贤珍
南岙村	葛财斌	—	葛美娣、葛卫国
后畈王村	王振官	吴国忠	王亚芳、王苗苗
横金村	金国岁	金增官	—

2001 年 4 月 16 日成立城南管理区关心下一代工作委员会，名誉主任孙建华，主任任兴才，副主任刘贤振，成员葛莉莉、王巍、王春芬、胡亚萍。

城关镇城南管理区各村关协成员一览表

表 7-111

村名	成　　员	村名	成　　员
溪南许	林世连、林亚维、许辉标	屠岙胡	胡丁飞、王亚芳、童秀君、胡常青
屠岙蔡	蔡岳定、陈妙娟、蔡宏辉、胡洋仁	西门村	钱久安、张桂洁
南门村	潘功田、章校君、龚国坤、杨根法	东镇村	金德来、吕爱英、黄功勋

续表7-111

村名	成　　员	村名	成　　员
华山村	华宣忠、王佩娣、华祥军、华丁富	北山村	傅志超、黄小云、钱将
新建村	王永兴、葛密芬、陈贤孝	大桥李	潘功允、李招娣、葛文官
跳头村	周光宝、孙夏娟、姚杰华、姚红贵	北湖村	周小来、陈玲娣、徐才术
县圃村	孔万林、方爱华、施江、王福根	斗门张	石其苗、杨贤素
山河村	吴文林、谢月苗、潘海源、俞兴友	草湖村	项夏芬、蒋岳峰、项永成
白石村	钱天森、应安仙、李侯虎、华家瑞	范家村	范智诚、范爱莲、范四海、范公信
项家村	项家根、项玲娟、俞建飞、项日增	凌塘村	石世平、蔡伟芬、陈云
前洋村	王祖春、吴叶兴、罗先行	溪南刘	刘伟杰、胡彩姣、刘海江
岭头村	周衍格、周翠莲、周小坤	罗家村	罗真明、蔡伟芬、陈先团
雪坡村	李林峰、李玲芬、华杨娟、王家灿	下白村	赵建通、陈爱娟、赵基晖、娄金奎
上白村	赵晖、陈彩雨、陈志昂、王庆官	岙里村	任希望、陈根女、徐智宽
青洋山	沈太岳、沈亚琴、杨其辉	山陈村	杨先松、朱梅兰、杨建华
杨柳村	华宣善、项美云、王伊青、赵佑兴	桃源村	王宏标、陈彩芬、林美芬、竺仁勇
汪家村	周爱仙、赵满聪、汪战兴、王友熙	坑龙王	陈幸福、章联娟、陈彩平
岭脚村	俞子友、骆定芬、杨常友	东方村	余建江、王夏娟、王振对
前张村	娄宗标、王香素、郑大兴	后张村	葛家利、汪秀英、张善金
上桥村	娄宗坤、徐宝娟、陈才林、陈贤学	坦坑村	何乾江、王菊芬、童时群、叶荣庆
下桥村	王寅章、陈冬娥、王跃斌	檀树头	杨荣苗、周珊春、周宗元

2001 年 4 月 17 日成立水车管理区关心下一代工作委员会，名誉主任卢才满，主任潘银才，副主任陈剑林，成员王泽民、林彩青、陈模平。

城关镇水车管理区各村关协成员一览表

表 7-112

村名	组长	副组长	成　　员
石舌章村	章前官	章定江	陈彩仙、章益军、章兴法
赵家山村	章兆德	章东雨	章建波、章玉娟、章士军
马婆园村	陈益根	赵宏旭	赵宏能、王忠标、张玉妹
双溪村	陈模明	叶小标	陈荷芬、叶伟长、俞小明
草坛村	李中原	吴桔标	李中强、李海珍、李苗娟
大路李村	李全银	李根平	李静芬、李文成、李木根
上枫槎村	章日根	胡丁苗	罗德良、罗四仙、章锐春
下枫槎	谢行勇	史光裕	陈金叶、葛建平、谢伟剑

续表7-112

村名	组长	副组长	成　　员
上园村	陈和平	葛垚军	陈由芳、陈中奎、葛海常
下园村	陈华法	陈宁宇	章丽花、陈晓峰、陈广协
白岩山村	华银杰	陈采林	徐忠余、叶静、陈晓芬
金家山村	潘乾明	谢达富	谢根芳、陈乾伟、潘林富
蒲岙村	杨元宏	薛绍才	徐彩芬、薛绍根、陈建成
港头村	陈才足	陈模宝	陈国妹、章杏茂、章世吉

2002年8月，怡惠、杏树两个社区建立社区关工委。2003年9月，五丰、车河、兴圃、北星、东海、县前、塔山、松竹、滨溪、振兴、中兴等11个社区建立起社区关工委。

2005年各行政村建立关心下一代工作领导小组，2008年行政村、社区建立关心下一代工作委员会，至2008年跃龙街道原96个行政村调整为12个社区27个行政村。

2005年跃龙街道村级关工委成员一览表

表7-113

村名	组长	成　　员
西门村	钱久安	王常明、杨贤臣、徐声宏、葛珍霞
南门村	潘作龙	叶雪英、杨根法、龚国坤
东方村	杨治昌	王夏娟、叶海斌、黄正对
东镇村	金德来	王玲、吕爱英、黄功顺
北山村	傅志超	钱将、黄小云、梅兴富
县圃村	孔万林	王福根、方爱华、施江
北湖村	朱财明	方治斌、陈玲娣、徐才木
杨柳村	华宣善	王伊青、项美云、赵佑兴
桃源村	王宏标	陈彩芬、林美芳、竺仁勇
白石村	钱天森	李候虎、华家瑞、应爱仙
坑龙王村	杨元兴	严妙娟、陈彩平、郑诗高
岭脚村	杨常友	任全祥、陈世森、周彩霞
跳头村	姚杰余	孙夏娟、姚红桂、姚杰华
斗门张村	石其苗	王和军、杨贤素、俞连康
大桥李村	张文福	陈姚娟、娄金尧、葛文官
华山村	华德标	华金芸、华祥军、姚丽萍
汪家村	王朝明	王根荣、汪钱兴、赵满聪
坦坑村	张步跃	王祖英、王菊芬、童时群

续表7-113

村名	组长	成　　员
前张村	娄宗标	王香素、张德宽、俞时上
后张村	李华聪	卢再萍、李辉群、张善金
檀树头	周河友	杨端才、周珊春、娄国宏
山河村	俞林标	吴人埃、谢玉苗、潘海源
范家村	葛金伟	范功海、范世海、范爱莲
草湖村	项永根	王为民、项华芬、蒋岳峰
项家村	项家根	华爱娣、项日增、俞建飞
凌塘村	石世平	严余德、陈云、章海仙
前洋村	王祖春	吴叶兴、罗先行、罗全根
岭头村	周衍格	周小坤、周银江、周福翠
溪南刘村	刘伟里	刘海江、吴兴伟、胡彩蛟
罗家村	罗军达	罗明权、罗真旺、蔡伟芬
溪南许村	许德中	许功金、林亚维、胡小华
屠岙胡村	胡登飞	胡常清、葛亚玲、童秀君
屠岙蔡村	蔡岳定	陈妙娟、蔡宏辉、蔡荣杰
雪坡村	李世东	王家灿、李玲芬、华扬娟
青洋山村	沈云防	杨其辉、沈太邦、沈亚琴
山陈村	杨先松	杨建华、黄志会、葛爱仙
岙里村	薛广银	叶定根、陈根女、薛元明
上白峤村	赵晖	陈志昂、陈利芬、陈忠先
下白峤村	赵志军	陈爱娟、赵基辉、娄金魁
下园村	陈华法	陈晓峰、陈森川、章丽花
上园村	陈和平	陈森川、葛爱娇、葛海常
蒲岙村	徐彩芬	杨元宏、陈建成
石舌章村	章成友	陈彩仙、章体吉、章科丽、章益军
赵家山村	章东雨	章兆益、章建波、葛叶娟
马婆园村	赵佑标	赵乾军、赵鸿寿、潘丽娟
双溪村	叶小标	叶伟长、叶荣庆、吴妙贞
大路李村	李跃辉	李全银、李高贵、李静芬
草坛头村	李中源	李海玲、吴妙娟、吴新武
上枫槎村	章日根	陈惠玲、郑大才、章锐春
下枫槎村	谢行勇	谢兰芳、谢伟建、谢绍法

续表7-113

村名	组长	成　　员
白岩山村	华银杰	陈晓芬、胡忠岳、徐忠余
金家山村	潘乾明	陈法根、陈乾伟、徐菊芬
港头村	严望斌	陈才尧、陈四宝、葛根娣
双水村	周瑞光	任定芬、周法林、周衍飞
枧头村	蒋海军	王江军、王爱蓉、蒋文娟
赵溪村	任定狄	任文俊、任建飞、施苗芬
上干溪村	华建成	任定波、姚小芬、潘芝霞
任家岙村	姚红君	任文明、任考根、任海建
岙里洋村	王天兵	王剑峰、严富英、娄开奎
白龙潭村	华祖孟	华永强、华宣朝、娄华芬
岭脚吴村	徐建军	王云姣、方忠辉、吴伟增
百亩洋村	赵鸿良	赵永校、赵宏良、胡赛君
辛王村	王家官	娄建军、娄宗祜、柴亚芬
木勺丘村	娄四福	赵后贤、娄建飞、潘香莲
坑里村	潘崇兴	娄荣、潘伟兴、蔡春霞
格水村	夏有官	华娟娣、娄宝才、娄明达
塘尾巴村	金晓青	王萍娟、金昌喜、金颖杰

2008年跃龙街道村级关工委成员一览表

表7-114

村名	主任	副主任	成　　员
大桥李	李昆光	李江辉、李建奎（分管教育）	李建杰、张建平、李桂兰、俞小刚、娄金尧、李忠德
坦坑	张步跃	王祖英	张根淼（分管教育）、陈再华、童提康
汪家	王小辉	汪伟军、王朝明（分管教育）	汪文富、王根荣、赵满聪、陈燕华、汪建福、汪永明、王朝平、汪战友
前张	娄宗标	俞一平、俞时上（分管教育）	汪康军、张秀红、王香素、郑学校
白峤	赵碧辉	陈海东、赵永土	储鑫标（分管教育）陈文垚、陈海江、陈志昂、范平芳、娄如林、黄仁根、陈爱娟、孔先良
岙里	徐建林	沈昂	徐真明（分管教育）、叶显更、吴回莲、叶显兵
雪坡	杨世平	李家红、王家产（分管教育）	应可仁、华扬娟、李玲芬、李世通、李世华、石小林

续表7-114

村名	主任	副主任	成　　员
草湖	项永根	项国宝、孙彩娥（分管教育）	项华芬、吕美春、项英豪、林薏芬、项振西
范家	范建国	范功旭	范建兵、范军辉、范秀君、王兆兴、范功海（分管教育）、范荣官
项家	项伟达	项振强	陈再凤、王和根、俞建飞、项永明（分管教育）、项日增
前洋	吴建华	杨亚吉	杨银华、吴中华、吴华丰（分管教育）、吴叶兴、吴先行
凌塘	石世平	蒋绍财	章根法（分管教育）、章海仙、徐承雨、陈永福、王佳宽
岭头	周衍格	周瑞旺	周银江、周行华（分管教育）周福建、周方福、周方翠
溪南刘	刘伟里	吕文标、刘建海（分管领导）	刘于金、吴明华、顾兴垚、徐为群、刘海苗、吴兴伟、吴建君、王海晓
罗家	罗军达	李海峰（分管教育）	杨志红、罗金国、罗子其、罗国华、蔡伟芬、胡仁杰
溪南许	许德中	严国光（分管教育）、许光辉	孔芬群、林国苗、林振富、许旭明
屠岙	蔡中华	胡家伟	胡腾辉（分管教育）、蔡金海、葛亚玲、胡常春、俞国明、蔡荣杰
水车	陈采校	陈兴国、陈乾利	徐彩芬、陈海江、陈根求（分管教育）、孔万青、陈星苗、潘林富、葛功来
望府	章日根（分管教育）	谢世忠、李中吉	谢行勇、陈金叶、史亦平、李中源、李根平、章森林、李中根、李跃辉、胡丁良
元峰	章成友	章伟迁、赵佑标（分管教育）	章冬禹、叶小标、陈常明、陈跃龙、章科丽、章体松、章兆益、赵常金
白岩山	华银杰（分管教育）	陈方贤	叶静、胡忠岳、陈晓芬、华军辉、葛永标
双水	周来岳	任定芬（分管教育）	施利平、陈仁法
枧头	蒋海军	蒋永明、蒋林贤	蒋苗成、蒋文娟（分管教育）、王爱蓉、陈再娟、蒋伟荣、朱思军
赵溪	任定狄	任定位、任海建、潘芝霞	任文俊（分管教育）、任根法、吕聚龙、任定波、徐万峰、蒋秋芬、施彩女、吴爱娟、任连官
白龙潭	华祖孟	华家垚、严富英	华扬能、华永强、娄华芬、华建江（分管教育）、娄有林、施家乾、施家通
云台	赵成亮	赵鸿良（分管教育）	吴善洋、吴建辉、赵慧华、赵永海、赵来江、赵宏根、赵连宗

续表7-114

村名	主任	副主任	成　员
莘村	金晓青 （分管教育）	—	王军标、潘崇庆、娄明达、娄大奎

2008年跃龙街道社区关工委成员一览表

表7-115

社区	主任	副主任	成　员
塔山社区	蒋志永	钱天森、范伟芬、杨贤求	严银武、王海亚、邬静兰、赵素娟、柴洁军、吴仲庆、杨大奎、龚国银
五丰社区	施美红	盛燕、胡秋红	黄晓红、潘以德、陈亚娟、严素云
东海社区	牟燕青	杨仁官、严利群	钱永强、安亚娥、郭雪琴、陈建华
园丁社区	林敏兰	葛勤明、章必臣	李云燕、葛亚华、胡婷婷、陈相宜、娄荣火、郭淑英
北星社区	陈燕芬	叶聪浓、朱瑞骏	方守明、王银燕、黄芝琴、徐咏秋
怡惠社区	储海娟	卢晓红、蔡海蛟、黄正紫	陈亚波、郑丹红、周群芬、王燕、邵华东、许安越、袁品望
兴圃社区	邬宁崖	俞燕飞、沈启行	任琦、王孝宏、吴爱中、林巧云、俞杏聪、陈继英
车河社区	潘惠珍	许必梁、张琼群、裘祖道	王静、娄美娟、郑志通、冯奕燕、周岳龙、柴发旺
县前社区	陈爱江	麻承安、许萌亚、王朝通	王广法、严望林、赵鸿振、童遵训、叶义忠
杏树社区	范翠娟	吕安国、胡施仁、葛丹微	薛国苗、贾晓瑞、葛荣辉、蒋本森、杨祥华、伍良明、陈素文、杨美华
滨溪社区	潘玉娣	宋华娟、俞安有	胡杏桂、叶海峰、娄霄霄、叶可观
松竹社区	王静	金琛、方婉娥	胡佩红、梁峰、杨迪军、钟俊俏

2014年跃龙街道村级关工委成员一览表

表7-116

村名	主任	副主任	成　员
大桥李	李桂兰	李如岗	李建奎、娄金义、李建杰、张建平、李忠德
汪家	王小辉	汪文富	汪永斌、王封朝、汪爱国、汪秀锋、汪建友
坦坑	张步跃	王明亮	蔡文龙、王祖英、陈文霞
前张	俞时上	娄宗标	郑学校、张秀清、张秀红、安林莉
范家	范建兵	范长江	范秀君、严杏仙、范泽峰、郑友法、范世雍
草湖	项忠孝	项家业	蒋岳峰、童泽松、项英豪
项家	项伟达	李爱恩	项永成、项方奎、刘巧萍、项永明、项日增、项永高

续表7-116

村名	主任	副主任	成　　员
凌塘	石世平	石学斌	蒋绍求、章海仙、蒋伟芳
前洋	吴建华	杨亚吉	张永根、杨银华、卢伟娟
岭头	周银江	周衍华	周衍格、周福建、周方军、周衍望、陈荼仙
溪南刘	吴明华	吕文标	顾兴垚、刘于全、吴兴伟、刘海江
罗家	罗伟振	李海峰	胡云巧、罗海彪、胡红杰
溪南许	严国光	许光辉	林振富、许振飞、孔芬群、许伟达
屠岙	蔡中华	胡腾辉、胡家伟	蔡金海、胡杰、胡根荣、蔡携娜
雪坡	王志平	陈中雷	李世顶、杨世岳、杨世平、杨勇、李保能、赵小奎、李国辉、朱灵飞、李启宏
岙里	沈昂	章成加	张鲜娣、徐天什、薛元敏
白峤	俞福亮	陈世权	吴善林、陈忠万、赵虎劲、张德华、吴葵群
水车	葛曼华	陈亦军、陈兴国、陈乾利	严望斌、徐彩芬、陈元军、陈建卫、陈海珍
元峰	章其亚	陈模明	龚亚飞、赵耀辉、施锡琦
望府	谢世忠	谢行龙	李思根、李忠源、胡丁苗、谢亚芬、吴中吉
白岩山	华银杰	陈方贤	陈鹏程、徐家余、葛永标、童桂春、陈亚芬
双水	周国良	杨建通	任林孝、陈仁全、周武光、潘波奎、应金娣
枧头	蒋苗成	蒋永明	蒋文娟、王爱蓉、倪国兴
赵溪	任定狄	任光明	吕聚龙、王银娟、姚红君
白龙潭	华嘉垚	华坤谟	华祖孟、施家钱、娄有林、华增才、施成芬
云台	吴善洋	胡建芳	赵宏良、赵洪吉、赵兵江
莘村	潘崇兴	王军标	娄四福、金云熙、夏统大、陈英华

2014年跃龙街道社区关工委成员一览表

表7-117

社区	主任	副主任	成　　员
怡惠社区	储海娟	胡佳佳	黄正紫、陈士军、徐君耕、梁亮、林从德
园丁社区	陈燕芬	章必臣、杨鑫芳、杨元肖	吴萌蕾、王小青、胡梦月、夏丽娜、金俊男
五丰社区	盛燕	潘彩花	严爱凤、李爱茹、马光明、应云成
兴圃社区	邬宁崖	应珍珍、洪佳、沈启行、叶新水	杨明良、吴爱中、葛爱华、王则贤、王孝宏、胡家统、杨梅英、张琼、方芝婷、葛勤明、朱建文、金鹏委

续表7-117

社区	主任	副主任	成　　员
车河社区	郑丹红	娄祖道、张琼群、林应	柴海霞、梁峰、黄永清、许国强
北星社区	叶聪浓	葛湛、朱瑞俊	刁渊金、徐展霞、叶红娟、董小玲、俞萍、陈亚芬、林春燕、丁从康、胡康荣、金学朗
东海社区	葛丹微	王静、杨仁官	邬梅莉、陈建华、葛盛楠、郑学宪、谢玲芳、沈再菊、王美蓉、应可盛、舒家悦
县前社区	潘以德	娄维维	葛超蓉、冯再青、胡亚琴、潘以沅、杨璐璐
塔山社区	蒋志永	杨贤求、严利群	袁莺、柴洁军、赵素娟、王宝丁
杏树社区	潘渊	贾晓瑞、徐海蓉	蒋本森、薛国苗、刘继红、潘万清、张晓净
滨溪社区	林敏兰	童仁江、叶海峰	王海亚、俞安有、童时仗、龚怀源、胡伏娟
松竹社区	潘玉娣	金琛	胡佩红、任维跃、方婉娥、张月娥、柴海勇
杜鹃社区	李云燕	杨仁鹤、陈超超	杨美娇、方守明、杨莉莉、林松燕、叶金芝、蒋能女、葛家福、陶雪娟
东观社区	黄晓红	朱家昌、任惠敏	袁挺、周汉文、王秀文、胡笑芬、杨贤富

2016年跃龙街道村级关工委成员一览表

表7-118

村名	主任	副主任	成　　员
大桥李	李桂兰	李如岗	李建奎、委金义、李建杰、张建平、李忠德
汪家	王小辉	汪文富	汪永斌、王封朝、汪爱国、汪秀锋、汪建友
坦坑	张步跃	王明亮	蔡文龙、王祖英、陈文霞
前张	俞时上	娄宗标	郑学校、张秀清、张秀红、安林莉
范家	范建兵	范长江	范秀君、严杏仙、范泽峰、郑友法、范世雍
草湖	项忠孝	项家业	蒋岳峰、童泽松、项英豪
项家	项伟达	李爱恩	项永成、项方奎，刘巧萍、项永明、项日增、项永高
凌塘	石世平	石学斌	蒋绍求、章海仙、蒋伟芳
前洋	吴建华	杨亚吉	张永根、杨银华、卢伟娟
岭头	周银江	周衍华	周衍格、周福建、周方军、周衍望、陈茶仙
溪南刘	吴明华	吕文标	顾兴垚、刘于全、吴兴伟、刘海江
罗家	罗伟振	李海峰	胡云巧、罗海彪、胡红杰
溪南许	严国光	许光辉	林振富、许振飞、孔芬群、许伟达
屠岙	蔡金伟	胡腾辉、胡家伟	蔡金海、胡杰、胡根荣、蔡携娜

续表7-118

村名	主任	副主任	成　　员
雪坡	王志平	陈中雷	李世顶、杨世岳、杨世平、杨勇、李保能、赵小奎、李国辉、朱灵飞、李启宏
岙里	沈昂	章成加	张鲜娣、徐天什、薛元敏
白峤	俞福亮	陈世权	吴善林、陈忠万、赵虎劲、张德华、吴葵群
水车	葛曼华	陈乾利	严望斌、徐彩芬、陈元军、陈建卫、陈海珍
元峰	章其亚	陈模明	龚亚飞、赵耀辉、施锡琦
望府	叶亦平	谢行龙	李思根、李忠源、胡丁苗、谢亚芬、吴中吉
白岩山	华银杰	陈方贤	陈鹏程、徐家余、葛永标、童桂春、陈亚芬
双水	周国良	杨建通	任林孝、陈仁全、周武光、潘波奎、应金娣
枧头	蒋苗成	蒋永明	蒋文娟、王爱蓉、倪国兴
赵溪	任定狄	任光明	吕聚龙、王银娟、姚红君
白龙潭洋	华嘉垚	华坤谟	华祖孟、施家钱、娄有林、华增才、施成芬
云台	吴善洋	胡建芳	赵宏良、赵洪吉、赵兵江
莘村	潘崇兴	王军标	娄四福、金云熙、夏统大、陈英华

2016年跃龙街道社区关工委成员一览表

表7-119

社区	主任	副主任	成　　员
怡惠社区	储海娟	胡佳佳	黄正紫、陈士军、徐君耕、梁亮、林从德
园丁社区	陈燕芬	章必臣、杨鑫芳、杨元肖	吴萌蕾、王小青、胡梦月、夏丽娜、金俊男
五丰社区	盛燕	潘彩花	严爱风、李爱茹、马光明、应云成
兴圃社区	邬宁崖	应珍珍、洪佳、沈启行、叶新水	杨明良、吴爱中、葛爱华、王则贤、王孝宏、胡家统、杨梅英、张琼、方芝婷、葛勤明、朱建文、金鹏委
车河社区	郑丹红	娄祖道、张琼群、林应	柴海霞、梁峰、黄永清、许国强
北星社区	叶聪浓	葛湛、朱瑞俊	刁渊金、徐展霞、叶红娟、董小玲、俞萍、陈亚芬、林春燕、丁从康、胡康荣、金学朗
东海社区	葛丹微	王静、杨仁官	邬梅莉、陈建华、葛盛楠、郑学宪、谢玲芳、沈再菊、王美蓉、应可盛、舒家悦
县前社区	潘以德	娄维维	葛超蓉、冯再青、胡亚琴、潘以沅、杨璐璐
塔山社区	蒋志永	杨贤求、严利群	袁莺、柴洁军、赵素娟、王宝丁
杏树社区	潘渊	贾晓瑞、徐海蓉	蒋本森、薛国苗、刘继红、潘万清、张晓净

续表7-119

社区	主任	副主任	成员
滨溪社区	林敏兰	童仁江、叶海峰	王海亚、俞安有、童时仗、龚怀源、胡伏娟
松竹社区	潘玉娣	金琛	胡佩红、任维跃、方婉娥、张月娥、柴海勇
杜鹃社区	李云燕	杨仁鹤、陈超超	杨美娇、方守明、杨莉莉、林松燕、叶金芝、蒋能女、葛家福、陶雪娟
东观社区	朱家昌	任惠敏	袁挺、周汉文、王秀文、胡笑芬、杨贤富

二、主要工作

跃龙街道关心下一代工作委员会建立以来，充分发挥“五老”独特优势和作用，配合有关部门加强对青少年思想道德教育，坚持以人为本，引导青少年培育和践行社会主义核心价值观，深化青少年法治宣传教育，积极预防和努力减少青少年违法犯罪，力所能及地为青少年的健康成长做好事办实事，重视基层基础工作，积极参与社会治理，加强自身建设，完成党和政府交办的各项任务，取得一定的成效。

（一）组织、队伍建设

组织建设。跃龙街道关工委在历届党委、政府的重视下，十分注重组织建设。跃龙街道前身城关镇早在1992年就成立镇关心下一代协会。原城关镇共有110个行政村建立关协小组，共有协会会员483名。1994年5月28日，全县第一个居民小区楼群关心下一代工作小组在淮河路18号大院成立。至今15个社区27个行政村关工委组织全覆盖。关工委组织还延伸到民营企业，已有18家民营企业建立关工委组织。数量不断扩大，跃龙街道共有60个关工委组织。在关工委班子配备上，街道关工委由党群副书记担任主任，副局级干部担任常务副主任，相关职能部门负责人为成员。村级关工委由村党支部书记兼任关工委主任，曾担任过村级主要干部的老同志担任常务副主任，负责日常工作，“五老”和村干部为成员。社区关工委由社区主要负责人任主任，一位在职干部负责日常工作，选配有奉献精神、有工作能力的退休干部、退休教师任副主任，配备有文化、懂电脑的年轻同志担任办公室主任，关心下一代工作经费列入政府财政预算，同时保障一定的工作条件。

“五老”队伍建设。“五老”队伍是关工委工作的主力军，壮大“五老”队伍，发挥“五老”作用是做好关工委工作的关键。跃龙街道“五老”队伍规模超千人，其中600名“五老”参与各类团队活动，担任街道宣讲团、关爱团、校外辅导员、义务网吧监督员等工作，社区组建新市民志愿服务队、帮扶结对关爱团、文化环境整治巡逻队、爱心护苗服务队、小何促和志愿服务队等团队组织。怡惠社区参与团队“五老”有300人，园丁社区“五老”参与率达50%以上，兴圃社区60岁以上老年652人，能经常参与关心下一代工作老同志有201人，“五老”参与率达到老年人口总数的30.28%。

凝聚“五老”队伍采用登门拜访动员一批、组织推荐一批、骨干引领带动一批、组织活动吸引一批等方式，还用“四心”凝聚“五老”，即虚心听取“五老”意见、热心为“五老”服务、诚心帮助“五老”解难、关心“五老”身心健康，以情动人，团结“五老”，充分发挥“五老”独特优势和经验才能作用。实践工作中涌现出一批优秀“五老”，如杏树社区退休教师贾晓瑞，她倾注爱心，献智献力，开办青少年经典诵读班，十五年耕耘无四季，汗滴花下土，爱心化雨润新苗，获得宁波市关心下一代工作突出贡献奖。兴圃社区朱启旺、杨梅英、车河社区郑志通、五丰社区杜玉英、园丁社区赵恩官等一批先进“五老”，他们默默无闻为青少年做好事办实事，为青少年健康成长作奉献。正是他们让中华传统美德精神得以薪火相传。

2017年，创新“五老”组织形式，组建“四化型”“五老”志愿者工作站。在巩固“五老”队伍建设成果基础上，组建青少年思想道德宣讲小组、关爱法制帮教小组、网吧业务监督小组、校外辅导小组、科技文化工作小组，有效发挥“五老”作用，有效服务青少年。

提升基层“五好”建设水平。2008年，草湖村、怡惠社区等11个村社开展首批村（社）校共建“三好四无”活动。在总结首批创建工作经验基础上，2009—2014年在坦坑村、五丰社区等15个村（社）开展“三好四无”创建活动，经县关工委考核验收评定，26个村（社）均获得“三好四无”共建先进单位，受到表彰。

2012年，根据中国关工委部署，开展创建“五好”基层关工委活动。当年，跃龙街道开展创建“五好”乡镇（街道）关工委活动，荣获宁波市“五好”关工委称号。2014—2016年岭头村、凌塘村、元峰村开展创建“五好”基层关工委活动，均获得县级“五好”基层关工委称号。“三好四无”“五好”关工委创建每二年进行“回头看”，逐步建立起创建“三好四无”“五好”关工委长效机制。几年来，跃龙街道70%村（社）关工委组织被评定为“五好”关工委。

2005—2009年，根据宁波市关工委部署，社区关工委开展创“五好”“六有”村（社区）关工委活动，创建活动取得了明显成效，北星社区、杏树社区、塔山社区、滨溪社区、松竹社区均荣获宁波市“六好社区”关工委称号，草湖村、前洋村获宁波市“六有村”关工委称号，怡惠社区获宁波市“六好”示范社区称号，2015年杜鹃社区关工委、车河社区关工委获宁波市“五好”村（社）关工委称号。

跃龙街道关工委“双创建”情况一览表

表7-120

年份	行政村	创建情况
2010	怡惠社区、园丁社区、草湖村、溪南刘村、溪南许村、大桥李村、赵溪村、白龙潭村、云台村、望府下枫槎村、水车上园村	通过2008年度县“三好四无”创建
	五丰社区、车河社区、兴圃社区、北星社区、东海社区、县前社区、塔山社区、杏树社区、滨溪社区、松竹社区、坦坑村	通过2009年度县“三好四无”创建
2013	杜鹃社区、前洋村	通过2012年度县“三好四无”创建
	怡惠社区、园丁社区、草湖村、溪南刘村、溪南许村、大桥李村、赵溪村、白龙潭村、云台村、望府下枫槎村、水车上园村	通过2012年度县“三好四无”提升复评
	东观社区	通过2013年度县“三好四无”创建
	五丰社区、车河社区、兴圃社区、北星社区、东海社区、县前社区、塔山社区、杏树社区、滨溪社区、松竹社区、坦坑村	通过2013年度县“三好四无”提升复评

续表7-120

年份	行政村	创建情况
2015	银河社区	通过2014年度县“三好四无”创建
	杜鹃社区、前洋村	通过2014年度县“三好四无”提升复评
2016	岭头村、凌塘村	通过2015年度县“五好”基层关工委创建
2018	元峰村	通过2017县“五好”基层关工委创建
	怡惠社区、园丁社区、五丰社区、车河社区、兴圃社区、北星社区、东海社区、县前社区、塔山社区、杏树社区、滨溪社区、松竹社区、东观社区、银河社区、草湖村、溪南刘村、溪南许村、大桥李村、赵溪村、白龙潭村、云台村、望府下枫槎村、水车上园村、坦坑村、杜鹃社区、前洋村、岭头村、凌塘村	2007—2015年度通过县“五好”基层关工委提升复评
2019	岙里村	通过2018年度县“五好”基层关工委创建

（二）加强青少年思想道德教育

街道关工委配合有关部门加强对青少年思想道德教育，坚持以人为本，德育为先，立足青少年身心特点、成长规律的各种实际，在各个时期开展多种形式的加强青少年思想道德教育。

爱国主义教育。每年清明节，组织青少年到烈士陵园、爱国主义教育基地接受爱国主义革命传统教育；1994年，县关工委主任孙愫贞带领宁海中学学生步行到岔路镇梅花村和前童镇鹿山陵园接受革命传统教育，同时访问革命老区烈士家属；组织“五老”向青少年学生讲中国伟人毛泽东、周恩来革命时期的故事；1998年12月，县关工委常务委员俞世识向跃龙中学800名师生作《纪念“一二·九”，继续发扬革命传统》的报告，勉励青少年学生要与祖国同呼吸共命运，为祖国的强盛勤奋学习；2010年，园丁社区关工委邀请曾参加过抗日战争的离休干部李殿法讲述抗日战争故事，教育激发青少年的爱党爱国热情。2018年11月16日，为了引导青少年自觉传承红色基因，争做时代新人，县关工委、“振宇叔叔”工作室携城关中学师生到柔石故居参观，接受红色教育。

文明道德教育。街道关工委组织宣讲团成员深入村（社）校开展对青少年讲文明、树新风的道德教育，组织青少年开展“自强自立”为主题的读书教育活动，推荐阅读《张海迪的故事》《勤奋自学成大器》《我的生活——海伦自传》等书籍，激发青少年热爱读书、读书育人、自强自立的精神；1993年10月13日，邀请县关工委主任孙愫贞向城关中学1300名师生作《发扬宁海精神》的报告；1997年，白石村关工委举行暑期教育会，动员部署开展青少年“三德五爱”教育；2009年，草湖村关工委在青少年中开展社会公德、家庭美德教育，增强广大青少年讲文明树新风、礼貌待人、邻里团结、家庭和睦的自觉性。各社区开展文明快乐健康成长和做文明有礼貌的好少年主题活动；2009年，街道关工委在辖区范围发放致青少年学生家长的一封公开信，号召青少年学生积极投入争创“三好”青少年和“十佳”好少年活动。通过评选，对获得“三好”青少年、“十佳”好少年进行表彰和奖励。

法治教育。1996年6月23日，跃龙街道关工委组织潘天寿中学500名初中毕业生参加法制报告会，请县关工委副主任朱瑞骏作《警钟长鸣 寄托希望》的专题报告。县委副书记史小华到会作了重要讲话，他强调，“警钟行动”是以预防青少年犯罪为主要内容的一项很有意义的活动，希望青少年要增强法治意识，把握人生每一步，使自己成为跨世纪的栋梁之材。县关工委顾问赵淳然在柔石中学向300名初中毕业生作了《法制警钟长鸣，防止违法犯罪》的报告。县关工委常务副主任杨启炉、副主任林贵清、校外辅导员胡施仁等同志分别到城北小学、城关镇中学等学校作“警钟行动”的法治报告。1998年，城关地区中小学校均配上一名法制副校长，更好地开展对青少年的法制教育。2000年5月，城关镇中学开展预防青少年犯罪再教育活动，园丁社区组织“五老”对问题青少年结对帮教，耐心做思想工作，帮助解决实际问题，引导他们走上正规道路，帮教对象无一例重新犯罪。2000年10月，邀请县人民法院少年庭庭长张冬娣、司法局韩兆铭对青少年进行法制讲座。几年来还深入开展“关爱明天 普法先行”的青少年法治教育，贯彻落实《未成年人保护法》和《预防未成年人犯罪法》，维护未成年人合法权益，法治教育获得较好效果，未成年人犯罪率明显下降。2014年5月23日，跃龙街道杜鹃社区组织法律援助服务队的在职党员在科达学校举行了一场主题为“法制宣传进校园”志愿服务活动，以预防在校学生违法犯罪为重点，着力提升青少年的法律素养和法律意识。课堂上，县拘留所所长朱汉林根据宁海县近年青少年犯罪的趋势、原因、影响及预防，并结合具体的案例做了深刻的讲解。现场还有来自县司法局、县检察院、县公安局、县市场监督管理局梅林所等单位的党员对现场中小学生分发了《预防未成年人犯罪法》《宪法》《食品安全法》和新《消法》等学习读本和宣传手册。2018年9月12日，城东小学关工委邀请跃龙街道派出所的警官杨贤求和叶振宇为同学们上了一堂“法治安全教育第一课”。活动中，叶振宇从开学初孩子们上下学情况入手，涉及交通、预防欺凌等方面进行法治教育，通过有趣的知识问答，以通关打卡的形式吸引孩子们积极参与，最后是观看视频，结合典型案例进行讨论，学以致用，使所学的法治知识真正消化。2019年5月4日开始，跃龙街道关工委组织街道团工委、综治科、司法所和社区工作人员，走进辖区一职高、潘天寿中学与辛岭小学等学校开展“平安校园”宣传活动，利用平安直通车、宣传板、微课堂等形式，宣传扫黑除恶、禁毒、消防、法律、自我保护等知识，为师生们撑起未成年人的保护网。

传统文化教育。2004年，杏树社区开办青少年经典诵读班。经典诵读班的办学宗旨是以传统国学启蒙，促进青少年的思想道德建设和中华传统美德教育。诵读班以人民文学出版社出版的《儿童中国文化导读》为专用教材，结合学习《弟子规》《大学》《中庸》《老子》《唐诗三百首》等传统经典书籍。倡导父母慈爱、子女孝顺、尊老爱幼、家庭和睦。14年来，400名青少年通过学习教育，受到德育文化熏陶，增强对传统文化的理解和热爱，养成良好的道德行为规范，促进健康成长。杏树社区经典诵读班为全街道向青少年进行传统文化教育起到了引领作用，十六个社区普遍开展组织青少年学习《弟子规》古代经典著作活动，弘扬传统文化，培育青少年良好的道德品质和文明行为，这是跃龙街道关工委加强对青少年思想道德教育和素质教育的一个亮点。

社会主义核心价值观教育。几年来，每年突出一个主题，面向青少年开展形式多样的社会主义核心价值观的宣传教育活动。“学党史，颂党恩，跟党走”“学雷锋，心向党，讲品德，见行动”“老少共筑中国梦”“爱学习，爱劳动，爱祖国”等主题教育活动有声有色。教育中积极引导青少年从基本道德规范做起，自觉践行社会主义核心价值观，做到学用结合、知行统一，提升教育效果。激发青少年增强爱党爱国热情，增强中国特色社会主义的理论自信、道路自信、制度自信、文化自信，听党话，跟党走。

2019 年 5 月 7 日，跃龙街道城关中学举行首届诗词吟唱比赛。一首首经典古诗词被师生们巧妙编排，配以歌舞等艺术形式深情演绎，充分展现了古诗词的韵律美和意境美。城关中学旨在通过举行此次诗词吟唱比赛，促进学校“诗词文化校园”建设活动的深入开展，激发学生的古典诗词阅读兴趣，为学生打开一扇古典诗词的大门。

（三）为青少年做好事办实事

为使青少年健康成长，街道关工委坚持教育与服务相结合，注重从心理健康上、权益维护上、学习环境上、日常生活上关注青少年的需求，广泛开展关爱服务公益活动，为青少年做好事办实事。

2007 年 12 月，在县民政局、县红十字会等单位支持下，五丰社区关工委建立“爱心服务超市”，为特殊青少年群体献爱心活动。10 余年来，“爱心超市”共募集款物 60 余万元，发放各类款物 40 余万元，受益困难群体达 3 万余人。

北星社区开办“四点钟”学校。北星社区地处中心城区，县实验小学座落于该社区，学校有学生 4000 余名。为解决学校放学早、家长下班迟，近 2 小时时间段及双休日学生无人照管状况，2009 年 7 月北星社区联合辖区内文峰书院开办了北星社区“四点钟”学校。10 余年来，入校学生达 5500 人次，解决很多家庭后顾之忧，也让孩子们找到了自己兴趣的课程。“四点钟”学校给学生提供了丰富的课余生活学习场所，受到社会各界好评。

怡惠社区关工委于 2010 年 3 月成立“蒲公英”志愿服务队，共有队员 300 余人。几年来“蒲公英”志愿服务队以弘扬志愿精神，展示助人为乐服务理念，开展爱心护苗、结对帮扶、义务巡逻、咨询宣传等志愿服务活动。“蒲公英”志愿者成立网吧监督小组，定期不定期对辖区 8 家营业性网吧进行监督检查，基本制止了未成年人进入网吧和网吧中存在的违规行为。100 余名爱心护苗队员，不管刮风下雨与交警一起维护交通秩序，护送学生上学、放学过马路交通安全，志愿者的爱心奉献给小朋友带来温暖，得到家长和社会的好评。

县前社区关工委自 2013 年以来组织“五老”成立校园护苗队，分别在城中小学等 3 个学校门口为孩子上学、放学期间的交通安全站岗执勤。长达 11 个学期，校门口的护苗执勤没有间断过一天。人数从开始的 10 余人扩大到 27 人。护苗队员不惧风雨，寒来暑往，大手牵小手，一个个有序的安全护送离校学生。莫道桑榆晚，护苗情更深。这些“五老”护苗队员，心怀赤子之心，履行社会责任，为了孩子，为了明天，用实际行动为和美跃龙增添了一抹靓丽色彩。

为了让青少年健康快乐成长，兴圃社区关工委针对青少年的心理问题增多情况，成立青少年心理咨询工作室。“心圃花开”心理咨询工作室是一个以疏导青少年心理障碍，帮助青少年积极向上，健康成长为目标的人性化的心理服务平台。咨询工作室建立以来，已接待不同年龄青少年 30 余人，深受青少年及家长欢迎。“心圃花开”工作室搭建交流平台、发放健康科普资料、建立回访制度，不断提升青少年心理健康意识、自我调节心态，达到自我自治效果。

为丰富青少年业余生活，促进青少年健康成长，积极探索学校、社区、家庭“三位一体”的教育模式，杜鹃社区创建青少年校外教育阵地示范点。杜鹃社区青少年活动中心内设多功能厅、图书室、电脑室、文体活动室、国防教育室等，室外文体休闲广场有篮球场、健身器材、健身路径等。活动中心是青少年校外学习活动的理想场所，他们学习活动积极性高，气氛活跃，寓教于乐，富有感染力，获得了良好效果。

为了解决外来工子女上学难，2011 年怡惠社区关工委开展阳光助学活动，开办育才小学外来工子女学校，共有入学学生 345 名，学校在爱心企业宁波俊均包装出口有限公司的支持下，捐资 20 万元建立阳光助学基金，首批 74 名贫困新市民子女得到帮扶，共发放善款 12.398 万元。街道关工委联合有关部门开展特殊青少年群体献爱心活动，2011 年联合慈善总会，向 26 名困难外来工子女发放善款 4.508 万元，为本地 48 名困难青少年发放善款 7.89 万元，受益青少年纷纷表示，努力读书，以优异的成绩感谢党和政府以及关工委的关爱。

杜鹃社区内的科达学校是一所由外来务工人员孩子就读的学校，这里的孩子来自中国的五湖四海。杜鹃社区关工委开设在科达学校的"假日学校"主要以小学 1~6 年级学生为服务对象，致力于解决辖区部分双职工孩子暑期无人照看的困难，同时也丰富孩子们的假期生活。在课程设计上还增设了简笔美术、手工剪纸、DIY、趣味数学、爱国教育、安全知识教育等。其中第一节课就是来自赣南师范学院美术学专业的志愿者冯赛男为小朋友带来的一场生动美术课。

2019 年 4 月 16 日，科达学校 30 多名新宁海人学生参加了杜鹃社区为其量身定制的以"敞开心扉 拥抱你我"为主题的"守护童心——促进新宁海人环境融入项目"活动。该项目已入选县 2019 年福利彩票公益金资助服务项目，后续还将开展"学习改变人生"、"走进宁海"等阶段活动，通过循序渐进的方式，引导他们更好地融入学校、融入宁海，快乐成长。

三、工作品牌及所获荣誉

二十多年关心下一代工作，打造出不同类型、富有实效的基层关心下一代工作品牌，呈现出不少亮点，获得不少集体和个人的先进荣誉。

（一）工作品牌

1995 年 3 月 8 日，《中国火炬》第三期刊载宁波市关工委撰写的《楼群关工小组在探索前进》一文，报道宁海县跃龙街道淮河路 18 号大院楼群关工小组事迹。

五丰社区青少年爱心服务社被评为宁波市社区民间组织互动示范基地，宁波市十好百佳社区民间组织先进单位，2009 年荣获慈善爱心奖，同年荣获省红十字会奉献服务奖。

2013 年，跃龙街道关工委荣获全国"五好"基层关工委称号。

2018 年 4 月 11 日，中国关工委常务副主任兼秘书长杨志海、常务副主任刘峰岩、中国关工委办公室主任陈红旗一行到宁海县车河社区调研"五好"基层关工委创建、基层关工委组织运行、体制机制的新途径及青少年健康成长成才新情况新问题等，车河社区关心下一代工作得到高度肯定。

（二）所获荣誉

1994 年 9 月，城关镇关工委、城关镇竹溪村关协小组受县委表彰，荣获关心下一代工作先进集体称号；叶继江、陈承悦获关心下一代工作先进个人称号。

1996 年，城关镇淮河路 37 号大院原县府宿舍荣获"八五"期间儿童少年工作先进集体称号。

1999 年 2 月，城关镇淮河路 37 号楼群关工小组、白石村关工小组荣获宁海县关心下一代工作先进集体称号，张秉功荣获宁海县关心下一代工作先进个人称号。

2000 年，叶继江因坚持满十年关心下一代工作，受到宁海县委、县政府表彰。

2001 年 2 月，城关镇竹溪村关工小组荣获宁海县关心下一代工作先进集体称号，陈承悦、潘海明荣获宁海县关心下一代工作先进个人称号。

2003—2004 年度，园丁社区关工委荣获宁波市关心下一代工作先进集体称号。

2004 年 1 月，园丁社区关工委、双水村党支部、水车村关工小组、城关派出所荣获县关心下一代工作先进集体称号，童颖华、沈永飞、叶继江、华宣善、钟维强、葛忠长荣获县关心下一代工作先进个人称号。

2005年11月，怡惠社区关工委、北星社区关工委、杏树社区关工委、车河社区关工委被宁波市关心下一代工作委员会授予宁波市“六好”社区关工委称号。

2005年12月，跃龙街道关工委、五丰社区关工委、水车关工小组荣获县关心下一代工作先进集体称号，童颖华、范翠娟、华宣善荣获县关心下一代工作先进个人称号。

2005—2006年度，朱家源、范翠娟荣获宁波市关心下一代工作先进个人称号。

2006年12月，跃龙街道关工委提交的由朱家源执笔的调研文章被宁海县关工委评为纪念奖。

2008年1月，杏树社区关工委、西门经济合作社党委荣获县关心下一代工作先进集体称号，叶继江、邵华东、项永根荣获县关心下一代工作先进个人称号。

2007—2008年度，储海娟荣获宁波市关心下一代工作先进个人称号。

2008—2009年度，跃龙街道关工委、草湖村关工委、怡惠社区关工委荣获县关心下一代工作先进集体称号，胡建萍、李昆光、储海娟荣获县关心下一代工作先进个人称号。

2009—2010年度，跃龙街道关工委荣获宁波市关心下一代工作先进集体称号；怡惠社区关工委荣获宁波市“六好”示范社区关工委称号；东海社区关工委、五丰社区关工委、县前社区关工委、塔山社区关工委、滨溪社区关工委、松竹社区关工委荣获宁波市“六好”社区关工委称号；草湖村关工委荣获宁波市“六有”村关工委称号。项永根荣获宁波市关心下一代工作先进个人称号。

2011—2012年度，跃龙街道关工委荣获宁波市“五好”镇乡街道关工委称号；兴圃社区关工委荣获宁波市“六好”示范社区关工委称号；园丁社区关工委、杜鹃社区关工委荣获宁波市“六好”社区关工委称号；前洋村关工委荣获宁波市“六有”村关工委称号；前洋村关工委、怡惠社区关工委、园丁社区关工委、跃龙街道派出所荣获宁海县关心下一代工作先进集体称号。郑英雄、项忠孝、朱起旺、贾晓瑞荣获宁海县关心下一代工作先进个人称号。

2012年度，跃龙街道关工委荣获宁海县“五好”乡镇（街道）关工委称号。

2013年度，跃龙街道关工委荣获全国五好基层关工委先进集体称号，郑志通、黄正紫、李冠华、贾晓瑞、杨梅英荣获宁海县关心下一代工作“五老”先进个人称号。张艺婷被评为县关工委系统信息工作先进个人。郑英雄撰写的《当前青少年违法犯罪的特点成因及对策》、怡惠社区关工委胡佳佳撰写的《关于辖区内中小学生课余生活现状的调研》均获2013年度关心下一代工作优秀调研报告二等奖，贾晓瑞荣获评为县关心下一代工作宣讲先进个人称号。

2014年度，跃龙街道关工委荣获宁海县关工委信息宣传工作先进集体称号，吕美玲荣获县关工委系统信息宣传工作二等奖。贾晓瑞荣获县关心下一代工作宣讲先进个人称号。

2013—2014年度，杜鹃社区关工委荣获宁波市关心下一代工作先进集体称号。郑英雄荣获宁波市关心下一代工作先进个人称号；怡惠社区关工委、杜鹃社区关工委、车河社区关工委荣获宁海县关心下一代工作先进集体称号，吴建华、杨美娇、林应荣获宁海县关心下一代工作先进个人称号。

2015年度，跃龙街道关工委荣获宁海县关工委信息宣传工作先进集体称号，吕美玲荣获信息宣传工作优秀信息员称号，贾晓瑞荣获县青少年思想道德教育宣讲团优秀宣讲员称号。

2016年度，贾晓瑞荣获市关心下一代工作突出贡献奖、县青少年思想道德教育宣讲团先进工作者称号。跃龙街道关工委荣获宁海县关工委信息宣传工作先进集体称号，胡梦月荣获信息宣传工作优秀信息员称号，陈亚云荣获信息宣传工作积极信息员称号。

2015—2016 年度，杜鹃社区关工委、车河社区关工委荣获宁波市“五好”村（社）关工委称号，吕美玲荣获宁波市关心下一代工作先进个人称号，贾晓瑞荣获宁波市关心下一代工作突出贡献奖称号；车河社区关工委、兴圃社区关工委、杜鹃社区关工委、五丰社区关工委荣获宁海县关心下一代工作先进集体称号。郑英雄、王银燕、胡梦月、林应荣获宁海县关心下一代工作先进工作者称号，郑志通、吴爱中、贾晓瑞、韩桂清荣获宁海县关心下一代工作优秀“五老”称号。

自 2012 年宁海县关工委创办“假日学校”以来，涌现出一批优秀“五老”志愿者和先进工作者。2017 年宁海县关工委对优秀人员进行了表彰，杨继桢、章彩桂、葛文娟、蒋春林、陈彩芬、张月娥、胡伏娟、葛为仁、李小明、孙静芳、贾晓瑞荣获优秀“五老”志愿者称号，叶翠娟、潘陈赢、陈祎祺荣获先进工作者称号。

2018 年 4 月 18 日，潘陈赢荣获 2017 年度宁海县关工委系统信息宣传工作优秀信息员称号，叶敏荣获 2017 年度宁海县关工委系统信息宣传工作积极信息员称号。

2018 年 12 月 28 日，贾晓瑞、金礼成被宁波市关心下一代工作委员会、宁波市关心下一代基金会评为宁波市“最美五老”志愿者称号；杏树社区、五丰社区、兴圃社区、园丁社区、东观社区荣获宁波市“五好”社区（村）关工委称号。

2018 年 12 月 29 日，五丰社区、东观社区、园丁社区、岙里村荣获宁海县关心下一代工作先进集体称号；陈祎祺、金欣颖、郑洁、潘陈赢荣获宁海县关心下一代工作先进工作者称号；方婉娥、应云成、郑志通、葛为仁荣获宁海县关心下一代工作优秀“五老”称号。

2019 年 1 月 21 日，潘陈赢、葛晓蒙荣获宁海县关工委系统信息宣传工作积极通讯员称号。

2019 年 10 月 15 日，王建中、沈启行、周国富、吕伟仙、胡雅琴、潘陈赢、陈祎祺、葛盛楠、李昕、叶敏、刘琳、陈爱江、陈奕廷、赖祥飞、林子宁、徐凯阳、蒋晨恬等 17 人荣获 2019 年度宁海县暑期“假日学校”志愿服务工作先进个人称号。

2019 年 12 月 12 日，跃龙街道关工委荣获 2019 年度宁海县关工委系统信息宣传工作先进集体；潘陈赢荣获 2019 年度宁海县关工委系统信息宣传工作先进个人；陈祎琪荣获 2019 年度宁海县关工委系统信息宣传工作积极通讯员称号。

桃源街道

2003 年 11 月，宁海县桃源街道关心下一代工作委员会（以下称街道关工委）成立。在街道关工委成立前，现所辖属的回浦及竹口办事处（时由原城关镇管辖）关工委已经组建并开展各项活动。街道关工委成立后，街道党政领导高度重视和支持关工委工作。2010 年以来，分别得到时任街道党群副书记应必越、陈开才、钱卫挺、陈开友和街道办事处副主任洪爱萍等作出的多次批示。2017 年，桃源街道党工委书记李乃江到任后，并将街道关工委办公室配置专职工作人员由 1 名增加到 2 名；街道关工委工作经费在 2017 年财政预算安排 10 万元的基础上，2018 年增加到 15 万元。

一、街道关工委成立前回浦、竹口乡关工委组织建设及活动

辖区内关工委机构及活动　1992 年 5 月 11 日，竹口乡竹溪村关协小组建立。组长陈文兴，副组长陈承悦、陈坚斌，秘书陈承义。

1992 年 9 月上旬，竹口乡竹溪村关协小组召开社会青少年家长座谈会，14 位家长出席座谈，加强对青少年思想品德教育。

1992年10月30日，竹口乡竹溪村关协小组召开村社会青年会议，邀请县关工委副主任林贵清作法制与道德报告。50多位农村青年听了报告。

1995年5月10日，竹溪村关协小组召开座谈会，9位老同志商讨了如何进一步做好本村青年的教育工作。

1996年春节前夕，城关镇竹溪村关协小组向竹溪青少年印发春节祝贺信函，宣传1995年村工农业生产喜人业绩和1996年建设蓝图。

1996年5月4日，县关工委常务副主任杨启炉向竹溪村党支部、团支部、村关协联合召开的“五四”庆祝会后的100余名青年作了法制和道德的报告。

1996年6月28日，竹溪村关协小组召开中小学生家长会，就暑假期间如何教育孩子进行讨论。县关工委林贵清副主任到会讲了话。

竹溪村关协小组副组长陈承悦在出席1996年10月18日召开的宁波市双先表彰会回村后，当即向村党支部书记陈文兴作了汇报，并在10月20日老年节召开的关协成员会议上，向老同志传达了会议精神。竹口办事处主任孔来友出席会议，听取传达。竹溪村关协、老协118名会员参加会议。

1997年4月，竹溪村关协小组陈承悦、陈金田、丁翠英、陈文兴等在城关镇关工委沈永飞、竹溪村党支部副书记陈常宏、县关工委副主任林贵清的陪同下，赴县公安局看守所对该村在1996年“10·2”事件（福利彩票事件）中犯有罪错的失足青年蔡某某进行了面对面的帮教。

1997年“六一”，竹溪村关协小组组织农村青年举行“迎回归”座谈会。

1997年7月14日，竹溪村关协小组召开应届初、高中毕业生座谈会。村党支部正、副书记，团支部副书记对毕业生提出“一颗红心、两种准备，争做21世纪接班人”的要求。

1998年3月1日，城关镇竹溪村关协小组陈承悦、章木兰等一行4人，赴省少管所帮教该村失足青年陈某某。

1998年3月，宁波市及宁海县综治办在城关镇竹溪片召开重点乡镇整治工作现场会议，县关工委孙愫贞主任应邀出席。竹溪村治保主任在会上介绍了党支部、关协小组、治保小组如何做好整治工作的情况。

1998年6月，城关镇关工委副主任沈永飞、委员张秉功向竹口初中、回浦初中225名初中毕业生作警钟行动报告。

1998年12月，县关工委副主任林贵清到竹溪村与竹溪村关工小组，组织农村青年学习中共十五届三中全会关于农业发展的有关文件。

1999年5月，县关工委副主任林贵清赴竹口中学向全校师生作法制报告。

2000年7月12日上午，城关镇竹溪村党支部和村关工小组在党支部会议室召开了“九八、九九”两届初中、高中毕业生座谈会，33位毕业生、6位关工小组成员、党支部正副书记、村委会主任等42人参加了理想、信念座谈会。

2000年1月20日，城关镇竹溪村关工小组会同城关镇教育系统关协向辖区内的未成年人家长寄发了165份公开信，并附摘录《中华人民共和国预防未成年犯罪法》有关章节。要求家长在学好“预防法”的同时，依法管教好自己的孩子。

2000年12月28日，城关镇竹溪村党支部、村委会、经济合作社、关工小组联合召开14至25周岁青少年家长法治学习会，参加学习会共70余人。县关工委常务副主任杨启炉应邀出席。会议由党支部副书记张光家主持，杨启炉首先传达了中办、国办〔2000〕62号《关于进一步加强预防青少年违法犯罪工作的意见》的通知精神，分析并列举了青少年基本情况和青少年违法犯罪的突出问题和典型案例，肯定了竹溪村在对青少年预防犯罪教育方面所取得的成果，着重就“青少年与法”作了讲座。党支部书记胡常根讲话。

辖属关工委机构及个人所获荣誉

历年荣获关心下一代工作先进集体、先进个人称号一览表

表 7-121

获评时间	市县先进集体称号及单位	市县先进个人称号及姓名
1996 年 10 月	—	宁波市关心下一代先进个人：陈承悦
1998 年 11 月 23 日	—	宁波市关心下一代先进个人：陈承悦
1994 年 9 月	宁海县关心下一代先进集体：城关镇竹口乡竹溪村关工小组	宁海县关心下一代先进个人：陈承悦

二、街道关工委机构及人事沿革

历任街道关工委机构及人事　2003 年 10 月 18 日，宁海县桃源街道办事处建立，是年 11 月，桃源街道关工委成立后，主任由时任党群副书记张珊桂担任。此后党群副书记调换，关工委主任也同时随之调整。2008 年 3 月，街道关工委设常务副主任，由退居二线的正局级干部邬茂福担任。2015 年，新增设副主任三名，分别为陈慧慧（街道办事处分管社会事务副主任）、洪爱萍（分管社区的副主任）、叶月玲（副局级的妇女主任）。

桃源街道关工委历任领导班子成员一览表

表 7-122

时　间	主 任	常务副主任	副主任
2003 年 11 月	张珊桂	—	陈士军、吕聪丽、陈承悦
2005 年 9 月	张珊桂	—	石伟十、吕聪丽、郑永义
2006 年 8 月	骆春波	—	邬茂福
2008 年 3 月	骆春波	邬茂福	—
2009 年 8 月	应必越	邬茂福	—
2011 年 9 月	陈开才	邬茂福	俞明军
2012 年 8 月	陈开才	邬茂福	杨继宠、俞明军
2015 年 6 月	钱卫挺	邬茂福	陈慧慧、洪爱萍、仇汝兵、应巧娣、俞明军
2018 年 5 月	陈开友	邬茂福	陈慧慧、洪爱萍、仇汝兵、应巧娣、俞明军
2019 年 5 月	陈开友	胡伟彬	陈慧慧、洪爱萍、仇汝兵、应巧娣、邬茂福

历任村级关心下一代工作机构及领导　桃源街道村级自 2011 年开始设立关心下一代工作组织，主任均由村党支部书记担任；凡村级组织换届选举后，村级关工委亦进行及时调整更换。（桃源街道村关工委历任领导班子详见表 7-123~7-127）

桃源街道村级关工委机构及历任领导班子成员表一览表

表 7-123

时间	村别	主任	副主任
2011年6月	下桥村	王寅柱	陈冬娥、王比荣
	石家岙村	林李飞	汪文见
	溪旁徐村	应永军	应秀童、陈承丰
	竹口村	胡学德	陈承明、潘才常
	竹溪村	陈先宽	陈青义
	竹东村	陈三超	柴永君、王林常
	应家山村	陈永长	葛欢愉、陈云昆
	李和洋村	李家斌	郑士军
	大屋村	姜承多	陈承能
	杏蒋村	陈添寿	陈志飞
	唐安李村	安建伟	安卫罡
	下洋顾村	顾建国	顾元杰、陈成友
	塘溪村	葛　挺	王文明、仇富忠
	瓦窑头村	胡安徽	胡四江、胡家毅
	横金村	金礼家	金爱民
	华庭社区新建经济合作社	陈伟杰	王永贵、刘新亮
	金桥社区上桥经济合作社	娄宗坤	李国太
	阳光社区大金经济合作社	金德真	罗仲良
	阳光社区前黄经济合作社	娄建平	娄亮明
	阳光社区下金经济合作社	胡青春	金三土
	湖西社区隔水洋经济合作社	杨朝龙	杨宽昆
	湖西社区赵家经济合作社	赵国军	俞明国
	湖西社区笆弄头经济合作社	潘昆利	潘相庆、陈如方
	湖西社区桥下潘经济合作社	林家明	潘通法
	湖东社区下洋吴经济合作社	林华东	吴建国
	湖东社区杨家经济合作社	杨方国	徐福通
	湖东社区竹口储经济合作社	储为正	王定根
	湖东社区王社经济合作社	李亚珍	陈欢伟
	湖东社区钱岙经济合作社	陈序斋	徐青永
	湖东社区新西岙经济合作社	赵志校	葛炳青
	冠庄社区民主经济合作社	潘以秋	潘荣奎、胡功金

续表7-123

时 间	村　别	主任	副主任
2011 年 6 月	冠庄社区胜利经济合作社	潘以朝	潘国勋、潘自强
	冠庄社区建设经济合作社	潘武成	周时仙
	冠庄社区上洋经济合作社	潘荣才	潘以国
	冠庄社区翻身经济合作社	何大全	郑志飞、朱通林
	冠庄社区雅致岙经济合作社	魏国仁	石海舟
	冠庄社区后徐经济合作社	陈成芦	邬兴江、邬茂兵
	浦西社区徐家经济合作社	徐智亮	丁松成、俞成友
	浦西社区瓦窑山经济合作社	王乾元	王乾元
	浦西社区下潘经济合作社	严常苗	严跃进

桃源街道村级关工委机构及历任领导班子成员一览表

表 7-124

时间	村别	主任	副主任
2011 年 6 月	浦西社区大庙坪经济合作社	徐金苗	徐中南
	浦西社区方田经济合作社	王全江	王全标、严雅钱
	浦西社区杨柳峰经济合作社	林建通	娄绍宝
	浦西社区堤树经济合作社	吴伟丰	吴其飞
	浦西社区庙前丁经济合作社	章兆法	邵家宽
	泉水社区西洋经济合作社	葛文科	葛圣全、葛开方
	泉水社区大房经济合作社	葛礼水	葛昌贵、葛诗坤
	泉水社区堂墙经济合作社	孔忠贤	葛昌成、俞明军
	泉水社区下洋葛经济合作社	葛肖余	葛时省
	泉水社区后畈王经济合作社	王世宏	王仲法
	山水社区尤家经济合作社	尤荣明	尤永标、尤孝根
	山水社区上山尤经济合作社	尤国平	尤银立
	山水社区花山经济合作社	葛晓聪	葛德土、葛永军
	山水社区南岙经济合作社	葛伟国	葛永江
	山水社区茶堂经济合作社	戴建民	谢已思

桃源街道村级关工委机构及历任领导班子成员一览表

表 7-125

时间	村别	主任	常务副主任	副主任	秘书长
2014 年 4 月	下桥村	王寅柱	王比荣	陈冬娥	娄绍元
	石家岙村	汪祖军	汪良根	—	褚敏讷
	溪旁徐村	应瀚瑜	应秀童	—	林冬蔡
	竹口村	陈兴夫	陈军平	—	陈志旺
	竹溪村	陈先宽	胡常根	—	陈金祥
	竹东村	陈三超	陈先伟	—	陈承君
	应家山村	陈永长	周家官	葛欢愉	葛锦锦
	李和洋村	娄永军	郑士军	—	郑永辉
	大屋村	姜承多	金立宽	黄银田	陈金龙
	杏蒋村	陈志平	陈志飞	陈幼洪	王　蝶
	唐安李村	安建伟	安广陆	安广波	杨　阳
	下洋顾村	顾建国	顾开平	刘朝夫	顾振杰
	塘溪村	葛　挺	仇富忠	—	葛宏权
	瓦窑头村	胡家毅	胡安徽	—	胡海强
	横金村	金礼家	金国军	—	朱云晓
	华庭社区新建经济合作社	陈伟杰	杨　俊	葛密芬	何亚萍
	金桥社区上桥经济合作社	娄宗坤	陈金兴	徐永定	潘彩青
	阳光社区大金经济合作社	金德真	金财章	金善富	章君华
	阳光社区前黄经济合作社	黄安斌	娄亮明	—	华立强
	阳光社区下金经济合作社	胡青春	金三土	王东海	金伟军

桃源街道村级关工委机构及历任领导班子成员一览表

表 7-126

时间	村别	主任	常务副主任	副主任	秘书长
2014 年 4 月	湖西社区笆弄头经济合作社	陈如强	陈如方	—	华杨元
	湖西社区桥下潘经济合作社	林家明	潘通法	—	林文校
	湖东社区下洋吴经济合作社	林华东	俞官通	—	吴林杰
	湖东社区杨家经济合作社	杨方国	杨启忠	徐福通	徐建文
	湖东社区竹口储经济合作社	王定根	储正贤	钱爱娣	储功宽
	湖东社区王社经济合作社	李亚珍	汪元兴	—	胡爱飞

续表7-126

时间	村别	主任	常务副主任	副主任	秘书长
2014年4月	湖东社区钱岙经济合作社	陈文辉	潘仁根	徐法根	蔡桂芬
	湖东社区新西岙经济合作社	赵志校	葛守平	葛炳青	徐兴平
	冠庄社区民主经济合作社	潘以秋	潘功亮	潘以平	潘建设
	冠庄社区后丁经济合作社	胡功金	胡益军	—	胡昌标
	冠庄社区胜利经济合作社	潘以长	潘良军	—	赵海燕
	冠庄社区建设经济合作社	潘邦明	潘春风	—	潘善峰
	冠庄社区上洋经济合作社	潘荣才	郑永文	—	潘秀东
	冠庄社区翻身经济合作社	何大全	朱通林	—	郑坚飞
	冠庄社区雅致岙经济合作社	石涨炎	石象麒	—	石象春
	冠庄社区后徐经济合作社	陈成芦	邬兴江	—	邬根全
	冠庄社区翻身经济合作社	何大全	朱通林	—	郑坚飞
	冠庄社区雅致岙经济合作社	石涨炎	石象麒	—	石象春
	冠庄社区后徐经济合作社	陈成芦	邬兴江	—	邬根全
	浦西社区徐家经济合作社	徐智亮	俞成友	—	徐天毛
	浦西社区瓦窑山经济合作社	王乾元	王官清	—	严雅锋
	浦西社区下潘经济合作社	严永军	严雅巨	—	严雅锋
	浦西社区大庙坪经济合作社	徐金苗	俞安苗	—	杨江献
	浦西社区方田经济合作社	王全江	严雅钱	—	苏艳红
	浦西社区沙地经济合作社	潘建军	邱康明	—	潘枝莲
	浦西社区杨柳峰经济合作社	林建通	娄绍定	—	何银钱
	浦西社区堤树经济合作社	吴伟丰	胡久永	—	吴　俊
	浦西社区庙前丁经济合作社	章兆法	章体程	—	章兆明
	泉水社区西洋经济合作社	葛文科	葛圣全	葛开兵	葛德品
	泉水社区大房经济合作社	葛建方	葛诗彬	—	葛才飞
	泉水社区堂墙经济合作社	孔忠贤	葛德清	葛国余	葛伟宏
	泉水社区下洋葛经济合作社	葛肖余	葛时省	—	葛亚峰
	泉水社区后畈王经济合作社	王世宏	王仲法	吴三宝	杨飞龙
	山水社区尤家经济合作社	尤荣明	尤孝根	—	尤新霞
	山水社区上山尤经济合作社	尤国平	尤胜利	尤元德	华海鹤
	山水社区花山经济合作社	葛德海	葛旭辉	—	葛国平
	山水社区南岙经济合作社	葛伟国	葛忠奎	—	葛忠奎
	山水社区茶堂经济合作社	杨震宇	俞军辉	—	吴元福

桃源街道村级关工委机构及历任领导班子成员一览表

表 7-127

时间	村别	主任	副主任	委员
2017 年 6 月	下桥村	陈冬娥	邱兰素、孙建萍	王长根、郭全产、王吉利、王国庄
	石家岙村	汪祖军	汪良根	汪祖全、汪文龙、俞民宽、俞锡孟
	溪旁徐村	应韩瑜	徐小将、徐良明	陈承丰、王齐娟、赵亚芳
	竹口村	陈兴夫	陈承明、潘才常	陈承明、潘才常、陈建良、陈兴夫、陈卫国
	竹溪村	陈先宽	陈先丁、胡常根	陈玉芬、陈常洪、陈岳宝、陈先达、林开照、梁宏飞
	竹东村	杨先军	柴永君、陈振杰	陈承满、陈先华、陈承余、陈承君
	应家山村	陈永长	葛欢愉、朱红军	陈宏兵、胡振辉、葛海宽、仇秀燕、葛雪飞、陈海萍
	李和洋村	李家斌	郑士军	李家斌、郑士军、陈省开、应红慧
	大屋村	姜承多	陈子标、袁哲块	金立宽、陈良军、陈小芳
	杏蒋村	陈志平	陈天寿、陈仁贤	陈先烈、陈先通、蔡翠浓、陈红仙
	唐安李村	安建伟	胡通波	安广波、李永林、赵仁志、徐亚鸳
	下洋顾村	顾建国	顾开平	顾建国、顾祥云、顾小峰、金莉萍、林姣娟、顾德贤
	塘溪村	吴肖橘	王文明、仇富忠	葛挺、王文明、仇富忠、葛成康、葛法波、葛凤贤、郭永贤
	瓦窑头村	胡安徽	胡四江、胡家毅	胡安徽、胡四江、胡家毅、胡小训、叶亚平、葛开基
	横金村	金礼家	金增官	金建云、金国军、金海邦、葛雪娟、金洳伊
	华庭社区新建经济合作社	陈伟杰	王永贵、陈东标	陈伟杰、王永贵、陈东标、潘海燕、何亚萍、陈焕全
	金桥社区上桥经济合作社	陈成辉	陈金兴、娄道仁	陈才松、黄伟群、陈竹兴、泮彩青、周安国
	金桥社区李家经济合作社	金立富	王行军	王志达、蔡荣女、王志成
	冠庄社区后丁经济合作社	胡功全	胡益军	胡功参、胡昌标
	阳光社区大金经济合作社	金德真	金礼东	金德真、金礼东、杨双维、金礼辉、金建勤

续表7-127

时间	村别	主任	副主任	委员
2017年6月	阳光社区前黄经济合作社	黄安斌	陈林飞、黄云飞	黄仁龙、黄继辉、黄五官、娄良明
	阳光社区下金经济合作社	王东海	金三土、金德龙	金伟军、王祥泰、金光明、金立灯
	湖西社区隔水洋经济合作社	钱锡炉	杨永权	杨朝兴、钱天兴、杨显友、华荣华、杨朝明
	湖西社区赵家经济合作社	赵国军	赵邦其	赵国军、赵邦其、郑亚丽、赵邦林、赵邦富、赵建辰
	湖西社区笆弄头经济合作社	潘昷利	潘相庆、陈如方	潘昷利、潘相庆、陈如方、潘敏健、刘国军、王小玲、华杨元
	湖西社区桥下潘经济合作社	林家明	潘通法	俞聪兰、张福根、林佩佩、潘昌根、钱婵
	湖东社区下洋吴经济合作社	林华东	俞官通、王国峰	叶姣兰、吴建民、吴林杰
	湖东社区杨家经济合作社	杨启忠	杨建辉、杨旺兴	杨方国、徐福通、方治行、杨建满、徐福通、杨俊飞、郑彬霞
	湖东社区竹口储经济合作社	王定根	储子贤	储功宽、陈永福、徐秀明
	湖东社区王社经济合作社	李亚珍	周绍平	胡宇飞、俞胜瑶、汪乾元
	湖东社区钱岙经济合作社	陈文辉	徐法根、陈令其	潘国成、陈令权、潘功信、潘仁根、童增义、陈令权、陈成对
	湖东社区新西岙经济合作社	赵志校	徐善记	葛炳青、徐兴飞、杨其永、徐兴高
	冠庄社区民主经济合作社	潘以秋	潘荣奎、胡功金	潘以秋、潘荣奎、胡功金、潘健军、潘以平、吴永杰、潘兵杰、潘永彪、潘荣联
	冠庄社区胜利经济合作社	潘以朝	潘银法、潘永辉	潘自强、章海燕、潘成火、赵时军、潘为善、潘松杰
	冠庄社区建设经济合作社	潘武成	周时仙	潘武成、周时仙、潘春风、潘光辉、金素根
	冠庄社区上洋经济合作社	潘旭东	潘以国	潘以国、黄玉平、潘旭军、潘惠君、仇立明

续表7-127

时间	村别	主任	副主任	委员
2017年6月	冠庄社区翻身经济合作社	何大全	郑志飞、张志初	袁满芬、朱再标、郑志孝、郑国平、郑新杰、朱邦标
	冠庄社区雅致岙经济合作社	魏国仁	石海舟	魏国仁、石海舟、石涨炎、赵旺亮、石学标、仇沛开
	冠庄社区后徐经济合作社	陈成芦	邬荣乾	邬国军、陈新垚、邬时力、邬能杰、邬云飞
	浦西社区徐家经济合作社	徐建兵	徐松岳、丁松成	俞安昌、徐福青、徐连忠、严维姣、徐胜镐、徐天毛
	浦西社区瓦窑山经济合作社	王乾元	杨鋆杰、王官青	项碧美、杨士郎、俞明西
	浦西社区下潘经济合作社	严常苗	严望辉	严雅具、严雅峰、徐钱芬
	浦西社区大庙坪经济合作社	徐金苗	徐中南	徐金苗、徐中南、俞林海、徐天茂、俞永成、俞国营、徐天坤、严雅明、俞建设
	浦西社区方田经济合作社	王全江	王江亮	王全江、王欢垚、严雅培、杨生林
	浦西社区杨柳峰经济合作社	林建通	章思恩、严亚兵	芦国珍、胡冬静
	浦西社区堤树经济合作社	吴伟丰	胡久永	吴华平、胡定飞、仇成彩、吴俊
	浦西社区庙前丁经济合作社	章兆法	邵家宽	章兆法、邵家宽、章兆明、邵忠士、章海东、邵银亮、邵长伟
	浦西社区沙地经济合作社	潘建国	邱康明、潘鼎金	潘枝莲、潘伟林、潘启亮、潘佳鑫
	泉水社区西洋经济合作社	葛小龙	葛立云	葛华青、葛德品、应华军、葛安全
	泉水社区大房经济合作社	葛建方	葛宁田、葛春林	葛青春、葛诗春、葛才飞、葛礼水、五亚娟、葛诗坤
	泉水社区堂墙经济合作社	葛亚标	葛越建	项新宣、葛伟军、俞冲
	泉水社区下洋葛经济合作社	葛肖余	葛时省	葛肖余、葛时省、葛诗方、葛伟达、葛建华、葛诗杰、葛春华

续表7-127

时间	村别	主任	副主任	委员
2017年6月	泉水社区后畈王经济合作社	杨飞龙	傅杨勇	吴三宝、王高标、王成光、王建耀
	山水社区尤家经济合作社	尤荣明	尤宏朝、尤孝根	尤尔林、尤尔茂、葛秀琴
	山水社区上山尤经济合作社	尤元德	尤国平、尤胜利	李瑞霞、华海鹤、尤连方
	山水社区花山经济合作社	许文君	葛土兴、葛云军	王惠姣、葛德土、陈振宇、葛锦伟
	山水社区南岙经济合作社	葛伟国	葛忠奎	葛林财、葛华坤、葛昌富
	山水社区茶堂经济合作社	杨震宇	俞军辉、吴元飞	王明会、吴元福

历任社区级关心下一代工作机构及领导　桃源街道社区自2013年开始设立关工委组织，主任由社区党支部书记或社区居委会主任担任；凡社区党组织换届选举后，社区关工委成员亦及时进行充实调整。

桃源街道社区关工委机构及历任组织领导成员一览表

表7-128

时　间	社区	主任	副主任
2013—2016年	华庭	俞玉英	陈浩良、王爱华
	兴海	周群芬	周玲玲、陈　露
	阳光	王晓珍	李　青
	金桥	骆筱筱	葛亚华
	泉水	王安红	张爱丽
	冠庄	许必梁	王红素、吴妲桦
	湖西	王　琛	俞佩飞、张　颖
	浦西	严玉良	严钦娥、黄雪娇、俞永朝

续表7-128

时　间	社区	主任	副主任
2017—2018 年	华庭	王晓珍	金丹霞
	兴海	王　琛	周玲玲、李新华
	阳光	王爱华	李　青
	金桥	骆筱筱	葛亚华
	泉水	周群芬	张爱丽
	冠庄	许必梁	吴姐桦
	湖西	王安红	俞佩飞
	浦西	严玉良	俞永朝
	湖东	李云燕	黄雪娇

三、主要工作

2003 年 11 月至 2018 年街道关工委的主要工作。

（一）“五老”队伍工作。2010 年开始，桃源街道的退休老干部，既是爱国主义教育讲师团成员，也是辖区 5 所中小学的校外辅导员，又是辖区 18 所网吧的义务监督员。是年，22 名退休老干部志愿结对帮教 30 名违法青少年，全身心的投入帮教，经过一年多帮教和无私关爱，这 30 名违法青少年全部走上正道，成为社会上有用之人。此事例在宁海县及宁波市的关工委会议上曾作过典型经验介绍，还在《中国火炬》杂志 2012 年第 5 期以《爱其心、正其行——22 名“五老”帮 30 名失足青少年》刊登。2018 年上半年，街道退休老干部已增至 38 名，结对帮教 26 名曾有不良行为青少年；2017 年，宁海县千名“五老”志愿者剿灭劣 V 类水活动，街道关工委配合组织 80 名“五老”参与其中；2013 年开始至 2017 年，街道关工委创办了 9 所社区假日学校，50 名“五老”人员志愿参与假日学校安保工作。

（二）“三好四无”和“五好”关工委创建。街道关工委于 2007 年开始创建“三好四无”、2012 年开始创建“五好”关工委活动。2007—2017 年先后有竹口、竹东、杏蒋、下桥、唐安李、下洋顾、李和洋、大金、应家山等 9 个村，华庭、兴海、金桥、阳光、湖西、冠庄、泉水、浦西等 8 个社区，计 17 个基层关工委获评县“三好四无”和“五好”关工委先进单位。2018 年，湖东社区获创建“五好”村（社）关工委先进单位，阳光社区获创建“五好”关工委示范点称号。

桃源街道基层关工委创建情况一览表

表 7-129

年份	行政村（社区）	创建情况
2010	华庭社区、冠庄社区（原胜利村）、泉水社区（原西洋村）、竹口村、竹东村	通过 2008 年度县“三好四无”创建
	兴海社区、金桥社区、杏蒋村、下桥村、唐安李村、下洋顾村	通过 2009 年度县“三好四无”创建

续表7-129

年份	行政村（社区）	创建情况
2013	桃源街道关工委	—
	阳光社区、上金村（目前已无该村）	通过2012年度县“三好四无”创建
	华庭社区、冠庄社区（原胜利村）、泉水社区（原西洋村）、竹口村、竹东村	通过2012年度通过县“三好四无”提升复评
	李和洋村	通过2013年度县“三好四无”创建
	兴海社区、金桥社区、杏蒋村、下桥村、唐安李村、下洋顾村	通过2013年度县“三好四无”提升复评
2015	大屋村	通过2014年度县“三好四无”创建
	阳光社区、上金村（目前已无该村）	通过2014年度县“三好四无”提升复评
2016	湖西社区、应家山村	通过2015年度县“五好”基层关工委创建
2018	浦西社区	通过2017年度县“五好”基层关工委创建
	华庭社区、冠庄社区（原胜利村）、泉水社区（原西洋村）、兴海社区、金桥社区、阳光社区、湖西社区、竹口村、竹东村、杏蒋村、下桥村、唐安李村、下洋顾村、李和洋村、大屋村、应家山村、上金村（目前已无该村）	2007—2015年度通过县“五好”基层关工委提升复评
2019	湖东社区	通过2018年度县“五好”基层关工委创建

（三）关爱在校困难大学生。2015年6月，街道关工委根据阳光社区负责人反映，家住阳光小区的一名已考上了大学的学生，因父亲病故，母亲蹲牢，学费无处着落，只好放弃入学。街道党群副书记、关工委主任钱卫挺获悉后，与街道办事处主任刘军平商量并决定，该学生学费由街道帮助解决。并要求街道关工委对类似情况（包括已进入大学后因家庭经济困难而影响学业的）进行全面调查统计，经过一周的认真筛选后，最终确定对18名在校困难大学生，每人补助2000元（其中1000元为大学生在暑假期间安排到各社区假日学校参加社会实践活动后的补助）。同时还对其中的5位特别困难的在校大学生从街道慈善资金中再给予每人2500元的补助，两项共计4.85万元。以上补助关爱在校困难大学生方法在以后的2016— 2017年均继续坚持进行。

（四）部门密切配合开展对未成年人教育。街道关工委在各部门的配合下，从2010年开始至2017年，完成对青少年安全等多项教育活动。交通安全法制教育。该项教育由县交警大队配合完成。县交警大队不仅派民警到各社区为青少年讲课，还携带影视播放和图片展示等，以期对广大青少年的教育达到更佳效果；预防青少年违法犯罪法制教育。该项教育由街道司法所来配合完成。每年都由司法所所长亲自到各社区为青少年上课进行法制教育；2018年7月20日上午，宁海县桃源街道冠庄社区的绿芽“假日学校”举办了一堂少儿法律课。来自浙江中汇律师事务所的张老师捧着大大一盒法律绘本到该社区，为小朋友准备干货满满的法律知识大餐。其他安全教育。对如何防火，防盗，防骗，防溺水，防黄、赌、毒，如何安全避雷，安全用电，安全用天然气等安全知识的教育。该项教育由街道综治科来配合完成，每年都由综治科科长带工作人员，带图片展板到各社区开展教育活动。2019 年清明节，桃源街道浦西社区 3 月上旬组织辖区青少年及其家长共同前往岔路镇梅花村参观红色教育基地，在鲜红的党旗下朗诵入党誓词，感悟党的宗旨。桃源初级中学关工委于 2019 年清明节组织师生登录中国文明网和宁波市文明网进行“网上祭英烈”活动，共有 2400 多人参加此项活动；在“六一”国际儿童节即将来临之际，桃源街道湖东社区、冠庄社区联合竹口中心幼儿园开展一场“梦幻海陆空”亲子活动，在“运送伤员”“空中飞人”等多个项目中，培养孩子勇敢坚强的优秀品质，让强国梦、强军梦深植孩子们心中。

（五）全社会为关爱出力。自 2010 年至 2017 年开展的暑期青少年校外教育活动（从 2013 年起称为假日学校），历年得到了社会力量对关爱工作的资金等支持。

社会单位捐赠关爱基金统计一览表

表 7-130　　金额单位：元

时间	关爱项目内容	关爱者	资助金额
2010—2012 年	开展暑期中小学生征文比赛，三年每年 1 万元	宁海时代光华管理培训学校校长葛春琴	30000
2014 年	8 个社区假日学校各 1000 元的办学经费	宁海时代光华管理培训学校校长葛春琴	8000
2011 年	暑期青少年安全和法制教育活动	宁波世嘉嘉辰机械有限公司总经理孔军	10000
2012 年	暑期青少年安全和法制教育以及禁毒教育活动	宁海县安监局	10000
2013 年	暑期青少年安全和法制教育活动	宁海县富来压铸厂厂长杨朝瑜	10000
2014 年	暑期青少年安全和法制教育活动	宁波草湖食品有限公司	10000
2014 年	资助考上宁海中学的 3 名贫困家庭学生	宁波普鲁司旅游用品有限公司总经理尤理谦	30000
2017 年 4 月	为阳光社区 10 位困难家庭小学生送去 3000 元助学金和若干学习用品	爱心人士张咪娜	3000
2017 年下半年	为西岙村、徐家村和华庭社区慰问 3 位困难家庭小学生送去助学金	爱心人士张咪娜	3500
合计			114500

（六）关心下一代志愿者工作站规范化建设。2018 年 3 月 29 日，宁海县关心下一代志愿者协会乡镇（街道）工作站规范化建设现场会在西店召开，4 月 3 日街道关工委向党工委办事处报送了关心下一代志愿者工作站规范化建设工作计划，5 月 10 日街道召开党政联席会议讨论通过了该工作计划，同时批准了工作经费 15 万元和办公用房 1 间，任命了邬茂福为工作站站长，俞伟芳、张碧云、俞玉英为副站长（张碧云、俞玉英均为社区退休的老同志），5 月 11 日工作站班子成员进行了明确分工，站长邬茂福负责全面工作兼奖励和帮困组工作，副站长俞伟芳负责关爱帮教和才艺传承工

作，副站长张碧云负责网吧净化和护苗宣传工作，副站长俞玉英负责校园安全和心理疏导工作。5月21日街道召开关心下一代志愿者工作站规范化建设工作会议，全面部署发动志愿者积极参与关心下一代工作，会后自愿报名参加的以“五老”为主的志愿者达893人，其中：参加护苗宣传组80人，关爱帮教组38人，校园安全组650人，网吧净化组25人，才艺传承组40人，奖励和帮困组30人，心理疏导组30人。

四、典型经验交流及所获荣誉

典型经验交流一览表

表7-131

交流时间	交流场所	交流材料题目	交流人姓名	交流人职务
2012.6	市关工委培训班	《奋发有为、扎扎实实做好关心下一代工作》	邬茂福	街道关工委常务副主任
2011.10	县乡镇（街道）关工委常务副主任会议	《如何做好关工委常务副主任》	邬茂福	街道关工委常务副主任
2011.5	县“三好四五”创建提升推进会	《夕阳护花暖其心、关爱无限正其行》	邬茂福	街道关工委常务副主任
2016.7	县乡镇（街道）关工委常务副主任会议	《三管齐下、温暖如家—桃源街道不让在校大学生因家庭贫困而影响学业》	邬茂福	街道关工委常务副主任

所获荣誉一览表

表7-132

颁奖时间	颁奖单位	荣誉称号	获奖单位或人
2005年12月	宁海县委、县政府	县关心下一代工作先进集体	赵家村关心下一代工作小组
2005年12月	宁海县委、县政府	县关心下一代工作先进个人	郑永义
2006年12月	宁海县关工委	调研文章纪念奖	桃源街道关工委
2008年1月	宁海县委、县政府	县关心下一代工作先进集体	华庭社区关工委
2008年1月	宁海县委、县政府	县关心下一代工作先进个人	戴恩娥
2010年3月	宁海县关工委	2008—2009年度县关心下一代工作先进集体	竹口村关工委、西洋经济合作社关工委
2010年3月	宁海县关工委	2008—2009年度县关心下一代工作先进个人	邬茂福、胡文大、俞玉英
2010年12月	宁波市关工委	市关心下一代工作先进个人	邬茂福
2010年12月	宁波市关工委	市“六好”社区关工委	华庭社区关工委
2010年12月	宁波市关工委	市“六有”村关工委	下桥村关工委
2012年12月	浙江省关工委	省关心下一代工作先进个人	邬茂福

续表7-132

颁奖时间	颁奖单位	荣誉称号	获奖单位或人
2012 年	宁波市关工委	市“六好”示范社区关工委	华庭社区关工委
2012 年	宁波市关工委	市“六好”社区关工委	阳光社区关工委
2012 年	宁波市关工委	市“六有”村关工委	下桥村关工委
2013 年 1 月	宁海县关工委	2011—2012 年度县关心下一代先进集体	桃源街道关工委、下桥村关工委
2013 年 1 月	宁海县关工委	2011—2012 年度县关心下一代先进个人	卢赟、安建伟
2013 年 1 月	宁海县关工委	县关心下一代工作“五老”先进个人	陈寿南
2013 年 1 月	宁海县关工委	县“五好”乡镇（街道）关工委	桃源街道关工委
2013 年 11 月	宁海县关工委	2013 年度关心下一代工作优秀调研报告二等奖	《如何进一步做好假期青少年校外教育工作的调研》
2014 年 12 月	宁波市关工委	2013—2014 年度市关心下一代工作先进集体	桃源街道关工委
2015 年 1 月	宁海县关工委	2013—2014 年度县关心下一代工作工作先进集体	桃源街道大金经济合作社关工委、桃源街道华庭社区关工委
2015 年 1 月	宁海县关工委	2013—2014 年度县关心下一代工作先进个人	邬茂福、王蝶、王琛、谢静思
2016 年 4 月	宁海县关工委	2015 年度县关工委系统信息宣传工作优秀信息员	邬茂福
2016 年 12 月	宁波市关工委	市“五好”乡镇（街道）关工委	桃源街道关工委
2016 年 12 月	宁波市关工委	市“五好”村（社）关工委	兴海社区关工委、华庭社区关工委
2017 年 2 月	宁海县关工委	2015—2016 年度县关心下一代工作先进集体	阳光社区关工委、湖西社区关工委、华庭社区关工委
2017 年 2 月	宁海县关工委	2015—2016 年度县关心下一代工作先进个人	邬茂福、王琛
2017 年 2 月	宁海县关工委	2015—2016 年度县关心下一代工作优秀“五老”	俞明军、胡亚萍、潘忠芳
2017 年 4 月	宁海县关工委	2016 年度县关工委系统信息宣传工作优秀信息员	金丹霞
2017 年 4 月	宁海县关工委	2016 年度县关工委系统信息宣传工作积极信息员	俞伟芳、李新华
2017 年 12 月	宁海县关工委	县“假日学校”优秀“五老”志愿者	葛莲女、杨校荣、潘自强、史菊芬、潘通法、王秀英、周阿秀、章彩桂

续表7-132

颁奖时间	颁奖单位	荣誉称号	获奖单位或人
2017 年 12 月	宁海县关工委	县“假日学校”先进工作者	邬茂福、王爱华、王晓珍
2018 年 4 月	宁海县关工委	2017 年度县关工委系统信息宣传工作积极信息员	邬茂福、俞伟芳
2018 年 12 月	宁波市关工委	市“五好”社区（村）关工委	湖西社区关工委、阳光社区关工委、湖东社区关工委、冠庄社区关工委
	宁海县关工委	县关心下一代工作先进集体	阳光社区关工委、浦西社区关工委、湖西社区关工委
	宁海县关工委	县关心下一代工作先进工作者	王晓珍、王琛、俞伟芳
	宁海县关工委	县关心下一代工作优秀“五老”	万素英、邬茂福、俞明军
2019 年 1 月	宁海县关工委	2018 年度县关工委系统信息宣传工作积极通讯员	邬茂福、俞伟芳
2019 年 10 月	宁海县关工委	2019 年度县暑期“假日学校”志愿服务工作先进个人	葛荣军、娄爱月、邬茂福、万素英、薛合琴、俞伟芳、张碧云、王琛、王安红、陈诺
2019 年 12 月	宁海县关工委	2019 年度县关工委系统信息宣传工作积极通讯员	俞伟芳

梅林街道

一、机构及人事沿革

梅林镇“关协”建立于 1991 年 6 月 26 日。会长刘素莲，副会长吴际旺、李绍宽、应必波。1992 年 9 月 1 日，名誉会长刘法苗，顾问刘永华等 7 人，会长徐和开，副会长吴际旺、胡登嵋、蒋娇娟、林志来。凤潭乡关协于 1991 年 5 月 31 日建立，会长金志根，副会长何辅定、葛建永、林启威，是桥头胡区第一个建立关协的乡镇。山水乡关协成立于 1991 年 12 月 5 日，名誉会长何建强，会长尤孝照，副会长吕祥娟、邬茂盛，秘书长吴绒芬。1996 年 3 月 26 日成立梅林镇关心下一代工作委员会，主任葛国秀，副主任金松、蒋娇娟、吴绒芬、应卫星。2001 年 2 月，撤城关、梅林、桥头胡建制，合并设立新城关镇。2003 年 10 月，撤销城关镇建制，组建跃龙、桃源、梅林、桥头胡四个街道，直属县政府。2001 年至 2003 年期间，关工委具体工作由城关镇关工委负责。2004 年 2 月，由潘海明任主任，周亚伟任副主任，朱兴利、陈慧慧、胡时满等为成员。2006 年 8 月，梅林街道党政办公室文件，调整梅林街道关心下一代工作委员会，主任叶元旺，副主任周亚伟、朱兴利、俞春标、刘金山。梅林街道关工委主要任务为指导团委、妇联、文教卫、民政、工业、老龄办及学校、村居、企业做好青少年儿童心理健康辅导，关爱帮扶贫困学生，帮教留守儿童，全面创建基层的企业和村级关工委，宣传青少年远程教育公益宣讲活动，并做好相应的工作。

梅林街道关工委历任成员一览表

表 7-133

时间	名誉会长/名誉主任	顾问	会长/主任	副会长/副主任	理事/委员/成员
1992 年 9 月	刘法苗	刘永华、邱金水、李乾宽、刘金山、邬茂盛、林仲成、应必波	徐和开	吴际旺、胡登嵋、蒋娇娟、林志来	徐和开、吴际旺、胡登嵋、蒋娇娟、林志来、胡家林、史成国、葛诗满、金财明、林志明、吴伟龙、夏忠焕、章志梅、李国宏、林启盛、吴富春、葛德参、仇从枢、陆兴宝、陈庭云、王成满、葛梅芬
1996 年 3 月	—	傅红光	葛国秀	金松、蒋娇娟、吴绒芬、应卫星	葛国秀、金松、蒋娇娟、吴绒芬、王良顺、林伟明、韩永伟、应卫星、胡家林、史成国、夏忠焕、应必波、李乾宽、何辅庭
1998 年 6 月	—	陈中建	林志来	邵自力、金松	蒋娇娟、葛观波、林伟明、刘振华、应卫星、葛体员、史成国、夏忠焕、应必波、李乾宽、何辅庭
2001 年 4 月	丁智豪	—	陈先荣	金松	赖和永、叶元天、赵华娇
2004 年 2 月	—	—	潘海明	周亚伟	朱兴利、陈慧慧、胡时满
2006 年 8 月	—	—	叶元旺	周亚伟、朱兴利、俞春标、刘金山	杨昇怡、陈慧慧、胡时满、赵国行、吴富春、金松
2008 年 4 月	—	—	叶元旺	袁宝宏（常副）、周亚伟、王昌月、林素云、朱兴利、刘金山	杨昇怡、陈慧慧、胡时满、王斯吉、吕增君、吴富春、葛晓芳
2009 年 8 月	—	—	薛参明	袁宝宏（常副）、王启堂、王昌月、郭青、朱兴利、刘金山	陈慧慧、杨昇怡、胡时满、王斯吉、吕增君、吴富春、葛晓芳
2011 年 9 月	—	—	施柏方	王亚青（常副）、朱兴利	杨昇怡、胡时满、徐可钧、陈丽丽、王斯吉、吕增君、吴富春、冯开捧
2012 年 7 月	—	—	褚孔村	王亚青（常副）、储芬芳	杨昇怡、胡时满、徐可钧、陈丽丽、任金龄、吕增君、吴富春、冯开捧
2013 年 4 月	—	—	褚孔村	陈贤豪（常副）、冯希巧	施建明、胡时满、徐可钧、陈丽丽、任金龄、吕增君、吴富春、冯开捧
2015 年 7 月	—	—	郭青	薛英耀（常副）、冯希巧	祝多焕、陈丽丽、徐丽、郑伟周、胡明钏、徐可钧

续表7-133

时间	名誉会长/名誉主任	顾问	会长/主任	副会长/副主任	理事/委员/成员
2016 年 8 月	—	—	周绍宏	王劲松（常副）、冯希巧	俞侃、陈丽丽、胡明钏、徐可钧
2017 年 3 月	—	—	周绍宏	王劲松（常副）	周浩珍、陈丽丽，仇颖哲

梅林镇村级关协建立于 1994 年，2008 年村级 60 个行政村调整为 2 个社区、23 个行政村，2008 年村关心下一代工作小组更名为关心下一代工作委员会。

梅林街道村级关工委历任组织领导一览表

表 7-134

时间	行政村	组长	副组长	成员
1994 年 7 月 19 日	东岙	王时德	—	王兴方、娄菊英
	仕西	陈敏科	—	陈忠云、蔡荷英
	九都王	王金真	—	王怀青、王才进
	下应	应法明	—	应小法、应必雄
	上应	应新国	王翻身	应子根、应亦金、叶夫才
	前园	应可吉	—	应可如、应可朝
	新村	严国标	—	朱祁法、项小女
	何家	吴生根	—	汪兴火、吴际兴
	三军庄	刘广汉	—	项永法、童大毛
	汪家	汪兴明	—	汪新官、汪小高
	下柘洋	葛凤标	—	沈振兴、葛诗霖
	下洋葛	葛云和	—	葛诗良、葛文出
	半洋	陈贤江	—	陈来方、陈彩莲
	上陈	金启利	—	金银松、泮妙芬
	槐路	葛圣龙	—	裴显春、邬时女
	裴家	黄继海	—	裴英和、葛根法
	仇家	仇官达	—	仇满达、仇丁秀、仇全来、泮仲芬
	杏树	王世校	—	仇大兵、邬爱娟
	岙胡	胡功安	—	胡东来、胡校女、李冬月
	梅林陈	徐能盛	陈国行	陆月娟、徐能全、俞金奎
	梅林	章志梅	胡昌青	张阿毛、陈绍法、夏忠焕
	花园	李国宏	赵国行	李乾宽、李文魁、王德苗
	胜建	王跃飞	—	汪秋华、王小贤

续表7-134

时间	行政村	组长	副组长	成员
1994年7月19日	大路周	周德荣	—	陆德官、葛万春
	江厂陈	郑德宝	—	张高义、郑柘娟
	杨梅岭	吴富春	—	吴善富、吴荣信
	皂浦	陈其飞	—	林祥春、刘家礼
	下陈家	王伟仁	—	钟小平、陈法荣
	上陈家	陈其根	—	陈常国、柴四娥
	赤山	李培宗	—	李海平、李瑞方
	石埠	杨直宽	—	任明和、刘玉仙
	塔山	应华豪	—	李增豪、胡杏仙
	九顷	叶建军	—	何振才、俞小毛
	仙姬陈	陈平立	—	陈坚兵、陈能会
	后畈王	王全开	—	王振官、李芬妹
	西洋	应贤军	—	周如来、葛文华
	堂墙	葛荣安	—	胡岳文、葛来兴
	大房	葛礼水	—	葛小根、葛诗春
	墙溪	葛小标	—	邬茂盛、葛凤吕
	南岙	葛华坤	—	葛才斌、葛开洪
	花山	葛圣钱	葛圣太	郑绍友、葛圣操、葛德出
	茶堂	葛云军	—	何小福、吴其意
	横金	金国水	—	金国军、金长根
	瓦窑头	胡全备	—	胡家义、王金英
	山下	刘忠诚	—	刘宏训、刘兴官
	上洋头	刘开太	—	刘文贤、刘金山
	桐树岙	詹格川	—	刘建宽、刘广宇
	兰田	何国仁	—	胡备开、董永娇
	丁家岙	丁从仁	—	屠梅青、丁银校
	五松	朱才宽	—	朱帮秀、朱国本、朱能祥
	下河	何时宽	—	干培玉、何方圣
	洪家塔	王和昌	—	邬小飞、刘华芬
	洪桥	洪伟盈	—	洪和亮、朱妙浓
	凤潭	林启盛	—	林启贵、林青娣、林丁法
	大墙后	林大奎	—	林祥明、胡三娥

续表7-134

时间	行政村	组长	副组长	成员
1994 年 7 月 19 日	外丁	丁仁贵	—	丁从富、丁荷富
	陈岙	丁连女	—	林国会、蔡小叶
	方前	林建云	—	章国栋、高日开
	后岸	应乾太	—	吕真忠、孙钱娥
	格水王	邬时云	—	娄文华、林意玉
1997 年 4 月 1 日	东岙	王时德	王日初	严新兴
	仕西	陈中云	方兴夫	金才满
	九都王	王金真	王国军	王水才
	下应	应法明	—	应小法、应必雄
	上应	应能高	王翻身	应子根、应亦金、叶夫才
	前园	应可吉	应可如	应可朝
	新村	严国标	王静沅	徐王泉
	何家	吴生根	陈思国	吴际兴
	三军庄	项永法	刘华西	刘兆仁
	汪村	汪兴明	汪审官	汪西根
	下柘洋	葛凤飞	李盛伟	葛诗霖
	下洋葛	葛诗良	葛改来	葛诗根、葛连兴
	半洋	陈忠义	陈来方	陈明夫
	上陈	金启利	金根松	张英江
	槐路	裴显春	陈世进	章云法
	裴家	裴显志	裴梦志	葛根法
	仇家	仇全来	仇贵青	仇若辉、仇则校
	杏树	仇方通	王选财	仇康桂、吴根寿
	岙胡	季伟成	—	胡圭女
	梅林陈	徐能盛	陈其云	吕抱根
	梅林	章志梅	胡昌青	陈定祥、陈绍法
	花园	赵国行	陈卫官	王德苗、李乾宽、李文魁
	胜建	王三军	娄爱平	王小贤
	大路周	周德荣	孔亚飞	俞武林、王新盛、陆德官
	杨梅岭	吴富春	吴善富	吴水法、吴官清
	皂浦	刘水才	—	林长春、刘家礼
	下陈家	王伟仁	陈荣成	陈法荣

续表7-134

时间	行政村	组长	副组长	成员
1997年4月1日	上陈家	陈达清	陈汉明	陈夫才
	赤山	李培宗	李和永	李瑞方、李和裕
	石埠	刘忠锦	任满德	任志根
	塔山	应华豪	李荣华	李兴木
	九顷	朱建中	—	何振才
	仙姬陈	陈平立	陈建兵	陈亦清
	后畈王	王全开	王振官	王重发
	西洋	应贤军	孙成林	葛圣全
	堂墙	葛圣娟	葛锡林	葛小奎
	大房	葛诗春	葛小根	葛荣根
	塘溪	葛圣照	葛凤飞	葛凤通、葛超、邬学法、邬茂盛
	南岙	葛才斌	李康夫	葛华坤
	花山	葛德宗	葛圣钱	葛通谱
	茶堂	葛明校	吴其通	吴其意
	瓦窑头	应胜时	沈孝根	王金英
	横金	金国水	金增官	金正标
	山下	刘成国	刘国成	刘正章、刘兴官
	上洋头	何青菊	王满浓	刘金山
	桐树岙	刘光瑜	任银根	刘荣华
	兰田	何国仁	刘备开	胡家方
	丁家岙	丁志来	丁满昌	丁忠欢
	五松	朱如方	朱帮秀	朱国本、朱能祥
	下河	干文君	何新国	干孝玉
	洪家塔	王和昌	王均海	林启法
	洪桥	洪科成	洪和亮	洪官法
	凤潭	林启盛	仇益成	林庆元、林丁法
	大墙后	林大奎	林祥明	王根官
	外丁	丁仁贵	丁昌和	丁从富
	陈岙	林启华	林通国	陈定志
	方前	林建云	林启华	林常火
	后岸	应乾太	吕真中	孙钱娥
	格水王	王家伟	—	娄全才

续表7-134

时间	行政村	组长	副组长	成员
2001年4月16日	花园	赵国行	李聪娟	李乾宽、胡国英、李伟义
	梅林	陈祖强	陈定祥	吴良全、王健
	大路周	周德荣	—	俞武林、葛伟标
	杨梅岭	吴富春	吴连江	吴水法、刘美娥
	上陈家	陈达清	—	陈时根、俞小娟
	下陈家	钟小平	—	陈法荣、钟乐平
	皂浦	王张海	—	林祥春、刘爱平
	塔山	应华豪	—	李兴木、胡杏仙、胡本一
	仕西	何国富	—	金才满、蔡荷英
	赤山	李云龙	—	王素成、李新华
	东岙	王日初	—	严新兴、王海东
	石埠	何荣康	—	任志根、应华芬
	九都王	王才祥	—	王怀德、屠彩花、王仁校
	上应	应新国	—	应亚莲、郑永军
	下应	应法明	—	胡文娟、应云波
	九顷	陈文龙	—	叶显校、陈美霞、潘海波
	仙姬陈	陈平立	—	陈亦清、葛亚琴、胡志军
	前园	应文科	—	陈满妮、应乾军
	槐路	章细林	—	章云法、陈云芬、陈世建
	裴家	裴英和	—	葛根法、林菊叶、芦颖桔
	上陈	潘妙芬	—	张英江、朱爱绒、金永兵
	胜建	王成满	娄爱平	王小贤、王玲飞、王青其
	三军庄	项永法	—	刘兆仁、王敏敏、王涛涛
	新	徐防仁	—	王远沅、项小女、徐宗明
	汪家	汪显明	—	汪小高、薛爱仙、汪雪红
	何家	吴生根	—	吴际兴、金正莲
	下洋葛	葛诗亮	—	葛诗根、郑来娣、葛少华
	半洋	陈来方	—	陈多珠、陈万松
	下柘洋	葛凤飞	—	葛诗霖、葛亚萍、葛峰
	梅林陈	陈国行	—	刘玉娟、陈昌伟
	仇家	仇建平	仇根苗	吴生有、仇钦邦
	岙胡	季伟成	胡国联	胡功芬、吴素芬

续表7-134

时间	行政村	组长	副组长	成员
2001年4月16日	杏树	华林森	—	任菊芬、仇贤昌
	凤潭	林启盛	林伟达	仇启桂、吴志林、林来海
	方前	林培英	林常火	朱秀芬、林伟东
	后岸	应乾太	—	仇文仙、应永富
	格水王	王家伟	—	娄全才、林意玉、胡全永
	下河	何时行	—	干法兴、王菊芬、干小乾
	陈岙	陈文军	—	陈定志、应爱华、陈杰
	洪桥	洪和亮	—	洪官法、朱苗绒、洪先校
	洪家塔	王和昌	—	王均海、朱兴凤、王定元
	五松	朱帮秀	—	朱珍娟、陈帮太
	兰田	胡备开	—	胡家方、张伟绒
	丁家岙	屠梅青	—	丁忠欢、季晓华
	桐树岙	刘光瑜	—	刘荣华、林葵苗、刘威军
	上洋头	刘文贤	—	刘金山、刘能巧、刘兴恩
	山下刘	刘忠锦	—	刘忠勤、徐小惠、林祥其
	外丁	丁志昌	—	丁仁贵、丁和娟、丁小宝
	大墙后	林大奎	—	胡三娥、林祥其
2006年6月8日	九都王村	王其军	—	屠建平、王财进
	九顷洋村	潘海波	—	王卓云、陈飞飞
	应家村	应本良	—	应银方、应永法
	梅园村	汪秀宗	—	陈新明、李来根
	新庄村	朱玉聪	—	王明元、朱宽法
	半洋村	陈来方	—	陈军辉、储芳女
	胜建村	胡小国	—	张为国、陈玲娟
	梅林村	陈祖强	—	章夫女、叶国民、周宏钱、陆娇英
	岙胡村	胡功宝	—	胡岳军、胡功芬、吴素芬
	仇家村	仇昌盛	—	华宣兵、冯建云、应亚丽
	梅林陈村	徐自伟	—	刘友富、陈瑞仙
	杨梅岭村	吴时青	—	吴和良、吴鹏程
	大路周村	吴叶虎	—	竺银国、俞才宝
	伍富村	王善法	—	方伟永、刘海兵
	梅北村	陈权清	—	钟全能、王晓定

续表7-134

时间	行政村	组长	副组长	成员
2006 年 6 月 8 日	凤潭村	仇忠法	—	林启和、林来海
	河洪村	王和昌	—	何建钢、洪先成
	刘三村	郭建平	—	刘华明、张四国
	方前村	林侃融	—	吕朝辉、杨满芬
	梅湖村	娄启来	—	应可永、潘小永
	吉利村	丁其中	—	俞明连、林海平
	兰丁村	胡学忠	—	何进彪、丁小毛
	五松村	朱家金	—	吴海娟、朱珍娟
	花园社区关爱工作小组	陈荣高	—	胡国英、李伟义
2008 年 9 月 1 日	九都王村	王才祥	王军太	王新兰
	应家村	应法明	应小华	应小专、应超、应华昌
	九顷洋村	章思林	潘妙芬、刘银轰	裴英和、叶建军
	花园社区	吕增君	葛会通	李伟东、张联国、陈荣高
	胜建村	王青其	金珍彩	陈玲娟
	新庄村	王荐檏	朱玉聪	留午堂
	梅园村	陈新明	—	汪秀宗、葛凤飞
	半洋村	陈才方	陈能旺	陈忠文
	梅林村	陈祖强	胡建勇	陈小龙
	梅林陈村	陈国寅	除能盛	陈瑞仙
	仇家村	仇小永	吴伟方	仇启秀、王玉叶、应亚利
	岙胡村	胡功宝	胡立成	吴素芬
	杨梅岭村	吴富春	吴建华	吴朝辉、岳友青
	梅北村	陈真鹤	陈增荣	刘秀华、钟小平、陈荣成、朱赛飞、孙巧英
	伍富村	刘海兵	方伟永	王锡兵、应永兴、李培宗、陈忠云
	大路周村	周克初	周建明	高永明、周素绒、孔亚飞
	凤潭村	林永盛	林祥初	林和芬
	方前村	章林	林国辉	刘岳斌
	梅湖村	王家伟	吕增忠	娄启来、娄文华、应永富
	河洪村	邬小飞	—	干文坤、洪和亮
	五松村	严广明	朱根元	金剑雄、金剑飞、吴海娟

续表7-134

时间	行政村	组长	副组长	成员
2008年9月1日	兰丁村	丁吉达	胡学忠	何进彪
	刘三村	刘光瑜	刘柱良	刘雷勇
	吉利村	林祥明	陈文军	丁志昌
2011年6月23日	九都王村	王亦军	王红相	王新兰（女）、王晓勤、王昌军、仇福莲
	应家村	应法明	应华昌	葛亚文（女）、应才高、应文勇
	九顷洋村	章思林	陈世标	潘妙芬（女）、陈国民、陈贤军、葛云林、叶建军、陈飞飞、黄秀聪（女）
	花园社区	吕增君	李和高	李伟义、胡巧娣（女）、李恒潭
	胜建村	王青其	储翠芬	何海永、王慧娟（女）
	新庄村	王荐檩	徐玉泉	王明明（女）、徐珍明、章增富
	梅园村	陈新明	汪秀宗	李斌、应爱娣（女）、葛诗霖
	半洋村	陈才方	陈昌军	陈多珠、陈子平（女）、陈万松
	梅林村	陈祖强	陈小龙	王健、陆姣英（女）、陈绍华
	梅林陈村	陈国寅	徐自伟	徐能盛、陈昌伟、刘玉娟（女）
	仇家村	仇小永	仇启秀	仇开通、吴云彩（女）、仇根再
	岙胡村	胡仁宝	陈福忠	吴素芬（女）、胡昌华、胡功芬
	杨梅岭村	吴富春	吴能华	吴新贤、刘聪妙（女）、潘陈赢
	梅北村	陈真鹤	钟小平	朱赛飞、孔巧英（女）、陈来成、邬春女（女）
	伍富村	刘海兵	方伟永	应永兴、王志平、应华豪、葛丽云（女）
	大路周村	吴叶虎	孔亚飞	陈莲英（女）、周桂绒（女）、王必晓
	凤潭村	林永盛	林祥初	林跃锋、林启全、金碧巧（女）
	方前村	章力	林建校	林建东、林亚萍（女）、林青华
	梅湖村	王家伟	王常林	刘培春、娄启来、应和通
	河洪村	何时行	屠桂芳（女）	邬小飞、洪和亮、张建婷（女）、王法兴
	五松村	金剑雄	严广明	朱帮成、朱妙娟（女）、陈方清
	兰丁村	胡建立	丁子飞	丁钱云、季时娣（女）、骆常宝、张位绒（女）、汪伟标
	刘三村	刘建宽	刘童斌	俞定宽、刘开达、刘妙珍（女）、郭建平、林葵苗（女）
	吉利村	林祥明	王成祥	林海永、胡培红（女）、王西岳

续表7-134

时间	行政村	组长	副组长	成员
2013 年 12 月 30 日	九都王村	王央泰	王财进	王国军、王军太、王金进
	应家村	应法明	应才高	应三富、应必红、应新兴
	九顷洋村	章思林	潘妙芬	叶建军、葛宏林、陈兴元
	胜建村	王青其	吕夫开	陈玲娟
	新庄村	王荐檩	项永法	朱玉聪、徐玉泉、陈强
	半洋村	陈才方	陈子平	张安女
	杨梅岭村	吴富春	吴水法	娄凤玉、吴能华、吴建华
	大路周村	吴叶虎	周祥虎	孔亚飞、高富女、石福华
	梅林陈村	陈国寅	徐能盛	俞金根、陈瑞仙、吴静娟
	伍富村	刘和兵	王志平	应华青、陈忠云、李恒兔
	梅林村	陈祖强	—	任建敏、应芙莲
	花园社区	吕增君	李恒潭	胡敏利、俞三科、李恒来
	梅园村	葛凤飞	陈思国	王瑞娟
	梅北村	陈增荣	—	林祥春、陈常盈
	方前村	章力	林国津	林建东、林亚萍、林寅啸
	梅湖村	王家伟	娄全才	王兆森、应永富、娄文华
	凤潭村	林永盛	林启全	林海荣、仇伟飞、林建锋
	岙胡村	胡仁宝	胡功芬	胡立成、吴苏芬、胡国连
	仇家村	仇小永	吴伟方	仇贤忠、吴元友、王玉叶
	吉利村	林祥明	王定岳	方姣娣
	刘三村	刘建宽	俞定宽	刘妙珍、刘全开
	五松村	金剑雄	朱世永	朱建科、陈本文、朱增娟
	兰丁村	胡健立	季宽法	丁萍萍、丁银垚、丁从仁
	河洪村	俞华国	干学朝	何志文、王和昌、洪林永

2017 年梅林街道村级关工委班子成员一览表

表 7-135

村名	主任	常务副主任	委　员
九都王	王才祥	—	王财进、王金进、褚玉仙、王康宝、王昌军
应家	应华昌	应武川	应爱国、林丰元、应新宝
九顷洋	章思林	王万萍	陈兴元、金才校、裴英飞、叶建军
胜建	王青其	吕夫开	葛再娟、陈玲娟

续表7-135

村名	主任	常务副主任	委　　员
新庄	王荐檩	童贤国	王明明、徐玉泉、项永法、朱祈法
半洋	陈才方	刘小桂	陈多珠
杨梅岭	吴富春	娄文玉	吴建华、吴能华、娄建娟、刘聪妙
大路周	吴叶虎	周建明	孔亚飞、周德华
梅林陈	陈国寅	徐能盛	徐自伟、吴静娟、陈有福
伍富	刘和兵	任昌储	陈忠云、应华青、李恒兔、严方祥
梅林	陈祖强	—	叶光辉、蔡大川、胡功法、任建敏
花园社区	李伟东	李恒潭	胡仁娣、刘永国、胡少帮
梅园	葛凤飞	陈定金	汪秀宗、李盛伟、陈校斌
梅北	陈增荣	王彩芬	钟小平、陈平科、刘秀华
方前	林侃融	林常火	林永辉、林秀芬、林寅味、章林、林天道
梅湖	王家伟	李亚飞	应小富、应来仙、娄文华
凤潭	林永盛	林启和	林军、林祥兵、林和芬
岙胡	胡仁宝	胡功芬	吴苏芬、胡国连、胡小伟
仇家	仇小永	刘贵弟	吴伟方、王玉叶、仇贤群、仇贤忠、吴元友
吉利	林祥明	林国根	林启华、丁其中、丁志昌、方姣娣
刘三	刘建宽	詹格铨	刘国太、刘妙珍、刘忠光、刘和魁
五松	朱建科	朱明秀	朱增娟、奚海辉
兰丁	丁志飞	骆常金	何国仁、邬金芬、丁象华
河洪	俞华国	何时行	何君飞、朱兴木、洪林永

二、主要工作及品牌

（一）各类主题教育

梅林街道党工委高度重视青少年的思想道德、爱国主义、法治安全等教育，并将该项工作纳入重要议事日程。

梅林街道关工委由12人组成，其中4人为老同志，他们与教育、妇联等部门密切配合，开办家长学校，把家庭教育与学校教育、社会教育紧密结合起来，发挥家庭教育培养引导青少年健康成长的作用。自选教材办好家长培训班，举办家长学校培训班2期以上，全面推动家长学校建设，在巩固完善“六有”（有牌子、有班子、有队伍、有办公场所、有教材、有教学计划）的基础上，大力弘扬“为国教子、以德育人”主旋律，对家长进行教育培训，帮助他们更新家庭教育观念、掌握科学的家庭教育知识和方法。

1996年9月20日，邀请县关工委常务副主任杨启炉在梅林镇老年学校宣讲《家庭是孩子第一所学校，父母是孩子第一任老师》，并提出希望，要求各位老同志能关心第二代、第三代的健康成长。

街道关工委充分利用传统节日、重大纪念日和节假日等，有计划地组织村青少年开展内容丰富、形式多样的思想教育活动和道德实践活动。如利用宣传橱窗、黑板报等载体宣传传统节日的来历和重大纪念日的意义。并开展读书会、乒乓球比赛、台球训练营、义务保洁员、文保员培训等各类活动，在活动中全面提升青少年的综合素质。从 2016 年开始，开展“学荣辱，树新风”、“学党史国史”教育。坚持从青少年思想实际出发，配合辖区学校关工委开展制作“党史国史”卡片、班上悬挂条幅、张贴宣传栏等形式的爱国主义教育。开展每周升国旗活动，举行“国旗下讲话”；3 月结合环境整治开展“大手拉小手”和“我的行动日记”主题活动；4 月举办“我爱校园”征文和摄影比赛活动，评出 18 件优秀作品进行表彰；组织全校学生开展青春诗会；还组织学生参加“爱国主义读书活动”；5 月开展以“中国梦”为主题的书画现场比赛、“爱我家乡”“复兴中华，从我做起”征文活动、“美德少年”评比、学雷锋主题教育活动、感恩演讲活动、预防青少年犯罪法制安全主题教育活动，组织学生观看爱国主义教育片，宣传提倡低碳环保祭扫，网上祭扫先烈，以增强他们继承先烈遗志，立志成才报效祖国的使命感和责任感。通过一系列活动的开展，进一步陶冶了青少年的道德情操和提升综合素质。

1998 年 6 月 29 日，梅林镇关工委在梅林中学举行“警钟行动法制报告会”，邀请梅林派出所指导员对 350 名初中毕业生作报告。联合学校关工委与梅林派出所密切配合，持续在广大青少年中开展以《禁毒法》《未成年人保护法》《预防未成年人犯罪法》《浙江省未成年人保护条例》为主题的宣传教育活动。引导青少年学法、知法、守法、用法，教育青少年树立正确的法治观念，增强法治意识，提高法治素质。2011 年 3 月 12 日，配合“森林宁海”建设，街道关工委积极组织广大青少年参加校园绿化活动。组织梅林中学 300 多名师生绿化新校区，栽植茶花、桂花等花草树木 1000 多株。街道关工委抓好法制副校长、教材、课时、法制教育辅导员“四落实”，开展好法制宣传工作。2014 年 3—11 月组织梅林中小学校在全校范围相继开展了“复兴中华，从我做起”征文活动、开展“美德少年”校级评比、学雷锋主题教育活动、感恩演讲活动等，同年 11 月邀请县关工委宣讲团老师为中小学校学生作《预防青少年犯罪的几点思考》《青少年保健与常见病的预防》的报告，邀请县教委老师上了《如何加强幼儿的启蒙教育》课，同时开展“做朵胸花送妈妈”“我给妈妈送健康”“预防手足口病”“亲子教育的情绪管理”等活动，2700 余名学生参与了这些活动。

清明节期间，梅林中小学关工委举行以“继承先烈遗志，明‘八荣八耻’，树‘三爱四德’新风尚”为主题的系列教育活动，激发青少年的爱国热情，坚定理想信念，树立报国壮志。1998 年 4 月 2 日，邀请县关工委委员杨志肯在福泉山宁海县革命传统教育基地向梅林中学 600 余名学生介绍建造铁流亭纪念碑及弘扬铁流部队在宁海革命斗争中的光辉功业。1999 年 12 月中旬，梅林镇关工委副主任金松带领关工委成员和部分老同志去长街镇参观革命烈士陵园，长街镇关工委副主任祝德朝作介绍。2011 年，会同街道森林防火指挥部分发给中小学生《关于清明节期间严禁野外用火的通告》5000 余份。2014 年清明节，街道关工委协助梅林小学组织 1736 名师生祭扫跃龙山革命烈士墓，同时还开展网上祭扫英烈活动。

（二）校外教育

街道各学校关工委非常重视校外辅导员工作，广泛发动和邀请“五老”人员担当校外辅导员，发挥他们在青少年科技文化教育和文体活动中的传、帮、带作用。聘请“五老”队伍的老同志当好校外辅导员，深入学校对青少年进行革命传统教育、爱国主义教育等，促进学校关心下一代工作的全面开展。

2013年，街道关工委加强校外教育队伍建设，成立以6位优秀退休老教师为团队的梅林街道德育教育宣讲团。2014年宣讲团还编写了《五志风云录》，记录开展德育教育情况。

2013年，街道关工委摸清街道10名“留守儿童”情况，聘请10名“爱心妈妈”，对他们进行帮扶。“爱心妈妈”主要来自街道在职机关干部、教师、村干部及德高望重、热爱儿童的党员群众，大家不定期地与留守儿童交流思想，提供生活、学习上的帮助。

2015年开始，九都王村关工委设宣传组长、帮教组长、帮困组长，建立“五好”关工委活动领导小组。组长王央泰，副组长王国军，成员王金进、王昌成、王其军等。2016年开始，各村关工委均由村书记任关工委主任，统筹协调开展村级关心下一代工作，同时部署开展校外教育工作。

每年6月份，街道关工委召开“五老”人员座谈会，总结一年来“五老”的关爱工作。同时研究如何更好发挥“两团两组”作用。2016年，针对“五老”人员存在年龄偏大问题，于8月份召开“五老”网吧义务监督员如何做好新老交替工作座谈会。街道关工委进行排摸与调查后，对原有的关工委“五老”团队进行了重新调整。为做好校外教育工作，街道关工委每年组织“五老”网吧义务监督员巡查辖区网吧，严厉杜绝未成年人进入网吧，对“黑网吧”起到了震慑作用，得到家长和群众的拥护。

自县关工委“假日学校”开办以来，梅林街道关工委积极组织、精心安排。2015年暑期，梅林街道关工委、团工委、妇联组织辖区内暑期回乡大学生志愿者来到梅林街道凤潭村开展“快乐暑期，你我同行”活动，大学生志愿者和在场的少年儿童进行了良好的互动，带领他们开展各类趣味游戏活动与DIY手工制作，最后带着小朋友们制作的小礼物和一些夏令用品，一起来到凤潭敬老院慰问抗美援朝老战士，聆听他们的感人故事，传承爱国主义精神，活动取得圆满成功。2016年开始，梅林街道关工委紧紧围绕“文艺智库”文化创新项目，汇集村、企业等文艺人才，建立人才库、节目库，更有效的服务文化礼堂及农村文化建设，2016年，杨梅岭村文化礼堂清溪讲堂“假日学校”的书法课老师吴宝国和象棋课老师吴国军就是村级文艺人才之一。

梅林街道关工委还十分重视家庭教育，在实践中有效探索家庭、学校、社会三结合青少年教育体系。梅林中学开办家长学校，为全县开了一条先河。为提升家长的教育理念，多次举办家庭教育培训会。2019年5月20日晚，梅林中学关工委举办家庭教育培训会，邀请中国关心下一代工作委员会家庭教育课题组研究员李亚贞到校开设讲座，她擅长用教育实例来帮助家长如何把握科学的教育方法，如何正确引导孩子懂得为人处世的道理，还在学习、生活等方面给予家长切实可行的教育方式，这一场精彩的讲座让在场的家长们耳目一新、受益匪浅。

（三）帮困助学工作

梅林街道关工委发动企业和村级关工委在扶贫帮困上做了许多工作。各村关工委和企业关工委在创建之初，就着手调查排摸辖区内贫困学生、残疾青少年、外来工子女和外来工特殊困难子女、留守儿童等情况，安排村“五老”对他们实行一对一不定期帮教，并保存记录，力所能及地解决一些实际困难。同时，条件成熟的村（企）成立“关爱基金”，凡考入大学本科、宁海中学、知恩中学以及被评为“三好学生”的，各村（企）关工委根据实际财力情况，进行不同数额的现金或学习用品等奖励。2016年5月，以“关爱孤残儿童，让爱洒满人间”为主题，梅林街道关工委联合残联、妇联、团委等团体对辖区内残疾儿童进行排摸，深入了解孤残儿童生活中所面临的困难。街道不仅给孤残儿童送去慰问品和慰问金，还给他们带去社会和政府的关爱。2017年11月14日，在县关工委的指导下，街道关工委组织“五老”志愿者积极开展“甬润童心”关爱困境留守儿童活动，在各村认真开展“一帮一”帮扶。“五老”志愿者服务工作站落实具体服务项目，每位“五老”志愿者负责一儿童的帮扶工作。对困境留守儿童进行“一帮一”关爱慰问，为困境留守儿童每人提供400元慰问金和100元营养食品。通过走访儿童家庭等形式了解孩子的生活、学习及心理状况，及时为他们提供帮助。

梅林街道关工委在认真摸清全街道“留守儿童”情况的同时，详细登记了28位“留守儿童”的生活、学习、家庭等情况，并建立档案，由村关工委与他们结对，关心他们的生活和学习情况，有的放矢对这群孩子做好教育工作，为他们解决实际困难，促进他们健康成长。积极多方筹措，结对救助贫困学生。排摸17名困境学生，联合民政、团委、妇联、计生办和商会，发放了救助款3万余元。

2008年，梅林花园居委会对考上大学及重点高中的优秀学生进行资金奖励，奖励金额分别达4.6万元和1.5万元。2009年岙胡村关工委建立了帮扶小组，为图书室增加了2000余册的图书和8种报刊。给村里15位困难学生发放助学金3000元，对29名家庭困难学生实行车贴补助，每人发放200元，切实解决乘车难问题。2011年开始，大路周村建立奖学制度，规定对考上重点大学的学生奖励3000元、大专生2000元、宁海中学或知恩中学1000元。2012年，应家村关工委开展“三好四无”创建活动，并成立“关爱基金”，每年对村内学习好的学生进行奖励，以资鼓励。2012年奖励大学生及中学生共10名，奖金4.3万元。其中考入一本学院的学生共有3名，奖励8000元/人；考入二本学院的学生共有4名，奖励3000元/人；考入宁海中学的学生有1名，奖励5000元/人；考入知恩中学的学生有2名，奖励1000元/人。2012年，梅林村、花园村、九顷洋村关工委相继建立了帮困扶贫奖励制度。2013年，三军庄村在开展“三好四无”创建活动中，评选出三好青少年等。8月份开展颁奖活动，11月份进行验收。村关工委为鼓励青少年积极学习，每年对新考入大学的青少年进行奖励。新考入专科的奖励2000元/人，本科3000元/人，研究生5000元/人，鼓励他们好好学习、继续深造。

街道关工委和企业关工委发动辖区龙头企业助力教育，2010年教师节期间，建新赵氏集团有限公司合计出资慰问梅林育才学校、科达中学、力洋初级中学16万余元。2011年“六一”儿童节期间，建新赵氏集团有限公司再次对该三家学校外来工子女进行慰问，资金达11万元。2015年1月，“建新助学，爱心圆梦”——建新赵氏集团爱心助学仪式在梅林小学进行。梅林教办潘兴国主任从建新赵氏集团总裁赵肇丰先生手中接过50万元的助学金。同时为梅林小学和育才民工学校学生发放书包和书籍等学习用品，助学仪式在同学们的感谢和欢笑声中圆满结束。此后，建新赵氏集团坚持“建新助学，爱心圆梦”活动，每年拿出20万元用于奖励全街道新考入重点中学及获奖学生、贫困学生。2011年，东方日升新能源股份有限公司慰问正学中学、柔石中学60余名贫困学生，为每人送去慰问金1500元，共达9万元。后该公司每年捐赠5万元的图书。2018年4月又在贵州捐赠10万元的物资。旭丰色纱有限公司、光明橡塑等企业对这项工作都非常重视，企业老总亲自过问，成立组织，落实人员，结对青少年助学、助贫等，做出了较大贡献。

有些企业和村级关工委在资金短缺的情况下，同样建立起规章制度，健全了贫困学生的档案，坚持对特困学生提供帮助。每年也提供适当的资金，还开办爱心图书室，成立扶贫帮困小组，解决特困生的实际困难，在全街道村、企掀起一股“奉献爱心、回报社会”的热潮。

2013年5月，街道关工委“六一”慰问暨助学金发放仪式在梅林小学举行。来自6家单位的领导慰问了中小学生，慰问金额达2.1万元；关工委发放爱心助学金1.65万元，受助学生达45人。

2014 年 11 月，街道关工委、妇联协同宁波市空巢俱乐部志愿者在梅林陈村开展了“汇梦工程”第五次“春雨”助学活动。受助的 11 位贫困学生主要为孤儿和留守儿童。

梅林街道社会力量爱心助学情况一览表

表 7-136

年级	资助情况	2012 年	2013 年	2014 年	2015 年	2016 年	2017 年	合计
小学	受助人数	16	13	12	12	11	16	80
	资助金额（元）	800	7800	600	6000	5500	8000	28700
中学	受助人数	7	3	6	2	—	—	18
	资助金额（元）	350	220	300	1000	—	—	1870

（四）双创建工作

2007 年，梅林街道关工委率先在大路周村、花园社区试点开展“三好四无”创建活动，并成功通过验收。在总结典型经验基础上，自 2008—2014 年，在梅林村、杨梅岭村等 10 个行政村全面开展“三好四无”创建活动，经考核验收，均获得“三好四无”先进村称号。2012 年度，在街道党工委重视下，梅林街道关工委成功创建“五好”乡镇（街道）关工委。2015—2017 年，九都王村、梅湖村、河洪村、梅林陈村开始创建“五好”基层关工委并成功通过验收，并于 2017 年完成 14 家单位的提升复评工作，到 2018 年，梅林街道关工委通过“双创建”活动的单位已有 16 家，从而进一步夯实基层关工委的工作基础。

梅林街道村级“三好四无”、“五好”关工委创建情况一览表

表 7-137

创建时间	行政村	创建情况
2008 年	大路周村、花园社区	通过 2007 年度县“三好四无”创建
2010 年	梅林村、杨梅岭村、凤潭村、岙胡村	通过 2008 年度县“三好四无”创建
	新庄村、方前村	通过 2009 年度县“三好四无”创建
2013 年	梅林街道关工委	2012 年度“五好”乡镇（街道）关工委
	方前村	通过 2012 年度县“三好四无”创建
	梅林村、杨梅岭村、凤潭村、岙胡村	通过 2012 年度县“三好四无”提升复评
	应家村	县“三好四无”创建
	新庄村	通过县“三好四无”提升复评
2015 年	伍富村、九顷洋村、梅北村	通过 2014 年度县“三好四无”创建
	方前村	通过 2014 年度县“三好四无”提升复评
2016 年	九都王村、梅湖村	通过 2015 年度县“五好”基层关工委创建

续表7-137

创建时间	行政村	创建情况
2018 年	河洪村、梅林陈村	通过 2017 年度县"五好"基层关工委创建
	大路周村、花园社区、梅林村、杨梅岭村、凤潭村、忝胡村、新庄村、方前村、应家村、伍富村、九顷洋村、梅北村、九都王村、梅湖村	2007—2015 年度通过县"五好"基层关工委提升复评
2019 年	兰丁村	2018 年度县"五好"基层关工委创建

（五）自身建设

队伍是关键。街道关工委历来重视班子队伍的建设。2015 年年底，根据人事变动和工作需要，街道关工委进一步完善了相关工作机制。同时进一步完善调整了街道、村两级关工委各项组织机构，充分挖掘人才资源，配齐配强关工委成员，吸纳工作认真、作用发挥好的人员到队伍中来。梅林街道关工委由 12 人组成，以现任街道党工委副书记为主任，人大常委会副主任为常务副主任，妇联专职副主席为办公室主任，相关部门负责人为成员的工作团队，其中 4 人是老同志。对关爱团、网吧义务监督员等队伍，进行了认真的调整，将德高望重、有热心爱心的老同志充实到工作队伍之中，使"五老"作用得以充分的发挥。同时，村级关工委由村二委会里有一定威望和能力的老同志担任常务副主任，主持日常工作。广泛动员村里的老党员、老干部、老教师参与关爱工作，根据各自专长，组成一支以村内老同志为主体的青少年教育队伍，建立爱国主义教育宣讲小组、帮教小组、帮困小组和文保小组，充分发挥"五老"优势和作用，同时重视发挥大学生村干部的作用。全街道 24 个村（社区）支部、中心学校以及多家企业在村级换届试点后及时进行了关工委班子换届调整。制度是基础。街道关工委在工作中十分重视做好日常组织管理工作，街道、村（社）两级关工委认真履行学习制度、会议制度、汇报制度和表彰制度等，档案归档齐全规范。健全完善管理制度，确保各项工作得以有条不紊地开展。街道、村关工委对帮教对象、困难家庭子女、留守儿童、外来务工子女等根据实际情况及时调整结对名单，归类建档，使档案内容不断得到补充和完善。经费是保障。街道党工委、办事处领导高度重视关工委工作的开展，2014 年开始关工委每年专项经费达 5 万元以上。

三、典型经验及所获荣誉

2011 年 5 月，梅林街道关工委在全县提升"三好四无"现场会上以《总结运用典型 推进创建工作》为题作典型经验交流。梅林街道网吧义务监督小组陈文国作《用心尽力，为未成年人营造绿色成长空间》的经验介绍。

梅林街道各级关工委历年所获荣誉一览表

表 7-138

时间	获奖单位或个人	所获荣誉
1993 年	高昌龙	县优秀校外辅导员

续表7-138

时间	获奖单位或个人	所获荣誉
1994 年	高昌龙	县关心下一代工作先进个人
1999 年	周晓康	县关心下一代工作先进个人
2001 年	原梅林镇关工委	县关心下一代工作先进集体
2004 年	花园村党委	县关心下一代工作先进集体
	吴富春	县关心下一代工作先进个人
2005 年	大路周村党支部	县关心下一代工作先进集体
	刘金山	县关心下一代工作先进个人
2006 年	《青少年学生思想道德素质现状的调查与研究》（梅林街道关工委）	县关心下一代工作调研文章二等奖
2008 年	大路周村党支部	县关心下一代工作先进集体
	丁玲丹	县关心下一代工作先进个人
2010 年	岙胡村	市“六有”村关工委、县关心下一代工作先进集体
	袁宝宏	县关心下一代工作先进个人
2012 年	新庄村	市“六有”村关工委
2013 年	岙胡村、新庄村	县关心下一代工作先进集体
	王亚青	县关心下一代工作先进个人
	陈文国	县关心下一代工作“五老”先进个人
	冯希巧《影响青少年健康成长的因素与建议》	县关心下一代工作调研报告三等奖
2015 年	梅林街道网吧义务监督组	县关心下一代工作先进集体
	刘素莲、潘雨杉	县关心下一代工作先进个人
	冯希巧	县关工委系统信息宣传工作三等奖
2016 年	冯希巧	市文化市场管理和“扫黄打非”优秀义务监督员、县信息宣传工作优秀信息员、县关工委系统信息宣传工作积极信息员
	杨梅岭村	市“五好”村（社）关工委
2017 年	杨梅岭村、新庄村	县关心下一代工作先进集体
	冯希巧	县关心下一代工作先进工作者、县关工委系统信息宣传工作 优秀信息员
	林葭全、肖三成	县关心下一代工作优秀“五老”
	朱兴利、岑雅君	“假日学校”优秀“五老”志愿者

续表7-138

时间	获奖单位或个人	所获荣誉
2018 年	梅林陈村、河洪村	市“五好”社区（村）关工委
	梅林陈村	县关心下一代工作先进集体
	朱兴利、徐方良	县关心下一代工作优秀“五老”
2019 年	应培能、朱兴利、徐方良、尤燕飞	2019 年度宁海县暑期“假日学校”志愿服务工作先进个人

桥头胡街道

一、机构及人事沿革

桥头胡街道关心下一代工作委员会，前身为桥头胡区关心下一代协会。桥头胡区关协成立于 1991 年 4 月 10 日，会长金志根，副会长何辅定，委员葛建永、林启威。同年 12 月 5 日至 8 日，桥头胡区的桥头胡镇、建设乡的关协相继建立。桥头胡镇关协会长屠常君，副会长邬锡虎、金明方、尤玲娟；建设乡关协会长李宝林，副会长吴仁义、林仁江。1992 年 6 月撤区扩镇并乡，建设乡并为桥头胡镇，同年建立新关协。1996 年 3 月 10 日，镇党委批准成立桥头胡镇关心下一代工作委员会。2001 年 2 月，撤城关镇、梅林镇、桥头胡镇建制，合并设立新城关镇。2003 年 10 月，撤城关镇建制，组建跃龙、桃源、梅林、桥头胡 4 个街道，直属县政府。2003 年 10 月，组建桥头胡街道关心下一代工作委员会，由镇党委副书记吴明春任主任，王启堂、林启文任副主任，委员若干人，下设办公室。

桥头胡镇关工委建立以来，围绕党委、政府的中心工作，紧扣培育践行社会主义核心价值观主题，丰富活动载体，营造活动氛围，积极发挥“五老”特长和优势，开展关爱服务，帮困解难，为青少年健康成长，献策献力，关心下一代工作取得实际成效。

桥头胡镇关协领导成员一览表

表 7-139

时间	名誉会长	会长	副会长	班子成员
1991 年 5 月	—	金志根	何辅定	葛建永、林启威
1992 年 8 月	胡鸣旭	葛金辉	俞明军、徐时远、林明土、林根土、邬锡墅	叶显军、屠常君、王春芬、何江忠、胡才丰
1993 年 2 月	王云峰	杨余明	俞明军、尤宏海、林明土、林根土、邬锡墅	叶显军、胡金英、王春芬、何江中（忠）、胡才丰

桥头胡街道关工委领导成员一览表

表 7-140

时间	主任	副主任	委　员
1996 年 3 月	汤建芬	陈先烈、鲍英华、林明土	俞明军、章武科、胡爱莲、王春芬、何江中、胡才丰、刘时春、王术岳、林根土、邬锦荣、祝道义、胡学刚、邬锡墅、屠国根、胡宝银、林仁江
2003 年 11 月	吴明春	王启堂（常副）、林启文	金昌芬、胡春霞、葛观波、柴连强、胡九峰、金长春、李忠湖、杨永彪、林明土、袁小来
2006 年 8 月	张华飞	王良顺	葛招曼、钱宗法、胡春霞、金昌芬、吴振豪、葛观波、王祖海
2008 年 4 月	张华飞	薛涵鸿（常副）	葛招曼、胡春霞、金昌芬、王祖海、袁正常、王良顺
2009 年 7 月	汪秀邦	叶梦印（常副）	胡春霞、金昌芬、王灵敏、袁正常
2011 年 10 月	郑有能	叶梦印（常副）、胡春霞	孙河军、金昌芬、袁正常、陈华俊、季宁、华雯雯、胡余建、屠本忠
2012 年 10 月	郑有能	叶梦印	李巧萍、季宁、金昌芬、潘侠宏
2012 年 11 月	陈模曹	叶梦印	李巧萍、张祖常、金昌芬、潘侠宏
2016 年 8 月	王启堂	俞辉（常副）、叶梦印	胡一宁、张祖常、潘侠宏、金昌芬
2017 年 7 月	吴忠	俞辉	叶梦印、胡一宁、金昌芬、潘侠宏
2019 年 2 月	章肖琴	俞辉	叶梦印、胡一宁、张祖常、金昌芬、徐林峰

2016 年 3 月 15 日，组建桥头胡街道“关爱工作团”，团长袁小来，副团长国宝秀，成员由岳三跃、林启文、王根志、胡明土、吕存和、王刚、尤宏强、张祖常、林仁江、葛友福组成。

2018 年 1 月，组建宁海县关心下一代志愿者协会桥头胡街道工作站，站长张祖常，副站长袁小来，成员由国宝秀、徐天祥、林根土、尤宏强、林启文、吕存和、金荣庆、岳文耀组成。

1992 年 9 月，桥头胡村级关协首先在桥头胡村、汶溪周村、丁家村、尤家村建立村关协小组。其他村级关协小组均在 1994 年 6 月建立。1997 年 4 月，建立村级关心下一代工作小组，2008 年并村后原 33 个行政村调整为 1 个社区 18 个行政村，同年 4 月，关工小组更名为关心下一代工作委员会，由主任、副主任、委员组成。随着人员变动，及时调整充实村级关工委班子。

桥头胡街道村级关工小组、关工委领导成员一览表

表 7-141

时间	行政村	组长/主任	副组长/副主任	成员/委员
1994 年 6 月	桥头胡	胡才丰	胡明忠	胡玲莉、胡宝银、胡善学、胡竹根
	店前王	王术岳	—	王少贤、王学春、王秋芬、王国秀
	叶兴	叶荣才	—	叶银新、叶显金

续表7-141

时间	行政村	组长/主任	副组长/副主任	成员/委员
1994年6月	上尤	尤胜利	—	史久法、尤国平
	林家	林样乾	—	林宏达、林启富
	陆家	陆德锡	—	陆才土、陆方才
	下洋顾	顾元茂	顾建国	顾安国、顾余科、顾玉泉
	屠家	屠国满	屠本沛	屠国根、胡菊青、屠绍才
	铜岭徐	徐为恩	范功林	丁聪仙、徐定友
	史家	史志杰	—	史才通、王美丽、史久青
	铜岭王	王荣秀	—	王文亨、王根志
	铜岭祝	徐锡林	—	葛有恩、叶素青
	里蔡	何安国	—	何荣乾、娄建平
	麦岭	顾昌林	—	蔡永火、蔡三叶
	铜岭头	尤宏根	—	徐定永、尤国行
	烟厂	郑士君	—	金根火、葛德忠
	尤家	尤定蛟	—	尤玉佩、尤宏方
	丁家	丁立平	—	丁宏松、丁从官、丁荣贤、丁从全、丁林根
	岙口	葛诗会	—	储水友、葛德金
	大岙马	陈善宽	—	马来根、马家全
	麻车	林健宝	—	林亦军、林仁江
	外山头	林全湖	—	林明根、林全标
	储家	储来木	—	储吉稳、储功仁
	龙谭	吴良云	—	吴钱昌、吴良元
	汶溪周	周绍军	周元田	周光云、周兴木
	铁界吴	吴祖彪	林光照	林国琪、周爱芬
	西吕	吕明坤	—	葛贤夫、吕贤林
	东吕	吕安通	—	吕少校、吕国民
	竹保陈	戎志方	周永根	陈兴荣
	前家	吴仁方	—	吴土汉、吴根方
	涨家溪	金才兴	—	金剑恩、王甩女、金昌永、金辛勤
	潘家岙	潘为仁	—	潘功才、李新茂
	蒲岭	陈祖乾	—	陈士惠、邵仁良
	金牛山	陈化校	—	陈启贤、陈满土

续表7-141

时间	行政村	组长/主任	副组长/副主任	成员/委员
1994年6月	后浦龙	陈道坤	—	陈玉莲、刘法根
	东园	金昌国	—	金其标、丁亚娣
	下家湾	芦启如	—	丁火根、林敏仙
1997年4月	桥头胡	胡才丰	胡明忠	胡玲莉、胡宝银、胡善学、胡竹根
	店前王	鲍新盛	—	王少贤、王学春、王秋芬、王国秀
	叶兴	叶荣才	—	叶银新、叶显金
	上尤	尤胜利	—	史久法、尤国平
	林家	林祥乾	—	林宏达、林启富
	下洋顾	顾建国	—	顾安国、顾余科、顾玉泉
	屠家	屠国满	屠本孝	屠国根、胡静莲、屠绍才
	铜岭徐	徐为恩	范功林	丁聪仙、徐定友
	史家	史志杰	—	史才通、王美丽、史久青
	铜岭王	王荣秀	—	王文亨、王根志
	铜岭祝	徐锡林	—	葛有恩、叶素青
	里蔡	何安国	—	何荣乾、娄建平
	麦岭	顾昌林	—	蔡永火、蔡三叶
	铜岭头	尤昌国	—	徐定永、尤国行
	烟厂	葛圣其	—	金根火、葛德忠
	尤家	尤定蛟	—	尤玉佩、尤宏方
	丁家	丁明兴	—	丁宏松、丁从官、丁荣贤、丁从全、丁林根
	岙口	葛诗会	—	储水友、葛德金
	大岙马	马仁森	—	马来根、马家全
	麻车	林健宝	—	林亦军、林仁江
	外山头	林全湖	—	林明根、林全标
	储家	储来木	—	储吉稳、储功仁
	龙潭	吴良云	—	吴钱昌、吴良元
	汶溪周	周绍军	周元田	周光云、周兴木
	铁界吴	吴祖彪	林光照	林国琪、周爱芬
	西吕	葛明秀	—	葛贤夫、吕贤林
	东吕	吕建章	—	吕少校、吕国民
	竹保陈	戎志方	周永根	陈兴荣

续表7-141

时间	行政村	组长/主任	副组长/副主任	成员/委员
1997年4月	前家	吴仁方	—	吴土汉、吴根方
	涨家溪	金国峰	—	金剑恩、王甩女、金昌永、金辛勤
	潘家岙	潘为仁	—	潘功才、李新茂
	金牛山	陈满土	—	陈化校、陈贤芬
	后浦龙	陈道坤	—	刘法根、金华连
	东园	金昌国	—	金其标、丁亚娣
	下家湾	芦启如	—	丁火根、林敏仙
2001年4月	桥头胡	胡九峰	胡明中	胡满科、胡玲莉、胡善学
	店前王	王永盛	王术勇	金小青、王国秀
	林家	林祥双	—	金绿萍、林全兴
	丁家	丁胜木	—	丁关连、丁宏松
	东园	金其标	—	屠妙娟、金昌国
	屠家	屠国满	屠利昌	王春娥、屠绍贵
	叶兴	叶显宏	—	潘银菊、叶银新
	陆家	陆启平	—	王立妹、金有明
	上尤	尤国平	—	傅素根、施宇俊
	尤家	尤荣明	—	尤彩霞、尤一品
	下洋顾	顾建国	顾原杰	顾雪娇、顾玉泉、顾安国
	西吕	吕昌先	—	邵巧娟、葛贤夫
	东吕	吕建章	—	尤文女、吕安太
	汶溪周	刘时春	张尔宝	周芬莲、周胜木、周元田
	铁界吴	吴锡林	—	蒋菜青、吴永茂
	竹保陈	陈通良	—	张细女、周永根
	岙口	葛诗贤	—	屠财女、葛全根
	大岙马	马仁如	—	何华娟、马仁森
	外山头	林全湖	—	潘锦霞、林法成
	麻车	林钱宝	—	储满娥、林仁刚
	储家	储立国	—	储云莲、储吉稳
	龙潭	吴良云	—	郑荷仙、吴钱昌
	前家	吴明方	—	石惠女、吴根方
	麦岭	顾昌林	—	顾美娥、顾钱明
	铜岭徐	徐为恩	—	吴照连、徐定友

续表7-141

时间	行政村	组长/主任	副组长/副主任	成员/委员
2001年4月	史家	史志杰	—	王荷叶、史久青
	铜岭王	王荣秀	—	王杏娟、王根志
	铜岭头	尤昌国	—	杨彩琴、尤宏根
	烟厂	葛圣齐	—	冯维娇、金根火
	铜岭祝	徐锡林	—	叶素青、祝道林
	涨家溪	金国丰	金章秀	王乖女、金其贤、金法根
	金牛山	陈满土	—	陈贤芬、陈花校
	潘家岙	潘为仁	—	金苗彩、潘功才
	后浦龙	陈照友	—	金财花、陈道坤
	下家湾	赵章水	—	尤梅芬、丁大根
2008年4月	店前王村	王振祥	王学根	徐娟仙、王义海、王永盛、王奋勇、陈时娟
	西吕村	吕德校	薛宏	傅成标、陈亚萍
	陆家村	陆伟民	陆刚松	陆德锡、陆高峰
	汶溪周村	周伟杰	周昌军	张理存、林海通、潘志文、杨永彪、周芬莲、周元田
	岙马村	马世对	葛德新	葛诗会、马贤成、邬双燕
	铜岭村	徐锡林	薛祖恩	吴雅青、叶斋芬、葛彬娟、陈志君
	叶兴村	叶仁忠	—	叶忠书、叶显开
	屠家村	屠仁江	—	屠豪斌、屠海强、屠四元
	丁家村	丁建明	丁立平	丁增荣、丁荣兵、丁建总、丁美莲丁宏松
	双林村	林光成	林立军	林健宝、叶莹
	东吕村	吕浩兴	薛维河	吕允文、吕邦权、尤文女、吕存和、吕安太、芦永标
	桥头胡村	胡新标	胡善学	胡满科、胡时旦、张连聪、胡玲莉、赵维峰
	涨家溪村	金昌青	金昌永	金文标、金仙绒、金章秀
	建设村	吴永明	杨相成	戎才勇、王素娟、汤义旺、吴根方、王全春
	五联村	王荣秀	徐锡安	徐为思、何建成、史志木、顾文虎、史久如
	林家村	林开元	林启盈	林祥汉、林开杰、林祥宝、杨三芬
	龙储村	储来木	储伟方	吴云飞、钱久盛
	潘家岙村	潘先明	金军宝	金苗彩、潘剑峰、潘益成、潘为峰、潘海峰

续表7-141

时间	行政村	组长/主任	副组长/副主任	成员/委员
2014 年 3 月	桥头胡村	胡新标	胡满科、胡竹根	张利聪、胡海仙、胡新贤、胡新奎、胡银巧
	林家村	林开元	林开杰、林开庆	陈惠娟、严双昆、林云巧、林祥宝、林开能
	岙马村	马世对	马世建、葛才俊	葛德新、史德法、葛德金、葛诗元、马人国
	叶兴村	叶福春	叶荣才、邵宝钱	潘建校、潘银菊、叶先标、叶银新、叶显金
	龙储村	储中义	储根宽、储功平	徐文叶、褚斌
	潘家岙村	潘建军	金苗彩、潘元才	王幼萍、魏三彩、潘海丰、潘为锋
	东吕村	吕伟卿	薛维河	吕安金、吕伟强、吕允文、周竹仙、吕安平、尤惠玉
	五联村	王荣秀	王文亨	徐锡安、顾文虎、史志杰、何建成
	丁家村	丁建明	丁朱良、丁荣兵	丁梅莲、丁爱莲、丁仁军、葛佩聪、伍美能
	涨家溪村	金长春	金昌青	金章秀、金昌忠、金昌永、金仙绒、金标军
	汶溪周村	潘志文	周建彪、何莉芝	葛素平、周兴木、周回兵
	陆家村	王力梅	陆卓武、陆海荣	丁亚娟、陆高峰、薛金芬、陆兴华、陆伟民
	店前王村	王建平	王成飞、王术永	王义海、王云云、屠安定、陈恩忠、王振永
	铜岭村	金承柱	祝多杰、徐功达	尤昌国、徐锡林、祝元庆、葛德忠、张理跃
	屠家村	王春娥	屠仁刚、屠绍贵	陈丽芳、屠成竹、屠立永、胡桔琴
	建设村	杨相成	王能奎、林松根	周军平、陈昌兴、金嫦娥
	双林村	林光成	林健宝、林宏庆	林国仁、林宏仁

2017 年桥头胡街道村级关工委领导成员一览表

表 7-142

村名	主任	常务副主任	副主任	委　员
桥头胡村	胡新标	胡余标	胡满科	胡伟君、张利聪、胡海波、胡海仙、胡林贤
陆家村	王力梅	陆双丁	陆海荣	金海兵、陆定聪、金晶、金新伟
林家村	林开杰	林祥永	林祥宝	陈慧娟、林福春、林云巧、林欢
屠家村	王春娥	屠海建	屠会富	屠成竹、屠仁标、屠海松、屠桔琴
叶兴村	叶福春	叶显科	叶荣才	叶宏春、潘江勇、丁玉青、吕云姑
建设村	杨相成	王能奎	金嫦娥	陈昌兴、吴永明、吴祖元、吴满义
岙马村	葛益峰	葛云飞	马世对	马天根、马仁宽、葛志贤、马小宽
双林村	林光成	林仁仙	林立军	林健宝、林恒军、林爱娥、林双丰
龙储村	储中义	储善飞	吴云飞	储根宽、储有能、孙方、储建标

续表7-142

村名	主任	常务副主任	副主任	委　员
汶溪周村	刘伟标	周建奎	周伟杰	周芬连、周永伟、何莉芝、林海通
东吕村	吕伟强	吕夏连	吕小兴	吕伟卿、吕允文、周竹仙、吕安松
西吕村	刘才宽	傅成飞	陈亚萍	刘宏标、吕长明、周银仙、周跃奎
潘家岙村	潘海丰	潘为锋	金苗彩	潘晓燕、泮银科、魏三彩、潘成宝
涨家溪村	金长春	金永杰	何晓通	金昌永、金昌忠、金生通、金汝军、金为香
五联村	王荣秀	王建江	徐锡安	史志杰、何建成、顾文天、王华锋
铜岭村	金承柱	祝建钧	徐功达	吴雅青、尤昌国、张理跃、郑灵通
丁家村	丁建明	丁世夫	丁荣兵	伍美能、丁六荣、丁密仙、丁朱家
店前王村	王建平	王成飞	王术永	王云云、王作奎、王振永、屠爱定

二、主要工作

（一）加强青少年思想道德教育

这些年来，街道关工委始终把参与青少年思想道德建设作为关心下一代工作重中之重，坚持以社会主义核心价值观引领青少年。

开展青少年爱党爱国主义教育活动。镇关工委发动“五老”深入挖掘本地红色资源，通过编写资料，充分运用生活化场景、日常化活动、具体化载体等方式，广泛开展青少年爱党爱国、“传承红色基因，争做时代新人”的主题教育活动。组织“五老”宣讲团深入村、社、学校、企业、聊天长廊等进行宣讲。街道关工委每月分别邀请优秀共产党员为青少年讲解党的历史进程和革命先烈的英勇事迹，使青少年在一堂堂生动的党课中不断提高对党的思想认同、情感认同，提高听党话，跟党走的自觉性。

传承、弘扬、教育同步，全面开展各类教育活动。每年 3 月，街道关工委联合桥头胡中小学校通过开展“承家风传家训 树良俗扬美风”座谈会、“放飞家风纸鸢 争做美德少年”、发放家风家训倡议书、开展德育故事比赛等系列教育活动，将传统民俗文化、家庭实践教育与家风家训活动有机结合，切实发挥家长在家庭教育中的主体作用，在家庭中培育和践行社会主义核心价值观，在辖区内营造良好的家庭文明社会新风尚。1998 年 7 月 2 日，县关工委孙愫贞主任赴桥头胡镇向镇幼儿园幼儿家长作《怎样做一个合格家长》报告；2013 年。街道关工委大力宣传辖区内县级道德模范吕赛彬几十年如一日照顾病瘫老人的孝德事迹；涨家溪村 97 岁高龄的屠苗英老太根据越调即兴自谱词曲，歌颂党、歌颂新农村、歌颂身边的好人美德，并创作《宁海新变化》《涨家溪的新农村》等不少曲目，向青少年学生宣传弘唱。街道关工委还经常带领青少年学生聆听关于老党员的故事和歌曲；街道关工委每年邀请人武干部在桥头胡中小学校开展国防教育进校园系列宣讲活动，以此引导和启迪青少年学生不断增强民族自尊心、自信心和自豪感，增强忧患意识及社会责任感和使命感。2016 年 9 月 17 日，是我国第十六个全民国防教育日。桥头胡街道关工委联合街道人武部共同开展深刻的国防教育进校园系列活动。系列活动由观看“军歌嘹亮宁海人”宣传片、展出“宁海十佳退伍军人”展板、红色电影观后感征文比赛等组成。而2016年的全民国防教育日的主题为：传承红色基因，共建巩固国防。为此在开学初，桥头胡中学就开展一次主题为“开学第一课”的国防主题教育活动，同学们通过观看红军长征纪录片等红色电影，并将观后感写下来，以征文比赛的形式将红色基因传承下去。同时街道人武干部在桥头胡中学开展国防教育进校园宣讲活动。1998年6月，镇关工委在镇中学举行报告会，初中毕业班6个班级380名学生听取派出所俞旭东的警钟行动法治报告。而后每年5月，为营造良好的法治教育环境和氛围，提高辖区青少年的法律意识，街道关工委联合桥头胡中学举办“校园文化节暨法制歌唱比赛”。2018年12月，桥头胡街道关工委联合中心小学邀请桥头胡法庭的魏巍法官开展《未成年人的自我保护》专题讲座。讲座中，魏法官以事例结合法律条文的方式，向学生介绍“民事权利”“民事行为能力”“民事责任”“侵权形式 ”和“校园欺凌”等相关内容。

针对学校普遍存在的法律教育空缺、医学知识薄弱、安全意识欠缺等问题，关工委还以宣传展板、讲座等形式向青少年进行法律、眼部保健、交通安全等知识宣传，达20余次。而从关协开始，每年清明节期间，组织青少年到桥头胡、大佳何、建设等地祭扫烈士墓，进行革命传统教育。1994年，镇关协组织活动，由副会长邬锡墅与退休干部吕安根分别向中小学生介绍革命烈士事迹。1998年桥头胡镇中心小学600余名师生祭扫吕安根烈士墓。2019年4月5日，桥头胡街道关工委、街道妇联联合桥头胡中学组织学生代表前往县革命烈士园开展“红色基因代代传，争做时代追梦人”清明节祭扫英烈活动。活动后，学生们纷纷表示要传承先烈遗志，牢记使命，积极向上，为实现“中国梦”不断努力。2018年5月10日，桥头胡街道关工委联合街道红十字会在中小学开展“珍爱生命 谨防溺水”的安全知识巡回宣传教育活动。该活动邀请桥头胡中心卫生院柴桂群副院长对学生就防溺水知识、一般溺水原因以及如何预防溺水进行系统、全面的讲解。同时，柴院长还在演练现场讲解和演示对溺水人员上岸后的急救处理方法。最后由红十字急救专业成员演示溺水施救、心肺复苏术等动作要领，使孩子们真正学到防溺水的基本知识，在实践中学会抢救的技能，填补学生在防溺水方面求救、互救、自救方面知识的不足，同时也让学生懂得游泳时所要牢记的安全事项，从而避免事故的发生。

有效开展青少年校外教育活动。桥头胡街道关工委充分发挥“五老”的特殊优势，持续开展一系列校外教育活动。1993年10月29日，宁海第六中学（原桥头胡中学）聘请街道退休干部李根国、邬锦荣、林明土三位为校外辅导员。2013年，“五老”之一、社区老党员徐水春将学雷锋标语贴在桥头胡小学的课堂外，并拿出早年珍藏的学习雷锋有关的报刊、画册、小人书等让大家观摩学习，并在旁讲解，为学生们讲一堂“新时代新雷锋新社会新发展”课程。街道关工委将每一个传统节日融入青少年日常生活学习中，以植树节种树、清明节扫墓、端午节包粽子、中秋节做月饼、重阳节慰问老人等多种形式，不仅培养辖区青少年从小对传统节日的认知，更是在全街道范围内营造良好的节日氛围。为让青少年度过每一个文明健康、轻松愉快、丰富多彩的暑期，街道关工委联合团工委、妇联、桥头胡中学等相关部门单位共同积极创建以“快乐假期，快乐学习”为主题的假日学校。每一次活动均邀请多位名师骨干、党员教师为青少年授课，活动形式多样，内容丰富多彩，活动包括名师讲座、科学创新小实验、球类竞技比赛以及各类应急事故逃生训练等，以达到理论知识与社会实践相结合的效果。街道关工委为进一步培养青少年德智体美劳全面发展，多次联合桥头胡中小学开展象棋、绘画、书法等比赛，使青少年在比赛中发挥各自的特长。2018年5月26日，桥头胡街道关工委联合龙储村开展主题为“大手拉小手 分类齐步走”——垃圾分类亲子趣味比赛，使小朋友们从小培养保护环境、循环利用资源的意识。也通过孩子，将这些意识渗透到孩子父母甚至整个家庭，再由一个个具备环境保护、垃圾分类意识的小家去影响和带动大家，最终从根本上改变思想、改变行为、改变环境，让村庄变得越来越美丽。

为迎接国家三类城市语言文字达标验收，2019 年 5 月 16 日，街道关工委联合街道中心小学关工委组织 20 名学生走出校园，走上街头，开展对户外广告、宣传栏、店面招牌、单位名称等存在不规范用语、错别字等纠错活动。此次活动，不仅对学生激发说普通话、用规范字、做文明人的良好语言文字氛围，也对创建文明城市，构建文明校园，迎接国家城市语言文字达标验收起到积极作用。

（二）发挥“五老”作用

为充分调动“五老”骨干的积极性并更好地开展工作，街道关工委进一步加强“五老”队伍建设，定期召开学习讨论会，增强“五老”骨干的责任感和使命感，提高工作水平。创新活动载体，让“五老”更好地参与到结对帮扶、环境整治和青少年道德教育等活动中来，发挥他们的更大作用。街道关工委开展辖区内需帮扶人员的排摸工作，建立健全相关贫困儿童信息库，联合志愿团体、团工委积极开展关爱帮扶专项行动，围绕学业辅导、亲情陪伴、自护教育、爱心捐赠等内容开展经常性的志愿服务活动，持续扎实推进希望工程关爱行动。2013 年年初，街道关工委联合宁海“心援”志愿者、街道劳动保障所和街道企业对辖区数十名困难儿童进行走访慰问。6 月初，桥头胡初中和小学的 25 名学生得到 1 万多元的“爱心助学基金”。2016 年，街道关工委联合团工委创立青少年帮扶基金品牌——“青春护苗”，运行 2 年来，对辖区内困难家庭学生、留守儿童等进行入户走访，排摸家庭实际情况，在按户分别建立基础信息数据库后，积极开展帮扶工作，跟踪建立困难儿童帮扶档案 82 户。街道关工委还整合辖区内中小学、爱心企业、社会爱心组织、街道社保部门等有效资源，通过党群同心圆志愿服务平台、资金补助、帮帮团等多渠道开展帮扶活动。累计有 212 位爱心人士参与实物、资金帮扶，并筹集帮扶资金 5.2 万元，对辖区 35 户贫困儿童家庭进行慰问，其中 13 户贫困儿童得到为期一年的帮帮团持续帮扶，18 位在校中小学生享受免费“阳光午餐”。以上这些活动离不开“五老”人员的积极参与，同时增强“五老”骨干的向心力。

2020 年 3 月 3 日，桥头胡街道“五老”丁从康、林春燕夫妇积极发挥“五老”作用，采用多种方式宣传新冠肺炎防疫知识，主动捐款 2000 元，为防疫防控工作加油鼓劲。

（三）加强班子建设

注重加强街道关工委班子建设，建立健全村级关工委组织网络。

街道关工委将各级班子建设作为首要任务。有人事变动时，街道关工委便迅速重新组建关心下一代工作班子，并充实一批年轻的街道干部作为工作者，理清职责、合理分工，定期召开会议，研究讨论工作开展情况。同时在村级组织换届后，进一步明确村级关工委工作责任，健全组织网络，重新确认新一届村党支部书记兼任村关工委主任，同时建立健全学习、工作、会议、总结等各项规章制度，加强村级党组织对关工委工作的领导，从而更好地开展工作。进一步加强“五老”队伍建设，及时做好新老交替工作，不断创新载体，让“五老”更好地参与到关心下一代事业中来，充分发挥他们的余热。

桥头胡街道关工委多年来以“围绕中心、配合补充，因地制宜、量力而为，立足基层、注重实效”的工作方针，以《桥头胡街道关心下一代工作意见》为工作指南，按照围绕中心、突出重点、勇于创新、务求实效的要求，充分发挥“五老”优势。2017 年，登记在册“五老”168 名，成立爱国主义讲师团、关爱工作团和校外辅导员、网吧义务监督员等骨干队伍，并登记造册，同步建立健全相关工作准则、制度、义务等内容，汇编成册，使各支队伍有制度可循，确保各项活动顺利开展。骨干队伍建立以来，先后开展暑期网吧巡查、爱国主义宣讲进学堂、甬润童心帮扶等一系列活动。加强对青少年的“两法”教育，引导未成年人学法、懂法，守法，增强法律意识，自觉抵制社会不良行为的影响。为提升各支队伍成员的各方面素养，街道关工委每月举办培训班一次，结合时事形势和关心下一代工作实际，开展有针对性的培训。开办“学习贯彻十九大精神，推动关心下一代工作发展”“依法治国与社会主义核心价值观”等培训班，通过培训、研讨，进一步提高关工委干部及“五老”骨干的综合能力和素质。

（四）开展“双创建”活动

2007年，率先在双林村试点开展“三好四无”创建活动，并通过验收。2015年，林家村开始创建“五好”基层关工委并通过验收。2017年完成11家单位的“双创建”提升复评工作。至2018年，桥头胡街道关工委通过“双创建”活动的单位已有12家。从而进一步夯实基层关工委的工作基础。

桥头胡街道村级“三好四无”“五好”关工委创建情况一览表

表7-143

时间	行政村	创建情况
2007年	双林村	县“三好四无”创建
2008年	潘家岙村、涨家溪村、店前王村、汶溪周村	县“三好四无”创建
2009年	东吕村、桥头胡村	县“三好四无”创建
2012年	龙储村	县“三好四无”创建
	潘家岙村、涨家溪村、店前王村、汶溪周村	通过县“三好四无”提升复评
2013年	五联村	县“三好四无”创建
	东吕村、桥头胡村	通过县“三好四无”提升复评
2014年	丁家村	县“三好四无”创建
	龙储村	通过县“三好四无”提升复评
2015年	林家村	县“五好”基层关工委创建
2017年	叶兴村	县“五好”基层关工委创建
	双林村、潘家岙村、涨家溪村、店前王村、汶溪周村、东吕村、桥头胡村、龙储村、五联村、丁家村、林家村	通过县“五好”基层关工委提升复评
2018年	岙马村	县“五好”基层关工委创建

三、所获荣誉

1992—1993年度，邬锡墅被评为宁海县优秀校外辅导员。

1994年9月10日，中共宁海县委县政府表彰，邬锡墅被评为宁海县关心下一代工作先进个人。

1999年2月26日，中共宁海县委县政府表彰，邬锡墅被评为宁海县关心下一代工作先进个人。

2001年2月27日，中共宁海县委表彰，邬锡墅被评为宁海县关心下一代工作先进个人。

2004年1月2日，中共宁海县委县政府表彰，桥头胡街道桥头胡村关心下一代工作小组被评为宁海县关心下一代工作先进集体，林启文、胡善学被评为宁海县关心下一代工作先进个人。

2006年12月28日，在县关工委开展的“调查研究年”活动中，由王良顺、袁哲忠执笔的《农村学校周边小摊、小贩现象的调查》获调研文章三等奖。

2008年1月3日，中共宁海县委县政府表彰，桥头胡街道双林村党支部被评为宁海县关心下一代工作先进集体，潘建军被评为宁海县关心下一代工作先进个人。

2010年3月20日，县关工委表彰，桥头胡街道涨家溪村关工委被评为2008—2009年度宁海县关心下一代工作先进集体，徐敏杰、徐水春被评为2008—2009年度宁海县关心下一代工作先进个人。

2011—2012年度，桥头胡街道东吕村关工委被评为宁波市“六有”村关工委。

2012年，桥头胡街道关工委被评为县级“五好”乡镇（街道）关工委。

2013年1月6日，县关工委表彰，桥头胡街道东吕村关工委被评为2011—2012年度宁海县关心下一代工作先进集体，潘侠宏、国宝秀被评为2011—2012年度宁海县关心下一代工作先进个人。同年，桥头胡街道关工委通过“五好”街道关工委复评提升完成验收。

2013年11月25日，桥头胡街道关工委的《青少年成长危机分析及破解》被评为2013年度县关心下一代工作优秀调研报告，荣获三等奖。

2015年1月26日，县关工委表彰，桥头胡街道丁家村关工委被评为2013—2014年度宁海县关心下一代工作先进集体，葛友福、钱宗法被评为2013—2014年度宁海县关心下一代工作先进个人。

2015年7月7日，县关工委表彰，华立峰获2014年度宁海县关工委系统信息宣传工作三等奖。

2015—2016年度，桥头胡街道东吕村关工委被评为宁波市“五好”村（社）关工委。

2017年2月27日，县关工委表彰，桥头胡街道双林村关工委、叶兴村关工委被评为2015—2016年度宁海县关心下一代工作先进集体，叶梦印、金昌芬、胡一宁被评为2015—2016年度宁海县关心下一代工作先进个人。葛友福、袁小来被评为2015—2016年度宁海县关心下一代工作优秀“五老”。

2017年4月14日，县关工委表彰，胡一宁被评为2016年度宁海县关工委系统信息宣传工作先进个人。

2017年12月21日，县关工委表彰，林启文、胡明土、国宝秀被评为“假日学校”优秀“五老”志愿者，俞辉为“假日学校”先进工作者。

2018年4月18日，县关工委表彰，胡一宁被评为2017年度宁海县关工委系统信息宣传工作先进个人。

2018年12月28日，宁波市关心下一代工作委员会、宁波市关心下一代基金会表彰，桥头胡街道关工委被评为宁波市“五好”乡镇（街道）关工委；双林村关工委、龙储村关工委被评为宁波市“五好”社区（村）关工委。

2018年12月29日，县关工委表彰，东吕村关工委、龙储村关工委被评为2017—2018年度关心下一代工作先进集体，胡一宁、俞辉被评为2017—2018年度关心下一代工作先进工作者，张祖常、屠绍贵被评为2017—2018年度关心下一代工作优秀“五老”。

2019年1月21日，县关工委表彰，胡一宁被评为2018年度宁海县关工委系统信息宣传工作先进个人。

2019 年 10 月 15 日，县关工委表彰，胡明土、林启文、章肖琴、胡一宁、鲍昕被评为 2019 年度宁海县暑期“假日学校”志愿服务工作先进个人。

2019 年 12 月 12 日，县关工委表彰，胡一宁被评为 2019 年度宁海县关工委系统信息宣传工作先进个人。

第八章　县直有关部门关工委

第一节　教育系统

一、机构沿革

1990 年 6 月 30 日，宁海县关心下一代协会（以下简称关协）成立。同年 11 月 22 日，宁海县关心下一代协会教育系统分会在县总工会举行成立大会。县关心下一代协会会长孙素贞、离退休老干部代表以及城关地区中小学的团队负责人 80 多人参加。会议通过了《宁海县关心下一代协会教育系统分会章程》，选举俞世识、童焕两位同志为名誉会长，邬国珊、童泽欧、陈雅来、葛友富四位同志为顾问，县教委主任胡全林当选为会长，应大松、陈模荣、蒋妙仙、娄逢影四人为副会长，陈名英为秘书长。址设县教委。成立县关心下一代协会教育系统分会，旨在组织和发挥离退休老教师的余热和各界人士的作用，对青少年进行道德、理想、纪律、法制和革命传统教育，向社会各界宣传青少年工作的重大意义，维护青少年合法权益，团结社会各界人士共同关心下一代的健康成长。期间，镇乡教育系统关协和退协实行两块牌子、一套班子，退协会员即为关协会员。

1994 年 7 月 5 日，建立首届宁海县教育系统关心下一代工作委员会（以下简称关工委）。陈模荣任主任，葛友富、龚怀源、葛聚明任副主任，葛聚明兼秘书长，裘为民任副秘书长。同年 10 月 6 日，县教委机关关心下一代工作小组成立。裘为民任组长，李光荫任副组长。

1997 年 8 月 4 日，调整县教委机关关心下一代工作小组成员，陈模荣任组长，裘为民任副组长。

2002 年 6 月 18 日，鉴于人事变动，调整县教育系统关心下一代工作委员会组成人员。陈焕翠、陈模荣任县教育系统关心下一代工作委员会名誉主任（此后，一直担任该职务至今）。吕国平任县教育系统关心下一代工作委员会主任。夏才法任副主任，陈焕涛任秘书长，葛聚明任副秘书长。

2007 年 4 月 19 日，鉴于人事变动，应小星任县教育系统关心下一代工作委员会主任，夏才法任副主任，葛聚明任秘书长，王福常任副秘书长。

2008 年 12 月 1 日，王福常任县教育系统关心下一代工作委员会常务副主任兼秘书长。局关工委搬入教育局后大楼，与教育工会合署办公。

2009 年 12 月，鉴于人事变动，舒静芬任县教育系统关心下一代工作委员会主任（连续任职至 2016 年 8 月），王福常任常务副主任兼秘书长，夏才法任副主任，金慰祖任副秘书长。是年，镇乡教育关工委与镇乡退协分开办公。镇乡教育结算中心主任兼任镇乡教育关工委主任，副主任由离退休骨干、有关校长或工会干部兼任，秘书长均由结算中心文书担任。

2013 年 11 月 4 日，叶权泰任县教育系统关心下一代工作委员会常务副主任兼秘书长，夏才法、王福常任副主任，金慰祖、潘家荣任副秘书长。

2014 年 10 月 29 日，叶显青任县教育系统关心下一代工作委员会常务副主任，夏才法、王福常任副主任，崔艳波任秘书长，金慰祖任副秘书长。是年起，局关工委正式作为县教育局的一个职能科室，独立办公。

2016 年 8 月 29 日，鉴于人事变动，周霞任县教育系统关心下一代工作委员会主任，叶显青任常务副主任，金荣方、王福常任副主任，崔艳波任秘书长，金慰祖任副秘书长。

2019 年 9 月 6 日，鉴于人事变动，周霞任县教育系统关心下一代工作委员会主任，娄贤官任常务副主任，金荣方、叶显青任副主任，周丹霞任副秘书长，成员方仲儒、蒋倩、季丽泓、金慰祖、周荣祥、冯圣太、潘珊珍、童相宗。

直属学校和各镇乡（街道）教办关工委组织机构一览表

表 8-1

单位	主任	常务副主任	副主任	秘书长
宁海中学	符洪铭	边峡	戴瑜华	—
知恩中学	应华彬	车胜国	郑江良　戴剑刚	胡晓永
柔石中学	陈焕杰	林季农	童衍樟	葛荣辉
正学中学	李胜永	郑俊杰	邱士兵	陈向阳
职教中心	王建科	袁哲海	—	叶成福
第一职业中学	应龙泉	张建国	杨旭东	蒋敏敏
技工学校	黄仁发	林海斌	娄建设	潘中秋
城区教办	蔡俊杰	王钱达	—	葛雪亚
桃源教办	严晓峰	陈和权	—	陈海岳
梅林教办	潘兴国	俞正根	林南俊	应国永
桥头胡教办	童霖军	—	金其良	王晓晓
长街教办	储为权	潘珊珍	周仲吉　张志刚　王东凯	孙志毅
力洋教办	胡余建	—	韩和方	—
胡陈教办	胡贵国	—	王元才	蒋永安
茶院教办	叶元友	—	杨小翠	张霞丽
一市教办	俞建标	—	朱小春	吴凯妮
越溪教办	王建伟	金如银	—	梅宁宁
岔路教办	童新永	石亦丰	卢鸣岐	娄群亚
前童教办	叶新志	童志刚	童可达	林晶晶
桑州教办	韩式良	—	鲍丽斌	王燕
黄坛教办	徐全明	杨双养	何时平　吴杰忠	傅琴芳
西店教办	吴昌流	冯圣太	—	陆萍
大佳何教办	施安华	—	叶言兴	马桔芬
强蛟教办	陈先标	尤玲菊	王成恕	葛赛君
深甽教办	吴增产	陈强	张宝章	王颖

宁海县乡镇（街道）中小学校关工委组织班子成员名单一览表

表 8-2

单位		主任	常务副主任	副主任	秘书长
城区教办	跃龙中学	陈模连	李移风	胡全亦	马旭雷
	城关中学	应有志	王朝尧	金宽宏	陈雅轩
	星海中学	王伟	祝文勇	罗伟	刘神燕
	潘天寿中学	胡小川	李永丰	王家华	虞文锦
	实验校区	徐建达	钱小平	童秋月	陈雪盈
	城南校区	杨秀聪	娄建亚	徐日琴	童旭霞
	城西校区	张华	杨雄剑	葛爱华	葛笑笑
	金桥校区	郑孝忠	严望培	陈海松	陈彦宇
	辛岭小学	蒋齐泰	王丽君	葛娟娟	王维娜
	金阳小学	胡云辉	崔夏玲	王云飞	朱子秋
	上金小学	赵志标	赵和平	娄秉南	胡莉莉
	城中小学	王海虹	叶月嫦	季秋菊	柴敏雅
	星海小学	顾亚莉	顾苗娟	邬丹丹	陈路
	城东小学	吴盈波	陈东贤	杨世扬	杨世扬
	潘天寿小学	屠本忠	陈建强	胡燕琴	叶大伟
	银河小学	王爱珍	石永进	孙丽丽	范杰
	华山小学	陈国宽	杨彩素	胡海珍	李杉杉
	培智学校	王叶龙	祝良军	何欣欣	竺晨珍
	水车小学	葛泽梁	陈金娟	陈垚志	袁春晓
桃源教办	回浦小学	周海潮	金礼选	陈坚	李振阳
	山水小学	吴定河	应培能	施聪萍	王磊
	桃源小学	李幸潭	陈剑波	王海娇	冯寒凯
	桃源初中	娄凤跃	周斌宝	袁春夫	袁春夫
梅林街道	梅林初中	叶小辉	李国光	郑三江	叶欢
	梅林小学	张修涨	林宏友	徐笛	戴旭
	梅林二小	葛华飞	徐方良	王伊娜	胡斐
桥头胡街道	桥头胡初中	曹为平	丁法清	屠海杰	林皓坚
	桥头胡小学	葛美红	陈勤	钱世超	曹雪纯
长街镇	长街中学	周仲吉	胡从飞	王玲敏	金凯丽
	长街小学	张志刚	冯全能	赖冰滨	叶妍
	长街二小	王东凯	胡亚芬	陈海宏	叶梦雪

续表8-2

单位		主任	常务副主任	副主任	秘书长
胡陈乡	胡陈初中	陈伟利	陈相成	王昌设	陈日静
	胡陈小学	周岳鹏	鲍凯辉	朱辉	叶倩倩
力洋镇	力洋初中	叶光侃	张贤杰	陈剡	仇静绒
	力洋小学	谢肃威	葛素娥	冯全炉	王朝霞
	文正小学	朱作望	谢三秀	张思红	严慧慧
	兴南小学	王瑜权	卢昌智	吴雯雯	赖静超
	前横初中	朱仁会	林吉才	俞剑斌	缪琼琼
	前横小学	田超	赵后富	史媛媛	史媛媛
茶院乡	茶院初中	俞申杰	杨小翠	张洁	胡蓉蓉
	茶院小学	李土	叶显能	葛蓓	葛蓓
	南溪小学	黄忠诚	邵伟韬	徐飞燕	徐飞燕
一市镇	一市初中	梅宁宁	王方奖	王述飞	许小红
	一市小学	叶红超	庞伟杰	杨晶茹	金蒙稍
	东岙小学	葛东昆	王云仙	夏敏霞	夏敏霞
越溪乡	越溪初中	王建伟	金如银	华咪咪	施鉴雄
	越溪小学	胡旭波	王涨水	王晶晶	金威杰
桑洲镇	桑洲初中	金立泰	章思滚	王天雄	陈立灿
	桑洲小学	张德辉	王秋根	储吉浪	陈建杭
岔路镇	岔路初中	王武平	童相宗	娄晓阳	杨仁安
	岔路小学	胡伟坚	章正求	胡余山	林蓓聪
前童镇	前童初中	万吉成	童为国	王为照	葛贤吉
	前童小学	鲍常飞	童可达	童相浪	董峰峰
	竹林小学	王永明	王小土	王华程	李敏霞
黄坛镇	黄坛初中	王武略	吴莲娟	陈菲菲	黄倩娜
	黄坛小学	杨双养	李忠勇	王晶晶	任天天
大佳何镇	大佳何初中	马春彪	王良云	王钢英	屠晓凯
	大佳何小学	仇贤永	应可标	顾战友	陈莎娜
强蛟镇	强蛟初中	郑之军	王成恕	王军伟	麻霞静
	强蛟小学	叶琪琪	王成恕	蔡建玲	金雪葵

续表8-2

单位		主任	常务副主任	副主任	秘书长
西店镇	西店初中	胡一民	冯圣太	冯明旺	丁婷婷
	西店小学	叶可能	冯锡炉	郭颖杰	钟宇
	西店二小	马继吾	冯申康	王亦斌	冯燚斌
	西店三小	泮朝阳	徐新莲	应日升	石芳
深甽镇	深甽中学	叶小伟	孔林根	郭万日	葛向荣
	深甽小学	何定萍	李文娟	王文行	孙娉婷
	马岙小学	黄剑	俞志扬	叶霞斐	陈梦迪
	双湖小学	王赛丽	胡建青	张寅	陈琪
	大里小学	汪亚萍	张志义	仇聪玲	仇雪飘
	大蔡小学	李世君	吴桂生	王丹静	邬莉莎

二、大事要事

1990 年 11 月 22 日，宁海县关心下一代协会教育系统分会（以下简称关协）正式成立。根据大会通过的章程，当时的 229 名宁海县离退休教师协会（以下简称退协）会员，全部成为关协会员。

1993 年，关协会员发展至 781 名。他们协助学校德育工作，加上经过家长学校培训的上万名学生家长，全县已基本形成了一支相当可观的德育工作社会力量。初步出现了“学生走进学校教师管，走出校门社会管”的齐抓共管的势头。

1995 年 1 月，县教委召开城关地区校外辅导员会议，县关工委领导出席。4 月，县关工委组织部分在职领导和离退休老干部成立爱国主义教育宣讲团，分 7 组到各初高中学校巡回报告。

1997 年 3 月，县关工委组织爱国主义教育宣讲团，赴各镇乡初中、县属中学进行“香港回归祖国”巡回报告。暑假，县教委、县关工委联合组织中小学学生开展军训、社会实践、小制作、小发明等社区教育活动，为时 1 个月。此后，暑假社区教育活动有序开展。

1998 年 12 月，县关工委组织老同志、校外辅导员和当地公安干警在全县中小学全面开展“警钟行动”法制学习与宣讲活动，受教育面在 95%以上。

1999 年 6 月，组织老干部、老同志宣讲团赴全县各校进行“纪念宁海解放 50 周年”宣讲活动。

2000 年，全县中小学建立法制学校达 89 所，并配备法制学校副校长。法制教材三年级以上人手一册。是年，县教委与县政法委、县公安局联合制作大型法制教育图片在全县巡回展出，5 万多学生受教育。同时，在城北小学召开“少年法庭”法制教育现场会。

2001 年 3 月，县教委、县关工委、县老干部局和团县委决定授予王铁鹰等 53 位同志“1998—2000 年宁海县校外优秀辅导员”荣誉称号，表彰从事校外辅导员工作的广大老同志及公安干部不怕劳累、不讲条件、不计报酬、不图名利、辛勤工作、无私奉献的精神。12 月，全县中小学 64 名法制学校副校长进行了为期 3 天的培训。

2002 年 7 月 5 日，副县长尤玲娟主持召开中小学生暑期教育实践活动安排协调会议，会议明确活动由社区主办，县教育局主管，各职能部门积极主动配合，开展军训、科技活动、“公德进万家”

等实践活动，全面提高中小学生素质。

2005年，县政法委在教育局召开全县中小学法制学校校长工作会议。是年，全县中小学学校聘请70多位公检法干部和300多位老同志担任法制学校副校长和校外辅导员。4月，为纪念丹麦作家安徒生诞生200周年，县教育局与县少工委、县集邮协会联合开展青少年邮票设计比赛，收到充满童趣的作品近百幅，城东小学的《坚定的锡兵》等作品获奖。

2006年9月，县教育局与环保局联合发文，开展全县中小学以“绿色生态、环境保护循环经济”为主题的环保征文活动。

2007年“六一”前夕，宁波市暨宁海县关爱留守未成年人“关怀5+1”计划启动仪式在宁海县举行。团市委书记孙黎明等出席。“关怀5+1”计划包括健康关怀、成长关怀、幸福关怀、亲情关怀、维权关怀以及建立一个关爱留守未成年人基金。启动仪式上，宁海县8家爱心企业共同出资15万元，成立宁波市首个关爱留守未成年人基金。当年，宁海县共有留守未成年人4038人。其中20多名留守未成年人找到“知心姐姐”“知心哥哥”。是年，全县在中小学学生中开展“三好四无”（在校做好学生、在家做好孩子、在社会做好公民，无赌博、无不孝、无辍学、无犯罪）活动。并确定柔石中学、技工学校、西店中学、西店小学为试点学校。

2008年4月，全县14个镇乡和4个街道各增配一名“关工委”常务副主任，一般由正副局（镇乡）级调研员担任，以更好地推动全县关心下一代工作的开展。5月，经过验收，全县57所学校被评为“三好四无”先进集体。12月8日，《中国关心下一代工作委员会工作条例》颁布。《条例》分总则、工作任务、工作原则、组织和制度、经费和附则六章33条，自颁布之日起实施。我县教育系统关工委坚持“围绕中心、配合补充、因地制宜、量力而行、立足基层、注重实效”的工作方针，做好“党政所急、青少年所需、关工委所能”的工作，逐步构建了一线挂帅、二线主抓、“五老”参与、多方协作的关心下一代的工作格局。同月，宁海县教育局被评为宁波市关心下一代工作先进集体。

2009年，全县中小学先后开展“我的祖国”“我是90后”等读书征文和学习无臂大学生屠欢杰身残志不残的先进事迹活动。是年，全县教育系统关工委针对关心下一代工作中带普遍性、倾向性的问题，大力开展调查研究活动，形成了前童镇教办关工委《结合“五区”特色，发挥“五老”作用，开展“五爱”教育》、西店镇教办关工委《西店镇新公民子女教育情况调研》、力洋镇教办关工委《农村留守儿童的现状及教育对策》、职教中心关工委《“三元”整合职校关爱模式》和技工学校关工委《把关工委工作融入学校整体工作》等一批有分量、针对性很强的调研报告，向党政领导和有关部门提出了加强和改进工作的意见和建议。

2010年3月，教育局关工委被评为宁海县关心下一代工作先进集体。同年11月5日，隆重召开宁海县教育系统关心下一代工作委员会成立20周年庆祝大会。宁波市教育局关工委主任夏明华、县关工委常务副主任杨启炉、县关工委副主任王以位、袁春林，县教育局局长朱行开、县教育局关工委名誉主任陈焕翠等参加，县教育局关工委主任、副局长舒静芬主持会议。大会总结了二十多年来教育系统关心下一代工作的主要成绩、工作亮点和工作经验，表彰了一大批为关心下一代而呕心沥血、无私奉献的离退休老教师和先进单位。他们当中有：前童离休教师童衍孝［中华人民共和国成立前以教书为掩护，长期从事地下工作。曾任前童支部书记、西南区工委书记、宁海县工委书记、宁（海）天（台）三（门）工委书记］，他整整用了十年时间，五易其稿，写成了《宁海党史回忆资料》和二万余字的革命人物事迹材料，这些材料均被县党史办收藏。童衍孝等一批老革命还筹建前童革命史陈列室、“铁流”纪念亭等，平均每年向青少年进行革命传统教育达4000多人，总共超过10万人次；城关中学退休老校长葛友富等一批老教师连续举办“高复班”十几届，先后让3000多名落榜学生圆了“大学梦”；竹口退休老校长老党员陈承悦七年如一日，用心用情用力帮教失足青年和服刑青少年，使多个劣迹少年浪子回头，其中有个帮教对象还被评为省级改造积极分子，减刑17个月，提前回家。他还经常召开本村毕业生座谈会，引导青少年自觉抵制社会上各种错误思想的影响。他所在的竹溪村，连续三年被县政府授予小康村和文明村；县教师进修学校龚怀源老师离休之后，尽心尽责地坚持关心下一代工作二十个春秋，多次随同县关工委领导到监所，从面对面帮教宁海籍的失足青年，延伸到通讯帮教和回归帮教，与一些回头浪子成了忘年交，避免了“二进宫”；西店初中退休老校长、西店镇教育关工委副主任冯圣太，带领全镇近百名老同志深入学校，结对帮扶，进行思想品德教育，把满腔的关爱都献给了青少年健康成长事业；西店老师曹珠芬，先后出资万余元，主动帮助家境贫寒的2个外来务工子女读完初中；西店高龄老教师薛国路，收集材料，撰写讲稿，多次为观澜小学宣讲雷锋精神和艰苦奋斗精神；西店退休教师赵雪华，不顾身患癌症，经常深入网吧调查，劝说沉迷学生，自觉担当青少年健康成长的“保护神”；越溪乡退休教师张荣乾，组织梅枝田附近6个自然村的30多名小学生参加暑假班，办班3年，从未收取一元学费。退休24年来，他一直担任越溪中小学校外辅导员，建立讲师团，无偿开办暑假班。他家庭并不宽裕，却年复一年资助当地贫困学生，倾尽了炽热的爱心；强蛟小学退休校长王成恕关心渔村教育事业，筹资创设奖教奖学基金。他十几年如一日，每学期都向学生作爱国主义教育、革命传统教育讲座；胡陈小学退休校长鲍培根发动群众，修建傍山公园，开展帮困助学，坚持无偿家教，致力于关心下一代事业二十载；长街退休教师王其林，把自己三年多退休工资全部捐给龙浦小学改善办学条件。据不完全统计，长街退休老教师捐款助学达20多万；力洋镇多位老教师捐款4300元，资助6名贫困学生；深圳镇老教师建立“夕阳红”基金2万多元，用来资助困难学生，奖励品学兼优学子；宁海中学老书记童焕，自身生活非常节俭，资助贫困学生却常常几百上千，毫不吝惜；六中退休教师江国宝与贫困学生结对十多年，累计助学3万多元。如此等等，不胜枚举。同年10月，全县116所学校（幼儿园）配备保安195名、防暴器械312套，安装129套110联网报警系统和视频监控系统，确保了校园平稳，师生安全。12月，教育系统“千名党员扶困生”活动在前童举行。该活动开展十年，受助学生4.5万人次，结对金额800余万元。是年，全县教育系统关工委会员从最初的229名，发展到了1700余名。

2011年12月8日，在北京召开的全国中小学德育工作经验交流会上，教育局长蒋善琪作为浙江省唯一代表作交流发言，介绍了宁海县教育系统建立中小学生违法犯罪预警机制，探索出一条有效预防未成年人违法犯罪的帮教措施的做法和经验，受到了全国与会代表的好评。宁海县教育局选送的《中小学生违法犯罪预警机制的构建与实施》，被评为全国德育工作优秀案例奖。是年，从小学段到高中段的经济困难家庭子女实施爱心营养餐、义务段经济困难学生免除校服费、中职学生可享受多重帮助、在特殊教育学校就读和在普通学校随班就读的残疾学生，实行全免费教育并免费提供营养午餐，至此，宁海县教育系统帮困助学实现全覆盖。是年，“平安校园”创建率达100%。全县30个单位综治测评中，教育局总分排名第一。

2012年从秋季学期开始，宁海县对胡陈乡、茶院乡、桑州镇、岔路镇、前童镇、深甽镇及水车片、双峰片这八个市级经济欠发达乡镇（片区）义务教育段所有学生实施免费午餐。这一政策惠及28所学校，1万余名学生。县财政按每生每年1500元的标准，全年投入资金达1500万元。至12

月，宁海县全面完成中小学校舍安全改造工程，共排查鉴定校舍 782 幢，拆除危房面积 11322 平方米，加固改造面积 3228 平方米，新建校舍 19.96 万平方米，投入资金 5.4 亿元。

2013 年，开展“复兴中华从我做起”“寻找身边最美的人、最美的事”“美丽中国我的中国梦”主题教育读书征文活动。是年，我县正学中学创导的“四好三气”（教导学生存好心、说好话、行好事、做好人，讲义气、树正气、有骨气）德育理念，经过四年持续实践推进，已经成为宁海学校德育品牌和“金名片”，被《浙江教育报》重点报道推广，并在全县教育工作会议上介绍。同年，职教中心关工委《“三元”整合职校关爱模式》和技工学校关工委《充分发挥关工委在技工学校育人中的积极作用》两篇论文在教育部《关心下一代》期刊上发表。西店初中《新公民评价的实践探索》一文在《基础教育》杂志上发表。岔路初中《留守儿童近榜样激励探索》获县关工委论文评比一等奖。

2014 年 4 月，组织全县教育系统关工委干部学习宣讲中共十八大三中全会精神 80 多场次，受教育师生 7 万多人。同时，依托学校道德讲堂、主题班会、国旗下讲话、团队活动等载体，组织开展“我的中国梦”“学雷锋精神，展青春风采”以及孝德教育实践活动。同年，挖掘整合县域德育资源，构建东南西北中片区域校外德育实践基地 8 个。是年，全县退休教师 2000 多人中，近 25%参与了“五老帮扶青少年，一帮一结对”活动。

2015 年 4 月 8 日，宁海县小学生“我身边的廉俭故事”演讲比赛和幼儿“廉俭童谣”说唱比赛在一职高举行。11 月，城东小学、梅林小学、长街小学和桃源中学成功创建市“五好”学校关工委（第一批）。是年，全县教育系统先后开展“缅怀先烈，感恩生活——与梦同飞翔”、“爱祖国、爱劳动、爱学习”、“少年向上，真善美伴我行”和“快乐寒假，与梦同行”等主题教育实践活动。至年底，全县共完成 73 所义务段学校直饮水工程和 20 所农村义务教育寄宿制学校热水淋浴改造项目；全县各地农村和社区，共开办“假日学校”65 所，组织小候鸟、留守儿童以及双职工子女开展丰富多彩的学习活动，让他们安全愉快地度过暑寒假。同年，针对父母双双外出的留守儿童日益增多的现状（如胡陈乡东仓小学当年 369 名学生中，留守儿童占比高达 56.5%），部分偏远山区和欠发达乡镇学校，开展了形式多样且各具特色的关爱帮教活动和课题研究实践活动，开阔视野，提高学生的综合素质，整合德育资源，收到了明显的社会效果。其中比较典型的有：东仓小学以当地历史人物、南宋丞相叶梦鼎为学习榜样，挖掘梦鼎精神，开展《农村小学知书达礼“小梦鼎”系列培养实践活动》课题研究，构建独特的育人环境，打响校园“梦鼎”品牌，多次被市县新闻媒体刊登报道，受到各级领导一致好评；胡陈小学自 2013 年开始，推行农村学校小班化教学试点工作，开展生活技能社团活动，开设云创生活馆，体验前沿科技，努力让留守儿童也享受到优质教育资源，确保每个孩子在学习中不掉队；岔路小学早在 2014 年 7 月就成立了爱心成长室和心理健康咨询室，开展教师与留守儿童结对、爱心妈妈结对、阿里巴巴豆豆基金会与留守儿童结对等活动。多次举办“家校共育快乐成长”“家校携手智慧引领”为主题的家长培训会，校长亲自主讲，一千多名家长参加，并通过云录播进行现场直播。家校合力育人，收到明显成效。近年来，该校不少外出打工的家长陆续回乡，留守儿童数量明显下降。有的默默无闻的“丑小鸭”，成了品学兼优的三好学生、大队干部。

2016 年 4 月 29 日，宁海县“小手拉大手，安全共相守”主题活动启动仪式在金阳小学举行。5 月 27 日，“珍爱生命，预防溺水”安全宣教活动现场会在山水小学召开。同月下旬，局关工委与县关工委、县妇联一起赴双峰小学开展“老少同乐庆六一”活动。11 月初，邀请宁波市“少儿中国汉字棋大赛”活动办公室的老师到宁海开办培训讲座，全县中小学45位老师参加。12月1日，中国关工委常务副主任武韬、全国青少年普法教育活动办公室负责人徐磊、省关工委专职副主任林斌、宁波市关工委主任邵孝杰等一行到宁海调研普法教育工作。宁海职教中心关工委和西店初中关工委汇报了“依法治校”、“青少年法制宣传教育活动”、发挥“五老”（老干部、老战士、老专家、老教师和老模范）队伍的作用等方面工作，受到充分肯定。12月12日，长街岳井小学教师张翎飞15年义务护送隔洋塘学生乘坐渡轮上下学的感人事迹，被中央电视台等众多媒体关注报道，感动社会。张翎飞被评为2016年度“最美宁波人”，并获得“浙江好人”荣誉称号。全县教育系统迅速掀起学习张翎飞老师先进事迹的热潮，学习他忠于职守的敬业精神、扎根基层的奉献精神、爱生如子的高尚师德和诚实守信的高贵品质。是年，局关工委还在全县开展“老少同心，筑梦同行”“雷锋在我身边”“缅怀先烈颂党恩，继承精神跟党走”等主题教育活动和“老师您好！我的好老师”主题教育读书活动。并联手教育基金会去胡陈乡开展留守儿童工作调研。同年，城西小学、实验小学和桥头胡小学被宁波市教育局关工委授予“宁波市教育系统关心下一代工作品牌单位”称号。

2017年7月，在由中国关心下一代工作委员会、中华人民共和国司法部和中央社会治安综合治理委员会办公室联合主办的第三届“关爱明天，普法先行”青少年普法教育活动总结评比中，中共宁海县委、宁海县人民政府被评为全国青少年普法教育示范区；宁海县关工委、宁海县教育局、宁海县普法教育领导小组办公室和跃龙中学、正学中学、西店初中、实验校区等4所学校被评为全国普法教育先进单位；共青团宁海县委、大佳何镇关工委和岔路初中、大佳何初中、越溪小学、黄坛小学、潘天寿小学、力洋小学等6所学校获得全国普法教育优秀组织奖；崔艳波、谢肃威等15人被评为全国普法教育先进个人；秦琳静等15人获得全国普法教育优秀辅导员称号；李沅宸等18位学生分别获得一、二、三等奖，陈英畅等4位学生获优秀奖。该活动始于2015年4月，全县教育系统高度重视，强化宣传，营造氛围，方法灵活，多方联动，稳步推进普法教育工作，构建和谐的校园法治教育环境，使全县广大教职工、中小学生的法律知识、法治意识、守法意识和维权意识显著提高，领导干部依法决策、依法行政和依法治教能力明显增强，有力促进了宁海县教育工作不断攀上新台阶。是年，在开展“阳光校园，我们是好伙伴”主题教育读书活动中，城东小学被评为部级读书活动示范学校，长街初中的胡晓男获得部级“诚信友善好少年”荣誉称号，城关中学、桥头胡初中、深甽小学和西店小学各有一个班级被评为市级优秀班集体，岔路初中的王晖栋、长街初中的齐俊杰和城中小学的石林骐被评为市级“诚信友善好少年”，县教育局关工委被评为市级读书活动先进集体。同年，城西小学、岔路小学、前童小学和西店初中被授予宁波市“五好”学校关工委称号（第二批）；县教育局关工委、实验小学、知恩中学被评为“宁波市教育系统关心下一代工作先进集体”，华山小学的胡海珍、城西小学的朱婉珍、岔路初中的杨仁安和黄坛镇教办的叶元友被评为“宁波市教育系统关心下一代工作先进个人”。同年，全县共开办“假日学校”68所，筹集工作经费89.5万元，接收青少年7180人，参与“假日学校”志愿者1868人，其中“五老”509人。

为切实解决小学生“放学早接送难”的矛盾，破解小学生校外负担过重难题，进一步加强教育服务能力，促进学生健康成长，推进教育事业健康有序发展。在学生、家长自愿基础上，2019年，宁海县50所小学全面实现校内托管服务全覆盖。

2019年，宁海县实验小学教育集团金桥校区五（3）班11岁小学生孔云起发明的一款“锥桶自动摆收机”获得第33届浙江省青少年科技创新大赛一等奖。平日里，孔云起就不乏奇思妙想和金点子，校园内的创新氛围和老师的指导更令他如鱼得水，作品频频获奖。《天平式磁力检测仪》获宁波市青少年科技创新大赛一等奖、《“追日一号”智能晾衣架诞生记》获第七届宁波市青少年科普征文大赛一等奖、《滚轮式趋光晾衣架》获宁波市中小学电脑制作二等奖、《受水型水钟》获宁波市小学生学具作品展演二等奖……新时代呼唤新的“创新基因”。近年来，宁海县各中小学重视培养学生探索创新精神，增设科技实践课程，开展丰富多彩的科技活动和比赛，寓教于乐，营造热爱科学，崇尚创新的氛围，提高孩子的科技创新和实践能力，让一批创新幼苗破土而出、茁壮成长。

宁海县教育系统关工委先进集体和先进个人一览表

表 8-3

时间	获奖单位或个人	先进级别与名称
1993 年	林贵清、王惜耶、叶继江	宁波市优秀校外辅导员
	王式淡、应文天、葛家奎、张　哲、张哲彬、董　颠、童遵锵、颜耀华、谢志良、冯家余、杨象章	宁海县优秀校外辅导员
1994 年	县教育系统关工委、县少年军校	宁海县关心下一代工作先进集体
1996 年	陈承悦	宁波市关心下一代工作先进个人
1998 年	陈承悦	宁波市关心下一代先进工作者
1999 年	葛友富、童衍孝、陈承悦、胡展坑	宁波市关心下一代先进工作者
	县教委关工委	宁海县关心下一代工作先进集体
2000 年	林光美、童衍孝	宁波市少先队事业功臣
2001 年	褚孔文	宁波市关心下一代先进工作者
	城关镇教委、大佳何镇教委	宁海县关心下一代工作先进集体
	葛聚明	宁海县关心下一代工作先进个人
	葛颖莹（宁海中学风华书院学生）	省第九届青少年英才三等奖
2002 年	县后备军人学校	宁波市关心下一代工作先进集体
	张洁辉、葛学成	宁波市关心下一代工作先进个人
	邬汝威（县潘天寿中学）	宁波市第三届青少年科技英才二等奖
	李乐（县跃龙中学）	宁波市第三届青少年科技英才三等奖
2003 年	桑州、前童、胡陈教育关工委	宁波市教育系统关心下一代工作先进集体
	张荣乾、胡开法、童衍孝	宁波市教育系统关心下一代工作先进工作者

续表8-3

时间	获奖单位或个人	先进级别与名称
2004年	县后备军人学校	宁波市关心下一代工作先进集体
	王建科	宁波市关心下一代工作先进个人
	谢研（跃龙中学学生）、何洁琼（城东小学学生）	宁波市大红鹰青少年科技英才奖三等奖
	县教育局退教协会，宁海中学，县高级职业技术中心学校，实验小学，茶院乡退教小组、关协，前童镇中心小学，双峰乡学校，西店镇初级中学	宁海县关心下一代工作先进集体
	夏才法、边峡、柴冬青、何定萍、吕家恩、葛政豪、鲍英华、王品富、夏方鼎、鲍培根、张荣乾、胡开法、王成恕	宁海县关心下一代工作先进个人
2005年	刘玉祺（女）	宁波市第二届“十佳进城小公民”
	宁海中学、柔石中学、县教育局城区教育管理办公室、胡陈乡中心小学、力洋镇初中、茶院乡初中、一市镇教育经费结算中心、桑洲镇初中、岔路镇初中、前童镇中心小学、黄坛镇初中、大佳何镇初中、西店镇退休教师协会、深甽镇初中	宁海县关心下一代工作先进集体
	盛高成、龚怀源、鲍培根、袁伟斌、张荣乾、章思滚、王永礼、胡开法、王成恕、薛国路、储为福、童剑英、周斌宝、王武略、葛德根	宁海县关心下一代工作先进个人
2006年	县后备军人学校	宁波市关心下一代工作先进集体
	陈模荣	宁波市关心下一代工作先进个人
	城区、一市、黄坛教育关工委	宁波市教育系统关心下一代工作先进集体
	鲍培根、夏方丁、潘功毛	宁波市关心下一代工作先进个人
	《新时期的老园丁》（退教协会鲍英清执笔）、《几年关爱的思考》（县教育局、宁海中学关工小组龚国宁执笔）	县关工委调研文章二等奖
	《跃龙中学家庭教育现状调查报告》（跃龙中学家长学校课题组）	县关工委调研文章三等奖
	岔路镇中学（王家礼执笔）	县关工委调研文章纪念奖
2007年	西店、强蛟、黄坛教育关工委	宁波市关心下一代工作先进集体
	张荣乾、冯圣太、王成恕	宁波市关心下一代工作先进个人
	龚怀源	宁波市教育关工之星
	张荣乾、冯圣太、王成恕、赵邦良、葛聚明	宁波市教育系统先进工作者

续表8-3

时间	获奖单位或个人	先进级别与名称
2008 年	县教育局党委、柔石中学关工委	宁波市关心下一代工作先进集体
	冯圣太	宁波市关心下一代工作先进个人
	县教育系统关工委、县高级职业技术中心学校、县技工学校、桃源初级中学、跃龙教育集团黄坛中学、深甽镇初级中学、实验小学教育集团实验校区、力洋镇中心小学	宁海县关心下一代工作先进集体
	张洁辉、黄仁发、童富军、应有志、王秀桂、冯旭霞、鲍培根、陆启田、王道东、王家方、徐飞斌、王成恕、赵雪华、陈国宽	宁海县关心下一代工作先进个人
	陈乐陶	宁海县关工委首届青少年英才奖一等奖
	吴夏冰、李　浩、葛添星、卢旭科	宁海县关工委首届青少年英才奖二等奖
	顾雨薇、王天鹏、施　茜、辛　怡、俞杰斌、冯迭乔	宁海县关工委首届青少年英才奖三等奖
2009 年	龚怀源	宁波市关工之星
	张荣乾、鲍培根	宁波市教育关工之星
	西店镇教育关工委、柔石中学关工委、潘天寿中学关工委	宁波市教育系统关心下一代工作先进集体
	冯圣太、王成恕、胡开法、王福常	宁波市教育系统关心下一代工作先进个人
	城区教办关工委、职教中心关工委、西店小学关工委、技工学校关工委、城东实验小学关工委、潘天寿小学关工委	宁海县教育系统关心下一代工作先进集体
	陈承悦、刘继宁、尤孝岳、章思滚、章玉兰、孔明强、陈小娇、葛德根、赵雪华、陈文国、胡荣卫、鲍英清	宁海县教育系统关心下一代工作先进个人
2010 年	柔石中学关工委	宁波市关心下一代工作先进集体
	县教育局关工委、宁海中学关工委、县职教中心关工委、跃龙教育集团黄坛中学关工委、实验小学教育集团实验校区关工委、胡陈乡中心小学关工委、前童镇中心小学关工委、西店镇中心小学关工委、桥头胡中心小学关工委	宁海县关心下一代工作先进集体
	王福常、童富军、鲍英清、叶可观、王成恕、冯圣太、赵雪华、曹珠芬、周荣祥、陈小娇、刘学秀、章玉兰、葛德根	宁海县关心下一代工作先进个人
	鲍培根、张荣乾、夏方丁、刘继宁	宁海县“关工之星”

续表8-3

时间	获奖单位或个人	先进级别与名称
2011年	技术学校关工委	全国青少年道德培养实验基地（中国关工委教育发展中心青少年素质教育工程项目办公室批准）
	章思滚、鲍英清	宁波市教育关工之星（第三届）
2012年	王福常、杨长春	宁波市关心下一代工作先进个人
2013年	章玉兰、王成恕	宁波市教育关工之星（第四届）
	县教育局关工委、柔石中学关工委、城区教办关工委、县城区退教协会、西店镇教育关工委、岔路镇中学关工委、大佳何镇初中关工委、金阳小学关工委、桃源小学关工委、观澜小学关工委	宁海县关心下一代工作先进集体
	张洁辉、葛荣辉、娄建设、冯圣太、赵雪华、章思滚、鲍培根、金慰祖、章玉兰、周荣祥、鲍英清、王成恕	宁海县关心下一代工作先进个人
	《岔路中学留守学生近榜样激励的调查与思考》（王福常、俞华琴）	县关心下一代工作优秀调研报告一等奖
	《薄弱高中“四好三气”教育的实践探索》（正学中学）、《外来工子女在宁海》（王福常、冯圣太、鲍英清）、《扬长避短，激活潜能》（黄坛镇小学）	县关心下一代工作优秀调研报告三等奖
	陈小娇、葛玲娟、潘三娟、赵雪华、金慰祖、王成恕、周荣祥、章玉兰、鲍英清、刘学秀	宁海县关心下一代工作“五老”先进个人
2014年	周荣祥	宁波市关心下一代工作先进个人
	童富军	宁海县关心下一代工作宣讲先进个人
2015年	王福常、冯圣太	宁波市教育关工之星（第五届）
	王成恕	浙江省关心下一代先进个人
	娄贤官、陆萍、章玉兰、潘珊珍	宁波市教育系统关工委先进个人
	西店中学、桥头胡小学、前童幼儿园	宁波市教育系统关工委先进集体
	县教育局、力洋镇初级中学、茶院乡初级中学、一市镇中心小学、岔路镇初级中学、岔路镇中心小学、前童镇竹林小学、前童镇中心小学、大佳何镇中心小学、西店镇教育管理办公室、实验小学教育集团实验校区、县高级职业技术中心、梅林街道教育管理办公室、桥头胡街道初级中学	宁海县关心下一代工作先进集体
	王福常、伍乾锋、潘珊珍、尹安春、童志刚、徐冯菲、冯圣太、林海斌、杜建国、鲍英清	宁海县关心下一代工作先进个人

续表8-3

时间	获奖单位或个人	先进级别与名称
2015 年	童富军、王秀玲	宁海县关心下一代工作宣讲先进个人
	县教育局关工委	宁海县关工委系统信息宣传工作先进集体
	崔艳波	宁海县关工委系统信息宣传工作先进个人二等奖
2016 年	童富军	宁海县青少年思想道德教育宣讲团先进个人
	县教育局关工委	宁海县关工委系统信息宣传工作先进集体
	崔艳波	宁海县关工委系统信息宣传工作优秀信息员
2017 年	宁海县教育局关工委、实验小学知恩中学	宁波市教育系统关工委先进集体
	胡海珍、叶元友、朱婉珍、杨仁安	宁波市教育系统关工委先进个人
	县教育局关工委、力洋镇中心小学、强蛟镇初级中学、前童教育管理办公室、深甽镇中心小学、梅林中心小学、城区教育管理办公室、宁海中学、城东小学、实验小学教育集团城西校区	宁海县关心下一代工作先进集体
	崔艳波、童富军、张露、虞琴君、林蓓聪、杨仁安、杨丹丹、邬晨燕、郭万日、王颖、葛龙、叶成福、岑雅君、潘兴国、杨世扬、王晓晓	宁海县关心下一代工作先进个人
	卢鸣岐、童云芳、金子华、陈志清、陈文国、葛德根、杨企讯、陈小娇、杨贤富、朱婉珍	宁海县关心下一代工作优秀“五老”
	童富军	宁海县青少年思想道德教育宣讲团先进工作者
	县教育局关工委	宁海县关工委系统信息宣传工作先进集体
	崔艳波	宁海县关工委系统信息宣传工作优秀信息员
	葛玲娟、周荣祥、刘学秀、陈小娇	宁海县“假日学校”优秀“五老”志愿者
	童富军、崔艳波	宁海县“假日学校”先进工作者
2018 年	县教育局关工委、柔石中学、城东实验小学、力洋镇中心小学、西店镇初级中学、桃源中心小学、梅林中心小学	宁海县关心下一代工作先进集体
	崔艳波、葛雪亚、葛荣辉、周斌宝、孙晶军、杨世扬、王珏颖、崔霞霞、马桔芬、戴旭	宁海县关心下一代工作先进工作者
	章正求、葛玲娟、刘学秀、杨贤富、朱婉珍、潘珊珍、王乘治、冯圣太	宁海县关心下一代工作优秀“五老”
	县教育局关工委	宁海县关工委系统信息宣传工作先进集体
	崔艳波	宁海县关工委系统信息宣传工作优秀信息员

续表8-3

时间	获奖单位或个人	先进级别与名称
2019 年	崔艳波	宁海县关工委系统信息宣传工作积极通讯员
不确定	东仓小学《无声胜有声 突出最强音》、梅林小学《以棋为媒 共育梅子》	宁波市优秀工作案例

历年教育系统关工委县级“三好四无”创建活动先进单位一览表

表 8-4

时间	创建活动先进单位
2007 年	柔石中学、技工学校、西店中学、西店小学
2008 年	一职高、职教中心、城关中学、星海中学、黄坛中学、潘天寿中学、桃源中学、梅林初中、桥头胡初中、长街初中、力洋初中、胡陈初中、一市初中、越溪初中、岔路初中、桑洲初中、深甽初中、大佳何初中、强蛟初中、实验小学、城南小学、城西小学、金桥小学、第二实验小学、城东小学、潘天寿小学、华山小学、桃源小学、梅林小学、桥头胡小学、长街小学、胡陈小学、茶院小学、力洋小学、一市小学、越溪小学、桑洲小学、岔路小学、前童小学、黄坛小学、大佳何小学、强蛟小学、深甽小学、溪南片校、辛岭片校、水车片校、山水片校、回浦片校、建设片校、龙浦片校、东仓片校、前横片校、兴南片校、文正片校、双峰片校、观澜片校、溪边片校
2009 年	宁海中学、知恩中学、正学中学、跃龙中学、前童中学、前横中学、金阳小学、山头小学、伍山小学、马岙小学、竹林小学、香岩小学、东岙小学
2012 年	青珠小学、岳井小学、大湖小学、南溪小学、七市小学、薛岙小学、大里小学、大蔡小学、双湖小学

历年创建县、市级“五好学校”关工委单位一览表

表 8-5

时间	县级或市级	创建单位
2015 年	县级	长街小学、胡陈小学、前童小学、岔路小学、城东小学、梅林小学、桥头胡小学、越溪小学、实验小学、山水小学、大里小学、力洋初中、桃源初中、西店初中、技工学校、前童镇学前教育中心
2015 年	市级	长街小学、梅林小学、城东小学、桃源中学
2016 年	县级	长街幼儿园、深圳小学、力洋小学、黄坛小学、潘天寿小学、金桥小学、城西小学、桃源小学、华山小学、西店小学、东仓小学、岔路中学、桑洲中学、黄坛中学、潘天寿中学、茶院中学、越溪中学
2017 年	县级	深甽中学、一市中学、星海中学、大佳何中学、梅林中学、桥头胡中学、星海小学、城南小学、城中小学、西店二小、观澜小学、香岩小学、樟树小学、强蛟小学、力洋小学、前横小学、桑洲小学
2017 年	市级	城西小学、岔路小学、前童小学、西店中学
2018 年	县级	茶院乡中心幼儿园、跃龙中心幼儿园、长街镇第二小学、一市镇中心小学、西店镇望海小学、深甽镇双湖小学、桃源街道回浦小学、跃龙街道辛岭小学、前童镇初级中学、强蛟镇初级中学、跃龙集团城关中学、县培智学校

第二节　民营经济

一、组织机构

2010年上半年，宁波市关工委组织各县市关工委赴江苏学习参观民营企业关心下一代工作，江苏省明确省工商局为全省民营企业关工委主管单位。2011年上半年，根据宁党办〔2011〕29号文件《关于加强民营企业关工委工作意见》的精神，2011年6月29日成立宁海县民营经济关心下一代工作委员会，由吕和平任主任，王金岳任常务副主任，兼职副主任为陈志清、尤礼忠、邬照峰、周忠坤、俞永达、娄甫安、胡菊芬、高建永、高松鹤、葛海明、鲍明飞、裘兰芳。委员为褚小田、葛晓辉、叶标、顾方强、胡和昶、何称松、杨继宠、施建明、钟成伟、张敏、陈强、伍米兴、吕茂根。

县民营经济关心下一代工作委员会办公室设在县民营企业协会，叶标任秘书长兼办公室主任，伍米兴为办公室副主任。

同年，全县8个基层民协分会相继成立民营经济关工委分会。

西店分会，主任顾方强，办公室主任朱作川；

桃源分会，主任杨继宠，办公室主任陈家旺；

跃龙分会，主任何称松，办公室主任俞旭东；

梅林分会，主任施建明，办公室主任葛良云；

桥头胡分会，主任陈强，办公室主任方正；

长街分会，主任张敏，办公室主任严邦金；

力洋分会，主任钟成伟，办公室主任夏众来。

鉴于人事变动和工作需要，经宁海县民营经济关工委研究决定，2012年10月8日，任命吕茂根为宁海县民营经济关工委办公室副主任。免去伍米兴的宁海县民营经济关工委办公室副主任职务。

2014年11月，深甽、直属、岔路、一市民协分会相继成立民营企业关工委分会。

深甽分会，主任袁仁江，办公室主任葛良云；

直属分会，主任孙飞珍，办公室主任俞旭东；

岔路分会，主任鲍杰，办公室主任印小芬；

一市分会，主任杨建湖，办公室主任潘常跃。

2014年1月5日，任命王小平为宁海县民营经济关工委常务副主任，免去王金岳的宁海县民营经济关工委常务副主任职务。

2014年9月1日，任命王震为宁海县民营经济关工委常务副主任，免去王小平的宁海县民营经济关工委常务副主任职务。

2016年8月16日，任命丁建标为宁海县民营经济关工委主任；褚小田为宁海县民营经济关工委常务副主任；孔建华为宁海县民营经济关工委秘书长；吕茂根为宁海县民营经济关工委办公室主任。同时免去吕和平的宁海县民营经济关工委主任职务；王震的宁海县民营经济关工委常务副主任职务；鲍明飞、高松鹤的宁海县民营经济关工委副主任职务；叶标的宁海县民营经济关工委秘书长兼办公室主任职务。

2019 年 1 月，任命王向东为宁海县民营经济关工委秘书长，同时免去孔建华为宁海县民营经济关工委秘书长职务。

宁海县民营经济关工委组织建设一览表

表 8-6

姓名	单位名称	关工委职务	任职时间
吕和平	县民营经济关工委	主任	2011. 2—2016. 8
丁建标	县民营经济关工委	主任	2016. 8—2019. 12
王金岳	县民营经济关工委	常务副主任	2011. 2—2013. 12
王小平	县民营经济关工委	常务副主任	2014. 1—2014. 8
王震	县民营经济关工委	常务副主任	2014. 8—2016. 7
褚小田	县民营经济关工委	常务副主任	2016. 8—2019. 12
陈志清	宁波志清实业有限公司	兼职副主任	2011. 2—2019. 12
尤礼忠	宁波美加（美琪）工具有限公司	兼职副主任	2011. 2—2019. 12
邬照峰	宁波峰亚电器有限公司	兼职副主任	2011. 2—2019. 12
周忠坤	宁波光明橡塑有限公司	兼职副主任	2011. 2—2019. 12
俞永达	宁波凯博数控机械有限公司	兼职副主任	2011. 2—2019. 12
娄甫安	得力集团	兼职副主任	2011. 2—2019. 12
裘兰芳	国宏集团	兼职副主任	2011. 2—2019. 12
高建永	宁波云峰文具有限公司	兼职副主任	2011. 2—2019. 12
高松鹤	宁波松鹤文具有限公司	兼职副主任	2011. 2—2016. 8
葛海明	县海裕铝业有限公司	兼职副主任	2011. 2—2019. 12
鲍明飞	县第一注塑模具有限公司	兼职副主任	2011. 2—2016. 8
胡菊芬	宁波彬彬文具有限公司	兼职副主任	2011. 2—2019. 12
叶标	县民营经济关工委	秘书长兼办公室主任	2011. 2—2016. 8
孔建华	县民营经济关工委	秘书长	2016. 8—2018. 12
伍米兴	县民营经济关工委	办公室副主任	2011、2—2012. 10
吕茂根	县民营经济关工委	办公室副主任	2012. 10—2016. 7
吕茂根	县民营经济关工委	办公室主任	2016. 8—2019. 12
王向东	县民营经济关工委	秘书长	2019. 1-至今
顾方强	县民营经济关工委西店分会	主任	2011. 8—2016. 7
胡和昶	县民营经济关工委西店分会	主任	2016. 8—2019. 12
朱作川	县民营经济关工委西店分会	办公室主任	2011. 2—2017. 10
汪范权	县民营经济关工委西店分会	办公室主任	2017. 11—2019

续表8-6

姓名	单位名称	关工委职务	任职时间
何称松	县民营经济关工委跃龙分会	主任	2011. 7—2011. 8
胡和昶	县民营经济关工委跃龙分会	主任	2011. 8—2014. 1
张敏	县民营经济关工委跃龙分会	主任	2014. 2—2019. 12
俞旭东	县民营经济关工委跃龙分会	办公室主任	2011. 7—2013. 12
胡永伟	县民营经济关工委跃龙分会	办公室主任	2014. 1—2016. 8
褚圣贤	县民营经济关工委跃龙分会	办公室主任	2016. 8—2019. 12
胡和昶	县民营经济关工委桃源分会	主任	2011. 7—2011. 8
杨继宠	县民营经济关工委桃源分会	主任	2011. 8—2019. 12
陈家旺	县民营经济关工委桃源分会	办公室主任	2011. 7—2019. 12
施建明	县民营经济关工委梅林分会	主任	2011. 7—2014. 1
王鹏	县民营经济关工委梅林分会	主任	2014. 1—2019
葛良云	县民营经济关工委梅林分会	办公室主任	2011. 7—2014. 11
吴能革	县民营经济关工委梅林分会	办公室主任	2014. 11—2019. 12
袁仁江	县民营经济关工委深甽分会	主任	2014. 11—2014. 12
陈强	县民营经济关工委深甽分会	主任	2014. 12—2019. 12
葛良云	县民营经济关工委深甽分会	办公室主任	2014. 11—2019. 12
陈强	县民营经济关工委桥头胡分会	主任	2011. 7—2012. 12
张敏	县民营经济关工委桥头胡分会	主任	2012. 12—2014. 12
顾五光	县民营经济关工委桥头胡分会	主任	2014. 12—2019. 12
方正	县民营经济关工委桥头胡分会	办公室主任	2011. 7—2019. 12
张敏	县民营经济关工委长街分会	主任	2011. 7—2012. 12
谢恒斌	县民营经济关工委长街分会	主任	2012. 12—2014. 1
王志杰	县民营经济关工委长街分会	主任	2014. 12—2018. 3
储昌松	县民营经济关工委长街分会	主任	2018. 3—2019. 12
严邦金	县民营经济关工委长街分会	办公室主任	2011. 7—2013. 2
邵伟明	县民营经济关工委长街分会	办公室主任	2013. 2. 10—2017. 8
舒文进	县民营经济关工委长街分会	办公室主任	2017. 8—2019. 12
钟成伟	县民营经济关工委力洋分会	主任	2011. 7—2016. 9
王灿	县民营经济关工委力洋分会	主任	2016. 9—2019. 12
夏众来	县民营经济关工委力洋分会	办公室主任	2011. 7—2012. 12
胡欢华	县民营经济关工委力洋分会	办公室主任	2012. 12—2016. 1
张义苗	县民营经济关工委长街分会	办公室主任	2016. 1—2019. 12

续表8-6

姓名	单位名称	关工委职务	任职时间
孙飞珍	县民营经济关工委直属分会	主任	2014. 11—2019. 12
俞旭东	县民营经济关工委直属分会	办公室主任	2015. 7—2019. 12
鲍杰	县民营经济关工委岔路分会	主任	2014. 11—2019. 12
印小芬	县民营经济关工委岔路分会	办公室主任	2014. 11—2019. 12
杨建湖	县民营经济关工委一市分会	主任	2014. 11—2018. 3
李晓华	县民营经济关工委一市分会	主任	2018. 3—2019. 12
潘常跃	县民营经济关工委一市分会	办公室主任	2014. 11—2017. 3
储亚宏	县民营经济关工委一市分会	办公室主任	2017. 3—2019. 12

二、民营企业关工委工作

（一）组建情况

2011 年，宁海县民营经济关工委成立。在此基础上，局党委决定，首先选择一批有一定规模，并建有党支部等条件较好的 43 家民营企业建立关工委组织，然后“以点带面”，层层发动，落实责任，逐年加大对民营企业关工委组建工作，逐步推进。民营企业关工委班子，由企业党支部书记或企业负责人兼任关工委主任，由原企业老领导或企业副职领导担任常务副主任，工会、团、妇组织和骨干“五老”为成员。依靠党建带关建，不仅规模以上民营企业组建了关工委，而且把关心下一代组织延伸到小微企业，使民营企业关工委数量大幅增加。截至 2017 年年底，全县已建民营企业关工委 202 家，实现了规模以上企业 40%的覆盖面，名列全市第二位。其中规上企业 116 家、非规上企业 86 家，行业分布不仅有工业企业，还涉及高新技术行业、福利企业、建筑业、酒店服务业及民营医院企业等多个领域。

2018 年，民营企业关工委组织归乡镇（街道）组建。乡镇（街道）关工委认真贯彻省、市、县《关于进一步加强民营企业关心下一代工作的意见》精神，2018 年新组建企业关工委组织 179 家，民营企业组建工作取得新突破。

2018 年前宁海县组建民营企业关工委情况统计一览表

表 8-7

年度	家数	其中					备注
		工业	商业	服务业	建筑业	医疗	
2008	39	39	—	—	—	—	乡镇建
2009	2	2	—	—	—	—	乡镇建
2010	13	12	1	—	—	—	乡镇建
2011	27	27	—	—	—	—	民营经济关工委建
2012	39	39	—	—	—	—	民营经济关工委建
2013	31	30	1	—	—	—	民营经济关工委建

续表8-7

年度	家数	其中					备注
		工业	商业	服务业	建筑业	医疗	
2014	20	12	3	3	1	1	民营经济关工委建
2015	16	10	2	2	2	—	民营经济关工委建
2016	1	—	—	1	—	—	民营经济关工委建
2017	13	8	—	4	1	—	民营经济关工委建
合计	201	179	7	10	4	1	—

2018年前宁海县组建民营企业关工委情况一览表

表8-8

序号	所在地	企业名称	成立时间	主任	常务副主任
1	长街	宁波凯博数控机械有限公司	2009.3.28	俞永达	沈良永
2		宁波天虹文具有限公司	2009.3.5	陈荣宝	张小平
3		宁海天艺雕刻机械有限公司	2011.9.15	王如来	王斯葵
4		宁波俱进建材塑料有限公司	2011.8.29	陈敏莲	徐大斌
5		宁波文丰文具有限期公司	2013.9.5	王伟锋	王君晓
6		宁海县绿丰生态有机肥有限公司	2013.9.10	鲍英辉	鲍瑞根
7		宁海县舒而佳文具有限公司	2014.8.20	王昌柱	苏小见
8		宁波振达文具有限公司	2015.8.5	陈伟达	胡余舜
9		宁波世裕金属制品有限公司	2015.8.28	王洁巍	王夫长
10		宁波市天工伟业数控机床有限公司	2017.12.30	李萍飞	—
11	胡陈	宁海七彩农业开发有限公司	2014.10.29	鲍丙章	王行军
12	力洋	宁波振宁牧业有限公司	2010.9	陈希杭	董海燕
13		宁波乡亲浓食品有限公司	2010.9	胡余统	吴汉江
14		宁波海静食品有限公司	2011.8.9	王其军	王君蕊
15		宁波青华科教仪器有限公司	2011.8.3	叶庆堂	谢锦华
16		宁海卡依之食品有限公司	2012.8.3	王央苗	国维华
17		宁波杰洲文具有限公司	2012.8.10	赖永新	章雅姣
18		宁波润禾化学工业有限公司	2012.7.31	刘丁平	郑卫红
19		宁波天娇木业有限公司	2013.9.2	金振武	金华富
20		宁波迈拓斯数控机械有限公司	2014.10.27	王占余	莫俊峰
21		知豆电动汽车有限公司	2017.8.29	温红光	杨丛军

续表8-8

序号	所在地	企业名称	成立时间	主任	常务副主任
22	茶院	重庆啤酒集团宁波大梁山有限公司	2012. 7. 7	刘建华	王振权
23		宁波双彩工贸有限公司	2014. 10. 29	孙师辉	孙泽锋
24	一市	宁波金海湾五金机械有限公司	2008. 4. 11	段有宾	—
25		宁波冠威健身器材有限公司	2008. 4. 11	向司兵	张明妮
26		宁波新世纪通讯设备有限公司	2008. 4. 11	叶爱群	孔振
27		宁海县第二棉纺织厂	2008. 4. 11	王才长	方守富
28		宁波乐斯博电子实业有限公司	2008. 4. 11	徐其军	杨伟丽
29		浙江卫信生物药业有限公司	2008. 4. 11	陈瑶	尤建伟
30		宁海县光辉灯饰有限公司	2012. 7. 1	胡晓明	章以和
31		宁海县人和纺织有限公司	2014. 11. 10	葛宏兴	黄继林
32		宁波鼎立建设有限公司	2015. 8. 28	赵竑渞	王金芬
33		宁波和谐橡胶有限公司	2017. 11. 28	陈兴元	张林波
34	岔路	华英伦科技（宁波）有限公司	2017. 8. 8	王玉琪	陈莉
35		宁波前风振业照明电器有限公司	2008. 4. 12	张丽敏	胡蓓蓓
36		宁波荣华铸造有限公司	2008. 4. 12	柴银荣	娄素萍
37	前童	新成鞋业	2008. 6. 26	童西军	童岳军
38		蓝宝石燃气表具	2008. 6. 26	叶善选	陈先良
39		海裕铝业	2008. 6. 26	葛海明	葛明亚
40		蓓蕾文具	2008. 6. 26	蒋文娇	童坤南
41		顺康压铸	2008. 6. 26	童国顺	童建标
42		三禾服饰	2008. 6. 26	祁媚琴	童巧娟
43		宁海县先平文具压铸有限公司	2011. 8. 24	童先平	童军浪
44		宁波为富工艺品有限公司	2013. 6. 21	王为富	王为兴
45		宁波新成包装有限公司	2015. 8. 25	刘全建	柴回素
46	黄坛	得力集团	2008. 5. 5	应玲娟	魏竹青
47		华成阀门	2008. 5. 5	吕杰平	魏建平
48		宁海县永辉灯饰有限公司	2011. 8. 1	李勇	邬佳行
49		宁波唐宁电器有限公司	2014. 7. 31	杨行兵	严双欢
50		宁波齐心科技投份有限公司	2014. 8. 27	王亚琴	邬月琴
51		宁海县大唐邮电设备有限公司	2014. 10. 25	麻卫平	王跃江

续表8-8

序号	所在地	企业名称	成立时间	主任	常务副主任
52	大佳何	宁波科强电池有限公司	2011.8.26	胡满华	林玲琴
53		宁波好德金属制品有限公司	2011.8.26	尤飞君	杜均
54		宁海县橡胶制品六厂	2013.8.21	王安君	王翔
55		宁海县弗莱克斯电气有限公司	2014.11.6	吕安金	曾军意
56	强蛟	宁波艾美机械有限公司	2013.6.4	杨晓波	童剑峰
57	西店	宁波兴洋电器公司	2008.12	张春国	—
58		宁波吉德电器有限公司	2011.8.9	黎辉	孙忠慧
59		宁波云峰文具有限公司	2011.8.23	高建永	谢专艺
60		宁波市雪银铝业有限公司	2011.8.1	胡文静	杜建文
61		宁波峰亚电器有限公司	2011.8.9	邬照峰	邬华峰
62		宁波俊均出口包装有限公司	2012.8.30	王永苗	郑飞
63		宁波索普橡塑有限公司	2012.8.28	张建昌	戴亚西
64		宁波海环橡胶工业有限公司	2012.9.7	张建良	丁建平
65		宁波百辉日用品有限公司	2012.8.20	邬仁宽	童高平
66		宁波天林塑胶有限公司	2012.8.30	朱军海	张宏
67		宁波无边橡塑有限公司	2012.9.20	蒋迎峰	邬理国
68		宁波兴伟文具有限公司	2012.8.28	邬岳伟	尤忠光
69		宁波日安阀门有限公司	2012.8.23	邬海峰	邬成林
70		宁波凯得利电器有限公司	2013.9.13	王松彪	史华辉
71		宁海县中洁制刷有限公司	2013.9.13	戴加齐	侯小欧
72		宁海县新东方塑业有限公司	2013.9.12	冯自国	张二英
73		宁海县凌飞电器有限公司	2013.9.10	邵建方	许来永
74		宁波长荣电器有限公司	2013.9.9	潘富荣	李林阳
75		宁海县永乐电器有限公司	2013.9.6	胡庆闪	史久锋
76		宁波双童电器有限公司	2014.11.1	孙武江	孙志红
77		宁波爱森电器有限公司	2014.8.10	孙林平	邬达达
78		宁波吉意压力锅有限公司	2014.10.31	邬亚达	周莉敏
79		宁波亚达电器有限公司	2014.10.10	王亚明	陈华
80		宁海县西店鸣宏文具厂	2015.8.1	李祥春	石亚职
81		宁波市万宝电器有限公司	2015.10.26	孙伟宝	沈行舟
82		宁波新妍电器有限公司	2015.9.11	冯位东	胡美绒
83		宁波千千秀日用品有限公司	2017.3.3	刘志千	胡云杰
84		宁波中贺汽配有限公司	2017.8.3	石双军	徐海龙

续表8-8

序号	所在地	企业名称	成立时间	主任	常务副主任
85	深甽	宁海顺达橡胶有限公司	2011.10.9	张兴德	蒋顺
86		宁海县五峰逢制设备有限公司	2011.8.16	俞志立	俞益聪
87		宁海县利铭金属制品有限公司	2012.8.8	金晶	冯少杰
88		宁海县兴达旅游用品有限公司	2012.8.15	胡金学	胡建军
89		宁海县兴涛铝业有限公司	2012.8.21	王旭敏	郭明春
90		宁海县深甽镇模具厂	2012.8.20	俞珊珊	俞嘉悦
91		宁海华晨机械有限公司	2012.8.10	俞德荣	俞德有
92		宁波钧强电器有限公司	2012.8.12	崔绍刚	崔绍兴
93		宁海县金马铸造有限公司	2013.8.12	王徭凯	王伟方
94		宁海县尖峰旅游用品有限公司	2013.8.16	戴章寅	王斌
95		宁波阿诺丹机械有限公司	2013.8.20	胡坚	张仁才
96		宁海天明山温泉大酒店有限公司	2014.11.1	孙亚龙	胡金娟
97		宁海南苑温泉山庄有限公司	2014.10.29	胡亚琴	戴俊
98		宁波英达五金有限公司	2015.10.20	张东寅	竺志春
99		宁海县霞光旅游用品厂	2015.10.20	张未旭	张金满
100		宁波浩天文教用品有限公司	2017.3.2	林勋鹤	张俊杰
101	跃龙	宁波志清实业有限公司	2010.3	陈志清	张燕
102		宁波九鼎机械有限公司	2010.9	鲍亚明	褚宝明
103		太平洋集团有限公司	2010.9.16	黄永清	杨建国
104		宁海县国大公司	2010.10	吕明兴	蒋月秀
105		宁波大洋实业发展有限公司	2011.8.19	杨浩刚	应照贵
106		宁波精大楚天混凝土泵有限公司	2011.8.19	杨浩毅	葛民林
107		宁海县第一注塑模具有限公司	2011.8.18	金亚芬	陈莉莉
108		宁波美琪工具有限公司	2011.9.5	冯亚珍	王志鹏
109		宁波美加工具有限公司	2011.9.5	尤理忠	吕国军
110		宁波嘉亿文具有限公司	2011.9.6	王全标	童明青
111		宁海康美日用品有限公司	2011.8.23	季掌女	陈振帅
112		宁波松鹤文具有限公司	2011.8.18	高松鹤	葛巧燕
113		宁波超程电器有限公司	2011.8.3	陈承训	李明荣
114		宁波草湖食品有限公司	2012.7.23	范根芬	孙亚斌
115		宁波中天家居用品有限公司	2012.7.25	胡立功	邬瑞丽
116		宁波志岳电子有限公司	2012.8.1	罗健	杨海姣

续表8-8

序号	所在地	企业名称	成立时间	主任	常务副主任
117	跃龙	宁海康民日用品有限公司	2013.7.1	林泠镪	叶巾榕
118		宁波育利电器有限公司	2013.7.1	徐教育	严雯雯
119		宁波发烧友家电有限公司	2013.8.27	朱宗能	蒋培红
120		宁波万安股份有限公司	2013.8.22	周校才	洪立志
121		宁波凯特机械有限公司	2013.8.23	包冠宁	赵根兴
122		宁波锦泰建设工程有限公司	2014.8.1	陈尔云	钱忠辉
123		宁海县百家农产品市场有限公司	2014.12.20	陈巧	林正春
124		宁海县一串红家政服务有限公司	2014.12.20	柴娇娜	俞晓燕
125		宁海县星辰家电有限公司	2014.12.20	邓秀英	林亚丽
126		宁海精金塑业有限公司	2015.8.11	胡余阔	章旭栋
127		宁波宇阳建设有限公司	2015.8.10	厉志宏	章聪芬
128		宁海县太平洋大酒店	2015.8.10	王建平	娄文伟
129		宁海昭阳电脑有限公司	2015.10.19	陈振业	葛丽萍
130		宁海县小小食品超市有限公司	2015.12.16	王红霞	林琴
131		宁波张力网络有限公司	2016.10.8	张昌斌	李永华
132		宁海县美一餐餐饮有限公司	2017.12.30	杨伟平	—
133		宁波县华宇建设有限公司	2017.12.30	葛迎春	—
134	桃源	宁波长青藤日用品有限公司	2008.5.19	应晓东	张杏娟
135		宁波天阳电子有限公司	2008.5.19	吕家根	许春满
136		宁波拓普汽车部件有限公司	2008.5.19	王新	何昌永
137		宁波超拨电子有限公司	2008.5.19	华宣兴	葛红英
138		宁波恒瑞文具有限公司	2008.5.19	王一平	郑平
139		宁波文达文具有限公司	2008.5.19	王一	胡善鹏
140		宁海县大鹏模具塑料有限公司	2010.9.15	周来富	陈根才
141		宁波如意股份有限公司	2010.8.27	朱爱芬	王振杰
142		宁波联合华发五金机械有限公司	2010.8.20	李启泽	陈永富
143		宁波喜海锅业有限公司	2010.8.30	胡维平	俞宗波
144		宁波跃飞模具有限公司	2010.9	孔祥松	李和选
145		山中合金（宁波）有限公司	2011.8.3	张卫卫	刘黎明
146		宁波赞扬文具有限公司	2012.7.15	胡亚虹	胡朝永
147		宁海县凯盛文具有限公司	2012.7.26	王昌亮	叶海玲
148		宁波煌家铝业有限公司	2012.8.14	林华东	胡佩佩

续表8-8

序号	所在地	企业名称	成立时间	主任	常务副主任
149		宁海县飞越日用品有限公司	2012.7.25	陈爱飞	曹良安
150		宁波林佳塑业有限公司	2012.7.26	陈林辉	周永涛
151		宁波双源机械有限公司	2012.7.26	何钢亮	林红叶
152		宁波恒瑞文具有限公司	2012.7.13	泮恒均	王一平
153		宁波振业杨亭模具有限公司	2012.8.1	王伟杰	张惠惠
154		宁波香木町日用品有限公司	2012.7.31	娄鹏华	裘先伟
155		宁海县富来压铸厂	2012.7.25	杨朝瑜	杨旺旭
156		宁波金达汽车部件有限公司	2012.7.20	叶金毛	叶勇
157	桃源	宁波小雪人文具有限公司	2012.7.23	屠尖兵	赵书东
158		宁波太中塑业有限公司	2012.8.17	胡海东	娄震华
159		宁波宁申工贸实业有限公司	2013.8.30	胡道申	胡华军
160		宁波周龙塑胶模具有限公司	2013.6.17	苏周龙	苏国栋
161		宁波大梁山彩印有限公司	2013.6.19	陈因木	蒋伍根
162		宁波浩蓝日用品有限公司	2013.6.24	胡杏棣	邵胜权
163		宁波利浦刃具有限公司	2013.7.2	赵邦苗	陈成芦
164		宁波健民电器有限公司	2015.8.12	周山怀	吕秋霞
165		宁波同心阀门管件有限公司	2017.8.28	陈灿	吕根木
166		建新赵氏集团有限公司	2010.8.6	赵肇丰	陈春学
167		宁波帅帝羊绒制品有限公司	2011.8.17	徐锋	陈云标
168		宁波方正汽车模具有限公司	2011.8.16	郭建森	林晓娜
169		宁波华东旭丰纺织品有限公司	2012.8.8	王洁军	徐丽娟
170		宁波光明橡塑有限公司	2012.8.5	陈佩佩	周珍
171	梅林	宁波源彬蜂业发展有限公司	2013.8.14	张源彬	张宇
172		宁波卡利特新材料有限公司	2013.8.19	胡鹏华	邬芝芬
173		宁波市高格卫浴产品有限公司	2013.8.20	屠桂芳	潘晶晶
174		宁海县万阳金属制品有限公司	2013.8.22	陈祖强	王聪聪
175		宁波翰文电器有限公司	2013.8.28	林开宏	罗善中
176		宁海轿辰汽车销售服务有限公司	2017.12.11	王金莲	周艺伟
177		宁波众特汽车销售服务有限公司	2017.12.11	王金莲	谢修婉

续表8-8

序号	所在地	企业名称	成立时间	主任	常务副主任
178	桥头胡	宁波彬彬文具有限公司	2008.4.2	胡菊芬	邬荣峰
179		宁波三达金属制品有限公司	2008.4.2	胡余建	冯瑶琴
180		宁海县电镀厂	2008.4.2	仇宏法	柴友达
181		宁波振飞五金工具有限公司	2008.4.2	胡小豪	金莹峰
182		宁海县双港轴承有限公司	2008.4.2	葛招曼	范伟建
183		宁海县必强机械工具有限公司	2008.4.2	钱宗法	鲍盛莲
184		宁波宙鹏工具有限公司	2008.4.2	周木伟	华贤龙
185		宁海县变压器厂	2008.4.2	尤根斗	尤娇萍
186		宁波春叶日用品有限公司	2008.4.2	钟三校	叶显宏
187		宁波卡倍亿电气技术有限公司	2008.4.2	储宝盛	安伟展
188		宁海县铁路配件厂	2008.4.2	胡宏光	胡素娥
189		宁波鸿腾电子有限公司	2008.4.2	马世对	何建成
190		宁海县黄墩砖瓦厂	2008.4.2	王术能	胡能飞
191		宁波新升泰灯饰有限公司	2008.4.2	袁正常	施晓桂
192		宁波高品文具有限公司	2008.4.2	王敏标	尤常红
193		宁海县科佳文具公司	2008.4.2	赖伟春	尤爱英
194		宁波世嘉嘉辰机械有限公司	2010.10	孔立军	葛建寅
195		宁波九峰电子工具有限公司	2011.8.26	胡滨	胡自成
196		宁海县雷鸟厨具制品有限公司	2012.7.13	尤伟杰	尤姣红
197		宁波海马电子有限公司	2012.7.27	林宏强	何建国
198		宁海县远颂机械工具有限公司	2013.4.25	尤箴言	尤竹青
199		宁海胡方斗医院	2014.8.13	胡方斗	史根法
200		宁波尚信汽车零部件有限公司	2015.9.16	姜晓东	曾枫
201		宁波环球输变电设备有限公司	2017.3.16	钱维吉	胡晓琴

2018年各乡镇（街道）组建民营企业关工委统计一览表

表8-9

所在乡镇	创建数	所在乡镇	创建数
长街镇	9	胡陈乡	2
力洋镇	11	茶院乡	5
一市	8	越溪	3
桑洲	3	岔路	14

续表8-9

所在乡镇	创建数	所在乡镇	创建数
前童	7	黄坛	12
大佳何	5	强蛟	11
西店	17	深甽镇	10
跃龙街道	14	桃源街道	15
梅林街道	12	桥头胡街道	16

2018 年各乡镇（街道）组建民营企业关工委一览表

表 8-10

序号	所在单位	企业名称	建立时间	班子成员		
				主任	副主任	委员
1	长街	奇精机械股份有限公司	2018.9	汪永琪	胡贵田	方马飞、李启伟、石庆云
2	长街	宁波好孩子儿童用品有限公司	2018.9	石超	温鑫旺	黄莹莹、刘闯、汤福莲
3	长街	宁波必取电子科技有限公司	2018.9	郑高勇	刘圆	王成秀、邬建娜、黎海霞
4	长街	宁海县长街鸿运金属冷锻厂	2018.9	陈逸霖	任典海	蒋平平、孙悟悟、李海燕
5	长街	宁波会通磁电科技有限公司	2018.9	陈逸馨	李菲	胡余舜、胡锦娄、胡亭亭
6	长街	宁波榆林金属制品有限公司	2018.9	汪永余	胡敏爱	金爱科、汪群英、胡永利
7	长街	宁波天天文具有限公司	2018.9	胡小成	何亚玉	杨泥琴、蒋良群、郑用将
8	长街	宁波瑞格文具有限公司	2018.9	戴德宝	王永进	叶辉、竺子锋、姜霞
9	长街	宁海县顶力水暖设备厂	2018.9	章万标	王侃	储善德、石娜
10	胡陈	宁波润禾高新材料股份有限公司	2018.9.4	叶建平	刘丁平（常副） 郑卫红	童时军、陈树春
11	胡陈	宁海县博宇翔鹰汽车部件有限公司	2018.9.4	胡维丹	徐聪兰（常副） 张敏淑	王海晓

续表8-10

序号	所在单位	企业名称	建立时间	班子成员		
				主任	副主任	委员
12	力洋	宁波晨东运动保健用品有限公司	2018.7.10	胡奇伟	褚冬泉	叶显初、杨会群、胡根伟
13	力洋	宁波富茂户外用品有限公司	2018.7.10	竺志佩	金立坚	王莹莹、徐春英、乔怀保、干方员、朱娟美
14	力洋	宁波好美秋千有限公司	2018.7.10	王海斌	邓斌	陈咪娜、胡琴莉、陈三女、陈洛明
15	力洋	宁波好特富工具制造有限公司	2018.7.10	徐勇	蒋优君	谢亚芬、储慧萍、李巧燕
16	力洋	宁波建林模具有限公司	2018.7.10	储为才	冯青峰	周小燕、储善斌、黄辉煌
17	力洋	宁波建维饲料有限公司	2018.7.10	孔建维	李和成	孔玲、陈贤武、朱承宽
18	力洋	宁波酷奇文具有限公司	2018.7.10	彭孝才	王莎莎	彭全果、夏俊、方素琴
19	力洋	宁波宁东混凝土有限公司	2018.7.10	严海标	鲍海城	周丙建、叶世静、李吉男
20	力洋	宁波天祺模塑有限公司	2018.7.10	林志刚	娄晓娇	郭长兴、姜晨晨、林志军、赵剑锋、汤笑群
21	力洋	宁波一宁防护用品有限公司	2018.7.10	李三珍	杨先凤	徐关、王君英、闵清伟、林英巧、陈建江、董亚娥
22	力洋	宁波国盛食品有限公司	2018.7.10	陈国盛	陈国昌	谢火浓、施伟程、林成兄
23	茶院	宁波市东腾纸业有限公司	2018.9	陈珊女	彭全委	彭家棠、王金龙、李春林
24	茶院	宁海隆元铝型材有限公司	2018.9	王龙元	王连科	王海燕、朱亚军、应巧玲
25	茶院	宁波德力机械有限公司	2018.9	周德清	叶建	王苏娟、史知道、娄广庆
26	茶院	宁波海力环球日用品有限公司	2018.9	冯骥国	尤才东	鲁斌、邬泽亦、冯建青
27	茶院	宁海县华天休闲有限公司	2018.9	赵建国	陈寿英	项琼霞、葛建亚、吴琴琴

续表8-10

序号	所在单位	企业名称	建立时间	班子成员		
				主任	副主任	委员
28	一市	浙江雅颜生物科技有限公司	2018.6.24	陈鹏建	陈博聪（常副）	国丽君
29	一市	宁波海神救生设备有限公司	2018.6.3	叶传法	叶南麟（常副） 郑金芬	陈林超
30	一市	宁海强鑫五金制品有限公司	2018.7.2	吕仁福	王家标（常副）	葛华英
31	一市	宁海县赛跃金属制品有限公司	2018.7.13	褚三育	黄艳红（常副）	胡莲英
32	一市	宁波通冠市政设施科技有限公司	2018.6.3	孔振	范海斌（常副） 张扬	陈安玲
33	一市	中广核（浙江宁海）风力发电有限公司	2018.6.3	周杰	孔相姣（常副）	应旭迪
34	一市	宁波晟昌电器有限公司	2018.7.17	徐其红	徐昌杰（常副） 苏海珍	孔桂芳
35	一市	宁波林和电器有限公司	2018.7.21	娄士宗	葛维珍（常副） 王晓高	徐安娣
36	越溪	宁海县厚德休闲用品有限公司	2018.10.12	朱远旺	陈金（常副） 田钢锋	杨青山
37	越溪	宁海县一帆橡塑有限公司	2018.10.12	周展波	陈磊（常副） 孟姝	章建红
38	越溪	宁波超腾照明电器有限公司	2018.10.12	林禹驰	林如奏（常副）、陈媛媛	胡带娣
39	桑洲	宁波立驰塑胶科技有限公司	—	俞文巧	—	陈秋鹏、林建锋
40	桑洲	宁波市九鑫汽车配件有限公司	—	宋秀娟	—	王油娣、陈华东
41	桑洲	宁海县百特欣荣有限公司	—	秦乾朝	—	范林刚、戎慧娟

续表8-10

序号	所在单位	企业名称	建立时间	班子成员		
				主任	副主任	委员
42	岔路	宁波冠麟光电科技有限公司	2018.9.1	娄丽娟	—	王如意、葛娇娇
43		宁海县明达工艺制品有限公司	2018.9.1	童高平	—	汪龙军、潘彩萍、童牡丹
44		宁波市佛兰德光电科技有限公司	2018.9.1	杨怀静	—	董丹、陈露诗
45		宁波虹波铝业有限公司	2018.9.1	丁家成	—	胡建波、王嫦娥
46		宁波东隆休闲用品有限公司	2018.9.1	王群	—	王炜、谢淑琼
47		宁波旭强汽车部件制造有限公司	2018.9.1	葛为灿	—	王仁国、王海娟
48		宁波赛宁电器有限公司	2018.9.1	葛江锋	娄园阁	方春永、汪志红、何英
49		宁波荣华照明科技有限公司	2018.9.1	娄荣显	—	张理林、娄素萍
50		宁波波特机械配件有限公司	2018.9.1	丁志芬	屠巧云	王爱仙、柴亚云、陈方贵
51		宁海县豪锋灯业有限公司	2018.9.1	娄云龙	—	周红艳、卓红楼
52		宁海县桑尔克斯照明电器有限公司	2018.9.1	葛飞飞	—	王芳芳、葛体敢
53		宁波美韬塑料科技有限公司	2018.9.1	徐亚芬	—	柯春苗、胡海娟
54		宁波瓦塞仪表有限公司	2018.9.1	陈丹阳	叶海霞	谷海迪、秦景
55		宁海县宏华纺织有限公司	2018.9.1	石静娜	—	阮丹宁、傅方剑

续表8-10

序号	所在单位	企业名称	建立时间	班子成员		
				主任	副主任	委员
56	前童	宁波绿源液化天然气有限公司	2018.09	董斌军	周亮（常副）、袁兴响	俞洁
57	前童	宁波双德金属管业有限公司	2018.09	陈术	陈锦余（常副）、陈惠兰	娄维维
58	前童	宁海县景翔压铸厂	2018.09	杨良爽	陈忠武（常副）、林伟强	王浩泽
59	前童	宁海太升电器有限公司	2018.09	童万亿	童湘云（常副）、闫丽爽	童明芳
60	前童	宁海县远铭文具有限公司	2018.09	王全亚	朱孝海（常副）、童曼娜	胡巧娣
61	前童	宁波艾瑞模具制造有限公司	2018.09	苏敏	王咪咪（常副）、叶丹娣	王康康
62	前童	宁海县正一铝业有限公司	2018.09	尹善军	柴秀金（常副）、陈海燕	胡和福
63	黄坛	得力集团（宁波得力文具有限公司、宁波得力胶粘制品有限公司、宁波得力装订设备有限公司、宁波思迈工业科技有限公司）	—	娄甫安	严亚飞（常副）	梁伟峰、胡国杰、葛建春、张洪慧、陈小艳、冯芳、葛奇霞、任丽丽、杨姣芳、周　皓、刘健、顾亚琴、叶敏珍、仇勤勤、胡海姣、丁胜伟
64	黄坛	宁波太中塑业有限公司（宁波太中塑业有限公司、宁波中俊汽车零部件有限公司）	—	胡海东	黎贤成（常副）	姜晓冬、赵秋晨
65	黄坛	正一砼泵配件有限公司	—	杨文俊	黄旭峰（常副）	王锡情、童俏娟
66	黄坛	宁波利华针织有限公司	—	俞其军	孙秋君（常副）	胡养兵、徐月娟
67	黄坛	宁波华平智控科技股份有限公司	—	吕杰平	潘启平（常副）	娄振祥、吕伟东
68	黄坛	宁海县意华五金厂	—	严世良	项家文（常副）	严晓明、洋仙娟
69	黄坛	宁波昌华铜制品有限公司	—	严荐强	胡四清（常副）	赵峰、顾亚华
70	黄坛	宁波博通塑业有限公司	—	童增尧	屠姣芳（常副）	潘大勇、叶静霞

续表8-10

序号	所在单位	企业名称	建立时间	班子成员		
				主任	副主任	委员
71	黄坛	宁波蓝塔斯五金制品有限公司	—	陈炜	陈炜（常副）	邱亚红、胡丽群
72	黄坛	宁波同心阀门管件有限公司	—	陈灿	黄小华（常副）	节迪亮、黄素芳
73	黄坛	宁波得力彩印有限公司	—	杨林荣	杨道苗（常副）	杨富远、陈海燕
74	黄坛	宁波捷扬电器有限公司	—	杨江	阿炯（常副）	骆毓如、励月芬
75	大佳何	宁波德昂纳机械有限公司	2018.5.25	梁海军	应可元（常副）、徐虹	王利群、冯林中
76	大佳何	宁波荣城机电科技有限公司	2018.5.24	冯赛斌	郑建国（常副）、胡再红	魏兆熊、袁亚红、董少华、叶吉、冯宋刚
77	大佳何	宁波金山行五金有限公司	2018.7.9	葛文彬	林启军（常副）、金媛媛	胡娟、甘吉娟、林丽丽、葛姣春、葛万华
78	大佳何	宁波佳和物流有限公司	2018.7.9	唐云海	刘晓友（常副）、唐万能	尤元德、葛桂仙、叶雪萍
79	大佳何	宁波添也汽车部件有限公司	2018.7.9	何银忠	曾丽梅（常副）、吴姣燕	王法剑、李建平、林尧森、袁云波、冯赛娟
80	强蛟	宁海县美丁模塑有限公司	2018.6.30	王建斌	李建力（常副）、李建力	俞金娜
81	强蛟	宁波安提西炊具有限公司	2018.7.5	俞时彬	陈伟良（常副）、陈伟良	胡巧蓓
82	强蛟	宁波博州照明有限公司	2018.6.28	廖小冬	潘丽娜（常副）、潘丽娜	柴梦娇
83	强蛟	宁海县变流设备有限公司	2018.8.25	冯兴苗	冯伟（常副）、冯伟	胡清清
84	强蛟	宁波禾采医疗器械有限公司	2018.9.10	麻巧巧	王军亚（常副）、王军亚	张聪聪
85	强蛟	浙江浙能催化剂技术有限公司	2018.8.3	陈杭武	王帆（常副）、王帆	陈涵
86	强蛟	宁波驰翔汽车部件有限公司	2018.7.9	薛丹	骆娇玲（常副）、骆娇玲	王明

续表8-10

序号	所在单位	企业名称	建立时间	班子成员		
				主任	副主任	委员
87	强蛟	宁海县兴达轴瓦厂	2018.6.25	尤伟博	潘亚丽（常副）、潘亚丽	王华
88	强蛟	宁波九隆五金有限公司	2018.7.26	李明	许海群（常副）、许海群	王振华
89	强蛟	宁波兴宝华刷业有限公司	2018.9.10	曹俊芳	金洳伊（常副）、金洳伊	车莉
90	强蛟	宁波普利凯建筑科技有限公司	2018.6.29	周林根	姚琪玮（常副）、汪旭峰	章悦、郑芳、沈克楠、李文
91	西店	宁波宝和日化有限公司	2018.7.20	冯向远	王启奎	崔兴建、葛彩霞、胡叶伟
92	西店	宁海索福兰电器有限公司	—	戴明浩	余峰	蒋道军、魏福华、胥强
93	西店	宁波三峰智能科技股份有限公司	—	陈登峰	刘军	向强、杨晓婷、冯永军
94	西店	宁波灵光电器有限公司	—	张胜利	胡叶兰	陈赛浓、张康娟、金玉民、张胜旗
95	西店	宁波罗戈恩电器有限公司	—	舒金波	童慧娜	仇佳欣、冯琼、丁彩萍
96	西店	宁波科瑞特动物药业有限公司	—	刘琼鲜	汪成冬	王亚佩、陈君德、王先明、岳春梅、洪秋明
97	西店	宁海金嘲电器有限公司	—	戴汕芬	戴越松	梁小文、周军、石君
98	西店	宁波市照洋电器有限公司	—	孙召军	胡能军	石丹丹、高松娜、刘波波
99	西店	宁波伯利恒电器有限公司	—	尤全强	冯希剑	王玉芬、王赟、郑双琴、竺启航
100	西店	宁波海斯曼科技发展有限公司（宁波海斯曼科技发展有限公司、宁波海斯曼商品混凝土有限公司）	—	徐宁宁	赵克务	周雨露、邬赛斌、董银锋
101	西店	宁波鼎瑞汽车部件有限公司	—	舒弈菁	潘雄杰	舒佩佩、戴舒楠、李容
102	西店	宁波弘敏铝业有限公司	—	胡敏明	刘富浓	胡民东、王慧珍、胡石仙

续表8-10

序号	所在单位	企业名称	建立时间	班子成员		
				主任	副主任	委员
103	西店	宁海辉辉文具有限公司	—	邬占成	邬东升	仇银娥、邬爱维
104		宁波旭韵电器有限公司	—	邵建宽	邵春月	侯立健、邵宁宝、戴康国
105		宁波康弘电子有限公司	—	邬沛桦	叶佩佩	邬峰杰、王巧咪、戴梦霞
106		宁波松田电器有限公司	—	叶雪锋	舒尽超	竺云宽、刘金宝、蒋智丽
107		宁波金博文具有限公司	—	刘华君	叶银霞	方娇娜、丁宝珠、罗菲菲
108	深甽	宁波利铭金属制品有限公司	2018.9	俞海东	王林荣	王亚莹、俞志满、王永强
109		宁波双伟制药有限公司	2018.9	胡小萍	陈凯秀	王莹莹、陈娇满、吴晓红
110		宁波东龙五金有限公司	2018.9	陈松波	王振宇	周文秀、张建军、陈香
111		宁海县三敏金属制品有限公司	2018.9	许来娟	王文娟	朱兴飞、俞军芳、戴建斌
112		宁波信豪铝业有限公司	2018.9	郭军浩	王旭敏（常副）、郭鸣春	郭守江、杨亚珺、潘雅云
113		宁波市金波金属制品有限公司	2018.9	李翠玲	沈军达	郭建珊、刘海林、余扬波
114		宁海县杰波铝业有限公司	2018.9	董姣姣	李淑琴	方少群、李杰波、李国未
115		宁海华晨机械有限公司	2018.9	俞彩珍	俞德友	俞德荣、俞德雄、俞珍
116		宁波日信机电制造有限公司	2018.9	张静华	李兵（常副）、李爱华	崔文凤、张振阳、李宗华、葛小红
117		宁波嘉裕光电科技有限公司	2018.9	傅荣华	俞能亚	张建成、俞卫兴、葛巧凤
118	跃龙	宁波市乐星感应电器有限公司	—	王荣庆	李嘉雷（常副）	徐漪、田娟
119		爱文易成文具有限公司	—	黄晋	陈赟（常副）、石锡文	郑娇娜、张娟娟、章宏源
120		宁波市天普橡胶科技股份有限公司	—	陈建伟	吴萍燕（常副）	倪佳悦
121		宁波双海机械制造有限公司	—	周凯	徐剑峰（常副）	冯海英、李三青、王光晓

续表8-10

序号	所在单位	企业名称	建立时间	班子成员		
				主任	副主任	委员
122	跃龙	宁波格兰家具用品有限公司	—	施聚兴	贺春红（常副）、胡玲燕	王琴琴、王丽娜、张巧娜
123		宁波轴瓦厂	—	林添	李素芬（常副）、包用平	章必永、李保才、应武波
124		宁波兴富工具有限公司	—	陶钧甫	王万兴（常副）、王景	吴京、张俭锋
125		宁海县正业文教用品有限公司	—	曹良仁	魏来娣（常副）、应珊莲	方日群、陈巧英、王彩燕
126		宁波多全电器有限公司	—	周方豪	童巧燕（常副）、柴宗伟	张仁稳、蔡俊明、周海珍、葛伟广
127		宁波奥凯安全科技有限公司	—	李文庆	蒋平达（常副）、杨军	胡亚芬、金霞
128		宁波松鹰汽车部件有限公司	—	葛韶辉	俞其昌（常副）、陈建兵	周玉良、胡余方、施孝哉、严雅灯
129		宁波锦华汽车检具有限公司	—	娄富强	胡钊伟（常副）	杨双霞、石雪赞、胡露霞
130		宁海凯特立电器有限公司	—	储之侃	胡晓云（常副）、储之静	蔡香琴、刘玮、邬巧丽
131		宁波佳比佳工贸有限公司	—	金佩瑾	丁群伟（常副）	童伟锋、胡晓云
132	桃源	宁海县金凌海裕汽车部件有限公司	2018. 8. 20	金海峰	戎燕（常副）王云	昝继宏、章阿萍、孙波、骆项燕
133		宁波千汇汽车饰件有限公司	2018. 8. 20	邬海益	席燕娟（常副）、应晓君	段文林、周万云、史晓飞、杨喜乐
134		宁波莱普机械有限公司	2018. 8. 20	郭建达	熊全芳（常副）、董微娜	刘胜海、竺莉姗、葛淑珍、杨秀杰
135		宁波伊东包装彩印有限公司	2018. 8. 20	许晓海	王晓辉（常副）、章玉珍	陶峰、魏仁村、林从波、董海民
136		宁波力升照明电器有限公司	2018. 8. 20	虞智敏	虞丽丽（常副）、王春方	许泰红、周珊珊、林亚浓、杨光清

续表8-10

序号	所在单位	企业名称	建立时间	班子成员		
				主任	副主任	委员
137	桃源	宁波市益普乐模塑有限公司	2018.8.20	王少峰	王家利（常副）、葛静恒	张彦龙、朱德飞、刘艳雄、郭宏杰
138	桃源	宁海县永红重型锻造厂	2018.8.20	陈红年	杨家苗（常副）、王敏霞	陈付全、刘晓杰、黄忠宝、李大兴
139	桃源	宁波兴利汽车模具有限公司	2018.8.20	邬荣武	闫忠学（常副）、黄苏斌	廖艳、储慧琴、葛荣兵、骆建达
140	桃源	宁海维亚特炊具有限公司	2018.8.20	胡维平	李宇娅（常副）、陈俊锡	徐亚波、李建平、褚孔存、胡晓晓
141	桃源	伟成金属制品有限公司	2018.8.20	潘文婷	严新江（常副）、陈在浓	魏春锋、潘建列、王振东、李盼盼
142	桃源	宁海县现代模具有限公司	2018.8.20	葛文枝	杜怡（常副）、王宁宁	李平、陈家元、陈建彬、杨绩龙
143	桃源	浙江斯穆一碧根柏金属制品有限公司	2018.8.20	蔡铭业	周菊萍（常副）、俞慧	张宏博、鄢磊、娄伟斌、方永建
144	桃源	宁波杰明电子有限公司	2018.8.20	胡文初	刘英俊（常副）、徐敏良	郑功斌、严庞广、田广、竺桐斌
145	桃源	宁波海纳商品混凝土有限公司	2018.8.20	马兴南	张圆圆（常副）、俞雯静	王芬娟、严永君、王银龙、桑明明
146	桃源	宁波精超模具蚀刻有限公司	2018.8.20	陈晓超	陈俊伊（常副）、钱优月	张欣、杨毅勇、皇永、刘云琴
147	梅林	宁波美亚达汽车部件制造有限公司	2018.9.1	王盛	吴美君（常副）	董佩娜
148	梅林	宁波永信钢管有限公司	2018.9.15	李乐	柴媛雀（常副）	葛聪琴
149	梅林	宁海县梅乐铝业有限公司	2018.9.1	汪海丹	王贤军（常副）	顾其军
150	梅林	宁波永信精密管业有限公司	2018.9.16	仇耿水	李旭东（常副）	任金伟
151	梅林	宁波市华宝塑胶模具股份有限公司	2018.9.1	胡安斌	王建娣（常副）	尤亚君

续表8-10

序号	所在单位	企业名称	建立时间	班子成员		
				主任	副主任	委员
152	梅林	宁波永信橡塑有限公司	2018. 9. 10	徐宛妍	褚春春（常副）	严春城
153		宁波永信汽车部件有限公司	2018. 9. 10	徐宛妍	褚春春（常副）	严春城
154		宁波兴亚橡塑有限公司	2018. 9. 17	李芬娥	张萍（常副）	孔海燕
155		宁波捷豹集团有限公司	2018. 9. 1	察志峰	张昭明（常副）	方可欣
156		宁波天鹏铝钢有限公司	2018. 9. 1	张志敏	石亚琴（常副）	刘人通
157		东方日升新能源股份有限公司	2018/9、1	陈连峰	张春喜（常副）	孔丹颖
158		宁波金鸟服饰有限公司	2018. 8. 1	詹格铨	李晓燕（常副）	张玉云
159	桥头胡	宁海县金凌模塑有限公司	2018. 9	金海峰	吕瑞娟（常副）、董晓吉	郑小平、陈海萍、陈华、郑佩佩
160		宁海县远通和道汽车部件有限公司	2018. 9	符小江	潘杰（常副）、周明良	王赛娜、叶丽亚、童为建、吴永伟
161		宁波春叶金属制品有限公司	2018. 9	叶建华	钟三校（常副）、胡峰	章伟波、施振云、叶远东、章志飞
162		宁波卡倍亿铜线有限公司	2018. 9	林光耀	安伟展（常副）、蒋肖君	王苗苗、杨春莲、周春河、林永伟
163		宁海县震洋文教用品有限公司	2018. 9	胡建标	王备军（常副）、金晓成	胡海标、王展宏、何昌永、施晓庄
164		宁波西尖电子有限公司	2018. 9	谢世杰	叶元杰（常副）、周遥军	姚颖颖、谢思明、胡晓娜、谢月元
165		宁波步来特电器有限公司	2018. 9	胡振飞	金莹锋（常副）、章晓雅	胡亚飞、邬锡军、熊芳、胡莹莹
166		宁波永和电子有限公司	2018. 9	邬敏杰	刘照军（常副）、邬才生	王晓丹、沈丽丽、林仙苗、林高华
167		宁波西杰纺织有限公司	2018. 9	金昌征	娄悦（常副）、陈冬芝	金昌杰、陈奕欢、丁结群、张琳
168		宁波石上光电科技有限公司	2018. 9	张涛	吴锡刚（常副）、薛玲	潘万乾、陈爱娜、刘素巧、汪天生
169		宁海久泽文具有限公司	2018. 9	王万盛	王海婷（常副）、薛维勇	李俊、周美琴、华达仁、胡黎蓝

续表8-10

序号	所在单位	企业名称	建立时间	班子成员		
				主任	副主任	委员
170	桥头胡	宁海金川混凝土有限公司	2018.9	王昌润	袁丽丽（常副）、陈尚宏	田文兴、周亚萍、林聪娟、施伟乾
171		宁波金晟模塑有限公司	2018.9	金成彪	王海永（常副）、何晓通	崔建斌、王建萍、陈煜斌、陈永达
172		宁波云腾电气有限公司	2018.9	林云辉	李巧玲（常副）、胡海燕	林庭威、杨营燕、周绒燕、彭金香
173		宁波卡倍亿新材料科技有限公司	2018.9	林光耀	安伟展（常副）、蒋肖君	王苗苗、杨春莲、周春河、林伟永
174		宁波能亮光电科技有限公司	2018.9	王涛	王奋勇（常副）、骆宏剑	陆亚林、王辉芬、林飘飘、吕晓吉

说明：174 家企业关工委，涉及企业 179 家，其中 8 家企业为联合组建

截至 2019 年年末，全县共有规上民营企业 541 家，累计完成关工委组建 387 家，此外，同年年末非规上民营企业累计组建关工委 99 家。（具体企业名单及分布情况详见表 8-11）

2019 年年末宁海县规上民营企业历年已建关工委情况统计表（一）

表 8-11

所属	已建关工委企业名称	已建家数
长街	宁海县顶力水暖设备厂、宁波好孩子儿童用品有限公司、奇精机械股份有限公司、宁波会通磁电科技有限公司、宁波榆林金属制品有限公司、宁波天虹文具有限公司、宁波必取电子科技有限公司、宁海县长街鸿运金属冷镦厂、宁波天天文具有限公司、宁波市凯博数控机械有限公司、宁波振达文具有限公司、宁波世裕金属制品有限公司、宁波瑞格文具有限公司宁波德凯数控机床有限公司	14
胡陈	宁波润禾高新材料科技股份有限公司、宁海县博宇翔鹰汽车部件有限公司、宁海县佳能汽车部件有限公司	3
力洋	宁波建维饲料有限公司、宁波乡亲浓食品有限公司、宁波晨东运动保健用品有限公司、宁波天祺实业有限公司、宁波一宁防护用品有限公司、宁波富茂户外用品有限公司、宁波海静食品有限公司、宁波迈拓斯数控机械有限公司、青华科教仪器有限公司、宁波国盛食品有限公司、宁海卡依之食品有限公司、宁波好特富工具制造有限公司、宁波好美秋千有限公司、宁波宁东混凝土有限公司、宁波酷奇文具有限公司、宁波建林模具有限公司	16
茶院	宁波卡利特新材料有限公司、宁波金达汽车部件有限公司、宁波大梁山彩印有限公司、宁波市东腾纸业有限公司、宁海隆元铝型材有限公司、宁波德力机械有限公司、宁波海力环球日用品有限公司、宁波新大梁山啤酒有限公司、宁海县华大休闲用品有限公司、宁海国宸机电有限公司、宁海国元机电有限公司	11

续表8-11

所属	已建关工委企业名称	已建家数
一市	中广核（浙江宁海）风力发电有限公司、宁海县第二棉纺织厂、宁海县人和纺织有限公司、宁波晟昌电器有限公司、浙江雅颜生物科技有限公司、宁海县赛跃金属制品有限公司、宁波海神救生设备有限公司、宁波林和电器有限公司、宁波通冠市政设施科技有限公司、艾美卫信生物药业（浙江）有限公司、宁海强鑫五金制品有限公司	11
越溪	宁海县光辉灯饰有限公司、宁海县厚德休闲用品有限公司、宁波超腾照明电器有限公司、宁海博文燃气表具部件有限公司、宁波瑞成机械有限公司、宁波银衣织造有限公司、宁海县嘉润五金有限公司	7
桑洲	宁波立驰塑胶科技有限公司、宁波九鑫汽车配件有限公司、宁海县百特欣荣模塑有限公司	3
岔路	宁波美韬塑料科技有限公司、宁波荣华照明科技有限公司、宁波旭强汽车部件制造有限公司、宁波冠麟光电科技有限公司、华英伦科技（宁波）限公司、宁波市佛兰德光电科技有限公司、宁波前风振业照明电器有限公司、宁海康美日用品有限公司、宁波赛宁电器有限公司、宁波荣华铸造有限公司、宁波虹波铝业有限公司、宁波瓦塞仪表有限公司、宁海县宏华纺织有限公司、宁海县豪锋灯业有限公司、宁波东隆休闲用品有限公司、宁海县明达工艺制品有限公司、宁海县桑尔克斯照明电器有限公司	17
前童	宁波新成鞋业有限公司、宁波新成包装有限公司、宁海太升电器有限公司、宁海绿源液化天然气有限公司、宁海县先平文具压铸有限公司、宁波为富工艺品有限公司、宁海县三禾服饰有限公司、宁波蓓蕾文具制造有限公司、宁海县远铭文具有限公司、宁波艾瑞模具制造有限公司、宁波双德金属管业有限公司、宁海县景翔压铸厂、宁海县正一铝业有限公司、宁海县顺康压铸有限公司、浙江蓝宝石仪表科技有限公司、宁波建影电子科技有限公司、浙江峰利祥铜业科技有限公司、宁波杰瑞活塞有限公司	18
黄坛	宁波博通塑业有限公司、得力集团有限公司、宁波得力彩印有限公司、宁波得力文具有限公司、宁波中俊汽车零部件有限公司、宁波思迈工业科技有限公司、宁波华成阀门有限公司、宁波得力装订设备有限公司、宁波蓝塔斯五金制品有限公司、宁波昌华铜制品有限公司、宁波齐心科技股份有限公司、宁波同心阀门管件有限公司、宁波利华针织有限公司、宁海县意华五金厂、宁波华平智控科技股份有限公司、宁波得力胶粘制品有限公司、宁波太中塑业有限公司、宁波捷扬电器有限公司、宁海县宁宁机械厂、宁海县东茂纸箱包装厂	20

2019 年年末宁海县规上民营企业历年已建关工委情况统计表（二）

表 8-12

所属	已建关工委企业名称	已建家数
大佳何	宁波德昂纳机械有限公司、宁波荣城机电科技有限公司、宁波佳和物流设备有限公司。宁波海马电子有限公司、宁波添也汽车部件有限公司、宁海县弗莱克斯电气有限公司、宁波金山行五金有限公司、宁海县橡胶制品六厂	8

续表8-12

所属	已建关工委企业名称	已建家数
强蛟	宁波普利凯建筑科技有限公司、宁海县变流设备有限公司、宁海县兴达轴瓦厂、宁波博洲照明有限公司、宁波九隆五金有限公司、浙江浙能催化剂技术有限公司、宁波驰翔汽车部件有限公司、宁海县美丁模塑有限公司、宁波禾采医疗器械有限公司、宁波兴宝华刷业有限公司、宁波雷鸟新材料科技有限公司（原宁海县雷鸟厨具制品有限公司）、宁波安提西炊具有限公司、宁波芬畅凝科香精香料有限公司、宁海县东辉沙石有限公司、宁波嘉瀚环保建材开发有限公司、宁海杭热热力有限公司、宁波乐芝电子科技有限公司、宁海强蛟海螺水泥有限公司、宁波北新建材有限公司	19
西店	宁波伯利恒电器有限公司、宁波市万宝电器有限公司、宁波无边橡塑有限公司、宁波市雪银铝业有限公司、宁波灵光电器有限公司、宁波峰亚电器有限公司、宁海县新东方塑业有限公司、宁波吉德电器有限公司、宁波市三峰智能科技股份有限公司、宁波罗戈恩电器有限公司、宁波金博文具有限公司、宁波海斯曼商品混凝土有限公司、宁波宝和日化有限公司、宁波海斯曼科技发展有限公司、宁波鼎瑞汽车部件有限公司、宁波弘敏铝业有限公司、宁海辉辉文具有限公司、宁波双童电器有限公司、宁波亚达电器有限公司、宁波海环橡胶工业有限公司、宁波索普橡塑有限公司、宁波天林塑胶有限公司、宁波日安阀门有限公司、宁波长荣光电科技有限公司、宁波康宏电子有限公司、宁波云峰文具有限公司、宁海县中洁制刷有限公司、宁波百辉日用品有限公司、宁波千千秀日用品有限公司、宁波凯得利电器有限公司、宁海县凌飞电器有限公司、宁波爱森电器有限公司、宁波中贺汽配有限公司、宁波科瑞特动物药业有限公司、宁海索福兰电器有限公司、宁波市照洋电器有限公司、宁波旭韵电器有限公司、宁波兴伟刀具科技有限公司（原宁波兴伟文具有限公司）、宁波盛麟电器有限公司、宁波久润轴承科技有限公司、宁海县硕火电器有限公司、宁波震裕科技股份有限公司、宁海县恒丰轻工有限公司、宁波赛豹电器有限公司、宁波俊华铝业有限公司、宁波财富电器有限公司、宁波众海电器有限公司、宁海赛福日用品有限公司、宁波林立电器有限公司、宁波建欣精密模具有限公司、宁波拓升橡塑有限公司、宁波协生照明工业有限公司、宁海县鹰峤电气有限公司、宁海县圣翔电子有限公司、宁波伟书文具有限公司、宁波威涛电器有限公司、宁波高立电子科技有限公司、宁海县百特户外用品有限责任公司、宁海美凯日用品有限公司、宁海县西店黑森林五金塑料厂、宁海县黑森林电子科技有限公司、宁海县西店耐磨锌基合金厂、宁海县亚航电器有限公司	63
深甽	宁波信豪铝业有限公司、宁海县金马铸造有限公司、宁波双伟制药有限公司、宁波市金波金属制品有限公司、宁波阿诺丹机械有限公司、宁波嘉裕光电科技有限公司、宁波利铭金属制品有限公司、宁海县五峰缝制设备有限公司、宁海县三敏金属制品有限公司、宁波日信机电制造有限公司、宁波市东龙五金有限公司、宁海华晨机械有限公司、宁波志达汽车部件有限公司、宁海县深兰精工机械有限公司、宁波三才五金有限公司、宁波沃特汽车部件有限公司、宁海兴达旅游用品有限公司、宁波日谷电器有限公司、宁波五峰机械有限公司、宁波德精铝业科技有限公司、宁波东大恒丰汽车零部件有限公司、宁海五峰振意机械有限公司	22

续表8-12

所属	已建关工委企业名称	已建家数
跃龙	宁波轴瓦厂、宁波市乐星感应电器有限公司、宁海县大鹏模具塑料有限公司、宁波万安股份有限公司、宁波凯特机械有限公司、宁波佳比佳工贸有限公司、宁波志清实业有限公司、宁海精金塑业有限公司、宁波格兰家居用品有限公司、宁波跃飞模具有限公司、宁波兴富工具有限公司、宁波九鼎机械有限公司、宁海凯特立电器有限公司、宁波周龙塑胶模具有限公司、宁波市天普橡胶科技股份有限公司、宁波双海机械制造有限公司、宁波草湖食品有限公司、宁波志岳电子有限公司、宁波中天家居用品有限公司、宁海县飞越日用品有限公司、爱文易成文具有限公司、宁波赞扬文具有限公司、宁波香木町目用品有限公司、宁波联合华发五金机械有限公司、宁波美琪工具有限公司、宁波松鹰汽车部件有限公司、宁海县正业文教用品有限公司、宁海县第一注塑模具有限公司、宁波奥凯安全科技有限公司、宁波凯盛文具有限公司、宁波多全电器有限公司、宁波锦华汽车检具有限公司、宁波育利电器有限公司、宁波和鑫光电科技有限公司、宁波巨翔文具有限公司、宁波初立金属制品有限公司、宁波派灵实业有限公司、宁波久生模具科技有限公司、宁波颂美钢架制品有限公司、博铭顿（宁波）具装置有限公司、宁海县诺顿汽车部件有限公司、宁波创青腾达机械有限公司、宁波奥拓文具有限公司、宁波爱科斯特电器有限公司、宁波宇升模业有限公司、宁波如强模塑有限公司、宁波乔诺模架制造有限公司	47

2019年年末宁海县规上民营企业历年已建关工委情况统计表（三）

表8-13

所属	已建关工委企业名称	已建家数
桃源	宁波伊东包装彩印有限公司、宁海县天阳电子有限公司、宁海维亚特炊具有限公司、宁波莱普机械有限公司、宁波市益普乐模塑有限公司、宁波海纳商品混凝土有限公司、宁海县金凌海裕汽车部件有限公司、宁波如意股份有限公司、宁波健民电器有限公司、宁波精超模具蚀刻有限公司、宁波恒瑞文教用晶有限公司、宁波双源机械有限公司、宁波市煌家铝业有限公司、宁波超拨电子有限公司、山中合金（宁波）有限公司、宁海县现代模具有限公司、宁波长青藤日用品有限公司、宁波千汇汽车饰件有限公司、浙江斯穆—碧根柏金属制品有限公司、宁波利浦刃具有限公司、宁波兴利模具有限公司、伟成金属制品有限公司、宁波杰明电子有限公司、宁波方正汽车模具股份有限公司、宁海县富来压铸厂（普通合伙）、宁波世嘉嘉辰机械有限公司、宁波力升照明电器有限公司、宁海县永红重型锻造厂、宁海金辉模塑有限公司、宁波祥路汽车部件股份有限公司、宁海豪丰易成机械有限公司、宁海县集美特电器有限公司、宁波莱索照明电器有限公司、宁波富信模胚有限公司、宁波鼎华实业有限公司、宁波捷光表面涂装有限公司、宁波富海华压力容器制造有限公司、宁波蒙恩铝业有限公司、宁海县宏翔铜业有限公司、宁波华力医用包装有限公司、思博模具（宁波）有限公司、宁波德科精密模塑有限公司、宁海县金典制衣有限公司、宁波龙尚模架科技有限公司	44

续表8-13

所属	已建关工委企业名称	已建家数
梅林	宁海县梅乐铝业有限公司、宁波兴亚橡塑有限公司、宁波永信精密管业有限公司、宁波永信橡塑有限公司、宁波华东旭丰纺织品有限公司、东方日升新能源股份有限公司、宁波美亚达汽车部件制造有限公司、宁波华宝智能科技股份有限公司（原宁波市华宝塑胶模具股份有限公司）、宁波光明橡塑有限公司、宁波永信钢管有限公司、建新赵氏集团有限公司、宁波永信汽车部件制造有限公司、宁波翰文电器有限公司、宁波市高格卫浴产品有限公司、宁波天鹏铝钢有限公司、宁波金鸟服饰有限公司、宁波建新华谊铝业有限公司、宁波宏科汽车部件有限公司、宁波市新一元铝业有限公司、宁海建新胶管有限公司、宁海建新减震系统有限公司、宁波吉海模具有限公司、宁海建新橡塑有限公司、宁波世纪东港机械有限公司、宁波市锦泰橡塑有限公司、宁波南星汽车部件有限公司、宁波圣得雅化妆用具有限公司、宁波永泰金属制品有限公司、宁海县精欧铝业有限公司、宁海县东昊铝业有限公司、宁海宏德模塑有限公司、宁海建新密封条有限公司、浙江优逸科汽车部件有限公司、宁海县开创机械工具有限公司、宁海县凤威工具有限公司、宁海建新天窗系统有限公司	36
桥头胡	宁波能亮光电科技有限公司、宁波西杰纺织有限公司、宁波金晟模塑有限公司、宁海县电镀厂、宁波彬彬文具有限公司、宁波远通和道汽车部件有限公司、宁波春叶金属制品有限公司、宁波石上天际能源有限公司（原宁波石上光电科技有限公司）、宁海金川混凝土有限公司、宁波卡倍亿铜线有限公司、宁波卡倍亿新材料科技有限公司、宁海县必强机械工具有限公司、宁波九峰电子工具有限公司、宁波西尖电子有限公司、宁海县震洋文教用品有限公司、宁波步来特电器有限公司、宁波永和电子有限公司、宁波高品文具有限公司、宁海瑞贝特汽车用品有限公司（原宁波瑞贝特橡塑有限公司）、宁波卡倍亿电气技术股份有限公司、宁海县金凌模塑有限公司、宁波云腾电气有限公司、宁海凯江汽车部件有限公司、宁海县奔亿机械有限公司、宁海县得胜新型材料有限公司、宁波天雅美术颜料有限公司、宁海力合模塑有限公司	27
县直属	知豆电动汽车有限公司	1
合　　计		387

2019年年末宁海县非规上民营企业历年已建关工委情况统计表（四）

表8-14

所属	已建关工委企业名称	已建家数
长街	宁波俱进建材塑料有限公司、宁波市天工伟业数控机床有限公司、宁波文丰文具有限公司、宁海天艺雕刻机械有限公司、宁海县绿丰生态有机肥有限公司、宁海县舒而佳文具有限公司	6
胡陈	宁海七彩农业开发有限公司、宁波润禾化学工业有限公司	2
力洋	宁波天娇木业有限公司、振宁牧业有限公司	2
茶院	宁波双彩工贸有限公司	1
一市	金海湾五金机械有限公、司宁波鼎立建设有限公司、宁波冠威健身器材有限公司、宁波乐斯博电子实业有限公司、宁波新世纪通讯设备有限公司	5
越溪	宁波和谐橡胶有限公司、宁海县一帆橡塑有限公司	2

续表8-14

所属	已建关工委企业名称	已建家数
桑洲	—	—
岔路	宁波波特机械配件有限公司	1
前童	海裕铝业	1
黄坛	宁波唐宁电器有限公司、宁海县大唐邮电设备有限公司、宁海县永辉灯饰有限公司、宁波市正一砼泵配件有限公司	4
大佳何	宁波好德金属制品有限公司、宁波科强电池有限公司	2
强蛟	—	—
西店	宁波吉意压力锅有限公司、宁波俊均出口包装有限公司、宁波新妍电器有限公司、宁波鑫洋电器公司、宁海县西店鸣宏文具厂、宁海县永乐电器有限公司、宁海金嘲电器有限公司、宁波松田电器有限公司	8
深甽	宁波浩天文教用品有限公司、宁波英达五金有限公司、宁海南苑温泉山庄有限公司、宁海天明山温泉大酒店有限公司、宁海县尖峰旅游用品有限公司、宁海县深甽镇模具厂、宁海县霞光旅游用品厂、宁波顺达橡胶有限公司、宁海县杰波铝业有限公司	9
跃龙	宁波发烧友家电有限公司、宁波嘉亿文具有限公司、宁波精大楚天混凝土泵有限公司、宁波美加工具有限公司、宁波宇阳建设有限公司、宁波张力网络有限公司、宁波振业杨亭模具有限公司、宁海县百家农产品市场有限公司、宁海县华宇建设有限公司、宁海县美一餐餐饮有限公司、宁海县太平洋大酒店、宁海县小小食品超市有限公司、宁海县星辰家电有限公司、宁海县一串红家政服务有限公司、宁海昭阳电脑有限公司、太平洋集团有限公司、宁波源彬蜂业发展有限公司、宁波大洋实业发展有限公司、宁波康民日用品有限公司、宁波林佳塑业有限公司	20
桃源	宁波浩蓝日用品有限公司、宁波锦泰建设工程有限公司、宁波宁申工贸实业有限公司、宁波太中塑业有限公司、宁波同心阀门管件有限公司？宁波拓普汽车部件有限公司、宁波文达文具有限公司、喜海锅业有限公司、宁波超程电器有限公司、宁海久业包装材料有限公司、宁波小雪人文具有限公司	11
梅林	宁波轿辰汽车销售服务有限公司、宁波钧强电器有限公司、宁波帅帝羊绒制品有限公司、宁波众特汽车销售服务有限公司、宁海华晨机械有限公司、宁海县利铭金属制品有限公司、宁海县兴达旅游用品有限公司、宁海县兴涛铝业有限公司、浙江骄阳能源科技有限公司、宁波捷豹集团有限公司	10
桥头胡	宁波鸿腾电子有限公司、宁波环球输变电设备有限公司、宁波三达金属制品有限公司、宁波尚信汽车零部件有限公司、宁波宇鹏工具有限公司、宁波振飞五金工具有限公司、宁海胡方斗骨科医院、宁海县变压器厂、宁海县黄墩砖瓦厂、宁海县科佳文具公司、宁海县双港轴承有限公司、宁海县铁路配件厂、宁海县远颂机械工具有限公司、宁波春叶日用品有限公司、宁海久泽文具有限公司	15
合　计		99

（二）主要工作

几年来，民营企业关工委在各级党委、政府领导下，领导班子配齐配强，办事机构工作条件不断健全完善，“五老”骨干队伍进一步发展壮大，关工委组织作用得到了较好发挥，有效激发了关心下一代工作活力，民营企业关工委工作进入新的发展阶段。

1. 加强青年职工思想道德教育。企业关工委坚持立德树人，强化民营企业青年职工思想道德建设，主动协助企业党组织开展“我与企业共发展，企业发展我成才”等励志活动。高格卫浴企业面向青年职工开展“做好人，办好事，爱好厂，才能安好家”的亲情化教育活动。有的企业还开展“身边道德模范，身边学习标兵”等典型选树活动。同时组织开展报告会、读书会，以及由讲师团宣讲“党史、国史”“中共十九大精神、习近平新时代中国特色社会主义思想”。开展以“三爱”教育、“传承红色基因，争做时代新人”、“社会主义核心价值观”、“中国梦”、“感恩孝道”等为主题的思想道德教育进企业活动，联系企业实际，讲企业发展历史、讲企业改革开放成就。开展我与企业共奋进和有志者奋斗无悔等励志成才活动，进一步增强青年员工对企业的归属感、荣誉感和主人翁意识，进一步形成“企业关爱职工，职工关心企业，企业和职工互相关心，共同发展”的良好局面。通过青年职工思想道德教育，员工队伍稳定，企业的凝聚力增强，生产效益提高。

2. 强化青年职工技能培训。民营企业关工委坚持以青年职工岗位成才和工匠精神为主线，积极搭建青工学习培训平台，广泛开展技术培训、技术比武、岗位练兵、请老技术专家开展“师带徒，传技艺，教绝活”等活动，青年员工不仅在本企业进行培训，还组织到外地接受培训。部分企业还设立技能平台提升奖励机制，开办企业职工学校，设立技能培训课堂。企业关工委连年累计共举办各类教育培训活动5000余次，受训近2万余名，使一大批青年职工成长为行家能手和技术骨干，为企业后续发展增添了动力。

3. 开展青年职工及子女关爱活动。关工委积极推动企业，把解决青年职工民生问题列入企业发展重点工作。企业把员工住宿、医疗、子女入学、薪酬与激励等作为“民生工程”。还多渠道为青年职工办实事、做好事、解难事。企业为5000余名外来工子女解决入学难问题，凯博数控等企业建立外来工子女四点钟校外寄托室，免费托管青工子女。给职工发放相应福利补贴，安排员工进行体检，春节为外地员工买机票、车票、送回家。建造职工宿舍，改善生活环境，为困难职工发放助学金，知青工之情，懂青工之心，办青工实事，增强了青年员工的获得感，关工委为企业和谐发展提供了正能量。

4. 组织青年职工开展文化体育活动。各企业普遍建立职工活动中心，设多功能厅、图书室、电脑室、乒乓室、文体活动室、室外文体休闲广场，建有篮球场、健身器材等活动场所。企业还开办职工学校、成人学校、法制学校等。企业关工委为企业营造健康向上的企业文化，开展形式多样、丰富多彩的文体活动、传统节庆活动。如庆“五一”晚会、中秋联欢会、组织职工旅游、开展各类比赛及运动会等活动。2017年举办迎“七一”歌咏会，26家企业表演了22个精彩节目；2019年“五一”国际劳动节期间，举办了为期两天一夜的宁海县首届民营企业乒乓球团体赛，来自全县11个分会28支代表队参加了比赛活动；同年国庆前夕，县民营经济关工委为庆祝中华人民共和国成立70周年，在潘天寿广场隆重举办了“以品质为歌，向祖国献礼”文艺晚会，演出节目有歌伴舞、舞蹈、小品、相声、情景剧、合唱等20余个精彩节目。这些活动充分展示了企业文化，增强了民营企业关工委的凝聚力。

几年来，我县民营企业关工委积极争取党委、政府的重视，组织建设步伐加快，青年职工思想道德教育广泛深入，职工政治、技能素质明显提高，民营企业社会意识不断增强，关心关爱帮助青少年工作取得成效，营造出企业爱青工，青工爱企业的良好氛围，关工委成了企业员工的连心桥，实现了企业效益和职工利益的双赢，有效提升企业发展竞争的软实力，使企业步入和谐共赢良性发展的快车道。

三、工作经验及荣誉

2011年9月召开民营企业关工委创“六有”工作经验交流会，推行宁波志清实业有限公司和宁波大洋实业发展有限公司两家企业关工委有班子、有队伍、有制度、有活动、有阵地、有经费的“六有经验”。尤其是强班子中选配有经验、有能力、有奉献精神的同志担任常务副主任，日常工作有人抓，这是做好关工委工作的根本保证。同时，下发《宁海县民营企业关工委工作规则》的通知，明确了民企关工委《工作任务》《工作职责》《工作制度》《会议学习制度》等规定，推进了民企关工委工作制度化、规范化建设。

2014年上半年，县民营经济关工委会同县关工委领导深入到42家民营企业关工委进行实地检查指导。挖掘总结民营企业关工委的先进典型和新鲜经验，树标杆，明方向，以典型带动全面工作。

2014年8月28日，召开全县民营经济关工委负责人培训会，县关工委副主任王以位就进一步加强关心下一代组织，以及关工委的性质、任务、发展进行了讲课。凯博数控、振宁牧业、索普橡塑3家企业就新形势下如何做好关工委工作作了经验介绍。县关工委常务副主任袁春林、县市场监督管理局副局长、民营经济关工委常务副主任王小平作了讲话，培训会共同探讨新形势下如何做好民营企业关工委工作。

2016年9月下旬，县民营经济关工委与县关工委联合开展走亲入企调研活动。走访调研了不同类型的23家民营企业关工委，并形成了调研报告，分别上报省、市关工委、省民营经济专刊作了转载，并受到省、市关工委领导的肯定。

2017年5月，43家民营企业关工委开展创建“五好”基层关工委活动，经过考核、验收，高格卫浴等43家民营企业关工委均获得“五好”关工委荣誉称号。

2017年9月29日，全县召开民营企业关心下一代工作会议。会议及时传达全国民营企业关心下一代工作座谈会精神，市关工委主任邵孝杰亲临指导，县委常委、组织部部长方勤，县人大常委会副主任、县关工委主任潘红月等出席，并作了重要讲话。宁波吉德电器、高格卫浴、太平洋恒业控股、胡方斗医院等4家民营企业关工委作了交流发言。会议以习近平新时代中国特色社会主义思想，特别是对关心下一代工作的重要论述为指导，围绕培养担当民族复兴大任的时代新人，以增强基层关工委的政治性、先进性、群众性，坚持党建带关建，探索区域化联建、共建、合建等灵活有效组织模式，进一步扩大民营企业关工委组织覆盖面，推动民营企业关工委工作迈上新台阶，开创民营企业关心下一代工作新篇章。

2019年3月初，县民营经济关工委组织人员借助送市、县五好民营企业关工委和先进集体、先进个人等各类牌匾和荣誉证书及奖金的有利时机，开展对有关民营企业关工委走访调研活动。听取企业关工委情况汇报，进一步了解企业生产经营和关工委开展工作及有关活动情况的介绍。同时，向企业关工委传达了2月27日召开的全县关心下一代工作会议精神，要求他们保持荣誉，再接再厉。要结合企业实际，借助企业关工委这个平台，不断创新关工委活动载体，切实开展对青工教育、培训和各项关爱活动。同年，县民营经济关工委联合县市场监管局开展了“食品安全进校园、进社区”宣传活动，在学校及社区摆放展板，用生动的图片进行宣传，介绍食品安全小常识，举办了10期食品安全知识讲座，使小朋友们懂得如何识别各类保健食品欺诈和虚假宣传的伎俩，帮助他们提高识别能力。

县民营企业关工委建立以来，坚持服务青少年的正确方向，准确把握以企业所想、青工所需、关工委所能的工作准则，立足为企业育好人，留住人，增添好帮手，为企业发展增加推动力，实现了企业爱员工，员工爱企业，员工赢得实惠，企业赢得发展的“双爱双赢”的目的和效果。企业关工委亮点多多，经验鲜活，各具特色，富有成效。这些经验亮点被《中国光彩》杂志、《浙江民营经济》刊物、宁波《东南商报》、今日宁海、宁海电视台等新闻媒体推介，进一步提升了宁海县民营关工委工作的影响力和知名度。

几年来，宁波吉德电器有限公司等10家民营企业关工委获得市“五好”民营企业关工委称号。宁波市高格卫浴有限公司等43家民营企业关工委获得县级“五好”民营企业关工委称号。宁波发烧友家电有限公司等12家民营企业关工委获县级关心下一代工作先进集体，吕茂根、孙严斌等16人获省、市、县级关心下一代先进工作者称号。

宁海县民营企业关工委历年所获荣誉一览表

表8-15

序号	年度	单位及个人	所获荣誉
1	2004	宁波九鼎机械有限公司	县关心下一代工作先进集体
2		宁波华东机电有限公司	县关心下一代工作先进集体
3		宁波金海雅宝化工有限公司	县关心下一代工作先进集体
4		袁杰生（宁波九鼎公司机械有限公司）	县关心下一代工作先进个人
5	2005	宁波彬彬文具有限公司	县关心下一代工作先进集体
6		袁杰生（宁波九鼎公司机械有限公司）	县关心下一代工作先进个人
7		俞叶根（宁海县五峰缝制设备有限公司）	县关心下一代工作先进个人
8		葛友富（桥头胡街道原粮管所退休）	县关心下一代工作先进个人
9	2008	宁波九鼎机械有限公司	县关心下一代工作先进集体
10		袁杰生（宁波九鼎机械有限公司）	县关心下一代工作先进个人
11		屠伟勤（宁波杰友升电气有限公司）	县关心下一代工作先进个人
12	2010	宁波天虹文具有限公司	县关心下一代工作先进集体
13		宁波市振宁牧业有限公司	县关心下一代工作先进集体
14		建新赵氏集团有限公司	县关心下一代工作先进集体
15		宁海县精工机械厂	县关心下一代工作先进集体
16		袁杰生（宁波九鼎机械有限公司）	县关心下一代工作先进个人
17		刘鑫浩（宁波鑫洋公司）	县关心下一代工作先进个人

续表8-15

序号	年度	单位及个人	所获荣誉
18	2011—2012	宁波九鼎机械有限公司	市“五好”民营企业关工委
19		宁波太平洋恒业控股公司	市“五好”民营企业关工委
20		宁波天虹文具有限公司	市“五好”民营企业关工委
21		宁波志清实业有限公司	市“五好”民营企业关工委
22		宁波草湖食品有限公司	县关心下一代工作先进集体
23		宁波大洋实业发展有限公司	县关心下一代工作先进集体
24		宁波市凯博数控机械有限公司	县关心下一代工作先进集体
25		宁波市振宁牧业有限公司	县关心下一代工作先进集体
26		吕茂根（宁海县民营经济关工委）	县关心下一代工作先进个人
27		葛春琴（宁海时代光华管理培训学校）	县关心下一代工作先进个人
28		孙忠慧（宁波吉德电器有限公司）	县关心下一代工作先进个人
29		尤伟杰（宁海县雷鸟厨具制品有限公司）	县关心下一代工作先进个人
30		徐丽娟（宁波华东旭丰纺织品有限公司）	县关心下一代工作先进个人
31		张燕（宁波志清实业有限公司）	县关心下一代工作先进个人
32		严帮金（宁海县民营经济关工委长街分会）	县关心下一代工作先进个人
33		夏众来（宁海县民营经济关工委力洋分会）	县关心下一代工作先进个人
34	2013	《如何做好民营企业关工委工作的探索及实践》（吕茂根）	县关心下一代工作调研报告三等奖
35		屠友金、吕明兴	县关心下一代工作“五老”先进个人
36	2013—2014	宁海县民营经济关工委	市关心下一代工作先进集体
37		吕茂根（宁海县民营经济关工委）	市关心下一代工作先进个人
38		宁波索普橡塑有限公司	市“五好”民营企业关工委
39		宁波市振宁牧业有限公司	市“五好”民营企业关工委
40		宁波草湖食品有限公司	市“五好”民营企业关工委
41		宁波市凯博数控机械有限公司	市“五好”民营企业关工委
42		宁海县民营经济关工委	县关心下一代工作先进集体
43		宁海县民营经济关工委西店分会	县关心下一代工作先进集体
44		宁波吉德电器有限公司	县关心下一代工作先进集体
45		宁波文丰文具有限公司	县关心下一代工作先进集体
46		宁波发烧友家电有限公司	县关心下一代工作先进集体
47		胡欢华（宁海县民营经济关工委力洋分会）	县关心下一代工作先进个人
48		葛良云（宁海县民营经济关工委深甽分会）	县关心下一代工作先进个人

续表8-15

序号	年度	单位及个人	所获荣誉
49	2013—2014	干文坤（宁波市高格卫浴产品有限公司）	县关心下一代工作先进个人
50		杨海姣（宁波志岳电子有限公司）	县关心下一代工作先进个人
51		童先平（宁海县先平文具压铸有限公司）	县关心下一代工作先进个人
52		肖珊珊（宁海县瑞贝特橡塑有限公司）	县关心下一代工作先进个人
53	2015	吕茂根（宁海县民营经济关工委）	县关工委系统信息宣传工作一等奖
54	2015—2016	吕茂根（宁海县民营经济关工委）	省关心下一代工作先进个人
55		宁海县民营经济关工委	市关心下一代工作先进集体
56		宁波吉德电器有限公司	市"五好"民营企业关工委
57		宁波志岳电子有限公司	市"五好"民营企业关工委
58		宁波市高格卫浴产品有限公司	县关心下一代工作先进集体
59		宁海胡方斗骨伤医院有限公司	县关心下一代工作先进集体
60		宁波市万宝电器有限公司	县关心下一代工作先进集体
61		山中合金（宁波）有限公司	县关心下一代工作先进集体
62		朱作川（宁海县民营经济关工委西店分会）	县关心下一代工作先进工作者
63		王伟峰（宁波文丰文具有限公司）	县关心下一代工作先进工作者
64		孙亚斌（宁波草湖食品有限公司）	县关心下一代工作先进工作者
65		葛宏兴（宁海县人和纺织有限公司）	县关心下一代工作优秀"五老"
66		吴汉江（宁波乡亲浓食品有限公司）	县关心下一代工作优秀"五老"
67	2016	吕茂根（宁海县民营经济关工委）	县关工委系统信息宣传工作优秀信息员
68	2017	吕茂根（宁海县民营经济关工委）	县关工委系统信息宣传工作优秀信息员
69		宁波吉德电器有限公司	县"五好"民营企业关工委
70		宁波索普橡塑有限公司	县"五好"民营企业关工委
71		宁波百辉日用品有限公司	县"五好"民营企业关工委
72		宁波兴伟文具有限公司	县"五好"民营企业关工委
73		宁波长荣电器有限公司	县"五好"民营企业关工委
74		宁波市万宝电器有限公司	县"五好"民营企业关工委
75		宁波草湖食品有限公司	县"五好"民营企业关工委
76		山中合金（宁波）有限公司	县"五好"民营企业关工委
77		宁波太平洋恒业控股有限公司	县"五好"民营企业关工委
78		宁波大洋实业发展有限公司	县"五好"民营企业关工委
79		宁波美琪工具有限公司	县"五好"民营企业关工委
80		宁波志岳电子有限公司	县"五好"民营企业关工委

续表8-15

序号	年度	单位及个人	所获荣誉
81	2017	宁波发烧友家电有限公司	县“五好”民营企业关工委
82		宁海县小小食品超市有限公司	县“五好”民营企业关工委
83		宁波市高格卫浴产品有限公司	县“五好”民营企业关工委
84		宁波源彬蜂业发展有限公司	县“五好”民营企业关工委
85		宁波光明橡塑有限公司	县“五好”民营企业关工委
86		宁波华东旭丰纺织品有公司	县“五好”民营企业关工委
87		宁海胡方斗骨伤医院关工委	县“五好”民营企业关工委
88		宁波彬彬文具有限公司	县“五好”民营企业关工委
89		宁海县雷鸟厨具制品有限公司	县“五好”民营企业关工委
90		宁波海马电子有限公司	县“五好”民营企业关工委
91		宁海县瑞贝特橡塑有限公司	县“五好”民营企业关工委
92		宁波市凯博数控机械有限公司	县“五好”民营企业关工委
93		宁波文丰文具有限公司	县“五好”民营企业关工委
94		宁波振达文具有限公司	县“五好”民营企业关工委
95		宁波天虹文具有限公司	县“五好”民营企业关工委
96		青华科教仪器有限公司	县“五好”民营企业关工委
97		宁波乡亲浓食品有限公司	县“五好”民营企业关工委
98		宁波迈拓斯数控机械有限公司	县“五好”民营企业关工委
99		宁波润禾化学工业有限公司	县“五好”民营企业关工委
100		宁海天明山温泉大酒店有限公司	县“五好”民营企业关工委
101		宁海南苑温泉山庄有限公司	县“五好”民营企业关工委
102		宁波英达五金有限公司	县“五好”民营企业关工委
103		宁海顺达橡胶有限公司	县“五好”民营企业关工委
104		宁海县太平洋大酒店关工委	县“五好”民营企业关工委
105		宁海康美日用品有限公司	县“五好”民营企业关工委
106		宁波荣华铸造有限公司	县“五好”民营企业关工委
107		宁海县先平文具压铸有限公司	县“五好”民营企业关工委
108		宁波新成包装有限公司	县“五好”民营企业关工委
109		宁波鼎立建设有限公司	县“五好”民营企业关工委
110		宁海县人和纺织有限公司	县“五好”民营企业关工委
111		宁海县光辉灯饰有限公司	县“五好”民营企业关工委

续表8-15

序号	年度	单位及个人	所获荣誉
112	2017—2018	宁波光明橡塑有限公司	市“五好”民营企业关工委
113		宁海县胡方斗骨伤医院	市“五好”民营企业关工委
114		宁波美琪工具有限公司	市“五好”民营企业关工委
115		青华科教仪器有限公司	市“五好”民营企业关工委
116		山中合金（宁波）有限公司	市“五好”民营企业关工委
117		宁波文丰文具有限公司	市“五好”民营企业关工委
118		宁波新成包装有限公司	市“五好”民营企业关工委
119		宁波兴伟刀具科技有限公司	市“五好”民营企业关工委
120		宁波长荣光电科技有限公司	市“五好”民营企业关工委
121		宁波金达汽车部件有限公司	县“五好”民营企业关工委
122		宁波科强电池有限公司	县“五好”民营企业关工委
123		宁波普利凯建筑科技有限公司	县“五好”民营企业关工委
124		宁波宏昌建筑有限公司	在关爱留守儿童、资助贫困学生中工作突出
125		宁波市凯博数控机械有限公司	县关心下一代工作先进集体
126		宁波吉德电器有限公司	县关心下一代工作先进集体
127		宁波太平洋恒业控股有限公司	县关心下一代工作先进集体
128		建新赵氏集团有限公司	县关心下一代工作先进集体
129		宁波市高格卫浴产品有限公司	市“五好”民营企业关工委、县关心下一代工作先进集体
130		吕茂根（宁海县民营经济关工委）	县关心下一代工作先进工作者
131		葛良云（宁海县民营经济关工委深甽分会）	县关心下一代工作先进工作者
132		孙亚斌（宁波草湖食品有限公司）	县关心下一代工作先进工作者
133		董春生（青华科教仪器有限公司）	县关心下一代工作优秀“五老”
134		应可宽（宁波市高格卫浴产品有限公司）	县关心下一代工作优秀“五老”
135		吕茂根（宁海县民营经济关工委）	2017年度县关工委系统信息宣传工作积极通讯员
136	2019	吕茂根（宁海县民营经济关工委）	2018年度县关工委系统信息宣传工作积极通讯员

专记

守初心　结同心　献爱心

——记县统战部“同心假日学校”

让孩子体验快乐假期 点燃美丽梦想 这就是“宁海县同心假日学校”从2013年创办以来的初心。“假日学校”已经坚持了5年，成为外来务工子女和留守儿童的“候鸟之家”，“假日学校”明确办学规范，明晰实施措施，加强安全管理，资源整合，全力打造学校、家庭、社会“三位一体”的假日学校办学模式，让孩子开心、家长放心。

一、守一片初心

“宁海县同心假日学校”创办于2013年7月，是一所由县委统战部牵头，县关工委、县教育局共同创办的假日学校。“社会有需求，中心有场地，党外有人才”，大家希望通过举办公益活动，为党外人士服务社会搭建一个平台，更是为困难家庭、为留守儿童做一件好事、实事。

基于这一办学初心。学校坚持“同心”教育，免费教学的原则，招生对象为小学3至5年级的贫困学生、留守儿童；教学时间以寒、暑假为主；教学内容包括思想道德教育、作业辅导、兴趣活动、文体活动、社会实践等五大方面。同时学校还成立由县委统战部副部长蒋敏担任校长，县关工委常务副主任袁春林、县教育局副局长刘永宽担任副校长的领导班子。

县党外人士服务中心迅速腾出位于三楼的大健身室，购置空调及学生学习用品与教师教学用品。县关工委出资1.5万元，购置全新的50套桌椅及讲台桌，并负责学校的安全工作，每天都会派1位责任心强的退休教师负责家长接送签字。县教育局购置价值5000元的经典学生阅读新书，并负责学生招生的落实。学校办学虽然涉及多个部门，但得到了相关部门大力支持与配合，每年办得一路顺畅，因为大家都为了坚守这一片初心：做好事、做善事、做实事。

二、结一道同心

“宁海同心假日学校”的开办得到了社会各界的大力支持。县委统战部充分发挥我县党外人才的资源优势，牵线搭桥，凝心聚力，合力推进暖心工程，展示统战好形象，传递社会正能量。县关工委、县关协积极配合，2018年7月13日，市关工委副主任刘永成、张晖与县关工委常务副主任袁春林等前来西店观澜小学、一市中心小学慰问炎炎夏日中奋战在公益教育前线的上课师生、“五老”同志和大学生志愿者。

令人欣喜的是，随着同心假日学校品牌社会认可度的增加，多方单位主动对接，为同心假日学校的顺利开展添砖加瓦。2018年7月初，宁波大学团委对接一市镇团委，十位大学生一放假就直接来到一市镇，参与同心假日学校的管理与下午的上课。县电信局团委联系同心假日学校，他们购买避暑用品来慰问上课的教师和学生。宁波南部滨海新区的团委认真安排行程，宁波南部滨海新区党总支专职副书记杨芳全程陪同学生参观宁波南部滨海新区。

三、献一份爱心

2017年，我们拓宽办学途径，将第五期课堂延伸到县内边远乡镇深甽小学、桑洲小学和胡陈小学，10天内老师“送课上门”，让更多的留守儿童与困难学生在家门口享受城区优质教学资源。2017年7月26日，桑洲镇小学、深甽镇小学、胡陈乡小学三个学校106名学生一起参观宁海东方艺术博物馆，并在县第一职业中学召开“同心向党”主题班会。在此基础上，2017年12月，县委常委、县委统战部部长娄黛敏建议“同心公益”系列活动品牌建设。县委统战部以送教下乡等方式为各乡镇、街道进行公益活动。2018 年的第六期同心假日学校，我们就放在外来务工子弟多的西店观澜小学、留守儿童多的一市镇小学进行。针对学生的年龄与兴趣爱好，安排了丰富的课程：生活语文、教护知识、小主持人培训、安全知识讲座、英语启蒙、边读边看边演——阅读与电影、葫芦丝—感受音乐的美、趣味数学、手工纸花制作、天文地理、社会实践参观宁波南部滨海新区。请各行各业优秀的党外人士参与上课，拓展课程的内涵，提升学生的各种素质能力，还就观澜小学有少数民族学生的特点，专门安排了民族课程，让各个民族的学生更好地了解。同时与多个部门合作，整合各种资源，为学生提供全方位的服务。如整合一市镇团委与宁波大学团委，10 名宁波大学生组成的志愿者上午轮流参与管理学生，下午自己备课给学生上课，遇到学生无人接送时，就亲自送学生回家，县电信局的团委领导，冒酷暑前去一市镇小学慰问宁波大学的志愿者；在活动最后一天还前去宁波南部滨海新区，给在社会实践参观的每位学生赠送一箱胡陈水蜜桃。县委统战部大力支持，投入 1.08 万元给学生购买学习用品及承担社会实践包车费用。

同心假日学校的教师主要是活跃在教育界、文艺界的党外人士。他们有来自民盟、民进、民建的党派成员，还有来自县政协委员的。虽然来自不同组织、不同岗位，但是他们有一个共同的特点，那就是热心公益事业。是他们，才让学生们度过一个个有意义、有内容、有收获、有进步的“四有”假期。在办学的过程中，广大教师自觉牺牲个人休息时间，甚至放弃个人利益，热情地参与到这项活动中来献一份爱心，涌现出许多感人事迹。

“宁海同心假日学校”创办短短 6 年时间，但是品牌效益十分突出。包括原省政协副主席、省委统战部部长汤黎路，省社会主义学院党组书记蒋学基等领导曾实地考察、调研假日学校：中国作家协会会员、省文联委员、著名作家夏真曾专程来宁海采访同心假日学校；《人民政协》《团结报》《联谊报》《浙江共青团》等媒体刊登同心假日学校活动的专题报道。我们将继续努力，坚守一份初心，结一道同心，献一份爱心，去守护孩子们的童心，助力孩子们的成长。

第九章　荣誉篇

本章包括各县直部门关工委历年所获荣誉和县关工委本级历年所获荣誉两节。每节又分别按所获团体荣誉和个人荣誉两个目。对乡镇街道及其所属（含个人）所获得荣誉在各乡镇街道章节中反映。

第一节　县直部门关工委荣誉

一、团体

县直部门关工委历年获团体荣誉16项次，56个次。其中全国级3项次，4个次；市级3项次，4个次；县级10项48个次。

县直部门关工委历年所获各项（团体）荣誉一览表

表9-1

获得荣誉年份	获得荣誉单位	所获荣誉名称	级别	备注
1994	县人大机关关工小组、县水利局关协、县供电局关协	县关心下一代工作先进集体	县级	—
1998	县水利局关协、宁海少年军校	市关心下一代工作先进集体	市级	—
1999	县农经委关工委	县关心下一代工作先进集体	县级	—
2002	县供电局关工委	市关心下一代工作先进集体	市级	—
2004	县财政局关工委	市关心下一代工作先进集体	市级	—
2004	县司法局关工委、县外经贸局关工委、县盐务局关工委、团县委、县妇联、县法院刑事审判庭	县关心下一代工作先进集体	县级	—
2005	县文广新闻出版局、县文明办、县检察院公诉科、县公安局关工委、县司法局基层科、县财政局关工委	县关心下一代工作先进集体	县级	—
2008	县综治办、县财政局党委、县妇联、工商银行县支行、县供电关工委	县关心下一代工作先进集体	县级	—
2010	县司法局关工委、共青团宁海县委	县关心下一代工作先进集体	县级	—
2013	县文明办、县法院关工委、共青团宁海县委	县关心下一代工作先进集体	县级	—

续表9-1

获得荣誉年份	获得荣誉单位	所获荣誉名称	级别	备注
2015	县人民法院、县民政局、县司法局、共青团宁海县委、县残疾人联合会、县新闻中心、县广播电视台	县关心下一代工作先进集体	县级	—
2017	中国共产党宁海县委员会、宁海县人民政府	全国青少年普法教育示范区	全国	—
2017	县普法教育领导小组办公室	全国第三届“关爱明天·普法先行”青少年普法教育活动先进单位	全国	—
2017	中国共产主义青年团宁海县委员会	全国第三届“关爱明天·普法先行”青少年普法教育活动优秀组织奖	全国	—
2017	县委统战部、县委政法委、县法院、县检察院、县司法局、县财税局、团县委、县妇联、县烟草专卖局	县关心下一代工作先进集体	县级	—
2018	县委统战部、县检察院西店检察室、县民政局、县司法局、团县委、县妇联	县 2017—2018 关心下一代工作先进集体	县级	—

二、个人

县直部门关工委历年获个人县级以上荣誉 159 人次。其中，全国级 2 人次（陈俊超、孙巧浓）；省级 1 人次（林贵清）；市级 26 人次（其中朱瑞骏获 5 次，林贵清、薛国苗、娄传申各 2 次，其余 15 人均为 1 次）；县级 130 人次（其中县关心下一代工作先进蜂人 84 人次；其他 46 人次）。

县直部门关工委历年所获各项（个人）荣誉一览表（一）

表 9-2

获得荣誉年份	获得荣誉单位	所获荣誉名称	级别	备注
1994	林贵清、俞世识、黄　稀、胡施仁、袁哲飞、王荣林、刘跃进、沈莲城、杨青山、冯正冠、翁彩武、伍克祥	县关心下一代工作先进个人	县级	—
1998	林贵清、苏锦德、郑开定	市关心下一代工作先进个人	市级	—
1999	俞世识、谢　东、朱瑞骏、胡施仁、童遵炎、叶兴土、蒋云能、邬丁兴、苏才达	县关心下一代工作先进个人	县级	—
2000	林贵清、朱瑞骏	市优秀校外辅导员	市级	—
2000	王惜耶、王光明、武量波、颜耀华、陈文华、李绍敏、韩其山、黄茂泉、王式淡、薛惠珍、陈云高、彭家标、严望林、俞世识、李殿法、王铁鹰、黄　稀、胡施仁、王荣林、袁哲飞	坚持满十年关心下一代工作，受到县委、县政府表彰	县级	—

续表9-2

获得荣誉年份	获得荣誉单位	所获荣誉名称	级别	备注
2001	胡华桂、孔三安、张光伟、华良忠、姚小平、林永宽、孙佳思、潘红月	市三五普法工作先进个人	市级	—
2001	童遵锵、苏锦德、伍克祥、薛国苗、杨清山、张冬娣	县关心下一代工作先进个人	县级	—
2001	薛国苗	1999—2000年度县儿童少年工作先进个人	县级	—
2002	林贵清	省关心下一代工作先进个人	省级	—
2002	薛国苗、葛民仁	市关心下一代工作先进个人	市级	—
2003	娄金秋、朱瑞骏、林贵清	坚持满十年关心下一代工作，受到县委、县政府表彰	县级	—
2004	朱瑞骏、王可翻	市关心下一代工作先进个人	市级	—
2004	薛惠珍、朱瑞骏、林贵清、严望林、俞世识、王建慈、韩兆铭、张冬娣、古慧超、朱巍钦、伍良明、徐贸勋、吴贤龙	县关心下一代工作先进个人	县级	—
2005	朱瑞骏	市未成年人思想道德建设先进个人	市级	—
2005	陈双双、王海寅、翁荣生、王任锡、薛国苗、童时仗、葛运昌、林兆卿	县关心下一代工作先进个人	县级	—
2006	林贵清	2004—2005年度县未成年人思想道德建工作先进个人	县级	—
2008	朱瑞骏	市关心下一代工作先进个人	市级	—

县直部门关工委历年所获各项（个人）荣誉一览表（二）

表9-3

获得荣誉年份	获得荣誉单位	所获荣誉名称	级别	备注
2008	鲍允伟、刘保山、朱瑞骏、方亚青、谢志良	县关心下一代工作先进个人	县级	—
2009	朱瑞骏、薛国苗	市“关工之星”	市级	—
2010	童时仗	市关心下一代工作先进个人	市级	—
2010	王惜耶、陈云高、杨启炉、朱瑞骏、袁哲飞、童时仗、薛国苗	宁海县“关工之星”	县级	—
2010	陈焕龙、孟荣孝、单小乾、陈双双	县关心下一代工作先进个人	县级	—
2012	娄传申	市关心下一代工作先进个人	市级	—
2013	冯德满、章琴琴、祝丛枫、胡功庆、朱汉林、葛钢坚、刘君丽、徐乖娟	县关心下一代工作先进个人	县级	—

续表9-3

获得荣誉年份	获得荣誉单位	所获荣誉名称	级别	备注
2013	郑国金、胡功庆	县关心下一代工作“五老”先进个人	县级	—
2015	韩兆铭、韩伊忠、叶新水、鲍秉坚、郑国金、胡功庆、娄传申、章琴琴	县关心下一代工作先进个人	县级	—
2016	娄传申、胡功庆	市关心下一代工作先进个人	市级	—
2016	郑国金	市关心下一代工作贡献奖	市级	—
2017	陈俊超、孙巧浓	全国第三届“关爱明天·普法先行”青少年普法教育活动先进个人	全国	—
2017	袁仁江、潘伟春、孙巧浓、张葵葵、韩伊忠、吴世平	县关心下一代工作先进工作者	县级	—
2017	鲍秉坚、朱庆生、吴水勇、曹品元	县关心下一代工作优秀“五老”	县级	—
2018	潘伟春、崔隽雍、韩伊忠、朱友、韩兆铭	县关心下一代工作先进工作者	县级	
2018	鲍秉坚、胡功庆、吴世平、郑国金、袁哲飞、陈焕联、娄传申、曹品元	县2017—2018年度关心下一代工作优秀“五老”	县级	—

第二节　县关工委荣誉

一、团体

县关工委（本级）1990年至2019年所获团体荣誉12项次，42个次。其中全国级4项次，24个次；省级1项次，5个次；市级2项次，6个次；县级5项次，7个次。

宁海县关工委历年所获团体荣誉汇总统计表

表9-4　（1990—2019年）

荣誉级别	荣誉摘要			次数合计	备注
	获得年份	奖项名称	次数		
全国	1997—2008	中国关工委《中国火炬》宣传报道工作先进集体	12	24	—
	2009—2018	全国关心下一代宣传工作标兵单位	10		2016获荣誉证书
	2017	全国第三届“关爱明天·普法先行”青少年普法先进单位	1		—
	2019	全国关心下一代工作先进关工委	1		—

续表9-4

荣誉级别	荣誉摘要			次数合计	备注
	获得年份	奖项名称	次数		
省级	1992、2000、2004、2008、2014	省关心下一代工作先进集体	5	5	—
市级	1992、2000、2004、2008、2014	市关心下一代工作先进集体	5	6	—
	2001	市三五普法工作先进集体	1		
县级	1994、1999、2004	县关心下一代工作先进集体	3	7	含培训学校2次
	1996	扶残助残先进单位	1		—
	2000	1999年度社会治安综合治理第三名	1		
	2001	1999—2000年度县儿童少年工作先进集体	1		
	2006	2004—2005年度县未成年人思想道德建工作先进集体	1		
合计				42	—

宁海县关工委（本级）历年获得各项团体荣誉统计表

表9-5

获奖单位	获奖摘要		所获荣誉名称
	年份	级别	
县关工委	1992	省	省关心下一代工作先进集体
	1994	县	县关心下一代工作先进集体
	1996	县	扶残助残先进单位
	1997—2008	全国	连续12年评为中国关工委《中国火炬》杂志社宣传报道、征订发行工作先进集体
	1998	市	市关心下一代工作先进集体
	2000	省	省关心下一代工作先进集体
	2000	县	1999年度社会治安综合治理第三名
	2001	市	市三五普法工作先进集体
	2001	县	1999—2000年度县儿童少年工作先进集体
	2002	市	市关心下一代工作先进集体
	2004	省	省关心下一代工作先进集体
	2006	市	市关心下一代工作先进集体
	2006	县	2004—2005年度县未成年人思想道德建工作先进集体

续表9-5

获奖单位	获奖摘要		所获荣誉名称
	年份	级别	
县关工委	2008	省	省关心下一代工作先进集体
	2009—2018	全国	连续10年评为全国关心下一代宣传工作标兵（2016荣誉证书）单位
	2012	市	市关心下一代工作先进集体
	2014	省	省关心下一代工作先进集体
	2016	市	市关心下一代工作先进集体
	2017	全国	全国第三届“关爱明天·普法先行”青少年普法教育活动先进单位
	2019	全国	全国关心下一代工作先进关工委
县关工委培训学校	1999	县	县关心下一代工作先进集体
	2004	县	县关心下一代工作先进集体

二、个人

宁海县关工委（本级）历年获得个人荣誉44人次。其中全国级2人次。即2005年时任县关工委常务副主任杨启炉获评全国关心下一代先进工作者和2017年时任县关工委办公室主任田敏获评全国第三届“关爱明天·普法先行”青少年普法教育活动先进个人；获评“省关心下一代工作先进个人”12人次（其中孙愫贞4次，杨启炉3次，黄茂泉、龚怀源、王以位、袁春林、季元法各1次）；获评“省关心下一代工作突出贡献奖”4人次（其中孙愫贞、娄林忠、陈云高、周秉达各1次）；其他省级荣誉2人次；获评“市关心下一代工作先进个人”4人次（其中田敏2次）；其他市级荣誉6人次；获评“县关心下一代工作先进个人”6人次；其他县级荣誉8人次。

宁海县关工委历年获得各项个人荣誉统计表（一）

表9-6

获奖人姓名	获奖摘要		所获荣誉名称
	年份	级别	
孙愫贞	1992	省	省关心下一代工作先进个人
	1993	县	县优秀校外辅导员
	1994	省	省关心下一代工作先进个人
	1994	省	省青年工作良师益友
	1994	县	县关心下一代工作先进个人
	1996	省	省关心下一代工作先进个人
	1998	省	省关心下一代工作先进个人
	2000	县	坚持满十年关心下一代工作，受到县委、县政府表彰
	2019	省	省关心下一代工作突出贡献奖
黄茂泉	1992	省	省关心下一代工作先进个人

续表9-6

获奖人姓名	获奖摘要		所获荣誉名称
	年份	级别	
龚怀源	1997	省	省教育系统关心下一代工作先进工作者
	2003	县	坚持满十年关心下一代工作，受到县委、县政府表彰
	2004	市	市老干部先进个人
	2004	县	县关心下一代工作先进个人
	2006	省	省关心下一代工作先进个人
	2009	市	市“关工之星”
	2010	县	宁海县“关工之星”
	2012	市	市关心下一代工作先进个人
杨启炉	1999	县	县关心下一代工作先进个人
	2002	省	省关心下一代工作先进个人
	2003	县	坚持满十年关心下一代工作，受到县委、县政府表彰
	2004	省	省关心下一代工作先进个人
	2004	市	市优秀普法工作者
	2005	全国	全国关心下一代先进工作者
	2005	市	市未成年人思想道德建设工作标兵
	2005	县	2004 年度县社会治安综合治理先进个人
	2006	县	2004—2005 年度县未成年人思想道德建工作先进个人
	2009	市	市“关工之星”
	2010	省	省关心下一代工作先进个人
	2013	县	县关心下一代工作“五老”先进个人
王伟莉	2010	市	市关心下一代工作先进个人
应可顶	2013	县	县关心下一代工作先进个人
王以位	2014	省	省关心下一代工作先进个人

宁海县关工委历年获得各项个人荣誉统计表（二）

表 9-7

获奖人姓名	获奖摘要		所获荣誉名称
	年份	级别	
田　敏	2014	市	市关心下一代工作先进个人
	2016	市	市关心下一代工作先进个人
	2017	全国	全国第三届“关爱明天·普法先行”青少年普法教育活动先进个人
	2018	县	县关心下一代工作先进工作者
袁春林	2016	省	省关心下一代工作先进个人
陈素霞	2017	县	县关心下一代工作先进工作者
王元法	2019	市	宁波市关心下一代工作“最美五老”
季元法	2019	省	省关心下一代工作先进个人
娄林忠	2019	省	省关心下一代工作突出贡献奖
陈云高	2019	省	省关心下一代工作突出贡献奖
周秉达	2019	省	省关心下一代工作突出贡献奖

丛　　录

国家有关法律法规

中华人民共和国未成年人保护法

（1991 年 9 月 4 日第七届全国人民代表大会常务委员会第 21 次会议通过，1991 年 9 月 4 日中华人民共和国主席令第 50 号公布；2006 年 12 月 29 日第十届全国人民代表大会常务委员会第 25 次会议第 1 次修订通过，2006 年 12 月 29 日中华人民共和国主席令第 60 号公布；根据 2012 年 10 月 26 日第十一届全国人民代表大会常务委员会第 29 次会议通过、2012 年 10 月 26 日中华人民共和国主席令第 65 号公布、自 2013 年 1 月 1 日起施行的《全国人民代表大会常务委员会关于修改〈中华人民共和国未成年人保护法〉的决定》第 2 次修正)

第一章　总　则

第一条　为了保护未成年人的身心健康，保障未成年人的合法权益，促进未成年人在品德、智力、体质等方面全面发展，培养有理想、有道德、有文化、有纪律的社会主义建设者和接班人，根据宪法，制定本法。

第二条　本法所称未成年人是指未满十八周岁的公民。

第三条　未成年人享有生存权、发展权、受保护权、参与权等权利，国家根据未成年人身心发展特点给予特殊、优先保护，保障未成年人的合法权益不受侵犯。

未成年人享有受教育权，国家、社会、学校和家庭尊重和保障未成年人的受教育权。

未成年人不分性别、民族、种族、家庭财产状况、宗教信仰等，依法平等地享有权利。

第四条　国家、社会、学校和家庭对未成年人进行理想教育、道德教育、文化教育、纪律和法制教育，进行爱国主义、集体主义和社会主义的教育，提倡爱祖国、爱人民、爱劳动、爱科学、爱社会主义的公德，反对资本主义的、封建主义的和其他的腐朽思想的侵蚀。

第五条　保护未成年人的工作，应当遵循下列原则：

（一）尊重未成年人的人格尊严；

（二）适应未成年人身心发展的规律和特点；

（三）教育与保护相结合。

第六条　保护未成年人，是国家机关、武装力量、政党、社会团体、企业事业组织、城乡基层群众性自治组织、未成年人的监护人和其他成年公民的共同责任。

对侵犯未成年人合法权益的行为，任何组织和个人都有权予以劝阻、制止或者向有关部门提出检举或者控告。

国家、社会、学校和家庭应当教育和帮助未成年人维护自己的合法权益，增强自我保护的意识和能力，增强社会责任感。

第七条　中央和地方各级国家机关应当在各自的职责范围内做好未成年人保护工作。

国务院和地方各级人民政府领导有关部门做好未成年人保护工作；将未成年人保护工作纳入国民经济和社会发展规划以及年度计划，相关经费纳入本级政府预算。

国务院和省、自治区、直辖市人民政府采取组织措施，协调有关部门做好未成年人保护工作。具体机构由国务院和省、自治区、直辖市人民政府规定。

第八条　共产主义青年团、妇女联合会、工会、青年联合会、学生联合会、少年先锋队以及其他有关社会团体，协助各级人民政府做好未成年人保护工作，维护未成年人的合法权益。

第九条　各级人民政府和有关部门对保护未成年人有显著成绩的组织和个人，给予表彰和奖励。

第二章　家庭保护

第十条　父母或者其他监护人应当创造良好、和睦的家庭环境，依法履行对未成年人的监护职责和抚养义务。

禁止对未成年人实施家庭暴力，禁止虐待、遗弃未成年人，禁止溺婴和其他残害婴儿的行为，不得歧视女性未成年人或者有残疾的未成年人。

第十一条　父母或者其他监护人应当关注未成年人的生理、心理状况和行为习惯，以健康的思想、良好的品行和适当的方法教育和影响未成年人，引导未成年人进行有益身心健康的活动，预防和制止未成年人吸烟、酗酒、流浪、沉迷网络以及赌博、吸毒、卖淫等行为。

第十二条　父母或者其他监护人应当学习家庭教育知识，正确履行监护职责，抚养教育未成年人。

有关国家机关和社会组织应当为未成年人的父母或者其他监护人提供家庭教育指导。

第十三条　父母或者其他监护人应当尊重未成年人受教育的权利，必须使适龄未成年人依法入学接受并完成义务教育，不得使接受义务教育的未成年人辍学。

第十四条　父母或者其他监护人应当根据未成年人的年龄和智力发展状况，在作出与未成年人权益有关的决定时告知其本人，并听取他们的意见。

第十五条　父母或者其他监护人不得允许或者迫使未成年人结婚，不得为未成年人订立婚约。

第十六条父母因外出务工或者其他原因不能履行对未成年人监护职责的，应当委托有监护能力的其他成年人代为监护。

第三章　学校保护

第十七条　学校应当全面贯彻国家的教育方针，实施素质教育，提高教育质量，注重培养未成年学生独立思考能力、创新能力和实践能力，促进未成年学生全面发展。

第十八条　学校应当尊重未成年学生受教育的权利，关心、爱护学生，对品行有缺点、学习有困难的学生，应当耐心教育、帮助，不得歧视，不得违反法律和国家规定开除未成年学生。

第十九条　学校应当根据未成年学生身心发展的特点，对他们进行社会生活指导、心理健康辅导和青春期教育。

第二十条　学校应当与未成年学生的父母或者其他监护人互相配合，保证未成年学生的睡眠、娱乐和体育锻炼时间，不得加重其学习负担。

第二十一条 学校、幼儿园、托儿所的教职员工应当尊重未成年人的人格尊严，不得对未成年人实施体罚、变相体罚或者其他侮辱人格尊严的行为。

第二十二条 学校、幼儿园、托儿所应当建立安全制度，加强对未成年人的安全教育，采取措施保障未成年人的人身安全。

学校、幼儿园、托儿所不得在危及未成年人人身安全、健康的校舍和其他设施、场所中进行教育教学活动。

学校、幼儿园安排未成年人参加集会、文化娱乐、社会实践等集体活动，应当有利于未成年人的健康成长，防止发生人身安全事故。

第二十三条 教育行政等部门和学校、幼儿园、托儿所应当根据需要，制定应对各种灾害、传染性疾病、食物中毒、意外伤害等突发事件的预案，配备相应设施并进行必要的演练，增强未成年人的自我保护意识和能力。

第二十四条 学校对未成年学生在校内或者本校组织的校外活动中发生人身伤害事故的，应当及时救护，妥善处理，并及时向有关主管部门报告。

第二十五条 对于在学校接受教育的有严重不良行为的未成年学生，学校和父母或者其他监护人应当互相配合加以管教；无力管教或者管教无效的，可以按照有关规定将其送专门学校继续接受教育。

依法设置专门学校的地方人民政府应当保障专门学校的办学条件，教育行政部门应当加强对专门学校的管理和指导，有关部门应当给予协助和配合。

专门学校应当对在校就读的未成年学生进行思想教育、文化教育、纪律和法制教育、劳动技术教育和职业教育。

专门学校的教职员工应当关心、爱护、尊重学生，不得歧视、厌弃。

第二十六条 幼儿园应当做好保育、教育工作，促进幼儿在体质、智力、品德等方面和谐发展。

第四章 社会保护

第二十七条 全社会应当树立尊重、保护、教育未成年人的良好风尚，关心、爱护未成年人。

国家鼓励社会团体、企业事业组织以及其他组织和个人，开展多种形式的有利于未成年人健康成长的社会活动。

第二十八条 各级人民政府应当保障未成年人受教育的权利，并采取措施保障家庭经济困难的、残疾的和流动人口中的未成年人等接受义务教育。

第二十九条 各级人民政府应当建立和改善适合未成年人文化生活需要的活动场所和设施，鼓励社会力量兴办适合未成年人的活动场所，并加强管理。

第三十条 爱国主义教育基地、图书馆、青少年宫、儿童活动中心应当对未成年人免费开放；博物馆、纪念馆、科技馆、展览馆、美术馆、文化馆以及影剧院、体育场馆、动物园、公园等场所，应当按照有关规定对未成年人免费或者优惠开放。

第三十一条 县级以上人民政府及其教育行政部门应当采取措施，鼓励和支持中小学校在节假日期间将文化体育设施对未成年人免费或者优惠开放。

社区中的公益性互联网上网服务设施，应当对未成年人免费或者优惠开放，为未成年人提供安全、健康的上网服务。

第三十二条　国家鼓励新闻、出版、信息产业、广播、电影、电视、文艺等单位和作家、艺术家、科学家以及其他公民，创作或者提供有利于未成年人健康成长的作品。出版、制作和传播专门以未成年人为对象的内容健康的图书、报刊、音像制品、电子出版物以及网络信息等，国家给予扶持。

国家鼓励科研机构和科技团体对未成年人开展科学知识普及活动。

第三十三条　国家采取措施，预防未成年人沉迷网络。

国家鼓励研究开发有利于未成年人健康成长的网络产品，推广用于阻止未成年人沉迷网络的新技术。

第三十四条　禁止任何组织、个人制作或者向未成年人出售、出租或者以其他方式传播淫秽、暴力、凶杀、恐怖、赌博等毒害未成年人的图书、报刊、音像制品、电子出版物以及网络信息等。

第三十五条　生产、销售用于未成年人的食品、药品、玩具、用具和游乐设施等，应当符合国家标准或者行业标准，不得有害于未成年人的安全和健康；需要标明注意事项的，应当在显著位置标明。

第三十六条　中小学校园周边不得设置营业性歌舞娱乐场所、互联网上网服务营业场所等不适宜未成年人活动的场所。

营业性歌舞娱乐场所、互联网上网服务营业场所等不适宜未成年人活动的场所，不得允许未成年人进入，经营者应当在显著位置设置未成年人禁入标志；对难以判明是否已成年的，应当要求其出示身份证件。

第三十七条　禁止向未成年人出售烟酒，经营者应当在显著位置设置不向未成年人出售烟酒的标志；对难以判明是否已成年的，应当要求其出示身份证件。

任何人不得在中小学校、幼儿园、托儿所的教室、寝室、活动室和其他未成年人集中活动的场所吸烟、饮酒。

第三十八条　任何组织或者个人不得招用未满十六周岁的未成年人，国家另有规定的除外。

任何组织或者个人按照国家有关规定招用已满十六周岁未满十八周岁的未成年人的，应当执行国家在工种、劳动时间、劳动强度和保护措施等方面的规定，不得安排其从事过重、有毒、有害等危害未成年人身心健康的劳动或者危险作业。

第三十九条　任何组织或者个人不得披露未成年人的个人隐私。

对未成年人的信件、日记、电子邮件，任何组织或者个人不得隐匿、毁弃；除因追查犯罪的需要，由公安机关或者人民检察院依法进行检查，或者对无行为能力的未成年人的信件、日记、电子邮件由其父母或者其他监护人代为开拆、查阅外，任何组织或者个人不得开拆、查阅。

第四十条　学校、幼儿园、托儿所和公共场所发生突发事件时，应当优先救护未成年人。

第四十一条　禁止拐卖、绑架、虐待未成年人，禁止对未成年人实施性侵害。

禁止胁迫、诱骗、利用未成年人乞讨或者组织未成年人进行有害其身心健康的表演等活动。

第四十二条　公安机关应当采取有力措施，依法维护校园周边的治安和交通秩序，预防和制止侵害未成年人合法权益的违法犯罪行为。

任何组织或者个人不得扰乱教学秩序，不得侵占、破坏学校、幼儿园、托儿所的场地、房屋和设施。

第四十三条　县级以上人民政府及其民政部门应当根据需要设立救助场所，对流浪乞讨等生活无着未成年人实施救助，承担临时监护责任；公安部门或者其他有关部门应当护送流浪乞讨或者离家出走的未成年人到救助场所，由救助场所予以救助和妥善照顾，并及时通知其父母或者其他监护人领回。

对孤儿、无法查明其父母或者其他监护人的以及其他生活无着的未成年人，由民政部门设立的儿童福利机构收留抚养。

未成年人救助机构、儿童福利机构及其工作人员应当依法履行职责，不得虐待、歧视未成年人；不得在办理收留抚养工作中牟取利益。

第四十四条　卫生部门和学校应当对未成年人进行卫生保健和营养指导，提供必要的卫生保健条件，做好疾病预防工作。

卫生部门应当做好对儿童的预防接种工作，国家免疫规划项目的预防接种实行免费；积极防治儿童常见病、多发病，加强对传染病防治工作的监督管理，加强对幼儿园、托儿所卫生保健的业务指导和监督检查。

第四十五条　地方各级人民政府应当积极发展托幼事业，办好托儿所、幼儿园，支持社会组织和个人依法兴办哺乳室、托儿所、幼儿园。

各级人民政府和有关部门应当采取多种形式，培养和训练幼儿园、托儿所的保教人员，提高其职业道德素质和业务能力。

第四十六条　国家依法保护未成年人的智力成果和荣誉权不受侵犯。

第四十七条　未成年人已经完成规定年限的义务教育不再升学的，政府有关部门和社会团体、企业事业组织应当根据实际情况，对他们进行职业教育，为他们创造劳动就业条件。

第四十八条　居民委员会、村民委员会应当协助有关部门教育和挽救违法犯罪的未成年人，预防和制止侵害未成年人合法权益的违法犯罪行为。

第四十九条　未成年人的合法权益受到侵害的，被侵害人及其监护人或者其他组织和个人有权向有关部门投诉，有关部门应当依法及时处理。

第五章　司法保护

第五十条　公安机关、人民检察院、人民法院以及司法行政部门，应当依法履行职责，在司法活动中保护未成年人的合法权益。

第五十一条　未成年人的合法权益受到侵害，依法向人民法院提起诉讼的，人民法院应当依法及时审理，并适应未成年人生理、心理特点和健康成长的需要，保障未成年人的合法权益。

在司法活动中对需要法律援助或者司法救助的未成年人，法律援助机构或者人民法院应当给予帮助，依法为其提供法律援助或者司法救助。

第五十二条　人民法院审理继承案件，应当依法保护未成年人的继承权和受遗赠权。

人民法院审理离婚案件，涉及未成年子女抚养问题的，应当听取有表达意愿能力的未成年子女的意见，根据保障子女权益的原则和双方具体情况依法处理。

第五十三条　父母或者其他监护人不履行监护职责或者侵害被监护的未成年人的合法权益，经教育不改的，人民法院可以根据有关人员或者有关单位的申请，撤销其监护人的资格，依法另行指定监护人。被撤销监护资格的父母应当依法继续负担抚养费用。

第五十四条　对违法犯罪的未成年人，实行教育、感化、挽救的方针，坚持教育为主、惩罚为辅的原则。

对违法犯罪的未成年人，应当依法从轻、减轻或者免除处罚。

第五十五条　公安机关、人民检察院、人民法院办理未成年人犯罪案件和涉及未成年人权益保护案件，应当照顾未成年人身心发展特点，尊重他们的人格尊严，保障他们的合法权益，并根据需要设立专门机构或者指定专人办理。

第五十六条　讯问、审判未成年犯罪嫌疑人、被告人，询问未成年证人、被害人，应当依照刑事诉讼法的规定通知其法定代理人或者其他人员到场。

公安机关、人民检察院、人民法院办理未成年人遭受性侵害的刑事案件，应当保护被害人的名誉。

第五十七条　对羁押、服刑的未成年人，应当与成年人分别关押。

羁押、服刑的未成年人没有完成义务教育的，应当对其进行义务教育。

解除羁押、服刑期满的未成年人的复学、升学、就业不受歧视。

第五十八条　对未成年人犯罪案件，新闻报道、影视节目、公开出版物、网络等不得披露该未成年人的姓名、住所、照片、图像以及可能推断出该未成年人的资料。

第五十九条　对未成年人严重不良行为的矫治与犯罪行为的预防，依照预防未成年人犯罪法的规定执行。

第六章　法律责任

第六十条　违反本法规定，侵害未成年人的合法权益，其他法律、法规已规定行政处罚的，从其规定；造成人身财产损失或者其他损害的，依法承担民事责任；构成犯罪的，依法追究刑事责任。

第六十一条　国家机关及其工作人员不依法履行保护未成年人合法权益的责任，或者侵害未成年人合法权益，或者对提出申诉、控告、检举的人进行打击报复的，由其所在单位或者上级机关责令改正，对直接负责的主管人员和其他直接责任人员依法给予行政处分。

第六十二条　父母或者其他监护人不依法履行监护职责，或者侵害未成年人合法权益的，由其所在单位或者居民委员会、村民委员会予以劝诫、制止；构成违反治安管理行为的，由公安机关依法给予行政处罚。

第六十三条　学校、幼儿园、托儿所侵害未成年人合法权益的，由教育行政部门或者其他有关部门责令改正；情节严重的，对直接负责的主管人员和其他直接责任人员依法给予处分。

学校、幼儿园、托儿所教职员工对未成年人实施体罚、变相体罚或者其他侮辱人格行为的，由其所在单位或者上级机关责令改正；情节严重的，依法给予处分。

第六十四条　制作或者向未成年人出售、出租或者以其他方式传播淫秽、暴力、凶杀、恐怖、赌博等图书、报刊、音像制品、电子出版物以及网络信息等的，由主管部门责令改正，依法给予行政处罚。

第六十五条　生产、销售用于未成年人的食品、药品、玩具、用具和游乐设施不符合国家标准或者行业标准，或者没有在显著位置标明注意事项的，由主管部门责令改正，依法给予行政处罚。

第六十六条　在中小学校园周边设置营业性歌舞娱乐场所、互联网上网服务营业场所等不适宜未成年人活动的场所的，由主管部门予以关闭，依法给予行政处罚。

营业性歌舞娱乐场所、互联网上网服务营业场所等不适宜未成年人活动的场所允许未成年人进入，或者没有在显著位置设置未成年人禁入标志的，由主管部门责令改正，依法给予行政处罚。

第六十七条 向未成年人出售烟酒，或者没有在显著位置设置不向未成年人出售烟酒标志的，由主管部门责令改正，依法给予行政处罚。

第六十八条 非法招用未满十六周岁的未成年人，或者招用已满十六周岁的未成年人从事过重、有毒、有害等危害未成年人身心健康的劳动或者危险作业的，由劳动保障部门责令改正，处以罚款；情节严重的，由工商行政管理部门吊销营业执照。

第六十九条 侵犯未成年人隐私，构成违反治安管理行为的，由公安机关依法给予行政处罚。

第七十条 未成年人救助机构、儿童福利机构及其工作人员不依法履行对未成年人的救助保护职责，或者虐待、歧视未成年人，或者在办理收留抚养工作中牟取利益的，由主管部门责令改正，依法给予行政处罚。

第七十一条 胁迫、诱骗、利用未成年人乞讨或者组织未成年人进行有害其身心健康的表演等活动的，由公安机关依法给予行政处罚。

第七章　附　则

第七十二条 本法自2013年1月1日起施行。

中华人民共和国预防未成年人犯罪法

（1999年6月28日第九届全国人民代表大会常务委员会第十次会议通过，1999年6月28日中华人民共和国主席令第17号公布，自1999年11月1日起施行；根据2012年10月26日第十一届全国人民代表大会常务委员会第二十九次会议通过，2012年10月26日中华人民共和国主席令第66号公布，自2013年1月1日起施行的《全国人民代表大会常务委员会关于修改〈中华人民共和国预防未成年人犯罪法〉的决定》修正）

第一章　总　则

第一条 为了保障未成年人身心健康，培养未成年人良好品行，有效地预防未成年人犯罪，制定本法。

第二条 预防未成年人犯罪，立足于教育和保护，从小抓起，对未成年人的不良行为及时进行预防和矫治。

第三条 预防未成年人犯罪，在各级人民政府组织领导下，实行综合治理。

政府有关部门、司法机关、人民团体、有关社会团体、学校、家庭、城市居民委员会、农村村民委员会等各方面共同参与，各负其责，做好预防未成年人犯罪工作，为未成年人身心健康发展创造良好的社会环境。

第四条 各级人民政府在预防未成年人犯罪方面的职责是：

（一）制定预防未成年人犯罪工作的规划；

（二）组织、协调公安、教育、文化、新闻出版、广播电影电视、工商、民政、司法行政等政府有关部门和其他社会组织进行预防未成年人犯罪工作；

（三）对本法实施的情况和工作规划的执行情况进行检查；

（四）总结、推广预防未成年人犯罪工作的经验，树立、表彰先进典型。

第五条 预防未成年人犯罪，应当结合未成年人不同年龄的生理、心理特点，加强青春期教育、心理矫治和预防犯罪对策的研究。

第二章　预防未成年人犯罪的教育

第六条　对未成年人应当加强思想、道德、法制和爱国主义、集体主义、社会主义教育。对于达到义务教育年龄的未成年人，在进行上述教育的同时，应当进行预防犯罪的教育。

预防未成年人犯罪的教育的目的，是增强未成年人的法制观念，使未成年人懂得违法和犯罪行为对个人、家庭、社会造成的危害，违法和犯罪行为应当承担的法律责任，树立遵纪守法和防范违法犯罪的意识。

第七条　教育行政部门、学校应当将预防犯罪的教育作为法制教育的内容纳入学校教育教学计划，结合常见多发的未成年人犯罪，对不同年龄的未成年人进行有针对性的预防犯罪教育。

第八条　司法行政部门、教育行政部门、共产主义青年团、少年先锋队应当结合实际，组织、举办展览会、报告会、演讲会等多种形式的预防未成年人犯罪的法制宣传活动。

学校应当结合实际举办以预防未成年人犯罪的教育为主要内容的活动。教育行政部门应当将预防未成年人犯罪教育的工作效果作为考核学校工作的一项重要内容。

第九条　学校应当聘任从事法制教育的专职或者兼职教师。学校根据条件可以聘请校外法律辅导员。

第十条　未成年人的父母或者其他监护人对未成年人的法制教育负有直接责任。学校在对学生进行预防犯罪教育时，应当将教育计划告知未成年人的父母或者其他监护人，未成年人的父母或者其他监护人应当结合学校的计划，针对具体情况进行教育。

第十一条　少年宫、青少年活动中心等校外活动场所应当把预防未成年人犯罪的教育作为一项重要的工作内容，开展多种形式的宣传教育活动。

第十二条　对于已满十六周岁不满十八周岁准备就业的未成年人，职业教育培训机构、用人单位应当将法律知识和预防犯罪教育纳入职业培训的内容。

第十三条　城市居民委员会、农村村民委员会应当积极开展有针对性的预防未成年人犯罪的法制宣传活动。

第三章　对未成年人不良行为的预防

第十四条　未成年人的父母或者其他监护人和学校应当教育未成年人不得有下列不良行为：

（一）旷课、夜不归宿；

（二）携带管制刀具；

（三）打架斗殴、辱骂他人；

（四）强行向他人索要财物；

（五）偷窃、故意毁坏财物；

（六）参与赌博或者变相赌博；

（七）观看、收听色情、淫秽的音像制品、读物等；

（八）进入法律、法规规定未成年人不适宜进入的营业性歌舞厅等场所；

（九）其他严重违背社会公德的不良行为。

第十五条　未成年人的父母或者其他监护人和学校应当教育未成年人不得吸烟、酗酒。任何经营场所不得向未成年人出售烟酒。

第十六条　中小学生旷课的，学校应当及时与其父母或者其他监护人取得联系。

未成年人擅自外出夜不归宿的，其父母或者其他监护人、其所在的寄宿制学校应当及时查找，或者向公安机关请求帮助。收留夜不归宿的未成年人的，应当征得其父母或者其他监护人的同意，或者在二十四小时内及时通知其父母或者其他监护人、所在学校或者及时向公安机关报告。

第十七条 未成年人的父母或者其他监护人和学校发现未成年人组织或者参加实施不良行为的团伙的，应当及时予以制止。发现该团伙有违法犯罪行为的，应当向公安机关报告。

第十八条 未成年人的父母或者其他监护人和学校发现有人教唆、胁迫、引诱未成年人违法犯罪的，应当向公安机关报告。公安机关接到报告后，应当及时依法查处，对未成年人人身安全受到威胁的，应当及时采取有效措施，保护其人身安全。

第十九条 未成年人的父母或者其他监护人，不得让不满十六周岁的未成年人脱离监护单独居住。

第二十条 未成年人的父母或者其他监护人对未成年人不得放任不管，不得迫使其离家出走，放弃监护职责。

未成年人离家出走的，其父母或者其他监护人应当及时查找，或者向公安机关请求帮助。

第二十一条 未成年人的父母离异的，离异双方对子女都有教育的义务，任何一方都不得因离异而不履行教育子女的义务。

第二十二条 继父母、养父母对受其抚养教育的未成年继子女、养子女、应当履行本法规定的父母对未成年子女在预防犯罪方面的职责。

第二十三条 学校对有不良行为的未成年人应当加强教育、管理，不得歧视。

第二十四条 教育行政部门、学校应当举办各种形式的讲座、座谈、培训等活动，针对未成年人不同时期的生理、心理特点，介绍良好有效的教育方法，指导教师、未成年人的父母和其他监护人有效地防止、矫治未成年人的不良行为。

第二十五条 对于教唆、胁迫、引诱未成年人实施不良行为或者品行不良，影响恶劣，不适宜在学校工作的教职员工，教育行政部门、学校应当予以解聘或者辞退；构成犯罪的，依法追究刑事责任。

第二十六条 禁止在中小学校附近开办营业性歌舞厅、营业性电子游戏场所以及其他未成年人不适宜进入的场所。禁止开办上述场所的具体范围由省、自治区、直辖市人民政府规定。

对本法施行前已在中小学校附近开办上述场所的，应当限期迁移或者停业。

第二十七条 公安机关应当加强中小学校周围环境的治安管理，及时制止、处理中小学校周围发生的违法犯罪行为。城市居民委员会、农村村民委员会应当协助公安机关做好维护中小学校周围治安的工作。

第二十八条 公安派出所、城市居民委员会、农村村民委员会应当掌握本辖区内暂住人口中未成年人的就学、就业情况。对于暂住人口中未成年人实施不良行为的，应当督促其父母或者其他监护人进行有效的教育、制止。

第二十九条 任何人不得教唆、胁迫、引诱未成年人实施本法规定的不良行为，或者为未成年人实施不良行为提供条件。

第三十条 以未成年人为对象的出版物，不得含有诱发未成年人违法犯罪的内容，不得含有渲染暴力、色情、赌博、恐怖活动等危害未成年人身心健康的内容。

第三十一条 任何单位和个人不得向未成年人出售、出租含有诱发未成年人违法犯罪以及渲染暴力、色情、赌博、恐怖活动等危害未成年人身心健康内容的读物、音像制品或者电子出版物。

任何单位和个人不得利用通讯、计算机网络等方式提供前款规定的危害未成年人身心健康的内容及其信息。

第三十二条　广播、电影、电视、戏剧节目，不得有渲染暴力、色情、赌博、恐怖活动等危害未成年人身心健康的内容。

广播电影电视行政部门、文化行政部门必须加强对广播、电影、电视、戏剧节目以及各类演播场所的管理。

第三十三条　营业性歌舞厅以及其他未成年人不适宜进入的场所、应当设置明显的未成年人禁止进入标志，不得允许未成年人进入。

营业性电子游戏场所在国家法定节假日外，不得允许未成年人进入，并应当设置明显的未成年人禁止进入标志。

对于难以判明是否已成年的，上述场所的工作人员可以要求其出示身份证件。

第四章　对未成年人严重不良行为的矫治

第三十四条　本法所称“严重不良行为”，是指下列严重危害社会，尚不够刑事处罚的违法行为：

（一）纠集他人结伙滋事，扰乱治安；

（二）携带管制刀具，屡教不改；

（三）多次拦截殴打他人或者强行索要他人财物；

（四）传播淫秽的读物或者音像制品等；

（五）进行淫乱或者色情、卖淫活动；

（六）多次偷窃；

（七）参与赌博，屡教不改；

（八）吸食、注射毒品；

（九）其他严重危害社会的行为。

第三十五条　对未成年人实施本法规定的严重不良行为的，应当及时予以制止。

对有本法规定严重不良行为的未成年人，其父母或者其他监护人和学校应当相互配合，采取措施严加管教，也可以送工读学校进行矫治和接受教育。

对未成年人送工读学校进行矫治和接受教育，应当由其父母或者其他监护人，或者原所在学校提出申请，经教育行政部门批准。

第三十六条　工读学校对就读的未成年人应当严格管理和教育。工读学校除按照义务教育法的要求，在课程设置上与普通学校相同外，应当加强法制教育的内容，针对未成年人严重不良行为产生的原因以及有严重不良行为的未成年人的心理特点，开展矫治工作。

家庭、学校应当关心、爱护在工读学校就读的未成年人，尊重他们的人格尊严，不得体罚、虐待和歧视。工读学校毕业的未成年人在升学、就业等方面，同普通学校毕业的学生享有同等的权利，任何单位和个人不得歧视。

第三十七条　未成年人有本法规定严重不良行为，构成违反治安管理行为的，由公安机关依法予以治安处罚。因不满十四周岁或者情节特别轻微免予处罚的，可以予以训诫。

第三十八条　未成年人因不满十六周岁不予刑事处罚的，责令他的父母或者其他监护人严加管教；在必要的时候，也可以由政府依法收容教养。

第三十九条 未成年人在被收容教养期间，执行机关应当保证其继续接受文化知识、法律知识或者职业技术教育；对没有完成义务教育的未成年人，执行机关应当保证其继续接受义务教育。

解除收容教养、劳动教养的未成年人，在复学、升学、就业等方面与其他未成年人享有同等权利，任何单位和个人不得歧视。

第五章 未成年人对犯罪的自我防范

第四十条 未成年人应当遵守法律、法规及社会公共道德规范，树立自尊、自律、自强意识，增强辨别是非和自我保护的能力，自觉抵制各种不良行为及违法犯罪行为的引诱和侵害。

第四十一条 被父母或者其他监护人遗弃、虐待的未成年人，有权向公安机关、民政部门、共产主义青年团、妇女联合会、未成年人保护组织或者学校、城市居民委员会、农村村民委员会请求保护。被请求的上述部门和组织都应当接受，根据情况需要采取救助措施的，应当先采取救助措施。

第四十二条 未成年人发现任何人对自己或者对其他未成年人实施本法第三章规定不得实施的行为或者犯罪行为，可以通过所在学校、其父母或者其他监护人向公安机关或者政府有关主管部门报告，也可以自己向上述机关报告。受理报告的机关应当及时依法查处。

第四十三条 对同犯罪行为作斗争以及举报犯罪行为的未成年人，司法机关、学校、社会应当加强保护，保障其不受打击报复。

第六章 对未成年人重新犯罪的预防

第四十四条 对犯罪的未成年人追究刑事责任，实行教育、感化、挽救方针，坚持教育为主、惩罚为辅的原则。

司法机关办理未成年人犯罪案件，应当保障未成年人行使其诉讼权利，保障未成年人得到法律帮助，并根据未成年人的生理、心理特点和犯罪的情况，有针对性地进行法制教育。

对于被采取刑事强制措施的未成年学生，在人民法院的判决生效以前，不得取消其学籍。

第四十五条 人民法院审判未成年人犯罪的刑事案件，应当由熟悉未成年人身心特点的审判员或者审判员和人民陪审员依法组成少年法庭进行。

对于审判的时候被告人不满十八周岁的刑事案件，不公开审理。

对未成年人犯罪案件，新闻报道、影视节目、公开出版物不得披露该未成年人的姓名、住所、照片及可能推断出该未成年人的资料。

第四十六条 对被拘留、逮捕和执行刑罚的未成年人与成年人应当分别关押、分别管理、分别教育。未成年犯在被执行刑罚期间，执行机关应当加强对未成年犯的法制教育，对未成年犯进行职业技术教育。对没有完成义务教育的未成年犯，执行机关应当保证其继续接受义务教育。

第四十七条 未成年人的父母或者其他监护人和学校、城市居民委员会、农村村民委员会、对因不满十六周岁而不予刑事处罚、免予刑事处罚的未成年人，或者被判处非监禁刑罚、被判处刑罚宣告缓刑、被假释的未成年人，应当采取有效的帮教措施，协助司法机关做好对未成年人的教育、挽救工作。

城市居民委员会、农村村民委员会可以聘请思想品德优秀，作风正派，热心未成年人教育工作的离退休人员或其他人员协助做好对前款规定的未成年人的教育、挽救工作。

第四十八条　依法免予刑事处罚、判处非监禁刑罚、判处刑罚宣告缓刑、假释或者刑罚执行完毕的未成年人，在复学、升学、就业等方面与其他未成年人享有同等权利，任何单位和个人不得歧视。

第七章　法律责任

第四十九条　未成年人的父母或者其他监护人不履行监护职责，放任未成年人有本法规定的不良行为或者严重不良行为的，由公安机关对未成年人的父母或者其他监护人予以训诫，责令其严加管教。

第五十条　未成年人的父母或者其他监护人违反本法第十九条的规定，让不满十六周岁的未成年人脱离监护单独居住的，由公安机关对未成年人的父母或者其他监护人予以训诫，责令其立即改正。

第五十一条　公安机关的工作人员违反本法第十八条的规定，接到报告后，不及时查处或者采取有效措施，严重不负责任的，予以行政处分；造成严重后果，构成犯罪的，依法追究刑事责任。

第五十二条　违反本法第三十条的规定，出版含有诱发未成年人违法犯罪以及渲染暴力、色情、赌博、恐怖活动等危害未成年人身心健康内容的出版物的，由出版行政部门没收出版物和违法所得，并处违法所得三倍以上十倍以下罚款；情节严重的，没收出版物和违法所得，并责令停业整顿或者吊销许可证。对直接负责的主管人员和其他直接责任人员处以罚款。

制作、复制宣扬淫秽内容的未成年人出版物，或者向未成年人出售、出租、传播宣扬淫秽内容的出版物的，依法予以治安处罚；构成犯罪的，依法追究刑事责任。

第五十三条　违反本法第三十一条的规定，向未成年人出售、出租含有诱发未成年人违法犯罪以及渲染暴力、色情、赌博、恐怖活动等危害未成年人身心健康内容的读物、音像制品、电子出版物的，或者利用通讯、计算机网络等方式提供上述危害未成年人身心健康内容及其信息的，没收读物、音像制品、电子出版物和违法所得，由政府有关主管部门处以罚款。单位有前款行为的，没收读物、音像制品、电子出版物和违法所得，处以罚款，并对直接负责的主管人员和其他直接责任人员处以罚款。

第五十四条　影剧院、录像厅等各类演播场所，放映或者演出渲染暴力、色情、赌博。恐怖活动等危害未成年人身心健康的节目的，由政府有关主管部门没收违法播放的音像制品和违法所得，处以罚款，并对直接负责的主管人员和其他直接责任人员处以罚款；情节严重的，责令停业整顿或者由工商行政部门吊销营业执照。

第五十五条　营业性歌舞厅以及其他未成年人不适宜进入的场所、营业性电子游戏场所，违反本法第三十三条的规定，不设置明显的未成年人禁止进入标志，或者允许未成年人进入的，由文化行政部门责令改正、给予警告、责令停业整顿、没收违法所得，处以罚款，并对直接负责的主管人员和其他直接责任人员处以罚款；情节严重的，由工商行政部门吊销营业执照。

第五十六条　教唆、胁迫、引诱未成年人实施本法规定的不良行为、严重不良行为，或者为未成年人实施不良行为、严重不良行为提供条件，构成违反治安管理行为的，由公安机关依法予以治安处罚；构成犯罪的，依法追究刑事责任。

第八章　附　则

第五十七条　本法自 2013 年 1 月 1 日起施行。

上级党政机关有关文件

中共中央国务院关于进一步加强和改进未成年人思想道德建设的若干意见

中发〔2004〕8号

为深入贯彻落实党的十六大精神，适应新形势、新任务的要求，全面提高未成年人的思想道德素质，现就进一步加强和改进未成年人思想道德建设，提出如下意见。

一、加强和改进未成年人思想道德建设是一项重大而紧迫的战略任务

（一）未成年人是祖国未来的建设者，是中国特色社会主义事业的接班人。目前，我国18岁以下的未成年人约有3.67亿。他们的思想道德状况如何，直接关系到中华民族的整体素质，关系到国家前途和民族命运。高度重视对下一代的教育培养，努力提高未成年人思想道德素质，是我们党的优良传统，是党和国家事业后继有人的重要保证。十三届四中全会以来，以江泽民同志为核心的第三代中央领导集体，坚持“两手抓、两手都要硬”的战略方针，采取一系列重大举措，在全面推进社会主义精神文明建设中，切实加强未成年人思想道德建设。十六大以来，以胡锦涛同志为总书记的党中央，从全面建设小康社会的战略高度，对新世纪新阶段进一步加强和改进未成年人思想道德建设提出了明确要求，作出了新的重要部署。各地区各部门认真贯彻中央要求，坚持以邓小平理论和“三个代表”重要思想指导未成年人思想道德建设，深入进行爱国主义、集体主义、社会主义和中华民族精神教育，大力加强公民道德教育，切实改进学校德育工作，广泛开展精神文明创建活动和形式多样的社会实践、道德实践活动，积极营造有利于未成年人健康成长的良好舆论氛围和社会环境，广大未成年人的综合素质不断提高。热爱祖国、积极向上、团结友爱、文明礼貌是当代中国未成年人精神世界的主流。

（二）面对国际国内形势的深刻变化，未成年人思想道德建设既面临新的机遇，也面临严峻挑战。我国对外开放的进一步扩大，为广大未成年人了解世界、增长知识、开阔视野提供了更加有利的条件。与此同时，国际敌对势力与我争夺接班人的斗争也日趋尖锐和复杂，他们利用各种途径加紧对我未成年人进行思想文化渗透，某些腐朽没落的生活方式对未成年人的影响不能低估。我国社会主义市场经济的深入发展，社会经济成分、组织形式、就业方式、利益关系和分配方式的日益多样化，为未成年人的全面发展创造了更加广阔的空间，与社会进步相适应的新思想新观念正在丰富着未成年人的精神世界。与此同时，一些领域道德失范，诚信缺失、假冒伪劣、欺骗欺诈活动有所蔓延；一些地方封建迷信、邪教和黄赌毒等社会丑恶现象沉渣泛起，成为社会公害；一些成年人价值观发生扭曲，拜金主义、享乐主义、极端个人主义滋长，以权谋私等消极腐败现象屡禁不止等等，也给未成年人的成长带来不可忽视的负面影响。互联网等新兴媒体的快速发展，给未成年人学习和娱乐开辟了新的渠道。与此同时，腐朽落后文化和有害信息也通过网络传播，腐蚀未成年人的心灵。在各种消极因素影响下，少数未成年人精神空虚、行为失范，有的甚至走上违法犯罪的歧途。这些新情况新问题的出现，使未成年人思想道德建设面临一系列新课题。

（三）面对新的形势和任务，未成年人思想道德建设工作还存在许多不适应的地方和亟待加强的薄弱环节。一些地方和部门的领导对这项工作认识不足，重视不够，没有真正担负起领导责任；全社会关心和支持未成年人思想道德建设的风气尚未全面形成，还存在种种不利于未成年人健康成长的社会环境和消极因素；学校教育中重智育轻德育、重课堂教学轻社会实践的现象依然存在，推进素质教育的任务艰巨，教师职业道德建设有待进一步加强；随着人员流动性加大，一些家庭放松了对子女的教育，一些家长在教育子女尤其是独生子女的观念和方法上存在误区，给未成年人教育带来新的问题；未成年人思想道德建设在体制机制、思想观念、内容形式、方法手段、队伍建设、经费投入、政策措施等方面还有许多与时代要求不相适应的地方。这些问题应当引起足够重视，并采取有效措施加以解决。

（四）实现中华民族的伟大复兴，需要一代又一代人的不懈努力。从未成年人抓起，培养和造就千千万万具有高尚思想品质和良好道德修养的合格建设者和接班人，既是一项长远的战略任务，又是一项紧迫的现实任务。我们要从确保党的事业后继有人和社会主义事业兴旺发达的战略高度，从全面建设小康社会和实现中华民族伟大复兴的全局高度，从树立和落实科学发展观，坚持以人为本，执政为民的高度，充分认识加强和改进未成年人思想道德建设的重要性和紧迫性，适应新形势新任务的要求，积极应对挑战，加强薄弱环节，在巩固已有成果的基础上，采取扎实措施，努力开创未成年人思想道德建设工作的新局面。

二、加强和改进未成年人思想道德建设的指导思想、基本原则和主要任务

（五）当前和今后一个时期，加强和改进未成年人思想道德建设的指导思想是：坚持以马克思列宁主义、毛泽东思想、邓小平理论和“三个代表”重要思想为指导，深入贯彻十六大精神，全面落实《爱国主义教育实施纲要》、《公民道德建设实施纲要》，紧密结合全面建设小康社会的实际，针对未成年人身心成长的特点，积极探索新世纪新阶段未成年人思想道德建设的规律，坚持以人为本，教育和引导未成年人树立中国特色社会主义的理想信念和正确的世界观、人生观、价值观，养成高尚的思想品质和良好的道德情操，努力培育有理想、有道德、有文化、有纪律的，德、智、体、美全面发展的中国特色社会主义事业建设者和接班人。

（六）加强和改进未成年人思想道德建设要遵循以下原则：（1）坚持与培育“四有”新人的目标相一致、与社会主义市场经济相适应、与社会主义法律规范相协调、与中华民族传统美德相承接的原则。既要体现优良传统，又要反映时代特点，始终保持生机与活力。（2）坚持贴近实际、贴近生活、贴近未成年人的原则。既要遵循思想道德建设的普遍规律，又要适应未成年人身心成长的特点和接受能力，从他们的思想实际和生活实际出发，深入浅出，寓教于乐，循序渐进。多用鲜活通俗的语言，多用生动典型的事例，多用喜闻乐见的形式，多用疏导的方法、参与的方法、讨论的方法，进一步增强工作的针对性和实效性，增强吸引力和感染力。（3）坚持知与行相统一的原则。既要重视课堂教育，更要注重实践教育、体验教育、养成教育，注重自觉实践、自主参与，引导未成年人在学习道德知识的同时，自觉遵循道德规范。（4）坚持教育与管理相结合的原则。不断完善思想道德教育与社会管理、自律与他律相互补充和促进的运行机制，综合运用教育、法律、行政、舆论等手段，更有效地引导未成年人的思想，规范他们的行为。

（七）未成年人思想道德建设的主要任务是：（1）从增强爱国情感做起，弘扬和培育以爱国主义为核心的伟大民族精神。深入进行中华民族优良传统教育和中国革命传统教育、中国历史特别是近现代史教育，引导广大未成年人认识中华民族的历史和传统，了解近代以来中华民族的深重灾难和中国人民进行的英勇斗争，从小树立民族自尊心、自信心和自豪感。（2）从确立远大志向做起，树立和培育正确的理想信念。进行中国革命、建设和改革开放的历史教育与国情教育，引导广大未成年人正确认识社会发展规律，正确认识国家的前途和命运，把个人的成长进步同中国特色社会主义伟大事业、同祖国的繁荣富强紧密联系在一起，为担负起建设祖国、振兴中华的光荣使命做好准备。（3）从规范行为习惯做起，培养良好道德品质和文明行为。大力普及“爱国守法、明礼诚信、团结友善、勤俭自强、敬业奉献”的基本道德规范，积极倡导集体主义精神和社会主义人道主义精神，引导广大未成年人牢固树立心中有祖国、心中有集体、心中有他人的意识，懂得为人做事的基本道理，具备文明生活的基本素养，学会处理人与人、人与社会、人与自然等基本关系。（4）从提高基本素质做起，促进未成年人的全面发展。努力培育未成年人的劳动意识、创造意识、效率意识、环境意识和进取精神、科学精神以及民主法制观念，增强他们的动手能力、自主能力和自我保护能力，引导未成年人保持蓬勃朝气、旺盛活力和昂扬向上的精神状态，激励他们勤奋学习、大胆实践、勇于创造，使他们的思想道德素质、科学文化素质和健康素质得到全面提高。

三、扎实推进中小学思想道德教育

（八）学校是对未成年人进行思想道德教育的主渠道，必须按照党的教育方针，把德育工作摆在素质教育的首要位置，贯穿于教育教学的各个环节。要把弘扬和培育民族精神作为思想道德建设极为重要的任务，纳入中小学教育的全过程。

加快中小学思想品德、思想政治课的改进和建设，充分利用和整合各种德育资源，深入研究中小学生思想品德形成的规律和特点，把爱国主义教育、革命传统教育、中华传统美德教育和民主法制教育有机统一于教材之中，并保证占有适当分量，努力构建适应21世纪发展需要的中小学德育课程体系。积极改进中小学思想品德、思想政治课教学方法和形式，采用未成年人喜闻乐见、生动活泼的方式进行教学，把传授知识同陶冶情操、养成良好的行为习惯结合起来。要积极探索实践教学和学生参加社会实践、社区服务的有效机制，建立科学的学生思想道德行为综合考评制度。要因地制宜，积极开展各种富有趣味性的课外文化体育活动、怡情益智的课外兴趣小组活动和力所能及的公益性劳动，培养劳动观念和创新意识，丰富课外生活。要加强心理健康教育，培养学生良好的心理品质。要把思想品德教育与法制教育紧密结合起来，使二者有机统一，相辅相成。要在中小学生中广泛开展“珍惜生命、远离毒品”教育和崇尚科学文明、反对迷信邪教教育，坚决防止毒品、邪教进校园。要加强工读学校建设，对有不良行为的未成年人进行矫治和帮助。

要采取坚决措施，改革课程设置、教材和教学方法，切实减轻中小学生的课业负担，为加强学生思想道德建设，增强创新精神和实践能力，培育德、智、体、美全面发展的社会主义事业接班人创造良好条件。

（九）要依据不同年龄段学生的特点，抓紧修订和完善中小学生《守则》和日常行为规范。对小学生重点是规范其基本言行，培养良好习惯。对中学生重点是加强爱祖国、爱人民、爱劳动、爱科学、爱社会主义教育，引导他们树立正确的理想信念和世界观、人生观、价值观。制定和推行行为规范，要以促进学生全面发展为出发点和落脚点，反映时代和社会进步的要求，体现对学生的尊重与信任，引导学生自觉遵纪守法。

（十）切实加强教师职业道德建设。学校全体教职员工要树立育人为本的思想，认真贯彻《中华人民共和国教育法》、《中华人民共和国教师法》和《中小学教师职业道德规范》，热爱学生，言传身教，为人师表，教书育人，以高尚的情操引导学生德、智、体、美全面发展。教育行政部门和学校要制定和完善有关规章制度，调动全体教师的工作积极性与责任感，充分发挥广大教师在全面推进素质教育进程中的主力军作用。要完善学校的班主任制度，高度重视班主任工作，选派思想素质好、业务水平高、奉献精神强的优秀教师担任班主任。学校各项管理工作、服务工作也要明确育人职责，做到管理育人、服务育人。

四、充分发挥共青团和少先队在未成年人思想道德建设中的重要作用

（十一）加强中学团组织建设，把中学共青团工作纳入学校素质教育的总体布局，推荐优秀青年教师做团的工作。要办好中学生业余团校，配合学校党组织办好高中生业余党校，在确保质量、坚持标准的前提下，做好在高中生中择优培养发展党员的工作。加强对中学学生会工作的指导，更好地发挥他们的作用。

（十二）把少先队工作纳入教育发展规划，把对少先队工作的指导、检查、考核纳入教育行政部门的督导、评估范畴。各级共青团组织和教育行政部门的有关负责同志要参与同级少先队工作委员会工作。中小学校党组织和行政部门要积极支持少先队开展活动，并选派优秀青年教师担任少先队辅导员，把少先队辅导员培训纳入师资培训体系。要建立和完善校外辅导员制度，选聘热心少先队工作、有责任心、有能力、有经验的人士担任校外志愿辅导员。少先队小干部要实行民主选举，定期轮流任职。共青团组织和教育、民政等部门要密切协作，积极推进社区少工委建设，扩大少先队工作的覆盖面。

五、重视和发展家庭教育

（十三）家庭教育在未成年人思想道德建设中具有特殊重要的作用。要把家庭教育与社会教育、学校教育紧密结合起来。各级妇联组织、教育行政部门和中小学校要切实担负起指导和推进家庭教育的责任。要与社区密切合作，办好家长学校、家庭教育指导中心，并积极运用新闻媒体和互联网，面向社会广泛开展家庭教育宣传，普及家庭教育知识，推广家庭教育的成功经验，帮助和引导家长树立正确的家庭教育观念，掌握科学的家庭教育方法，提高科学教育子女的能力。充分发挥各类家庭教育学术团体的作用，针对家庭教育中存在的突出问题，积极开展科学研究，为指导家庭教育工作提供理论支持和决策依据。

（十四）党政机关、企事业单位和社区、村镇等城乡基层单位，要关心职工、居民的家庭教育问题，教育引导职工、居民重视对子女特别是学龄前儿童的思想启蒙和道德品质培养，支持子女参与道德实践活动。注意加强对成年人的思想道德教育，引导家长以良好的思想道德修养为子女作表率。要把家庭教育的情况作为评选文明职工、文明家庭的重要内容。特别要关心单亲家庭、困难家庭、流动人口家庭的未成年子女教育，为他们提供指导和帮助。

要高度重视流动人口家庭子女的义务教育问题。进城务工就业农民流入地政府要建立和完善保障进城务工就业农民子女接受义务教育的工作制度和机制。流出地政府要积极配合做好各项服务工作。民政部门及其所属的儿童福利机构和流浪儿童救助保护机构，要按照《中华人民共和国未成年人保护法》等有关法律法规的要求，做好孤残儿童合法权益的保护工作和流浪儿童的救助保护工作。

六、广泛深入开展未成年人道德实践活动

（十五）思想道德建设是教育与实践相结合的过程。要按照实践育人的要求，以体验教育为基本途径，区分不同层次未成年人的特点，精心设计和组织开展内容鲜活、形式新颖、吸引力强的道德实践活动。各种道德实践活动都要突出思想内涵，强化道德要求，并与丰富多彩的兴趣活动和文体活动结合起来，注意寓教于乐，满足兴趣爱好，使未成年人在自觉参与中思想感情得到熏陶，精神生活得到充实，道德境界得到升华。

面向中小学生开展的活动，要经教育行政部门或学校党团队组织统一协调和部署，把学生安全和社会效益放在首位。要采取多种手段，支持中西部地区和农村开展未成年人道德实践活动。

（十六）各种法定节日，传统节日，革命领袖、民族英雄、杰出名人等历史人物的诞辰和逝世纪念日，建党纪念日、红军长征、辛亥革命等重大历史事件纪念日，“九·一八”、“南京大屠杀”等国耻纪念日，以及未成年人的入学、入队、入团、成人宣誓等有特殊意义的重要日子，都蕴藏着宝贵的思想道德教育资源。要抓住时机，整合资源，集中开展思想道德主题宣传教育活动。要组织丰富多彩的主题班会、队会、团会，举行各种庆祝、纪念活动和必要的仪式，引导未成年人弘扬民族精神，增进爱国情感，提高道德素养。每年的“公民道德宣传日”，在面向社会公众开展道德教育的同时，要注意组织好面向未成年人的宣传教育活动。要丰富未成年人节假日参观、旅游活动的思想道德内涵，精心组织夏令营、冬令营、革命圣地游、红色旅游、绿色旅游以及各种参观、瞻仰和考察等活动，把深刻的教育内容融入到生动有趣的课外活动之中，用祖国大好风光、民族悠久历史、优良革命传统和现代化建设成就教育未成年人。

要运用各种方式向广大未成年人宣传介绍古今中外的杰出人物、道德楷模和先进典型，激励他们崇尚先进、学习先进。通过评选三好学生、优秀团员和少先队员、先进集体等活动，为未成年人树立可亲、可信、可敬、可学的榜样，让他们从榜样的感人事迹和优秀品质中受到鼓舞、汲取力量。

七、加强以爱国主义教育基地为重点的未成年人活动场所建设、使用和管理

（十七）充分发挥爱国主义教育基地对未成年人的教育作用。各类博物馆、纪念馆、展览馆、烈士陵园等爱国主义教育基地，要创造条件对全社会开放，对中小学生集体参观一律实行免票，对学生个人参观可实行半票。要采取聘请专业人才、招募志愿者等方式建立专兼职结合的辅导员队伍，为未成年人开展参观活动服务。

（十八）要加强青少年宫、儿童活动中心等未成年人专门活动场所建设和管理。已有的未成年人专门活动场所，要坚持把社会效益放在首位，坚持面向未成年人、服务未成年人的宗旨，积极开展教育、科技、文化、艺术、体育等未成年人喜闻乐见的活动，把思想道德建设内容融于其中，充分发挥对未成年人的教育引导功能。要深化内部改革，增强自身发展活力，不断提高社会服务水平。同时，各级政府要把未成年人活动场所建设纳入当地国民经济和社会事业发展总体规划。大城市要逐步建立布局合理、规模适当、功能配套的市、区、社区未成年人活动场所。中小城市要因地制宜重点建好市级未成年人活动场所。有条件的城市要辟建少年儿童主题公园。经过 3 至 5 年的努力，要做到每个县都有一所综合性、多功能的未成年人活动场所。各地在城市建设、旧城改造、住宅新区建设中，要配套建设可向未成年人开放的基层活动场所，特别是社区活动场所。有关部门要对已建的未成年人活动场所进行认真清理整顿，名不副实的要限期改正，被挤占、挪用、租借的要限期退还。图书馆、文化馆（站）、体育场（馆）、科技馆、影剧院等场所，也要发挥教育阵地的作用，积极主动地为未成年人开展活动创造条件。

（十九）属于公益性文化事业的未成年人校外活动场所建设和运行所需资金，地方各级人民政府要予以保证，中央可酌情对全国重点爱国主义教育基地以及中西部地区和贫困地区的未成年人活动设施建设，予以一定补助。要在国家彩票公益金中安排一定数额资金，用于未成年人活动场所建设。国家有关部门和地方各级人民政府要制定优惠政策，吸纳社会资金，鼓励、支持社会力量兴办未成年人活动场所。

八、积极营造有利于未成年人思想道德建设的社会氛围

（二十）各类大众传媒都要增强社会责任感，把推动未成年人思想道德教育作为义不容辞的职责，为加强和改进未成年人思想道德建设创造良好舆论氛围。要发挥各自优势，积极制作、刊播有利于未成年人身心健康的公益广告，增加数量，提高质量，扩大影响。各级电台、电视台都要开设和办好少儿专栏或专题节目。中央电视台要进一步办好少儿频道，各地要切实抓好中央电视台少儿频道的落地、覆盖工作。省（区、市）和副省级城市电视台要创造条件逐步开设少儿频道。少儿节目要符合少年儿童的欣赏情趣，适应不同年龄层次少年儿童的欣赏需求，做到知识性、娱乐性、趣味性、教育性相统一。各类报刊要热心关注未成年人思想道德建设，加强宣传报道。面向未成年人的报纸、刊物和其他少儿读物，要把向未成年人提供更好的精神食粮作为自己的神圣职责，努力成为未成年人开阔眼界、提高素质的良师益友和陶冶情操、愉悦身心的精神园地。

加强少年儿童影视片的创作生产，积极扶持国产动画片的创作、拍摄、制作和播出，逐步形成具有民族特色、适合未成年人特点、展示中华民族优良传统的动画片系列。积极探索与社会主义市场经济发展相适应的少年儿童电影发行、放映工作新路子，形成少年儿童电影的发行放映院线。

（二十一）各类互联网站都要充分认识所肩负的社会责任，积极传播先进文化，倡导文明健康的网络风气。重点新闻网站和主要教育网站要发挥主力军作用，开设未成年人思想道德教育的网页、专栏，组织开展各种形式的网上思想道德教育活动。在有条件的校园和社区内，要有组织地建设一批非营业性的互联网上网服务场所，为未成年人提供健康有益的绿色网上空间。信息产业等有关部门要制定相关政策，积极推进这项工作。学校要加强对校园网站的管理，规范上网内容，充分发挥其思想道德教育的功能。要遵循网络特点和网上信息传播规律，充分考虑未成年人的兴趣爱好，加强网上正面宣传，唱响主旋律，打好主动仗，为广大未成年人创造良好的网络文化氛围。

（二十二）要充分考虑未成年人成长进步的需求，精心策划选题，创作、编辑、出版并积极推荐一批知识性、趣味性、科学性强的图书、报刊、音像制品和电子出版物等未成年人读物和视听产品。有关部门要继续做好面向未成年人的优秀影片、歌曲和图书的展演、展播、推介工作，使他们在学习娱乐中受到先进思想文化的熏陶。要积极鼓励、引导、扶持软件开发企业，开发和推广弘扬民族精神、反映时代特点、有益于未成年人健康成长的游戏软件产品。要积极推进全国文化信息资源共享工程建设，让健康的文化信息资源通过网络进入校园、社区、乡村、家庭，丰富广大未成年人的精神文化生活。

（二十三）要积极推动少儿文化艺术繁荣健康发展。加强少儿文艺创作、表演队伍建设，注重培养少儿文艺骨干力量。鼓励作家、艺术家肩负起培养和教育下一代的历史责任，多创作思想内容健康、富有艺术感染力的少儿作品。加大政府对少儿艺术演出的政策扶持力度，增强少儿艺术表演团体发展活力。文化、教育、共青团、妇联、文联、作协等有关职能部门和人民团体要认真履行各自的职责，党委宣传部门要加强指导协调，大力繁荣和发展少儿文化艺术。

九、净化未成年人的成长环境

（二十四）坚持不懈地开展“扫黄”“打非”斗争，加强文化市场监管，坚决查处传播淫秽、色情、凶杀、暴力、封建迷信和伪科学的出版物。严格审查面向未成年人的游戏软件内容，查处含有诱发未成年人违法犯罪行为和恐怖、残忍等有害内容的游戏软件产品。制定相关法规，加强对玩具、饰品制作销售的监管，坚决查处宣扬色情和暴力的玩具、饰品。严格未成年人精神文化产品的进口标准，严把进口关，既要有选择地把世界各国的优秀文化产品介绍进来，又要防止境外有害文化的侵入。

（二十五）加强对互联网上网服务营业场所和电子游戏经营场所的管理。严格执行《互联网上网服务营业场所管理条例》，要按照取缔非法、控制总量、加强监管、完善自律、创新体制的要求，切实加强对网吧的整治和管理。认真落实未成年人不得进入营业性网吧的规定，落实在网吧终端设备上安装封堵色情等不健康内容的过滤软件，有效打击违法行为。推广绿色上网软件，为家长监管未成年人在家庭中的上网行为提供有效技术手段。各有关部门要依法治理利用电子邮件、手机短信等远程通信工具和群发通信传播有害信息、危害未成年人身心健康的违法行为。

加强对营业性歌舞娱乐场所、电子游艺厅、录像厅等社会文化场所的管理。认真落实《互联网上网服务营业场所管理条例》和国务院办公厅转发文化部等部门《关于开展电子游戏经营场所专项治理意见的通知》、《关于开展网吧等互联网上网服务营业场所专项整治意见的通知》规定，进一步优化校园周边环境，中小学校园周边200米内不得有互联网上网服务营业场所和电子游戏经营场所，不得在可能干扰学校教学秩序的地方设立经营性娱乐场所。

十、切实加强对未成年人思想道德建设工作的领导

（二十六）各级党委和政府要把加强和改进未成年人思想道德建设作为一项事关全局的战略任务，纳入经济社会发展总体规划，列入重要议事日程，切实加强和改善领导。要形成党委统一领导、党政群齐抓共管、文明委组织协调、有关部门各负其责、全社会积极参与的领导体制和工作机制。地方各级党委主要负责同志要负起政治责任，经常分析未成年人思想道德状况，及时了解未成年人思想道德建设工作情况，认真研究解决重大问题。各级政府要把未成年人思想道德建设摆在重要位置，狠抓措施的落实；要给予必要的财力支持，并随着财政收入的增长逐步加大支持力度。

（二十七）中央精神文明建设指导委员会负责指导全国未成年人思想道德建设工作，督促检查各地区各部门贯彻落实中央关于加强和改进未成年人思想道德建设工作部署的情况，组织协调各有关部门和社会各方面共同做好未成年人思想道德建设工作。各地文明委要在同级党委领导下，担负起相应责任。要采取切实措施，充实和加强各级文明委的办事机构，搞好思想建设、组织建设和作风建设，使其更好地履行职能，发挥作用。各级宣传、教育、文化、体育、科技、广播影视、新闻出版、信息产业、民政、公安、海关、财政、税务等部门，共青团和工会、妇联等群团组织，在加强和改进未成年人思想道德建设中担负着重要责任，要结合业务工作，发挥各自优势，明确职责，密切配合，形成合力。要加强对未成年人成长规律的科学研究，为做好未成年人思想道德建设工作提供科学依据。要充分发挥民主党派、工商联和无党派人士在未成年人思想道德建设中的作用。

（二十八）要建立健全学校、家庭、社会相结合的未成年人思想道德教育体系，使学校教育、家庭教育和社会教育相互配合，相互促进。城市社区、农村乡镇和村民委员会，以及其他一切基层组织要切实担负起加强未成年人思想道德建设的社会责任，整合利用各种教育资源和活动场所，开展富有吸引力的思想教育和文体活动，真正把教育引导未成年人的工作落实到基层。要把为未成年人健康成长创造良好社会环境作为创建文明城市、文明社区、文明村镇、文明单位的重要内容。各级党委、政府和社会各界都要认真贯彻《中华人民共和国未成年人保护法》，切实维护未成年人的合法权益。要着力建设好中小学及幼儿园教师队伍，各类文化市场管理队伍，青少年宫、博物馆、爱国主义教育基地等各类文化教育设施辅导员队伍，老干部、老战士、老专家、老教师、老模范等“五老”队伍，形成一支专兼结合、素质较高、人数众多、覆盖面广的未成年人思想道德建设工作队伍。要重视关心下一代工作委员会的工作，支持他们为加强和改进未成年人思想道德建设贡献力量。

加强和改进未成年人思想道德建设，是全党全社会的共同任务。各有关部门和社会各有关方面，都要大力弘扬求真务实精神，大兴求真务实之风，根据各自担负的职责和任务，采取有效措施，狠抓贯彻落实，勇于开拓创新，注重工作实效，切实把加强和改进未成年人思想道德建设的各项工作落到实处。

中共中央　国务院印发《新时代爱国主义教育实施纲要》

爱国主义是中华民族的民族心、民族魂，是中华民族最重要的精神财富，是中国人民和中华民族维护民族独立和民族尊严的强大精神动力。爱国主义精神深深植根于中华民族心中，维系着中华大地上各个民族的团结统一，激励着一代又一代中华儿女为祖国发展繁荣而自强不息、不懈奋斗。中国共产党是爱国主义精神最坚定的弘扬者和实践者，90多年来，中国共产党团结带领全国各族人民进行的革命、建设、改革实践是爱国主义的伟大实践，写下了中华民族爱国主义精神的辉煌篇章。党的十八大以来，以习近平同志为核心的党中央高度重视爱国主义教育，固本培元、凝心铸魂，作出一系列重要部署，推动爱国主义教育取得显著成效。当前，中国特色社会主义进入新时代，中华民族伟大复兴正处于关键时期。新时代加强爱国主义教育，对于振奋民族精神、凝聚全民族力量，决胜全面建成小康社会，夺取新时代中国特色社会主义伟大胜利，实现中华民族伟大复兴的中国梦，具有重大而深远的意义。

一、总体要求

1. 指导思想。坚持以马克思列宁主义、毛泽东思想、邓小平理论、“三个代表”重要思想、科学发展观、习近平新时代中国特色社会主义思想为指导，增强“四个意识”，坚定“四个自信”，做到“两个维护”，着眼培养担当民族复兴大任的时代新人，始终高扬爱国主义旗帜，着力培养爱国之情、砥砺强国之志、实践报国之行，使爱国主义成为全体中国人民的坚定信念、精神力量和自觉行动。

2. 坚持把实现中华民族伟大复兴的中国梦作为鲜明主题。伟大事业需要伟大精神，伟大精神铸就伟大梦想。要把国家富强、民族振兴、人民幸福作为不懈追求，着力扎紧全国各族人民团结奋斗的精神纽带，厚植家国情怀，培育精神家园，引导人们坚持中国道路、弘扬中国精神、凝聚中国力量，为实现中华民族伟大复兴的中国梦提供强大精神动力。

3. 坚持爱党爱国爱社会主义相统一。新中国是中国共产党领导的社会主义国家，祖国的命运与党的命运、社会主义的命运密不可分。当代中国，爱国主义的本质就是坚持爱国和爱党、爱社会主义高度统一。要区分层次、区别对象，引导人们深刻认识党的领导是中国特色社会主义最本质特征和最大制度优势，坚持党的领导、坚持走中国特色社会主义道路是实现国家富强的根本保障和必由之路，以坚定的信念、真挚的情感把新时代中国特色社会主义一以贯之进行下去。

4. 坚持以维护祖国统一和民族团结为着力点。国家统一和民族团结是中华民族根本利益所在。要始终不渝坚持民族团结是各族人民的生命线，巩固和发展平等团结互助和谐的社会主义民族关系，引导全国各族人民像爱护自己的眼睛一样珍惜民族团结，维护全国各族人民大团结的政治局面，巩固和发展最广泛的爱国统一战线，不断增强对伟大祖国、中华民族、中华文化、中国共产党、中国特色社会主义的认同，坚决维护国家主权、安全、发展利益，旗帜鲜明反对分裂国家图谋、破坏民族团结的言行，筑牢国家统一、民族团结、社会稳定的铜墙铁壁。

5. 坚持以立为本、重在建设。爱国主义是中华儿女最自然、最朴素的情感。要坚持从娃娃抓起，着眼固本培元、凝心铸魂，突出思想内涵，强化思想引领，做到润物无声，把基本要求和具体实际结合起来，把全面覆盖和突出重点结合起来，遵循规律、创新发展，注重落细落小落实、日常经常平常，强化教育引导、实践养成、制度保障，推动爱国主义教育融入贯穿国民教育和精神文明建设全过程。

6. 坚持立足中国又面向世界。一个国家、一个民族，只有开放兼容，才能富强兴盛。要把弘扬爱国主义精神与扩大对外开放结合起来，尊重各国历史特点、文化传统，尊重各国人民选择的发展道路，善于从不同文明中寻求智慧、汲取营养，促进人类和平与发展的崇高事业，共同推动人类文明发展进步。

二、基本内容

7. 坚持用习近平新时代中国特色社会主义思想武装全党、教育人民。习近平新时代中国特色社会主义思想是马克思主义中国化最新成果，是党和人民实践经验和集体智慧的结晶，是中国特色社会主义理论体系的重要组成部分，是全党全国人民为实现中华民族伟大复兴而奋斗的行动指南，必须长期坚持并不断发展。要深刻理解习近平新时代中国特色社会主义思想的核心要义、精神实质、丰富内涵、实践要求，不断增强干部群众的政治意识、大局意识、核心意识、看齐意识，坚决维护习近平总书记党中央的核心、全党的核心地位，坚决维护党中央权威和集中统一领导。要紧密结合人们生产生活实际，推动习近平新时代中国特色社会主义思想进企业、进农村、进机关、进校园、进社区、进军营、进网络，真正使党的创新理论落地生根、开花结果。要在知行合一、学以致用上下功夫，引导干部群众坚持以习近平新时代中国特色社会主义思想为指导，展现新气象、激发新作为，把学习教育成果转化为爱国报国的实际行动。

8. 深入开展中国特色社会主义和中国梦教育。中国特色社会主义集中体现着国家、民族、人民根本利益。要高举中国特色社会主义伟大旗帜，广泛开展理想信念教育，用党领导人民进行伟大社会革命的成果说话，用改革开放以来社会主义现代化建设的伟大成就说话，用新时代坚持和发展中国特色社会主义的生动实践说话，用中国特色社会主义制度的优势说话，在历史与现实、国际与国内的对比中，引导人们深刻认识中国共产党为什么“能”、马克思主义为什么“行”、中国特色社会主义为什么“好”，牢记红色政权是从哪里来的、新中国是怎么建立起来的，倍加珍惜我们党开创的中国特色社会主义，不断增强道路自信、理论自信、制度自信、文化自信。要深入开展中国梦教育，引导人们深刻认识中国梦是国家的梦、民族的梦，也是每个中国人的梦，深刻认识中华民族伟大复兴绝不是轻轻松松、敲锣打鼓就能实现的，要付出更为艰巨、更为艰苦的努力，争做新时代的奋斗者、追梦人。

9. 深入开展国情教育和形势政策教育。要深入开展国情教育，帮助人们了解我国发展新的历史方位、社会主要矛盾的变化，引导人们深刻认识到，我国仍处于并将长期处于社会主义初级阶段的基本国情没有变，我国是世界上最大发展中国家的国际地位没有变，始终准确把握基本国情，既不落后于时代，也不脱离实际、超越阶段。要深入开展形势政策教育，帮助人们树立正确的历史观、大局观、角色观，了解世界正经历百年未有之大变局，我国仍处于发展的重要战略机遇期，引导人们清醒认识国际国内形势发展变化，做好我们自己的事情。要发扬斗争精神，增强斗争本领，引导人们充分认识伟大斗争的长期性、复杂性、艰巨性，敢于直面风险挑战，以坚忍不拔的意志和无私无畏的勇气战胜前进道路上的一切艰难险阻，在进行伟大斗争中更好弘扬爱国主义精神。

10. 大力弘扬民族精神和时代精神。以爱国主义为核心的民族精神和以改革创新为核心的时代精神，是凝心聚力的兴国之魂、强国之魂。要聚焦培养担当民族复兴大任的时代新人，培育和践行社会主义核心价值观，广泛开展爱国主义、集体主义、社会主义教育，提高人们的思想觉悟、道德水准和文明素养。要唱响人民赞歌、展现人民风貌，大力弘扬中国人民在长期奋斗中形成的伟大创造精神、伟大奋斗精神、伟大团结精神、伟大梦想精神，生动展示人民群众在新时代的新实践、新业绩、新作为。

11. 广泛开展党史、国史、改革开放史教育。历史是最好的教科书，也是最好的清醒剂。要结合中华民族从站起来、富起来到强起来的伟大飞跃，引导人们深刻认识历史和人民选择中国共产党、选择马克思主义、选择社会主义道路、选择改革开放的历史必然性，深刻认识我们国家和民族从哪里来、到哪里去，坚决反对历史虚无主义。要继承革命传统，弘扬革命精神，传承红色基因，结合新的时代特点赋予新的内涵，使之转化为激励人民群众进行伟大斗争的强大动力。要加强改革开放教育，引导人们深刻认识改革开放是党和人民大踏步赶上时代的重要法宝，是坚持和发展中国特色社会主义的必由之路，是决定当代中国命运的关键一招，也是决定实现“两个一百年”奋斗目标、实现中华民族伟大复兴的关键一招，凝聚起将改革开放进行到底的强大力量。

12. 传承和弘扬中华优秀传统文化。对祖国悠久历史、深厚文化的理解和接受，是爱国主义情感培育和发展的重要条件。要引导人们了解中华民族的悠久历史和灿烂文化，从历史中汲取营养和智慧，自觉延续文化基因，增强民族自尊心、自信心和自豪感。要坚持古为今用、推陈出新，不忘本来、辩证取舍，深入实施中华优秀传统文化传承发展工程，推动中华文化创造性转化、创新性发展。要坚守正道、弘扬大道，反对文化虚无主义，引导人们树立和坚持正确的历史观、民族观、国家观、文化观，不断增强中华民族的归属感、认同感、尊严感、荣誉感。

13. 强化祖国统一和民族团结进步教育。实现祖国统一、维护民族团结，是中华民族的不懈追求。要加强祖国统一教育，深刻揭示维护国家主权和领土完整、实现祖国完全统一是大势所趋、大义所在、民心所向，增进广大同胞心灵契合、互信认同，与分裂祖国的言行开展坚决斗争，引导全体中华儿女为实现民族伟大复兴、推进祖国和平统一而共同奋斗。深化民族团结进步教育，铸牢中华民族共同体意识，加强各民族交往交流交融，引导各族群众牢固树立“三个离不开”思想，不断增强“五个认同”，使各民族同呼吸、共命运、心连心的光荣传统代代相传。

14. 加强国家安全教育和国防教育。国家安全是安邦定国的重要基石。要加强国家安全教育，深入学习宣传总体国家安全观，增强全党全国人民国家安全意识，自觉维护政治安全、国土安全、经济安全、社会安全、网络安全和外部安全。要加强国防教育，增强全民国防观念，使关心国防、热爱国防、建设国防、保卫国防成为全社会的思想共识和自觉行动。要深入开展增强忧患意识、防范化解重大风险的宣传教育，引导广大干部群众强化风险意识，科学辨识风险、有效应对风险，做到居安思危、防患未然。

三、新时代爱国主义教育要面向全体人民、聚焦青少年

15. 充分发挥课堂教学的主渠道作用。培养社会主义建设者和接班人，首先要培养学生的爱国情怀。要把青少年作为爱国主义教育的重中之重，将爱国主义精神贯穿于学校教育全过程，推动爱国主义教育进课堂、进教材、进头脑。在普通中小学、中职学校，将爱国主义教育内容融入语文、道德与法治、历史等学科教材编写和教育教学中，在普通高校将爱国主义教育与哲学社会科学相关专业课程有机结合，加大爱国主义教育内容的比重。创新爱国主义教育的形式，丰富和优化课程资源，支持和鼓励多种形式开发微课、微视频等教育资源和在线课程，开发体现爱国主义教育要求的音乐、美术、书法、舞蹈、戏剧作品等，进一步增强吸引力感染力。

16. 办好学校思想政治理论课。思想政治理论课是爱国主义教育的主阵地。要紧紧抓住青少年阶段的"拔节孕穗期"，理直气壮开好思想政治理论课，引导学生把爱国情、强国志、报国行自觉融入坚持和发展中国特色社会主义事业、建设社会主义现代化强国、实现中华民族伟大复兴的奋斗之中。按照政治强、情怀深、思维新、视野广、自律严、人格正的要求，加强思想政治理论课教师队伍建设，让有信仰的人讲信仰，让有爱国情怀的人讲爱国。推动思想政治理论课改革创新，发挥学生主体作用，采取互动式、启发式、交流式教学，增强思想性理论性和亲和力针对性，在教育灌输和潜移默化中，引导学生树立国家意识、增进爱国情感。

17. 组织推出爱国主义精品出版物。针对不同年龄、不同成长阶段，坚持精品标准，加大创作力度，推出反映爱国主义内容的高质量儿童读物、教辅读物，让广大青少年自觉接受爱国主义熏陶。积极推荐爱国主义主题出版物，大力开展爱国主义教育读书活动。结合青少年兴趣点和接受习惯，大力开发并积极推介体现中华文化精髓、富有爱国主义气息的网络文学、动漫、有声读物、网络游戏、手机游戏、短视频等。

18. 广泛组织开展实践活动。大中小学的党组织、共青团、少先队、学生会、学生社团等，要把爱国主义内容融入党日团日、主题班会、班队会以及各类主题教育活动之中。广泛开展文明校园创建，强化校训校歌校史的爱国主义教育功能，组织开展丰富多彩的校园文化活动。组织大中小学生参观纪念馆、展览馆、博物馆、烈士纪念设施，参加军事训练、冬令营夏令营、文化科技卫生"三下乡"、学雷锋志愿服务、创新创业、公益活动等，更好地了解国情民情，强化责任担当。密切与城市社区、农村、企业、部队、社会机构等的联系，丰富拓展爱国主义教育校外实践领域。

19. 在广大知识分子中弘扬爱国奋斗精神。我国知识分子历来有浓厚的家国情怀和强烈的社会责任感。深入开展"弘扬爱国奋斗精神、建功立业新时代"活动，弘扬"两弹一星"精神、载人航天精神等，大力组织优秀知识分子学习宣传，引导新时代知识分子把自己的理想同祖国的前途、把自己的人生同民族的命运紧密联系在一起，立足本职、拼搏奋斗、创新创造，在新时代作出应有的贡献。广泛动员和组织知识分子深入改革开放前沿、经济发展一线和革命老区、民族地区、边疆地区、贫困地区，开展调研考察和咨询服务，深入了解国情，坚定爱国追求。

20. 激发社会各界人士的爱国热情。社会各界的代表性人士具有较强示范效应。要坚持信任尊重团结引导，增进和凝聚政治共识，夯实共同思想政治基础，不断扩大团结面，充分调动社会各界人士的爱国热情和社会担当。通过开展职业精神职业道德教育、建立健全相关制度规范、发挥行业和舆论监督作用等，引导社会各界人士增强道德自律、履行社会责任。坚持我国宗教的中国化方向，加强宗教界人士和信教群众的爱国主义教育，引导他们热爱祖国、拥护社会主义制度、拥护中国共产党的领导，遵守国家法律法规和方针政策。加强"一国两制"实践教育，引导人们包括香港特别行政区同胞、澳门特别行政区同胞、台湾同胞和海外侨胞增强对国家的认同，自觉维护国家统一和民族团结。

四、丰富新时代爱国主义教育的实践载体

21. 建好用好爱国主义教育基地和国防教育基地。各级各类爱国主义教育基地，是激发爱国热情、凝聚人民力量、培育民族精神的重要场所。要加强内容建设，改进展陈方式，着力打造主题突出、导向鲜明、内涵丰富的精品陈列，强化爱国主义教育和红色教育功能，为社会各界群众参观学习提供更好服务。健全全国爱国主义教育示范基地动态管理机制，进一步完善落实免费开放政策和保障机制，根据实际情况，对爱国主义教育基地免费开放财政补助进行重新核定。依托军地资源，优化结构布局，提升质量水平，建设一批国防特色鲜明、功能设施配套、作用发挥明显的国防教育基地。

22. 注重运用仪式礼仪。认真贯彻执行国旗法、国徽法、国歌法，学习宣传基本知识和国旗升挂、国徽使用、国歌奏唱礼仪。在全社会广泛开展“同升国旗、同唱国歌”活动，让人们充分表达爱国情感。各级广播电台、电视台每天定时在主频率、主频道播放国歌。国庆期间，各级党政机关、人民团体、大型企事业单位、全国城乡社区和爱国主义教育基地等，要组织升国旗仪式并悬挂国旗。鼓励居民家庭在家门前适当位置悬挂国旗。认真组织宪法宣誓仪式、入党入团入队仪式等，通过公开宣誓、重温誓词等形式，强化国家意识和集体观念。

23. 组织重大纪念活动。充分挖掘重大纪念日、重大历史事件蕴含的爱国主义教育资源，组织开展系列庆祝或纪念活动和群众性主题教育。抓住国庆节这一重要时间节点，广泛开展“我和我的祖国”系列主题活动，通过主题宣讲、大合唱、共和国故事汇、快闪、灯光秀、游园活动等形式，引导人们歌唱祖国、致敬祖国、祝福祖国，使国庆黄金周成为爱国活动周。充分运用“七一”党的生日、“八一”建军节等时间节点，广泛深入组织各种纪念活动，唱响共产党好、人民军队好的主旋律。在中国人民抗日战争胜利纪念日、烈士纪念日、南京大屠杀死难者国家公祭日期间，精心组织公祭、瞻仰纪念碑、祭扫烈士墓等，引导人们牢记历史、不忘过去，缅怀先烈、面向未来，激发爱国热情、凝聚奋进力量。

24. 发挥传统和现代节日的涵育功能。大力实施中国传统节日振兴工程，深化“我们的节日”主题活动，利用春节、元宵、清明、端午、七夕、中秋、重阳等重要传统节日，开展丰富多彩、积极健康、富有价值内涵的民俗文化活动，引导人们感悟中华文化、增进家国情怀。结合元旦、“三八”国际妇女节、“五一”国际劳动节、“五四”青年节、“六一”国际儿童节和中国农民丰收节等，开展各具特色的庆祝活动，激发人们的爱国主义和集体主义精神。

25. 依托自然人文景观和重大工程开展教育。寓爱国主义教育于游览观光之中，通过宣传展示、体验感受等多种方式，引导人们领略壮美河山，投身美丽中国建设。系统梳理传统文化资源，加强考古发掘和整理研究，保护好文物古迹、传统村落、民族村寨、传统建筑、农业遗迹、灌溉工程遗产、工业遗迹，推动遗产资源合理利用，健全非物质文化遗产保护制度，推进国家文化公园建设。推动文化和旅游融合发展，提升旅游质量水平和文化内涵，深入挖掘旅游资源中蕴含的爱国主义内容，防止过度商业行为和破坏性开发。推动红色旅游内涵式发展，完善全国红色旅游经典景区体系，凸显教育功能，加强对讲解员、导游等从业人员的管理培训，加强对解说词、旅游项目等的规范，坚持正确的历史观和历史标准。依托国家重大建设工程、科学工程等，建设一批展现新时代风采的主题教育基地。

五、营造新时代爱国主义教育的浓厚氛围

26. 用好报刊广播影视等大众传媒。各级各类媒体要聚焦爱国主义主题，创新方法手段，适应分众化、差异化传播趋势，使爱国主义宣传报道接地气、有生气、聚人气，有情感、有深度、有温度。把爱国主义主题融入贯穿媒体融合发展，打通网上网下、版面页面，推出系列专题专栏、新闻报道、言论评论以及融媒体产品，加强县级融媒体中心建设，生动讲好爱国故事、大力传播主流价值观。制作刊播爱国主义优秀公益广告作品，在街头户外张贴悬挂展示标语口号、宣传挂图，生动形象做好宣传。坚持正确舆论导向，对虚无历史、消解主流价值的错误思想言论，及时进行批驳和辨析引导。

27. 发挥先进典型的引领作用。大力宣传为中华民族和中国人民作出贡献的英雄，宣传革命、建设、改革时期涌现出的英雄烈士和模范人物，宣传时代楷模、道德模范、最美人物和身边好人，宣传具有爱国情怀的地方先贤、知名人物，以榜样的力量激励人、鼓舞人。广泛开展向先进典型学习活动，引导人们把敬仰和感动转化为干事创业、精忠报国的实际行动。做好先进模范人物的关心帮扶工作，落实相关待遇和礼遇，在全社会大力营造崇尚英雄、学习英雄、捍卫英堆关爱英雄的浓厚氛围。

28. 创作生产优秀文艺作品。把爱国主义作为常写常新的主题，加大现实题材创作力度，为时代画像、为时代立传、为时代明德，不断推出讴歌党、讴歌祖国、讴歌人民、讴歌劳动、讴歌英雄的精品力作。深入实施中国当代文学艺术创作工程、重大历史题材创作工程等，加大对爱国主义题材文学创作、影视创作、词曲创作等的支持力度，加强对经典爱国歌曲、爱国影片的深入挖掘和创新传播，唱响爱国主义正气歌。文艺创作和评论评奖要具有鲜明爱国主义导向，倡导讲品位、讲格调、讲责任，抵制低俗、庸俗、媚俗，坚决反对亵渎祖先、亵渎经典、亵渎英雄，始终保持社会主义文艺的爱国底色。

29. 唱响互联网爱国主义主旋律。加强爱国主义网络内容建设，广泛开展网上主题教育活动，制作推介体现爱国主义内容、适合网络传播的音频、短视频、网络文章、纪录片、微电影等，让爱国主义充盈网络空间。实施爱国主义数字建设工程，推动爱国主义教育基地、红色旅游与网络传播有机结合。创新传播载体手段，积极运用微博微信、社交媒体、视频网站、手机客户端等传播平台，运用虚拟现实、增强现实、混合现实等新技术新产品，生动活泼开展网上爱国主义教育。充分发挥“学习强国”学习平台在爱国主义宣传教育中的作用。加强网上舆论引导，依法依规进行综合治理，引导网民自觉抵制损害国家荣誉、否定中华优秀传统文化的错误言行，汇聚网上正能量。

30. 涵养积极进取开放包容理性平和的国民心态。加强宣传教育，引导人们正确把握中国与世界的发展大势，正确认识中国与世界的关系，既不妄自尊大也不妄自菲薄，做到自尊自信、理性平和。爱国主义是世界各国人民共有的情感，实现世界和平与发展是各国人民共同的愿望。一方面要弘扬爱国主义精神，另一方面要培养海纳百川、开放包容的胸襟，大力宣传坚持和平发展合作共赢、构建人类命运共同体、共建“一带一路”等重要理念和倡议，激励广大人民同各国人民一道共同创造美好未来。对每一个中国人来说，爱国是本分，也是职责，是心之所系、情之所归。倡导知行合一，推动爱国之情转化为实际行动，使人们理性表达爱国情感，反对极端行为。

31. 强化制度和法治保障。把爱国主义精神融入相关法律法规和政策制度，体现到市民公约、村规民约、学生守则、行业规范、团体章程等的制定完善中，发挥指引、约束和规范作用。在全社会深入学习宣传宪法、英雄烈士保护法、文物保护法等，广泛开展法治文化活动，使普法过程成为爱国主义教育过程。严格执法司法、推进依法治理，综合运用行政、法律等手段，对不尊重国歌国旗国徽等国家象征与标志，对侵害英雄烈士姓名、肖像、名誉、荣誉等行为，对破坏污损爱国主义教育场所设施，对宣扬、美化侵略战争和侵略行为等，依法依规进行严肃处理。依法严惩暴力恐怖、民族分裂等危害国家安全和社会稳定的犯罪行为。

六、加强对新时代爱国主义教育的组织领导

32. 各级党委和政府要承担起主体责任。各级党委和政府要负起政治责任和领导责任，把爱国主义教育摆上重要日程，纳入意识形态工作责任制，加强阵地建设和管理，抓好各项任务落实。进一步健全党委统一领导、党政齐抓共管、宣传部门统筹协调、有关部门各负其责的工作格局，建立爱国主义教育联席会议制度，加强工作指导和沟通协调，及时研究解决工作中的重要事项和存在问题。广大党员干部要以身作则，牢记初心使命，勇于担当作为，发挥模范带头作用，做爱国主义的坚定弘扬者和实践者，同违背爱国主义的言行作坚决斗争。

33. 调动广大人民群众的积极性主动性。爱国主义教育是全民教育，必须突出教育的群众性。各级工会、共青团、妇联和文联、作协、科协、侨联、残联以及关工委等人民团体和群众组织，要发挥各自优势，面向所联系的领域和群体广泛开展爱国主义教育。组织动员老干部、老战士、老专家、老教师、老模范等到广大群众特别是青少年中讲述亲身经历，弘扬爱国传统。坚持热在基层、热在群众，结合人们生产生活，把爱国主义教育融入到新时代文明实践中心建设、学雷锋志愿服务、精神文明创建之中，体现到百姓宣讲、广场舞、文艺演出、邻居节等群众性活动之中，引导人们自我宣传、自我教育、自我提高。

34. 求真务实注重实效。爱国主义教育是思想的洗礼、精神的熏陶。要坚持目标导向、问题导向、效果导向，坚持虚功实做、久久为功，在深化、转化上下功夫，在具象化、细微处下功夫，更好地体现时代性、把握规律性、富于创造性。坚持从实际出发，务实节俭开展教育、组织活动，杜绝铺张浪费，不给基层和群众增加负担，坚决反对形式主义、官僚主义。

各地区各部门要根据本纲要制定贯彻落实的具体措施，确保爱国主义教育各项任务要求落到实处。

中国人民解放军和中国人民武装警察部队按照本纲要总的要求，结合部队实际制定具体规划、作出安排部署。

中共浙江省委办公厅　浙江省人民政府办公厅关于进一步加强关心下一代工作的意见

浙委办发〔2017〕24 号

关心下一代工作是党的群众工作重要组成部分。近年来，我省关心下一代工作坚持围绕中心、服务大局，发挥广大老干部、老战士、老专家、老教师、老模范（以下简称“五老”）独特优势，大力加强青少年思想道德建设，积极为广大青少年办实事做好事解难事，为促进青少年健康成长作出了积极贡献。为深入贯彻《中共中央关于加强和改进党的群团工作的意见》和习近平总书记对关心下一代工作的重要指示精神，进一步做好关心下一代工作，促进青少年健康成长，经省委、省政府同意，现提出如下意见。

一、总体要求

（一）指导思想。全面贯彻党的十八大和十八届三中、四中、五中、六中全会精神，深入贯彻落实习近平总书记系列重要讲话精神和治国理政新理念新思想新战略特别是对关心下一代工作的重要指示精神，紧紧围绕统筹推进“五位一体”总体布局和协调推进“四个全面”战略布局，深入实施“八八战略”，按照“秉持浙江精神，干在实处、走在前列、勇立潮头”新要求，坚持围绕中心、服条大局、主动作为、协调配合的科学定位，坚持急党政所急、想青少年所需、尽关心下一代工作委员会（以下简称关工委）所能的工作方针，以保持和增强政治性、先进性、群众性为目标，以教育引导、关心爱护青少年为重点，着力推进关工委工作改革创新，探索关心下一代工作新途径，为高水平全面建成小康社会和建设“两富”“两美”浙江作出新贡献。

（二）工作原则。坚持立德树人，培养理想信念，推进青少年思想道德教育建设，引导青少年树立和践行社会主义核心价值观，坚定不移地听党话、跟党走。坚持正确方向，致力服务青少年，千方百计帮助青少年解决成长中的实际困难和问题，支持和帮助青少年成长成才。坚持“五老”主体，弘扬忠诚敬业、关爱后代、务实创新、无私奉献的“五老”精神，尊重、爱护、学习“五老”，动员更多“五老”参加关心下一代工作，在时代的舞台上实现老有所为、发光发热。坚持创新发展，不断增强关工委工作的针对性，提高活动吸引力。努力形成全社会支持关心下一代工作的强大合力，致力于培养中国特色社会主义事业的合格建设者和可靠接班人。

二、充分发挥教育培养青少年的独特优势和作用

（三）培育和践行社会主义核心价值观。组织“五老”广泛开展理想信念、党史国史、传统美德等主题教育活动，讲好中国故事、弘扬中国精神、传播中国好声音。加强青少年爱国主义精神、民族精神、时代精神、浙江精神教育，引导青少年从小爱学习、爱劳动、爱祖国。研究和把握青少年的身心特点和成长规律，组织实践体验活动，培养青少年知行合一，扣好人生“第一粒扣子”。树立和宣传青少年身边可亲、可敬、可信、可学的道德典型，教育青少年养成好思想、好品格、好习惯，争做精神富有的浙江人。

（四）关爱困难青少年群体。推进各级关心下一代基金会（基金）建设，吸引社会资源和公益服务投入关心下一代事业。深化“福彩暖万家”等联合助学品牌，加大对革命老区、经济相对落后地区经济困难青少年及困难学生的帮扶资金投入，扩大受益青少年覆盖面。加大对孤儿、失依儿童、病残青少年等弱势青少年群体的资源倾斜力度，促进困难青少年关爱机制常态化、规范化发展。注重对受助青少年的思想引导、人文关怀、精神关爱。

（五）投身社会治理创新。结合农村精神文明建设规划，深化“十万‘五老’结对关爱农村未成年人”工作。针对不同青少年需求，组织“五老”开展思想引导、文化辅导、心理疏导、行为指导和困难帮扶等结对活动，协调推进农村留守儿童、新居民子女、流动儿童、服刑人员子女等的关爱服务。支持“五老”参与社区网格化管理和零犯罪学校、社区（村）创建，参与校园周边环境整治，为青少年健康成长营造良好的社会环境。

（六）参与全面深化法治浙江建设。完善党政统一领导、相关部门齐抓共管、关工委积极配合的青少年普法教育机制。支持政法系统“五老”参与法制学校建设，担任中小学校法治宣传员、辅导员，坚持以案说法，引导青少年自觉守法、遇事找法、解决问题靠法，远离不良行为和违法犯罪。坚持教育、防范、服务、帮扶相结合，建立“五老”参与预防违法犯罪、纠纷调解、法律咨询、司法援助等制度化渠道，组织“五老”结对关爱失足失范、归正矫正青少年，为他们提供思想教育、心理疏导、行为矫治、帮教帮扶、融入社会等关爱服务。

（七）开展青少年科技帮扶。开展各级关工委科技报告团、咨询团活动，引导青少年立足岗位，践行创新、协调、绿色、开放、共享发展理念。推动教育系统关工委“青蓝工程”品牌建设，发挥老教师对青年教师的传帮带作用。深化青年职工技术培训，把“五老”人才资源转换为提升“浙江制造”质量、推动“浙江创造”发展的强大动力。组织农业科技老专家开展联村结对，带动农村青年就业创业、掌握科学技术，努力成为有创造、创新、创业活力的新型职业农民。加强对青年民营企业家特别是新生代企业家的教育，引导他们在大众创业、万众创新中发挥生力军作用。

（八）推进教育阵地建设。按照统筹使用、加强管理、合作共享的原则，发挥学校思想教育阵地、青少年宫、爱国主义教育基地、博物馆、科技馆、农村文化礼堂、农家书屋等各类资源作用，构建社会化、网络化的青少年教育阵地格局。创新教育实践活动载体，发挥阵地育人作用，建好、用好青少年思想道德教育阵地。支持和加大各级关工委网络阵地建设，充分运用现代信息技术，探索建立网上综合服务平台，促进关心下一代工作网上网下同步发展。

三、推进关工委组织和“五老”队伍建设

（九）扩大组织覆盖和工作覆盖。推动党建带群建，进一步加强各级关工委组织建设。按照分级负责的原则，建设学习型、服务型、创新型关工委组织。以领导班子建设好、“五老”作用发挥好、制度健全执行好、积极探索创新好、活动经常效果好为标准，推动基层关工委科学化、规范化发展。在按照行政区划、依托基层行政组织体系建立关工委的基础上，加大农村、社区、学校、机关、企业关工委建设力度，推进组织网络向新社会组织、产业园区、外来务工人员居住地延伸。探索在小微组织开展关心下一代工作。

（十）优化关工委班子结构。按照新老交替、有进有出、进出有序的原则，优化关工委领导班子年龄结构梯次配备。适时把退居二线或刚退休的低龄老同志充实到领导班子中来，班子成员年龄一般不超过75周岁。市、县（市、区）关工委主任可由离退休老同志担任，也可由在职四套班子成员兼任，领导班子中必须有3名以上离退休老同志，注重选配好主持日常工作的专职副主任。乡镇（街道）关工委主任可由在职党政负责同志兼任，老同志担任常务副主任。学技、企业等单位的关工委组织可根据实际情况参照执行。加强市、县（市、区）关工委干部队伍建设、乡镇（街道）关工委要明确兼职工作人员。

（十一）加大“五老”队伍建设力度。各级党委、政府及组织人事部门要采取有效措施，支持动员身体健康、热心干事、有能力办事的老同志参加关心下一代工作。加强“五老”报告团、宣讲团、关爱工作团、网吧义务监督员、心理咨询员等队伍建设，聘请离退休老党员、老教师等担任高校特邀党建组织员、学校特邀教学监督员，支持“五老”队伍通过政府购买服务等方式，开展青少年关爱服务。立足“五老”优势特长，组织“五老”开展调研，积极为党委、政府建言献策。保护好“五老”的工作积极性和主动性，从健康、学习和生活等方面给予关心照顾。

（十二）创新工作方式方法。创新新形势下关心下一代工作新思路和青少年教育新途径，积极探索通过创新团队化、项目化的组织形式，打造“五老”关爱青少年健康成长的重要平台和坚强阵地，提高“五老”专业化服务水平。发挥典型示范作用，深化“第二课堂”“假日学校”“阳光驿站”等工作品牌建设，努力形成各有侧重的关工委工作品牌体系。

四、加强对关心下一代工作的领导

（十三）加强组织领导和工作保障。各级党委、政府要把关心下一代工作纳入重要议事日程，建立党委、政府分管负责人每年专题研究关心下一代工作和听取关工委工作汇报的机制，切实解决工作中的重大问题。各部门各单位要积极支持关心下一代工作，努力为关心下一代工作创造好的条件。关心下一代工作经费纳入同级财政预算，与地方经济发展相适应，确保专款专用；把关工委在职干部纳入各级干部教育培训计划。宣传部门和新闻媒体要加强对关心下一代工作和“五老”先进典型的舆论宣传。形成党委统一领导、党政齐抓共管、关工委主动作为、有关部门积极支持、全社会广泛参与的关心下一代工作格局。

中共宁波市委　宁波市人民政府关于进一步加强关工委工作的意见

甬党〔2009〕16号

青少年是祖国的未来，民族的希望。加强对青少年的教育培养，做好关心下一代工作，是事关党和国家事业后继有人、兴旺发达的重大战略任务。为更好地发挥各级关工委在教育培养青少年中的独特优势和重要作用，不断开创我市关心下一代工作的新局面，现就进一步加强关工委工作提出如下意见。

一、统一思想，充分认识加强关工委工作的重要性和必要性

高度重视下一代的健康成长，是我们党的优良传统，也是确保党和国家事业代代相传的重要保证。建立关工委组织，是党和国家重视青少年健康成长、重视发挥老同志特殊作用的重要举措，是一项具有中国特色的伟大创举。我市关心下一代工作委员会（以下简称关工委）成立20年来，坚持以毛泽东思想、邓小平理论和“三个代表”重要思想为指导，深入贯彻落实科学发展观，在各级党委、政府的高度重视下，为教育培养下一代，促进青少年健康成长，做了大量卓有成效的工作，为推进宁波现代化国际港口城市建设发挥了重要作用。

当前，我市关心下一代工作正站在新的历史起点上。新的形势和任务，对关工委工作提出了新的更高要求。《中共中央国务院关于进一步加强和改进未成年人思想道德建设的若干意见》（中发〔2004〕8号）指出：“要重视关心下一代工作委员会的工作，支持他们为加强和改进未成年人思想道德建设贡献力量。”关工委是党委、政府领导下，以离退休老同志为主体，有党政有关部门和群众团体负责人参加的关心青少年健康成长的重要组织和机构，是党委和政府领导青少年教育工作的参谋和助手、联系青少年的桥梁和纽带。关工委的根本宗旨和任务是把青少年培育成为德、智、体、美全面发展的中国特色社会主义事业的合格建设者和可靠接班人。各级党委和政府要从确保党和国家事业后继有人和社会主义事业兴旺发达的高度，从全面建设小康社会和实现中华民族伟大复兴的高度，从全面贯彻落实科学发展观、加快宁波现代化国际港口城市建设的高度，充分认识加强关工委工作的重要性和必要性，进一步增强做好关心下一代工作的责任感和使命感，努力把教育培养广大青少年健康成长这一功在当代、利在千秋的大事抓紧抓好、抓出更大成效。

二、明确任务，着力促进青少年健康成长

各级关工委要在同级党委、政府领导下，坚持以科学发展观为统领，按照“急党政所急，想青少年所需，尽关工委所能”的要求，围绕中心、服务大局，勇于创新、主动作为，充分发挥离退休老同志和农村（社区）老党员、老干部的优势和作用，努力提高青少年的思想道德素质、科学文化素质和健康素质，为促进全市广大青少年健康成长、发展成才作出新的贡献。

（一）加强青少年的社会主义核心价值体系教育。坚持用马克思主义中国化的最新成果武装青少年，用中国特色社会主义共同理想凝聚青少年，用以爱国主义为核心的民族精神和以改革创新为核心的时代精神激励青少年，用社会主义荣辱观教育青少年，使社会主义核心价值体系为广大青少年所接受、所掌握，引导青少年树立正确的世界观、人生观、价值观。

（二）加强青少年的科学文化教育。充分发挥老同志的优势，采用多种形式、多种渠道，教育引导青少年努力学习，增长才干。利用节假日，组织大、中、小学生开展校外实践活动，提高他们的创新能力和实践能力。通过办科技学校，老专家送科技到企业、到农村等形式，组织企业青年职工、农村青年农民开展技术培训，努力提高他们的科学文化素质。

（三）加强青少年的心理健康教育。根据青少年的身心发展特点，广泛开展心理健康宣传教育活动，引导青少年养成良好的心理品质。会同有关部门和单位，建立健全心理健康教育和心理咨询的工作载体，建设一支以有专业特长的老同志为主的心理健康志愿者队伍，积极开展青少年心理健康教育和心理咨询辅导工作，促进青少年健康成长。

（四）加强青少年的法制教育。配合有关部门深入宣传《义务教育法》、《未成年人保护法》、《预防未成年人犯罪法》等法律法规，教育引导青少年增强法制观念，自觉遵纪守法，依法维护自身的合法权益。重视做好失足青少年的教育和挽救工作，预防和减少青少年违法犯罪。继续发挥“五老”文化市场义务监督员队伍的作用，加强对营业性网吧、校园周边环境的监督，努力营造有利于青少年健康成长的社会环境。

（五）积极促进学校、家庭、社会“三结合”的教育网络建设。进一步发挥校外辅导员队伍的作用，协助学校抓好思想道德教育，配合有关部门和群众团体办好家长学校，积极创建假日学校，有侧重地抓好社会教育，积极推进社区、农村青少年和企业青年职工的思想道德教育工作，从多方面来提高青少年的综合素质。

（六）坚持为青少年办实事做好事。充分发挥老同志的优势，积极动员社会各方面的力量，继续开展助学、助困、助残、助医等活动，努力为青少年的健康成长创造有利条件。

三、开拓创新，进一步加强各级关工委建设

加强关工委组织的全面建设，是做好新形势下关心下一代工作的重要保证。各级党委、政府要高度重视关工委组织的全面建设，努力做到各级关工委有牌子、有班子、有队伍、有阵地、有活动，确保我市关心下一代工作的科学发展。

（一）切实抓好组织网络建设。目前，我市基本形成了覆盖全市城乡的关工委组织网络，但发展还不平衡，基层组织建设还比较薄弱。尚未建立关工委组织的村（社区）和学校要抓紧建立，规模以上的企业应积极创造条件建立关工委组织，进一步健全组织网络体系。

（二）切实抓好领导班子建设。配好配强关工委领导班子，及时选配热心关工委工作、有威望、有能力、身体健康的低龄老同志，充实到领导班子，不断优化领导班子成员的年龄、知识结构。领导班子成员变动后，人员要及时进行调整充实。县（市）区关工委一般应配专职副主任，可由热爱关心下一代工作的退出现职领导岗位的在职干部担任，驻会老同志人数以3到5人为宜。镇乡（街道）关工委主任由同级党委（党工委）分管领导兼任，常务副主任一般由同级领导班子成员退到二线的老同志担任，负责关工委的日常工作。各级关工委领导班子由同级党委批准、公布。为适应关工委发展的需要，县（市）区和镇乡（街道）关工委应设办公室。县（市）区关工委办公室可配2名专职工作人员，所需编制在县（市）区现有编制内调剂解决；办公室主任按照部门中层干部职级配备。镇乡（街道）关工委办公室可配1至2名专兼职人员（现职干部或退休人员）。

（三）切实抓好“五老”队伍建设。广大老干部、老战士、老专家、老教师、老模范（以下简称“五老”）是教育培养青少年的宝贵人才资源和不可替代的重要力量。各级党委、政府要做好宣传发动工作，特别是组织人事和老干部工作部门要采取有效措施，组织动员更多老同志参加到关心下一代工作中来，努力形成一支专兼结合、素质较高、人数众多、覆盖面广的关心下一代工作队伍。建立健全宣讲团、关爱工作团和校外辅导员、文化市场义务监督员等工作队伍，发挥老同志的作用。进一步加强“五老”队伍建设，县（市）区委组织部门要把镇乡（街道）关工委主任或常务副主任列入党校学习培训计划。要发挥好、保护好老同志的积极性和创造性，积极为他们开展工作创造良好的条件。各部门各单位要关心参加关工委工作的老同志的健康和生活，不断激发他们从事关心下一代工作的热情。

（四）切实抓好思想作风建设。各级关工委要按照创建“学习型、服务型、创新型、调研型”组织的要求，重视加强自身的思想作风建设。认真学习中国特色社会主义理论体系，学习领会党和国家领导人关于加强青少年工作的重要论述，坚持用科学发展观统领关心下一代工作。还要学习法律法规、科技、教育学、心理学等知识，不断更新观念、振奋精神，努力以改革创新精神推进各项工作。坚持面向基层、服务基层，扎扎实实地抓好城市社区、农村基层和企业的关工委建设，不断扩大关心下一代工作的覆盖面。加强调查研究，深入研究新形势下青少年教育中存在的突出问题和解决办法，为党委和政府加强青少年工作当好参谋助手。各级关工委要按照各自的《工作规则》认真部署和开展工作，建立完善各项规章制度，总结推广先进典型和经验，不断推进关心下一代工作深入开展。

四、加强领导，努力推进关心下一代事业科学发展

各级党委、政府要高度重视、积极支持关工委工作，把这项工作摆上重要位置，列入工作计划，纳入议事日程，纳入精神文明建设总体规划，纳入目标考核责任制。县（市）区委每年要研究一次关工委工作，听取关工委工作汇报，提出任务和要求。党委、政府要明确一名领导分管关工委工作。党委、政府召开的涉及全局性的工作会议和有关精神文明建设、思想政治工作等专题性会议，要通知关工委负责同志参加。

积极改善关工委的工作条件。各地各单位要为关工委提供工作所需的办公用房、办公设施、交通工具等工作条件，切实解决关工委工作中的实际困难。各县（市）区、镇乡（街道）政府要按照中发〔2004〕8号文件的要求，把同级关工委的工作经费纳入年度财政预算，并随着财政收入的增长逐步加大支持力度。村（社区）、学校、企业等单位关工委所需工作经费，由所在单位根据实际需要尽力给予解决，确保工作正常开展。

相关部门和群团组织要积极支持关工委工作。各级宣传、政法、教育、文化、老干部、公安、卫生、体育、财政、民政等部门，工会、共青团、妇联、科协等群团组织，要结合本职业务，发挥各自的职能作用，加强与关工委的联系，互相配合，互相支持，共同做好关心下一代工作。各级宣传部门和新闻媒体，要加大对关工委工作的宣传力度，大力宣传关工委的地位和作用，宣传关工委的重要工作动态，宣传老同志的感人事迹和先进典型，努力营造全社会关心青少年健康成长的良好氛围，形成关心下一代工作的强大合力。

中共宁波市委　宁波市人民政府印发《关于加强新时代关心下一代工作的意见》的通知

甬党发〔2019〕70号

各区县（市）党委、人民政府，市直及部省属驻甬各单位：

现将《关于加强新时代关心下一代工作的意见》印发给你们，请结合实际认真贯彻执行。

关于加强新时代关心下一代工作的意见

为深入贯彻落实习近平总书记关于做好关心下一代工作的重要指示精神，充分发挥全市各级关心下一代工作委员会（以下简称关工委）和老干部、老战士、老专家、老教师、老模范（以下简称“五老”）在促进青少年健康成长中的独特优势，切实提高新时代关心下一代工作水平，结合我市实际，提出如下意见。

一、总体要求

以习近平新时代中国特色社会主义思想为指导，全面贯彻落实党的十九大精神，坚定不移走中国特色社会主义群团发展道路，以保持和增强政治性、先进性、群众性为目标，以教育引导、关心爱护青少年为重点，按照围绕中心、服务大局、主动作为、协调配合的科学定位，坚持“急党政所急、想青少年所需、尽关工委所能”的工作方针，更好发挥“五老”优势和作用，自觉承担起引导教育青少年听党话、跟党走的政治任务，支持和帮助青少年成长成才，全面提升关工委组织的吸引力、凝聚力、战斗力，不断开创新时代我市关工委工作新局面，为推进“六争攻坚”、当好全省“两个高水平”建设的排头兵作出积极贡献。

二、充分发挥关工委组织的独特优势和作用

（一）更好服务党委、政府工作大局。各级党委、政府要重视发挥关工委组织在服务大局中的作用。各级关工委组织要始终坚持着眼大局、服务大局，找准履行职能的结合点，把握发挥作用的着力点，自觉服务于党委、政府的中心工作，为推动高质量发展贡献力量。深入开展“讲政治、育新人、学科技、奔小康”“学文化、学科技、学管理”等活动，帮助和激励青年职业成长、岗位成才。积极参与文明城市、文明乡（街道）、文明村（社区）、文明学校、文明企业创建和美丽宁波建设活动，更好促进城市文明、维护社会和谐稳定。

（二）培育和践行社会主义核心价值观。突出理想信念教育，引导青少年学习中国特色社会主义理论体系特别是习近平新时代中国特色社会主义思想，进一步增强道路自信、理论自信、制度自信、文化自信。认真贯彻落实《新时代爱国主义教育实施纲要》，组织开展丰富多彩、寓教于行的实践引导活动，不断加强青少年爱国精神、民族精神、时代精神、浙江精神、宁波精神和党史国史、市情市史教育，传承红色基因，弘扬爱国主义精神，帮助青少年养成高尚的思想品质和良好的道德情操。树立和宣传青少年身边的道德典型，教育青少年养成好思想、好品德、好习惯，争做新时代中国特色社会主义事业的合格建设者和可靠接班人。

（三）扎实做好服务青少年工作。坚持服务育人，建立完善困难青少年帮困解难、青少年心理健康促进、失足失范青少年帮教、留守儿童帮扶、外来民工子弟成长扶助、未成年人成长环境优化等服务体系。重视抓好困难青少年群体的关爱工作，深入开展助困、助学、助残、助孤、助医等活动多元化多层次为青少年做好事办实事解难事，服务青少年成长成才。积极为留守儿童提供思想引导、文化辅导、心理疏导、行为指导和困难帮扶等关爱保护服务。进一步做好青少年心理健康教育工作，加强青少年心理服务体系建设，提高青少年的心理健康素质。打造符合青少年需求的工作品牌，不断完善“四点钟学校”和“假日学校”办学机制，着力提高办学质量和水平。

（四）积极参与平安宁波建设。各级关工委要主动配合政府有关部门抓住法治教育、法律保护等环节，为青少年营造健康成长的社会环境。持续抓好普法教育，广泛深入开展“关爱明天、普法先行”活动，不断增强青少年的法制观念。组织开展“法在我心中、法治促成长”等教育活动，增强青少年自护意识和防范能力。全面落实“教育、感化、挽救”方针，积极开展帮教失足失范青少年活动，努力做好失足青少年的帮教挽救工作。继续推进未成年人“零犯罪学校”“零犯罪社区（村）”和“青少年普法教育示范区”创建活动，着力预防和减少未成年人违法犯罪。发挥“五老”网吧义务监督员作用，下大力整治校园周边环境，营造青少年健康成长的社会环境。

三、全面推进关工委组织改革创新

（一）推进队伍组合联谊化。通过组织推荐、上门求贤等方法，物色一批有热心爱心、有组织能力、有专业特长的老同志担任团队负责人，由团队负责人按照志趣相同、专业相近的新理念，组建“五老”骨于闭队。各区县（市）“五老”骨干团队要达到8支以上，各镇乡（街道）“五老”骨干团队达到5支以上。

（二）推进团队管理社团化。以社会公益组织性质，建立区县（市）关心下一代志愿者协会，创立“关工委+协会工作团队”的组织体制，形成三方齐心合力、各尽其责的工作格局。在镇乡（街道）建立区县（市）关心下一代志愿者协会工作站（分会），实现关工委工作社团化管理。

（三）推进工作运行项目化。区县（市）关工委和协会要精心选定服务青少年的项目，指导协会参与购买政府服务，参加社会组织公益创投，努力拓宽工作经费渠道，科学进行项目化运行，不断提高服务效益。区县（市）关工委要积极指导镇乡（街道）关工委开展项目化运行。

（四）推进服务开展专业化。以满足青少年需求为主旨，进一步创新形式多样、供需对接的服务载体，充分发挥“五老”骨干队伍的专业优势，开展专业化个性化服务，不断增强服务青少年的实效性。区县（市）关工委要加强对镇乡（街道）关工委改革工作的组织指导，推动镇乡（街道）关工委工作的科学发展。

四、切实加强党对关工委工作的组织领导

（一）健全组织领导机制。各级党委、政府要把关心下一代工作纳入重要议事日程，建立完善党委、政府分管负责人每年专题研究关心下一代工作和听取关工委工作汇报的机制，切实解决工作中的重大问题。完善党建带关建机制，将党建带关建作为党建工作责任制的重要内容。党委主要领导要积极参加关工组织的重大活动。各级组织、宣传、政法、教育、文化、财政、老干部、公安、民政、卫生、体育等部门，工会、共青团、妇联、科协等群团组织，要结合本职工作，发挥各自职能作用，努力为关心下一代工作创造好的条件，形成党政统一领导、各部门大力支持、关工委主动作为、全社会广泛参与的工作格局。

（二）优化领导班子结构。按照“新老交替、有进有出、进出有序”的原则，选好配强各级关工委领导班子。区县（市）关工委主任可由退出领导岗位或退休区县（市）级领导同志担任，也可由在职的区县（市）四套班子领导兼任，领导班子中要有3名以上离退休老同志，注重选配好关工委主任和专职副主任（或常务副主任）。镇乡（街道）关工委主任可由在职党政负责同志兼任，老同志担任常务副主任。加强区县（市）关工委干部队伍建设，镇乡（街道）关工委要明确兼职工作人员。

（三）加强“五老”队伍建设。各级组织人事和老干部工作部门要动员热心干事、有能力办事、身体健康的老同志参加关心下一代工作，努力形成一支专兼结合、素质较高、人数众多、覆盖面广的关心下一代工作队伍。区县（市）委组织部门要将本级关工委干部和镇乡（街道）关工委主任或常务副主任列入党校培训计划。发挥和保护好老同志的积极性和创造性，为他们开展工作创造良好的条件。各部门各单位要关心参加关工委工作老同志的健康和生活，不断激发他们从事关心下一代工作的热情。对“五老”参与关心下一代工作，可结合实际给予必要的工作保障。

（四）强化基层组织建设。围绕全面提升基层关工委组织力，大力实施“固本强基”工程，使基层组织“建起来、活起来、强起来”。按照建设学习型、服务型、创新型关工委组织的要求，深入开展创建“五好”关工委活动，推动基层关心下一代工作的创新发展，力争到2020年市及区县（市）命名的“五好”关工委达到50%以上。依托基层党组织，深入推进学校、社区、农村、民营企业关工委建设，不断完善基层关工委组织体系。

（五）落实工作支持保障。各级党委、政府要为关工委组织开展工作提供保障，将关工委工作经费纳入同级财政年度预算，鼓励关工委在国家法律和相关规定许可范围内，通过多种方式筹措事业发展基金，依法享受扶持政策。各级政府在推进群团组织购买公共服务中，在同等条件下，应优先向关工委组织购买社会服务。衬（社区）、学校、企业关工委所需经费，应由所在单位负责落实。

附件：新时代关心下一代工作重要任务责任分工

附件　新时代关心下一代工作重要任务责任分工

附表 1

序号	重要任务	牵头领导	牵头单位	配合单位
1	党建带关建工作	宋越舜	市委办公厅	市委组织部、市关工委
2	关工委改革工作		市委办公厅	市委组织部、市委编办、市委老干部局、市关工委
3	培育和践行社会主义核心价值观	万亚伟	市委宣传部	市文明办、市教育局、团市委、市妇联、市总工会、市关工委
4	“四点钟学校”		市文明办	市教育局、团市委、市妇联、市关工委
5	“假日学校”建设		市文明办	市教育局、团市委、市妇联、市关工委
6	关工委宣传工作		市委宣传部	市委网信办、市大数据局、宁波日报报业集团、宁波广电集团、市关工委
7	关工委领导班子建设	钟关华	市委组织部	市委老干部局、市关工委
8	“五老”队伍建设		市关工委	市委组织部、市委老干部局、市教育局、市人力社保局、市总工会、市科协、市民政局、市财政局
9	关工委工作保障	陈仲朝	市政府办公厅	市财政局
10	法治宣传教育和失足失范青少年帮教工作		市司法局	市教育局、市公安局、市检察院、团市委、市妇联、市关工委
11	困难青少年帮困解难工作	卞吉安	市民政局	市教育局、团市委、市妇联、市总工会、市财政局、市关工委
12	留守儿童帮扶工作		市民政局	市教育局、团市委、市妇联、市关工委
13	青少年心理健康促进工作	许亚南	市卫生健康委	市文明办、市教育局、市医保局、团市委、市妇联、市关工委

上级关工委重要文件

中国关心下一代工作委员会　关于印发《中国关心下一代工作委员会工作规则》的通知

中关工委〔2018〕4 号

各省、自治区、直辖市、新疆生产建设兵团、副省级城市、中央和国家机关有关部委（集团公司）关心下一代工作委员会，中央军委政治工作部老干部局：

2008 年 12 月印发、2011 年 2 月修订的《中国关心下一代工作委员会工作条例》，对于健全完善规范中国关工委体制机制和推动青少年成长成才发挥了重要作用。党的十八大以来，各地关工委认真贯彻落实习近平总书记重要指示，不断取得新的理论成果和实践经验。为深入贯彻习近平新时代中国特色社会主义思想对关心下一代工作提出的新要求，用新理论、新实践指导关心下一代工作，我们对《中国关心下一代工作委员会工作条例》进行了修改。现将修改后的《中国关心下一代工作委员会工作规则》印发给你们，供参考。

中国关心下一代工作委员会工作规则

第一章　总　则

第一条　为贯彻落实习近平新时代中国特色社会主义思想和党的十九大精神特别是习近平关于做好关心下一代工作的重要论述，根据党和国家有关青少年工作的法律法规、方针政策以及《中共中央关于加强和改进党的群团工作的意见》，进一步推进中国关心下一代工作委员会（简称中国关工委）工作科学化、制度化、规范化、程序化，结合工作实际，制定本规则。

第二条　中国关工委是党中央批准成立的，以热心关心下一代工作的离退休老同志为主体、党政有关部门和群团组织负责人参加的，以关心、教育、培养青少年健康成长为目的的群众性工作组织，是党和政府联系青少年的桥梁和纽带。

第三条　中国关工委工作的指导思想是：高举中国特色社会主义伟大旗帜，以马克思列宁主义、毛泽东思想、邓小平理论、“三个代表”重要思想、科学发展观、习近平新时代中国特色社会主义思想为指导，坚持服务青少年的正确方向，坚持“急党政所急，想青少年所需，尽关工委所能”的工作方针和“围绕中心，服务大局，积极配合，主动作为”的工作定位，着力加强青少年思想道德建设，引导青少年树立和践行社会主义核心价值观，支持和帮助青少年成长成才，做新时代中国特色社会主义事业合格建设者和可靠接班人。

第四条　中国关工委组织和依靠老干部、老战士、老专家、老教师、老模范等（简称五老）开展工作，大力弘扬“忠诚敬业、关爱后代、务实创新、无私奉献”的“五老精神”，充分发挥老同志在关心下一代工作中的优势和作用。

第五条　中国关工委在党的领导下积极组织、协调、指导、推动各地区、各部门关工委结合实际，创造性地开展工作。

第六条　中国关工委积极配合党政有关部门和群团组织开展工作，在培养教育青少年工作中相互支持、通力合作，共同为青少年健康成长创造良好社会环境。

第二章　工作任务

第七条　把学习贯彻习近平新时代中国特色社会主义思想和党的十九大精神作为首要政治任务。结合关心下一代工作实际，弘扬理论联系实际的学风，用党的理论占领阵地，提高解决问题、推动工作的能力，使之成为关心下一代工作创新发展的强大思想武器。在青少年中持续广泛开展多种形式宣讲活动，充分发挥五老的榜样带动和教育引导作用，团结教育青少年坚定理想信念，听党话、跟党走，为实现中华民族伟大复兴中国梦努力奋斗。

第八条　加强青少年思想道德建设。广泛开展社会主义核心价值观教育，强化教育引导和实践养成。深化中国特色社会主义和中国梦宣传教育，加强党史国史、党情国情、国防和民族团结进步教育，引导青少年树立正确的世界观、人生观、价值观和历史观、民族观、国家观、文化观，继承和发扬光荣革命传统，养成高尚的思想品质和良好的道德情操，成为担当民族复兴大任的时代新人。

第九条　加强青少年关爱帮扶工作。围绕中央关于“精准扶贫、精准脱贫”决策部署，助力脱贫攻坚，通过扶智、扶志帮扶贫困青年脱贫致富。按照国务院要求，与相关部门协同做好农村留守儿童和困境儿童等群体的关爱与服务工作。依法积极动员社会力量参与关心下一代公益慈善事业，共同为青少年排忧解难。

第十条　加强青少年智育教育。引导他们珍惜时光，勤奋学习，注重实践，努力掌握中华优秀传统文化、革命文化和社会主义先进文化，现代科学技术和劳动技能，提高服务社会、报效祖国的本领。

第十一条　加强青少年的身心健康教育。引导他们锻炼强健的体魄，养成良好的心理品质，培养身心健康、体魄强健、意志坚强的一代新人。

第十二条　维护青少年合法权益。促进完善青少年权益保护法律体系建设，推动出台、实施有关青少年发展的法律法规与政策规划，从源头上保障青少年的合法权益。加强青少年的法治教育，引导他们提升法治观念和法治素养，自觉尊法学法守法用法。坚持预防为主，贯彻落实“教育、感化、挽救”方针，积极预防青少年违法犯罪，做好重点青少年群体关爱服务工作。积极参与社会治理创新，组织五老开展网上舆论引导、未成年人的网络保护工作，发挥在心理服务、社区治理、文化环境整治、矛盾化解等方面的作用，优化青少年成长的社会文化环境。

第十三条　提升青少年文明素质。深入开展“老少共建”精神文明创建活动，推进爱国主义教育基地和青少年活动阵地建设。重视家庭建设，注重家庭、注重家教、注重家风，强化家庭教育基础作用，促进学校教育、家庭教育和社会教育的协调发展。

第十四条　建设学习型、服务型、创新型关工委。建立中国关工委领导成员学习和干部培训制度，采取自学和集中讨论相结合，定期举行中国关工委班子成员学习讨论会。每年定期举办全国关工委干部培训班，营造善于学习、勇于实践的浓厚氛围。进一步树立以青少年为中心的导向，不断提高服务意识、增强服务本领，关爱服务青少年健康成长。坚持改革创新，保持锐意进取的精神风貌，善于结合实际创造性推动工作，善于运用互联网技术和信息化手段，进一步提高创新能力和水平。

第十五条　加强调查研究工作。针对关心下一代工作中带普遍性、倾向性的问题开展调查研究和理论研讨，用于解决问题、指导工作实践，并向党中央、国务院和各级党政机关及有关部门提出加强和改进青少年和关心下一代工作的意见建议。结合实际制定重点研究课题，定期召开全国理论成果和调研成果研讨会。

第十六条　加强舆论宣传工作。办好中国关工委的刊物和网站，发挥微信、微博等网络新媒体作用，积极推进网上关工委建设。加强与宣传部、文明办、新闻媒体等的联系，建立大宣传格局，积极争取新闻媒体的支持，营造全社会都来关心下一代健康成长的良好氛围。

第十七条　注重总结经验，树立、推广、宣传先进典型和工作品牌。定期评选全国“最美五老”全国关心下一代“十佳工作品牌”，以典型和品牌建设带动面上工作深入开展。

第十八条　进一步开展境内外青少年人文交流。不断创造新的载体，讲好中国故事，研究和借鉴国（境）外先进经验。加强内地与港澳台青少年之间的交流，努力增强港澳台青少年的国家认同、民族认同和文化认同。

第十九条　完成党中央、国务院交办的任务。

第三章　工作原则

第二十条　坚持党的领导。坚持走中国特色社会主义群团发展道路，保持和增强关工委工作的政治性、先进性、群众性，牢固树立政治意识、大局意识、核心意识、看齐意识，不断增强道路自信、理论自信、制度自信、文化自信，自觉在以习近平同志为核心的党中央集中统一领导下开展工作，自觉维护以习近平同志为核心的党中央的权威。

第二十一条　坚持服务大局。在“五位一体”总体布局和“四个全面”战略布局下谋划和推进关心下一代工作，把新发展理念和党的决策部署变成广大五老和青少年的自觉行动，不断提高服务大局的意识和能力，为实现“两个一百年”奋斗目标、实现中华民族伟大复兴中国梦贡献力量。

第二十二条　坚持服务青少年。始终把服务青少年作为工作的出发点和落脚点，更多地把注意力放在困难青少年身上，为他们排忧解难，办实事、做好事、解难事，维护青少年合法权益。

第二十三条　坚持改革创新。紧紧把握新时代脉搏，坚持问题导向、需求导向、发展导向，深入探索新形势下关心下一代工作规律，努力开创新时代关心下一代工作新局面。

第二十四条　坚持发挥五老作用。按照自愿参加、就地就近、量力而行、尽力而为的原则，建设一支用习近平新时代中国特色社会主义思想武装的，素质高、人数众多、覆盖面广的五老队伍。对五老做到政治上尊重、思想上关心、生活上照顾、工作上支持，鼓励他们在时代的舞台上老有所为、发光发热。

第二十五条　坚持把工作重心放在基层。面向基层、依靠基层、深入基层、服务基层，尊重基层首创精神。大力加强基层关工委组织建设，聚焦五好关工委建设目标，切实加强对基层工作的支持、帮助和指导，形成长效机制，进一步夯实基层基础，使之成为关心下一代工作的坚强堡垒。

第二十六条　坚持建立健全体制机制。积极争取党委、政府的领导和支持，以党建带关建，建立完善“党委统一领导、党政齐抓共管、关工委主动作为、有关部门积极配合、社会各界广泛参与”的关心下一代领导体制和工作机制，为关工委工作的开展提供有力保证。

第四章　组织和制度

第二十七条　中国关工委实行主任负责制，按照集体领导、分工负责的原则开展工作。

第二十八条　中国关工委设名誉主任、顾问若干名，主任一名，常务副主任、副主任若干名，秘书长一名，副秘书长若干名。中国关工委主任由党中央任免。

第二十九条　中国关工委领导班子由主任、常务副主任、副主任、秘书长组成。领导班子全体会议由主任主持，每年召开一次，研究总结当年工作，安排来年工作，商定其他重要事项。

第三十条　中国关工委主任办公会议是中国关工委的议事机构，成员由主任、常务副主任、秘书长、副秘书长、办公室主任组成。主任办公会议由主任主持，每半月召开一次，根据需要可随时召开。主要职责是：学习贯彻党的基本理论、基本路线、基本方略，贯彻落实中国关工委领导班子全体会议的决定和工作部署，处理日常工作及其他需要议定的事项。

第三十一条　中国关工委下设办公室，为委员会日常办事机构。主要职责是：贯彻落实领导班子全体会议和主任办公会议决定的事项，处理日常事务，做好服务老同志、服务青少年、服务基层工作。办公室配备干部若干名，按公务员进行管理。加强办公室政治建设、思想建设、组织建设、作风建设、纪律建设、制度建设，推进“两学一做”学习教育常态化制度化，努力提高思想政治素养、理论水平和工作能力。关心办公室在职干部的成长。

第三十二条　加强直属事业单位管理，明确常务副主任分工负责，为关心下一代工作服务。直属事业单位要坚持公益性，坚决杜绝一切以关心下一代为名，以营利为目的的活动。

第三十三条　每年召开一次全国关心下一代工作会议、一次五老队伍建设成员单位联席工作会议。每五年召开一次全国关心下一代工作总结表彰大会。

第三十四条　按照有进有出、进出有序的原则调整和充实领导班子，保持关工委的生机和活力。

第五章　经　费

第三十五条　中国关工委的经费，实行预算管理，由财政全额拨付。坚持勤俭节约，反对铺张浪费。

第六章　附　则

第三十六条　本规则自颁布之日起实施。

第三十七条　本规则由中国关工委负责解释。

宁波市关心下一代工作委员会关于印发《宁波市关心下一代工作委员会工作规则》的通知

甬关工委〔2018〕8号

各区县（市）关工委、高校关工委、市直单位关工委、市民营经济关工委：

2009年9月印发的《宁波市关心下一代工作委员会工作规则》，对于规范宁波关工委体制机制和关爱服务青少年成长成才发挥了重要作用。党的十八大以来，我市各级关工委认真贯彻落实习近平总书记重要指示，积极探索新时代关心下一代工作的新路子新方法，形成“四化型”发展模式，有力推动了我市关心下一代工作全面发展。为进一步贯彻落实习近平新时代中国特色社会主义思想对关心下一代工作提出的新要求，我们对《宁波市关心下一代工作委员会工作规则》进行了修改，现印发给你们，请认真贯彻执行。

宁波市关心下一代工作委员会工作规则

第一章　总　则

第一条　为贯彻落实习近平新时代中国特色社会主义思想和党的十九大精神特别是习近平关于做好关心下一代工作的重要论述，根据党和国家有关青少年工作的法律法规、方针政策以及中央、省委和市委关于加强和改进党的群团工作的要求，进一步推进宁波市关心下一代工作委员会（简称宁波市关工委）工作科学化、制度化、规范化，结合我市工作实际，制定本规则。

第二条　宁波市关工委是市委批准成立的，是在市委、市政府领导下，以离退休老同志为主体、党政有关部门和群团组织负责人参加的，以关心、教育、培养青少年健康成长为目的的群众团体，是党和政府联系青少年的桥梁和纽带。

第三条　宁波市关工委工作宗旨是：高举中国特色社会主义伟大旗帜，以马克思列宁主义、毛泽东思想、邓小平理论、“三个代表”重要思想、科学发展观、习近平新时代中国特色社会主义思想为指导，坚持服务青少年的正确方向，坚持“急党政所急，想青少年所需，尽关工委所能”的工作方针和“围绕中心，服务大局，积极配合，主动作为”的工作定位，承担起教育引导青少年听党话、跟党走的政治任务，以改革创新精神全面推进关心下一代工作，着力加强青少年思想道德建设，教育引导青少年践行社会主义核心价值观，努力提高青少年的思想道德素质、科学文化素质和健康素质，支持和帮助青少年成长成才成功，做新时代中国特色社会主义事业的合格建设者和可靠接班人。

第四条 宁波市关工委积极组织和依靠老干部、老战士、老专家、老教师、老模范（简称“五老”）等开展工作，大力弘扬“忠诚敬业、关爱后代、务实创新、无私奉献”的“五老精神”，充分发挥老同志在关心下一代工作中的独特优势和重要作用。

第五条 宁波市关工委与各地、各部门及高校关工委在工作上是指导关系，通过组织部署、总结检查、协调支持、热情服务等方法，创造性地开展工作，努力推动各地区、各部门关工委工作不断开创新的局面。

第六条 宁波市关工委主动加强与党政有关部门和群团组织的联系和协作，在培养教育青少年工作中相互配合，相互支持，优势互补，通力合作，共同做好关心下一代工作。

第二章　工作原则

第七条 坚持党的领导。坚持走中国特色社会主义群团发展道路，保持和增强关工委工作的政治性、先进性、群众性，牢固树立政治意识、大局意识、核心意识、看齐意识。坚持在市委和市政府的领导下开展工作，认真贯彻落实市委和市政府对关心下一代工作的指示和要求，主动向市委和市政府请示、汇报工作。

第八条 坚持服务大局。坚持围绕中心、服务大局、服务发展，自觉在大局下思考和行动，找准工作的立足点、结合点、着力点；坚持突出重点、务求实效，全面推进关心下一代工作，为实现“两个一百年”奋斗目标、实现中华民族伟大复兴中国梦贡献力量。

第九条 坚持发挥“五老”作用。本着“志趣相同、专业相近”的理念，按照自愿参加、就地就近，因人而异、发挥所长，量力而行、主动作为的要求，建设一支用习近平新时代中国特色社会主义思想武装的，素质较高、人数众多、覆盖面广的“五老”队伍。要引导好、发挥好、保护好老同志的积极性，对“五老”做到政治上尊重、思想上关心、生活上照顾、工作上支持，鼓励他们在关心下一代事业的时代舞台上老有所为、发光发热。

第十条 坚持服务青少年。始终把服务青少年作为工作的出发点和落脚点，努力建立青少年服务体系，完善专业化服务方式，整合服务资源，提高服务水平。积极适应广大青少年的需求变化，更多地把注意力放在关爱困境青少年身上，更好地为他们办实事、做好事、解难事，维护青少年合法权益，不断增强关心下一代工作的针对性和实效性。

第十一条 坚持强化基层。关工委工作基础在基层，面向基层、深入基层、服务基层。坚持以党建带关建。以推进“五好”关工委建设为目标，大力加强基层关工委建设，切实加强对基层工作的指导和支持，努力巩固和扩大关工委基层组织覆盖面，进一步夯实基层基础，使之成为关心下一代工作的坚强堡垒。

第十二条 坚持改革创新。贯彻落实中央和省市委关于加强和改进党的群团工作的意见精神，坚持问题导向、需求导向、发展导向，发扬改革创新精神，深入研究新形势下关心下一代工作特点和规律，积极探索和推进新时代关工委工作的发展模式，不断总结新经验，树立新典型，奋力开创新时代关工委工作新局面。

第十三条 坚持完善组织领导体制。积极争取党委、政府的领导和支持，进一步完善“党委统一领导、党政齐抓共管、关工委主动作为、有关部门积极配合、社会各界广泛参与”的关心下一代组织领导体制，为关工委工作开创新局面提供有力保证。

第三章　工作任务

第十四条　加强青少年思想道德建设。把学习贯彻习近平新时代中国特色社会主义思想作为首要政治任务。在青少年中持续广泛开展多种形式的学习教育活动，增强青少年的中国特色社会主义道路自信、理论自信、制度自信、文化自信，坚定理想信念，立志听党话、跟党走，为实现中华民族伟大复兴中国梦努力奋斗。广泛开展社会主义核心价值观教育，强化教育引导和实践养成。深化中国特色社会主义和中国梦宣传教育，加强党史国史、改革开放史等教育，引导青少年树立正确的世界观、人生观、价值观，养成高尚的思想品质和良好的道德情操，成为担当民族复兴大任的时代新人。

第十五条　加强青少年的科学文化教育。教育引导青少年珍惜时光，勤奋学习，注重实践，努力掌握现代科学知识和劳动技能，提高服务社会、报效祖国的本领。组织大、中、小学生参加技能训练、科技创新、生产劳动、军事训练等社会实践活动，增强他们的实践能力和创新能力。组织企业青年职工、农村青年农民开展专业技术培训工作，提高他们的科学文化素质。

第十六条　加强青少年的关爱帮扶工作。依法积极动员社会力量，继续开展助学、助困、助残、助医、助孤等活动，参与关心下一代公益慈善事业，共同为青少年健康成长办实事、做好事、解难事。围绕中央关于“精准扶贫、精准脱贫”决策部署，积极开展扶贫帮困工作，通过扶智、扶志帮扶贫困青年脱贫致富。按照国务院和省、市政府要求，与相关部门协同做好农村留守儿童和困境儿童等群体的关爱与服务工作。开展家庭困难大学生和中小学生的关爱帮扶工作。

第十七条　加强青少年的身心健康教育。会同有关部门和单位建好用好青少年心理健康服务中心和心理咨询网，建设一支心理健康教育志愿者队伍，广泛开展心理健康宣传教育活动，引导青少年锻炼强健的体魄，养成良好的心理品质，培养身心健康、体魄强健、意志坚强的一代新人。

第十八条　加强青少年的法治教育。配合有关部门深入宣传《未成年人保护法》、《预防未成年人犯罪法》等法律法规，教育引导青少年提升法治观念和法治素养，自觉尊法学法守法用法，依法维护自身的合法权益。坚持预防为主，贯彻落实“教育、感化、挽救”方针，积极预防青少年违法犯罪，重视做好后进青少年的教育转化工作和失足青少年的帮教挽救工作。积极参与社会治理创新，做好重点青少年群体关爱服务工作。组织开展网上舆论引导、未成年人的网络保护工作。发挥“五老”在社区治理、文化环境整治等方面的作用，优化青少年成长的社会文化环境。

第十九条　积极参与群众性精神文明创建活动。组织开展老同志与青少年共建共进的文化、体育、环保和社会公益等活动，使青少年在参与文明创建的实践中提升文明素质。努力创造条件，推进爱国主义教育基地和青少年活动阵地的建设。重视家庭建设，注重家庭、注重家教、注重家风，强化家庭教育基础作用，积极促进学校教育、家庭教育、社会教育“三结合”的教育网络建设，配合有关部门和群众团体办好家长学校，帮助和引导家长提高科学教育子女的能力。

第二十条　切实加强关工委自身建设。按照建设学习型、服务型、创新型关工委的目标，建立和完善学习、培训、服务、激励等工作机制，定期举行宁波市关工委班子成员学习会。每年定期举办全市关工委系统干部和“五老”骨干培训班。进一步树立以青少年为中心的导向，不断提高服务意识、增强服务本领，关爱服务青少年健康成长。坚持勇于改革、勇于创新，全面推进关工委团队管理社团化、工作运行项目化，为关工委发展注入新的体制机制活力。

第二十一条　深入开展调查研究工作。经常了解青少年的所思所想所需，不断探索教育培养青少年健康成长的规律。针对关心下一代工作中带普遍性、倾向性的问题开展专题调研，用于解决问题、指导工作实践，并及时向市委、市政府和有关部门提出加强和改进关心下一代工作的意见建议。

第二十二条 加强舆论宣传工作。办好宁波市关工委的网站，发挥网络新媒体作用，积极推进网上关工委建设。做好向中国关工委、省关工委及市委、市政府的信息报送工作。加强与市委宣传部、文明办、新闻媒体等的联系，建立和完善大宣传格局，积极搞好关心下一代工作的舆论宣传工作，努力营造全社会重视支持关心下一代事业的良好氛围。

第二十三条 注重总结宣扬先进典型和经验。积极总结、树立、推广、宣传先进典型和工作品牌。定期评选表彰全市关心下一代工作先进集体和先进个人，以典型和品牌建设带动面上工作深入开展。

第二十四条 完成市委、市政府和上级关工委交办的其他工作任务。

第四章 组织和制度

第二十五条 宁波市关工委设主任 1 名、副主任若干名（其中专职副主任 1 名、离退休老同志 2 至 3 名）、委员若干名组成，设秘书长 1 名；聘请若干名离退休老领导担任名誉主任、顾问。市关工委主任由市委任免。

第二十六条 宁波市关工委坚持民主集中制原则，按照集体领导，分工负责的要求开展工作。

第二十七条 宁波市关工委全委会或全委扩大会原则上每年召开一次，由主任主持，主要任务是：审议和通过本年度工作总结；讨论和批准下年度工作计划；讨论决定其他重要事项。市关工委在全委会闭幕期间，由主任办公会议主持日常工作。

第二十八条 宁波市关工委主任办公会议是宁波市关工委的议事机构，成员由主任、专职副主任、驻会副主任、秘书长、办公室主任组成。主要职责是：学习贯彻党的基本理论、基本路线、基本方略，传达贯彻市委市政府的重要工作部署和有关青少年工作的要求、上级关工委有关会议精神和重要的工作安排，贯彻落实宁波市关工委领导班子全体会议的决定和工作部署，总结和安排工作，研究决定有关重要事项，处理日常工作及其他需要议定的事项。主任办公会议由主任主持，每月召开一次，根据需要可随时召开。

第二十九条 宁波市关工委下设办公室，为委员会日常办事机构。主要职责是：贯彻落实领导班子全体会议和主任办公会议决定的事项，处理日常事务，做好服务老同志、服务青少年、服务基层工作。办公室配备干部若干名，按公务员进行管理。加强办公室政治建设、思想建设、组织建设、作风建设、纪律建设、制度建设，努力提高思想政治素养、理论水平和工作能力。关心办公室在职干部的成长。

第三十条 加强对宁波市关心下一代基金会管理，明确专职副主任分工负责，为关心下一代工作服务。宁波市关心下一代基金会要坚持公益性，坚决杜绝一切以关心下一代为名，以营利为目的的活动。

第三十一条 市关工委根据工作需要，可设若干工作机构，以更好地推动各项工作的深入开展。

第三十二条 市关工委每年召开一次全市关心下一代工作会议。每两年召开一次全市关心下一代工作总结表彰大会。

第三十三条 按照有进有出、进出有序的原则调整和充实领导班子，保持关工委的生机和活力。

第五章　经　费

第三十四条　宁波市关工委的经费，由市政府财政部门全额拨付，实行预算管理，做到勤俭节约，合理使用。也可以接受有关部门、海内外人士和社会各界的赞助。

第六章　附　则

第三十五条　本规则自颁布之日起实施。

第三十六条　本规则由宁波市关工委负责解释和修改。

中共宁波市委组织部　宁波市关心下一代工作委员会
关于进一步加强民营企业关工委工作的意见

甬关工委〔2017〕7号

各区县（市）委组织部、关工委：

近年来，各地贯彻落实市委、市政府《关于进一步加强关工委工作的意见》（甬党〔2009〕16号）精神，积极推进民营企业关工委工作，目前已在1769家规模以上民营企业建立关工委组织，其中107家被命名为宁波市“五好”民营企业关工委，为加强民营企业关心下一代工作奠定了坚实基础。为全面贯彻落实省、市有关文件精神，进一步加强民营企业关工委工作，引导民营企业关工委在关爱青年职工成长成才、促进民营企业提质增效中发挥积极作用，特提出如下意见。

一、深刻认识做好民营企业关工委工作的重要意义

民营经济是我市经济发展的重要支柱，是加快建设名城名都的重要力量。民营企业关工委是在企业党组织和企业行政主管领导下，有在职的企业负责人和企业党建工作分管领导、行政部门负责人、群众团体负责人参加，有老企业家、老党员、老专家、老模范、老职工等参与，以教育、引导、关爱青年职工成长成才为目标的群众性工作组织。在民营企业建立关工委组织，充分发挥关工委在教育引导关爱青年职工方面所具有的独特优势和作用，对于帮助青年职工成长成才，推动民营企业转型升级，促进社会和谐稳定，具有重要的意义。各地组织部门和关工委要深刻认识加强民营企业关工委工作的重要性和必要性，切实增强使命感和责任感，推进民营企业关心下一代工作取得新发展、迈上新台阶。

二、积极推进民营企业关工委的组织建设

各地组织部门和关工委要高度重视民营企业关工委的组织建设，紧紧围绕建设学习型、服务型、创新型关工委的总要求，深入开展创建“五好”关工委活动，不断增强民营企业关工委的凝聚力执行力影响力。

（一）着力抓好民营企业关工委的组建工作。按照党建带动关工委建设的基本思路，坚持因势利导、分类指导，先易后难、稳步推进的原则，积极稳妥地推进民营企业关工委的组建工作。根据企业不同规模不同特点，分类分批组建企业关工委，做到条件成熟一个建一个，成熟一批建一批。要紧跟党建步伐，重点抓好已建党组织的规模以上民营企业建立关工委组织。对于尚未建立党组织的规模以上民营企业，要在帮助其建立党组织的基础上，再建立关工委组织。中小民营企业相对集中的开发园区和商贸区，可依托区域性党组织，组建区域性关工委。对一些相对分散的小型企业，可依托商会或行业协会党组织，建立行业性关工委。乡镇（街道）、村（社区）中规模较小、人数较少的民营企业，可采取属地联建的形式，依托基层党组织，组建企企联合关工委。

（二）着力抓好民营企业关工委领导班子建设。民营企业关工委由主任、常务副主任、副主任、委员组成，主任一般由企业董事长或企业党组织书记兼任，常务副主任、副主任由企业党组织负责人或企业行政负责人担任，委员由企业党建工作部门、行政部门、群众团体负责人及企业退休老企业家、老科技人员、老模范等担任，也可聘请当地已退休的老干部、老教师、老专家、老模范等担任。民营企业关工委及其领导班子由所在企业党组织批准、公布，并报所在地乡镇（街道）关工委备案。尚未建立党组织的民营企业建立关工委，由所在地乡镇（街道）或村（社区）关工委批准、公布。依托开发园区、商贸区和商会、行业协会建立的民营企业关工委，由所在开发园区、商贸区和商会、行业协会党组织批准、公布。

（三）着力抓好民营企业关工委骨干队伍建设。要顺应形势发展变化和青年职工需求，重视在团队组合、人员管理上探索创新。深入挖掘企业内部潜力，以组合联谊化的方式，通过"内聘外请"等方法，积极动员企业和企业所在地的老企业家、老科技人员、老模范、老党员、老职工参与企业关心下一代工作，组成若干工作团队，有目的有计划地组织开展内容丰富、形式多样的活动。

（四）着力抓好"五好"民营企业关工委创建工作。按照《关于开展创建"五好"民营企业关工委活动的通知》要求，广泛深入地开展争创"五好"民营企业关工委活动。重点要在领导班子建设上达标创优，选优配强企业关工委领导班子，尤其要配好常务副主任，做到有人谋事、有人管事、有人干事，强化企业关工委组织功能。重点要在健全制度、落实执行上达标创优，进一步建立完善学习制度、会议制度、工作计划制度和表彰奖励制度等，切实加强民营企业关心下一代工作制度化规范化建设。

三、充分发挥民营企业关工委的重要作用

民营企业关工委要坚持"急企业所急、想青年职工所需、尽关工委所能"的工作方针，按照服务企业、服务青年职工、服务社会的指导原则，积极发挥关工委独特的组织优势和队伍优势，着力提高青年职工的思想道德素质、科学文化素质和健康素质，努力促进民营企业持续健康发展，不断为社会文明进步作出贡献。

（一）积极开展思想道德教育活动。以社会主义核心价值观教育为主线，充分利用重要节庆日、纪念日等契机，开展党史国史教育、革命传统教育和改革开放教育，增强青年职工爱党爱国爱社会主义的思想情感。加强职业道德教育，引导和帮助青年职工增强爱岗敬业的职业道德意识。

（二）积极开展法治教育活动。采用专题讲座、法律知识竞赛等方法，组织青年职工学习国家有关法律法规和企业规章制度，教育引导青年职工增强法治意识，自觉遵法守法用法，自觉执行企业规章制度。协助企业党群组织积极做好有效防范青年职工违法犯罪和失足青年职工的帮教工作。

（三）积极开展科学文化教育活动。帮助企业制定青年职工培训计划和有关激励措施，通过校企合作办学、企业开办职工学校、老师傅传帮带、技术比武等方法，多渠道多形式地开展教育培训工作，组织青年职工学文化、学技能、学管理，引导和激励青年职工掌握新知识、提高新技能、增长新本领。

（四）积极开展企业文化建设活动。会同企业群团组织，推动企业文化阵地建设和企业文体团队建设。依托企业各类文化阵地，有计划地组织青年职工开展文化体育活动，丰富青年职工的业余文化生活，促进青年职工身心健康。

（五）积极开展关爱服务活动。采取各种有效举措，帮助青年职工解决工作、学习、生活中遇到的实际困难，创办企业“四点钟学校”和“假日学校”，努力为青年职工办实事办好事。组织和动员青年职工参与城乡精神文明创建活动，参加结对助学、扶贫济困、抗灾救灾、“五水共治”等社会志愿服务，引导青年职工服务社会、奉献爱心。

四、切实加强对民营企业关工委工作的领导

民营企业关心下一代工作是一项重要工作。各地组织部门、关工委要高度重视，切实加强组织领导，不断推动民营企业关工委工作上新水平。

（一）把民营企业关工委工作纳入民营企业党建工作的整体布局。每年初，各级组织部门在制定民营企业党建工作计划时，要把民营企业关工委工作纳入企业党建工作计划，作为基层党建年度考核的内容，在党建工作框架内统筹安排、协调推进。各级关工委要积极主动做好各级组织部门的参谋和助手，扎扎实实地做好民营企业关工委建设的组织指导工作。

（二）坚持突出重点分类施策。各区县（市）关工委要按照抓好重点带动一般的工作思路，依靠开发园（区）、商贸区和商会、行业协会党组织和乡镇（街道）党组织，下功夫抓好规模以上民营企业关工委组建和组建后的作用发挥工作。要深入基层调查研究，根据不同区域不同类型关工委组织发展和作用发挥方面存在的问题，提出有针对性的改进意见。

（三）努力推进民营企业关工委创新发展。各区县（市）关工委要重视研究民营企业关心下一代工作的新情况新问题，及时总结推广工作中的好经验好做法，借鉴“四化型”发展模式，积极探索创新，着力在转观念、创机制、建制度上求突破。加强与工青妇等群团组织的联系，在建立组织、开展活动、发挥作用等方面合力推进。重视发挥先进典型的示范带动作用，及时培育和推广先进典型，不断推进民营企业关工委工作创新发展。

县级党政机关及关工委主要文件

中共宁海县委　宁海县人民政府关于进一步加强关心下一代工作的意见

宁党发〔2009〕54号

为认真贯彻落实《中共宁波市委、宁波市人民政府关于进一步加强关工委工作的意见》（甬党〔2009〕16号文件）精神，更好地发挥各级关工委在教育培养青少年工作中的独特优势和作用，不断开创我县关心下一代工作的新局面，现就进一步加强我县关工委工作提出如下意见。

一、提高认识，进一步明确新形势下加强关工委工作的重要性和必要性

青少年是祖国的未来，民族的希望，高度重视青少年的健康成长，是我党的优良传统，全党全社会一定要更加自觉地担负起青少年教育和培养的光荣任务。

（一）关工委组织是党和国家关心青少年健康成长，重视发挥“五老”优势和特殊作用的重要举措，是一项具有中国特色的伟大创举。我县关心下一代工作委员会（以下简称“关工委”）成立近20年来，坚持以毛泽东思想、邓小平理论和“三个代表”重要思想为指导，深入贯彻落实科学发展观，在各级党委、政府的领导和重视下，为促进青少年健康成长做了大量卓有成效的工作，为推进和谐新宁海和新农村建设发挥了重要作用。

（二）关心下一代的健康成长是全党全社会的共同任务。《中共中央国务院关于进一步加强和改进未成年人思想道德建设的若干意见》（中发〔2004〕8号文件）指出“要重视关心下一代工作委员会的工作，支持他们为加强和改进未成年人思想道德建设贡献力量。”关工委是在党和政府领导下，以离退休老同志为主体，有党政有关部门和群众团体负责人参加的关心青少年健康成长的重要组织和工作机构，是党委和政府领导青少年教育工作的参谋和助手，联系青少年的桥梁和纽带。关工委的根本宗旨和任务是把青少年培育成为德、智、体、美全面发展的中国特色社会主义事业的合格建设者和可靠接班人。各地各部门要从确保党和国家事业后继有人和社会主义事业兴旺发达的高度，从全面建设小康社会和实现中华民族伟大复兴的高度，从全面贯彻落实科学发展观，加快和谐新宁海建设的高度，充分认识加强关心下一代工作的重要性和必要性，进一步增强做好关心下一代工作的责任感和使命感，切实加强对关心下一代工作的领导，把这项功在千秋利在当代的大事业抓紧抓好，抓出成效来。

二、明确任务，着力发挥关工委在教育培养青少年健康成长中的特殊作用

各级关工委要按照党的十七届四中全会提出的新任务新要求，围绕中心，服务大局，立足实际，突出重点，注重实效，充分发挥离退休老同志和农村（社区）老党员、老干部的优势和作用，努力做到“急党政所急，想青少年所需，尽关工委所能”，为促进我县青少年的健康成长、成才作出新的贡献。

（三）加强青少年的社会主义核心价值体系教育。坚持用马克思主义中国化最新成果武装青少年，用中国特色社会主义共同理想激励青少年，用以爱国主义为核心的民族精神和以改革创新为核心的时代精神鼓舞青少年，用社会主义荣辱观教育青少年，帮助和引导他们树立正确的世界观、人生观和价值观。

（四）加强青少年的科学文化教育。充分发挥“五老”的优势，采用多种形式，通过多种渠道，教育引导青少年努力学习，增长才干。利用节假日，组织中小学生开展校外实践活动，提高他们的创新能力和实践能力。

（五）加强青少年的心理健康教育。通过广泛的宣传教育活动，引导青少年养成良好的心理品质。

（六）加强青少年的法制教育。主动配合政法等有关部门和关爱工作团，在青少年中深入宣传《中华人民共和国义务教育法》、《中华人民共和国未成年人保护法》、《中华人民共和国预防未成年人犯罪法》等法律法规，教育引导青少年增强法制观念，使他们自觉学法、懂法、守法、用法，依法维护自身的合法权益。切实做好失足青少年的帮教工作，着力预防和减少未成年人违法犯罪。要充分发挥“五老”文化市场义务监督员的作用，加强对营业性网吧、校园周边环境的监督，努力营造有利于青少年健康成长的社会环境。

（七）积极促进学校、家庭、社会“三结合”的教育网络建设。要充分发挥校外辅导员、爱国主义宣讲团（组）的作用，协助学校抓好思想道德教育，配合有关部门办好家长学校，积极创建假日学校，有侧重地推进社会教育。积极推进社区、农村青少年和企业青年职工的思想道德教育，以提高他们的综合素质。

（八）充分发挥“五老”的优势，坚持为青少年办实事做好事。积极动员社会各方面的力量，开展助学、助困助残、助医等活动，努力为青少年的健康成长、成才创造条件。

（九）结合本地实际，开展特色活动。各级关工委要坚持以人为本的理念，认真研究新时期青少年成长过程中出现的新情况、新问题，把握青少年健康成长的新规律、新特点，积极探索和总结推广有利于青少年健康成长的新手段、新载体。要积极打造关心下一代工作品牌，继续深入开展“村（社）校共建‘三好四无’创建活动”、“假日学校”、“千名‘五老’结对关爱农村未成年人”

等富有特色的活动，培育新亮点，总结新经验，打造新品牌，从多方面来提高青少年的综合素质，不断推进全县关心下一代工作深入开展，为推进新农村建设和建设和谐新宁海做出贡献。

三、不断创新，全面推进各级关工委组织建设

加强关工委组织的全面建设，是做好关心下一代工作在新形势下科学发展的重要保证，各乡镇党委、街道党工委、县直各单位党组织要高度重视关工委组织的全面建设，切实做到各级关工委有组织、有队伍、有制度、有活动、有阵地、有经费，确保我县关心下一代工作规范、有序地科学发展。

（十）进一步加强组织网络建设。我县关工委组织网络建设虽已较为完善，但发展还不够均衡，必须进一步加强基层关工委组织建设，已建立关工委的要努力达到“六有”关工委要求。对规模以上的企业应积极创造条件建立关工委组织，进一步健全各级关工委组织网络体系。

（十一）进一步加强领导班子建设。要配好配强关工委领导班子，及时选配身体健康、热心关心下一代工作、有威望、有能力的低龄老同志充实到领导班子，不断优化领导班子成员的年龄、知识结构。领导班子成员变动后，要及时进行调整补充。各级关工委领导班子配备：县关工委配专职副主任，可由退出现职领导岗位的在职干部担任，在任职期间保持原有待遇；县关工委设立办公室，配2名专职工作人员，在现有编制内调剂解决，办公室主任按照部门中层干部职级配备；驻会退休老同志人数以3到5人为宜。各乡镇（街道）关工委主任由同级党委（党工委）分管领导兼任；常务副主任一般由同级领导班子成员退到二线的同志担任，负责关工委的日常工作，在任职期间，保持原有待遇；乡镇（街道）关工委设办公室，可配1-2名专职人员（可由现职干部兼任或聘请退休人员）。各级关工委领导班子由各级党委批准、公布。

（十二）进一步加强“五老”队伍建设。广大老干部、老专家、老教师、老党员、老年协会骨干是教育培养青少年的宝贵财富和不可替代的重要力量，各地各部门要重视做好宣传发动工作，特别是组织、人事和老干部工作部门要采取有效措施，组织动员更多老同志参加到关心下一代工作中来，形成一支专兼结合、人数众多、覆盖面较广的关心下一代工作队伍。进一步加强宣讲团、关爱工作团、校外辅导员、文化市场义务监督员队伍建设，更好地发挥“五老”队伍的作用。县委组织部要把县关工委班子成员和乡镇（街道）关工委常务副主任列入党校培训计划，以提高他们的知识业务水平。要发挥好、保护好老同志的积极性和创造性，为他们开展工作创造良好的条件。各乡镇（街道）、县直各单位都要关心从事关心下一代工作的老同志的健康和生活，以激发他们从事关心下一代工作的热情。

（十三）进一步加强思想作风建设。各级关工委要按照《宁海县关心下一代工作委员会工作规则》认真开展工作。按照创建“学习型、服务型、创新型、调研型”关工委的要求，重视加强自身的思想作风建设。坚持用科学发展观统领关心下一代工作，不断创新观念、振奋精神，坚持面向基层、服务基层，扎扎实实地做好社区、农村和企业的关工委工作，为党委、政府加强青少年思想道德教育工作当好参谋助手。各级关工委要按照各自的《工作规则》认真开展工作，建立完善各项规章制度，总结推广先进典型和经验，不断推进关心下一代工作的深入开展。

四、加强领导，着力营造全社会都来关心下一代工作的良好氛围。

关心青少年健康成长，关键在于领导，各地各部门要为青少年健康成长，发挥应有作用，做出应有贡献。

（十四）各地各部门要高度重视关工委工作。要把这项工作摆上重要位置，列入整体工作计划，纳入议事日程，纳入精神文明建设总体规划，纳入目标考核责任制。要明确一名领导分管关工委工作，县委每年研究关工委工作一次，听取县关工委工作汇报，提出任务和要求。各乡镇（街道）、县直各单位要定期或不定期地听取关工委汇报，研究解决工作中的实际问题。党委、政府召开的涉及全局性的工作会议和有关精神文明建设、思想政治工作等专题性会议要通知关工委负责同志参加。

（十五）相关部门和群众团体组织要积极支持关工委工作。组织、宣传、政法、教育、文化、老干部、法院、公安、卫生、体育、财政、民政等部门和共青团、工会妇联、科协等群众组织要加强与关工委的联系，相互配合。相互支持，形成合力，共同做好关心下一代工作。宣传部门和新闻媒体要大力宣传新形势下做好关心下一代工作的重要意义，宣传“五老”教育培养青少年的感人事迹，积极营造良好的社会氛围。

（十六）要积极改善关工委工作条件。各乡镇（街道）、县直各单位要为关工委提供所需的办公用房和设施，切实解决工作中的实际问题和困难，按照中发〔2004〕8号文件的要求，把同级关工委所需工作经费纳入年度财政预算，并随着财政收入的增长逐步加大支持力度。村（社区）、学校、企业等单位关工委所需工作经费，由所在单位根据实际需要尽力给予支持，以确保工作经常开展。

（此件发至各乡镇党委、人民政府，各街道党工委、办事处，县直各单位）

中共宁海县委办公室、宁海县人民政府办公室关于印发《宁海县关心下一代工作委员会工作规则》的通知

〔2020〕24号

各乡镇党委、人民政府，各街道党工委、办事处，县直及部省市属各单位：

《宁海县关心下一代工作委员会工作规则》已经县委、县政府同意，现印发给你们，请认真遵照执行。

宁海县关心下一代工作委员会工作规则

第一章　总　则

第一条　为贯彻落实习近平新时代中国特色社会主义思想特别是习近平关于做好关心下一代工作的重要论述，根据党和国家有关青少年工作的法律法规、方针政策以及中央、省委、市委和县委关于加强和改进党的群团工作的要求，进一步推进宁海县关心下一代工作委员会（简称宁海县关工委）工作科学化、制度化、规范化，结合我县工作实际，制定本规则。

第二条　宁海县关工委是在县委、县政府领导下，以离退休老同志为主体、党政有关部门和群团组织负责人参加的，以关心、教育、培养青少年健康成长为目的的群众团体，是党和政府联系青少年的桥梁和纽带。

第三条　宁海县关工委工作宗旨是：高举中国特色社会主义伟大旗帜，以马克思列宁主义、毛泽东思想、邓小平理论、“三个代表”重要思想、科学发展观、习近平新时代中国特色社会主义思想为指导，坚持服务青少年的正确方向，坚持“急党政所急，想青少年所需，尽关工委所能”的工作方针和“围绕中心，服务大局，积极配合，主动作为”的工作定位，承担起教育引导青少年听党话、跟党走的政治任务，以改革创新精神全面推进关心下一代工作，着力加强青少年思想道德建设，教育引导青少年践行社会主义核心价值观，努力提高青少年的思想道德素质、科学文化素质和

健康素质，支持和帮助青少年成长成才成功，做新时代中国特色社会主义事业的合格建设者和可靠接班人。

第四条　宁海县关工委积极组织和依靠老干部、老战士、老专家、老教师、老模范（简称“五老”）等开展工作，大力弘扬“忠诚敬业、关爱后代、务实创新、无私奉献”的“五老精神”，充分发挥老同志在关心下一代工作中的独特优势和重要作用。

第五条　宁海县关工委与全县各地、各部门关工委在工作上是指导关系，通过组织部署、总结检查、协调支持、热情服务等方法，创造性地开展工作，努力推动各地区、各部门关工委工作不断开创新的局面。

第六条　宁海县关工委主动加强与党政有关部门和群团组织的联系与协作，在培养教育青少年工作中相互配合，相互支持，优势互补，通力合作，共同做好关心下一代工作。

第二章　工作原则

第七条　坚持党的领导。坚持走中国特色社会主义群团发展道路，保持和增强关工委工作的政治性、先进性、群众性，牢固树立政治意识、大局意识、核心意识、看齐意识。坚持在县委和县政府的领导下开展工作，认真贯彻落实县委和县政府对关心下一代工作的指示和要求，主动向县委和县政府请示、汇报工作。

第八条　坚持服务大局。坚持围绕中心、服务大局、服务发展，自觉在大局下思考和行动，找准工作的立足点、结合点、着力点；坚持突出重点、务求实效，全面推进关心下一代工作，为实现“两个一百年”奋斗目标、实现中华民族伟大复兴中国梦贡献力量。

第九条　坚持发挥“五老”作用。本着“志趣相同、专业相近”的理念，按照自愿参加、就地就近，因人而异、发挥所长，量力而行、主动作为的要求，建设一支用习近平新时代中国特色社会主义思想武装的，素质较高、人数众多、覆盖面广的“五老”队伍。要引导好、发挥好、保护好老同志的积极性，对“五老”做到政治上尊重、思想上关心、生活上照顾、工作上支持，鼓励他们在关心下一代事业的时代舞台上老有所为、发光发热。

第十条　坚持服务青少年。始终把服务青少年作为工作的出发点和落脚点，努力建立青少年服务体系，完善专业化服务方式，整合服务资源，提高服务水平。要适应广大青少年的需求变化，更多地把注意力放在关爱困境青少年身上，更好地为他们办实事、做好事、解难事，维护青少年合法权益，不断增强关心下一代工作的针对性和实效性。

第十一条　坚持强化基层。关工委工作基础在基层，要面向基层、深入基层、服务基层。坚持以党建带关建，以推进“五好”关工委建设为目标，大力加强基层关工委建设，切实加强基层工作的指导和支持，努力巩固和扩大关工委基层组织覆盖面，进一步夯实基层基础，使之成为关心下一代工作的坚强堡垒。

第十二条　坚持改革创新。贯彻落实中央和省市县委关于加强和改进党的群团工作的意见精神，坚持问题导向、需求导向、发展导向，发扬改革创新精神，深入研究新形势下关心下一代工作特点和规律，积极探索和推进新时代关工委工作的发展模式，不断总结新经验，树立新典型，奋力开创新时代关工委工作新局面。

第十三条　坚持完善组织领导体制。积极争取党委、政府的领导和支持，进一步完善“党委统一领导、党政齐抓共管、关工委主动作为、有关部门积极配合、社会各界广泛参与”的关心下一代组织领导体制，为关工委工作开创新局面提供有力保证。

第三章 工作任务

第十四条 加强青少年思想道德建设。把学习贯彻习近平新时代中国特色社会主义思想作为首要政治任务。在青少年中持续广泛开展多种形式的学习教育活动，增强青少年的中国特色社会主义道路自信、理论自信、制度自信、文化自信，坚定理想信念，立志听党话、跟党走，为实现中华民族伟大复兴中国梦努力奋斗。广泛开展社会主义核心价值观教育，强化教育引导和实践养成。深化中国特色社会主义和中国梦宣传教育，加强党史国史、改革开放史等教育，引导青少年树立正确的世界观、人生观、价值观，养成高尚的思想品质和良好的道德情操，成为担当民族复兴大任的时代新人。

第十五条 加强青少年的科学文化教育。教育引导青少年珍惜时光，勤奋学习，注重实践，努力掌握现代科学知识和劳动技能，提高服务社会、报效祖国的本领。组织广大中、小学生参加技能训练、科技创新、生产劳动、军事训练等社会实践活动，增强他们的实践能力和创新能力。组织企业青年职工、农村青年农民开展专业技术培训工作，提高他们的科学文化素质。

第十六条 加强青少年的关爱帮扶工作。依法积极动员社会力量，继续开展助学、助困、助残、助医、助孤、奖学等活动，参与关心下一代公益慈善事业，共同为青少年健康成长办实事、做好事、解难事，通过扶智、扶志等帮助广大青年就地创业、岗位成才、建功立业。按照国务院和省、市、县政府要求，与相关部门协同做好农村留守儿童和困境儿童等群体的关爱与服务工作。开展家庭困难大学生和中小学生的关爱帮扶工作。

第十七条 加强青少年的身心健康教育。会同有关部门和单位建好用好青少年心理健康服务中心和心理咨询网，建设一支心理健康教育志愿者队伍，广泛开展心理健康宣传教育活动，引导青少年锻炼强健的体魄，养成良好的心理品质，培养身心健康、体魄强健、意志坚强的一代新人。

第十八条 加强青少年的法治教育。配合有关部门深入宣传《未成年人保护法》、《预防未成年人犯罪法》等法律法规，教育引导青少年提升法治观念和法治素养，自觉尊法学法守法用法，依法维护自身的合法权益。坚持预防为主，贯彻落实“教育、感化、挽救”方针，积极预防青少年违法犯罪，重视做好后进青少年的教育转化工作和失足青少年的帮教挽救工作。积极参与社会治理创新，做好重点青少年群体关爱服务工作。组织开展网上舆论引导、未成年人的网络保护工作。发挥“五老”在社会治理、文化环境整治等方面的作用，优化青少年成长的社会文化环境。

第十九条 积极参与群众性精神文明创建活动。组织开展老同志与青少年共建共进的文化、体育、环保和社会公益等活动，使青少年在参与文明创建的实践中提升文明素质。按照“自建自用、他建我用、共建共用”的原则，积极推进爱国主义教育基地和青少年活动阵地的建设。重视家庭建设，注重家庭、注重家教、注重家风，强化家庭教育基础作用，不断加强学校教育、家庭教育、社会教育“三结合”的教育网络建设，配合有关部门和群众团体办好家长学校，帮助和引导家长提高科学教育子女的能力。

第二十条 切实加强关工委自身建设。按照建设学习型、服务型、创新型关工委的目标，建立和完善学习、培训、服务、激励等工作机制，定期举行宁海县关工委班子成员学习会。每年定期举办全县关工委系统干部和“五老”骨干培训班。进一步树立以青少年为中心的导向，不断提高服务意识、增强服务本领，关爱服务青少年健康成长。坚持改革创新，全面推进关工委团队管理社团化、工作运行项目化，为关工委发展注入新的体制机制活力。

第二十一条 深入开展调查研究工作。经常了解青少年的所思所想所需，不断探索教育培养青少年健康成长的规律。针对关心下一代工作中带普遍性、倾向性的问题开展专题调研，用于解决问题、指导工作实践，并及时向县委、县政府和有关部门提出加强和改进关心下一代工作的意见建议。

第二十二条　加强舆论宣传工作。办好宁海县关心下一代工作简报和网站，发挥网络新媒体作用，积极推进网上关工委建设。做好向中国关工委、省市关工委及县委、县政府的信息报送工作。加强与县委宣传部、文明办、新闻媒体等的联系，建立和完善大宣传格局，积极抓好关工文化建设和关心下一代工作的舆论宣传工作，努力营造全社会重视支持关心下一代事业的良好氛围。

第二十三条　注重工作经验和先进典型的总结推介。认真总结、树立、推广、宣传先进典型、工作经验成果和亮点特色工作品牌。定期评选表彰全县关心下一代工作先进集体、“最美五老”和先进个人，以典型和品牌建设带动面上工作深入开展。

第二十四条　完成县委、县政府和上级关工委交办的其他工作任务。

第四章　组织和制度

第二十五条　宁海县关工委设主任1名、常务副主任1名、副主任和委员若干名，设秘书长1名；聘请县级领导和若干名离退休老领导分别担任名誉主任、顾问。

第二十六条　宁海县关工委与宁海县关心下一代志愿者协会合署办公，对外两块牌子，对内一套班子。关工委和协会根据工作需要可设若干工作机构，形成“关工委+协会+工作团队”服务体系。

第二十七条　宁海县关工委坚持民主集中制原则。按照集体领导，分工负责的要求开展工作。

第二十八条　宁海县关工委建立全委会、成员单位联席会议和主任办公会议制度。全委会或全委扩大会原则上每年召开一次，由主任或常务副主任主持，主要任务是：审议和通过本年度工作总结，讨论和批准下年度工作计划，讨论决定其他重要事项。县关工委成员单位联席会议原则上每半年召开一次，由常务副主任主持，主要任务是：学习传达上级指示精神，总结交流工作情况，分析研判形势，部署阶段性和专项工作任务。主任办公会议是宁海县关工委的议事机构，成员由主任、常务副主任、驻会副主任、秘书长、副秘书长、办公室主任组成。主要职责是：学习贯彻党的基本理论、基本路线、基本方略，传达贯彻县委县政府的重要工作部署和有关青少年工作的要求、上级关工委有关会议精神和重要的工作安排，贯彻落实宁海县关工委全委会、联席会议的决定和工作部署，总结安排工作，研究决定有关重要事项，处理日常工作及其他需要议定的事项。主任办公会议由主任或常务副主任主持，一般每月召开一次，根据需要可以随时召开。

第二十九条　宁海县关工委下设的办公室为委员会日常办事机构。办公室配备专职工作人员。办公室的主要职责是：贯彻落实领导班子全委会、联席会议和主任办公会议决定的事项，处理日常事务，做好服务老同志、服务青少年、服务基层工作。

第三十条　加强对宁海县关心下一代工作基金管理。宁海县关心下一代基金要坚持公益性，专款专用，坚决杜绝一切以关心下一代为名，以营利为目的的活动。

第三十一条　宁海县关工委每年召开一次全县关心下一代工作会议。每两年召开一次全县关心下一代工作总结表彰大会。

第三十二条　按照有进有出、进出有序的原则调整和充实领导班子，保持关工委的生机和活力。

第五章　经　费

第三十三条　宁海县关工委的经费，列入县财政预算管理，做到勤俭节约，合理使用。也可以接受有关部门、海内外人士和社会各界的赞助。

第六章　附　则

第三十四条　本规则自颁布之日起实施。

第三十五条　本规则由宁海县关工委负责解释和修改。

宁海县关心下一代工作委员会　关于在乡镇（街道）关工委中开展创建“五好”关工委活动的实施方案

宁关〔2012〕6号

各乡镇、街道关工委：

为了贯彻落实宁波市关工委《关于在镇乡（街道）创建“五好”关工委活动的通知》的精神，结合我县实际，特制定开展创建“五好”关工委活动实施方案。

一、指导思想

高举中国特色社会主义伟大旗帜，以邓小平理论和“三个代表”重要思想为指导，以科学发展观为统领；围绕党委“建设滨海生态县、打造人居幸福地”的目标，坚持以基层为重点的工作思路，充分发挥“五老”在关心下一代工作中的优势和作用，促进乡镇（街道）关工委全面建设；努力培育中国特色社会主义事业的合格建设者和可靠接班人，进一步开创宁海县关心下一代工作新局面。

二、具体标准

上级关工委提出的“五好”关工委的条件是：“领导班子建设好、骨干队伍作用好、制度健全执行好、活动经常效果好、积极探索创新好。”为了便于把握，我们提出了“五好”关工委的具体标准：

（一）领导班子建设好

乡镇（街道）关工委组织齐全，其领导班子成员由在职领导干部和党政有关部门、工商部门、群团组织负责人、“五老”组成，一般由9~11人组成。主任由同级党委（党工委）分管领导兼任；必须配备常务副主任，一般由同级领导班子成员退到二线的同志担任，负责日常工作。班子成员有明确分工，团结合作，工作热情高。积极指导和加强村（社区）、学校关工委建设，实现全覆盖。积极推进企业关工委组织建设。主动争取各部门的支持。乡镇（街道）关工委设立办公室，有1~2名专兼职人员，负责日常行政事务工作，充分发挥办公室的参谋、协调、综合、服务作用。

认真总结经验，及时向上级关工委提供活动开展的信息。创新工作思路，注重调查研究。对一些专题进行比较深入的探讨和研究，争取每年能写出1~2篇论文或调研报告。关工委班子要加强学习，认真学习上级精神，虚心学习外单位经验，努力提高自身素质，强化工作能力，以适应工作需要。

（二）骨干队伍作用好

摸清“五老”的基本情况，建立“五老”档案库。通过各种形式动员更多的“五老”参加关心下一代工作，不断壮大和充实“五老”队伍，认真组织和积极发挥“五老”作用，活动正常，并取得明显成效，要求有30%以上“五老”参与关心下一代工作，并建立“两团两组”，即爱国主义讲师团、关爱工作团和校外辅导员、网吧义务监督员骨干队伍，并建立花名册，达到规定人数，关爱工作团能达到“多帮一”的要求，校外辅导员达到辖区内每所学校2名，网吧义务监督员达到辖区内每个经营性网吧2名。骨干队伍活动经常（每人每年参加活动不少于2次），成效明显（参加活动有记录、有图片、有信息）。

结合本地实际，采取多种形式，尽力关心“五老”的思想和生活，为他们学习、工作创造条件，充分发挥其积极性，骨干队伍建设有学习、工作、激励等制度，每两年评选和表彰关心下一代工作先进集体、先进个人，总结经验，宣传和学习典型，以推进关心下一代事业的发展。做到参与关心下一代工作的“五老”人数逐年有所增加。

（三）制度健全执行好

建立健全各项制度，如会议、学习、培训、总结、汇报、交流、调查研究、信息报道、评比奖励等制度，做到主要制度上墙，各项制度既要科学规范又便于操作。建立明确的责任制，分工到人，责任明确，任务具体，使关工委工作实现制度化、规范化、科学化。

工作（各项活动）有计划、有检查、有总结、有活动信息、有汇报。有创“五好”关工委活动方案，年初有安排部署、半年有检查指导、年终有总结。关工委各种会议有记录，活动有台账，各类文件、资料要分类立卷归档，专柜存放，基本做到规范、完整、有序。

（四）活动经常效果好

以建设社会主义核心价值体系为根本，突出特色，利用传统节日、重大纪念日和节假日、寒暑假等有利时机，每年有计划地开展主题教育活动。经常深入基层，指导村（社）校、企业关工委开展青少年思想道德教育和社会实践活动，有针对性地开展爱国爱党教育、科技教育、法制教育等，引导青少年全面发展，构建社会主义核心价值体系。要深入开展“学雷锋、心向党、讲品德、见行动”主题教育活动，同时要组织各种娱乐、体育、征文、绘画、摄影、读书等活动，开展“老少同乐”、“老少共建”、“大手拉小手”活动。村（社区）、学校、企业关工委活动全面开展效果好。

积极动员社会各方面力量，力所能及地为青少年办实事、做好事，协同有关部门尽力开展爱心助学、扶贫助困活动，给家庭困难学生及特殊群体青少年送温暖。通过各种形式努力提高家长素质，积极创办家长学校，促进“三结合”教育不断深化，不断推进未成年人的思想道德建设。

（五）积极探索创新好

各乡镇（街道）关工委要在党委领导下积极开展工作，主动争取党政领导的重视和支持，做到把关心下一代工作纳入当地党委、政府工作计划，纳入议事日程，纳入精神文明建设总体规划，纳入年度工作目标考核，关工委工作经费列入同级政府年度财政预算。党委每年至少一次例会研究关工委工作，及时听取关工委工作汇报并帮助解决实际困难；关工委的重要会议党政主要领导要到会讲话或指导。

不断探索乡镇（街道）关工委工作的新路子。利用电视、广播、简报、网络、会议、报纸等各种宣传形式，加大宣传力度，扩大关工委影响。根据本地特色，努力创新教育内容、途径和载体，形成富有当地特色的工作品牌。积极发掘和整合各种教育资源，建有青少年思想道德教育阵地，并充分发挥教育阵地的作用。积极指导村（社区）开展创建“六有”村关工委和“六好”社区、“六好”示范社区关工委活动，并树立典型，取得明显成效。

三、实施步骤：

创建乡镇（街道）“五好”关工委工作可分四个阶段进行：

第一阶段：在5月份以前，为准备启动阶段。主要抓好学习文件、制订计划，开展调查摸底。要认真组织学习中央领导同志对关工委工作的重要批示，学习宁党发〔2012〕10号文件，中共宁海县委关于转发《2012年宁海县关心下一代工作意见》的通知，学习中关工委领导对创建基层“五好”关工委的讲话和宁波市关工委《关于在乡镇（街道）中开展创建“五好”关工委活动的通知（宁关〔2011〕22号）转发》等文件精神，对照创建“五好”关工委的要求，制订实施计划方案，建立必要组织，明确领导分工，落实责任，排出创建工作时间表，关工委办公室专兼职工作人员选配到位。

第二阶段：在8月份前，是重点攻坚阶段。要按照“五好”内容建立台账，资料要按“五好”要求要翔实具体、完整，有关会议、讲话调研资料及图片等按规范化分项建立台账。

第三阶段：在11月份前，是提高完善阶段。开展自查，找出薄弱环节，查漏补缺，不断完善机制，进一步补充有关创建资料，达到创建“五好”关工委的目标。

第四阶段：12月份，是考核验收阶段。做好创建工作总结，对照宁波市关工委《宁波市乡镇（街道）“五好”关工委测评细则》，作出评估打分，提交创建领导小组或党委审定。自评合格，提交县关工委，迎接市关工委考核验收。

四、保障措施

（一）统一思想认识

乡镇（街道）关工委要统一思想认识，提高创建“五好”关工委工作的认识，制订创建计划。创建中要紧紧依靠乡镇（街道）党委（党工委）和政府（办事处），积极争取领导的重视及支持。县关工委在每年对创建单位进行检查指导。市关工委每两年组织一次测评，对测评优秀的乡镇（街道）关工委进行表彰，并将此作为今后评选市以上先进集体的首要条件。

（二）加强组织领导

建立创建工作机构，成立创建“五好”关工委领导小组，党政挂帅，各职能部门和相关单位为成员。由乡镇（街道）关工委办公室负责创建活动的协调工作。各乡镇（街道）要做到组织落实、人员落实、计划落实、任务落实、责任明确、制度健全、保障有力，按照“谁主管、谁负责”的原则，对本乡镇（街道）的创建工作负全责。充分发挥社会各界作用，整合多种资源，凝聚各方力量，形成工作合力。充分调动他们的积极性、主动性和创造性，组织好规划的有序实施。

（三）加大宣传力度

抓好组织发动。通过组织会议、下发专门文件、层层部署落实，把创建目标任务、工作要求贯彻落实到到位，统一思想、明确目标，形成齐抓共管的工作声势。加强宣传发动。充分利用各种媒体，广泛宣传“五好”关工委创建工作的目的、意义，充分发动“五老”队伍及相关参与队伍积极投身到创建活动中来，形成人人参与的良好氛围。

（四）确保措施落实

制定方案，落实措施。各乡镇（街道）要根据创建规划，联系自身实际制定创建方案，细化工作任务和工作内容，使创建工作变为看得见、摸得着、可实现的具体要求。整合资源，多方配合。各乡镇（街道）要根据本方案的要求，切实履行职责，抓好落实工作。对方案中需要多个单位协调合作的工作，要主动配合，积极参与，齐心协力，全力推进。

五、检查验收

各乡镇（街道）关工委在党政的领导下，要按照创建“五好”关工委的标准认真检查，认为达到“五好”关工委标准后，于当年向县关工委办公室上报申请材料。经县关工委审查，并报市关工委检查验收。

乡镇（街道）关工委，在开展创建“五好”关工委活动中，要继续深化开展村（社）校“三好四无”创建活动，要继续抓好21个行政村、1个社区的创建工作和75个行政村、3个社区的复评验收工作。按工作程序认真进行复评验收，在时间安排上，要与创建“五好”乡镇（街道）关工委活动同步交叉进行。同时，对“六好”社区关工委和示范社区关工委的创建工作要结合进行，在工作上要把握各有侧重，相互促进，保质保量完成任务。

中共宁海县委组织部　宁海县关心下一代工作委员会
宁海县教育局　关于在全县开展村（社）校共建“三好四无”创建活动的实施意见

宁关〔2007〕9号

各镇乡党委、街道党工委，镇乡、街道关工委，各镇乡中小学、成校，局直属学位（单位），有关民办学校：

为了认真贯彻落实党的十六届六中全会精神和县第十二次党代会提出的目标要求，在构建社会主义和谐社会中，使我县关心下一代工作更好地为建设和谐新宁海作出新贡献，经研究决定，在全县开展村（社）校共建“三好四无”的创建活动。为使创建活动有序深入地开展，现提出如下实施意见：

一、指导思想

以邓小平理论和“三个代表”重要思想为指导，全面贯彻党的十六届六中全会精神，认真落实县第十二次党代会提出的坚持科学发展观、建设和谐新宁海的要求，围绕构建社会主义和谐社会这条主线，培育新公民，弘扬新风尚，建设和谐新农村，在全县开展村（社）校共建“三好四无”的创建活动，为青少年健康成长，培育“四有”新人作出积极贡献。

二、创建内容

“三好”即：在校做个好学生，在家做个好孩子，在社会做个好公民。

“在校做个好学生”的要求：勤奋学习，尊重教师，团结同学，遵守校规校纪，参加学校各项有益活动，行为文明健康。

“在家做个好孩子”的要求：孝敬父母，尊重长辈，关心亲人，礼貌待人，邻里和睦相处，热爱家务劳动，勤俭朴实，讲究卫生。

“在社会做个好公民”的要求：爱国守法，明荣知耻，热爱集体，热爱人民，遵守社会公德，关心社会公益事业，助人为乐，爱护公物，保护生态，建设美好家园。

“四无”即：无赌博，无不孝，无辍学，无犯罪。

“无赌博”指结合青少年实际，创新载体活动，着力建设公益性文化设施以及各类校外活动，开展科学实验，不断丰富未成年人精神文化生活，抓好“净化工程”，实现村（社）校内未成年人无赌博的好风气。

“无不孝”指村（社）校要教育未成年人和在校学生孝敬父母，尊重长辈，建立和谐家庭。达到村（社）校内无不孝子女。

“无辍学”指村（社）校要严格履行《义务教育法》的规定，不让一个学龄儿童、在校学生辍学（失学），制订必要的奖励制度，对特困学生要落实帮扶措施，使适龄儿童百分之百上学，完成九年制义务教育。

“无犯罪”指村（社）校对青少年学生思想道德建设要常抓不懈，教育人人遵纪守法，增强思想道德和法制观念，提高自我防范意识。对“三困”生和具有不良行为的未成年人结对帮教，未雨绸缪，达到村（社）校未成年人无犯罪。

三、实施要求

1. 统一认识。要进一步深入学习党的十六届六中全会精神，广泛宣传发动，充分认识村（社）校共建“三好四无”的创建活动，是做好关心下一代工作的重要举措，是建设社会主义和谐社会的重要组成部分。各级党政领导要把关心下一代工作摆上重要议事日程，综治、司法、工会、共青团、妇女、民兵、老年协会等组织要配合支持。

2. 密切配合。一般以镇乡（街道）中心校和初中的学区范围，成立村（社）校共建领导小组。领导小组成员由当地有关党政领导、关工委、学校领导、公安派出所和有关村（社）党支部书记（村主任）等组成。领导小组要明确分工，落实责任，要充分发挥“五老”队伍作用，工作要有长效机制，要讲究实际效果，不搞形式主义。

3. 调查研究。要摸清辖区内青少年、学生和外来民工子女入学、就业底数，以及辍学失学少年儿童、不孝子女、失足青少年等情况。

4. 加强指导。各镇乡、街道关工委、县教育系统关工委要切实加强创建活动的组织指导，并对创建工作开展情况及时分析督促检查。要结合各地实际，制订相应的活动实施方案。镇乡、街道首先要抓好16个省、市级“全面小康建设示范村”的创建活动，同时在面上逐步推开。学校于本学期（2006年度第二学期）在一二所学校试行的基础上，2007年度第一学期全面推开，确保创建工作进度和质量，使创建工作真正落到实处，抓出实效。

四、总结验收

年底时对开展村（社）校共建“三好四无”的创建活动情况，要进行总结验收。先由各单位自查，对已达标的村（社）、校，由镇乡、街道关工委、县教育系统关工委汇总上报县关工委。验收合格的，由县关工委会同县教育局授予“三好四无”先进村（校）光荣称号。

一诺风雨十五载　追忆宁海“最美摆渡人”张翎飞

1月18日，宁海隔洋塘村。

海风呜咽，海涛汹涌。岳井小学的25名学生，在细雨蒙蒙中带着亲手折的小白花登上渡轮。曾经，这是张翎飞老师护送他们搭渡轮跨海上下学的行程，如今，他们在这里启程赶去送张老师最后一程。

年仅56岁的张老师不幸离世，让岳井小学的师生沉浸在悲伤中。他15年如一日跨海护送学生上下学的故事，更是感动了无数人。上周末，记者来到“最美摆渡人”工作过的地方，寻找他感动人心的内在力量。

在岳井小学，张翎飞的办公桌上还放着一本备课本，本子上的时间永远定格在了2017年3月3日。这一天的下午两点半，他最后一次跨海护送学生。

因为被检查出肝癌，张翎飞不得不中断了跨海护送学生的工作。辗转宁波、南京、象山的医院，直至2018年1月14日去世。岳井小学校长叶兆明说，张老师在各地住院、休养期间，学校里的老师去探望，他每次都会问三个问题：“学生护送交给谁？学生就寝谁在管理？任教学科谁在接？”

张翎飞之所以放心不下，是因为他深知，隔洋塘村的学生求学不易，需要渡轮跨海上下学。这条不一般的求学路，

他用15年时间来守护。

2002年，由于学龄儿童减少，隔洋塘村小学被撤并到一海之隔的岳井小学。孩子上下学，只能坐轮渡。当时，学校向家长承诺，有专人负责送孩子上学放学，不管刮风还是下雨，都会把孩子安全送到家中。

但是，谁去做这个事情呢？张翎飞主动请缨，揽下这个活——不仅没有任何报酬，还要担负起沉甸甸的责任。他曾对记者说：“海岛孩子读书不容易，我顺路，水性又好，是这项工作最合适人选。”

在隔洋塘村学生刚刚入读岳井小学的那段时间，由于住宿设施尚未完善，张翎飞每天都要护送学生上学和放学。后来，学校有条件可以住宿，他要在周日下午把学生护送到学校，周五下午送回村里。

整个渡轮航行要20多分钟，张翎飞最怕一些调皮的孩子趴在栏杆上玩耍。他时不时走到学生边，提醒他们不能离开座位。小学毕业10年的张明珠不会忘记张翎飞的护送经历，“渡轮靠岸后，他要把一些学生交给码头上等待的家长，其他人他要一个个送到家里才安心”。

2007年9月18日，台风侵扰宁波沿海，岳井小学接到宁海县教育局的紧急转移令。当张翎飞带着学生到达岳井村渡口时，渡轮已经停运。雨越下越大，孩子们急得哭了起来。为把孩子们及时安全送回家，学校商定从附近村庄租一辆中巴车，途经象山县方向绕道80多公里沿海公路，把27名学生挨家挨户安全送达。

几年前，张翎飞从隔洋塘村搬到了宁海县城女儿家住。周五护送孩子们到家后，他还要赶渡轮返回岳井村渡口，然后骑电动车到长街镇，坐公交车到县城，再转公交车才能到家。尽管要比以前多出两三个小时才能回到家，但他依然坚持接送学生上下学。

岳井小学三年级学生张芝晗的妈妈说，家中两个孩子，都是在张老师护送跨海上学中长大的，大女儿今年已经上大学了。“张老师就像我们家里人一样，对孩子非常好，很负责任。”张妈妈说。

15年护送路，张翎飞从没有请过一次假。女儿张怡说：“父亲常说自己是隔洋塘村的儿子，把村里的孩子教育好、保护好也是自己的责任。”

学校里的年轻教师叶笑笑清楚地记得，一个海风如割的深秋，为了让一位感冒的孩子穿暖，张翎飞把自己的外套给了学生，他自己则在码头上颤抖着等待渡轮，着凉发烧。说起张翎飞，学校老师都夸，这位憨实的老教师有说不完的好。

斯人已逝，可以让张翎飞欣慰的是，学校里的同事组成摆渡人团队，继续他交过来的护送任务。“只要还有一名隔洋塘村的学生，我们都会坚持护送到底，让学生们安心，让家长们放心。”叶兆明说。

（浙江新闻客户端　记者 应磊 县委报道组 陈云松）

以爱为航渡师生

——记长街镇岳井小学摆渡人团队

去年7月7日，本报在三版《寻找感动》栏目中刊登了“最美摆渡人”张翎飞老师14年义务护送隔洋塘学子的感人事迹后，引来央视等许多国内媒体的“点赞”。

一年多过去了，许多人都在关心：这些隔洋塘的学子现在怎么样了？“越洋”求学路还顺利吗？带着大家的问候和关怀，记者日前再次来到了岳井小学。

传承：

从摆渡人到摆渡人团队

今年年初开学后不久，张翎飞找到了叶兆明校长，无奈表示，因身体抱恙不能继续护送孩子们了。当他离开学校时，心中很是恋恋不舍，而最让他牵挂的就是护送了15年的隔洋塘孩子们。这个挑了十几年的担子，谁来接手呢？

时针回拨到2002年。这一年，由于学龄儿童减少，只剩46人的隔洋塘村小学被撤并到一水之隔的岳井片校。当消息在村里传开时，村民们像炸开了锅，家长们都有着各自的担心，“跨海上学，怎么接送？”“住在学校，生病怎么办？”“小孩子生活如何照顾？”面对家长的焦虑，岳井小学作出承诺：每周有专人负责送孩子放学，不管刮风下雨，都把孩子们安全送到家中。

时间一晃就是15年。现在面临相同的困境，岳井小学的两代教师作出了同样的抉择。15年前，张翎飞老师站了出来，成为一名护苗使者，开启了每周送孩子上渡轮回家的摆渡生活；15年后，在张翎飞无私奉献的精神感召下，全校13名教师人人都自告奋勇，尤其是年轻教师都抢着要接过张老师的接力棒，最终，老师们统一了意见，组成摆渡人团队，续航张翎飞老师交给的护送任务。

给力：

摆渡人团队的1+12模式

今年以来，学校确定了以王胜华老师为主、12名年轻教师为辅的摆渡人团队，这种“1+12”模式由全体教师共同提出。每周2名老师组成护送团队，其中固定成员是今年59岁的王胜华老师，负责船上的护送和交接；12名年轻教师则以轮值的形式，每周抽调1名教师配合王老师工作，负责路上的护送和登船间隙的看管。

“在学校先做会儿作业，等妈妈把学生都送上船，就来接你们回家。”上周五下午两点半左右，在电话里，芦丽萍老师简单安排好家里的两个孩子，叮嘱他们放学后在学校里耐心等着，因为她要“迟到”了。迟到的原因是她接到了一项新任务，护送住校的26名隔洋塘孩子去渡口，星期五是他们每周回家的日子。

等记者跟着第二批学生赶到渡口时，看到头发有些花白的王胜华老师正揽着第一批学生走上渡轮，他不时叮嘱孩子们别乱跑，看好脚下的路，等孩子们全部进入船舱里，他还守护在船舱门外，一刻都不放松。在渡口岸上，芦丽萍领着第二批学生耐心等候。约20分钟后，等第二批学生交接给王老师并安全上船后，她才放心离开，这个时候已经是下午4点半了，匆匆赶回城里去接自己的孩子。等到送完最后一个孩子，王老师回到渡口就5点多，到家时快6点了。

聚焦：

摆渡人的回家路

往返两趟后，王胜华骑着停放在渡口的电瓶车，一身轻松地回到了岳井的家里。这个时候，天早